Tidal Current Tables 2000

Atlantic Coast of North America

Tidal Current Tables 2000

Atlantic Coast of North America

Issued 1999

Formerly published by the
National Ocean Service, NOS,
a division of the
National Oceanic and Atmospheric Administration, NOAA.

Accepted by the U.S. Coast Guard
as fulfilling federal commercial fishing vessel regulations
(Title 46 CFR, Part 28.225. Navigational Information).

International Marine / McGraw-Hill
Camden, Maine • New York • San Francisco • Washington, D.C. • Auckland •
Bogotá • Caracas • Lisbon • London • Madrid • Mexico City • Milan •
Montreal • New Delhi • San Juan • Singapore • Sydney • Tokyo • Toronto

Other Publicationss

Other publications containing NOS data available from International Marine:

Tide Tables 2000: East Coast of North and South America, Including Greenland

*Tide Tables 2000: West Coast of North and South America,
Including the Hawaiian Islands and the Alaskan Supplement*

Tide Tables 2000: Central and Western Pacific Ocean and Indian Ocean

Tide Tables 2000: Europe and West Coast of Africa, Including the Mediterranean Sea

Tidal Current Tables 2000: Pacific Coast of North America and Asia

International Marine
A Division of The McGraw-Hill Companies

Published by International Marine
10 9 8 7 6 5 4 3 2 1

Copyright © 2000 International Marine, a division of The McGraw-Hill Companies.

All rights reserved. The publisher takes no responsibility for the use of any of the materials or methods described in this book, nor for the products thereof. The name "International Marine" and the International Marine logo are trademarks of The McGraw-Hill Companies. Printed in the United States of America.

Questions regarding the content of this book should be addressed to:

International Marine
P.O. Box 220
Camden, ME 04843
207-236-4837

Questions regarding the ordering of this book and other International Marine titles should be addressed to:

The McGraw-Hill Companies
Customer Service Department
P.O. Box 547
Blacklick, OH 43004
Retail customers: 1-800-262-4729
Bookstores: 1-800-722-4726

This book is printed on acid-free paper.

SOURCES OF ADDITIONAL INFORMATION

THE NATIONAL OCEAN SERVICE IS NO LONGER PRINTING AND DISTRIBUTING THE TIDE AND TIDAL CURRENT TABLES

Tide and Tidal current data continue to be updated, generated and published by the NOAA/National Ocean Service; however, the printing and distribution in book-form is now done by private companies working from information provided by NOS.

NOS now offers two new vehicles for obtaining predictions. First, the complete set of Tables as camera-ready page-images will be available on CD-ROM. The CD-ROM vehicle is primarily intended for use by private printers who wish to print in book-form the full set of Tables for distribution to resellers and the general public. Second, for domestic tide reference stations, limited predictions are available on the NOS, Products and Services Division, World Wide Web Homepage via the Internet, (www.co-ops.nos.noaa.gov).

In Addition to predictions, the World Wide Web homepage provides updated information on the status of the Tables as they are finalized each year. Notices concerning the most recent Table updates and publication cut-off dates are included.

For the names of companies printing and distributing the Tables, please call or write to:

> National Ocean Service
> Products and Services Division, N/OPS3
> 1305 East- West Highway
> Silver Springs, MD 20910
> 301-713-2815, fax 301-713-4500

PUBLICATIONS:

Tidal Current Charts, United States Coast Pilots, Distance Tables, and Nautical Charts may be ordered from:

> National Oceanic and Atmospheric Administration
> Distribution Branch
> 6501 Lafayette Ave.
> Riverdale, MD 20737
> (301) 436-6990

A list of authorized sales agents is published in the Nautical Chart Catalogs or may be obtained on request from the National Ocean Service. The publications may also be purchased across-the-counter at the NOAA, Distribution Branch office listed above.

TECHNICAL ASSISTANCE:

Technical questions relating to *tide and current predictions*, as well as requests for *special predictions*, should be addressed to:

> National Ocean Service
> Products and Services Division, N/OPS3
> 1305 East-West Highway
> Silver Spring, MD 20910
> (301) 713-2815

SOURCES OF ADDITIONAL INFORMATION

Technical questions relating to *actual tide observations, tidal datums, and other information necessary* for *engineering projects* should be addressed to:

> National Ocean Service
> Products and Services Division, N/OPS3
> 1305 East-West Highway
> Silver Spring, MD 20910
> (301) 713-2877

Technical questions relating to *other publications and nautical charts* should be addressed to:

> National Ocean Service
> Customer Affairs Branch
> 1315 East-West Highway.
> Silver Spring, MD 20910
> (301) 713-2729

WEBSITES

Center for Operational Oceanographic Products and Services
(PORTS^{TM} * Predictions * Observations * Bench Marks * Tides Online)
www.co-ops.nos.noaa.gov

Coastal Service Center - www.csc.noaa.gov

Marine Chart Division - www.chartmaker.ncd.noaa.gov

Marine Predictions Center - www.mpc.ncep.noaa.gov

National Centers for Environmental Predictions - www.ncep.noaa.gov

National Climatic Data Center - www.ncdc.noaa.gov

National Data Buoy Center - www.seaboard.ndbc.noaa.gov

National Geodetic Service - www.ngs.noaa.gov

National Geophysical Data Center - www.ngdc.noaa.gov

National Ocean Service - www.nos.noaa.gov

National Oceanographic and Atmospheric Agency - www.noaa.gov

National Oceanographic Data Center - www.nodc.noaa.gov

National Weather Service - www.nws.noaa.gov

U.S. Coast Guard - www.navcen.uscg.mil

U.S. Geological Survey - www.usgs.gov

U.S. Naval Observatory - www.usno.navy.mil

U.S. Naval Oceanographic Office - www.navo.navy.mil

CORRECTIONS:

Corrections to this publication, after the date of printing, may appear in the Notice to Mariners. They may also appear in the Local Notice to Mariners, published weekly, by the various United States Coast Guard Districts.

Contents

Sources of Additional Information		v
Preface		viii
Introduction, by Leonard Eyges		ix
Important Notices		xii
List of Reference Stations		xix
Astronomical Data		xx
Table 1	Daily Current Predictions	
	Explanation of Table	1
	Typical Current Curves for Reference Stations	3
	Daily Predictions for Reference Stations	4
Table 2	Current Differences and Other Constants and Rotary Tidal Currents	
	Explanation of Table	113
	Current Differences and Other Constants	116
	Rotary Tidal Currents	165
Table 3	Speed of Current at Any Time	
	Explanation of Table	167
	Speed of Current at Any Time	168
Table 4	Duration of Slack	169
Table 5	Rotary Tidal Currents	
	Explanation of Table	171
	Rotary Tidal Current Stations	172
The Gulf Stream		177
Wind-Driven Currents		179
The Combination of Currents		182
Current Diagrams		
	Explanation	183
	Current Diagrams	184
Publications Relating to Tides and Tidal Currents		195
Official U.S. Datums		196
Glossary of Terms		197
Index to Stations		203

PREFACE

Current tables for the use of mariners have been published by the National Ocean Service (formerly the Coast and Geodetic Survey) since 1890. Tables for the Atlantic coast first appeared as a part of the tide tables and consisted of brief directions for obtaining the times of the currents for a few locations from the times of high and low waters. Daily predictions of slack water for five stations were given for the year 1916, and by 1923 the tables had so expanded that they were then issued as a separate publication entitled *Current Tables: Atlantic Coast.* A companion volume, *Current Tables: Pacific Coast,* was also issued that year. In 1930 the predictions for the Atlantic coast were extended to include the times and velocities of maximum current.

Using information supplied by the National Ocean Service, International Marine is now publishing, unaltered and unabridged, the following tide tables and tidal current tables:

Tide Tables 2000: East Coast of North and South America, Including Greenland

Tide Tables 2000: West Coast of North and South America, Including the Hawaiian Islands and the Alaskan Supplement

Tide Tables 2000: Central and Western Pacific Ocean and Indian Ocean

Tide Tables 2000: Europe and West Coast of Africa, Including the Mediterranean Sea

Tidal Current Tables 2000: Atlantic Coast of North America

Tidal Current Tables 2000: Pacific Coast of North America and Asia

All available observations were used in the preparation of these tables. In some cases, however, the observations were insufficient for obtaining final results, and as further information becomes available it will be included in subsequent editions. All persons using these tables are invited to send information or suggestions for increasing their usefulness to the National Ocean Service, Products and Services Division, 1305 East-West Highway, N/OPS3, Silver Spring, Maryland 20910, U.S.A. The data for lightship stations are based on observations obtained through the cooperation of the U.S. Coast Guard. Predictions for Bay of Fundy Entrance (Grand Manan Channel) were obtained by cooperative arrangements between the National Ocean Service and the Canadian Hydrographic Service.

Daily predicted times of slack water and predicted times and velocities of maximum current (flood and ebb) are presented in Table 1 for a number of reference stations. Similar predictions for many other locations may be obtained by applying the correction factors listed in Table 2 to the predictions of the appropriate reference station. The speed of a current at times between slack water and maximum current may be approximated by the use of Table 3. The duration of weak current near the time of slack water may be computed by the use of Table 4.

INTRODUCTION

As the gravitational tugs of the sun and moon regularly raise and lower the height of the sea, creating the tides, there is a corresponding horizontal flow of water—the tidal currents. This flow has an effect on any boat that is in it. Whether "riding the current," "bucking the current," or being "swept aside by the current," if current exists, the boater should know something about it. The importance of knowing depends on the speed of the craft. A 20-knot powerboat will hardly notice the 2-knot current that may be all-important to the sailor on a day of light wind.

Tidal currents are largely a function of geography. In some places the currents are weak enough to have little practical effect. In other areas, they are strong enough to be notorious—San Francisco Bay and the Golden Gate, for example, or near The Race in Long Island Sound. There are also nontidal currents, such as the Gulf Stream, which have a substantial effect on offshore passages.

Current is a flow of water characterized by its speed and direction. The speed of a river current is speed with respect to the riverbank; the speed of an ocean current is measured with respect to the coast or the seabed. Speed is often, but not necessarily, expressed in knots. The direction of a current is the *direction to which it flows:* a current flowing from north to south is a *southerly* current. (This is opposite to the convention for wind, according to which a wind that blows from north to south is called a *northerly* wind.) The direction of a current can be expressed by the angle it makes with true north. Thus, a current at 45° is one that flows *toward* the northeast. In standard piloting texts the nautical term *drift* is used for the speed of the current, and *set* for its direction, but we will just use speed and direction here.

How can the boater tell by looking that currents exist? That is not so easy as it might appear. Current is the motion of water *with respect to something*—the seabed, for example, or things attached to it, or the shore itself. But usually the seabed isn't visible, nor can you detect the motion of water with respect to a distant shore. The main visual evidence of currents is their effect on objects *attached* to the seabed—for example, the "bow wave" in front of a buoy or fixed navaid, the buoy's angle from the vertical, or the direction in which anchored boats lie on those windless days when they are held by current alone. If these indicators are not available, there is no way of telling, by simply looking at the water, whether current is flowing or not.

Even if there is a fixed navaid the current may be too weak to generate a noticeable flow pattern at its base. Still, the navaid can be helpful by providing a fixed point of reference. If you were to throw a float in the water you could detect a current, note its direction, and even calculate its speed by watching the float move past the fixed mark.

Now I am *not* suggesting that boaters regularly stop to do hydrographic experiments on currents. But I personally have done simple experiments from time to time, and they are quite instructive in two ways.

First, to detect current with any reliability using a float, you must make sure that the float is carried along by the water and not by the wind. It does *not* do to throw a piece of wood overboard, or to observe a bit of floating orange peel. You can't look at seaweed or plastic debris, or whatever, moving past a fixture in the water, and conclude that current is flowing. To detect current, you need a float that extends well into the water, with little surface area exposed. A plastic bottle, almost filled with water so that it barely floats, is satisfactory, or you can deploy a fender weighted by a piece of chain.

The second point is that you can't tell the direction of current from the direction of small waves or ripples on the water's surface. As you see waves moving in a certain direction, it is very natural to assume there is a current pushing them along. Early on I made the assumption myself, and I've often heard others do the same, but there is no truth in it.

(a)

The direction of travel of ripples or small waves on the surface of the water *does not indicate* the direction of currents. Such waves are wind-generated and they do not constitute a net horizontal motion of water. They are simply periodic up and down variations of the form of the water's surface. You realize sharply the distinction between current flow and wave direction when you see a current float bucking the waves, moving in just the opposite direction to their travel.

(b)

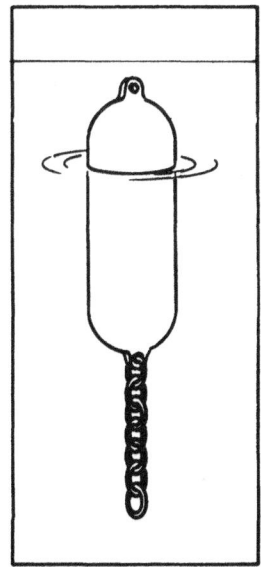

The fact that a buoy leans tells you with reasonable reliability that current exists, and the direction of lean is, of course, the direction of the flow. But it is not easy to correlate the amount of lean with the speed of the current. Every buoy is a law unto itself. In an article entitled "Guessing the Current"

Figure 1. (Lisa Scott)

INTRODUCTION

in the British magazine *Yachting Monthly* (October 1983), a series of different buoys were photographed in the same current conditions; the degree of lean among them varied considerably. The editor's heading for the article described the conclusions well: "Buoys in fast tidal currents should provide a ready means of estimating the rate—it is not so simple as it seems."

A current may happen to be directed *along*, or may be in the *exact opposite* direction to a course line. In the first case it speeds up the boat, and in the second it slows it down. Usually speeding or slowing doesn't have any dangerous consequences, although it may spoil schedules. The real problem with current comes when it acts at an *angle* to the course and partly tends to push the boat aside—when it is a *deflecting current*.

A typical piloting problem generated by a deflecting current is illustrated in Figure 2. The skipper has somehow fixed his initial position, I, and wants to sail from it to a destination D. He finds from the chart that the line between initial point and destination—the course line—is 47° magnetic. At the tiller, he gets onto that course and begins his journey. But in the presence of current he will not arrive at the destination, no matter how scrupulously he steers at 47°, since the boat is constantly being pushed sideways. In the presence of current, a boat *points* in one direction, but *moves* in another. This crabbing motion has an angle A, *the deflection angle*, between the direction the boat points (its *heading*) and the direction it moves (its *track*). (Note that angle A is not a universal angle; its size depends not only on the boat's heading, but also on the boat's speed. A faster boat will be less deflected—have a smaller angle A—than a slower one.)

There are other reasons besides tidal current that can make a boat move as in Figure 2, with an angle between heading and track. For example, a sailboat on the wind has *leeway;* as it travels, it is pushed aside by the current of ocean air acting on its sails and hull much as the tidal currents of ocean water push aside its hull. In a sailboat, the deflection angle A may then be the result of the combined effect of current and leeway. If there is no current, the angle would be due to leeway only.

There are two unhappy effects of a deflecting current on an attempted compass course. As we have seen, the first is that the skipper doesn't arrive at his destination; he passes right by it and leaves it off somewhere to port or starboard. The second is that the boat moves not on the original course line but on the line of the *course made good*. Presumably the original course line was checked out on the chart as being a safe one. But if the skipper is not aware of current, he isn't where he thinks he is, and the course made good may be full of dangers and trouble spots. That is the real problem.

It is not only on a compass course that a deflecting current can spell trouble. Of course, if the pilot is sailing visually with the final destination always in sight, and points toward it, he avoids the first problem of a compass course—he doesn't pass by his destination. But the second problem remains. The boat may be swept aside onto dangers. Figure 3 depicts the curved path of a boat that *always* steers directly toward its destination but that comes to grief on a portion of its unintentionally curved path. Although it seems a simple and obvious point that with current present you may not get to the destination no matter how carefully you steer toward it, this is often overlooked in practice.

You can avoid this kind of mishap by knowing something

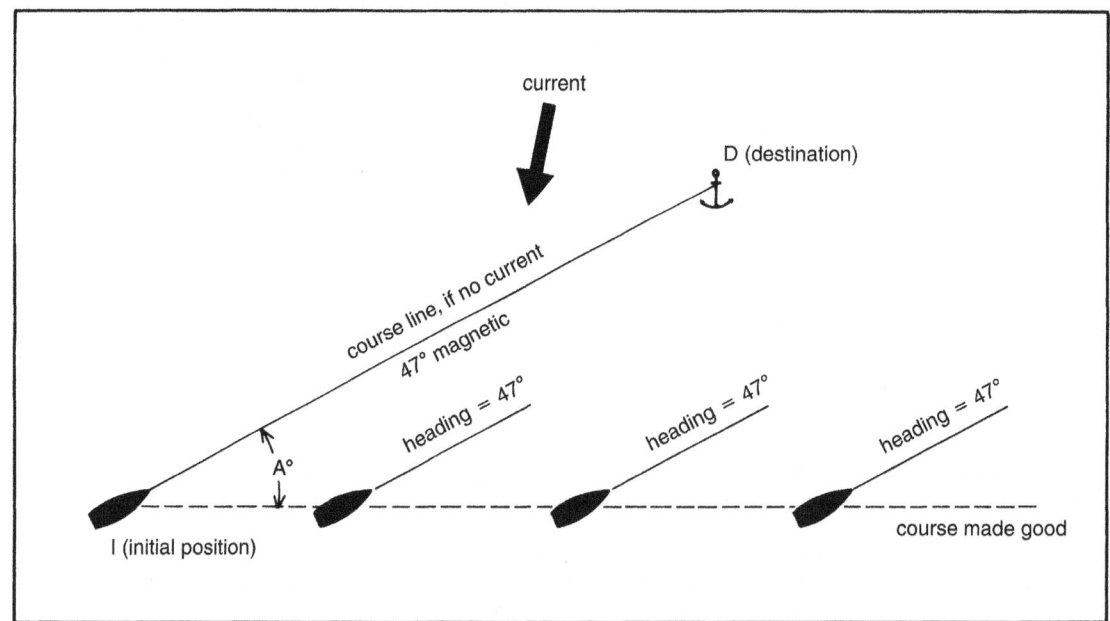

Figure 2. From the chart the course line from I to D is found to be 47° magnetic. Although the skipper keeps to this heading, the boat, being "set" by current, misses destination D. (Lisa Scott)

INTRODUCTION

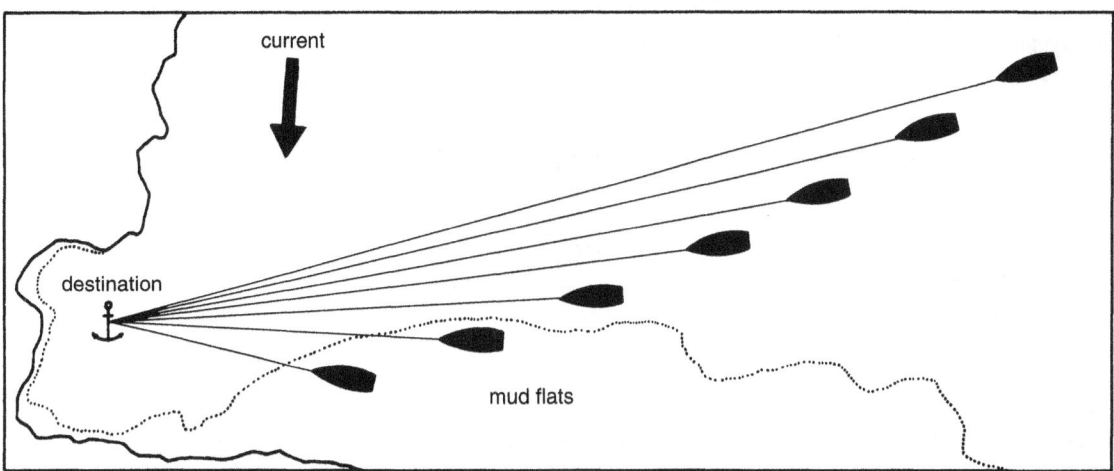

Figure 3. This skipper carefully points his boat toward the destination at all times, but never gets there; he runs aground on the mud flat instead. (Lisa Scott)

about the tidal current. Does it exist as a deflecting current for the projected course? If so, to what side does it push the boat? That may be all you need to know. If the current pushes the boat toward a side with no dangers, you can afford to be unconcerned; simply relax and recognize that the trip may take longer than planned.

On the other hand, if the current pushes the boat to a side of possible danger, you'll want to know its effects more precisely. Is it large enough to push the boat into danger? If you are sailing by the compass, you'll want to know the accurate deflection angle A so that you can compensate for it in your steering and—with some luck—not miss the destination.

—Excerpted from *The Practical Pilot,* by Leonard Eyges (International Marine, 1989)

IMPORTANT NOTICES

Daylight saving time is not used in this publication. All daily tidal current predictions and predictions compiled by the use of Table 2 data are based on the standard time meridian indicated for each location. Predicted times may be converted to daylight saving times, where necessary, by adding 1 hour to these data. In converting times from the Astronomical Data page on the inside back cover, it should be remembered that daylight saving time is based on a meridian 15° east of the normal standard meridian for a particular place.

The 1994 edition included changes to Tampa Bay and Long Island Sound resulting from the acquisition of new data. Miscellaneous other locations were also updated. In Tampa Bay, the Table 1 station named, Tampa Bay Entrance (Egmont Channel), was revised and two new Table 1 stations added, namely Tampa Bay (Sunshine Skyway Bridge) and Old Tampa Bay Entrance, (Port Tampa). For Long Island Sound, the Table 1 stations named The Race and Throgs Neck were revised. All Table 2 stations referred to the above five stations were also updated. The 1995 edition included one new reference station named Aransas Pass, Texas, and its three subordinate stations. They are Port Ingleside and Aransas Pass at two additional depths. These new predictions and NOAA Technical Memorandum NOS OES 008, Special 1994 Tidal Current Predictions for Aransas Pass Corpus Christi, Texas, address the subject of the cautionary notice previously published in the Notice to Mariners, United States Coast Pilot Notices. The 1999 edition included the addition of Bergen Pt., New Jersey and Savannah River Entrance, Georgia (new reference station replacing the previous location.) *This 2000 edition includes the addition of one new reference station named Bolivar Roads, Galveston Bay, Texas and the revision of two existing reference stations: Galveston Bay Entrance, Texas and St. Johns River Entrance, Florida.* It is expected that NOS will continue to update various areas of Table 2 coverage as new data becomes available.

NOS, in partnership with other agencies and institutions, has established a series of Physical Oceanographic Real Time Systems (PORTS) in selected areas. These PORTS sites provide constantly updated information on tide and tidal current conditions, water temperature, and weather conditions. This information is updated every six minutes. The PORTS sites currently in operation include: Tampa Bay, Florida; San Francisco, California; and New York/New Jersey; Houston Ship Channel/Galveston Bay, Texas; with future sites to be added. The information is accessible through a computer data connection or by a voice response system at the following numbers:

PORTS SITES	VOICE ACCESS	INTERNET ACCESS
TAMPA BAY	1-813-822-5836 or 0022	www.co-ops.nos.noaa.gov
SAN FRANCISCO	1-707-642-4337	"
NEW YORK/NEW JERSEY	1-718-815-9668 or 9684	"
HOUSTON/GALVESTON	1-713-673-1860 or 5371	"

PUBLISHED CAUTIONARY NOTICES
Published in Local Notice to Mariners and United States Coast Pilot Notices

TIDAL CURRENT PREDICTIONS INSIDE U.S. ESTUARIES

At present there are four U.S. estuaries with operational Physical Oceanographic Real Time Systems (PORTS) installed. PORTS systems are presently being installed in several additional estuaries. Over the next ten years there are projected to be twenty or more additional systems installed. In the past, the tidal current reference station has always been located at the entrance to each estuary. All tidal current secondary stations both inside and outside (along the coast) have been referred to the reference station at the entrance to the estuary. This will no longer be the case in estuaries with an operational PORTS system.

IMPORTANT NOTICES

Estuaries with an operational PORTS system will have at least two reference stations. One will be the historic station at the entrance to the estuary. All secondary stations along the coast will continue to be referred to this station. The second tidal current reference station will be the primary PORTS station within the estuary. All secondary locations within the estuary itself will be referred to this location. Depending on the circulation dynamics of the estuary, daily tidal current predictions may be provided for one or more additional stations within the estuary.

Tidal current predictions for Galveston Bay, TX, have been converted to this new format in the year 2000 Atlantic Coast Current Table (ACCT). Tidal current predictions for the year 2001 for San Francisco Bay, CA; Tampa Bay, FL; and New York Harbor, NY are scheduled for conversion to this new format for the 2001 Tidal Current Tables. This format will be extended to each estuary as each new PORTS system is installed and becomes fully operational.

(Issued October 1, 1999)

CHANGES IN THE TIDAL CURRENT PREDICTIONS FOR GALVESTON BAY, TX,
FOR THE YEAR 2000

Effective with the year 2000 edition of the Atlantic Coast Current Table (ACCT), Bolivar Roads will be the tidal current reference station for inside Galveston Bay. All subordinate stations within Galveston Bay will be referred to Bolivar Roads instead of Galveston Bay Entrance, the historic reference station. Bolivar Roads is the prime current station for the Physical Oceanographic Real Time System (PORTS) serving Galveston Bay and the Houston Ship Channel. The historic reference station at the entrance to Galveston Bay has been updated (new harmonic constituents) and will continue to be used as the reference station for all locations along the coast.

(Issued October 1, 1999)

TIDAL CURRENT QUALITY ASSURANCE PROGRAM - LOWER CHESAPEAKE BAY

The National Ocean Service (NOS) has established a cooperative program with the United States Power Squadrons (USPS) to test the accuracy of tidal current predictions. In this program volunteers from the USPS occupy subordinate current station sites on numerous occasions and take measurements with relatively inexpensive equipment provided by the Center for Operational Oceanographic Products and Services (CO-OPS). The data collected is then processed and evaluated by CO-OPS. Volunteers from the USPS are presently taking measurements and collecting data at several locations in the following areas:

- Chesapeake Bay
- Atlantic coast of Florida between Fort Pierce and Port Everglades
- Tampa Bay, FL
- Galveston Bay and the coast of Texas
- Puget Sound, WA

Sufficient data has been collected to evaluate the following three sites:

BROOMS ISLAND (0.4mile south of), Patuxent River, MD
Analysis of data collected by the USPS indicate that the tidal current predictions for this location are accurate.

LITTLE CREEK (0.2 n.mi. N of east jetty), Chesapeake Bay, VA
Analysis of data collected by the USPS indicate that the tidal current predictions for this location are not accurate. The speeds for floods and ebbs should be approximately double what is predicted in the Atlantic Coast Current Table (ACCT).

NEWPORT NEWS (Channel, west end), Hampton Roads, VA
Analysis of data collected by the USPS indicate that the tidal current predictions for this location are not accurate. Both the times and the speed of the current at this location have been severely altered by construction of the Monitor-Merrimac Tunnel.

IMPORTANT NOTICES

A Notice to Mariners covering the Thimble Shoals area of the lower Chesapeake Bay that was originally issued on March 24, 1992 stated:

> The velocity of the currents of the entrance to Little Creek, Va., may be significantly stronger than indicated by published NOS predictions. Pilots at the Naval facilities at Little Creek indicate that the condition is potentially very hazardous. Mariners should exercise EXTREME CAUTION and DISCRETION in the use of the published NOS tidal current predictions for this area. Funding for a Quality Assurance study and a full scale resurvey of the area is presently not available.

A Physical Oceanographic Real Time System (PORTS) is to be installed in the lower Chesapeake Bay by CO-OPS. The initial phase includes the area listed in the previous Notice to Mariners. This system will alleviate the problems listed above and provide the observational data necessary to update the published tidal current predictions for this high traffic area.

(Issued October 1, 1999)

MAJOR QUALITY ASSURANCE STUDY OF NOS TIDAL CURRENT PREDICTIONS

A major statistical study of subordinate tidal current stations listed in Table 2 of both the Atlantic Coast Current Table (ACCT) and the Pacific Coast Current Table (PCCT) has been completed by the Center for Operational Oceanographic Products and Services (CO-OPS) of the National Ocean Service (NOS). The reasons for the study were:

- All major estuaries are constantly undergoing construction, dredging, and other activities that critically effect the times, speeds, and patterns of the tidal currents within the estuary.

- Older observations were very often of very short duration due to the type of instrumentation available at the time and the costs involved.

- Instrumentation for obtaining continuous current observations have only been available for about ten years and are extremely expensive. These Acoustic Doppler type meters are employed in and are what makes the Physical Oceanographic Real Time Systems (PORTS) possible. Operational PORTS systems providing real time tide, current, and meteorological data to mariners are presently available in only four major estuaries.

- The extremely high cost of obtaining new tidal current observations as well as verifying the accuracy of presently published data preclude the updating of subordinate stations in the published Tidal Current Tables.

Therefore the two criteria the study concentrated on were:

- The age of the data upon which the subordinate station time and speed differences are based.

- The duration of the observations upon which the subordinate station time and speed differences are based.

Just because the original data is older than an arbitrary date or the duration of observations is less than an arbitrary length does not, in and of itself, mean that the published correction factors are in error. However, it does greatly increase both the possibility and probability of error. The NOS does not have the funding, personnel, and other resources to verify or update tidal current subordinate stations. Since one of the prime responsibilities of the NOS is Marine Safety and Navigation, this study was ordered.

The results of this study are being evaluated. A major policy decision should be forth coming sometime after January 1, 2000. *This decision could result in the removal of fifty percent (50%) or more of the tidal current subordinate stations now listed in NOS Tidal Current Tables! This reduction in the number of tidal current subordinate stations could occur as early as the year 2001 Tidal Current Tables.*

(Issued October 1, 1999)

IMPORTANT NOTICES

NEW YORK HARBOR, NY/ NJ

Official National Ocean Service (NOS) Prediction Tables beginning with the 1999 edition will contain both Tide and Tidal Current predictions for the vicinity of Bergen Point-Bayonne Bridge in New York Harbor. A Physical Oceanographic Real-Time System (PORTS) has been installed to provide real-time Tide, Current and Meteorological data for the New York Harbor area.

Tide Currents at the Narrows and at Hell Gate, NY have been reported to deviate significantly from official predictions published by the NOS. There are no funds available at this time to expand the PORTS system to include real-time data at either The Narrows or Hell Gate. Mariners should exercise caution and discretion in the use of published Current Predictions for these two locations.

this notice supersedes the cautionary Notice to Mariners concerning the New York Harbor area issued on June 27, 1996.

(Issued September 15, 1998)

SAVANNAH RIVER ENTRANCE, GA

Official National Ocean Service (NOS) tidal current predictions for Savannah River Entrance beginning with the 1999 tables will be based on a new reference station. The new reference station is located 32° 2.1' N and 80° 53.4' W. All secondary (Table2) locations based on Savannah River Entrance have been revised to reflect the predictions at the new reference location.

(Issued September 15, 1998)

ARANSAS PASS – CORPUS CHRISTI BAY, TX

The Aransas-Corpus Christi Pilots have reported that published tidal current predictions for Aransas Pass deviate from observations by as much as two (2) hours. The published predictions must be used with extreme caution. The Pilots should be consulted for critical transits. Tidal Current predictions of the National Ocean Service (NOS) are derived from analysis of observed data at tidal harmonic frequencies which in turn are based on predictable astronomic positions of the moon and sun. The problem in many areas of the Gulf of Mexico, including the south Texas coast, is that localized meteorological conditions can significantly effect and alter the times of maximum flood and ebb currents. Real-time observation and reporting systems, such as the Physical Oceanographic Real Time System (PORTS) installed in the Galveston-Houston area, are the only means of providing accurate tidal current data for areas such as this.

(Issued July 17, 1997)

BISCAYNE BAY/PORT OF MIAMI, FL [2]

The Biscayne Bay Pilots report that recent dredging and construction by the US Corps of Engineers (COE) supporting Miami port expansion has significantly effected the currents in Miami Harbor. Both flood and ebb currents should be expected to be stronger than indicated in official published predictions. The actual times for maximum and slack currents should be expected to deviate from the published predictions. Funding to support a survey to obtain new data for more accurate tidal current predictions is not available at this time. Installation of a Physical Oceanographic Real Time System (PORTS), like the one in operation in Tampa Bay, would be the best solution for long term marine safety.

(Issued July 17, 1997)

CHARLESTON HARBOR, SC

The US Army Corps of Engineers (CEO) is planning dredging and construction projects for Charleston Harbor in 1996-1997. Such projects in the past in other areas have resulted in dramatic changes in the observed tidal currents of those areas. Once dredging and/or construction operations commence, the Tidal Current predictions for this region should be considered questionable and potentially dangerous to rely upon. Tide predictions will also be affected but to a lesser degree. Funding for a real time system to monitor the Tidal Currents and a resurvey of the area after COE operations are complete is presently not available. Therefore, once COE operations begin and until such time as a real-time system is installed or a resurvey of

IMPORTANT NOTICES

the area conducted, the National Oceanic and Atmospheric Administration, National Ocean Service will be unable to provide accurate Tidal Current predictions necessary for marine safety and navigation in this area.

(Issued June 5, 1996)

CHESAPEAKE & DELAWARE CANAL AND BALTIMORE HARBOR CONNECTING CHANNELS

The US Army Corps of Engineers (COE) is planning a project involving the Chesapeake & Delaware Canal (C&D) and the channels in the upper Chesapeake Bay connecting the canal to Baltimore, MD in 1996-1997. Such projects in the past in other areas have resulted in dramatic changes in the observed tidal currents of those areas. Once the project begins, the Tidal Current predictions for the C&D Canal and the channels connecting the canal to Baltimore should be considered questionable and potentially dangerous to rely upon. Tide predictions will be affected but to a lesser degree. Funding for a real-time system to monitor the Tidal Currents and a resurvey of these areas after COE operations are complete is presently not available. Therefore, once COE operations begin and until such time as a real-time system is installed or a resurvey of the area conducted, the National Oceanic and Atmospheric Administration, National Ocean Service will be unable to provide accurate Tidal Current predictions necessary for marine safety and navigation in this area.

(Issued June 5, 1996)

ST. AUGUSTINE, FL – ATLANTIC INTRACOASTAL WATERWAY

The US Coast Guard (USCG) has reported a problem involving the Tidal Currents in the Atlantic Intracoastal Waterway (AICW) in the St. Augustine, FL area. The specific location is the Bridge of Lions over the waterway. Numerous accidents have occurred at this site which are related to the currents in the waterway. There is no National Ocean Service (NOS) Tidal Current Station at or near the Bridge of Lions. Thus the NOS cannot, at this time, make Tidal Current predictions for this location. The USCG states that the cause of the accidents is loss of maneuverability (control) as a vessel passes under the bridge. The loss of maneuverability results in the vessel striking the bridge supports. The USCG states in part:

> "The affect of a 'fair' tide on a navigating vessel is to reduce the vessel's ability to maneuver. When a vessel is proceeding with a current (fair tide), less water flows across the vessel's rudders. This condition has the affect of reducing the vessel's maneuverability for a given speed over ground (all other things being equal).
>
> The Bridge of Lions is a difficult bridge to navigate, even under ideal conditions. This circa 1926 Bascule bridge has a horizontal clearance of only 76' verses the 90' horizontal clearance of most of the other bridges on this section of the AICW."

In addition, according to the US Coast Pilot, Vol 4, Chapter 12, Tidal Currents in excess of 2 knots often run at right angles to the bridge opening. The Coast Pilot advises mariners to transit the bridge at minimal Tidal Current conditions. Funding for real-time monitoring of the Tidal Currents or a survey to obtain Tidal Current observations upon which to base Tidal Current predictions for this location is not presently available. A consortium of local, state, and federal officials in conjunction with the private sector and commercial shipping interests are presently studying various options to provide accurate Tidal Current predictions necessary for marine safety and navigation at this location.

(Issued June 5, 1996)

WILMINGTON AND CAPE FEAR RIVER, NC

The US Army Corps of Engineers (COE) is due to begin dredging operations in the Wilmington and Cape Fear River area in 1997. The plans call for the deepening of the channel approaching Wilmington and extending up the Cape Fear River. Such actions in the past in other areas have resulted in dramatic changes in the observed tidal currents of those areas. Once dredging operations commence, the Tidal Current predictions for this region should be considered questionable at best and potentially dangerous to rely upon. Tide predictions will also be affected but to a lesser degree. Funding for a real-time system to monitor the Tidal Currents during the project and a resurvey of the area after COE operations are complete is presently not available. Therefore, once COE operations begin and until such time as a real-time system

IMPORTANT NOTICES

is installed or a resurvey of the area conducted, the National Oceanic and Atmospheric Administration, National Ocean Service will be unable to provide accurate Tidal Current predictions necessary for marine safety and navigation in this area.

(Issued June 5, 1996)

HAMPTON ROADS, VA

Tidal currents in Hampton Roads and Elizabeth River have been significantly altered by dredging and construction of a new bridge/tunnel. Recent dredging by the U.S. Army Corps of Engineers has deepened the channels by 10 feet to a depth of 50 feet. Pilots and officials at the Norfolk Naval Base report hazardous conditions including significantly higher than predicted maximum current velocities, and significant deviation in the predicted times of maximum current. Mariners should exercise EXTREME CAUTION and DISCRETION in the use of published NOS tidal current predictions for this area. Funding for a Quality Assurance study and a full scale resurvey of the area is presently not available.

(Issued March 24, 1992)

NEW YORK HARBOR

Effective October 28, 1991, the Tidal Current Charts-New York Harbor will be officially withdrawn from distribution. A recent evaluation shows that the New York Harbor charts, last revised in 1976, are inadequate when compared to the more recent information as published in the Tidal Current Tables-Atlantic Coast of North America including Greenland. Due to resource constraints, NOS plans no further revision of its tidal current chart series.

(Issued October 17, 1991)

CHINCOTEAGUE CHANNEL

United States Coast Guard (USCG) Personnel at the Chincoteague Coast Guard Station, VA report that the times of high and low water computed from differences in Table 2 of the East Coast Tide Tables are frequently off by as much as an hour. The channel is subject to shoaling and is frequently dredged. Exercise caution in using Table 2 Tide differences for this area.

(Issued May 17, 1991)

WOODS HOLE PASSAGE, MA

In the narrow part of Woods Hole Passage (NOS Current Location -"Woods Hole, 0.1 mile SW of Devils Foot Island") the current velocity at times exceeds 4.5 knots. Velocities as high as 5.0 knots have been reported by the U.S. Coast Guard. Currents in Woods Hole Passage computed from the daily predictions at Cape Cod Canal from the NOS publication Tidal Current Tables-Atlantic Coast should be used with caution. Actual velocities may exceed predicted values by 10% to 20%. Hourly velocities and directions as shown on Tidal Current Charts-Naragansett Bay to Nantucket should be used only with EXTREME CAUTION. These differences from previously published data result from dredging, filling, shoaling, and other modifications since the 1931 survey. Funding for a new current survey of the Naragansett Bay-Nantucket area is currently not available.

(Issued March 28, 1991)

BISCAYNE BAY/PORT OF MIAMI, FL [1]

The Biscayne Bay Pilots report variances between predicted and actual currents. Cross-channel current variations in Government Cut are particularly difficult to negotiate. Caution should be exercised when entering Government Cut from the sea during flood tide with northeasterly winds; a strong turning torque occurs when the bow is just inside the north jetty. A similar but less serious situation occurs when leaving the port during ebb tide. Horizontal current gradients occur in the turning basin immediately west of

IMPORTANT NOTICES

Government Cut which may make maneuvering difficult. The Coast Guard reports that ships may encounter current anomalies at the mouth of the Miami River which have caused occasional groundings.

(Issued September 29, 1983)

LIST OF REFERENCE STATIONS

Station names	Page
Aransas Pass (between jetties), Tex.	104
Baltimore Harbor Approach (off Sandy Pt.), Md.	52
Bay of Fundy Entrance (Grand Manan Channel)	4
Bergen Point Reach (Bayonne Bridge), New York	40
Bolivar Roads, Galveston Bay, Tex.	*100
Boston Harbor (Deer Island Light), Mass.	12
Cape Cod Canal, Mass.	16
Charleston Harbor (off Ft. Sumter), S.C.	60
Chesapeake and Delaware Canal (Chesapeake City)	56
Chesapeake Bay Entrance, Va.	48
Delaware Bay Entrance	44
Galveston Bay Entrance, Tex.	96
Hell Gate, East River, N.Y.	32
Key West, Fla.	76
Miami Harbor Entrance, Fla.	72
Mobile Bay Entrance, Ala.	92
Old Tampa Bay Entrance, (Port Tampa), Fla.	88
Pollock Rip Channel, Mass.	20
Portsmouth Harbor Entrance, N.H.	8
St. Johns River Entrance, Fla.	68
Savannah River Entrance, Ga.	64
Tampa Bay (Sunshine Skyway Bridge), Fla.	84
Tampa Bay Entrance (Egmont Channel), Fla.	80
The Narrows, New York Harbor, N.Y.	36
The Race, Long Island Sound	24
Throgs Neck, Long Island Sound, N.Y.	28
Vieques Passage, Puerto Rico	108

*New reference station.

ASTRONOMICAL DATA, 2000

January
	d.	h	m
A	4	12	..
S	6	10	..
●	6	18	14
E	13	16	..
☽	14	13	34
N	19	23	..
P	19	23	..
○	21	04	40
E	26	06	..
☾	28	07	57

February
	d.	h	m
A	1	01	..
S	2	17	..
●	5	13	03
E	9	21	..
☽	12	23	21
N	16	08	..
P	17	03	..
○	19	16	27
E	22	15	..
☾	27	03	53
A	28	21	..

March
	d.	h	m
S	1	00	..
●	6	05	17
E	8	03	..
☽	13	06	59
N	14	14	..
P	15	00	..
○	20	04	44
☉₁	20	07	35
E	21	01	..
A	27	17	..
☾	28	00	21
S	28	08	..

April
	d.	h	m
E	4	11	..
●	4	18	12
P	8	22	..
N	10	19	..
☽	11	13	30
E	17	09	..
○	18	17	41
A	24	12	..
S	24	16	..
☾	26	19	30

May
	d.	h	m
E	1	21	..
●	4	04	12
P	6	09	..
N	8	02	..
☽	10	20	00
E	14	15	..
○	18	07	34
S	22	00	..
A	22	04	..
☾	26	11	55
E	29	07	..

June
	d.	h	m
●	2	12	14
P	3	13	..
N	4	11	..
☽	9	03	29
E	10	22	..
○	16	22	27
S	18	07	..
A	18	13	..
☉₂	21	01	48
☾	25	01	00
E	25	16	..

July
	d.	h	m
●	1	19	20
N	1	22	..
P	1	22	..
E	8	04	..
☽	8	12	53
S	15	13	..
A	15	16	..
○	16	13	55
E	22	23	..
☾	24	11	02
N	29	09	..
P	30	08	..
●	31	02	25

August
	d.	h	m
E	4	12	..
☽	7	01	02
S	11	19	..
A	11	22	..
○	15	05	13
E	19	04	..
☾	22	18	51
N	25	18	..
P	27	14	..
●	29	10	19
E	31	22	..

September
	d.	h	m
☽	5	16	27
S	8	02	..
A	8	13	..
○	13	19	37
E	15	10	..
☾	21	01	28
N	22	00	..
☉₃	22	17	27
P	24	08	..
●	27	19	53
E	28	07	..

October
	d.	h	m
S	5	09	..
☽	5	10	59
A	6	07	..
E	12	17	..
○	13	08	53
N	19	06	..
P	19	22	..
☾	20	07	59
E	25	16	..
●	27	07	58

November
	d.	h	m
S	1	18	..
A	3	03	..
☽	4	07	27
E	9	03	..
○	11	21	15
P	14	23	..
N	15	12	..
☾	18	15	24
E	21	23	..
●	25	23	11
S	29	02	..

December
	d.	h	m
A	1	00	..
☽	4	03	55
E	6	13	..
○	11	09	03
N	12	22	..
P	12	22	..
☾	18	00	41
E	19	05	..
☉₄	21	13	37
●	25	17	22
S	26	10	..
A	28	15	..

LUNAR DATA
- ● – new Moon
- ☽ – first quarter
- ○ – full Moon
- ☾ – last quarter
- A – Moon in apogee
- P – Moon in perigee
- N – Moon farthest north of Equator
- E – Moon on Equator
- S – Moon farthest south of Equator

SOLAR DATA
- ☉₁ – March equinox
- ☉₂ – June solstice
- ☉₃ – September equinox
- ☉₄ – December solstice

Greenwich mean time (GMT) or universal time (UT) is the mean solar time on the Greenwich meridian reckoned in days of 24 mean solar hours written as 00^h at midnight and 12^h at noon. To convert the above times to those of other standard time meridians, add 1 hour for each 15° of east longitude of the desired meridian and subtract 1 hour for each 15° of west longitude. This table was compiled from data supplied by the Nautical Almanac Office, United States Naval Observatory.

TABLE 1.— DAILY CURRENT PREDICTIONS

EXPLANATION OF TABLE

This table gives the predicted times of slack water and the predicted times and speeds of maximum current-flood and ebb-for each day of the year at a number of stations on the Atlantic coast of North America. The times are given in hours and minutes and the speeds in knots.

Time.— The kind of time used for the predictions at each reference station is indicated by the time meridian at the bottom of each page.**Daylight saving time is not used in this publication**. If daylight saving time is required, add one (1) hour to the predicted time.

Slack water and maximum current.— The columns headed "Slack" contain the predicted times at which there is no current; or, in other words, the times at which the current has stopped setting in a given direction and is about to begin to set in the opposite direction. Offshore, where the current is rotary, slack water denotes the time of minimum current. Beginning with the slack water before flood the current increases in speed until the strength or maximum speed of the flood current is reached; it then decreases until the following slack water or slack before ebb. The ebb current now begins, increases to a maximum speed, and then decreases to the next slack. The predicted times and speeds of maximum current are given in the columns headed "Maximum". Flood speeds are marked with an "F", the ebb speeds with an "E". An entry in the "Slack" column will be slack, flood begins if the maximum current which follows it is marked "F". Otherwise the entry will be slack, ebb begins.

Direction of set.— The terms flood and ebb do not in all cases clearly indicate the direction of the current, the approximate direction toward which the currents flow are given at the top of each page to distinguish the two streams.

Number of slacks and strengths.— There are usually four slacks and four maximums each day. If one is missing in a given day, it will occur soon after midnight as the first slack or maximum of the following day. At some stations where the diurnal inequality is large, there may be on certain days a continuous flood or ebb current with varying speed throughout half the day giving only two slacks and two maximums on that particular day.

Current and tide.— It is important to notice that the predicted slacks and strengths given in this table refer to the horizontal motion of the water and not to the vertical rise and fall of the tide. The relation of current to tide is not constant, but varies from place to place, and the time of slack water does not generally coincide with the time of high or low water, nor does the time of maximum speed of the current usually coincide with the time of most rapid change in the vertical height of the tide. At stations located on a tidal river or bay the time of slack water may differ from 1 to 3 hours from the time of high or low water. The times of high and low waters are given in the tide tables published by the National Ocean Service.

Variations from predictions.— In using this table, bear in mind that actual times of slack or maximum occasionally differ from the predicted times by as much as half an hour and in rare instances the difference may be as much as an hour. Comparisons of predicted with observed times of slack water indicate that more than 90 percent of the slack waters occurred within half an hour of the predicted times. To make sure, therefore, of getting the full advantage of a favorable current or slack water, the navigator should reach the entrance or strait at least half an hour before the predicted time of the desired condition of current. Currents are frequently disturbed by wind or variations in river discharge. On days when the current is affected by such disturbing influences the times and speeds will differ from those given in the table, but local knowledge will enable one to make proper allowance for these effects.

TABLE 1.—DAILY CURRENT PREDICTIONS

Typical current curves.— The variations in the tidal current from day to day and from place to place are illustrated on the opposite page by the current curves for representative ports along the Atlantic and Gulf Coasts of the United States. Flood current is represented by the solid line curve above the zero speed (slack water) line and the ebb current by the broken line curve below the slack water line. The curves show clearly that the currents along the Atlantic coast are semi-daily (two floods and two ebbs in a day) in character with their principal variations following changes in the Moon's distance and phase. In the Gulf of Mexico, however, the currents are daily in character. As the dominant factor is the change in the Moon's declination the currents in the Gulf tend to become semi-daily when the Moon is near the Equator. By reference to the curves it will be noted that with this daily type of current there are times when the current may be erratic (marked with an asterisk), or one flood or ebb current of the day may be quite weak. Therefore in using the predictions of the current it is essential to carefully note the speeds as well as the times.

TYPICAL CURRENT CURVES FOR REFERENCE STATIONS
(flood: Solid line, Ebb: Broken Line.)

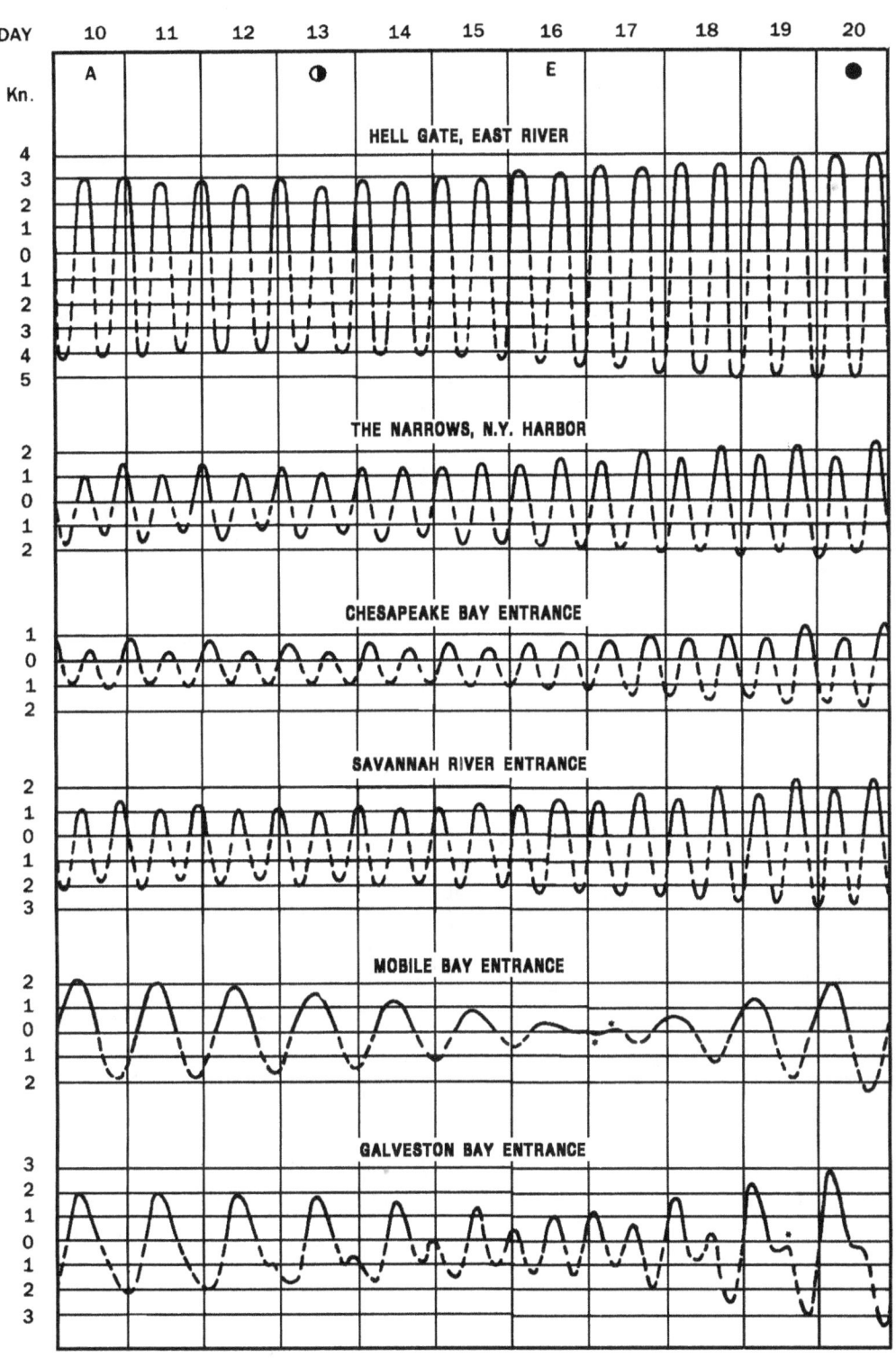

*Current weak and variable.
A discussion of these curves is given on the preceding page.

Lunar data:
A—moon in apogee
◐—last quarter
E—moon on equator
●—new moon

Bay of Fundy Entrance (Grand Manan Channel), 2000

F–Flood, Dir. 032° True   E–Ebb, Dir. 212° True

January

Day	Slack h m	Maximum h m	knots	Day	Slack h m	Maximum h m	knots
1 Sa	0055 0740 1350 2020	0405 1055 1650 2315	1.7F 1.7E 1.5F 1.3E	16 Su	0025 0655 1320 1940	0335 1015 1620 2245	2.4F 2.2E 2.1F 1.8E
2 Su	0155 0840 1455 2125	0510 1150 1755	1.7E 1.7F 1.5F	17 M	0135 0805 1430 2055	0445 1125 1730 2355	2.3F 2.3E 2.2F 1.9E
3 M	0255 0930 1545 2220	0015 0610 1245 1850	1.4E 1.7F 1.8E 1.7F	18 Tu	0245 0910 1530 2200	0555 1230 1840	2.3F 2.5E 2.5F
4 Tu	0350 1015 1630 2305	0110 0700 1330 1940	1.5E 1.8F 2.0E 1.9F	19 W	0350 1010 1630 2300	0100 0700 1330 1940	2.2E 2.5F 2.8E 2.8F
5 W	0440 1055 1715 2340	0155 0745 1415 2015	1.6E 1.9F 2.1E 2.1F	20 Th	0450 1105 1725 2350	0200 0755 1420 2030	2.4E 2.8F 3.0E 3.1F
6 Th ●	0520 1135 1750	0235 0825 1450 2055	1.8E 2.1F 2.3E 2.4F	21 F ○	0545 1155 1810	0250 0845 1510 2120	2.7E 3.0F 3.2E 3.3F
7 F	0015 0600 1210 1825	0315 0900 1525 2130	1.9E 2.3F 2.4E 2.6F	22 Sa	0040 0635 1245 1855	0340 0935 1555 2205	2.9E 3.1F 3.3E 3.5F
8 Sa	0050 0640 1245 1905	0350 0940 1600 2205	2.1E 2.4F 2.6E 2.8F	23 Su	0125 0720 1330 1940	0425 1020 1640 2245	3.0E 3.1F 3.2E 3.5F
9 Su	0125 0720 1320 1940	0430 1015 1640 2240	2.3E 2.6F 2.6E 2.9F	24 M	0205 0805 1410 2020	0510 1100 1725 2325	3.0E 3.0F 3.1E 3.3F
10 M	0200 0800 1400 2020	0505 1055 1715 2320	2.4E 2.7F 2.6E 3.0F	25 Tu	0245 0850 1455 2100	0555 1145 1805	2.9E 2.9F 2.8E
11 Tu	0240 0840 1440 2100	0545 1140 1755	2.4E 2.7F 2.6E	26 W	0325 0930 1535 2140	0005 0635 1225 1850	3.1F 2.6E 2.6F 2.4E
12 W	0320 0925 1530 2140	0005 0630 1225 1840	3.0F 2.4E 2.6F 2.5E	27 Th	0410 1015 1620 2225	0045 0720 1305 1935	2.8F 2.3E 2.2F 2.0E
13 Th	0405 1015 1620 2230	0045 0715 1310 1935	2.9F 2.4E 2.5F 2.3E	28 F ◐	0450 1105 1710 2305	0125 0805 1355 2020	2.4F 2.0E 1.9F 1.6E
14 F ◐	0455 1110 1720 2325	0135 0810 1405 2030	2.7F 2.3E 2.3F 2.1E	29 Sa	0535 1155 1810 2355	0210 0855 1445 2115	2.0F 1.7E 1.6F 1.2E
15 Sa	0555 1215 1825	0230 0910 1510 2135	2.5F 2.2E 2.2F 1.9E	30 Su	0630 1255 1925	0300 0955 1545 2225	1.6F 1.5E 1.3F 1.0E
				31 M	0055 0735 1400 2045	0400 1100 1700 2335	1.3F 1.4E 1.2F 0.9E

February

Day	Slack h m	Maximum h m	knots	Day	Slack h m	Maximum h m	knots
1 Tu	0205 0840 1505 2155	0515 1205 1815	1.2E 1.4F 1.4F	16 W	0225 0850 1510 2150	0530 1210 1825	2.0F 2.2E 2.3F
2 W	0315 0940 1600 2245	0040 0620 1300 1910	1.0E 1.3F 1.6E 1.6F	17 Th	0340 1000 1615 2255	0050 0645 1315 1930	1.9E 2.2F 2.5E 2.6F
3 Th	0415 1030 1650 2325	0135 0720 1350 1955	1.3E 1.6F 1.9E 2.0F	18 F	0445 1055 1710 2345	0150 0750 1410 2020	2.3E 2.5F 2.8E 3.0F
4 F	0505 1115 1730	0220 0805 1430 2035	1.6E 1.9F 2.1E 2.3F	19 Sa ○	0535 1150 1800	0245 0840 1500 2105	2.7E 2.8F 3.1E 3.3F
5 Sa ●	0000 0545 1150 1805	0300 0845 1510 2110	2.0E 2.2F 2.4E 2.7F	20 Su	0025 0625 1235 1840	0330 0925 1545 2150	3.0E 3.0F 3.2E 3.5F
6 Su	0035 0625 1230 1840	0335 0925 1545 2145	2.3E 2.5F 2.7E 3.0F	21 M	0105 0705 1315 1920	0410 1005 1625 2225	3.2E 3.2F 3.2E 3.5F
7 M	0105 0705 1305 1920	0410 1000 1620 2225	2.6E 2.8F 2.9E 3.3F	22 Tu	0145 0745 1355 1955	0450 1045 1705 2300	3.2E 3.1F 3.1E 3.4F
8 Tu	0140 0745 1345 1955	0445 1040 1700 2300	2.8E 3.0F 3.0E 3.4F	23 W	0220 0825 1430 2035	0530 1120 1740 2335	3.1E 3.0F 2.8E 3.2F
9 W	0215 0825 1425 2035	0525 1120 1735 2340	3.0E 3.1F 2.9E 3.4F	24 Th	0255 0905 1510 2105	0605 1155 1815	2.8E 2.7F 2.5E
10 Th	0255 0905 1510 2115	0605 1200 1820	3.0E 3.0F 2.8E	25 F	0325 0940 1545 2140	0010 0640 1230 1850	2.9F 2.5E 2.4F 2.0E
11 F	0335 0950 1555 2200	0020 0645 1245 1905	3.3F 2.9E 2.9F 2.5E	26 Sa ◐	0400 1020 1625 2215	0045 0720 1310 1930	2.5F 2.1E 2.0F 1.5E
12 Sa	0420 1040 1650 2250	0105 0735 1335 1955	3.0F 2.7E 2.6F 2.2E	27 Su	0435 1105 1715 2300	0120 0800 1355 2015	2.0F 1.7E 1.6F 1.1E
13 Su	0515 1140 1755 2350	0155 0830 1435 2100	2.7F 2.4E 2.3F 1.9E	28 M	0520 1155 1825 2355	0200 0850 1445 2125	1.6F 1.4E 1.3F 0.8E
14 M	0615 1245 1910	0255 0940 1545 2215	2.3F 2.2E 2.1F 1.7E	29 Tu	0620 1305 2005	0255 1000 1600 2250	1.2F 1.1E 1.1F 0.6E
15 Tu	0105 0730 1400 2035	0410 1055 1705 2335	2.0F 2.1F 1.7E				

March

Day	Slack h m	Maximum h m	knots	Day	Slack h m	Maximum h m	knots
1 W	0115 0740 1420 2130	0415 1125 1735	1.0F 1.1E 1.2F	16 Th	0210 0835 1455 2140	0515 1155 1810	1.7F 2.0E 2.2F
2 Th	0245 0905 1530 2225	0015 0545 1235 1845	0.8E 1.0F 1.4E 1.5F	17 F	0330 0945 1600 2240	0040 0635 1300 1915	1.9E 2.0F 2.4E 2.6F
3 F	0355 1005 1620 2305	0115 0655 1325 1935	1.2E 1.4F 1.7E 1.9F	18 Sa	0435 1045 1655 2325	0140 0740 1355 2005	2.3E 2.4F 2.7E 3.0F
4 Sa	0445 1055 1705 2335	0200 0745 1410 2015	1.7E 1.8F 2.1E 2.4F	19 Su	0525 1135 1740	0230 0825 1440 2050	2.8E 2.8F 3.0E 3.3F
5 Su ●	0530 1135 1740	0240 0830 1445 2050	2.1E 2.3F 2.5E 2.9F	20 M ○	0005 0610 1215 1820	0310 0910 1525 2125	3.1E 3.0F 3.1E 3.5F
6 M	0010 0610 1210 1820	0315 0905 1525 2125	2.6E 2.7F 2.9E 3.3F	21 Tu	0045 0645 1255 1855	0350 0945 1600 2200	3.2E 3.2F 3.1E 3.5F
7 Tu	0040 0645 1250 1855	0350 0945 1600 2200	3.0E 3.1F 3.1E 3.6F	22 W	0115 0725 1330 1930	0425 1020 1635 2235	3.3E 3.2F 3.0E 3.4F
8 W	0115 0725 1325 1930	0425 1020 1635 2235	3.2E 3.3F 3.2E 3.7F	23 Th	0150 0800 1405 2000	0500 1055 1710 2305	3.1E 3.0F 2.7E 3.1F
9 Th	0150 0800 1405 2010	0500 1100 1715 2315	3.4E 3.4F 3.2E 3.7F	24 F	0220 0830 1440 2030	0530 1125 1740 2335	2.9E 2.8F 2.4E 2.8F
10 F	0225 0840 1445 2050	0540 1140 1755 2355	3.4E 3.4F 3.0E 3.5F	25 Sa	0245 0905 1510 2105	0600 1200 1815	2.5E 2.5F 1.9E
11 Sa	0305 0925 1530 2135	0620 1220 1835	3.2E 3.1F 2.6E	26 Su	0315 0940 1545 2135	0005 0635 1230 1845	2.4F 2.2E 2.1F 1.5E
12 Su	0350 1015 1625 2225	0040 0705 1310 1930	3.2F 2.8E 2.8F 2.2E	27 M	0345 1020 1630 2215	0040 0710 1310 1925	2.0F 1.8E 1.7F 1.1E
13 M ◐	0440 1110 1730 2325	0130 0800 1405 2035	2.7F 2.4E 2.4F 1.8E	28 Tu	0425 1110 1730 2305	0120 0755 1400 2030	1.6F 1.4E 1.4F 0.7E
14 Tu	0545 1220 1855	0225 0910 1520 2155	2.2F 2.1E 2.0F 1.5E	29 W	0520 1215 1915	0210 0905 1510 2210	1.2F 1.1E 1.1F 0.6E
15 W	0040 0705 1335 2025	0345 1035 1645 2325	1.8F 1.9E 1.9F 1.6E	30 Th	0030 0650 1335 2050	0330 1040 1645 2340	0.9F 1.0E 1.2F 0.8E
				31 F	0215 0830 1450 2150	0510 1200 1810	1.0F 1.3E 1.5F

Time meridian 60° W. 0000 is midnight. 1200 is noon.

Bay of Fundy Entrance (Grand Manan Channel), 2000

F—Flood, Dir. 032° True   E—Ebb, Dir. 212° True

April

Day	Slack h m	Maximum h m	knots	Day	Slack h m	Maximum h m	knots
1 Sa	— / 0330 / 0940 / 1545 / 2230	0045 / 0630 / 1255 / 1900	1.3E / 1.4F / 1.7E / 2.0F	16 Su	0415 / 1030 / 1630 / 2300	0115 / 0720 / 1335 / 1945	2.4E / 2.3F / 2.5E / 2.9F
2 Su	0420 / 1030 / 1630 / 2305	0130 / 0720 / 1340 / 1945	1.8E / 1.9F / 2.2E / 2.6F	17 M	0505 / 1115 / 1710 / 2340	0205 / 0805 / 1420 / 2025	2.8E / 2.7F / 2.8E / 3.1F
3 M	0505 / 1110 / 1715 / 2340	0210 / 0805 / 1420 / 2020	2.4E / 2.5F / 2.6E / 3.1F	18 Tu ○	0545 / 1155 / 1750	0245 / 0845 / 1500 / 2100	3.0E / 2.9F / 2.9E / 3.3F
4 Tu ●	0545 / 1150 / 1750	0245 / 0840 / 1500 / 2100	2.9E / 2.9F / 3.0E / 3.5F	19 W	0015 / 0620 / 1230 / 1825	0320 / 0920 / 1535 / 2130	3.2E / 3.0F / 2.9E / 3.3F
5 W	0010 / 0620 / 1225 / 1830	0320 / 0920 / 1535 / 2135	3.3E / 3.3F / 3.2E / 3.7F	20 Th	0045 / 0655 / 1305 / 1900	0355 / 0955 / 1610 / 2200	3.1E / 3.0F / 2.7E / 3.2F
6 Th	0045 / 0700 / 1305 / 1905	0400 / 0955 / 1610 / 2210	3.5E / 3.6F / 3.3E / 3.8F	21 F	0115 / 0730 / 1340 / 1930	0430 / 1025 / 1640 / 2230	3.0E / 2.9F / 2.5E / 3.0F
7 F	0125 / 0740 / 1345 / 1945	0435 / 1035 / 1650 / 2250	3.6E / 3.6F / 3.2E / 3.8F	22 Sa	0145 / 0810 / 1410 / 2000	0500 / 1055 / 1710 / 2300	2.8E / 2.7F / 2.2E / 2.7F
8 Sa	0200 / 0820 / 1425 / 2025	0515 / 1115 / 1730 / 2330	3.5E / 3.5F / 3.0E / 3.5F	23 Su	0210 / 0835 / 1440 / 2030	0530 / 1130 / 1745 / 2335	2.5E / 2.5F / 1.9E / 2.4F
9 Su	0240 / 0905 / 1515 / 2110	0555 / 1200 / 1815	3.3E / 3.2F / 2.6E	24 M	0240 / 0910 / 1520 / 2105	0600 / 1205 / 1815	2.2F / 2.2F / 1.5E
10 M	0325 / 0950 / 1605 / 2205	0015 / 0645 / 1250 / 1910	3.1F / 2.9E / 2.8F / 2.2E	25 Tu	0315 / 0945 / 1600 / 2150	0010 / 0635 / 1240 / 1900	2.0F / 1.8E / 1.9F / 1.2E
11 Tu ◐	0415 / 1050 / 1715 / 2305	0105 / 0740 / 1345 / 2020	2.6F / 2.4E / 2.4F / 1.7E	26 W	0355 / 1035 / 1700 / 2245	0050 / 0720 / 1330 / 2000	1.6F / 1.5E / 1.6F / 0.9E
12 W	0525 / 1155 / 1840	0205 / 0850 / 1500 / 2140	2.0F / 2.0E / 2.0F / 1.5E	27 Th	0450 / 1135 / 1825	0145 / 0830 / 1440 / 2130	1.3F / 1.2E / 1.4F / 0.8E
13 Th	0025 / 0650 / 1315 / 2010	0325 / 1015 / 1625 / 2310	1.7F / 1.8E / 1.9F / 1.6E	28 F	0005 / 0615 / 1250 / 1955	0300 / 0955 / 1600 / 2255	1.1F / 1.1E / 1.4F / 1.0E
14 F	0155 / 0820 / 1430 / 2120	0500 / 1135 / 1750	1.6F / 2.0E / 2.2F	29 Sa	0135 / 0750 / 1405 / 2100	0435 / 1115 / 1720	1.2F / 1.4E / 1.7F
15 Sa	0315 / 0930 / 1535 / 2215	0020 / 0620 / 1240 / 1855	1.9E / 1.9F / 2.2E / 2.5F	30 Su	0250 / 0900 / 1505 / 2145	0000 / 0550 / 1215 / 1820	1.5E / 1.5F / 1.7E / 2.1F

May

Day	Slack h m	Maximum h m	knots	Day	Slack h m	Maximum h m	knots
1 M	0345 / 0955 / 1555 / 2225	0050 / 0645 / 1305 / 1910	2.0E / 2.0F / 2.2E / 2.6F	16 Tu	0435 / 1050 / 1640 / 2310	0135 / 0740 / 1350 / 1950	2.6E / 2.4F / 2.4E / 2.8F
2 Tu	0435 / 1040 / 1640 / 2305	0135 / 0735 / 1350 / 1950	2.5E / 2.6F / 2.6E / 3.1F	17 W	0515 / 1130 / 1720 / 2345	0215 / 0820 / 1430 / 2030	2.8E / 2.6F / 2.5E / 2.9F
3 W	0515 / 1125 / 1725 / 2345	0215 / 0815 / 1430 / 2030	3.0E / 3.0F / 2.9E / 3.4F	18 Th ○	0555 / 1210 / 1800	0255 / 0855 / 1510 / 2100	2.9E / 2.7F / 2.5E / 2.9F
4 Th ●	0555 / 1205 / 1805	0255 / 0855 / 1510 / 2110	3.4E / 3.4F / 3.1E / 3.7F	19 F	0015 / 0630 / 1245 / 1830	0330 / 0925 / 1545 / 2135	2.9E / 2.8F / 2.4E / 2.8F
5 F	0020 / 0635 / 1245 / 1845	0335 / 0935 / 1550 / 2150	3.6E / 3.6F / 3.2E / 3.7F	20 Sa	0045 / 0700 / 1315 / 1905	0400 / 1000 / 1615 / 2205	2.8E / 2.7F / 2.2E / 2.7F
6 Sa	0100 / 0720 / 1330 / 1925	0415 / 1015 / 1630 / 2230	3.6E / 3.6F / 3.1E / 3.6F	21 Su	0115 / 0735 / 1350 / 1935	0430 / 1030 / 1650 / 2235	2.6E / 2.6F / 2.0E / 2.5F
7 Su	0140 / 0800 / 1415 / 2010	0455 / 1100 / 1715 / 2315	3.5E / 3.5F / 2.9E / 3.3F	22 M	0145 / 0810 / 1420 / 2010	0505 / 1105 / 1725 / 2310	2.4E / 2.4F / 1.8E / 2.3F
8 M	0220 / 0845 / 1500 / 2100	0540 / 1145 / 1805	3.2E / 3.2F / 2.5E	23 Tu	0215 / 0845 / 1500 / 2050	0535 / 1140 / 1800 / 2350	2.2E / 2.3F / 1.6E / 2.1F
9 Tu	0310 / 0935 / 1555 / 2155	0000 / 0630 / 1235 / 1900	2.9F / 2.8E / 2.8F / 2.2E	24 W	0250 / 0925 / 1545 / 2135	0615 / 1220 / 1845	2.1E / 2.1F / 1.4E
10 W ◐	0400 / 1030 / 1700 / 2255	0050 / 0725 / 1330 / 2005	2.5F / 2.4E / 2.5F / 1.8E	25 Th	0335 / 1010 / 1635 / 2235	0035 / 0700 / 1310 / 1945	1.8F / 1.7E / 1.9F / 1.3E
11 Th	0510 / 1135 / 1820	0155 / 0835 / 1440 / 2125	2.0F / 2.0E / 2.1F / 1.6E	26 F ○	0435 / 1105 / 1745 / 2340	0130 / 0800 / 1410 / 2055	1.6F / 1.5E / 1.8F / 1.2E
12 F	0015 / 0630 / 1245 / 1940	0310 / 0950 / 1600 / 2240	1.7F / 1.7E / 2.0F / 1.7E	27 Sa	0545 / 1210 / 1855	0235 / 0915 / 1520 / 2205	1.4F / 1.4E / 1.8F / 1.4E
13 Sa	0135 / 0755 / 1400 / 2050	0435 / 1105 / 1720 / 2350	1.7F / 1.9E / 2.1F / 1.9E	28 Su	0100 / 0705 / 1315 / 2000	0350 / 1030 / 1630 / 2315	1.5F / 1.5E / 1.9F / 1.7E
14 Su	0245 / 0905 / 1500 / 2145	0555 / 1210 / 1820	1.9F / 2.1E / 2.4F	29 M	0205 / 0820 / 1420 / 2055	0505 / 1130 / 1735	1.7F / 1.8E / 2.2F
15 M	0345 / 1005 / 1555 / 2230	0045 / 0650 / 1305 / 1910	2.3E / 2.2F / 2.3E / 2.6F	30 Tu	0305 / 0920 / 1515 / 2145	0010 / 0610 / 1230 / 1830	2.1E / 2.1F / 2.1E / 2.6F
				31 W	0400 / 1015 / 1610 / 2230	0100 / 0700 / 1320 / 1920	2.6E / 2.6F / 2.4E / 2.9F

June

Day	Slack h m	Maximum h m	knots	Day	Slack h m	Maximum h m	knots
1 Th	0445 / 1100 / 1655 / 2315	0145 / 0750 / 1405 / 2005	3.0E / 3.0F / 2.7E / 3.2F	16 F ○	0525 / 1150 / 1730 / 2345	0225 / 0830 / 1445 / 2035	2.5E / 2.4F / 2.0E / 2.4F
2 F ●	0535 / 1150 / 1745	0230 / 0835 / 1450 / 2050	3.3E / 3.3F / 2.9E / 3.4F	17 Sa	0605 / 1225 / 1810	0305 / 0905 / 1525 / 2110	2.5E / 2.5F / 2.0E / 2.4F
3 Sa	0000 / 0615 / 1235 / 1830	0315 / 0920 / 1535 / 2130	3.4E / 3.5F / 3.0E / 3.5F	18 Su	0020 / 0640 / 1300 / 1845	0340 / 0940 / 1600 / 2145	2.5E / 2.5F / 2.0E / 2.4F
4 Su	0040 / 0700 / 1320 / 1915	0355 / 1000 / 1620 / 2215	3.5E / 3.5F / 3.0E / 3.4F	19 M	0050 / 0715 / 1335 / 1920	0410 / 1010 / 1635 / 2220	2.5E / 2.6F / 2.0E / 2.4F
5 M	0125 / 0745 / 1405 / 2000	0440 / 1045 / 1710 / 2300	3.4E / 3.4F / 2.8E / 3.2F	20 Tu	0125 / 0745 / 1405 / 2000	0445 / 1045 / 1710 / 2255	2.4E / 2.6F / 2.0E / 2.3F
6 Tu	0210 / 0830 / 1455 / 2050	0530 / 1135 / 1800 / 2350	3.2E / 3.2F / 2.6E / 2.9F	21 W	0200 / 0825 / 1445 / 2040	0520 / 1125 / 1750 / 2335	2.3E / 2.6F / 1.9E / 2.3F
7 W	0300 / 0920 / 1545 / 2145	0620 / 1220 / 1850	2.8E / 3.0F / 2.3E	22 Th	0240 / 0900 / 1525 / 2125	0600 / 1205 / 1830	2.2E / 2.5F / 1.9E
8 Th	0350 / 1015 / 1645 / 2245	0040 / 0710 / 1315 / 1950	2.5F / 2.5E / 2.6F / 2.1E	23 F	0325 / 0945 / 1610 / 2215	0020 / 0645 / 1250 / 1920	2.1F / 2.1E / 2.4F / 1.8E
9 F	0455 / 1110 / 1750 / 2350	0140 / 0815 / 1415 / 2100	2.1F / 2.1E / 2.3F / 1.9E	24 Sa ◐	0415 / 1035 / 1705 / 2315	0110 / 0735 / 1340 / 2015	2.0F / 1.9E / 2.3F / 1.8E
10 Sa	0605 / 1210 / 1900	0245 / 0920 / 1520 / 2205	1.8F / 1.9E / 2.1F / 1.8E	25 Su	0515 / 1130 / 1805	0205 / 0835 / 1435 / 2120	1.9F / 1.8E / 2.2F / 1.8E
11 Su	0100 / 0720 / 1315 / 2005	0400 / 1030 / 1630 / 2310	1.7F / 1.8E / 2.0F / 1.9E	26 M	0015 / 0625 / 1230 / 1905	0310 / 0940 / 1540 / 2220	1.9F / 1.7E / 2.2F / 2.0E
12 M	0210 / 0830 / 1420 / 2100	0510 / 1130 / 1735	1.7F / 1.8E / 2.1F	27 Tu	0125 / 0740 / 1335 / 2010	0420 / 1045 / 1645 / 2325	1.9F / 1.8E / 2.2F / 2.2E
13 Tu	0310 / 0930 / 1515 / 2150	0010 / 0615 / 1230 / 1830	2.1E / 1.9F / 1.8E / 2.2F	28 W	0230 / 0845 / 1440 / 2110	0530 / 1150 / 1750	2.1F / 1.9E / 2.4F
14 W	0400 / 1025 / 1605 / 2235	0100 / 0705 / 1320 / 1920	2.2E / 2.1F / 1.9E / 2.3F	29 Th	0330 / 0950 / 1540 / 2200	0025 / 0630 / 1250 / 1850	2.5E / 2.4F / 2.2E / 2.7F
15 Th	0445 / 1110 / 1650 / 2310	0145 / 0750 / 1405 / 2000	2.4E / 2.3F / 2.0E / 2.3F	30 F	0425 / 1045 / 1635 / 2255	0120 / 0725 / 1345 / 1945	2.8E / 2.8F / 2.4E / 2.9F

Time meridian 60° W. 0000 is midnight. 1200 is noon.

Bay of Fundy Entrance (Grand Manan Channel), 2000

F—Flood, Dir. 032° True   E—Ebb, Dir. 212° True

July

Day	Slack h m	Maximum h m	knots	Day	Slack h m	Maximum h m	knots
1 Sa ●	0515 1135 1730 2340	0210 0820 1435 2035	3.0E 3.1F 2.7E 3.1F	16 Su ○	0540 1210 1755	0240 0845 1510 2055	2.2E 2.3F 1.8E 2.1F
2 Su	0600 1225 1820	0300 0905 1525 2120	3.2E 3.3F 2.9E 3.2F	17 M	0000 0620 1245 1830	0320 0920 1545 2130	2.3E 2.5F 2.0E 2.3F
3 M	0030 0650 1310 1905	0345 0950 1615 2205	3.3E 3.5F 2.9E 3.2F	18 Tu	0035 0650 1315 1910	0355 0955 1620 2205	2.5E 2.7F 2.2E 2.4F
4 Tu	0115 0735 1355 1955	0430 1035 1700 2255	3.3E 3.5F 2.9E 3.1F	19 W	0110 0725 1350 1945	0430 1030 1655 2245	2.5E 2.8F 2.3E 2.6F
5 W	0200 0820 1445 2045	0520 1120 1750 2340	3.2E 3.4F 2.8E 2.9F	20 Th	0145 0805 1425 2025	0505 1105 1730 2320	2.6E 2.9F 2.4E 2.6F
6 Th	0250 0905 1530 2130	0605 1205 1835	2.9E 3.2F 2.6E	21 F	0225 0840 1500 2110	0540 1145 1810	2.5E 3.0F 2.4E
7 F	0340 0950 1620 2225	0025 0655 1255 1930	2.7F 2.6E 2.9F 2.4E	22 Sa	0305 0920 1540 2155	0005 0620 1225 1850	2.6F 2.5E 2.9F 2.4E
8 Sa ☾	0430 1040 1710 2320	0115 0745 1340 2020	2.3F 2.3E 2.5F 2.1E	23 Su	0355 1005 1625 2245	0045 0705 1310 1940	2.5F 2.3E 2.8F 2.3E
9 Su	0530 1130 1805	0210 0840 1435 2120	2.0F 1.9E 2.2F 1.9E	24 M ☾	0445 1050 1720 2340	0135 0755 1400 2035	2.4F 2.1E 2.6F 2.2E
10 M	0015 0635 1225 1905	0310 0940 1535 2220	1.7F 1.6E 1.9F 1.8E	25 Tu	0545 1150 1815	0235 0855 1455 2135	2.2F 1.9E 2.3F 2.1E
11 Tu	0120 0745 1330 2010	0420 1045 1640 2325	1.6F 1.4E 1.7F 1.7E	26 W	0045 0700 1255 1925	0340 1005 1605 2245	2.1F 1.7E 2.2F 2.1E
12 W	0225 0900 1430 2105	0530 1150 1745	1.5F 1.3E 1.6F	27 Th	0150 0820 1405 2035	0455 1120 1715 2355	2.1F 1.7E 2.2F 2.3E
13 Th	0325 1000 1530 2200	0025 0635 1250 1840	1.8E 1.7F 1.4E 1.7F	28 F	0300 0930 1520 2140	0605 1230 1825	2.3F 1.9E 2.3F
14 F	0415 1055 1625 2245	0115 0725 1345 1930	1.9E 1.8F 1.5E 1.8F	29 Sa	0405 1035 1625 2240	0100 0710 1335 1930	2.5E 2.6F 2.2E 2.5F
15 Sa	0500 1135 1710 2325	0200 0810 1430 2015	2.0E 2.0F 1.7E 2.0F	30 Su ●	0500 1130 1720 2335	0155 0805 1430 2025	2.8E 2.9F 2.6E 2.8F
				31 M	0550 1215 1815	0250 0855 1520 2115	3.1E 3.3F 2.9E 3.1F

August

Day	Slack h m	Maximum h m	knots	Day	Slack h m	Maximum h m	knots
1 Tu	0020 0635 1300 1900	0335 0940 1605 2200	3.3E 3.5F 3.1E 3.2F	16 W	0020 0630 1255 1855	0335 0935 1600 2150	2.5E 2.9F 2.5E 2.7F
2 W	0105 0720 1345 1945	0420 1025 1650 2240	3.3E 3.6F 3.1E 3.2F	17 Th	0055 0705 1325 1930	0410 1010 1635 2225	2.7E 3.2F 2.7E 2.9F
3 Th	0150 0800 1425 2030	0505 1105 1730 2325	3.3E 3.5F 3.1E 3.1F	18 F	0130 0740 1400 2005	0440 1045 1705 2300	2.9E 3.3F 2.9E 3.0F
4 F	0235 0840 1505 2110	0545 1145 1815	3.1E 3.4F 2.9E	19 Sa	0205 0815 1435 2045	0515 1120 1745 2340	2.9E 3.4F 3.0E 3.0F
5 Sa	0315 0920 1545 2155	0005 0630 1225 1855	2.9F 2.7E 3.1F 2.6E	20 Su	0245 0850 1510 2125	0555 1200 1820	2.8E 3.3F 2.9E
6 Su ☾	0400 1000 1625 2240	0050 0710 1305 1940	2.5F 2.3E 2.7F 2.3E	21 M	0330 0935 1550 2215	0020 0635 1240 1905	2.9F 2.6E 3.1F 2.7E
7 M	0450 1045 1710 2330	0130 0755 1350 2030	2.2F 1.8E 2.2F 1.9E	22 Tu ☾	0420 1020 1640 2305	0110 0725 1325 1955	2.7F 2.3E 2.8F 2.5E
8 Tu	0545 1130 1805	0220 0850 1435 2125	1.8F 1.4E 1.8F 1.6E	23 W	0515 1115 1735	0200 0820 1420 2100	2.4F 1.9E 2.4F 2.2E
9 W	0030 0655 1230 1905	0320 0955 1535 2235	1.4F 1.0E 1.4F 1.4E	24 Th	0010 0630 1220 1845	0305 0935 1530 2215	2.1F 1.6E 2.0F 2.0E
10 Th	0135 0825 1340 2020	0435 1110 1650 2345	1.2F 0.9E 1.2F 1.4E	25 F	0120 0755 1345 2010	0425 1100 1650 2335	2.0F 1.5E 1.9F 2.1E
11 F	0245 0945 1500 2125	0555 1225 1805	1.3F 1.0E 1.2F	26 Sa	0235 0920 1505 2125	0550 1220 1815	2.1F 1.7E 2.0F
12 Sa	0350 1040 1605 2220	0050 0705 1325 1910	1.5E 1.5F 1.2E 1.4F	27 Su	0345 1025 1615 2230	0045 0700 1325 1920	2.3F 2.5F 2.2E 2.3F
13 Su	0440 1120 1655 2305	0140 0750 1415 2000	1.7E 1.8F 1.5E 1.7F	28 M	0445 1120 1715 2325	0145 0800 1420 2015	2.7F 2.9F 2.6E 2.7F
14 M	0520 1155 1740 2345	0225 0830 1455 2040	2.0F 2.2F 1.8E 2.0F	29 Tu ●	0535 1205 1805	0225 0845 1505 2105	3.0E 3.3F 3.0E 3.1F
15 Tu ○	0555 1225 1815	0300 0905 1525 2115	2.3E 2.5F 2.2E 2.4F	30 W	0010 0620 1245 1845	0320 0925 1550 2145	3.3E 3.6F 3.3E 3.3F
				31 Th	0055 0700 1325 1930	0405 1005 1630 2225	3.4E 3.7F 3.4E 3.3F

September

Day	Slack h m	Maximum h m	knots	Day	Slack h m	Maximum h m	knots
1 F	0135 0740 1400 2005	0445 1045 1710 2305	3.3E 3.6F 3.3E 3.2F	16 Sa	0110 0710 1330 1940	0415 1015 1640 2240	3.1E 3.6F 3.3E 3.4F
2 Sa	0215 0815 1435 2045	0520 1120 1745 2340	3.1E 3.4F 3.1E 3.0F	17 Su	0145 0750 1405 2020	0450 1055 1715 2315	3.1E 3.7F 3.3E 3.4F
3 Su	0250 0850 1510 2125	0600 1150 1820	2.7E 3.1F 2.8E	18 M	0225 0825 1440 2100	0530 1130 1755 2355	3.0E 3.5F 3.2E 3.2F
4 M	0330 0925 1545 2200	0015 0635 1225 1900	2.6F 2.2E 2.7F 2.4E	19 Tu	0305 0905 1520 2145	0610 1210 1835	2.7E 3.2F 2.9E
5 Tu ☾	0410 1000 1620 2245	0055 0715 1305 1940	2.2F 1.7E 2.2F 1.9E	20 W ○	0355 0955 1610 2240	0045 0700 1300 1930	2.9F 2.3E 2.8F 2.6E
6 W	0455 1040 1700 2335	0135 0800 1345 2030	1.8F 1.2E 1.7F 1.5E	21 Th	0455 1050 1705 2340	0135 0755 1355 2030	2.5F 1.9E 2.3F 2.2E
7 Th	0600 1135 1755	0225 0900 1435 2140	1.4F 0.8E 1.2F 1.2E	22 F	0610 1200 1820	0240 0915 1505 2150	2.1F 1.5E 1.9F 1.9E
8 F	0040 0745 1250 1920	0335 1030 1550 2305	1.1F 0.6E 0.9F 1.1E	23 Sa	0055 0745 1330 1955	0405 1045 1635 2320	1.9F 1.5E 1.7F 1.9E
9 Sa	0200 0925 1430 2055	0515 1200 1730	1.1F 0.7E 0.9F	24 Su	0220 0910 1455 2115	0535 1205 1805	2.1F 1.8E 1.9F
10 Su	0315 1020 1545 2200	0020 0640 1305 1850	1.2E 1.4F 1.1E 1.2F	25 M	0330 1010 1605 2220	0030 0645 1310 1910	2.2E 2.5F 2.2E 2.3F
11 M	0410 1100 1640 2245	0115 0725 1350 1940	1.6E 1.8F 1.5E 1.6F	26 Tu	0425 1100 1700 2310	0130 0740 1405 2005	2.6E 2.9F 2.7E 2.7F
12 Tu	0450 1130 1720 2325	0200 0805 1430 2015	1.9E 2.2F 2.0E 2.1F	27 W ●	0515 1145 1745 2355	0220 0825 1450 2045	3.0E 3.3F 3.1E 3.1F
13 W	0530 1155 1755	0235 0835 1500 2050	2.3F 2.7F 2.4E 2.5F	28 Th	0555 1220 1825	0300 0905 1530 2125	3.2E 3.5F 3.3E 3.3F
14 Th	0000 0605 1225 1830	0310 0910 1535 2125	2.7E 3.1F 2.8E 2.9F	29 F	0035 0635 1300 1905	0340 0940 1605 2205	3.2E 3.6F 3.4E 3.3F
15 F	0035 0635 1255 1905	0345 0945 1605 2200	2.9E 3.4F 3.1E 3.2F	30 Sa	0115 0710 1330 1940	0420 1015 1640 2235	3.1E 3.5F 3.3E 3.2F

Time meridian 60° W. 0000 is midnight. 1200 is noon.

Bay of Fundy Entrance (Grand Manan Channel), 2000

F—Flood, Dir. 032° True   E—Ebb, Dir. 212° True

October

Day	Slack h m	Maximum h m	knots	Day	Slack h m	Maximum h m	knots
1 Su	0150 0745 1405 2015	0455 1050 1715 2310	2.9E 3.3F 3.1E 3.0F	16 M	0125 0725 1335 1955	0430 1030 1650 2255	3.1E 3.7F 3.5E 3.5F
2 M	0225 0820 1435 2050	0530 1120 1750 2345	2.5E 3.0F 2.7E 2.6F	17 Tu	0205 0805 1415 2040	0510 1110 1730 2335	3.0E 3.5F 3.3E 3.3F
3 Tu	0300 0850 1505 2125	0600 1150 1820	2.1E 2.6F 2.3E	18 W	0250 0845 1500 2125	0550 1150 1815	2.7E 3.2F 3.0E
4 W	0335 0925 1535 2205	0020 0635 1225 1855	2.2F 1.6E 2.1F 1.9E	19 Th	0340 0935 1550 2220	0025 0640 1240 1910	3.0F 2.3E 2.7F 2.6E
5 Th ◐	0420 1000 1610 2250	0100 0715 1305 1940	1.8F 1.2E 1.6F 1.4E	20 F ○	0440 1035 1650 2320	0115 0745 1335 2015	2.5F 1.9E 2.2F 2.1E
6 F	0520 1050 1700 2355	0145 0815 1350 2045	1.4F 0.7E 1.2F 1.1E	21 Sa	0600 1150 1805	0225 0905 1450 2135	2.2F 1.6E 1.8F 1.9E
7 Sa	0655 1210 1825	0250 0950 1505 2220	1.1F 0.6E 0.8F 1.0E	22 Su	0035 0725 1320 1935	0345 1030 1620 2300	2.0F 1.6E 1.7F 1.9E
8 Su	0115 0840 1355 2015	0425 1125 1650 2340	1.1F 0.7E 0.8F 1.1E	23 M	0155 0845 1440 2055	0510 1145 1745	2.1F 1.9E 1.9F
9 M	0230 0940 1515 2125	0555 1230 1815	1.4F 1.1E 1.2F	24 Tu	0305 0945 1545 2200	0010 0620 1250 1850	2.2E 2.5F 2.3E 2.3F
10 Tu	0330 1020 1605 2215	0040 0650 1315 1905	1.5E 1.8F 1.6E 1.7F	25 W	0400 1035 1640 2250	0105 0715 1340 1940	2.5E 2.8F 2.7E 2.6F
11 W	0415 1050 1650 2255	0125 0730 1355 1950	1.9E 2.3F 2.2E 2.2F	26 Th	0450 1115 1720 2335	0155 0800 1420 2025	2.8E 3.1F 3.0E 2.9F
12 Th	0455 1120 1725 2330	0205 0805 1430 2025	2.3E 2.8F 2.6E 2.7F	27 F ●	0530 1155 1800	0235 0840 1500 2100	2.9E 3.3F 3.2E 3.1F
13 F ○	0530 1155 1805	0240 0840 1505 2100	2.7E 3.2F 3.1E 3.1F	28 Sa	0015 0610 1230 1840	0315 0915 1540 2140	2.9E 3.3F 3.3E 3.1F
14 Sa	0010 0610 1225 1840	0315 0915 1540 2135	3.0E 3.5F 3.4E 3.4F	29 Su	0050 0645 1300 1915	0355 0945 1615 2210	2.8E 3.2F 3.1E 3.0F
15 Su	0045 0645 1300 1915	0350 0950 1615 2215	3.1E 3.7F 3.5E 3.5F	30 M	0125 0720 1330 1950	0430 1020 1645 2245	2.6E 3.0F 2.9E 2.8F
				31 Tu	0200 0750 1400 2020	0500 1050 1720 2315	2.3E 2.7F 2.6E 2.6F

November

Day	Slack h m	Maximum h m	knots	Day	Slack h m	Maximum h m	knots
1 W	0235 0825 1430 2055	0535 1120 1750 2350	1.9E 2.4F 2.2E 2.2F	16 Th	0240 0835 1445 2110	0540 1135 1805	2.6E 3.0F 3.0E
2 Th	0310 0855 1500 2135	0610 1155 1825	1.6E 2.0F 1.9E	17 F	0330 0925 1535 2205	0010 0635 1225 1855	3.0F 2.3E 2.6F 2.6E
3 F	0355 0935 1540 2220	0030 0650 1235 1910	1.9F 1.2E 1.6F 1.5E	18 Sa ○	0430 1030 1635 2305	0105 0735 1325 2000	2.7F 2.0E 2.2F 2.2E
4 Sa ◐	0450 1030 1630 2315	0115 0750 1325 2010	1.6F 0.9E 1.3F 1.2E	19 Su	0540 1140 1750	0205 0850 1435 2115	2.3F 1.8E 1.9F 2.0E
5 Su	0605 1145 1750	0215 0910 1435 2135	1.4F 0.8E 1.0F 1.1E	20 M	0010 0700 1255 1915	0320 1005 1555 2230	2.2F 1.8E 1.8F 1.9E
6 M	0025 0730 1315 1925	0335 1035 1605 2250	1.3F 0.9E 1.0F 1.2E	21 Tu	0120 0810 1410 2030	0440 1115 1715 2335	2.2F 2.0E 1.9F 2.0E
7 Tu	0140 0835 1430 2040	0455 1130 1725 2355	1.5F 1.3E 1.3F 1.5E	22 W	0230 0910 1515 2135	0545 1215 1820	2.3F 2.3E 2.1F
8 W	0240 0925 1525 2135	0555 1230 1825	1.9F 1.8E 1.8F	23 Th	0325 1000 1610 2225	0035 0640 1305 1915	2.2E 2.6F 2.6E 2.4F
9 Th	0330 1005 1610 2220	0045 0645 1315 1910	1.9E 2.3F 2.3E 2.3F	24 F	0415 1045 1655 2310	0125 0730 1355 2000	2.4E 2.7F 2.8E 2.6F
10 F	0420 1045 1655 2305	0130 0730 1355 1955	2.3E 2.8F 2.7E 2.7F	25 Sa ●	0500 1125 1735 2355	0210 0810 1435 2040	2.5E 2.8F 2.9E 2.8F
11 Sa ○	0500 1120 1735 2345	0210 0810 1435 2035	2.6E 3.2F 3.1E 3.1F	26 Su	0540 1200 1815	0250 0845 1510 2115	2.5E 2.9F 2.9E 2.8F
12 Su	0540 1200 1815	0250 0845 1510 2115	2.9E 3.4F 3.4E 3.4F	27 M	0030 0620 1235 1850	0330 0920 1550 2150	2.4E 2.8F 2.8E 2.8F
13 M	0025 0620 1235 1855	0330 0925 1545 2155	3.0E 3.6F 3.5E 3.5F	28 Tu	0105 0655 1305 1925	0405 0955 1620 2220	2.3E 2.7F 2.7E 2.7F
14 Tu	0105 0705 1315 1935	0410 1010 1630 2235	3.0E 3.5F 3.5E 3.5F	29 W	0140 0730 1335 2000	0440 1030 1655 2255	2.1E 2.5F 2.5E 2.5F
15 W	0150 0750 1400 2020	0455 1050 1715 2320	2.9E 3.4F 3.3E 3.3F	30 Th	0215 0805 1410 2035	0515 1100 1730 2330	1.9E 2.3F 2.2E 2.3F

December

Day	Slack h m	Maximum h m	knots	Day	Slack h m	Maximum h m	knots
1 F	0255 0840 1440 2110	0555 1140 1805	1.6E 2.0F 2.0E	16 Sa	0320 0920 1525 2145	0000 0625 1220 1845	3.2F 2.5E 2.7F 2.7E
2 Sa	0335 0925 1525 2155	0010 0635 1220 1850	2.1F 1.4E 1.8F 1.7E	17 Su ○	0415 1020 1625 2240	0050 0725 1310 1945	2.9F 2.3E 2.4F 2.4E
3 Su	0420 1015 1615 2245	0055 0730 1310 1940	1.9F 1.3E 1.6F 1.5E	18 M	0515 1120 1730 2340	0145 0825 1415 2045	2.6F 2.1E 2.1F 2.1E
4 M	0520 1120 1720 2340	0145 0830 1410 2045	1.8F 1.2E 1.4F 1.4E	19 Tu	0620 1225 1840	0245 0930 1520 2150	2.3F 2.0E 1.9F 1.9E
5 Tu	0625 1230 1835	0250 0940 1520 2155	1.7F 1.3E 1.4F 1.4E	20 W	0040 0725 1335 1955	0355 1035 1635 2300	2.2F 2.0E 1.8F 1.8E
6 W	0045 0730 1340 1950	0355 1045 1635 2300	1.8F 1.5E 1.5F 1.5E	21 Th	0145 0825 1435 2100	0500 1135 1740	2.1F 2.1E 1.9F
7 Th	0150 0825 1440 2055	0500 1140 1740	2.0F 1.9E 1.9F	22 F	0245 0920 1535 2200	0000 0600 1235 1840	1.8E 2.1F 2.2E 2.1F
8 F	0245 0920 1535 2150	0000 0600 1235 1835	1.8E 2.3F 2.3E 2.3F	23 Sa	0345 1010 1625 2250	0055 0655 1325 1930	1.9E 2.2F 2.3E 2.2F
9 Sa	0340 1005 1625 2240	0055 0650 1320 1925	2.1E 2.6F 2.7E 2.7F	24 Su	0435 1055 1710 2335	0145 0740 1410 2015	2.0E 2.3F 2.4E 2.4F
10 Su	0430 1050 1710 2325	0140 0740 1405 2010	2.4E 2.9F 3.0E 3.0F	25 M ●	0520 1135 1750	0230 0825 1450 2055	2.0E 2.3F 2.5E 2.5F
11 M	0520 1135 1755	0230 0825 1450 2055	2.7E 3.2F 3.2E 3.3F	26 Tu	0015 0600 1210 1830	0315 0900 1530 2130	2.0E 2.3F 2.5E 2.5F
12 Tu	0010 0605 1220 1840	0315 0910 1535 2140	2.8E 3.3F 3.4E 3.4F	27 W	0055 0640 1245 1905	0350 0935 1605 2205	2.0E 2.3F 2.5E 2.6F
13 W	0055 0650 1300 1925	0400 0955 1620 2225	2.9E 3.3F 3.4E 3.4F	28 Th	0130 0715 1320 1940	0430 1010 1640 2240	2.0E 2.3F 2.4E 2.6F
14 Th	0145 0740 1350 2010	0445 1040 1705 2310	2.8E 3.2F 3.2E 3.4F	29 F	0200 0750 1350 2015	0505 1045 1710 2315	2.0E 2.3F 2.3E 2.5F
15 F	0230 0830 1435 2055	0535 1125 1755	2.7E 3.0F 3.0E	30 Sa	0235 0830 1430 2050	0540 1125 1750 2350	1.9E 2.2F 2.2E 2.5F
				31 Su	0310 0910 1510 2130	0620 1205 1825	1.9E 2.1F 2.1F

Time meridian 60° W. 0000 is midnight. 1200 is noon.

Portsmouth Harbor Entrance (off Wood I.), N.H., 2000

F–Flood, Dir. 355° True   E–Ebb, Dir. 195° True

January

Day	Slack h m	Maximum h m	knots	Day	Slack h m	Maximum h m	knots
1 Sa	0247 / — / 0847 / 1531	0443 / 0548 / 0651 / 1222 / 1709†	0.9F / 0.9F / 0.9F / 1.6E / 0.6F	16 Su	0200 / 0752 / 1448 / 2005	0411 / 1047 / 1640 / 2308	1.4F / 1.9E / 1.1F / 1.8E
2 Su	0337 / 0637 / 0742 / 0937 / 1624	0534 / 0651 / — / 1317 / 1805†	0.9F / 0.9F / 0.9F / 1.6E / 0.6F	17 M	0256 / 0853 / 1546 / 2116	0507 / 1146 / 1739	1.4F / 2.0E / 1.2F
3 M	0425 / 1024 / 1713	0043 / 0621 / 1353 / 1856 / 1941†	1.5E / 0.9F / 1.7E / 0.7F / 0.6F	18 Tu	0353 / 0952 / 1643 / 2220	0007 / 0604 / 1244 / 1838	1.9E / 1.5F / 2.2E / 1.3F
4 Tu	0511 / 1108 / 1758	0127 / 0706 / 1411 / 1940 / 2045†	1.5E / 1.0F / 1.8E / 0.7F / 0.7F	19 W	0448 / 1048 / 1737 / 2319	0105 / 0701 / 1342 / 1936	2.0E / 1.6F / 2.3E / 1.4F
5 W	0554 / 1149 / 1841	0208 / 0750 / 1442 / 2023	1.5E / 1.1F / 1.8E / 0.8F	20 Th ○	0543 / 1142 / 1829	0202 / 0757 / 1437 / 2032	2.1E / 1.7F / 2.5E / 1.5F
6 Th ●	0017 / 0636 / 1228 / 1921	0248 / 0833 / 1518 / 2105	1.5E / 1.1F / 1.9E / 0.9F	21 F	0015 / 0636 / 1234 / 1920	0257 / 0850 / 1529 / 2126	2.1E / 1.7F / 2.5E / 1.5F
7 F	0059 / 0717 / 1305 / 2001	0329 / 0916 / 1556 / 2147	1.5E / 1.2F / 2.0E / 1.0F	22 Sa	0109 / 0729 / 1325 / 2010	0351 / 0942 / 1620 / 2218	2.2E / 1.7F / 2.6E / 1.6F
8 Sa	0139 / 0758 / 1339 / 2041	0411 / 0959 / 1637 / 2230	1.6E / 1.2F / 2.0E / 1.1F	23 Su	0202 / 0821 / 1414 / 2100	0442 / 1033 / 1709 / 2307	2.2E / 1.7F / 2.5E / 1.5F
9 Su	0216 / 0839 / 1410 / 2120	0454 / 1043 / 1718 / 2313	1.6E / 1.3F / 2.0E / 1.1F	24 M	0253 / 0914 / 1504 / 2150	0533 / 1122 / 1758 / 2355	2.1E / 1.6F / 2.4E / 1.5F
10 M	0253 / 0922 / 1437 / 2200	0538 / 1128 / 1801 / 2358	1.6E / 1.3F / 2.0E / 1.2F	25 Tu	0344 / 1008 / 1554 / 2240	0623 / 1210 / 1846	2.0E / 1.4F / 2.2E
11 Tu	0329 / 1007 / 1506 / 2241	0624 / 1214 / 1846	1.6E / 1.2F / 2.0E	26 W	— / 0436 / 1103 / 1645 / 2331	0042 / 0713 / 1259 / 1934	1.4F / 1.9E / 1.2F / 2.0E
12 W	0408 / 1056 / 1543 / 2326	0044 / 0711 / 1302 / 1933	1.2F / 1.7E / 1.2F / 1.9E	27 Th	0528 / 1200 / 1738	0129 / 0805 / 1348 / 2024	1.2F / 1.7E / 1.0F / 1.8E
13 Th	0453 / 1150 / 1630	0133 / 0802 / 1353 / 2023	1.3F / 1.7E / 1.1F / 1.9E	28 F ○	0023 / 0621 / 1259 / 1833	0218 / 0858 / 1439 / 2115	1.1F / 1.6E / 0.8F / 1.6E
14 F ◐	0013 / 0548 / 1247 / 1729	0223 / 0854 / 1446 / 2116	1.3F / 1.7E / 1.1F / 1.8E	29 Sa	0116 / 0714 / 1358 / 1930	0307 / 0954 / 1531 / 2208	1.0F / 1.5E / 0.7F / 1.5E
15 Sa	0105 / 0649 / 1347 / 1845	0316 / 0950 / 1542 / 2211	1.3F / 1.8E / 1.1F / 1.8E	30 Su	0210 / 0808 / 1457 / —	0358 / 1053 / 1626 / 1754 / 1859†	0.9F / 1.5E / 0.6F / 0.5F / 0.5F
				31 M	0302 / 0900 / 1553 / —	0450 / 1154 / 1722 / 1835 / 1954†	0.9F / 1.5E / 0.6F / 0.5F / 0.6F

February

Day	Slack h m	Maximum h m	knots	Day	Slack h m	Maximum h m	knots
1 Tu	0353 / 0950 / 1643	0542 / 1249 / 1817 / 1923 / 2042†	0.9F / 1.6E / 0.6F / 0.5F / 0.6F	16 W	0336 / 0933 / 1624 / 2207	0542 / 1225 / 1818	1.4F / 2.1E / 1.2F
2 W	0442 / 1037 / 1730	0051 / 0632 / 1333 / 1908 / 2020†	1.4E / 0.9F / 1.7E / 0.7F / 0.6F	17 Th	0434 / 1032 / 1719 / 2306	0048 / 0642 / 1326 / 1920	1.9E / 1.4F / 2.2E / 1.3F
3 Th	0528 / 1121 / 1813 / 2351	0139 / 0721 / 1413 / 1955	1.4E / 1.0F / 1.8E / 0.8F	18 F	0530 / 1127 / 1812	0148 / 0740 / 1423 / 2018	2.0E / 1.5F / 2.3E / 1.4F
4 F	0612 / 1202 / 1854	0223 / 0807 / 1452 / 2039	1.5E / 1.1F / 1.9E / 0.9F	19 Sa ○	0001 / 0623 / 1219 / 1901	0245 / 0835 / 1515 / 2111	2.1E / 1.6F / 2.4E / 1.5F
5 Sa ●	0033 / 0654 / 1241 / 1933	0306 / 0852 / 1531 / 2122	1.6E / 1.2F / 2.0E / 1.1F	20 Su	0053 / 0715 / 1308 / 1949	0337 / 0926 / 1603 / 2159	2.1E / 1.6F / 2.4E / 1.5F
6 Su	0113 / 0735 / 1316 / 2011	0348 / 0936 / 1611 / 2205	1.7E / 1.3F / 2.0E / 1.2F	21 M	0142 / 0805 / 1356 / 2036	0426 / 1013 / 1649 / 2243	2.1E / 1.5F / 2.4E / 1.5F
7 M	0150 / 0816 / 1349 / 2049	0430 / 1020 / 1653 / 2248	1.8E / 1.3F / 2.1E / 1.3F	22 Tu	0229 / 0854 / 1443 / 2122	0512 / 1059 / 1733 / 2327	2.1E / 1.5F / 2.3E / 1.4F
8 Tu	0225 / 0858 / 1420 / 2127	0514 / 1104 / 1735 / 2332	1.8E / 1.4F / 2.1E / 1.4F	23 W	0316 / 0944 / 1529 / 2209	0557 / 1144 / 1816	2.0E / 1.3F / 2.1E
9 W	0300 / 0941 / 1452 / 2208	0558 / 1150 / 1820	1.9E / 1.4F / 2.1E	24 Th	0402 / 1035 / 1615 / 2256	0010 / 0642 / 1229 / 1901	1.3F / 1.9E / 1.2F / 1.9E
10 Th	0017 / 0337 / 1029 / 1529 / 2251	0017 / 0645 / 1238 / 1906	1.4F / 1.9E / 1.3F / 2.0E	25 F	0449 / 1128 / 1704 / 2346	0054 / 0729 / 1315 / 1947	1.2F / 1.8E / 1.0F / 1.7E
11 F	0420 / 1121 / 1615 / 2340	0105 / 0734 / 1328 / 1956	1.4F / 1.9E / 1.3F / 1.9E	26 Sa ○	0538 / 1223 / 1756	0140 / 0817 / 1404 / 2036	1.1F / 1.6E / 0.8F / 1.5E
12 Sa ◐	0513 / 1219 / 1713	0155 / 0827 / 1420 / 2049	1.4F / 1.8E / 1.2F / 1.9E	27 Su	0038 / 0630 / 1321 / 1853	0227 / 0909 / 1454 / 2128	1.0F / 1.5E / 0.7F / 1.4E
13 Su	0035 / 0616 / 1321 / 1830	0248 / 0923 / 1516 / 2145	1.4F / 1.9E / 1.1F / 1.8E	28 M	0132 / 0724 / 1420 / 1952	0318 / 1004 / 1548 / 2223	0.9F / 1.5E / 0.6F / 1.3E
14 M	0134 / 0724 / 1424 / 1950	0344 / 1021 / 1615 / 2245	1.4F / 1.9E / 1.1F / 1.8E	29 Tu	0227 / 0819 / 1516	0411 / 1101 / 1644 / 1822 / 1925†	0.8F / 1.5E / 0.6F / 0.4F / 0.5F
15 Tu	0235 / 0831 / 1526 / 2102	0442 / 1123 / 1716 / 2346	1.4F / 2.0E / 1.1F / 1.8E				

March

Day	Slack h m	Maximum h m	knots	Day	Slack h m	Maximum h m	knots
1 W	0321 / 0912 / 1608	0505 / 1158 / 1740 / 1909 / 2013†	0.8F / 1.5E / 0.6F / 0.5F / 0.6F	16 Th	0323 / 0917 / 1606 / 2155	0522 / 1208 / 1802	1.2F / 2.0E / 1.1F
2 Th	0413 / 1003 / 1656	0016 / 0559 / 1251 / 1834 / 2005†	1.3E / 0.9F / 1.6E / 0.7F / 0.6F	17 F	0422 / 1016 / 1700 / 2252	0037 / 0625 / 1312 / 1906	1.8E / 1.3F / 2.1E / 1.2F
3 F	0501 / 1050 / 1740 / 2321	0108 / 0651 / 1338 / 1924	1.4E / 1.0F / 1.7E / 0.9F	18 Sa	0518 / 1111 / 1752 / 2344	0140 / 0725 / 1410 / 2004	1.9E / 1.3F / 2.2E / 1.3F
4 Sa	0546 / 1133 / 1820	0155 / 0740 / 1421 / 2010	1.5E / 1.1F / 1.9E / 1.0F	19 Su ○	0610 / 1202 / 1840	0236 / 0820 / 1500 / 2053	2.0E / 1.4F / 2.2E / 1.4F
5 Su ●	0004 / 0629 / 1213 / 1859	0240 / 0827 / 1503 / 2055	1.7E / 1.2F / 2.0E / 1.2F	20 M	0033 / 0700 / 1250 / 1925	0324 / 0908 / 1543 / 2135	2.1E / 1.4F / 2.2E / 1.4F
6 M	0043 / 0711 / 1251 / 1937	0323 / 0912 / 1544 / 2138	1.8E / 1.3F / 2.1E / 1.4F	21 Tu	0119 / 0747 / 1336 / 2009	0407 / 0952 / 1624 / 2215	2.1E / 1.4F / 2.2E / 1.4F
7 Tu	0120 / 0752 / 1327 / 2015	0405 / 0956 / 1626 / 2221	2.0E / 1.4F / 2.1E / 1.5F	22 W	0203 / 0834 / 1420 / 2053	0448 / 1034 / 1705 / 2256	2.1E / 1.3F / 2.1E / 1.4F
8 W	0155 / 0834 / 1402 / 2055	0449 / 1041 / 1709 / 2306	2.0E / 1.5F / 2.2E / 1.6F	23 Th	0245 / 0920 / 1503 / 2136	0528 / 1116 / 1746 / 2337	2.0E / 1.2F / 1.9E / 1.3F
9 Th	0232 / 0918 / 1439 / 2136	0534 / 1127 / 1754 / 2352	2.1E / 1.5F / 2.1E / 1.6F	24 F	0326 / 1008 / 1546 / 2221	0610 / 1159 / 1828	1.9E / 1.1F / 1.8E
10 F	0311 / 1006 / 1520 / 2222	0620 / 1215 / 1842	2.1E / 1.5F / 2.1E	25 Sa	0408 / 1057 / 1631 / 2309	0019 / 0654 / 1244 / 1913	1.2F / 1.8E / 1.0F / 1.6E
11 Sa	0356 / 1059 / 1610 / 2314	0039 / 0710 / 1305 / 1932	1.6F / 2.1E / 1.4F / 2.0E	26 Su	0452 / 1149 / 1721	0104 / 0741 / 1331 / 2001	1.1F / 1.7E / 0.9F / 1.5E
12 Su	0449 / 1157 / 1713	0130 / 0803 / 1358 / 2026	1.5F / 2.0E / 1.3F / 1.9E	27 M ◐	0000 / 0541 / 1244 / 1816	0151 / 0831 / 1421 / 2052	1.0F / 1.6E / 0.8F / 1.3E
13 M	0012 / 0553 / 1300 / 1828	0224 / 0859 / 1455 / 2124	1.4F / 2.0E / 1.2F / 1.8E	28 Tu	0055 / 0635 / 1341 / 1916	0242 / 0923 / 1514 / 2147	0.9F / 1.5E / 0.7F / 1.3E
14 Tu	0115 / 0703 / 1404 / 1943	0321 / 1000 / 1555 / 2226	1.3F / 1.9E / 1.1F / 1.7E	29 W	0152 / 0733 / 1436 / 1813	0335 / 1019 / 1609 / 1849†	0.8F / 1.5E / 0.7F / 0.4F
15 W	0219 / 0812 / 1506 / 2052	0420 / 1103 / 1657 / 2331	1.2F / 1.9E / 1.1F / 1.7E	30 Th	0248 / 0830 / 1529 / 2111	0430 / 1115 / 1705 / 2341	0.8F / 1.5E / 0.7F / 1.3E
				31 F	0342 / 0924 / 1617 / 2201	0525 / 1209 / 1759	0.8F / 1.6E / 0.8F

Time meridian 75° W. 0000 is midnight. 1200 is noon.
If three consecutive entries are marked (F) the middle one is not a true maximum but an intermediate value to show the current pattern.
† See page 112 for the remaining currents on this day.

Portsmouth Harbor Entrance (off Wood I.), N.H., 2000

F–Flood, Dir. 355° True   E–Ebb, Dir. 195° True

	April					May					June			
	Slack	Maximum		Slack	Maximum		Slack	Maximum		Slack	Maximum		Slack	Maximum
	h m	h m knots		h m	h m knots		h m	h m knots		h m	h m knots		h m	h m knots
1 Sa	0432 1013 1701 2247	0035 1.5E 0619 0.9F 1259 1.7E 1850 1.0F	**16** Su	0504 1051 1728 2324	0138 1.9E 0712 1.1F 1355 2.0E 1950 1.2F	**1** M	0447 1020 1702 2253	0050 1.7E 0638 1.1F 1310 1.9E 1905 1.3F	**16** Tu	0538 1119 1747 2345	0221 1.9E 0919 1.0F 1416 1.8E 1958 1.2F	**1** Th	0552 1125 1757 2351	0158 2.2E 0752 1.4F 1417 2.1E 2013 1.7F	**16** F ○	0649 1226 1846	0000 1.9E 0835 0.8F 1500 1.5E 2043 1.1F
2 Su	0518 1059 1742 2330	0124 1.6E 0710 1.1F 1346 1.9E 1938 1.2F	**17** M	0555 1142 1815	0229 2.0E 0806 1.2F 1441 2.0E 2029 1.3F	**2** Tu	0533 1107 1745 2336	0139 2.0E 0729 1.2F 1358 2.0E 1953 1.5F	**17** W	0625 1206 1831	0253 1.9E 0857 1.0F 1452 1.8E 2035 1.2F	**2** F ●	0641 1217 1845	0248 2.4E 0843 1.5F 1507 2.2E 2103 1.8F	**17** Sa	0731 1309 1927	0331 1.9E 0915 0.9F 1540 1.5E 2125 1.2F
3 M	0602 1142 1823	0210 1.8E 0759 1.2F 1431 2.0E 2024 1.4F	**18** Tu ○	0010 0643 1229 1859	0309 2.0E 0848 1.2F 1520 2.0E 2107 1.3F	**3** W ●	0618 1153 1827	0226 2.1E 0819 1.4F 1445 2.1E 2040 1.7F	**18** Th ○	0027 0709 1250 1913	0322 2.0E 0902 1.0F 1528 1.7E 2113 1.2F	**3** Sa	0038 0730 1310 1935	0338 2.5E 0935 1.6F 1558 2.2E 2154 1.9F	**18** Su	0117 0812 1351 2009	0407 1.9E 0956 0.9F 1620 1.5E 2207 1.2F
4 Tu ●	0009 0645 1222 1902	0255 2.0E 0846 1.4F 1515 2.1E 2109 1.5F	**19** W	0053 0729 1313 1941	0345 2.0E 0928 1.2F 1557 1.9E 2144 1.3F	**4** Th	0018 0703 1238 1911	0313 2.3E 0907 1.5F 1532 2.2E 2128 1.8F	**19** F	0106 0752 1332 1954	0356 2.0E 0941 1.0F 1606 1.7E 2153 1.2F	**4** Su	0127 0821 1404 2027	0428 2.6E 1026 1.6F 1650 2.2E 2245 1.8F	**19** M	0153 0854 1431 2051	0447 1.9E 1039 1.0F 1703 1.5E 2250 1.2F
5 W	0048 0727 1302 1942	0339 2.2E 0932 1.5F 1559 2.2E 2154 1.7F	**20** Th	0134 0813 1356 2023	0422 2.0E 1008 1.2F 1635 1.9E 2224 1.3F	**5** F	0100 0750 1325 1957	0400 2.4E 0956 1.6F 1620 2.2E 2216 1.8F	**20** Sa	0144 0835 1414 2035	0433 2.0E 1022 1.0F 1646 1.6E 2234 1.2F	**5** M	0218 0913 1459 2123	0520 2.6E 1118 1.6F 1743 2.1E 2336 1.7F	**20** Tu	0227 0935 1512 2135	0528 1.9E 1122 1.0F 1747 1.5E 2335 1.1F
6 Th	0126 0811 1343 2024	0424 2.3E 1018 1.6F 1644 2.2E 2240 1.7F	**21** F	0213 0857 1437 2105	0500 2.0E 1049 1.1F 1715 1.8E 2304 1.3F	**6** Sa	0145 0838 1415 2046	0448 2.5E 1045 1.6F 1709 2.2E 2305 1.8F	**21** Su	0220 0918 1455 2118	0512 1.9E 1104 1.0F 1729 1.5E 2317 1.2F	**6** Tu	0311 1007 1558 2221	0612 2.5E 1212 1.5F 1838 2.0E	**21** W	0258 1017 1552 2222	0611 1.9E 1207 1.0F 1833 1.5E
7 F	0206 0857 1427 2109	0510 2.3E 1106 1.6F 1731 2.2E 2327 1.7F	**22** Sa	0251 0942 1519 2148	0540 1.9E 1131 1.1F 1757 1.6E 2347 1.2F	**7** Su	0232 0930 1509 2139	0538 2.5E 1136 1.6F 1800 2.1E 2355 1.7F	**22** M	0255 1002 1537 2203	0555 1.9E 1148 1.0F 1813 1.5E	**7** W	0408 1103 1658 2322	0029 1.6F 0706 2.3E 1306 1.4F 1935 1.9E	**22** Th	0327 1101 1635 2311	0022 1.1F 0657 1.8E 1254 1.1F 1921 1.5E
8 Sa	0249 0947 1515 2159	0558 2.3E 1155 1.5F 1820 2.1E	**23** Su	0329 1029 1602 2234	0623 1.9E 1215 1.0F 1842 1.5E	**8** M	0324 1025 1608 2237	0630 2.4E 1228 1.5F 1854 2.0E	**23** Tu	0329 1048 1622 2252	0002 1.1F 0639 1.8E 1234 1.0F 1901 1.4E	**8** Th ◐	0507 1201 1758	0124 1.4F 0802 2.2E 1402 1.3F 2035 1.8E	**23** F	0359 1145 1721	0110 1.0F 0744 1.8E 1342 1.1F 2011 1.5E
9 Su	0338 1041 1611 2254	0016 1.7F 0649 2.3E 1246 1.4F 1912 2.0E	**24** M	0408 1118 1650 2324	0031 1.1F 0708 1.8E 1302 0.9F 1929 1.4E	**9** Tu	0421 1122 1711 2339	0048 1.5F 0724 2.3E 1323 1.4F 1951 1.8E	**24** W	0403 1135 1710 2345	0049 1.1F 0726 1.8E 1322 0.9F 1950 1.4E	**9** F	0608 1259 1859	0025 1.2F 0221 1.2F 0901 2.0E 1459 1.2F 2140 1.7E	**24** Sa ◐	0442 1232 1810	0004 1.0F 0200 1.0F 0833 1.8E 1431 1.1F 2103 1.5E
10 M	0434 1139 1715 2355	0108 1.5F 0742 2.2E 1340 1.3F 2008 1.8E	**25** Tu	0450 1209 1743	0119 1.0F 0757 1.7E 1351 0.8F 2020 1.3E	**10** W ◐	0524 1222 1816	0143 1.4F 0821 2.1E 1420 1.3F 2052 1.7E	**25** Th	0443 1224 1803	0138 1.0F 0815 1.7E 1412 0.9F 2042 1.4E	**10** Sa	0710 1356 1957	0129 1.0F 0319 1.0F 1002 1.9E 1559 1.1F 2252 1.7E	**25** Su	0537 1320 1904	0059 1.0F 0252 1.0F 0924 1.7E 1522 1.2F 2156 1.6E
11 Tu ◐	0538 1241 1825	0202 1.4F 0839 2.0E 1437 1.2F 2107 1.7E	**26** W	0019 0540 1302 1840	0209 0.9F 0848 1.6E 1442 0.8F 2114 1.3E	**11** Th	0629 1323 1920	0241 1.2F 0922 2.0E 1520 1.2F 2158 1.7E	**26** F ○	0535 1313 1857	0040 0.9F 0230 0.9F 0906 1.7E 1503 1.0F 2136 1.4E	**11** Su	0810 1451 1751 1846†2052	0231 0.9F 0420 0.9F 1105 1.8E 1659 1.1F 1.1F	**26** M	0645 1409 1958	0155 1.0F 0346 1.0F 1016 1.8E 1615 1.3F 2250 1.7E
12 W	0646 1344 1934	0300 1.2F 0941 2.0E 1537 1.1F 2211 1.7E	**27** Th	0116 0640 1355 1938	0301 0.8F 0941 1.6E 1536 0.8F 2209 1.3E	**12** F	0734 1423 2021	0342 1.0F 1026 1.9E 1623 1.1F 2310 1.7E	**27** Sa	0639 1402 1950	0137 0.9F 0323 0.9F 0958 1.7E 1556 1.0F 2230 1.5E	**12** M	0908 1544 2145	0016 1.7E 0331 0.8F 0557 0.8F 1208 1.7E 1759 1.1F	**27** Tu	0757 1459 2052	0250 1.0F 0441 1.0F 1110 1.8E 1708 1.4F 2345 1.9E
13 Th	0754 1446 2039	0401 1.1F 1045 1.9E 1641 1.1F 2320 1.7E	**28** F	0213 0740 1446 2032	0356 0.8F 1035 1.6E 1630 0.9F 2305 1.4E	**13** Sa	0836 1520 2119	0445 1.0F 1133 1.9E 1757 1.1F	**28** Su	0744 1450 2041	0232 0.9F 0418 0.9F 1051 1.7E 1648 1.1F 2324 1.7E	**13** Tu	1003 1633 2233	0119 1.8E 0426 0.9F 0815 1.1F 1303 1.7E 1857 1.1F	**28** W	0903 1550 2145	0344 1.1F 0536 1.1F 1204 1.9E 1802 1.5F
14 F	0858 1544 2139	0505 1.1F 1153 1.9E 1747 1.1F	**29** Sa	0308 0838 1534 2123	0451 0.9F 1129 1.7E 1723 1.0F 2359 1.6E	**14** Su	0935 1612 2211	0031 1.8E 0352 0.9F 0552 0.9F 1239 1.9E 1900 1.2F	**29** M	0844 1537 2130	0325 1.0F 0512 1.0F 1144 1.8E 1741 1.3F	**14** W	1053 1719 2318	0205 1.8E 0517 0.9F 0905 0.9F 1346 1.6E 1923 1.1F	**29** Th	1005 1641 2237	0039 2.1E 0437 1.2F 0632 1.4F 1258 2.0E 1856 1.6F
15 Sa	0957 1638 2234	0032 1.8E 0610 1.1F 1259 2.0E 1855 1.2F	**30** Su	0359 0931 1619 2209	0546 1.0F 1221 1.8E 1815 1.2F	**15** M	1029 1702 2300	0135 1.8E 0447 1.0F 0831 1.1F 1334 1.8E 2048 1.2F	**30** Tu	0940 1624 2217	0017 1.8E 0415 1.1F 0607 1.1F 1235 1.9E 1832 1.5F	**15** Th	1141	0235 1.8E 0529 0.8F 0757 0.8F 1423† 1.6E	**30** F	1103 1732 2329	0133 2.3E 0529 1.4F 0727 1.4F 1352 2.1E 1949 1.7F
									31 W	0504 1033 1710 2304	0108 2.0E 0700 1.2F 1326 2.0E 1923 1.6F			

Time meridian 75° W. 0000 is midnight. 1200 is noon.
If three consecutive entries are marked (F) the middle one is not a true maximum but an intermediate value to show the current pattern.
† See page 112 for the remaining currents on this day.

Portsmouth Harbor Entrance (off Wood I.), N.H., 2000

F–Flood, Dir. 355° True   E–Ebb, Dir. 195° True

	July						August						September				
	Slack	Maximum		Slack	Maximum			Slack	Maximum		Slack	Maximum			Slack	Maximum		Slack	Maximum
	h m	h m	knots	h m	h m	knots		h m	h m	knots	h m	h m	knots		h m	h m	knots	h m	h m	knots
1 Sa ●	0620 1200 1824	0226 0822 1446 2041	2.4E 1.5F 2.1E 1.8F	**16** Su ○	0707 1245 1903	0014 0849 1515 2059	0306 0.8F 1.5E 1.1F	1.8E	**1** Tu	0743 1334 1955	0057 0950 1616 2208	0353 1.6F 2.2E 1.7F	2.6E	**16** W	0755 1336 2002	0104 0946 1613 2201	0355 1.1F 1.7E 1.2F	2.6E	**1** F	0857 1451 2121	0219 1105 1735 2324	0510 1.6F 2.2E 1.4F	2.4E	**16** Sa	0835 1410 2059	0145 1043 1712 2305	0448 1.5F 2.0E 1.4F	2.1E
2 Su	0711 1255 1917	0020 0915 1539 2134	0318 1.6F 2.2E 1.8F	2.5E	**17** M	0747 1326 1945	0053 0931 1556 2142	0342 0.9F 1.5E 1.2F	1.9E	**2** W	0833 1426 2048	0148 1041 1708 2258	0443 1.6F 2.2E 1.7F	2.6E	**17** Th	0832 1411 2043	0138 1029 1655 2245	0435 1.2F 1.8E 1.3F	2.0E	**2** Sa	0945 1539 2213	0307 1150 1822	0556 1.5F 2.0E	2.2E	**17** Su	0914 1445 2144	0217 1128 1757 2351	0532 1.5F 2.0E 1.4F	2.0E
3 M	0803 1350 2011	0112 1008 1632 2226	0410 1.6F 2.2E 1.8F	2.6E	**18** Tu	0826 1405 2026	0129 1013 1638 2226	0421 1.0F 1.6E 1.2F	1.9E	**3** Th	0924 1518 2142	0239 1131 1759 2348	0533 1.6F 2.1E 1.5F	2.5E	**18** F	0910 1444 2125	0209 1112 1739 2330	0516 1.3F 1.8E 1.3F	2.0E	**3** Su	0356 1034 1628 2307	0010 0642 1235 1910	1.3F 2.0E 1.5F 1.9E		**18** M	0957 1524 2234	0253 1214 1845	0618 1.5F 2.0E	2.0E
4 Tu	0854 1445 2106	0204 1101 1726 2318	0502 1.6F 2.1E 1.7F	2.6E	**19** W	0906 1443 2109	0203 1056 1721 2310	0502 1.1F 1.6E 1.2F	2.0E	**4** F	1014 1610 2238	0330 1220 1851	0623 1.5F 2.0E	2.3E	**19** Sa	0949 1518 2210	0237 1156 1824	0559 1.4F 1.8E	2.0E	**4** M	0447 1125 1718	0058 0729 1321 2000	1.1F 1.8E 1.2F 1.7E		**19** Tu	0337 1046 1611 2329	0040 0706 1304 1936	1.3F 1.9E 1.5F 2.0E	
5 W	0947 1541 2203	0257 1153 1820	0554 1.6F 2.1E	2.5E	**20** Th	0945 1520 2153	0233 1140 1806 2355	0544 1.1F 1.6E 1.2F	1.9E	**5** Sa	0422 1106 1703 2335	0038 0713 1309 1943	1.3F 2.1E 1.4F 1.9E		**20** Su	0308 1030 1555 2259	0016 0644 1242 1911	1.3F 1.9E 1.4F 1.8E		**5** Tu ◐	0541 1218 1811	0003 0819 1409 2052	0.9F 1.6E 1.0F 1.6E	0146	**20** W ○	0434 1141 1711	0132 0759 1356 2031	1.2F 1.8E 1.5F 1.9E	
6 Th	0351 1041 1637 2301	0010 0646 1246 1915	1.5F 2.4E 1.5F 2.0E		**21** F	0300 1025 1556 2239	0628 1225 1852	1.9E 1.2F 1.6E		**6** Su ◐	0516 1159 1757	0128 0803 1358 2037	1.1F 1.9E 1.2F 1.7E		**21** M	0347 1116 1640 2353	0104 0732 1330 2002	1.2F 1.9E 1.4F 1.8E		**6** W	0101 0638 1314 1906	0237 0911 1500 2147	0.7F 1.4E 0.9F 1.5E		**21** Th	0548 1243 1822	0029 0855 1452 2129	1.2F 1.7E 1.3F 1.9E	
7 F	0446 1135 1734	0103 0740 1338 2012	1.4F 2.2E 1.4F 1.8E		**22** Sa	0330 1107 1636 2330	0042 0713 1311 1940	1.2F 1.9E 1.2F 1.6E		**7** M	0612 1253 1852	0034 0855 1448 2134	0.9F 1.5E 1.1F 1.6E	0220	**22** Tu ◐	0438 1207 1737	0155 0823 1422 2055	1.2F 1.8E 1.4F 1.8E		**7** Th	0200 0737 1410	0331 1007 1552†	0.6F 0.5F 1.3E 0.8F	0513 0607	**22** F	0706 1347 1934	0132 0956 1550 2230	1.1F 1.7E 1.3F 1.9E	0325
8 Sa ◐	0544 1231 1831	0156 0835 1432 2112	1.2F 2.0E 1.2F 1.7E	0002	**23** Su	0409 1152 1722	0131 0801 1400 2031	1.1F 1.8E 1.3F 1.7E		**8** Tu	0710 1348 1946	0134 0949 1539 2234	0.8F 1.5E 0.9F 1.6E	0313	**23** W	0546 1304 1844	0249 0918 1516 2152	1.1F 1.8E 1.3F 1.9E	0052	**8** F	0257 0835 1505	0427 0551 0704 1105 1647†	0.6F 0.5F 0.6F 1.3E 0.8F		**23** Sa	0818 1451 2042	0234 1059 1651 2333	1.1F 1.7E 1.2F 2.0E	0426
9 Su	0643 1326 1927	0103 0931 1525 2217	1.0F 1.8E 1.1F 1.7E	0251	**24** M ☾	0459 1240 1817	0222 0852 1451 2124	1.1F 1.8E 1.3F 1.7E	0024	**9** W	0808 1442	0408 1046 1631 1849†	0.6F 1.4E 0.9F 0.7F 0.8F	0234 1805	**24** Th	0709 1404 1953	0346 1015 1613 2251	1.1F 1.7E 1.3F 1.9E	0153	**9** Sa	0350 0929 1557	0524 0636 0755 1203 1741†	0.6F 0.5F 0.6F 1.3E 0.8F		**24** Su	0922 1552 2143	0333 1203 1753	1.2F 1.8E 1.3F	0529
10 M	0741 1421 2022	0205 1029 1619 2334	0.8F 1.7E 1.0F 1.6E	0348	**25** Tu	0604 1332 1917	0121 0945 1544 2219	1.1F 1.8E 1.3F 1.8E	0316	**10** Th	0905 1535	0331 0607 0731 1143 1723†	0.6F 0.5F 0.6F 1.4E 0.8F	0504	**25** F	0826 1505 2059	0254 1116 1712 2352	1.1F 1.9E 1.4F 2.0E	0446	**10** Su	0438 1020 1648 2240	0039 0618 0729 0839 1256†	1.6E 0.7F 0.6F 0.7F 1.4E	0036	**25** M	1021 1648	0429 0631 1305 1853	2.1E 1.3F 1.9E 1.4F	
11 Tu	0839 1513	0304 0446 0547 0658 1127 1712†	0.7F 0.7F 0.7F 1.6E 1.0F		**26** W	0723 1427 2019	0219 1040 1639 2316	1.1F 1.8E 1.4F 1.9E	0412	**11** F	0959 1624	0055 0424 0600 0651 0823 1238†	1.6E 0.6F 0.6F 0.7F 1.4E		**26** Sa	0933 1604 2159	0353 1216 1811	1.2F 1.9E 1.4F	0547	**11** M	0522 1106 1731 2317	0124 0707 0729 1342 1922	1.7E 0.8F 1.0F 1.5E 1.0F		**26** Tu	1115 1742 2333	0134 0521 0729 1402 1950	2.2E 1.4F 2.1E 1.4F	
12 W	0935 1604	0050 0401 0755 0935 1223 1802 1909†	1.7E 0.7F 0.7F 1.5F 1.0F 0.9F	0509 1.1F	**27** Th	0838 1523 2119	0317 1137 1735	1.1F 1.8E 1.5F	0509	**12** Sa	1049 1700 2256	0130 0653 0744 0909 1326†	1.7E 0.7F 0.6F 0.7F 1.4E	0512 1049	**27** Su	1034 1700 2256	0052 0449 0744 1316 1909	2.2E 1.3F 2.0E 1.5F	0647	**12** Tu	0603 1148 1814 2358	0205 0753 1424 2008	1.8E 1.0F 1.7E 1.1F		**27** W ●	0610 1205 1833	0227 0822 1454 2042	2.3E 1.5F 2.2E 1.5F	
13 Th	1027 1652	0141 0453 0846 1312 1848 2010†	1.7E 0.8F 1.5E 1.0F 0.9F	0608 0739 0.8F	**28** F	0946 1619 2216	0014 0414 0608 0739 1235 1832	2.1E 1.2F 1.9E 1.6F		**13** Su	1135 1755	0202 0556 0849 0950 1409†	1.7E 0.8F 0.7F 0.7F 1.5E		**28** M	1131 1755 2350	0150 0541 0739 1414 2005	2.3E 1.4F 2.1E 1.6F		**13** W ○	0642 1227 1855	0245 0836 1505 2053	1.9E 1.1F 1.8E 1.2F		**28** Th	0023 0658 1253 1922	0315 0909 1541 2129	2.3E 1.5F 2.2E 1.5F	
14 F	0541 1116 1737 2333	0212 0757 1354 1933	1.7E 0.7F 1.4E 1.0F		**29** Sa	0508 1047 1714 2312	0111 0706 1332 1928	2.2E 1.3F 2.0E 1.7F		**14** M	0637 1218 1839	0238 0823 1451 2034	1.8E 0.9F 1.5E 1.1F		**29** Tu ●	0632 1224 1847	0244 0840 1508 2059	2.4E 1.5F 2.2E 1.6F		**14** Th	0036 0720 1303 1936	0325 0918 1546 2136	2.0E 1.3F 1.9E 1.3F		**29** F	0111 0744 1338 2010	0400 0953 1625 2214	2.3E 1.5F 2.2E 1.4F	
15 Sa	0625 1202	0233 0808 0915 1016 1435†	1.8E 0.7F 0.7F 0.7F 1.5E		**30** Su ●	0601 1145 1808	0207 0802 1428 2022	2.4E 1.4F 2.1E 1.7F		**15** Tu ○	0717 1258 1921	0027 0316 0905 1532 2118	1.9E 1.0F 1.6E 1.2F		**30** W	0721 1314 1939	0041 0335 0905 1559 2149	2.5E 1.6F 2.2E 1.6F		**15** F	0111 0757 1337 2017	0406 1000 1628 2220	2.0E 1.4F 2.0E 1.4F		**30** Sa	0158 0829 1423 2059	0443 1035 1709 2258	2.2E 1.5F 2.1E 1.3F	
				31 M	0652 1240 1902	0005 0300 0857 1522 2116	2.5E 1.6F 2.2E 1.8F							**31** Th	0809 1403 2030	0131 0423 1019 1647 2237	2.4E 1.6F 2.2E 1.6F							

Time meridian 75° W. 0000 is midnight. 1200 is noon.
If three consecutive entries are marked (F) the middle one is not a true maximum but an intermediate value to show the current pattern.
† See page 112 for the remaining currents on this day.

Portsmouth Harbor Entrance (off Wood I.), N.H., 2000

F–Flood, Dir. 355° True   E–Ebb, Dir. 195° True

October

Day	Slack h m	Maximum h m	knots	Day	Slack h m	Maximum h m	knots
1 Su	0243 0915 1506 2148	0526 1117 1752 2342	2.0E 1.4F 2.0E 1.2F	16 M	0201 0844 1420 2123	0506 1102 1733 2329	2.1E 1.7F 2.3E 1.5F
2 M	0330 1001 1550 2238	0610 1201 1837	1.8E 1.3F 1.9E	17 Tu	0245 0930 1503 2214	0554 1150 1822	2.0E 1.6F 2.2E
3 Tu	0417 1050 1636 2331	0027 0656 1246 1924	1.0F 1.6E 1.1F 1.8E	18 W	0336 1023 1554 2310	0019 0644 1240 1914	1.4F 1.9E 1.5F 2.1E
4 W	0509 1143 1726	0114 0744 1333 2013	0.9F 1.5E 1.0F 1.6E	19 Th	0438 1122 1656	0112 0739 1334 2009	1.3F 1.8E 1.4F 2.1E
5 Th ☾	0027 0605 1238 1820	0204 0836 1423 2106	0.8F 1.3E 0.9F 1.5E	20 F ◯	0010 0549 1227 1806	0208 0837 1430 2109	1.2F 1.7E 1.3F 2.0E
6 F	0123 0704 1336 1918	0256 0931 1516 2202	0.7F 1.3E 0.8F 1.5E	21 Sa	0112 0700 1333 1917	0307 0939 1530 2211	1.2F 1.7E 1.2F 1.9E
7 Sa	0219 0802 1433 2014	0351 1029 1611 2259	0.7F 1.2E 0.7F 1.5E	22 Su	0213 0807 1438 2024	0408 1045 1633 2315	1.1F 1.7E 1.1F 2.0E
8 Su	0311 0856 1527	0447 0626 0721 1127 1707†	0.7F 0.5F 0.6F 1.3E 0.8F	23 M	0312 0908 1539 2126	0512 1152 1736	1.2F 1.8E 1.1F
9 M	0359 0946 1617 2158	0542 1221 1801	0.8F 1.4E 0.9F	24 Tu	0407 1004 1635 2222	0019 0615 1258 1839	2.0E 1.2F 1.9E 1.2F
10 Tu	0444 1032 1703 2243	0043 0632 1309 1852	1.7E 0.9F 1.6E 1.0F	25 W	0459 1056 1728 2315	0118 0713 1354 1936	2.1E 1.3F 2.0E 1.2F
11 W	0525 1114 1747 2326	0129 0719 1354 1940	1.8E 1.1F 1.8E 1.1F	26 Th	0547 1144 1818	0210 0802 1442 2025	2.1E 1.4F 2.1E 1.3F
12 Th	0604 1153 1829	0212 0804 1436 2026	1.9E 1.3F 1.9E 1.3F	27 F ●	0004 0633 1230 1906	0255 0844 1523 2108	2.1E 1.4F 2.2E 1.3F
13 F ◯	0006 0643 1230 1910	0254 0848 1519 2111	2.0E 1.4F 2.1E 1.4F	28 Sa	0051 0717 1313 1952	0336 0925 1603 2150	2.0E 1.4F 2.1E 1.2F
14 Sa	0044 0722 1306 1952	0337 0932 1602 2156	2.1E 1.6F 2.2E 1.4F	29 Su	0136 0801 1354 2037	0416 1005 1642 2231	1.9E 1.4F 2.1E 1.2F
15 Su	0121 0801 1341 2036	0421 1016 1647 2242	2.1E 1.6F 2.2E 1.5F	30 M	0220 0845 1434 2124	0457 1046 1723 2314	1.8E 1.3F 2.0E 1.1F
				31 Tu	0304 0929 1514 2211	0540 1128 1806 2358	1.7E 1.2F 1.9E 1.0F

November

Day	Slack h m	Maximum h m	knots	Day	Slack h m	Maximum h m	knots
1 W	0350 1017 1555 2300	0624 1213 1851	1.5E 1.1F 1.8E	16 Th	0334 1005 1544 2252	0001 0626 1220 1855	1.5F 2.0E 1.6F 2.3E
2 Th	0438 1107 1639 2352	0044 0712 1300 1939	0.9F 1.4E 1.0F 1.7E	17 F	0435 1106 1645 2350	0054 0721 1314 1950	1.4F 1.9E 1.4F 2.2E
3 F	0531 1202 1730	0132 0802 1349 2030	0.8F 1.3E 0.9F 1.6E	18 Sa ◐	0541 1210 1751	0150 0820 1411 2049	1.3F 1.8E 1.3F 2.1E
4 Sa ☾	0045 0628 1300 1827	0224 0856 1442 2123	0.8F 1.3E 0.8F 1.6E	19 Su	0050 0646 1316 1859	0248 0923 1510 2151	1.2F 1.7E 1.1F 2.0E
5 Su	0138 0725 1358 1926	0317 0952 1536 2217	0.8F 1.3E 0.8F 1.6E	20 M	0151 0750 1421 2004	0349 1030 1613 2255	1.2F 1.7E 1.0F 1.9E
6 M	0229 0818 1453 2023	0411 1048 1632 2311	0.8F 1.4E 0.8F 1.6E	21 Tu	0249 0849 1523 2105	0452 1142 1717	1.2F 1.8E 1.0F
7 Tu	0317 0908 1544 2116	0504 1143 1726	0.9F 1.5E 0.9F	22 W	0343 0944 1620 2202	0000 0555 1254 1857	1.9E 1.2F 1.9E 1.0F
8 W	0402 0955 1632 2205	0002 0556 1233 1819	1.7E 1.1F 1.7E 1.0F	23 Th	0435 1035 1713 2255	0100 0653 1350 2049	1.9E 1.2F 2.0E 1.0F
9 Th	0445 1038 1717 2250	0051 0645 1321 1909	1.8E 1.2F 1.9E 1.1F	24 F	0523 1122 1802 2344	0151 0738 1433 2009	1.9E 1.3F 2.0E 1.0F
10 F	0526 1118 1801 2334	0138 0732 1407 1957	1.9E 1.4F 2.1E 1.3F	25 Sa ●	0609 1206 1849	0233 0817 1507 2048	1.8E 1.3F 2.1E 1.0F
11 Sa ◯	0607 1158 1845	0223 0818 1452 2045	2.0E 1.6F 2.2E 1.4F	26 Su	0031 0652 1248 1934	0312 0856 1542 2126	1.8E 1.3F 2.0E 1.0F
12 Su	0017 0649 1238 1929	0309 0904 1537 2132	2.1E 1.7F 2.3E 1.5F	27 M	0115 0735 1328 2017	0351 0936 1618 2206	1.7E 1.3F 2.0E 1.0F
13 M	0101 0733 1319 2015	0356 0951 1624 2220	2.1E 1.8F 2.4E 1.5F	28 Tu	0158 0817 1406 2101	0430 1017 1657 2248	1.6E 1.2F 2.0E 1.0F
14 Tu	0147 0819 1402 2104	0443 1039 1712 2310	2.1E 1.8F 2.4E 1.5F	29 W	0240 0901 1443 2145	0512 1059 1738 2331	1.6E 1.2F 1.9E 1.0F
15 W	0238 0910 1450 2156	0533 1128 1802	2.1E 1.7F 2.4E	30 Th	0324 0946 1519 2230	0556 1144 1821	1.5E 1.1F 1.9E

December

Day	Slack h m	Maximum h m	knots	Day	Slack h m	Maximum h m	knots
1 F	0408 1034 1555 2317	0016 0642 1230 1907	1.0F 1.4E 1.0F 1.8E	16 Sa	0423 1049 1632 2328	0037 0704 1255 1931	1.5F 2.0E 1.5F 2.3E
2 Sa	0456 1127 1635	0103 0731 1318 1955	0.9F 1.4E 0.9F 1.7E	17 Su ◐	0524 1151 1733	0131 0802 1351 2028	1.4F 1.9E 1.3F 2.1E
3 Su	0006 0548 1222 1724	0152 0822 1409 2046	0.9F 1.3E 0.9F 1.6E	18 M	0026 0626 1256 1837	0228 0903 1448 2128	1.3F 1.8E 1.1F 2.0E
4 M	0055 0641 1319 1824	0243 0916 1502 2138	1.0F 1.4E 0.8F 1.6E	19 Tu	0125 0726 1400 1940	0326 1010 1549 2230	1.2F 1.7E 1.0F 1.8E
5 Tu	0144 0734 1415 1927	0334 1010 1556 2230	1.0F 1.4E 0.8F 1.6E	20 W	0222 0825 1502 1805 1846†	0426 1125 1652 0.8F 0.8F	1.1F 1.7E 0.9F
6 W	0232 0825 1508 2026	0427 1104 1651 2323	1.1F 1.6E 0.9F 1.7E	21 Th	0317 0920 1601 2139	0557 1246 1949	1.1F 1.8E 0.9F
7 Th	0319 0913 1559 2121	0519 1157 1745	1.2F 1.7E 1.0F	22 F	0410 1011 1655 2233	0038 0804 1345 2043	1.7E 1.1F 1.9E 0.9F
8 F	0405 1000 1647 2214	0014 0610 1248 1837	1.8E 1.3F 1.9E 1.1F	23 Sa	0459 1100 1058 1747	0132 0709 0802 1428†	1.7E 1.1F 1.1F 1.9E
9 Sa	0450 1045 1734 2304	0104 0700 1337 1929	1.9E 1.5F 2.1E 1.3F	24 Su	0545 1143 1831	0213 0750 1457 2057	1.6E 1.1F 1.9E 0.8F
10 Su	0536 1129 1821 2354	0154 0750 1426 2020	2.0E 1.6F 2.3E 1.4F	25 M ●	0629 1225 1914	0250 0829 1523 2104	1.6E 1.1F 1.9E 0.9F
11 M	0622 1214 1908	0244 0839 1514 2110	2.1E 1.8F 2.4E 1.5F	26 Tu	0054 0711 1304 1956	0327 0910 1556 2142	1.6E 1.2F 2.0E 0.9F
12 Tu	0044 0710 1301 1956	0333 0929 1603 2201	2.1E 1.8F 2.5E 1.6F	27 W	0136 0753 1341 2037	0407 0951 1632 2223	1.5E 1.2F 2.0E 1.0F
13 W	0135 0800 1349 2046	0424 1019 1653 2252	2.2E 1.8F 2.6E 1.6F	28 Th	0217 0835 1417 2118	0447 1034 1712 2305	1.5E 1.2F 1.9E 1.0F
14 Th	0229 0853 1440 2138	0515 1109 1744 2344	2.1E 1.8F 2.5E 1.6F	29 F	0258 0919 1450 2159	0530 1117 1754 2349	1.5E 1.1F 1.9E 1.0F
15 F	0325 0949 1534 2232	0609 1201 1837	2.1E 1.6F 2.4E	30 Sa	0338 1004 1520 2242	0615 1202 1837	1.5E 1.1F 1.9E
				31 Su	0419 1052 1549 2326	0034 0701 1249 1923	1.1F 1.5E 1.0F 1.8E

Time meridian 75° W. 0000 is midnight. 1200 is noon.
If three consecutive entries are marked (F) the middle one is not a true maximum but an intermediate value to show the current pattern.
† See page 112 for the remaining currents on this day.

Boston Harbor (Deer Island Light), Massachusetts, 2000

F–Flood, Dir. 254° True   E–Ebb, Dir. 111° True

January

Day	Slack (h m)	Maximum (h m)	knots	Day	Slack (h m)	Maximum (h m)	knots
1 Sa	0057 / 0658 / 1331 / 1936	0419 / 1108 / 1648 / 2333	1.1F / 1.4E / 1.1F / 1.3E	16 Su	0004 / 0550 / 1240 / 1820	0220 / 0908 / 1454 / 2138	1.3F / 1.2E / 1.2F / 1.1E
2 Su	0149 / 0755 / 1422 / 2036	0510 / 1159 / 1738	1.2F / 1.4E / 1.1F	17 M	0100 / 0647 / 1337 / 1919	0321 / 1044 / 1607 / 2320	1.3F / 1.3E / 1.2F / 1.2E
3 M	0237 / 0841 / 1509 / 2116	0023 / 0558 / 1247 / 1825	1.3E / 1.2F / 1.5E / 1.2F	18 Tu	0156 / 0744 / 1430 / 2017	0428 / 1153 / 1731	1.4F / 1.4E / 1.3F
4 Tu	0321 / 0920 / 1552 / 2151	0110 / 0643 / 1333 / 1909	1.3E / 1.2F / 1.4E / 1.2F	19 W	0250 / 0839 / 1524 / 2113	0022 / 0543 / 1248 / 1831	1.3E / 1.4F / 1.5E / 1.4F
5 W	0403 / 0956 / 1632 / 2225	0155 / 0725 / 1416 / 1951	1.3E / 1.2F / 1.4E / 1.2F	20 Th ○	0343 / 0933 / 1617 / 2207	0117 / 0646 / 1341 / 1926	1.4E / 1.5F / 1.6E / 1.5F
6 Th ●	0443 / 1032 / 1711 / 2300	0238 / 0805 / 1457 / 2030	1.2E / 1.2F / 1.3E / 1.2F	21 F	0437 / 1026 / 1708 / 2300	0210 / 0742 / 1434 / 2018	1.4E / 1.5F / 1.6E / 1.5F
7 F	0523 / 1109 / 1750 / 2336	0318 / 0841 / 1535 / 2105	1.1E / 1.2F / 1.3E / 1.2F	22 Sa	0529 / 1118 / 1759 / 2351	0304 / 0836 / 1527 / 2111	1.4E / 1.5F / 1.6E / 1.5F
8 Sa	0603 / 1146 / 1830	0355 / 0904 / 1605 / 2125	1.1E / 1.2F / 1.2E / 1.2F	23 Su	0621 / 1210 / 1850	0358 / 0930 / 1622 / 2204	1.4E / 1.4F / 1.5E / 1.4F
9 Su	0013 / 0645 / 1224 / 1910	0418 / 0904 / 1538 / 2128	1.0E / 1.2F / 1.1E / 1.2F	24 M	0043 / 0714 / 1302 / 1941	0454 / 1026 / 1719 / 2258	1.4E / 1.3F / 1.4E / 1.3F
10 M	0052 / 0728 / 1306 / 1952	0350 / 0941 / 1603 / 2205	1.0E / 1.2F / 1.1E / 1.3F	25 Tu	0135 / 0809 / 1355 / 2035	0551 / 1124 / 1818 / 2355	1.4E / 1.2F / 1.3E / 1.3F
11 Tu	0134 / 0013 / 1350 / 2038	0422 / 1024 / 1640 / 2250	1.1E / 1.2F / 1.2E / 1.3F	26 W	0228 / 0906 / 1450 / 2130	0650 / 1223 / 1917	1.3E / 1.1F / 1.3E
12 W	0219 / 0901 / 1438 / 2125	0504 / 1111 / 1725 / 2337	1.1E / 1.2F / 1.1E / 1.3F	27 Th	0322 / 1002 / 1548 / 2226	0052 / 0749 / 1323 / 2017	1.2F / 1.3E / 1.1F / 1.2E
13 Th	0308 / 0953 / 1529 / 2217	0554 / 1202 / 1817	1.1E / 1.2F / 1.1F	28 F ○	0419 / 1101 / 1648 / 2322	0151 / 0847 / 1422 / 2115	1.1F / 1.3E / 1.0F / 1.2E
14 F ○	0359 / 1048 / 1623 / 2309	0028 / 0651 / 1255 / 1915	1.3F / 1.1E / 1.2F / 1.1E	29 Sa	0516 / 1200 / 1750	0248 / 0944 / 1520 / 2211	1.1F / 1.3E / 1.0F / 1.0E
15 Sa	0454 / 1143 / 1721	0122 / 0754 / 1352 / 2021	1.3F / 1.2E / 1.2F / 1.1E	30 Su	0019 / 0614 / 1258 / 1853	0344 / 1039 / 1616 / 2305	1.0F / 1.3E / 1.0F / 1.2E
				31 M	0113 / 0710 / 1350 / 1954	0437 / 1131 / 1708 / 2356	1.1F / 1.3E / 1.1F / 1.2E

February

Day	Slack (h m)	Maximum (h m)	knots	Day	Slack (h m)	Maximum (h m)	knots
1 Tu	0205 / 0802 / 1440 / 2044	0527 / 1220 / 1757	1.1F / 1.4E / 1.1F	16 W	0134 / 0720 / 1411 / 1958	0422 / 1148 / 1726	1.2F / 1.4E / 1.2F
2 W	0252 / 0847 / 1524 / 2123	0044 / 0614 / 1307 / 1842	1.2E / 1.1F / 1.4E / 1.2F	17 Th	0231 / 0819 / 1507 / 2056	0017 / 0547 / 1242 / 1825	1.3E / 1.2F / 1.5E / 1.3F
3 Th	0337 / 0928 / 1606 / 2200	0130 / 0659 / 1350 / 1925	1.2E / 1.2F / 1.4E / 1.2F	18 F	0328 / 0916 / 1559 / 2151	0110 / 0645 / 1334 / 1918	1.4E / 1.3F / 1.6E / 1.4F
4 F	0419 / 1006 / 1645 / 2235	0212 / 0740 / 1431 / 2005	1.2E / 1.2F / 1.3E / 1.2F	19 Sa ○	0420 / 1010 / 1650 / 2244	0201 / 0738 / 1424 / 2008	1.5E / 1.4F / 1.6E / 1.5F
5 Sa ●	0500 / 1044 / 1724 / 2312	0252 / 0818 / 1507 / 2040	1.2E / 1.2F / 1.3E / 1.3F	20 Su	0512 / 1102 / 1739 / 2334	0251 / 0829 / 1513 / 2057	1.5E / 1.4F / 1.6E / 1.5F
6 Su	0540 / 1122 / 1802 / 2349	0326 / 0848 / 1530 / 2106	1.2E / 1.3F / 1.2E / 1.3F	21 M	0603 / 1152 / 1828	0341 / 0919 / 1603 / 2145	1.5E / 1.4F / 1.6E / 1.5F
7 M	0620 / 1201 / 1841	0332 / 0850 / 1516 / 2108	1.1E / 1.3F / 1.2E / 1.4F	22 Tu	0022 / 0653 / 1242 / 1917	0432 / 1008 / 1655 / 2234	1.5E / 1.4F / 1.5E / 1.4F
8 Tu	0027 / 0702 / 1242 / 1922	0330 / 0920 / 1540 / 2142	1.2E / 1.3F / 1.2E / 1.4F	23 W	0110 / 0744 / 1331 / 2006	0524 / 1059 / 1748 / 2323	1.4E / 1.3F / 1.4E / 1.3F
9 W	0108 / 0747 / 1325 / 2007	0401 / 1001 / 1615 / 2223	1.2E / 1.3F / 1.2E / 1.4F	24 Th	0159 / 0837 / 1422 / 2057	0619 / 1151 / 1845	1.4E / 1.2F / 1.2E
10 Th	0151 / 0834 / 1411 / 2053	0440 / 1046 / 1657 / 2309	1.2E / 1.2F / 1.2E / 1.4F	25 F	0248 / 0930 / 1515 / 2149	0015 / 0716 / 1247 / 1943	1.2F / 1.3E / 1.1F / 1.1E
11 F	0238 / 0925 / 1500 / 2144	0526 / 1134 / 1745	1.2E / 1.2F / 1.1E	26 Sa ○	0339 / 1025 / 1610 / 2242	0110 / 0813 / 1344 / 2041	1.1F / 1.2E / 1.0F / 1.1E
12 Sa ○	0328 / 1019 / 1554 / 2239	0618 / 1225 / 1841	1.2F / 1.2E / 1.1E	27 Su	0433 / 1121 / 1708 / 2339	0207 / 0910 / 1442 / 2138	1.0F / 1.2E / 0.9F / 1.0E
13 Su	0422 / 1117 / 1652 / 2337	0050 / 0716 / 1321 / 1946	1.3F / 1.1E / 1.1F / 1.0E	28 M	0528 / 1218 / 1806	0304 / 1006 / 1539 / 2233	1.0F / 1.2E / 0.9F / 1.0E
14 M	0519 / 1215 / 1753	0146 / 0817 / 1423 / 2049	1.2F / 1.2E / 1.1F / 1.0E	29 Tu	0035 / 0623 / 1311 / 1904	0400 / 1059 / 1633 / 2325	1.0F / 1.2E / 1.0F / 1.1E
15 Tu	0036 / 0620 / 1313 / 1857	0248 / 0919 / 1523 / 2149	1.2F / 1.2E / 1.1F / 1.1E				

March

Day	Slack (h m)	Maximum (h m)	knots	Day	Slack (h m)	Maximum (h m)	knots
1 W	0129 / 0717 / 1403 / 1958	0453 / 1149 / 1724	1.0F / 1.3E / 1.0F	16 Th	0117 / 0701 / 1353 / 1941	0436 / 1135 / 1716	1.0E / 1.3E / 1.1F
2 Th	0219 / 0808 / 1450 / 2044	0014 / 0542 / 1236 / 1811	1.1E / 1.1F / 1.3E / 1.1F	17 F	0217 / 0802 / 1449 / 2040	0004 / 0540 / 1229 / 1813	1.3E / 1.1F / 1.4E / 1.2F
3 F	0307 / 0854 / 1533 / 2127	0100 / 0628 / 1320 / 1855	1.2E / 1.1F / 1.3E / 1.2F	18 Sa	0313 / 0900 / 1541 / 2135	0056 / 0635 / 1320 / 1904	1.4E / 1.2F / 1.5E / 1.4F
4 Sa	0350 / 0937 / 1615 / 2206	0143 / 0711 / 1401 / 1935	1.2E / 1.2F / 1.3E / 1.3F	19 Su ○	0406 / 0954 / 1631 / 2226	0147 / 0727 / 1409 / 1953	1.5E / 1.3F / 1.6E / 1.4F
5 Su ●	0433 / 1018 / 1655 / 2244	0222 / 0750 / 1436 / 2012	1.2E / 1.3F / 1.3E / 1.4F	20 M	0457 / 1045 / 1719 / 2314	0235 / 0815 / 1457 / 2039	1.6E / 1.4F / 1.6E / 1.5F
6 M	0514 / 1058 / 1734 / 2323	0255 / 0824 / 1453 / 2039	1.2E / 1.3F / 1.3E / 1.4F	21 Tu	0545 / 1134 / 1805	0322 / 0902 / 1544 / 2125	1.6E / 1.4F / 1.5E / 1.5F
7 Tu	0556 / 1138 / 1814	0259 / 0837 / 1453 / 2048	1.3E / 1.4F / 1.3E / 1.5F	22 W	0000 / 0632 / 1220 / 1850	0410 / 0948 / 1632 / 2209	1.5E / 1.4F / 1.4E / 1.4F
8 W	0002 / 0638 / 1219 / 1856	0311 / 0901 / 1520 / 2119	1.3E / 1.4F / 1.3E / 1.5F	23 Th	0044 / 0720 / 1307 / 1938	0458 / 1034 / 1721 / 2253	1.5E / 1.3F / 1.3E / 1.3F
9 Th	0043 / 0722 / 1302 / 1939	0342 / 0940 / 1554 / 2159	1.3E / 1.4F / 1.3E / 1.5F	24 F	0128 / 0808 / 1353 / 2024	0548 / 1121 / 1814 / 2337	1.4E / 1.2F / 1.2E / 1.2F
10 F	0126 / 0809 / 1348 / 2027	0420 / 1023 / 1635 / 2244	1.3E / 1.4F / 1.2E / 1.5F	25 Sa	0213 / 0858 / 1441 / 2113	0642 / 1210 / 1909	1.3E / 1.1F / 1.1E
11 Sa	0212 / 0900 / 1437 / 2118	0503 / 1110 / 1722 / 2331	1.3E / 1.3F / 1.1E / 1.4F	26 Su	0301 / 0949 / 1531 / 2206	0025 / 0737 / 1303 / 2006	1.1F / 1.2E / 1.0F / 1.0E
12 Su	0301 / 0955 / 1530 / 2213	0554 / 1200 / 1816	1.2E / 1.2F / 1.0E	27 M ○	0350 / 1041 / 1625 / 2259	0119 / 0834 / 1400 / 2102	1.0F / 1.1E / 0.9F / 0.9E
13 M ○	0355 / 1052 / 1629 / 2313	0023 / 0656 / 1255 / 1926	1.2F / 1.1E / 1.1F / 0.9E	28 Tu	0443 / 1137 / 1721 / 2354	0218 / 0929 / 1457 / 2157	0.9F / 1.1E / 0.9F / 1.0E
14 Tu	0454 / 1152 / 1732	0119 / 0803 / 1359 / 2032	1.1E / 1.1F / 1.0E	29 W	0538 / 1230 / 1817	0317 / 1022 / 1552 / 2249	0.9F / 1.1E / 0.9F / 1.0E
15 W	0015 / 0557 / 1253 / 1838	0224 / 0908 / 1500 / 2137	1.0F / 1.2E / 1.0F / 1.1E	30 Th	0049 / 0632 / 1321 / 1911	0413 / 1113 / 1645 / 2339	1.0F / 1.1E / 1.0F / 1.1E
				31 F	0141 / 0726 / 1410 / 2001	0505 / 1201 / 1733	1.0F / 1.2E / 1.1F

Time meridian 75° W. 0000 is midnight. 1200 is noon.
At times of slack water before maximum ebb, the speed actually averages 0.3 knot in a direction of 184° true.

Boston Harbor (Deer Island Light), Massachusetts, 2000

F–Flood, Dir. 254° True   E–Ebb, Dir. 111° True

	April						May						June				
	Slack	Maximum		Slack	Maximum		Slack	Maximum		Slack	Maximum		Slack	Maximum		Slack	Maximum
	h m	h m	knots		h m	h m	knots		h m	h m	knots		h m	h m	knots		h m	h m	knots
1 Sa	0231 0816 1457 2048	0026 0553 1245 1818	1.1E 1.1F 1.2E 1.2F	**16** Su	0259 0844 1523 2117	0039 0620 1303 1846	1.4E 1.2F 1.5E 1.3F	**1** M	0242 0826 1503 2054	0027 0555 1241 1816	1.2F 1.2E 1.2E 1.4F	**16** Tu	0332 0921 1550 2145	0110 0650 1332 1912	1.5E 1.2F 1.4E 1.3F	**1** Th	0348 0932 1604 2155	0043 0630 1256 1841	1.4E 1.4F 1.3E 1.5F	**16** F ○	0442 1034 1654 2245	0222 0800 1445 2017	1.5E 1.2F 1.3E 1.2F
2 Su	0318 0903 1540 2131	0108 0637 1325 1900	1.2E 1.2F 1.3E 1.3F	**17** M	0350 0938 1611 2207	0129 0710 1352 1934	1.5E 1.3F 1.5E 1.4F	**2** Tu	0330 0914 1549 2140	0104 0637 1309 1853	1.3E 1.3F 1.3E 1.5F	**17** W	0420 1010 1635 2229	0157 0738 1419 1957	1.5E 1.5F 1.4E 1.3F	**2** F ●	0437 1022 1653 2243	0126 0716 1343 1927	1.5E 1.5F 1.3E 1.6F	**17** Sa	0525 1114 1738 2324	0307 0844 1529 2058	1.4E 1.2F 1.2E 1.2F
3 M	0402 0947 1622 2213	0147 0717 1358 1937	1.3E 1.3F 1.3E 1.4F	**18** Tu ○	0439 1028 1658 2252	0217 0758 1439 2019	1.6E 1.3F 1.5E 1.4F	**3** W ●	0417 1001 1633 2225	0131 0714 1331 1922	1.4E 1.4F 1.3E 1.5F	**18** Th ○	0505 1054 1719 2310	0244 0823 1505 2040	1.5E 1.3F 1.4E 1.3F	**3** Sa	0527 1112 1743 2333	0212 0803 1432 2014	1.5E 1.5F 1.3E 1.5F	**18** Su	0607 1153 1819	0350 0925 1613 2137	1.3E 1.2F 1.1E 1.1F
4 Tu ●	0447 1031 1704 2255	0217 0752 1411 2004	1.3E 1.4F 1.3E 1.5F	**19** W	0526 1114 1741 2335	0303 0843 1525 2103	1.6E 1.4F 1.5E 1.4F	**4** Th	0503 1048 1719 2310	0155 0746 1404 1954	1.4E 1.5F 1.3E 1.6F	**19** F	0549 1136 1801 2351	0328 0906 1550 2122	1.5E 1.2F 1.3E 1.3F	**4** Su	0618 1203 1836	0302 0852 1526 2103	1.5E 1.4F 1.3E 1.5F	**19** M	0003 0648 1232 1901	0432 1005 1655 2210	1.3E 1.1F 1.1E 1.1F
5 W	0530 1113 1747 2337	0227 0815 1429 2023	1.4E 1.4F 1.3E 1.5F	**20** Th	0610 1159 1826	0349 0927 1610 2145	1.5E 1.3F 1.4E 1.4F	**5** F	0550 1134 1806 2355	0230 0821 1443 2034	1.5E 1.5F 1.3E 1.6F	**20** Sa	0631 1217 1843	0413 0948 1635 2200	1.4E 1.2F 1.2E 1.2F	**5** M	0023 0709 1255 1929	0357 0945 1638 2155	1.4E 1.4F 1.2E 1.3F	**20** Tu	0043 0729 1311 1945	0512 1038 1735 2206	1.2E 1.1F 1.0E 1.1F
6 Th	0614 1157 1830	0251 0842 1501 2057	1.4E 1.5F 1.3E 1.6F	**21** F	0017 0656 1242 1910	0435 1010 1657 2225	1.5E 1.3F 1.3E 1.3F	**6** Sa	0638 1222 1854	0310 0903 1526 2118	1.5E 1.5F 1.3E 1.5F	**21** Su	0030 0714 1258 1928	0457 1028 1720 2234	1.3E 1.2F 1.1E 1.2F	**6** Tu	0115 0802 1349 2024	0516 1053 1804 2258	1.3E 1.3F 1.2E 1.2F	**21** W	0124 0811 1353 2029	0545 1036 1809 2243	1.1E 1.1F 1.0E 1.1F
7 F	0019 0700 1241 1916	0325 0920 1538 2137	1.4E 1.5F 1.3E 1.5F	**22** Sa	0059 0740 1325 1955	0521 1053 1745 2302	1.4E 1.3F 1.1E 1.2F	**7** Su	0042 0729 1311 1946	0354 0948 1614 2204	1.4E 1.4F 1.2E 1.4F	**22** M	0111 0758 1340 2011	0540 1106 1806 2236	1.2E 1.1F 1.0E 1.1F	**7** W	0209 0858 1446 2122	0634 1209 1910	1.3E 1.2F 1.2E	**22** Th	0207 0856 1437 2117	0518 1111 1737 2327	1.1E 1.2F 1.0E 1.2F
8 Sa	0103 0748 1328 2004	0404 1003 1620 2222	1.4E 1.4F 1.2E 1.5F	**23** Su	0141 0828 1409 2041	0610 1136 1837 2320	1.2E 1.1F 1.0E 1.1F	**8** M	0131 0820 1403 2040	0445 1037 1711 2254	1.3E 1.3F 1.1E 1.3F	**23** Tu	0153 0842 1423 2059	0625 1122 1853 2313	1.1E 1.1F 0.9E 1.1F	**8** Th ◐	0306 0956 1544 2222	0035 0739 1317 2013	1.1F 1.2E 1.1F 1.2E	**23** F	0253 0940 1524 2206	0553 1154 1819	1.1E 1.2F 1.0E
9 Su	0150 0839 1418 2058	0449 1050 1708 2310	1.3E 1.3F 1.1E 1.3F	**24** M	0225 0915 1456 2130	0701 1220 1930 2350	1.1E 1.0F 0.9E 1.0F	**9** Tu	0224 0917 1459 2139	0555 1132 1927 2351	1.2E 1.1F 1.0E 1.1F	**24** W	0238 0929 1510 2149	0710 1146 1941 2359	1.1E 1.1F 0.9E 1.1F	**9** F	0406 1054 1644 2325	0145 0841 1419 2113	1.0F 1.2E 1.1F 1.2E	**24** Sa ○	0342 1029 1613 2257	0016 0639 1243 1909	1.2F 1.1E 1.2F 1.1E
10 M	0240 0934 1512 2154	0542 1141 1806	1.2E 1.2F 1.0E	**25** Tu	0312 1005 1545 2221	0755 1311 2024	1.1E 1.0F 0.9E	**10** W ◐	0320 1015 1559 2239	0758 1325 2033	1.1F 1.1E 1.0F 1.0E	**25** Th	0326 1018 1559 2239	0757 1232 2031	1.0F 1.0E 0.9F	**10** Sa	0508 1153 1745	0248 0940 1519 2210	1.0F 1.2E 1.1F 1.3E	**25** Su	0433 1118 1704 2349	0107 0731 1334 2006	1.2F 1.1E 1.3F 1.1E
11 Tu ◐	0335 1032 1612 2256	0002 0653 1238 2050	1.2F 1.1E 1.0F 1.0E	**26** W ○	0402 1056 1638 2316	0039 0849 1408 2118	1.0F 1.0E 0.9F 0.9E	**11** Th	0421 1115 1702 2342	0153 0902 1439 2134	1.0F 1.0E 1.2F 1.1E	**26** F ○	0416 1107 1650 2330	0050 0846 1324 2120	1.1F 1.0E 1.1F 1.0E	**11** Su	0611 1251 1845	0348 1037 1616 2305	1.0F 1.3E 1.1F 1.3E	**26** M	0527 1209 1756	0201 0828 1428 2106	1.2F 1.1E 1.3F 1.3E
12 W	0435 1133 1717 2359	0101 0920 1449 2153	1.0F 1.1E 0.9F 1.0E	**27** Th	0454 1148 1731	0216 0941 1505 2209	0.9F 1.0E 1.0F 1.0E	**12** F	0524 1216 1804	0307 1002 1543 2232	1.1F 1.2E 1.0F 1.2E	**27** Sa	0509 1157 1742	0144 0933 1420 2207	1.1F 1.1E 1.1F 1.0E	**12** M	0125 0712 1346 1942	0444 1130 1709 2358	1.1F 1.3E 1.2F 1.4E	**27** Tu	0040 0621 1300 1849	0257 0928 1522 2207	1.3F 1.2E 1.4F 1.3E
13 Th	0539 1236 1821	0317 1021 1601 2251	0.9F 1.2E 1.0F 1.2E	**28** F	0009 0549 1239 1825	0322 1031 1558 2258	1.0F 1.1E 1.1F 1.0E	**13** Sa	0046 0628 1315 1905	0410 1059 1641 2328	1.0F 1.3E 1.1F 1.3E	**28** Su	0023 0603 1247 1834	0244 1015 1520 2250	1.1F 1.2E 1.2F 1.1E	**13** Tu	0220 0812 1438 2035	0537 1222 1800	1.1F 1.3E 1.2F	**28** W	0134 0716 1352 1941	0354 1029 1618 2309	1.3F 1.2E 1.4F 1.3E
14 F	0101 0644 1335 1923	0427 1118 1701 2347	1.0F 1.3E 1.1F 1.3E	**29** Sa	0101 0643 1329 1917	0418 1119 1648 2345	1.0F 1.1E 1.1F 1.1E	**14** Su	0146 0729 1410 2003	0507 1153 1735	1.1F 1.4E 1.2F	**29** M	0116 0657 1337 1926	0348 1046 1617 2329	1.2F 1.1E 1.3F 1.2E	**14** W	0310 0905 1526 2122	0048 0628 1311 1848	1.5E 1.2F 1.3E 1.2F	**29** Th	0228 0810 1446 2034	0454 1131 1713	1.4F 1.2E 1.5F
15 Sa	0202 0746 1431 2022	0526 1212 1756	1.1F 1.4E 1.2F	**30** Su	0153 0736 1417 2006	0508 1203 1734	1.1F 1.2E 1.3F	**15** M	0241 0828 1502 2057	0020 0601 1244 1825	1.4E 1.1F 1.4E 1.3F	**30** Tu	0207 0749 1427 2016	0449 1127 1708	1.3F 1.2E 1.4F	**15** Th	0358 0952 1611 2204	0136 0715 1359 1933	1.5E 1.3F 1.3E 1.2F	**30** F	0319 0904 1538 2127	0009 0553 1233 1809	1.4E 1.4F 1.3E 1.5F
												31 W	0258 0841 1516 2106	0004 0542 1211 1755	1.3E 1.4F 1.3E 1.5F								

Time meridian 75° W. 0000 is midnight. 1200 is noon.
At times of slack water before maximum ebb, the speed actually averages 0.3 knot in a direction of 184° true.

Boston Harbor (Deer Island Light), Massachusetts, 2000

F–Flood, Dir. 254° True   E–Ebb, Dir. 111° True

July

Day	Slack h m	Maximum h m	knots	Day	Slack h m	Maximum h m	knots
1 Sa ●	0411 0958 1630 2219	0108 0654 1336 1904	1.5E 1.4F 1.3E 1.5F	16 Su ○	0459 1050 1712 2257	0243 0819 1506 2034	1.4E 1.1F 1.2E 1.1F
2 Su	0503 1051 1722 2311	0207 0754 1441 2002	1.5E 1.4F 1.3E 1.5F	17 M	0540 1127 1753 2336	0326 0859 1548 2112	1.3E 1.1F 1.1E 1.1F
3 M	0556 1145 1817	0307 0854 1545 2104	1.5E 1.4F 1.3E 1.4F	18 Tu	0620 1204 1836	0406 0937 1627 2145	1.2E 1.1F 1.1E 1.1F
4 Tu	0004 0649 1238 1911	0410 0954 1647 2212	1.5E 1.4F 1.3E 1.3F	19 W	0015 0659 1243 1918	0441 1007 1701 2140	1.2E 1.2F 1.0E 1.1F
5 W	0058 0741 1333 2007	0513 1055 1748 2318	1.4E 1.3F 1.3E 1.2F	20 Th	0056 0740 1323 2000	0420 1002 1631 2214	1.1E 1.2F 1.1E 1.2F
6 Th	0153 0837 1428 2104	0615 1155 1849	1.4E 1.3F 1.3E	21 F	0138 0822 1406 2047	0438 1039 1700 2258	1.1E 1.3F 1.1E 1.2F
7 F	0250 0932 1525 2202	0022 0717 1255 1949	1.2F 1.3E 1.2F 1.3E	22 Sa	0223 0907 1451 2134	0515 1122 1742 2345	1.1E 1.3F 1.1E 1.3F
8 Sa ☾	0348 1029 1622 2302	0124 0816 1355 2048	1.1F 1.3E 1.2F 1.3E	23 Su	0311 0953 1539 2224	0600 1210 1830	1.1E 1.3F 1.2E
9 Su	0449 1127 1721	0224 0915 1452 2145	1.1F 1.2E 1.1F 1.3E	24 M ○	0401 1043 1629 2317	0035 0651 1300 1925	1.3F 1.1E 1.4F 1.2E
10 M	0001 0551 1223 1820	0322 1012 1548 2240	1.1F 1.2E 1.1F 1.4E	25 Tu	0454 1136 1722	0128 0747 1352 2024	1.3F 1.1E 1.4F 1.2E
11 Tu	0100 0653 1318 1917	0418 1106 1641 2333	1.1F 1.3E 1.1F 1.4E	26 W	0010 0550 1229 1816	0223 0849 1447 2129	1.3F 1.1E 1.4F 1.3E
12 W	0154 0754 1410 2009	0511 1158 1733	1.1F 1.3E 1.1F	27 Th	0106 0647 1324 1911	0321 0957 1544 2240	1.3F 1.2E 1.4F 1.3E
13 Th	0246 0848 1459 2056	0024 0602 1248 1821	1.4E 1.1F 1.3E 1.1F	28 F	0200 0744 1420 2007	0423 1114 1644	1.3F 1.2E 1.4F
14 F	0332 0932 1546 2139	0112 0650 1336 1908	1.4E 1.1F 1.2E 1.1F	29 Sa	0255 0841 1515 2102	0000 0534 1240 1748	1.4E 1.3F 1.3E 1.4F
15 Sa	0418 1012 1630 2219	0159 0736 1422 1952	1.4E 1.1F 1.2E 1.1F	30 Su ●	0349 0937 1609 2157	0107 0647 1341 1859	1.5E 1.4F 1.3E 1.4F
				31 M	0441 1032 1703 2251	0205 0747 1437 2004	1.5E 1.4F 1.4E 1.4F

August

Day	Slack h m	Maximum h m	knots	Day	Slack h m	Maximum h m	knots
1 Tu	0534 1126 1758 2345	0301 0844 1533 2105	1.5E 1.4F 1.4E 1.4F	16 W	0549 1135 1808 2347	0335 0905 1555 2113	1.2E 1.2F 1.1E 1.2F
2 W	0627 1219 1851	0357 0940 1629 2203	1.5E 1.4F 1.4E 1.4F	17 Th	0628 1213 1849	0401 0925 1610 2112	1.1E 1.2F 1.1E 1.2F
3 Th	0039 0719 1312 1946	0454 1035 1726 2301	1.5E 1.4F 1.4E 1.3F	18 F	0028 0708 1253 1932	0338 0930 1555 2147	1.1E 1.3F 1.1E 1.3F
4 F	0133 0811 1405 2041	0552 1131 1824	1.4E 1.3F 1.4E	19 Sa	0110 0750 1335 2018	0404 1008 1628 2229	1.2E 1.4F 1.2E 1.3F
5 Sa	0228 0906 1459 2139	0000 0650 1228 1922	1.2F 1.3E 1.3F 1.3E	20 Su	0154 0835 1420 2106	0443 1051 1710 2316	1.2E 1.4F 1.3E 1.3F
6 Su ☾	0325 1000 1554 2236	0058 0749 1325 2020	1.1F 1.3E 1.2F 1.3E	21 M	0242 0922 1507 2157	0527 1138 1758	1.2E 1.4F 1.4E
7 M	0424 1057 1651 2333	0156 0847 1422 2117	1.1F 1.2E 1.1F 1.3E	22 Tu ○	0332 1013 1558 2250	0005 0618 1229 1853	1.3F 1.1E 1.4F 1.2E
8 Tu	0524 1152 1748	0254 0945 1517 2213	1.1F 1.2E 1.2F 1.3E	23 W	0427 1109 1652 2346	0058 0716 1322 1955	1.2F 1.1E 1.3F 1.3E
9 W	0030 0626 1248 1844	0349 1039 1612 2306	1.1F 1.2E 1.1F 1.3E	24 Th	0524 1205 1749	0154 0823 1418 2109	1.2F 1.1E 1.3F 1.2E
10 Th	0126 0728 1340 1938	0443 1132 1703 2357	1.1F 1.3E 1.1F 1.4E	25 F	0041 0623 1301 1847	0256 0954 1519 2300	1.2F 1.1E 1.3F 1.3E
11 F	0217 0823 1430 2027	0534 1223 1753	1.1F 1.2E 1.1F	26 Sa	0139 0723 1359 1945	0414 1139 1631	1.2F 1.2E 1.3F
12 Sa	0303 0907 1519 2110	0046 0622 1310 1840	1.4E 1.1F 1.2E 1.1F	27 Su	0233 0822 1456 2043	0004 0541 1236 1758	1.4E 1.3F 1.3E 1.3F
13 Su	0349 0945 1602 2151	0132 0707 1356 1924	1.4E 1.1F 1.2E 1.1F	28 M	0328 0919 1550 2139	0100 0640 1330 1901	1.5E 1.4F 1.3E 1.4F
14 M	0430 1022 1646 2230	0216 0750 1439 2006	1.3E 1.2F 1.2E 1.1F	29 Tu ●	0420 1013 1644 2232	0153 0735 1422 1957	1.5E 1.4F 1.4E 1.4F
15 Tu ○	0510 1058 1727 2308	0257 0830 1519 2044	1.3E 1.2F 1.2E 1.2F	30 W	0511 1105 1738 2325	0245 0827 1514 2050	1.5E 1.5F 1.5E 1.4F
				31 Th	0602 1156 1829	0337 0918 1607 2143	1.5E 1.5F 1.5E 1.4F

September

Day	Slack h m	Maximum h m	knots	Day	Slack h m	Maximum h m	knots
1 F	0017 0652 1246 1921	0430 1010 1700 2237	1.5E 1.4F 1.5E 1.3F	16 Sa	0000 0637 1223 1903	0304 0859 1524 2119	1.2E 1.4F 1.2E 1.3E
2 Sa	0109 0743 1337 2016	0526 1103 1756 2332	1.4E 1.3F 1.4E 1.2F	17 Su	0042 0719 1305 1950	0335 0938 1600 2202	1.2E 1.4F 1.3E 1.3F
3 Su	0202 0836 1428 2110	0622 1157 1853	1.3E 1.3F 1.4E	18 M	0127 0806 1350 2039	0414 1022 1642 2248	1.2E 1.4F 1.3E 1.3F
4 M	0257 0929 1521 2206	0029 0720 1253 1950	1.1F 1.2E 1.2F 1.3E	19 Tu	0215 0856 1439 2130	0500 1110 1731 2338	1.1E 1.4F 1.2E 1.2F
5 Tu ☾	0353 1024 1616 2302	0126 0818 1349 2047	1.1F 1.1E 1.1F 1.3E	20 W ○	0307 0949 1531 2227	0552 1201 1828	1.1E 1.3F 1.2E
6 W	0452 1120 1712	0223 0915 1445 2143	1.0F 1.1E 1.0F 1.3E	21 Th	0403 1047 1628 2324	0032 0654 1255 1938	1.2F 1.0E 1.2F 1.1E
7 Th	0000 0551 1217 1807	0319 1011 1540 2237	1.0F 1.0E 1.0F 1.3E	22 F	0504 1146 1727	0132 0928 1355 2158	1.1F 1.0E 1.1F 1.2E
8 F	0052 0651 1310 1902	0413 1104 1633 2328	1.0F 1.1E 1.1F 1.3E	23 Sa	0022 0606 1245 1828	0252 1033 1513 2259	1.1F 1.1E 1.1F 1.3E
9 Sa	0144 0745 1400 1952	0503 1154 1723	1.1F 1.2E 1.1F	24 Su	0120 0707 1343 1929	0436 1130 1658 2355	1.2F 1.2E 1.2F 1.4E
10 Su	0231 0831 1449 2038	0017 0551 1241 1809	1.3E 1.1F 1.2E 1.1F	25 M	0216 0806 1440 2027	0535 1224 1758	1.3F 1.3E 1.3F
11 M	0316 0912 1532 2120	0102 0636 1326 1853	1.3E 1.2F 1.2E 1.2F	26 Tu	0309 0901 1533 2122	0047 0629 1315 1852	1.5E 1.4F 1.4E 1.3F
12 Tu	0357 0950 1616 2200	0145 0717 1407 1934	1.3E 1.2F 1.2E 1.2F	27 W ●	0400 0954 1626 2214	0137 0719 1405 1943	1.5E 1.4F 1.5E 1.4F
13 W	0437 1027 1657 2240	0224 0756 1445 2010	1.3E 1.3F 1.3E 1.2F	28 Th	0449 1043 1717 2305	0227 0808 1454 2032	1.5E 1.5F 1.5E 1.4F
14 Th	0516 1104 1738 2319	0256 0828 1514 2034	1.2E 1.3F 1.3E 1.3F	29 F	0538 1132 1807 2354	0316 0856 1544 2121	1.5E 1.5F 1.5E 1.4F
15 F	0556 1143 1820	0249 0834 1502 2043	1.2E 1.4F 1.2E 1.3F	30 Sa	0627 1219 1857	0407 0943 1635 2211	1.4E 1.4F 1.5E 1.3F

Time meridian 75° W. 0000 is midnight. 1200 is noon.
At times of slack water before maximum ebb, the speed actually averages 0.3 knot in a direction of 184° true.

Boston Harbor (Deer Island Light), Massachusetts, 2000

F–Flood, Dir. 254° True   E–Ebb, Dir. 111° True

October

Day	Slack (h m)	Maximum (h m)	knots	Day	Slack (h m)	Maximum (h m)	knots
1 Su	0044 0715 1307 1948	0459 1031 1728 2302	1.3E 1.3F 1.4E 1.2F	16 M	0017 0651 1238 1924	0311 0911 1536 2137	1.2E 1.5F 1.3E 1.4F
2 M	0134 0805 1355 2040	0554 1122 1823 2356	1.2E 1.2F 1.3E 1.1F	17 Tu	0103 0740 1324 2015	0352 0956 1620 2224	1.2E 1.4F 1.3E 1.3F
3 Tu	0225 0858 1445 2133	0651 1217 1919	1.1E 1.1F 1.3E	18 W	0152 0831 1414 2109	0439 1044 1711 2315	1.1E 1.3F 1.2E 1.2F
4 W	0319 0950 1538 2229	0053 0748 1314 2016	1.0F 1.1E 1.0F 1.2E	19 Th	0246 0929 1509 2207	0535 1136 1814	1.0E 1.2F 1.1E
5 Th ◐	0414 1047 1632 2323	0149 0844 1411 2111	1.0F 1.0E 1.0F 1.2E	20 F ○	0345 1028 1608 2306	0011 0816 1234 2046	1.1F 0.9E 1.1F 1.1E
6 F	0511 1141 1727	0246 0939 1506 2205	1.0F 1.1E 1.0F 1.2E	21 Sa	0447 1129 1710	0120 0921 1346 2149	1.0F 1.0E 1.0F 1.2E
7 Sa	0017 0607 1236 1822	0339 1032 1559 2256	1.0F 1.1E 1.0F 1.2E	22 Su	0005 0550 1230 1813	0327 1020 1553 2247	1.0F 1.1E 1.0F 1.3E
8 Su	0108 0701 1328 1914	0430 1121 1649 2343	1.1F 1.1E 1.1F 1.3E	23 M	0103 0652 1330 1914	0428 1116 1653 2341	1.1F 1.3E 1.1F 1.4E
9 M	0155 0749 1415 2002	0517 1208 1736	1.2F 1.2E 1.2F	24 Tu	0159 0750 1426 2012	0523 1208 1747	1.2F 1.4E 1.2F
10 Tu	0239 0833 1500 2046	0028 0601 1251 1819	1.3E 1.3F 1.2E 1.2F	25 W	0251 0844 1519 2107	0032 0614 1259 1838	1.5E 1.3F 1.5E 1.3F
11 W	0321 0914 1543 2129	0109 0641 1331 1859	1.3E 1.3F 1.3E 1.3F	26 Th	0340 0935 1609 2158	0121 0702 1347 1927	1.5E 1.4F 1.6E 1.4F
12 Th	0402 0953 1626 2210	0145 0718 1404 1934	1.3E 1.4F 1.3E 1.3F	27 F ●	0428 1022 1657 2246	0209 0749 1435 2014	1.5E 1.4F 1.6E 1.4F
13 F ○	0442 1033 1709 2251	0203 0744 1414 1953	1.2E 1.4F 1.3E 1.4F	28 Sa	0514 1108 1744 2332	0257 0834 1522 2100	1.5E 1.4F 1.5E 1.3F
14 Sa	0524 1113 1751 2333	0207 0757 1427 2016	1.2E 1.5F 1.3E 1.4F	29 Su	0600 1152 1831	0345 0918 1610 2146	1.4E 1.4F 1.5E 1.3F
15 Su	0607 1154 1837	0235 0831 1458 2054	1.2E 1.5F 1.3E 1.4F	30 M	0019 0648 1237 1920	0435 1002 1701 2233	1.3E 1.3F 1.4E 1.2F
				31 Tu	0105 0736 1322 2009	0527 1047 1753 2323	1.2E 1.2F 1.3E 1.1F

November

Day	Slack (h m)	Maximum (h m)	knots	Day	Slack (h m)	Maximum (h m)	knots
1 W	0153 0825 1409 2100	0621 1136 1847	1.1F 1.1F 1.2E	16 Th	0133 0811 1354 2048	0429 1023 1702 2256	1.1E 1.3F 1.2E 1.1F
2 Th	0243 0918 1459 2151	0016 0715 1232 1941	1.0F 1.0E 1.0F 1.1E	17 F	0229 0910 1450 2146	0536 1117 1923 2358	1.0E 1.1F 1.1E 1.0F
3 F	0335 1010 1551 2244	0111 0810 1330 2036	0.9F 1.0E 0.9F 1.1E	18 Sa ○	0328 1010 1550 2246	0803 1221 2032	1.0E 1.0F 1.1E
4 Sa ◐	0429 1105 1645 2337	0207 0904 1427 2128	0.9F 0.9E 0.9F 1.1E	19 Su	0431 1113 1654 2347	0207 0905 1436 2133	1.0F 1.1E 1.0F 1.2E
5 Su	0522 1159 1740	0300 0956 1521 2218	1.0F 1.0E 1.0F 1.1E	20 M	0533 1217 1757	0313 1004 1541 2230	1.0F 1.2E 1.0F 1.3E
6 M	0027 0615 1250 1832	0351 1045 1612 2306	1.1F 1.1E 1.1F 1.2E	21 Tu	0046 0634 1316 1859	0412 1059 1639 2324	1.1F 1.3E 1.1F 1.4E
7 Tu	0115 0705 1339 1923	0438 1131 1658 2349	1.2F 1.2E 1.2F 1.2E	22 W	0141 0733 1412 1958	0506 1152 1732	1.2F 1.4E 1.2F
8 W	0200 0752 1426 2011	0521 1213 1742	1.3F 1.2E 1.3F	23 Th	0232 0827 1503 2053	0016 0557 1242 1823	1.4E 1.3F 1.5E 1.3F
9 Th	0244 0836 1511 2056	0028 0602 1249 1821	1.2E 1.4F 1.3E 1.3F	24 F	0321 0917 1552 2143	0105 0644 1330 1910	1.5E 1.4F 1.6E 1.3F
10 F	0328 0919 1556 2140	0057 0636 1314 1855	1.3E 1.5F 1.4E 1.4F	25 Sa ●	0412 1003 1639 2229	0152 0730 1417 1956	1.4E 1.4F 1.6E 1.3F
11 Sa ○	0411 1002 1640 2224	0109 0659 1329 1919	1.3E 1.5F 1.4E 1.5F	26 Su	0452 1046 1723 2313	0239 0814 1503 2041	1.4E 1.4F 1.5E 1.3F
12 Su	0455 1045 1725 2308	0136 0727 1400 1952	1.3E 1.6F 1.4E 1.5F	27 M	0538 1128 1808 2356	0326 0856 1549 2125	1.3E 1.3F 1.4E 1.2F
13 M	0540 1128 1811 2354	0212 0805 1437 2032	1.3E 1.6F 1.4E 1.4F	28 Tu	0621 1209 1852	0413 0937 1636 2207	1.2E 1.2F 1.3E 1.2F
14 Tu	0628 1214 1900	0252 0848 1519 2116	1.2E 1.5F 1.4E 1.4F	29 W	0039 0708 1251 1939	0501 1017 1724 2250	1.1E 1.1F 1.2E 1.1F
15 W	0042 0718 1302 1952	0337 0934 1607 2204	1.2E 1.4F 1.3E 1.3F	30 Th	0122 0754 1335 2026	0550 1042 1813 2335	1.0E 1.0F 1.1E 1.0F

December

Day	Slack (h m)	Maximum (h m)	knots	Day	Slack (h m)	Maximum (h m)	knots
1 F	0208 0843 1422 2113	0641 1100 1904	1.0F 1.0F 1.1E	16 Sa	0212 0851 1433 2123	0636 1108 1906	1.1E 1.1F 1.2E
2 Sa	0255 0933 1511 2203	0022 0732 1148 1955	1.0F 1.0E 1.0F 1.0E	17 Su ○	0310 0951 1533 2223	0035 0742 1307 2011	1.1F 1.1E 1.0F 1.2E
3 Su ◐	0345 1027 1603 2253	0115 0824 1248 2046	1.0F 1.0E 0.9F 1.0E	18 M	0411 1055 1636 2324	0148 0844 1419 2112	1.0F 1.2E 1.0F 1.2E
4 M	0437 1119 1656 2343	0209 0914 1429 2135	1.0F 1.0E 1.0F 1.0E	19 Tu	0512 1158 1740	0251 0943 1522 2210	1.1F 1.2E 1.0F 1.2E
5 Tu	0529 1210 1750	0300 1002 1523 2221	1.1F 1.1E 1.0F 1.1E	20 W	0023 0613 1259 1843	0350 1039 1620 2305	1.1F 1.3E 1.1F 1.3E
6 W	0032 0621 1301 1843	0349 1047 1613 2304	1.2F 1.1E 1.1F 1.1E	21 Th	0120 0713 1356 1944	0445 1133 1714 2357	1.2F 1.4E 1.1F 1.4E
7 Th	0121 0711 1350 1934	0433 1128 1658 2339	1.3F 1.2E 1.3F 1.2E	22 F	0213 0809 1448 2041	0537 1224 1805	1.2F 1.5E 1.2F
8 F	0208 0759 1439 2023	0513 1202 1740	1.4F 1.3E 1.4F	23 Sa	0303 0900 1536 2131	0047 0625 1312 1853	1.4E 1.3F 1.5E 1.2F
9 Sa	0255 0846 1526 2111	0003 0547 1226 1817	1.3E 1.5F 1.4E 1.4F	24 Su	0349 0944 1621 2215	0135 0711 1359 1938	1.4E 1.3F 1.5E 1.3F
10 Su	0341 0932 1613 2159	0034 0622 1300 1853	1.3E 1.6F 1.5E 1.5F	25 M ●	0433 1026 1704 2256	0222 0756 1444 2022	1.4E 1.3F 1.5E 1.2F
11 M	0429 1019 1700 2246	0114 0702 1340 1932	1.3E 1.6F 1.5E 1.5F	26 Tu	0517 1106 1747 2335	0307 0838 1528 2105	1.3E 1.2F 1.4E 1.2F
12 Tu	0518 1106 1749 2334	0157 0744 1423 2015	1.3E 1.5F 1.5E 1.5F	27 W	0559 1145 1828	0351 0918 1612 2145	1.2E 1.2F 1.3E 1.2F
13 W	0608 1153 1839	0243 0830 1510 2102	1.3E 1.5F 1.4E 1.4F	28 Th	0014 0641 1225 1910	0435 0954 1654 2221	1.1E 1.1F 1.2E 1.1F
14 Th	0024 0659 1243 1931	0334 0918 1602 2151	1.2E 1.4F 1.3E 1.3F	29 F	0053 0727 1305 1952	0519 0958 1735 2233	1.1E 1.1F 1.1E 1.1F
15 F	0117 0753 1336 2027	0437 1009 1719 2248	1.1E 1.3F 1.2E 1.2F	30 Sa	0134 0811 1348 2037	0602 1024 1814 2251	1.0E 1.1F 1.0E 1.1F
				31 Su	0218 0859 1433 2122	0645 1106 1741 2334	1.0E 1.1F 1.0E 1.1F

Time meridian 75° W. 0000 is midnight. 1200 is noon.
At times of slack water before maximum ebb, the speed actually averages 0.3 knot in a direction of 184° true.

Cape Cod Canal (RR. Bridge), Massachusetts, 2000

F—Flood, Dir. 070° True   E—Ebb, Dir. 250° True

January

Day	Slack h m	Maximum h m	knots	Day	Slack h m	Maximum h m	knots
1 Sa	0532 1138 1800 2358	0221 0817 1456 2042	3.9F 4.0E 3.8F 4.0E	16 Su	0436 1039 1709 2305	0105 0735 1339 2004	4.0F 4.2E 3.9F 4.2E
2 Su	0623 1231 1855	0318 0910 1552 2136	3.8F 4.1E 3.9F 4.0E	17 M	0534 1141 1814	0207 0834 1445 2104	4.0F 4.4E 4.1F 4.3E
3 M	0050 0710 1320 1945	0407 0959 1640 2225	3.8F 4.2E 4.0F 4.0E	18 Tu	0007 0631 1242 1916	0309 0931 1548 2203	4.1F 4.6E 4.4F 4.4E
4 Tu	0137 0754 1404 2031	0450 1045 1721 2310	3.9F 4.3E 4.1F 4.1E	19 W	0107 0727 1339 2013	0409 1027 1648 2259	4.3F 4.8E 4.6F 4.6E
5 W	0220 0835 1444 2114	0528 1127 1758 2353	3.9F 4.4E 4.1F 4.1E	20 Th	0204 0819 1434 2107	0505 1121 1743 2353	4.4F 5.0E 4.8F 4.7E
6 Th ●	0300 0914 1523 2155	0603 1208 1832	3.9F 4.5E 4.2F	21 F	0258 0911 1526 2159	0558 1212 1835	4.6F 5.1E 4.9F
7 F	0339 0952 1600 2234	0034 0637 1248 1906	4.2E 4.0F 4.5E 4.2F	22 Sa	0349 1001 1616 2249	0044 0649 1303 1925	4.8E 4.6F 5.2E 5.0F
8 Sa	0416 1028 1637 2312	0114 0711 1328 1940	4.2E 4.0F 4.5E 4.3F	23 Su	0439 1051 1705 2338	0134 0739 1352 2013	4.8E 4.6F 5.2E 4.9F
9 Su	0453 1104 1714 2350	0155 0747 1409 2016	4.2E 4.0F 4.5E 4.3F	24 M	0528 1141 1754	0223 0827 1441 2101	4.8E 4.5F 5.0E 4.8F
10 M	0531 1141 1753	0236 0825 1450 2055	4.2E 4.0F 4.5E 4.2F	25 Tu	0027 0618 1232 1843	0311 0916 1530 2149	4.6E 4.4F 4.8E 4.5F
11 Tu	0029 0612 1221 1834	0318 0906 1534 2136	4.1E 3.9F 4.4E 4.2F	26 W	0116 0708 1325 1933	0401 1007 1621 2238	4.5E 4.2F 4.6E 4.3F
12 W	0110 0655 1305 1918	0403 0950 1621 2221	4.1E 3.9F 4.3E 4.1F	27 Th	0207 0800 1421 2025	0451 1100 1713 2331	4.3E 4.0F 4.3E 4.0F
13 Th	0155 0743 1356 2008	0451 1039 1711 2310	4.0E 3.8F 4.2E 4.0F	28 F ◐	0259 0856 1521 2121	0544 1157 1808	4.1E 3.8F 4.0E
14 F ◐	0244 0837 1455 2103	0543 1133 1805	4.0E 3.8F 4.1E	29 Sa	0354 0955 1624 2219	0027 0639 1301 1905	3.8F 4.0E 3.6F 3.8E
15 Sa	0338 0936 1601 2202	0005 0638 1234 1904	4.0F 4.1E 3.8F 4.1E	30 Su	0450 1055 1726 2318	0129 0735 1409 2004	3.6F 3.9E 3.6F 3.7E
				31 M	0544 1153 1824	0232 0832 1515 2101	3.5F 3.9F 3.6F 3.7E

February

Day	Slack h m	Maximum h m	knots	Day	Slack h m	Maximum h m	knots
1 Tu	0015 0637 1247 1918	0330 0925 1610 2155	3.5F 4.0E 3.8F 3.8E	16 W	0611 1224 1903	0251 0911 1535 2146	4.0F 4.5E 4.3F 4.3E
2 W	0107 0725 1335 2006	0420 1015 1656 2244	3.6F 4.1E 3.9F 3.9E	17 Th	0054 0711 1325 2001	0356 1010 1638 2244	4.1F 4.7E 4.5F 4.5E
3 Th	0154 0809 1419 2050	0503 1101 1735 2328	3.8F 4.3E 4.1F 4.1E	18 F	0152 0806 1420 2054	0455 1105 1734 2338	4.3F 4.9E 4.7F 4.7E
4 F	0237 0851 1459 2131	0541 1144 1810	3.9F 4.4E 4.2F	19 Sa ○	0245 0858 1512 2143	0549 1157 1823	4.5F 5.1E 4.9F
5 Sa ●	0316 0929 1537 2209	0010 0616 1225 1844	4.2E 4.0F 4.5E 4.3F	20 Su	0335 0948 1600 2229	0027 0638 1246 1910	4.8E 4.6F 5.1E 4.9F
6 Su	0354 1006 1614 2246	0051 0651 1305 1918	4.3E 4.1F 4.6E 4.4F	21 M	0421 1036 1646 2314	0114 0724 1333 1953	4.8E 4.6F 5.1E 4.8F
7 M	0430 1043 1651 2322	0130 0726 1345 1953	4.3E 4.2F 4.7E 4.4F	22 Tu	0507 1123 1731 2358	0200 0808 1419 2036	4.8E 4.6F 5.0E 4.7F
8 Tu	0507 1120 1729 2359	0210 0803 1426 2030	4.4E 4.2F 4.6E 4.4F	23 W	0551 1210 1815	0244 0852 1504 2118	4.7E 4.5F 4.8E 4.5F
9 W	0546 1159 1808	0251 0842 1508 2109	4.4E 4.2F 4.6E 4.4F	24 Th	0042 0636 1258 1900	0329 0936 1551 2200	4.5E 4.3F 4.5E 4.2F
10 Th	0037 0627 1242 1852	0334 1022 1554 2152	4.3E 4.0F 4.5E 4.3F	25 F	0127 0723 1349 1947	0416 1022 1639 2246	4.3E 4.0F 4.2E 3.9F
11 F	0119 0714 1332 1940	0421 1012 1643 2240	4.3E 4.1F 4.4E 4.2F	26 Sa ◐	0215 0813 1445 2038	0504 1113 1731 2336	4.1E 3.8F 3.8E 3.6F
12 Sa ◐	0207 0806 1430 2034	0511 1105 1737 2334	4.2E 4.0F 4.2E 4.0F	27 Su	0307 0908 1545 2134	0557 1210 1826	3.9E 3.6F 3.7E
13 Su	0301 0906 1537 2135	0607 1206 1837	4.2E 4.0F 4.1E	28 M	0404 1008 1648 2236	0034 0653 1316 1925	3.4F 3.8E 3.5F 3.6E
14 M	0403 1011 1649 2242	0035 0707 1314 1940	3.9F 4.2E 4.0F 4.1E	29 Tu	0503 1110 1750 2338	0139 0751 1427 2025	3.3F 3.8E 3.5F 3.6E
15 Tu	0507 1119 1759 2349	0142 0809 1425 2044	3.9F 4.3E 4.1F 4.1E				

March

Day	Slack h m	Maximum h m	knots	Day	Slack h m	Maximum h m	knots
1 W	0600 1209 1846	0246 0849 1531 2122	3.3F 3.9E 3.6F 3.7E	16 Th	0555 1209 1849	0239 0853 1526 2131	3.8F 4.4E 4.3F 4.2E
2 Th	0035 0653 1302 1936	0345 0943 1622 2214	3.5F 4.0E 3.8F 3.9E	17 F	0042 0657 1311 1945	0348 0954 1628 2229	4.0F 4.6E 4.5F 4.4E
3 F	0125 0741 1349 2021	0433 1032 1704 2300	3.7F 4.2E 4.0F 4.1E	18 Sa	0140 0753 1405 2036	0447 1049 1722 2321	4.3F 4.8E 4.7F 4.6E
4 Sa	0209 0824 1431 2101	0513 1117 1741 2343	3.9F 4.4E 4.2F 4.3E	19 Su ○	0231 0845 1455 2122	0538 1140 1808	4.5F 4.9E 4.7F
5 Su ●	0249 0904 1510 2139	0550 1159 1816	4.1F 4.6E 4.4F	20 M	0318 0933 1541 2206	0008 0624 1227 1850	4.7E 4.6F 5.0E 4.7F
6 M	0327 0942 1547 2216	0023 0626 1239 1850	4.4E 4.2F 4.7E 4.5F	21 Tu	0401 1018 1624 2247	0052 0706 1311 1930	4.8E 4.6F 4.9E 4.7F
7 Tu	0404 1020 1625 2251	0103 0702 1320 1926	4.5E 4.4F 4.8E 4.5F	22 W	0443 1103 1705 2327	0134 0746 1354 2008	4.8E 4.6F 4.8E 4.5F
8 W	0441 1058 1703 2327	0143 0739 1401 2003	4.6E 4.4F 4.8E 4.5F	23 Th	0523 1147 1746	0216 0825 1437 2045	4.7E 4.5F 4.6E 4.3F
9 Th	0520 1139 1744	0224 0819 1444 2043	4.6E 4.5F 4.7E 4.5F	24 F	0006 0604 1231 1827	0258 0905 1521 2123	4.5E 4.3F 4.4E 4.1F
10 F	0006 0603 1224 1828	0307 0903 1530 2127	4.6E 4.4F 4.6E 4.4F	25 Sa	0047 0647 1319 1910	0341 0947 1607 2205	4.3E 4.1F 4.1E 3.8F
11 Sa	0048 0650 1315 1917	0354 0950 1620 2215	4.5E 4.4F 4.5E 4.2F	26 Su	0131 0733 1410 1958	0427 1033 1656 2252	4.1E 3.8F 3.9E 3.5F
12 Su	0137 0743 1415 2013	0445 1045 1715 2310	4.4E 4.2F 4.3E 4.0F	27 M ◐	0220 0825 1508 2053	0518 1126 1750 2346	3.9E 3.6F 3.6E 3.3F
13 M ◐	0233 0843 1523 2116	0542 1146 1816	4.3E 4.1E 4.1E	28 Tu	0317 0923 1610 2155	0613 1227 1848	3.8E 3.5F 3.5E
14 Tu	0338 0951 1636 2226	0013 0644 1257 1922	3.8F 4.3E 4.0F 4.1E	29 W	0419 1025 1712 2259	0049 0712 1335 1948	3.2F 3.7E 3.4F 3.5E
15 W	0448 1102 1746 2337	0125 0749 1413 2028	3.8F 4.3E 4.1F 4.1E	30 Th	0521 1126 1809	0158 0811 1442 2046	3.2F 3.8E 3.6F 3.7E
				31 F	0617 1222 1900	0301 0907 1538 2139	3.4F 3.9E 3.9F 3.9E

Time meridian 75° W.   0000 is midnight.   1200 is noon.

Cape Cod Canal (RR. Bridge), Massachusetts, 2000

F–Flood, Dir. 070° True   E–Ebb, Dir. 250° True

April

Day	Slack h m	Maximum h m	knots	Day	Slack h m	Maximum h m	knots
1 Sa	0050 0707 1311 1945	0354 0958 1624 2227	3.6F 4.2E 4.0F 4.1E	16 Su	0124 0738 1346 2013	0435 1030 1704 2300	4.2F 4.7E 4.5F 4.6E
2 Su	0136 0752 1356 2026	0438 1045 1704 2311	3.9F 4.4E 4.2F 4.3E	17 M	0213 0828 1435 2058	0524 1120 1748 2345	4.4F 4.7E 4.6F 4.7E
3 M	0218 0834 1437 2105	0518 1129 1742 2353	4.1F 4.6E 4.4F 4.5E	18 Tu	0257 0915 1519 2139	0607 1205 1827	4.5F 4.8E 4.5F
4 Tu ●	0257 0915 1517 2142	0557 1211 1819	4.4F 4.7E 4.5F	19 W	0339 1000 1600 2218	0027 0646 1248 1904	4.7E 4.5F 4.7E 4.4F
5 W	0336 0955 1557 2219	0034 0636 1253 1857	4.7E 4.5F 4.8E 4.6F	20 Th	0418 1043 1639 2255	0107 0723 1330 1938	4.7E 4.5F 4.6E 4.3F
6 Th	0415 1037 1638 2257	0115 0716 1336 1937	4.8E 4.6F 4.8E 4.6F	21 F	0456 1125 1717 2333	0147 0800 1411 2013	4.6E 4.4F 4.4E 4.1F
7 F	0457 1121 1721 2338	0158 0758 1421 2019	4.8E 4.7F 4.8E 4.6F	22 Sa	0535 1207 1756	0228 0837 1453 2050	4.5E 4.2F 4.3E 3.9F
8 Sa	0542 1210 1808	0243 0844 1509 2105	4.8E 4.6F 4.7E 4.4F	23 Su	0011 0615 1252 1837	0310 0917 1537 2130	4.3E 4.1F 4.0E 3.7F
9 Su	0023 0631 1304 1900	0331 0934 1601 2156	4.7E 4.5F 4.5E 4.2F	24 M	0053 0659 1340 1924	0355 1001 1625 2215	4.2E 3.9F 3.8E 3.5F
10 M	0114 0726 1405 1958	0424 1030 1658 2253	4.6E 4.4F 4.3E 4.0F	25 Tu	0139 0748 1434 2016	0444 1050 1717 2307	4.0E 3.7F 3.7E 3.3F
11 Tu ☽	0214 0828 1513 2104	0522 1134 1800 2359	4.4F 4.2F 4.1F 3.8F	26 W	0234 0842 1535 2115	0537 1146 1813	3.8E 3.6F 3.6E
12 W	0321 0935 1623 2215	0625 1246 1906	4.3E 4.1F 4.1F	27 Th	0334 0941 1632 2217	0006 0634 1247 1911	3.2F 3.8E 3.5F 3.6E
13 Th	0432 1046 1730 2325	0113 0730 1402 2012	3.7F 4.3E 4.2F 4.1E	28 F	0437 1041 1728 2316	0110 0732 1350 2008	3.2F 3.8E 3.6F 3.7E
14 F	0540 1152 1831	0229 0835 1513 2114	3.8F 4.4E 4.3F 4.3E	29 Sa	0535 1137 1819	0213 0828 1447 2101	3.4F 3.9E 3.8F 3.9E
15 Sa	0028 0642 1253 1925	0338 0936 1613 2210	4.0F 4.5E 4.4F 4.4E	30 Su	0010 0628 1229 1905	0309 0920 1537 2150	3.6F 4.1E 4.0F 4.2E

May

Day	Slack h m	Maximum h m	knots	Day	Slack h m	Maximum h m	knots
1 M	0058 0717 1317 1947	0358 1010 1623 2236	3.9F 4.4E 4.2F 4.4E	16 Tu	0151 0810 1411 2030	0505 1057 1724 2319	4.3F 4.5E 4.3F 4.6E
2 Tu	0142 0803 1402 2028	0443 1056 1705 2320	4.2F 4.6E 4.4F 4.6E	17 W	0235 0857 1454 2111	0548 1142 1802	4.4F 4.5E 4.3F
3 W ●	0225 0847 1446 2107	0526 1142 1747	4.4F 4.7E 4.5F	18 Th ○	0315 0941 1534 2149	0001 0626 1224 1837	4.6E 4.4F 4.5E 4.2F
4 Th	0308 0932 1530 2148	0004 0609 1227 1829	4.8E 4.6F 4.8E 4.6F	19 F	0354 1023 1612 2226	0041 0702 1305 1911	4.6E 4.3F 4.4E 4.1F
5 F	0351 1018 1615 2230	0048 0654 1313 1913	4.9E 4.8F 4.8E 4.6F	20 Sa	0432 1104 1650 2303	0121 0737 1346 1946	4.5E 4.3F 4.3E 4.0F
6 Sa	0436 1106 1701 2315	0133 0740 1401 1958	5.0E 4.8F 4.8E 4.6F	21 Su	0510 1145 1729 2341	0201 0813 1428 2022	4.5E 4.2F 4.1E 3.9F
7 Su	0525 1158 1751	0221 0829 1451 2047	5.0E 4.8F 4.7E 4.4F	22 M	0549 1228 1809	0243 0851 1511 2102	4.4E 4.1F 4.0E 3.7F
8 M	0003 0616 1254 1846	0312 0921 1545 2141	4.9E 4.7F 4.5E 4.2F	23 Tu	0021 0631 1313 1854	0327 0933 1557 2145	4.2E 4.0F 3.9E 3.6F
9 Tu	0058 0713 1355 1946	0406 1019 1643 2240	4.7E 4.5F 4.4E 4.0F	24 W	0105 0716 1402 1943	0414 1019 1646 2234	4.1E 3.8F 3.7E 3.4F
10 W ☽	0159 0814 1500 2051	0504 1123 1744 2347	4.6E 4.3F 4.2E 3.9F	25 Th	0155 0806 1454 2037	0504 1110 1739 2328	4.0E 3.8F 3.7E 3.4F
11 Th	0305 0920 1606 2200	0606 1233 1848	4.4E 4.2F 4.1E	26 F ○	0251 0859 1549 2134	0557 1204 1833	3.9E 3.7F 3.7E
12 F	0415 1027 1709 2307	0100 0710 1345 1951	3.8F 4.4E 4.2F 4.2E	27 Sa	0351 0955 1642 2232	0026 0653 1301 1928	3.4F 3.9E 3.7F 3.8E
13 Sa	0521 1131 1807	0214 0814 1453 2051	3.9F 4.4E 4.3F 4.3E	28 Su	0450 1052 1733 2326	0125 0748 1358 2021	3.5F 4.0E 3.8F 4.0E
14 Su	0008 0623 1230 1859	0321 0913 1551 2146	4.0F 4.4E 4.3F 4.4E	29 M	0547 1146 1821	0223 0842 1451 2112	3.7F 4.1E 4.0F 4.2E
15 M	0102 0719 1323 1947	0417 1008 1641 2235	4.2F 4.5E 4.3F 4.5E	30 Tu	0018 0640 1238 1907	0317 0934 1541 2201	4.0F 4.3E 4.2F 4.5E
				31 W	0107 0732 1328 1952	0408 1025 1630 2249	4.2F 4.5E 4.4F 4.7E

June

Day	Slack h m	Maximum h m	knots	Day	Slack h m	Maximum h m	knots
1 Th	0155 0822 1416 2036	0457 1114 1717 2336	4.5F 4.6E 4.5F 4.9E	16 F ○	0252 0921 1510 2123	0606 1200 1813	4.2F 4.2E 4.0F
2 F ●	0242 0911 1505 2121	0546 1203 1804	4.7F 4.8E 4.6F	17 Sa	0332 1003 1548 2201	0016 0642 1242 1847	4.5E 4.2F 4.2E 4.0F
3 Sa	0330 1001 1554 2207	0024 0635 1253 1852	5.0E 4.8F 4.8E 4.6F	18 Su	0410 1043 1626 2238	0056 0717 1323 1922	4.5E 4.2F 4.1E 3.9F
4 Su	0419 1053 1644 2256	0112 0724 1343 1941	5.1E 4.9F 4.8E 4.6F	19 M	0447 1124 1705 2316	0137 0752 1404 1958	4.5E 4.2F 4.1E 3.8F
5 M	0510 1147 1737 2347	0202 0816 1435 2033	5.1E 4.9F 4.7E 4.5F	20 Tu	0526 1204 1744 2355	0218 0829 1446 2037	4.4E 4.1F 4.0E 3.8F
6 Tu	0603 1242 1832	0254 0910 1529 2128	5.0E 4.8F 4.6E 4.3F	21 W	0605 1246 1826 2118	0301 0908 1530	4.3E 4.1F 4.0E 3.7F
7 W	0043 0659 1341 1931	0348 1007 1625 2226	4.9E 4.6F 4.5E 4.1F	22 Th	0036 0647 1329 1911	0345 0950 1616 2203	4.2E 4.0F 3.9E 3.6F
8 Th ☽	0143 0758 1441 2033	0446 1108 1724 2331	4.7F 4.5F 4.3E 4.0F	23 F	0121 0733 1416 2000	0433 1036 1705 2252	4.1E 3.9F 3.8E 3.6F
9 F	0247 0859 1542 2138	0545 1213 1824	4.5E 4.3F 4.2E	24 Sa ☾	0212 0821 1505 2052	0523 1125 1756 2345	4.1E 3.9F 3.9E 3.6F
10 Sa	0353 1003 1641 2242	0040 0647 1320 1925	3.9F 4.4E 4.2F 4.2E	25 Su	0307 0914 1556 2147	0615 1218 1848	4.0E 3.9F 3.9E
11 Su	0458 1104 1737 2342	0150 0748 1425 2023	3.9F 4.3E 4.2F 4.2E	26 M	0407 1009 1648 2244	0042 0710 1313 1942	3.6F 4.0E 3.9F 4.1E
12 M	0600 1203 1830	0256 0847 1523 2117	4.0F 4.2E 4.1F 4.3E	27 Tu	0508 1106 1739 2341	0141 0806 1409 2036	3.8F 4.1E 4.0F 4.2E
13 Tu	0036 0656 1256 1918	0354 0941 1614 2207	4.1F 4.2E 4.1F 4.4E	28 W	0608 1203 1830	0240 0902 1505 2129	4.0F 4.2E 4.1F 4.5E
14 W	0126 0748 1345 2002	0444 1031 1658 2253	4.1F 4.2E 4.1F 4.4E	29 Th	0036 0705 1258 1920	0338 0956 1559 2221	4.2F 4.4E 4.3F 4.7E
15 Th	0211 0836 1429 2044	0528 1117 1738 2335	4.2F 4.2E 4.0F 4.5E	30 F	0129 0800 1352 2010	0433 1050 1652 2312	4.5F 4.6E 4.4F 4.9E

Time meridian 75° W. 0000 is midnight. 1200 is noon.

Cape Cod Canal (RR. Bridge), Massachusetts, 2000

F–Flood, Dir. 070° True E–Ebb, Dir. 250° True

July

Day	Slack h m	Maximum h m	knots	Day	Slack h m	Maximum h m	knots
1 Sa ●	0221 0854 1444 2059	0527 1142 1744	4.7F 4.7E 4.5F	16 Su ○	0309 0941 1526 2138	0622 1219 1826	4.2F 4.1E 3.9F
2 Su	0313 0947 1536 2149	0003 0619 1234 1835	5.1E 4.9F 4.8E 4.6F	17 M	0348 1021 1604 2216	0033 0656 1300 1901	4.5E 4.2F 4.1E 3.9F
3 M	0404 1039 1628 2240	0054 0711 1326 1926	5.1E 4.9F 4.8E 4.6F	18 Tu	0425 1059 1641 2253	0114 0730 1340 1936	4.5E 4.2F 4.2E 3.9F
4 Tu	0455 1132 1721 2332	0145 0803 1418 2018	5.2E 4.9F 4.8E 4.5F	19 W	0502 1137 1719 2330	0154 0805 1420 2013	4.5E 4.2F 4.1E 3.9F
5 W	0548 1225 1815	0236 0855 1510 2112	5.1E 4.9F 4.7E 4.4F	20 Th	0540 1215 1758	0235 0842 1502 2052	4.4E 4.2F 4.1E 3.9F
6 Th	0027 0641 1319 1910	0329 0949 1604 2208	5.0E 4.7F 4.6E 4.3F	21 F	0009 0619 1254 1839	0318 0920 1545 2133	4.4E 4.2F 4.1E 3.9F
7 F	0124 0737 1414 2008	0424 1045 1659 2307	4.8E 4.5F 4.4E 4.1F	22 Sa	0051 0701 1336 1924	0402 1002 1631 2219	4.3E 4.1F 4.0E 3.8F
8 Sa ◐	0224 0834 1511 2108	0520 1144 1755	4.5E 4.3F 4.3E	23 Su	0137 0747 1421 2013	0450 1048 1720 2309	4.2E 4.0F 4.0E 3.8F
9 Su	0327 0933 1608 2209	0010 0618 1246 1852	3.9F 4.3E 4.1F 4.2E	24 M ○	0231 0837 1511 2108	0541 1139 1812	4.1E 3.9F 4.0E
10 M	0431 1033 1704 2309	0117 0717 1349 1950	3.9F 4.1E 4.0F 4.1E	25 Tu	0332 0933 1605	0005 0637 1234 1907	3.8F 4.1E 3.9F 4.1E
11 Tu	0533 1132 1757	0225 0816 1449 2045	3.8F 4.0E 3.9F 4.1F	26 W	0437 1033 1702 2309	0106 0735 1334 2004	3.9F 4.1E 3.9F 4.3E
12 W	0006 0631 1227 1847	0326 0912 1544 2137	3.9F 4.0E 3.8F 4.2E	27 Th	0542 1135 1800	0211 0834 1435 2102	4.0F 4.2E 4.0F 4.5E
13 Th	0058 0725 1318 1934	0420 1005 1632 2225	4.0F 4.0E 3.8F 4.3E	28 F	0010 0645 1235 1856	0314 0933 1536 2158	4.2F 4.3E 4.2F 4.7E
14 F	0146 0814 1404 2018	0506 1052 1714 2310	4.0F 4.0E 3.9F 4.3E	29 Sa	0108 0744 1333 1950	0415 1030 1634 2252	4.5F 4.5E 4.3F 4.9E
15 Sa	0229 0859 1446 2059	0546 1137 1751 2352	4.1F 4.1E 3.9F 4.4E	30 Su ●	0204 0839 1428 2043	0512 1125 1729 2345	4.7F 4.6E 4.5F 5.1E
				31 M	0257 0931 1521 2134	0606 1217 1821	4.9F 4.8E 4.6F

August

Day	Slack h m	Maximum h m	knots	Day	Slack h m	Maximum h m	knots
1 Tu	0349 1022 1612 2225	0036 0657 1308 1912	5.2E 4.9F 4.8E 4.7F	16 W	0400 1031 1615 2230	0049 0704 1313 1912	4.6E 4.3F 4.3E 4.1F
2 W	0439 1112 1703 2316	0127 0747 1358 2002	5.2E 5.0F 4.8E 4.6F	17 Th	0436 1106 1651 2306	0129 0738 1353 1948	4.6E 4.3F 4.3E 4.1F
3 Th	0529 1201 1753	0217 0836 1447 2052	5.1E 4.9F 4.8E 4.5F	18 F	0512 1142 1728 2343	0209 0813 1433 2025	4.6E 4.3F 4.3E 4.2F
4 F	0008 0619 1251 1844	0307 0925 1537 2144	5.0E 4.7F 4.6E 4.4F	19 Sa	0550 1218 1808	0250 0850 1514 2105	4.5E 4.3F 4.3E 4.1F
5 Sa	0102 0710 1342 1937	0358 1015 1628 2237	4.8E 4.5F 4.5E 4.2F	20 Su	0024 0631 1257 1851	0333 0931 1558 2149	4.4E 4.2F 4.2E 4.1F
6 Su ◐	0158 0803 1435 2033	0451 1108 1721 2335	4.5E 4.2F 4.3E 4.0F	21 M	0110 0716 1341 1940	0420 1015 1647 2239	4.3E 4.1F 4.2E 4.0F
7 M	0258 0859 1529 2131	0546 1205 1816	4.2E 3.9F 4.1E	22 Tu ◐	0204 0807 1432 2036	0512 1106 1739 2336	4.2E 4.0F 4.2E 4.0F
8 Tu	0401 0957 1626 2232	0038 0644 1306 1913	3.8F 4.0E 3.7F 4.0E	23 W	0306 0904 1530 2138	0609 1203 1837	4.1E 3.9F 4.2E
9 W	0503 1058 1722 2332	0147 0743 1411 2010	3.7F 3.8E 3.6F 4.0E	24 Th	0415 1008 1633 2244	0040 0710 1307 1938	3.9F 4.0E 3.8F 4.3E
10 Th	0604 1156 1816	0254 0841 1512 2105	3.7F 3.8E 3.6F 4.0E	25 F	0525 1115 1737 2350	0149 0813 1414 2039	4.0F 4.0E 3.9F 4.4E
11 F	0028 0659 1250 1906	0353 0936 1605 2157	3.8F 3.8E 3.6F 4.1E	26 Sa	0630 1220 1838	0258 0915 1521 2139	4.2F 4.2E 4.1F 4.6E
12 Sa	0118 0749 1338 1953	0442 1026 1650 2244	3.9F 3.9E 3.7F 4.3E	27 Su	0052 0729 1320 1935	0403 1014 1622 2235	4.5F 4.4E 4.3F 4.9E
13 Su	0203 0834 1422 2035	0523 1112 1729 2328	4.0F 4.0E 3.8F 4.4F	28 M	0149 0824 1415 2029	0500 1108 1717 2329	4.7F 4.6E 4.6F 5.0E
14 M	0245 0915 1502 2115	0559 1154 1804	4.2F 4.1E 3.9F	29 Tu ●	0242 0914 1506 2120	0553 1159 1809	4.8F 4.8E 4.6F
15 Tu ○	0323 0954 1539 2153	0009 0632 1234 1838	4.5E 4.2F 4.2E 4.0F	30 W	0332 1002 1555 2210	0019 0641 1248 1857	5.1E 4.9F 4.9E 4.7F
				31 Th	0420 1048 1642 2259	0108 0727 1335 1943	5.2E 4.9F 4.9E 4.7F

September

Day	Slack h m	Maximum h m	knots	Day	Slack h m	Maximum h m	knots
1 F	0507 1133 1728 2348	0155 0812 1421 2029	5.1E 4.8F 4.8E 4.6F	16 Sa	0444 1107 1700 2320	0141 0743 1403 1959	4.7E 4.4F 4.5E 4.4F
2 Sa	0554 1219 1815	0243 0856 1508 2116	4.9E 4.6F 4.7E 4.4F	17 Su	0523 1143 1740	0223 0821 1445 2040	4.6E 4.4F 4.5E 4.4F
3 Su	0038 0640 1305 1903	0330 0941 1555 2204	4.6E 4.3F 4.5E 4.2F	18 M	0002 0604 1223 1824	0307 0902 1529 2125	4.5E 4.3F 4.5E 4.3F
4 M	0130 0729 1354 1954	0420 1028 1645 2256	4.4E 4.0F 4.2E 3.9F	19 Tu	0050 0651 1308 1914	0355 0948 1618 2216	4.4E 4.1F 4.4E 4.2F
5 Tu ◐	0227 0821 1447 2050	0512 1120 1738 2355	4.1E 3.7F 4.0E 3.7F	20 W ○	0146 0743 1401 2011	0448 1040 1713 2315	4.2E 4.0F 4.3E 4.1F
6 W	0328 0919 1545 2151	0608 1219 1834	3.8E 3.5F 3.9E	21 Th	0250 0844 1503 2116	0547 1140 1813	4.1E 3.8F 4.2E
7 Th	0431 1021 1645 2253	0102 0708 1326 1933	3.6F 3.6E 3.3F 3.8E	22 F	0402 0952 1612 2226	0021 0650 1248 1916	4.0F 4.0E 3.7F 4.3E
8 F	0533 1123 1743 2353	0214 0808 1435 2031	3.6F 3.6E 3.3F 3.9E	23 Sa	0512 1102 1721 2334	0135 0756 1401 2021	4.1F 4.1E 3.8F 4.4E
9 Sa	0629 1220 1836	0319 0905 1534 2126	3.7F 3.7E 3.5F 4.0E	24 Su	0616 1209 1824	0247 0859 1511 2122	4.2F 4.2E 4.0F 4.6E
10 Su	0046 0719 1310 1925	0410 0957 1621 2215	3.8F 3.8E 3.7F 4.2E	25 M	0037 0714 1308 1922	0352 0958 1613 2219	4.4F 4.4E 4.3F 4.8E
11 M	0133 0804 1354 2009	0452 1043 1701 2300	4.0F 4.0E 3.9F 4.4E	26 Tu	0134 0806 1401 2016	0448 1051 1707 2312	4.6F 4.7E 4.5F 5.0E
12 Tu	0215 0844 1434 2049	0528 1126 1737 2342	4.2F 4.2E 4.0F 4.5E	27 W ●	0226 0854 1450 2106	0537 1140 1755	4.8F 4.8E 4.6F
13 W	0254 0922 1511 2127	0601 1206 1811	4.3F 4.4E 4.2F	28 Th	0314 0939 1535 2154	0001 0622 1226 1840	5.0E 4.8F 4.9E 4.7F
14 Th	0331 0958 1547 2204	0022 0634 1245 1846	4.6E 4.4F 4.5E 4.3F	29 F	0359 1022 1619 2240	0047 0705 1311 1923	5.0E 4.8F 4.9E 4.7F
15 F	0407 1033 1623 2241	0101 0708 1323 1921	4.7E 4.4F 4.5E 4.4F	30 Sa	0443 1104 1702 2326	0132 0745 1354 2005	4.9E 4.6F 4.8E 4.6F

Time meridian 75° W. 0000 is midnight. 1200 is noon.

Cape Cod Canal (RR. Bridge), Massachusetts, 2000

F–Flood, Dir. 070° True   E–Ebb, Dir. 250° True

October

Day	Slack h m	Maximum h m	knots	Day	Slack h m	Maximum h m	knots
1 Su	0526 / 1145 / 1745	0217 / 0825 / 1437 / 2048	4.7E / 4.4F / 4.7E / 4.4F	16 M	0457 / 1113 / 1717 / 2345	0158 / 0754 / 1418 / 2019	4.7E / 4.5F / 4.7E / 4.6F
2 M	0013 / 0609 / 1228 / 1829	0302 / 0906 / 1522 / 2132	4.5E / 4.2F / 4.5E / 4.2F	17 Tu	0541 / 1155 / 1803	0244 / 0838 / 1504 / 2106	4.6E / 4.3F / 4.7E / 4.5F
3 Tu	0102 / 0654 / 1313 / 1917	0349 / 0949 / 1609 / 2219	4.2E / 3.9F / 4.2E / 3.9F	18 W	0036 / 0630 / 1242 / 1855	0334 / 0926 / 1555 / 2159	4.4E / 4.2F / 4.5E / 4.4F
4 W	0156 / 0744 / 1404 / 2009	0439 / 1037 / 1700 / 2313	3.9F / 3.6F / 4.0E / 3.7F	19 Th	0134 / 0726 / 1339 / 1954	0429 / 1021 / 1651 / 2300	4.3E / 4.0F / 4.4E / 4.2F
5 Th ☽	0254 / 0839 / 1501 / 2108	0533 / 1133 / 1756	3.7F / 3.3F / 3.8E	20 F ○	0239 / 0829 / 1444 / 2100	0529 / 1123 / 1753	4.1E / 3.8F / 4.3E
6 F	0356 / 0942 / 1604 / 2210	0015 / 0632 / 1238 / 1855	3.5F / 3.5F / 3.2F / 3.7F	21 Sa	0349 / 0939 / 1555 / 2209	0008 / 0633 / 1234 / 1857	4.1F / 4.0E / 3.7F / 4.3E
7 Sa	0457 / 1046 / 1705 / 2311	0125 / 0732 / 1348 / 1954	3.5F / 3.5E / 3.2F / 3.8E	22 Su	0457 / 1050 / 1706 / 2318	0122 / 0739 / 1350 / 2003	4.1F / 4.1E / 3.8F / 4.4E
8 Su	0554 / 1145 / 1802	0232 / 0830 / 1452 / 2050	3.6F / 3.7E / 3.4F / 3.9E	23 M	0559 / 1155 / 1810	0235 / 0842 / 1501 / 2104	4.3F / 4.3E / 4.0F / 4.5E
9 M	0007 / 0644 / 1237 / 1852	0327 / 0923 / 1544 / 2141	3.8F / 3.9E / 3.6F / 4.1E	24 Tu	0020 / 0655 / 1253 / 1908	0338 / 0940 / 1602 / 2201	4.4F / 4.5E / 4.2F / 4.7E
10 Tu	0056 / 0729 / 1322 / 1938	0412 / 1010 / 1626 / 2228	4.0F / 4.1E / 3.9F / 4.3E	25 W	0116 / 0745 / 1345 / 2001	0432 / 1032 / 1654 / 2253	4.6F / 4.6E / 4.4F / 4.8E
11 W	0140 / 0809 / 1402 / 2019	0450 / 1054 / 1704 / 2311	4.2F / 4.3E / 4.1F / 4.5E	26 Th	0207 / 0831 / 1432 / 2051	0519 / 1119 / 1741 / 2341	4.6F / 4.8E / 4.6F / 4.8E
12 Th	0221 / 0847 / 1440 / 2059	0526 / 1134 / 1741 / 2353	4.3F / 4.5E / 4.3F / 4.6E	27 F ●	0254 / 0914 / 1516 / 2137	0602 / 1204 / 1823	4.6F / 4.8E / 4.6F
13 F ○	0259 / 0923 / 1518 / 2138	0601 / 1214 / 1818	4.4F / 4.6E / 4.4F	28 Sa	0337 / 0955 / 1557 / 2222	0026 / 0641 / 1246 / 1904	4.8E / 4.5F / 4.8E / 4.6F
14 Sa	0337 / 0958 / 1555 / 2218	0034 / 0637 / 1254 / 1855	4.7E / 4.5F / 4.7E / 4.5F	29 Su	0418 / 1034 / 1638 / 2306	0109 / 0719 / 1327 / 1942	4.7E / 4.4F / 4.7E / 4.5F
15 Su	0416 / 1034 / 1634 / 2259	0115 / 0715 / 1335 / 1935	4.7E / 4.5F / 4.7E / 4.6F	30 M	0459 / 1114 / 1718 / 2351	0152 / 0756 / 1409 / 2022	4.5E / 4.2F / 4.6E / 4.3F
				31 Tu	0539 / 1153 / 1800	0235 / 0834 / 1452 / 2102	4.3E / 4.0F / 4.4E / 4.2F

November

Day	Slack h m	Maximum h m	knots	Day	Slack h m	Maximum h m	knots
1 W	0037 / 0622 / 1236 / 1844	0320 / 0915 / 1537 / 2146	4.1E / 3.8F / 4.2E / 4.0F	16 Th	0025 / 0615 / 1225 / 1841	0317 / 0910 / 1536 / 2147	4.5E / 4.3F / 4.7E / 4.5F
2 Th	0126 / 0708 / 1323 / 1932	0408 / 1000 / 1626 / 2236	3.9E / 3.5F / 4.0E / 3.8F	17 F	0123 / 0712 / 1323 / 1940	0412 / 1006 / 1633 / 2247	4.4E / 4.1F / 4.6E / 4.4F
3 F	0220 / 0801 / 1418 / 2026	0500 / 1052 / 1719 / 2331	3.7E / 3.3F / 3.9E / 3.6F	18 Sa ◐	0226 / 0815 / 1428 / 2044	0512 / 1109 / 1733 / 2354	4.2E / 3.9F / 4.5E / 4.3F
4 Sa ●	0317 / 0900 / 1519 / 2125	0555 / 1151 / 1816	3.6E / 3.2F / 3.8E	19 Su	0331 / 0923 / 1538 / 2151	0615 / 1220 / 1837	4.2E / 3.8F / 4.4E
5 Su	0416 / 1003 / 1621 / 2225	0033 / 0653 / 1256 / 1914	3.5F / 3.6E / 3.2F / 3.8E	20 M	0436 / 1032 / 1648 / 2257	0105 / 0719 / 1334 / 1942	4.2F / 4.2E / 3.9F / 4.4E
6 M	0512 / 1102 / 1720 / 2322	0137 / 0750 / 1400 / 2010	3.6F / 3.7E / 3.3F / 3.9E	21 Tu	0536 / 1136 / 1752 / 2359	0216 / 0820 / 1445 / 2044	4.3F / 4.3E / 4.0F / 4.4E
7 Tu	0603 / 1156 / 1814	0234 / 0844 / 1457 / 2103	3.7F / 3.9E / 3.6F / 4.1E	22 W	0631 / 1234 / 1851	0319 / 0918 / 1547 / 2141	4.3F / 4.4E / 4.2F / 4.5E
8 W	0014 / 0649 / 1243 / 1902	0324 / 0933 / 1545 / 2152	3.9F / 4.1E / 3.8F / 4.3E	23 Th	0056 / 0721 / 1326 / 1945	0413 / 1010 / 1640 / 2233	4.4F / 4.6E / 4.3F / 4.6E
9 Th	0101 / 0731 / 1327 / 1947	0408 / 1018 / 1628 / 2238	4.1F / 4.3E / 4.1F / 4.4E	24 F	0146 / 0807 / 1413 / 2035	0500 / 1057 / 1726 / 2321	4.4F / 4.7E / 4.4F / 4.6E
10 F	0145 / 0810 / 1408 / 2030	0448 / 1102 / 1709 / 2323	4.3F / 4.5E / 4.3F / 4.6E	25 Sa ●	0233 / 0850 / 1456 / 2121	0542 / 1141 / 1808	4.4F / 4.7E / 4.5F
11 Sa ○	0227 / 0848 / 1449 / 2113	0528 / 1144 / 1750	4.4F / 4.7E / 4.5F	26 Su	0315 / 0930 / 1537 / 2205	0005 / 0620 / 1223 / 1846	4.5E / 4.3F / 4.7E / 4.5F
12 Su	0309 / 0927 / 1530 / 2157	0006 / 0608 / 1226 / 1832	4.7E / 4.5F / 4.8E / 4.7F	27 M	0356 / 1009 / 1616 / 2248	0047 / 0656 / 1303 / 1923	4.7E / 4.2F / 4.7E / 4.4F
13 M	0351 / 1006 / 1613 / 2242	0051 / 0649 / 1310 / 1916	4.7E / 4.5F / 4.9E / 4.7F	28 Tu	0434 / 1047 / 1655 / 2330	0129 / 0731 / 1344 / 2000	4.3E / 4.1F / 4.6E / 4.3F
14 Tu	0436 / 1048 / 1658 / 2331	0137 / 0732 / 1356 / 2002	4.7E / 4.5F / 4.9E / 4.7F	29 W	0513 / 1125 / 1734	0211 / 0807 / 1425 / 2038	4.2E / 3.9F / 4.4E / 4.2F
15 W	0523 / 1134 / 1747	0225 / 0819 / 1444 / 2052	4.6E / 4.4F / 4.9E / 4.7F	30 Th	0012 / 0554 / 1205 / 1815	0254 / 0846 / 1509 / 2118	4.0E / 3.8F / 4.3E / 4.0F

December

Day	Slack h m	Maximum h m	knots	Day	Slack h m	Maximum h m	knots
1 F	0057 / 0637 / 1249 / 1900	0339 / 0929 / 1555 / 2203	3.9F / 3.6F / 4.1F / 3.9F	16 Sa	0108 / 0657 / 1308 / 1924	0354 / 0952 / 1614 / 2232	4.5E / 4.2F / 4.8E / 4.6F
2 Sa	0145 / 0725 / 1338 / 1948	0427 / 1016 / 1644 / 2252	3.8F / 3.5F / 4.0E / 3.8F	17 Su ○	0206 / 0757 / 1411 / 2024	0452 / 1053 / 1713 / 2334	4.4E / 4.1F / 4.6E / 4.4F
3 Su ◐	0236 / 0818 / 1433 / 2041	0519 / 1109 / 1737 / 2345	3.7E / 3.3F / 3.9E / 3.7F	18 M	0307 / 0901 / 1518 / 2128	0551 / 1200 / 1814	4.3E / 4.0F / 4.4E
4 M	0330 / 0915 / 1533 / 2136	0613 / 1206 / 1832	3.7F / 3.3F / 3.8E	19 Tu	0408 / 1007 / 1625 / 2232	0040 / 0652 / 1311 / 1917	4.2F / 4.2E / 3.9F / 4.3E
5 Tu	0424 / 1013 / 1633 / 2233	0042 / 0708 / 1306 / 1928	3.7F / 3.7E / 3.4F / 3.9E	20 W	0507 / 1111 / 1731 / 2334	0148 / 0753 / 1422 / 2018	4.2F / 4.3E / 4.0F / 4.3E
6 W	0516 / 1109 / 1730 / 2327	0139 / 0801 / 1405 / 2023	3.7F / 3.9E / 3.6F / 4.0E	21 Th	0603 / 1210 / 1832	0253 / 0851 / 1527 / 2117	4.1F / 4.3E / 4.1F / 4.2E
7 Th	0604 / 1201 / 1824	0233 / 0853 / 1500 / 2115	3.9F / 4.1E / 3.8F / 4.2E	22 F	0032 / 0655 / 1304 / 1927	0350 / 0945 / 1623 / 2211	4.1F / 4.4E / 4.2F / 4.3E
8 F	0019 / 0650 / 1250 / 1915	0323 / 0942 / 1551 / 2205	4.0F / 4.3E / 4.1F / 4.3E	23 Sa	0125 / 0742 / 1353 / 2018	0440 / 1034 / 1712 / 2300	4.1F / 4.5E / 4.3F / 4.3E
9 Sa	0109 / 0733 / 1336 / 2003	0411 / 1029 / 1639 / 2254	4.2F / 4.6E / 4.3F / 4.5E	24 Su	0212 / 0826 / 1437 / 2105	0523 / 1119 / 1754 / 2345	4.1F / 4.5E / 4.3F / 4.3E
10 Su	0156 / 0816 / 1422 / 2051	0457 / 1116 / 1725 / 2342	4.4F / 4.8E / 4.6F / 4.6E	25 M ●	0255 / 0908 / 1518 / 2148	0602 / 1201 / 1832	4.1F / 4.6E / 4.3F
11 M ○	0243 / 0859 / 1508 / 2139	0542 / 1202 / 1812	4.5F / 4.9E / 4.7F	26 Tu	0335 / 0947 / 1557 / 2229	0027 / 0637 / 1241 / 1907	4.2E / 4.0F / 4.6E / 4.3F
12 Tu	0330 / 0943 / 1555 / 2228	0030 / 0628 / 1249 / 1900	4.7E / 4.5F / 5.0E / 4.8F	27 W	0413 / 1025 / 1634 / 2309	0108 / 0711 / 1322 / 1941	4.2E / 4.0F / 4.5E / 4.3F
13 W	0418 / 1029 / 1643 / 2319	0118 / 0715 / 1337 / 1949	4.8E / 4.6F / 5.1E / 4.9F	28 Th	0451 / 1102 / 1712 / 2348	0148 / 0746 / 1402 / 2016	4.2E / 3.9F / 4.5E / 4.2F
14 Th	0508 / 1118 / 1734	0208 / 0804 / 1427 / 2040	4.7E / 4.5F / 5.0E / 4.8F	29 F	0529 / 1140 / 1750	0229 / 0823 / 1443 / 2053	4.1E / 3.9F / 4.4E / 4.1F
15 F	0012 / 0601 / 1211 / 1827	0300 / 0856 / 1519 / 2134	4.6E / 4.4F / 4.9E / 4.7F	30 Sa	0029 / 0609 / 1220 / 1830	0312 / 0902 / 1527 / 2132	4.0E / 3.8F / 4.3E / 4.0F
				31 Su	0110 / 0652 / 1303 / 1913	0356 / 0944 / 1612 / 2215	3.9E / 3.7F / 4.2E / 3.9F

Time meridian 75° W. 0000 is midnight. 1200 is noon.

Pollock Rip Channel, Massachusetts, 2000

F–Flood, Dir. 035° True   E–Ebb, Dir. 225° True

January

Day	Slack h m	Maximum h m	knots	Day	Slack h m	Maximum h m	knots
1 Sa	0526 1130 1759 2352	0232 0828 1504 2057	2.0F 1.7E 2.0F 1.5E	**16 Su**	0426 1018 1701 2244	0058 0705 1335 1936	1.8F 1.7E 1.8F 1.6E
2 Su	0617 1222 1853	0326 0921 1556 2150	2.0F 1.7E 2.1F 1.6E	**17 M**	0523 1117 1802 2347	0201 0803 1440 2037	1.8F 1.7E 1.9F 1.6E
3 M	0045 0705 1309 1942	0416 1008 1643 2238	2.0F 1.7E 2.2F 1.6E	**18 Tu**	0619 1215 1902	0305 0902 1544 2139	1.8F 1.8E 2.0F 1.7E
4 Tu	0133 0750 1352 2026	0502 1050 1727 2319	2.0F 1.8E 2.2F 1.6E	**19 W**	0048 0715 1313 1959	0408 1000 1644 2238	1.9F 1.9E 2.2F 1.7E
5 W	0217 0832 1431 2108	0544 1127 1807 2357	1.9F 1.8E 2.2F 1.7E	**20 Th** ○	0147 0809 1408 2054	0507 1056 1740 2335	1.9F 1.9E 2.3F 1.8E
6 Th ●	0257 0911 1508 2147	0622 1202 1843	1.9F 1.8E 2.2F	**21 F**	0243 0902 1501 2146	0602 1150 1834	1.9F 2.0E 2.4F
7 F	0335 0949 1544 2225	0031 0656 1236 1916	1.7E 1.9F 1.8E 2.2F	**22 Sa**	0337 0954 1553 2237	0029 0655 1243 1925	1.9E 2.0F 2.0E 2.4F
8 Sa	0411 1027 1619 2303	0105 0727 1310 1947	1.7E 1.8F 1.9E 2.2F	**23 Su**	0429 1046 1645 2328	0121 0747 1334 2016	1.9E 2.0F 2.0E 2.4F
9 Su	0448 1106 1656 2342	0140 0759 1348 2019	1.8E 1.8F 1.9E 2.2F	**24 M**	0520 1139 1736	0211 0840 1426 2108	1.9E 2.0F 2.0E 2.3F
10 M	0526 1147 1734	0217 0833 1427 2054	1.8E 1.8F 1.9E 2.2F	**25 Tu**	0019 0611 1232 1828	0302 0933 1519 2201	1.8E 2.0F 1.9E 2.2F
11 Tu	0022 0606 1230 1816	0258 0911 1510 2133	1.8E 1.8F 1.9E 2.2F	**26 W**	0110 0704 1328 1922	0354 1029 1613 2257	1.8E 1.9F 1.7E 2.1F
12 W	0105 0649 1316 1901	0341 0954 1556 2217	1.8E 1.8F 1.8E 2.1F	**27 Th**	0203 0758 1426 2018	0448 1128 1711 2355	1.7E 1.9F 1.6E 1.9F
13 Th	0151 0736 1407 1950	0427 1042 1646 2306	1.8E 1.8F 1.8E 2.0F	**28 F** ◐	0257 0855 1526 2117	0545 1229 1812	1.6E 1.8F 1.5E
14 F ◐	0239 0826 1502 2044	0517 1135 1739	1.8E 1.8F 1.7E	**29 Sa**	0352 0952 1626 2217	0055 0644 1329 1916	1.9F 1.6E 1.8F 1.4E
15 Sa	0331 0921 1601 2143	0000 0610 1233 1836	1.9E 1.7E 1.8F 1.6E	**30 Su**	0447 1049 1725 2316	0154 0744 1428 2018	1.6F 1.5E 1.9F 1.4E
				31 M	0541 1144 1820	0251 0840 1522 2115	1.8F 1.6E 2.0F 1.5E

February

Day	Slack h m	Maximum h m	knots	Day	Slack h m	Maximum h m	knots
1 Tu	0012 0632 1234 1911	0058 0344 0932 1613 2206	1.8F 1.6F 2.1F 1.5E	**16 W**	0602 1159 1849	0255 0845 1537 2129	1.7F 1.6E 2.0F 1.5E
2 W	0103 0720 1320 1958	0432 1018 1658 2250	1.8F 1.7E 2.1F 1.6E	**17 Th**	0038 0702 1301 1948	0405 0950 1640 2233	1.7F 1.7E 2.1F 1.6E
3 Th	0149 0804 1402 2040	0516 1059 1739 2330	1.9F 1.7E 2.2F 1.7E	**18 F**	0139 0759 1359 2042	0506 1050 1737 2330	1.9F 1.8E 2.3F 1.8E
4 F	0230 0845 1441 2120	0555 1136 1816	1.9F 1.8E 2.2F	**19 Sa** ○	0235 0853 1453 2133	0600 1145 1828	2.0F 1.9E 2.4F
5 Sa ●	0308 0924 1518 2157	0005 0630 1210 1849	1.7E 1.9F 1.9E 2.3F	**20 Su**	0326 0943 1543 2221	0022 0650 1236 1916	1.9E 2.1F 2.0E 2.4F
6 Su	0345 1002 1553 2234	0038 0701 1245 1919	1.8E 1.9F 1.9E 2.3F	**21 M**	0414 1033 1631 2307	0109 0737 1323 2002	1.9E 2.1F 2.0E 2.4F
7 M	0420 1039 1629 2311	0112 0731 1322 1949	1.9E 1.9F 2.0E 2.3F	**22 Tu**	0500 1121 1718 2353	0154 0823 1409 2047	1.9E 2.1F 2.1E 2.3F
8 Tu	0456 1118 1707 2349	0148 0803 1400 2023	1.9E 2.0F 2.0E 2.3F	**23 W**	0545 1210 1805	0238 0909 1456 2134	1.9E 2.1F 1.9E 2.1F
9 W	0534 1200 1747	0227 0840 1442 2101	2.0E 2.0F 2.0E 2.2F	**24 Th**	0039 0632 1301 1853	0323 0958 1544 2222	1.8E 2.0F 1.7E 2.0F
10 Th	0030 0615 1245 1831	0308 0921 1527 2143	2.0E 2.0F 2.0E 2.2F	**25 F**	0128 0721 1354 1944	0410 1050 1635 2315	1.7E 1.9F 1.6E 1.8F
11 F	0115 0700 1335 1920	0354 1007 1615 2231	1.9E 2.0F 1.9E 2.0F	**26 Sa** ◐	0218 0813 1450 2039	0501 1146 1731	1.6E 1.8F 1.5E
12 Sa ◐	0203 0750 1431 2014	0443 1100 1709 2326	1.9E 1.9F 1.8E 1.9F	**27 Su**	0312 0908 1548 2138	0013 0556 1247 1831	1.7F 1.5E 1.8F 1.4E
13 Su	0257 0846 1533 2115	0537 1200 1807	1.8E 1.9F 1.6E	**28 M**	0407 1005 1647 2237	0113 0655 1347 1934	1.7F 1.5E 1.8F 1.4E
14 M	0356 0948 1638 2222	0028 0635 1309 1911	1.7F 1.7E 1.8F 1.5E	**29 Tu**	0503 1102 1744 2335	0213 0755 1445 2035	1.6F 1.5E 1.9F 1.4E
15 Tu	0459 1053 1745 2331	0140 0739 1424 2020	1.6F 1.6E 1.9F 1.5E				

March

Day	Slack h m	Maximum h m	knots	Day	Slack h m	Maximum h m	knots
1 W	0557 1156 1836	0309 0852 1537 2129	1.7F 1.5E 2.0F 1.5E	**16 Th**	0549 1147 1836	0253 0836 1531 2124	1.6E 1.6E 2.0F 1.5E
2 Th	0029 0648 1245 1924	0400 0942 1624 2216	1.8F 1.6E 2.1F 1.6E	**17 F**	0030 0652 1252 1934	0402 0945 1633 2228	1.8F 1.7E 2.1F 1.7E
3 F	0116 0734 1330 2007	0445 1026 1707 2256	1.9F 1.7E 2.2F 1.7E	**18 Sa**	0130 0749 1349 2027	0459 1046 1727 2322	1.9F 1.8E 2.3F 1.8E
4 Sa	0159 0816 1410 2047	0524 1105 1744 2332	1.9F 1.8E 2.2F 1.8E	**19 Su** ○	0223 0842 1441 2115	0551 1138 1815	2.1F 1.9E 2.3F
5 Su ●	0238 0856 1448 2125	0559 1141 1816	2.0F 1.9E 2.3F	**20 M**	0311 0930 1529 2200	0009 0637 1225 1900	1.9E 2.2F 2.0E 2.3F
6 M	0314 0934 1525 2202	0007 0630 1217 1847	1.9E 2.1F 2.0E 2.3F	**21 Tu**	0354 1017 1614 2243	0052 0721 1308 1943	1.9E 2.2F 1.9E 2.3F
7 Tu	0349 1012 1602 2239	0041 0701 1254 1918	2.0E 2.1F 2.1E 2.3F	**22 W**	0436 1102 1657 2325	0131 0803 1350 2024	1.9F 2.2F 1.9E 2.2F
8 W	0424 1051 1640 2317	0117 0733 1333 1952	2.1E 2.2F 2.1E 2.3F	**23 Th**	0517 1147 1739	0210 0844 1431 2105	1.8E 2.1F 1.8E 2.0F
9 Th	0502 1133 1721 2358	0156 0810 1415 2031	2.1E 2.2F 2.1E 2.3F	**24 F**	0008 0559 1234 1824	0250 0927 1514 2148	1.8E 2.0F 1.7E 1.9F
10 F	0543 1219 1806	0238 0852 1500 2114	2.1E 2.2F 2.1E 2.2F	**25 Sa**	0052 0644 1323 1911	0333 1013 1601 2235	1.7E 1.9F 1.6E 1.7F
11 Sa	0043 0629 1310 1856	0324 0939 1550 2204	2.0E 2.1F 1.9E 2.0F	**26 Su**	0141 0732 1415 2003	0420 1104 1652 2330	1.6E 1.8F 1.5E 1.6F
12 Su	0133 0720 1408 1953	0414 1034 1645 2301	1.9E 2.0F 1.8E 1.8F	**27 M** ◐	0233 0824 1511 2100	0512 1202 1749	1.5E 1.8F 1.4E
13 M	0231 0819 1513 2058	0510 1138 1746	1.7E 1.9F 1.6E	**28 Tu**	0328 0920 1608 2159	0030 0609 1302 1849	1.6F 1.4E 1.8F 1.4E
14 Tu	0334 0926 1622 2210	0010 0613 1254 1856	1.6F 1.6E 1.8F 1.5E	**29 W**	0425 1018 1704 2257	0131 0709 1401 1950	1.6F 1.4E 1.8F 1.4E
15 W	0442 1037 1731 2323	0132 0723 1418 2011	1.6F 1.5E 1.9F 1.4E	**30 Th**	0520 1113 1757 2351	0229 0807 1456 2045	1.6F 1.5E 1.9F 1.5E
				31 F	0612 1205 1846	0321 0900 1544 2134	1.7F 1.6E 2.0F 1.6E

Time meridian 75° W. 0000 is midnight. 1200 is noon.

Pollock Rip Channel, Massachusetts, 2000

F–Flood, Dir. 035° True   E–Ebb, Dir. 225° True

April

Day	Slack h m	Maximum h m	knots	Day	Slack h m	Maximum h m	knots
1 Sa	0039 / 0700 / 1252 / 1930	0407 / 0947 / 1627 / 2216	1.8F / 1.7E / 2.1F / 1.7E	16 Su	0116 / 0736 / 1335 / 2007	0445 / 1036 / 1710 / 2306	2.0F / 1.8E / 2.3F / 1.8E
2 Su	0123 / 0744 / 1335 / 2011	0448 / 1029 / 1705 / 2255	1.9F / 1.8E / 2.2F / 1.9E	17 M	0206 / 0827 / 1426 / 2053	0534 / 1126 / 1757 / 2350	2.2F / 1.9E / 2.3F / 1.9E
3 M	0202 / 0825 / 1415 / 2050	0523 / 1108 / 1740 / 2331	2.0F / 1.9E / 2.2F / 2.0E	18 Tu	0251 / 0914 / 1511 / 2136	0620 / 1210 / 1840	2.2F / 1.9E / 2.2F
4 Tu ●	0239 / 0905 / 1454 / 2127	0556 / 1147 / 1812	2.1F / 2.0E / 2.3F	19 W	0332 / 0959 / 1554 / 2216	0030 / 0702 / 1251 / 1921	1.9E / 2.2F / 1.8E / 2.1F
5 W	0316 / 0945 / 1533 / 2206	0008 / 0629 / 1226 / 1846	2.1E / 2.2F / 2.1E / 2.3F	20 Th	0411 / 1042 / 1634 / 2256	0107 / 0741 / 1329 / 1959	1.9E / 2.2F / 1.8E / 2.0F
6 Th	0353 / 1026 / 1614 / 2245	0046 / 0705 / 1307 / 1923	2.1E / 2.3F / 2.2E / 2.3F	21 F	0449 / 1124 / 1714 / 2337	0142 / 0819 / 1407 / 2037	1.8E / 2.1F / 1.7E / 1.9F
7 F	0433 / 1110 / 1658 / 2328	0127 / 0744 / 1351 / 2005	2.2E / 2.4F / 2.1E / 2.2F	22 Sa	0528 / 1208 / 1756	0219 / 0858 / 1447 / 2116	1.7E / 2.0F / 1.7E / 1.8F
8 Sa	0516 / 1158 / 1745	0211 / 0829 / 1438 / 2051	2.1E / 2.3F / 2.0E / 2.1F	23 Su	0020 / 0610 / 1254 / 1841	0300 / 0940 / 1530 / 2200	1.7E / 2.0F / 1.6E / 1.7F
9 Su	0016 / 0605 / 1252 / 1839	0259 / 0919 / 1530 / 2145	2.0E / 2.2F / 1.9E / 1.9F	24 M	0106 / 0655 / 1343 / 1930	0344 / 1026 / 1618 / 2250	1.6E / 1.9F / 1.5E / 1.6F
10 M	0110 / 0659 / 1352 / 1939	0352 / 1017 / 1628 / 2247	1.9E / 2.1F / 1.7E / 1.7F	25 Tu	0156 / 0744 / 1435 / 2024	0434 / 1118 / 1711 / 2346	1.5E / 1.8F / 1.5E / 1.5F
11 Tu ☽	0211 / 0801 / 1458 / 2048	0451 / 1126 / 1733	1.7E / 1.9F / 1.6E	26 W ☽	0250 / 0838 / 1529 / 2120	0527 / 1215 / 1807	1.5E / 1.8F / 1.5E
12 W	0318 / 0911 / 1608 / 2201	0004 / 0558 / 1249 / 1847	1.6F / 1.6E / 1.9F / 1.5E	27 Th	0345 / 0933 / 1623 / 2216	0045 / 0624 / 1312 / 1904	1.6F / 1.6E / 1.8F / 1.5E
13 Th	0429 / 1024 / 1716 / 2313	0130 / 0712 / 1410 / 2005	1.6F / 1.5E / 1.9F / 1.5E	28 F	0441 / 1029 / 1715 / 2309	0143 / 0720 / 1407 / 1958	1.6F / 1.5E / 1.9F / 1.6E
14 F	0537 / 1135 / 1819	0246 / 0829 / 1518 / 2116	1.7F / 1.5E / 2.0F / 1.6E	29 Sa	0533 / 1121 / 1804 / 2358	0236 / 0814 / 1457 / 2047	1.7F / 1.6E / 2.0F / 1.7E
15 Sa	0019 / 0640 / 1238 / 1916	0350 / 0937 / 1617 / 2215	1.9F / 1.7E / 2.2F / 1.7E	30 Su	0623 / 1211 / 1849	0323 / 0904 / 1542 / 2132	1.8F / 1.7E / 2.0F / 1.8E

May

Day	Slack h m	Maximum h m	knots	Day	Slack h m	Maximum h m	knots
1 M	0042 / 0709 / 1257 / 1932	0405 / 0950 / 1622 / 2214	2.0F / 1.8E / 2.1F / 1.9E	16 Tu	0144 / 0809 / 1405 / 2027	0514 / 1108 / 1735 / 2327	2.2F / 1.8E / 2.2F / 1.8E
2 Tu	0124 / 0753 / 1340 / 2013	0444 / 1033 / 1700 / 2255	2.1F / 1.9E / 2.2F / 2.0E	17 W	0228 / 0856 / 1450 / 2110	0559 / 1152 / 1818	2.2F / 1.8E / 2.1F
3 W ●	0204 / 0836 / 1423 / 2053	0521 / 1116 / 1738 / 2335	2.2F / 2.0E / 2.2F / 2.1E	18 Th ○	0308 / 0940 / 1532 / 2150	0006 / 0641 / 1231 / 1858	1.8E / 2.2F / 1.7E / 2.0F
4 Th	0243 / 0919 / 1506 / 2134	0559 / 1158 / 1817	2.3F / 2.1E / 2.2F	19 F	0346 / 1021 / 1611 / 2229	0041 / 0720 / 1308 / 1936	1.8E / 2.2F / 1.7E / 1.9F
5 F	0324 / 1004 / 1551 / 2218	0017 / 0639 / 1243 / 1858	2.2E / 2.4F / 2.1E / 2.2F	20 Sa	0423 / 1102 / 1650 / 2308	0116 / 0756 / 1344 / 2011	1.8E / 2.1F / 1.6E / 1.8F
6 Sa	0408 / 1051 / 1638 / 2304	0101 / 0723 / 1330 / 1944	2.2E / 2.4F / 2.1E / 2.1F	21 Su	0500 / 1144 / 1730 / 2350	0151 / 0833 / 1422 / 2048	1.7E / 2.1F / 1.6E / 1.7F
7 Su	0455 / 1143 / 1730 / 2356	0148 / 0812 / 1420 / 2035	2.1E / 2.3F / 2.0E / 2.0F	22 M	0540 / 1227 / 1813	0230 / 0910 / 1503 / 2128	1.7E / 2.0F / 1.6E / 1.7F
8 M	0547 / 1239 / 1827	0239 / 0906 / 1515 / 2133	2.0E / 2.3F / 1.9E / 1.8F	23 Tu	0034 / 0622 / 1313 / 1859	0313 / 0952 / 1547 / 2213	1.7E / 2.0F / 1.6E / 1.6F
9 Tu	0053 / 0644 / 1340 / 1930	0335 / 1008 / 1616 / 2241	1.9E / 2.1F / 1.7E / 1.7F	24 W	0122 / 0708 / 1401 / 1949	0400 / 1038 / 1636 / 2303	1.6E / 1.9F / 1.6E / 1.6F
10 W ☽	0156 / 0748 / 1445 / 2038	0437 / 1121 / 1723	1.7E / 2.0F / 1.6E	25 Th	0213 / 0758 / 1450 / 2040	0450 / 1128 / 1727 / 2356	1.6E / 1.9F / 1.6E / 1.6F
11 Th	0304 / 0858 / 1551 / 2149	0001 / 0546 / 1240 / 1837	1.6F / 1.6E / 2.0F / 1.5E	26 F ☽	0306 / 0850 / 1541 / 2133	0542 / 1220 / 1819	1.6E / 1.9F / 1.6E
12 F	0413 / 1009 / 1656 / 2258	0120 / 0701 / 1354 / 1951	1.6F / 1.5E / 2.0F / 1.6E	27 Sa	0359 / 0944 / 1632 / 2224	0051 / 0636 / 1313 / 1911	1.6F / 1.6E / 1.9F / 1.6E
13 Sa	0520 / 1117 / 1757	0230 / 0816 / 1458 / 2057	1.8F / 1.6E / 2.1F / 1.7E	28 Su	0452 / 1037 / 1720 / 2314	0144 / 0729 / 1404 / 2001	1.7F / 1.6E / 1.9F / 1.7E
14 Su	0000 / 0622 / 1219 / 1852	0330 / 0922 / 1556 / 2154	2.0F / 1.7E / 2.2F / 1.8E	29 M	0544 / 1128 / 1808	0234 / 0821 / 1453 / 2049	1.8F / 1.7E / 2.0F / 1.8E
15 M	0055 / 0718 / 1315 / 1942	0425 / 1018 / 1647 / 2244	2.1F / 1.7E / 2.2F / 1.8E	30 Tu	0001 / 0633 / 1218 / 1853	0321 / 0911 / 1539 / 2135	1.9F / 1.7E / 2.0F / 1.9E
				31 W	0046 / 0721 / 1307 / 1938	0406 / 0959 / 1623 / 2220	2.1F / 1.8E / 2.0F / 2.0E

June

Day	Slack h m	Maximum h m	knots	Day	Slack h m	Maximum h m	knots
1 Th	0130 / 0809 / 1354 / 2022	0449 / 1047 / 1707 / 2305	2.2F / 1.9E / 2.1F / 2.1E	16 F ○	0243 / 0919 / 1509 / 2124	0619 / 1211 / 1835	2.2F / 1.6E / 1.9F
2 F ●	0215 / 0856 / 1442 / 2108	0534 / 1134 / 1752 / 2352	2.3F / 2.0E / 2.1F / 2.1E	17 Sa	0321 / 1000 / 1549 / 2203	0017 / 0658 / 1247 / 1913	1.8E / 2.2F / 1.6E / 1.8F
3 Sa	0301 / 0945 / 1532 / 2155	0620 / 1223 / 1839	2.4F / 2.0E / 2.1F	18 Su	0358 / 1039 / 1627 / 2242	0051 / 0734 / 1322 / 1948	1.7E / 2.1F / 1.6E / 1.8F
4 Su	0349 / 1036 / 1623 / 2245	0040 / 0709 / 1314 / 1930	2.1E / 2.4F / 2.0E / 2.0F	19 M	0435 / 1119 / 1705 / 2322	0126 / 0808 / 1357 / 2022	1.7E / 2.1F / 1.6E / 1.7F
5 M	0439 / 1129 / 1718 / 2340	0130 / 0801 / 1407 / 2025	2.1E / 2.4F / 1.9E / 1.9F	20 Tu	0512 / 1159 / 1745	0204 / 0842 / 1435 / 2058	1.7E / 2.1F / 1.7E / 1.7F
6 Tu	0534 / 1226 / 1816	0224 / 0859 / 1503 / 2127	2.0E / 2.3F / 1.8E / 1.8F	21 W	0004 / 0552 / 1241 / 1828	0244 / 0919 / 1517 / 2137	1.7E / 2.1F / 1.7E / 1.7F
7 W	0038 / 0632 / 1325 / 1918	0321 / 1002 / 1604 / 2235	1.9E / 2.2F / 1.7E / 1.8F	22 Th	0049 / 0635 / 1325 / 1912	0328 / 1001 / 1601 / 2221	1.7E / 2.0F / 1.7E / 1.7F
8 Th ☽	0141 / 0735 / 1427 / 2023	0424 / 1111 / 1710 / 2349	1.7E / 2.1F / 1.7E / 1.7F	23 F	0136 / 0721 / 1412 / 2000	0414 / 1043 / 1647 / 2309	1.7E / 2.0F / 1.7E / 1.7F
9 F	0247 / 0841 / 1530 / 2129	0531 / 1222 / 1819	1.6E / 2.1F / 1.6E	24 Sa ○	0226 / 0809 / 1459 / 2049	0503 / 1131 / 1736 / 2359	1.7E / 2.0F / 1.7E / 1.7F
10 Sa	0353 / 0948 / 1631 / 2234	0100 / 0643 / 1330 / 1928	1.8F / 1.6E / 2.0F / 1.6E	25 Su	0318 / 0901 / 1549 / 2139	0554 / 1221 / 1826	1.7E / 1.9F / 1.7E
11 Su	0458 / 1054 / 1729 / 2334	0206 / 0754 / 1433 / 2031	1.9E / 1.6E / 2.1F / 1.7E	26 M	0412 / 0954 / 1638 / 2230	0052 / 0647 / 1314 / 1917	1.8F / 1.6E / 1.9F / 1.7E
12 M	0600 / 1155 / 1824	0306 / 0858 / 1530 / 2127	1.6E / 2.1F / 1.7E	27 Tu	0506 / 1048 / 1728 / 2321	0146 / 0741 / 1407 / 2009	1.8F / 1.7E / 1.9F / 1.8E
13 Tu	0028 / 0656 / 1251 / 1914	0400 / 0955 / 1622 / 2217	2.1F / 1.6E / 2.1F / 1.8E	28 W	0600 / 1143 / 1818	0240 / 0836 / 1500 / 2100	1.9F / 1.7E / 1.9F / 1.9E
14 W	0118 / 0748 / 1342 / 2000	0450 / 1046 / 1710 / 2302	2.2F / 1.7E / 2.0F / 1.8E	29 Th	0012 / 0654 / 1237 / 1907	0332 / 0929 / 1552 / 2151	2.0F / 1.7E / 1.9F / 1.9E
15 Th	0202 / 0835 / 1427 / 2043	0536 / 1131 / 1755 / 2342	2.2F / 1.7E / 2.0F / 1.8E	30 F	0102 / 0746 / 1331 / 1957	0424 / 1023 / 1644 / 2241	2.2F / 1.8E / 1.9F / 2.0E

Time meridian 75° W. 0000 is midnight. 1200 is noon.

Pollock Rip Channel, Massachusetts, 2000

F–Flood, Dir. 035° True   E–Ebb, Dir. 225° True

July

Day	Slack h m	Maximum h m	knots	Day	Slack h m	Maximum h m	knots
1 Sa ●	0152 0838 1424 2047	0516 1115 1736 2332	2.3F 1.9E 2.0F 2.1E	16 Su ○	0257 0935 1524 2138	0633 1224 1848	2.2F 1.6E 1.8F
2 Su	0243 0930 1517 2138	0608 1208 1828	2.3F 1.9E 2.0F	17 M	0333 1014 1602 2216	0027 0709 1257 1922	1.8E 2.2F 1.7E 1.8F
3 M	0335 1023 1611 2231	0024 0700 1301 1922	2.1E 2.4F 1.9E 1.8F	18 Tu	0409 1051 1638 2255	0101 0741 1331 1954	1.8E 2.2F 1.7E 1.8F
4 Tu	0428 1116 1706 2325	0116 0754 1355 2018	2.1E 2.4F 1.9E 2.0F	19 W	0446 1129 1715 2335	0137 0813 1406 2026	1.8E 2.2F 1.8E 1.8F
5 W	0522 1210 1802	0211 0851 1451 2118	2.0E 2.3F 1.9E 1.9F	20 Th	0523 1208 1754	0215 0846 1444 2102	1.9E 2.2F 1.8E 1.8F
6 Th	0023 0619 1306 1900	0307 0950 1548 2221	1.9E 2.3F 1.8E 1.9F	21 F	0016 0603 1249 1835	0256 0922 1525 2141	1.9E 2.1F 1.8E 1.9F
7 F	0122 0718 1404 2000	0407 1053 1649 2327	1.8E 2.2F 1.7E 1.9F	22 Sa	0101 0646 1333 1918	0340 1003 1609 2225	1.8E 2.1F 1.8E 1.9F
8 Sa ☽	0225 0819 1502 2102	0511 1157 1752	1.7E 2.1F 1.7E	23 Su	0148 0732 1419 2005	0427 1047 1656 2314	1.8E 2.0F 1.8E 1.8F
9 Su	0328 0923 1601 2203	0033 0618 1302 1856	1.9F 1.6E 2.0F 1.6E	24 M ☾	0240 0822 1508 2056	0517 1137 1746	1.7E 1.9F 1.8E
10 M	0432 1026 1658 2302	0137 0725 1403 1958	1.9F 1.5E 2.0F 1.6E	25 Tu	0335 0917 1600 2150	0007 0611 1231 1839	1.8F 1.7E 1.9F 1.7E
11 Tu	0533 1127 1753 2358	0237 0830 1501 2056	2.0F 1.5E 1.9F 1.7E	26 W	0433 1015 1654 2246	0105 0707 1329 1934	1.8F 1.6E 1.8F 1.7E
12 W	0630 1224 1845	0333 0928 1555 2148	2.1F 1.5E 1.9F 1.7E	27 Th	0533 1115 1749 2344	0206 0806 1430 2031	1.9F 1.6E 1.8F 1.8E
13 Th	0049 0723 1316 1932	0424 1021 1644 2235	2.1F 1.6E 1.9F 1.7E	28 F	0631 1216 1845	0309 0906 1532 2128	2.0F 1.6E 1.8F 1.8E
14 F	0135 0811 1403 2017	0511 1107 1730 2316	2.2F 1.6E 1.9F 1.7E	29 Sa	0041 0729 1315 1939	0409 1006 1632 2224	2.1F 1.7E 1.8F 1.9E
15 Sa	0218 0855 1445 2058	0554 1147 1811 2353	2.2F 1.6E 1.9F 1.8E	30 Su ●	0137 0824 1411 2033	0507 1103 1728 2319	2.2F 1.8E 1.9F 2.0E
				31 M	0231 0917 1506 2125	0601 1157 1823	2.3F 1.9E 2.0F

August

Day	Slack h m	Maximum h m	knots	Day	Slack h m	Maximum h m	knots
1 Tu	0324 1008 1558 2218	0013 0654 1250 1916	2.0E 2.4F 1.9E 2.0F	16 W	0342 1020 1608 2227	0035 0711 1300 1923	1.9E 2.2F 1.8E 2.0F
2 W	0416 1059 1650 2311	0105 0746 1342 2008	2.1E 2.4F 1.9E 2.0F	17 Th	0417 1057 1642 2305	0109 0740 1334 1953	1.9E 2.2F 1.9E 2.0F
3 Th	0508 1151 1742	0158 0838 1433 2102	2.0E 2.3F 1.9E 2.0F	18 F	0453 1134 1718 2345	0146 0811 1411 2026	2.0E 2.2F 1.9E 1.9F
4 F	0005 0601 1242 1836	0251 0931 1526 2159	1.9F 2.2F 1.8E 2.0F	19 Sa	0532 1213 1757	0225 0846 1450 2104	2.0E 2.2F 1.9E 2.0F
5 Sa	0101 0656 1336 1931	0346 1028 1620 2258	1.8E 2.1F 1.7E 1.9F	20 Su	0028 0613 1255 1839	0308 0925 1533 2147	2.0E 2.1F 1.9E 2.0F
6 Su ○	0159 0753 1431 2028	0444 1127 1718	1.7E 2.0F 1.7E	21 M	0115 0659 1341 1926	0354 1010 1620 2236	1.9E 2.0F 1.9E 2.0F
7 M	0300 0853 1527 2127	0001 0546 1229 1818	1.9F 1.6E 1.9F 1.6E	22 Tu ☾	0207 0750 1431 2018	0445 1100 1711 2331	1.8E 1.9F 1.8E 1.9F
8 Tu	0401 0954 1624 2226	0104 0652 1331 1921	1.9F 1.5E 1.8F 1.5E	23 W	0305 0847 1527 2116	0540 1157 1806	1.7E 1.8F 1.7E
9 W	0503 1056 1721 2323	0205 0757 1431 2021	1.9F 1.4E 1.8F 1.6E	24 Th	0407 0950 1627 2219	0034 0640 1303 1907	1.8F 1.6E 1.7F 1.7E
10 Th	0601 1154 1814	0302 0858 1526 2116	2.0F 1.5E 1.8F 1.6E	25 F	0512 1056 1729 2323	0144 0745 1414 2010	1.9F 1.5E 1.6F 1.7E
11 F	0017 0654 1247 1904	0355 0952 1617 2205	2.1F 1.5E 1.9F 1.7E	26 Sa	0615 1202 1829	0256 0851 1525 2114	1.9F 1.6E 1.7F 1.7E
12 Sa	0105 0742 1335 1950	0443 1039 1703 2248	2.1F 1.6E 1.9F 1.7E	27 Su	0026 0714 1304 1927	0402 0955 1628 2215	2.1F 1.6E 1.8F 1.8E
13 Su	0149 0826 1418 2032	0526 1119 1744 2326	2.2F 1.6E 1.9F 1.8E	28 M	0125 0810 1401 2022	0501 1054 1725 2311	2.2F 1.8E 2.0F 1.9E
14 M	0229 0906 1457 2111	0605 1155 1821	2.2F 1.7E 1.9F	29 Tu ●	0221 0902 1454 2114	0554 1148 1817	2.3F 1.9E 2.1F
15 Tu	0306 0944 1533 2149	0001 0640 1228 1853	1.8E 2.2F 1.8E 1.9F	30 W	0313 0951 1543 2204	0004 0644 1237 1906	2.0E 2.4F 1.9E 2.1F
				31 Th	0403 1039 1631 2255	0054 0732 1324 1954	2.0E 2.4F 1.9E 2.1F

September

Day	Slack h m	Maximum h m	knots	Day	Slack h m	Maximum h m	knots
1 F	0452 1127 1719 2345	0142 0820 1411 2042	2.0E 2.3F 1.9F 2.1F	16 Sa	0424 1058 1644 2315	0116 0736 1337 1953	2.1E 2.2F 2.0E 2.2F
2 Sa	0541 1214 1807	0231 0908 1458 2133	1.9E 2.2F 1.8E 2.0F	17 Su	0502 1137 1722 2359	0156 0812 1417 2032	2.1E 2.2F 2.0E 2.2F
3 Su	0037 0631 1304 1857	0321 0959 1547 2227	1.8E 2.0F 1.7E 2.0F	18 M	0544 1220 1805	0239 0852 1500 2115	2.0E 2.1F 2.0E 2.1F
4 M	0132 0724 1356 1951	0414 1054 1640 2326	1.6E 1.9F 1.6E 1.9F	19 Tu	0047 0631 1307 1853	0326 0938 1548 2206	1.9E 1.9F 1.9E 2.0F
5 Tu ☾	0229 0821 1451 2047	0512 1154 1737	1.5E 1.7F 1.5E	20 W ○	0141 0725 1401 1948	0418 1031 1642 2304	1.8E 1.8F 1.8E 1.9F
6 W	0329 0921 1549 2147	0028 0614 1256 1839	1.8F 1.4E 1.7F 1.5E	21 Th	0242 0826 1502 2051	0516 1134 1741	1.6E 1.7F 1.6E
7 Th	0429 1022 1646 2245	0130 0720 1357 1941	1.8F 1.4E 1.7F 1.5E	22 F	0348 0934 1607 2159	0014 0621 1248 1846	1.8F 1.5E 1.6F 1.6E
8 F	0527 1121 1742 2341	0228 0822 1454 2039	1.9F 1.4E 1.7F 1.5E	23 Sa	0455 1045 1714 2309	0132 0731 1409 1956	1.8F 1.5E 1.6F 1.6E
9 Sa	0620 1215 1833	0322 0917 1546 2131	2.0F 1.5E 1.8F 1.6E	24 Su	0600 1153 1818	0249 0843 1522 2105	1.9F 1.5E 1.7F 1.7E
10 Su	0031 0709 1303 1920	0410 1004 1632 2216	2.1F 1.6E 1.9F 1.7E	25 M	0015 0700 1255 1917	0355 0948 1623 2208	2.1F 1.7E 1.9F 1.8E
11 M	0117 0752 1346 2003	0453 1045 1713 2255	2.2F 1.7E 2.0F 1.8E	26 Tu	0115 0754 1350 2011	0452 1045 1717 2304	2.2F 1.8E 2.1F 1.9E
12 Tu	0158 0833 1425 2043	0532 1121 1749 2330	2.2F 1.8E 2.0F 1.9E	27 W ●	0210 0845 1440 2102	0543 1136 1806 2354	2.3F 1.9E 2.2F 2.0E
13 W	0236 0910 1500 2121	0606 1154 1820	2.3F 1.9E 2.1F	28 Th	0300 0931 1526 2150	0630 1221 1852	2.3F 1.9E 2.2F
14 Th	0312 0946 1534 2158	0005 0636 1227 1850	2.0E 2.3F 1.9E 2.1F	29 F	0347 1016 1610 2237	0041 0715 1304 1937	2.0E 2.3F 1.9E 2.2F
15 F	0347 1022 1608 2236	0039 0705 1301 1920	2.0E 2.3F 2.0E 2.1F	30 Sa	0433 1101 1653 2325	0125 0759 1346 2021	1.9E 2.2F 1.9E 2.2F

Time meridian 75° W. 0000 is midnight. 1200 is noon.

Pollock Rip Channel, Massachusetts, 2000

F–Flood, Dir. 035° True   E–Ebb, Dir. 225° True

October

Day	Slack h m	Maximum h m	knots	Day	Slack h m	Maximum h m	knots
1 Su	0518 / 1145 / 1737	0209 / 0843 / 1429 / 2106	1.8E / 2.0F / 1.8E / 2.1F	16 M	0436 / 1105 / 1652 / 2335	0129 / 0742 / 1347 / 2005	2.1E / 2.2F / 2.1E / 2.3F
2 M	0013 / 0605 / 1232 / 1824	0255 / 0929 / 1513 / 2155	1.7E / 1.9F / 1.7E / 2.0F	17 Tu	0520 / 1150 / 1737	0214 / 0825 / 1433 / 2051	2.0E / 2.1F / 2.0E / 2.2F
3 Tu	0104 / 0654 / 1321 / 1913	0344 / 1019 / 1602 / 2249	1.6E / 1.7F / 1.6E / 1.9F	18 W	0025 / 0610 / 1240 / 1828	0303 / 0915 / 1523 / 2145	1.9E / 1.9F / 1.9E / 2.1F
4 W	0158 / 0748 / 1415 / 2007	0437 / 1116 / 1656 / 2348	1.5E / 1.6F / 1.5E / 1.8F	19 Th	0122 / 0707 / 1338 / 1927	0358 / 1012 / 1619 / 2247	1.8E / 1.7F / 1.8E / 2.0F
5 Th ☽	0255 / 0846 / 1512 / 2105	0536 / 1218 / 1755	1.4E / 1.6F / 1.4E	20 F ○	0225 / 0812 / 1443 / 2033	0459 / 1121 / 1722	1.6E / 1.6F / 1.6E
6 F	0353 / 0946 / 1609 / 2203	0049 / 0638 / 1320 / 1857	1.8F / 1.4E / 1.6F / 1.4E	21 Sa	0332 / 0923 / 1552 / 2144	0002 / 0607 / 1243 / 1832	1.9F / 1.5E / 1.6F / 1.5E
7 Sa	0449 / 1044 / 1706 / 2300	0148 / 0739 / 1417 / 1956	1.9F / 1.4E / 1.7F / 1.5E	22 Su	0440 / 1035 / 1701 / 2256	0125 / 0721 / 1405 / 1946	1.9F / 1.5E / 1.6F / 1.5E
8 Su	0542 / 1138 / 1758 / 2352	0243 / 0835 / 1509 / 2050	2.0F / 1.5E / 1.8F / 1.6E	23 M	0544 / 1142 / 1805	0239 / 0834 / 1513 / 2057	2.0F / 1.6E / 1.8F / 1.6E
9 M	0630 / 1227 / 1846	0331 / 0923 / 1555 / 2137	2.1F / 1.6E / 1.9F / 1.7E	24 Tu	0002 / 0642 / 1242 / 1904	0342 / 0938 / 1612 / 2200	2.1F / 1.7E / 2.0F / 1.8E
10 Tu	0039 / 0715 / 1310 / 1930	0415 / 1005 / 1636 / 2218	2.1F / 1.8E / 2.0F / 1.8E	25 W	0102 / 0736 / 1335 / 1958	0438 / 1032 / 1704 / 2254	2.2F / 1.8E / 2.2F / 1.9E
11 W	0122 / 0755 / 1349 / 2011	0454 / 1042 / 1713 / 2256	2.2F / 1.9E / 2.1F / 1.9E	26 Th	0156 / 0824 / 1423 / 2048	0528 / 1120 / 1752 / 2343	2.3F / 1.9E / 2.2F / 1.9E
12 Th	0202 / 0834 / 1425 / 2050	0528 / 1117 / 1745 / 2332	2.2F / 2.0E / 2.1F / 2.0E	27 F ●	0245 / 0910 / 1507 / 2135	0614 / 1204 / 1837	2.2F / 1.9E / 2.3F
13 F ○	0239 / 0910 / 1500 / 2129	0559 / 1152 / 1816	2.2F / 2.0E / 2.2F	28 Sa	0330 / 0953 / 1548 / 2220	0027 / 0657 / 1243 / 1919	1.9E / 2.2F / 1.9E / 2.2F
14 Sa	0317 / 0947 / 1535 / 2208	0009 / 0630 / 1228 / 1848	2.0E / 2.2F / 2.1E / 2.3F	29 Su	0413 / 1035 / 1629 / 2305	0108 / 0738 / 1322 / 2000	1.8E / 2.0F / 1.8E / 2.2F
15 Su	0355 / 1025 / 1612 / 2250	0048 / 0704 / 1306 / 1924	2.1E / 2.2F / 2.1E / 2.3F	30 M	0456 / 1117 / 1710 / 2351	0149 / 0819 / 1401 / 2042	1.7E / 1.9F / 1.8E / 2.1F
				31 Tu	0540 / 1201 / 1752	0231 / 0901 / 1443 / 2126	1.6E / 1.8F / 1.7E / 2.0F

November

Day	Slack h m	Maximum h m	knots	Day	Slack h m	Maximum h m	knots
1 W	0038 / 0626 / 1248 / 1838	0315 / 0947 / 1528 / 2213	1.6E / 1.6F / 1.6E / 1.9F	16 Th	0009 / 0555 / 1220 / 1811	0246 / 0859 / 1503 / 2132	1.9E / 1.9F / 1.9E / 2.2F
2 Th	0127 / 0716 / 1339 / 1928	0404 / 1038 / 1618 / 2307	1.5E / 1.6F / 1.5E / 1.8F	17 F	0107 / 0654 / 1320 / 1911	0342 / 1000 / 1602 / 2237	1.8E / 1.7F / 1.8E / 2.1F
3 F	0220 / 0810 / 1434 / 2022	0457 / 1135 / 1712	1.4E / 1.5F / 1.4E	18 Sa ☽	0209 / 0800 / 1426 / 2018	0445 / 1113 / 1706 / 2353	1.6E / 1.6F / 1.6E / 2.0F
4 Sa ●	0314 / 0906 / 1530 / 2119	0004 / 0554 / 1235 / 1810	1.8F / 1.4E / 1.5F / 1.4E	19 Su	0315 / 0909 / 1536 / 2129	0554 / 1235 / 1818	1.6E / 1.6F / 1.6E
5 Su	0408 / 1003 / 1626 / 2214	0101 / 0652 / 1332 / 1908	1.9F / 1.5E / 1.6F / 1.5E	20 M	0420 / 1019 / 1644 / 2239	0111 / 0707 / 1351 / 1933	2.0F / 1.6E / 1.7F / 1.6E
6 M	0459 / 1056 / 1719 / 2307	0155 / 0746 / 1425 / 2002	1.9F / 1.6E / 1.7F / 1.5E	21 Tu	0523 / 1124 / 1749 / 2345	0222 / 0818 / 1457 / 2044	2.0F / 1.6E / 1.9F / 1.6E
7 Tu	0548 / 1145 / 1809 / 2357	0245 / 0836 / 1513 / 2052	2.0F / 1.7E / 1.9F / 1.6E	22 W	0621 / 1223 / 1849	0324 / 0920 / 1555 / 2147	2.1F / 1.7E / 2.1F / 1.7E
8 W	0634 / 1229 / 1855	0330 / 0920 / 1555 / 2137	2.0F / 1.8E / 2.0F / 1.7E	23 Th	0045 / 0714 / 1316 / 1943	0419 / 1015 / 1648 / 2241	2.2F / 1.8E / 2.2F / 1.8E
9 Th	0043 / 0716 / 1310 / 1938	0411 / 1001 / 1633 / 2219	2.1F / 1.9E / 2.1F / 1.8E	24 F	0139 / 0802 / 1404 / 2033	0510 / 1103 / 1736 / 2329	2.2F / 1.9E / 2.3F / 1.8E
10 F	0126 / 0756 / 1349 / 2020	0448 / 1039 / 1709 / 2300	2.1F / 2.0E / 2.2F / 1.9E	25 Sa ●	0228 / 0848 / 1447 / 2120	0556 / 1145 / 1820	2.1F / 1.9E / 2.3F
11 Sa ○	0207 / 0835 / 1426 / 2101	0523 / 1117 / 1744 / 2340	2.2F / 2.1E / 2.3F / 2.0E	26 Su	0313 / 0930 / 1528 / 2204	0013 / 0639 / 1224 / 1902	1.8E / 2.0F / 1.8E / 2.2F
12 Su	0248 / 0914 / 1505 / 2144	0559 / 1157 / 1820	2.2F / 2.1E / 2.3F	27 M	0355 / 1011 / 1607 / 2246	0053 / 0720 / 1301 / 1942	1.7E / 1.9F / 1.8E / 2.2F
13 M	0329 / 0955 / 1545 / 2228	0022 / 0637 / 1238 / 1900	2.1E / 2.1F / 2.1E / 2.4F	28 Tu	0435 / 1051 / 1645 / 2328	0131 / 0758 / 1337 / 2020	1.7E / 1.8F / 1.7E / 2.1F
14 Tu	0414 / 1039 / 1629 / 2317	0106 / 0719 / 1323 / 1945	2.1E / 2.1F / 2.1E / 2.4F	29 W	0516 / 1133 / 1725	0209 / 0836 / 1416 / 2059	1.6E / 1.7F / 1.7E / 2.0F
15 W	0502 / 1127 / 1717	0154 / 0806 / 1411 / 2035	2.0E / 2.0F / 2.1E / 2.3F	30 Th	0012 / 0559 / 1218 / 1807	0249 / 0917 / 1458 / 2140	1.6E / 1.7F / 1.6E / 2.0F

December

Day	Slack h m	Maximum h m	knots	Day	Slack h m	Maximum h m	knots
1 F	0057 / 0644 / 1305 / 1853	0333 / 1001 / 1543 / 2225	1.6E / 1.6F / 1.6E / 1.9F	16 Sa	0051 / 0641 / 1305 / 1858	0328 / 0951 / 1547 / 2227	1.8E / 1.8F / 1.9E / 2.2F
2 Sa	0144 / 0733 / 1355 / 1942	0420 / 1050 / 1633 / 2315	1.5E / 1.6F / 1.6E / 1.9F	17 Su ○	0151 / 0744 / 1409 / 2002	0430 / 1102 / 1651 / 2338	1.7E / 1.8F / 1.7E / 2.1F
3 Su ☽	0233 / 0824 / 1449 / 2034	0511 / 1143 / 1725	1.5E / 1.6F / 1.5E	18 M	0253 / 0850 / 1516 / 2110	0536 / 1217 / 1800	1.7E / 1.8F / 1.6E
4 M	0324 / 0917 / 1543 / 2127	0007 / 0603 / 1238 / 1819	1.9F / 1.6E / 1.6F / 1.5E	19 Tu	0356 / 0956 / 1624 / 2218	0050 / 0646 / 1329 / 1914	2.0F / 1.6E / 1.8F / 1.6E
5 Tu	0414 / 1008 / 1636 / 2220	0100 / 0655 / 1332 / 1913	1.9F / 1.6E / 1.7F / 1.6E	20 W	0457 / 1100 / 1729 / 2324	0159 / 0754 / 1435 / 2025	2.0F / 1.6E / 1.9F / 1.6E
6 W	0503 / 1058 / 1728 / 2312	0151 / 0745 / 1422 / 2005	1.9F / 1.7E / 1.8F / 1.6E	21 Th	0556 / 1200 / 1830	0301 / 0857 / 1534 / 2129	2.0F / 1.7E / 2.1F / 1.6E
7 Th	0551 / 1145 / 1817	0240 / 0833 / 1509 / 2055	1.9F / 1.8E / 1.9F / 1.7E	22 F	0025 / 0650 / 1254 / 1926	0358 / 0953 / 1628 / 2225	2.0F / 1.7E / 2.2F / 1.6E
8 F	0002 / 0636 / 1230 / 1905	0325 / 0919 / 1553 / 2142	2.0F / 1.8E / 2.0F / 1.8E	23 Sa	0121 / 0740 / 1343 / 2016	0450 / 1043 / 1717 / 2314	2.0F / 1.8E / 2.2F / 1.7E
9 Sa	0049 / 0720 / 1313 / 1951	0408 / 1003 / 1634 / 2228	2.0F / 1.9E / 2.1F / 1.8E	24 Su	0210 / 0826 / 1427 / 2103	0537 / 1127 / 1803 / 2358	2.0F / 1.8E / 2.3F / 1.7E
10 Su	0136 / 0803 / 1356 / 2037	0450 / 1046 / 1716 / 2314	2.0F / 1.9E / 2.3F / 1.9E	25 M ●	0255 / 0908 / 1508 / 2146	0621 / 1206 / 1844	1.9F / 1.8E / 2.2F
11 M ○	0222 / 0846 / 1440 / 2123	0532 / 1130 / 1759	2.1F / 2.1E / 2.3F	26 Tu	0336 / 0949 / 1546 / 2226	0037 / 0701 / 1241 / 1923	1.7E / 1.9F / 1.8E / 2.2F
12 Tu	0308 / 0931 / 1525 / 2211	0001 / 0616 / 1216 / 1844	2.0E / 2.1F / 2.1E / 2.4F	27 W	0415 / 1028 / 1623 / 2305	0113 / 0738 / 1316 / 1958	1.6E / 1.8F / 1.8E / 2.2F
13 W	0357 / 1019 / 1612 / 2302	0048 / 0703 / 1304 / 1932	2.0E / 2.0F / 2.1E / 2.4F	28 Th	0453 / 1108 / 1700 / 2345	0147 / 0813 / 1352 / 2033	1.6E / 1.8F / 1.8E / 2.1F
14 Th	0448 / 1109 / 1703 / 2355	0138 / 0753 / 1354 / 2025	2.0E / 2.0F / 2.1E / 2.4F	29 F	0532 / 1149 / 1739	0223 / 0848 / 1430 / 2108	1.7E / 1.7F / 1.8E / 2.1F
15 F	0542 / 1205 / 1758	0232 / 0849 / 1448 / 2122	1.9E / 1.9F / 2.0E / 2.3F	30 Sa	0025 / 0612 / 1232 / 1820	0302 / 0925 / 1512 / 2146	1.7E / 1.7F / 1.7E / 2.1F
				31 Su	0108 / 0655 / 1318 / 1904	0344 / 1006 / 1556 / 2228	1.7E / 1.7F / 1.7E / 2.0F

Time meridian 75° W. 0000 is midnight. 1200 is noon.

The Race, Long Island Sound, 2000

F–Flood, Dir. 302° True   E–Ebb, Dir. 112° True

January

Day	Slack (h m)	Maximum (h m)	knots	Day	Slack (h m)	Maximum (h m)	knots
1 Sa	0117	0417	2.4F	16 Su	0015	0317	2.8F
	0734	1036	2.8E		0636	0950	3.2E
	1404	1658	2.1F		1311	1556	2.5F
	2005	2255	2.4E		1913	2214	2.8E
2 Su	0208	0507	2.4F	17 M	0117	0417	3.0F
	0823	1126	2.9E		0737	1049	3.5E
	1453	1748	2.2F		1412	1658	2.8F
	2055	2344	2.4E		2016	2313	3.0E
3 M	0255	0552	2.4F	18 Tu	0217	0516	3.2F
	0908	1211	3.0E		0836	1147	3.8E
	1538	1830	2.3F		1510	1757	3.0F
	2141				2115		
4 Tu		0029	2.5E	19 W		0011	3.3E
	0338	0633	2.5F		0315	0614	3.4F
	0949	1253	3.1E		0932	1242	4.0E
	1620	1908	2.4F		1604	1853	3.3F
	2223				2210		
5 W	0419	0111	2.6E	20 Th	0411	0105	3.5E
	0419	0711	2.6F		0411	0709	3.6F
	1029	1334	3.2E		1026	1334	4.2E
	1659	1944	2.5F		O 1655	1945	3.5F
	2302				2302		
6 Th		0151	2.6E	21 F		0158	3.7E
	0458	0748	2.6F		0505	0801	3.7F
	1106	1412	3.2E		1118	1425	4.3E
	● 1736	2019	2.5F		1745	2036	3.6F
	2340				2353		
7 F		0231	2.7E	22 Sa		0249	3.7E
	0535	0826	2.7F		0557	0852	3.7F
	1142	1451	3.2E		1208	1515	4.2E
	1812	2056	2.6F		1834	2125	3.6F
8 Sa	0017	0310	2.7F	23 Su	0043	0339	3.7E
	0613	0905	2.7F		0649	0942	3.5F
	1218	1530	3.2E		1258	1603	4.0E
	1847	2134	2.6F		1922	2213	3.5F
9 Su	0053	0350	2.7E	24 M	0133	0430	3.6E
	0651	0945	2.6F		0742	1032	3.3F
	1254	1609	3.1E		1348	1652	3.7E
	1923	2213	2.6F		2010	2301	3.3F
10 M	0130	0431	2.7E	25 Tu	0223	0520	3.4E
	0732	1027	2.6F		0835	1123	2.9F
	1333	1651	3.0E		1440	1742	3.3E
	2001	2255	2.6F		2059	2350	3.0F
11 Tu	0210	0515	2.6E	26 W	0314	0612	3.1E
	0816	1112	2.5F		0931	1215	2.6F
	1415	1735	2.9E		1533	1833	2.9E
	2042	2340	2.6F		2149		
12 W	0253	0603	2.7E	27 Th		0041	2.7F
	0906	1201	2.4F		0407	0706	2.8E
	1503	1823	2.8E		1028	1309	2.2F
	2128				1630	1927	2.6E
					2243		
13 Th		0028	2.6F	28 F		0134	2.4F
	0342	0655	2.7E		0502	0801	2.6E
	1002	1254	2.3F		1129	1408	2.0F
	1558	1916	2.7E		O 1729	2023	2.3E
	2219				2339		
14 F		0121	2.6F	29 Sa		0230	2.2F
	0436	0750	2.8E		0558	0859	2.5E
	1103	1352	2.3F		1230	1511	1.8F
	☾ 1701	2013	2.6E		1830	2121	2.2E
	2315						
15 Sa		0217	2.7F	30 Su		0036	2.1F
	0535	0850	2.9E		0329	2.5E	
	1207	1453	2.4F		0654	0956	2.5E
	1807	2113	2.6E		1328	1614	1.8F
					1929	2218	2.1E
				31 M	0132	0426	2.1F
					0748	1051	2.6E
					1422	1712	1.9F
					2024	2312	2.2E

February

Day	Slack (h m)	Maximum (h m)	knots	Day	Slack (h m)	Maximum (h m)	knots
1 Tu	0224	0519	2.2F	16 W	0204	0501	3.0F
	0838	1141	2.7E		0822	1130	3.6E
	1510	1800	2.1F		1455	1743	2.9F
	2113				2101	2356	3.2E
2 W		0001	2.3E	17 Th	0305	0602	3.2F
	0311	0605	2.3F		0920	1227	3.8E
	0923	1227	2.9E		1549	1840	3.2F
	1554	1842	2.3F		2156		
	2157						
3 Th		0046	2.5E	18 F		0052	3.5E
	0355	0647	2.5F		0401	0658	3.4F
	1005	1319	3.1E		1014	1319	4.0E
	1634	1920	2.4F		1640	1932	3.4F
	2237				2247		
4 F		0128	2.6E	19 Sa		0143	3.7E
	0436	0726	2.6F		0454	0749	3.6F
	1044	1349	3.2E		1105	1409	4.1E
	1711	1956	2.6F		O 1727	2020	3.6F
	2315				2336		
5 Sa		0208	2.8E	20 Su		0232	3.8E
	0514	0805	2.7F		0544	0838	3.6F
	1121	1427	3.3E		1153	1455	4.0E
	● 1746	2032	2.8F		1813	2105	3.6F
	2351						
6 Su		0247	2.9E	21 M	0022	0319	3.8E
	0552	0843	2.8F		0632	0924	3.5F
	1157	1506	3.3E		1239	1541	3.9E
	1821	2109	2.9F		1857	2148	3.4F
7 M	0026	0326	3.0E	22 Tu	0107	0405	3.7E
	0630	0922	2.9F		0720	1009	3.2F
	1233	1544	3.3E		1325	1626	3.6E
	1855	2147	2.9F		1940	2231	3.2F
8 Tu	0102	0406	3.1E	23 W	0151	0451	3.4E
	0710	1004	2.9F		0807	1054	2.9F
	1311	1625	3.2E		1411	1711	3.2E
	1932	2228	3.0F		2024	2315	2.9F
9 W	0140	0448	3.1E	24 Th	0237	0538	3.1E
	0753	1047	2.8F		0856	1140	2.6F
	1353	1708	3.1E		1459	1758	2.8E
	2012	2311	2.9F		2110		
10 Th	0222	0534	3.1E	25 F		0000	2.6F
	0841	1135	2.7F		0324	0626	2.8E
	1439	1755	3.0E		0948	1229	2.2F
	2056	2359	2.9F		1550	1848	2.5E
					2159		
11 F	0309	0625	3.0E	26 Sa		0049	2.3F
	0935	1227	2.6F		0415	0719	2.6E
	1533	1847	2.8E		1045	1322	1.9F
	2147				☽ 1646	1942	2.3E
					2254		
12 Sa		0051	2.8F	27 Su		0142	2.0F
	0404	0721	3.0E		0511	0815	2.4E
	1035	1325	2.4F		1145	1421	1.7F
	☽ 1635	1945	2.6E		1748	2039	2.0E
	2246				2353		
13 Su		0149	2.7F	28 M		0241	1.9F
	0506	0805	3.0E		0610	0914	2.3E
	1142	1427	2.4F		1246	1525	1.7F
	1743	2048	2.6E		1850	2139	1.9E
	2350						
14 M		0251	2.7F	29 Tu	0054	0342	1.9F
	0612	0926	3.1E		0709	1013	2.4E
	1250	1534	2.4F		1344	1628	1.8F
	1854	2153	2.7E		1948	2237	2.0E
15 Tu	0058	0357	2.8F				
	0719	1030	3.3E				
	1355	1640	2.6F				
	2000	2256	2.9E				

March

Day	Slack (h m)	Maximum (h m)	knots	Day	Slack (h m)	Maximum (h m)	knots
1 W	0151	0441	2.0F	16 Th	0155	0451	2.8F
	0804	1107	2.5E		0810	1115	3.4E
	1436	1723	2.0F		1438	1731	2.9F
	2040	2330	2.2E		2047	2343	3.2E
2 Th	0242	0533	2.2F	17 F	0256	0553	3.1F
	0853	1156	2.8E		0908	1211	3.6E
	1521	1809	2.2F		1532	1827	3.1F
	2126				2141		
3 F		0017	2.5E	18 Sa		0037	3.5E
	0329	0619	2.4F		0351	0648	3.3F
	0937	1240	3.0E		1001	1303	3.8E
	1602	1849	2.5F		1620	1916	3.3F
	2207				2229		
4 Sa		0100	2.8E	19 Su		0127	3.7E
	0411	0700	2.7F		0441	0736	3.4F
	1018	1321	3.2E		1050	1350	3.8E
	1640	1926	2.7F		O 1706	2000	3.4F
	2245				2314		
5 Su		0141	3.0E	20 M		0213	3.8E
	0450	0740	2.9F		0528	0821	3.4F
	1056	1400	3.3E		1135	1434	3.7E
	● 1715	2003	2.9F		1748	2041	3.4F
	2321				2357		
6 M		0220	3.2E	21 Tu		0256	3.8E
	0529	0819	3.0F		0613	0902	3.3F
	1134	1439	3.4E		1218	1516	3.6E
	1750	2041	3.1F		1829	2120	3.3F
	2356						
7 Tu		0300	3.4E	22 W	0038	0339	3.6E
	0608	0859	3.1F		0656	0943	3.1F
	1212	1518	3.5E		1301	1558	3.3E
	1826	2120	3.2F		1909	2200	3.1F
8 W	0033	0340	3.5E	23 Th	0118	0421	3.4E
	0648	0941	3.2F		0738	1024	2.8F
	1251	1559	3.4E		1343	1640	3.0E
	1903	2201	3.3F		1949	2240	2.8F
9 Th	0112	0423	3.5E	24 F	0159	0504	3.1E
	0732	1025	3.1F		0822	1106	2.5F
	1334	1643	3.3E		1426	1724	2.7E
	1945	2245	3.2F		2032	2322	2.5F
10 F	0155	0510	3.4E	25 Sa	0242	0549	2.8E
	0820	1113	2.9F		0910	1152	2.2F
	1421	1731	3.1E		1513	1811	2.4E
	2031	2334	3.1F		2118		
11 Sa	0244	0601	3.3E	26 Su		0009	2.2F
	0914	1205	2.8F		0329	0639	2.6E
	1516	1825	2.9E		1002	1241	2.0F
	2125				1606	1903	2.1E
					2211		
12 Su		0027	2.9F	27 M		0100	2.0F
	0340	0658	3.2E		0423	0733	2.3E
	1015	1304	2.5F		1100	1337	1.8F
	1619	1924	2.7E		☽ 1706	2000	1.9E
	2226				2311		
13 M		0127	2.7F	28 Tu		0157	1.8F
	0445	0801	3.1E		0524	0832	2.2E
	1122	1408	2.4F		1201	1438	1.7F
	☽ 1729	2030	2.6E		1808	2100	1.9E
	2336						
14 Tu		0233	2.6F	29 W	0014	0259	1.8F
	0556	0907	3.0E		0626	0932	2.3E
	1232	1517	2.4F		1300	1540	1.8F
	1840	2137	2.6E		1908	2200	2.0E
15 W	0048	0342	2.7F	30 Th	0115	0400	1.9F
	0706	1013	3.2E		0725	1028	2.4E
	1338	1627	2.6F		1354	1638	2.0F
	1947	2243	2.9E		2002	2254	2.3E
				31 F	0209	0456	2.1F
					0817	1119	2.6E
					1441	1727	2.2F
					2048	2343	2.6E

Time meridian 75° W. 0000 is midnight. 1200 is noon.

The Race, Long Island Sound, 2000

F—Flood, Dir. 302° True   E—Ebb, Dir. 112° True

April

Day	Slack h m	Maximum h m	knots
1 Sa	0258	0545	2.4F
	0904	1206	2.9E
	1523	1811	2.6F
	2130		
2 Su	0341	0028	2.9E
	0947	0630	2.7F
	1603	1249	3.1E
	2209	1852	2.9F
3 M	0423	0110	3.2E
	1028	0712	3.0F
	1640	1330	3.3E
	2247	1931	3.1F
4 Tu ●	0503	0151	3.5E
	1108	0753	3.2F
	1717	1411	3.5E
	2325	2011	3.3F
5 W	0544	0233	3.7E
	1149	0835	3.3F
	1756	1452	3.5E
		2053	3.5F
6 Th	0004	0315	3.9E
	0627	0919	3.4F
	1232	1536	3.5E
	1837	2136	3.5F
7 F	0047	0400	3.9E
	0713	1005	3.3F
	1317	1622	3.4E
	1922	2223	3.4F
8 Sa	0133	0449	3.7E
	0803	1055	3.1F
	1408	1712	3.2E
	2013	2314	3.2F
9 Su	0225	0542	3.5E
	0858	1148	2.9F
	1504	1808	2.9E
	2110		
10 M	0324	0009	2.9F
	0959	0640	3.3E
	1608	1248	2.7F
	2215	1909	2.8E
11 Tu ☾	0431	0111	2.7F
	1106	0743	3.1E
	1718	1353	2.5F
	2327	2016	2.7E
12 W	0542	0219	2.6F
	1215	0850	3.0E
	1827	1503	2.5F
		2124	2.7E
13 Th	0039	0331	2.6F
	0652	0956	3.1E
	1319	1613	2.6F
	1932	2229	2.9E
14 F	0146	0441	2.7F
	0756	1057	3.2E
	1417	1715	2.9F
	2029	2328	3.2E
15 Sa	0245	0542	2.9F
	0853	1153	3.3E
	1510	1809	3.1F
	2121		
16 Su	0338	0020	3.4E
	0944	0634	3.0F
	1557	1242	3.4E
	2207	1855	3.2F
17 M	0426	0107	3.6E
	1032	0720	3.1F
	1641	1328	3.5E
	2250	1936	3.2F
18 Tu ○	0510	0151	3.7E
	1115	0801	3.1F
	1722	1410	3.4E
	2330	2014	3.2F
19 W	0551	0232	3.6E
	1156	0840	3.0F
	1801	1450	3.2E
		2051	3.1F
20 Th	0009	0312	3.5E
	0631	0917	2.9F
	1236	1530	3.0E
	1839	2129	2.9F
21 F	0046	0351	3.3E
	0711	0956	2.7F
	1316	1611	2.8E
	1917	2207	2.7F
22 Sa	0124	0432	3.1E
	0752	1036	2.5F
	1357	1653	2.5E
	1957	2249	2.4F
23 Su	0204	0516	2.8E
	0836	1119	2.3F
	1441	1739	2.3E
	2042	2334	2.2F
24 M	0249	0603	2.6E
	0924	1207	2.0F
	1531	1829	2.1E
	2133		
25 Tu	0340	0024	2.0F
	1017	0655	2.4E
	1626	1300	1.9F
	2231	1924	2.0E
26 W	0438	0119	1.8F
	1114	0751	2.3E
	1726	1356	1.8F
	2334	2022	2.0E
27 Th	0539	0218	1.8F
	1212	0849	2.3E
	1824	1455	1.9F
		2120	2.1E
28 F	0035	0318	1.9F
	0640	0946	2.4E
	1305	1551	2.1F
	1918	2215	2.4E
29 Sa	0132	0415	2.1F
	0735	1038	2.6E
	1354	1643	2.4F
	2006	2306	2.7E
30 Su	0222	0508	2.4F
	0826	1127	2.8E
	1439	1730	2.7F
	2050	2353	3.1E

May

Day	Slack h m	Maximum h m	knots
1 M	0309	0556	2.7F
	0913	1213	3.1E
	1522	1815	3.0F
	2132		
2 Tu	0354	0038	3.5E
	0958	0642	3.0F
	1604	1258	3.3E
	2213	1859	3.3F
3 W ●	0437	0122	3.8E
	1042	0727	3.3F
	1646	1342	3.5E
	2256	1943	3.5F
4 Th	0522	0207	4.0E
	1127	0812	3.4F
	1729	1427	3.5E
	2340	2028	3.6F
5 F	0608	0252	4.1E
	1214	0859	3.5F
	1815	1514	3.5E
		2115	3.6F
6 Sa	0026	0340	4.1E
	0657	0947	3.4F
	1303	1604	3.4E
	1905	2204	3.5F
7 Su	0116	0431	4.0E
	0748	1039	3.3F
	1356	1657	3.3E
	1959	2257	3.3F
8 M	0211	0525	3.7E
	0844	1134	3.1F
	1455	1754	3.1E
	2059	2355	3.0F
9 Tu	0312	0624	3.5E
	0945	1234	2.9F
	1558	1856	2.9E
	2206		
10 W ☾	0417	0058	2.7F
	1049	0726	3.2E
	1704	1338	2.7F
	2317	2001	2.8E
11 Th	0526	0206	2.6F
	1153	0831	3.1E
	1810	1446	2.7F
		2107	2.9E
12 F	0026	0317	2.5F
	0634	0935	3.2E
	1255	1553	2.7F
	1911	2210	3.0E
13 Sa	0131	0425	2.6F
	0736	1035	3.0E
	1352	1653	2.8F
	2007	2307	3.2E
14 Su	0228	0526	2.7F
	0833	1129	3.1E
	1444	1745	2.9F
	2057	2358	3.3E
15 M	0320	0617	2.8F
	0924	1218	3.1E
	1531	1830	3.0F
	2143		
16 Tu	0407	0044	3.4E
	1011	0701	2.8F
	1614	1303	3.1E
	2225	1910	3.0F
17 W	0449	0127	3.5E
	1054	0740	2.8F
	1655	1345	3.0E
	2304	1947	2.9F
18 Th ○	0530	0207	3.4E
	1134	0817	2.8F
	1733	1425	2.9E
	2341	2024	2.8F
19 F	0608	0246	3.4E
	1213	0853	2.7F
	1811	1504	2.8E
		2100	2.7F
20 Sa	0017	0325	3.2E
	0647	0930	2.6F
	1252	1544	2.6E
	1848	2139	2.6F
21 Su	0054	0405	3.1E
	0726	1009	2.4F
	1331	1626	2.5E
	1928	2220	2.4F
22 M	0133	0447	2.9E
	0807	1052	2.3F
	1414	1710	2.3E
	2012	2304	2.2F
23 Tu	0215	0532	2.7E
	0850	1137	2.2F
	1459	1758	2.1E
	2100	2352	2.1F
24 W	0302	0621	2.5E
	0938	1226	2.1F
	1550	1850	2.1E
	2154		
25 Th	0355	0044	1.9F
	1029	0713	2.4E
	1643	1318	2.0F
	2253	1944	2.1E
26 F ☽	0453	0140	1.9F
	1122	0808	2.4E
	1738	1412	2.1F
	2353	2040	2.3E
27 Sa	0553	0237	2.0F
	1215	0903	2.4E
	1831	1506	2.3F
		2135	2.5E
28 Su	0051	0334	2.1F
	0651	0956	2.6E
	1306	1559	2.6F
	1921	2228	2.8E
29 M	0145	0429	2.4F
	0746	1048	2.8E
	1355	1650	2.8F
	2009	2318	3.2E
30 Tu	0236	0522	2.7F
	0838	1139	3.0E
	1443	1740	3.1F
	2056		
31 W	0325	0007	3.6E
	0929	0612	3.0F
	1530	1228	3.2E
	2143	1828	3.4F

June

Day	Slack h m	Maximum h m	knots
1 Th	0413	0055	3.9E
	1018	0702	3.3F
	1618	1316	3.4E
	2231	1917	3.6F
2 F ●	0502	0143	4.1E
	1107	0751	3.5F
	1706	1405	3.5E
	2319	2006	3.7F
3 Sa	0551	0232	4.3E
	1157	0841	3.5F
	1757	1455	3.6E
		2056	3.7F
4 Su	0010	0323	4.2E
	0641	0931	3.5F
	1249	1547	3.5E
	1850	2148	3.6F
5 M	0103	0415	4.1E
	0734	1024	3.4F
	1344	1642	3.4E
	1947	2243	3.4F
6 Tu	0158	0509	3.9E
	0829	1119	3.2F
	1441	1739	3.3E
	2048	2340	3.1F
7 W	0257	0606	3.6E
	0926	1217	3.0F
	1542	1839	3.1E
	2153		
8 Th ☾	0400	0042	2.8F
	1026	0706	3.3E
	1644	1319	2.9F
	2300	1941	3.0E
9 F	0505	0147	2.6F
	1127	0807	3.1E
	1746	1422	2.8F
		2044	3.0E
10 Sa	0006	0255	2.4F
	0610	0908	2.9E
	1226	1525	2.7F
	1845	2145	3.0E
11 Su	0109	0402	2.4F
	0711	1007	2.8E
	1322	1624	2.7F
	1940	2241	3.1E
12 M	0206	0502	2.4F
	0808	1102	2.8E
	1415	1717	2.7F
	2030	2333	3.2E
13 Tu	0258	0555	2.5F
	0900	1152	2.7E
	1503	1803	2.7F
	2116		
14 W	0345	0019	3.2E
	0948	0639	2.5F
	1548	1238	2.7E
	2159	1844	2.7F
15 Th	0428	0102	3.2E
	1031	0718	2.5F
	1629	1320	2.7E
	2239	1922	2.7F
16 F ○	0508	0143	3.2E
	1112	0755	2.5F
	1708	1400	2.7E
	2316	1959	2.6F
17 Sa	0546	0222	3.2E
	1151	0830	2.5F
	1746	1440	2.6E
	2353	2036	2.6F
18 Su	0624	0301	3.2E
	1229	0907	2.5F
	1824	1520	2.6E
		2114	2.5F
19 M	0030	0340	3.1E
	0701	0945	2.5F
	1307	1601	2.5E
	1903	2155	2.4F
20 Tu	0107	0421	3.0E
	0739	1026	2.4F
	1347	1644	2.4E
	1945	2237	2.3F
21 W	0147	0504	2.8E
	0819	1108	2.4F
	1428	1729	2.4E
	2030	2323	2.2F
22 Th	0230	0549	2.7E
	0901	1153	2.3F
	1513	1816	2.3E
	2120		
23 F	0317	0011	2.1F
	0946	0637	2.6E
	1601	1241	2.3F
	2214	1907	2.4E
24 Sa ☽	0410	0104	2.1F
	1035	0728	2.5E
	1652	1332	2.3F
	2312	2001	2.5E
25 Su	0508	0159	2.1F
	1127	0822	2.5E
	1745	1425	2.4F
		2056	2.7E
26 M	0011	0256	2.2F
	0609	0917	2.5E
	1220	1520	2.6F
	1839	2151	2.9E
27 Tu	0110	0354	2.4F
	0709	1013	2.7E
	1315	1615	2.8F
	1933	2246	3.3E
28 W	0206	0451	2.7F
	0807	1107	2.9E
	1409	1709	3.1F
	2026	2339	3.6E
29 Th	0300	0546	2.9F
	0903	1201	3.1E
	1503	1803	3.4F
	2119		
30 F	0352	0032	3.9E
	0957	0640	3.2F
	1556	1254	3.4E
	2211	1855	3.6F

Time meridian 75° W. 0000 is midnight. 1200 is noon.

The Race, Long Island Sound, 2000

F–Flood, Dir. 302° True   E–Ebb, Dir. 112° True

July

Day	Slack (h m)	Maximum (h m)	knots	Day	Slack (h m)	Maximum (h m)	knots
1 Sa ●	0444 / 1049 / 1649 / 2303	0123 / 0732 / 1346 / 1948	4.2E / 3.4F / 3.6E / 3.7F	16 Su ○	0523 / 1128 / 1724 / 2331	0159 / 0808 / 1417 / 2014	3.1E / 2.5F / 2.6E / 2.6F
2 Su	0534 / 1142 / 1743 / 2356	0215 / 0824 / 1439 / 2040	4.3E / 3.6F / 3.7E / 3.7F	17 M	0600 / 1205 / 1802	0238 / 0844 / 1457 / 2052	3.2E / 2.5F / 2.6E / 2.6F
3 M	0625 / 1234 / 1837	0306 / 0916 / 1531 / 2133	4.3E / 3.6F / 3.7E / 3.6F	18 Tu	0007 / 0635 / 1241 / 1840	0316 / 0920 / 1536 / 2131	3.1E / 2.6F / 2.7E / 2.6F
4 Tu	0049 / 0717 / 1328 / 1934	0358 / 1008 / 1625 / 2227	4.2E / 3.5F / 3.6E / 3.4F	19 W	0043 / 0711 / 1318 / 1920	0355 / 0959 / 1617 / 2212	3.1E / 2.6F / 2.6E / 2.5F
5 W	0143 / 0809 / 1422 / 2032	0451 / 1101 / 1720 / 2322	3.9E / 3.4F / 3.5E / 3.2F	20 Th	0121 / 0747 / 1355 / 2002	0435 / 1039 / 1659 / 2255	3.0E / 2.6F / 2.6E / 2.4F
6 Th	0239 / 0903 / 1519 / 2133	0545 / 1155 / 1816	3.6E / 3.2F / 3.3E	21 F	0200 / 0826 / 1436 / 2048	0517 / 1121 / 1744 / 2341	2.9E / 2.6F / 2.6E / 2.4F
7 F	0338 / 0958 / 1616 / 2235	0020 / 0640 / 1251 / 1914	2.8F / 3.3E / 3.0F / 3.1E	22 Sa	0245 / 0907 / 1520 / 2139	0603 / 1207 / 1832	2.7E / 2.6F / 2.6E
8 Sa ◐	0438 / 1055 / 1715 / 2339	0120 / 0738 / 1350 / 2014	2.5F / 3.0E / 2.7F / 3.0E	23 Su	0335 / 0954 / 1609 / 2235	0031 / 0652 / 1256 / 1925	2.3F / 2.6E / 2.5F / 2.7E
9 Su	0540 / 1153 / 1813	0224 / 0837 / 1450 / 2113	2.3F / 2.7E / 2.6F / 2.9E	24 M ◐	0431 / 1046 / 1705 / 2336	0125 / 0746 / 1349 / 2021	2.2F / 2.5E / 2.6F / 2.8E
10 M	0041 / 0642 / 1250 / 1908	0330 / 0935 / 1549 / 2210	2.2F / 2.5E / 2.5F / 2.9E	25 Tu	0534 / 1144 / 1804	0223 / 0843 / 1446 / 2119	2.3F / 2.5E / 2.6F / 3.0E
11 Tu	0139 / 0740 / 1344 / 2001	0432 / 1031 / 1645 / 2304	2.2F / 2.5E / 2.4F / 2.9E	26 W	0039 / 0639 / 1244 / 1904	0324 / 0943 / 1546 / 2219	2.4F / 2.6E / 2.8F / 3.3E
12 W	0232 / 0834 / 1435 / 2049	0528 / 1124 / 1734 / 2353	2.2F / 2.4E / 2.4F / 3.0E	27 Th	0141 / 0743 / 1345 / 2004	0425 / 1043 / 1645 / 2316	2.6F / 2.8E / 3.0F / 3.6E
13 Th	0320 / 0923 / 1522 / 2134	0615 / 1211 / 1818	2.3E / 2.5F / 2.5E	28 F	0239 / 0843 / 1444 / 2101	0525 / 1140 / 1743	2.9E / 3.1F / 3.3E
14 F	0405 / 1008 / 1605 / 2215	0037 / 0656 / 1255 / 1858	3.0E / 2.3F / 2.5E / 2.5F	29 Sa	0334 / 0939 / 1541 / 2157	0012 / 0622 / 1236 / 1839	3.9E / 3.2F / 3.4E / 3.5F
15 Sa	0445 / 1049 / 1645 / 2254	0119 / 0733 / 1337 / 1936	3.1E / 2.4F / 2.6E / 2.6F	30 Su ●	0427 / 1033 / 1636 / 2250	0106 / 0716 / 1330 / 1933	4.1E / 3.4F / 3.6E / 3.7F
				31 M	0517 / 1125 / 1730 / 2342	0158 / 0808 / 1422 / 2026	4.3E / 3.6F / 3.8E / 3.7F

August

Day	Slack (h m)	Maximum (h m)	knots	Day	Slack (h m)	Maximum (h m)	knots
1 Tu	0607 / 1216 / 1823	0248 / 0858 / 1514 / 2117	4.3E / 3.7F / 3.8E / 3.7F	16 W	0606 / 1211 / 1816	0250 / 0853 / 1510 / 2106	3.2E / 2.8F / 2.9E / 2.8F
2 W	0033 / 0656 / 1306 / 1916	0338 / 0948 / 1605 / 2208	4.2E / 3.6F / 3.8E / 3.5F	17 Th	0019 / 0639 / 1246 / 1854	0328 / 0930 / 1549 / 2146	3.2E / 2.8F / 3.0E / 2.8F
3 Th	0124 / 0745 / 1357 / 2011	0428 / 1037 / 1656 / 2300	3.9E / 3.5F / 3.6E / 3.2F	18 F	0056 / 0714 / 1321 / 1934	0407 / 1008 / 1629 / 2228	3.1E / 2.8F / 3.0E / 2.7F
4 F	0216 / 0834 / 1449 / 2106	0519 / 1127 / 1748 / 2352	3.6E / 3.2F / 3.4E / 2.8F	19 Sa	0134 / 0751 / 1400 / 2019	0448 / 1050 / 1713 / 2313	3.0E / 2.8F / 3.0E / 2.6F
5 Sa	0310 / 0926 / 1543 / 2204	0611 / 1218 / 1842	3.2E / 2.9F / 3.1E	20 Su ◐	0217 / 0833 / 1444 / 2109	0532 / 1135 / 1800	2.9E / 2.8F / 2.9E
6 Su ◐	0407 / 1020 / 1638 / 2305	0048 / 0705 / 1312 / 1939	2.5F / 2.8E / 2.6F / 2.9E	21 M	0307 / 0920 / 1534 / 2206	0002 / 0621 / 1224 / 1853	2.5F / 2.7E / 2.7F / 2.9E
7 M	0507 / 1117 / 1736	0147 / 0802 / 1409 / 2037	2.2F / 2.5E / 2.3F / 2.7E	22 Tu ○	0404 / 1015 / 1633 / 2309	0056 / 0716 / 1319 / 1952	2.4F / 2.6E / 2.6F / 2.9E
8 Tu	0007 / 0609 / 1215 / 1833	0250 / 0900 / 1509 / 2136	2.0F / 2.3E / 2.2F / 2.6E	23 W	0509 / 1117 / 1737	0156 / 0817 / 1420 / 2054	2.3F / 2.5E / 2.6F / 3.0E
9 W	0106 / 0709 / 1313 / 1929	0355 / 0958 / 1609 / 2232	1.9F / 2.2E / 2.1F / 2.6E	24 Th	0015 / 0619 / 1224 / 1844	0300 / 0921 / 1523 / 2157	2.4F / 2.6E / 2.7F / 3.2E
10 Th	0202 / 0805 / 1407 / 2020	0456 / 1052 / 1704 / 2324	2.0F / 2.2E / 2.2F / 2.7E	25 F	0121 / 0726 / 1330 / 1948	0406 / 1024 / 1628 / 2258	2.5F / 2.8E / 2.9F / 3.4E
11 F	0252 / 0855 / 1456 / 2108	0547 / 1144 / 1752	2.1F / 2.3E / 2.3F	26 Sa	0222 / 0828 / 1432 / 2048	0509 / 1125 / 1729 / 2356	2.8F / 3.1E / 3.2F / 3.7E
12 Sa	0338 / 0941 / 1541 / 2151	0011 / 0630 / 1230 / 1834	2.9E / 2.2F / 2.5E / 2.4F	27 Su	0317 / 0924 / 1530 / 2144	0607 / 1221 / 1827	3.1E / 3.4F / 3.4E
13 Su	0418 / 1022 / 1623 / 2230	0054 / 0707 / 1312 / 1913	3.0E / 2.4F / 2.6E / 2.5F	28 M	0409 / 1017 / 1625 / 2236	0050 / 0701 / 1315 / 1920	4.0E / 3.4F / 3.7E / 3.6F
14 M	0456 / 1101 / 1701 / 2308	0134 / 0742 / 1352 / 1951	3.1E / 2.5F / 2.8E / 2.7F	29 Tu ●	0458 / 1107 / 1717 / 2326	0141 / 0750 / 1405 / 2011	4.1E / 3.6F / 3.9E / 3.7F
15 Tu ○	0532 / 1137 / 1739 / 2344	0212 / 0817 / 1431 / 2028	3.2E / 2.7F / 2.9E / 2.7F	30 W	0545 / 1155 / 1807	0229 / 0838 / 1454 / 2059	4.1E / 3.7F / 4.0E / 3.6F
				31 Th	0015 / 0631 / 1241 / 1856	0316 / 0924 / 1541 / 2146	4.0E / 3.6F / 3.9E / 3.4F

September

Day	Slack (h m)	Maximum (h m)	knots	Day	Slack (h m)	Maximum (h m)	knots
1 F	0103 / 0717 / 1328 / 1945	0403 / 1009 / 1629 / 2233	3.7E / 3.4F / 3.7E / 3.1F	16 Sa	0031 / 0642 / 1249 / 1910	0338 / 0939 / 1601 / 2203	3.2E / 3.1F / 3.4E / 3.0F
2 Sa	0151 / 0803 / 1415 / 2036	0450 / 1054 / 1717 / 2321	3.4E / 3.1F / 3.4E / 2.8F	17 Su	0111 / 0721 / 1329 / 1955	0420 / 1021 / 1645 / 2248	3.1E / 3.0F / 3.3E / 2.8F
3 Su	0241 / 0851 / 1505 / 2130	0539 / 1142 / 1807	3.0E / 2.8F / 3.0E	18 M	0156 / 0804 / 1415 / 2045	0506 / 1107 / 1734 / 2338	2.9E / 2.9F / 3.2E / 2.7F
4 M	0333 / 0942 / 1557 / 2227	0012 / 0630 / 1232 / 1901	2.4F / 2.6E / 2.4F / 2.7E	19 Tu	0246 / 0855 / 1508 / 2143	0557 / 1158 / 1828	2.8E / 2.8F / 3.1E
5 Tu ◐	0431 / 1038 / 1654 / 2328	0106 / 0725 / 1327 / 1958	2.1F / 2.3E / 2.1F / 2.5E	20 W ○	0346 / 0953 / 1610 / 2248	0034 / 0654 / 1256 / 1929	2.5F / 2.6E / 2.6F / 3.0E
6 W	0532 / 1138 / 1754	0206 / 0823 / 1426 / 2057	1.8F / 2.1E / 1.9F / 2.4E	21 Th	0454 / 1101 / 1719 / 2356	0136 / 0758 / 1400 / 2034	2.4F / 2.5E / 2.6F / 3.0E
7 Th	0029 / 0634 / 1240 / 1854	0312 / 0924 / 1529 / 2156	1.8F / 2.0E / 1.9F / 2.4E	22 F	0605 / 1212 / 1830	0242 / 0904 / 1508 / 2140	2.4F / 2.6E / 2.6F / 3.1E
8 F	0127 / 0732 / 1337 / 1949	0416 / 1022 / 1629 / 2251	1.8F / 2.1E / 2.0F / 2.5E	23 Sa	0103 / 0713 / 1321 / 1936	0350 / 1010 / 1615 / 2242	2.6F / 2.8E / 2.8F / 3.3E
9 Sa	0219 / 0824 / 1429 / 2038	0511 / 1114 / 1722 / 2340	2.0F / 2.3E / 2.2F / 2.7E	24 Su	0204 / 0814 / 1424 / 2036	0455 / 1111 / 1719 / 2340	2.8E / 3.2F / 3.0E / 3.6F
10 Su	0305 / 0910 / 1515 / 2123	0556 / 1202 / 1806	2.2F / 2.5E / 2.4F	25 M	0259 / 0909 / 1521 / 2131	0553 / 1207 / 1816	3.2F / 3.5E / 3.3F
11 M	0346 / 0951 / 1557 / 2203	0024 / 0635 / 1244 / 1846	2.9E / 2.4F / 2.7E / 2.6F	26 Tu	0350 / 0959 / 1613 / 2222	0033 / 0644 / 1258 / 1907	3.8E / 3.4F / 3.8E / 3.5F
12 Tu	0423 / 1029 / 1636 / 2242	0105 / 0711 / 1324 / 1925	3.1E / 2.7F / 3.0E / 2.8F	27 W ●	0437 / 1046 / 1702 / 2309	0122 / 0731 / 1346 / 1954	3.9E / 3.6F / 3.9E / 3.5F
13 W	0459 / 1104 / 1714 / 2318	0143 / 0746 / 1403 / 2002	3.2E / 2.8F / 3.1E / 2.9F	28 Th	0522 / 1131 / 1749 / 2355	0208 / 0815 / 1432 / 2039	3.9E / 3.6F / 4.0E / 3.5F
14 Th	0532 / 1138 / 1751 / 2354	0221 / 0822 / 1441 / 2041	3.3E / 3.0F / 3.3E / 3.0F	29 F	0605 / 1214 / 1834	0253 / 0857 / 1516 / 2122	3.7E / 3.5F / 3.8E / 3.3F
15 F	0606 / 1213 / 1829	0259 / 0900 / 1520 / 2120	3.3E / 3.1F / 3.4E / 3.0F	30 Sa	0040 / 0647 / 1257 / 1919	0337 / 0939 / 1600 / 2205	3.5E / 3.2F / 3.6E / 3.0F

Time meridian 75° W. 0000 is midnight. 1200 is noon.

The Race, Long Island Sound, 2000

F–Flood, Dir. 302° True   E–Ebb, Dir. 112° True

October

Day	Slack (h m)	Maximum (h m)	knots	Day	Slack (h m)	Maximum (h m)	knots
1 Su	0124 / 0730 / 1340 / 2005	0421 / 1021 / 1645 / 2249	3.1E / 2.9F / 3.3F / 2.7F	16 M	0052 / 0655 / 1305 / 1935	0356 / 0956 / 1622 / 2227	3.2E / 3.2F / 3.6E / 3.0F
2 M	0210 / 0815 / 1425 / 2054	0506 / 1105 / 1732 / 2336	2.8F / 2.6F / 3.0E / 2.3F	17 Tu	0139 / 0743 / 1354 / 2027	0445 / 1045 / 1712 / 2319	3.1E / 3.1F / 3.5E / 2.9F
3 Tu	0300 / 0904 / 1515 / 2147	0555 / 1153 / 1822	2.4F / 2.3F / 2.6E	18 W	0233 / 0837 / 1450 / 2126	0538 / 1139 / 1809	2.9F / 2.9F / 3.3E
4 W	0354 / 0958 / 1610 / 2245	0027 / 0648 / 1245 / 1918	2.0F / 2.1E / 2.0F / 2.4E	19 Th	0334 / 0940 / 1554 / 2231	0016 / 0637 / 1238 / 1910	2.7F / 2.7E / 2.7F / 3.1E
5 Th ☽	0454 / 1059 / 1711 / 2346	0124 / 0746 / 1344 / 2017	1.8F / 2.0E / 1.8F / 2.3E	20 F ☉	0442 / 1051 / 1705 / 2339	0119 / 0742 / 1344 / 2016	2.5F / 2.6E / 2.5F / 3.0E
6 F	0556 / 1203 / 1813	0226 / 0846 / 1446 / 2116	1.7F / 1.9E / 1.8F / 2.3E	21 Sa	0552 / 1204 / 1816	0227 / 0850 / 1455 / 2122	2.5F / 2.7E / 2.5F / 3.1E
7 Sa	0045 / 0655 / 1303 / 1911	0329 / 0946 / 1549 / 2213	1.8F / 2.0E / 1.9F / 2.4E	22 Su	0044 / 0658 / 1312 / 1922	0335 / 0956 / 1604 / 2225	2.7F / 2.9E / 2.7F / 3.2E
8 Su	0138 / 0747 / 1357 / 2003	0426 / 1040 / 1644 / 2304	2.0F / 2.3E / 2.1F / 2.6E	23 M	0144 / 0757 / 1414 / 2022	0440 / 1056 / 1708 / 2322	2.9F / 3.2E / 2.9F / 3.4E
9 M	0225 / 0834 / 1445 / 2050	0514 / 1128 / 1732 / 2349	2.2F / 2.6E / 2.3F / 2.8E	24 Tu	0239 / 0851 / 1509 / 2116	0536 / 1151 / 1804	3.1E / 3.5E / 3.1F
10 Tu	0307 / 0915 / 1528 / 2132	0556 / 1212 / 1815	2.5F / 2.9E / 2.6F	25 W	0328 / 0940 / 1559 / 2205	0014 / 0626 / 1241 / 1853	3.5E / 3.3F / 3.8E / 3.2F
11 W	0346 / 0953 / 1608 / 2212	0032 / 0635 / 1253 / 1855	3.0E / 2.8F / 3.2E / 2.8F	26 Th	0414 / 1025 / 1646 / 2252	0102 / 0710 / 1326 / 1938	3.6E / 3.4F / 3.9E / 3.3F
12 Th	0422 / 1029 / 1646 / 2250	0112 / 0713 / 1333 / 1935	3.2E / 3.0F / 3.4E / 3.0F	27 F ●	0457 / 1107 / 1730 / 2335	0146 / 0752 / 1410 / 2019	3.5E / 3.4F / 3.8E / 3.2F
13 F ○	0458 / 1105 / 1725 / 2329	0151 / 0751 / 1412 / 2015	3.3E / 3.2F / 3.6E / 3.2F	28 Sa	0539 / 1148 / 1812	0229 / 0831 / 1451 / 2059	3.4E / 3.2F / 3.7E / 3.0F
14 Sa	0534 / 1142 / 1805	0231 / 0830 / 1453 / 2056	3.4E / 3.3F / 3.7E / 3.2F	29 Su	0018 / 0619 / 1228 / 1854	0311 / 0910 / 1533 / 2139	3.2E / 3.0F / 3.5E / 2.8F
15 Su	0009 / 0613 / 1221 / 1848	0312 / 0912 / 1536 / 2140	3.3E / 3.3F / 3.7E / 3.2F	30 M	0059 / 0700 / 1308 / 1936	0353 / 0950 / 1615 / 2220	2.9F / 2.8F / 3.2E / 2.6F
				31 Tu	0142 / 0742 / 1349 / 2021	0436 / 1032 / 1659 / 2304	2.6E / 2.5F / 2.9E / 2.3F

November

Day	Slack (h m)	Maximum (h m)	knots	Day	Slack (h m)	Maximum (h m)	knots
1 W	0228 / 0828 / 1435 / 2109	0522 / 1118 / 1747 / 2352	2.3E / 2.2F / 2.6E / 2.1F	16 Th	0222 / 0825 / 1436 / 2110	0523 / 1123 / 1752	3.1E / 3.0F / 3.5E
2 Th	0318 / 0920 / 1526 / 2203	0613 / 1208 / 1839	2.1E / 2.0F / 2.4E	17 F	0323 / 0930 / 1540 / 2213	0001 / 0623 / 1223 / 1853	2.9F / 2.9E / 2.8F / 3.3E
3 F	0414 / 1019 / 1624 / 2259	0044 / 0708 / 1303 / 1935	1.9F / 2.0E / 1.8F / 2.3E	18 Sa ○	0428 / 1040 / 1649 / 2317	0103 / 0727 / 1329 / 1957	2.8E / 2.8F / 2.6F / 3.1E
4 Sa ○	0513 / 1122 / 1726 / 2357	0141 / 0807 / 1403 / 2033	1.8F / 2.0E / 1.7F / 2.2E	19 Su	0535 / 1151 / 1758	0209 / 0833 / 1439 / 2101	2.7F / 2.9E / 2.5F / 3.0E
5 Su	0611 / 1223 / 1826	0240 / 0905 / 1504 / 2129	1.9F / 2.1E / 1.8F / 2.3E	20 M	0021 / 0638 / 1258 / 1904	0316 / 0937 / 1549 / 2203	2.8F / 3.0E / 2.6F / 3.1E
6 M	0050 / 0704 / 1319 / 1921	0336 / 1000 / 1601 / 2222	2.0F / 2.3E / 2.0F / 2.5E	21 Tu	0120 / 0737 / 1359 / 2004	0419 / 1037 / 1654 / 2301	2.9F / 3.2E / 2.7F / 3.1E
7 Tu	0139 / 0751 / 1409 / 2011	0427 / 1050 / 1653 / 2310	2.3F / 2.6E / 2.3F / 2.7E	22 W	0215 / 0830 / 1454 / 2058	0516 / 1132 / 1750 / 2353	3.0E / 3.4E / 2.9F / 3.2E
8 W	0223 / 0835 / 1455 / 2057	0514 / 1137 / 1740 / 2356	2.6F / 3.0E / 2.5F / 2.9E	23 Th	0305 / 0918 / 1543 / 2148	0605 / 1221 / 1838	3.1F / 3.6E / 2.9F
9 Th	0305 / 0915 / 1538 / 2141	0557 / 1220 / 1824	2.9F / 3.3E / 2.8F	24 F	0351 / 1003 / 1629 / 2233	0041 / 0649 / 1306 / 1921	3.2E / 3.1F / 3.6E / 2.9F
10 F	0345 / 0955 / 1619 / 2223	0039 / 0639 / 1303 / 1907	3.1E / 3.1F / 3.6E / 3.1F	25 Sa ●	0434 / 1045 / 1711 / 2316	0125 / 0729 / 1348 / 2000	3.1E / 3.1F / 3.6E / 2.9F
11 Sa ○	0424 / 1034 / 1701 / 2305	0122 / 0721 / 1345 / 1950	3.3E / 3.3F / 3.8E / 3.3F	26 Su	0515 / 1124 / 1752 / 2357	0207 / 0807 / 1429 / 2038	3.0E / 3.0F / 3.5E / 2.8F
12 Su	0506 / 1116 / 1745 / 2349	0205 / 0804 / 1429 / 2035	3.4E / 3.4F / 4.0E / 3.3F	27 M	0554 / 1202 / 1831	0247 / 0845 / 1509 / 2115	2.9F / 3.4E / 2.7F
13 M	0549 / 1159 / 1830	0250 / 0849 / 1515 / 2121	3.4E / 3.5F / 4.0E / 3.3F	28 Tu	0037 / 0634 / 1240 / 1911	0328 / 0923 / 1549 / 2154	2.7E / 2.7F / 3.2E / 2.5F
14 Tu	0036 / 0636 / 1247 / 1919	0337 / 0936 / 1603 / 2211	3.3E / 3.4F / 3.9E / 3.2F	29 W	0117 / 0714 / 1319 / 1952	0410 / 1004 / 1631 / 2236	2.5E / 2.5F / 3.0E / 2.4F
15 W	0126 / 0728 / 1339 / 2012	0427 / 1027 / 1655 / 2303	3.2E / 3.2F / 3.7E / 3.1F	30 Th	0159 / 0757 / 1401 / 2035	0454 / 1047 / 1715 / 2320	2.4E / 2.4F / 2.7E / 2.2F

December

Day	Slack (h m)	Maximum (h m)	knots	Day	Slack (h m)	Maximum (h m)	knots
1 F	0244 / 0845 / 1447 / 2121	0541 / 1134 / 1803	2.2E / 2.1F / 2.5E	16 Sa	0307 / 0917 / 1524 / 2151	0606 / 1207 / 1832	3.2E / 2.9F / 3.4E
2 Sa	0334 / 0938 / 1538 / 2211	0008 / 0632 / 1226 / 1854	2.1F / 2.1E / 1.9F / 2.4E	17 Su ○	0408 / 1023 / 1629 / 2252	0043 / 0707 / 1310 / 1933	3.0F / 3.1E / 2.7F / 3.2E
3 Su	0427 / 1037 / 1635 / 2304	0059 / 0726 / 1321 / 1948	2.0F / 2.1E / 1.8F / 2.3E	18 M	0511 / 1132 / 1736 / 2353	0145 / 0810 / 1418 / 2036	2.9F / 3.0E / 2.5F / 3.0E
4 M	0521 / 1137 / 1735 / 2356	0153 / 0822 / 1418 / 2043	2.0F / 2.2E / 1.8F / 2.3E	19 Tu	0613 / 1238 / 1841	0249 / 0913 / 1527 / 2137	2.8F / 3.1E / 2.4F / 2.8E
5 Tu	0614 / 1235 / 1834	0247 / 0917 / 1515 / 2137	2.1F / 2.4E / 2.0F / 2.4E	20 W	0053 / 0712 / 1339 / 1942	0353 / 1014 / 1633 / 2236	2.7F / 3.1E / 2.5F / 2.8E
6 W	0048 / 0704 / 1329 / 1929	0340 / 1009 / 1611 / 2229	2.3F / 2.7E / 2.2F / 2.6E	21 Th	0149 / 0806 / 1435 / 2038	0451 / 1109 / 1732 / 2330	2.8F / 3.2E / 2.5F / 2.8E
7 Th	0137 / 0752 / 1420 / 2020	0431 / 1059 / 1703 / 2319	2.6F / 3.0E / 2.5F / 2.8E	22 F	0241 / 0856 / 1525 / 2129	0543 / 1200 / 1822	2.8F / 3.3E / 2.6F
8 F	0223 / 0838 / 1507 / 2109	0520 / 1147 / 1752	2.9F / 3.4E / 2.8F	23 Sa	0329 / 0941 / 1611 / 2215	0019 / 0628 / 1245 / 1905	2.8E / 2.8F / 3.3E / 2.6F
9 Sa	0309 / 0923 / 1553 / 2157	0007 / 0607 / 1234 / 1840	3.0E / 3.1F / 3.7E / 3.1F	24 Su	0413 / 1024 / 1653 / 2257	0104 / 0709 / 1328 / 1943	2.8E / 2.8F / 3.4E / 2.6F
10 Su	0355 / 1008 / 1640 / 2244	0054 / 0654 / 1321 / 1928	3.2E / 3.4F / 4.0E / 3.3F	25 M ●	0454 / 1103 / 1733 / 2337	0146 / 0747 / 1408 / 2019	2.8E / 2.7F / 3.3E / 2.6F
11 M ○	0442 / 1055 / 1726 / 2332	0142 / 0742 / 1408 / 2016	3.4E / 3.6F / 4.1E / 3.4F	26 Tu	0533 / 1141 / 1810	0226 / 0824 / 1447 / 2055	2.7E / 2.7F / 3.3E / 2.6F
12 Tu	0531 / 1143 / 1815	0230 / 0830 / 1457 / 2105	3.5E / 3.6F / 4.2E / 3.5F	27 W	0016 / 0612 / 1218 / 1847	0306 / 0901 / 1526 / 2131	2.7E / 2.6F / 3.2E / 2.5F
13 W	0021 / 0621 / 1233 / 1905	0320 / 0920 / 1547 / 2155	3.5E / 3.6F / 4.1E / 3.5F	28 Th	0054 / 0650 / 1255 / 1925	0346 / 0940 / 1605 / 2210	2.6E / 2.5F / 3.0E / 2.5F
14 Th	0113 / 0716 / 1327 / 1957	0412 / 1013 / 1639 / 2248	3.5E / 3.5F / 4.0E / 3.3F	29 F	0132 / 0731 / 1333 / 2003	0427 / 1021 / 1646 / 2251	2.5E / 2.4F / 2.9E / 2.4F
15 F	0208 / 0814 / 1423 / 2052	0507 / 1108 / 1734 / 2344	3.3E / 3.2F / 3.7E / 3.2F	30 Sa	0212 / 0814 / 1413 / 2043	0510 / 1104 / 1730 / 2334	2.4E / 2.3F / 2.7E / 2.3F
				31 Su	0254 / 0901 / 1458 / 2126	0556 / 1151 / 1816	2.4E / 2.1F / 2.6E

Time meridian 75° W. 0000 is midnight. 1200 is noon.

Throgs Neck, Long Island Sound, New York, 2000

F–Flood, Dir. 015° True   E–Ebb, Dir. 193° True

January

Day	Slack h m	Maximum h m	knots	Day	Slack h m	Maximum h m	knots
1 Sa	0447 1117 1725 2350	0111 0736 1337 2005	0.9F 0.6E 0.9F 0.6E	16 Su	0328 0950 1614 2224	0108 0714 1335 1946	0.9F 0.7E 1.0F 0.7E
2 Su	0539 1206 1813	0201 0827 1427 2055	0.9F 0.6E 0.9F 0.6E	17 M	0432 1053 1716 2329	0201 0810 1428 2041	0.9F 0.7E 1.0F 0.7E
3 M	0038 0626 1251 1857	0252 0916 1516 2142	0.9F 0.7E 0.9F 0.7E	18 Tu	0537 1156 1816	0253 0906 1520 2135	1.0F 0.8E 1.1F 0.8E
4 Tu	0122 0709 1332 1936	0341 1003 1605 2228	0.9F 0.7E 1.0F 0.7E	19 W	0031 0640 1256 1912	0345 1000 1611 2227	1.1F 0.8E 1.1F 0.8E
5 W	0201 0748 1405 2011	0429 1049 1653 2313	0.9F 0.7E 1.0F 0.7E	20 Th O	0129 0738 1353 2005	0437 1053 1702 2319	1.1F 0.9E 1.1F 0.9E
6 Th ●	0232 0823 1432 2041	0518 1134 1741 2357	0.9F 0.7E 1.0F 0.7E	21 F	0224 0834 1446 2056	0528 1144 1753	1.2F 0.9E 1.2F
7 F	0255 0857 1502 2111	0605 1218 1829	1.0F 0.7E 1.0F	22 Sa	0316 0927 1538 2145	0010 0619 1235 1843	0.9E 1.2F 0.9E 1.1F
8 Sa	0323 0932 1537 2144	0040 0653 1302 1916	0.7E 1.0F 0.7E 0.9F	23 Su	0406 1018 1629 2234	0100 0709 1326 1934	0.9E 1.2F 0.8E 1.1F
9 Su	0358 1010 1616 2222	0123 0741 1346 2004	0.7E 1.0F 0.7E 0.9F	24 M	0456 1110 1720 2323	0150 0800 1417 2024	0.9E 1.1F 0.8E 1.1F
10 M	0438 1052 1658 2304	0206 0829 1431 2053	0.7E 0.9F 0.6E 0.9F	25 Tu	0546 1202 1813	0240 0850 1508 2115	0.8E 1.1F 0.7E 1.0F
11 Tu	0520 1137 1743 2349	0251 0918 1518 2142	0.7E 0.9F 0.6E 0.9F	26 W	0013 0639 1256 1910	0331 0941 1600 2206	0.8E 1.0F 0.7E 0.9F
12 W	0607 1225 1831	0339 1008 1608 2232	0.6E 0.9F 0.6E 0.8F	27 Th	0106 0735 1353 2014	0423 1032 1652 2257	0.7E 0.9F 0.6E 0.9F
13 Th	0038 0657 1317 1924	0429 1059 1700 2324	0.6E 0.9F 0.6E 0.8F	28 F ○	0203 0838 1452 2120	0516 1124 1746 2349	0.6E 0.9F 0.6E 0.8F
14 F ◐	0131 0751 1413 2020	0522 1150 1754	0.6E 0.9F 0.6E	29 Sa	0303 0941 1552 2221	0610 1215 1840	0.6E 0.9F 0.6E
15 Sa	0227 0849 1512 2121	0016 0618 1243 1850	0.9F 0.7E 0.9F 0.6E	30 Su	0404 1041 1648 2317	0041 0703 1307 1933	0.8F 0.6E 0.9F 0.6E
				31 M	0502 1135 1740	0132 0756 1358 2024	0.8F 0.6E 0.9F 0.6E

February

Day	Slack h m	Maximum h m	knots	Day	Slack h m	Maximum h m	knots
1 Tu	0008 0555 1224 1827	0223 0847 1449 2114	0.8F 0.6E 0.9F 0.6E	16 W	0529 1150 1804	0229 0846 1456 2115	1.0F 0.7E 1.0F 0.8E
2 W	0054 0642 1307 1908	0314 0936 1538 2201	0.9F 0.6E 0.9F 0.7E	17 Th	0026 0634 1254 1902	0322 0941 1548 2208	1.1F 0.8E 1.1F 0.8E
3 Th	0134 0724 1345 1944	0403 1023 1627 2247	0.9F 0.7E 1.0F 0.7E	18 F	0125 0732 1350 1954	0414 1034 1639 2259	1.1F 0.8E 1.1F 0.9E
4 F	0206 0802 1414 2016	0451 1109 1715 2331	1.0F 0.7E 1.0F 0.7E	19 Sa O	0216 0824 1441 2043	0505 1125 1729 2349	1.1F 0.9E 1.1F 0.9E
5 Sa ●	0230 0837 1442 2046	0539 1153 1802	1.0F 0.7E 1.0F	20 Su	0304 0913 1528 2129	0555 1214 1819	1.2F 0.9E 1.1F
6 Su	0259 0911 1515 2120	0014 0627 1236 1850	0.7E 1.0F 0.7E 1.0F	21 M	0349 0959 1612 2213	0037 0644 1303 1908	0.9E 1.1F 0.8E 1.1F
7 M	0334 0948 1553 2157	0056 0714 1320 1937	0.7E 1.0F 0.7E 1.0F	22 Tu	0432 1045 1655 2256	0125 0734 1350 1957	0.9E 1.1F 0.8E 1.1F
8 Tu	0413 1028 1633 2239	0139 0802 1404 2025	0.7E 1.0F 0.7E 0.9F	23 W	0515 1129 1738 2339	0213 0823 1439 2047	0.8E 1.1F 0.7E 1.0F
9 W	0455 1111 1717 2323	0223 0850 1449 2114	0.7E 1.0F 0.7E 0.9F	24 Th	0558 1215 1822	0301 0912 1528 2137	0.8E 1.0F 0.7E 0.9F
10 Th	0540 1158 1804	0310 0940 1538 2204	0.7E 0.9F 0.6E 0.9F	25 F	0024 0644 1304 1912	0351 1003 1619 2228	0.7E 0.9F 0.6E 0.9F
11 F	0012 0630 1248 1856	0400 1031 1630 2256	0.7E 0.9F 0.6E 0.9F	26 Sa ◐	0112 0736 1359 2012	0442 1054 1711 2319	0.6E 0.9F 0.6E 0.8F
12 Sa ◐	0104 0724 1343 1953	0454 1123 1725 2349	0.7E 0.9F 0.6E 0.9F	27 Su	0208 0838 1500 2128	0536 1145 1805	0.6E 0.9F 0.5E
13 Su	0202 0823 1444 2055	0551 1216 1823	0.7E 0.9F 0.6E	28 M	0313 0954 1602 2235	0011 0630 1237 1859	0.8F 0.6E 0.8F 0.5E
14 M	0306 0928 1551 2204	0042 0650 1309 1922	0.9F 0.7E 1.0F 0.7E	29 Tu	0420 1058 1659 2331	0103 0724 1329 1952	0.8F 0.6E 0.8F 0.6E
15 Tu	0416 1038 1700 2318	0136 0749 1403 2019	0.9F 0.7E 1.0F 0.7E				

March

Day	Slack h m	Maximum h m	knots	Day	Slack h m	Maximum h m	knots
1 W	0520 1152 1750	0155 0817 1420 2043	0.8F 0.6E 0.9F 0.6E	16 Th	0525 1152 1753	0206 0828 1432 2055	1.0F 0.7E 1.0F 0.8E
2 Th	0018 0611 1239 1833	0246 0908 1510 2132	0.9F 0.6E 0.9F 0.6E	17 F	0021 0627 1251 1850	0259 0922 1524 2148	1.0F 0.8E 1.0F 0.8E
3 F	0059 0656 1317 1911	0335 0956 1600 2218	0.9F 0.7E 0.9F 0.7E	18 Sa	0115 0721 1343 1940	0350 1014 1615 2238	1.1F 0.8E 1.1F 0.8E
4 Sa	0130 0735 1348 1944	0424 1042 1648 2303	1.0F 0.7E 1.0F 0.7E	19 Su O	0203 0810 1430 2026	0441 1104 1705 2326	1.1F 0.8E 1.1F 0.9E
5 Su ●	0158 0811 1417 2018	0512 1126 1735 2346	1.0F 0.7E 1.0F 0.8E	20 M	0248 0855 1513 2109	0530 1151 1754	1.1F 0.8E 1.1F
6 M	0231 0846 1451 2053	0600 1209 1823	1.0F 0.7E 1.0F	21 Tu	0328 0937 1552 2148	0013 0618 1238 1842	0.8E 1.1F 0.8E 1.1F
7 Tu	0308 0923 1528 2132	0029 0647 1253 1910	0.8E 1.1F 0.8E 1.0F	22 W	0405 1017 1627 2226	0059 0707 1323 1930	0.8E 1.1F 0.8E 1.0F
8 W	0348 1003 1609 2215	0112 0735 1337 1958	0.8E 1.1F 0.7E 1.0F	23 Th	0441 1055 1702 2304	0144 0755 1409 2019	0.8E 1.0F 0.7E 1.0F
9 Th	0431 1046 1653 2300	0157 0823 1423 2047	0.8E 1.0F 0.7E 1.0F	24 F	0518 1135 1741 2344	0231 0844 1456 2108	0.7E 1.0F 0.7E 0.9F
10 F	0517 1133 1741 2350	0244 0913 1512 2138	0.7E 1.0F 0.7E 0.9F	25 Sa	0600 1217 1824	0319 0934 1545 2158	0.7E 0.9F 0.6E 0.9F
11 Sa	0607 1224 1833	0335 1004 1604 2230	0.7E 1.0F 0.7E 0.9F	26 Su	0030 0647 1304 1914	0409 1024 1637 2250	0.6E 0.9F 0.6E 0.9F
12 Su	0044 0702 1320 1932	0430 1057 1701 2323	0.7E 0.9F 0.6E 0.9F	27 M O	0122 0740 1359 2011	0502 1116 1730 2342	0.6E 0.9F 0.5E 0.8F
13 M	0144 0804 1423 2038	0529 1151 1801	0.7E 0.9F 0.6E	28 Tu	0223 0844 1501 2120	0557 1208 1825	0.5E 0.8F 0.5E
14 Tu	0254 0915 1535 2155	0017 0630 1245 1900	0.9F 0.7E 0.9F 0.6E	29 W	0333 1004 1604 2233	0034 0652 1300 1919	0.8F 0.5E 0.8F 0.5E
15 W	0412 1038 1649 2316	0112 0730 1339 1959	1.0F 0.7E 1.0F 0.7E	30 Th	0439 1111 1700 2327	0126 0746 1351 2010	0.8F 0.6E 0.8F 0.6E
				31 F	0534 1200 1748	0217 0837 1442 2100	0.9F 0.6E 0.9F 0.6E

Time meridian 75° W. 0000 is midnight. 1200 is noon.

Throgs Neck, Long Island Sound, New York, 2000

F—Flood, Dir. 015° True E—Ebb, Dir. 193° True

April

Day	Slack h m	Maximum h m	knots	Day	Slack h m	Maximum h m	knots
1 Sa	0009 / 0621 / 1238 / 1829	0307 / 0926 / 1531 / 2147	0.9F / 0.7E / 0.9F / 0.7E	16 Su	0058 / 0705 / 1328 / 1922	0325 / 0952 / 1550 / 2215	1.1F / 0.8E / 1.0F / 0.8E
2 Su	0045 / 0702 / 1311 / 1907	0356 / 1012 / 1620 / 2232	1.0F / 0.7E / 1.0F / 0.7E	17 M	0145 / 0751 / 1413 / 2006	0415 / 1040 / 1640 / 2302	1.1F / 0.8E / 1.0F / 0.8E
3 M	0121 / 0739 / 1346 / 1946	0444 / 1057 / 1708 / 2317	1.0F / 0.8E / 1.0F / 0.8E	18 Tu ○	0227 / 0833 / 1454 / 2046	0504 / 1127 / 1728 / 2347	1.1F / 0.8E / 1.0F / 0.8E
4 Tu ●	0200 / 0817 / 1423 / 2026	0532 / 1141 / 1755	1.1F / 0.8E / 1.0F	19 W	0305 / 0913 / 1530 / 2123	0552 / 1212 / 1816	1.1F / 0.8E / 1.0F
5 W	0240 / 0856 / 1503 / 2108	0001 / 0620 / 1225 / 1843	0.8E / 1.1F / 0.8E / 1.1F	20 Th	0337 / 0949 / 1600 / 2157	0032 / 0640 / 1256 / 1903	0.8E / 1.1F / 0.7E / 1.0F
6 Th	0323 / 0938 / 1546 / 2153	0045 / 0708 / 1311 / 1932	0.8E / 1.1F / 0.8E / 1.0F	21 F	0408 / 1023 / 1631 / 2232	0117 / 0728 / 1341 / 1952	0.7E / 1.0F / 0.7E / 1.0F
7 F	0408 / 1023 / 1632 / 2241	0132 / 0757 / 1358 / 2022	0.8E / 1.1F / 0.8E / 1.0F	22 Sa	0444 / 1058 / 1706 / 2312	0202 / 0816 / 1427 / 2040	0.7E / 1.0F / 0.7E / 0.9F
8 Sa	0456 / 1111 / 1722 / 2333	0221 / 0847 / 1449 / 2113	0.8E / 1.0F / 0.7E / 1.0F	23 Su	0524 / 1138 / 1748 / 2356	0249 / 0905 / 1514 / 2130	0.6E / 0.9F / 0.6E / 0.9F
9 Su	0548 / 1203 / 1817	0314 / 0939 / 1543 / 2206	0.7E / 1.0F / 0.7E / 1.0F	24 M	0609 / 1222 / 1834	0338 / 0955 / 1604 / 2221	0.6E / 1.0F / 0.6E / 0.8F
10 M	0030 / 0646 / 1302 / 1918	0411 / 1032 / 1640 / 2259	0.7E / 1.0F / 0.7E / 1.0F	25 Tu	0047 / 0700 / 1311 / 1926	0430 / 1047 / 1656 / 2313	0.5E / 1.0F / 0.6E / 0.8F
11 Tu ☽	0135 / 0752 / 1408 / 2029	0510 / 1126 / 1740 / 2354	0.7E / 0.9F / 0.7E / 1.0F	26 W	0143 / 0756 / 1405 / 2023	0524 / 1138 / 1750	0.5E / 0.8F / 0.5E
12 W	0251 / 0913 / 1524 / 2154	0611 / 1221 / 1840	0.7E / 0.9F / 0.7E	27 Th	0246 / 0859 / 1503 / 2122	0004 / 0619 / 1230 / 1843	0.8F / 0.5E / 0.8F / 0.6E
13 Th	0409 / 1038 / 1636 / 2307	0048 / 0710 / 1315 / 1938	1.0F / 0.7E / 1.0F / 0.7E	28 F	0350 / 1003 / 1600 / 2220	0056 / 0712 / 1321 / 1935	0.9F / 0.6E / 0.8F / 0.6E
14 F	0516 / 1143 / 1739	0142 / 0807 / 1408 / 2033	1.0F / 0.7E / 1.0F / 0.7E	29 Sa	0448 / 1101 / 1654 / 2312	0147 / 0804 / 1412 / 2025	0.9F / 0.6E / 0.9F / 0.6E
15 Sa	0006 / 0613 / 1238 / 1833	0234 / 0901 / 1500 / 2125	1.0F / 0.8E / 1.0F / 0.8E	30 Su	0538 / 1148 / 1743	0237 / 0853 / 1502 / 2114	1.0F / 0.7E / 0.9F / 0.7E

May

Day	Slack h m	Maximum h m	knots	Day	Slack h m	Maximum h m	knots
1 M	0000 / 0623 / 1230 / 1829	0327 / 0941 / 1551 / 2201	1.0F / 0.8E / 1.0F / 0.8E	16 Tu	0123 / 0729 / 1353 / 1943	0349 / 1016 / 1613 / 2236	1.0F / 0.8E / 1.0F / 0.8E
2 Tu	0044 / 0705 / 1312 / 1914	0416 / 1027 / 1640 / 2247	1.1F / 0.8E / 1.0F / 0.8E	17 W	0205 / 0811 / 1434 / 2022	0437 / 1101 / 1701 / 2321	1.0F / 0.8E / 1.0F / 0.7E
3 W ●	0129 / 0747 / 1355 / 1959	0504 / 1113 / 1728 / 2334	1.1F / 0.8E / 1.1F / 0.8E	18 Th ○	0241 / 0848 / 1509 / 2058	0525 / 1146 / 1749	1.0F / 0.7E / 1.0F
4 Th	0214 / 0830 / 1439 / 2046	0553 / 1159 / 1817	1.1F / 0.8E / 1.1F	19 F	0311 / 0922 / 1537 / 2131	0006 / 0613 / 1230 / 1837	0.7E / 1.0F / 0.7E / 1.0F
5 F	0300 / 0915 / 1526 / 2134	0021 / 0642 / 1247 / 1907	0.8E / 1.1F / 0.8E / 1.1F	20 Sa	0340 / 0954 / 1604 / 2206	0050 / 0701 / 1314 / 1925	0.7E / 1.0F / 0.7E / 0.9F
6 Sa	0348 / 1003 / 1615 / 2226	0110 / 0732 / 1336 / 1957	0.8E / 1.1F / 0.8E / 1.1F	21 Su	0414 / 1027 / 1638 / 2245	0135 / 0749 / 1359 / 2014	0.7E / 0.9F / 0.7E / 0.9F
7 Su	0439 / 1053 / 1708 / 2321	0201 / 0823 / 1428 / 2049	0.8E / 1.1F / 0.8E / 1.1F	22 M	0454 / 1105 / 1718 / 2329	0221 / 0838 / 1445 / 2103	0.6E / 0.9F / 0.6E / 0.9F
8 M	0534 / 1148 / 1805	0255 / 0915 / 1523 / 2142	0.8E / 1.0F / 0.8E / 1.0F	23 Tu	0538 / 1147 / 1802	0310 / 0927 / 1533 / 2153	0.6E / 0.9F / 0.6E / 0.9F
9 Tu	0022 / 0635 / 1248 / 1909	0352 / 1008 / 1620 / 2235	0.7E / 1.0F / 0.7E / 1.0F	24 W	0017 / 0626 / 1233 / 1850	0400 / 1018 / 1623 / 2244	0.6E / 1.0F / 0.6E / 0.8F
10 W ☽	0131 / 0746 / 1356 / 2024	0451 / 1102 / 1719 / 2329	0.7E / 1.0F / 0.7E / 1.0F	25 Th	0109 / 0718 / 1324 / 1942	0452 / 1109 / 1715 / 2335	0.5E / 0.8F / 0.6E / 0.9F
11 Th	0246 / 0911 / 1509 / 2143	0550 / 1156 / 1817	0.7E / 0.9F / 0.7E	26 F ☾	0205 / 0813 / 1417 / 2037	0545 / 1200 / 1807	0.5E / 0.8F / 0.6E
12 F	0356 / 1024 / 1617 / 2249	0023 / 0648 / 1250 / 1914	1.0F / 0.7E / 0.9F / 0.7E	27 Sa	0303 / 0910 / 1511 / 2132	0026 / 0638 / 1251 / 1859	0.9F / 0.5E / 0.8F / 0.6E
13 Sa	0458 / 1125 / 1718 / 2345	0116 / 0744 / 1342 / 2008	1.0F / 0.7E / 0.9F / 0.7E	28 Su	0400 / 1007 / 1607 / 2227	0117 / 0730 / 1342 / 1951	0.9F / 0.6E / 0.9F / 0.7E
14 Su	0554 / 1218 / 1811	0209 / 0837 / 1434 / 2100	1.0F / 0.7E / 1.0F / 0.7E	29 M	0454 / 1100 / 1701 / 2320	0208 / 0820 / 1432 / 2041	1.0F / 0.7E / 0.9F / 0.7E
15 M	0036 / 0644 / 1307 / 1900	0259 / 0928 / 1524 / 2149	1.0F / 0.8E / 1.0F / 0.8E	30 Tu	0544 / 1151 / 1753	0258 / 0909 / 1522 / 2130	1.0F / 0.7E / 0.9F / 0.8E
				31 W	0011 / 0632 / 1241 / 1845	0348 / 0958 / 1612 / 2219	1.1F / 0.8E / 1.0F / 0.8E

June

Day	Slack h m	Maximum h m	knots	Day	Slack h m	Maximum h m	knots
1 Th	0101 / 0720 / 1330 / 1936	0437 / 1046 / 1702 / 2309	1.1F / 0.8E / 1.1F / 0.8E	16 F ○	0219 / 0825 / 1448 / 2036	0459 / 1121 / 1723 / 2341	1.0F / 0.7E / 0.9F / 0.7E
2 F ●	0150 / 0807 / 1419 / 2027	0527 / 1135 / 1752 / 2358	1.1F / 0.8E / 1.1F / 0.9E	17 Sa	0249 / 0858 / 1516 / 2110	0547 / 1205 / 1811	1.0F / 0.7E / 0.9F
3 Sa	0240 / 0856 / 1509 / 2120	0617 / 1225 / 1843	1.1F / 0.9E / 1.1F	18 Su	0317 / 0928 / 1540 / 2144	0025 / 0634 / 1249 / 1859	0.7E / 1.0F / 0.7E / 0.9F
4 Su	0332 / 0946 / 1601 / 2214	0049 / 0708 / 1316 / 1934	0.8E / 1.1F / 0.9E / 1.1F	19 M	0350 / 1000 / 1612 / 2222	0110 / 0722 / 1333 / 1947	0.7E / 0.9F / 0.7E / 0.9F
5 M	0425 / 1038 / 1656 / 2312	0142 / 0759 / 1408 / 2026	0.8E / 1.1F / 0.8E / 1.1F	20 Tu	0428 / 1036 / 1650 / 2303	0155 / 0811 / 1417 / 2036	0.6E / 0.9F / 0.7E / 0.9F
6 Tu	0522 / 1134 / 1755	0236 / 0851 / 1503 / 2118	0.8E / 1.1F / 0.8E / 1.1F	21 W	0510 / 1116 / 1732 / 2348	0242 / 0900 / 1503 / 2125	0.6E / 0.9F / 0.6E / 0.9F
7 W	0014 / 0624 / 1234 / 1859	0332 / 0944 / 1559 / 2211	0.8E / 1.0F / 0.8E / 1.0F	22 Th	0555 / 1200 / 1818	0330 / 0949 / 1551 / 2215	0.6E / 0.8F / 0.6E / 0.9F
8 Th ☾	0121 / 0737 / 1339 / 2011	0429 / 1037 / 1655 / 2304	0.7E / 1.0F / 0.7E / 0.9F	23 F	0037 / 0643 / 1248 / 1907	0419 / 1039 / 1640 / 2305	0.6E / 0.8F / 0.6E / 0.9F
9 F	0229 / 0854 / 1447 / 2121	0526 / 1130 / 1752 / 2357	0.7E / 0.9F / 0.7E / 0.9F	24 Sa ☽	0128 / 0734 / 1339 / 1959	0510 / 1130 / 1732 / 2356	0.6E / 0.8F / 0.6E / 0.9F
10 Sa	0334 / 1001 / 1552 / 2224	0623 / 1223 / 1848	0.7E / 0.9F / 0.7E	25 Su	0222 / 0828 / 1432 / 2053	0603 / 1221 / 1824	0.6E / 0.8F / 0.6E
11 Su	0434 / 1100 / 1652 / 2320	0050 / 0718 / 1315 / 1942	1.0F / 0.7E / 0.9F / 0.7E	26 M	0317 / 0924 / 1528 / 2150	0048 / 0655 / 1312 / 1917	0.9F / 0.6E / 0.9F / 0.7E
12 M	0529 / 1154 / 1746	0142 / 0811 / 1407 / 2033	1.0F / 0.7E / 0.9F / 0.7E	27 Tu	0414 / 1021 / 1626 / 2246	0139 / 0748 / 1404 / 2010	1.0F / 0.6E / 0.9F / 0.7E
13 Tu	0012 / 0620 / 1244 / 1835	0232 / 0901 / 1457 / 2123	1.0F / 0.7E / 0.9F / 0.7E	28 W	0509 / 1118 / 1724 / 2342	0230 / 0840 / 1455 / 2102	1.0F / 0.7E / 1.0F / 0.8E
14 W	0059 / 0705 / 1330 / 1919	0322 / 0949 / 1546 / 2210	1.0F / 0.7E / 0.9F / 0.7E	29 Th	0604 / 1214 / 1821	0321 / 0931 / 1546 / 2154	1.1F / 0.8E / 1.0F / 0.8E
15 Th	0142 / 0747 / 1412 / 1959	0411 / 1036 / 1635 / 2256	1.0F / 0.7E / 0.9F / 0.7E	30 F	0037 / 0656 / 1309 / 1918	0411 / 1022 / 1637 / 2246	1.1F / 0.8E / 1.1F / 0.8E

Time meridian 75° W. 0000 is midnight. 1200 is noon.

Throgs Neck, Long Island Sound, New York, 2000

F–Flood, Dir. 015° True   E–Ebb, Dir. 193° True

July

Day	Slack h m	Maximum h m	knots	Day	Slack h m	Maximum h m	knots
1 Sa ●	0131 0748 1403 2013	0502 1113 1728 2338	1.1F 0.9E 1.1F 0.9E	16 Su ○	0231 0834 1454 2050	0521 1139 1745	1.0F 0.7E 1.0F
2 Su	0225 0839 1456 2109	0553 1204 1819	1.1F 0.9E 1.1F	17 M	0258 0903 1517 2123	0001 0608 1223 1833	0.7E 1.0F 0.7E 1.0F
3 M	0319 0931 1549 2204	0030 0644 1256 1910	0.9E 1.1F 0.9E 1.2F	18 Tu	0328 0933 1547 2159	0045 0656 1306 1920	0.7E 0.9F 0.7E 1.0F
4 Tu	0413 1024 1644 2301	0122 0735 1348 2001	0.9E 1.1F 0.9E 1.1F	19 W	0403 1008 1623 2238	0129 0744 1349 2008	0.7E 0.9F 0.7E 0.9F
5 W	0510 1118 1741 2359	0215 0826 1441 2053	0.8E 1.1F 0.8E 1.1F	20 Th	0442 1047 1703 2320	0213 0832 1433 2057	0.6E 0.9F 0.7E 0.9F
6 Th	0610 1215 1841	0309 0918 1534 2145	0.8E 1.0F 0.8E 1.1F	21 F	0525 1130 1747	0259 0921 1519 2146	0.6E 0.9F 0.6E 0.9F
7 F	0100 0715 1315 1946	0404 1010 1629 2238	0.7E 1.0F 0.8E 1.0F	22 Sa	0005 0611 1216 1835	0347 1010 1607 2236	0.6E 0.8F 0.6E 0.9F
8 Sa ◐	0202 0825 1418 2052	0459 1103 1724 2330	0.7E 0.9F 0.7E 1.0F	23 Su	0054 0700 1306 1926	0437 1101 1658 2327	0.6E 0.8F 0.6E 0.9F
9 Su	0305 0931 1521 2155	0554 1155 1819	0.7E 0.9F 0.7E	24 M ○	0146 0753 1400 2020	0529 1152 1752	0.6E 0.8F 0.6E
10 M	0405 1031 1621 2252	0022 0649 1247 1913	0.9F 0.6E 0.9F 0.7E	25 Tu	0242 0850 1457 2119	0019 0623 1244 1847	0.9F 0.6E 0.9F 0.7E
11 Tu	0501 1127 1717 2345	0114 0742 1339 2005	0.9F 0.6E 0.9F 0.6E	26 W	0341 0950 1559 2219	0111 0719 1336 1943	0.9F 0.6E 0.9F 0.7E
12 W	0553 1218 1808	0205 0833 1430 2055	0.9F 0.6E 0.9F 0.7E	27 Th	0441 1053 1702 2321	0203 0813 1429 2039	1.0F 0.7E 1.0F 0.7E
13 Th	0034 0640 1305 1854	0255 0922 1519 2144	0.9F 0.7E 0.9F 0.7E	28 F	0541 1155 1806	0255 0908 1521 2133	1.0F 0.8E 1.0F 0.8E
14 F	0119 0722 1348 1936	0344 1010 1609 2230	0.9F 0.7E 0.9F 0.7E	29 Sa	0022 0639 1255 1906	0347 1001 1613 2226	1.1F 0.8E 1.1F 0.8E
15 Sa	0158 0800 1425 2015	0433 1055 1657 2316	1.0F 0.7E 0.9F 0.7E	30 Su ●	0120 0733 1351 2003	0438 1053 1704 2319	1.1F 0.9E 1.1F 0.9E
				31 M	0215 0826 1444 2058	0529 1144 1755	1.2F 0.9E 1.2F

August

Day	Slack h m	Maximum h m	knots	Day	Slack h m	Maximum h m	knots
1 Tu	0308 0917 1536 2151	0010 0620 1235 1846	0.9E 1.2F 0.9E 1.2F	16 W	0304 0906 1519 2133	0018 0629 1238 1853	0.7E 1.0F 0.7E 1.0F
2 W	0400 1007 1628 2243	0101 0710 1325 1936	0.9E 1.1F 0.9E 1.2F	17 Th	0337 0940 1555 2210	0101 0716 1320 1941	0.7E 1.0F 0.7E 1.0F
3 Th	0453 1058 1719 2336	0152 0801 1416 2027	0.8E 1.1F 0.9E 1.1F	18 F	0415 1019 1635 2251	0145 0804 1404 2029	0.7E 0.9F 0.7E 1.0F
4 F	0546 1149 1813	0244 0852 1508 2118	0.8E 1.0F 0.8E 1.1F	19 Sa	0456 1102 1718 2335	0229 0852 1449 2118	0.7E 0.9F 0.7E 0.9F
5 Sa	0030 0644 1243 1911	0336 0943 1600 2210	0.7E 1.0F 0.7E 1.0F	20 Su	0541 1148 1805	0316 0942 1537 2208	0.6E 0.9F 0.7E 0.9F
6 Su	0128 0747 1341 2015	0429 1035 1654 2301	0.7E 0.9F 0.7E 0.9F	21 M	0023 0630 1239 1857	0406 1033 1628 2259	0.6E 0.9F 0.6E 0.9F
7 M	0228 0855 1443 2120	0523 1127 1748 2353	0.6E 0.9F 0.6E 0.9F	22 Tu ◐	0115 0724 1334 1953	0459 1125 1724 2352	0.6E 0.9F 0.6E 0.9F
8 Tu	0329 0958 1545 2221	0618 1219 1842	0.6E 0.9F 0.6E	23 W	0212 0823 1434 2054	0556 1218 1822	0.6E 0.9F 0.6E
9 W	0428 1056 1645 2317	0045 0711 1310 1935	0.9F 0.6E 0.8F 0.6E	24 Th	0314 0927 1540 2200	0045 0653 1311 1921	0.9F 0.6E 0.9F 0.7E
10 Th	0522 1149 1739	0136 0804 1402 2027	0.9F 0.6E 0.8F 0.6E	25 F	0421 1036 1651 2309	0138 0751 1404 2018	1.0F 0.7E 1.0F 0.7E
11 F	0008 0611 1237 1828	0227 0854 1452 2117	0.9F 0.6E 0.9F 0.6E	26 Sa	0526 1145 1758	0231 0846 1457 2114	1.0F 0.8E 1.0F 0.8E
12 Sa	0054 0654 1320 1912	0317 0942 1542 2205	0.9F 0.7E 0.9F 0.7E	27 Su	0016 0626 1247 1859	0323 0940 1549 2207	1.1F 0.8E 1.1F 0.8E
13 Su	0136 0733 1357 1952	0406 1028 1630 2251	0.9F 0.7E 0.9F 0.7E	28 M	0115 0721 1342 1953	0414 1032 1640 2259	1.1F 0.9E 1.2F 0.9E
14 M	0210 0806 1425 2027	0454 1113 1718 2335	1.0F 0.7E 1.0F 0.7E	29 Tu ●	0208 0812 1432 2044	0505 1123 1731 2349	1.1F 0.9E 1.2F 0.9E
15 Tu ○	0236 0836 1448 2100	0542 1156 1806	1.0F 0.7E 1.0F	30 W	0258 0900 1520 2133	0555 1212 1821	1.1F 0.9E 1.2F
				31 Th	0345 0947 1606 2220	0038 0645 1301 1910	0.9E 1.1F 0.9E 1.1F

September

Day	Slack h m	Maximum h m	knots	Day	Slack h m	Maximum h m	knots
1 F	0431 1033 1652 2307	0127 0735 1350 2000	0.8E 1.1F 0.8E 1.1F	16 Sa	0348 0953 1608 2223	0116 0736 1335 2001	0.7E 1.0F 0.7E 1.0F
2 Sa	0517 1120 1739 2356	0216 0825 1439 2050	0.8E 1.0F 0.8E 1.0F	17 Su	0430 1036 1652 2307	0200 0825 1421 2050	0.7E 1.0F 0.7E 1.0F
3 Su	0605 1208 1829	0306 0915 1530 2141	0.7E 1.0F 0.7E 1.0F	18 M	0515 1124 1740 2356	0247 0915 1510 2141	0.7E 0.9F 0.7E 0.9F
4 M	0047 0659 1300 1925	0358 1006 1622 2232	0.7E 0.9F 0.6E 0.9F	19 Tu	0605 1216 1833	0338 1006 1604 2233	0.6E 0.9F 0.7E 0.9F
5 Tu	0144 0805 1359 2034	0451 1057 1716 2324	0.6E 0.9F 0.6E 0.9F	20 W ◐	0049 0701 1314 1931	0434 1059 1701 2326	0.6E 0.9F 0.6E 0.9F
6 W	0246 0917 1505 2145	0545 1150 1811	0.6E 0.8F 0.6E	21 Th	0148 0803 1418 2037	0532 1153 1801	0.6E 0.9F 0.6E
7 Th	0348 1021 1610 2246	0016 0639 1242 1905	0.6E 0.6F 0.8F 0.6E	22 F	0255 0912 1532 2152	0020 0631 1247 1901	0.9F 0.7E 0.9F 0.7E
8 F	0445 1116 1708 2339	0108 0733 1333 1958	0.8E 0.6F 0.6E 0.6E	23 Sa	0407 1029 1647 2310	0114 0730 1340 1959	1.0F 0.7E 1.0F 0.7E
9 Sa	0536 1204 1759	0159 0824 1424 2049	0.9F 0.6E 0.9F 0.6E	24 Su	0515 1140 1752	0207 0826 1433 2055	1.0F 0.8E 1.0F 0.8E
10 Su	0027 0621 1247 1844	0249 0913 1514 2137	0.9F 0.7E 0.9F 0.7E	25 M	0015 0615 1239 1849	0259 0920 1525 2148	1.0F 0.8E 1.1F 0.8E
11 M	0108 0659 1322 1924	0339 0959 1603 2223	0.9F 0.7E 1.0F 0.7E	26 Tu	0110 0708 1330 1940	0351 1011 1616 2238	1.1F 0.9E 1.1F 0.9E
12 Tu	0142 0733 1348 1958	0427 1044 1651 2307	1.0F 0.7E 1.0F 0.7E	27 W ●	0159 0757 1417 2027	0441 1101 1706 2327	1.1F 0.9E 1.2F 0.9E
13 W ○	0207 0804 1416 2031	0514 1127 1738 2350	1.0F 0.7E 1.0F 0.7E	28 Th	0244 0842 1501 2112	0530 1149 1755	1.1F 0.9E 1.2F
14 Th	0236 0836 1449 2105	0602 1209 1826	1.0F 0.8E 1.0F	29 F	0327 0925 1543 2155	0014 0619 1236 1844	0.9E 1.1F 0.9E 1.1F
15 F	0310 0913 1527 2142	0033 0649 1252 1913	0.7E 1.0F 0.8E 1.0F	30 Sa	0407 1007 1623 2236	0101 0708 1323 1933	0.8E 1.1F 0.8E 1.1F

Time meridian 75° W. 0000 is midnight. 1200 is noon.

Throgs Neck, Long Island Sound, New York, 2000

F–Flood, Dir. 015° True   E–Ebb, Dir. 193° True

October

Day	Slack h m	Maximum h m	knots	Day	Slack h m	Maximum h m	knots
1 Su	0446 / 1048 / 1703 / 2319	0148 / 0757 / 1410 / 2022	0.8E / 1.0F / 0.7E / 1.0F	16 M	0407 / 1015 / 1629 / 2243	0134 / 0759 / 1356 / 2024	0.8E / 1.0F / 0.8E / 1.0F
2 M	0528 / 1131 / 1747	0236 / 0847 / 1459 / 2112	0.7E / 0.9F / 0.7E / 0.9F	17 Tu	0454 / 1105 / 1719 / 2333	0223 / 0849 / 1447 / 2115	0.7E / 1.0F / 0.7E / 1.0F
3 Tu	0004 / 0613 / 1219 / 1835	0326 / 0937 / 1550 / 2203	0.6E / 0.9F / 0.6E / 0.9F	18 W	0547 / 1159 / 1814	0315 / 0941 / 1543 / 2207	0.7E / 1.0F / 0.7E / 0.9F
4 W	0053 / 0705 / 1314 / 1933	0418 / 1029 / 1644 / 2255	0.6E / 0.8F / 0.6E / 0.8F	19 Th	0028 / 0644 / 1300 / 1916	0411 / 1034 / 1641 / 2301	0.7E / 0.9F / 0.7E / 0.9F
5 Th ☽	0150 / 0810 / 1419 / 2050	0512 / 1120 / 1738 / 2347	0.5E / 0.8F / 0.5E / 0.8F	20 F ☉	0130 / 0749 / 1411 / 2027	0510 / 1128 / 1742 / 2355	0.7E / 0.9F / 0.7E / 0.9F
6 F	0254 / 0929 / 1529 / 2207	0606 / 1213 / 1834	0.5E / 0.8F / 0.5E	21 Sa	0240 / 0904 / 1529 / 2153	0610 / 1223 / 1842	0.7E / 1.0F / 0.7E
7 Sa	0357 / 1031 / 1631 / 2304	0039 / 0700 / 1305 / 1927	0.8F / 0.6E / 0.8F / 0.6E	22 Su	0355 / 1025 / 1641 / 2307	0049 / 0709 / 1317 / 1939	0.9F / 0.7E / 1.0F / 0.7E
8 Su	0451 / 1121 / 1724 / 2352	0130 / 0752 / 1356 / 2019	0.8F / 0.6E / 0.9F / 0.6E	23 M	0502 / 1131 / 1741	0143 / 0805 / 1409 / 2034	1.0F / 0.8E / 1.0F / 0.8E
9 M	0538 / 1203 / 1810	0221 / 0841 / 1446 / 2107	0.9F / 0.6E / 0.9F / 0.7E	24 Tu	0006 / 0600 / 1226 / 1835	0235 / 0858 / 1501 / 2126	1.0F / 0.8E / 1.1F / 0.8E
10 Tu	0033 / 0618 / 1236 / 1849	0310 / 0928 / 1535 / 2153	0.9F / 0.7E / 1.0F / 0.7E	25 W	0058 / 0652 / 1315 / 1924	0326 / 0949 / 1552 / 2216	1.1F / 0.8E / 1.1F / 0.8E
11 W	0104 / 0654 / 1308 / 1925	0359 / 1013 / 1623 / 2238	1.0F / 0.7E / 1.0F / 0.7E	26 Th	0146 / 0739 / 1401 / 2009	0416 / 1038 / 1641 / 2304	1.1F / 0.8E / 1.1F / 0.8E
12 Th	0133 / 0729 / 1342 / 2000	0446 / 1057 / 1710 / 2321	1.0F / 0.8E / 1.1F / 0.8E	27 F ●	0229 / 0823 / 1442 / 2051	0505 / 1125 / 1730 / 2350	1.1F / 0.8E / 1.1F / 0.8E
13 F ○	0205 / 0806 / 1420 / 2036	0534 / 1140 / 1758	1.0F / 0.8E / 1.1F	28 Sa	0309 / 0903 / 1519 / 2130	0554 / 1211 / 1818	1.1F / 0.8E / 1.1F
14 Sa	0242 / 0846 / 1500 / 2115	0005 / 0621 / 1224 / 1846	0.8E / 1.0F / 0.8E / 1.1F	29 Su	0345 / 0941 / 1554 / 2207	0035 / 0642 / 1256 / 1906	0.8E / 1.0F / 0.8E / 1.0F
15 Su	0323 / 0929 / 1543 / 2157	0049 / 0709 / 1309 / 1934	0.8E / 1.0F / 0.8E / 1.0F	30 M	0418 / 1019 / 1630 / 2244	0121 / 0730 / 1342 / 1955	0.7E / 1.0F / 0.7E / 1.0F
				31 Tu	0454 / 1059 / 1710 / 2324	0207 / 0819 / 1430 / 2044	0.7E / 0.9F / 0.6E / 0.9F

November

Day	Slack h m	Maximum h m	knots	Day	Slack h m	Maximum h m	knots
1 W	0535 / 1144 / 1755	0255 / 0909 / 1520 / 2134	0.6E / 0.9F / 0.6E / 0.9F	16 Th	0532 / 1148 / 1759	0255 / 0917 / 1523 / 2143	0.8E / 1.0F / 0.7E / 1.0F
2 Th	0008 / 0622 / 1235 / 1847	0345 / 1000 / 1612 / 2225	0.6E / 0.8F / 0.6E / 0.8F	17 F	0012 / 0632 / 1252 / 1904	0351 / 1010 / 1621 / 2236	0.7E / 1.0F / 0.7E / 1.0F
3 F	0057 / 0714 / 1333 / 1945	0438 / 1051 / 1706 / 2317	0.6E / 0.8F / 0.5E / 0.8F	18 Sa ☉	0115 / 0739 / 1404 / 2020	0449 / 1104 / 1721 / 2330	0.7E / 1.0F / 0.7E / 0.9F
4 Sa ☽	0152 / 0812 / 1439 / 2054	0531 / 1143 / 1800	0.5E / 0.8F / 0.5E	19 Su	0226 / 0857 / 1519 / 2145	0548 / 1158 / 1820	0.7E / 1.0F / 0.7E
5 Su	0251 / 0914 / 1543 / 2206	0009 / 0624 / 1235 / 1854	0.8F / 0.6E / 0.8F / 0.6E	20 M	0339 / 1012 / 1625 / 2252	0024 / 0646 / 1252 / 1917	0.9F / 0.7E / 1.0F / 0.7E
6 M	0350 / 1013 / 1639 / 2300	0100 / 0716 / 1326 / 1945	0.8F / 0.6E / 0.9F / 0.6E	21 Tu	0444 / 1114 / 1724 / 2350	0118 / 0742 / 1344 / 2011	1.0F / 0.7E / 1.0F / 0.7E
7 Tu	0442 / 1102 / 1727 / 2342	0151 / 0807 / 1416 / 2035	0.9F / 0.6E / 0.9F / 0.6E	22 W	0542 / 1208 / 1817	0210 / 0835 / 1436 / 2103	1.0F / 0.8E / 1.0F / 0.8E
8 W	0529 / 1146 / 1810	0241 / 0855 / 1506 / 2122	0.9F / 0.7E / 1.0F / 0.7E	23 Th	0041 / 0634 / 1258 / 1906	0301 / 0926 / 1526 / 2153	1.0F / 0.8E / 1.1F / 0.8E
9 Th	0018 / 0612 / 1227 / 1849	0330 / 0941 / 1554 / 2208	1.0F / 0.7E / 1.0F / 0.7E	24 F	0129 / 0721 / 1343 / 1950	0351 / 1014 / 1615 / 2240	1.0F / 0.8E / 1.1F / 0.8E
10 F	0056 / 0655 / 1309 / 1928	0418 / 1027 / 1643 / 2253	1.0F / 0.8E / 1.1F / 0.8E	25 Sa ●	0213 / 0804 / 1424 / 2031	0440 / 1101 / 1704 / 2326	1.0F / 0.8E / 1.1F / 0.8E
11 Sa	0135 / 0738 / 1351 / 2008	0506 / 1112 / 1731 / 2338	1.0F / 0.8E / 1.1F / 0.8E	26 Su	0253 / 0843 / 1459 / 2108	0528 / 1146 / 1752	1.0F / 0.8E / 1.0F
12 Su	0217 / 0822 / 1435 / 2051	0555 / 1158 / 1819	1.1F / 0.8E / 1.1F	27 M	0327 / 0919 / 1530 / 2142	0011 / 0616 / 1231 / 1840	0.7E / 1.0F / 0.7E / 1.0F
13 M	0301 / 0909 / 1521 / 2136	0023 / 0644 / 1245 / 1908	0.8E / 1.1F / 0.8E / 1.1F	28 Tu	0355 / 0955 / 1603 / 2215	0055 / 0704 / 1317 / 1928	0.7E / 1.0F / 0.7E / 1.0F
14 Tu	0348 / 0958 / 1610 / 2224	0111 / 0734 / 1335 / 1959	0.8E / 1.1F / 0.8E / 1.1F	29 W	0427 / 1033 / 1640 / 2251	0140 / 0752 / 1403 / 2017	0.8E / 0.9F / 0.6E / 0.9F
15 W	0438 / 1050 / 1702 / 2315	0201 / 0825 / 1428 / 2050	0.8E / 1.0F / 0.8E / 1.0F	30 Th	0504 / 1115 / 1723 / 2331	0226 / 0842 / 1451 / 2106	0.6E / 0.9F / 0.6E / 0.9F

December

Day	Slack h m	Maximum h m	knots	Day	Slack h m	Maximum h m	knots
1 F	0547 / 1202 / 1810	0314 / 0932 / 1540 / 2156	0.6E / 0.9F / 0.6E / 0.8F	16 Sa	0619 / 1241 / 1851	0329 / 0946 / 1600 / 2211	0.8E / 1.1F / 0.7E / 1.0F
2 Sa	0016 / 0634 / 1253 / 1901	0404 / 1022 / 1632 / 2247	0.6E / 0.9F / 0.5E / 0.8F	17 Su ☉	0059 / 0725 / 1349 / 2006	0426 / 1039 / 1657 / 2305	0.8E / 1.0F / 0.7E / 1.0F
3 Su	0105 / 0725 / 1349 / 1956	0455 / 1113 / 1725 / 2338	0.6E / 0.8F / 0.5E / 0.8F	18 M	0206 / 0839 / 1458 / 2124	0523 / 1132 / 1755 / 2358	0.7E / 1.0F / 0.7E / 0.9F
4 M	0158 / 0819 / 1447 / 2053	0547 / 1204 / 1818	0.6E / 0.9F / 0.5E	19 Tu	0316 / 0950 / 1603 / 2230	0620 / 1225 / 1851	0.7E / 1.0F / 0.7E
5 Tu	0252 / 0914 / 1544 / 2150	0029 / 0639 / 1256 / 1910	0.8F / 0.6E / 1.0F / 0.6E	20 W	0421 / 1052 / 1702 / 2328	0051 / 0716 / 1318 / 1946	0.9F / 0.7E / 1.0F / 0.7E
6 W	0347 / 1008 / 1637 / 2243	0120 / 0731 / 1346 / 2000	0.8F / 0.6E / 0.9F / 0.6E	21 Th	0520 / 1147 / 1756	0143 / 0810 / 1410 / 2038	0.9F / 0.7E / 1.0F / 0.7E
7 Th	0441 / 1101 / 1727 / 2333	0211 / 0821 / 1436 / 2049	0.9F / 0.7E / 1.0F / 0.7E	22 F	0021 / 0613 / 1238 / 1846	0235 / 0901 / 1500 / 2128	0.9F / 0.7E / 1.0F / 0.7E
8 F	0533 / 1150 / 1813	0301 / 0910 / 1526 / 2137	0.9F / 0.7E / 1.0F / 0.7E	23 Sa	0110 / 0701 / 1325 / 1930	0325 / 0950 / 1550 / 2216	0.9F / 0.7E / 1.0F / 0.7E
9 Sa	0021 / 0623 / 1239 / 1858	0350 / 0958 / 1615 / 2225	1.0F / 0.8E / 1.1F / 0.8E	24 Su	0155 / 0745 / 1407 / 2011	0414 / 1037 / 1638 / 2302	1.0F / 0.7E / 1.0F / 0.7E
10 Su	0107 / 0712 / 1327 / 1944	0440 / 1046 / 1704 / 2313	1.0F / 0.8E / 1.1F / 0.8E	25 M ●	0236 / 0825 / 1444 / 2048	0502 / 1123 / 1726 / 2347	1.0F / 0.7E / 1.0F / 0.7E
11 M ○	0155 / 0802 / 1415 / 2030	0529 / 1135 / 1754	1.1F / 0.8E / 1.1F	26 Tu	0310 / 0902 / 1513 / 2120	0550 / 1208 / 1814	1.0F / 0.7E / 1.0F
12 Tu	0243 / 0853 / 1504 / 2118	0001 / 0619 / 1225 / 1844	0.8E / 1.1F / 0.8E / 1.1F	27 W	0336 / 0936 / 1542 / 2150	0031 / 0638 / 1252 / 1902	0.7E / 1.0F / 0.7E / 1.0F
13 W	0333 / 0945 / 1555 / 2208	0050 / 0710 / 1316 / 1934	0.9E / 1.1F / 0.8E / 1.1F	28 Th	0403 / 1011 / 1616 / 2222	0114 / 0726 / 1337 / 1950	0.7E / 0.9F / 0.7E / 0.9F
14 Th	0425 / 1040 / 1649 / 2300	0141 / 0801 / 1409 / 2026	0.8E / 1.1F / 0.8E / 1.1F	29 F	0437 / 1049 / 1655 / 2300	0159 / 0814 / 1423 / 2038	0.7E / 0.9F / 0.6E / 0.9F
15 F	0520 / 1138 / 1747 / 2357	0234 / 0853 / 1503 / 2118	0.8E / 1.1F / 0.8E / 1.0F	30 Sa	0516 / 1132 / 1737 / 2342	0244 / 0903 / 1510 / 2127	0.6E / 0.9F / 0.6E / 0.9F
				31 Su	0559 / 1218 / 1823	0330 / 0953 / 1558 / 2217	0.6E / 0.9F / 0.6E / 0.8F

Time meridian 75° W. 0000 is midnight. 1200 is noon.

Hell Gate (off Mill Rock), East River, New York, 2000

F—Flood, Dir. 050° True   E—Ebb, Dir. 230° True

January

Day	Slack h m	Maximum h m	knots	Day	Slack h m	Maximum h m	knots
1 Sa	0007 0555 1237 1822	0310 0918 1538 2139	3.0F 4.3E 3.0F 4.3E	16 Su	0453 1132 1729	0146 0749 1422 2019 2354	3.2F 4.7E 3.2F 4.6E
2 Su	0055 0643 1324 1909	0358 1002 1624 2219	3.1F 4.4E 3.1F 4.3E	17 M	0557 1236 1832	0250 0853 1527 2122	3.3F 4.8E 3.3F 4.7E
3 M	0139 0728 1407 1952	0440 1041 1705 2256	3.2F 4.5E 3.2F 4.4E	18 Tu	0056 0659 1338 1932	0353 0956 1630 2224	3.5F 4.9E 3.5F 4.8E
4 Tu	0220 0810 1447 2034	0519 1116 1742 2331	3.3F 4.6E 3.3F 4.6E	19 W	0155 0759 1436 2030	0454 1058 1729 2324	3.7F 5.1E 3.6F 5.0E
5 W	0259 0851 1527 2114	0556 1151 1819	3.4F 4.7E 3.3F	20 Th	0253 0856 1531 2125 ○	0553 1156 1826	3.8F 5.2E 3.8F
6 Th ●	0337 0931 1605 2153	0006 0632 1227 1855	4.6E 3.4F 4.8E 3.4F	21 F	0348 0951 1624 2218	0021 0648 1252 1919	5.1E 3.9F 5.2E 3.8F
7 F	0415 1010 1643 2232	0043 0708 1304 1931	4.7E 3.5F 4.9E 3.4F	22 Sa	0442 1044 1716 2310	0115 0742 1345 2012	5.1E 3.9F 5.2E 3.8F
8 Sa	0452 1049 1720 2310	0120 0745 1342 2008	4.8E 3.5F 4.9E 3.4F	23 Su	0535 1136 1808	0207 0835 1436 2103	5.1E 3.9F 5.1E 3.7F
9 Su	0529 1128 1758 2349	0159 0823 1422 2046	4.8E 3.5F 4.9E 3.4F	24 M	0002 0628 1228 1859	0259 0927 1527 2154	5.0E 3.7F 5.0E 3.6F
10 M	0608 1208 1837	0240 0903 1503 2126	4.8E 3.4F 4.9E 3.3F	25 Tu	0053 0721 1320 1951	0349 1019 1617 2246	4.8E 3.5F 4.7E 3.4F
11 Tu	0029 0649 1250 1918	0322 0945 1547 2209	4.8E 3.4F 4.8E 3.2F	26 W	0144 0816 1412 2044	0441 1113 1708 2340	4.6E 3.3F 4.5E 3.2F
12 W	0111 0734 1336 2003	0408 1031 1633 2256	4.7E 3.3F 4.7E 3.2F	27 Th	0236 0911 1505 2138	0533 1209 1801	4.4E 3.1F 4.3E
13 Th	0159 0825 1427 2053	0457 1122 1724 2348	4.7E 3.2F 4.6E 3.1F	28 F ◐	0330 1008 1559 2232	0035 0628 1306 1856	3.0F 4.3E 2.9F 4.1E
14 F ◐	0252 0923 1524 2150	0550 1217 1818	4.7E 3.1F 4.6E	29 Sa	0423 1104 1652 2326	0132 0726 1403 1952	2.9F 4.1E 2.8F 4.0E
15 Sa	0350 1026 1625 2251	0045 0648 1318 1917	3.1F 4.7E 3.1F 4.6E	30 Su	0517 1157 1745	0227 0823 1457 2047	2.9F 4.1E 2.8F 4.0E
				31 M	0017 0608 1247 1835	0319 0915 1547 2136	2.9F 4.2E 2.9F 4.1E

February

Day	Slack h m	Maximum h m	knots	Day	Slack h m	Maximum h m	knots
1 Tu	0104 0657 1334 1922	0406 1001 1632 2219	3.0F 4.3E 3.0F 4.2E	16 W	0039 0647 1322 1920	0341 0943 1619 2213	3.4F 4.7E 3.4F 4.6E
2 W	0148 0742 1417 2006	0448 1043 1713 2300	3.2F 4.4E 3.2F 4.4E	17 Th	0142 0749 1421 2019	0446 1049 1720 2316	3.6F 4.9E 3.6F 4.8E
3 Th	0229 0826 1457 2048	0528 1122 1751 2338	3.3F 4.6E 3.3F 4.6E	18 F	0240 0846 1515 2113	0545 1149 1815	3.8F 5.0E 3.8F
4 F	0309 0907 1536 2128	0606 1201 1828	3.4F 4.7E 3.4F	19 Sa ○	0334 0940 1606 2204	0012 0639 1242 1906	5.0E 3.9F 5.1E 3.9F
5 Sa ●	0347 0947 1614 2207	0017 0643 1239 1905	4.7E 3.5F 4.9E 3.5F	20 Su	0425 1031 1655 2253	0104 0729 1332 1954	5.1E 4.0F 5.1E 3.9F
6 Su	0424 1027 1651 2245	0055 0720 1318 1941	4.8E 3.6F 4.9E 3.5F	21 M	0515 1120 1742 2340	0152 0818 1418 2041	5.1E 3.9F 5.0E 3.8F
7 M	0502 1106 1728 2324	0134 0758 1357 2019	4.9E 3.7F 5.0E 3.6F	22 Tu	0603 1207 1828	0237 0904 1502 2126	5.0E 3.8F 4.9E 3.7F
8 Tu	0540 1146 1805	0215 0838 1438 2059	4.9E 3.7F 5.0E 3.5F	23 W	0027 0651 1254 1915	0322 0950 1545 2212	4.8E 3.6F 4.7E 3.5F
9 W	0004 0621 1228 1845	0257 0920 1521 2141	4.9E 3.6F 4.9E 3.5F	24 Th	0114 0739 1341 2002	0405 1037 1628 2258	4.6E 3.4F 4.5E 3.3F
10 Th	0046 0705 1314 1929	0342 1007 1607 2228	4.9E 3.5F 4.8E 3.4F	25 F	0201 0828 1430 2051	0450 1125 1714 2347	4.4E 3.2F 4.2E 3.0F
11 F	0133 0756 1404 2019	0430 1055 1656 2319	4.8E 3.4F 4.5E 3.3F	26 Sa ◐	0251 0920 1520 2143	0537 1216 1802	4.2E 3.0F 4.0E
12 Sa	0226 0853 1500 2117 ◐	0523 1150 1751	4.7E 3.3F 4.6E	27 Su	0343 1015 1614 2237	0040 0629 1312 1855	2.9F 4.0E 2.8F 3.9E
13 Su	0327 0958 1603 2222	0017 0621 1253 1851	3.3F 4.6E 3.2F 4.5E	28 M	0437 1110 1708 2331	0136 0724 1409 1951	2.8F 3.9E 2.8F 3.8E
14 M	0433 1108 1711 2331	0121 0725 1401 1956	3.2F 4.6E 3.2F 4.4E	29 Tu	0532 1204 1801	0233 0822 1504 2047	2.8F 4.0E 2.8F 3.9E
15 Tu	0541 1217 1817	0231 0834 1512 2105	3.3F 4.6E 3.2F 4.5E				

March

Day	Slack h m	Maximum h m	knots	Day	Slack h m	Maximum h m	knots
1 W	0023 0624 1254 1851	0326 0917 1555 2139	2.9F 4.1E 2.9F 4.1E	16 Th	0026 0638 1306 1910	0334 0937 1611 2208	3.4F 4.5E 3.4F 4.5E
2 Th	0111 0713 1340 1937	0413 1006 1639 2225	3.1F 4.3E 3.1F 4.3E	17 F	0129 0739 1404 2006	0439 1044 1710 2310	3.6F 4.7E 3.6F 4.7E
3 F	0155 0759 1423 2021	0457 1050 1720 2308	3.3F 4.5E 3.3F 4.5E	18 Sa	0226 0835 1456 2058	0535 1140 1801	3.8F 4.8E 3.8F
4 Sa	0236 0842 1503 2101	0537 1131 1758 2348	3.5F 4.7E 3.5F 4.7E	19 Su ○	0318 0926 1544 2146	0002 0626 1229 1848	4.9E 3.9F 4.9E 3.9F
5 Su ●	0316 0923 1541 2141	0616 1211 1836	3.6F 4.8E 3.6F	20 M	0406 1013 1629 2231	0048 0712 1313 1932	5.0E 4.0F 5.0E 3.9F
6 M	0355 1004 1618 2220	0029 0654 1251 1914	4.9E 3.8F 4.9E 3.7F	21 Tu	0451 1058 1713 2315	0131 0756 1353 2014	5.0E 3.9F 4.9E 3.8F
7 Tu	0434 1044 1656 2300	0109 0733 1332 1953	5.0E 3.8F 5.0E 3.8F	22 W	0535 1142 1755 2358	0211 0837 1432 2055	5.0E 3.8F 4.8E 3.7F
8 W	0514 1125 1735 2341	0150 0814 1413 2033	5.1E 3.9F 5.0E 3.8F	23 Th	0618 1225 1837	0250 0918 1511 2136	4.8E 3.7F 4.6E 3.5F
9 Th	0556 1209 1816	0233 0857 1457 2117	5.1E 3.8F 5.0E 3.7F	24 F	0041 0702 1308 1921	0329 1000 1550 2217	4.7E 3.5F 4.4E 3.3F
10 F	0025 0642 1255 1901	0319 0943 1543 2204	5.0E 3.7F 4.8E 3.6F	25 Sa	0126 0747 1354 2006	0410 1043 1632 2302	4.4E 3.2F 4.2E 3.1F
11 Sa	0114 0733 1347 1953	0408 1034 1634 2257	4.9E 3.5F 4.7E 3.5F	26 Su	0212 0835 1442 2055	0454 1130 1718 2351	4.2E 3.0F 4.0E 2.9F
12 Su	0209 0832 1445 2053	0502 1131 1729 2357	4.7E 3.3F 4.5E 3.3F	27 M ◐	0302 0927 1534 2148	0542 1222 1808	4.1E 2.8F 3.9E
13 M ◐	0312 0939 1550 2203	0601 1236 1832	4.6E 3.2F 4.3E	28 Tu	0356 1022 1628 2244	0045 0636 1319 1903	2.8F 3.9E 2.8F 3.8E
14 Tu	0421 1051 1659 2316	0105 0708 1348 1941	3.2F 4.4E 3.1F 4.2E	29 W	0452 1118 1723 2339	0143 0732 1416 2000	2.8F 3.9E 2.8F 3.9E
15 W	0531 1202 1807	0220 0822 1503 2056	3.2F 4.4E 3.2F 4.3E	30 Th	0547 1212 1815	0240 0830 1511 2055	2.9F 4.0E 2.9F 4.0E
				31 F	0031 0638 1300 1903	0333 0924 1559 2146	3.1F 4.2E 3.1F 4.2E

Time meridian 75° W. 0000 is midnight. 1200 is noon.

Hell Gate (off Mill Rock), East River, New York, 2000

F–Flood, Dir. 050° True   E–Ebb, Dir. 230° True

April

Day	Slack h m	Maximum h m	knots	Day	Slack h m	Maximum h m	knots
1 Sa	0118 / 0726 / 1345 / 1947	0420 / 1012 / 1643 / 2233	3.3F / 4.4E / 3.3F / 4.5E	16 Su	0211 / 0817 / 1435 / 2037	0520 / 1125 / 1742 / 2346	3.7F / 4.7E / 3.7F / 4.9E
2 Su	0202 / 0811 / 1427 / 2030	0503 / 1057 / 1724 / 2317	3.5F / 4.6E / 3.5F / 4.8E	17 M	0259 / 0904 / 1520 / 2122	0607 / 1209 / 1826	3.8F / 4.8E / 3.8F
3 M	0244 / 0855 / 1507 / 2111	0545 / 1141 / 1804	3.7F / 4.8E / 3.7F	18 Tu	0344 / 0949 / 1603 / 2205	0028 / 0650 / 1248 / 1907	4.9E / 3.9F / 4.8E / 3.8F
4 Tu ●	0326 / 0937 / 1546 / 2153	0000 / 0626 / 1223 / 1845	5.0E / 3.8F / 5.0E / 3.8F	19 W	0427 / 1031 / 1644 / 2246	0106 / 0730 / 1325 / 1945	5.0E / 3.8F / 4.8E / 3.8F
5 W	0408 / 1020 / 1627 / 2235	0043 / 0708 / 1306 / 1926	5.1E / 3.9F / 5.0E / 3.9F	20 Th	0508 / 1112 / 1724 / 2327	0142 / 0809 / 1400 / 2023	4.9E / 3.7F / 4.6E / 3.7F
6 Th	0451 / 1104 / 1709 / 2319	0127 / 0751 / 1350 / 2010	5.2E / 3.9F / 5.0E / 3.9F	21 F	0549 / 1153 / 1804	0218 / 0847 / 1437 / 2101	4.8E / 3.6F / 4.6E / 3.5F
7 F	0537 / 1149 / 1753	0212 / 0837 / 1435 / 2056	5.2E / 3.9F / 5.0E / 3.8F	22 Sa	0008 / 0630 / 1234 / 1845	0256 / 0925 / 1515 / 2141	4.7E / 3.4F / 4.5E / 3.3F
8 Sa	0007 / 0626 / 1239 / 1843	0300 / 0925 / 1524 / 2146	5.1E / 3.7F / 4.8E / 3.7F	23 Su	0050 / 0712 / 1317 / 1928	0335 / 1006 / 1556 / 2223	4.5E / 3.2F / 4.3E / 3.1F
9 Su	0058 / 0720 / 1333 / 1939	0350 / 1019 / 1616 / 2242	4.9E / 3.6F / 4.6E / 3.5F	24 M	0134 / 0757 / 1403 / 2014	0418 / 1051 / 1640 / 2310	4.4E / 3.0F / 4.1E / 3.0F
10 M	0156 / 0821 / 1433 / 2043	0446 / 1118 / 1714 / 2345	4.7E / 3.3F / 4.4E / 3.3F	25 Tu	0221 / 0847 / 1452 / 2105	0504 / 1139 / 1729	4.2E / 2.9F / 4.0E
11 Tu ☽	0301 / 0929 / 1539 / 2155	0548 / 1226 / 1820	4.5E / 3.2F / 4.2E	26 W ☾	0313 / 0940 / 1545 / 2200	0001 / 0555 / 1232 / 1821	2.8F / 4.1E / 2.8F / 3.9E
12 W	0410 / 1041 / 1648 / 2308	0057 / 0658 / 1341 / 1934	3.2F / 4.3E / 3.1F / 4.2E	27 Th	0408 / 1035 / 1639 / 2256	0056 / 0650 / 1328 / 1917	2.8F / 4.1E / 2.8F / 4.0E
13 Th	0520 / 1149 / 1754	0215 / 0816 / 1455 / 2052	3.2F / 4.3E / 3.2F / 4.3E	28 F	0503 / 1128 / 1731 / 2350	0153 / 0746 / 1423 / 2012	2.9F / 4.1E / 2.9F / 4.1E
14 F	0016 / 0625 / 1251 / 1854	0327 / 0932 / 1559 / 2202	3.4F / 4.4E / 3.4F / 4.5E	29 Sa	0557 / 1219 / 1821	0248 / 0840 / 1514 / 2106	3.0F / 4.3E / 3.1F / 4.3E
15 Sa	0117 / 0724 / 1346 / 1948	0428 / 1034 / 1654 / 2259	3.6F / 4.6E / 3.6F / 4.7E	30 Su	0040 / 0647 / 1306 / 1908	0339 / 0932 / 1602 / 2156	3.2F / 4.5E / 3.3F / 4.6E

May

Day	Slack h m	Maximum h m	knots	Day	Slack h m	Maximum h m	knots
1 M	0128 / 0735 / 1350 / 1954	0427 / 1021 / 1648 / 2244	3.7F / 4.7E / 3.5F / 4.9E	16 Tu	0239 / 0837 / 1456 / 2054	0544 / 1144 / 1800	3.6F / 4.7E / 3.6F
2 Tu	0214 / 0822 / 1434 / 2039	0513 / 1108 / 1732 / 2331	3.7F / 4.9E / 3.7F / 5.1E	17 W	0322 / 0920 / 1537 / 2136	0003 / 0625 / 1220 / 1839	4.8E / 3.7F / 4.7E / 3.7F
3 W ●	0300 / 0908 / 1518 / 2125	0558 / 1154 / 1817	3.8F / 5.0E / 3.9F	18 Th ○	0403 / 1001 / 1617 / 2216	0038 / 0703 / 1254 / 1916	4.9E / 3.6F / 4.7E / 3.6F
4 Th	0347 / 0954 / 1602 / 2211	0018 / 0644 / 1241 / 1903	5.2E / 3.9F / 5.1E / 3.9F	19 F	0443 / 1041 / 1655 / 2255	0112 / 0740 / 1329 / 1953	4.9E / 3.6F / 4.7E / 3.6F
5 F	0434 / 1041 / 1649 / 2259	0105 / 0731 / 1328 / 1950	5.3E / 3.9F / 5.1E / 3.9F	20 Sa	0522 / 1120 / 1734 / 2335	0148 / 0816 / 1405 / 2030	4.8E / 3.5F / 4.6E / 3.5F
6 Sa	0524 / 1131 / 1739 / 2350	0153 / 0820 / 1417 / 2040	5.3E / 3.9F / 5.0E / 3.8F	21 Su	0602 / 1201 / 1814	0225 / 0854 / 1443 / 2108	4.7E / 3.4F / 4.5E / 3.3F
7 Su	0616 / 1223 / 1833	0244 / 0912 / 1508 / 2134	5.1E / 3.7F / 4.8E / 3.7F	22 M	0016 / 0643 / 1242 / 1856	0304 / 0934 / 1524 / 2150	4.6E / 3.2F / 4.4E / 3.2F
8 M	0045 / 0714 / 1320 / 1933	0337 / 1008 / 1604 / 2233	5.0E / 3.5F / 4.7E / 3.5F	23 Tu	0058 / 0726 / 1326 / 1940	0346 / 1016 / 1607 / 2234	4.5E / 3.1F / 4.3E / 3.1F
9 Tu	0145 / 0816 / 1421 / 2039	0435 / 1110 / 1704 / 2338	4.7E / 3.3F / 4.5E / 3.3F	24 W	0143 / 0812 / 1412 / 2027	0431 / 1102 / 1654 / 2322	4.4E / 3.0F / 4.2E / 3.0F
10 W ☽	0249 / 0922 / 1526 / 2149	0539 / 1219 / 1812	4.5E / 3.2F / 4.3E	25 Th	0232 / 0901 / 1501 / 2119	0520 / 1151 / 1744	4.3E / 2.9F / 4.2E
11 Th	0356 / 1030 / 1632 / 2259	0051 / 0651 / 1332 / 1928	3.2F / 4.4E / 3.2F / 4.3E	26 F ☾	0323 / 0952 / 1552 / 2214	0014 / 0611 / 1243 / 1837	2.9F / 4.3E / 2.9F / 4.2E
12 F	0503 / 1134 / 1734	0206 / 0809 / 1441 / 2045	3.2F / 4.5E / 3.2F / 4.4E	27 Sa	0418 / 1044 / 1645 / 2309	0108 / 0704 / 1336 / 1931	2.9F / 4.3E / 3.0F / 4.3E
13 Sa	0003 / 0605 / 1233 / 1832	0312 / 0919 / 1541 / 2149	3.3F / 4.6E / 3.3F / 4.5E	28 Su	0512 / 1136 / 1737	0203 / 0759 / 1430 / 2026	3.1F / 4.4E / 3.1F / 4.5E
14 Su	0101 / 0701 / 1325 / 1923	0409 / 1016 / 1633 / 2241	3.4F / 4.5E / 3.5F / 4.7E	29 M	0003 / 0606 / 1226 / 1828	0257 / 0853 / 1522 / 2120	3.2F / 4.5E / 3.3F / 4.7E
15 M	0152 / 0751 / 1412 / 2011	0459 / 1103 / 1719 / 2324	3.6F / 4.7E / 3.6F / 4.8E	30 Tu	0055 / 0658 / 1315 / 1919	0350 / 0946 / 1612 / 2212	3.4F / 4.7E / 3.5F / 4.9E
				31 W	0147 / 0749 / 1404 / 2009	0442 / 1037 / 1702 / 2304	3.6F / 4.9E / 3.7F / 5.1E

June

Day	Slack h m	Maximum h m	knots	Day	Slack h m	Maximum h m	knots
1 Th	0237 / 0840 / 1453 / 2059	0532 / 1128 / 1752 / 2355	3.8F / 5.0E / 3.9F / 5.2E	16 F ○	0338 / 0931 / 1550 / 2147	0010 / 0635 / 1224 / 1848	4.7E / 3.5F / 4.6E / 3.5F
2 F ●	0328 / 0930 / 1543 / 2150	0623 / 1219 / 1843	3.8F / 5.1E / 3.9F	17 Sa	0417 / 1011 / 1628 / 2227	0044 / 0712 / 1259 / 1925	4.8E / 3.4F / 4.6E / 3.5F
3 Sa	0420 / 1021 / 1635 / 2243	0046 / 0714 / 1310 / 1934	5.3E / 3.9F / 5.1E / 3.9F	18 Su	0456 / 1050 / 1707 / 2306	0120 / 0748 / 1336 / 2001	4.8E / 3.4F / 4.6E / 3.4F
4 Su	0513 / 1114 / 1729 / 2337	0138 / 0807 / 1402 / 2028	5.3E / 3.8F / 5.0E / 3.9F	19 M	0535 / 1130 / 1745 / 2346	0157 / 0825 / 1415 / 2040	4.8E / 3.4F / 4.6E / 3.4F
5 M	0608 / 1209 / 1826	0232 / 0901 / 1457 / 2124	5.2E / 3.7F / 4.9E / 3.7F	20 Tu	0615 / 1210 / 1825	0236 / 0904 / 1455 / 2120	4.7E / 3.3F / 4.5E / 3.3F
6 Tu	0033 / 0706 / 1306 / 1927	0327 / 0959 / 1554 / 2225	5.0E / 3.5F / 4.7E / 3.5F	21 W	0027 / 0655 / 1251 / 1906	0317 / 0944 / 1537 / 2202	4.7E / 3.2F / 4.5E / 3.2F
7 W	0133 / 0807 / 1406 / 2031	0426 / 1101 / 1655 / 2330	4.8E / 3.4F / 4.6E / 3.4F	22 Th	0110 / 0737 / 1334 / 1950	0401 / 1027 / 1622 / 2247	4.6E / 3.1F / 4.4E / 3.1F
8 Th ☾	0235 / 0909 / 1508 / 2137	0530 / 1207 / 1802	4.6E / 3.3F / 4.4E	23 F	0155 / 0821 / 1420 / 2038	0446 / 1113 / 1709 / 2335	4.5E / 3.0F / 4.4E / 3.1F
9 F	0338 / 1012 / 1609 / 2242	0039 / 0639 / 1315 / 1914	3.2F / 4.4E / 3.2F / 4.4E	24 Sa ○	0244 / 0909 / 1509 / 2131	0535 / 1202 / 1800	4.5E / 3.0F / 4.4E
10 Sa	0440 / 1113 / 1709 / 2343	0147 / 0750 / 1418 / 2025	3.2F / 4.4E / 3.2F / 4.4E	25 Su	0337 / 0959 / 1602 / 2227	0027 / 0627 / 1254 / 1853	3.1F / 4.4E / 3.1F / 4.5E
11 Su	0539 / 1209 / 1804	0250 / 0856 / 1516 / 2125	3.2F / 4.4E / 3.3F / 4.5E	26 M	0432 / 1053 / 1657 / 2326	0123 / 0721 / 1349 / 1949	3.1F / 4.5E / 3.2F / 4.6E
12 M	0039 / 0633 / 1300 / 1855	0345 / 0950 / 1607 / 2215	3.3F / 4.4E / 3.3F / 4.6E	27 Tu	0529 / 1147 / 1753	0220 / 0817 / 1445 / 2047	3.2F / 4.6E / 3.3F / 4.7E
13 Tu	0129 / 0723 / 1346 / 1942	0434 / 1036 / 1652 / 2258	3.3F / 4.5E / 3.4F / 4.6E	28 W	0024 / 0626 / 1242 / 1850	0318 / 0913 / 1542 / 2144	3.4F / 4.7E / 3.5F / 4.9E
14 W	0215 / 0808 / 1430 / 2026	0518 / 1115 / 1733 / 2335	3.4F / 4.5E / 3.5F / 4.7E	29 Th	0121 / 0722 / 1337 / 1945	0415 / 1010 / 1637 / 2241	3.5F / 4.8E / 3.7F / 5.1E
15 Th	0257 / 0850 / 1510 / 2107	0558 / 1150 / 1812	3.4F / 4.6E / 3.5F	30 F	0216 / 0817 / 1432 / 2041	0511 / 1106 / 1732 / 2336	3.7F / 4.9E / 3.8F / 5.2E

Time meridian 75° W.   0000 is midnight.   1200 is noon.

Hell Gate (off Mill Rock), East River, New York, 2000

F–Flood, Dir. 050° True   E–Ebb, Dir. 230° True

	July						August						September				
	Slack	Maximum		Slack	Maximum		Slack	Maximum		Slack	Maximum		Slack	Maximum		Slack	Maximum
	h m	h m	knots	h m	h m	knots	h m	h m	knots	h m	h m	knots	h m	h m	knots	h m	h m	knots
1 Sa ●	0311 0912 1527 2136	0606 1201 1827	3.8F 5.0E 3.9F	**16** Su ○	0349 0945 1559 2202	0017 0645 1232 1858	4.7E 3.4F 4.6E 3.5F	**1** Tu	0442 1046 1702 2314	0115 0742 1338 2006	5.1E 3.9F 5.0E 4.0F	**16** W	0431 1036 1642 2257	0103 0728 1319 1944	4.8E 3.6F 4.7E 3.7F	**1** F	0558 1209 1823	0238 0902 1500 2129	4.9E 3.9F 4.9E 3.9F	**16** Sa	0508 1124 1729 2351	0152 0812 1412 2035	4.9E 3.8F 4.9E 3.8F
2 Su	0406 1006 1622 2230	0031 0700 1255 1922	5.2E 3.8F 5.1E 4.0F	**17** M	0427 1024 1637 2242	0053 0721 1309 1935	4.7E 3.4F 4.6E 3.5F	**2** W	0535 1139 1756	0208 0835 1431 2100	5.1E 3.9F 5.0E 3.9F	**17** Th	0507 1114 1719 2336	0141 0804 1358 2022	4.8E 3.6F 4.8E 3.7F	**2** Sa	0038 0647 1258 1913	0325 0951 1547 2218	4.7E 3.7F 4.7E 3.6F	**17** Su	0547 1206 1812	0234 0853 1455 2118	4.8E 3.8F 4.9E 3.8F
3 M	0500 1100 1717 2326	0126 0755 1350 2018	5.2E 3.8F 5.0E 3.9F	**18** Tu	0505 1103 1714 2321	0131 0757 1347 2012	4.8E 3.4F 4.7E 3.5F	**3** Th	0007 0627 1232 1850	0300 0928 1524 2154	5.0E 3.8F 4.9E 3.8F	**18** F	0543 1152 1757	0221 0842 1439 2102	4.8E 3.6F 4.8E 3.7F	**3** Su	0128 0736 1348 2004	0411 1040 1634 2309	4.4E 3.5F 4.4E 3.4F	**18** M	0035 0628 1252 1859	0318 0938 1542 2206	4.7E 3.7F 4.8E 3.6F
4 Tu	0555 1155 1814	0221 0850 1445 2114	5.1E 3.8F 4.9E 3.8F	**19** W	0542 1142 1752	0209 0834 1426 2051	4.8E 3.4F 4.7E 3.5F	**4** F	0101 0720 1325 1945	0353 1021 1617 2249	4.8E 3.6F 4.7E 3.6F	**19** Sa	0017 0620 1233 1838	0301 0922 1521 2144	4.8E 3.6F 4.8E 3.6F	**4** M	0219 0827 1441 2057	0459 1132 1724	4.2E 3.3F 4.2F	**19** Tu	0124 0715 1344 1953	0406 1028 1633 2300	4.6E 3.6F 4.7E 3.5F
5 W	0021 0651 1250 1913	0316 0947 1542 2213	5.0E 3.6F 4.8E 3.6F	**20** Th	0001 0620 1221 1831	0249 0913 1507 2131	4.7E 3.4F 4.6E 3.4F	**5** Sa	0154 0813 1419 2041	0445 1116 1711 2346	4.5E 3.4F 4.5E 3.4F	**20** Su	0059 0700 1317 1924	0345 1005 1607 2231	4.7E 3.5F 4.7E 3.5F	**5** Tu ◐	0003 0312 0920 1535 2153	0551 1227 1818	3.2F 3.9E 3.1F 4.0E	**20** W ○	0218 0811 1443 2055	0459 1124 1729	4.4E 3.4F 4.5E
6 Th	0118 0748 1347 2013	0413 1045 1641 2314	4.8E 3.5F 4.7E 3.5F	**21** F	0042 0658 1302 1913	0331 0954 1550 2214	4.7E 3.3F 4.6E 3.4F	**6** Su ◐	0249 0908 1514 2138	0540 1212 1808	4.3E 3.3F 4.3E	**21** M	0146 0745 1406 2016	0432 1053 1657 2322	4.6E 3.4F 4.6E 3.4F	**6** W	0407 1015 1631 2249	0101 0646 1326 1917	3.0F 3.8E 3.0F 3.8E	**21** Th	0321 0917 1549 2205	0000 0558 1228 1832	3.3F 4.3E 3.3F 4.4E
7 F	0216 0846 1445 2114	0513 1146 1742	4.6E 3.4F 4.5E	**22** Sa	0125 0739 1346 1959	0415 1037 1637 2301	4.6E 4.1F 4.6E 3.3F	**7** M	0345 1003 1610 2236	0044 0638 1311 1908	3.2F 4.0E 3.1F 4.1E	**22** Tu ◐	0239 0837 1502 2116	0523 1147 1752	4.5E 3.4F 4.5E	**7** Th	0502 1111 1726 2343	0200 0745 1424 2016	2.9F 3.7E 3.0F 3.8E	**22** F	0428 1030 1659 2317	0108 0704 1340 1942	3.2F 4.2E 3.3F 4.3E
8 Sa ◐	0315 0945 1543 2215	0016 0615 1247 1847	3.3F 4.4E 3.2F 4.4E	**23** Su	0212 0824 1434 2050	0502 1125 1726 2352	4.5E 3.2F 4.6E 3.3F	**8** Tu	0440 1058 1705 2331	0144 0737 1410 2009	3.1F 4.0E 3.1F 4.0E	**23** W	0338 0937 1605 2222	0020 0620 1247 1852	3.3F 4.4E 3.3F 4.5E	**8** F	0555 1203 1818	0255 0842 1517 2111	3.0F 3.8E 3.3F 3.9E	**23** Sa	0536 1143 1807	0222 0815 1453 2054	3.3F 4.2E 3.4F 4.4E
9 Su	0414 1042 1640 2314	0120 0719 1348 1952	3.2F 4.3E 3.2F 4.3E	**24** M ◐	0304 0915 1528 2148	0553 1217 1820	4.5E 3.2F 4.6E	**9** W	0534 1151 1758	0240 0835 1503 2105	3.0F 3.9E 3.1F 4.1E	**24** Th	0442 1045 1711 2332	0124 0721 1353 1957	3.3F 4.3E 3.4F 4.5E	**9** Sa	0034 0644 1251 1906	0345 0933 1604 2158	3.1F 3.9E 3.2F 4.1E	**24** Su	0025 0640 1249 1910	0332 0926 1601 2203	3.5F 4.4E 3.6F 4.6E
10 M	0511 1137 1735	0220 0822 1445 2053	3.1F 4.2E 3.2F 4.3E	**25** Tu	0400 1011 1626 2251	0048 0647 1314 1918	3.2F 4.5E 3.3F 4.6E	**10** Th	0023 0626 1241 1848	0333 0928 1552 2153	3.1F 4.0E 3.1F 4.1E	**25** F	0548 1154 1818	0232 0827 1502 2104	3.3F 4.4E 3.5F 4.6E	**10** Su	0120 0729 1336 1951	0429 1016 1646 2239	3.2F 4.1E 3.4F 4.3E	**25** M	0126 0738 1349 2007	0434 1032 1701 2304	3.7F 4.6E 3.9F 4.8E
11 Tu	0009 0604 1229 1827	0315 0917 1537 2144	3.1F 4.2E 3.2F 4.3E	**26** W	0501 1112 1728 2355	0148 0746 1415 2019	3.3F 4.5E 3.4F 4.7E	**11** F	0111 0713 1327 1934	0419 1011 1637 2235	3.1F 4.1E 3.3F 4.3E	**26** Sa	0038 0651 1259 1920	0340 0934 1608 2211	3.5F 4.5E 3.7F 4.7E	**11** M	0203 0811 1417 2033	0508 1056 1725 2318	3.4F 4.3E 3.5F 4.5E	**26** Tu	0220 0831 1444 2100	0529 1128 1755 2357	3.9F 4.8E 4.0F 4.9E
12 W	0100 0654 1316 1914	0405 1004 1623 2228	3.2F 4.2E 3.2F 4.4E	**27** Th	0602 1214 1830	0251 0847 1517 2121	3.3F 4.5E 3.5F 4.8E	**12** Sa	0156 0758 1409 2018	0501 1050 1717 2312	3.3F 4.2E 3.4F 4.4E	**27** Su	0140 0751 1401 2019	0444 1038 1710 2312	3.7F 4.7E 3.9F 4.9E	**12** Tu	0242 0851 1456 2113	0545 1134 1802 2356	3.5F 4.5E 3.7F 4.7E	**27** W ●	0311 0921 1535 2150	0619 1219 1844	4.0F 5.0E 4.1F
13 Th	0146 0740 1400 1959	0450 1044 1706 2306	3.2F 4.3E 3.3F 4.5E	**28** F	0057 0703 1315 1930	0354 0948 1619 2223	3.5F 4.7E 3.7F 4.9E	**13** Su	0237 0840 1450 2059	0540 1127 1754 2349	3.4F 4.4E 3.6F 4.6E	**28** M	0237 0847 1457 2115	0541 1138 1807	3.8F 4.9E 4.0F	**13** W ○	0320 0930 1534 2152	0621 1212 1839	3.7F 4.7E 3.8F	**28** Th	0359 1009 1623 2237	0044 0706 1305 1931	4.9E 4.0F 5.0E 4.1F
14 F	0229 0823 1441 2041	0530 1120 1745 2342	3.3F 4.4E 3.4F 4.6E	**29** Sa	0157 0802 1415 2029	0455 1049 1719 2322	3.6F 4.8E 3.8F 5.0E	**14** M	0316 0920 1528 2139	0616 1204 1831	3.5F 4.5E 3.6F	**29** Tu ●	0330 0939 1551 2208	0009 0635 1232 1900	5.0E 4.0F 5.0E 4.1F	**14** Th	0356 1007 1612 2231	0034 0657 1251 1916	4.8E 3.8F 4.8E 3.9F	**29** F	0445 1055 1709 2324	0129 0750 1349 2016	4.9E 4.0F 5.0E 4.0F
15 Sa	0309 0904 1521 2122	0608 1156 1822	3.4F 4.5E 3.5F	**30** Su ●	0254 0858 1512 2125	0553 1148 1816	3.8F 4.9E 4.0F	**15** Tu ○	0354 0958 1605 2218	0026 0652 1241 1908	4.7E 3.6F 4.6E 3.7F	**30** W	0421 1030 1643 2258	0101 0726 1323 1950	5.0E 4.0F 5.0E 4.1F	**15** F	0432 1045 1649 2310	0113 0734 1330 1954	4.8E 3.8F 4.9E 3.9F	**30** Sa	0529 1141 1755	0211 0834 1431 2100	4.8E 3.9F 4.8E 3.8F
				31 M	0349 0953 1607 2220	0020 0648 1244 1912	5.1E 3.9F 5.0E 4.0F					**31** Th	0510 1120 1733 2348	0151 0814 1412 2040	5.0E 4.0F 5.0E 4.0F								

Time meridian 75° W.   0000 is midnight.   1200 is noon.

Hell Gate (off Mill Rock), East River, New York, 2000

F–Flood, Dir. 050° True   E–Ebb, Dir. 230° True

October

Day	Slack h m	Maximum h m	knots
1 Su	0009	0253	4.6E
	0614	0918	3.7F
	1227	1513	4.7E
	1841	2144	3.6F
2 M	0055	0335	4.4E
	0659	1003	3.5F
	1313	1556	4.4E
	1928	2231	3.4F
3 Tu	0143	0419	4.2E
	0747	1050	3.2F
	1402	1642	4.2E
	2018	2320	3.1F
4 W	0234	0506	3.9E
	0838	1141	3.0F
	1455	1732	4.0E
	2111		
5 Th ☾		0014	2.9F
	0327	0558	3.8E
	0933	1238	2.9F
	1549	1826	3.8E
	2207		
6 F		0113	2.8F
	0422	0655	3.7E
	1029	1337	2.9F
	1645	1925	3.8E
	2303		
7 Sa		0211	2.9F
	0516	0753	3.7E
	1125	1434	2.9F
	1739	2022	3.9E
	2355		
8 Su		0303	3.0F
	0607	0848	3.9E
	1216	1524	3.1F
	1830	2115	4.1E
9 M	0043	0349	3.2F
	0653	0936	4.1E
	1302	1609	3.3F
	1916	2200	4.3E
10 Tu	0127	0431	3.4F
	0736	1020	4.4E
	1345	1650	3.5F
	1959	2243	4.5E
11 W	0208	0509	3.5F
	0817	1101	4.6E
	1426	1729	3.7F
	2041	2323	4.7E
12 Th	0247	0547	3.7F
	0856	1142	4.8E
	1506	1808	3.8F
	2121		
13 F ○		0003	4.8E
	0324	0625	3.8F
	0935	1222	5.0E
	1545	1848	3.9F
	2201		
14 Sa		0044	4.9E
	0402	0704	3.9F
	1015	1304	5.1E
	1626	1928	3.9F
	2243		
15 Su		0126	4.9E
	0441	0745	3.9F
	1057	1347	5.1E
	1709	2011	3.9F
	2326		
16 M		0209	4.9E
	0523	0829	3.9F
	1141	1433	5.0E
	1755	2057	3.8F
17 Tu	0012	0256	4.8E
	0609	0916	3.7F
	1230	1521	4.9E
	1845	2147	3.6F
18 W	0103	0346	4.6E
	0700	1009	3.6F
	1325	1614	4.7E
	1942	2243	3.4F
19 Th	0201	0441	4.4E
	0801	1109	3.4F
	1426	1713	4.5E
	2047	2347	3.3F
20 F ○	0305	0543	4.3E
	0911	1217	3.3F
	1535	1819	4.4E
	2158		
21 Sa		0059	3.2F
	0413	0653	4.2E
	1026	1332	3.2F
	1645	1932	4.3E
	2309		
22 Su		0214	3.2F
	0521	0808	4.3E
	1138	1447	3.4F
	1753	2048	4.4E
23 M	0014	0322	3.4F
	0623	0921	4.4E
	1242	1553	3.6F
	1854	2156	4.5E
24 Tu	0112	0421	3.6F
	0720	1024	4.7E
	1339	1650	3.7F
	1949	2252	4.7E
25 W	0205	0513	3.8F
	0811	1116	4.9E
	1431	1740	3.9F
	2040	2341	4.8E
26 Th	0253	0600	3.9F
	0859	1202	5.0E
	1519	1826	3.9F
	2127		
27 F ●		0024	4.9E
	0338	0644	3.9F
	0944	1244	5.0E
	1604	1909	3.9F
	2211		
28 Sa		0105	4.8E
	0421	0725	3.9F
	1027	1324	5.0E
	1648	1950	3.8F
	2254		
29 Su		0143	4.8E
	0503	0806	3.8F
	1110	1403	4.9E
	1731	2031	3.7F
	2337		
30 M		0221	4.6E
	0546	0846	3.6F
	1153	1441	4.7E
	1814	2112	3.5F
31 Tu	0020	0301	4.5E
	0629	0927	3.4F
	1236	1522	4.5E
	1858	2154	3.3F

November

Day	Slack h m	Maximum h m	knots
1 W	0104	0342	4.3E
	0713	1011	3.2F
	1322	1605	4.3E
	1944	2240	3.1F
2 Th	0151	0427	4.1E
	0802	1058	3.0F
	1410	1652	4.1E
	2035	2329	2.9F
3 F	0241	0516	3.9E
	0854	1151	2.8F
	1502	1742	4.0E
	2128		
4 Sa ☽		0023	2.8F
	0334	0609	3.9E
	0949	1247	2.8F
	1557	1837	4.0E
	2223		
5 Su		0119	2.8F
	0428	0704	3.9E
	1045	1343	2.8F
	1651	1933	4.0E
	2316		
6 M		0213	2.9F
	0519	0800	4.0E
	1138	1437	3.0F
	1744	2027	4.2E
7 Tu	0005	0303	3.0F
	0608	0852	4.2E
	1227	1526	3.2F
	1833	2117	4.3E
8 W	0051	0348	3.3F
	0654	0940	4.5E
	1313	1612	3.4F
	1919	2204	4.6E
9 Th	0134	0431	3.5F
	0737	1026	4.7E
	1357	1655	3.6F
	2004	2249	4.7E
10 F	0215	0513	3.7F
	0820	1111	5.0E
	1440	1738	3.7F
	2047	2333	4.9E
11 Sa	0256	0555	3.8F
	0903	1155	5.1E
	1524	1821	3.8F
	2131		
12 Su ○		0017	5.0E
	0338	0638	3.9F
	0947	1240	5.2E
	1609	1906	3.9F
	2216		
13 M		0102	5.0E
	0422	0723	3.9F
	1032	1327	5.2E
	1656	1952	3.8F
	2302		
14 Tu		0149	5.0E
	0509	0811	3.9F
	1120	1415	5.2E
	1745	2041	3.7F
	2352		
15 W		0238	4.9E
	0559	0901	3.7F
	1212	1506	5.0E
	1839	2134	3.6F
16 Th	0045	0331	4.7E
	0656	0957	3.6F
	1309	1601	4.8E
	1939	2232	3.4F
17 F	0144	0428	4.5E
	0759	1059	3.4F
	1411	1701	4.6E
	2044	2338	3.2F
18 Sa ○	0248	0532	4.4E
	0910	1208	3.2F
	1518	1808	4.4E
	2152		
19 Su		0049	3.1F
	0354	0643	4.3E
	1021	1324	3.2F
	1626	1922	4.4E
	2259		
20 M		0202	3.2F
	0459	0800	4.4E
	1130	1436	3.3F
	1732	2038	4.4E
21 Tu	0001	0307	3.3F
	0600	0912	4.5E
	1232	1539	3.4F
	1832	2143	4.5E
22 W	0057	0404	3.5F
	0656	1011	4.7E
	1327	1633	3.5F
	1925	2237	4.6E
23 Th	0148	0454	3.6F
	0746	1101	4.8E
	1417	1721	3.6F
	2014	2322	4.7E
24 F	0235	0539	3.7F
	0833	1144	4.9E
	1503	1805	3.7F
	2100		
25 Sa ●		0003	4.8E
	0318	0621	3.7F
	0916	1223	4.9E
	1546	1846	3.7F
	2142		
26 Su		0040	4.8E
	0400	0701	3.7F
	0958	1259	4.9E
	1628	1925	3.6F
	2224		
27 M		0116	4.7E
	0441	0739	3.6F
	1039	1335	4.9E
	1709	2003	3.5F
	2304		
28 Tu		0152	4.7E
	0521	0817	3.5F
	1120	1412	4.8E
	1750	2042	3.4F
	2345		
29 W		0230	4.6E
	0602	0856	3.4F
	1201	1451	4.7E
	1832	2121	3.2F
30 Th	0027	0310	4.5E
	0645	0937	3.3F
	1243	1532	4.5E
	1915	2203	3.1F

December

Day	Slack h m	Maximum h m	knots
1 F	0110	0353	4.3E
	0729	1021	3.0F
	1328	1616	4.4E
	2001	2248	2.9F
2 Sa	0156	0438	4.2E
	0817	1108	2.9F
	1416	1704	4.3E
	2050	2337	2.8F
3 Su ☽	0244	0527	4.2E
	0908	1159	2.8F
	1506	1754	4.2E
	2141		
4 M		0028	2.8F
	0335	0619	4.2E
	1002	1252	2.8F
	1559	1847	4.2E
	2232		
5 Tu		0121	2.8F
	0426	0713	4.2E
	1056	1347	2.9F
	1653	1940	4.3E
	2323		
6 W		0213	3.0F
	0518	0807	4.4E
	1149	1440	3.1F
	1746	2033	4.4E
7 Th	0011	0303	3.1F
	0608	0900	4.6E
	1240	1531	3.2F
	1837	2125	4.6E
8 F	0059	0353	3.4F
	0657	0951	4.8E
	1329	1621	3.4F
	1926	2215	4.8E
9 Sa	0145	0441	3.6F
	0746	1041	5.0E
	1417	1710	3.6F
	2015	2304	4.9E
10 Su	0232	0529	3.7F
	0834	1131	5.2E
	1506	1758	3.7F
	2103	2353	5.1E
11 M ○	0319	0617	3.9F
	0923	1220	5.3E
	1555	1847	3.8F
	2152		
12 Tu		0043	5.1E
	0408	0706	3.9F
	1013	1310	5.3E
	1645	1937	3.8F
	2243		
13 W		0133	5.1E
	0459	0757	3.9F
	1105	1401	5.3E
	1738	2029	3.7F
	2335		
14 Th		0225	5.0E
	0554	0851	3.8F
	1159	1454	5.1E
	1833	2124	3.6F
15 F	0030	0319	4.9E
	0652	0948	3.6F
	1256	1550	4.9E
	1932	2222	3.4F
16 Sa	0127	0417	4.7E
	0755	1050	3.4F
	1356	1650	4.7E
	2034	2326	3.3F
17 Su ○	0228	0520	4.6E
	0901	1157	3.3F
	1459	1755	4.5E
	2138		
18 M		0033	3.2F
	0331	0629	4.5E
	1009	1307	3.2F
	1604	1906	4.4E
	2241		
19 Tu		0142	3.1F
	0434	0743	4.4E
	1114	1416	3.2F
	1706	2018	4.4E
	2342		
20 W		0245	3.2F
	0534	0853	4.5E
	1215	1518	3.2F
	1805	2123	4.4E
21 Th	0038	0342	3.3F
	0629	0953	4.6E
	1310	1612	3.3F
	1859	2217	4.5E
22 F	0128	0433	3.4F
	0720	1042	4.7E
	1359	1701	3.4F
	1947	2302	4.6E
23 Sa	0215	0518	3.4F
	0807	1124	4.8E
	1445	1744	3.4F
	2032	2341	4.6E
24 Su	0258	0559	3.5F
	0850	1201	4.8E
	1527	1824	3.4F
	2115		
25 M ●		0016	4.7E
	0339	0638	3.5F
	0932	1236	4.8E
	1607	1902	3.4F
	2155		
26 Tu		0051	4.7E
	0418	0715	3.5F
	1012	1311	4.9E
	1646	1938	3.4F
	2235		
27 W		0126	4.7E
	0457	0751	3.5F
	1052	1347	4.8E
	1725	2014	3.4F
	2314		
28 Th		0203	4.7E
	0536	0828	3.4F
	1131	1424	4.8E
	1805	2052	3.3F
	2353		
29 F		0241	4.6E
	0616	0907	3.3F
	1211	1503	4.7E
	1845	2130	3.2F
30 Sa	0034	0322	4.6E
	0656	0947	3.2F
	1252	1544	4.6E
	1926	2211	3.1F
31 Su	0115	0404	4.5E
	0739	1030	3.1F
	1336	1628	4.5E
	2009	2255	3.0F

Time meridian 75° W. 0000 is midnight. 1200 is noon.

The Narrows, New York Harbor, New York, 2000

F–Flood, Dir. 340° True   E–Ebb, Dir. 160° True

January

Day	Slack (h m)	Maximum (h m)	knots	Day	Slack (h m)	Maximum (h m)	knots
1 Sa	0002 0556 1245 1800	0308 0907 1539 2117	1.7F 1.8E 1.2F 1.8E	**16** Su	0514 1211 1724	0152 0831 1421 2045	1.8F 2.0E 1.4F 2.0E
2 Su	0051 0647 1339 1849	0403 0955 1633 2202	1.7F 1.9E 1.3F 1.8E	**17** M	0011 0613 1311 1823	0252 0926 1526 2138	2.0F 2.1E 1.5F 2.1E
3 M	0138 0732 1429 1935	0449 1042 1718 2247	1.8F 1.9E 1.3F 1.8E	**18** Tu	0107 0709 1408 1919	0354 1021 1629 2232	2.1F 2.3E 1.6F 2.2F
4 Tu	0224 0814 1516 2019	0526 1128 1755 2333	1.9F 2.0E 1.3F 1.8E	**19** W	0203 0803 1501 2013	0452 1116 1725 2328	2.3F 2.4E 1.8F 2.3E
5 W	0307 0855 1559 2101	0555 1213 1823	1.9F 2.0E 1.4F	**20** Th	0257 0854 1552 2107 ○	0544 1211 1815	2.5F 2.5E 1.9F
6 Th ●	0347 0935 1640 2144	0019 0624 1257 1852	1.8E 1.9F 2.1E 1.4F	**21** F	0349 0946 1640 2201	0024 0632 1304 1903	2.4E 2.5F 2.6E 1.9F
7 F	0426 1016 1720 2228	0103 0659 1338 1927	1.8E 1.9F 2.1E 1.4F	**22** Sa	0441 1036 1728 2254	0119 0721 1354 1953	2.4E 2.4F 2.6E 2.0F
8 Sa	0505 1056 1759 2311	0145 0738 1417 2007	1.8E 1.9F 2.1E 1.4F	**23** Su	0532 1126 1817 2348	0210 0811 1442 2046	2.4E 2.3F 2.6E 1.9F
9 Su	0544 1138 1840 2356	0225 0821 1456 2052	1.8E 1.8F 2.1E 1.4F	**24** M	0626 1214 1907	0259 0904 1528 2141	2.3E 2.1F 2.5E 1.8F
10 M	0626 1219 1921	0305 0907 1534 2139	1.8E 1.7F 2.1E 1.4F	**25** Tu	0040 0722 1302 1959	0349 0959 1615 2236	2.2F 1.9F 2.3E 1.8F
11 Tu	0041 0714 1301 2005	0345 0956 1613 2227	1.8E 1.7F 2.0E 1.5F	**26** W	0133 0821 1349 2051	0440 1053 1705 2328	2.0E 1.7F 2.1E 1.7F
12 W	0128 0810 1346 2050	0431 1046 1658 2315	1.7E 1.6F 1.9E 1.6F	**27** Th	0226 0921 1438 2144	0537 1145 1800	1.8E 1.5F 1.9E
13 Th	0218 0910 1433 2137	0527 1136 1752	1.7E 1.5F 1.8E	**28** F ☽	0321 1020 1530 2235	0019 0638 1237 1857	1.6F 1.7E 1.3F 1.7E
14 F ☾	0313 1011 1526 2226	0005 0631 1227 1851	1.7F 1.7E 1.5F 1.8E	**29** Sa	0419 1118 1625 2327	0112 0739 1337 1953	1.6F 1.6E 1.1F 1.7E
15 Sa	0413 1111 1624 2317	0056 0733 1322 1950	1.7F 1.8E 1.4F 1.9E	**30** Su	0518 1215 1722	0215 0834 1456 2044	1.5F 1.7E 1.1F 1.7E
				31 M	0017 0612 1310 1817	0323 0924 1602 2132	1.5F 1.7F 1.1F 1.7E

February

Day	Slack (h m)	Maximum (h m)	knots	Day	Slack (h m)	Maximum (h m)	knots
1 Tu	0108 0701 1402 1907	0418 1012 1652 2219	1.6F 1.8E 1.2F 1.7E	**16** W	0051 0651 1349 1903	0337 1003 1619 2217	2.0F 2.2E 1.6F 2.1E
2 W	0156 0746 1449 1953	0501 1058 1732 2306	1.7F 1.9E 1.3F 1.7E	**17** Th	0149 0746 1442 1959	0442 1058 1717 2313	2.2F 2.3E 1.7F 2.3E
3 Th	0242 0828 1532 2037	0534 1145 1803 2353	1.8F 2.0E 1.4F 1.8E	**18** F	0245 0837 1532 2052	0536 1152 1806	2.3F 2.4E 1.9F
4 F	0325 0909 1613 2120	0604 1229 1830	1.9F 2.1E 1.5F	**19** Sa ○	0338 0927 1618 2144	0009 0623 1244 1851	2.3E 2.4F 2.5E 2.0F
5 Sa ●	0405 0950 1651 2203	0038 0637 1311 1903	1.9E 1.9F 2.1E 1.5F	**20** Su	0428 1015 1704 2235	0102 0708 1333 1935	2.4E 2.3F 2.5E 2.0F
6 Su	0445 1031 1728 2246	0122 0715 1351 1941	1.9E 2.0F 2.2E 1.6F	**21** M	0517 1102 1749 2325	0152 0753 1418 2021	2.4E 2.2F 2.5E 2.0F
7 M	0524 1111 1804 2330	0203 0757 1429 2023	2.0E 1.9F 2.2E 1.6F	**22** Tu	0607 1148 1835	0238 0840 1501 2109	2.3E 2.0F 2.4E 1.9F
8 Tu	0605 1152 1842	0243 0841 1506 2109	2.0E 1.8F 2.2E 1.7F	**23** W	0014 0659 1232 1923	0324 0929 1544 2158	2.2E 1.8F 2.2E 1.8F
9 W	0015 0652 1234 1922	0323 0929 1544 2157	2.0E 1.8F 2.1E 1.7F	**24** Th	0102 0753 1316 2013	0411 1019 1630 2246	2.0E 1.6F 2.0E 1.7F
10 Th	0101 0745 1318 2007	0406 1019 1626 2246	2.0E 1.7F 2.0E 1.8F	**25** F	0151 0850 1402 2105	0501 1108 1719 2334	1.8E 1.4F 1.8E 1.6F
11 F	0151 0844 1405 2058	0458 1109 1716 2337	1.9E 1.6F 1.9E 1.8F	**26** Sa ☾	0242 0948 1451 2158	0558 1157 1815	1.7E 1.2F 1.6E
12 Sa ☾	0245 0946 1457 2153	0600 1202 1818	1.8F 1.5F 1.8E	**27** Su	0336 1045 1546 2251	0022 0659 1249 1914	1.5F 1.6E 1.1F 1.5E
13 Su	0345 1049 1556 2251	0029 0706 1257 1923	1.8F 1.9E 1.4F 1.8E	**28** M	0434 1142 1645 2344	0115 0757 1351 2010	1.4F 1.6E 1.0F 1.5E
14 M	0448 1151 1700 2350	0126 0809 1357 2024	1.9F 2.0E 1.3F 1.9E	**29** Tu	0532 1237 1744	0218 0850 1519 2102	1.4F 1.7E 1.0F 1.6E
15 Tu	0552 1251 1804	0229 0907 1506 2121	1.9F 2.1E 1.4F 2.0E				

March

Day	Slack (h m)	Maximum (h m)	knots	Day	Slack (h m)	Maximum (h m)	knots
1 W	0036 0625 1329 1838	0333 0939 1620 2150	1.5F 1.8E 1.1F 1.6E	**16** Th	0038 0632 1327 1851	0327 0945 1614 2203	1.9F 2.2E 1.6F 2.1E
2 Th	0127 0713 1417 1927	0427 1026 1703 2238	1.6F 1.9E 1.3F 1.7E	**17** F	0138 0727 1420 1946	0437 1038 1710 2258	2.0F 2.3E 1.8F 2.2E
3 F	0216 0758 1500 2012	0506 1112 1735 2325	1.7F 2.0E 1.5F 1.8E	**18** Sa	0233 0818 1509 2037	0529 1131 1755 2352	2.1F 2.3E 2.0F 2.3E
4 Sa	0301 0840 1540 2055	0539 1157 1803	1.8F 2.1E 1.6F	**19** Su ○	0325 0905 1554 2126	0613 1221 1836	2.2F 2.4E 2.1F
5 Su ●	0343 0921 1617 2137	0011 0614 1240 1836	2.0E 1.9F 2.1E 1.7F	**20** M	0414 0951 1637 2214	0044 0654 1308 1914	2.4E 2.1F 2.4E 2.1F
6 M	0424 1002 1653 2220	0056 0651 1321 1913	2.1E 2.0F 2.2E 1.8F	**21** Tu	0501 1035 1719 2301	0131 0733 1352 1953	2.4E 2.0F 2.3E 2.0F
7 Tu	0504 1043 1728 2304	0139 0732 1401 1954	2.2E 2.0F 2.2E 1.9F	**22** W	0547 1118 1802 2346	0216 0814 1433 2034	2.3E 1.8F 2.2E 1.9F
8 W	0546 1125 1804 2350	0220 0816 1439 2040	2.2E 1.9F 2.2E 1.9F	**23** Th	0635 1201 1846	0259 0858 1514 2119	2.2E 1.6F 2.1E 1.8F
9 Th	0633 1208 1844	0302 0904 1518 2128	2.2E 1.8F 2.2E 2.0F	**24** F	0031 0726 1244 1933	0342 0944 1556 2206	2.1E 1.5F 1.9E 1.7F
10 F	0037 0725 1254 1932	0346 0954 1600 2219	2.2E 1.7F 2.1E 1.9F	**25** Sa	0117 0821 1329 2024	0428 1033 1641 2254	1.9F 1.3F 1.7E 1.6F
11 Sa	0127 0825 1342 2027	0436 1047 1651 2312	2.1E 1.6F 1.9E 1.9F	**26** Su	0204 0917 1417 2119	0519 1122 1734 2343	1.7F 1.2F 1.5E 1.5F
12 Su	0222 0928 1436 2129	0537 1141 1754	2.0E 1.5F 1.8E	**27** M ☾	0255 1013 1511 2214	0618 1213 1835	1.6F 1.1F 1.4E
13 M ☾	0322 1030 1537 2232	0007 0644 1237 1903	1.9F 1.9E 1.4F 1.8E	**28** Tu	0350 1107 1610 2309	0033 0718 1307 1935	1.4F 1.6E 1.0F 1.4E
14 Tu	0426 1132 1644 2335	0105 0749 1340 2007	1.8F 2.0E 1.4F 1.9E	**29** W	0448 1200 1711	0128 0814 1411 2030	1.4F 1.6E 1.0F 1.5E
15 W	0531 1231 1750	0210 0849 1455 2107	1.8F 2.1E 1.4F 2.0E	**30** Th	0003 0545 1251 1807	0230 0904 1527 2120	1.4F 1.8E 1.2F 1.6E
				31 F	0056 0636 1338 1857	0336 0951 1620 2208	1.5F 1.9E 1.3F 1.8E

Time meridian 75° W. 0000 is midnight. 1200 is noon.

The Narrows, New York Harbor, New York, 2000

F–Flood, Dir. 340° True   E–Ebb, Dir. 160° True

April

Day	Slack h m	Maximum h m	knots	Day	Slack h m	Maximum h m	knots
1 Sa	0147 0723 1422 1943	0428 1036 1656 2255	1.6F 2.0E 1.5F 1.9E	16 Su	0219 0755 1442 2021	0517 1106 1739 2333	1.9F 2.2E 2.0F 2.3E
2 Su	0234 0806 1502 2027	0509 1121 1730 2342	1.8F 2.1E 1.8F 2.1E	17 M	0310 0840 1527 2107	0600 1154 1817	1.9F 2.2E 2.1F
3 M	0319 0849 1540 2110	0547 1205 1806	1.9F 2.1E 1.9F	18 Tu ○	0358 0924 1609 2151	0023 0638 1240 1851	2.3E 1.9F 2.2E 2.1F
4 Tu ●	0402 0931 1616 2154	0028 0626 1248 1845	2.2E 1.9F 2.2E 2.1F	19 W	0443 1006 1650 2235	0110 0712 1324 1924	2.3E 1.8F 2.1E 2.0F
5 W	0444 1014 1652 2239	0113 0707 1331 1927	2.3E 2.0F 2.3E 2.2F	20 Th	0528 1048 1730 2318	0153 0748 1405 2002	2.3E 1.6F 2.0E 1.9F
6 Th	0528 1058 1731 2327	0158 0752 1412 2013	2.4E 1.9F 2.3E 2.2F	21 F	0614 1131 1811	0234 0828 1445 2044	2.2E 1.5F 1.9E 1.8F
7 F	0616 1144 1814	0242 0840 1455 2102	2.4E 1.8F 2.2E 2.2F	22 Sa	0001 0701 1214 1855	0316 0913 1525 2130	2.1E 1.3F 1.8E 1.7F
8 Sa	0016 0709 1233 1905	0328 0932 1540 2155	2.4E 1.7F 2.1E 2.1F	23 Su	0045 0753 1300 1945	0358 1002 1608 2219	1.9E 1.2F 1.6E 1.6F
9 Su	0108 0809 1325 2005	0419 1028 1633 2251	2.2E 1.6F 2.0E 2.0F	24 M	0130 0846 1347 2040	0445 1052 1657 2308	1.8E 1.2F 1.5E 1.5F
10 M	0203 0911 1421 2112	0518 1124 1736 2348	2.1E 1.5F 1.8E 1.9F	25 Tu	0218 0940 1439 2137	0539 1142 1756 2358	1.7E 1.1F 1.4E 1.4F
11 Tu ◐	0302 1012 1524 2218	0624 1223 1846	2.0E 1.5F 1.8E	26 W	0309 1032 1536 2233	0638 1233 1859	1.6E 1.1F 1.4E
12 W	0405 1111 1631 2322	0048 0730 1328 1953	1.8F 2.0E 1.4F 1.9E	27 Th	0404 1122 1635 2329	0050 0735 1326 1957	1.4F 1.7E 1.2F 1.5E
13 Th	0510 1209 1737	0156 0830 1449 2053	1.8F 2.1E 1.5F 2.0E	28 F	0501 1209 1733	0145 0826 1423 2048	1.4F 1.8E 1.3F 1.6E
14 F	0024 0611 1303 1838	0319 0925 1601 2148	1.8F 2.2E 1.7F 2.1E	29 Sa	0023 0555 1255 1825	0244 0913 1521 2136	1.4F 1.9E 1.4F 1.8E
15 Sa	0124 0705 1355 1931	0426 1016 1655 2242	1.9F 2.2E 1.9F 2.2E	30 Su	0115 0644 1339 1912	0342 0958 1611 2223	1.5F 2.0E 1.7F 2.0E

May

Day	Slack h m	Maximum h m	knots	Day	Slack h m	Maximum h m	knots
1 M	0205 0730 1421 1958	0432 1043 1654 2311	1.6F 2.1E 1.9F 2.2E	16 Tu	0253 0812 1459 2045	0543 1125 1757	1.7F 2.1E 2.1F
2 Tu	0253 0815 1501 2043	0517 1128 1736 2359	1.8F 2.1E 2.1F 2.3E	17 W	0341 0855 1541 2128	0000 0620 1211 1828	2.2E 1.6F 2.0E 2.0F
3 W ●	0339 0859 1540 2129	0600 1215 1818	1.9F 2.2E 2.3F	18 Th ○	0425 0937 1622 2210	0046 0652 1255 1858	2.2E 1.6F 2.0E 2.0F
4 Th	0424 0945 1621 2216	0048 0643 1301 1902	2.4E 1.9F 2.3E 2.4F	19 F	0509 1019 1701 2251	0130 0724 1338 1933	2.2E 1.5F 1.9E 1.9F
5 F	0511 1032 1704 2306	0136 0729 1348 1949	2.5E 1.9F 2.3E 2.4F	20 Sa	0552 1103 1741 2333	0211 0801 1418 2014	2.1E 1.4F 1.8E 1.8F
6 Sa	0600 1123 1751 2357	0224 0819 1435 2040	2.6E 1.8F 2.3E 2.3F	21 Su	0638 1147 1823	0251 0845 1459 2059	2.1E 1.3F 1.7E 1.7F
7 Su	0654 1215 1846	0312 0913 1524 2135	2.5E 1.7F 2.2E 2.2F	22 M	0016 0725 1233 1910	0332 0933 1540 2147	2.0E 1.3F 1.6E 1.6F
8 M	0050 0752 1310 1949	0404 1011 1619 2233	2.4E 1.6F 2.0E 2.1F	23 Tu	0059 0815 1320 2003	0415 1022 1626 2236	1.9E 1.2F 1.5E 1.5F
9 Tu	0145 0852 1408 2056	0501 1111 1721 2332	2.3E 1.6F 1.9E 1.9F	24 W	0144 0905 1410 2100	0503 1112 1719 2326	1.8E 1.2F 1.4E 1.5F
10 W ◐	0242 0952 1510 2202	0604 1212 1829	2.1E 1.6F 1.9E	25 Th	0232 0954 1503 2157	0557 1200 1820	1.7E 1.2F 1.4E
11 Th	0343 1048 1616 2306	0033 0708 1318 1936	1.8F 2.1E 1.6F 1.9E	26 F ○	0323 1041 1559 2253	0016 0653 1249 1920	1.4F 1.7E 1.3F 1.5E
12 F	0445 1143 1721	0141 0808 1433 2036	1.7F 2.1E 1.6F 2.0E	27 Sa	0417 1126 1656 2348	0107 0746 1340 2014	1.4F 1.8E 1.4F 1.7E
13 Sa	0007 0545 1236 1821	0301 0902 1540 2131	1.6F 2.1E 1.8F 2.1E	28 Su	0512 1211 1750	0202 0835 1434 2104	1.4F 1.9E 1.6F 1.8E
14 Su	0106 0639 1327 1914	0406 0951 1634 2222	1.7F 2.1E 1.9F 2.1E	29 M	0042 0604 1255 1841	0259 0921 1528 2152	1.4F 2.0E 1.8F 2.0E
15 M	0202 0728 1414 2001	0459 1039 1719 2312	1.8F 2.1E 2.0F 2.2E	30 Tu	0135 0654 1339 1929	0355 1006 1619 2241	1.5F 2.1E 2.0F 2.2E
				31 W	0227 0741 1424 2017	0447 1054 1707 2332	1.7F 2.1E 2.2F 2.4E

June

Day	Slack h m	Maximum h m	knots	Day	Slack h m	Maximum h m	knots
1 Th	0316 0829 1509 2106	0534 1144 1753	1.8F 2.2E 2.4F	16 F ○	0405 0910 1556 2145	0022 0635 1228 1836	2.1E 1.4F 1.8E 1.9F
2 F ●	0405 0918 1555 2156	0024 0621 1235 1839	2.5E 1.9F 2.3E 2.5F	17 Sa	0448 0953 1636 2226	0106 0704 1312 1909	2.1E 1.4F 1.8E 1.9F
3 Sa	0453 1010 1643 2247	0116 0709 1327 1928	2.6E 1.9F 2.3E 2.5F	18 Su	0530 1037 1715 2307	0148 0738 1354 1947	2.1E 1.3F 1.8E 1.8F
4 Su	0543 1103 1734 2340	0206 0800 1418 2020	2.6E 1.8F 2.3E 2.4F	19 M	0613 1122 1756 2349	0228 0819 1435 2031	2.1E 1.3F 1.7E 1.7F
5 M	0636 1159 1831	0256 0856 1510 2116	2.6E 1.8F 2.2E 2.2F	20 Tu	0656 1207 1840	0307 0904 1516 2118	2.0E 1.3F 1.7E 1.7F
6 Tu	0033 0732 1255 1934	0347 0956 1604 2216	2.5E 1.7F 2.1E 2.1F	21 W	0031 0742 1253 1929	0347 0952 1558 2206	2.0E 1.3F 1.6E 1.6F
7 W	0126 0830 1353 2039	0441 1057 1703 2316	2.4E 1.7F 2.0E 1.9F	22 Th	0114 0828 1340 2024	0430 1040 1645 2255	1.9E 1.3F 1.5E 1.5F
8 Th	0221 0927 1453 2144	0540 1158 1808	2.2E 1.7F 1.9E	23 F ◐	0158 0914 1430 2121	0517 1127 1741 2344	1.8E 1.4F 1.5E 1.5F
9 F	0317 1022 1556 2246	0016 0642 1300 1914	1.8F 2.1E 1.7F 1.9E	24 Sa ○	0245 0958 1523 2218	0610 1215 1841	1.8F 1.8E 1.5F 1.6E
10 Sa	0416 1115 1700 2346	0120 0741 1406 2015	1.6F 2.1E 1.7F 1.9E	25 Su	0336 1042 1619 2314	0034 0704 1304 1939	1.4F 1.8E 1.6F 1.7E
11 Su	0514 1207 1759	0233 0835 1511 2110	1.5F 2.0E 1.8F 2.0E	26 M	0430 1127 1716	0126 0757 1356 2033	1.4F 1.9E 1.7F 2.0E
12 M	0045 0609 1257 1852	0341 0924 1608 2200	1.5F 2.0E 1.9F 2.0E	27 Tu	0011 0526 1214 1811	0222 0846 1452 2124	1.4F 1.9E 1.9F 2.0E
13 Tu	0141 0658 1345 1939	0436 1010 1656 2248	1.5F 2.0E 1.9F 2.0E	28 W	0107 0620 1303 1903	0321 0935 1548 2215	1.4F 2.0E 2.1F 2.2E
14 W	0233 0744 1431 2022	0523 1056 1735 2336	1.5F 1.9E 1.9F 2.0E	29 Th	0202 0712 1354 1955	0419 1025 1642 2308	1.6F 2.1E 2.3F 2.4E
15 Th	0321 0827 1515 2104	0602 1142 1807	1.4F 1.9E 1.9F	30 F	0255 0804 1445 2045	0512 1118 1732	1.7F 2.2E 2.4F

Time meridian 75° W. 0000 is midnight. 1200 is noon.

The Narrows, New York Harbor, New York, 2000

F—Flood, Dir. 340° True   E—Ebb, Dir. 160° True

July

Day	Slack (h m)	Maximum (h m)	knots
1 Sa ●	0345 0856 1536 2137	0002 0602 1213 1821	2.5E 1.8F 2.3E 2.5F
2 Su	0434 0950 1628 2229	0056 0651 1308 1910	2.6E 1.9F 2.3E 2.5F
3 M	0524 1045 1721 2321	0148 0743 1402 2002	2.6E 1.9F 2.4E 2.4F
4 Tu	0615 1141 1817	0238 0838 1454 2058	2.6E 1.9F 2.3E 2.3F
5 W	0013 0708 1237 1916	0327 0937 1546 2157	2.6E 1.9F 2.2E 2.1F
6 Th	0105 0803 1333 2019	0418 1038 1642 2256	2.4E 1.8F 2.1E 1.9F
7 F	0156 0858 1430 2122	0512 1136 1742 2353	2.2E 1.8F 1.9E 1.7F
8 Sa ◐	0248 0952 1530 2223	0610 1232 1846	2.1E 1.8F 1.9E
9 Su	0343 1045 1631 2322	0052 0709 1332 1948	1.5F 2.0E 1.7F 1.8E
10 M	0440 1136 1730	0158 0804 1436 2044	1.4F 1.9E 1.7F 1.9E
11 Tu	0020 0536 1227 1825	0310 0855 1538 2135	1.3F 1.9E 1.7F 1.9E
12 W	0116 0628 1317 1913	0410 0942 1630 2222	1.3F 1.8E 1.8F 1.9E
13 Th	0209 0716 1405 1957	0501 1028 1713 2309	1.3F 1.8E 1.8F 1.9E
14 F	0258 0801 1450 2039	0543 1115 1748 2356	1.3F 1.8E 1.9F 2.0E
15 Sa	0342 0845 1533 2120	0617 1201 1816	1.4F 1.8E 1.9F
16 Su ○	0424 0929 1614 2200	0040 0645 1247 1847	2.0E 1.4F 1.8E 1.9F
17 M	0504 1012 1653 2241	0123 0715 1331 1924	2.1E 1.4F 1.8E 1.9F
18 Tu	0544 1056 1733 2322	0203 0753 1412 2005	2.1E 1.4F 1.8E 1.8F
19 W	0624 1140 1815	0241 0835 1452 2049	2.1E 1.4F 1.8E 1.7F
20 Th	0003 0704 1225 1900	0319 0920 1532 2137	2.1E 1.4F 1.8E 1.6F
21 F	0044 0746 1310 1952	0357 1007 1614 2225	2.0E 1.5F 1.7E 1.6F
22 Sa	0127 0829 1358 2049	0439 1055 1704 2314	1.9E 1.5F 1.7E 1.5F
23 Su	0211 0914 1449 2147	0527 1142 1803	1.8E 1.6F 1.7E
24 M ◑	0300 1001 1545 2245	0004 0623 1232 1905	1.4F 1.8E 1.7F 1.7E
25 Tu	0354 1050 1644 2344	0056 0721 1324 2004	1.4F 1.8E 1.8F 1.9E
26 W	0453 1142 1744	0152 0817 1421 2059	1.3F 1.9E 1.9F 2.0E
27 Th	0042 0552 1237 1840	0252 0910 1522 2153	1.4F 2.0E 2.0F 2.2E
28 F	0139 0650 1333 1934	0356 1004 1621 2247	1.5F 2.1E 2.2F 2.3E
29 Sa	0234 0745 1429 2027	0454 1059 1716 2342	1.7F 2.2E 2.4F 2.5E
30 Su ●	0325 0839 1523 2118	0547 1155 1806	1.8F 2.3E 2.5F
31 M	0414 0933 1615 2210	0036 0636 1251 1855	2.6E 2.0F 2.4E 2.5F

August

Day	Slack (h m)	Maximum (h m)	knots
1 Tu	0502 1027 1707 2300	0128 0725 1345 1945	2.6E 2.0F 2.4E 2.4F
2 W	0550 1122 1801 2350	0217 0817 1436 2038	2.6E 2.0F 2.4E 2.2F
3 Th	0640 1216 1857	0305 0912 1526 2134	2.5E 2.0F 2.3E 2.0F
4 F	0039 0731 1309 1956	0352 1009 1617 2230	2.4E 1.9F 2.1E 1.8F
5 Sa	0128 0825 1402 2056	0442 1104 1713 2325	2.2E 1.8F 2.0E 1.6F
6 Su ◐	0217 0919 1458 2156	0535 1157 1813	2.0E 1.8F 1.8E
7 M	0309 1012 1556 2255	0019 0633 1251 1915	1.4F 1.8E 1.7F 1.7E
8 Tu	0404 1105 1655 2352	0118 0731 1352 2014	1.2F 1.7E 1.6F 1.7E
9 W	0502 1157 1752	0232 0825 1501 2106	1.1F 1.7E 1.6F 1.8E
10 Th	0048 0558 1248 1843	0341 0914 1600 2154	1.1F 1.7E 1.6F 1.8E
11 F	0141 0650 1338 1929	0435 1002 1648 2241	1.2F 1.7E 1.7F 1.9E
12 Sa	0230 0737 1425 2012	0519 1049 1726 2326	1.3F 1.7E 1.8F 2.0E
13 Su	0314 0822 1510 2053	0555 1135 1755	1.4F 1.8E 1.8F
14 M	0355 0905 1552 2133	0011 0622 1221 1825	2.0E 1.5F 1.8E 1.9F
15 Tu ○	0434 0947 1632 2213	0054 0650 1306 1900	2.1E 1.5F 1.9E 1.9F
16 W	0511 1029 1711 2254	0134 0725 1347 1939	2.1E 1.6F 1.9E 1.9F
17 Th	0547 1112 1752 2334	0213 0804 1427 2022	2.1E 1.6F 2.0E 1.8F
18 F	0624 1156 1835	0250 0848 1506 2108	2.1E 1.6F 2.0E 1.7F
19 Sa	0015 0702 1241 1925	0326 0934 1547 2157	2.0E 1.7F 1.9E 1.6F
20 Su	0057 0744 1328 2021	0405 1023 1634 2246	2.0E 1.7F 1.9E 1.5F
21 M	0141 0832 1419 2121	0449 1112 1730 2337	1.9E 1.8F 1.8E 1.4F
22 Tu ◑	0231 0925 1515 2221	0546 1204 1835	1.8E 1.8F 1.8E
23 W	0326 1021 1617 2321	0030 0651 1257 1939	1.4F 1.8E 1.8F 1.9E
24 Th	0428 1119 1720	0127 0754 1356 2038	1.3F 1.8E 1.9F 2.0E
25 F	0021 0532 1219 1820	0230 0852 1500 2133	1.4F 1.9E 2.0F 2.2E
26 Sa	0118 0633 1319 1916	0339 0948 1606 2228	1.5F 2.1E 2.1F 2.3E
27 Su	0212 0730 1416 2008	0442 1043 1704 2322	1.7F 2.2E 2.3F 2.4E
28 M	0303 0824 1511 2059	0535 1139 1755	1.9F 2.4E 2.4F
29 Tu ●	0351 0917 1602 2148	0015 0622 1234 1841	2.5E 2.1F 2.4E 2.4F
30 W	0437 1009 1653 2237	0106 0707 1326 1928	2.6E 2.1F 2.5E 2.3F
31 Th	0522 1100 1743 2324	0153 0754 1416 2016	2.5E 2.1F 2.5E 2.1F

September

Day	Slack (h m)	Maximum (h m)	knots
1 F	0609 1151 1836	0239 0843 1503 2106	2.5E 2.0F 2.4E 1.9F
2 Sa	0011 0657 1241 1931	0324 0934 1551 2159	2.3E 1.9F 2.2F 1.7F
3 Su	0057 0749 1331 2029	0409 1026 1641 2252	2.1E 1.8F 2.0E 1.5F
4 M	0145 0843 1423 2128	0459 1117 1737 2344	1.9E 1.7F 1.8F 1.3F
5 Tu ◐	0234 0937 1517 2226	0555 1208 1838	1.7F 1.6F 1.7E
6 W	0329 1032 1615 2322	0038 0655 1302 1939	1.1F 1.5E 1.5F 1.6E
7 Th	0428 1126 1713	0143 0753 1406 2034	1.0F 1.5E 1.4F 1.7E
8 F	0017 0528 1219 1807	0304 0846 1520 2123	1.1F 1.6E 1.5F 1.8E
9 Sa	0109 0623 1310 1856	0404 0935 1616 2209	1.2F 1.6E 1.6F 1.9E
10 Su	0157 0712 1359 1941	0450 1022 1658 2254	1.3F 1.7E 1.7F 2.0E
11 M	0241 0756 1445 2022	0526 1108 1730 2338	1.5F 1.8E 1.8F 2.0E
12 Tu	0322 0839 1528 2103	0553 1154 1801	1.6F 1.9E 1.9F
13 W ○	0359 0920 1609 2143	0021 0621 1238 1835	2.1E 1.7F 2.0E 1.9F
14 Th	0435 1002 1649 2223	0102 0655 1321 1913	2.1E 1.8F 2.1E 1.9F
15 F	0509 1044 1730 2304	0142 0734 1402 1955	2.1E 1.9F 2.2F 1.8F
16 Sa	0544 1128 1814 2346	0219 0817 1442 2041	2.1E 1.9F 2.2E 1.7F
17 Su	0621 1214 1903	0257 0904 1524 2130	2.1E 1.9F 2.1E 1.6F
18 M	0030 0704 1302 1959	0336 0953 1610 2221	2.0E 1.9F 2.1E 1.5F
19 Tu	0117 0756 1354 2100	0421 1046 1706 2315	1.9E 1.9F 2.0E 1.4F
20 W	0208 0857 1451 2202	0519 1139 1811	1.8E 1.8F 1.9E
21 Th	0307 1000 1553 2302	0010 0629 1235 1918	1.4F 1.7E 1.8F 1.9E
22 F	0411 1104 1658	0108 0736 1336 2019	1.4F 1.8E 1.8F 2.0E
23 Sa	0000 0518 1206 1800	0214 0838 1444 2115	1.4F 2.0E 1.9F 2.2E
24 Su	0056 0620 1307 1857	0329 0934 1557 2208	1.6F 2.1E 2.0F 2.3E
25 M	0149 0717 1405 1949	0434 1029 1657 2300	1.8F 2.3E 2.1F 2.4E
26 Tu	0239 0810 1458 2038	0524 1123 1745 2351	2.0F 2.4E 2.2F 2.4E
27 W ●	0326 0900 1549 2125	0607 1216 1828	2.2F 2.4E 2.2F
28 Th	0410 0949 1638 2211	0041 0648 1307 1910	2.4E 2.2F 2.5E 2.1F
29 F	0454 1037 1726 2256	0128 0729 1354 1952	2.4E 2.2F 2.4E 1.9F
30 Sa	0538 1125 1815 2341	0212 0812 1439 2037	2.3E 2.1F 2.3E 1.7F

Time meridian 75° W. 0000 is midnight. 1200 is noon.

The Narrows, New York Harbor, New York, 2000

F–Flood, Dir. 340° True   E–Ebb, Dir. 160° True

October

Day	Slack h m	Maximum h m	knots	Day	Slack h m	Maximum h m	knots
1 Su	0623 / 1212 / 1906	0255 / 0858 / 1524 / 2126	2.1E / 1.9F / 2.2F / 1.5F	16 M	0547 / 1150 / 1845	0231 / 0836 / 1505 / 2106	2.1E / 2.1F / 2.3E / 1.6F
2 M	0026 / 0712 / 1259 / 2002	0338 / 0947 / 1610 / 2218	1.9E / 1.8F / 2.0E / 1.3F	17 Tu	0006 / 0634 / 1240 / 1941	0314 / 0928 / 1552 / 2200	2.1E / 2.0F / 2.2E / 1.5F
3 Tu	0113 / 0805 / 1347 / 2059	0424 / 1037 / 1701 / 2310	1.7E / 1.6F / 1.8E / 1.2F	18 W	0057 / 0731 / 1333 / 2042	0403 / 1022 / 1647 / 2256	1.9E / 2.0F / 2.1E / 1.5F
4 W	0202 / 0901 / 1438 / 2155	0516 / 1128 / 1759	1.5E / 1.5F / 1.6E	19 Th	0152 / 0837 / 1430 / 2143	0502 / 1119 / 1750 / 2353	1.8E / 1.9F / 2.0E / 1.4F
5 Th ☽	0255 / 0957 / 1532 / 2250	0002 / 0617 / 1219 / 1900	1.1F / 1.4E / 1.4F / 1.6E	20 F ○	0252 / 0945 / 1531 / 2241	0611 / 1217 / 1857	1.8E / 1.8F / 2.0E
6 F	0354 / 1053 / 1630 / 2342	0058 / 0719 / 1314 / 1957	1.1F / 1.4E / 1.4F / 1.7E	21 Sa	0358 / 1051 / 1636 / 2338	0054 / 0721 / 1319 / 1959	1.5F / 1.8E / 1.8F / 2.1E
7 Sa	0455 / 1147 / 1726	0205 / 0815 / 1417 / 2048	1.1F / 1.5E / 1.4F / 1.8E	22 Su	0505 / 1153 / 1738	0202 / 0823 / 1431 / 2056	1.5F / 2.0E / 1.8F / 2.2E
8 Su	0032 / 0553 / 1240 / 1818	0320 / 0906 / 1527 / 2134	1.2F / 1.6E / 1.4F / 1.9E	23 M	0032 / 0608 / 1254 / 1835	0320 / 0920 / 1548 / 2148	1.7F / 2.1E / 1.8F / 2.2E
9 M	0119 / 0643 / 1331 / 1905	0411 / 0953 / 1619 / 2218	1.4F / 1.7E / 1.5F / 1.9E	24 Tu	0124 / 0704 / 1351 / 1927	0422 / 1014 / 1647 / 2238	1.9F / 2.2E / 1.9F / 2.3E
10 Tu	0203 / 0728 / 1418 / 1948	0447 / 1038 / 1657 / 2302	1.5F / 1.9E / 1.7F / 2.0E	25 W	0214 / 0755 / 1445 / 2014	0511 / 1106 / 1734 / 2327	2.1F / 2.3E / 2.0F / 2.3E
11 W	0244 / 0811 / 1503 / 2030	0517 / 1124 / 1732 / 2345	1.7F / 2.0E / 1.8F / 2.1E	26 Th	0300 / 0843 / 1535 / 2100	0552 / 1157 / 1815	2.2F / 2.4E / 1.9F
12 Th	0321 / 0852 / 1546 / 2110	0550 / 1209 / 1808	1.9F / 2.1E / 1.8F	27 F ●	0344 / 0929 / 1622 / 2144	0015 / 0629 / 1246 / 1852	2.3E / 2.2F / 2.4E / 1.8F
13 F ○	0357 / 0934 / 1628 / 2152	0027 / 0626 / 1254 / 1848	2.1E / 2.0F / 2.3E / 1.9F	28 Sa	0427 / 1014 / 1708 / 2228	0101 / 0705 / 1333 / 1930	2.2E / 2.2F / 2.4E / 1.7F
14 Sa	0432 / 1018 / 1710 / 2234	0109 / 0706 / 1337 / 1930	2.2E / 2.1F / 2.3E / 1.8F	29 Su	0509 / 1059 / 1754 / 2312	0145 / 0743 / 1416 / 2010	2.1E / 2.1F / 2.3E / 1.5F
15 Su	0508 / 1103 / 1755 / 2319	0150 / 0749 / 1420 / 2016	2.2E / 2.1F / 2.4E / 1.7F	30 M	0551 / 1143 / 1843 / 2357	0227 / 0825 / 1459 / 2055	2.0E / 1.9F / 2.1E / 1.4F
				31 Tu	0636 / 1228 / 1934	0309 / 0911 / 1542 / 2145	1.8E / 1.8F / 2.0E / 1.3F

November

Day	Slack h m	Maximum h m	knots	Day	Slack h m	Maximum h m	knots
1 W	0043 / 0727 / 1313 / 2028	0352 / 1000 / 1628 / 2237	1.7E / 1.6F / 1.8E / 1.2F	16 Th	0041 / 0713 / 1315 / 2021	0348 / 1002 / 1629 / 2239	2.0E / 2.1F / 2.3E / 1.6F
2 Th	0132 / 0822 / 1400 / 2122	0441 / 1051 / 1720 / 2328	1.5E / 1.5F / 1.7E / 1.1F	17 F	0137 / 0821 / 1411 / 2121	0447 / 1100 / 1729 / 2339	1.9E / 1.9F / 2.1E / 1.6F
3 F	0224 / 0920 / 1451 / 2214	0538 / 1142 / 1818	1.4E / 1.4F / 1.6E	18 Sa ○	0238 / 0929 / 1510 / 2218	0554 / 1200 / 1834	1.8E / 1.8F / 2.1E
4 Sa ☽	0320 / 1018 / 1545 / 2304	0019 / 0641 / 1233 / 1917	1.1F / 1.3E / 1.3F / 1.7E	19 Su	0343 / 1035 / 1611 / 2313	0040 / 0703 / 1302 / 1936	1.6F / 1.9E / 1.7F / 2.1E
5 Su	0419 / 1113 / 1641 / 2352	0112 / 0740 / 1328 / 2009	1.2F / 1.4E / 1.3F / 1.7E	20 M	0449 / 1137 / 1713	0148 / 0807 / 1415 / 2033	1.7F / 2.0E / 1.6F / 2.1E
6 M	0517 / 1207 / 1736	0209 / 0833 / 1426 / 2057	1.3F / 1.6E / 1.3F / 1.8E	21 Tu	0007 / 0552 / 1238 / 1810	0302 / 0904 / 1532 / 2125	1.8F / 2.1E / 1.7F / 2.2E
7 Tu	0038 / 0610 / 1259 / 1826	0308 / 0921 / 1526 / 2141	1.4F / 1.8E / 1.4F / 1.9E	22 W	0058 / 0648 / 1335 / 1902	0404 / 0957 / 1632 / 2214	1.9F / 2.1E / 1.7F / 2.2E
8 W	0121 / 0657 / 1349 / 1911	0357 / 1007 / 1617 / 2224	1.6F / 1.9E / 1.5F / 2.0E	23 Th	0148 / 0738 / 1429 / 1950	0454 / 1048 / 1720 / 2301	2.1F / 2.2E / 1.7F / 2.1E
9 Th	0203 / 0741 / 1437 / 1955	0439 / 1053 / 1700 / 2308	1.8F / 2.1E / 1.7F / 2.1E	24 F	0235 / 0825 / 1519 / 2034	0536 / 1138 / 1802 / 2348	2.1F / 2.3E / 1.7F / 2.1E
10 F	0242 / 0824 / 1522 / 2038	0518 / 1141 / 1741 / 2353	2.0F / 2.2E / 1.8F / 2.1E	25 Sa ●	0320 / 0909 / 1606 / 2118	0612 / 1226 / 1838	2.2F / 2.3E / 1.6F
11 Sa	0321 / 0908 / 1606 / 2122	0558 / 1227 / 1823	2.2F / 2.4E / 1.8F	26 Su	0402 / 0952 / 1650 / 2201	0035 / 0644 / 1311 / 1911	2.0E / 2.1F / 2.2E / 1.5F
12 Su	0359 / 0954 / 1650 / 2207	0038 / 0640 / 1314 / 1906	2.2E / 2.3F / 2.4E / 1.8F	27 M	0443 / 1034 / 1734 / 2245	0119 / 0718 / 1354 / 1947	1.9E / 2.0F / 2.2E / 1.4F
13 M	0439 / 1041 / 1737 / 2256	0124 / 0724 / 1402 / 1953	2.2E / 2.3F / 2.5E / 1.8F	28 Tu	0524 / 1117 / 1819 / 2330	0201 / 0757 / 1435 / 2028	1.9E / 1.9F / 2.1E / 1.3F
14 Tu	0523 / 1130 / 1827 / 2347	0210 / 0813 / 1447 / 2045	2.2E / 2.3F / 2.5E / 1.7F	29 W	0606 / 1159 / 1906	0243 / 0840 / 1516 / 2115	1.8E / 1.8F / 2.0E / 1.3F
15 W	0614 / 1222 / 1922	0257 / 0906 / 1536 / 2141	2.1E / 2.2F / 2.4E / 1.6F	30 Th	0016 / 0652 / 1242 / 1955	0325 / 0928 / 1558 / 2204	1.6E / 1.6F / 1.9E / 1.2F

December

Day	Slack h m	Maximum h m	knots	Day	Slack h m	Maximum h m	knots
1 F	0103 / 0745 / 1327 / 2046	0409 / 1017 / 1644 / 2254	1.5E / 1.5F / 1.8E / 1.2F	16 Sa	0122 / 0804 / 1350 / 2055	0431 / 1042 / 1707 / 2322	2.1E / 2.0F / 2.3E / 1.7F
2 Sa	0152 / 0842 / 1413 / 2135	0500 / 1107 / 1736 / 2343	1.4E / 1.4F / 1.7E / 1.2F	17 Su ○	0221 / 0911 / 1446 / 2151	0533 / 1142 / 1808	1.9E / 1.8F / 2.1E
3 Su ☽	0245 / 0940 / 1503 / 2223	0559 / 1157 / 1832	1.4E / 1.4F / 1.7E	18 M	0323 / 1016 / 1544 / 2246	0022 / 0640 / 1243 / 1909	1.7F / 1.9E / 1.7F / 2.1E
4 M	0340 / 1036 / 1556 / 2309	0031 / 0700 / 1248 / 1927	1.3F / 1.4E / 1.3F / 1.7E	19 Tu	0428 / 1118 / 1644 / 2339	0125 / 0745 / 1352 / 2007	1.8F / 1.9E / 1.5F / 2.0E
5 Tu	0437 / 1131 / 1650 / 2353	0122 / 0756 / 1341 / 2017	1.4F / 1.6E / 1.3F / 1.8E	20 W	0531 / 1218 / 1742	0236 / 0844 / 1509 / 2100	1.8F / 2.0E / 1.5F / 2.0E
6 W	0532 / 1225 / 1743	0214 / 0847 / 1438 / 2103	1.5F / 1.7E / 1.3F / 1.9E	21 Th	0031 / 0628 / 1316 / 1836	0340 / 0938 / 1612 / 2149	1.9F / 2.0E / 1.5F / 2.0E
7 Th	0037 / 0623 / 1318 / 1833	0308 / 0935 / 1535 / 2148	1.7F / 1.9E / 1.4F / 2.0E	22 F	0122 / 0719 / 1411 / 1925	0434 / 1028 / 1704 / 2236	2.0F / 2.1E / 1.5F / 2.0E
8 F	0121 / 0711 / 1409 / 1921	0400 / 1023 / 1627 / 2233	1.9F / 2.1E / 1.5F / 2.1E	23 Sa	0211 / 0805 / 1502 / 2010	0519 / 1117 / 1748 / 2323	2.0F / 2.1E / 1.5F / 1.9E
9 Sa	0205 / 0758 / 1458 / 2008	0447 / 1111 / 1714 / 2321	2.1F / 2.3E / 1.7F / 2.1E	24 Su	0256 / 0848 / 1548 / 2054	0557 / 1205 / 1825	2.0F / 2.1E / 1.5F
10 Su	0249 / 0844 / 1545 / 2055	0532 / 1202 / 1800	2.3F / 2.4E / 1.8F	25 M ●	0340 / 0930 / 1631 / 2137	0010 / 0628 / 1250 / 1856	1.9E / 2.0F / 2.1E / 1.4F
11 M	0333 / 0932 / 1631 / 2144	0011 / 0617 / 1252 / 1846	2.2E / 2.4F / 2.5E / 1.8F	26 Tu	0421 / 1011 / 1713 / 2221	0055 / 0658 / 1332 / 1927	1.8E / 2.0F / 2.1E / 1.4F
12 Tu	0418 / 1021 / 1718 / 2236	0101 / 0704 / 1342 / 1934	2.2E / 2.5F / 2.6E / 1.8F	27 W	0501 / 1051 / 1754 / 2305	0138 / 0733 / 1412 / 2004	1.8E / 1.9F / 2.1E / 1.4F
13 W	0507 / 1112 / 1808 / 2329	0152 / 0753 / 1430 / 2026	2.3E / 2.4F / 2.6E / 1.8F	28 Th	0541 / 1132 / 1837 / 2350	0220 / 0814 / 1451 / 2046	1.8E / 1.8F / 2.1E / 1.3F
14 Th	0600 / 1204 / 1901	0242 / 0846 / 1519 / 2122	2.3E / 2.3F / 2.5E / 1.8F	29 F	0624 / 1214 / 1921	0300 / 0858 / 1530 / 2132	1.7E / 1.7F / 2.0E / 1.3F
15 F	0025 / 0659 / 1257 / 1957	0334 / 0943 / 1611 / 2222	2.2E / 2.2F / 2.4E / 1.7F	30 Sa	0035 / 0711 / 1255 / 2006	0341 / 0946 / 1611 / 2220	1.6E / 1.6F / 1.9E / 1.3F
				31 Su	0121 / 0804 / 1338 / 2052	0426 / 1035 / 1655 / 2307	1.6E / 1.5F / 1.8E / 1.4F

Time meridian 75° W. 0000 is midnight. 1200 is noon.

Bergen Point Reach (Bayonne Bridge), New York, 2000

F–Flood, Dir. 259° True   E–Ebb, Dir. 076° True

January

Day	Slack h m	Maximum h m	knots	Day	Slack h m	Maximum h m	knots
1 Sa	0403 / 1041 / 1613 / 2259	0041 / 0659 / 1254 / 1910	1.7F / 1.4E / 1.6F / 1.2E	16 Su	0254 / 1005 / 1519 / 2212	0558 / 1228 / 1836	1.3E / 1.8F / 1.4E
2 Su	0459 / 1133 / 1715 / 2346	0120 / 0755 / 1337 / 2003	1.7F / 1.5E / 1.6F / 1.3E	17 M	0356 / 1114 / 1630 / 2318	0050 / 0723 / 1323 / 1946	2.1F / 1.4E / 1.8F / 1.4E
3 M	0553 / 1221 / 1812	0158 / 0841 / 1420 / 2050	1.7F / 1.6E / 1.6F / 1.3E	18 Tu	0507 / 1214 / 1748	0143 / 0824 / 1417 / 2046	2.2F / 1.5E / 1.9F / 1.5E
4 Tu	0031 / 0638 / 1306 / 1900	0241 / 0930 / 1508 / 2140	1.7F / 1.6E / 1.6F / 1.3E	19 W	0018 / 0613 / 1310 / 1852	0236 / 0926 / 1517 / 2150	2.2F / 1.6E / 1.9F / 1.5E
5 W	0113 / 0718 / 1351 / 1942	0329 / 1018 / 1602 / 2230	1.7F / 1.7E / 1.6F / 1.3E	20 Th ○	0115 / 0707 / 1404 / 1947	0336 / 1031 / 1621 / 2253	2.2F / 1.7E / 2.0F / 1.6E
6 Th ●	0156 / 0752 / 1435 / 2019	0419 / 1101 / 1647 / 2313	1.8F / 1.7E / 1.7F / 1.3E	21 F	0212 / 0757 / 1457 / 2039	0435 / 1123 / 1714 / 2344	2.3F / 1.8E / 2.2F / 1.7E
7 F	0237 / 0823 / 1515 / 2051	0500 / 1139 / 1724 / 2352	1.9F / 1.7E / 1.8F / 1.3E	22 Sa	0307 / 0846 / 1545 / 2131	0524 / 1207 / 1756	2.4F / 1.8E / 2.2F
8 Sa	0314 / 0850 / 1550 / 2118	0537 / 1216 / 1800	2.0F / 1.6E / 1.9F	23 Su	0356 / 0936 / 1629 / 2222	0033 / 0607 / 1254 / 1836	1.7E / 2.3F / 1.7E / 2.2F
9 Su	0346 / 0916 / 1620 / 2144	0032 / 0614 / 1258 / 1837	1.3E / 2.1F / 1.6E / 2.0F	24 M	0441 / 1025 / 1710 / 2312	0127 / 0649 / 1346 / 1920	1.7E / 2.2F / 1.7E / 2.0F
10 M	0414 / 0947 / 1647 / 2215	0117 / 0653 / 1345 / 1918	1.3E / 2.0F / 1.6E / 1.9F	25 Tu	0524 / 1115 / 1752	0218 / 0736 / 1432 / 2010	1.7E / 2.0F / 1.7E / 1.8F
11 Tu	0443 / 1027 / 1715 / 2257	0206 / 0738 / 1429 / 2006	1.3E / 1.9F / 1.6E / 1.8F	26 W	0004 / 0610 / 1209 / 1840	0300 / 0828 / 1510 / 2105	1.7E / 1.7F / 1.7E / 1.6F
12 W	0518 / 1116 / 1751 / 2352	0248 / 0831 / 1508 / 2100	1.4E / 1.8F / 1.7E / 1.8F	27 Th	0058 / 0705 / 1305 / 1936	0337 / 0924 / 1546 / 2159	1.6E / 1.6F / 1.6E / 1.5F
13 Th	0604 / 1216 / 1839	0325 / 0927 / 1544 / 2156	1.5E / 1.7F / 1.7E / 1.8F	28 F ◐	0149 / 0808 / 1357 / 2034	0415 / 1020 / 1624 / 2255	1.5E / 1.5F / 1.6E / 1.5F
14 F ◐	0057 / 0713 / 1320 / 1947	0402 / 1025 / 1622 / 2253	1.5E / 1.7F / 1.6E / 1.9F	29 Sa	0237 / 0908 / 1446 / 2129	0500 / 1119 / 1713 / 2355	1.4E / 1.4F / 1.5E / 1.5F
15 Sa	0158 / 0847 / 1420 / 2102	0446 / 1126 / 1713 / 2353	1.4E / 1.7F / 1.5E / 2.0F	30 Su	0324 / 1006 / 1538 / 2222	0605 / 1218 / 1823	1.3E / 1.4F / 1.2E
				31 M	0417 / 1100 / 1639 / 2314	0045 / 0716 / 1307 / 1931	1.6F / 1.4E / 1.5F / 1.2E

February

Day	Slack h m	Maximum h m	knots	Day	Slack h m	Maximum h m	knots
1 Tu	0515 / 1151 / 1743	0127 / 0810 / 1351 / 2023	1.6F / 1.5E / 1.5F / 1.2E	16 W	0444 / 1155 / 1735	0123 / 0806 / 1358 / 2032	2.0F / 1.4E / 1.8F / 1.4E
2 W	0002 / 0608 / 1238 / 1836	0209 / 0859 / 1436 / 2114	1.7F / 1.5E / 1.5F / 1.3E	17 Th	0005 / 0555 / 1250 / 1839	0215 / 0905 / 1455 / 2135	2.0F / 1.5E / 1.8F / 1.5E
3 Th	0047 / 0653 / 1323 / 1920	0256 / 0950 / 1528 / 2207	1.7F / 1.6E / 1.6F / 1.3E	18 F	0101 / 0652 / 1342 / 1931	0313 / 1011 / 1559 / 2237	2.0F / 1.6E / 1.9F / 1.6E
4 F	0131 / 0730 / 1407 / 1956	0348 / 1038 / 1619 / 2254	1.7F / 1.6E / 1.7F / 1.4E	19 Sa ○	0155 / 0741 / 1433 / 2019	0414 / 1103 / 1655 / 2325	2.1F / 1.7E / 2.1F / 1.7E
5 Sa ●	0214 / 0804 / 1449 / 2028	0437 / 1119 / 1702 / 2334	1.9F / 1.7E / 1.9F / 1.4E	20 Su	0247 / 0828 / 1520 / 2106	0506 / 1143 / 1736	2.2F / 1.7E / 2.2F
6 Su	0255 / 0835 / 1527 / 2055	0518 / 1157 / 1739	2.1F / 1.7E / 2.0F	21 M	0335 / 0914 / 1603 / 2151	0007 / 0547 / 1222 / 1813	1.8E / 2.3F / 1.7E / 2.2F
7 M	0332 / 0905 / 1600 / 2122	0012 / 0556 / 1235 / 1816	1.4E / 2.2F / 1.7E / 2.1F	22 Tu	0417 / 0958 / 1642 / 2236	0052 / 0626 / 1307 / 1851	1.7E / 2.2F / 1.6E / 2.1F
8 Tu	0405 / 0937 / 1630 / 2155	0053 / 0634 / 1320 / 1856	1.4E / 2.2F / 1.6E / 2.1F	23 W	0457 / 1043 / 1718 / 2322	0141 / 0707 / 1356 / 1934	1.7E / 2.1F / 1.6E / 1.9F
9 W	0437 / 1014 / 1700 / 2236	0141 / 0717 / 1407 / 1941	1.5E / 2.1F / 1.7E / 2.0F	24 Th	0536 / 1131 / 1755	0227 / 0754 / 1440 / 2023	1.8E / 1.8F / 1.6E / 1.7F
10 Th	0511 / 1059 / 1733 / 2328	0228 / 0808 / 1449 / 2034	1.5E / 1.9F / 1.6E / 2.0F	25 F	0012 / 0620 / 1225 / 1838	0308 / 0846 / 1518 / 2115	1.7E / 1.7F / 1.6E / 1.5F
11 F	0554 / 1155 / 1816	0308 / 0903 / 1527 / 2130	1.6E / 1.8F / 1.7E / 1.9F	26 Sa ◐	0105 / 0718 / 1321 / 1937	0345 / 0941 / 1556 / 2208	1.6E / 1.5F / 1.5E / 1.4F
12 Sa ◐	0031 / 0659 / 1301 / 1919	0346 / 1001 / 1605 / 2227	1.6E / 1.7F / 1.6E / 1.9F	27 Su	0155 / 0824 / 1414 / 2041	0425 / 1036 / 1638 / 2304	1.6E / 1.4F / 1.3E / 1.4F
13 Su	0136 / 0832 / 1404 / 2040	0426 / 1102 / 1651 / 2327	1.5E / 1.6F / 1.4E / 1.9F	28 M	0243 / 0925 / 1505 / 2141	0515 / 1136 / 1735	1.3E / 1.3F / 1.1E
14 M	0234 / 0949 / 1506 / 2155	0523 / 1206 / 1806	1.3E / 1.6F / 1.3E	29 Tu	0332 / 1023 / 1601 / 2238	0003 / 0627 / 1233 / 1853	1.4F / 1.4E / 1.4F / 1.1E
15 Tu	0334 / 1056 / 1616 / 2304	0028 / 0657 / 1305 / 1929	2.0F / 1.3E / 1.7F / 1.3E				

March

Day	Slack h m	Maximum h m	knots	Day	Slack h m	Maximum h m	knots
1 W	0428 / 1117 / 1706 / 2331	0054 / 0734 / 1321 / 1955	1.5F / 1.3E / 1.5F / 1.2E	16 Th	0426 / 1136 / 1722 / 2352	0106 / 0751 / 1342 / 2022	1.8F / 1.3E / 1.8F / 1.4E
2 Th	0530 / 1206 / 1805	0139 / 0826 / 1405 / 2046	1.6F / 1.4E / 1.6F / 1.3E	17 F	0538 / 1228 / 1824	0157 / 0848 / 1434 / 2120	1.9F / 1.4E / 1.8F / 1.5E
3 F	0019 / 0622 / 1251 / 1850	0225 / 0917 / 1453 / 2139	1.7F / 1.5E / 1.6F / 1.4E	18 Sa	0046 / 0636 / 1318 / 1913	0251 / 0947 / 1534 / 2218	1.9F / 1.5E / 1.9F / 1.7E
4 Sa	0104 / 0705 / 1335 / 1927	0316 / 1008 / 1546 / 2229	1.7F / 1.6E / 1.7F / 1.5E	19 Su ○	0136 / 0724 / 1406 / 1957	0351 / 1038 / 1632 / 2303	2.0F / 1.6E / 2.0F / 1.7E
5 Su ●	0149 / 0742 / 1418 / 2000	0409 / 1054 / 1635 / 2312	1.9F / 1.7E / 1.9F / 1.6E	20 M	0225 / 0808 / 1453 / 2039	0445 / 1116 / 1714 / 2341	2.1F / 1.6E / 2.1F / 1.8E
6 M	0233 / 0816 / 1500 / 2030	0456 / 1134 / 1717 / 2351	2.1F / 1.7E / 2.1F / 1.6E	21 Tu	0311 / 0849 / 1535 / 2119	0526 / 1152 / 1749	2.2F / 1.6E / 2.1F
7 Tu	0315 / 0849 / 1537 / 2102	0537 / 1213 / 1756	2.3F / 1.7E / 2.3F	22 W	0353 / 0931 / 1612 / 2159	0019 / 0603 / 1230 / 1824	1.8E / 2.2F / 1.6E / 2.1F
8 W	0354 / 0924 / 1612 / 2138	0031 / 0616 / 1255 / 1835	1.6E / 2.3F / 1.7E / 2.3F	23 Th	0431 / 1012 / 1645 / 2239	0103 / 0641 / 1316 / 1901	1.7E / 2.1F / 1.5E / 1.9F
9 Th	0431 / 1003 / 1644 / 2221	0118 / 0658 / 1344 / 1919	1.6E / 2.2F / 1.7E / 2.2F	24 F	0506 / 1055 / 1714 / 2322	0151 / 0722 / 1405 / 1943	1.7E / 1.9F / 1.5E / 1.7F
10 F	0509 / 1049 / 1719 / 2311	0210 / 0746 / 1432 / 2010	1.6E / 2.0F / 1.7E / 2.1F	25 Sa	0542 / 1144 / 1743	0236 / 0809 / 1450 / 2033	1.6E / 1.7F / 1.4E / 1.5F
11 Sa	0554 / 1145 / 1802	0254 / 0842 / 1514 / 2106	1.6E / 1.8F / 1.6E / 2.0F	26 Su	0011 / 0625 / 1242 / 1821	0316 / 0903 / 1530 / 2125	1.6E / 1.5F / 1.4E / 1.4F
12 Su	0012 / 0659 / 1254 / 1906	0333 / 0940 / 1554 / 2203	1.6E / 1.6F / 1.5E / 1.8F	27 M ◐	0105 / 0728 / 1339 / 1931	0354 / 0957 / 1609 / 2220	1.5E / 1.4F / 1.3E / 1.3F
13 M ◐	0119 / 0822 / 1401 / 2032	0413 / 1041 / 1639 / 2304	1.5E / 1.5F / 1.4E / 1.8F	28 Tu	0157 / 0837 / 1431 / 2052	0436 / 1054 / 1656 / 2318	1.4E / 1.3F / 1.1E / 1.3F
14 Tu	0220 / 0934 / 1502 / 2147	0502 / 1147 / 1748	1.3E / 1.6F / 1.2E	29 W	0246 / 0939 / 1522 / 2157	0532 / 1153 / 1806	1.3E / 1.4F / 1.0E
15 W	0319 / 1038 / 1609 / 2253	0008 / 0631 / 1249 / 1919	1.8F / 1.2E / 1.7F / 1.2E	30 Th	0338 / 1035 / 1618 / 2255	0017 / 0649 / 1247 / 1920	1.4F / 1.2E / 1.5F / 1.1E
				31 F	0439 / 1127 / 1720 / 2347	0108 / 0750 / 1334 / 2015	1.6F / 1.4E / 1.6F / 1.3E

Time meridian 75° W. 0000 is midnight. 1200 is noon.

Bergen Point Reach (Bayonne Bridge), New York, 2000

F–Flood, Dir. 259° True   E–Ebb, Dir. 076° True

April

Day	Slack h m	Maximum h m	knots	Day	Slack h m	Maximum h m	knots
1 Sa	0542 1215 1811	0155 0841 1420 2105	1.7F 1.5E 1.7F 1.4E	16 Su	0027 0617 1252 1852	0230 0916 1506 2153	1.8F 1.4E 1.9F 1.7E
2 Su	0035 0632 1300 1853	0244 0932 1510 2158	1.8F 1.6E 1.8F 1.6E	17 M	0115 0704 1338 1933	0324 1005 1603 2237	1.8F 1.5E 1.9F 1.7E
3 M	0121 0714 1344 1930	0339 1023 1604 2246	2.0F 1.7E 2.0F 1.7E	18 Tu ○	0202 0746 1422 2012	0420 1046 1649 2315	1.9F 1.5E 2.0F 1.8E
4 Tu ●	0208 0752 1428 2005	0432 1108 1652 2329	2.2F 1.8E 2.3F 1.8E	19 W	0247 0825 1504 2049	0504 1123 1724 2351	2.0F 1.6E 2.1F 1.8E
5 W	0255 0830 1511 2042	0517 1149 1735	2.3F 1.8E 2.5F	20 Th	0329 0904 1541 2125	0541 1200 1757	2.1F 1.5E 2.1F
6 Th	0341 0910 1551 2123	0011 0559 1232 1815	1.8E 2.4F 1.7E 2.5F	21 F	0407 0943 1613 2159	0030 0616 1241 1832	1.7E 2.0F 1.4E 2.0F
7 F	0424 0954 1630 2208	0058 0641 1322 1859	1.8E 2.3F 1.7E 2.4F	22 Sa	0441 1023 1639 2234	0115 0654 1330 1910	1.7E 1.9F 1.4E 1.8F
8 Sa	0506 1044 1709 2258	0153 0728 1417 1948	1.7E 2.1F 1.6E 2.2F	23 Su	0512 1107 1703 2312	0204 0736 1421 1954	1.6E 1.7F 1.3E 1.6F
9 Su	0554 1145 1756 2359	0242 0822 1504 2044	1.7E 1.8F 1.6E 1.9F	24 M	0545 1159 1734	0248 0826 1505 2046	1.6E 1.5F 1.3E 1.4F
10 M	0656 1256 1904	0324 0922 1547 2143	1.6E 1.6F 1.5E 1.8F	25 Tu	0002 0627 1259 1818	0327 0920 1544 2141	1.6E 1.4F 1.3E 1.3F
11 Tu ☾	0107 0810 1401 2027	0403 1024 1632 2244	1.5E 1.5F 1.3E 1.6F	26 W ◐	0102 0733 1352 1940	0405 1014 1624 2237	1.5E 1.4F 1.2E 1.3F
12 W	0209 0917 1500 2137	0448 1131 1735 2349	1.3E 1.6F 1.2E 1.6F	27 Th	0158 0845 1440 2107	0448 1112 1716 2338	1.4E 1.4F 1.1E 1.4F
13 Th	0307 1018 1600 2240	0603 1236 1908	1.2E 1.7F 1.2E	28 F	0250 0946 1528 2213	0553 1210 1834	1.3E 1.5F 1.1E
14 F	0410 1114 1706 2337	0050 0735 1328 2012	1.7F 1.2E 1.8F 1.4E	29 Sa	0345 1043 1623 2311	0035 0707 1301 1939	1.6F 1.3E 1.7F 1.3E
15 Sa	0518 1205 1804	0141 0828 1415 2103	1.8F 1.3E 1.8F 1.5E	30 Su	0449 1134 1723	0125 0803 1348 2030	1.8F 1.5E 1.9F 1.5E

May

Day	Slack h m	Maximum h m	knots	Day	Slack h m	Maximum h m	knots
1 M	0003 0551 1222 1815	0214 0853 1437 2122	1.9F 1.6E 2.0F 1.6E	16 Tu	0052 0641 1309 1910	0256 0929 1528 2209	1.7F 1.4E 1.8F 1.7E
2 Tu	0054 0641 1308 1900	0307 0946 1531 2217	2.0F 1.7E 2.2F 1.8E	17 W	0138 0724 1352 1948	0351 1015 1619 2250	1.8F 1.4E 1.9F 1.7E
3 W ●	0144 0726 1356 1941	0404 1038 1625 2307	2.1F 1.7E 2.4F 1.9E	18 Th ○	0223 0804 1434 2023	0440 1057 1658 2327	1.8F 1.4E 2.0F 1.8E
4 Th	0236 0809 1444 2023	0456 1125 1713 2352	2.3F 1.8E 2.5F 1.9E	19 F	0306 0842 1512 2056	0519 1135 1733	1.9F 1.4E 2.0F
5 F	0327 0855 1531 2108	0541 1211 1756	2.4F 1.7E 2.6F	20 Sa	0345 0921 1546 2126	0004 0554 1215 1807	1.7E 1.9F 1.3E 2.0F
6 Sa	0414 0946 1616 2156	0040 0624 1304 1840	1.9E 2.3F 1.6E 2.5F	21 Su	0419 0958 1613 2155	0045 0629 1300 1842	1.7E 1.9F 1.3E 1.9F
7 Su	0459 1041 1702 2248	0136 0711 1404 1927	1.8E 2.1F 1.6E 2.2F	22 M	0449 1035 1637 2226	0132 0708 1352 1923	1.6E 1.8F 1.2E 1.7F
8 M	0547 1145 1753 2348	0231 0804 1455 2023	1.7E 1.9F 1.6E 1.9F	23 Tu	0516 1115 1705 2306	0220 0753 1440 2011	1.6E 1.6F 1.2E 1.6F
9 Tu	0644 1254 1859	0314 0904 1539 2123	1.7E 1.7F 1.5E 1.7F	24 W	0548 1206 1742	0301 0845 1520 2106	1.6E 1.5F 1.3E 1.5F
10 W ◐	0056 0751 1355 2014	0353 1006 1623 2224	1.5E 1.5F 1.4E 1.6F	25 Th	0001 0631 1302 1836	0338 0938 1557 2201	1.6E 1.5F 1.3E 1.4F
11 Th	0158 0855 1450 2121	0435 1113 1718 2330	1.4E 1.6F 1.4E 1.5F	26 F ○	0106 0737 1354 2001	0416 1033 1637 2300	1.5E 1.5F 1.2E 1.5F
12 F	0253 0954 1543 2221	0533 1222 1845	1.2E 1.7F 1.3E	27 Sa	0205 0849 1441 2123	0502 1131 1735	1.4E 1.6F 1.2E
13 Sa	0350 1048 1642 2316	0033 0705 1312 1955	1.6F 1.2E 1.8F 1.4E	28 Su	0258 0952 1532 2231	0000 0613 1227 1855	1.6F 1.3E 1.8F 1.3E
14 Su	0452 1139 1739	0123 0802 1354 2039	1.7F 1.3E 1.8F 1.5E	29 M	0356 1050 1632 2332	0055 0723 1318 1955	1.8F 1.4E 2.0F 1.5E
15 M	0006 0552 1225 1828	0208 0845 1438 2124	1.7F 1.4E 1.8F 1.6E	30 Tu	0503 1144 1736	0146 0816 1407 2048	1.9F 1.5E 2.2F 1.6E
				31 W	0028 0607 1235 1831	0238 0909 1500 2146	2.0F 1.6E 2.3F 1.8E

June

Day	Slack h m	Maximum h m	knots	Day	Slack h m	Maximum h m	knots
1 Th	0122 0700 1326 1919	0336 1007 1557 2244	2.0F 1.7E 2.4F 1.9E	16 F ○	0200 0745 1406 2000	0414 1034 1631 2306	1.7F 1.4E 1.8F 1.7E
2 F ●	0217 0750 1419 2005	0435 1102 1651 2334	2.2F 1.7E 2.5F 1.9E	17 Sa	0244 0825 1447 2033	0457 1116 1709 2343	1.8F 1.3E 1.9F 1.7E
3 Sa	0311 0842 1513 2053	0524 1153 1738	2.3F 1.7E 2.6F	18 Su	0324 0902 1524 2102	0533 1155 1744	1.9F 1.3E 1.9F
4 Su	0401 0937 1604 2143	0022 0609 1247 1822	1.9E 2.3F 1.7E 2.5F	19 M	0359 0936 1554 2129	0021 0607 1237 1819	1.6E 1.9F 1.2E 1.9F
5 M	0447 1035 1652 2237	0118 0654 1349 1909	1.8E 2.2F 1.6E 2.3F	20 Tu	0429 1006 1619 2157	0104 0643 1324 1858	1.6E 1.8F 1.2E 1.9F
6 Tu	0533 1136 1743 2335	0216 0745 1444 2002	1.8E 2.0F 1.6E 2.0F	21 W	0454 1036 1645 2232	0152 0724 1414 1942	1.6E 1.7F 1.2E 1.7F
7 W	0625 1239 1843	0301 0843 1527 2101	1.7E 1.8F 1.6E 1.7F	22 Th	0521 1113 1718 2319	0236 0812 1455 2034	1.6E 1.6F 1.3E 1.6F
8 Th	0040 0725 1339 1952	0339 0945 1608 2201	1.6E 1.6F 1.5E 1.6F	23 F ☾	0555 1204 1801	0314 0905 1531 2129	1.6E 1.6F 1.4E 1.6F
9 F	0140 0828 1430 2056	0418 1048 1654 2304	1.5E 1.6F 1.4E 1.5F	24 Sa	0019 0643 1304 1904	0349 0959 1607 2226	1.6E 1.6F 1.4E 1.6F
10 Sa	0233 0926 1520 2155	0504 1159 1800	1.3E 1.7F 1.3E	25 Su	0122 0749 1400 2033	0427 1055 1650 2326	1.5E 1.7F 1.4E 1.6F
11 Su	0325 1019 1612 2250	0009 0615 1252 1921	1.6F 1.2E 1.8F 1.4E	26 M	0219 0859 1452 2153	0518 1154 1800	1.4E 1.9F 1.3E
12 M	0421 1110 1709 2341	0101 0727 1331 2011	1.6F 1.3E 1.8F 1.5E	27 Tu	0314 1005 1550 2303	0025 0637 1249 1920	1.8F 1.4E 2.1F 1.4E
13 Tu	0522 1157 1801	0145 0814 1410 2053	1.7F 1.3E 1.8F 1.6E	28 W	0420 1108 1658	0120 0743 1340 2019	1.9F 1.5E 2.2F 1.6E
14 W	0028 0617 1241 1846	0229 0858 1454 2140	1.7F 1.4E 1.8F 1.6E	29 Th	0004 0534 1207 1804	0212 0839 1433 2117	1.9F 1.5E 2.3F 1.7E
15 Th	0114 0704 1324 1925	0320 0946 1544 2225	1.6F 1.4E 1.8F 1.7F	30 F	0101 0638 1303 1858	0310 0940 1530 2221	1.9F 1.6E 2.3F 1.8E

Time meridian 75° W. 0000 is midnight. 1200 is noon.

Bergen Point Reach (Bayonne Bridge), New York, 2000

F–Flood, Dir. 259° True   E–Ebb, Dir. 076° True

July

Day	Slack h m	Maximum h m	knots	Day	Slack h m	Maximum h m	knots
1 Sa ●	0157 0734 1400 1948	0412 1043 1629 2316	2.0F 1.7E 2.4F 1.9E	16 Su ○	0219 0808 1425 2014	0433 1058 1646 2324	1.7F 1.3E 1.8F 1.7E
2 Su	0252 0828 1457 2038	0507 1137 1720	2.2F 1.7E 2.5F	17 M	0301 0843 1504 2044	0511 1138 1724	1.8F 1.3E 1.9F
3 M	0343 0924 1550 2130	0005 0553 1230 1805	1.9E 2.3F 1.7E 2.5F	18 Tu	0337 0913 1538 2111	0001 0546 1216 1759	1.6E 1.9F 1.3E 2.0F
4 Tu	0429 1020 1639 2222	0057 0636 1329 1850	1.8E 2.2F 1.7E 2.3F	19 W	0408 0938 1605 2138	0040 0621 1258 1836	1.6E 1.9F 1.3E 2.0F
5 W	0514 1115 1727 2317	0155 0723 1426 1939	1.8E 2.1F 1.7E 2.0F	20 Th	0435 1003 1631 2211	0124 0659 1345 1917	1.6E 1.9F 1.3E 1.9F
6 Th	0600 1213 1819	0243 0817 1509 2035	1.7E 1.9F 1.7E 1.8F	21 F	0500 1036 1701 2252	0210 0743 1430 2006	1.6E 1.8F 1.4E 1.8F
7 F	0016 0654 1311 1920	0320 0916 1547 2134	1.7E 1.7F 1.6E 1.6F	22 Sa	0529 1122 1739 2344	0250 0834 1508 2100	1.6E 1.8F 1.5E 1.7F
8 Sa ◐	0115 0754 1403 2024	0356 1015 1627 2233	1.6E 1.6F 1.5E 1.5F	23 Su	0609 1220 1831	0326 0928 1543 2156	1.7E 1.8F 1.5E 1.7F
9 Su	0208 0852 1451 2123	0435 1118 1716 2336	1.4E 1.6F 1.4E 1.5F	24 M ◐	0046 0703 1324 1954	0402 1023 1621 2255	1.6E 1.8F 1.5E 1.6F
10 M	0257 0946 1539 2219	0528 1220 1828	1.3E 1.7F 1.3E	25 Tu	0148 0815 1422 2124	0444 1122 1712 2357	1.5E 1.9F 1.4E 1.7F
11 Tu	0349 1038 1633 2313	0034 0642 1304 1936	1.5F 1.2E 1.7F 1.4E	26 W	0246 0929 1519 2239	0550 1222 1841	1.4E 2.1F 1.4E
12 W	0450 1127 1730	0120 0743 1343 2024	1.6F 1.2E 1.7F 1.5E	27 Th	0351 1041 1626 2344	0056 0714 1316 1953	1.8F 1.4E 2.2F 1.5E
13 Th	0002 0552 1214 1820	0203 0831 1423 2110	1.6F 1.3E 1.7F 1.6E	28 F	0509 1147 1739	0150 0817 1409 2052	1.8F 1.4E 2.2F 1.6E
14 F	0049 0644 1258 1903	0250 0921 1510 2200	1.6F 1.3E 1.7F 1.6E	29 Sa	0041 0621 1246 1840	0246 0919 1506 2158	1.9F 1.5E 2.2F 1.7E
15 Sa	0135 0728 1342 1940	0343 1013 1602 2245	1.6F 1.3E 1.7F 1.7E	30 Su ●	0136 0720 1344 1933	0349 1025 1607 2259	2.0F 1.6E 2.3F 1.8E
				31 M	0230 0813 1441 2023	0449 1122 1702 2346	2.1F 1.7E 2.4F 1.8E

August

Day	Slack h m	Maximum h m	knots	Day	Slack h m	Maximum h m	knots
1 Tu	0321 0905 1534 2113	0536 1211 1748	2.3E 1.8E 2.4F	16 W	0312 0846 1519 2055	0524 1156 1740	1.9F 1.5E 2.1F
2 W	0408 0956 1621 2203	0032 0617 1303 1830	1.8E 2.3F 1.8E 2.3F	17 Th	0345 0911 1551 2123	0017 0559 1234 1817	1.6E 2.1F 1.4E 2.2F
3 Th	0450 1047 1705 2253	0124 0659 1358 1915	1.7E 2.1F 1.7E 2.1F	18 F	0414 0936 1620 2154	0057 0636 1317 1856	1.6E 2.1F 1.4E 2.1F
4 F	0533 1139 1751 2346	0214 0746 1443 2006	1.7E 1.9F 1.7E 1.9F	19 Sa	0440 1010 1650 2232	0143 0718 1404 1942	1.6E 2.1F 1.5E 2.0F
5 Sa	0618 1234 1843	0255 0840 1522 2101	1.7E 1.7F 1.7E 1.7F	20 Su	0509 1054 1726 2320	0227 0806 1447 2034	1.6E 2.0F 1.5E 1.8F
6 Su ◐	0042 0712 1327 1944	0331 0936 1559 2157	1.6E 1.6F 1.6E 1.5F	21 M	0545 1149 1814	0306 0900 1524 2131	1.7E 1.9F 1.6E 1.7F
7 M	0137 0811 1416 2047	0408 1032 1640 2256	1.5E 1.5F 1.5E 1.4F	22 Tu ◐	0020 0633 1254 1933	0343 0956 1601 2230	1.6E 1.9F 1.5E 1.6F
8 Tu	0228 0908 1504 2145	0451 1132 1735 2359	1.3E 1.5F 1.3E 1.4F	23 W	0128 0745 1358 2106	0423 1055 1645 2333	1.5E 1.9F 1.4E 1.6F
9 W	0319 1003 1554 2241	0553 1229 1851	1.2E 1.6F 1.3E	24 Th	0231 0910 1457 2220	0520 1157 1802	1.3E 1.9F 1.3E
10 Th	0418 1057 1652 2333	0053 0709 1313 1951	1.5F 1.1E 1.6F 1.4E	25 F	0336 1027 1602 2324	0035 0651 1255 1930	1.7F 1.3E 2.0F 1.4E
11 F	0523 1147 1750	0137 0806 1355 2040	1.5F 1.2E 1.6F 1.5E	26 Sa	0454 1134 1717	0131 0802 1349 2032	1.8F 1.4E 2.1F 1.5E
12 Sa	0021 0621 1233 1838	0220 0857 1439 2130	1.5F 1.3E 1.6F 1.6E	27 Su	0021 0607 1233 1824	0225 0903 1444 2136	1.9F 1.5E 2.1F 1.6E
13 Su	0106 0707 1318 1919	0309 0950 1530 2220	1.5F 1.3E 1.7F 1.6E	28 M	0114 0704 1329 1917	0325 1008 1545 2238	1.9F 1.6E 2.1F 1.7E
14 M	0150 0745 1401 1955	0402 1039 1620 2303	1.6F 1.4E 1.8F 1.7E	29 Tu ●	0206 0754 1423 2006	0428 1104 1643 2324	2.1F 1.8E 2.2F 1.7E
15 Tu ○	0233 0819 1442 2027	0446 1119 1702 2340	1.8F 1.6E 1.9F 1.7E	30 W	0256 0842 1514 2053	0516 1149 1729	2.2F 1.8E 2.4F
				31 Th	0343 0928 1559 2139	0005 0556 1233 1809	1.7E 2.3F 1.8E 2.3F

September

Day	Slack h m	Maximum h m	knots	Day	Slack h m	Maximum h m	knots
1 F	0424 1014 1641 2225	0048 0634 1321 1850	1.7E 2.2F 1.8E 2.2F	16 Sa	0351 0915 1611 2139	0032 0615 1252 1837	1.7E 2.3F 1.6E 2.2F
2 Sa	0502 1101 1722 2313	0137 0715 1410 1935	1.6E 2.0F 1.7E 2.0F	17 Su	0422 0951 1646 2218	0116 0655 1340 1921	1.6E 2.3F 1.6E 2.1F
3 Su	0540 1150 1805	0224 0802 1453 2026	1.6E 1.8F 1.7E 1.7F	18 M	0453 1035 1723 2307	0206 0742 1429 2012	1.6E 2.2F 1.6E 1.9F
4 M	0006 0622 1244 1859	0304 0854 1531 2121	1.6E 1.6F 1.6E 1.5F	19 Tu	0529 1128 1812	0251 0835 1510 2109	1.6E 2.0F 1.6E 1.7F
5 Tu ◐	0104 0718 1336 2004	0342 0948 1609 2217	1.5E 1.4F 1.4E 1.4F	20 W ○	0010 0617 1234 1930	0331 0932 1548 2209	1.5E 1.9F 1.6E 1.6F
6 W	0159 0823 1426 2106	0422 1044 1653 2317	1.3E 1.4F 1.4E 1.3F	21 Th	0123 0736 1341 2053	0413 1031 1630 2312	1.4E 1.8F 1.4E 1.6F
7 Th	0251 0925 1514 2204	0512 1144 1758	1.2E 1.4F 1.3E	22 F	0228 0905 1442 2202	0506 1135 1733	1.3E 1.8F 1.3E
8 F	0345 1023 1609 2259	0018 0628 1240 1912	1.4F 1.1E 1.5F 1.3E	23 Sa	0331 1018 1545 2304	0017 0635 1237 1910	1.6F 1.2E 1.8F 1.2E
9 Sa	0448 1117 1711 2348	0107 0738 1325 2008	1.5F 1.2E 1.5F 1.4E	24 Su	0442 1123 1659	0114 0751 1331 2015	1.8F 1.3E 1.9F 1.4E
10 Su	0549 1206 1807	0150 0830 1409 2058	1.6F 1.3E 1.5F	25 M	0000 0551 1219 1807	0206 0850 1424 2112	1.9F 1.5E 2.0F 1.5E
11 M	0034 0637 1251 1853	0235 0921 1457 2148	1.6F 1.4E 1.7F 1.6E	26 Tu	0051 0646 1311 1900	0301 0949 1521 2211	1.9F 1.7E 2.0F 1.6E
12 Tu	0118 0716 1334 1931	0325 1012 1550 2236	1.7F 1.5E 1.8F 1.6E	27 W ●	0140 0733 1402 1946	0402 1043 1621 2258	2.0F 1.8E 2.1F 1.6E
13 W	0200 0749 1417 2004	0416 1056 1638 2316	1.8F 1.6E 2.0F 1.7E	28 Th	0229 0817 1451 2030	0454 1124 1708 2335	2.1F 1.8E 2.2F 1.7E
14 Th	0241 0818 1458 2035	0459 1134 1719 2354	2.0F 1.6E 2.2F 1.7E	29 F	0315 0859 1536 2113	0533 1203 1748	2.2F 1.8E 2.3F
15 F	0318 0845 1536 2106	0537 1211 1757	2.2F 1.6E 2.3F	30 Sa	0355 0941 1617 2156	0013 0608 1245 1825	1.6E 2.2F 1.8E 2.2F

Time meridian 75° W. 0000 is midnight. 1200 is noon.

Bergen Point Reach (Bayonne Bridge), New York, 2000

F–Flood, Dir. 259° True   E–Ebb, Dir. 076° True

October

Day	Slack h m	Maximum h m	knots	Day	Slack h m	Maximum h m	knots
1 Su	0432 1022 1655 2241	0057 0645 1332 1905	1.5F 2.0F 1.7E 2.0F	16 M	0405 0937 1642 2212	0053 0635 1321 1903	1.6F 2.4F 1.7E 2.1F
2 M	0504 1105 1733 2330	0147 0726 1420 1951	1.5E 1.8F 1.7E 1.7F	17 Tu	0442 1023 1724 2306	0148 0720 1415 1953	1.6F 2.3F 1.7E 1.9F
3 Tu	0536 1153 1815	0235 0813 1502 2044	1.4E 1.6F 1.6E 1.5F	18 W	0523 1116 1815	0240 0813 1500 2051	1.5E 2.1F 1.6E 1.7F
4 W	0028 0615 1248 1913	0316 0906 1541 2139	1.4E 1.4F 1.6E 1.4F	19 Th	0014 0617 1222 1925	0324 0911 1540 2151	1.5F 1.8F 1.6E 1.6F
5 Th ☽	0127 0722 1343 2020	0356 1001 1620 2235	1.3E 1.3F 1.5E 1.3F	20 F ○	0125 0739 1331 2039	0407 1011 1620 2254	1.4E 1.7F 1.4E 1.6F
6 F	0220 0839 1433 2121	0440 1059 1710 2335	1.2E 1.3F 1.3E 1.4F	21 Sa	0227 0900 1432 2143	0458 1115 1714	1.3E 1.6F 1.3E
7 Sa	0311 0943 1524 2217	0541 1159 1822	1.1E 1.3F 1.2E	22 Su	0325 1007 1532 2243	0001 0619 1219 1847	1.6F 1.2E 1.7F 1.2E
8 Su	0404 1041 1622 2309	0031 0700 1253 1930	1.5F 1.1E 1.5F 1.3E	23 M	0428 1108 1639 2337	0059 0740 1315 1957	1.8F 1.4E 1.8F 1.3E
9 M	0504 1133 1725	0118 0758 1339 2022	1.6F 1.3E 1.6F 1.4E	24 Tu	0532 1202 1746	0148 0835 1405 2047	1.9F 1.5E 1.9F 1.4E
10 Tu	0005 0557 1220 1817	0202 0847 1425 2111	1.7F 1.4E 1.7F 1.5E	25 W	0027 0626 1252 1840	0237 0927 1457 2138	1.9F 1.6E 1.9F 1.5E
11 W	0042 0640 1304 1900	0249 0937 1516 2201	1.8F 1.5E 1.8F 1.6E	26 Th	0114 0711 1340 1925	0332 1017 1554 2226	1.9F 1.7E 1.9F 1.5E
12 Th	0124 0716 1349 1937	0340 1027 1609 2247	1.9F 1.6E 2.0F 1.7E	27 F ●	0200 0752 1428 2007	0427 1059 1646 2306	2.0F 1.8E 2.0F 1.5E
13 F ○	0207 0749 1435 2012	0431 1110 1657 2328	2.1F 1.7E 2.2F 1.7E	28 Sa	0245 0831 1513 2048	0508 1136 1726 2344	2.1F 1.8E 2.1F 1.5E
14 Sa	0248 0822 1520 2048	0514 1150 1739	2.3F 1.8E 2.3F	29 Su	0326 0909 1554 2130	0543 1214 1802	2.1F 1.8E 2.1F
15 Su	0328 0857 1602 2127	0008 0554 1231 1819	1.7E 2.5F 1.7E 2.3F	30 M	0402 0946 1631 2213	0024 0618 1257 1839	1.4E 2.0F 1.7E 2.0F
				31 Tu	0433 1023 1705 2258	0111 0655 1346 1920	1.4E 1.9F 1.7E 1.8F

November

Day	Slack h m	Maximum h m	knots	Day	Slack h m	Maximum h m	knots
1 W	0501 1103 1740 2350	0204 0737 1433 2008	1.3E 1.7F 1.6E 1.6F	16 Th	0522 1109 1810	0230 0753 1451 2032	1.5E 2.1F 1.7E 1.8F
2 Th	0531 1152 1820	0251 0827 1514 2101	1.3E 1.5F 1.6E 1.4F	17 F	0015 0619 1215 1912	0317 0852 1532 2133	1.5E 1.8F 1.6E 1.7F
3 F	0049 0613 1251 1919	0332 0922 1552 2156	1.3E 1.3F 1.5E 1.4F	18 Sa ○	0122 0734 1323 2020	0400 0952 1611 2235	1.5E 1.7F 1.5E 1.6F
4 Sa ○	0144 0731 1348 2027	0412 1018 1633 2252	1.2E 1.3F 1.4E 1.4F	19 Su	0219 0846 1422 2122	0447 1055 1658 2343	1.4E 1.6F 1.3E 1.7F
5 Su	0231 0853 1439 2128	0459 1117 1728 2350	1.1E 1.3F 1.3E 1.5F	20 M	0312 0950 1517 2219	0555 1200 1814	1.3E 1.6F 1.2E
6 M	0317 0956 1530 2223	0608 1215 1842	1.1E 1.5F 1.3E	21 Tu	0408 1048 1617 2312	0043 0722 1257 1932	1.8F 1.4E 1.7F 1.3E
7 Tu	0408 1053 1629 2314	0042 0718 1307 1943	1.6F 1.2E 1.7F 1.4E	22 W	0508 1141 1721	0130 0816 1345 2021	1.9F 1.5E 1.8F 1.3E
8 W	0505 1145 1730	0129 0811 1354 2032	1.8F 1.4E 1.8F 1.5E	23 Th	0001 0603 1231 1817	0214 0901 1432 2106	1.9F 1.6E 1.8F 1.4E
9 Th	0002 0558 1234 1822	0215 0901 1443 2122	1.9F 1.6E 1.9F 1.6E	24 F	0047 0649 1318 1904	0301 0949 1526 2154	1.9F 1.7E 1.8F 1.4E
10 F	0047 0642 1323 1907	0306 0953 1538 2214	2.1F 1.7E 2.0F 1.7E	25 Sa ●	0132 0729 1405 1946	0355 1033 1621 2239	1.9F 1.7E 1.8F 1.4E
11 Sa	0131 0722 1413 1948	0400 1044 1633 2302	2.2F 1.8E 2.1F 1.7E	26 Su	0215 0807 1450 2028	0442 1112 1705 2320	1.9F 1.8E 1.9F 1.4E
12 Su	0218 0801 1503 2031	0450 1129 1720 2347	2.4F 1.9E 2.2F 1.7E	27 M	0258 0842 1532 2109	0519 1149 1741 2359	2.0F 1.7E 1.9F 1.4E
13 M	0305 0841 1551 2118	0534 1214 1803	2.6F 1.8E 2.3F	28 Tu	0335 0916 1609 2149	0553 1228 1816	2.0F 1.7E 1.9F
14 Tu	0351 0926 1635 2210	0035 0617 1304 1846	1.6E 2.5F 1.8E 2.2F	29 W	0408 0949 1642 2230	0043 0629 1313 1853	1.3E 1.9F 1.6E 1.8F
15 W	0435 1014 1720 2308	0133 0702 1402 1935	1.5E 2.3F 1.7E 2.0F	30 Th	0435 1023 1711 2312	0135 0707 1403 1936	1.2E 1.8F 1.6E 1.7F

December

Day	Slack h m	Maximum h m	knots	Day	Slack h m	Maximum h m	knots
1 F	0502 1102 1741	0225 0753 1447 2025	1.2E 1.6F 1.6E 1.5F	16 Sa	0004 0611 1205 1852	0307 0832 1520 2113	1.6E 1.9F 1.7E 1.7F
2 Sa	0000 0535 1153 1819	0307 0846 1526 2118	1.3E 1.5F 1.6E 1.5F	17 Su ○	0107 0716 1309 1955	0348 0932 1558 2213	1.6E 1.7F 1.6E 1.7F
3 Su ☽	0054 0622 1254 1917	0345 0941 1603 2212	1.3E 1.4F 1.5E 1.5F	18 M	0202 0824 1406 2056	0430 1032 1638 2318	1.5E 1.6F 1.4E 1.7F
4 M	0143 0738 1351 2026	0423 1037 1644 2308	1.3E 1.4F 1.4E 1.5F	19 Tu	0253 0926 1457 2152	0523 1136 1734	1.4E 1.6F 1.3E
5 Tu	0228 0900 1441 2127	0512 1136 1743	1.2E 1.5F 1.3E	20 W	0344 1024 1551 2245	0023 0644 1236 1855	1.7F 1.3E 1.6F 1.2E
6 W	0314 1007 1533 2225	0004 0626 1233 1857	1.7F 1.2E 1.7F 1.4E	21 Th	0440 1118 1652 2335	0109 0750 1324 1952	1.8F 1.4E 1.7F 1.3E
7 Th	0407 1108 1635 2319	0056 0732 1324 1954	1.9F 1.4E 1.8F 1.5E	22 F	0536 1208 1753	0150 0835 1409 2038	1.8F 1.5E 1.7F 1.3E
8 F	0510 1204 1741	0145 0825 1414 2045	2.1F 1.5E 1.9F 1.6E	23 Sa	0021 0625 1255 1844	0233 0920 1458 2125	1.8F 1.6E 1.6F 1.3E
9 Sa	0010 0607 1258 1837	0234 0919 1508 2140	2.2F 1.7E 1.9F 1.6E	24 Su	0106 0707 1341 1929	0322 1008 1554 2216	1.8F 1.6E 1.6F 1.3E
10 Su	0100 0656 1352 1927	0329 1017 1608 2237	2.3F 1.8E 2.0F 1.7E	25 M ●	0150 0745 1427 2011	0414 1050 1643 2300	1.8F 1.7E 1.7F 1.3E
11 M	0152 0741 1446 2016	0426 1110 1701 2329	2.4F 1.9E 2.2F 1.7E	26 Tu	0233 0821 1510 2051	0456 1128 1720 2341	1.9F 1.7E 1.8F 1.3E
12 Tu	0246 0827 1536 2109	0515 1157 1747	2.6F 1.9E 2.3F	27 W	0313 0854 1547 2128	0532 1205 1754	1.9F 1.7E 1.9F
13 W	0020 0338 0915 1623 2204	0600 1248 1831	1.7E 2.6F 1.8E 2.2F	28 Th	0348 0925 1620	0021 0606 1246 1829	1.3E 1.9F 1.6E 1.9F
14 Th	0118 0428 1007 1708 2302	0645 1347 1918	1.6E 2.4F 1.8E 2.1F	29 F	0416 0954 1647 2233	0107 0643 1333 1907	1.3E 1.9F 1.6E 1.8F
15 F	0219 0516 1102 1756	0735 1439 2013	1.6E 2.1F 1.7E 1.9F	30 Sa	0441 1027 1712 2306	0157 0724 1420 1952	1.3E 1.8F 1.6E 1.7F
				31 Su	0509 1107 1742 2349	0241 0813 1500 2042	1.3E 1.6F 1.6E 1.6F

Time meridian 75° W. 0000 is midnight. 1200 is noon.

Delaware Bay Entrance, 2000

F–Flood, Dir. 327° True   E–Ebb, Dir. 147° True

January

Day	Slack (h m)	Maximum (h m)	knots	Day	Slack (h m)	Maximum (h m)	knots
1 Sa	0600 / 1231 / 1808	0243 / 0922 / 1513 / 2133	1.3F / 1.1E / 1.0F / 1.1E	16 Su	0457 / 1131 / 1717 / 2328	0138 / 0839 / 1419 / 2050	1.6F / 1.4E / 1.3F / 1.3E
2 Su	0022 / 0647 / 1324 / 1857	0331 / 1010 / 1603 / 2217	1.3F / 1.2E / 1.0F / 1.1E	17 M	0558 / 1238 / 1821	0238 / 0943 / 1522 / 2152	1.7F / 1.5E / 1.4F / 1.4E
3 M	0103 / 0732 / 1412 / 1944	0414 / 1055 / 1649 / 2300	1.4F / 1.3E / 1.1F / 1.1E	18 Tu	0028 / 0659 / 1341 / 1925	0338 / 1042 / 1622 / 2251	1.8F / 1.7E / 1.5F / 1.4E
4 Tu	0143 / 0814 / 1455 / 2030	0457 / 1139 / 1734 / 2343	1.4F / 1.4E / 1.1F / 1.1E	19 W	0128 / 0800 / 1441 / 2027	0436 / 1140 / 1720 / 2350	1.9F / 1.8E / 1.6F / 1.5E
5 W	0223 / 0856 / 1535 / 2114	0538 / 1222 / 1818	1.5F / 1.4E / 1.1F	20 Th ○	0228 / 0858 / 1538 / 2124	0533 / 1237 / 1818	2.0F / 1.9E / 1.7F
6 Th ●	0302 / 0936 / 1612 / 2157	0026 / 0620 / 1304 / 1859	1.1E / 1.5F / 1.5E / 1.1F	21 F	0325 / 0952 / 1631 / 2219	0047 / 0630 / 1331 / 1913	1.6E / 2.0F / 2.0E / 1.7F
7 F	0341 / 1014 / 1648 / 2237	0109 / 0700 / 1344 / 1937	1.3E / 1.5F / 1.5E / 1.2F	22 Sa	0420 / 1046 / 1723 / 2312	0141 / 0724 / 1422 / 2005	1.6E / 2.0F / 1.9E / 1.7F
8 Sa	0420 / 1052 / 1723 / 2317	0150 / 0738 / 1422 / 2013	1.1E / 1.5F / 1.5E / 1.2F	23 Su	0515 / 1138 / 1814	0232 / 0816 / 1511 / 2055	1.6E / 1.9F / 1.8E / 1.6F
9 Su	0500 / 1130 / 1759 / 2355	0229 / 0816 / 1500 / 2049	1.1E / 1.5F / 1.4E / 1.2F	24 M	0004 / 0608 / 1227 / 1902	0323 / 0907 / 1559 / 2144	1.5E / 1.8F / 1.7E / 1.5F
10 M	0542 / 1208 / 1835	0308 / 0854 / 1538 / 2127	1.1E / 1.4F / 1.4E / 1.2F	25 Tu	0054 / 0701 / 1314 / 1948	0415 / 0959 / 1648 / 2235	1.4E / 1.6F / 1.5E / 1.4F
11 Tu	0035 / 0628 / 1247 / 1913	0350 / 0936 / 1619 / 2209	1.1E / 1.4F / 1.3E / 1.2F	26 W	0144 / 0755 / 1401 / 2033	0507 / 1052 / 1735 / 2326	1.2E / 1.4F / 1.3E / 1.3F
12 W	0117 / 0718 / 1329 / 1955	0438 / 1024 / 1703 / 2256	1.1E / 1.3F / 1.3E / 1.3F	27 Th	0235 / 0852 / 1449 / 2118	0559 / 1147 / 1822	1.1E / 1.2F / 1.2E
13 Th	0205 / 0813 / 1418 / 2042	0532 / 1117 / 1751 / 2347	1.1E / 1.3F / 1.3E / 1.4F	28 F ○	0329 / 0954 / 1540 / 2201	0016 / 0652 / 1241 / 1908	1.2F / 1.1E / 1.0F / 1.0E
14 F ○	0259 / 0916 / 1513 / 2133	0630 / 1215 / 1845	1.2E / 1.3F / 1.3E	29 Sa	0422 / 1056 / 1631 / 2245	0106 / 0746 / 1337 / 1957	1.2F / 1.0E / 0.9F / 0.9E
15 Sa	0358 / 1023 / 1614 / 2229	0041 / 0733 / 1315 / 1946	1.5F / 1.2E / 1.3F / 1.3E	30 Su	0514 / 1155 / 1723 / 2328	0157 / 0841 / 1434 / 2048	1.2F / 1.0E / 0.9F / 0.9E
				31 M	0604 / 1250 / 1816	0249 / 0933 / 1529 / 2137	1.2F / 1.1E / 0.9F / 0.9E

February

Day	Slack (h m)	Maximum (h m)	knots	Day	Slack (h m)	Maximum (h m)	knots
1 Tu	0014 / 0654 / 1340 / 1909	0338 / 1022 / 1619 / 2225	1.3F / 1.2E / 0.9F / 1.0E	16 W	0013 / 0646 / 1329 / 1913	0322 / 1029 / 1608 / 2239	1.7F / 1.6E / 1.4F / 1.4E
2 W	0102 / 0743 / 1425 / 2000	0424 / 1108 / 1704 / 2312	1.3F / 1.3E / 1.0F / 1.0E	17 Th	0117 / 0749 / 1428 / 2015	0422 / 1126 / 1706 / 2337	1.8F / 1.8E / 1.5F / 1.5E
3 Th	0149 / 0828 / 1506 / 2047	0508 / 1153 / 1748	1.4F / 1.4E / 1.1F	18 F	0218 / 0847 / 1522 / 2111	0520 / 1221 / 1802	1.9F / 1.9E / 1.6F
4 F	0235 / 0911 / 1543 / 2130	0000 / 0552 / 1237 / 1830	1.1E / 1.5F / 1.4E / 1.1F	19 Sa ○	0315 / 0940 / 1613 / 2202	0032 / 0616 / 1313 / 1855	1.6E / 1.9F / 1.9E / 1.7F
5 Sa ●	0319 / 0951 / 1618 / 2211	0045 / 0634 / 1319 / 1909	1.2E / 1.5F / 1.5E / 1.2F	20 Su	0408 / 1029 / 1701 / 2251	0124 / 0709 / 1400 / 1944	1.6E / 1.9F / 1.9E / 1.7F
6 Su	0400 / 1030 / 1653 / 2251	0128 / 0715 / 1358 / 1946	1.2E / 1.5F / 1.5E / 1.3E	21 M	0459 / 1116 / 1746 / 2338	0212 / 0758 / 1445 / 2030	1.6E / 1.9F / 1.8E / 1.7F
7 M	0443 / 1108 / 1728 / 2330	0210 / 0754 / 1436 / 2022	1.5F / 1.5E / 1.3F	22 Tu	0549 / 1200 / 1828	0259 / 0845 / 1528 / 2114	1.5E / 1.7F / 1.6E / 1.6F
8 Tu	0528 / 1145 / 1805	0250 / 0834 / 1514 / 2059	1.3E / 1.5F / 1.5E / 1.4F	23 W	0023 / 0637 / 1242 / 1906	0345 / 0932 / 1610 / 2159	1.4E / 1.5F / 1.4E / 1.4F
9 W	0010 / 0614 / 1224 / 1843	0332 / 0916 / 1553 / 2141	1.3E / 1.5F / 1.4E / 1.5F	24 Th	0107 / 0725 / 1323 / 1942	0431 / 1020 / 1652 / 2245	1.3E / 1.3F / 1.2E / 1.3F
10 Th	0053 / 0704 / 1307 / 1926	0419 / 1004 / 1637 / 2228	1.3E / 1.4F / 1.4E / 1.5F	25 F	0151 / 0815 / 1406 / 2019	0519 / 1110 / 1734 / 2331	1.1E / 1.1F / 1.1E / 1.2F
11 F	0140 / 0800 / 1355 / 2012	0513 / 1058 / 1726 / 2320	1.3E / 1.3F / 1.3E / 1.5F	26 Sa	0239 / 0909 / 1453 / 2059	0608 / 1202 / 1818	1.0E / 1.0F / 0.9E
12 Sa ●	0233 / 0901 / 1451 / 2107	0611 / 1156 / 1822	1.3E / 1.3F / 1.2E	27 Su	0330 / 1009 / 1545 / 2145	0019 / 0659 / 1255 / 1906	1.2F / 1.0E / 0.8F / 0.8E
13 Su	0333 / 1009 / 1554 / 2206	0016 / 0715 / 1256 / 1926	1.6F / 1.2E / 1.2F / 1.2E	28 M	0425 / 1109 / 1641 / 2236	0109 / 0755 / 1351 / 2001	1.1F / 1.0E / 0.8F / 0.8E
14 M	0437 / 1118 / 1701 / 2309	0115 / 0823 / 1401 / 2033	1.6F / 1.4E / 1.4F / 1.2E	29 Tu	0520 / 1205 / 1737 / 2329	0203 / 0851 / 1450 / 2058	1.1F / 1.0E / 0.8F / 0.8E
15 Tu	0541 / 1225 / 1807	0219 / 0928 / 1506 / 2138	1.7F / 1.5E / 1.3F / 1.3E				

March

Day	Slack (h m)	Maximum (h m)	knots	Day	Slack (h m)	Maximum (h m)	knots
1 W	0614 / 1258 / 1833	0258 / 0945 / 1543 / 2152	1.2F / 1.1E / 0.9F / 0.9E	16 Th	0006 / 0637 / 1315 / 1904	0310 / 1015 / 1555 / 2228	1.6F / 1.6E / 1.4F / 1.4E
2 Th	0023 / 0707 / 1345 / 1927	0349 / 1034 / 1630 / 2242	1.2F / 1.2E / 1.0F / 1.0E	17 F	0110 / 0739 / 1411 / 2003	0411 / 1110 / 1651 / 2323	1.7F / 1.7E / 1.5F / 1.5E
3 F	0117 / 0757 / 1427 / 2016	0437 / 1121 / 1713 / 2331	1.3F / 1.3E / 1.1F / 1.1E	18 Sa	0210 / 0834 / 1502 / 2056	0508 / 1202 / 1744	1.8F / 1.8E / 1.6F
4 Sa	0208 / 0842 / 1506 / 2101	0522 / 1206 / 1755	1.4F / 1.4E / 1.2F	19 Su ○	0305 / 0923 / 1549 / 2143	0016 / 0601 / 1251 / 1834	1.6E / 1.8F / 1.8E / 1.7F
5 Su ●	0256 / 0923 / 1542 / 2142	0019 / 0606 / 1249 / 1835	1.3E / 1.5F / 1.5E / 1.3F	20 M	0355 / 1008 / 1632 / 2228	0105 / 0651 / 1335 / 1920	1.6E / 1.8F / 1.7E / 1.7F
6 M	0341 / 1003 / 1618 / 2222	0104 / 0649 / 1330 / 1914	1.4E / 1.6F / 1.6E / 1.4F	21 Tu	0442 / 1050 / 1711 / 2310	0150 / 0738 / 1416 / 2002	1.6E / 1.7F / 1.6E / 1.7F
7 Tu	0427 / 1042 / 1655 / 2303	0148 / 0731 / 1409 / 1953	1.5E / 1.6F / 1.6E / 1.6F	22 W	0528 / 1130 / 1748 / 2350	0233 / 0821 / 1454 / 2042	1.5E / 1.6F / 1.5E / 1.6F
8 W	0513 / 1122 / 1733 / 2345	0230 / 0814 / 1448 / 2032	1.5E / 1.6F / 1.6E / 1.6F	23 Th	0612 / 1209 / 1821	0314 / 0904 / 1530 / 2122	1.4E / 1.5F / 1.3E / 1.5F
9 Th	0601 / 1204 / 1814	0314 / 0858 / 1529 / 2115	1.5E / 1.6F / 1.5E / 1.7F	24 F	0029 / 0655 / 1248 / 1853	0355 / 0948 / 1607 / 2203	1.3E / 1.3F / 1.1E / 1.3F
10 F	0030 / 0653 / 1249 / 1859	0402 / 0946 / 1615 / 2203	1.5E / 1.5F / 1.4E / 1.7F	25 Sa	0110 / 0739 / 1328 / 1927	0437 / 1034 / 1645 / 2246	1.2E / 1.1F / 1.0E / 1.2F
11 Sa	0118 / 0749 / 1339 / 1949	0457 / 1041 / 1709 / 2258	1.4E / 1.4F / 1.3E / 1.6F	26 Su	0153 / 0826 / 1412 / 2006	0523 / 1123 / 1728 / 2333	1.1E / 0.9F / 0.9E / 1.1F
12 Su	0213 / 0850 / 1437 / 2047	0558 / 1140 / 1809 / 2357	1.4E / 1.3F / 1.2E / 1.6F	27 M ○	0241 / 0919 / 1503 / 2053	0613 / 1214 / 1817	1.0E / 0.8F / 0.8E
13 M	0315 / 0959 / 1543 / 2150	0702 / 1242 / 1915	1.4E / 1.2F / 1.2E	28 Tu	0337 / 1017 / 1601 / 2148	0023 / 0708 / 1308 / 1915	1.1F / 1.0E / 0.8F / 0.8E
14 Tu	0423 / 1107 / 1652 / 2259	0059 / 0809 / 1347 / 2023	1.5F / 1.4E / 1.4F / 1.2E	29 W	0434 / 1113 / 1659 / 2248	0117 / 0807 / 1405 / 2018	1.1F / 1.0E / 0.8F / 0.8E
15 W	0531 / 1213 / 1759	0204 / 0915 / 1454 / 2128	1.6F / 1.5E / 1.3F / 1.3E	30 Th	0531 / 1206 / 1756 / 2347	0214 / 0904 / 1501 / 2117	1.1F / 1.1E / 0.8F / 0.9E
				31 F	0627 / 1255 / 1850	0311 / 0956 / 1550 / 2211	1.2F / 1.2E / 1.0F / 1.1E

Time meridian 75° W. 0000 is midnight. 1200 is noon.

Delaware Bay Entrance, 2000

F–Flood, Dir. 327° True   E–Ebb, Dir. 147° True

April

Day	Slack (h m)	Maximum (h m)	knots	Day	Slack (h m)	Maximum (h m)	knots
1 Sa	0044 / 0719 / 1340 / 1941	0402 / 1045 / 1634 / 2301	1.3F / 1.3E / 1.1F / 1.2E	16 Su	0201 / 0816 / 1438 / 2039	0453 / 1138 / 1723 / 2357	1.6F / 1.6E / 1.6F / 1.6E
2 Su	0140 / 0807 / 1421 / 2027	0449 / 1130 / 1716 / 2350	1.4F / 1.4E / 1.3F / 1.4E	17 M	0253 / 0901 / 1520 / 2122	0543 / 1224 / 1809	1.7F / 1.6E / 1.7F
3 M	0232 / 0851 / 1501 / 2111	0536 / 1215 / 1759	1.5F / 1.5E / 1.5F	18 Tu ○	0340 / 0942 / 1559 / 2202	0043 / 0631 / 1306 / 1852	1.6E / 1.6F / 1.6E / 1.7F
4 Tu ●	0321 / 0934 / 1541 / 2153	0038 / 0622 / 1259 / 1841	1.5E / 1.6F / 1.6E / 1.6F	19 W	0425 / 1022 / 1634 / 2240	0126 / 0715 / 1344 / 1932	1.6E / 1.6F / 1.5E / 1.6F
5 W	0410 / 1016 / 1621 / 2237	0125 / 0708 / 1341 / 1924	1.6E / 1.6F / 1.6E / 1.8F	20 Th	0508 / 1100 / 1707 / 2318	0206 / 0757 / 1420 / 2010	1.5E / 1.5F / 1.4E / 1.6F
6 Th	0500 / 1059 / 1703 / 2321	0210 / 0754 / 1423 / 2007	1.7E / 1.6F / 1.6E / 1.8F	21 F	0548 / 1138 / 1738 / 2355	0244 / 0838 / 1453 / 2047	1.5E / 1.4F / 1.2E / 1.5F
7 F	0550 / 1145 / 1749	0257 / 0841 / 1508 / 2053	1.7E / 1.6F / 1.5E / 1.8F	22 Sa	0628 / 1217 / 1810	0321 / 0918 / 1526 / 2125	1.4E / 1.2F / 1.1E / 1.4F
8 Sa	0009 / 0643 / 1235 / 1838	0347 / 0931 / 1558 / 2144	1.6E / 1.5F / 1.4E / 1.8F	23 Su	0033 / 0707 / 1257 / 1845	0400 / 1001 / 1602 / 2205	1.2E / 1.0F / 1.0E / 1.2F
9 Su	0100 / 0740 / 1328 / 1932	0445 / 1027 / 1657 / 2240	1.5E / 1.4F / 1.3E / 1.7F	24 M	0114 / 0749 / 1339 / 1925	0443 / 1047 / 1644 / 2251	1.1E / 0.9F / 0.9E / 1.1F
10 M	0158 / 0841 / 1429 / 2033	0546 / 1128 / 1800 / 2342	1.5E / 1.3F / 1.2E / 1.6F	25 Tu	0200 / 0835 / 1428 / 2012	0532 / 1136 / 1737 / 2340	1.1E / 0.8F / 0.8E / 1.1F
11 Tu ☾	0302 / 0949 / 1537 / 2141	0650 / 1230 / 1906	1.4E / 1.3F / 1.2F	26 W ☽	0252 / 0928 / 1523 / 2108	0625 / 1226 / 1835	1.0E / 0.8F / 0.8E
12 W	0412 / 1056 / 1647 / 2252	0046 / 0756 / 1335 / 2013	1.5F / 1.4E / 1.3F / 1.2E	27 Th	0349 / 1022 / 1621 / 2210	0033 / 0721 / 1319 / 1938	1.1F / 1.0E / 0.8F / 0.8E
13 Th	0521 / 1159 / 1753	0153 / 0900 / 1441 / 2116	1.5F / 1.5E / 1.3F / 1.3E	28 F	0447 / 1113 / 1717 / 2312	0130 / 0820 / 1413 / 2041	1.1F / 1.1E / 0.9F / 0.9E
14 F	0000 / 0626 / 1257 / 1855	0259 / 0958 / 1541 / 2214	1.5F / 1.5E / 1.4F / 1.4E	29 Sa	0542 / 1202 / 1811	0228 / 0914 / 1505 / 2138	1.1F / 1.2E / 1.0F / 1.1E
15 Sa	0104 / 0724 / 1350 / 1950	0359 / 1050 / 1634 / 2307	1.6F / 1.6E / 1.5F / 1.5E	30 Su	0013 / 0635 / 1249 / 1902	0324 / 1004 / 1552 / 2230	1.3F / 1.3E / 1.3F / 1.3E

May

Day	Slack (h m)	Maximum (h m)	knots	Day	Slack (h m)	Maximum (h m)	knots
1 M	0112 / 0727 / 1335 / 1952	0415 / 1052 / 1637 / 2321	1.4F / 1.4E / 1.5F / 1.5E	16 Tu	0239 / 0834 / 1447 / 2057	0523 / 1153 / 1741	1.5F / 1.4E / 1.6F
2 Tu	0209 / 0816 / 1420 / 2039	0505 / 1139 / 1723	1.5F / 1.5E / 1.7F	17 W	0325 / 0914 / 1523 / 2135	0020 / 0609 / 1234 / 1822	1.5E / 1.5F / 1.4E / 1.6F
3 W ●	0302 / 0903 / 1505 / 2125	0012 / 0555 / 1227 / 1809	1.6E / 1.6F / 1.5E / 1.8F	18 Th ○	0407 / 0953 / 1557 / 2212	0102 / 0652 / 1312 / 1902	1.5E / 1.4F / 1.3E / 1.6F
4 Th	0354 / 0950 / 1550 / 2212	0102 / 0645 / 1314 / 1857	1.6E / 1.6F / 1.6E / 1.9F	19 F	0447 / 1032 / 1629 / 2249	0141 / 0734 / 1348 / 1940	1.5E / 1.3F / 1.2E / 1.6F
5 F	0447 / 1039 / 1638 / 2301	0151 / 0735 / 1402 / 1945	1.8E / 1.7F / 1.6E / 2.0F	20 Sa	0526 / 1111 / 1701 / 2326	0218 / 0813 / 1423 / 2017	1.5E / 1.3F / 1.1E / 1.5F
6 Sa	0539 / 1129 / 1729 / 2352	0241 / 0825 / 1451 / 2034	1.8E / 1.6F / 1.5E / 1.9F	21 Su	0602 / 1150 / 1736	0254 / 0852 / 1457 / 2053	1.4E / 1.2F / 1.1E / 1.4F
7 Su	0633 / 1222 / 1822	0334 / 0917 / 1545 / 2127	1.8E / 1.5F / 1.4E / 1.8F	22 M	0004 / 0639 / 1230 / 1812	0331 / 0931 / 1532 / 2132	1.3E / 1.1F / 1.0E / 1.3F
8 M	0047 / 0730 / 1319 / 1920	0432 / 1014 / 1646 / 2226	1.7E / 1.5F / 1.3E / 1.7F	23 Tu	0043 / 0718 / 1311 / 1854	0412 / 1013 / 1614 / 2215	1.2E / 1.0F / 0.9E / 1.2F
9 Tu	0146 / 0831 / 1421 / 2023	0533 / 1115 / 1749 / 2329	1.6E / 1.4F / 1.2E / 1.5F	24 W	0126 / 0759 / 1357 / 1941	0458 / 1059 / 1705 / 2303	1.1E / 0.9F / 0.8E / 1.1F
10 W ☽	0250 / 0935 / 1529 / 2133	0635 / 1217 / 1853	1.5E / 1.3F / 1.2E	25 Th	0213 / 0845 / 1447 / 2035	0547 / 1147 / 1802 / 2354	1.1E / 0.8F / 0.8E / 1.1F
11 Th	0359 / 1039 / 1638 / 2245	0033 / 0737 / 1321 / 1958	1.4F / 1.4E / 1.3F / 1.2E	26 F ☽	0305 / 0934 / 1543 / 2136	0638 / 1235 / 1901	1.1E / 0.9F / 0.9E
12 F	0506 / 1139 / 1742 / 2351	0139 / 0839 / 1424 / 2100	1.4F / 1.4E / 1.4F / 1.3E	27 Sa	0401 / 1024 / 1638 / 2240	0049 / 0733 / 1326 / 2004	1.1F / 1.1E / 1.1F / 1.0E
13 Sa	0606 / 1233 / 1840	0244 / 0935 / 1522 / 2156	1.4F / 1.5E / 1.5F / 1.4E	28 Su	0456 / 1113 / 1732 / 2343	0147 / 0829 / 1419 / 2104	1.1F / 1.2E / 1.2F / 1.2E
14 Su	0052 / 0701 / 1322 / 1931	0343 / 1024 / 1612 / 2247	1.4F / 1.5E / 1.5F / 1.5E	29 M	0551 / 1202 / 1825	0246 / 0923 / 1511 / 2200	1.2F / 1.3E / 1.4F / 1.4E
15 M	0148 / 0750 / 1407 / 2017	0435 / 1110 / 1658 / 2335	1.5F / 1.5E / 1.6F / 1.5E	30 Tu	0046 / 0646 / 1252 / 1918	0342 / 1014 / 1601 / 2253	1.3F / 1.3E / 1.6F / 1.6E
31 W	0146 / 0741 / 1343 / 2010	0436 / 1105 / 1651 / 2347	1.5F / 1.4E / 1.8F / 1.7E				

June

Day	Slack (h m)	Maximum (h m)	knots	Day	Slack (h m)	Maximum (h m)	knots
1 Th	0243 / 0835 / 1434 / 2101	0530 / 1158 / 1742	1.6F / 1.5E / 2.0F	16 F ○	0348 / 0927 / 1522 / 2147	0036 / 0629 / 1241 / 1834	1.5E / 1.2F / 1.2E / 1.5F
2 F ●	0338 / 0928 / 1526 / 2152	0041 / 0623 / 1251 / 1834	1.9E / 1.6F / 1.6E / 2.0F	17 Sa	0427 / 1007 / 1557 / 2224	0116 / 0711 / 1321 / 1913	1.5E / 1.2F / 1.2E / 1.5F
3 Sa	0432 / 1021 / 1619 / 2245	0134 / 0717 / 1344 / 1926	1.9E / 1.7F / 1.6E / 2.1F	18 Su	0503 / 1047 / 1632 / 2301	0154 / 0750 / 1358 / 1951	1.5E / 1.2F / 1.1E / 1.5F
4 Su	0527 / 1115 / 1712 / 2339	0226 / 0810 / 1437 / 2019	1.9E / 1.7F / 1.5E / 2.0F	19 M	0539 / 1127 / 1709 / 2340	0231 / 0828 / 1435 / 2028	1.4E / 1.1F / 1.1E / 1.4F
5 M	0621 / 1211 / 1810	0320 / 0903 / 1532 / 2113	1.9E / 1.6F / 1.5E / 1.9F	20 Tu	0613 / 1206 / 1748	0308 / 0904 / 1512 / 2105	1.4E / 1.1F / 1.0E / 1.4F
6 Tu	0035 / 0718 / 1308 / 1909	0417 / 0959 / 1632 / 2212	1.8E / 1.5F / 1.4E / 1.7F	21 W	0018 / 0649 / 1246 / 1830	0346 / 0942 / 1552 / 2145	1.3E / 1.0F / 1.0E / 1.3F
7 W	0133 / 0815 / 1409 / 2012	0516 / 1059 / 1734 / 2314	1.6E / 1.4F / 1.3E / 1.5F	22 Th	0058 / 0727 / 1328 / 1917	0428 / 1024 / 1639 / 2230	1.3E / 1.0F / 0.9E / 1.2F
8 Th ☾	0234 / 0915 / 1514 / 2120	0614 / 1159 / 1835	1.5E / 1.4F / 1.2E	23 F	0139 / 0807 / 1413 / 2009	0512 / 1108 / 1732 / 2320	1.2E / 1.1F / 0.9E / 1.2F
9 F	0338 / 1015 / 1620 / 2229	0016 / 0712 / 1259 / 1936	1.4F / 1.4E / 1.4F / 1.2E	24 Sa ○	0226 / 0851 / 1505 / 2108	0558 / 1155 / 1827	1.2E / 1.1F / 1.0E
10 Sa	0440 / 1110 / 1721 / 2335	0119 / 0809 / 1358 / 2037	1.3F / 1.4E / 1.4F / 1.3E	25 Su	0318 / 0939 / 1600 / 2212	0014 / 0648 / 1245 / 1927	1.2F / 1.2E / 1.2F / 1.1E
11 Su	0537 / 1201 / 1816	0222 / 0904 / 1454 / 2133	1.3F / 1.3E / 1.4F / 1.3E	26 M	0414 / 1030 / 1655 / 2318	0111 / 0744 / 1338 / 2031	1.2F / 1.2E / 1.4F / 1.4E
12 M	0035 / 0629 / 1248 / 1905	0320 / 0953 / 1544 / 2224	1.2F / 1.3E / 1.5F / 1.4E	27 Tu	0512 / 1122 / 1751	0212 / 0843 / 1434 / 2132	1.2F / 1.2E / 1.6F / 1.4E
13 Tu	0131 / 0718 / 1330 / 1950	0412 / 1037 / 1629 / 2310	1.2F / 1.3E / 1.5F / 1.4E	28 W	0022 / 0611 / 1218 / 1848	0313 / 0941 / 1530 / 2229	1.3F / 1.3E / 1.7F / 1.6E
14 W	0221 / 0803 / 1410 / 2030	0459 / 1120 / 1712 / 2354	1.2F / 1.2E / 1.5F / 1.4E	29 Th	0125 / 0712 / 1313 / 1945	0411 / 1038 / 1625 / 2326	1.4F / 1.4E / 1.9F / 1.8E
15 Th	0306 / 0846 / 1447 / 2109	0545 / 1201 / 1753	1.2F / 1.2E / 1.5F	30 F	0226 / 0811 / 1410 / 2041	0508 / 1135 / 1719	1.5F / 1.5E / 2.0F

Time meridian 75° W.   0000 is midnight.   1200 is noon.

Delaware Bay Entrance, 2000

F—Flood, Dir. 327° True   E—Ebb, Dir. 147° True

July

Day	Slack h m	Maximum h m	knots	Day	Slack h m	Maximum h m	knots
1 Sa	0322 0909 1508 ● 2137	0023 0604 1232 1815	1.9E 1.6F 1.6E 2.1F	16 Su ○	0402 0942 1531 2202	0051 0647 1256 1848	1.4E 1.2F 1.1E 1.5F
2 Su	0418 1005 1604 2231	0118 0700 1328 1911	2.0E 1.7F 1.6E 2.1F	17 M	0438 1023 1610 2240	0131 0726 1336 1927	1.5E 1.2F 1.1E 1.5F
3 M	0512 1100 1700 2327	0212 0754 1423 2005	2.0E 1.7F 1.6E 2.0F	18 Tu	0512 1103 1649 2318	0209 0802 1415 2005	1.5E 1.2F 1.1E 1.5F
4 Tu	0606 1156 1758	0304 0847 1517 2059	1.9E 1.7F 1.6E 1.9F	19 W	0545 1141 1729 2354	0245 0837 1454 2042	1.4E 1.2F 1.1E 1.4F
5 W	0021 0659 1252 1856	0358 0941 1614 2155	1.8E 1.6F 1.5E 1.7F	20 Th	0619 1220 1810	0322 0912 1533 2120	1.4E 1.2F 1.1E 1.4F
6 Th	0116 0752 1349 1955	0453 1037 1712 2254	1.7E 1.5F 1.4E 1.5F	21 F	0031 0653 1259 1857	0359 0950 1616 2203	1.3E 1.2F 1.1E 1.3F
7 F	0210 0846 1448 2059	0547 1134 1810 2353	1.5E 1.4F 1.3E 1.4F	22 Sa	0110 0731 1342 1948	0438 1032 1705 2252	1.3E 1.3F 1.1E 1.2F
8 Sa ◐	0307 0940 1550 2206	0640 1230 1908	1.4E 1.4F 1.2E	23 Su	0153 0814 1430 2045	0522 1119 1758 2346	1.2E 1.3F 1.1E 1.2F
9 Su	0404 1032 1648 2311	0052 0733 1324 2006	1.2F 1.2E 1.3F 1.2E	24 M ◑	0243 0901 1525 2149	0610 1210 1857	1.2E 1.4F 1.2E
10 M	0459 1120 1741	0152 0825 1419 2103	1.1F 1.1E 1.3F 1.2E	25 Tu	0340 0955 1624 2257	0044 0706 1305 2003	1.2F 1.2E 1.5F 1.3E
11 Tu	0012 0550 1206 1831	0251 0915 1510 2155	1.1F 1.1E 1.3F 1.2E	26 W	0442 1051 1723	0145 0811 1404 2109	1.2F 1.2E 1.6F 1.4E
12 W	0108 0640 1249 1918	0345 1002 1558 2242	1.0F 1.1E 1.4F 1.3E	27 Th	0002 0546 1151 1825	0249 0917 1505 2210	1.3F 1.3E 1.7F 1.6E
13 Th	0159 0729 1331 2001	0434 1046 1642 2326	1.1F 1.1E 1.4F 1.3E	28 F	0108 0650 1253 1927	0351 1019 1604 2309	1.4F 1.4E 1.9F 1.7E
14 F	0244 0816 1412 2043	0520 1129 1725	1.1F 1.1E 1.5F	29 Sa	0209 0754 1356 2027	0449 1119 1702	1.5F 1.5E 2.0F
15 Sa	0325 0900 1452 2123	0009 0604 1213 1807	1.4E 1.1F 1.1E 1.5F	30 Su ●	0307 0853 1455 2124	0007 0547 1217 1800	1.9E 1.6F 1.6E 2.0F
				31 M	0401 0950 1552 2219	0102 0643 1314 1857	2.0E 1.7F 1.7E 2.1F

August

Day	Slack h m	Maximum h m	knots	Day	Slack h m	Maximum h m	knots
1 Tu	0454 1044 1649 2311	0155 0737 1407 1950	2.0E 1.8F 1.7E 2.0F	16 W	0439 1037 1629 2253	0143 0733 1354 1941	1.5E 1.3F 1.3E 1.5F
2 W	0545 1138 1743	0245 0828 1459 2042	1.9E 1.7F 1.6E 1.9F	17 Th	0512 1115 1711 2329	0219 0807 1433 2019	1.5E 1.3F 1.3E 1.5F
3 Th	0002 0634 1230 1839	0334 0918 1551 2135	1.8E 1.7F 1.5E 1.7F	18 F	0545 1152 1754	0255 0842 1512 2057	1.5E 1.4F 1.3E 1.4F
4 F	0052 0722 1321 1934	0424 1009 1645 2229	1.6E 1.6F 1.4E 1.5F	19 Sa	0006 0620 1231 1840	0330 0919 1554 2140	1.4E 1.4F 1.3E 1.4F
5 Sa	0140 0809 1413 2032	0513 1101 1739 2324	1.4E 1.5F 1.3E 1.3F	20 Su	0044 0659 1313 1931	0408 1001 1642 2229	1.3E 1.5F 1.2E 1.3F
6 Su ●	0230 0856 1508 2135	0602 1153 1833	1.3E 1.3F 1.2E	21 M	0128 0742 1401 2028	0452 1049 1736 2324	1.3E 1.5F 1.2E 1.2F
7 M	0321 0943 1603 2239	0020 0651 1244 1929	1.1F 1.1F 1.3E 1.1E	22 Tu ○	0218 0831 1457 2131	0544 1142 1836	1.2E 1.6F 1.3E
8 Tu	0415 1030 1658 2340	0117 0741 1337 2025	1.0F 1.0E 1.2F 1.1E	23 W	0317 0928 1559 2240	0023 0644 1240 1943	1.2F 1.2E 1.5F 1.3E
9 W	0508 1117 1750	0216 0833 1431 2120	0.9F 0.9E 1.2F 1.1E	24 Th	0423 1030 1703 2347	0125 0753 1342 2052	1.2F 1.2E 1.6F 1.4E
10 Th	0037 0601 1203 1841	0313 0924 1523 2209	0.9F 0.9E 1.2F 1.2E	25 F	0530 1136 1809	0230 0902 1447 2156	1.3F 1.3E 1.7F 1.5E
11 F	0129 0654 1251 1930	0405 1012 1611 2255	0.9F 1.0E 1.3F 1.2E	26 Sa	0052 0636 1241 1914	0334 1006 1550 2255	1.4F 1.4E 1.8F 1.7E
12 Sa	0215 0745 1339 2016	0451 1059 1656 2339	1.0F 1.0E 1.4F 1.3E	27 Su	0154 0741 1346 2015	0434 1106 1649 2351	1.5F 1.5E 1.9F 1.8E
13 Su	0255 0833 1425 2058	0536 1145 1740	1.1F 1.1E 1.4F	28 M	0250 0840 1446 2111	0531 1203 1747	1.6F 1.6E 2.0F
14 M	0332 0917 1508 2138	0022 0618 1230 1823	1.4E 1.1F 1.2E 1.5F	29 Tu ●	0343 0934 1542 2203	0045 0625 1258 1842	1.9E 1.7F 1.7E 2.0F
15 Tu ○	0406 0958 1549 2217	0104 0657 1314 1903	1.5E 1.2F 1.2E 1.5F	30 W	0432 1026 1636 2252	0135 0717 1349 1934	1.9E 1.8F 1.7E 2.0F
				31 Th	0519 1115 1728 2339	0222 0805 1438 2023	1.9E 1.8F 1.8E 1.8F

September

Day	Slack h m	Maximum h m	knots	Day	Slack h m	Maximum h m	knots
1 F	0604 1202 1819	0306 0851 1525 2111	1.7E 1.7F 1.6E 1.7F	16 Sa	0510 1124 1740 2342	0227 0812 1452 2037	1.5E 1.6F 1.5E 1.5F
2 Sa	0024 0646 1248 1910	0351 0937 1614 2201	1.5E 1.6F 1.4E 1.4F	17 Su	0549 1205 1828	0304 0851 1535 2121	1.4E 1.6F 1.4E 1.4F
3 Su	0108 0726 1334 2001	0435 1024 1704 2252	1.3E 1.4F 1.2F	18 M	0023 0630 1249 1919	0344 0934 1624 2211	1.4E 1.6F 1.4E 1.3F
4 M	0151 0805 1422 2057	0520 1112 1754 2345	1.1E 1.3F 1.1E 1.0F	19 Tu	0109 0717 1339 2016	0432 1024 1721 2307	1.3E 1.6F 1.4E 1.3F
5 Tu ◐	0239 0846 1514 2158	0606 1202 1846	1.0E 1.2F 1.0E	20 W ○	0202 0810 1436 2119	0530 1121 1824	1.2F 1.6F 1.3E
6 W	0330 0933 1609 2259	0039 0654 1253 1941	0.9F 0.8E 1.1F 1.0E	21 Th	0304 0911 1541 2227	0007 0635 1222 1930	1.2F 1.1E 1.5F 1.3E
7 Th	0426 1024 1705 2356	0136 0748 1347 2037	0.8F 0.8E 1.1F 1.0E	22 F	0413 1019 1650 2334	0110 0744 1326 2038	1.2F 1.1E 1.5F 1.4E
8 F	0522 1118 1800	0235 0844 1444 2131	0.8F 0.8E 1.1F 1.1E	23 Sa	0521 1128 1758	0216 0853 1434 2142	1.3F 1.2E 1.6F 1.5E
9 Sa	0048 0618 1212 1853	0330 0938 1537 2220	0.9F 0.9E 1.2F 1.2E	24 Su	0038 0628 1235 1903	0321 0956 1538 2239	1.4F 1.4E 1.7F 1.7E
10 Su	0134 0712 1306 1943	0418 1028 1625 2305	1.0F 1.0E 1.3F 1.3E	25 M	0137 0730 1339 2002	0419 1054 1637 2333	1.5F 1.5E 1.8F 1.8E
11 M	0216 0802 1357 2028	0502 1116 1710 2349	1.1F 1.1E 1.4F 1.4E	26 Tu	0231 0827 1438 2055	0514 1148 1733	1.7F 1.6E 1.8F
12 Tu	0252 0847 1443 2109	0542 1203 1754	1.2F 1.2E 1.5F	27 W ●	0320 0918 1531 2144	0023 0605 1240 1826	1.8E 1.7F 1.7E 1.9F
13 W ○	0327 0928 1528 2148	0032 0622 1248 1836	1.5E 1.3F 1.3E 1.5F	28 Th	0406 1005 1622 2229	0111 0654 1329 1915	1.8E 1.8F 1.7E 1.8F
14 Th	0401 1008 1611 2226	0112 0659 1330 1916	1.5E 1.4F 1.4E 1.5F	29 F	0449 1050 1711 2312	0155 0740 1415 2002	1.7E 1.8F 1.7E 1.7F
15 F	0435 1046 1655 2303	0150 0735 1411 1956	1.5E 1.5F 1.5E 1.5F	30 Sa	0528 1132 1758 2354	0236 0822 1458 2047	1.6E 1.7F 1.6E 1.6F

Time meridian 75° W. 0000 is midnight. 1200 is noon.

Delaware Bay Entrance, 2000

F–Flood, Dir. 327° True   E–Ebb, Dir. 147° True

	October						November						December				
	Slack	Maximum		Slack	Maximum		Slack	Maximum		Slack	Maximum		Slack	Maximum		Slack	Maximum
	h m	h m	knots	h m	h m	knots	h m	h m	knots	h m	h m	knots	h m	h m	knots	h m	h m	knots

1 Su 0606 0316 1.4E / 0904 1.6F / 1214 1542 1.4E / 1844 2132 1.4F
16 M 0521 0242 1.4E / 0827 1.8F / 1142 1519 1.6E / 1817 2104 1.5F
1 W 0045 0355 1.0E / 0635 0953 1.3F / 1302 1634 1.2E / 1941 2234 1.0F
16 Th 0048 0412 1.3E / 0648 0953 1.7F / 1312 1659 1.6E / 1956 2241 1.4F
1 F 0059 0404 0.9E / 0641 1004 1.2F / 1313 1645 1.2E / 1948 2247 0.9F
16 Sa 0135 0502 1.4E / 0739 1041 1.6F / 1400 1742 1.6E / 2039 2325 1.5F

2 M 0035 0355 1.2E / 0640 0946 1.4F / 1255 1626 1.3E / 1930 2219 1.2F
17 Tu 0007 0327 1.4E / 0608 0913 1.8F / 1230 1611 1.5E / 1909 2156 1.4F
2 Th 0128 0437 0.9E / 0714 1039 1.2F / 1347 1721 1.1E / 2026 2324 0.9F
17 F 0146 0515 1.3E / 0748 1054 1.6F / 1412 1800 1.5E / 2057 2342 1.4F
2 Sa 0143 0452 0.9E / 0727 1050 1.1F / 1359 1731 1.1E / 2030 2333 0.9F
17 Su 0238 0603 1.3E / 0844 1143 1.5F / 1501 1840 1.5E / ○ 2138

3 Tu 0116 0436 1.0E / 0716 1031 1.3F / 1339 1713 1.1E / 2018 2309 1.0F
18 W 0057 0421 1.3E / 0659 1006 1.7F / 1323 1710 1.5E / 2006 2254 1.3F
3 F 0215 0526 0.8E / 0759 1128 1.1F / 1437 1811 1.0E / 2115
18 Sa 0251 0619 1.2E / 0855 1158 1.5F / 1519 1902 1.5E / ○ 2200
3 Su 0232 0545 0.8E / 0818 1140 1.1F / 1448 1819 1.1E / ○ 2116
18 M 0025 1.4F / 0344 0705 1.3E / 0954 1245 1.4F / 1604 1937 1.4E / 2236

4 W 0200 0520 0.9E / 0755 1119 1.2F / 1427 1802 1.0E / 2110
19 Th 0153 0523 1.2E / 0757 1106 1.6F / 1423 1813 1.4E / 2109 2355 1.3F
4 Sa 0014 0.8F / 0308 0621 0.8E / 0853 1220 1.0F / 1532 1904 1.0E / ◐ 2207
19 Su 0044 1.3E / 0400 0723 1.2E / 1007 1302 1.4F / 1626 2003 1.4E / 2301
4 M 0020 0.9F / 0326 0642 0.9E / 0916 1232 1.1F / 1541 1910 1.1E / 2203
19 Tu 0124 1.4F / 0449 0807 1.3E / 1103 1349 1.3F / 1705 2034 1.4E / 2330

5 Th 0001 0.8F / 0250 0608 0.8E / 0840 1209 1.1F / ◐ 1521 1855 1.0E / 2208
20 F 0258 0629 1.2E / 0901 1209 1.5F / 1530 1918 1.4E / ○ 2216
5 Su 0105 0.8F / 0406 0721 0.8E / 0953 1315 1.0F / 1629 2000 1.0E / 2257
20 M 0147 1.4F / 0506 0827 1.3E / 1116 1408 1.4F / 1729 2102 1.5E / 2358
5 Tu 0108 1.0F / 0420 0741 0.9E / 1019 1327 1.1F / 1635 2004 1.1E / 2250
20 W 0223 1.5F / 0547 0907 1.3E / 1207 1451 1.3F / 1801 2127 1.3E

6 F 0054 0.8F / 0346 0703 0.8E / 0935 1303 1.0F / 1619 1951 1.0E / 2303
21 Sa 0058 1.3F / 0407 0736 1.2E / 1012 1315 1.5F / 1640 2023 1.4E / 2320
6 M 0158 0.9F / 0502 0822 0.9E / 1055 1413 1.1F / 1724 2054 1.1E / 2344
21 Tu 0248 1.6F / 0607 0928 1.4E / 1221 1511 1.4F / 1828 2156 1.5E
6 W 0158 1.1F / 0512 0841 1.1E / 1121 1424 1.1F / 1728 2058 1.2E / 2338
21 Th 0020 1.5F / 0317 / 0641 1002 1.4E / 1307 1548 1.3F / 1855 2216 1.3E

7 Sa 0151 0.8F / 0444 0802 0.8E / 1034 1401 1.1F / 1716 2047 1.0E / 2354
22 Su 0203 1.3F / 0516 0842 1.3E / 1123 1422 1.5F / 1747 2124 1.5E
7 Tu 0249 1.0F / 0555 0919 1.0E / 1156 1508 1.2F / 1816 2144 1.2E
22 W 0051 1.6F / 0343 / 0703 1022 1.5E / 1321 1608 1.5F / 1923 2245 1.5E
7 Th 0249 1.3F / 0604 0937 1.2E / 1222 1520 1.2F / 1822 2149 1.2E
22 F 0107 1.5F / 0406 / 0730 1051 1.4E / 1401 1638 1.3F / 1944 2302 1.2E

8 Su 0248 0.8F / 0541 0901 0.9E / 1134 1458 1.1F / 1810 2139 1.1E
23 M 0020 0306 1.4F / 0620 0944 1.4E / 1230 1526 1.6F / 1849 2220 1.6E
8 W 0029 0336 1.2F / 0646 1011 1.2E / 1254 1559 1.3F / 1907 2231 1.3E
23 Th 0139 0432 1.6F / 0753 1113 1.6E / 1416 1659 1.5F / 2012 2331 1.5E
8 F 0026 0338 1.5F / 0655 1030 1.4E / 1322 1613 1.3F / 1916 2239 1.3E
23 Sa 0151 0452 1.6F / 0814 1138 1.5E / 1450 1726 1.3F / 2030 2345 1.2E

9 M 0041 0337 1.0F / 0635 0955 1.0E / 1231 1549 1.2F / 1902 2227 1.2E
24 Tu 0116 0403 1.6F / 0719 1039 1.5E / 1331 1624 1.6F / 1945 2311 1.6E
9 Th 0113 0419 1.4F / 0734 1101 1.4E / 1350 1646 1.4F / 1956 2317 1.4E
24 F 0224 0518 1.7F / 0838 1201 1.6E / 1506 1747 1.5F / 2056
9 Sa 0116 0426 1.7F / 0746 1123 1.6E / 1419 1705 1.4F / 2010 2331 1.4E
24 Su 0232 0535 1.6F / 0855 1222 1.5E / 1535 1812 1.3F / 2112

10 Tu 0124 0421 1.1F / 0726 1045 1.2E / 1326 1636 1.3F / 1950 2311 1.3E
25 W 0208 0454 1.7F / 0812 1132 1.6E / 1428 1717 1.7F / 2036 2359 1.7E
10 F 0157 0502 1.6F / 0820 1150 1.5E / 1442 1734 1.4F / 2042
25 Sa 0015 1.4E / 0304 0602 1.7F / 0919 1246 1.6E / 1552 1834 1.4F / ● 2138
10 Su 0206 0516 1.8F / 0836 1215 1.7E / 1513 1758 1.5F / 2102
25 M 0028 1.2E / 0310 0618 1.6F / 0933 1304 1.5E / ● 1616 1856 1.2F / 2153

11 W 0204 0502 1.3F / 0812 1133 1.3E / 1417 1721 1.4F / 2034 2355 1.4E
26 Th 0254 0543 1.7F / 0859 1221 1.7E / 1519 1807 1.7F / 2121
11 Sa 0003 1.4E / 0240 0547 1.7F / 0904 1239 1.7E / ○ 1532 1823 1.5F / 2128
26 Su 0057 1.3E / 0341 0644 1.7F / 0958 1328 1.6E / 1635 1918 1.4F / 2218
11 M 0023 1.5E / 0258 0607 2.0F / 0927 1308 1.8E / ○ 1606 1851 1.6F / 2153
26 Tu 0108 1.2E / 0347 0700 1.6F / 1012 1343 1.5E / 1654 1937 1.2F / 2233

12 Th 0242 0542 1.4F / 0855 1219 1.4E / 1505 1805 1.5F / 2116
27 F 0044 1.6E / 0336 0629 1.8F / 0942 1308 1.7E / ● 1608 1855 1.6F / 2204
12 Su 0049 1.5E / 0325 0632 1.9F / 0949 1328 1.8E / 1622 1911 1.6F / 2214
27 M 0136 1.3E / 0417 0725 1.6F / 1035 1407 1.5E / 1716 2000 1.3F / 2258
12 Tu 0116 1.5E / 0350 0659 2.0F / 1018 1400 1.9E / 1659 1943 1.6F / 2246
27 W 0147 1.1E / 0422 0739 1.5F / 1050 1420 1.5E / 1730 2016 1.2F / 2313

13 F 0038 1.5E / 0320 0622 1.6F / 0936 1305 1.6E / ○ 1552 1849 1.5F / 2157
28 Sa 0126 1.5E / 0415 0712 1.7F / 1023 1351 1.6E / 1653 1940 1.5F / 2245
13 M 0136 1.5E / 0410 0719 1.9F / 1035 1416 1.8E / 1712 2000 1.6F / 2302
28 Tu 0213 1.2E / 0450 0804 1.5F / 1113 1444 1.4E / 1755 2040 1.2F / 2338
13 W 0209 1.5E / 0443 0751 2.0F / 1110 1452 1.9E / 1751 2035 1.6F / 2340
28 Th 0224 1.1E / 0459 0817 1.5F / 1128 1456 1.4E / 1804 2053 1.1F / 2353

14 Sa 0119 1.5E / 0358 0703 1.7F / 1016 1349 1.7E / 1639 1933 1.6F / 2238
29 Su 0205 1.4E / 0451 0753 1.7F / 1102 1432 1.6E / 1737 2023 1.4F / 2325
14 Tu 0224 1.5E / 0459 0807 1.9F / 1124 1506 1.8E / 1805 2049 1.5F / 2353
29 W 0248 1.1E / 0526 0842 1.4F / 1152 1522 1.3E / 1832 2120 1.1F
14 Th 0303 1.5E / 0539 0844 1.9F / 1205 1546 1.8E / 1846 2128 1.6F
29 F 0301 1.0E / 0537 0855 1.4F / 1206 1533 1.3E / 1838 2131 1.1F

15 Su 0200 1.5E / 0438 0744 1.8F / 1058 1433 1.8E / 1727 2017 1.5F / 2321
30 M 0242 1.3E / 0526 0832 1.6F / 1141 1511 1.6E / 1819 2105 1.3F
15 W 0315 1.4E / 0551 0858 1.9F / 1216 1600 1.7E / 1859 2143 1.5F
30 Th 0018 0324 1.0E / 0601 0921 1.3F / 1232 1601 1.3E / 1909 2202 1.0F
15 F 0037 0400 1.4E / 0638 0940 1.8F / 1301 1644 1.7E / 1941 2226 1.5F
30 Sa 0033 0339 1.0E / 0618 0934 1.3F / 1245 1612 1.3E / 1912 2210 1.0F

31 Tu 0004 0318 1.1E / 0559 0911 1.4F / 1221 1551 1.3E / 1900 2148 1.1F
31 Su 0113 0423 1.0E / 0700 1016 1.2F / 1325 1654 1.2E / 1950 2252 1.1F

Time meridian 75° W. 0000 is midnight. 1200 is noon.

47

Chesapeake Bay Entrance, Virginia, 2000

F–Flood, Dir. 300° True   E–Ebb, Dir. 129° True

January

Day	Slack h m	Maximum h m	knots	Day	Slack h m	Maximum h m	knots
1 Sa	0141 0752 1450 1931	0442 1126 1705 2326	0.8F 1.1E 0.4F 1.0E	16 Su	0024 0648 1335 1823	0306 1022 1549 2214	0.9F 1.1E 0.6F 1.3E
2 Su	0230 0843 1539 2016	0522 1216 1742	0.8F 1.1E 0.4F	17 M	0120 0749 1433 1926	0410 1120 1648 2312	1.0F 1.3E 0.7F 1.4E
3 M	0312 0927 1618 2058	0007 0557 1300 1818	1.0E 0.9F 1.1E 0.5F	18 Tu	0217 0846 1526 2029	0504 1215 1739	1.2F 1.5E 0.9F
4 Tu	0350 1005 1651 2137	0046 0634 1340 1857	1.1E 0.9F 1.2E 0.5F	19 W	0311 0939 1612 2129	0008 0554 1308 1830	1.4F 1.6E 1.0F
5 W	0428 1040 1726 2216	0122 0713 1413 1938	1.1E 0.9F 1.2E 0.5F	20 Th ○	0404 1029 1700 2224	0105 0646 1359 1923	1.7E 1.4F 1.7E 1.1F
6 Th ●	0503 1116 1801 2254	0157 0753 1443 2018	1.2E 0.9F 1.2E 0.6F	21 F	0457 1119 1749 2319	0200 0741 1447 2017	1.8E 1.5F 1.8E 1.2F
7 F	0540 1152 1838 2333	0231 0832 1512 2056	1.2E 1.0F 1.2E 0.6F	22 Sa	0550 1207 1839	0251 0834 1533 2108	1.8E 1.4F 1.8E 1.2F
8 Sa	0619 1228 1916	0306 0908 1543 2131	1.2E 1.0F 1.2E 0.6F	23 Su	0012 0645 1254 1930	0340 0924 1620 2157	1.7E 1.4F 1.7E 1.1F
9 Su	0013 0659 1303 1953	0343 0944 1618 2207	1.2E 0.9F 1.2E 0.6F	24 M	0107 0740 1339 2020	0432 1014 1711 2249	1.6E 1.2F 1.5E 1.1F
10 M	0053 0740 1337 2031	0424 1021 1700 2246	1.1E 0.9F 1.2E 0.6F	25 Tu	0200 0839 1423 2112	0531 1107 1806 2344	1.4E 1.0F 1.4E 0.9F
11 Tu	0134 0825 1409 2110	0513 1103 1747 2329	1.0E 0.8F 1.1E 0.6F	26 W	0257 0940 1507 2207	0634 1203 1859	1.2E 0.8F 1.2E
12 W	0219 0915 1443 2152	0609 1149 1834	1.0E 0.7F 1.1E	27 Th	0359 1050 1555 2304	0039 0735 1259 1951	0.8F 1.1E 0.6F 1.0E
13 Th	0317 1015 1523 2240	0016 0706 1239 1922	0.6F 0.9E 0.6F 1.1E	28 F ○	0509 1205 1650	0134 0842 1359 2048	0.7F 1.0E 0.4F 0.9E
14 F ○	0433 1122 1616 2330	0106 0805 1333 2013	0.7F 0.9E 0.5F 1.1E	29 Sa	0003 0615 1320 1748	0241 0956 1521 2153	0.6F 0.9E 0.3F 0.9E
15 Sa	0545 1230 1720	0201 0913 1438 2112	0.7F 1.0E 0.5F 1.2E	30 Su	0101 0717 1428 1842	0401 1059 1636 2249	0.6F 0.9E 0.4F 0.9E
				31 M	0158 0810 1518 1934	0455 1149 1719 2334	0.7F 1.0E 0.3F 0.9E

February

Day	Slack h m	Maximum h m	knots	Day	Slack h m	Maximum h m	knots
1 Tu	0248 0857 1554 2025	0535 1232 1756	0.7F 1.0E 0.4F	16 W	0204 0832 1511 2024	0450 1202 1728	1.1F 1.4E 0.8F
2 W	0329 0938 1627 2112	0014 0612 1310 1834	1.0E 0.8F 1.1E 0.5F	17 Th	0302 0927 1559 2124	0000 0543 1255 1818	1.5E 1.2F 1.6E 1.0F
3 Th	0408 1015 1658 2156	0054 0650 1344 1914	1.1E 0.9F 1.1E 0.6F	18 F	0358 1016 1643 2219	0057 0635 1345 1910	1.6E 1.3F 1.7E 1.1F
4 F	0441 1050 1730 2237	0133 0730 1415 1954	1.2E 1.0F 1.2E 0.6F	19 Sa ○	0449 1101 1729 2310	0151 0728 1431 2001	1.7E 1.3F 1.7E 1.2F
5 Sa ●	0518 1125 1803 2318	0210 0808 1445 2030	1.3E 1.0F 1.3E 0.7F	20 Su	0539 1145 1815	0240 0819 1513 2049	1.7E 1.3F 1.7E 1.2F
6 Su	0556 1159 1839 2359	0247 0844 1516 2105	1.3E 1.0F 1.3E 0.7F	21 M	0000 0631 1228 1900	0327 0907 1554 2134	1.7E 1.2F 1.6E 1.2F
7 M	0636 1233 1913	0324 0919 1550 2139	1.3E 1.0F 1.4E 0.8F	22 Tu	0049 0725 1307 1947	0414 0953 1637 2220	1.6E 1.1F 1.5E 1.1F
8 Tu	0040 0719 1306 1950	0405 0955 1628 2215	1.3E 0.9F 1.3E 0.8F	23 W	0137 0819 1345 2032	0506 1041 1723 2308	1.4E 0.9F 1.3E 1.0F
9 W	0122 0805 1338 2028	0452 1035 1712 2256	1.2E 0.9F 1.3E 0.8F	24 Th	0225 0917 1420 2120	0603 1131 1812 2359	1.2E 0.7F 1.1E 0.9F
10 Th	0207 0857 1410 2110	0547 1121 1801 2343	1.1E 0.8F 1.2E 0.8F	25 F	0317 1020 1457 2213	0700 1224 1900	1.1E 0.5F 1.0E
11 F	0259 0956 1448 2159	0646 1213 1852	1.1E 0.6F 1.2E	26 Sa ☉	0417 1131 1539 2313	0050 0759 1318 1948	0.7F 0.9E 0.3F 0.8E
12 Sa ☽	0405 1102 1539 2256	0034 0745 1309 1945	0.8F 1.0E 0.5F 1.1E	27 Su	0524 1244 1641	0146 0908 1422 2047	0.6F 0.8E * 0.8E
13 Su	0519 1212 1651 2358	0129 0853 1413 2047	0.8F 1.0E 0.5F 1.1E	28 M	0018 0627 1354 1752	0259 1020 1555 2159	0.5F 0.8E * 0.8E
14 M	0628 1320 1807	0234 1005 1529 2156	0.9F 1.1E 0.5F 1.2E	29 Tu	0120 0725 1447 1855	0420 1113 1654 2256	0.6F 0.8E 0.3F 0.9E
15 Tu	0100 0732 1420 1918	0348 1107 1635 2301	1.0F 1.3E 0.6F 1.3E				

March

Day	Slack h m	Maximum h m	knots	Day	Slack h m	Maximum h m	knots
1 W	0218 0816 1524 1954	0508 1155 1732	0.6F 0.9E 0.4F	16 Th	0158 0817 1458 2025	0441 1149 1722 2354	0.9F 1.4E 0.8F 1.4E
2 Th	0302 0900 1555 2048	0545 1231 1808	0.7F 1.0E 0.5F	17 F	0258 0910 1543 2123	0534 1240 1809	1.0F 1.5E 1.0F
3 F	0340 0939 1623 2135	0023 0621 1305 1845	1.1E 0.8F 1.1E 0.6F	18 Sa	0351 0957 1626 2214	0050 0624 1328 1857	1.5E 1.1F 1.6E 1.1F
4 Sa	0418 1015 1653 2219	0105 0658 1338 1922	1.2E 0.9F 1.3E 0.7F	19 Su ○	0441 1039 1708 2301	0143 0714 1411 1944	1.6E 1.1F 1.6E 1.2F
5 Su	0452 1049 1724 2300	0146 0737 1412 1959	1.3E 1.0F 1.4E 0.8F	20 M	0530 1118 1748 2347	0230 0803 1451 2029	1.7E 1.1F 1.6E 1.2F
6 M	0531 1123 1758 2343	0226 0815 1446 2035	1.4E 1.0F 1.5E 0.9F	21 Tu	0620 1156 1829	0313 0848 1527 2110	1.6E 1.0F 1.5E 1.2F
7 Tu	0613 1158 1832	0306 0853 1521 2110	1.4E 1.0F 1.5E 1.0F	22 W	0031 0710 1231 1911	0356 0931 1603 2151	1.5E 0.9F 1.4E 1.2F
8 W	0026 0700 1232 1910	0348 0931 1559 2147	1.4E 1.0F 1.5E 1.1F	23 Th	0114 0801 1306 1953	0440 1014 1640 2234	1.4E 0.8F 1.2E 1.1F
9 Th	0109 0749 1308 1951	0434 1013 1642 2228	1.4E 0.9F 1.4E 1.1F	24 F	0156 0854 1339 2038	0531 1101 1722 2320	1.2E 0.6F 1.1E 0.9F
10 F	0154 0841 1345 2037	0529 1100 1733 2316	1.3E 0.8F 1.3E 1.1F	25 Sa	0239 0951 1412 2127	0624 1151 1809	1.0E 0.4F 0.9E
11 Sa	0244 0941 1428 2129	0629 1154 1828	1.2E 0.6F 1.2E	26 Su	0328 1056 1449 2224	0010 0716 1243 1858	0.8F 0.9E 0.3F 0.8E
12 Su	0345 1049 1523 2230	0009 0729 1252 1926	1.0F 1.2E 0.5F 1.2E	27 M ☉	0429 1203 1539 2330	0103 0816 1339 1950	0.6F 0.8E * 0.7E
13 M	0458 1159 1643 2339	0107 0836 1356 2031	0.9F 1.1E 0.5F 1.1E	28 Tu	0534 1310 1702	0202 0919 1456 2054	0.5F 0.7E * 0.7E
14 Tu	0611 1305 1806	0212 0949 1516 2146	0.8F 1.2E 0.5F 1.1E	29 W	0036 0632 1405 1819	0323 1022 1622 2207	0.5F 0.8E 0.3F 0.8E
15 W	0049 0717 1406 1919	0332 1054 1629 2255	0.8F 1.3E 0.6F 1.3E	30 Th	0135 0724 1444 1923	0429 1106 1705 2302	0.5F 0.9E 0.4F 0.9E
				31 F	0226 0810 1516 2022	0510 1142 1738 2349	0.7F 1.0E 0.5F 1.0E

Time meridian 75° W. 0000 is midnight. 1200 is noon.
* Current weak and variable.

Chesapeake Bay Entrance, Virginia, 2000

F–Flood, Dir. 300° True   E–Ebb, Dir. 129° True

April

Day	Slack h m	Maximum h m	knots	Day	Slack h m	Maximum h m	knots
1 Sa	0308 0852 1543 2112	0544 1217 1811	0.8F 1.2E 0.7F	16 Su	0346 0931 1605 2208	0042 0611 1306 1842	1.4E 0.9F 1.5E 1.1F
2 Su	0348 0930 1611 2158	0034 0620 1254 1845	1.2E 0.9F 1.3E 0.9F	17 M	0434 1011 1642 2251	0133 0657 1349 1925	1.5E 0.9F 1.5E 1.2F
3 M	0427 1006 1642 2241	0120 0700 1333 1923	1.3E 0.9F 1.5E 1.0F	18 Tu	0521 1047 1720 2332	0219 0743 1427 2006	1.5E 0.8F 1.5E 1.2F
4 Tu ●	0509 1042 1717 2324	0204 0742 1412 2002	1.4E 1.0F 1.6E 1.2F	19 W	0609 1120 1759	0300 0827 1500 2046	1.5E 0.8F 1.4E 1.2F
5 W	0553 1120 1754	0247 0825 1452 2041	1.5E 1.0F 1.6E 1.3F	20 Th	0012 0657 1154 1838	0339 0908 1531 2124	1.4E 0.7F 1.3E 1.2F
6 Th	0009 0642 1200 1837	0330 0908 1532 2122	1.6E 1.0F 1.6E 1.3F	21 F	0052 0745 1228 1919	0418 0949 1603 2204	1.3E 0.6F 1.2E 1.1F
7 F	0054 0734 1241 1922	0417 0953 1617 2206	1.5E 0.9F 1.5E 1.3F	22 Sa	0131 0833 1302 2002	0500 1033 1640 2248	1.2E 0.5F 1.0E 0.9F
8 Sa	0141 0829 1328 2012	0512 1042 1710 2255	1.5E 0.8F 1.4E 1.2F	23 Su	0211 0924 1338 2048	0548 1121 1726 2336	1.0E 0.4F 0.9E 0.8F
9 Su	0232 0929 1418 2109	0614 1139 1810 2351	1.4E 0.7F 1.3E 1.1F	24 M	0253 1021 1416 2140	0637 1213 1819	0.9E 0.3F 0.8E
10 M	0331 1033 1521 2213	0716 1240 1913	1.3E 0.6F 1.2E	25 Tu	0343 1123 1502 2240	0027 0724 1306 1912	0.7F 0.8E * 0.8E
11 Tu ◐	0441 1141 1646 2327	0051 0821 1345 2020	1.0F 1.2E 0.5F 1.1E	26 W ○	0441 1222 1616 2343	0120 0814 1405 2008	0.6F 0.8E * 0.7E
12 W	0552 1248 1808	0157 0931 1506 2137	0.8F 1.2E 0.6F 1.1E	27 Th	0538 1313 1745	0219 0911 1532 2114	0.5F 0.8E 0.3F 0.8E
13 Th	0039 0657 1348 1920	0318 1036 1625 2247	0.8F 1.3E 0.7F 1.2E	28 F	0042 0627 1352 1853	0329 1005 1627 2220	0.5F 0.9E 0.4F 0.8E
14 F	0149 0755 1440 2024	0433 1131 1717 2347	0.8F 1.4E 0.8F 1.3E	29 Sa	0139 0712 1426 1952	0423 1049 1701 2314	0.6F 1.1E 0.6F 1.0E
15 Sa	0251 0847 1525 2120	0525 1220 1800	0.9F 1.5E 1.0F	30 Su	0229 0755 1457 2045	0503 1129 1733	0.7F 1.2E 0.8F

May

Day	Slack h m	Maximum h m	knots	Day	Slack h m	Maximum h m	knots
1 M	0316 0838 1529 2133	0002 0541 1210 1807	1.2F 0.8F 1.4E 1.0F	16 Tu	0427 0937 1619 2238	0121 0636 1323 1903	1.4E 0.7F 1.3E 1.1F
2 Tu	0400 0919 1602 2218	0051 0622 1254 1846	1.3E 0.9F 1.5E 1.2F	17 W	0511 1011 1654 2317	0206 0720 1400 1943	1.4E 0.6F 1.3E 1.1F
3 W ●	0446 1001 1640 2303	0140 0708 1339 1929	1.5E 0.9F 1.6E 1.4F	18 Th ○	0558 1045 1731 2355	0246 0804 1433 2023	1.4E 0.6F 1.3E 1.1F
4 Th	0533 1045 1722 2350	0227 0757 1424 2014	1.6E 1.0F 1.7E 1.5F	19 F	0641 1118 1810	0322 0846 1504 2102	1.3E 0.6F 1.2E 1.1F
5 F	0625 1130 1809	0313 0845 1509 2100	1.7E 1.0F 1.7E 1.5F	20 Sa	0033 0728 1154 1851	0357 0927 1535 2141	1.2E 0.5F 1.1E 1.0F
6 Sa	0039 0719 1220 1900	0402 0934 1557 2147	1.7E 0.9F 1.6E 1.5F	21 Su	0111 0812 1232 1934	0433 1008 1611 2222	1.1E 0.5F 1.1E 0.9F
7 Su	0129 0814 1315 1955	0456 1026 1652 2239	1.6E 0.9F 1.5E 1.3F	22 M	0149 0900 1311 2018	0516 1054 1655 2308	1.0E 0.4F 0.9E 0.8F
8 M	0221 0912 1413 2054	0558 1125 1756 2338	1.5E 0.8F 1.4E 1.2F	23 Tu	0229 0950 1352 2104	0603 1144 1747 2356	1.0E 0.3F 0.9E 0.7F
9 Tu	0319 1017 1521 2200	0701 1229 1902	1.4E 0.7F 1.2E	24 W	0310 1043 1438 2156	0649 1236 1842	0.9E 0.3F 0.8E
10 W ◐	0423 1121 1644 2312	0039 0802 1334 2009	1.0F 1.4E 0.6F 1.2E	25 Th	0357 1135 1543 2253	0044 0732 1326 1934	0.6F 0.9E 0.3F 0.8E
11 Th	0530 1226 1803	0143 0908 1452 2124	0.8F 1.3E 0.6F 1.1E	26 F ○	0445 1218 1712 2352	0132 0817 1424 2032	0.6F 1.0E 0.3F 0.8E
12 F	0028 0630 1324 1913	0259 1013 1614 2236	0.9F 1.3E 0.7F 1.2E	27 Sa	0532 1255 1821	0226 0907 1528 2138	0.5F 1.0E 0.5F 0.8E
13 Sa	0138 0725 1417 2016	0418 1107 1706 2335	0.9F 1.4E 0.9F 1.2E	28 Su	0051 0615 1330 1920	0327 0958 1615 2239	0.6F 1.2E 0.7F 1.0E
14 Su	0242 0815 1501 2111	0511 1156 1746	1.0F 1.4E 1.0F	29 M	0150 0659 1408 2015	0420 1045 1653 2332	0.6F 1.3E 0.9F 1.1E
15 M	0338 0859 1541 2157	0030 0554 1241 1824	1.3E 0.7F 1.4E 1.1F	30 Tu	0244 0745 1447 2106	0505 1131 1731	0.7F 1.5E 1.1F
				31 W	0334 0834 1528 2155	0024 0549 1218 1812	1.3E 0.8F 1.6E 1.3F

June

Day	Slack h m	Maximum h m	knots	Day	Slack h m	Maximum h m	knots
1 Th	0423 0924 1611 2243	0117 0637 1309 1859	1.5E 0.9F 1.7E 1.5F	16 F ○	0540 1010 1709 2337	0230 0740 1408 2002	1.2E 0.5F 1.2E 1.0F
2 F ●	0512 1015 1658 2332	0208 0730 1400 1950	1.6E 0.9F 1.8E 1.6F	17 Sa	0622 1048 1748	0304 0824 1441 2043	1.2E 0.5F 1.2E 1.0F
3 Sa	0605 1108 1749	0257 0824 1450 2041	1.7E 1.0F 1.8E 1.6F	18 Su	0014 0706 1127 1829	0336 0905 1514 2122	1.1E 0.5F 1.1E 1.0F
4 Su	0023 0700 1204 1843	0346 0916 1541 2132	1.7E 1.0F 1.7E 1.5F	19 M	0052 0749 1208 1910	0408 0946 1549 2201	1.1E 0.4F 1.1E 0.9F
5 M	0116 0756 1304 1941	0440 1011 1637 2226	1.7E 0.9F 1.6E 1.4F	20 Tu	0129 0831 1251 1951	0445 1028 1630 2242	1.1E 0.4F 1.0E 0.9F
6 Tu	0208 0853 1406 2041	0540 1110 1742 2324	1.6E 0.9F 1.4E 1.2F	21 W	0205 0916 1335 2034	0529 1115 1720 2326	1.0E 0.4F 0.9E 0.8F
7 W	0302 0954 1514 2147	0642 1214 1849	1.5E 0.8F 1.3E	22 Th	0241 1000 1421 2120	0614 1203 1814	1.0E 0.3F 0.9E
8 Th ◐	0400 1057 1632 2257	0025 0740 1317 1954	1.0F 1.5E 0.8F 1.2E	23 F	0318 1042 1520 2213	0011 0656 1249 1907	0.7F 1.1E 0.4F 0.8E
9 F	0500 1158 1748	0126 0840 1427 2106	0.8F 1.4E 0.7F 1.1E	24 Sa ○	0357 1122 1639 2312	0055 0738 1334 2000	0.6F 1.1E 0.4F 0.8E
10 Sa	0009 0557 1255 1856	0233 0942 1548 2217	0.7F 1.3E 0.8F 1.1E	25 Su	0440 1200 1749	0142 0823 1425 2102	0.6F 1.2E 0.6F 0.9E
11 Su	0121 0649 1348 1958	0351 1039 1646 2319	0.6F 1.3E 0.9F 1.2E	26 M	0014 0525 1240 1848	0237 0914 1522 2207	0.6F 1.2E 0.7F 1.0E
12 M	0229 0736 1434 2054	0450 1128 1727	0.5F 1.3E 0.9F	27 Tu	0117 0613 1324 1945	0338 1007 1614 2305	0.6F 1.3E 1.0F 1.1E
13 Tu	0327 0819 1517 2141	0013 0532 1213 1804	1.2E 0.5F 1.2E 1.0F	28 W	0216 0703 1410 2040	0433 1059 1700	0.7F 1.5E 1.2F
14 W	0415 0859 1555 2222	0104 0612 1255 1841	1.2E 0.5F 1.2E 1.0F	29 Th	0310 0758 1500 2133	0000 0522 1150 1746	1.3E 0.8F 1.6E 1.4F
15 Th	0459 0935 1631 2300	0150 0654 1333 1921	1.2E 0.5F 1.2E 1.0F	30 F	0401 0856 1549 2224	0055 0612 1245 1835	1.5E 0.9F 1.7E 1.5F

Time meridian 75° W.   0000 is midnight.   1200 is noon.
* Current weak and variable.

Chesapeake Bay Entrance, Virginia, 2000

F—Flood, Dir. 300° True   E—Ebb, Dir. 129° True

July

Day	Slack h m	Maximum h m	knots	Day	Slack h m	Maximum h m	knots
1 Sa ●	0451 0953 1640 2315	0149 0706 1341 1929	1.6E 0.9F 1.8E 1.6F	16 Su ○	0555 1024 1728 2351	0241 0759 1419 2023	1.1E 0.4F 1.2E 1.0F
2 Su	0543 1051 1733	0240 0803 1435 2024	1.7E 1.0F 1.8E 1.6F	17 M	0636 1107 1807	0311 0842 1454 2102	1.1E 0.5F 1.2E 1.0F
3 M	0007 0639 1151 1830	0329 0858 1527 2118	1.7E 1.0F 1.8E 1.5F	18 Tu	0028 0717 1151 1847	0341 0922 1530 2139	1.1E 0.5F 1.2E 1.0F
4 Tu	0059 0733 1252 1928	0421 0953 1623 2211	1.7E 1.0F 1.7E 1.4F	19 W	0103 0757 1236 1927	0414 1001 1609 2216	1.1E 0.5F 1.1E 0.9F
5 W	0149 0830 1354 2027	0518 1051 1725 2308	1.7E 1.0F 1.5E 1.2F	20 Th	0137 0834 1320 2009	0453 1041 1655 2256	1.2E 0.5F 1.0E 0.8F
6 Th	0239 0927 1459 2130	0617 1152 1831	1.6E 0.9F 1.4E	21 F	0210 0911 1406 2054	0536 1125 1748 2338	1.2E 0.5F 0.9E 0.8F
7 F	0331 1025 1609 2238	0007 0713 1253 1934	1.0F 1.5E 0.9F 1.2E	22 Sa	0241 0950 1459 2146	0621 1209 1843	1.2E 0.5F 0.9E
8 Sa ☾	0425 1123 1722 2349	0104 0808 1354 2041	0.8F 1.4E 0.8F 1.1E	23 Su	0315 1030 1607 2245	0023 0704 1253 1936	0.7F 1.2E 0.6F 0.9E
9 Su	0519 1220 1829	0204 0906 1505 2153	0.6F 1.3E 0.8F 1.1E	24 M ○	0356 1113 1717 2349	0109 0749 1340 2034	0.6F 1.2E 0.7F 0.9E
10 M	0059 0609 1314 1931	0314 1006 1616 2256	0.5F 1.2E 0.8F 1.0E	25 Tu	0445 1200 1819	0202 0840 1436 2141	0.6F 1.2E 0.8F 1.0E
11 Tu	0209 0655 1406 2028	0422 1058 1704 2351	0.4F 1.1E 0.8F 1.1E	26 W	0050 0540 1251 1918	0305 0937 1539 2244	0.6F 1.3E 1.0F 1.1E
12 W	0309 0738 1451 2117	0508 1143 1742	0.4F 1.1E 0.9F	27 Th	0151 0637 1346 2017	0408 1035 1635 2340	0.6F 1.4E 1.2F 1.3E
13 Th	0357 0820 1534 2200	0042 0548 1225 1819	1.1E 0.4F 1.1E 0.9F	28 F	0249 0737 1440 2113	0502 1132 1726	0.8F 1.6E 1.3F
14 F	0438 0902 1612 2238	0128 0628 1305 1900	1.1E 0.4F 1.1E 0.9F	29 Sa	0341 0839 1535 2206	0036 0553 1228 1817	1.4E 0.9F 1.7E 1.4F
15 Sa	0516 0943 1650 2315	0207 0712 1343 1942	1.1E 0.4F 1.2E 0.9F	30 Su ●	0431 0940 1628 2257	0131 0647 1327 1912	1.6E 1.0F 1.8E 1.5F
				31 M	0521 1040 1721 2348	0222 0744 1422 2009	1.7E 1.0F 1.8E 1.5F

August

Day	Slack h m	Maximum h m	knots	Day	Slack h m	Maximum h m	knots
1 Tu	0614 1139 1817	0311 0840 1514 2102	1.7E 1.1F 1.8E 1.4F	16 W	0633 1135 1822	0309 0853 1510 2112	1.2E 0.6F 1.2E 1.0F
2 W	0037 0708 1239 1913	0359 0933 1607 2153	1.7E 1.1F 1.7E 1.3F	17 Th	0029 0710 1220 1903	0341 0929 1549 2148	1.3E 0.6F 1.2E 0.9F
3 Th	0125 0800 1338 2011	0450 1027 1705 2247	1.6E 1.1F 1.5E 1.2F	18 F	0103 0747 1305 1948	0417 1005 1633 2226	1.3E 0.6F 1.1E 0.9F
4 F	0211 0853 1436 2111	0546 1124 1809 2343	1.5E 1.0F 1.4E 1.0F	19 Sa	0135 0822 1349 2034	0459 1044 1725 2308	1.3E 0.7F 1.1E 0.8F
5 Sa	0257 0949 1538 2216	0641 1221 1910	1.4E 0.9F 1.2E	20 Su	0207 0901 1438 2127	0545 1129 1821 2355	1.2E 0.7F 1.0E 0.7F
6 Su ☾	0345 1045 1647 2323	0038 0733 1317 2012	0.8F 1.3E 0.8F 1.1E	21 M	0241 0946 1537 2226	0633 1216 1916	1.2E 0.8F 1.0E
7 M	0436 1142 1753	0133 0826 1417 2121	0.6F 1.2E 0.7F 1.0E	22 Tu ○	0323 1037 1647 2329	0045 0722 1307 2014	0.6F 1.2E 0.8F 1.0E
8 Tu	0033 0527 1240 1855	0234 0926 1533 2228	0.4F 1.0E 0.7F 0.9E	23 W	0419 1131 1755	0139 0816 1404 2121	0.6F 1.2E 0.8F 1.0E
9 W	0141 0616 1337 1953	0347 1024 1636 2324	0.4F 1.0E 0.7F 0.9E	24 Th	0032 0522 1230 1858	0242 0917 1512 2227	0.5F 1.3E 0.9F 1.1E
10 Th	0242 0701 1429 2046	0443 1113 1720	0.4F 1.0E 0.8F	25 F	0134 0627 1330 1959	0350 1021 1617 2325	0.6F 1.4E 1.0F 1.3E
11 F	0330 0748 1513 2130	0013 0524 1155 1758	0.9E 0.4F 1.1E 1.0F	26 Sa	0231 0731 1430 2056	0448 1121 1712	0.8F 1.5E 1.2F
12 Sa	0409 0835 1553 2209	0057 0603 1236 1837	1.0E 0.4F 1.1E 1.1F	27 Su	0322 0835 1526 2148	0020 0539 1219 1804	1.4E 0.9F 1.6E 1.3F
13 Su	0444 0921 1630 2244	0136 0645 1316 1918	1.0E 0.5F 1.1E 1.3F	28 M	0411 0936 1619 2237	0113 0631 1317 1857	1.5E 1.0F 1.7E 1.3F
14 M	0520 1007 1707 2319	0209 0730 1355 1958	1.1E 0.5F 1.2E 1.4F	29 Tu ●	0500 1032 1711 2324	0204 0726 1411 1952	1.6E 1.1F 1.8E 1.3F
15 Tu ○	0557 1050 1743 2355	0239 0813 1433 2036	1.1E 0.6F 1.2E 1.0F	30 W	0549 1128 1804	0250 0820 1502 2044	1.7E 1.2F 1.8E 1.3F
				31 Th	0010 0639 1222 1859	0334 0910 1551 2133	1.7E 1.2F 1.7E 1.2F

September

Day	Slack h m	Maximum h m	knots	Day	Slack h m	Maximum h m	knots
1 F	0055 0728 1316 1955	0420 0959 1644 2223	1.6E 1.1F 1.5E 1.0F	16 Sa	0024 0659 1246 1929	0344 0931 1612 2158	1.4E 0.9F 1.3E 0.9F
2 Sa	0138 0818 1408 2051	0509 1050 1743 2315	1.4E 1.0F 1.4E 0.9F	17 Su	0059 0739 1330 2018	0425 1010 1703 2242	1.4E 0.9F 1.2E 0.8F
3 Su	0220 0909 1502 2151	0602 1144 1842	1.3E 0.9F 1.2E	18 M	0136 0822 1418 2111	0513 1055 1800 2332	1.3E 0.9F 1.2E 0.7F
4 M	0302 1003 1603 2257	0009 0654 1239 1940	0.7F 1.1E 0.8F 1.0E	19 Tu	0216 0911 1514 2210	0606 1147 1859	1.3E 0.9F 1.1E
5 Tu	0349 1102 1709	0102 0744 1334 2042	0.5F 1.0E 0.7F 0.9E	20 W ○	0304 1009 1624 2314	0026 0702 1242 1958	0.6F 1.2E 0.9F 1.1E
6 W	0003 0442 1205 1813	0158 0839 1442 2152	0.4F 0.9E 0.6F 0.8E	21 Th	0408 1111 1736	0123 0759 1342 2105	0.6F 1.2E 0.8F 1.1E
7 Th	0109 0538 1306 1911	0307 0943 1602 2251	0.3F 0.9E 0.6F 0.8E	22 F	0018 0521 1218 1841	0227 0905 1453 2213	0.6F 1.2E 0.8F 1.2E
8 F	0209 0631 1401 2004	0415 1040 1655 2337	0.3F 0.9E 0.6F 0.8E	23 Sa	0119 0630 1321 1942	0339 1014 1606 2311	0.6F 1.3E 0.9F 1.3E
9 Sa	0257 0722 1449 2049	0501 1125 1733	0.4F 1.0E 0.7F	24 Su	0216 0735 1423 2038	0440 1116 1703	0.8F 1.4E 1.0F
10 Su	0334 0814 1529 2129	0016 0540 1206 1809	0.9E 0.5F 1.1E 0.8F	25 M	0307 0837 1520 2128	0004 0530 1213 1753	1.4E 0.9F 1.6E 1.1F
11 M	0408 0903 1606 2204	0052 0617 1247 1845	1.0E 0.5F 1.2E 0.9F	26 Tu	0352 0934 1611 2214	0055 0618 1309 1843	1.5E 1.1F 1.6E 1.1F
12 Tu	0440 0950 1640 2239	0126 0657 1329 1924	1.1E 0.6F 1.2E 0.9F	27 W ●	0438 1026 1701 2258	0143 0708 1401 1935	1.6E 1.1F 1.7E 1.1F
13 W	0511 1034 1718 2313	0159 0739 1409 2003	1.2E 0.7F 1.3E 0.9F	28 Th	0521 1116 1753 2340	0228 0758 1449 2025	1.6E 1.2F 1.7E 1.1F
14 Th	0546 1117 1759 2349	0232 0818 1449 2041	1.3E 0.8F 1.3E 1.0F	29 F	0608 1205 1846	0309 0846 1535 2111	1.6E 1.2F 1.6E 1.0F
15 F	0620 1201 1841	0307 0854 1529 2119	1.4E 0.8F 1.3E 0.9F	30 Sa	0021 0652 1252 1938	0349 0931 1621 2157	1.4E 1.2F 1.5E 0.9F

Time meridian 75° W. 0000 is midnight. 1200 is noon.

Chesapeake Bay Entrance, Virginia, 2000

F—Flood, Dir. 300° True   E—Ebb, Dir. 129° True

October

Day	Slack h m	Maximum h m	knots	Day	Slack h m	Maximum h m	knots
1 Su	0101 0740 1339 2031	0431 1016 1713 2246	1.3E 1.1F 1.3E 0.7F	16 M	0027 0702 1312 2000	0357 0942 1642 2219	1.5E 1.2F 1.4E 0.8F
2 M	0141 0829 1426 2127	0518 1106 1810 2338	1.2E 0.9F 1.1E 0.6F	17 Tu	0111 0751 1402 2055	0446 1030 1741 2312	1.4E 1.1F 1.3E 0.7F
3 Tu	0220 0921 1517 2226	0610 1200 1904	1.0E 0.8F 1.0E	18 W	0159 0847 1457 2154	0544 1124 1843	1.3E 1.0F 1.2E
4 W	0302 1021 1619 2329	0031 0701 1255 1958	0.5F 0.9E 0.6F 0.8E	19 Th	0255 0949 1604 2258	0010 0645 1224 1943	0.7F 1.2E 0.9F 1.2E
5 Th ◐	0356 1127 1725	0124 0753 1355 2100	0.4F 0.9E 0.5F 0.8E	20 F	0406 1057 1717	0110 0748 1327 2049	0.6F 1.2E 0.8F 1.2E
6 F	0031 0501 1230 1823	0225 0853 1513 2204	0.3F 0.8E 0.5F 0.8E	21 Sa	0002 0525 1208 1823	0216 0857 1438 2156	0.6F 1.2E 0.8F 1.2E
7 Sa	0129 0603 1328 1913	0341 0959 1620 2251	0.3F 0.9E 0.6F 0.8E	22 Su	0102 0636 1316 1922	0331 1009 1557 2255	0.7F 1.3E 0.8F 1.3E
8 Su	0217 0659 1418 1959	0436 1051 1702 2328	0.4F 1.0E 0.6F 0.9E	23 M	0159 0740 1419 2017	0434 1112 1656 2346	0.8F 1.4E 0.9F 1.4E
9 M	0254 0753 1459 2039	0514 1134 1735	0.5F 1.0E 0.7F	24 Tu	0249 0839 1517 2106	0522 1208 1743	1.0F 1.5E 0.9F
10 Tu	0327 0844 1538 2117	0001 0549 1216 1810	1.0E 0.6F 1.2F 0.8F	25 W	0333 0931 1608 2149	0035 0606 1301 1829	1.4E 1.1F 1.6E 0.9F
11 W	0357 0930 1614 2153	0037 0623 1300 1846	1.2E 0.8F 1.3E 0.9F	26 Th	0416 1019 1655 2230	0122 0651 1352 1917	1.5E 1.2F 1.6E 0.9F
12 Th	0428 1014 1652 2230	0115 0700 1344 1927	1.3E 0.9F 1.4E 0.9F	27 F ●	0457 1103 1742 2309	0205 0736 1437 2005	1.5E 1.2F 1.6E 0.9F
13 F ○	0500 1057 1735 2307	0154 0740 1427 2009	1.4E 1.0F 1.4E 0.9F	28 Sa	0538 1146 1831 2347	0244 0821 1519 2050	1.4E 1.2F 1.5E 0.8F
14 Sa	0538 1140 1820 2346	0233 0820 1509 2050	1.5E 1.1F 1.5E 0.9F	29 Su	0621 1229 1920	0320 0904 1559 2133	1.3E 1.1F 1.4E 0.7F
15 Su	0618 1226 1910	0314 0900 1552 2133	1.5E 1.1F 1.5E 0.9F	30 M	0025 0707 1311 2009	0356 0946 1643 2217	1.2E 1.0F 1.2E 0.6F
				31 Tu	0103 0754 1353 2059	0436 1032 1732 2305	1.1E 0.9F 1.1F 0.5F

November

Day	Slack h m	Maximum h m	knots	Day	Slack h m	Maximum h m	knots
1 W	0141 0844 1438 2152	0523 1123 1825 2358	1.0E 0.8F 0.9E 0.4F	16 Th	0147 0829 1442 2134	0525 1107 1824 2354	1.4E 1.1F 1.4E 0.8F
2 Th	0222 0940 1529 2250	0617 1219 1913	0.9E 0.6F 0.8E	17 F	0248 0931 1544 2238	0631 1208 1925	1.3E 1.0F 1.3E
3 F	0312 1041 1630 2349	0051 0710 1314 2001	0.4F 0.8E 0.5F 0.8E	18 Sa ○	0403 1041 1653 2340	0056 0736 1312 2027	0.7F 1.2E 0.8F 1.3E
4 Sa ◐	0421 1145 1728	0147 0804 1416 2054	0.3F 0.8E 0.5F 0.8E	19 Su	0523 1157 1759	0202 0847 1422 2134	0.7F 1.2E 0.7F 1.3E
5 Su	0042 0533 1243 1818	0255 0907 1527 2149	0.3F 0.8E 0.5F 0.8E	20 M	0041 0634 1308 1857	0319 1000 1544 2234	0.8F 1.2E 0.7F 1.3E
6 M	0129 0635 1338 1903	0401 1011 1620 2234	0.4F 0.9E 0.6F 0.9E	21 Tu	0138 0737 1414 1951	0426 1104 1648 2326	0.9F 1.3E 0.7F 1.3E
7 Tu	0207 0729 1424 1945	0443 1101 1658 2312	0.5F 1.0E 0.6F 1.1E	22 W	0229 0835 1512 2040	0513 1200 1734	1.0F 1.4E 0.7F
8 W	0239 0820 1508 2026	0516 1146 1734 2352	0.7F 1.1E 0.7F 1.2E	23 Th	0313 0925 1602 2125	0014 0554 1253 1817	1.4E 1.1F 1.5E 0.7F
9 Th	0311 0907 1549 2107	0548 1231 1810	0.9E 1.3E 0.8F	24 F	0355 1009 1649 2204	0100 0634 1341 1901	1.3E 1.1F 1.5E 0.7F
10 F	0346 0951 1629 2148	0033 0624 1318 1852	1.4E 1.1F 1.4E 0.9F	25 Sa ●	0434 1050 1732 2241	0143 0716 1425 1946	1.3E 1.1F 1.5E 0.7F
11 Sa ○	0421 1035 1712 2229	0118 0704 1404 1937	1.5E 1.2F 1.5E 0.9F	26 Su	0514 1129 1817 2317	0221 0759 1503 2030	1.3E 1.1F 1.4E 0.7F
12 Su	0501 1120 1759 2313	0203 0749 1449 2024	1.6E 1.3F 1.5E 0.9F	27 M	0556 1208 1901 2353	0256 0841 1539 2110	1.2E 1.1F 1.3E 0.6F
13 M	0548 1207 1849	0248 0835 1534 2111	1.6E 1.4F 1.6E 0.9F	28 Tu	0639 1247 1945	0329 0923 1615 2151	1.2E 1.0F 1.2E 0.6F
14 Tu	0001 0637 1256 1941	0334 0921 1624 2159	1.6E 1.3F 1.5E 0.9F	29 W	0031 0725 1327 2030	0404 1005 1654 2235	1.1E 0.9F 1.1E 0.5F
15 W	0052 0730 1347 2036	0425 1011 1721 2253	1.5E 1.3F 1.5E 0.8F	30 Th	0110 0811 1406 2116	0445 1051 1739 2324	1.0E 0.8F 1.0E 0.4F

December

Day	Slack h m	Maximum h m	knots	Day	Slack h m	Maximum h m	knots
1 F	0151 0900 1447 2207	0536 1142 1827	0.9E 0.7F 0.9E	16 Sa	0239 0917 1519 2210	0615 1151 1901	1.4E 1.0F 1.4E
2 Sa	0237 0954 1534 2300	0016 0630 1234 1910	0.4F 0.8E 0.6F 0.9E	17 Su ○	0351 1026 1621 2312	0037 0721 1253 2001	0.9F 1.3E 0.8F 1.3E
3 Su ◐	0339 1053 1626 2349	0107 0723 1325 1955	0.3F 0.8E 0.5F 0.9E	18 M	0509 1140 1726	0140 0831 1359 2104	0.8F 1.2E 0.7F 1.3E
4 M	0457 1154 1718	0201 0819 1421 2044	0.4F 0.8E 0.5F 0.9E	19 Tu	0013 0620 1256 1827	0253 0945 1522 2209	0.8F 1.2E 0.6F 1.2E
5 Tu	0032 0604 1251 1804	0303 0925 1525 2137	0.4F 0.8E 0.5F 1.0E	20 W	0111 0725 1407 1922	0409 1052 1637 2304	0.9F 1.2E 0.6F 1.2E
6 W	0111 0700 1348 1849	0358 1026 1616 2226	0.6F 0.9E 0.5F 1.1E	21 Th	0205 0822 1508 2014	0501 1149 1725 2354	0.9F 1.3E 0.6F 1.2E
7 Th	0149 0752 1438 1935	0437 1117 1658 2312	0.8F 1.1E 0.6F 1.3E	22 F	0253 0913 1558 2100	0541 1241 1806	1.0F 1.3E 0.6F
8 F	0228 0841 1522 2023	0514 1204 1739 2358	1.0F 1.3E 0.7F 1.4E	23 Sa	0338 0957 1640 2141	0040 0619 1329 1847	1.2E 1.0F 1.4E 0.6F
9 Sa	0309 0928 1607 2111	0552 1253 1822	1.2F 1.4E 0.8F	24 Su	0418 1036 1719 2217	0124 0700 1411 1929	1.2E 1.0F 1.3E 0.6F
10 Su	0351 1014 1650 2200	0047 0635 1343 1910	1.5E 1.3F 1.6E 0.9F	25 M ●	0457 1113 1759 2253	0202 0742 1447 2011	1.2E 1.0F 1.3E 0.6F
11 M	0437 1101 1738 2250	0138 0723 1430 2000	1.6E 1.4F 1.7E 1.0F	26 Tu	0537 1149 1838 2329	0236 0824 1519 2050	1.2E 1.0F 1.2E 0.6F
12 Tu	0525 1150 1828 2342	0228 0814 1517 2051	1.7E 1.5F 1.7E 1.0F	27 W	0619 1226 1918	0308 0904 1549 2129	1.2E 1.0F 1.2E 0.6F
13 W	0618 1240 1920	0317 0904 1606 2141	1.7E 1.5F 1.7E 1.0F	28 Th	0008 0700 1302 1958	0340 0943 1621 2208	1.1E 0.9F 1.1E 0.6F
14 Th	0038 0713 1331 2013	0409 0955 1700 2235	1.7E 1.4F 1.6E 1.0F	29 F	0048 0742 1337 2039	0417 1023 1658 2251	1.1E 0.8F 1.0E 0.5F
15 F	0137 0812 1423 2110	0508 1051 1801 2335	1.5E 1.2F 1.5E 0.9F	30 Sa	0129 0827 1411 2120	0502 1107 1741 2337	1.0E 0.7F 1.0E 0.5F
				31 Su	0212 0912 1446 2203	0554 1153 1826	0.9E 0.6F 1.0E

Time meridian 75° W. 0000 is midnight. 1200 is noon.

Baltimore Harbor Approach (off Sandy Pt.), Maryland, 2000

F–Flood, Dir. 025° True   E–Ebb, Dir. 190° True

January

Day	Slack (h m)	Maximum (h m)	knots	Day	Slack (h m)	Maximum (h m)	knots
1 Sa	— / 0331 / 0948 / 1703 / 2343	0103 / 0650 / 1327 / 2010	0.4F / 0.7E / 1.1F / 0.8E	16 Su	0240 / 0901 / 1629 / 2320	0024 / 0605 / 1248 / 1938	0.3F / 0.7E / 1.1F / 0.8E
2 Su	0427 / 1031 / 1749	0203 / 0740 / 1414 / 2102	0.4F / 0.7E / 1.1F / 0.9E	17 M	0338 / 0948 / 1721	0127 / 0658 / 1340 / 2034	0.3F / 0.7E / 1.2F / 0.9E
3 M	0042 / 0523 / 1113 / 1833	0259 / 0829 / 1459 / 2149	0.4F / 0.6E / 1.1F / 1.0E	18 Tu	0021 / 0439 / 1039 / 1811	0228 / 0754 / 1431 / 2126	0.3F / 0.7E / 1.3F / 1.0E
4 Tu	0134 / 0616 / 1153 / 1914	0350 / 0915 / 1541 / 2233	0.4F / 0.6E / 1.1F / 1.0E	19 W	0114 / 0542 / 1133 / 1859	0324 / 0850 / 1523 / 2215	0.4F / 0.7E / 1.3F / 1.1E
5 W	0220 / 0707 / 1234 / 1953	0438 / 0959 / 1622 / 2314	0.4F / 0.6E / 1.1F / 1.0E	20 Th ○	0200 / 0644 / 1228 / 1946	0418 / 0946 / 1614 / 2302	0.5F / 0.7E / 1.3F / 1.2E
6 Th ●	0302 / 0756 / 1314 / 2031	0523 / 1043 / 1702 / 2353	0.5F / 0.5E / 1.1F / 1.1E	21 F	0242 / 0744 / 1324 / 2032	0509 / 1042 / 1705 / 2348	0.6F / 0.7E / 1.3F / 1.2E
7 F	0342 / 0843 / 1355 / 2108	0605 / 1126 / 1742	0.5F / 0.5E / 1.1F	22 Sa	0324 / 0844 / 1422 / 2117	0559 / 1138 / 1755	0.7F / 0.8E / 1.2F
8 Sa	0419 / 0929 / 1438 / 2146	0032 / 0647 / 1210 / 1822	1.1E / 0.5F / 0.5E / 1.0F	23 Su	0404 / 0942 / 1521 / 2201	0034 / 0648 / 1235 / 1846	1.2E / 0.8F / 0.8E / 1.1F
9 Su	0455 / 1017 / 1524 / 2224	0110 / 0727 / 1255 / 1904	1.0E / 0.5F / 0.5E / 0.9F	24 M	0445 / 1041 / 1621 / 2246	0119 / 0738 / 1332 / 1938	1.1E / 0.8F / 0.7E / 1.0F
10 M	0528 / 1105 / 1615 / 2302	0148 / 0808 / 1343 / 1947	1.0E / 0.6F / 0.5E / 0.8F	25 Tu	0526 / 1141 / 1725 / 2331	0204 / 0828 / 1431 / 2031	1.1E / 0.9F / 0.7E / 0.8F
11 Tu	0600 / 1156 / 1713 / 2340	0226 / 0850 / 1435 / 2034	0.9E / 0.6F / 0.5E / 0.7F	26 W	0608 / 1241 / 1832	0251 / 0919 / 1532 / 2127	1.0E / 0.9F / 0.7E / 0.7F
12 W	0632 / 1250 / 1818	0305 / 0933 / 1532 / 2124	0.9E / 0.7F / 0.5E / 0.6F	27 Th	0018 / 0652 / 1341 / 1944	0339 / 1012 / 1635 / 2226	0.9E / 0.9F / 0.7E / 0.5F
13 Th	0020 / 0704 / 1345 / 1932	0345 / 1018 / 1633 / 2220	0.8E / 0.8F / 0.5E / 0.5F	28 F ○	0107 / 0736 / 1440 / 2059	0428 / 1105 / 1739 / 2329	0.8E / 1.0F / 0.7E / 0.4F
14 F ○	0102 / 0739 / 1441 / 2051	0428 / 1106 / 1736 / 2321	0.7E / 0.9F / 0.6E / 0.4F	29 Sa	0159 / 0822 / 1536 / 2212	0520 / 1159 / 1841	0.7E / 1.0F / 0.7E
15 Sa	0149 / 0818 / 1536 / 2209	0514 / 1156 / 1838	0.7E / 1.0F / 0.7E	30 Su	0256 / 0909 / 1629 / 2318	0032 / 0614 / 1251 / 1939	0.4F / 0.6E / 1.0F / 0.8E
				31 M	0356 / 0955 / 1718	0134 / 0707 / 1342 / 2032	0.4F / 0.6E / 1.0F / 0.8E

February

Day	Slack (h m)	Maximum (h m)	knots	Day	Slack (h m)	Maximum (h m)	knots
1 Tu	0456 / 1042 / 1803	0016 / 0800 / 1430 / 2120	0.4F / 0.6E / 1.0F / 0.9E	16 W	0429 / 1025 / 1749	0209 / 0739 / 1413 / 2104	0.4F / 0.6E / 1.2F / 1.0E
2 W	0105 / 0552 / 1128 / 1845	0324 / 0850 / 1515 / 2204	0.4F / 0.6E / 1.1F / 1.0E	17 Th	0043 / 0536 / 1127 / 1839	0306 / 0841 / 1509 / 2153	0.5F / 0.7E / 1.2F / 1.1E
3 Th	0149 / 0644 / 1213 / 1926	0411 / 0937 / 1558 / 2245	0.4F / 0.6E / 1.1F / 1.0E	18 F	0126 / 0638 / 1227 / 1926	0359 / 0940 / 1602 / 2239	0.6F / 0.8E / 1.2F / 1.1E
4 F	0228 / 0732 / 1258 / 2005	0454 / 1022 / 1640 / 2324	0.5F / 0.6E / 1.1F / 1.0E	19 Sa ○	0207 / 0736 / 1326 / 2012	0448 / 1036 / 1653 / 2324	0.7F / 0.8E / 1.1F / 1.1E
5 Sa ●	0304 / 0818 / 1343 / 2043	0535 / 1106 / 1720	0.5F / 0.6E / 1.0F	20 Su	0246 / 0831 / 1424 / 2056	0535 / 1130 / 1743	0.8F / 0.8E / 1.1F
6 Su	0337 / 0902 / 1430 / 2120	0001 / 0613 / 1150 / 1801	1.0E / 0.6F / 0.6E / 1.0F	21 M	0325 / 0925 / 1521 / 2139	0007 / 0622 / 1224 / 1832	1.1E / 0.9F / 0.9E / 1.0F
7 M	0408 / 0946 / 1518 / 2156	0037 / 0651 / 1235 / 1843	1.0E / 0.6F / 0.6E / 0.9F	22 Tu	0404 / 1018 / 1618 / 2222	0050 / 0708 / 1316 / 1921	1.0E / 0.9F / 0.8E / 0.9F
8 Tu	0438 / 1031 / 1610 / 2233	0113 / 0729 / 1322 / 1925	0.9E / 0.7F / 0.6E / 0.8F	23 W	0444 / 1112 / 1717 / 2305	0133 / 0755 / 1410 / 2011	1.0E / 1.0F / 0.7E / 0.7F
9 W	0507 / 1120 / 1707 / 2309	0148 / 0809 / 1412 / 2011	0.9E / 0.8F / 0.6E / 0.7F	24 Th	0524 / 1206 / 1818 / 2350	0217 / 0842 / 1505 / 2103	0.9E / 1.0F / 0.8E / 0.6F
10 Th	0538 / 1211 / 1810 / 2347	0225 / 0851 / 1506 / 2100	0.8E / 0.8F / 0.6E / 0.6F	25 F	0607 / 1301 / 1923	0303 / 0932 / 1603 / 2159	0.8E / 0.9F / 0.7E / 0.5F
11 F	0612 / 1306 / 1920	0305 / 0937 / 1604 / 2155	0.8E / 0.8F / 0.7E / 0.4F	26 Sa ○	0038 / 0651 / 1357 / 2032	0352 / 1024 / 1703 / 2300	0.7E / 0.9F / 0.7E / 0.4F
12 Sa	0029 / 0651 / 1404 / 2036	0349 / 1027 / 1707 / 2256	0.7E / 0.9F / 0.7E / 0.4F	27 Su	0132 / 0739 / 1453 / 2140	0444 / 1118 / 1803	0.6E / 0.9F / 0.7E
13 Su	0117 / 0736 / 1503 / 2151	0439 / 1121 / 1811	0.7E / 1.0F / 0.8E	28 M	0232 / 0829 / 1547 / 2243	0003 / 0541 / 1213 / 1902	0.4F / 0.5E / 0.9F / 0.8E
14 M	0214 / 0828 / 1600 / 2259	0001 / 0535 / 1218 / 1913	0.3F / 0.6E / 1.1F / 0.8E	29 Tu	0335 / 0922 / 1639 / 2337	0105 / 0638 / 1307 / 1956	0.4F / 0.5E / 0.9F / 0.8E
15 Tu	0320 / 0925 / 1656 / 2355	0107 / 0637 / 1316 / 2011	0.3F / 0.6E / 1.1F / 0.9E				

March

Day	Slack (h m)	Maximum (h m)	knots	Day	Slack (h m)	Maximum (h m)	knots
1 W	0436 / 1015 / 1727	0202 / 0734 / 1358 / 2045	0.4F / 0.5E / 0.9F / 0.9E	16 Th	0432 / 1023 / 1723	0151 / 0735 / 1358 / 2037	0.5F / 0.6E / 1.0F / 0.9E
2 Th	0024 / 0532 / 1107 / 1812	0253 / 0827 / 1447 / 2129	0.5F / 0.5E / 1.0F / 0.9E	17 F	0004 / 0536 / 1130 / 1815	0247 / 0838 / 1456 / 2126	0.6F / 0.7E / 1.0F / 1.0E
3 F	0104 / 0622 / 1158 / 1854	0339 / 0916 / 1533 / 2210	0.5F / 0.6E / 1.0F / 0.9E	18 Sa	0046 / 0633 / 1233 / 1903	0337 / 0936 / 1550 / 2212	0.8F / 0.8E / 1.0F / 1.0E
4 Sa	0140 / 0708 / 1248 / 1935	0420 / 1003 / 1616 / 2248	0.6F / 0.6E / 1.0F / 1.0E	19 Su ○	0125 / 0727 / 1332 / 1949	0424 / 1030 / 1641 / 2256	0.9F / 0.9E / 1.0F / 1.0E
5 Su ●	0213 / 0751 / 1337 / 2013	0458 / 1047 / 1659 / 2325	0.7F / 0.7E / 1.0F / 0.9E	20 M	0204 / 0817 / 1428 / 2032	0509 / 1121 / 1730 / 2338	1.0F / 0.9E / 0.9F / 0.9E
6 M	0244 / 0833 / 1426 / 2051	0535 / 1131 / 1741	0.7F / 0.7E / 0.9F	21 Tu	0242 / 0905 / 1522 / 2115	0553 / 1211 / 1817	1.0F / 1.0E / 0.8F
7 Tu	0313 / 0915 / 1516 / 2127	0000 / 0612 / 1216 / 1822	0.9E / 0.8F / 0.8E / 0.8F	22 W	0320 / 0953 / 1615 / 2157	0020 / 0637 / 1259 / 1904	0.9E / 1.0F / 0.9E / 0.7F
8 W	0342 / 0959 / 1609 / 2203	0034 / 0649 / 1301 / 1906	0.9E / 0.9F / 0.8E / 0.7F	23 Th	0358 / 1040 / 1709 / 2241	0101 / 0720 / 1348 / 1952	0.8E / 1.0F / 0.9E / 0.6F
9 Th	0412 / 1046 / 1705 / 2241	0110 / 0729 / 1350 / 1951	0.8E / 0.9F / 0.8E / 0.6F	24 F	0438 / 1129 / 1805 / 2326	0143 / 0805 / 1438 / 2042	0.7E / 1.0F / 0.9E / 0.5F
10 F	0446 / 1136 / 1805 / 2321	0148 / 0811 / 1442 / 2041	0.8E / 1.0F / 0.8E / 0.5F	25 Sa	0519 / 1218 / 1903	0228 / 0851 / 1530 / 2136	0.6E / 0.9F / 0.9E / 0.5F
11 Sa	0525 / 1231 / 1911	0230 / 0859 / 1539 / 2137	0.7E / 1.0F / 0.8E / 0.4F	26 Su	0017 / 0604 / 1310 / 2004	0317 / 0941 / 1625 / 2234	0.5E / 0.9F / 0.8E / 0.4F
12 Su	0007 / 0610 / 1328 / 2020	0318 / 0952 / 1640 / 2238	0.6E / 1.0F / 0.8E / 0.4F	27 M ◐	0114 / 0654 / 1404 / 2104	0411 / 1035 / 1723 / 2335	0.5E / 0.8F / 0.8E / 0.4F
13 M ◐	0103 / 0704 / 1429 / 2127	0414 / 1051 / 1743 / 2345	0.6E / 1.0F / 0.8E / 0.4F	28 Tu	0217 / 0749 / 1458 / 2200	0510 / 1132 / 1820	0.4E / 0.8F / 0.8E
14 Tu	0209 / 0806 / 1529 / 2226	0519 / 1153 / 1845	0.6E / 1.0F / 0.9E	29 W	0321 / 0849 / 1552 / 2250	0035 / 0611 / 1229 / 1914	0.4F / 0.4E / 0.8F / 0.8E
15 W	0322 / 0913 / 1628 / 2318	0050 / 0627 / 1257 / 1944	0.4F / 0.6E / 1.0F / 0.9E	30 Th	0420 / 0951 / 1643 / 2333	0129 / 0711 / 1324 / 2003	0.5F / 0.5E / 0.8F / 0.8E
				31 F	0513 / 1050 / 1731	0218 / 0805 / 1417 / 2047	0.5F / 0.5E / 0.8F / 0.8E

Time meridian 75° W. 0000 is midnight. 1200 is noon.

Baltimore Harbor Approach (off Sandy Pt.), Maryland, 2000

F–Flood, Dir. 025° True E–Ebb, Dir. 190° True

April

Day	Slack h m	Maximum h m	knots	Day	Slack h m	Maximum h m	knots
1 Sa	0011 / 0559 / 1147 / 1816	0301 / 0856 / 1505 / 2128	0.6F / 0.6E / 0.8F / 0.9E	16 Su	0003 / 0625 / 1239 / 1835	0313 / 0930 / 1537 / 2142	0.9F / 0.9E / 0.8F / 0.9E
2 Su	0044 / 0643 / 1240 / 1858	0341 / 0943 / 1551 / 2207	0.7F / 0.7E / 0.8F / 0.9E	17 M	0043 / 0714 / 1337 / 1922	0359 / 1021 / 1628 / 2225	1.0F / 1.0E / 0.8F / 0.9E
3 M	0116 / 0724 / 1332 / 1938	0419 / 1028 / 1635 / 2243	0.8F / 0.8E / 0.8F / 0.8E	18 Tu	0121 / 0800 / 1431 / 2007 ○	0442 / 1110 / 1716 / 2307	1.1F / 1.0E / 0.7F / 0.8E
4 Tu ●	0145 / 0805 / 1424 / 2017	0456 / 1112 / 1719 / 2319	0.9F / 0.9E / 0.8F / 0.8E	19 W	0159 / 0845 / 1522 / 2050	0524 / 1156 / 1802 / 2348	1.1F / 1.0E / 0.7F / 0.7E
5 W	0216 / 0847 / 1515 / 2055	0533 / 1156 / 1802 / 2355	1.0F / 1.0E / 0.7F / 0.8E	20 Th	0236 / 0928 / 1612 / 2134	0605 / 1241 / 1848	1.1F / 1.0E / 0.6F
6 Th	0247 / 0931 / 1608 / 2134	0612 / 1242 / 1847	1.1F / 1.0E / 0.6F	21 F	0314 / 1010 / 1701 / 2219	0029 / 0647 / 1326 / 1935	0.7E / 1.1F / 1.0E / 0.5F
7 F	0322 / 1017 / 1702 / 2215	0033 / 0653 / 1330 / 1935	0.7E / 1.1F / 1.0E / 0.6F	22 Sa	0352 / 1054 / 1752 / 2307	0111 / 0729 / 1412 / 2023	0.6E / 1.0F / 0.9E / 0.5F
8 Sa	0401 / 1107 / 1759 / 2302	0115 / 0738 / 1421 / 2026	0.7E / 1.1F / 1.0E / 0.5F	23 Su	0433 / 1138 / 1843	0156 / 0813 / 1500 / 2115	0.5E / 0.9F / 0.9E / 0.4F
9 Su	0446 / 1159 / 1858 / 2358	0202 / 0828 / 1516 / 2123	0.6E / 1.1F / 0.9E / 0.5F	24 M	0001 / 0518 / 1225 / 1936	0245 / 0900 / 1550 / 2210	0.4E / 0.8F / 0.8E / 0.4F
10 M	0539 / 1256 / 1958	0256 / 0923 / 1614 / 2225	0.6E / 1.0F / 0.9E / 0.4F	25 Tu	0100 / 0610 / 1315 / 2027	0340 / 0953 / 1642 / 2306	0.4E / 0.8F / 0.8E / 0.4F
11 Tu ☽	0103 / 0642 / 1355 / 2055	0400 / 1025 / 1713 / 2330	0.5E / 1.0F / 0.9E / 0.5F	26 W ◐	0203 / 0711 / 1407 / 2115	0441 / 1049 / 1735	0.4E / 0.7F / 0.8E
12 W	0215 / 0754 / 1456 / 2148	0510 / 1131 / 1815	0.5E / 0.9F / 0.9E	27 Th	0304 / 0818 / 1501 / 2158	0001 / 0544 / 1148 / 1827	0.5F / 0.4E / 0.7F / 0.8E
13 Th	0327 / 0911 / 1556 / 2236	0033 / 0623 / 1239 / 1913	0.6F / 0.6E / 0.9F / 0.9E	28 F	0400 / 0927 / 1553 / 2237	0053 / 0645 / 1247 / 1915	0.6F / 0.5E / 0.7F / 0.8E
14 F	0433 / 1026 / 1653 / 2321	0131 / 0731 / 1343 / 2006	0.7F / 0.7E / 0.8F / 0.9E	29 Sa	0449 / 1034 / 1644 / 2313	0139 / 0741 / 1343 / 2000	0.7F / 0.6E / 0.7F / 0.8E
15 Sa	0532 / 1136 / 1746	0224 / 0834 / 1442 / 2055	0.8F / 0.8E / 0.8F / 0.9E	30 Su	0534 / 1136 / 1731 / 2345	0221 / 0833 / 1435 / 2042	0.8F / 0.7E / 0.7F / 0.8E

May

Day	Slack h m	Maximum h m	knots	Day	Slack h m	Maximum h m	knots
1 M	0617 / 1233 / 1815	0301 / 0921 / 1524 / 2121	0.9F / 0.8E / 0.7F / 0.8E	16 Tu	0002 / 0658 / 1338 / 1853	0333 / 1009 / 1612 / 2154	1.1F / 1.0E / 0.6F / 0.7E
2 Tu	0017 / 0658 / 1328 / 1858	0340 / 1007 / 1611 / 2159	1.0F / 0.9E / 0.7F / 0.8E	17 W	0041 / 0742 / 1430 / 1939	0416 / 1056 / 1700 / 2236	1.2F / 1.1E / 0.6F / 0.7E
3 W ●	0050 / 0740 / 1421 / 1939	0419 / 1052 / 1656 / 2238	1.1F / 1.0E / 0.6F / 0.7E	18 Th ○	0119 / 0823 / 1519 / 2025	0457 / 1140 / 1747 / 2318	1.2F / 1.1E / 0.5F / 0.6E
4 Th	0124 / 0823 / 1512 / 2021	0458 / 1138 / 1742 / 2318	1.2F / 1.1E / 0.6F / 0.7E	19 F	0156 / 0904 / 1605 / 2112	0537 / 1222 / 1832 / 2359	1.1F / 1.1E / 0.5F / 0.6E
5 F	0200 / 0907 / 1603 / 2106	0540 / 1224 / 1830	1.2F / 1.1E / 0.6F	20 Sa	0234 / 0943 / 1651 / 2159	0617 / 1305 / 1917	1.1F / 1.0E / 0.5F
6 Sa	0241 / 0953 / 1655 / 2155	0001 / 0624 / 1311 / 1919	0.7E / 1.2F / 1.1E / 0.5F	21 Su	0312 / 1023 / 1736 / 2250	0042 / 0657 / 1347 / 2004	0.5E / 1.0F / 1.0E / 0.5F
7 Su	0327 / 1041 / 1747 / 2250	0049 / 0711 / 1401 / 2012	0.6E / 1.2F / 1.1E / 0.5F	22 M	0354 / 1104 / 1820 / 2344	0127 / 0739 / 1431 / 2052	0.4E / 0.9F / 1.0E / 0.5F
8 M	0419 / 1132 / 1838 / 2354	0142 / 0803 / 1454 / 2109	0.6E / 1.1F / 1.1E / 0.5F	23 Tu	0440 / 1147 / 1904	0217 / 0825 / 1516 / 2143	0.4E / 0.8F / 0.9E / 0.5F
9 Tu	0519 / 1226 / 1930	0242 / 0900 / 1549 / 2209	0.6E / 1.0F / 1.0E / 0.6F	24 W	0042 / 0534 / 1232 / 1947	0311 / 0915 / 1603 / 2233	0.4E / 0.8F / 0.9E / 0.5F
10 W ◐	0104 / 0629 / 1322 / 2020	0350 / 1003 / 1646 / 2311	0.5E / 1.0F / 1.0E / 0.7F	25 Th	0142 / 0637 / 1320 / 2027	0411 / 1009 / 1651 / 2324	0.4E / 0.7F / 0.8E / 0.6F
11 Th	0216 / 0747 / 1421 / 2108	0503 / 1110 / 1743	0.6E / 0.9F / 0.9E	26 F ○	0239 / 0749 / 1410 / 2105	0514 / 1108 / 1738	0.4E / 0.7F / 0.8E
12 F	0324 / 0909 / 1520 / 2155	0011 / 0616 / 1218 / 1839	0.8F / 0.6E / 0.7F / 0.9E	27 Sa	0332 / 0904 / 1500 / 2141	0012 / 0616 / 1207 / 1825	0.7F / 0.5E / 0.6F / 0.8E
13 Sa	0426 / 1028 / 1617 / 2239	0107 / 0723 / 1324 / 1932	0.9F / 0.7E / 0.7F / 0.9E	28 Su	0421 / 1017 / 1551 / 2215	0057 / 0714 / 1306 / 1910	0.8F / 0.6E / 0.6F / 0.7E
14 Su	0521 / 1138 / 1712 / 2321	0159 / 0824 / 1425 / 2022	1.0F / 0.8E / 0.6F / 0.8E	29 M	0506 / 1125 / 1640 / 2249	0140 / 0808 / 1402 / 1953	0.9F / 0.7E / 0.5F / 0.7E
15 M	0611 / 1241 / 1804	0248 / 0919 / 1520 / 2109	1.1F / 0.9E / 0.6F / 0.8E	30 Tu	0550 / 1226 / 1728 / 2325	0222 / 0858 / 1455 / 2036	1.0F / 0.9E / 0.5F / 0.7E
				31 W	0634 / 1322 / 1815	0304 / 0946 / 1545 / 2118	1.1F / 1.0E / 0.5F / 0.7E

June

Day	Slack h m	Maximum h m	knots	Day	Slack h m	Maximum h m	knots
1 Th	0002 / 0717 / 1415 / 1902	0346 / 1033 / 1634 / 2202	1.2F / 1.1E / 0.5F / 0.7E	16 F ○	0045 / 0802 / 1508 / 2002	0431 / 1121 / 1729 / 2251	1.2F / 1.1E / 0.5F / 0.6E
2 F ●	0043 / 0801 / 1504 / 1951	0429 / 1119 / 1723 / 2248	1.3F / 1.2E / 0.5F / 0.7E	17 Sa	0124 / 0840 / 1551 / 2051	0511 / 1202 / 1813 / 2334	1.1F / 1.1E / 0.5F / 0.5E
3 Sa	0126 / 0846 / 1552 / 2043	0514 / 1205 / 1812 / 2337	1.3F / 1.2E / 0.5F / 0.7E	18 Su	0203 / 0918 / 1632 / 2139	0551 / 1242 / 1857	1.1F / 1.1E / 0.5F
4 Su	0214 / 0932 / 1639 / 2139	0601 / 1253 / 1903	1.3F / 1.2E / 0.6F	19 M	0244 / 0956 / 1711 / 2229	0018 / 0631 / 1322 / 1941	0.5E / 1.0F / 1.0E / 0.5F
5 M	0306 / 1019 / 1725 / 2241	0030 / 0651 / 1341 / 1956	0.6E / 1.2F / 1.2E / 0.6F	20 Tu	0327 / 1034 / 1749 / 2320	0103 / 0712 / 1402 / 2025	0.4E / 0.9F / 1.0E / 0.5F
6 Tu	0404 / 1108 / 1811 / 2347	0128 / 0744 / 1431 / 2051	0.6E / 1.1F / 1.1E / 0.7F	21 W	0415 / 1114 / 1826	0152 / 0756 / 1443 / 2109	0.4E / 0.8F / 0.9E / 0.5F
7 W	0509 / 1158 / 1857	0231 / 0841 / 1522 / 2148	0.6E / 1.0F / 1.1E / 0.7F	22 Th	0014 / 0510 / 1155 / 1902	0244 / 0843 / 1524 / 2155	0.4E / 0.7F / 0.9E / 0.6F
8 Th ☽	0055 / 0621 / 1251 / 1943	0339 / 0943 / 1616 / 2246	0.6E / 0.8F / 1.0E / 0.8F	23 F	0108 / 0613 / 1238 / 1937	0341 / 0934 / 1607 / 2241	0.4E / 0.6F / 0.8E / 0.7F
9 F	0204 / 0741 / 1346 / 2029	0451 / 1048 / 1710 / 2344	0.6E / 0.7F / 0.9E / 0.9F	24 Sa	0203 / 0725 / 1322 / 2011	0442 / 1030 / 1651 / 2327	0.4E / 0.5F / 0.8E / 0.8F
10 Sa	0309 / 0903 / 1442 / 2114	0601 / 1155 / 1804	0.7E / 0.7F / 0.9E	25 Su ○	0256 / 0843 / 1409 / 2046	0543 / 1129 / 1735	0.5E / 0.5F / 0.7E
11 Su	0409 / 1022 / 1539 / 2159	0039 / 0708 / 1301 / 1857	1.0F / 0.7E / 0.7F / 0.8E	26 M	0347 / 1000 / 1458 / 2122	0014 / 0644 / 1230 / 1821	0.9F / 0.6E / 0.4F / 0.7E
12 M	0503 / 1134 / 1636 / 2243	0131 / 0808 / 1403 / 1948	1.1F / 0.8E / 0.5F / 0.7E	27 Tu	0436 / 1112 / 1549 / 2201	0100 / 0741 / 1329 / 1908	1.0F / 0.7E / 0.4F / 0.7E
13 Tu	0553 / 1237 / 1730 / 2325	0220 / 0903 / 1501 / 2037	1.1F / 0.9E / 0.5F / 0.7E	28 W	0524 / 1216 / 1642 / 2242	0146 / 0835 / 1427 / 1956	1.1F / 0.9E / 0.4F / 0.7E
14 W	0639 / 1332 / 1823	0307 / 0952 / 1553 / 2124	1.2F / 1.0E / 0.5F / 0.7E	29 Th	0610 / 1312 / 1736 / 2327	0232 / 0925 / 1521 / 2045	1.2F / 1.0E / 0.4F / 0.7E
15 Th	0006 / 0721 / 1422 / 1913	0350 / 1038 / 1643 / 2208	1.2F / 1.0E / 0.5F / 0.6E	30 F	0656 / 1401 / 1832	0319 / 1013 / 1613 / 2136	1.3F / 1.1E / 0.4F / 0.7E

Time meridian 75° W. 0000 is midnight. 1200 is noon.

Baltimore Harbor Approach (off Sandy Pt.), Maryland, 2000

F–Flood, Dir. 025° True   E–Ebb, Dir. 190° True

	July							August							September					
	Slack	Maximum			Slack	Maximum			Slack	Maximum			Slack	Maximum			Slack	Maximum		
	h m	h m	knots		h m	h m	knots		h m	h m	knots		h m	h m	knots		h m	h m	knots		
1 Sa ●	0016 0742 1447 1929	0407 1100 1703 2228	1.3F 1.2E 0.5F 0.7E	**16** Su ○	0102 0816 1524 2029	0449 1138 1749 2314	1.1F 1.1E 0.5F 0.5E	**1** Tu	0158 0853 1536 2113	0531 1208 1820	1.2F 1.2E 0.8F	**16** W	0221 0904 1547 2130	0548 1220 1834	1.0F 1.0E 0.7F	**1** F	0358 0959 1614 2243	0052 0658 1308 1927	0.9E 0.9F 1.0E 1.0F	**16** Sa	0356 0947 1550 2225	0045 0650 1251 1908	0.8E 0.7F 0.8E 0.9F
2 Su	0107 0827 1530 2027	0455 1146 1753 2322	1.3F 1.2E 0.6F 0.7E	**17** M	0145 0854 1600 2115	0529 1216 1830 2357	1.1F 1.0E 0.5F 0.5E	**2** W	0257 0937 1616 2211	0009 0621 1252 1909	0.8E 1.1F 1.1E 0.9F	**17** Th	0308 0941 1617 2214	0022 0629 1255 1911	0.6E 0.9F 0.9E 0.7F	**2** Sa	0456 1043 1656 2337	0145 0749 1352 2015	0.9E 0.8F 0.9E 1.0F	**17** Su	0449 1023 1622 2312	0131 0734 1327 1948	0.8E 0.6F 0.7E 1.0F
3 M	0201 0913 1612 2127	0544 1232 1843	1.3F 1.2E 0.6F	**18** Tu	0228 0931 1635 2201	0609 1254 1910	1.0F 1.0E 0.6F	**3** Th	0357 1022 1656 2309	0105 0713 1337 1958	0.8E 1.0F 1.1E 0.9F	**18** F	0358 1016 1646 2259	0106 0710 1330 1949	0.7E 0.8F 0.9E 0.8F	**3** Su	0557 1129 1739	0240 0841 1439 2105	0.9E 0.6F 0.8E 1.0F	**18** M	0546 1102 1658	0220 0821 1407 2033	0.8E 0.5F 0.7E 1.0F
4 Tu	0258 0958 1654 2228	0018 0635 1318 1934	0.7E 1.2F 1.2E 0.7F	**19** W	0314 1008 1708 2248	0042 0649 1331 1950	0.5E 0.9F 1.0E 0.6F	**4** F	0500 1107 1739	0203 0806 1424 2049	0.8E 0.9F 1.0E 1.0F	**19** Sa	0452 1052 1716 2348	0154 0754 1406 2029	0.7E 0.7F 0.8E 0.8F	**4** M	0032 0701 1219 1825	0338 0938 1528 2158	1.0E 0.5F 0.7E 1.0F	**19** Tu	0003 0648 1145 1741	0313 0913 1452 2123	0.4E 0.4F 0.6E 1.0F
5 W	0358 1045 1736 2332	0117 0728 1405 2027	0.7E 1.1F 1.1E 0.8F	**20** Th	0403 1045 1740 2337	0128 0732 1408 2030	0.5E 0.8F 0.9E 0.6F	**5** Sa	0606 1154 1822	0303 0901 1511 2142	0.8E 0.7F 0.9E 1.0F	**20** Su	0551 1129 1749	0244 0840 1443 2112	0.7E 0.6F 0.7E 0.9F	**5** Tu ◐	0129 0808 1314 1915	0437 1038 1622 2253	0.8E 0.4F 0.6E 0.9F	**20** W ○	0058 0752 1238 1832	0411 1011 1545 2219	0.8E 0.4F 0.6E 1.0F
6 Th	0504 1132 1819	0219 0823 1454 2121	0.7E 0.9F 1.1E 0.9F	**21** F	0457 1122 1811	0218 0816 1445 2112	0.5E 0.7F 0.9E 0.7F	**6** Su ◐	0109 0717 1243 1908	0406 1000 1602 2236	0.7E 0.6F 0.8E 1.0F	**21** M	0040 0657 1208 1826	0339 0932 1525 2200	0.7E 0.4F 0.7E 0.9F	**6** W	0226 0915 1415 2008	0538 1142 1721 2350	0.8E 0.4F 0.5E 0.9F	**21** Th	0156 0857 1341 1932	0512 1115 1647 2320	0.8E 0.4F 0.5E 1.0F
7 F	0036 0615 1221 1903	0324 0922 1544 2216	0.7E 0.8F 1.0E 0.9F	**22** Sa	0028 0559 1201 1843	0311 0905 1524 2156	0.5E 0.6F 0.8E 0.8F	**7** M	0209 0831 1336 1956	0510 1103 1655 2332	0.7E 0.5F 0.7E 1.0F	**22** Tu ◐	0135 0809 1253 1908	0439 1030 1612 2252	0.7E 0.4F 0.6E 1.0F	**7** Th	0323 1018 1520 2104	0638 1245 1821	0.8E 0.4F 0.5E	**22** F	0256 0955 1452 2041	0613 1219 1755	0.8E 0.4F 0.6E
8 Sa ○	0141 0731 1312 1949	0431 1024 1636 2312	0.7E 0.6F 0.9E 1.0F	**23** Su	0121 0708 1241 1917	0409 0957 1605 2242	0.5E 0.5F 0.7E 0.8F	**8** Tu	0309 0945 1434 2045	0614 1208 1751	0.7E 0.4F 0.6E	**23** W	0233 0922 1347 1958	0541 1133 1707 2349	0.7E 0.3F 0.6E 1.0F	**8** F	0416 1113 1623 2201	0047 0734 1343 1920	0.9E 0.8E 0.8F 0.5E	**23** Sa	0355 1046 1602 2152	0024 0711 1321 1904	1.0F 0.9E 0.5F 0.6E
9 Su	0244 0850 1406 2035	0539 1129 1729	0.7E 0.5F 0.8E	**24** M ◐	0216 0824 1325 1954	0510 1055 1650 2331	0.6E 0.4F 0.7E 0.9F	**9** W	0405 1054 1537 2136	0027 0715 1312 1847	1.0F 0.8E 0.4F 0.6E	**24** Th	0331 1030 1451 2055	0643 1238 1807	0.8E 0.3F 0.6E	**9** Sa	0506 1200 1720 2256	0141 0825 1436 2014	0.9E 0.8E 0.5F 0.5E	**24** Su	0451 1132 1707 2302	0127 0806 1417 2009	1.0F 0.9E 0.6F 0.7E
10 M	0343 1008 1503 2122	0007 0644 1235 1823	1.0F 0.8E 0.4F 0.7E	**25** Tu	0311 0942 1414 2036	0613 1157 1739	0.7E 0.3F 0.6E	**10** Th	0457 1153 1639 2226	0121 0812 1412 1943	1.0F 0.8E 0.4F 0.6E	**25** F	0427 1127 1600 2157	0047 0742 1340 1911	1.1F 0.9E 0.4F 0.6E	**10** Su	0553 1241 1811 2349	0231 0910 1522 2105	0.9F 0.9E 0.6F 0.6E	**25** M	0544 1214 1806	0227 0856 1508 2109	1.0F 1.0E 0.8F 0.8E
11 Tu	0438 1119 1602 2208	0101 0745 1339 1916	1.1F 0.8E 0.4F 0.7E	**26** W	0404 1055 1509 2122	0022 0713 1301 1831	1.0F 0.8E 0.4F 0.6E	**11** F	0544 1244 1737 2315	0212 0901 1506 2035	1.0F 0.9E 0.4F 0.7E	**26** Sa	0521 1215 1707 2300	0145 0835 1438 2013	1.1F 0.9E 0.5F 0.7E	**11** M	0637 1318 1856	0318 0952 1603 2151	0.9F 0.9E 0.7F 0.7E	**26** Tu	0008 0634 1254 1900	0323 0943 1556 2205	1.0F 1.0E 0.9F 0.9E
12 W	0528 1222 1701 2253	0152 0840 1438 2008	1.1F 0.9E 0.4F 0.6E	**27** Th	0456 1158 1610 2213	0114 0809 1402 1927	1.1F 0.9E 0.3F 0.6E	**12** Sa	0629 1328 1831	0259 0947 1554 2124	1.1F 1.0E 0.5F 0.6E	**27** Su	0611 1257 1810	0242 0925 1530 2113	1.1F 1.0E 0.6F 0.7E	**12** Tu	0039 0718 1351 1938	0403 1031 1641 2236	0.9F 0.9E 0.7F 0.7E	**27** W ●	0109 0721 1333 1951	0416 1028 1642 2257	0.9F 1.0E 1.0F 1.0E
13 Th	0615 1315 1757 2337	0240 0930 1532 2057	1.1F 1.0E 0.4F 0.6E	**28** F	0546 1250 1714 2307	0206 0902 1459 2024	1.2F 1.0E 0.4F 0.7E	**13** Su	0002 0710 1407 1919	0344 1030 1638 2211	1.0F 1.0E 0.5F 0.6E	**28** M	0002 0700 1337 1908	0336 1012 1620 2210	1.1F 1.1E 0.7F 0.8E	**13** W ○	0128 0757 1422 2019	0445 1107 1718 2319	0.9F 0.9E 0.8F 0.8E	**28** Th	0207 0807 1412 2040	0506 1111 1727 2348	0.9F 0.9E 1.1F 1.0E
14 F	0658 1402 1850	0325 1016 1621 2144	1.1F 1.0E 0.4F 0.6E	**29** Sa	0635 1335 1816	0258 0951 1552 2120	1.3F 1.1E 0.5F 0.7E	**14** M	0049 0749 1443 2004	0426 1108 1718 2255	1.0F 1.0E 0.6F 0.6E	**29** Tu ●	0103 0746 1416 2004	0428 1057 1707 2305	1.1F 1.1E 0.8F 0.9E	**14** Th	0216 0834 1452 2059	0527 1142 1754	0.9F 0.9E 0.8F	**29** F	0303 0851 1451 2129	0555 1154 1811	0.8E 0.9F 1.1F
15 Sa	0020 0738 1445 1941	0408 1058 1707 2230	1.1F 1.0E 0.5F 0.5E	**30** Su ●	0003 0722 1417 1916	0349 1038 1642 2217	1.3F 1.1E 0.6F 0.7E	**15** Tu ○	0134 0827 1516 2048	0508 1145 1756 2338	1.1F 1.0E 0.6F 0.6E	**30** W	0202 0831 1455 2057	0519 1141 1754 2359	1.1F 1.1E 0.9F 0.9E	**15** F	0305 0911 1521 2141	0001 0608 1216 1830	0.8E 0.8F 0.8E 0.9F	**30** Sa	0357 0935 1531 2217	0037 0643 1237 1855	1.0E 0.7F 0.8E 1.1F
				31 M	0100 0808 1457 2015	0440 1123 1731 2313	1.3F 1.2E 0.7F 0.8E					**31** Th	0300 0915 1534 2150	0608 1224 1840	1.0F 1.0E 1.0F								

Time meridian 75° W. 0000 is midnight. 1200 is noon.

Baltimore Harbor Approach (off Sandy Pt.), Maryland, 2000

F–Flood, Dir. 025° True   E–Ebb, Dir. 190° True

October

Day	Slack h m	Maximum h m	knots	Day	Slack h m	Maximum h m	knots
1 Su	0452 1020 1612 2305	0126 0732 1321 1941	1.0E 0.7F 0.7E 1.1F	16 M	0446 0956 1535 2243	0111 0716 1252 1914	1.0E 0.5F 0.6E 1.1F
2 M	0547 1108 1655 2355	0217 0823 1407 2028	0.9E 0.6F 0.6E 1.0F	17 Tu	0540 1040 1617 2332	0159 0805 1337 2001	1.0E 0.5F 0.6E 1.1F
3 Tu	0644 1201 1741	0309 0917 1457 2118	0.9E 0.5F 0.6E 0.9F	18 W	0635 1133 1707	0250 0858 1428 2053	1.0E 0.4F 0.6E 1.0F
4 W	0046 0743 1259 1833	0403 1015 1552 2213	0.8E 0.4F 0.5E 0.8F	19 Th	0025 0731 1235 1807	0345 0957 1528 2152	0.9E 0.4F 0.5E 1.0F
5 Th ☽	0139 0841 1403 1930	0500 1116 1652 2310	0.8E 0.4F 0.4E 0.8F	20 F ○	0121 0825 1345 1917	0443 1059 1637 2256	0.9E 0.5F 0.5E 0.9F
6 F	0234 0936 1508 2033	0557 1215 1755	0.8E 0.5F 0.4E	21 Sa	0220 0916 1456 2035	0541 1201 1750	0.9E 0.6F 0.6E
7 Sa	0328 1025 1608 2137	0009 0651 1311 1856	0.8F 0.8E 0.5F 0.5E	22 Su	0320 1003 1603 2154	0003 0639 1259 1900	0.8F 0.9E 0.7F 0.6E
8 Su	0420 1109 1701 2238	0106 0741 1400 1952	0.8F 0.8E 0.6F 0.5E	23 M	0418 1048 1704 2308	0110 0733 1354 2005	0.8F 0.9E 0.8F 0.8E
9 M	0510 1148 1748 2336	0200 0827 1444 2043	0.8F 0.8E 0.7F 0.6E	24 Tu	0513 1130 1758	0212 0824 1444 2103	0.8F 0.9E 1.0F 0.9E
10 Tu	0556 1222 1830	0249 0909 1524 2130	0.8F 0.8E 0.8F 0.7E	25 W	0014 0605 1211 1849	0309 0911 1531 2157	0.8F 0.9E 1.1F 1.0E
11 W	0030 0639 1254 1911	0336 0948 1602 2215	0.8F 0.8E 0.8F 0.8E	26 Th	0115 0654 1251 1937	0402 0957 1616 2247	0.7F 0.8E 1.1F 1.1E
12 Th	0122 0720 1325 1951	0421 1025 1639 2258	0.8F 0.8E 0.9F 0.9E	27 F ●	0211 0741 1331 2022	0453 1041 1700 2335	0.7F 0.8E 1.2F 1.1E
13 F ○	0213 0759 1355 2031	0504 1100 1715 2341	0.7F 0.8E 1.0F 1.0E	28 Sa	0304 0827 1410 2107	0541 1124 1743	0.7F 0.8E 1.2F
14 Sa	0303 0837 1425 2113	0547 1136 1752	0.7F 0.7E 1.1F	29 Su	0355 0913 1450 2151	0022 0629 1207 1826	1.1E 0.6F 0.7E 1.1F
15 Su	0354 0916 1458 2156	0025 0631 1213 1832	1.0E 0.6F 0.7E 1.1F	30 M	0446 1000 1530 2234	0107 0717 1251 1909	1.0E 0.6F 0.6E 1.1F
				31 Tu	0535 1051 1613 2319	0154 0806 1338 1953	1.0E 0.5F 0.5E 1.0F

November

Day	Slack h m	Maximum h m	knots	Day	Slack h m	Maximum h m	knots
1 W	0625 1146 1659	0241 0858 1428 2041	0.9E 0.5F 0.5E 0.9F	16 Th	0614 1125 1647 2356	0228 0843 1412 2030	1.1E 0.5F 0.5E 1.0F
2 Th	0005 0716 1246 1752	0330 0952 1523 2133	0.9E 0.5F 0.4E 0.8F	17 F	0702 1232 1754	0320 0940 1517 2130	1.0E 0.6F 0.5E 0.9F
3 F	0053 0805 1349 1853	0421 1047 1624 2228	0.8E 0.5F 0.4E 0.7F	18 Sa ○	0050 0750 1343 1910	0414 1039 1628 2235	1.0E 0.6F 0.5E 0.8F
4 Sa ◐	0144 0852 1451 2001	0513 1142 1727 2327	0.8E 0.5F 0.4E 0.7F	19 Su	0146 0836 1452 2033	0509 1138 1741 2343	0.9E 0.7F 0.6E 0.7F
5 Su	0236 0935 1547 2111	0604 1234 1829	0.8E 0.6F 0.5E	20 M	0243 0922 1555 2155	0605 1235 1851	0.9E 0.9F 0.7E
6 M	0329 1015 1636 2219	0027 0653 1321 1926	0.6F 0.8E 0.7F 0.5E	21 Tu	0341 1006 1653 2310	0050 0659 1329 1955	0.7F 0.8E 1.0F 0.8E
7 Tu	0420 1051 1721 2323	0123 0739 1404 2019	0.6F 0.8E 0.8F 0.7E	22 W	0438 1050 1746	0154 0751 1419 2053	0.6F 0.8E 1.1F 0.9E
8 W	0508 1125 1803	0217 0821 1444 2107	0.6F 0.8E 0.9F 0.8E	23 Th	0017 0532 1132 1835	0253 0840 1507 2146	0.6F 0.8E 1.2F 1.0E
9 Th	0021 0554 1157 1844	0307 0901 1523 2153	0.6F 0.7E 1.0F 0.9E	24 F	0117 0624 1214 1920	0348 0927 1552 2235	0.6F 0.7E 1.2F 1.1E
10 F	0116 0638 1229 1925	0354 0941 1601 2237	0.6F 0.7E 1.1F 1.0E	25 Sa ●	0212 0715 1255 2004	0439 1013 1635 2321	0.6F 0.7E 1.2F 1.1E
11 Sa	0208 0720 1302 2006 ○	0440 1018 1640 2321	0.6F 0.7E 1.2F 1.1E	26 Su	0302 0804 1335 2046	0527 1057 1718	0.5F 0.6E 1.2F
12 Su	0259 0802 1338 2048	0526 1058 1720	0.5F 0.7E 1.2F	27 M	0349 0852 1415 2126	0005 0614 1141 1759	1.1E 0.5F 0.6E 1.1F
13 M	0348 0845 1417 2132	0006 0612 1139 1802	1.1E 0.5F 0.7E 1.2F	28 Tu	0434 0942 1456 2207	0048 0701 1225 1841	1.1E 0.5F 0.5E 1.1F
14 Tu	0437 0932 1500 2218	0051 0659 1224 1847	1.1E 0.5F 0.6E 1.2F	29 W	0518 1034 1539 2247	0131 0748 1312 1923	1.0E 0.5F 0.5E 1.0F
15 W	0526 1025 1550 2306	0139 0749 1315 1936	1.1E 0.6F 0.6E 1.1F	30 Th	0602 1129 1625 2328	0214 0835 1401 2008	1.0E 0.5F 0.4E 0.9F

December

Day	Slack h m	Maximum h m	knots	Day	Slack h m	Maximum h m	knots
1 F	0644 1226 1719	0258 0924 1455 2057	0.9E 0.5F 0.4E 0.8F	16 Sa	0628 1222 1748	0253 0917 1506 2111	1.1E 0.7F 0.6E 0.9F
2 Sa	0012 0725 1325 1820	0343 1014 1554 2149	0.9E 0.6F 0.4E 0.7F	17 Su ○	0020 0712 1329 1905	0344 1014 1616 2214	1.0E 0.8F 0.6E 0.7F
3 Su ◐	0058 0805 1422 1930	0429 1104 1655 2246	0.8E 0.6F 0.4E 0.6F	18 M	0113 0757 1435 2028	0437 1111 1727 2320	0.9E 0.9F 0.7E 0.6F
4 M	0146 0843 1516 2045	0516 1152 1757 2346	0.8E 0.7F 0.5E 0.5F	19 Tu	0208 0842 1538 2150	0531 1207 1836	0.9E 1.0F 0.7E
5 Tu	0236 0920 1605 2159	0603 1238 1856	0.8E 0.8F 0.6E	20 W	0305 0928 1635 2305	0028 0625 1302 1939	0.5F 0.8E 1.1F 0.8E
6 W	0326 0955 1651 2308	0045 0648 1322 1951	0.5F 0.7E 0.9F 0.7E	21 Th	0403 1014 1728	0133 0719 1353 2038	0.5F 0.8E 1.1F 0.9E
7 Th	0416 1029 1735	0142 0732 1404 2042	0.5F 0.7E 1.0F 0.8E	22 F	0013 0501 1059 1817	0234 0811 1443 2130	0.5F 0.7E 1.2F 1.0E
8 F	0011 0505 1105 1818	0236 0815 1446 2130	0.4F 0.7E 1.1F 0.9E	23 Sa	0112 0557 1143 1902	0331 0900 1529 2219	0.5F 0.7E 1.2F 1.0E
9 Sa	0108 0552 1141 1900	0327 0858 1527 2216	0.4F 0.7E 1.2F 1.0E	24 Su	0203 0651 1226 1944	0422 0948 1613 2304	0.5F 0.6E 1.2F 1.1E
10 Su	0200 0640 1221 1943	0416 0941 1610 2301	0.4F 0.7E 1.3F 1.1E	25 M ●	0250 0743 1308 2025	0511 1034 1655 2346	0.5F 0.6E 1.2F 1.1E
11 M	0249 0728 1303 2026	0504 1026 1653 2346	0.5F 0.7E 1.3F 1.2E	26 Tu	0333 0833 1350 2103	0556 1119 1736	0.5F 0.5E 1.1F
12 Tu	0335 0819 1349 2111	0552 1114 1739	0.5F 0.7E 1.3F	27 W	0414 0923 1432 2141	0026 0641 1204 1817	1.1E 0.5F 0.5E 1.0F
13 W	0031 0419 0914 1440	1.2E 0.5F 0.6E 1.2F		28 Th	0452 1013 1516 2219	0106 0724 1249 1858	1.0E 0.5F 0.5E 1.0F
13 W	0419 0914 1440 2156	0031 0640 1205 1827	1.2E 0.5F 0.6E 1.2F	28 Th	0452 1013 1516 2219	0106 0724 1249 1858	1.0E 0.5F 0.5E 1.0F
14 Th	0502 1012 1536 2242	0117 0730 1300 1917	1.2E 0.6F 0.6E 1.2F	29 F	0529 1104 1604 2257	0145 0807 1337 1941	1.0E 0.5F 0.4E 0.9F
15 F	0544 1115 1638 2330	0204 0823 1401 2012	1.1E 0.6F 0.6E 1.0F	30 Sa	0605 1156 1657 2337	0225 0851 1428 2026	1.0E 0.6F 0.4E 0.8F
				31 Su	0641 1249 1757	0305 0935 1523 2115	0.9E 0.6F 0.4E 0.7F

Time meridian 75° W. 0000 is midnight. 1200 is noon.

Chesapeake and Delaware Canal (Chesapeake City), 2000

F—Flood, Dir. 110° True   E—Ebb, Dir. 290° True

	January							February							March					
	Slack	Maximum			Slack	Maximum			Slack	Maximum			Slack	Maximum			Slack	Maximum		
	h m	h m	knots		h m	h m	knots		h m	h m	knots		h m	h m	knots		h m	h m	knots		
1 Sa	0529 1246 1848	0233 0845 1516 2109	2.0F 2.1E 2.0F 1.5E	**16** Su	0424 1140 1757	0201 0757 1453 2031 2256	1.9F 2.2E 2.1F 1.5E	**1** Tu	0026 0608 1343 1959	0334 0940 1623 2212	1.9F 2.1E 2.1F 1.4E	**16** W	0559 1343 2014	0335 0941 1633 2225	1.9F 2.3E 2.2F 1.5E	**1** W	0528 1300 1913	0301 0901 1548 2135	1.8F 2.1E 2.0F 1.4E	**16** Th	0018 0553 1326 1947	0320 0927 1611 2211	1.9F 2.2E 2.2F 1.6E
2 Su	0027 0610 1333 1944	0321 0932 1607 2200	2.0F 2.1E 2.1F 1.5E	**17** M	0518 1250 1918	0257 0858 1554 2137	1.9F 2.3E 2.2F 1.5E	**2** W	0114 0655 1429 2047	0423 1028 1712 2300	1.9F 2.2E 2.1F 1.4E	**17** Th	0122 0706 1443 2110	0434 1044 1729 2326	2.0F 2.4E 2.3F 1.6E	**2** Th	0035 0621 1350 2000	0353 0953 1638 2225	1.9F 2.1E 2.1F 1.5E	**17** F	0132 0707 1424 2037	0421 1030 1705 2309	2.0F 2.2E 2.2F 1.8E
3 M	0114 0650 1418 2035	0408 1017 1656 2248	2.0F 2.2E 2.1F 1.5E	**18** Tu	0005 0616 1355 2030	0354 0959 1652 2240	2.0F 2.4E 2.3F 1.5E	**3** Th	0159 0740 1511 2130	0511 1114 1759 2346	1.9F 2.2E 2.2F 1.5E	**18** F	0234 0812 1538 2159	0532 1142 1822	2.1F 2.4E 2.3F	**3** F	0127 0713 1435 2043	0443 1042 1726 2313	1.9F 2.1E 2.1F 1.6E	**18** Sa	0234 0816 1517 2121	0518 1129 1756	2.1F 2.2E 2.2F
4 Tu	0157 0730 1500 2122	0455 1101 1743 2334	2.0F 2.2E 2.2F 1.5E	**19** W	0118 0715 1455 2132	0450 1058 1749 2341	2.0F 2.5E 2.4F 1.5E	**4** F	0240 0824 1551 2208	0558 1158 1843	1.9F 2.2E 2.2F	**19** Sa ○	0336 0914 1628 2242	0021 0628 1237 1912	1.7F 2.1F 2.3E 2.3F	**4** Sa	0215 0803 1516 2120	0532 1130 1811 2358	1.9F 2.1E 2.1F 1.7F	**19** Su ○	0329 0918 1605 2200	0001 0613 1222 1844	1.9F 2.2F 2.2E 2.2F
5 W	0237 0810 1541 2205	0540 1144 1828	1.9F 2.3E 2.2F	**20** Th ○	0229 0815 1552 2227	0547 1155 1843	2.0F 2.5E 2.4F	**5** Sa ●	0318 0907 1626 2241	0029 0643 1240 1927	1.5E 1.9F 2.2E 2.2F	**20** Su	0433 1013 1716 2322	0113 0721 1329 1959	1.8E 2.2F 2.3E 2.3F	**5** Su ●	0258 0852 1553 2153	0619 1214 1855	2.0F 2.1E 2.1F	**20** M	0420 1014 1651 2236	0048 0704 1311 1929	2.0E 2.2F 2.1E 2.2F
6 Th ●	0312 0849 1618 2244	0017 0625 1225 1912	1.5E 1.9F 2.3E 2.2F	**21** F	0336 0914 1645 2316	0038 0642 1250 1935	1.6E 2.1F 2.5E 2.4F	**6** Su	0354 0949 1657 2311	0111 0728 1320 2009	1.6E 1.9F 2.2E 2.1F	**21** M	0525 1109 1800 2358	0200 0813 1417 2045	1.9E 2.2F 2.2E 2.3F	**6** M	0339 0939 1626 2223	0040 0706 1258 1937	1.8E 2.0F 2.1E 2.1F	**21** Tu	0506 1106 1733 2309	0131 0753 1357 2013	2.1E 2.3F 2.0E 2.1F
7 F	0342 0927 1652 2319	0058 0708 1304 1955	1.5E 1.9F 2.3E 2.2F	**22** Sa	0438 1012 1736	0132 0736 1343 2025	1.7E 2.1F 2.4E 2.4F	**7** M	0431 1032 1725 2340	0150 0813 1400 2050	1.6E 1.9F 2.2E 2.1F	**22** Tu	0616 1202 1842	0245 0903 1503 2129	2.0E 2.2F 2.1E 2.2F	**7** Tu	0419 1027 1656 2255	0121 0752 1340 2019	1.9E 2.1F 2.1E 2.1F	**22** W	0550 1155 1812 2340	0212 0840 1440 2055	2.1E 2.3F 1.9E 2.1F
8 Sa	0412 1005 1723 2352	0138 0751 1343 2037	1.5E 1.8F 2.2E 2.2F	**23** Su	0001 0538 1109 1824	0224 0830 1435 2113	1.7E 2.1F 2.3E 2.3F	**8** Tu	0512 1118 1753	0229 0858 1438 2130	1.7E 1.9F 2.1E 2.1F	**23** W	0032 0704 1254 1921	0328 0952 1548 2212	2.0E 2.1F 1.9E 2.1F	**8** W	0501 1116 1726 2328	0201 0839 1423 2100	2.0E 2.1F 2.0E 2.0F	**23** Th	0631 1241 1847	0252 0926 1521 2138	2.1E 2.2F 1.8E 2.0F
9 Su	0445 1045 1751	0217 0834 1421 2119	1.5E 1.8F 2.2E 2.1F	**24** M	0043 0636 1206 1910	0313 0923 1524 2200	1.8E 2.1F 2.2E 2.3F	**9** W	0011 0557 1208 1824	0309 0945 1523 2212	1.8E 1.9F 2.0E 2.0F	**24** Th	0105 0751 1345 1957	0410 1041 1633 2256	2.0E 2.1F 1.8E 2.0F	**9** Th	0547 1208 1759	0242 0927 1508 2143	2.1E 2.1F 1.9E 1.9F	**24** F	0012 0710 1326 1919	0331 1011 1603 2221	2.1E 2.2F 1.7E 1.9F
10 M	0022 0524 1127 1820	0257 0918 1459 2201	1.5E 1.8F 2.2E 2.1F	**25** Tu	0122 0734 1304 1953	0401 1016 1613 2246	1.8E 2.0F 2.0E 2.2F	**10** Th	0045 0649 1302 1901	0352 1036 1609 2256	1.9E 1.9F 1.9E 2.0F	**25** F	0139 0839 1437 2033	0453 1130 1718 2342	2.0E 2.0F 1.6E 1.9F	**10** F	0005 0637 1304 1837	0325 1018 1556 2229	2.1E 2.1F 1.8E 1.9F	**25** Sa	0046 0750 1410 1949	0412 1057 1646 2305	2.1E 2.1F 1.6E 1.8F
11 Tu	0053 0609 1215 1853	0338 1005 1541 2243	1.6E 1.7F 2.1E 2.1F	**26** W	0159 0830 1402 2036	0448 1109 1702 2332	1.9E 2.0F 1.9F 2.1F	**11** F	0123 0746 1403 1942	0439 1131 1701 2345	2.0E 2.0F 1.9F	**26** Sa ◐	0216 0928 1531 2110	0538 1220 1806	2.0E 2.0F 1.5E	**11** Sa	0046 0733 1405 1920	0413 1113 1649 2319	2.2E 2.1F 1.6E 1.8F	**26** Su	0124 0832 1456 2023	0454 1145 1730 2353	2.0E 2.1F 1.5E 1.7F
12 W	0127 0702 1308 1930	0421 1056 1627 2328	1.7E 1.8F 2.0E 2.0F	**27** Th	0235 0925 1503 2118	0535 1202 1752	1.9E 1.9F 1.7F	**12** Sa ◐	0207 0852 1511 2030	0531 1229 1800	2.1E 2.0F 1.6E	**27** Su	0257 1020 1627 2153	0029 0625 1311 1856	1.8F 2.0E 2.0F 1.4E	**12** Su	0133 0837 1512 2012	0507 1210 1748	2.2E 2.1F 1.5E	**27** M ◐	0207 0920 1545 2105	0540 1235 1819	2.0E 2.0F 1.5E
13 Th	0205 0803 1409 2013	0509 1152 1720	1.8E 1.8F 1.9F	**28** F ◐	0313 1020 1606 2201	0019 0623 1255 1843	2.0F 2.0E 1.9F 1.6E	**13** Su	0256 1005 1628 2126	0037 0629 1330 1905	1.9F 2.2E 2.0F 1.5E	**28** M	0344 1113 1724 2243	0118 0715 1403 1948	1.8F 2.2E 2.1F 1.4E	**13** M ◐	0228 0950 1627 2117	0015 0607 1311 1852	1.8E 2.2F 2.1E 1.4E	**28** Tu	0256 1013 1637 2158	0043 0631 1326 1910	1.7F 2.0E 2.0F 1.4E
14 F ○	0247 0911 1518 2101	0016 0601 1251 1820	2.0F 1.9E 1.9F 1.7F	**29** Sa	0352 1113 1709 2247	0106 0711 1348 1935	2.0F 2.0E 2.0F 1.5E	**14** M	0352 1123 1751 2235	0134 0732 1432 2013	1.8E 2.2F 2.1F 1.4E	**29** Tu	0435 1208 1820 2339	0209 0808 1456 2042	1.8F 2.0E 2.0F 1.4E	**14** Tu	0330 1108 1743 2244	0115 0713 1412 2000	1.8E 2.2F 2.1F 1.4E	**29** W	0351 1110 1729 2259	0135 0725 1418 2004	1.7F 2.0E 2.0F 1.5E
15 Sa	0333 1025 1634 2155	0107 0658 1352 1924	1.9F 2.1E 2.0F 1.6E	**30** Su	0435 1204 1810 2336	0155 0801 1441 2028	1.9F 2.0E 2.0F 1.4E	**15** Tu	0454 1236 1908 2357	0234 0837 1533 2120	1.9F 2.3E 2.2F 1.4E					**15** W	0439 1221 1850	0218 0820 1513 2107	1.8F 2.2E 2.1F 1.5E	**30** Th	0448 1206 1819	0229 0820 1510 2057	1.8F 2.0E 2.0F 1.5E
				31 M	0521 1254 1907	0245 0850 1533 2121	1.9F 2.1E 2.0F 1.4E													**31** F	0001 0548 1259 1905	0322 0915 1601 2149	1.8F 2.0E 2.0F 1.6E

Time meridian 75° W.   0000 is midnight.   1200 is noon.

Chesapeake and Delaware Canal (Chesapeake City), 2000

F–Flood, Dir. 110° True   E–Ebb, Dir. 290° True

April

Day	Slack h m	Maximum h m	knots	Day	Slack h m	Maximum h m	knots
1 Sa	0059 0647 1347 1947	0415 1008 1649 2238	1.9F 2.0E 2.1F 1.8E	16 Su	0226 0819 1449 2036	0503 1111 1726 2335	2.1F 2.0E 2.2F 2.1E
2 Su	0151 0744 1431 2024	0506 1059 1736 2324	2.0F 2.0E 2.1F 1.9E	17 M	0315 0919 1536 2113	0556 1203 1813	2.2F 1.9E 2.1F
3 M	0238 0839 1511 2100	0556 1148 1820	2.1F 2.0E 2.1F	18 Tu O	0400 1012 1621 2147	0019 0644 1250 1857	2.2E 2.3F 1.9E 2.1F
4 Tu ●	0322 0933 1548 2134	0008 0644 1235 1904	2.0E 2.2F 2.0E 2.0F	19 W	0442 1100 1702 2219	0100 0731 1333 1940	2.2E 2.3F 1.8E 2.0F
5 W	0405 1026 1624 2210	0050 0732 1321 1947	2.1E 2.2F 1.9E 2.0F	20 Th	0521 1145 1740 2251	0138 0815 1414 2022	2.2E 2.3F 1.7E 1.9F
6 Th	0450 1119 1700 2248	0133 0821 1408 2031	2.2E 2.3F 1.8E 1.9F	21 F	0557 1226 1813 2323	0216 0859 1454 2104	2.2E 2.3F 1.7E 1.8F
7 F	0537 1214 1738 2330	0217 0911 1456 2117	2.3E 2.3F 1.7E 1.9F	22 Sa	0632 1306 1841 2359	0254 0942 1534 2147	2.2E 2.2F 1.6E 1.8F
8 Sa	0628 1311 1820	0303 1002 1546 2206	2.3E 2.3F 1.6E 1.8F	23 Su	0706 1345 1909	0333 1027 1615 2231	2.1E 2.2F 1.5E 1.7F
9 Su	0016 0725 1411 1911	0354 1057 1641 2300	2.3E 2.2F 1.5E 1.8F	24 M	0039 0743 1425 1943	0414 1112 1658 2319	2.1E 2.1F 1.5E 1.6F
10 M	0109 0828 1516 2015	0450 1153 1740 2359	2.2E 2.2F 1.4E 1.7F	25 Tu	0123 0820 1507 2027	0459 1200 1744	2.0E 2.1F 1.5E
11 Tu ☽	0209 0939 1622 2143	0551 1252 1843	2.2E 2.1F 1.4E	26 W O	0214 0912 1552 2123	0009 0548 1250 1834	1.6F 2.0E 2.0F 1.5E
12 W	0318 1052 1725 2316	0101 0657 1351 1949	1.7F 2.1E 2.1F 1.5E	27 Th	0310 1004 1639 2227	0102 0642 1340 1927	1.6F 1.9E 2.0F 1.6E
13 Th	0435 1200 1821	0205 0805 1449 2053	1.8F 2.0E 2.1F 1.6E	28 F	0411 1058 1724 2332	0157 0738 1431 2020	1.7F 1.9E 2.0F 1.7E
14 F	0030 0556 1302 1911	0307 0911 1545 2153	1.9F 2.0E 2.1F 1.8E	29 Sa	0516 1153 1808	0252 0836 1521 2112	1.8F 1.9E 2.0F 1.8E
15 Sa	0131 0712 1358 1956	0407 1014 1637 2247	2.0F 2.0E 2.2F 2.0E	30 Su	0032 0622 1245 1850	0346 0932 1610 2202	1.9F 1.9E 2.0F 2.0E

May

Day	Slack h m	Maximum h m	knots	Day	Slack h m	Maximum h m	knots
1 M	0126 0727 1335 1930	0440 1027 1658 2249	2.1F 1.9E 2.0F 2.1E	16 Tu	0255 0913 1502 2026	0534 1139 1739 2347	2.2F 1.7E 2.0F 2.3E
2 Tu	0215 0830 1422 2010	0532 1120 1744 2336	2.2F 1.8E 2.0F 2.2E	17 W	0337 1003 1547 2100	0621 1224 1824	2.3F 1.7E 2.0F
3 W ●	0303 0930 1507 2050	0622 1211 1830	2.3F 1.8E 2.0F	18 Th O	0417 1049 1628 2134	0027 0706 1307 1907	2.3E 2.3F 1.6E 1.9F
4 Th	0351 1027 1551 2131	0022 0713 1302 1917	2.3E 2.4F 1.7E 1.9F	19 F	0454 1130 1705 2208	0106 0750 1347 1950	2.3E 2.3F 1.6E 1.8F
5 F	0439 1124 1635 2215	0108 0803 1353 2004	2.4E 2.4F 1.7E 1.9F	20 Sa	0528 1209 1737 2243	0143 0832 1427 2032	2.2E 2.3F 1.5E 1.8F
6 Sa	0529 1220 1722 2303	0156 0855 1444 2054	2.4E 2.4F 1.6E 1.8F	21 Su	0600 1245 1803 2320	0221 0915 1506 2115	2.2E 2.3F 1.5E 1.7F
7 Su	0622 1317 1816 2355	0246 0947 1537 2148	2.4E 2.4F 1.5E 1.8F	22 M	0631 1320 1831	0259 0958 1546 2200	2.2E 2.2F 1.5E 1.6F
8 M	0719 1414 1923	0339 1041 1633 2245	2.3E 2.3F 1.5E 1.7F	23 Tu	0001 0704 1355 1909	0339 1042 1628 2247	2.1E 2.2F 1.5E 1.6F
9 Tu	0053 0820 1510 2046	0436 1136 1732 2345	2.2E 2.2F 1.5E 1.7F	24 W	0046 0740 1431 1956	0422 1127 1712 2337	2.0E 2.1F 1.5E 1.6F
10 W ☽	0159 0924 1605 2210	0538 1232 1833	2.1E 2.2F 1.6E	25 Th	0137 0820 1510 2053	0509 1214 1800	2.0E 2.1F 1.6E
11 Th	0314 1029 1657 2322	0048 0642 1328 1935	1.8F 2.0E 2.0F 1.7E	26 F O	0235 0905 1551 2157	0030 0601 1302 1850	1.6F 1.9E 2.0F 1.7E
12 F	0437 1132 1745	0150 0747 1422 2035	1.8F 1.9E 2.1F 1.8E	27 Sa	0338 0955 1633 2301	0126 0657 1352 1942	1.7F 1.8E 2.0F 1.9E
13 Sa	0024 0559 1230 1829	0252 0851 1515 2130	1.9F 1.8E 2.1F 2.0E	28 Su	0447 1047 1716	0222 0756 1441 2034	1.8F 1.8E 2.0F 2.0E
14 Su	0119 0713 1324 1911	0350 0952 1605 2219	2.1F 1.8E 2.1F 2.1E	29 M	0003 0600 1142 1759	0318 0856 1531 2125	2.0F 1.7E 2.0F 2.2E
15 M	0209 0817 1415 1949	0444 1048 1653 2305	2.1F 1.7E 2.1F 2.2E	30 Tu	0059 0712 1237 1843	0414 0955 1620 2216	2.1F 1.7E 2.0F 2.3E
31 W	0153 0821 1332 1928	0508 1053 1710 2306	2.3F 1.6E 2.0F 2.4E				

June

Day	Slack h m	Maximum h m	knots	Day	Slack h m	Maximum h m	knots
1 Th	0245 0926 1426 2014	0601 1149 1800 2356	2.4E 1.6F 1.9F 2.5E	16 F O	0351 1030 1552 2057	0640 1238 1836	2.3F 1.5E 1.8F
2 F ●	0338 1027 1521 2102	0654 1244 1850	2.4E 1.6F 1.9F	17 Sa	0428 1110 1629 2134	0035 0723 1319 1920	2.3E 2.3F 1.5E 1.8F
3 Sa	0430 1124 1617 2153	0047 0746 1338 1942	2.5E 2.5F 1.6E 1.9F	18 Su	0502 1147 1700 2211	0114 0806 1359 2003	2.3E 2.3F 1.5E 1.7F
4 Su	0523 1219 1717 2246	0139 0838 1432 2036	2.5E 2.5F 1.5E 1.8F	19 M	0533 1220 1729 2250	0152 0848 1438 2047	2.2E 2.3F 1.5E 1.7F
5 M	0617 1312 1825 2344	0232 0930 1526 2132	2.4E 2.4F 1.6E 1.8F	20 Tu	0602 1251 1800 2332	0230 0930 1517 2131	2.2E 2.2F 1.5E 1.6F
6 Tu	0712 1402 1941	0327 1023 1622 2230	2.3E 2.4F 1.6E 1.8F	21 W	0630 1321 1840	0309 1012 1558 2218	2.1E 2.2F 1.5E 1.6F
7 W	0046 0807 1450 2056	0423 1115 1719 2330	2.2E 2.3F 1.7E 1.8F	22 Th	0018 0702 1353 1929	0350 1055 1640 2307	2.0E 2.1F 1.6E 1.6F
8 Th ☽	0156 0904 1536 2205	0522 1208 1817	2.0E 2.2F 1.8E	23 F	0109 0738 1427 2024	0434 1139 1725	2.0E 2.1F 1.7E
9 F	0313 1000 1620 2308	0031 0623 1300 1913	1.8F 1.9E 2.2F 1.9E	24 Sa O	0207 0818 1505 2126	0000 0524 1225 1814	1.7F 1.9E 2.0F 1.9E
10 Sa	0435 1056 1703	0132 0725 1351 2008	1.9F 1.7E 2.1F 2.0E	25 Su	0312 0903 1545 2230	0056 0620 1313 1904	1.7F 1.8E 2.0F 2.0E
11 Su	0005 0554 1151 1744	0231 0826 1442 2059	2.0F 1.6E 2.1F 2.1E	26 M	0424 0954 1629 2333	0153 0721 1402 1957	1.9F 1.7E 2.0F 2.2E
12 M	0057 0704 1245 1824	0327 0924 1531 2147	2.1F 1.6E 2.0F 2.2E	27 Tu	0541 1048 1715	0251 0823 1454 2052	2.0F 1.6E 1.9F 2.3E
13 Tu	0145 0805 1336 1904	0420 1019 1619 2231	2.2F 1.5E 2.0F 2.3E	28 W	0034 0659 1147 1804	0348 0927 1546 2146	2.2F 1.5E 1.9F 2.4E
14 W	0229 0858 1424 1942	0509 1109 1706 2314	2.2F 1.5E 1.9F 2.3E	29 Th	0133 0813 1250 1855	0445 1028 1640 2241	2.3F 1.5E 1.9F 2.5E
15 Th	0311 0946 1510 2020	0555 1155 1751 2355	2.3F 1.5E 1.9F 2.3E	30 F	0231 0920 1355 1948	0541 1128 1734 2336	2.4F 1.5E 1.9F 2.5E

Time meridian 75° W. 0000 is midnight. 1200 is noon.

Chesapeake and Delaware Canal (Chesapeake City), 2000

F—Flood, Dir. 110° True   E—Ebb, Dir. 290° True

July

Day	Slack (h m)	Maximum (h m)	knots
1 Sa ●	0327 1019 1502 2043	0635 1226 1829	2.4F 1.5E 1.9F
2 Su	0421 1114 1610 2140	0031 0728 1322 1924	2.5E 2.5F 1.5E 1.9F
3 M	0515 1204 1719 2239	0125 0820 1417 2020	2.5E 2.5F 1.6E 1.9F
4 Tu	0607 1251 1829 2340	0219 0911 1511 2117	2.4E 2.4F 1.7E 1.9F
5 W	0658 1334 1937	0314 1001 1605 2214	2.3E 2.4F 1.8E 1.9F
6 Th	0045 0747 1416 2042	0408 1051 1658 2312	2.1E 2.3F 1.8E 1.9F
7 F	0154 0836 1457 2144	0504 1140 1751	1.9E 2.2F 1.9E
8 Sa ◐	0308 0926 1536 2243	0010 0600 1229 1842	1.9F 1.8E 2.1F 2.0E
9 Su	0424 1016 1617 2337	0108 0657 1318 1933	1.9F 1.6E 2.1F 2.1E
10 M	0537 1108 1658	0204 0754 1407 2022	2.0F 1.5E 2.0F 2.2E
11 Tu	0027 0643 1201 1739	0258 0850 1457 2110	2.1F 1.4E 1.9F 2.3E
12 W	0115 0741 1254 1822	0350 0944 1545 2157	2.1F 1.4E 1.9F 2.2E
13 Th	0200 0833 1344 1904	0439 1035 1634 2242	2.2F 1.4E 1.9F 2.3E
14 F	0243 0920 1432 1946	0526 1122 1721 2325	2.2F 1.4E 1.9F 2.3E
15 Sa	0324 1002 1515 2027	0612 1207 1807	2.3F 1.4E 1.8F
16 Su ○	0402 1041 1554 2108	0007 0656 1249 1852	2.3E 2.3F 1.4E 1.8F
17 M	0436 1116 1629 2148	0048 0739 1330 1937	2.2E 2.3F 1.5E 1.8F
18 Tu	0507 1146 1701 2228	0127 0820 1409 2021	2.2E 2.2F 1.5E 1.7F
19 W	0533 1213 1736 2311	0205 0901 1448 2106	2.2E 2.2F 1.6E 1.7F
20 Th	0559 1240 1816 2358	0243 0942 1527 2152	2.1E 2.2F 1.7E 1.7F
21 F	0627 1309 1903	0322 1022 1607 2241	2.0E 2.1F 1.8E 1.7F
22 Sa	0050 0700 1342 1956	0405 1104 1650 2333	1.9E 2.1F 1.9E 1.8F
23 Su	0148 0738 1420 2055	0454 1148 1737	1.8E 2.0F 2.0E
24 M ◐	0254 0822 1502 2159	0028 0549 1236 1829	1.8F 1.7E 2.0F 2.1E
25 Tu	0407 0911 1548 2306	0126 0651 1327 1924	1.9F 1.5E 1.9F 2.2E
26 W	0527 1007 1639	0226 0757 1422 2023	2.1F 1.4E 1.9F 2.3E
27 Th	0013 0649 1112 1735	0325 0903 1519 2122	2.2F 1.4E 1.9F 2.4E
28 F	0118 0803 1224 1833	0424 1008 1617 2222	2.3F 1.4E 1.9F 2.5E
29 Sa	0219 0906 1343 1934	0521 1110 1715 2321	2.4F 1.4E 1.9F 2.5E
30 Su ●	0316 1001 1500 2035	0615 1210 1813	2.4F 1.5E 2.0F
31 M	0410 1050 1611 2137	0017 0708 1306 1909	2.5E 2.4F 1.6E 2.0F

August

Day	Slack (h m)	Maximum (h m)	knots
1 Tu	0502 1135 1717 2239	0113 0758 1359 2005	2.4E 2.4F 1.8E 2.0F
2 W	0551 1217 1819 2340	0206 0847 1451 2100	2.3E 2.4F 1.9E 2.0F
3 Th	0637 1256 1918	0258 0935 1540 2155	2.2E 2.3F 1.9E 2.0F
4 F	0043 0722 1333 2016	0349 1021 1629 2250	2.1E 2.2F 2.0E 2.0F
5 Sa	0148 0805 1410 2112	0440 1108 1717 2344	1.8E 2.2F 2.0E 2.0F
6 Su ◐	0254 0848 1448 2207	0532 1155 1804	1.7E 2.1F 2.1E
7 M	0402 0933 1528 2300	0038 0625 1243 1853	2.0F 1.5E 2.0F 2.1E
8 Tu	0508 1022 1610 2350	0132 0719 1332 1942	2.0F 1.4E 1.9F 2.1E
9 W	0610 1115 1656	0225 0813 1423 2032	2.0F 1.3E 1.9F 2.2E
10 Th	0039 0707 1211 1743	0317 0907 1513 2121	2.1F 1.3E 1.8F 2.2E
11 F	0127 0758 1305 1831	0407 0959 1603 2209	2.1F 1.3E 1.8F 2.2E
12 Sa	0212 0843 1356 1918	0455 1048 1652 2255	2.2F 1.4E 1.9F 2.2E
13 Su	0254 0924 1442 2004	0542 1135 1740 2340	2.2F 1.5E 1.9F 2.2E
14 M	0333 1001 1525 2048	0626 1218 1827	2.2F 1.5E 1.9F
15 Tu ○	0407 1033 1603 2131	0022 0709 1259 1912	2.2E 2.2F 1.6E 1.9F
16 W	0437 1101 1638 2214	0102 0750 1338 1957	2.2E 2.2F 1.7E 1.8F
17 Th	0502 1127 1715 2259	0141 0830 1416 2042	2.1E 2.2F 1.8E 1.8F
18 F	0527 1154 1754 2347	0220 0909 1454 2128	2.0E 2.1F 1.9E 1.9F
19 Sa	0554 1224 1839	0300 0949 1534 2217	1.9E 2.1F 2.0E 1.9F
20 Su	0040 0627 1258 1930	0343 1030 1616 2309	1.8E 2.0F 2.1E 1.9F
21 M ◐	0138 0704 1338 2028	0432 1115 1704	1.7E 1.9F 2.1E
22 Tu	0244 0748 1423 2134	0004 0527 1204 1758	2.0F 1.5E 1.9F 2.2E
23 W	0358 0839 1515 2245	0103 0630 1259 1857	2.0F 1.4E 1.8F 2.3E
24 Th	0519 0941 1613 2357	0203 0737 1359 2000	2.1F 1.3E 1.8F 2.3E
25 F	0638 1056 1716	0304 0845 1500 2104	2.2F 1.3E 1.8F 2.4E
26 Sa	0104 0746 1226 1822	0403 0952 1601 2207	2.2F 1.4E 1.9F 2.4E
27 Su	0206 0843 1354 1930	0500 1055 1701 2307	2.3F 1.5E 2.0F 2.4E
28 M	0302 0932 1506 2036	0554 1153 1759	2.4F 1.7E 2.1F
29 Tu ●	0354 1016 1608 2140	0005 0645 1247 1855	2.4E 2.4F 1.8E 2.1F
30 W	0443 1056 1706 2241	0059 0733 1337 1949	2.3E 2.4F 2.0E 2.2F
31 Th	0528 1134 1800 2340	0150 0820 1424 2042	2.2E 2.3F 2.0E 2.2F

September

Day	Slack (h m)	Maximum (h m)	knots
1 F	0611 1210 1852	0239 0905 1509 2133	2.1E 2.2F 2.1E 2.1F
2 Sa	0038 0652 1244 1943	0327 0949 1554 2224	1.9E 2.2F 2.1E 2.1F
3 Su	0136 0730 1320 2033	0414 1034 1638 2314	1.7E 2.1F 2.1E 2.1F
4 M	0233 0808 1357 2124	0502 1120 1723	1.6E 2.0F 2.1E
5 Tu ◐	0332 0847 1438 2215	0005 0551 1208 1811	2.0F 1.4E 1.9F 2.1E
6 W	0431 0933 1523 2307	0057 0642 1258 1900	2.0F 1.3E 1.8F 2.1E
7 Th	0529 1028 1613 2358	0149 0735 1349 1952	2.0F 1.3E 1.8F 2.1E
8 F	0623 1129 1706	0241 0829 1441 2044	2.0F 1.3E 1.8F 2.1E
9 Sa	0047 0712 1229 1800	0332 0922 1533 2135	2.1F 1.4E 1.8F 2.1E
10 Su	0134 0756 1325 1852	0421 1013 1624 2224	2.1F 1.5E 1.9F 2.1E
11 M	0217 0836 1414 1943	0508 1101 1714 2310	2.1F 1.6E 1.9F 2.1E
12 Tu	0256 0910 1459 2032	0553 1145 1802 2355	2.2F 1.7E 1.9F 2.1E
13 W ○	0331 0941 1539 2119	0636 1226 1848	2.2F 1.8E 2.0F
14 Th	0401 1009 1617 2206	0037 0717 1306 1934	2.1E 2.2F 1.9E 2.0F
15 F	0428 1037 1654 2253	0118 0757 1344 2020	2.0E 2.1F 2.0E 2.0F
16 Sa	0454 1107 1735 2343	0159 0837 1423 2107	1.9E 2.0F 2.1E 2.0F
17 Su	0523 1141 1820	0241 0917 1503 2156	1.8E 2.0F 2.2E 2.0F
18 M	0037 0557 1219 1911	0326 1000 1547 2248	1.7E 1.9F 2.2E 2.1F
19 Tu	0136 0637 1302 2009	0416 1047 1637 2344	1.6E 1.8F 2.2E 2.1F
20 W ◐	0241 0724 1352 2116	0513 1140 1733	1.4E 1.8F 2.2E
21 Th	0355 0821 1450 2230	0042 0616 1240 1836	2.1F 1.3E 1.7F 2.2E
22 F	0512 0936 1555 2342	0143 0724 1343 1943	2.1F 1.3E 1.8F 2.2E
23 Sa	0622 1115 1707	0243 0832 1446 2050	2.1F 1.4E 1.8F 2.2E
24 Su	0049 0721 1251 1822	0342 0938 1549 2154	2.2F 1.5E 1.9F 2.2E
25 M	0148 0810 1403 1934	0437 1039 1649 2254	2.3F 1.7E 2.0F 2.2E
26 Tu	0242 0855 1503 2042	0529 1134 1746 2351	2.3F 1.9E 2.1F 2.3E
27 W ●	0332 0935 1558 2145	0618 1224 1840	2.3F 2.0E 2.2F
28 Th	0418 1013 1649 2243	0043 0704 1310 1931	2.1E 2.3F 2.1E 2.2F
29 F	0502 1048 1736 2337	0132 0749 1354 2021	2.0E 2.2F 2.2E 2.3F
30 Sa	0542 1122 1822	0218 0833 1436 2108	1.9E 2.1F 2.2E 2.2F

Time meridian 75° W. 0000 is midnight. 1200 is noon.

Chesapeake and Delaware Canal (Chesapeake City), 2000

F–Flood, Dir. 110° True   E–Ebb, Dir. 290° True

October

Day	Slack h m	Maximum h m	knots	Day	Slack h m	Maximum h m	knots
1 Su	0029 0620 1155 1906	0302 0916 1517 2156	1.8E 2.0F 2.2E 2.2F	16 M	0456 1104 1806	0225 0848 1438 2137	1.7E 1.9F 2.3E 2.2F
2 M	0118 0654 1230 1951	0346 1000 1559 2243	1.6E 1.9F 2.2E 2.1F	17 Tu	0040 0534 1147 1859	0313 0934 1525 2230	1.6E 1.8F 2.3E 2.2F
3 Tu	0208 0726 1308 2036	0430 1046 1642 2332	1.5E 1.8F 2.1E 2.1F	18 W	0139 0618 1236 1958	0405 1026 1618 2326	1.4E 1.8F 2.3E 2.1F
4 W	0258 0801 1351 2124	0516 1133 1728	1.4E 1.8F 2.1E	19 Th	0243 0713 1331 2105	0503 1123 1717	1.3E 1.7F 2.2E
5 Th ☾	0349 0845 1438 2215	0021 0605 1223 1818	2.0F 1.3E 1.7F 2.0E	20 F ○	0352 1435 2216	0024 0607 1225 1821	2.1F 1.3E 1.7F 2.2E
6 F	0441 0943 1531 2307	0112 0657 1316 1910	2.0F 1.3E 1.7F 2.0E	21 Sa	0457 1009 1548 2324	0123 0713 1330 1928	2.1F 1.4E 1.8F 2.1E
7 Sa	0531 1050 1628 2358	0204 0751 1409 2004	2.0F 1.4E 1.7F 2.0E	22 Su	0556 1147 1708	0221 0820 1434 2035	2.1F 1.5E 1.8F 2.1E
8 Su	0618 1157 1727	0255 0845 1503 2058	2.0F 1.5E 1.8F 2.0E	23 M	0027 0647 1259 1828	0317 0923 1536 2139	2.2F 1.7E 2.0F 2.0E
9 M	0046 0701 1255 1826	0344 0936 1556 2149	2.1F 1.6E 1.9F 2.0E	24 Tu	0124 0732 1359 1942	0411 1020 1635 2239	2.2F 1.9E 2.1F 2.0E
10 Tu	0130 0739 1346 1922	0431 1024 1647 2239	2.1F 1.7E 1.9F 2.0E	25 W	0216 0814 1453 2047	0501 1112 1730 2334	2.2F 2.1E 2.2F 2.0E
11 W	0210 0814 1432 2017	0516 1109 1736 2326	2.1F 1.9E 2.0F 2.0E	26 Th	0305 0853 1542 2146	0548 1158 1822	2.2F 2.2E 2.3F
12 Th	0246 0846 1514 2109	0600 1152 1824	2.1F 2.0E 2.1F	27 F ●	0350 0929 1628 2239	0024 0634 1242 1911	1.9E 2.2F 2.3E 2.3F
13 F ○	0319 0918 1555 2200	0011 0642 1233 1912	1.9E 2.1F 2.1E 2.2F	28 Sa	0433 1004 1711 2328	0110 0718 1323 1957	1.8E 2.1F 2.3E 2.3F
14 Sa	0350 0951 1636 2252	0055 0723 1313 1959	1.9E 2.0F 2.2E 2.2F	29 Su	0511 1037 1752	0154 0801 1403 2043	1.7E 2.0F 2.3E 2.3F
15 Su	0422 1026 1719 2344	0140 0805 1354 2047	1.8E 2.0F 2.3E 2.2F	30 M	0014 0546 1111 1832	0236 0844 1442 2127	1.6E 1.9F 2.2E 2.2F
				31 Tu	0058 0616 1147 1910	0317 0928 1522 2213	1.5E 1.8F 2.2E 2.2F

November

Day	Slack h m	Maximum h m	knots	Day	Slack h m	Maximum h m	knots
1 W	0140 0644 1225 1950	0359 1013 1604 2259	1.4E 1.8F 2.1E 2.1F	16 Th	0140 0615 1220 1951	0356 1011 1605 2308	1.4E 1.8F 2.3E 2.2F
2 Th	0223 0719 1309 2032	0443 1100 1648 2346	1.4E 1.7F 2.1E 2.1F	17 F	0238 0726 1321 2053	0455 1110 1704	1.4E 1.7F 2.2F
3 F	0306 0804 1357 2117	0530 1150 1736	1.4E 1.7F 2.0E	18 Sa ○	0336 0902 1430 2158	0004 0557 1213 1807	2.2F 1.5E 1.7F 2.1E
4 Sa ○	0351 0902 1451 2205	0036 0620 1242 1828	2.0F 1.4E 1.6F 2.0E	19 Su	0430 1036 1549 2300	0100 0700 1317 1913	2.1F 1.6E 1.8F 2.0E
5 Su	0436 1011 1551 2254	0125 0712 1337 1922	2.0F 1.5E 1.7F 1.9E	20 M	0521 1149 1713 2359	0156 0803 1420 2018	2.1F 1.7E 1.9F 1.9E
6 M	0519 1121 1653 2343	0215 0805 1432 2017	2.0F 1.6E 1.8F 1.9E	21 Tu	0607 1251 1833	0250 0902 1521 2121	2.1F 1.9E 2.0F 1.8E
7 Tu	0601 1222 1758	0304 0857 1526 2112	2.0F 1.8E 1.9F 1.9E	22 W	0055 0651 1346 1944	0341 0956 1618 2220	2.1F 2.1E 2.1F 1.8E
8 W	0029 0640 1315 1901	0352 0946 1619 2204	2.1F 1.9E 2.0F 1.9E	23 Th	0146 0733 1436 2045	0431 1045 1712 2313	2.1F 2.2F 2.2F 1.7E
9 Th	0113 0718 1403 2002	0438 1032 1710 2255	2.1F 2.1E 2.1F 1.8E	24 F	0235 0812 1522 2139	0518 1130 1801	2.1F 2.3E 2.3F
10 F	0155 0755 1449 2100	0523 1117 1800 2345	2.1F 2.2E 2.2F 1.8E	25 Sa ●	0320 0849 1605 2228	0002 0604 1213 1848	1.7E 2.1F 2.3E 2.3F
11 Sa	0235 0833 1534 2156	0608 1202 1850	2.0F 2.3E 2.3F	26 Su	0402 0925 1646 2313	0047 0648 1253 1933	1.6E 2.0F 2.3E 2.3F
12 Su	0313 0912 1620 2252	0033 0652 1246 1939	1.7E 2.0F 2.4E 2.3F	27 M	0440 1000 1725 2355	0129 0731 1333 2017	1.6E 1.9F 2.3E 2.3F
13 M	0352 0953 1708 2347	0122 0737 1331 2029	1.6E 1.9F 2.4E 2.3F	28 Tu	0513 1035 1802	0209 0814 1411 2100	1.5E 1.9F 2.3E 2.3F
14 Tu	0434 1038 1758	0211 0825 1419 2120	1.6E 1.9F 2.4E 2.3F	29 W	0034 0540 1112 1836	0249 0858 1450 2143	1.5E 1.8F 2.2E 2.2F
15 W	0043 0520 1126 1853	0302 0915 1510 2213	1.5E 1.8F 2.4E 2.3F	30 Th	0111 0608 1151 1910	0329 0942 1530 2227	1.4E 1.7F 2.2E 2.1F

December

Day	Slack h m	Maximum h m	knots	Day	Slack h m	Maximum h m	knots
1 F	0147 0644 1234 1945	0411 1028 1612 2313	1.4E 1.7F 2.1E 2.1F	16 Sa	0217 0752 1319 2037	0442 1057 1652 2341	1.6E 1.8F 2.1E 2.2F
2 Sa	0223 0730 1322 2022	0455 1117 1657 2359	1.5E 1.7F 2.0E 2.0F	17 Su ○	0306 0915 1431 2134	0541 1158 1752	1.7E 1.8F 2.0E
3 Su ☾	0300 0826 1416 2102	0542 1209 1746	1.5E 1.6F 2.0E	18 M	0353 1028 1551 2230	0034 0640 1300 1854	2.1F 1.8E 1.9F 1.8E
4 M	0340 0930 1516 2146	0046 0632 1304 1839	2.1F 1.6E 1.7F 1.9E	19 Tu	0439 1133 1713 2327	0127 0738 1401 1956	2.1F 1.9E 1.9F 1.7E
5 Tu	0421 1038 1621 2234	0134 0723 1359 1935	2.0F 1.8E 1.8F 1.8E	20 W	0525 1231 1829	0219 0834 1500 2057	2.1F 2.0E 2.0F 1.6E
6 W	0502 1142 1729 2323	0223 0815 1455 2033	2.0F 1.9E 1.9F 1.7E	21 Th	0022 0609 1324 1935	0310 0927 1556 2155	2.1F 2.1E 2.1F 1.6E
7 Th	0545 1240 1839	0311 0906 1550 2129	2.0F 2.1E 2.0F 1.7E	22 F	0114 0653 1413 2033	0359 1015 1648 2248	2.0F 2.2E 2.2F 1.5E
8 F	0013 0627 1334 1946	0400 0956 1644 2225	2.0F 2.2E 2.2F 1.7E	23 Sa	0204 0735 1459 2124	0448 1101 1737 2336	2.0F 2.3E 2.2F 1.5E
9 Sa	0103 0711 1426 2050	0448 1045 1737 2319	2.0F 2.3E 2.3F 1.6E	24 Su	0250 0815 1542 2210	0534 1144 1823	2.0F 2.3E 2.3F
10 Su	0152 0756 1517 2151	0536 1134 1829	2.0F 2.4E 2.3F	25 M ●	0332 0854 1622 2252	0020 0620 1226 1907	1.5E 2.0F 2.3E 2.3F
11 M	0241 0842 1608 2248	0012 0625 1224 1920	1.6E 2.0F 2.5E 2.3F	26 Tu	0410 0931 1700 2330	0102 0704 1306 1950	1.5E 1.9F 2.3E 2.2F
12 Tu	0330 0931 1700 2343	0105 0715 1314 2012	1.6E 2.0F 2.5E 2.4F	27 W	0442 1008 1735	0142 0747 1345 2033	1.5E 1.9F 2.2E 2.2F
13 W	0423 1022 1753	0157 0807 1406 2104	1.5E 1.9F 2.5E 2.4F	28 Th	0005 0510 1046 1807	0221 0831 1423 2115	1.5E 1.8F 2.2E 2.2F
14 Th	0036 0521 1116 1847	0251 0901 1459 2156	1.5E 1.9F 2.4E 2.3F	29 F	0036 0540 1126 1836	0300 0914 1501 2157	1.5E 1.8F 2.2E 2.1F
15 F	0127 0630 1215 1941	0345 0957 1554 2248	1.5E 1.9F 2.3E 2.3F	30 Sa	0106 0616 1208 1904	0339 0959 1541 2239	1.5E 1.7F 2.1E 2.1F
				31 Su	0137 0700 1255 1934	0420 1047 1623 2322	1.6E 1.7F 2.0E 2.0F

Time meridian 75° W. 0000 is midnight. 1200 is noon.

Charleston Harbor (off Ft. Sumter), South Carolina, 2000

F–Flood, Dir. 313° True   E–Ebb, Dir. 127° True

January

Day	Slack h m	Maximum h m	knots	Day	Slack h m	Maximum h m	knots
1 Sa	0431 / 1041 / 1622 / 2300	0025 / 0741 / 1234 / 1955	1.2F / 2.0E / 1.2F / 1.7E	16 Su	0334 / 1001 / 1546 / 2215	0658 / 1218 / 1918	2.2E / 1.5F / 2.2E
2 Su	0522 / 1132 / 1710 / 2346	0115 / 0832 / 1325 / 2043	1.3F / 2.1E / 1.2F / 1.8E	17 M	0442 / 1106 / 1653 / 2316	0048 / 0802 / 1316 / 2020	1.9F / 2.5E / 1.6F / 2.4E
3 M	0609 / 1219 / 1758	0205 / 0919 / 1415 / 2127	1.4F / 2.2E / 1.3F / 1.9E	18 Tu	0548 / 1207 / 1759	0147 / 0902 / 1416 / 2119	2.0F / 2.8E / 1.6F / 2.6E
4 Tu	0030 / 0654 / 1305 / 1843	0253 / 1003 / 1504 / 2209	1.5F / 2.3E / 1.4F / 1.9E	19 W	0014 / 0648 / 1305 / 1900	0246 / 0958 / 1514 / 2215	2.1F / 3.0E / 1.7F / 2.9E
5 W	0112 / 0737 / 1349 / 1927	0339 / 1045 / 1551 / 2248	1.6F / 2.4E / 1.5F / 2.0E	20 Th	0111 / 0745 / 1358 / 1957 ○	0344 / 1051 / 1612 / 2308	2.2F / 3.2E / 1.8F / 3.0E
6 Th ●	0151 / 0817 / 1431 / 2009	0423 / 1126 / 1637 / 2326	1.7F / 2.5E / 1.6F / 2.0E	21 F	0205 / 0837 / 1450 / 2051	0440 / 1142 / 1706 / 2359	2.3F / 3.3E / 1.8F / 3.0E
7 F	0228 / 0856 / 1511 / 2049	0504 / 1205 / 1722	1.7F / 2.5E / 1.6F	22 Sa	0257 / 0927 / 1540 / 2143	0532 / 1231 / 1758	2.3F / 3.2E / 1.8F
8 Sa	0303 / 0934 / 1549 / 2128	0002 / 0545 / 1243 / 1805	2.0E / 1.7F / 2.4E / 1.6F	23 Su	0348 / 1014 / 1628 / 2234	0049 / 0620 / 1319 / 1848	3.0E / 2.2F / 3.0E / 1.8F
9 Su	0338 / 1010 / 1627 / 2208	0039 / 0626 / 1321 / 1849	2.0E / 1.7F / 2.4E / 1.5F	24 M	0440 / 1100 / 1717 / 2324	0139 / 0707 / 1407 / 1936	2.8E / 2.0F / 2.7E / 1.7F
10 M	0415 / 1047 / 1705 / 2249	0117 / 0708 / 1400 / 1933	2.0E / 1.7F / 2.3E / 1.5F	25 Tu	0532 / 1144 / 1806	0230 / 0753 / 1455 / 2023	2.5E / 1.8F / 2.4E / 1.5F
11 Tu	0457 / 1124 / 1746 / 2334	0159 / 0752 / 1441 / 2019	1.9E / 1.6F / 2.2E / 1.5F	26 W	0014 / 0625 / 1227 / 1856	0322 / 0840 / 1543 / 2111	2.3E / 1.6F / 2.1E / 1.4F
12 W	0546 / 1204 / 1830	0247 / 0839 / 1525 / 2108	1.9E / 1.6F / 2.1E / 1.5F	27 Th	0106 / 0719 / 1310 / 1946	0416 / 0928 / 1633 / 2200	2.0E / 1.4F / 1.8E / 1.3F
13 Th	0025 / 0642 / 1249 / 1920	0341 / 0930 / 1615 / 2200	1.9E / 1.6F / 2.1E / 1.6F	28 F ○	0158 / 0815 / 1353 / 2038	0512 / 1016 / 1726 / 2251	1.9E / 1.3F / 1.6E / 1.2F
14 F ○	0122 / 0745 / 1341 / 2015	0443 / 1024 / 1712 / 2254	1.9E / 1.5F / 2.1E / 1.7F	29 Sa	0252 / 0910 / 1440 / 2131	0608 / 1107 / 1820 / 2342	1.8E / 1.2F / 1.5E / 1.2F
15 Sa	0226 / 0853 / 1440 / 2114	0551 / 1120 / 1814 / 2350	2.0E / 1.5F / 2.1E / 1.8F	30 Su	0347 / 1005 / 1531 / 2223	0704 / 1158 / 1915	1.8E / 1.2F / 1.5E
				31 M	0442 / 1059 / 1627 / 2314	0036 / 0758 / 1251 / 2008	1.2F / 1.9E / 1.2F / 1.5E

February

Day	Slack h m	Maximum h m	knots	Day	Slack h m	Maximum h m	knots
1 Tu	0536 / 1150 / 1723	0130 / 0848 / 1344 / 2057	1.3F / 2.0E / 1.2F / 1.7E	16 W	0532 / 1151 / 1747	0127 / 0845 / 1356 / 2104	1.8F / 2.7E / 1.5F / 2.5E
2 W	0003 / 0625 / 1238 / 1816	0224 / 0935 / 1436 / 2142	1.4F / 2.2E / 1.3F / 1.8E	17 Th	0002 / 0634 / 1248 / 1849	0229 / 0941 / 1458 / 2200	1.9F / 2.9E / 1.6F / 2.8E
3 Th	0048 / 0711 / 1324 / 1904	0315 / 1019 / 1527 / 2224	1.5F / 2.3E / 1.4F / 2.0E	18 F	0059 / 0729 / 1340 / 1945	0330 / 1034 / 1557 / 2253	2.0F / 3.1E / 1.7F / 3.0E
4 F	0130 / 0753 / 1406 / 1949	0401 / 1100 / 1614 / 2304	1.6F / 2.5E / 1.5F / 2.1E	19 Sa ○	0152 / 0820 / 1429 / 2037	0425 / 1123 / 1651 / 2342	2.1F / 3.1E / 1.8F / 3.0E
5 Sa ●	0208 / 0832 / 1445 / 2031	0443 / 1139 / 1659 / 2343	1.7F / 2.5E / 1.6F / 2.2E	20 Su	0243 / 0906 / 1515 / 2125	0513 / 1209 / 1738	2.1F / 3.1E / 1.9F
6 Su	0245 / 0910 / 1522 / 2111	0523 / 1217 / 1742	1.8F / 2.6E / 1.7F	21 M	0331 / 0949 / 1600 / 2210	0030 / 0557 / 1254 / 1822	3.0E / 2.1F / 2.9E / 1.8F
7 M	0321 / 0946 / 1558 / 2151	0022 / 0603 / 1255 / 1824	2.3E / 1.8F / 2.5E / 1.7F	22 Tu	0418 / 1029 / 1643 / 2255	0117 / 0639 / 1337 / 1905	2.8E / 1.9F / 2.6E / 1.7F
8 Tu	0359 / 1023 / 1634 / 2232	0101 / 0644 / 1333 / 1907	2.3E / 1.8F / 2.5E / 1.7F	23 W	0505 / 1108 / 1726 / 2339	0203 / 0722 / 1420 / 1948	2.6E / 1.8F / 2.3E / 1.6F
9 W	0441 / 1100 / 1713 / 2316	0144 / 0728 / 1413 / 1952	2.3E / 1.8F / 2.4E / 1.8F	24 Th	0552 / 1145 / 1811	0250 / 0806 / 1503 / 2033	2.3E / 1.6F / 2.0E / 1.5F
10 Th	0529 / 1139 / 1757	0231 / 0815 / 1457 / 2040	2.2E / 1.7F / 2.3E / 1.7F	25 F	0024 / 0642 / 1222 / 1858	0339 / 0852 / 1546 / 2120	2.1E / 1.5F / 1.7E / 1.3F
11 F	0006 / 0621 / 1224 / 1847	0324 / 0905 / 1543 / 2132	2.2E / 1.7F / 2.2E / 1.7F	26 Sa ○	0111 / 0735 / 1303 / 1949	0431 / 0941 / 1633 / 2210	1.8E / 1.3F / 1.4E / 1.2F
12 Sa ○	0102 / 0726 / 1316 / 1944	0424 / 0958 / 1644 / 2227	2.1F / 1.6F / 2.1E / 1.7F	27 Su	0202 / 0830 / 1349 / 2045	0526 / 1031 / 1727 / 2303	1.7E / 1.2F / 1.3E / 1.1F
13 Su	0206 / 0834 / 1417 / 2048	0530 / 1055 / 1749 / 2325	2.2E / 1.5F / 2.1E / 1.7F	28 M	0258 / 0927 / 1444 / 2144	0624 / 1124 / 1828 / 2358	1.6E / 1.2F / 1.3E / 1.1F
14 M	0315 / 0943 / 1526 / 2155	0638 / 1154 / 1857	2.2E / 1.4F / 2.1E	29 Tu	0358 / 1023 / 1545 / 2241	0720 / 1218 / 1928	1.7E / 1.1F / 1.3E
15 Tu	0025 / 0425 / 1049 / 1638 / 2300	0025 / 0743 / 1255 / 2003	1.8F / 2.4E / 1.4F / 2.3E				

March

Day	Slack h m	Maximum h m	knots	Day	Slack h m	Maximum h m	knots
1 W	0456 / 1117 / 1648 / 2333	0055 / 0814 / 1313 / 2023	1.1F / 1.8E / 1.2F / 1.5E	16 Th	0516 / 1134 / 1737 / 2351	0109 / 0826 / 1340 / 2050	1.6F / 2.5E / 1.4F / 2.5E
2 Th	0550 / 1208 / 1747	0152 / 0903 / 1408 / 2113	1.2F / 2.0E / 1.3F / 1.7E	17 F	0616 / 1229 / 1837	0213 / 0922 / 1443 / 2145	1.7F / 2.7E / 1.5F / 2.7E
3 F	0022 / 0639 / 1254 / 1839	0245 / 0949 / 1500 / 2158	1.4F / 2.2E / 1.4F / 2.0E	18 Sa	0047 / 0710 / 1319 / 1931	0313 / 1013 / 1542 / 2236	1.8F / 2.9E / 1.7F / 2.9E
4 Sa	0105 / 0723 / 1336 / 1926	0333 / 1031 / 1548 / 2240	1.6F / 2.4E / 1.6F / 2.2E	19 Su ○	0138 / 0757 / 1405 / 2019	0405 / 1101 / 1631 / 2323	1.9F / 2.9E / 1.8F / 3.0E
5 Su ●	0146 / 0804 / 1414 / 2010	0417 / 1111 / 1634 / 2321	1.7F / 2.6E / 1.7F / 2.4E	20 M	0226 / 0840 / 1448 / 2103	0448 / 1145 / 1713	1.9F / 2.8E / 1.8F
6 M	0224 / 0842 / 1451 / 2051	0458 / 1149 / 1717	1.9F / 2.7E / 1.9F	21 Tu	0311 / 0919 / 1528 / 2144	0009 / 0528 / 1226 / 1752	3.0E / 1.9F / 2.7E / 1.8F
7 Tu	0303 / 0920 / 1527 / 2133	0002 / 0539 / 1228 / 1759	2.6E / 1.9F / 2.7E / 2.0F	22 W	0354 / 0956 / 1608 / 2224	0052 / 0609 / 1306 / 1832	2.9E / 1.9F / 2.4E / 1.8F
8 W	0344 / 0958 / 1604 / 2215	0044 / 0621 / 1307 / 1842	2.6E / 2.0F / 2.6E / 2.0F	23 Th	0437 / 1030 / 1647 / 2303	0135 / 0650 / 1344 / 1913	2.6E / 1.8F / 2.1E / 1.7F
9 Th	0428 / 1037 / 1645 / 2301	0128 / 0706 / 1349 / 1927	2.6E / 1.9F / 2.5E / 2.0F	24 F	0521 / 1104 / 1726 / 2344	0218 / 0734 / 1422 / 1957	2.4E / 1.6F / 1.8E / 1.5F
10 F	0517 / 1120 / 1730 / 2351	0216 / 0753 / 1435 / 2016	2.6E / 1.8F / 2.4E / 1.9F	25 Sa	0607 / 1140 / 1809	0303 / 0820 / 1459 / 2044	2.1E / 1.5F / 1.6E / 1.4F
11 Sa	0012 / 0612 / 1207 / 1823	0309 / 0844 / 1526 / 2108	2.5E / 1.7F / 2.2E / 1.8F	26 Su	0027 / 0657 / 1221 / 1858	0351 / 0908 / 1539 / 2133	1.9E / 1.4F / 1.4E / 1.2F
12 Su	0048 / 0714 / 1303 / 1924	0408 / 0938 / 1626 / 2204	2.3E / 1.6F / 2.1E / 1.8F	27 M ○	0116 / 0751 / 1308 / 1956	0444 / 0959 / 1630 / 2227	1.7E / 1.2F / 1.2E / 1.1F
13 M	0151 / 0821 / 1407 / 2032	0513 / 1035 / 1733 / 2304	2.3E / 1.4F / 2.0E / 1.7F	28 Tu	0210 / 0848 / 1404 / 2059	0540 / 1052 / 1735 / 2322	1.6E / 1.2F / 1.2E / 1.1F
14 Tu	0300 / 0929 / 1517 / 2142	0620 / 1135 / 1842	2.3E / 1.4F / 2.1E	29 W	0310 / 0946 / 1508 / 2202	0639 / 1147 / 1843	1.6E / 1.2F / 1.3E
15 W	0006 / 0409 / 1034 / 1630 / 2249	0006 / 0725 / 1237 / 1949	1.6F / 2.4E / 1.3F / 2.2E	30 Th	0410 / 1041 / 1613 / 2258	0019 / 0734 / 1242 / 1945	1.1F / 1.7E / 1.2F / 1.5E
				31 F	0507 / 1131 / 1714 / 2349	0115 / 0826 / 1336 / 2039	1.2F / 1.9E / 1.3F / 1.7E

Time meridian 75° W. 0000 is midnight. 1200 is noon.

Charleston Harbor (off Ft. Sumter), South Carolina, 2000

F–Flood, Dir. 313° True   E–Ebb, Dir. 127° True

April

Day	Slack h m	Maximum h m	knots	Day	Slack h m	Maximum h m	knots
1 Sa	0558 1217 1809	0209 0913 1429 2128	1.3F 2.2E 1.5F 2.1E	16 Su	0643 1253 1911	0031 0950 1523 2216	1.6F 2.6E 1.6F 2.8E
2 Su	0036 0646 1300 1859	0259 0957 1518 2214	1.5F 2.4E 1.7F 2.4E	17 M	0120 0729 1337 1956	0334 1035 1604 2302	1.6F 2.6E 1.7F 2.9E
3 M	0119 0729 1339 1945	0345 1039 1604 2258	1.7F 2.6E 1.9F 2.7E	18 Tu ○	0205 0809 1418 2037	0416 1118 1642 2345	1.7F 2.6E 1.8F 2.9E
4 Tu ●	0202 0811 1417 2029	0430 1120 1649 2341	1.9F 2.7E 2.1F 2.9E	19 W	0248 0846 1456 2116	0457 1157 1721	1.7F 2.4E 1.8F
5 W	0244 0852 1456 2113	0514 1201 1733	2.0F 2.8E 2.2F	20 Th	0329 0921 1533 2153	0027 0538 1235 1800	2.8E 1.7F 2.2E 1.8F
6 Th	0329 0934 1537 2159	0026 0558 1244 1818	3.0E 2.0F 2.8E 2.2F	21 F	0411 0954 1610 2231	0107 0621 1310 1842	2.6E 1.7F 2.0E 1.7F
7 F	0416 1018 1621 2247	0113 0645 1328 1905	3.0E 2.0F 2.6E 2.2F	22 Sa	0453 1029 1647 2309	0148 0704 1344 1925	2.4E 1.6F 1.8E 1.5F
8 Sa	0507 1105 1711 2340	0202 0734 1417 1955	2.9E 1.8F 2.5E 2.0F	23 Su	0537 1106 1727 2350	0231 0750 1419 2011	2.2E 1.5F 1.6E 1.4F
9 Su	0603 1158 1807	0256 0826 1512 2049	2.7E 1.7F 2.3E 1.9F	24 M	0624 1148 1813	0315 0839 1457 2100	1.9E 1.4F 1.4E 1.2F
10 M	0037 0705 1257 1912	0355 0921 1614 2147	2.5E 1.5F 2.1E 1.7F	25 Tu	0036 0716 1236 1908	0404 0929 1545 2153	1.8E 1.3F 1.3E 1.1F
11 Tu ☾	0140 0810 1403 2022	0458 1020 1721 2247	2.4E 1.4F 2.0E 1.6F	26 W	0126 0811 1332 2012	0457 1022 1647 2247	1.7E 1.2F 1.2E 1.1F
12 W	0245 0915 1512 2132	0603 1120 1829 2350	2.3E 1.3F 2.1E 1.5F	27 Th	0222 0906 1434 2117	0553 1115 1757 2342	1.6E 1.2F 1.3E 1.1F
13 Th	0351 1017 1621 2237	0706 1223 1934	2.4E 1.3F 2.2F	28 F	0319 0959 1537 2217	0649 1209 1904	1.7E 1.3F 1.5E
14 F	0455 1113 1725 2337	0052 0806 1326 2033	1.5F 2.4E 1.4F 2.5E	29 Sa	0416 1048 1638 2312	0036 0742 1302 2002	1.2F 1.9E 1.4F 1.8E
15 Sa	0552 1205 1821	0153 0900 1429 2127	1.5F 2.5E 1.5F 2.7E	30 Su	0511 1135 1735	0130 0832 1354 2055	1.3E 2.1E 1.6F 2.1E

May

Day	Slack h m	Maximum h m	knots	Day	Slack h m	Maximum h m	knots
1 M	0003 0602 1219 1828	0221 0920 1444 2145	1.5F 2.4E 1.8F 2.5E	16 Tu	0057 0654 1307 1931	0259 1007 1531 2238	1.4F 2.3E 1.7F 2.8E
2 Tu	0051 0651 1302 1918	0311 1006 1533 2233	1.7F 2.6E 2.0F 2.8E	17 W	0142 0734 1347 2011	0343 1049 1611 2320	1.5F 2.3E 1.7F 2.8E
3 W ●	0138 0738 1345 2006	0400 1051 1620 2320	1.9F 2.7E 2.2F 3.1E	18 Th ○	0224 0811 1426 2049	0426 1128 1651	1.6F 2.2E 1.7F
4 Th	0225 0825 1428 2054	0448 1136 1708	2.0F 2.8E 2.3F	19 F	0305 0847 1502 2126	0001 0509 1205 1732	2.7E 1.6F 2.1E 1.7F
5 F	0313 0912 1514 2143	0008 0536 1222 1756	3.2E 2.0F 2.8E 2.3F	20 Sa	0346 0923 1538 2203	0041 0553 1240 1814	2.6E 1.6F 1.9E 1.6F
6 Sa	0404 1001 1603 2235	0057 0625 1311 1846	3.2E 1.9F 2.7E 2.3F	21 Su	0427 1000 1615 2241	0121 0637 1314 1857	2.4E 1.5F 1.7E 1.5F
7 Su	0457 1053 1657 2329	0148 0717 1403 1938	3.1E 1.8F 2.6E 2.1F	22 M	0510 1039 1654 2320	0202 0723 1349 1942	2.2E 1.4F 1.6E 1.4F
8 M	0554 1150 1757	0242 0811 1500 2034	2.9E 1.6F 2.4E 1.9F	23 Tu	0555 1123 1738	0244 0811 1429 2031	2.0E 1.3F 1.5E 1.3F
9 Tu	0026 0655 1252 1903	0340 0908 1602 2132	2.7E 1.5F 2.2E 1.7F	24 W	0002 0643 1211 1829	0328 0901 1516 2121	1.9E 1.3F 1.4E 1.2F
10 W ☾	0126 0757 1357 2012	0441 1007 1707 2232	2.5E 1.4F 2.1E 1.5F	25 Th	0048 0733 1304 1928	0416 0952 1612 2213	1.8E 1.3F 1.4E 1.2F
11 Th	0227 0858 1503 2119	0543 1108 1813 2332	2.4E 1.3F 2.1E 1.4F	26 F ☽	0136 0823 1401 2032	0507 1044 1717 2306	1.8E 1.3F 1.5E 1.2F
12 F	0328 0955 1607 2221	0643 1210 1915	2.3E 1.4F 2.3E	27 Sa	0228 0913 1501 2134	0602 1136 1823 2359	1.8E 1.4F 1.6E 1.3F
13 Sa	0426 1048 1706 2318	0029 0741 1311 2013	1.3F 2.3E 1.4F 2.4E	28 Su	0324 1002 1601 2233	0656 1227 1925	1.9E 1.5F 1.9E
14 Su	0520 1137 1800	0124 0834 1406 2105	1.3F 2.3E 1.5F 2.6E	29 M	0420 1051 1700 2330	0052 0750 1319 2023	1.4F 2.1E 1.7F 2.3E
15 M	0009 0610 1224 1847	0213 0923 1450 2153	1.4F 2.3E 1.6F 2.7E	30 Tu	0517 1139 1757	0146 0843 1411 2117	1.5F 2.3E 1.9F 2.6E
				31 W	0023 0613 1227 1852	0239 0934 1502 2209	1.7F 2.6E 2.1F 2.9E

June

Day	Slack h m	Maximum h m	knots	Day	Slack h m	Maximum h m	knots
1 Th	0115 0707 1316 1944	0331 1024 1554 2300	1.8F 2.7E 2.3F 3.2E	16 F ○	0159 0738 1358 2022	0357 1100 1624 2336	1.4F 2.0E 1.7F 2.6E
2 F ●	0207 0800 1405 2037	0423 1114 1645 2350	1.9F 2.9E 2.4F 3.3E	17 Sa	0241 0818 1437 2100	0442 1137 1706	1.5F 2.0E 1.7F
3 Sa	0258 0853 1456 2129	0515 1204 1736	1.9F 2.9E 2.4F	18 Su	0323 0857 1514 2138	0016 0527 1214 1749	2.5E 1.5F 1.9E 1.6F
4 Su	0351 0946 1549 2222	0041 0607 1256 1829	3.3E 1.9F 2.8E 2.3F	19 M	0404 0937 1550 2216	0055 0613 1250 1832	2.4E 1.5F 1.8E 1.5F
5 M	0445 1042 1646 2316	0133 0701 1350 1923	3.2E 1.8F 2.7E 2.1F	20 Tu	0445 1018 1629 2254	0134 0658 1327 1916	2.3E 1.4F 1.7E 1.5F
6 Tu	0541 1141 1747	0226 0757 1447 2019	3.0E 1.6F 2.5E 1.9F	21 W	0527 1101 1711 2332	0214 0745 1407 2002	2.1E 1.4F 1.6E 1.4F
7 W	0011 0639 1241 1851	0322 0855 1547 2116	2.8E 1.5F 2.3E 1.7F	22 Th	0609 1147 1759	0255 0833 1453 2050	2.0E 1.3F 1.6E 1.3F
8 Th ☽	0106 0738 1343 1957	0420 0955 1650 2213	2.5E 1.4F 2.2E 1.5F	23 F	0012 0653 1236 1853	0338 0921 1545 2140	2.0E 1.4F 1.6E 1.3F
9 F	0202 0834 1445 2059	0518 1054 1752 2307	2.4E 1.4F 2.2E 1.3F	24 Sa ☾	0055 0739 1330 1954	0425 1011 1645 2232	1.9E 1.4F 1.7E 1.3F
10 Sa	0257 0928 1545 2158	0616 1151 1852 2359	2.2E 1.4F 2.2E 1.2F	25 Su	0143 0827 1427 2057	0517 1102 1749 2325	1.9E 1.5F 1.8E 1.4F
11 Su	0350 1019 1640 2253	0712 1243 1948	2.1E 1.4F 2.3E	26 M	0236 0918 1527 2159	0613 1154 1852	2.0E 1.7F 2.0E
12 M	0441 1107 1732 2343	0049 0804 1330 2039	1.2F 2.1E 1.4F 2.4E	27 Tu	0335 1011 1628 2300	0019 0711 1247 1954	1.4F 2.1E 1.8F 2.3E
13 Tu	0529 1153 1819	0137 0853 1414 2127	1.2F 2.0E 1.5F 2.5E	28 W	0437 1104 1730 2358	0114 0809 1341 2052	1.5F 2.3E 2.0F 2.7E
14 W	0031 0614 1237 1902	0224 0938 1458 2212	1.3F 2.0E 1.6F 2.6E	29 Th	0539 1159 1829	0209 0906 1435 2147	1.6F 2.5E 2.2F 3.0E
15 Th	0116 0657 1318 1943	0311 1020 1541 2255	1.4F 2.0E 1.6F 2.6E	30 F	0055 0640 1253 1926	0305 1001 1530 2240	1.7F 2.7E 2.3F 3.2E

Time meridian 75° W. 0000 is midnight. 1200 is noon.

Charleston Harbor (off Ft. Sumter), South Carolina, 2000

F–Flood, Dir. 313° True E–Ebb, Dir. 127° True

	July						August						September				
	Slack	Maximum		Slack	Maximum		Slack	Maximum		Slack	Maximum		Slack	Maximum		Slack	Maximum
	h m	h m	knots	h m	h m	knots	h m	h m	knots	h m	h m	knots	h m	h m	knots	h m	h m	knots
1 Sa ●	0149 0739 1347 2020	0400 1055 1624 2332	1.8F 2.9E 2.4F 3.4E	**16** Su ○	0217 0752 1414 2036	0417 1113 1643 2350	1.4F 2.0E 1.6F 2.5E	**1** Tu	0315 0917 1523 2146	0005 0532 1224 1754	3.3E 1.8F 3.0E 2.2F	**16** W	0309 0855 1508 2124	0000 0524 1207 1743	2.5E 1.6F 2.2E 1.7F	**1** F	0424 1039 1648 2248	0116 0648 1344 1902	2.8E 1.8F 2.8E 1.7F	**16** Sa	0345 0955 1608 2208	0045 0621 1307 1842	2.5E 1.9F 2.5E 1.7F
2 Su	0242 0836 1441 2114	0455 1148 1718	1.8F 2.9E 2.4F	**17** M	0259 0835 1452 2114	0504 1151 1726	1.5F 2.0E 1.6F	**2** W	0406 1011 1618 2234	0054 0626 1316 1844	3.2E 1.8F 2.9E 2.0F	**17** Th	0345 0936 1546 2159	0037 0606 1246 1825	2.5E 1.6F 2.2E 1.7F	**2** Sa	0511 1127 1740 2329	0202 0733 1434 1948	2.5E 1.6F 2.5E 1.6F	**17** Su	0423 1039 1655 2248	0125 0705 1353 1928	2.5E 1.9F 2.4E 1.6F
3 M	0335 0933 1537 2206	0024 0550 1241 1812	3.4E 1.8F 2.9E 2.2F	**18** Tu	0339 0916 1529 2151	0029 0549 1228 1808	2.5E 1.5F 1.9E 1.6F	**3** Th	0456 1105 1713 2321	0143 0718 1409 1934	3.0E 1.7F 2.7E 1.8F	**18** F	0420 1017 1627 2234	0114 0649 1327 1908	2.4E 1.6F 2.2E 1.6F	**3** Su	0558 1215 1832	0247 0820 1525 2036	2.2E 1.5F 2.3E 1.4F	**18** M	0505 1127 1748 2333	0208 0752 1444 2018	2.3E 1.8F 2.4E 1.5F
4 Tu	0428 1029 1633 2258	0115 0645 1335 1906	3.3E 1.8F 2.8E 2.1F	**19** W	0417 0958 1607 2227	0107 0633 1307 1851	2.4E 1.5F 1.9E 1.5F	**4** F	0546 1158 1809	0233 0809 1503 2022	2.7E 1.6F 2.5E 1.6F	**19** Sa	0456 1059 1713 2311	0152 0733 1412 1953	2.3E 1.6F 2.1E 1.6F	**4** M	0010 0647 1304 1927	0334 0908 1618 2125	1.8E 1.4F 2.0E 1.2F	**19** Tu	0555 1221 1848	0256 0843 1540 2111	2.2E 1.8F 2.3E 1.4F
5 W	0522 1126 1732 2349	0207 0741 1430 2000	3.0E 1.7F 2.6F 1.8F	**20** Th	0455 1039 1648 2303	0144 0718 1347 1935	2.3E 1.5F 1.9E 1.5F	**5** Sa	0637 1251 1905	0323 0859 1558 2111	2.4E 1.5F 2.3E 1.4F	**20** Su	0536 1146 1805 2352	0233 0819 1502 2042	2.2E 1.7F 2.1E 1.5F	**5** Tu ○	0052 0739 1355 2022	0424 0958 1713 2215	1.6E 1.2F 1.9E 1.1F	**20** W	0025 0652 1320 1953	0352 0938 1642 2208	2.1E 1.8F 2.3E 1.4F
6 Th	0616 1223 1833	0300 0837 1528 2053	2.8E 1.6F 2.4E 1.6F	**21** F	0533 1123 1734 2340	0223 0803 1432 2021	2.2E 1.5F 1.8E 1.4F	**6** Su ○	0052 0729 1344 2002	0414 0949 1654 2200	2.1E 1.4F 2.1E 1.2F	**21** M	0622 1238 1903	0319 0909 1557 2134	2.2E 1.7F 2.1E 1.4F	**6** W	0138 0833 1447 2117	0517 1049 1809 2307	1.4E 1.2F 1.8E 1.1F	**21** Th	0127 0756 1425 2100	0456 1036 1747 2307	2.0E 1.7F 2.3E 1.3F
7 F	0040 0711 1321 1934	0354 0934 1626 2145	2.5E 1.5F 2.3E 1.4F	**22** Sa	0613 1210 1826	0303 0850 1522 2110	2.1E 1.5F 1.8E 1.4F	**7** M	0137 0820 1437 2057	0507 1038 1750 2250	1.8E 1.3F 2.0E 1.1F	**22** Tu ●	0040 0715 1336 2008	0412 1001 1659 2229	2.1E 1.7F 2.1E 1.4F	**7** Th	0229 0928 1541 2210	0614 1142 1904	1.4E 1.2F 1.9E	**22** F	0236 0904 1531 2204	0605 1136 1852	2.1E 1.7F 2.4E
8 Sa ◐	0130 0804 1419 2033	0449 1028 1725 2235	2.3E 1.4F 2.2E 1.3F	**23** Su	0020 0658 1301 1925	0349 0939 1618 2201	2.1E 1.6F 1.9E 1.4F	**8** Tu	0223 0912 1530 2151	0600 1127 1840 2340	1.7E 1.3F 1.9E 1.1F	**23** W	0136 0814 1439 2114	0512 1057 1804 2326	2.1E 1.8F 2.3E 1.4F	**8** F	0326 1022 1634 2302	0000 0711 1236 1956	1.1F 1.4E 1.2F 2.0E	**23** Sa	0347 1011 1635 2304	0007 0712 1236 1953	1.4F 2.2E 1.8F 2.6E
9 Su	0220 0856 1514 2130	0544 1118 1823 2325	2.0E 1.4F 2.2E 1.2F	**24** M ◐	0106 0747 1358 2028	0440 1030 1721 2254	2.0E 1.6F 2.0E 1.4F	**9** W	0311 1003 1622 2243	0654 1217 1938	1.6E 1.3F 2.0E	**24** Th	0242 0917 1545 2219	0619 1155 1909	2.1E 1.8F 2.4E	**9** Sa	0425 1113 1725 2351	0054 0805 1329 2044	1.1F 1.5E 1.3F 2.1E	**24** Su	0457 1114 1736 2359	0108 0815 1337 2050	1.4F 2.5E 1.8F 2.8E
10 M	0308 0947 1608 2223	0638 1206 1918	1.9F 1.4F 2.2E	**25** Tu	0200 0841 1459 2133	0537 1123 1825 2350	2.1E 1.8F 2.2E 1.4F	**10** Th	0403 1053 1712 2333	0031 0747 1308 2029	1.1F 1.6E 1.3F 2.1E	**25** F	0353 1022 1651 2320	0025 0726 1254 2011	1.4F 2.2E 1.9F 2.7E	**10** Su	0523 1201 1813	0147 0854 1421 2130	1.2F 1.7E 1.4F 2.3E	**25** M	0601 1213 1832	0209 0913 1435 2143	1.6F 2.7E 1.9F 3.0E
11 Tu	0357 1035 1659 2314	0014 0731 1253 2010	1.1F 1.8E 1.4F 2.2E	**26** W	0301 0939 1603 2237	0640 1218 1929	2.1E 1.9F 2.4E	**11** F	0458 1141 1800	0122 0837 1359 2116	1.2F 1.7E 1.3F 2.2E	**26** Sa	0503 1125 1754	0124 0829 1353 2109	1.5F 2.5E 2.0F 2.9E	**11** M	0037 0616 1246 1857	0238 0940 1509 2212	1.4F 1.9E 1.5F 2.4E	**26** Tu	0051 0659 1308 1923	0308 1007 1529 2233	1.7F 2.9E 1.9F 3.0E
12 W	0445 1122 1747	0103 0821 1340 2059	1.1F 1.8E 1.4F 2.3E	**27** Th	0408 1039 1708 2338	0047 0743 1315 2030	1.5F 2.3E 2.0F 2.7E	**12** Sa	0021 0551 1228 1846	0214 0924 1449 2201	1.2F 1.8E 1.4F 2.4E	**27** Su	0018 0610 1225 1852	0224 0928 1452 2203	1.6F 2.7E 2.1F 3.1E	**12** Tu	0119 0705 1328 1938	0327 1022 1553 2252	1.5F 2.1E 1.6F 2.5E	**27** W ●	0139 0751 1359 2010	0401 1058 1618 2319	1.8E 3.1E 1.9F 3.0E
13 Th	0003 0534 1208 1832	0152 0908 1427 2145	1.2F 1.8E 1.4F 2.4E	**28** F	0516 1138 1810	0144 0845 1412 2127	1.5F 2.5E 2.1F 3.0E	**13** Su	0107 0642 1312 1929	0305 1007 1535 2242	1.3F 1.9E 1.5F 2.5E	**28** M	0112 0711 1321 1945	0323 1023 1549 2254	1.7F 2.9E 2.1F 3.2E	**13** W	0159 0749 1408 2017	0413 1103 1635 2330	1.6F 2.3E 1.7F 2.6E	**28** Th	0225 0840 1448 2053	0449 1146 1703	1.9F 3.1E 1.9F
14 F	0049 0622 1252 1915	0241 0952 1514 2228	1.3F 1.9E 1.5F 2.5E	**29** Sa	0036 0622 1237 1909	0242 0943 1510 2222	1.6F 2.7E 2.2F 3.2E	**14** M	0150 0729 1353 2009	0353 1048 1620 2322	1.4F 2.0E 1.6F 2.5E	**29** Tu ●	0203 0807 1415 2035	0420 1115 1641 2343	1.8F 3.1E 2.1F 3.2E	**14** Th	0235 0832 1446 2054	0456 1144 1717	1.7F 2.4E 1.8F	**29** F	0308 0926 1535 2133	0004 0532 1232 1747	2.9E 1.9F 3.0E 1.8F
15 Sa	0134 0708 1334 1957	0330 1033 1600 2310	1.4F 1.9E 1.6F 2.5E	**30** Su ●	0131 0724 1333 2004	0340 1038 1606 2314	1.7F 2.9E 2.3F 3.3E	**15** Tu ○	0231 0813 1431 2047	0439 1128 1702	1.5F 2.1E 1.7F	**30** W	0251 0900 1507 2121	0513 1206 1730	1.9F 3.1E 2.1F	**15** F	0310 0913 1526 2131	0007 0538 1225 1758	2.6E 1.8F 2.5E 1.8F	**30** Sa	0351 1010 1621 2211	0047 0615 1318 1830	2.6E 1.8F 2.8E 1.7F
				31 M	0224 0822 1429 2056	0437 1132 1701	1.8F 3.0E 2.3E					**31** Th	0338 0950 1558 2205	0030 0601 1255 1817	3.1E 1.9F 3.0E 1.9F							

Time meridian 75° W. 0000 is midnight. 1200 is noon.

Charleston Harbor (off Ft. Sumter), South Carolina, 2000

F–Flood, Dir. 313° True E–Ebb, Dir. 127° True

October

Day	Slack h m	Maximum h m	knots	Day	Slack h m	Maximum h m	knots
1 Su	0433 1053 1708 2249	0128 0657 1404 1915	2.3E 1.7F 2.5F 1.5F	16 M	0355 1022 1641 2230	0101 0640 1336 1906	2.6E 2.1F 2.7E 1.7F
2 M	0516 1137 1758 2327	0210 0742 1452 2002	2.0E 1.5F 2.2E 1.4F	17 Tu	0442 1113 1735 2321	0148 0729 1428 1957	2.4E 2.0F 2.6E 1.6F
3 Tu	0602 1223 1850	0252 0829 1541 2051	1.7E 1.3F 2.0E 1.2F	18 W	0535 1208 1836	0240 0822 1525 2053	2.3E 1.9F 2.5E 1.4F
4 W	0008 0653 1311 1945	0337 0919 1634 2142	1.5E 1.2F 1.8E 1.1F	19 Th	0019 0636 1309 1941	0339 0919 1626 2151	2.2E 1.8F 2.4E 1.3F
5 Th ☽	0056 0749 1403 2041	0428 1012 1729 2236	1.3E 1.1F 1.7E 1.1F	20 F ○	0124 0744 1412 2046	0445 1018 1730 2252	2.1E 1.7F 2.4E 1.3F
6 F	0151 0849 1457 2135	0528 1107 1825 2330	1.3E 1.1F 1.7E 1.1F	21 Sa	0233 0854 1516 2148	0553 1119 1833 2353	2.1E 1.6F 2.4E 1.3F
7 Sa	0252 0946 1552 2228	0630 1202 1918	1.3E 1.1F 1.8E	22 Su	0343 1001 1618 2245	0659 1220 1934	2.3E 1.6F 2.5E
8 Su	0354 1041 1644 2317	0024 0729 1256 2008	1.2F 1.5E 1.2F 2.0E	23 M	0449 1103 1716 2338	0055 0801 1319 2030	1.4F 2.5E 1.6F 2.7E
9 M	0453 1130 1734	0118 0821 1347 2054	1.3F 1.7E 1.3F 2.2E	24 Tu	0549 1159 1810	0156 0857 1414 2122	1.6F 2.7E 1.7F 2.7E
10 Tu	0002 0548 1217 1820	0209 0909 1436 2137	1.4F 2.0E 1.5F 2.3E	25 W	0027 0644 1251 1858	0252 0949 1505 2210	1.7F 2.9E 1.7F 2.8E
11 W	0043 0637 1300 1903	0258 0954 1522 2218	1.6F 2.2E 1.6F 2.5E	26 Th	0113 0733 1340 1943	0341 1038 1551 2255	1.8F 3.0E 1.7F 2.7E
12 Th	0122 0723 1342 1944	0344 1037 1606 2258	1.8F 2.5E 1.7F 2.6E	27 F ●	0157 0818 1426 2023	0423 1124 1634 2337	1.8F 3.0E 1.7F 2.6E
13 F ○	0159 0807 1423 2024	0427 1120 1649 2338	1.9F 2.7E 1.8F 2.7E	28 Sa	0238 0901 1510 2101	0503 1208 1717	1.8F 2.9E 1.7F
14 Sa	0236 0851 1506 2104	0510 1204 1733	2.0F 2.8E 1.8F	29 Su	0318 0941 1554 2136	0017 0543 1251 1800	2.4E 1.8F 2.7E 1.6F
15 Su	0314 0935 1551 2145	0018 0554 1249 1818	2.7E 2.1F 2.8E 1.8F	30 M	0357 1021 1638 2212	0056 0625 1335 1844	2.1E 1.7F 2.5E 1.5F
				31 Tu	0436 1102 1724 2250	0134 0708 1419 1931	1.9E 1.5F 2.2E 1.4F

November

Day	Slack h m	Maximum h m	knots	Day	Slack h m	Maximum h m	knots
1 W	0518 1144 1814 2332	0211 0755 1505 2019	1.6E 1.4F 2.0E 1.3F	16 Th	0522 1157 1823	0227 0805 1509 2037	2.4E 2.0F 2.7E 1.5F
2 Th	0606 1230 1906	0252 0844 1554 2111	1.4E 1.3F 1.8E 1.2F	17 F	0014 0625 1255 1925	0327 0902 1609 2136	2.3E 1.8F 2.5E 1.4F
3 F	0021 0701 1319 2001	0340 0937 1646 2204	1.3E 1.2F 1.7E 1.1F	18 Sa ☾	0119 0733 1355 2027	0432 1002 1710 2237	2.2E 1.7F 2.4E 1.3F
4 Sa ○	0117 0801 1411 2056	0439 1031 1740 2258	1.3E 1.1F 1.7E 1.1F	19 Su	0226 0842 1456 2127	0538 1101 1812 2340	2.3E 1.6F 2.4E 1.4F
5 Su	0217 0903 1504 2147	0544 1125 1834 2352	1.3E 1.1F 1.7E 1.2F	20 M	0333 0946 1555 2222	0642 1200 1911	2.3E 1.5F 2.4E
6 M	0319 1000 1557 2236	0647 1218 1925	1.4E 1.2F 1.9E	21 Tu	0436 1046 1651 2314	0042 0743 1255 2007	1.4F 2.4E 1.5F 2.4E
7 Tu	0045 0419 1053 1648 2321	0744 1310 2014	1.3F 1.5E 1.3F 2.1E	22 W	0533 1141 1743	0143 0838 1347 2058	1.5F 2.6E 1.5F 2.5E
8 W	0515 1143 1738	0136 0836 1400 2100	1.5F 2.0E 1.5F 2.3E	23 Th	0002 0626 1232 1831	0235 0929 1436 2146	1.6F 2.7E 1.6F 2.5E
9 Th	0003 0607 1230 1825	0225 0924 1449 2144	1.7F 2.3E 1.6F 2.5E	24 F	0047 0713 1319 1914	0317 1017 1522 2230	1.7F 2.8E 1.5F 2.4E
10 F	0044 0656 1316 1911	0312 1011 1536 2227	1.9F 2.6E 1.7F 2.6E	25 Sa ●	0130 0756 1404 1954	0356 1102 1606 2311	1.7F 2.9E 1.6F 2.3E
11 Sa	0124 0744 1401 1956	0359 1057 1622 2311	2.1F 2.8E 1.8F 2.7E	26 Su	0211 0837 1446 2031	0436 1144 1649 2350	1.8F 2.8E 1.6F 2.2E
12 Su	0206 0831 1448 2041	0444 1144 1709 2356	2.2F 3.0E 1.9F 2.8E	27 M	0249 0916 1528 2107	0516 1226 1733	1.7F 2.6E 1.6F
13 M	0249 0919 1536 2128	0531 1231 1757	2.3F 3.0E 1.8F	28 Tu	0327 0954 1611 2143	0027 0558 1307 1817	2.0E 1.7F 2.5E 1.5F
14 Tu	0043 0335 1008 1627 2218	0619 1321 1847	2.7E 2.2F 3.0E 1.8F	29 W	0404 1032 1654 2222	0103 0640 1348 1903	1.9E 1.6F 2.3E 1.4F
15 W	0133 0425 1101 1723 2313	0710 1413 1940	2.6E 2.1F 2.8E 1.6F	30 Th	0443 1111 1739 2304	0139 0726 1430 1951	1.7E 1.5F 2.0E 1.3F

December

Day	Slack h m	Maximum h m	knots	Day	Slack h m	Maximum h m	knots
1 F	0526 1153 1827 2351	0218 0813 1514 2041	1.5E 1.4F 1.9E 1.3F	16 Sa	0613 1237 1904	0005 0313 0845 1548 2120	2.5E 1.9F 2.6E 1.5F
2 Sa	0615 1237 1917	0302 0903 1601 2132	1.4E 1.3F 1.8E 1.2F	17 Su ○	0107 0718 1333 2003	0415 0942 1646 2220	2.3E 1.7F 2.4E 1.4F
3 Su ☾	0043 0711 1324 2008	0354 0954 1651 2224	1.4E 1.2F 1.7E 1.2F	18 M	0211 0823 1429 2100	0518 1038 1746 2320	2.2E 1.5F 2.3E 1.4F
4 M	0140 0811 1413 2058	0456 1047 1743 2316	1.4E 1.2F 1.7E 1.3F	19 Tu	0314 0925 1525 2155	0621 1132 1844	2.2E 1.4F 2.2E
5 Tu	0240 0912 1505 2147	0601 1139 1836	1.5E 1.3F 1.8E	20 W	0415 1024 1620 2247	0020 0720 1225 1940	1.4F 2.3E 1.3F 2.1E
6 W	0008 0340 1011 1559 2234	0703 1231 1929	1.4F 1.7E 1.3F 2.0E	21 Th	0512 1118 1712 2336	0117 0816 1315 2033	1.4F 2.4E 1.3F 2.1E
7 Th	0059 0439 1106 1653 2321	0801 1323 2021	1.6F 2.0E 1.4F 2.2E	22 F	0604 1209 1801	0208 0907 1404 2121	1.5F 2.5E 1.3F 2.1E
8 F	0150 0536 1159 1747	0241 0855 1415 2111	1.8F 2.3E 1.6F 2.4E	23 Sa	0022 0651 1256 1845	0250 0954 1452 2206	1.5F 2.6E 1.4F 2.1E
9 Sa	0008 0241 0630 1251 1840	0059 0946 1506 2200	1.6F 2.0F 2.7E 1.7F 2.6E	24 Su	0106 0734 1341 1927	0332 1039 1539 2247	1.6F 2.6E 1.4F 2.1E
10 Su	0054 0331 0722 1341 1932	0150 1036 1557 2249	2.2F 2.9E 1.8F 2.8E	25 M ●	0147 0814 1423 2006	0413 1121 1624 2326	1.7F 2.6E 1.5F 2.1E
11 M	0141 0421 0814 1431 2023	0236 1125 1648 2337	2.3F 3.1E 1.9F 2.9E	26 Tu	0226 0853 1505 2044	0454 1202 1709	1.7F 2.6E 1.6F
12 Tu	0230 0512 0904 1521 2115	0344 1215 1739	2.4F 3.2E 1.9F	27 W	0304 0930 1545 2122	0003 0535 1241 1754	2.0E 1.7F 2.5E 1.6F
13 W	0027 0320 0603 0956 1613 2209	1305 1831	2.9E 2.4F 3.2E 1.8F	28 Th	0340 1006 1626 2201	0039 0617 1320 1838	1.9E 1.7F 2.3E 1.5F
14 Th	0120 0414 0655 1048 1708 2305	1357 1925	2.8E 2.3F 3.0E 1.7F	29 F	0417 1043 1706 2242	0115 0700 1358 1924	1.8E 1.6F 2.2E 1.5F
15 F	0215 0511 0749 1142 1805	0026 1451 2021	2.6E 2.1F 2.8E 1.6F	30 Sa	0456 1120 1748 2325	0152 0745 1437 2011	1.7E 1.5F 2.0E 1.4F
				31 Su	0539 1159 1830	0233 0831 1518 2059	1.6E 1.4F 1.9E 1.3F

Time meridian 75° W. 0000 is midnight. 1200 is noon.

Savannah River Entrance (between jetties), Georgia, 2000

F–Flood, Dir. 286° True   E–Ebb, Dir. 110° True

January

Day	Slack h m	Maximum h m	knots	Day	Slack h m	Maximum h m	knots
1 Sa	0509 / 1123 / 1718 / 2325	0124 / 0850 / 1352 / 2058	2.0F / 2.1E / 1.7F / 1.7E	16 Su	0428 / 1054 / 1656 / 2259	0044 / 0723 / 1317 / 1954	2.2F / 1.8E / 1.6F / 1.7E
2 Su	0600 / 1213 / 1808	0211 / 0942 / 1439 / 2148	2.0F / 2.1E / 1.7F / 1.7E	17 M	0530 / 1154 / 1756 / 2355	0141 / 0853 / 1416 / 2110	2.3F / 2.0E / 1.7F / 1.8E
3 M	0013 / 0649 / 1301 / 1855	0257 / 1030 / 1525 / 2232	1.9F / 2.1E / 1.7F / 1.6E	18 Tu	0631 / 1252 / 1854	0239 / 1001 / 1515 / 2214	2.4F / 2.2E / 1.7F / 2.0E
4 Tu	0059 / 0734 / 1347 / 1941	0342 / 1115 / 1610 / 2312	1.9F / 2.1E / 1.7F / 1.6E	19 W	0052 / 0729 / 1348 / 1950	0337 / 1059 / 1613 / 2312	2.6F / 2.4E / 1.8F / 2.2E
5 W	0144 / 0817 / 1432 / 2025	0426 / 1158 / 1654 / 2342	1.9F / 2.0E / 1.7F / 1.5E	20 Th ○	0147 / 0824 / 1440 / 2045	0434 / 1152 / 1709	2.7F / 2.6E / 2.0F
6 Th ●	0226 / 0858 / 1514 / 2106	0508 / 1237 / 1736 / 2357	2.0F / 2.0E / 1.8F / 1.5E	21 F	0242 / 0915 / 1530 / 2137	0007 / 0528 / 1243 / 1801	2.3E / 2.8F / 2.7E / 2.2F
7 F	0307 / 0936 / 1554 / 2147	0548 / 1309 / 1816	2.0F / 2.0E / 1.8F	22 Sa	0335 / 1004 / 1617 / 2228	0100 / 0619 / 1330 / 1849	2.5E / 2.8F / 2.8E / 2.3F
8 Sa	0347 / 1014 / 1633 / 2227	0026 / 0627 / 1333 / 1856	1.6E / 2.0F / 2.0E / 1.9F	23 Su	0427 / 1052 / 1702 / 2318	0151 / 0708 / 1416 / 1935	2.5E / 2.8F / 2.7E / 2.4F
9 Su	0426 / 1052 / 1712 / 2308	0104 / 0706 / 1356 / 1937	1.7E / 2.1F / 2.0E / 2.0F	24 M	0518 / 1139 / 1747	0241 / 0756 / 1500 / 2021	2.5E / 2.6F / 2.6E / 2.3F
10 M	0507 / 1132 / 1751 / 2352	0146 / 0748 / 1430 / 2019	1.7E / 2.0F / 2.0E / 2.0F	25 Tu	0009 / 0610 / 1226 / 1832	0331 / 0844 / 1543 / 2109	2.4E / 2.4F / 2.4E / 2.3F
11 Tu	0552 / 1216 / 1833	0231 / 0833 / 1510 / 2105	1.7E / 1.9F / 1.9E / 2.0F	26 W	0100 / 0703 / 1314 / 1920	0423 / 0936 / 1627 / 2200	2.3E / 2.2F / 2.1E / 2.1F
12 W	0039 / 0643 / 1305 / 1919	0319 / 0923 / 1555 / 2155	1.8E / 1.8F / 1.9E / 2.0F	27 Th	0152 / 0759 / 1404 / 2011	0518 / 1030 / 1714 / 2254	2.1E / 1.9F / 1.9E / 2.0F
13 Th	0131 / 0741 / 1400 / 2010	0410 / 1018 / 1644 / 2250	1.8E / 1.7F / 1.8E / 2.0F	28 F ◐	0245 / 0856 / 1455 / 2104	0618 / 1125 / 1809 / 2349	2.0E / 1.7F / 1.7E / 1.9F
14 F ◐	0227 / 0845 / 1457 / 2105	0505 / 1118 / 1739 / 2347	1.8E / 1.6F / 1.7E / 2.0F	29 Sa	0339 / 0953 / 1546 / 2157	0719 / 1219 / 1914	1.9F / 1.6E / 1.6F
15 Sa	0326 / 0950 / 1556 / 2202	0608 / 1218 / 1841	1.8E / 1.6F / 1.6E	30 Su	0432 / 1048 / 1637 / 2249	0042 / 0817 / 1311 / 2016	1.8F / 1.8E / 1.6F / 1.5E
				31 M	0524 / 1139 / 1728 / 2339	0132 / 0910 / 1400 / 2109	1.8F / 1.8E / 1.6F / 1.5E

February

Day	Slack h m	Maximum h m	knots	Day	Slack h m	Maximum h m	knots
1 Tu	0614 / 1228 / 1818	0221 / 0959 / 1448 / 2154	1.8F / 1.9E / 1.6F / 1.5E	16 W	0620 / 1238 / 1841	0225 / 0955 / 1502 / 2210	2.3F / 2.2E / 1.6F / 2.0E
2 W	0026 / 0701 / 1315 / 1907	0308 / 1043 / 1536 / 2231	1.9F / 1.9E / 1.6F / 1.5E	17 Th	0039 / 0717 / 1331 / 1938	0324 / 1049 / 1602 / 2306	2.4F / 2.4E / 1.8F / 2.2E
3 Th	0112 / 0746 / 1400 / 1953	0355 / 1124 / 1623 / 2258	1.9F / 2.0E / 1.7F / 1.6E	18 F	0135 / 0810 / 1422 / 2032	0422 / 1139 / 1657 / 2358	2.5F / 2.5E / 2.0F / 2.4E
4 F	0157 / 0828 / 1443 / 2038	0440 / 1201 / 1708 / 2327	2.0F / 2.0E / 1.9F / 1.7E	19 Sa ○	0230 / 0859 / 1509 / 2122	0516 / 1227 / 1746	2.6F / 2.6E / 2.2F
5 Sa ●	0240 / 0908 / 1523 / 2120	0523 / 1232 / 1750	2.1F / 2.1E / 2.0F	20 Su	0322 / 0945 / 1553 / 2210	0049 / 0605 / 1312 / 1830	2.5E / 2.6F / 2.6E / 2.3F
6 Su	0323 / 0947 / 1602 / 2201	0003 / 0604 / 1258 / 1831	1.8E / 2.2F / 2.2E / 2.2F	21 M	0412 / 1029 / 1635 / 2256	0137 / 0650 / 1354 / 1911	2.6E / 2.6F / 2.6E / 2.4F
7 M	0405 / 1027 / 1641 / 2242	0044 / 0645 / 1328 / 1911	1.9E / 2.2F / 2.2E / 2.2F	22 Tu	0500 / 1113 / 1717 / 2342	0224 / 0733 / 1434 / 1952	2.5E / 2.5F / 2.4E / 2.4F
8 Tu	0448 / 1108 / 1720 / 2325	0127 / 0727 / 1405 / 1953	2.0E / 2.2F / 2.2E / 2.3F	23 W	0547 / 1156 / 1800	0309 / 0817 / 1511 / 2035	2.4E / 2.3F / 2.2E / 2.2F
9 W	0534 / 1152 / 1802	0212 / 0811 / 1446 / 2037	2.0E / 2.1F / 2.1E / 2.2F	24 Th	0029 / 0635 / 1241 / 1844	0354 / 0902 / 1545 / 2121	2.2E / 2.1F / 2.0E / 2.1F
10 Th	0012 / 0624 / 1241 / 1848	0259 / 0859 / 1531 / 2127	2.0E / 2.0F / 2.0E / 2.2F	25 F	0117 / 0726 / 1327 / 1932	0442 / 0951 / 1617 / 2211	2.0E / 1.8F / 1.7E / 1.9F
11 F	0105 / 0720 / 1335 / 1940	0350 / 0953 / 1622 / 2222	2.0E / 1.8F / 1.8E / 2.1F	26 Sa ◐	0208 / 0819 / 1415 / 2024	0536 / 1043 / 1655 / 2305	1.8E / 1.6F / 1.6E / 1.8F
12 Sa	0204 / 0823 / 1433 / 2038	0446 / 1052 / 1716 / 2321	1.9E / 1.6F / 1.7E / 2.1F	27 Su	0300 / 0914 / 1505 / 2118	0637 / 1138 / 1741	1.6E / 1.5F / 1.4E
13 Su	0308 / 0931 / 1535 / 2139	0552 / 1155 / 1823	1.8E / 1.5F / 1.6E	28 M	0353 / 1010 / 1557 / 2212	0000 / 0739 / 1231 / 1835	1.7F / 1.6E / 1.5F / 1.3E
14 M	0413 / 1038 / 1638 / 2241	0023 / 0729 / 1253 / 1952	2.1F / 1.8E / 1.5F / 1.6E	29 Tu	0446 / 1102 / 1649 / 2304	0054 / 0834 / 1323 / 1944	1.7F / 1.6E / 1.5F / 1.3E
15 Tu	0518 / 1140 / 1741 / 2341	0124 / 0854 / 1400 / 2109	2.2F / 2.0E / 1.5F / 1.8E				

March

Day	Slack h m	Maximum h m	knots	Day	Slack h m	Maximum h m	knots
1 W	0536 / 1152 / 1742 / 2353	0144 / 0922 / 1413 / 2053	1.7F / 1.7E / 1.6F / 1.4E	16 Th	0604 / 1218 / 1828	0214 / 0939 / 1452 / 2200	2.2F / 2.2E / 1.7F / 2.2E
2 Th	0624 / 1239 / 1832	0234 / 1005 / 1502 / 2135	1.8F / 1.8E / 1.7F / 1.5E	17 F	0027 / 0700 / 1309 / 1924	0314 / 1031 / 1550 / 2253	2.3F / 2.4E / 1.9F / 2.4E
3 F	0040 / 0710 / 1323 / 1921	0322 / 1044 / 1550 / 2215	1.9F / 2.0E / 1.9F / 1.7E	18 Sa	0123 / 0751 / 1357 / 2015	0411 / 1120 / 1642 / 2344	2.3F / 2.5E / 2.0F / 2.5E
4 Sa	0127 / 0754 / 1407 / 2006	0409 / 1118 / 1636 / 2256	2.0F / 2.1E / 2.0F / 1.9E	19 Su ○	0216 / 0839 / 1442 / 2103	0502 / 1206 / 1726	2.4E / 2.5E / 2.2F
5 Su ●	0213 / 0837 / 1448 / 2049	0455 / 1150 / 1720 / 2338	2.2F / 2.2E / 2.2F / 2.1E	20 M	0307 / 0923 / 1526 / 2148	0033 / 0548 / 1250 / 1806	2.6E / 2.4F / 2.4E / 2.3F
6 M	0259 / 0919 / 1529 / 2132	0540 / 1223 / 1802	2.3F / 2.3E / 2.4F	21 Tu	0354 / 1006 / 1607 / 2232	0120 / 0629 / 1331 / 1845	2.6E / 2.3F / 2.3E / 2.3F
7 Tu	0344 / 1002 / 1609 / 2214	0022 / 0623 / 1300 / 1844	2.2E / 2.4F / 2.3E / 2.5F	22 W	0439 / 1047 / 1648 / 2314	0204 / 0709 / 1409 / 1923	2.5E / 2.3F / 2.1E / 2.3F
8 W	0429 / 1045 / 1651 / 2259	0107 / 0706 / 1340 / 1927	2.3E / 2.4F / 2.3E / 2.6F	23 Th	0523 / 1127 / 1728 / 2357	0246 / 0749 / 1440 / 2002	2.3E / 2.1F / 1.9E / 2.1F
9 Th	0516 / 1130 / 1734 / 2349	0153 / 0750 / 1424 / 2013	2.3E / 2.3F / 2.2E / 2.5F	24 F	0607 / 1208 / 1810	0327 / 0830 / 1503 / 2045	2.1E / 1.9F / 1.8E / 2.0F
10 F	0606 / 1220 / 1822	0242 / 0838 / 1511 / 2103	2.3E / 2.1F / 2.1E / 2.4F	25 Sa	0042 / 0653 / 1251 / 1855	0407 / 0915 / 1531 / 2131	1.8E / 1.7F / 1.6E / 1.8F
11 Sa	0045 / 0703 / 1315 / 1916	0335 / 0931 / 1602 / 2159	2.1E / 1.8F / 1.9E / 2.2F	26 Su	0130 / 0743 / 1337 / 1944	0448 / 1005 / 1608 / 2223	1.6E / 1.6F / 1.5E / 1.6F
12 Su	0147 / 0806 / 1415 / 2017	0434 / 1031 / 1701 / 2301	2.0E / 1.6F / 1.7E / 2.1F	27 M ◐	0221 / 0836 / 1427 / 2038	0539 / 1058 / 1653 / 2319	1.5E / 1.5F / 1.4E / 1.6F
13 M	0253 / 0914 / 1519 / 2122	0550 / 1137 / 1819	1.8E / 1.6F / 1.7E	28 Tu	0312 / 0931 / 1520 / 2133	0645 / 1153 / 1744	1.4E / 1.4F / 1.4E
14 Tu	0400 / 1021 / 1624 / 2226	0006 / 0730 / 1245 / 1953	2.1F / 1.9E / 1.5F / 1.7E	29 W	0404 / 1023 / 1614 / 2227	0015 / 0745 / 1247 / 1842	1.6F / 1.5E / 1.5F / 1.3E
15 W	0504 / 1122 / 1728 / 2328	0111 / 0841 / 1350 / 2102	2.2F / 2.0E / 1.5F / 1.9E	30 Th	0455 / 1113 / 1706 / 2319	0108 / 0835 / 1337 / 1944	1.7F / 1.6E / 1.7F / 1.4E
				31 F	0544 / 1159 / 1757	0158 / 0917 / 1426 / 2044	1.8F / 1.8E / 1.8F / 1.6E

Time meridian 75° W. 0000 is midnight. 1200 is noon.

Savannah River Entrance (between jetties), Georgia, 2000

F–Flood, Dir. 286° True   E–Ebb, Dir. 110° True

April

Day	Slack h m	Maximum h m	knots	Day	Slack h m	Maximum h m	knots
1 Sa	0009 0632 1244 1846	0248 0953 1514 2137	1.9F 1.9E 2.0F 1.8E	16 Su	0108 0727 1328 1955	0354 1055 1618 2325	2.2F 2.3E 2.1F 2.6E
2 Su	0058 0720 1328 1933	0338 1029 1601 2225	2.1F 2.1E 2.2F 2.1E	17 M	0200 0814 1413 2041	0443 1142 1701	2.2F 2.3E 2.2F
3 M	0147 0806 1411 2018	0426 1108 1648 2312	2.2F 2.2E 2.4F 2.3E	18 Tu ○	0249 0859 1457 2125	0013 0526 1226 1740	2.6E 2.1F 2.2E 2.2F
4 Tu ●	0235 0851 1455 2104	0513 1149 1733	2.3F 2.3E 2.6F	19 W	0334 0940 1539 2207	0059 0606 1308 1817	2.5E 2.1F 2.0E 2.2F
5 W	0322 0936 1539 2150	0000 0559 1232 1818	2.4E 2.4F 2.3E 2.7F	20 Th	0418 1020 1619 2247	0143 0644 1344 1854	2.3E 2.0F 1.9E 2.1F
6 Th	0410 1022 1623 2239	0048 0644 1317 1904	2.5E 2.4F 2.3E 2.8F	21 F	0459 1058 1659 2328	0225 0721 1410 1932	2.2E 1.9F 1.7E 2.0F
7 F	0459 1110 1710 2332	0138 0730 1405 1951	2.5E 2.3F 2.3E 2.7F	22 Sa	0541 1137 1739	0303 0801 1424 2012	1.9E 1.8F 1.6E 1.9F
8 Sa	0551 1201 1801	0230 0819 1455 2043	2.4E 2.1F 2.1E 2.6F	23 Su	0010 0623 1219 1820	0335 0843 1453 2056	1.7E 1.7F 1.5E 1.7F
9 Su	0030 0648 1258 1857	0326 0913 1550 2140	2.3E 1.9F 2.0E 2.4F	24 M	0054 0709 1304 1906	0400 0930 1532 2145	1.6E 1.5F 1.4E 1.6F
10 M	0133 0750 1400 1959	0430 1014 1655 2244	2.1F 1.7F 1.9E 2.2F	25 Tu	0141 0759 1354 1957	0432 1022 1618 2239	1.5E 1.5F 1.3E 1.5F
11 Tu ◐	0238 0855 1505 2106	0550 1123 1821 2352	2.0E 1.6F 1.8E 2.2F	26 W ○	0231 0851 1447 2053	0516 1117 1709 2336	1.5E 1.5F 1.3E 1.5F
12 W	0342 0959 1610 2212	0712 1233 1941	2.0E 1.6F 1.9E	27 Th	0322 0943 1539 2151	0610 1211 1804	1.5E 1.6F 1.4E
13 Th	0443 1058 1712 2315	0059 0819 1338 2046	2.1F 2.1E 1.7F 2.1E	28 F	0413 1032 1631 2246	0031 0709 1302 1904	1.6F 1.6E 1.8F 1.5E
14 F	0542 1152 1811	0201 0915 1438 2143	2.2F 2.2E 1.9F 2.3E	29 Sa	0504 1118 1722 2338	0123 0805 1351 2004	1.8F 1.7E 2.0F 1.7E
15 Sa	0013 0636 1241 1905	0300 1007 1530 2235	2.2F 2.3E 2.0F 2.5E	30 Su	0554 1204 1811	0215 0856 1439 2102	1.9F 1.9E 2.2F 2.0E

May

Day	Slack h m	Maximum h m	knots	Day	Slack h m	Maximum h m	knots
1 M	0030 0645 1249 1900	0306 0943 1527 2156	2.0F 2.0E 2.4F 2.2E	16 Tu	0139 0746 1343 2016	0416 1116 1631 2351	1.9F 2.0E 2.1F 2.4E
2 Tu	0121 0735 1336 1950	0356 1030 1616 2248	2.2F 2.1E 2.6F 2.4E	17 W	0227 0831 1428 2100	0500 1201 1712	1.9F 1.9E 2.1F
3 W ●	0212 0823 1423 2039	0447 1118 1705 2340	2.3F 2.2E 2.7F 2.6E	18 Th ○	0312 0913 1511 2142	0037 0540 1243 1750	2.3E 1.9F 1.8E 2.0F
4 Th	0302 0911 1511 2130	0536 1207 1754	2.4F 2.3E 2.9F	19 F	0355 0952 1552 2222	0122 0618 1320 1828	2.2E 1.8F 1.7E 2.0F
5 F	0353 1000 1559 2222	0034 0624 1258 1843	2.6E 2.4F 2.3E 2.9F	20 Sa	0436 1031 1631 2301	0202 0655 1340 1905	2.0E 1.8F 1.6E 1.9F
6 Sa	0444 1050 1650 2317	0128 0712 1349 1932	2.6E 2.3F 2.3E 2.9F	21 Su	0516 1110 1709 2339	0239 0734 1350 1943	1.9E 1.7F 1.5E 1.8F
7 Su	0537 1144 1743	0224 0803 1444 2025	2.6E 2.2F 2.2E 2.7F	22 M	0556 1150 1748	0305 0815 1422 2025	1.7E 1.7F 1.4E 1.7F
8 M	0016 0632 1243 1840	0322 0857 1544 2123	2.5E 2.0F 2.1E 2.5F	23 Tu	0020 0638 1235 1831	0321 0859 1503 2111	1.6E 1.6F 1.4E 1.6F
9 Tu	0116 0731 1345 1942	0425 0958 1652 2227	2.3E 1.9F 2.0E 2.3F	24 W	0103 0723 1323 1920	0353 0948 1548 2202	1.6E 1.6F 1.4E 1.6F
10 W ◐	0217 0831 1448 2049	0534 1106 1809 2334	2.2E 1.8F 2.0E 2.2F	25 Th	0150 0811 1414 2016	0434 1041 1638 2258	1.6E 1.6F 1.4E 1.5F
11 Th	0317 0931 1551 2155	0644 1215 1921	2.2E 1.8F 2.1E	26 F ○	0240 0900 1505 2115	0523 1134 1732 2355	1.6E 1.7F 1.5E 1.6F
12 F	0416 1028 1651 2257	0041 0749 1317 2024	2.1F 2.2E 2.0F 2.3E	27 Sa	0332 0950 1556 2213	0615 1226 1829	1.6E 1.9F 1.6E
13 Sa	0513 1120 1747 2354	0142 0846 1412 2121	2.1F 2.2E 2.2F 2.4E	28 Su	0425 1038 1647 2309	0049 0712 1316 1930	1.7F 1.7E 2.1F 1.8E
14 Su	0607 1209 1840	0237 0939 1501 2213	2.0F 2.2E 2.1F 2.5E	29 M	0519 1126 1739	0142 0809 1405 2031	1.8F 1.8E 2.3F 2.0E
15 M	0048 0658 1257 1930	0329 1028 1547 2303	2.0F 2.0E 2.1F 2.5E	30 Tu	0003 0612 1215 1832	0235 0905 1456 2131	1.9F 1.7E 2.5F 2.2E
				31 W	0057 0705 1304 1926	0328 0959 1548 2230	2.0F 2.0E 2.6F 2.4E

June

Day	Slack h m	Maximum h m	knots	Day	Slack h m	Maximum h m	knots
1 Th	0151 0757 1355 2020	0421 1053 1640 2328	2.1F 2.2E 2.8F 2.6E	16 F ○	0246 0843 1443 2116	0013 0511 1216 1724	2.2E 1.7F 1.6E 1.9F
2 F ●	0244 0849 1447 2114	0513 1148 1733	2.2F 2.3E 2.9F	17 Sa	0330 0924 1524 2156	0057 0551 1252 1802	2.1E 1.7F 1.5E 1.9F
3 Sa	0337 0940 1539 2208	0026 0605 1243 1824	2.7E 2.3F 2.3E 3.0F	18 Su	0410 1004 1603 2233	0137 0630 1307 1840	2.0E 1.7F 1.5E 1.9F
4 Su	0429 1033 1632 2303	0123 0655 1340 1916	2.7E 2.3F 2.4E 3.0F	19 M	0449 1043 1641 2309	0211 0708 1322 1917	1.9E 1.7F 1.4E 1.9F
5 M	0520 1128 1726 2358	0218 0747 1437 2009	2.7E 2.2F 2.4E 2.8F	20 Tu	0528 1123 1720 2347	0232 0748 1356 1957	1.8E 1.7F 1.5E 1.8F
6 Tu	0613 1226 1823	0313 0841 1537 2105	2.6E 2.2F 2.3E 2.6F	21 W	0607 1206 1802	0248 0830 1437 2041	1.8E 1.7F 1.5E 1.7F
7 W	0055 0707 1326 1924	0409 0939 1640 2206	2.5E 2.1F 2.2E 2.4F	22 Th	0028 0648 1251 1849	0320 0916 1522 2129	1.7E 1.7F 1.5E 1.6F
8 Th	0151 0802 1426 2028	0508 1042 1748 2311	2.4E 2.0F 2.2E 2.2F	23 F ◐	0113 0732 1340 1943	0401 1005 1611 2223	1.7E 1.8F 1.6E 1.6F
9 F	0248 0859 1526 2132	0611 1146 1855	2.3E 2.1F 2.2E	24 Sa ○	0203 0819 1430 2043	0447 1057 1703 2320	1.7E 1.8F 1.6E 1.6F
10 Sa	0345 0954 1623 2233	0015 0714 1246 1957	2.1F 2.1E 2.1F 2.3E	25 Su	0256 0910 1523 2143	0538 1150 1759	1.7E 2.0F 1.7E
11 Su	0440 1046 1719 2330	0113 0813 1339 2055	2.0F 2.1E 2.1F 2.4E	26 M	0351 1001 1617 2243	0017 0634 1243 1900	1.7F 1.7E 2.1F 1.8E
12 M	0533 1137 1812	0207 0908 1428 2148	1.9F 2.0E 2.1F 2.4E	27 Tu	0447 1053 1714 2340	0112 0733 1336 2007	1.7F 1.7E 2.3F 2.0E
13 Tu	0023 0625 1226 1902	0257 0959 1515 2238	1.8F 1.9E 2.1F 2.4E	28 W	0543 1146 1812	0207 0836 1429 2116	1.8F 1.8E 2.4F 2.1E
14 W	0113 0714 1313 1950	0344 1048 1600 2327	1.8F 1.9E 2.0F 2.3E	29 Th	0037 0639 1239 1910	0302 0938 1524 2223	1.9F 1.9E 2.6F 2.3E
15 Th	0201 0800 1359 2035	0429 1134 1643	1.7F 1.7E 2.0F	30 F	0133 0735 1333 2006	0358 1038 1620 2324	1.9F 2.1E 2.8F 2.5E

Time meridian 75° W. 0000 is midnight. 1200 is noon.

Savannah River Entrance (between jetties), Georgia, 2000

F–Flood, Dir. 286° True   E–Ebb, Dir. 110° True

Day		July Slack (h m)	Maximum (h m)	knots	Day		July Slack (h m)	Maximum (h m)	knots	Day		August Slack (h m)	Maximum (h m)	knots	Day		August Slack (h m)	Maximum (h m)	knots	Day		September Slack (h m)	Maximum (h m)	knots	Day		September Slack (h m)	Maximum (h m)	knots
1	Sa ●	0228 0829 1428 2101	0454 1138 1715	2.0F 2.2E 2.9F	16	Su ○	0301 0855 1456 2126	0027 0523 1218 1736	2.0E 1.7F 1.5E 1.9F	1	Tu	0350 1001 1601 2226	0101 0622 1323 1843	2.7E 2.3F 2.6E 2.9F	16	W	0345 0944 1550 2209	0050 0613 1228 1828	2.0E 2.1F 1.8E 2.1F	1	F	0454 1119 1725 2335	0210 0730 1446 1956	2.5E 2.5F 2.6F 2.4F	16	Sa	0427 1034 1653 2305	0115 0704 1327 1927	2.1E 2.5F 2.2E 2.2F
2	Su	0321 0923 1522 2154	0021 0548 1236 1808	2.7E 2.2F 2.4E 3.0F	17	M	0341 0936 1536 2203	0105 0603 1231 1815	2.0E 1.8F 1.5E 1.9F	2	W	0437 1052 1654 2314	0149 0710 1415 1932	2.8E 2.4F 2.6E 2.7F	17	Th	0422 1023 1631 2248	0113 0652 1307 1908	2.1E 2.2F 1.9E 2.1F	2	Sa	0538 1207 1815	0252 0814 1534 2043	2.3E 2.4F 2.4E 2.2F	17	Su	0509 1121 1741 2351	0157 0748 1414 2012	2.1E 2.4F 2.2E 2.0F
3	M	0411 1017 1616 2246	0115 0639 1332 1900	2.8E 2.3F 2.5E 3.0F	18	Tu	0419 1015 1615 2239	0135 0642 1255 1853	2.0E 1.9F 1.6E 2.0F	3	Th	0522 1144 1746	0234 0757 1506 2021	2.7E 2.5F 2.6E 2.6F	18	F	0500 1103 1714 2329	0144 0732 1349 1950	2.0E 2.2F 2.0E 2.1F	3	Su	0022 0624 1258 1906	0332 0901 1624 2132	2.1E 2.2F 2.2E 1.9F	18	M	0554 1214 1834	0242 0835 1505 2102	2.0E 2.3F 2.1E 1.8F
4	Tu	0500 1111 1710 2338	0206 0730 1428 1951	2.8E 2.3F 2.5E 2.8F	19	W	0456 1054 1655 2316	0153 0721 1331 1932	1.9E 1.9F 1.6E 1.9F	4	F	0003 0608 1236 1840	0319 0845 1558 2113	2.5E 2.4F 2.5E 2.3F	19	Sa	0539 1146 1800	0222 0814 1434 2035	2.0E 2.2F 2.0E 1.9F	4	M	0110 0713 1351 2000	0413 0952 1719 2225	1.9E 2.0F 1.9E 1.7F	19	Tu	0044 0645 1314 1934	0331 0928 1601 2159	1.8E 2.2F 1.9E 1.6F
5	W	0549 1207 1806	0256 0821 1524 2045	2.7E 2.3F 2.5E 2.6F	20	Th	0534 1135 1736 2357	0215 0801 1413 2014	1.9E 2.0F 1.7E 1.9F	5	Sa	0052 0657 1330 1936	0405 0936 1653 2207	2.3E 2.3F 2.3E 2.1F	20	Su	0015 0622 1236 1852	0305 0901 1523 2125	1.9E 2.1F 1.9E 1.8F	5	Tu ◐	0200 0807 1445 2057	0457 1049 1820 2321	1.6E 1.8F 1.8E 1.6F	20	W ◐	0143 0744 1420 2041	0426 1029 1705 2304	1.7E 2.1F 1.8E 1.5F
6	Th	0030 0639 1303 1903	0346 0914 1621 2141	2.6E 2.3F 2.4E 2.4F	21	F	0041 0612 1218 1822	0250 0844 1457 2100	1.9E 2.0F 1.7E 1.8F	6	Su ◐	0143 0748 1424 2033	0454 1032 1753 2304	2.1E 2.1F 2.1E 1.8F	21	M	0105 0710 1332 1952	0352 0953 1615 2222	1.8E 2.1F 1.8E 1.6F	6	W	0252 0903 1540 2153	0554 1147 1922	1.5E 1.7F 1.7E	21	Th	0247 0848 1526 2148	0532 1134 1835	1.6E 2.1F 1.8E
7	F	0123 0730 1400 2003	0438 1011 1722 2241	2.4E 2.2F 2.3E 2.1F	22	Sa	0041 0655 1306 1915	0331 0931 1545 2152	1.8E 1.9F 1.7E 1.7F	7	M	0235 0843 1520 2132	0551 1129 1855	1.8E 2.0F 2.0E	22	Tu ◐	0201 0806 1435 2057	0444 1051 1715 2323	1.7E 2.0F 1.8E 1.5F	7	Th	0344 0959 1633 2247	0017 0715 1243 2018	1.5E 1.4F 1.7F 1.7E	22	F	0352 0954 1631 2251	0011 0704 1239 2004	1.4F 1.6E 2.1F 1.9E
8	Sa ◐	0216 0824 1456 2105	0534 1110 1825 2341	2.2F 2.2F 2.2E 2.0F	23	Su	0132 0742 1358 2014	0417 1023 1637 2249	1.7E 1.9F 1.7E 1.6F	8	Tu	0328 0938 1615 2228	0001 0657 1246 1956	1.7F 1.7E 1.9F 2.0E	23	W	0302 0906 1540 2204	0543 1152 1828	1.6E 2.1F 1.7E	8	F	0437 1051 1723 2336	0110 0819 1334 2108	1.5E 1.4F 1.7F 1.8E	23	Sa	0456 1058 1732 2347	0116 0827 1342 2107	1.5F 1.8E 2.2F 2.1E
9	Su	0310 0918 1553 2205	0635 1209 1928	2.0E 2.1F 2.2E	24	M ○	0226 0834 1455 2118	0508 1118 1734 2348	1.7E 2.0F 1.7E 1.6F	9	W	0420 1032 1709 2321	0055 0801 1319 2051	1.6F 1.6E 1.9F 2.0E	24	Th	0404 1009 1644 2308	0026 0655 1253 2009	1.5F 1.6E 2.2F 1.8E	9	Sa	0529 1141 1810	0159 0909 1422 2152	1.6E 1.5F 1.8F 1.9E	24	Su	0556 1157 1829	0217 0929 1441 2200	1.7F 2.1E 2.3F 2.3E
10	M	0404 1012 1648 2301	0039 0738 1303 2026	1.9F 1.9E 2.1F 2.2E	25	Tu	0323 0930 1555 2221	0604 1215 1838	1.6E 2.1F 1.8E	10	Th	0512 1124 1800	0145 0857 1409 2142	1.6F 1.6E 1.9F 2.0E	25	F	0507 1109 1747	0128 0825 1353 2120	1.5F 1.7E 2.3F 2.1E	10	Su	0022 0618 1228 1855	0247 0950 1509 2232	1.7F 1.7E 1.9F 2.0E	25	M	0039 0653 1254 1921	0314 1024 1538 2249	1.9F 2.3E 2.4F 2.4E
11	Tu	0457 1105 1741 2354	0132 0836 1354 2121	1.8F 1.8E 2.0F 2.2E	26	W	0421 1027 1656 2323	0047 0708 1312 1957	1.6F 1.6E 2.2F 1.9E	11	F	0011 0603 1213 1848	0234 0947 1457 2229	1.6F 1.6E 1.9F 2.0E	26	Sa	0006 0608 1208 1845	0228 0935 1452 2216	1.6F 1.9E 2.4F 2.3E	11	M	0106 0705 1314 1938	0333 1022 1554 2307	1.9F 1.7E 2.0F 2.0E	26	Tu	0127 0746 1349 2011	0407 1115 1632 2336	2.1F 2.5E 2.4F 2.5E
12	W	0549 1155 1833	0221 0929 1442 2212	1.7F 1.8E 2.0F 2.2E	27	Th	0521 1124 1758	0144 0819 1408 2120	1.6F 1.7E 2.4F 2.0E	12	Sa	0059 0652 1259 1933	0321 1031 1542 2312	1.6F 1.6E 1.9F 2.0E	27	Su	0100 0706 1305 1939	0327 1033 1550 2308	1.8F 2.1E 2.5F 2.5E	12	Tu	0148 0749 1358 2019	0417 1048 1638 2337	2.0F 1.8E 2.1F 2.1E	27	W ●	0214 0835 1441 2058	0456 1205 1721	2.2F 2.6E 2.4F
13	Th	0044 0639 1243 1921	0309 1019 1529 2300	1.6F 1.7E 1.9F 2.1E	28	F	0021 0620 1221 1857	0242 0931 1506 2224	1.7F 1.9E 2.5F 2.3E	13	Su	0144 0739 1344 2014	0408 1127 1626 2351	1.7F 1.6E 1.9F 2.0E	28	M	0152 0801 1401 2030	0423 1127 1646 2356	2.0F 2.4E 2.6F 2.6E	13	W ○	0229 0831 1442 2100	0500 1122 1721	2.2F 2.0E 2.2F	28	Th	0259 0923 1530 2142	0022 0540 1253 1806	2.5E 2.4F 2.7E 2.4F
14	F	0132 0726 1330 2006	0355 1104 1614 2345	1.6F 1.6E 1.9F 2.1E	29	Sa	0118 0718 1317 1954	0341 1035 1604 2320	1.8F 2.1E 2.7F 2.5E	14	M	0226 0823 1427 2053	0452 1135 1708	1.8F 1.6E 2.0F	29	Tu ●	0240 0853 1455 2118	0515 1219 1738	2.2F 2.5E 2.7F	14	Th	0308 0912 1525 2141	0004 0542 1201 1803	2.1E 2.3F 2.1E 2.2F	29	F	0343 1008 1618 2225	0106 0622 1340 1849	2.4E 2.4F 2.6E 2.3F
15	Sa	0217 0812 1414 2047	0440 1145 1656	1.6F 1.6E 1.9F	30	Su ●	0211 0813 1413 2047	0438 1134 1700	2.0F 2.3E 2.8F	15	Tu ○	0307 0905 1509 2132	0025 0533 1156 1748	2.0E 1.9F 1.7E 2.1F	30	W	0326 0942 1547 2205	0043 0602 1310 1826	2.6E 2.4F 2.6E 2.7F	15	F	0348 0952 1608 2222	0037 0623 1243 1844	2.2E 2.4F 2.2E 2.3F	30	Sa	0426 1053 1703 2308	0147 0703 1426 1930	2.2E 2.4F 2.5E 2.2F
					31	M	0302 0908 1508 2137	0012 0532 1230 1753	2.6E 2.1F 2.4F 2.9F						31	Th	0410 1031 1636 2250	0128 0647 1358 1911	2.6E 2.5F 2.7E 2.6F										

Time meridian 75° W. 0000 is midnight. 1200 is noon.

Savannah River Entrance (between jetties), Georgia, 2000

F–Flood, Dir. 286° True   E–Ebb, Dir. 110° True

October

Day	Slack h m	Maximum h m	knots	Day	Slack h m	Maximum h m	knots
1 Su	0509 1139 1749 2351	0225 0744 1511 2013	2.1E 2.3F 2.3E 2.0F	16 M	0444 1102 1724 2331	0135 0725 1400 1952	2.2E 2.7F 2.4E 2.1F
2 M	0553 1227 1836	0259 0828 1556 2058	1.9E 2.1F 2.0E 1.8F	17 Tu	0532 1158 1818	0224 0814 1454 2043	2.1E 2.5F 2.3E 1.9F
3 Tu	0037 0639 1317 1927	0330 0915 1645 2148	1.7E 1.9F 1.8E 1.6F	18 W	0027 0626 1300 1918	0317 0909 1553 2141	1.9E 2.4F 2.1E 1.7F
4 W	0125 0730 1408 2021	0405 1008 1740 2243	1.5E 1.7F 1.6E 1.5F	19 Th	0128 0726 1404 2022	0417 1010 1703 2247	1.8E 2.2F 2.0E 1.6F
5 Th ☾	0216 0825 1501 2116	0449 1105 1840 2339	1.4E 1.6F 1.5E 1.5F	20 F ○	0233 0832 1509 2127	0532 1117 1829 2357	1.7E 2.1F 1.9E 1.6F
6 F	0309 0922 1552 2208	0541 1203 1936	1.3E 1.6F 1.6E	21 Sa	0339 0940 1611 2227	0703 1225 1944	1.8E 2.1F 2.0E
7 Sa	0402 1016 1641 2257	0033 0644 1256 2025	1.5F 1.3E 1.6F 1.7E	22 Su	0442 1045 1711 2322	0104 0815 1329 2044	1.7F 2.0E 2.1F 2.2E
8 Su	0454 1107 1729 2342	0123 0802 1346 2107	1.7F 1.4E 1.7F 1.8E	23 M	0541 1145 1807	0204 0914 1428 2137	1.9F 2.3E 2.2F 2.3E
9 M	0543 1156 1815	0210 0849 1433 2143	1.8F 1.6E 1.8F 1.9E	24 Tu	0012 0636 1241 1859	0257 1008 1524 2227	2.0F 2.5E 2.2F 2.3E
10 Tu	0025 0629 1243 1900	0256 0928 1520 2215	2.0F 1.8E 2.0F 2.0E	25 W	0100 0727 1334 1948	0347 1059 1615 2315	2.2F 2.6E 2.2F 2.3E
11 W	0108 0714 1329 1945	0342 1008 1606 2247	2.2F 2.0E 2.1F 2.1E	26 Th	0147 0816 1425 2035	0434 1148 1702	2.3F 2.6E 2.2F
12 Th	0150 0758 1415 2029	0426 1051 1652 2324	2.4F 2.2E 2.2F 2.2E	27 F ●	0232 0902 1513 2119	0001 0517 1236 1745	2.2E 2.3F 2.6E 2.1F
13 F ○	0232 0841 1501 2113	0511 1135 1737	2.5E 2.3F 2.3E	28 Sa	0317 0947 1558 2201	0045 0558 1322 1826	2.1E 2.3F 2.5E 2.1F
14 Sa	0315 0925 1547 2157	0005 0555 1221 1821	2.2E 2.6E 2.4F 2.3E	29 Su	0400 1030 1642 2242	0126 0637 1407 1905	2.0E 2.2F 2.3E 2.0F
15 Su	0358 1012 1634 2242	0049 0639 1309 1906	2.2E 2.7F 2.5E 2.3E	30 M	0442 1113 1725 2323	0202 0717 1449 1945	1.8E 2.1F 2.1E 1.9F
				31 Tu	0524 1157 1809	0228 0758 1530 2027	1.6E 2.0F 1.9E 1.7F

November

Day	Slack h m	Maximum h m	knots	Day	Slack h m	Maximum h m	knots
1 W	0006 0607 1242 1855	0250 0841 1609 2114	1.5E 1.8F 1.7E 1.6F	16 Th	0011 0609 1243 1859	0308 0852 1547 2125	2.1E 2.6F 2.3E 1.9F
2 Th	0052 0654 1329 1944	0325 0930 1647 2205	1.4E 1.6F 1.5E 1.5F	17 F	0113 0710 1344 1959	0412 0952 1652 2229	2.0E 2.3F 2.2E 1.8F
3 F	0142 0745 1418 2035	0407 1023 1727 2300	1.3E 1.5F 1.5E 1.5F	18 Sa ◐	0217 0816 1446 2100	0528 1059 1804 2338	2.0E 2.2F 2.1E 1.8F
4 Sa ◐	0235 0841 1507 2126	0456 1120 1815 2354	1.3E 1.5F 1.5E 1.6F	19 Su	0320 0923 1546 2158	0646 1207 1914	2.0E 2.1F 2.1E
5 Su	0326 0938 1556 2214	0550 1216 1907	1.3E 1.5F 1.5E	20 M	0422 1028 1644 2252	0043 0754 1311 2016	1.9F 2.2E 2.1F 2.2E
6 M	0417 1032 1646 2259	0045 0649 1307 1954	1.8F 1.5E 1.7F 1.7E	21 Tu	0520 1128 1740 2343	0142 0854 1409 2111	2.1F 2.4E 2.0F 2.2E
7 Tu	0505 1123 1734 2344	0133 0748 1357 2038	1.9F 1.6E 1.8F 1.8E	22 W	0615 1223 1833	0234 0948 1503 2203	2.1F 2.5E 2.0F 2.2E
8 W	0552 1212 1823	0219 0843 1446 2121	2.1F 1.9E 1.9F 1.9E	23 Th	0032 0706 1316 1923	0323 1039 1554 2252	2.2F 2.6E 2.1F 2.1E
9 Th	0028 0640 1301 1911	0306 0933 1535 2205	2.3E 2.1E 2.1F 2.0E	24 F	0120 0755 1405 2010	0410 1129 1640 2339	2.2F 2.6E 1.9F 2.0E
10 F	0113 0727 1349 1959	0354 1023 1623 2251	2.5F 2.3E 2.2F 2.1E	25 Sa ●	0207 0842 1453 2055	0454 1217 1723	2.2F 2.5E 1.9F
11 Sa	0159 0815 1439 2046	0442 1113 1712 2338	2.7F 2.5E 2.3F 2.2E	26 Su	0252 0926 1538 2136	0024 0536 1303 1803	1.9E 2.1F 2.4E 1.9F
12 Su	0246 0904 1528 2133	0529 1204 1759	2.8F 2.6E 2.3F	27 M	0335 1008 1620 2217	0106 0614 1347 1841	1.8E 2.1F 2.2E 1.8F
13 M	0333 0955 1618 2222	0027 0617 1256 1847	2.3E 2.9F 2.6E 2.3F	28 Tu	0417 1048 1701 2257	0142 0652 1428 1920	1.6E 2.0F 2.0E 1.8F
14 Tu	0422 1048 1709 2314	0118 0706 1351 1935	2.2E 2.9F 2.6E 2.2F	29 W	0457 1128 1742 2338	0201 0731 1503 2000	1.5E 1.9F 1.9E 1.7F
15 W	0514 1144 1803	0211 0757 1447 2027	2.2E 2.7F 2.5E 2.0F	30 Th	0537 1207 1823	0217 0811 1530 2043	1.4E 1.8F 1.7E 1.6F

December

Day	Slack h m	Maximum h m	knots	Day	Slack h m	Maximum h m	knots
1 F	0022 0619 1249 1906	0251 0855 1548 2130	1.4F 1.6F 1.6E 1.6F	16 Sa	0055 0653 1320 1931	0403 0933 1630 2206	2.3E 2.5F 2.4E 2.1F
2 Sa	0108 0706 1334 1952	0333 0944 1620 2221	1.4E 1.5F 1.6E 1.6F	17 Su ○	0155 0756 1418 2027	0511 1036 1732 2310	2.2E 2.2F 2.2E 2.1F
3 Su ◐	0158 0800 1422 2040	0420 1038 1703 2313	1.4E 1.5F 1.6E 1.7F	18 M	0256 0901 1516 2124	0621 1142 1839	2.2E 2.1F 2.1E
4 M	0247 0857 1512 2128	0512 1134 1753	1.4E 1.5F 1.6E	19 Tu	0356 1005 1613 2220	0014 0728 1245 1944	2.1F 2.3E 2.0F 2.1E
5 Tu	0337 0954 1603 2216	0005 0607 1229 1846	1.8F 1.5E 1.6F 1.6E	20 W	0454 1105 1709 2313	0112 0829 1343 2043	2.1F 2.4E 1.9F 2.0E
6 W	0427 1049 1655 2304	0055 0705 1321 1942	2.0F 1.7E 1.7F 1.7E	21 Th	0550 1201 1803	0206 0925 1436 2137	2.1F 2.4E 1.9F 2.0E
7 Th	0517 1142 1748 2352	0144 0805 1412 2037	2.2F 1.9E 1.8F 1.8E	22 F	0004 0643 1253 1855	0257 1017 1527 2228	2.1F 2.4E 1.8F 1.9E
8 F	0609 1234 1840	0233 0904 1504 2131	2.4F 2.1E 1.9F 1.9E	23 Sa	0054 0734 1343 1943	0346 1107 1615 2317	2.1F 2.4E 1.7F 1.9E
9 Sa	0040 0702 1327 1931	0324 1001 1556 2224	2.5F 2.3E 2.0F 2.1E	24 Su	0142 0821 1430 2029	0432 1155 1659	2.0F 2.3E 1.7F
10 Su	0130 0755 1419 2022	0416 1058 1648 2317	2.7F 2.5E 2.1F 2.2E	25 M ●	0228 0904 1515 2112	0003 0514 1241 1739	1.8E 2.0F 2.2E 1.7F
11 M ○	0221 0848 1511 2113	0508 1155 1739	2.8F 2.6E 2.2F	26 Tu	0311 0945 1557 2152	0045 0553 1324 1818	1.7E 2.0F 2.1E 1.7F
12 Tu	0312 0941 1603 2205	0012 0559 1251 1829	2.3E 3.0F 2.7E 2.3F	27 W	0352 1022 1636 2232	0120 0629 1402 1855	1.6E 1.9F 2.0E 1.8F
13 W	0404 1034 1653 2259	0107 0650 1345 1920	2.3E 3.0F 2.7E 2.3F	28 Th	0431 1058 1713 2311	0135 0706 1432 1933	1.5E 1.9F 1.9E 1.8F
14 Th	0458 1128 1744 2355	0203 0741 1439 2011	2.4E 2.9F 2.7E 2.2F	29 F	0509 1134 1751 2351	0149 0743 1446 2013	1.5E 1.8F 1.8E 1.8F
15 F	0553 1223 1836	0301 0835 1533 2106	2.3E 2.7F 2.6E 2.2F	30 Sa	0549 1211 1829	0223 0824 1506 2056	1.5E 1.7F 1.7E 1.8F
				31 Su	0033 0632 1253 1910	0304 0909 1541 2142	1.5E 1.6F 1.7E 1.8F

Time meridian 75° W. 0000 is midnight. 1200 is noon.

St. Johns River Entrance, Florida, 2000

F–Flood, Dir. 262° True   E–Ebb, Dir. 081° True

January

Day	Slack h m	Maximum h m	knots	Day	Slack h m	Maximum h m	knots
1 Sa	0016	0310	2.0F	16 Su		0210	2.5F
	0631	1011	2.0E		0531	0807	2.2E
	1307	1553	1.4F		1213	1437	1.7F
	1835	2158	2.0E		1737	2027	2.2E
2 Su	0104	0406	2.0F	17 M	0013	0308	2.6F
	0720	1056	2.0E		0632	0906	2.3E
	1359	1651	1.5F		1315	1539	1.7F
	1925	2238	1.9E		1840	2124	2.3E
3 M	0152	0452	2.1F	18 Tu	0111	0409	2.7F
	0805	1139	2.0E		0731	1005	2.3E
	1447	1732	1.5F		1417	1642	1.8F
	2011	2314	1.9E		1940	2221	2.4E
4 Tu	0237	0531	2.2F	19 W	0211	0509	2.9F
	0848	1219	2.0E		0828	1104	2.4E
	1533	1805	1.6F		1516	1741	1.9F
	2054	2345	1.9E		2037	2318	2.4E
5 W	0320	0607	2.3F	20 Th	0309	0605	3.0F
	0929	1253	2.0E		0923	1204	2.5E
	1615	1838	1.6F		1611	1837	2.0F
	2136			○ 2133			
6 Th		0017	1.9E	21 F		0016	2.4E
	0359	0645	2.3F		0406	0659	3.0F
	1009	1315	2.0E		1016	1303	2.5E
● 1657	1913	1.6F		1703	1930	2.1F
	2216				2228		
7 F		0051	1.9E	22 Sa		0114	2.4E
	0438	0723	2.3F		0501	0752	2.9F
	1048	1336	2.1E		1109	1400	2.4E
	1737	1952	1.6F		1754	2023	2.1F
	2255				2325		
8 Sa		0128	1.9E	23 Su		0212	2.3E
	0516	0804	2.3F		0558	0846	2.7F
	1128	1408	2.1E		1201	1452	2.4E
	1818	2033	1.6F		1845	2117	2.1F
	2335						
9 Su		0208	1.9E	24 M	0021	0311	2.2E
	0556	0848	2.3F		0656	0941	2.5F
	1208	1444	2.1E		1251	1542	2.2E
	1859	2118	1.6F		1935	2211	2.1F
10 M	0016	0250	1.9E	25 Tu	0118	0414	2.0E
	0641	0934	2.2F		0756	1035	2.2F
	1247	1524	2.1E		1341	1633	2.1E
	1939	2204	1.8F		2025	2303	2.1F
11 Tu	0101	0334	1.9E	26 W	0213	0536	1.9E
	0730	1021	2.1F		0855	1127	2.0F
	1327	1606	2.1E		1430	1728	2.0E
	2019	2251	1.9F			2114 2351	2.1F
12 W	0148	0422	2.0E	27 Th	0308	0653	1.8F
	0823	1109	2.0F		0951	1216	1.7F
	1408	1651	2.1E		1520	1831	1.9E
	2100	2338	2.1F		2201		
13 Th	0238	0513	2.0E	28 F		0037	2.0F
	0919	1158	2.0F		0403	0753	1.8E
	1451	1741	2.1E		1045	1303	1.6F
	2142				1610	1933	1.8E
					2249		
14 F		0026	2.3F	29 Sa		0124	2.0F
	0332	0609	2.0E		0457	0845	1.7E
	1015	1247	1.9F		1136	1352	1.4F
○ 1540	1834	2.2E		1702	2026	1.8E
	2228				2337		
15 Sa		0116	2.4F	30 Su		0213	1.9F
	0430	0707	2.1E		0551	0933	1.7E
	1113	1340	1.8F		1228	1445	1.3F
	1636	1930	2.2E		1756	2112	1.8E
	2318						
				31 M		0027 0306	1.8F 1.7E
					0643	1018	1.7E
					1321	1545	1.3F
					1848	2155	1.8E

February

Day	Slack h m	Maximum h m	knots	Day	Slack h m	Maximum h m	knots
1 Tu	0117	0402	1.9F	16 W	0058	0351	2.6F
	0732	1103	1.8E		0715	0954	2.2E
	1412	1642	1.3F		1402	1627	1.7F
	1938	2235	1.8E		1928	2211	2.2E
2 W	0206	0453	2.0F	17 Th	0201	0455	2.7F
	0818	1146	1.8E		0814	1100	2.3E
	1501	1728	1.4F		1501	1731	1.9F
	2025	2313	1.8E		2026	2314	2.3E
3 Th	0252	0538	2.1F	18 F	0301	0555	2.8F
	0901	1224	1.9E		0909	1206	2.4E
	1547	1808	1.5F		1554	1827	2.0F
	2108	2349	1.9E		2122		
4 F	0335	0619	2.2F	19 Sa		0017	2.4E
	0942	1250	2.0E		0358	0649	2.8F
	1629	1846	1.6F		1000	1304	2.4E
	2149			○ 1642	1917	2.2F
					2216		
5 Sa		0026	1.9E	20 Su		0118	2.4E
	0416	0659	2.3F		0452	0739	2.7F
	1022	1312	2.0E		1050	1352	2.4E
● 1708	1926	1.7F		1728	2004	2.3F
	2230				2308		
6 Su		0105	2.0E	21 M		0213	2.4E
	0456	0741	2.3F		0545	0829	2.6F
	1101	1342	2.1E		1138	1433	2.3E
	1746	2007	1.8F		1813	2052	2.3F
	2311						
7 M		0145	2.0E	22 Tu	0000	0302	2.3E
	0538	0824	2.3F		0639	0918	2.3F
	1140	1418	2.2E		1225	1511	2.2E
	1823	2050	1.9F		1858	2139	2.2F
	2353						
8 Tu		0227	2.1E	23 W	0051	0349	2.1E
	0623	0909	2.2F		0733	1007	2.1F
	1219	1456	2.2E		1311	1551	2.1E
	1901	2136	2.1F		1944	2225	2.2F
9 W	0037	0312	2.1E	24 Th	0141	0435	2.0E
	0712	0957	2.1F		0826	1054	1.8F
	1259	1538	2.2E		1356	1633	2.0E
	1941	2223	2.2F		2031	2311	2.1F
10 Th	0124	0358	2.2E	25 F	0230	0525	1.8E
	0804	1045	2.0F		0918	1139	1.7F
	1341	1623	2.2E		1442	1720	1.8E
	2024	2311	2.4F		2119	2355	2.0F
11 F	0213	0448	2.2E	26 Sa	0320	0633	1.7E
	0859	1134	1.9F		1007	1222	1.5F
	1426	1712	2.2E		1529	1812	1.7E
	2111			☾ 2208			
12 Sa		0001	2.5F	27 Su		0040	1.9F
	0306	0542	2.2E		0412	0745	1.6E
	0955	1225	1.9F		1056	1307	1.4F
☽ 1516	1806	2.1E		1620	1911	1.7E
	2202				2257		
13 Su		0052	2.5F	28 M		0127	1.8F
	0404	0641	2.1E		0505	0840	1.5E
	1053	1318	1.8F		1146	1356	1.3F
	1614	1905	2.1E		1714	2010	1.6E
	2257				2348		
14 M		0147	2.5F	29 Tu		0218	1.7F
	0508	0743	2.1E		0600	0929	1.6E
	1154	1415	1.7F		1239	1450	1.2F
	1719	2006	2.1E		1810	2104	1.7E
	2356						
15 Tu		0246	2.5F				
	0613	0848	2.1E				
	1258	1519	1.6F				
	1825	2109	2.2E				

March

Day	Slack h m	Maximum h m	knots	Day	Slack h m	Maximum h m	knots
1 W	0040	0314	1.7F	16 Th	0049	0337	2.4F
	0653	1016	1.6E		0700	1002	2.1E
	1333	1550	1.3F		1346	1619	1.7F
	1904	2152	1.7E		1920	2222	2.1E
2 Th	0132	0411	1.8F	17 F	0153	0446	2.5F
	0743	1059	1.7E		0758	1110	2.2E
	1425	1646	1.4F		1442	1725	2.0F
	1953	2236	1.8E		2018	2331	2.3E
3 F	0222	0504	2.0F	18 Sa	0253	0547	2.6F
	0828	1135	1.8E		0851	1206	2.3E
	1511	1734	1.6F		1532	1817	2.2F
	2039	2318	1.9E		2111		
4 Sa	0309	0550	2.1F	19 Su		0032	2.4E
	0911	1204	2.0E		0349	0639	2.6F
	1553	1816	1.8F		0941	1253	2.4E
	2122	2359	2.0E	○ 1616	1901	2.4F
					2201		
5 Su	0354	0633	2.2F	20 M		0124	2.5E
	0951	1234	2.1E		0441	0726	2.5F
	1631	1857	2.0F		1027	1332	2.3E
● 2204				1658	1942	2.5F
					2249		
6 M		0040	2.1E	21 Tu		0209	2.4E
	0437	0716	2.2F		0531	0810	2.3F
	1030	1309	2.2E		1112	1405	2.3E
	1707	1939	2.2F		1739	2023	2.4F
	2245				2336		
7 Tu		0122	2.2E	22 W		0246	2.4E
	0521	0759	2.2F		0619	0853	2.1F
	1109	1347	2.2E		1155	1437	2.2E
	1744	2022	2.3F		1820	2104	2.4F
	2328						
8 W		0205	2.3E	23 Th	0022	0317	2.2E
	0606	0845	2.1F		0707	0936	1.9F
	1150	1428	2.3E		1239	1513	2.1E
	1822	2108	2.4F		1903	2147	2.3F
9 Th	0013	0249	2.4E	24 F	0107	0348	2.0E
	0655	0933	2.1F		0755	1019	1.7F
	1232	1511	2.3E		1322	1552	1.9E
	1905	2157	2.5F		1949	2232	2.1F
10 F	0101	0335	2.4E	25 Sa	0152	0426	1.9E
	0747	1023	2.0F		0842	1102	1.6F
	1318	1558	2.2E		1405	1636	1.8E
	1953	2247	2.5F		2037	2316	2.0F
11 Sa	0151	0425	2.3E	26 Su	0239	0509	1.7E
	0842	1114	1.9F		0930	1145	1.5F
	1407	1648	2.2E		1450	1723	1.7E
	2046	2338	2.5F		2127		
12 Su	0246	0519	2.2E	27 M		0001	1.9F
	0940	1206	1.8F		0327	0600	1.6E
	1501	1743	2.1E		1018	1229	1.4F
	2143			☾ 1539	1816	1.6E
					2217		
13 M		0031	2.5F	28 Tu		0048	1.8F
	0345	0620	2.1E		0419	0659	1.5E
	1040	1300	1.7F		1107	1317	1.3F
☽ 1602	1846	2.0E		1633	1914	1.6E
	2243				2308		
14 Tu		0128	2.4F	29 W		0138	1.8F
	0450	0728	2.0E		0514	0806	1.5E
	1142	1400	1.6F		1159	1409	1.3F
	1709	1955	1.9E		1730	2013	1.6E
	2345						
15 W		0229	2.4F	30 Th	0001	0232	1.7F
	0557	0844	2.0E		0609	0905	1.6E
	1245	1506	1.6F		1251	1505	1.3F
	1817	2108	2.0E		1827	2108	1.6E
				31 F	0055	0329	1.7F
					0701	0952	1.7E
					1341	1603	1.5F
					1920	2158	1.8E

Time meridian 75° W. 0000 is midnight. 1200 is noon.

St. Johns River Entrance, Florida, 2000

F—Flood, Dir. 262° True   E—Ebb, Dir. 081° True

April

Day	Slack h m	Maximum h m	knots	Day	Slack h m	Maximum h m	knots
1 Sa	0149 / 0749 / 1428 / 2008	0426 / 1033 / 1655 / 2244	1.8F / 1.9E / 1.8F / 1.9E	16 Su	0244 / 0830 / 1504 / 2056	0540 / 1150 / 1803	2.3F / 2.3E / 2.4F
2 Su	0241 / 0833 / 1509 / 2053	0517 / 1113 / 1742 / 2329	2.0F / 2.0E / 2.0F / 2.1E	17 M	0338 / 0917 / 1547 / 2143	0030 / 0629 / 1231 / 1841	2.4E / 2.3F / 2.3E / 2.5F
3 M	0330 / 0915 / 1548 / 2136	0604 / 1153 / 1826	2.1F / 2.1E / 2.3F	18 Tu ○	0428 / 1002 / 1627 / 2227	0116 / 0710 / 1305 / 1917	2.5E / 2.2F / 2.2E / 2.6F
4 Tu ●	0416 / 0956 / 1626 / 2219	0012 / 0649 / 1233 / 1909	2.3E / 2.1F / 2.2E / 2.5F	19 W	0513 / 1044 / 1706 / 2310	0154 / 0748 / 1334 / 1953	2.4E / 2.1F / 2.2E / 2.5F
5 W	0501 / 1037 / 1705 / 2303	0056 / 0733 / 1316 / 1954	2.4E / 2.1F / 2.3E / 2.6F	20 Th	0557 / 1126 / 1745 / 2353	0223 / 0825 / 1404 / 2031	2.3E / 1.9F / 2.1E / 2.4F
6 Th	0548 / 1120 / 1748 / 2350	0141 / 0820 / 1400 / 2041	2.5E / 2.1F / 2.3E / 2.7F	21 F	0640 / 1207 / 1827	0245 / 0904 / 1439 / 2113	2.2E / 1.8F / 2.0E / 2.3F
7 F	0637 / 1207 / 1835	0227 / 0909 / 1446 / 2132	2.5E / 2.0F / 2.3E / 2.7F	22 Sa	0035 / 0724 / 1248 / 1911	0313 / 0945 / 1518 / 2156	2.1E / 1.6F / 1.9E / 2.1F
8 Sa	0040 / 0731 / 1258 / 1929	0314 / 1002 / 1535 / 2225	2.5E / 1.9F / 2.2E / 2.6F	23 Su	0118 / 0809 / 1331 / 1957	0349 / 1028 / 1600 / 2242	1.9E / 1.5F / 1.8E / 2.0F
9 Su	0133 / 0829 / 1352 / 2028	0406 / 1056 / 1627 / 2319	2.3E / 1.8F / 2.1E / 2.5F	24 M	0202 / 0856 / 1415 / 2046	0431 / 1112 / 1645 / 2328	1.8F / 1.5F / 1.7E / 2.0F
10 M	0230 / 0930 / 1451 / 2130	0502 / 1151 / 1726	2.2F / 1.8F / 1.9E	25 Tu	0247 / 0944 / 1502 / 2137	0519 / 1157 / 1735	1.7F / 1.4F / 1.6E
11 Tu ☾	0331 / 1030 / 1555 / 2233	0015 / 0606 / 1248 / 1835	2.5F / 2.1F / 1.7F / 1.8E	26 W ☽	0336 / 1032 / 1554 / 2228	0014 / 0613 / 1244 / 1830	1.9F / 1.7F / 1.4F / 1.6E
12 W	0435 / 1130 / 1703 / 2337	0113 / 0729 / 1349 / 2009	2.4F / 2.0F / 1.7F / 1.8E	27 Th	0427 / 1119 / 1651 / 2322	0103 / 0710 / 1334 / 1928	1.8F / 1.7E / 1.5F / 1.6E
13 Th	0540 / 1229 / 1810	0216 / 0905 / 1458 / 2136	2.2F / 2.1E / 1.7F / 1.9E	28 F	0521 / 1207 / 1749	0154 / 0807 / 1427 / 2026	1.8F / 1.7E / 1.6F / 1.7E
14 F	0041 / 0642 / 1326 / 1911	0326 / 1009 / 1614 / 2240	2.2F / 2.1E / 1.9F / 2.1E	29 Sa	0018 / 0614 / 1253 / 1844	0249 / 0857 / 1522 / 2119	1.7F / 1.8E / 1.8F / 1.8E
15 Sa	0145 / 0739 / 1417 / 2006	0439 / 1102 / 1716 / 2338	2.2F / 2.2E / 2.1F / 2.3E	30 Su	0116 / 0704 / 1338 / 1935	0346 / 0944 / 1616 / 2209	1.7F / 2.0E / 2.0F / 2.0E

May

Day	Slack h m	Maximum h m	knots	Day	Slack h m	Maximum h m	knots
1 M	0211 / 0751 / 1422 / 2022	0442 / 1029 / 1707 / 2256	1.8F / 2.1E / 2.3F / 2.2E	16 Tu	0322 / 0851 / 1517 / 2122	0015 / 0614 / 1202 / 1817	2.0F / 2.0F / 2.2E / 2.5F
2 Tu	0303 / 0836 / 1505 / 2108	0533 / 1114 / 1754 / 2343	1.9F / 2.2E / 2.6F / 2.4E	17 W	0409 / 0934 / 1557 / 2204	0058 / 0651 / 1235 / 1851	2.4E / 2.0F / 2.1E / 2.5F
3 W ●	0352 / 0920 / 1548 / 2153	0621 / 1159 / 1841	2.0F / 2.3E / 2.8F	18 Th ○	0452 / 1016 / 1637 / 2245	0135 / 0724 / 1303 / 1925	2.3E / 1.9F / 2.1E / 2.5F
4 Th	0439 / 1005 / 1632 / 2240	0030 / 0708 / 1246 / 1928	2.5E / 2.1F / 2.4E / 2.9F	19 F	0533 / 1056 / 1716 / 2325	0200 / 0757 / 1334 / 2002	2.2E / 1.8F / 2.0E / 2.4F
5 F	0528 / 1053 / 1720 / 2330	0117 / 0756 / 1334 / 2017	2.6E / 2.0F / 2.4E / 2.9F	20 Sa	0614 / 1137 / 1755	0217 / 0833 / 1409 / 2042	2.1E / 1.7F / 2.0E / 2.3F
6 Sa	0620 / 1145 / 1812	0206 / 0848 / 1423 / 2110	2.6E / 2.0F / 2.3E / 2.8F	21 Su	0006 / 0656 / 1217 / 1837	0245 / 0914 / 1447 / 2125	2.0E / 1.5F / 1.9E / 2.2F
7 Su	0022 / 0716 / 1241 / 1910	0256 / 0943 / 1515 / 2206	2.5E / 1.9F / 2.2E / 2.7F	22 M	0048 / 0741 / 1259 / 1922	0321 / 0957 / 1528 / 2211	2.0E / 1.5F / 1.8E / 2.1F
8 M	0118 / 0817 / 1340 / 2013	0350 / 1040 / 1611 / 2303	2.3E / 1.8F / 2.0E / 2.5F	23 Tu	0130 / 0827 / 1343 / 2010	0403 / 1043 / 1613 / 2257	1.9E / 1.5F / 1.7E / 2.0F
9 Tu	0216 / 0918 / 1442 / 2118	0450 / 1139 / 1715	2.2F / 1.8F / 1.8E	24 W	0213 / 0913 / 1429 / 2101	0448 / 1129 / 1701 / 2344	1.9E / 1.5F / 1.7E / 2.0F
10 W ☾	0316 / 1017 / 1548 / 2223	0000 / 0604 / 1238 / 1852	2.4F / 2.1F / 1.8F / 1.7E	25 Th	0258 / 0957 / 1519 / 2153	0537 / 1215 / 1753	1.8F / 1.6F / 1.6E
11 Th	0418 / 1113 / 1655 / 2327	0059 / 0756 / 1339 / 2036	2.3F / 2.1F / 1.8F / 1.9E	26 F ☽	0344 / 1040 / 1613 / 2248	0032 / 0629 / 1302 / 1850	1.9F / 1.8E / 1.7F / 1.7E
12 F	0520 / 1207 / 1758	0202 / 0901 / 1447 / 2139	2.1F / 2.1E / 1.9F / 2.0E	27 Sa	0433 / 1122 / 1710 / 2344	0121 / 0722 / 1352 / 1947	1.8F / 1.9E / 1.9F / 1.8E
13 Sa	0030 / 0619 / 1258 / 1857	0313 / 0953 / 1559 / 2234	2.0F / 2.2E / 2.0F / 2.2E	28 Su	0524 / 1205 / 1807	0213 / 0813 / 1444 / 2042	1.7F / 2.1E / 2.1F / 1.9E
14 Su	0132 / 0714 / 1347 / 1950	0427 / 1040 / 1657 / 2327	2.0F / 2.2E / 2.2F / 2.3E	29 M	0041 / 0617 / 1251 / 1900	0309 / 0902 / 1539 / 2134	1.7F / 2.1E / 2.3F / 2.1E
15 M	0230 / 0805 / 1434 / 2038	0527 / 1124 / 1741	2.0F / 2.2E / 2.4F	30 Tu	0139 / 0708 / 1338 / 1951	0406 / 0951 / 1633 / 2224	1.7F / 2.2E / 2.6F / 2.3E
				31 W	0234 / 0758 / 1427 / 2041	0501 / 1039 / 1725 / 2314	1.8F / 2.3E / 2.8F / 2.5E

June

Day	Slack h m	Maximum h m	knots	Day	Slack h m	Maximum h m	knots
1 Th	0326 / 0848 / 1517 / 2130	0553 / 1129 / 1815	1.9F / 2.4E / 3.0F	16 F ○	0427 / 0948 / 1611 / 2220	0113 / 0658 / 1236 / 1859	2.2E / 1.7F / 2.0E / 2.4F
2 F ●	0417 / 0938 / 1607 / 2220	0004 / 0643 / 1219 / 1905	2.6E / 2.0F / 2.5E / 3.0F	17 Sa	0508 / 1028 / 1650 / 2300	0141 / 0729 / 1307 / 1936	2.1E / 1.6F / 2.0E / 2.3F
3 Sa	0509 / 1030 / 1659 / 2313	0055 / 0734 / 1311 / 1957	2.6E / 2.0F / 2.4E / 3.0F	18 Su	0549 / 1109 / 1729 / 2341	0157 / 0805 / 1342 / 2015	2.1E / 1.6F / 1.9E / 2.3F
4 Su	0603 / 1126 / 1755	0148 / 0828 / 1404 / 2051	2.5E / 1.9F / 2.3E / 2.8F	19 M	0631 / 1149 / 1809	0223 / 0846 / 1420 / 2058	2.0E / 1.5F / 1.8E / 2.2F
5 M	0007 / 0701 / 1225 / 1855	0242 / 0925 / 1459 / 2148	2.5E / 1.9F / 2.1E / 2.7F	20 Tu	0021 / 0714 / 1231 / 1852	0258 / 0929 / 1501 / 2143	2.0E / 1.5F / 1.8E / 2.1F
6 Tu	0103 / 0801 / 1327 / 2000	0339 / 1025 / 1559 / 2247	2.3E / 1.8F / 2.0E / 2.5F	21 W	0102 / 0757 / 1314 / 1939	0337 / 1015 / 1544 / 2229	2.0E / 1.6F / 1.8E / 2.1F
7 W	0201 / 0900 / 1431 / 2106	0443 / 1126 / 1712 / 2346	2.2E / 1.9F / 1.8E / 2.3F	22 Th	0143 / 0839 / 1400 / 2030	0419 / 1100 / 1631 / 2316	2.0E / 1.7F / 1.8E / 2.0F
8 Th ☽	0258 / 0956 / 1535 / 2210	0616 / 1224 / 1917	2.1F / 1.9F / 1.8E	23 F	0223 / 0920 / 1447 / 2123	0504 / 1146 / 1721	2.0E / 1.8F / 1.8E
9 F	0357 / 1048 / 1638 / 2312	0044 / 0741 / 1323 / 2027	2.2F / 2.1F / 2.0F / 1.9E	24 Sa ☾	0305 / 0959 / 1538 / 2217	0003 / 0552 / 1232 / 1815	1.9F / 2.0E / 2.0F / 1.8E
10 Sa	0455 / 1138 / 1739	0145 / 0838 / 1423 / 2124	2.0F / 2.1E / 2.0F / 2.1E	25 Su	0349 / 1040 / 1633 / 2312	0051 / 0642 / 1320 / 1911	1.9F / 2.0E / 2.2F / 1.9E
11 Su	0013 / 0551 / 1227 / 1835	0252 / 0927 / 1527 / 2216	1.8F / 2.1E / 2.1F / 2.2E	26 M	0439 / 1123 / 1730	0141 / 0734 / 1411 / 2007	1.8F / 2.1E / 2.3F / 2.1E
12 M	0112 / 0645 / 1315 / 1927	0405 / 1012 / 1627 / 2305	1.7F / 2.1E / 2.2F / 2.2E	27 Tu	0009 / 0534 / 1211 / 1828	0235 / 0827 / 1505 / 2102	1.7F / 2.2E / 2.5F / 2.2E
13 Tu	0208 / 0736 / 1403 / 2014	0506 / 1054 / 1714 / 2352	1.7F / 2.1E / 2.3F / 2.2E	28 W	0107 / 0631 / 1303 / 1923	0333 / 0919 / 1602 / 2156	1.7F / 2.3E / 2.7F / 2.3E
14 W	0259 / 0822 / 1448 / 2058	0552 / 1133 / 1751	1.7F / 2.1E / 2.4F	29 Th	0205 / 0727 / 1358 / 2017	0431 / 1011 / 1659 / 2249	1.8F / 2.4E / 2.8F / 2.4E
15 Th	0345 / 0906 / 1531 / 2140	0035 / 0628 / 1207 / 1825	2.2E / 1.7F / 2.0E / 2.4F	30 F	0302 / 0822 / 1454 / 2110	0528 / 1104 / 1753 / 2343	1.9F / 2.5E / 3.0F / 2.5E

Time meridian 75° W. 0000 is midnight. 1200 is noon.

69

St. Johns River Entrance, Florida, 2000

F–Flood, Dir. 262° True   E–Ebb, Dir. 081° True

July

Day	Slack h m	Maximum h m	knots	Day	Slack h m	Maximum h m	knots
1 Sa ●	0357 0916 1549 2203	0622 1158 1846	2.0F 2.5E 3.0F	16 Su ○	0442 1002 1627 2236	0121 0703 1243 1911	2.0E 1.6F 1.9E 2.3F
2 Su	0451 1012 1644 2257	0038 0716 1253 1939	2.5E 2.0F 2.4E 3.0F	17 M	0523 1043 1706 2315	0141 0739 1318 1950	2.0E 1.6F 1.9E 2.3F
3 M	0546 1110 1742 2351	0134 0811 1349 2034	2.5E 2.0F 2.3E 2.8F	18 Tu	0603 1123 1746 2355	0202 0819 1356 2032	2.0E 1.6F 1.9E 2.2F
4 Tu	0642 1211 1842	0231 0908 1448 2132	2.4E 2.0F 2.2E 2.7F	19 W	0643 1205 1829	0233 0901 1436 2116	2.1E 1.7F 1.9E 2.1F
5 W	0046 0738 1312 1946	0329 1008 1551 2230	2.3E 2.0F 2.0E 2.4F	20 Th	0034 0722 1247 1915	0310 0945 1518 2203	2.1E 1.7F 1.9E 2.1F
6 Th	0141 0833 1413 2050	0431 1106 1718 2328	2.2E 2.0F 1.9E 2.2F	21 F	0112 0801 1331 2006	0349 1031 1604 2249	2.1E 1.9F 1.9E 2.0F
7 F	0235 0926 1513 2153	0550 1202 1859	2.1E 2.1F 1.9E	22 Sa	0151 0839 1417 2058	0432 1117 1652 2336	2.1E 2.1F 2.0E 1.9F
8 Sa ☾	0330 1016 1613 2252	0024 0707 1255 2004	2.0F 2.1E 2.1F 2.0E	23 Su	0231 0920 1506 2151	0518 1203 1744	2.1E 2.3F 2.0E
9 Su	0424 1105 1711 2349	0120 0804 1347 2059	1.8F 2.0E 2.1F 2.0E	24 M ○	0314 1003 1600 2245	0024 0608 1251 1839	1.9F 2.1E 2.4F 2.1E
10 M	0519 1153 1806	0219 0854 1443 2150	1.6F 2.0E 2.1F 2.0E	25 Tu	0404 1050 1659 2341	0113 0701 1342 1936	1.8F 2.1E 2.5F 2.1E
11 Tu	0045 0613 1242 1858	0326 0940 1542 2237	1.5F 2.0E 2.1F 2.0E	26 W	0501 1142 1800	0207 0757 1437 2034	1.7F 2.2E 2.6F 2.2E
12 W	0139 0704 1332 1947	0433 1023 1638 2324	1.5F 2.0E 2.1F 2.0E	27 Th	0040 0603 1239 1900	0305 0853 1537 2132	1.7F 2.3E 2.6F 2.3E
13 Th	0230 0753 1420 2032	0523 1104 1722	1.5F 1.9E 2.1F	28 F	0142 0705 1339 1958	0407 0949 1637 2229	1.7F 2.4E 2.8F 2.3E
14 F	0317 0838 1505 2115	0008 0600 1140 1759	2.0E 1.5F 1.9E 2.2F	29 Sa	0242 0804 1438 2053	0508 1046 1736 2328	1.8F 2.4E 2.9F 2.4E
15 Sa	0401 0921 1547 2156	0048 0631 1212 1834	2.0E 1.6F 1.9E 2.3F	30 Su ●	0339 0902 1537 2147	0606 1143 1831	2.0F 2.4E 3.0F
				31 M	0433 0959 1634 2240	0026 0700 1241 1925	2.5E 2.1F 2.4E 2.9F

August

Day	Slack h m	Maximum h m	knots	Day	Slack h m	Maximum h m	knots
1 Tu	0525 1056 1731 2333	0124 0754 1341 2018	2.1E 2.1F 2.4E 2.8F	16 W	0529 1057 1725 2325	0133 0750 1332 2007	2.1E 1.8F 2.0E 2.2F
2 W	0616 1154 1829	0219 0848 1440 2114	2.4E 2.2F 2.3E 2.6F	17 Th	0605 1137 1808	0204 0832 1411 2050	2.1E 1.9F 2.0E 2.1F
3 Th	0025 0707 1251 1930	0312 0944 1542 2210	2.4E 2.2F 2.1E 2.3F	18 F	0003 0641 1219 1855	0240 0915 1453 2136	2.1E 2.0F 2.1E 2.0F
4 F	0117 0759 1348 2031	0404 1038 1657 2305	2.2E 2.2F 2.0E 2.1F	19 Sa	0041 0719 1302 1944	0319 1001 1537 2223	2.1E 2.2F 2.2E 2.0F
5 Sa	0208 0850 1444 2129	0500 1130 1824 2357	2.1E 2.2F 1.9E 1.9F	20 Su	0120 0800 1348 2035	0401 1048 1624 2311	2.1E 2.3F 2.2E 1.9F
6 Su ☾	0259 0940 1539 2225	0607 1218 1931	2.0E 2.1F 1.9E	21 M	0202 0844 1438 2128	0447 1136 1715 2359	2.1E 2.4F 2.2E 1.8F
7 M	0350 1029 1635 2318	0047 0717 1306 2027	1.7F 1.9E 2.1F 1.8E	22 Tu ○	0247 0933 1533 2223	0538 1225 1810	2.1E 2.5F 2.1E
8 Tu	0443 1119 1730	0137 0815 1356 2117	1.5F 1.8E 2.0F 1.8E	23 W	0339 1025 1633 2321	0050 0633 1318 1910	1.8F 2.1E 2.5F 2.1E
9 W	0010 0538 1209 1824	0231 0905 1451 2205	1.4F 1.8E 1.9F 1.8E	24 Th	0440 1123 1737	0144 0733 1414 2012	1.7F 2.1E 2.5F 2.1E
10 Th	0103 0631 1301 1915	0334 0951 1550 2251	1.3F 1.8E 1.9F 1.8E	25 F	0022 0547 1224 1841	0244 0834 1516 2116	1.6F 2.1E 2.5F 2.2E
11 F	0155 0722 1351 2002	0438 1034 1644 2336	1.3F 1.8E 1.9F 1.9E	26 Sa	0125 0653 1327 1941	0349 0936 1620 2218	1.7F 2.2E 2.6F 2.3E
12 Sa	0244 0810 1438 2046	0524 1113 1728	1.4F 1.8E 2.0F	27 Su	0225 0754 1429 2038	0454 1037 1722 2320	1.8F 2.3E 2.7F 2.4E
13 Su	0330 0855 1522 2128	0018 0605 1147 1808	1.9E 1.5F 1.9E 2.1F	28 M	0321 0852 1528 2131	0553 1139 1819	2.1F 2.4E 2.8F
14 M	0413 0937 1604 2208	0052 0635 1219 1846	2.0E 1.6F 1.9E 2.2F	29 Tu ●	0411 0947 1625 2221	0019 0646 1240 1911	2.4E 2.3F 2.5E 2.8F
15 Tu ○	0452 1018 1644 2247	0112 0712 1254 1925	2.0E 1.7F 1.9E 2.2F	30 W	0459 1041 1720 2311	0113 0736 1339 2002	2.5E 2.4F 2.5E 2.6F
				31 Th	0545 1134 1815	0201 0825 1434 2054	2.4E 2.4F 2.4E 2.4F

September

Day	Slack h m	Maximum h m	knots	Day	Slack h m	Maximum h m	knots
1 F	0000 0632 1227 1910	0245 0914 1525 2145	2.3E 2.4F 2.3E 2.1F	16 Sa	0600 1151 1834	0208 0845 1428 2109	2.2F 2.4F 2.3E 2.0F
2 Sa	0048 0720 1319 2006	0329 1003 1617 2236	2.2E 2.3F 2.1E 1.9F	17 Su	0010 0639 1236 1923	0248 0931 1512 2158	2.2E 2.4F 2.3E 1.9F
3 Su	0136 0810 1410 2100	0414 1052 1717 2324	2.0E 2.2F 1.9E 1.7F	18 M	0052 0724 1324 2015	0332 1020 1559 2248	2.2E 2.5F 2.3E 1.8F
4 M	0225 0901 1502 2152	0503 1139 1838	1.9E 2.1F 1.7E	19 Tu	0138 0815 1415 2111	0420 1111 1650 2339	2.1E 2.5F 2.2E 1.8F
5 Tu ☾	0314 0952 1555 2243	0010 0600 1226 1944	1.5F 1.7E 2.0F 1.6E	20 W ○	0228 0910 1512 2209	0513 1203 1747	2.0E 2.5F 2.1E
6 W	0406 1043 1649 2333	0056 0710 1314 2038	1.4F 1.7E 1.8F 1.6E	21 Th	0326 1009 1614 2308	0031 0611 1258 1850	1.7F 2.0E 2.4F 2.1E
7 Th	0500 1135 1744	0144 0819 1405 2127	1.3F 1.6E 1.7F 1.6E	22 F	0431 1111 1720	0127 0716 1356 2000	1.7F 1.9E 2.4F 2.1E
8 F	0024 0556 1227 1838	0238 0913 1500 2212	1.2F 1.7E 1.7F 1.7E	23 Sa	0009 0540 1215 1825	0229 0826 1500 2111	1.6F 2.0E 2.4F 2.1E
9 Sa	0117 0651 1318 1927	0339 0959 1558 2256	1.3F 1.7E 1.8F 1.8E	24 Su	0110 0646 1319 1925	0337 0937 1607 2218	1.7F 2.1E 2.4F 2.2E
10 Su	0207 0741 1409 2013	0436 1040 1651 2334	1.4F 1.8E 1.9F 1.9E	25 M	0207 0747 1422 2020	0444 1046 1712 2318	2.0F 2.3E 2.5F 2.3E
11 M	0254 0827 1456 2055	0523 1116 1737	1.6F 1.8E 2.0F	26 Tu	0259 0842 1521 2112	0542 1150 1808	2.2F 2.4E 2.6F
12 Tu	0336 0910 1540 2136	0003 0603 1152 1818	2.0E 1.8F 1.9E 2.1F	27 W ●	0346 0934 1616 2200	0010 0631 1248 1859	2.4E 2.5F 2.5E 2.6F
13 W	0414 0950 1623 2214	0026 0641 1228 1859	2.1E 2.0F 2.0E 2.2F	28 Th	0430 1024 1707 2247	0056 0716 1339 1945	2.4E 2.6F 2.5E 2.4F
14 Th	0449 1030 1705 2252	0055 0720 1306 1940	2.1E 2.2F 2.2E 2.1F	29 F	0513 1112 1758 2333	0136 0759 1422 2031	2.3E 2.6F 2.5E 2.2F
15 F	0524 1109 1749 2330	0130 0801 1346 2024	2.2E 2.3F 2.3E 2.1F	30 Sa	0556 1200 1848	0215 0843 1500 2117	2.2E 2.5F 2.3E 2.0F

Time meridian 75° W. 0000 is midnight. 1200 is noon.

St. Johns River Entrance, Florida, 2000

F–Flood, Dir. 262° True   E–Ebb, Dir. 081° True

October

Day	Slack h m	Maximum h m	knots	Day	Slack h m	Maximum h m	knots
1 Su	0018 0641 1248 1938	0254 0928 1536 2203	2.1E 2.4F 2.1E 1.7F	16 M	0606 1213 1903	0220 0905 1449 2134	2.2E 2.6F 2.4E 1.8F
2 M	0103 0730 1335 2028	0335 1015 1614 2248	2.0E 2.2F 1.9E 1.6F	17 Tu	0027 0656 1303 1959	0307 0956 1537 2227	2.2E 2.6F 2.4E 1.8F
3 Tu	0149 0821 1424 2117	0419 1101 1659 2333	1.8E 2.1F 1.7E 1.5F	18 W	0119 0753 1358 2058	0357 1050 1630 2321	2.1E 2.5F 2.2E 1.7F
4 W	0237 0913 1514 2206	0508 1148 1753	1.7E 1.9F 1.6E	19 Th	0216 0855 1457 2159	0452 1145 1730	1.9E 2.5F 2.1E
5 Th ☽	0328 1005 1606 2256	0018 0604 1235 1927	1.4F 1.6E 1.8F 1.5E	20 F ○	0319 0959 1559 2258	0017 0555 1242 1839	1.7F 1.8E 2.4F 2.0E
6 F	0422 1057 1700 2345	0105 0708 1324 2034	1.3F 1.5E 1.7F 1.6E	21 Sa	0427 1103 1704 2356	0116 0711 1342 2002	1.7F 1.8E 2.3F 2.0E
7 Sa	0520 1149 1754	0156 0816 1417 2120	1.3F 1.5E 1.7F 1.6E	22 Su	0535 1208 1807	0218 0845 1447 2121	1.8F 1.9E 2.2F 2.1E
8 Su	0036 0616 1243 1846	0251 0912 1513 2158	1.4F 1.6E 1.7F 1.8E	23 M	0051 0639 1312 1906	0327 1001 1557 2220	1.9F 2.1E 2.2F 2.2E
9 M	0125 0709 1336 1933	0348 0958 1609 2231	1.5F 1.7E 1.7F 1.9E	24 Tu	0144 0737 1414 2000	0434 1102 1704 2310	2.1F 2.3E 2.3F 2.3E
10 Tu	0210 0756 1427 2017	0440 1039 1701 2304	1.7F 1.9E 1.9F 2.0E	25 W	0234 0830 1511 2050	0529 1157 1759 2355	2.4F 2.4E 2.3F 2.3E
11 W	0252 0839 1515 2058	0525 1118 1747 2338	2.0F 2.0E 2.0F 2.1E	26 Th	0319 0918 1604 2137	0614 1247 1846	2.6F 2.5E 2.3F
12 Th	0330 0920 1600 2138	0608 1157 1830	2.3F 2.2E 2.0F	27 F ●	0402 1004 1652 2221	0035 0654 1331 1927	2.3E 2.7F 2.5E 2.2F
13 F ○	0407 1001 1643 2217	0015 0649 1238 1913	2.2E 2.5F 2.3E 2.1F	28 Sa	0443 1049 1738 2304	0110 0733 1406 2007	2.2E 2.7F 2.4E 2.0F
14 Sa	0444 1042 1727 2257	0055 0731 1319 1957	2.2E 2.6F 2.4E 2.0F	29 Su	0525 1134 1823 2347	0145 0813 1434 2047	2.2E 2.5F 2.3E 1.8F
15 Su	0523 1126 1813 2340	0136 0817 1403 2044	2.3E 2.6F 2.5E 1.9F	30 M	0608 1218 1908	0222 0855 1502 2129	2.1E 2.4F 2.1E 1.6F
				31 Tu	0031 0653 1303 1955	0301 0940 1537 2213	1.9E 2.2F 1.9E 1.5F

November

Day	Slack h m	Maximum h m	knots	Day	Slack h m	Maximum h m	knots
1 W	0116 0742 1348 2043	0343 1026 1618 2258	1.8E 2.0F 1.8E 1.4F	16 Th	0105 0738 1344 2046	0339 1032 1616 2307	2.0E 2.5F 2.2E 1.8F
2 Th	0202 0833 1435 2132	0429 1113 1706 2344	1.7E 1.9F 1.7E 1.4F	17 F	0207 0843 1442 2145	0437 1130 1718	1.9E 2.4F 2.1E
3 F	0251 0925 1523 2219	0520 1200 1801	1.6E 1.8F 1.6E	18 Sa ☾	0313 0949 1543 2242	0005 0547 1228 1838	1.8F 1.7E 2.3F 2.1E
4 Sa ●	0345 1018 1613 2306	0031 0616 1248 1901	1.4F 1.5E 1.8F 1.6E	19 Su	0420 1054 1645 2335	0104 0746 1328 2016	1.8F 1.8E 2.2F 2.1E
5 Su	0441 1111 1706 2352	0119 0718 1338 2000	1.5F 1.5E 2.0F 1.7E	20 M	0526 1158 1746	0206 0905 1433 2116	1.9F 1.9E 2.0F 2.2E
6 M	0538 1205 1758	0210 0818 1431 2049	1.6F 1.6E 2.0F 1.8E	21 Tu	0027 0627 1301 1844	0313 1003 1545 2207	2.1F 2.1E 2.0F 2.2E
7 Tu	0037 0631 1300 1848	0304 0910 1527 2132	1.7F 1.7E 2.0F 1.9E	22 W	0118 0722 1402 1938	0418 1057 1654 2253	2.3F 2.3E 2.0F 2.2E
8 W	0121 0720 1355 1934	0357 0957 1622 2214	2.0F 1.9E 2.0F 2.0E	23 Th	0206 0813 1458 2027	0511 1148 1748 2336	2.5F 2.4E 2.0F 2.1E
9 Th	0204 0806 1446 2018	0447 1041 1712 2256	2.2F 2.1E 2.0F 2.2E	24 F	0252 0900 1548 2112	0555 1235 1832	2.6F 2.5E 2.0F
10 F	0246 0850 1533 2100	0534 1124 1800 2338	2.5F 2.3E 2.0F 2.3E	25 Sa ●	0336 0944 1633 2156	0014 0633 1317 1909	2.2E 2.6F 2.4E 1.9F
11 Sa ○	0327 0933 1619 2142	0619 1208 1845	2.7F 2.4E 2.0F	26 Su	0418 1027 1716 2237	0047 0709 1351 1943	2.1E 2.6F 2.3E 1.8F
12 Su	0409 1017 1705 2227	0022 0704 1253 1931	2.3E 2.8F 2.5E 2.0F	27 M	0458 1110 1758 2319	0119 0747 1414 2019	2.1E 2.5F 2.2E 1.7F
13 M	0453 1104 1753 2315	0108 0752 1340 2020	2.3E 2.8F 2.5E 1.9F	28 Tu	0540 1152 1841	0154 0827 1437 2058	2.0E 2.3F 2.1E 1.6F
14 Tu	0542 1154 1846	0156 0842 1429 2113	2.3E 2.8F 2.5E 1.8F	29 W	0001 0622 1234 1925	0232 0910 1510 2141	1.9E 2.2F 2.0E 1.5F
15 W	0008 0636 1247 1945	0246 0936 1520 2209	2.2E 2.7F 2.4E 1.8F	30 Th	0045 0708 1317 2012	0313 0955 1549 2227	1.8E 2.1F 1.9E 1.5F

December

Day	Slack h m	Maximum h m	knots	Day	Slack h m	Maximum h m	knots
1 F	0130 0756 1400 2058	0357 1041 1633 2313	1.7E 2.0F 1.8E 1.5F	16 Sa	0157 0831 1425 2124	0427 1114 1709 2351	1.9E 2.4F 2.2E 2.0F
2 Sa	0218 0847 1443 2142	0444 1128 1721 2359	1.6E 1.9F 1.8E 1.6F	17 Su ○	0301 0937 1523 2218	0552 1212 1839	1.8E 2.2F 2.1E
3 Su	0308 0940 1528 2224	0536 1214 1812	1.6E 1.8F 1.8E	18 M	0405 1041 1622 2309	0048 0750 1311 2000	2.0F 1.9E 2.1F 2.1E
4 M	0400 1033 1616 2306	0045 0632 1302 1905	1.7F 1.6E 1.7F 1.8E	19 Tu	0507 1144 1721 2359	0146 0854 1415 2056	2.1F 2.0E 1.9F 2.1E
5 Tu	0455 1128 1706 2348	0133 0730 1353 1956	1.8F 1.7E 1.7F 1.9E	20 W	0607 1245 1819	0248 0949 1527 2146	2.2F 2.2E 1.8F 2.1E
6 W	0549 1223 1757	0223 0825 1446 2044	2.0F 1.8E 1.6F 2.0E	21 Th	0049 0702 1343 1912	0352 1041 1638 2232	2.3F 2.2E 1.7F 2.1E
7 Th	0032 0642 1319 1848	0316 0916 1542 2132	2.2F 2.0E 1.6F 2.1E	22 F	0139 0752 1438 2002	0450 1131 1733 2315	2.3F 2.3E 1.8F 2.1E
8 F	0118 0732 1413 1937	0410 1005 1637 2218	2.4F 2.2E 1.7F 2.2E	23 Sa	0227 0839 1527 2047	0536 1218 1816 2355	2.4F 2.3E 1.8F 2.1E
9 Sa	0205 0820 1505 2024	0501 1052 1729 2306	2.7F 2.3E 1.8F 2.3E	24 Su	0313 0924 1612 2131	0614 1301 1850	2.5F 2.2E 1.7F
10 Su	0253 0907 1554 2112	0552 1141 1819 2354	2.8F 2.5E 1.9F 2.4E	25 M ●	0356 1006 1653 2212	0028 0649 1337 1920	2.0E 2.4F 2.2E 1.7F
11 M ○	0342 0956 1643 2202	0641 1230 1908	2.9F 2.5E 2.0F	26 Tu	0437 1047 1734 2254	0059 0724 1403 1954	2.0E 2.4F 2.1E 1.6F
12 Tu	0432 1046 1734 2255	0044 0731 1320 1959	2.4E 3.0F 2.5E 1.9F	27 W	0516 1127 1815 2335	0132 0802 1420 2031	1.9E 2.3F 2.0E 1.6F
13 W	0525 1138 1829 2353	0135 0823 1413 2054	2.3E 2.9F 2.5E 1.6F	28 Th	0556 1208 1857	0208 0843 1448 2113	1.9E 2.2F 2.0E 1.6F
14 Th	0622 1233 1928	0229 0918 1507 2153	2.2E 2.7F 2.4E 1.9F	29 F	0018 0639 1248 1939	0247 0926 1523 2157	1.8E 2.1F 2.0E 1.6F
15 F	0054 0725 1328 2027	0325 1016 1604 2252	2.1E 2.6F 2.3E 1.9F	30 Sa	0101 0725 1328 2021	0329 1012 1603 2242	1.8E 2.0F 2.0E 1.7F
				31 Su	0146 0814 1407 2101	0414 1058 1646 2327	1.8E 2.0F 2.0E 1.8F

Time meridian 75° W. 0000 is midnight. 1200 is noon.

Miami Harbor Entrance, Florida, 2000

F–Flood, Dir. 293° True   E–Ebb, Dir. 112° True

January

Day	Slack h m	Maximum h m	knots	Day	Slack h m	Maximum h m	knots
1 Sa	0539 1149 1738	0300 0938 1521 2154	1.6F 1.4E 1.3F 1.5E	16 Su	0458 1119 1702 2346	0113 0811 1335 2008	1.8F 1.3E 1.5F 1.7E
2 Su	0012 0633 1243 1828	0352 1032 1613 2247	1.7F 1.4E 1.3F 1.5E	17 M	0601 1221 1805	0232 0926 1446 2116	1.9F 1.4E 1.6F 1.8E
3 M	0102 0720 1332 1912	0443 1125 1703 2337	1.7F 1.4E 1.4F 1.5E	18 Tu	0046 0701 1320 1903	0407 1049 1625 2247	2.1F 1.6E 1.7F 1.9E
4 Tu	0149 0801 1419 1956	0529 1211 1747	1.8F 1.5E 1.4F	19 W	0141 0757 1416 1959	0513 1151 1731 2357	2.3F 1.8E 1.9F 2.1E
5 W	0231 0841 1501 2038	0019 0609 1251 1822	1.5E 1.8F 1.5E 1.4F	20 Th ○	0237 0849 1509 2054	0604 1240 1820	2.4F 2.0E 2.1F
6 Th ●	0314 0922 1544 2120	0053 0640 1327 1836	1.5E 1.8F 1.5E 1.4F	21 F	0329 0940 1559 2149	0047 0649 1326 1906	2.2E 2.5F 2.1E 2.1F
7 F	0356 1002 1626 2202	0112 0644 1353 1839	1.5E 1.8F 1.4E 1.5F	22 Sa	0419 1030 1649 2241	0135 0735 1412 1956	2.2E 2.5F 2.2E 2.1F
8 Sa	0436 1042 1706 2247	0101 0700 1341 1913	1.5E 1.9F 1.4E 1.6F	23 Su	0508 1117 1737 2332	0225 0826 1500 2055	2.2E 2.3F 2.1E 2.1F
9 Su	0516 1121 1746 2329	0120 0736 1351 1955	1.6E 1.9F 1.5E 1.6F	24 M	0556 1200 1825	0317 0921 1547 2149	2.0E 2.2F 2.0E 2.0F
10 M	0557 1200 1827	0153 0820 1424 2043	1.6E 1.8F 1.5E 1.6F	25 Tu	0021 0645 1245 1914	0406 1009 1632 2236	1.8E 2.0F 1.8E 1.9F
11 Tu	0013 0640 1240 1911	0236 0908 1505 2134	1.6E 1.8F 1.6E 1.7F	26 W	0111 0737 1330 2006	0456 1049 1719 2321	1.6E 1.8F 1.6E 1.8F
12 W	0101 0729 1324 2001	0323 0956 1549 2223	1.5E 1.8F 1.6E 1.7F	27 Th	0203 0829 1418 2058	0601 1122 1830	1.4E 1.6F 1.5E
13 Th	0154 0823 1412 2055	0411 1043 1636 2312	1.5E 1.7F 1.6E 1.8F	28 F ◐	0258 0921 1507 2149	0016 0717 1147 1938	1.6F 1.2E 1.3F 1.4E
14 F ◐	0252 0920 1506 2149	0504 1133 1730	1.3E 1.6F 1.6E	29 Sa	0352 1014 1559 2240	0124 0816 1346 2032	1.5F 1.2E 1.2F 1.3E
15 Sa	0353 1019 1601 2247	0007 0614 1230 1843	1.8F 1.2E 1.5F 1.6E	30 Su	0451 1110 1652 2335	0224 0907 1444 2121	1.4F 1.2E 1.1F 1.3E
				31 M	0551 1207 1749	0318 1000 1539 2214	1.4F 1.2E 1.1F 1.3E

February

Day	Slack h m	Maximum h m	knots	Day	Slack h m	Maximum h m	knots
1 Tu	0029 0647 1301 1841	0412 1056 1634 2309	1.5F 1.2E 1.2F 1.4E	16 W	0027 0642 1301 1849	0359 1038 1624 2252	1.9F 1.6E 1.7F 1.8E
2 W	0120 0732 1350 1930	0503 1147 1723 2357	1.6F 1.3E 1.3F 1.4E	17 Th	0126 0739 1358 1948	0501 1139 1724 2354	2.1F 1.8E 1.9F 2.0E
3 Th	0207 0816 1437 2014	0547 1230 1803	1.7F 1.4E 1.4F	18 F	0220 0830 1450 2041	0553 1228 1813	2.3F 2.0E 2.1F
4 F	0250 0858 1520 2059	0036 0623 1306 1832	1.5E 1.8F 1.5E 1.5F	19 Sa ○	0311 0920 1540 2135	0043 0638 1312 1858	2.2E 2.4F 2.1E 2.2F
5 Sa ●	0333 0938 1600 2142	0104 0644 1333 1830	1.5E 1.8F 1.5E 1.6F	20 Su	0401 1008 1628 2226	0128 0720 1355 1942	2.2E 2.4F 2.2E 2.2F
6 Su	0415 1018 1640 2227	0109 0645 1335 1856	1.6E 1.9F 1.5E 1.7F	21 M	0448 1050 1711 2312	0213 0805 1437 2030	2.2E 2.3F 2.1E 2.2F
7 M	0455 1056 1720 2310	0114 0716 1337 1934	1.9E 1.9F 1.6E 1.8F	22 Tu	0532 1132 1757 2358	0258 0852 1518 2119	2.0E 2.1F 2.0E 2.1F
8 Tu	0536 1134 1800 2354	0142 0756 1404 2021	1.7E 1.9F 1.7E 1.9F	23 W	0618 1212 1840	0341 0936 1554 2202	1.8E 1.9F 1.8E 1.9F
9 W	0618 1213 1842	0221 0843 1443 2111	1.7E 1.9F 1.8E 1.9F	24 Th	0041 0703 1254 1928	0419 1006 1619 2231	1.6E 1.7F 1.6E 1.8F
10 Th	0040 0705 1257 1931	0306 0930 1527 2200	1.7E 1.8F 1.8E 2.0F	25 F	0128 0752 1338 2018	0450 1021 1631 2249	1.4E 1.5F 1.4E 1.6F
11 F	0131 0758 1343 2026	0353 1020 1613 2249	1.6E 1.8F 1.8E 2.0F	26 Sa ○	0218 0844 1425 2109	0611 1054 1655 2324	1.1E 1.4F 1.2E 1.4F
12 Sa ◐	0228 0855 1438 2121	0443 1108 1704 2342	1.5E 1.7F 1.7E 1.9F	27 Su	0309 0938 1516 2200	0739 1135 1955	1.0E 1.2F 1.1E
13 Su	0329 0953 1536 2220	0546 1203 1812	1.3E 1.6F 1.6E	28 M	0406 1031 1611 2257	0013 0836 1229 2049	1.3F 1.0E 1.0F 1.1E
14 M	0432 1056 1639 2322	0046 0814 1313 2006	1.8F 1.3E 1.5F 1.6E	29 Tu	0507 1129 1710 2353	0241 0928 1504 2141	1.3F 1.0E 1.0F 1.2E
15 Tu	0540 1159 1746	0234 0926 1448 2129	1.8F 1.4E 1.5F 1.7E				

March

Day	Slack h m	Maximum h m	knots	Day	Slack h m	Maximum h m	knots
1 W	0608 1228 1810	0338 1023 1601 2238	1.3F 1.1E 1.1F 1.2E	16 Th	0623 1242 1839	0345 1022 1613 2245	1.9F 1.6E 1.7F 1.8E
2 Th	0049 0700 1320 1903	0433 1117 1654 2331	1.4F 1.2E 1.2F 1.4E	17 F	0109 0720 1339 1937	0445 1121 1710 2343	2.0F 1.8E 1.9F 2.0E
3 F	0139 0744 1408 1950	0520 1202 1738	1.6F 1.4E 1.4F	18 Sa	0204 0810 1430 2029	0536 1210 1759	2.2F 2.0E 2.1F
4 Sa	0226 0827 1450 2037	0013 0559 1238 1812	1.5E 1.7F 1.5E 1.6F	19 Su ○	0254 0856 1518 2119	0031 0621 1254 1842	2.1E 2.2F 2.1E 2.2F
5 Su ●	0309 0907 1532 2121	0045 0625 1304 1822	1.6E 1.8F 1.6E 1.7F	20 M	0341 0940 1602 2206	0115 0701 1333 1922	2.1E 2.2F 2.1E 2.2F
6 M	0351 0948 1612 2207	0102 0629 1309 1840	1.6E 1.9F 1.7E 1.9F	21 Tu	0427 1021 1645 2249	0156 0740 1411 2001	2.1E 2.1F 2.0E 2.2F
7 Tu	0432 1028 1652 2250	0109 0655 1317 1915	1.7E 2.0F 1.8E 2.1F	22 W	0509 1101 1726 2330	0236 0817 1444 2041	1.9E 1.9F 1.9E 2.0F
8 W	0514 1108 1732 2336	0133 0734 1344 1959	1.8E 2.0F 1.9E 2.1F	23 Th	0550 1140 1808	0313 0841 1507 2109	1.8E 1.8F 1.7E 1.9F
9 Th	0558 1149 1817	0208 0819 1423 2048	1.8E 2.0F 2.0E 2.2F	24 F	0011 0632 1219 1850	0340 0902 1514 2130	1.6E 1.6F 1.6E 1.8F
10 F	0021 0643 1231 1906	0252 0909 1507 2140	1.8E 1.9F 2.0E 2.1F	25 Sa	0053 0719 1300 1938	0346 0939 1535 2205	1.4E 1.5F 1.4E 1.7F
11 Sa	0111 0737 1320 2000	0339 0959 1555 2230	1.7E 1.9F 1.9E 2.1F	26 Su	0139 0809 1347 2029	0404 1018 1609 2245	1.2E 1.4F 1.3E 1.5F
12 Su	0208 0834 1416 2100	0429 1049 1646 2322	1.5E 1.7F 1.7E 1.9F	27 M ◐	0229 0901 1438 2122	0438 1101 1650 2330	1.0E 1.2F 1.1E 1.4F
13 M ◐	0308 0934 1517 2200	0531 1143 1754	1.3E 1.6F 1.5E	28 Tu	0323 0956 1533 2219	0803 1150 1743	0.9E 1.1F 1.1E
14 Tu	0411 1037 1622 2304	0027 0817 1254 2029	1.7F 1.3E 1.4F 1.5E	29 W	0421 1051 1634 2317	0025 0855 1251 1847	1.2F 1.0E 1.0F 1.0E
15 W	0519 1140 1731	0237 0920 1506 2138	1.7F 1.5E 1.5F 1.7E	30 Th	0522 1150 1738	0257 0944 1523 2200	1.2F 1.0E 1.1F 1.1E
				31 F	0014 0619 1245 1835	0354 1037 1618 2256	1.3F 1.2E 1.3F 1.3E

Time meridian 75° W. 0000 is midnight. 1200 is noon.

Miami Harbor Entrance, Florida, 2000

F–Flood, Dir. 293° True   E–Ebb, Dir. 112° True

April

Day	Slack h m	Maximum h m	knots	Day	Slack h m	Maximum h m	knots
1 Sa	0108 0708 1333 1926	0445 1125 1706 2342	1.5F 1.3E 1.5F 1.4E	16 Su	0144 0744 1408 2013	0515 1148 1739	2.0F 2.0E 2.1F
2 Su	0157 0750 1419 2011	0526 1201 1742	1.6F 1.5E 1.7F	17 M	0233 0828 1452 2059	0014 0600 1231 1822	2.0E 2.0F 2.0E 2.2F
3 M	0241 0831 1500 2058	0017 0554 1225 1801	1.6E 1.8F 1.6E 1.9F	18 Tu ○	0319 0909 1536 2142	0057 0640 1310 1900	2.0E 2.0F 2.0E 2.2F
4 Tu ●	0327 0913 1542 2144	0041 0604 1235 1821	1.7E 1.9F 1.8E 2.1F	19 W	0401 0950 1617 2223	0136 0715 1344 1933	1.9E 1.9F 1.9E 2.1F
5 W	0409 0957 1626 2230	0057 0634 1254 1856	1.8E 2.0F 2.0E 2.3F	20 Th	0442 1029 1657 2303	0213 0739 1409 1951	1.8E 1.8F 1.8E 2.0F
6 Th	0452 1040 1709 2318	0123 0712 1325 1938	1.9E 2.1F 2.1E 2.4F	21 F	0522 1109 1736 2342	0246 0743 1413 2006	1.6E 1.6F 1.6E 1.9F
7 F	0538 1125 1754	0158 0757 1405 2027	1.9E 2.0F 2.1E 2.3F	22 Sa	0603 1148 1818	0300 0817 1424 2044	1.5E 1.5F 1.5E 1.8F
8 Sa	0004 0626 1211 1844	0243 0848 1452 2122	1.8E 1.9F 2.0E 2.2F	23 Su	0022 0648 1228 1901	0300 0901 1455 2129	1.4E 1.4F 1.5E 1.7F
9 Su	0054 0719 1302 1940	0332 0942 1543 2215	1.7E 1.8F 1.9E 2.1F	24 M	0107 0737 1312 1952	0328 0947 1534 2213	1.2E 1.4F 1.3E 1.6F
10 M	0149 0818 1400 2041	0425 1035 1638 2309	1.5E 1.7F 1.7E 1.9F	25 Tu	0153 0829 1403 2048	0405 1032 1617 2258	1.1E 1.3F 1.2E 1.5F
11 Tu ◐	0249 0919 1503 2143	0554 1132 1903	1.4E 1.5F 1.4E	26 W ○	0246 0922 1500 2141	0450 1120 1706 2348	1.0E 1.2F 1.1E 1.3F
12 W	0351 1020 1610 2247	0025 0807 1345 2029	1.7F 1.4E 1.5F 1.5E	27 Th	0340 1018 1600 2239	0816 1214 2028	0.9E 1.1F 1.0E
13 Th	0458 1122 1721 2350	0224 0905 1455 2128	1.7F 1.6E 1.6F 1.7E	28 F	0438 1111 1702 2337	0047 0859 1322 2113	1.2F 1.0E 1.2F 1.1E
14 F	0600 1222 1828	0325 1001 1555 2228	1.8F 1.7E 1.8F 1.8E	29 Sa	0533 1207 1802	0158 0936 1520 2201	1.3F 1.2E 1.3F 1.2E
15 Sa	0050 0657 1319 1924	0423 1057 1650 2325	1.9F 1.9E 2.0F 1.9E	30 Su	0031 0625 1258 1857	0307 1012 1618 2257	1.4F 1.3E 1.6F 1.4E

May

Day	Slack h m	Maximum h m	knots	Day	Slack h m	Maximum h m	knots
1 M	0123 0711 1343 1946	0429 1055 1701 2342	1.5F 1.5E 1.8F 1.5E	16 Tu	0209 0758 1426 2037	0536 1207 1759	1.8F 1.9E 2.1F
2 Tu	0211 0757 1429 2032	0503 1127 1731	1.7F 1.7E 2.1F	17 W	0253 0838 1508 2118	0037 0617 1247 1837	1.8E 1.8F 1.8E 2.1F
3 W ●	0259 0840 1513 2121	0014 0535 1159 1802	1.7E 1.9F 1.9E 2.3F	18 Th ○	0337 0920 1549 2158	0117 0651 1320 1909	1.8E 1.7F 1.8E 2.0F
4 Th	0345 0928 1559 2210	0043 0612 1233 1839	1.9E 2.0F 2.1E 2.5F	19 F	0418 0958 1629 2238	0153 0711 1343 1918	1.7E 1.6F 1.6E 1.9F
5 F	0431 1016 1647 2259	0114 0652 1310 1921	1.9E 2.1F 2.1E 2.5F	20 Sa	0458 1038 1708 2317	0225 0712 1336 1933	1.5E 1.5F 1.5E 1.9F
6 Sa	0519 1104 1735 2348	0154 0738 1353 2011	1.9E 2.0F 2.1E 2.4F	21 Su	0539 1119 1749 2357	0232 0745 1350 2011	1.4E 1.5F 1.5E 1.8F
7 Su	0609 1155 1827	0243 0832 1445 2111	1.9E 1.9F 2.0E 2.3F	22 M	0620 1200 1831	0228 0829 1423 2057	1.3E 1.4F 1.4E 1.7F
8 M	0039 0702 1249 1923	0340 0933 1543 2211	1.8E 1.8F 1.8E 2.1F	23 Tu	0038 0708 1244 1919	0259 0918 1505 2144	1.3E 1.4F 1.4E 1.6F
9 Tu	0132 0801 1348 2025	0442 1033 1649 2309	1.6E 1.7F 1.6E 1.9F	24 W	0122 0758 1333 2011	0339 1006 1550 2230	1.2E 1.3F 1.3E 1.6F
10 W	0230 0901 1451 2126 ◐	0630 1148 1904	1.5E 1.6F 1.5E	25 Th	0210 0850 1429 2107	0422 1053 1638 2317	1.2E 1.3F 1.2E 1.5F
11 Th	0330 1001 1558 2227	0048 0748 1332 2015	1.7F 1.6E 1.6F 1.6E	26 F ○	0301 0941 1528 2201	0511 1144 1734	1.1E 1.3F 1.1E
12 F	0430 1100 1707 2328	0202 0844 1436 2111	1.7F 1.7E 1.7F 1.7E	27 Sa	0354 1033 1628 2258	0009 0615 1243 1905	1.4F 1.1E 1.4F 1.1E
13 Sa	0531 1159 1812	0301 0936 1532 2206	1.7F 1.8E 1.8F 1.7E	28 Su	0448 1127 1729 2355	0109 0748 1349 2038	1.4F 1.3E 1.5F 1.2E
14 Su	0027 0628 1252 1908	0357 1029 1626 2302	1.7F 1.8E 2.0F 1.8E	29 M	0542 1219 1827	0211 0836 1452 2128	1.4F 1.4E 1.7F 1.3E
15 M	0120 0714 1340 1954	0449 1121 1716 2353	1.8F 1.9E 2.1F 1.8E	30 Tu	0050 0634 1310 1919	0308 0921 1555 2249	1.5F 1.6E 1.9F 1.5E
				31 W	0141 0722 1359 2009	0408 1020 1700 2348	1.7F 1.8E 2.2F 1.7E

June

Day	Slack h m	Maximum h m	knots	Day	Slack h m	Maximum h m	knots
1 Th	0231 0811 1448 2059	0507 1128 1746	1.8F 2.0E 2.4F	16 F ○	0310 0848 1521 2131	0057 0630 1301 1850	1.6E 1.5F 1.6E 1.9F
2 F ●	0321 0901 1538 2150	0030 0554 1218 1827	1.9E 2.0F 2.1E 2.5F	17 Sa	0352 0929 1602 2212	0135 0656 1327 1907	1.5E 1.5F 1.5E 1.8F
3 Sa	0410 0953 1628 2241	0110 0638 1303 1910	2.0E 2.1F 2.2E 2.5F	18 Su	0433 1011 1643 2252	0208 0649 1321 1910	1.4E 1.4F 1.5E 1.8F
4 Su	0500 1048 1719 2331	0155 0725 1351 2002	2.0E 2.0F 2.2E 2.4F	19 M	0514 1053 1723 2331	0227 0720 1329 1944	1.4E 1.4F 1.5E 1.8F
5 M	0551 1140 1810	0251 0823 1450 2113	2.0E 2.0F 2.0E 2.3F	20 Tu	0556 1137 1806	0207 0802 1400 2028	1.3E 1.4F 1.5E 1.7F
6 Tu	0021 0646 1236 1907	0350 0945 1557 2219	1.9E 1.9F 1.9E 2.1F	21 W	0011 0639 1220 1850	0234 0851 1441 2116	1.4E 1.4F 1.4E 1.7F
7 W	0113 0743 1333 2005	0451 1050 1709 2316	1.8E 1.8F 1.7E 2.0F	22 Th	0052 0727 1308 1939	0313 0940 1526 2203	1.4E 1.5F 1.4E 1.7F
8 Th ◐	0209 0841 1436 2104	0607 1156 1844	1.7E 1.8F 1.6E	23 F	0137 0816 1359 2032	0356 1028 1613 2249	1.4E 1.5F 1.3E 1.6F
9 F	0304 0939 1539 2201	0025 0721 1308 1953	1.8F 1.7E 1.7F 1.6E	24 Sa ○	0224 0907 1456 2127	0441 1116 1704 2337	1.4E 1.5F 1.2E 1.5F
10 Sa	0400 1034 1643 2300	0135 0818 1410 2048	1.7F 1.7E 1.7F 1.6E	25 Su	0314 0957 1555 2221	0533 1209 1809	1.4E 1.6F 1.2E
11 Su	0457 1129 1748 2358	0233 0909 1505 2141	1.6F 1.8E 1.8F 1.6E	26 M	0408 1049 1656 2319	0032 0641 1311 1943	1.5F 1.4E 1.7F 1.3E
12 M	0551 1222 1843	0327 0959 1558 2236	1.6F 1.7E 1.9F 1.6E	27 Tu	0502 1143 1757	0132 0753 1415 2049	1.5F 1.6E 1.8F 1.3E
13 Tu	0051 0641 1311 1930	0420 1053 1649 2329	1.5F 1.7E 2.0F 1.6E	28 W	0018 0559 1239 1852	0233 0849 1520 2158	1.5F 1.7E 2.0F 1.5E
14 W	0141 0726 1358 2011	0510 1142 1736	1.6F 1.7E 1.9F	29 Th	0113 0654 1333 1947	0334 0947 1639 2328	1.6F 1.8E 2.2F 1.6E
15 Th	0228 0808 1440 2051	0016 0553 1225 1816	1.6E 1.5F 1.7E 1.9F	30 F	0208 0748 1427 2039	0445 1110 1739	1.8F 2.0E 2.4F

Time meridian 75° W. 0000 is midnight. 1200 is noon.

Miami Harbor Entrance, Florida, 2000

F–Flood, Dir. 293° True   E–Ebb, Dir. 112° True

July

Day	Slack h m	Maximum h m	knots	Day	Slack h m	Maximum h m	knots
1 Sa ●	0300 0840 1519 2130	0021 0547 1215 1825	1.8E 2.0F 2.1E 2.5F	16 Su ○	0329 0904 1540 2148	0115 0642 1315 1858	1.5E 1.4F 1.5E 1.8F
2 Su	0351 0937 1610 2222	0107 0634 1305 1909	2.0E 2.1F 2.2E 2.5F	17 M	0410 0949 1621 2228	0149 0639 1327 1854	1.4E 1.4F 1.5E 1.8F
3 M	0442 1031 1701 2313	0154 0723 1357 2003	2.1E 2.1F 2.2E 2.4F	18 Tu	0450 1031 1701 2307	0211 0700 1318 1921	1.4E 1.5F 1.5E 1.8F
4 Tu	0533 1127 1752	0248 0831 1458 2112	2.1E 2.1F 2.1E 2.3F	19 W	0530 1114 1741 2344	0150 0738 1342 2001	1.4E 1.5F 1.5E 1.8F
5 W	0001 0626 1220 1846	0343 0944 1558 2209	2.0E 2.0F 1.9E 2.2F	20 Th	0610 1158 1823	0211 0824 1420 2048	1.5E 1.6F 1.5E 1.8F
6 Th	0050 0720 1316 1941	0435 1039 1658 2259	1.9E 2.0F 1.8E 2.0F	21 F	0022 0652 1242 1909	0247 0913 1503 2135	1.5E 1.6F 1.5E 1.7F
7 F	0141 0816 1412 2039	0534 1133 1812 2353	1.8E 1.9F 1.6E 1.8F	22 Sa	0104 0740 1331 2000	0329 1002 1550 2222	1.6E 1.7F 1.4E 1.7F
8 Sa ◐	0232 0910 1511 2133	0646 1236 1925	1.7E 1.8F 1.5E	23 Su	0149 0830 1427 2054	0413 1049 1639 2308	1.6E 1.8F 1.4E 1.6F
9 Su	0326 1002 1611 2229	0059 0748 1339 2022	1.6F 1.7E 1.7F 1.5E	24 M ◐	0239 0921 1524 2150	0501 1140 1735	1.6E 1.8F 1.3E
10 M	0419 1056 1712 2324	0201 0840 1435 2114	1.4F 1.6E 1.7F 1.5E	25 Tu	0331 1017 1626 2248	0000 0600 1238 1858	1.6F 1.6E 1.8F 1.2E
11 Tu	0512 1149 1811	0256 0930 1529 2207	1.4F 1.6E 1.7F 1.4E	26 W	0430 1114 1729 2349	0100 0719 1346 2032	1.5F 1.6E 1.8F 1.3E
12 W	0020 0607 1241 1901	0350 1023 1621 2302	1.3F 1.6F 1.7F 1.4E	27 Th	0531 1214 1830	0205 0830 1500 2149	1.5F 1.7E 1.9F 1.4E
13 Th	0111 0655 1330 1946	0442 1116 1711 2353	1.4F 1.5E 1.8F 1.5E	28 F	0049 0632 1312 1927	0314 0938 1635 2316	1.6F 1.8E 2.1F 1.6E
14 F	0200 0739 1415 2027	0530 1203 1754	1.4F 1.6E 1.8F	29 Sa	0147 0730 1409 2020	0451 1116 1735	1.8F 1.9E 2.3F
15 Sa	0245 0821 1459 2108	0036 0610 1243 1831	1.5E 1.4F 1.5E 1.8F	30 Su ●	0240 0826 1501 2111	0012 0551 1218 1822	1.9E 2.0F 2.1E 2.4F
				31 M	0332 0921 1553 2202	0059 0639 1307 1907	2.1E 2.1F 2.2E 2.5F

August

Day	Slack h m	Maximum h m	knots	Day	Slack h m	Maximum h m	knots
1 Tu	0423 1018 1644 2251	0144 0726 1357 1955	2.1E 2.2F 2.2E 2.4F	16 W	0422 1010 1639 2238	0141 0643 1313 1900	1.5E 1.6F 1.5E 1.8F
2 W	0512 1110 1732 2339	0232 0823 1450 2052	2.2E 2.2F 2.1E 2.3F	17 Th	0501 1052 1718 2315	0128 0716 1328 1936	1.5E 1.7F 1.6E 1.9F
3 Th	0601 1200 1822	0322 0924 1543 2146	2.1E 2.1F 2.0E 2.1F	18 F	0540 1135 1759 2353	0146 0758 1401 2019	1.6E 1.8F 1.6E 1.8F
4 F	0023 0651 1251 1914	0409 1016 1635 2233	2.0E 2.1F 1.8E 1.9F	19 Sa	0620 1219 1842	0220 0846 1442 2107	1.7E 1.9F 1.6E 1.8F
5 Sa	0110 0743 1343 2008	0456 1103 1733 2316	1.8E 1.9F 1.7E 1.7F	20 Su	0033 0707 1307 1931	0302 0936 1528 2155	1.8E 1.9F 1.6E 1.8F
6 Su ◐	0158 0837 1439 2101	0558 1155 1849	1.6E 1.7F 1.4E	21 M	0118 0758 1400 2027	0347 1024 1616 2243	1.8E 1.9F 1.5E 1.7F
7 M	0248 0929 1533 2155	0009 0713 1259 1953	1.5F 1.5E 1.6F 1.3E	22 Tu ◐	0208 0852 1458 2124	0435 1114 1709 2334	1.7E 1.9F 1.3E 1.6F
8 Tu	0339 1020 1631 2249	0123 0811 1402 2047	1.3F 1.4E 1.5F 1.3E	23 W	0305 0950 1600 2224	0531 1211 1827	1.6E 1.8F 1.2E
9 W	0433 1114 1731 2346	0224 0902 1457 2138	1.2F 1.4E 1.5F 1.3E	24 Th	0407 1050 1705 2328	0034 0654 1323 2043	1.5F 1.5E 1.8F 1.3E
10 Th	0530 1209 1829	0319 0954 1511 2233	1.2F 1.4E 1.5F 1.3E	25 F	0511 1154 1809	0146 0837 1511 2154	1.5F 1.5E 1.8F 1.5E
11 F	0041 0626 1301 1917	0414 1049 1644 2326	1.2F 1.4E 1.6F 1.3E	26 Sa	0029 0618 1256 1908	0334 1001 1627 2304	1.6F 1.6E 2.0F 1.7E
12 Sa	0131 0713 1349 1959	0505 1140 1730	1.3F 1.5E 1.7F	27 Su	0128 0718 1351 2000	0451 1119 1724 2359	1.8F 1.9E 2.2F 1.9E
13 Su	0219 0759 1434 2040	0012 0548 1223 1810	1.4E 1.4F 1.4E 1.8F	28 M	0221 0813 1446 2050	0545 1215 1811	2.1F 2.1E 2.4F
14 M	0301 0842 1518 2120	0051 0624 1257 1841	1.5E 1.5F 1.5E 1.8F	29 Tu ●	0312 0908 1537 2140	0045 0631 1302 1855	2.1E 2.3F 2.2E 2.4F
15 Tu ○	0343 0927 1559 2159	0124 0642 1319 1842	1.5E 1.5F 1.5E 1.8F	30 W	0401 1000 1625 2227	0127 0715 1347 1937	2.2E 2.2F 2.2E 2.3F
				31 Th	0449 1050 1711 2310	0210 0802 1433 2024	2.2E 2.3F 2.1E 2.2F

September

Day	Slack h m	Maximum h m	knots	Day	Slack h m	Maximum h m	knots
1 F	0533 1138 1758 2352	0254 0854 1521 2115	2.1E 2.2F 2.0E 2.0F	16 Sa	0511 1113 1736 2324	0121 0734 1344 1953	1.8E 2.1F 1.7E 1.9F
2 Sa	0620 1223 1844	0336 0945 1606 2159	1.9E 2.1F 1.7E 1.8F	17 Su	0551 1158 1819	0155 0820 1423 2040	1.9E 2.1F 1.7E 1.9F
3 Su	0037 0708 1310 1934	0413 1027 1650 2227	1.7E 1.9F 1.5E 1.6F	18 M	0007 0638 1245 1908	0237 0911 1509 2131	1.9E 2.1F 1.6E 1.8F
4 M	0120 0759 1400 2028	0444 1100 1757 2248	1.5E 1.7F 1.2E 1.4F	19 Tu	0052 0730 1338 2005	0324 1002 1558 2222	1.8E 2.0F 1.5E 1.7F
5 Tu ◐	0209 0850 1452 2120	0514 1123 1919 2325	1.3E 1.5F 1.1E 1.2F	20 W ○	0145 0829 1436 2105	0414 1053 1652 2314	1.7E 1.9F 1.4E 1.6F
6 W	0300 0943 1549 2214	0739 1320 2018	1.2E 1.3F 1.1E	21 Th	0245 0930 1539 2207	0511 1150 1925	1.6E 1.8F 1.2E
7 Th	0356 1039 1649 2310	0147 0835 1424 2110	1.1E 1.2F 1.3F 1.1E	22 F	0350 1032 1643 2309	0014 0727 1313 2046	1.5F 1.4E 1.7F 1.4E
8 F	0455 1136 1749	0248 0926 1519 2202	1.1E 1.2F 1.4F 1.2E	23 Sa	0459 1138 1749	0219 0901 1509 2146	1.4E 1.6F 1.8F 1.6E
9 Sa	0009 0555 1230 1842	0343 1019 1613 2255	1.1F 1.1E 1.3F 1.5F	24 Su	0011 0608 1239 1849	0338 1007 1612 2246	1.7E 1.8F 2.0F 1.8E
10 Su	0101 0649 1321 1928	0436 1113 1702 2343	1.3F 1.3E 1.4F 1.6F	25 M	0110 0709 1336 1940	0439 1111 1707 2340	1.9F 1.9E 2.1F 2.0E
11 M	0149 0737 1409 2009	0523 1158 1744	1.4F 1.5E 1.7F	26 Tu	0202 0802 1428 2028	0532 1204 1755	2.2F 2.1E 2.3F
12 Tu	0232 0820 1451 2048	0023 0600 1234 1816	1.5E 1.6F 1.6E 1.7F	27 W ●	0251 0853 1518 2113	0026 0617 1249 1837	2.2E 2.3F 2.2E 2.3F
13 W ○	0313 0903 1533 2127	0053 0624 1259 1823	1.5E 1.7F 1.6E 1.8F	28 Th	0338 0941 1603 2158	0107 0658 1331 1916	2.2E 2.4F 2.2E 2.2F
14 Th	0353 0947 1614 2206	0104 0626 1303 1837	1.6E 1.9F 1.6E 1.9F	29 F	0421 1029 1648 2240	0146 0738 1413 1954	2.2E 2.3F 2.1E 2.0F
15 F	0431 1030 1654 2245	0101 0655 1314 1911	1.7E 2.0F 1.7E 1.9F	30 Sa	0505 1111 1730 2321	0222 0819 1455 2028	2.0E 2.2F 1.9E 1.8F

Time meridian 75° W. 0000 is midnight. 1200 is noon.

Miami Harbor Entrance, Florida, 2000

F–Flood, Dir. 293° True   E–Ebb, Dir. 112° True

October

Day	Slack h m	Maximum h m	knots	Day	Slack h m	Maximum h m	knots
1 Su	— / 0548 / 1154 / 1815	0255 / 0901 / 1534 / 2053	1.8E / 2.0F / 1.7E / 1.7F	16 M	0528 / 1139 / 1759 / 2343	0135 / 0757 / 1409 / 2017	2.0E / 2.3F / 1.8E / 1.9F
2 M	0001 / 0631 / 1238 / 1901	0317 / 0932 / 1604 / 2128	1.6E / 1.8F / 1.4E / 1.5F	17 Tu	— / 0615 / 1227 / 1849	0218 / 0849 / 1456 / 2111	2.0E / 2.2F / 1.7E / 1.8F
3 Tu	0044 / 0720 / 1322 / 1951	0333 / 0958 / 1614 / 2207	1.5E / 1.7F / 1.2E / 1.4F	18 W	0032 / 0709 / 1319 / 1948	0308 / 0944 / 1548 / 2205	1.9E / 2.1F / 1.6E / 1.7F
4 W	0130 / 0811 / 1413 / 2047	0401 / 1034 / 1637 / 2248	1.3E / 1.5F / 1.0E / 1.2F	19 Th	0129 / 0809 / 1417 / 2049	0402 / 1038 / 1646 / 2300	1.7E / 1.9F / 1.4E / 1.6F
5 Th ☾	0222 / 0908 / 1508 / 2140	0439 / 1117 / 1947 / 2335	1.1E / 1.3F / 1.0E / 1.1F	20 F ○	0230 / 0912 / 1519 / 2150	0503 / 1135 / 1931	1.5E / 1.8F / 1.3E
6 F	0319 / 1001 / 1605 / 2237	0805 / 1211 / 2040	1.0E / 1.2F / 1.0E	21 Sa	0339 / 1016 / 1621 / 2251	0006 / 0755 / 1345 / 2035	1.5F / 1.4E / 1.7F / 1.5E
7 Sa	0419 / 1059 / 1704 / 2332	0213 / 0857 / 1444 / 2128	1.0F / 1.1E / 1.2F / 1.1E	22 Su	0448 / 1119 / 1727 / 2352	0222 / 0858 / 1454 / 2129	1.6F / 1.6E / 1.8F / 1.7E
8 Su	0521 / 1157 / 1801	0310 / 0946 / 1537 / 2217	1.1F / 1.2E / 1.3F / 1.2E	23 M	0558 / 1220 / 1826	0325 / 0956 / 1552 / 2225	1.8F / 1.8E / 1.9F / 1.9E
9 M	0028 / 0620 / 1250 / 1850	0402 / 1038 / 1627 / 2306	1.3F / 1.3E / 1.4F / 1.3E	24 Tu	0050 / 0658 / 1318 / 1917	0422 / 1055 / 1647 / 2318	2.0F / 1.9E / 2.0F / 2.0E
10 Tu	0116 / 0710 / 1339 / 1931	0451 / 1127 / 1711 / 2346	1.5F / 1.4E / 1.6F / 1.5E	25 W	0141 / 0750 / 1409 / 2001	0514 / 1148 / 1735	2.2F / 2.0E / 2.1F
11 W	0200 / 0756 / 1423 / 2011	0530 / 1206 / 1745	1.7F / 1.5E / 1.7F	26 Th ●	0229 / 0837 / 1456 / 2046	0006 / 0559 / 1233 / 1818	2.1F / 2.3F / 2.1E / 2.1F
12 Th	0241 / 0839 / 1507 / 2051	0015 / 0556 / 1233 / 1753	1.6E / 1.9F / 1.6E / 1.8F	27 F ●	0312 / 0921 / 1540 / 2128	0047 / 0639 / 1315 / 1855	2.1E / 2.3F / 2.0E / 2.0F
13 F ○	0321 / 0922 / 1549 / 2132	0023 / 0605 / 1246 / 1814	1.7E / 2.1F / 1.7E / 1.9F	28 Sa	0356 / 1005 / 1623 / 2209	0123 / 0715 / 1354 / 1926	2.0E / 2.3F / 1.9E / 1.9F
14 Sa	0402 / 1008 / 1630 / 2215	0033 / 0634 / 1301 / 1848	1.8E / 2.2F / 1.8E / 2.0F	29 Su	0438 / 1047 / 1706 / 2250	0154 / 0745 / 1431 / 1936	1.9E / 2.1F / 1.7E / 1.7F
15 Su	0444 / 1052 / 1713 / 2259	0059 / 0712 / 1330 / 1929	2.0E / 2.3F / 1.8E / 2.0F	30 M	0518 / 1127 / 1748 / 2330	0214 / 0758 / 1504 / 2002	1.7E / 2.0F / 1.6E / 1.6F
				31 Tu	0559 / 1208 / 1830	0220 / 0830 / 1514 / 2044	1.6E / 1.8F / 1.4E / 1.4F

November

Day	Slack h m	Maximum h m	knots	Day	Slack h m	Maximum h m	knots
1 W	0011 / 0645 / 1250 / 1919	0244 / 0914 / 1524 / 2131	1.4E / 1.7F / 1.2E / 1.3F	16 Th	0019 / 0651 / 1301 / 1930	0302 / 0932 / 1554 / 2157	1.9E / 2.1F / 1.7E / 1.8F
2 Th	0058 / 0735 / 1338 / 2011	0321 / 0958 / 1556 / 2217	1.3E / 1.6F / 1.1E / 1.3F	17 F	0116 / 0751 / 1359 / 2031	0402 / 1030 / 1703 / 2257	1.7E / 2.0F / 1.5E / 1.7F
3 F	0148 / 0829 / 1429 / 2107	0403 / 1043 / 1637 / 2304	1.2E / 1.4F / 1.0E / 1.2F	18 Sa ☽	0219 / 0855 / 1458 / 2131	0522 / 1131 / 1911	1.5E / 1.8F / 1.5E
4 Sa ☾	0243 / 0926 / 1522 / 2200	0451 / 1130 / 2005 / 2356	1.0E / 1.3F / 1.0E / 1.1F	19 Su	0325 / 0957 / 1558 / 2230	0047 / 0743 / 1326 / 2015	1.6F / 1.5E / 1.7F / 1.7E
5 Su	0343 / 1020 / 1619 / 2254	0823 / 1227 / 2050	1.0E / 1.2F / 1.1E	20 M	0433 / 1058 / 1659 / 2330	0205 / 0843 / 1431 / 2107	1.7F / 1.6E / 1.7F / 1.8E
6 M	0446 / 1118 / 1713 / 2349	0227 / 0909 / 1448 / 2130	1.1F / 1.1E / 1.2F / 1.2E	21 Tu	0542 / 1159 / 1758	0304 / 0938 / 1528 / 2200	1.8F / 1.7E / 1.7F / 1.9E
7 Tu	0547 / 1213 / 1807	0320 / 0956 / 1538 / 2210	1.3F / 1.2E / 1.3F / 1.3E	22 W	0026 / 0642 / 1255 / 1850	0400 / 1034 / 1623 / 2254	2.0F / 1.8E / 1.8F / 1.9E
8 W	0039 / 0640 / 1306 / 1852	0408 / 1046 / 1624 / 2248	1.5F / 1.3E / 1.4F / 1.4E	23 Th	0118 / 0732 / 1347 / 1936	0452 / 1128 / 1713 / 2344	2.1F / 1.9E / 1.8F / 2.0E
9 Th	0125 / 0728 / 1352 / 1937	0452 / 1131 / 1657 / 2315	1.7F / 1.5E / 1.6F / 1.6E	24 F	0203 / 0818 / 1432 / 2018	0539 / 1216 / 1757	2.2F / 1.9E / 1.8F
10 F	0209 / 0813 / 1439 / 2019	0522 / 1204 / 1716 / 2337	2.0F / 1.6E / 1.7F / 1.8E	25 Sa ●	0248 / 0900 / 1518 / 2059	0027 / 0620 / 1258 / 1836	2.0E / 2.2F / 1.9E / 1.8F
11 Sa	0251 / 0859 / 1522 / 2102	0543 / 1227 / 1750	2.2F / 1.7E / 1.9F	26 Su	0330 / 0941 / 1600 / 2140	0104 / 0656 / 1337 / 1907	1.9E / 2.1F / 1.8E / 1.7F
12 Su	0337 / 0946 / 1609 / 2149	0008 / 0616 / 1251 / 1828	1.9E / 2.4F / 1.8E / 2.0F	27 M	0411 / 1021 / 1640 / 2221	0135 / 0724 / 1413 / 1910	1.8E / 2.0F / 1.6E / 1.6F
13 M	0421 / 1032 / 1653 / 2237	0043 / 0654 / 1323 / 1910	2.1E / 2.4F / 1.9E / 2.0F	28 Tu	0451 / 1101 / 1721 / 2302	0149 / 0727 / 1444 / 1932	1.6E / 1.9F / 1.5E / 1.5F
14 Tu	0509 / 1121 / 1741 / 2327	0122 / 0740 / 1404 / 1959	2.1E / 2.4F / 1.8E / 1.9F	29 W	0531 / 1140 / 1803 / 2344	0148 / 0756 / 1439 / 2012	1.5E / 1.8F / 1.4E / 1.4F
15 W	0558 / 1210 / 1832	0208 / 0833 / 1456 / 2056	2.0E / 2.3F / 1.8E / 1.8F	30 Th	0615 / 1221 / 1849	0212 / 0839 / 1451 / 2100	1.5E / 1.7F / 1.3E / 1.4F

December

Day	Slack h m	Maximum h m	knots	Day	Slack h m	Maximum h m	knots
1 F	0029 / 0700 / 1304 / 1939	0250 / 0927 / 1525 / 2149	1.4E / 1.6F / 1.2E / 1.3F	16 Sa	0102 / 0733 / 1338 / 2010	0417 / 1033 / 1710 / 2310	1.8E / 2.0F / 1.7E / 1.8F
2 Sa	0117 / 0752 / 1351 / 2030	0334 / 1012 / 1606 / 2235	1.3E / 1.5F / 1.2E / 1.3F	17 Su ☽	0203 / 0833 / 1432 / 2109	0544 / 1134 / 1840	1.6E / 1.8F / 1.7E
3 Su	0210 / 0848 / 1441 / 2122	0420 / 1058 / 1651 / 2324	1.1E / 1.4F / 1.1E / 1.3F	18 M ☾	0308 / 0932 / 1529 / 2206	0028 / 0720 / 1257 / 1949	1.8F / 1.5E / 1.7F / 1.7E
4 M	0308 / 0941 / 1532 / 2214	0512 / 1147 / 1747	1.0E / 1.3F / 1.1E	19 Tu	0412 / 1031 / 1627 / 2301	0140 / 0822 / 1404 / 2043	1.6F / 1.6E / 1.6F / 1.8E
5 Tu	0408 / 1038 / 1626 / 2307	0019 / 0822 / 1244 / 2006	1.3F / 1.0E / 1.3F / 1.2E	20 W	0519 / 1130 / 1725 / 2358	0239 / 0916 / 1502 / 2134	1.8F / 1.6E / 1.6F / 1.8E
6 W	0508 / 1133 / 1720 / 2359	0125 / 0858 / 1346 / 2026	1.4F / 1.1E / 1.3F / 1.3E	21 Th	0620 / 1229 / 1819	0334 / 1010 / 1556 / 2228	1.9F / 1.6E / 1.6F / 1.8E
7 Th	0606 / 1229 / 1811	0232 / 0931 / 1444 / 2102	1.6F / 1.2E / 1.4F / 1.5E	22 F	0050 / 0712 / 1321 / 1908	0427 / 1106 / 1649 / 2321	1.9F / 1.7E / 1.6F / 1.8E
8 F	0049 / 0659 / 1320 / 1900	0332 / 1035 / 1541 / 2150	1.8F / 1.4E / 1.5F / 1.7E	23 Sa	0139 / 0757 / 1409 / 1951	0517 / 1156 / 1736	2.0F / 1.7E / 1.6F
9 Sa	0138 / 0748 / 1410 / 1949	0437 / 1132 / 1639 / 2253	2.0F / 1.5E / 1.7F / 1.8E	24 Su	0223 / 0839 / 1454 / 2032	0008 / 0600 / 1240 / 1817	1.8E / 2.0F / 1.7E / 1.6F
10 Su	0226 / 0836 / 1459 / 2037	0524 / 1211 / 1729 / 2350	2.2F / 1.7E / 1.9F / 2.0E	25 M ●	0307 / 0919 / 1538 / 2115	0048 / 0638 / 1320 / 1852	1.7E / 2.0F / 1.6E / 1.6F
11 M	0313 / 0925 / 1548 / 2128	0603 / 1247 / 1813	2.4F / 1.8E / 2.0F	26 Tu	0349 / 0959 / 1619 / 2158	0122 / 0710 / 1357 / 1907	1.7E / 1.9F / 1.6E / 1.6F
12 Tu	0401 / 1015 / 1636 / 2219	0035 / 0644 / 1325 / 1857	2.1E / 2.5F / 1.9E / 2.0F	27 W	0429 / 1038 / 1659 / 2239	0145 / 0714 / 1429 / 1911	1.6E / 1.8F / 1.5E / 1.5F
13 W	0451 / 1105 / 1725 / 2312	0119 / 0729 / 1411 / 1947	2.1E / 2.5F / 1.8E / 2.0F	28 Th	0509 / 1117 / 1739 / 2321	0135 / 0732 / 1430 / 1946	1.5E / 1.8F / 1.4E / 1.5F
14 Th	0541 / 1153 / 1817	0210 / 0824 / 1507 / 2050	2.1E / 2.3F / 1.9E / 1.9F	29 F	0549 / 1155 / 1820	0152 / 0811 / 1426 / 2032	1.5E / 1.8F / 1.4E / 1.5F
15 F	0007 / 0636 / 1244 / 1911	0311 / 0932 / 1606 / 2205	1.9E / 2.2F / 1.8E / 1.9F	30 Sa	0003 / 0631 / 1234 / 1906	0226 / 0857 / 1458 / 2121	1.4E / 1.7F / 1.4E / 1.5F
				31 Su	0049 / 0719 / 1317 / 1953	0308 / 0943 / 1537 / 2208	1.4E / 1.6F / 1.4E / 1.5F

Time meridian 75° W. 0000 is midnight. 1200 is noon.

Key West, Florida, 2000

F–Flood, Dir. 020° True   E–Ebb, Dir. 195° True

	January						February						March				
	Slack	Maximum		Slack	Maximum		Slack	Maximum		Slack	Maximum		Slack	Maximum		Slack	Maximum
	h m	h m	knots	h m	h m	knots	h m	h m	knots	h m	h m	knots	h m	h m	knots	h m	h m	knots
1 Sa	0107 0633 1347 1812	0412 1003 1621 2201	0.9F 1.3E 0.5F 1.6E	**16** Su	0011 0604 1253 1733	0305 0907 1506 2117	1.1F 1.4E 0.6F 2.0E	**1** Tu	0210 0748 1455 1913	0521 1112 1722 2259	1.0F 1.3E 0.5F 1.7E	**16** W	0158 0756 1439 1928	0511 1108 1715 2308	1.4F 1.6E 0.9F 2.3E	**1** W	0143 0715 1430 1847	0454 1043 1659 2234	0.9F 1.2E 0.5F 1.6E	**16** Th	0149 0735 1427 1923	0459 1056 1712 2303	1.3F 1.6E 0.9F 2.1E
2 Su	0152 0727 1433 1859	0500 1052 1705 2243	1.0F 1.3E 0.6F 1.8E	**17** M	0111 0712 1354 1837	0417 1016 1616 2218	1.3F 1.6E 0.7F 2.2E	**2** W	0250 0834 1529 2000	0600 1151 1758 2339	1.1F 1.4E 0.6F 1.9E	**17** Th	0251 0847 1526 2027	0601 1159 1807	1.6F 1.8E 1.1F	**2** Th	0227 0803 1502 1940	0535 1123 1736 2317	1.0F 1.4E 0.6F 1.8E	**17** F	0243 0823 1509 2021	0548 1143 1800 2353	1.4F 1.9E 1.2F 2.2E
3 M	0232 0814 1512 1941	0542 1134 1742 2321	1.1F 1.4E 0.6F 1.9E	**18** Tu	0207 0811 1448 1937	0516 1116 1716 2315	1.5F 1.7E 0.9F 2.4E	**3** Th	0327 0914 1600 2042	0634 1224 1827	1.2F 1.5E 0.7F	**18** F	0340 0932 1608 2120	0001 0646 1242 1853	2.4E 1.7F 2.0E 1.3F	**3** F	0305 0844 1531 2026	0609 1156 1807 2356	1.2F 1.6E 0.8F 2.0E	**18** Sa	0330 0905 1548 2111	0630 1223 1842	1.5F 2.0E 1.4F
4 Tu	0309 0857 1547 2021	0618 1209 1813 2357	1.2F 1.5E 0.6F 1.9E	**19** W	0259 0904 1537 2033	0608 1208 1809	1.7F 1.9E 1.1F	**4** F	0402 0950 1631 2121	0016 0702 1254 1853	2.0E 1.3F 1.7E 0.8F	**19** Sa ○	0426 1013 1649 2209	0048 0727 1322 1935	2.5E 1.7F 2.1E 1.4F	**4** Sa	0341 0920 1600 2108	0637 1227 1834	1.3F 1.8E 1.0F	**19** Su ○	0412 0943 1626 2157	0037 0708 1258 1920	2.3E 1.5F 2.1E 1.5F
5 W	0344 0936 1621 2057	0650 1241 1839	1.3F 1.6E 0.7F	**20** Th ○	0348 0952 1623 2126	0007 0655 1255 1857	2.5E 1.8F 2.0E 1.2F	**5** Sa ●	0437 1024 1701 2200	0051 0728 1325 1922	2.1E 1.3F 1.8E 0.9F	**20** Su	0509 1051 1729 2254	0132 0805 1359 2014	2.4E 1.6F 2.1E 1.4F	**5** Su ●	0416 0953 1630 2149	0033 0703 1258 1904	2.2E 1.3F 1.9E 1.2F	**20** M	0452 1017 1703 2239	0116 0741 1331 1954	2.3E 1.4F 2.2E 1.5F
6 Th ●	0419 1012 1653 2132	0032 0717 1313 1906	2.0E 1.3F 1.6E 0.7F	**21** F	0436 1036 1709 2216	0056 0740 1340 1943	2.6E 1.8F 2.1E 1.2F	**6** Su	0512 1056 1733 2238	0128 0754 1358 1954	2.2E 1.4F 1.8E 1.0F	**21** M	0552 1126 1810 2338	0213 0839 1435 2052	2.3E 1.5F 2.1E 1.3F	**6** M	0451 1024 1703 2230	0109 0729 1331 1937	2.3E 1.4F 2.1E 1.3F	**21** Tu	0530 1049 1739 2319	0153 0810 1404 2027	2.2E 1.3F 2.2E 1.4F
7 F	0454 1048 1726 2207	0107 0743 1346 1936	2.1E 1.3F 1.6E 0.8F	**22** Sa	0524 1118 1754 2305	0143 0822 1422 2028	2.5E 1.7F 2.1E 1.2F	**7** M	0548 1127 1807 2319	0206 0823 1433 2031	2.2E 1.3F 1.9E 1.1F	**22** Tu	0633 1200 1852	0253 0912 1512 2129	2.2E 1.3F 2.0E 1.2F	**7** Tu	0527 1054 1738 2312	0147 0759 1406 2013	2.3E 1.4F 2.2E 1.4F	**22** W	0608 1120 1817 2358	0228 0837 1437 2059	2.1E 1.1F 2.1E 1.3F
8 Sa	0530 1121 1800 2243	0144 0812 1420 2009	2.1E 1.3F 1.7E 0.8F	**23** Su	0610 1159 1840 2354	0229 0904 1504 2113	2.4E 1.6F 2.1E 1.2F	**8** Tu	0626 1157 1845	0246 0857 1511 2112	2.1E 1.3F 1.9E 1.1F	**23** W	0022 0716 1232 1936	0332 0944 1549 2209	1.9E 1.0F 1.9E 1.0F	**8** W	0605 1124 1817 2357	0227 0832 1444 2054	2.2E 1.3F 2.2E 1.4F	**23** Th	0646 1148 1858	0304 0905 1512 2133	1.9E 0.9F 2.0E 1.1F
9 Su	0607 1155 1837 2322	0223 0844 1457 2048	2.1E 1.3F 1.7E 0.8F	**24** M	0658 1238 1928	0315 0944 1546 2200	2.2E 1.3F 1.9E 1.0F	**9** W	0003 0708 1228 1930	0329 0935 1552 2157	2.0E 1.2F 1.9E 1.1F	**24** Th	0106 0802 1304 2026	0414 1019 1630 2253	1.7E 0.8F 1.8E 0.9F	**9** Th	0647 1156 1902	0310 0910 1525 2139	2.1E 1.2F 2.2E 1.4F	**24** F	0038 0728 1216 1943	0342 0937 1551 2211	1.7E 0.7F 1.8E 1.0F
10 M	0648 1228 1918	0304 0921 1538 2130	2.0E 1.2F 1.7E 0.8F	**25** Tu	0044 0747 1317 2019	0401 1025 1629 2250	1.9E 1.1F 1.8E 0.9F	**10** Th	0053 0755 1303 2022	0416 1017 1639 2250	1.8E 1.0F 1.9E 1.1F	**25** F	0154 0855 1337 2124	0500 1058 1716 2348	1.4E 0.6F 1.6E 0.7F	**10** F	0046 0734 1230 1955	0357 0952 1612 2230	1.9E 1.0F 2.1E 1.2F	**25** Sa	0120 0817 1244 2035	0424 1015 1635 2258	1.4E 0.5F 1.6E 0.8F
11 Tu	0007 0733 1303 2005	0350 1001 1622 2219	1.9E 1.1F 1.7E 0.8F	**26** W	0136 0841 1356 2116	0450 1109 1716 2348	1.7E 0.8F 1.7E 0.7F	**11** F	0153 0852 1343 2124	0510 1106 1732 2353	1.6E 0.8F 1.9E 1.0F	**26** Sa ◑	0250 1001 1416 2231	0554 1148 1810	1.2F 0.3F 1.4E	**11** Sa	0143 0831 1311 2057	0450 1040 1705 2332	1.6E 0.8F 2.0E 1.1F	**26** Su	0209 0919 1314 2139	0514 1101 1726 2358	1.2E 0.3F 1.5E 0.6F
12 W	0100 0824 1342 2100	0440 1047 1711 2316	1.7E 0.9F 1.7E 0.8F	**27** Th	0233 0941 1438 2219	0543 1159 1808	1.4E 0.6F 1.5E	**12** Sa ◐	0305 1001 1435 2235	0612 1204 1833	1.4E 0.6F 1.8E	**27** Su	0357	0109 0700 1258 1915	0.5F 1.0E * 1.3E	**12** Su	0251 0943 1403 2211	0552 1140 1807	1.4E 0.5F 1.8E	**27** M ◐	0310	0614 1201 1828	1.0E * 1.3E
13 Th	0206 0924 1428 2202	0537 1140 1806	1.6E 0.8F 1.7E	**28** F ◐	0337 1052 1526 2326	0104 0646 1305 1906	0.6F 1.2E 0.4F 1.4E	**13** Su	0426 1121 1544 2348	0111 0725 1317 1942	0.9F 1.3E 0.5F 1.8E	**28** M	0510	0253 0825 1457 2029	0.6F 1.0E * 1.3E	**13** M	0409 1109 1520 2331	0053 0707 1259 1921	0.9F 1.2E 0.4F 1.7E	**28** Tu	0423	0136 0730 1336 1941	0.5F 1.0E * 1.3E
14 F ○	0325 1032 1522 2307	0023 0641 1241 1907	0.8F 1.4E 0.7F 1.7E	**29** Sa	0446 1209 1622	0228 0801 1431 2012	0.6F 1.1E 0.3F 1.4E	**14** M	0546 1240 1705	0248 0848 1447 2056	1.0F 1.3E 0.5F 1.9E	**29** Tu	0050 0618 1352 1744	0402 0948 1610 2139	0.7F 1.1E 0.3F 1.5E	**14** Tu	0528 1233 1653	0240 0837 1450 2044	0.9F 1.2E 0.4F 1.8E	**29** W	0006 0533	0317 0855 1530 2057	0.6F 1.0E * 1.4E
15 Sa	0447 1145 1626	0141 0752 1351 2012	0.9F 1.4E 0.6F 1.9E	**30** Su	0029 0554 1321 1723	0338 0921 1544 2117	0.7F 1.1E 0.3F 1.5E	**15** Tu	0057 0656 1346 1822	0410 1006 1612 2207	1.2F 1.4E 0.6F 2.1E					**15** W	0046 0637 1337 1815	0401 0958 1614 2201	1.1F 1.4E 0.7F 1.9E	**30** Th	0106 0633 1351 1819	0414 0958 1624 2159	0.7F 1.2E 0.5F 1.6E
				31 M	0124 0656 1414 1821	0434 1024 1639 2213	0.8F 1.2E 0.4F 1.6E													**31** F	0154 0722 1424 1916	0458 1042 1704 2248	0.9F 1.4E 0.7F 1.8E

Time meridian 75° W. 0000 is midnight. 1200 is noon.
* Current weak and variable.

Key West, Florida, 2000

F–Flood, Dir. 020° True   E–Ebb, Dir. 195° True

April

Day	Slack h m	Maximum h m	knots	Day	Slack h m	Maximum h m	knots
1 Sa	0236 0804 1454 2006	0532 1118 1737 2330	1.1F 1.7E 1.0F 2.0E	16 Su	0315 0831 1525 2058	0608 1156 1826	1.3F 2.0E 1.4F
2 Su	0314 0841 1526 2051	0602 1152 1809	1.2F 1.9E 1.2F	17 M	0355 0907 1601 2141	0021 0643 1229 1901	2.1E 1.2F 2.1E 1.5F
3 M	0350 0915 1558 2135	0009 0630 1226 1842	2.1E 1.3F 2.1E 1.4F	18 Tu	0432 1636 O 2221	0057 0713 1301 1933	2.1E 1.1F 2.2E 1.5F
4 Tu ●	0427 0947 1634 2218	0048 0700 1301 1917	2.3E 1.3F 2.3E 1.6F	19 W	0508 1011 1711 2258	0130 0739 1332 2002	2.0E 1.1F 2.1E 1.4F
5 W	0505 1020 1712 2303	0128 0733 1339 1956	2.3E 1.3F 2.4E 1.7F	20 Th	0543 1040 1747 2335	0203 0804 1404 2031	1.9E 0.9F 2.1E 1.3F
6 Th	0546 1053 1754 2349	0210 0808 1419 2038	2.2E 1.2F 2.4E 1.7F	21 F	0620 1108 1825	0237 0832 1439 2103	1.8E 0.8F 2.0E 1.2F
7 F	0630 1128 1841	0254 0848 1503 2124	2.1E 1.1F 2.3E 1.6F	22 Sa	0013 0701 1135 1907	0314 0904 1518 2140	1.6E 0.7F 1.9E 1.0F
8 Sa	0040 0720 1206 1935	0342 0932 1551 2217	1.9E 0.9F 2.2E 1.4F	23 Su	0053 0748 1202 1956	0355 0942 1601 2223	1.4E 0.5F 1.7E 0.9F
9 Su	0136 0820 1252 2040	0436 1024 1646 2320	1.6E 0.7F 2.0E 1.1F	24 M	0138 0846 1235 2055	0443 1028 1651 2316	1.3F 0.4F 1.5F 0.7F
10 M	0241 0935 1352 2155	0539 1128 1750	1.4E 0.5F 1.8E	25 Tu	0232 2203	0539 1125 1750	1.1E * 1.4E
11 Tu ☽	0353 0656 1300 1517 1908 2316	0046 0656 1300 1908	1.0F 1.3E 0.4F 1.6E	26 W ○	0337 2315	0025 0645 1241 1858	0.6F 1.1E * 1.3E
12 W	0505 0825 1220 1453 1650 2036	0228 0825 1453	0.9F 1.3E 0.5F 1.7E	27 Th	0442 1216 1629	0157 0757 1421 2010	0.6F 1.1E 0.3F 1.4E
13 Th	0032 0610 1320 1809	0342 0939 1605 2153	1.0F 1.5E 0.8F 1.8E	28 F	0020 0542 1301 1746	0314 0901 1534 2117	0.7F 1.3E 0.5F 1.5E
14 F	0136 0705 1407 1915	0439 1034 1659 2252	1.1F 1.7E 1.0F 1.9E	29 Sa	0114 0633 1339 1849	0404 0951 1621 2212	0.8F 1.5E 0.8F 1.8E
15 Sa	0229 0751 1448 2010	0527 1119 1745 2340	1.2F 1.9E 1.3F 2.0E	30 Su	0200 0717 1415 1943	0444 1034 1702 2259	0.9F 1.8E 1.1F 1.9E

May

Day	Slack h m	Maximum h m	knots	Day	Slack h m	Maximum h m	knots
1 M	0242 0756 1451 2032	0519 1114 1740 2343	1.1F 2.0E 1.4F 2.1E	16 Tu	0335 0830 1537 2123	0001 0616 1159 1842	1.8E 1.0F 2.0E 1.4F
2 Tu	0322 0834 1528 2119	0554 1153 1819	1.2F 2.3E 1.6F	17 W	0412 0903 1612 2202	0036 0645 1231 1913	1.8E 0.9F 2.1E 1.4F
3 W ●	0403 0911 1608 2206	0026 0630 1231 1859	2.2E 1.2F 2.4E 1.8F	18 Th ○	0447 0935 1646 2239	0108 0711 1303 1941	1.8E 0.8F 2.1E 1.4F
4 Th	0445 0948 1650 2253	0109 0708 1315 1941	2.1E 1.2F 2.5E 1.8F	19 F	0522 1005 1722 2315	0140 0735 1336 2009	1.7E 0.8F 2.1E 1.3F
5 F	0529 1026 1736 2342	0154 0748 1358 2026	2.1E 1.2F 2.5E 1.8F	20 Sa	0559 1034 1759 2352	0214 0804 1412 2040	1.6E 0.7F 2.0E 1.2F
6 Sa	0616 1108 1826	0240 0832 1445 2115	2.0E 1.0F 2.4E 1.6F	21 Su	0639 1104 1840	0251 0838 1451 2116	1.5E 0.6F 1.9E 1.1F
7 Su	0033 0710 1153 1922	0330 0920 1536 2210	1.8E 0.9F 2.3E 1.4F	22 M	0030 0724 1136 1926	0332 0917 1534 2157	1.4E 0.5F 1.7E 0.9F
8 M	0128 0812 1247 2026	0425 1016 1632 2314	1.6E 0.7F 2.1E 1.2F	23 Tu	0112 0815 1214 2018	0417 1002 1623 2245	1.4E 0.4F 1.6E 0.8F
9 Tu	0227 0924 1355 2139	0528 1127 1738	1.5E 0.5F 1.8E	24 W	0159 0914 1307 2118	0508 1056 1718 2341	1.3E 0.4F 1.5E 0.7F
10 W ☽	0331 1042 1518 2257	0036 0642 1305 1855	1.0F 1.4E 0.5F 1.6E	25 Th	0252 1017 1424 2224	0605 1201 1819	1.2E 0.3F 1.4E
11 Th	0435 1154 1642	0203 0801 1438 2020	0.9F 1.4E 0.6F 1.6E	26 F ○	0348 1116 1552 2329	0045 0705 1316 1926	0.6F 1.3E 0.4F 1.4E
12 F	0012 0534 1253 1756	0314 0909 1545 2135	0.9F 1.6E 0.9F 1.6E	27 Sa	0444 1207 1711	0154 0805 1432 2032	0.6F 1.4E 0.6F 1.5E
13 Sa	0116 0627 1341 1900	0411 1003 1639 2233	1.0F 1.8E 1.1F 1.7E	28 Su	0028 0537 1253 1819	0256 0900 1535 2133	0.7F 1.6E 0.9F 1.6E
14 Su	0210 0712 1423 1954	0459 1048 1725 2321	1.0F 1.9E 1.3F 1.8E	29 M	0121 0625 1336 1918	0349 0950 1627 2228	0.8F 1.9E 1.2F 1.8E
15 M	0255 0753 1501 2041	0540 1125 1806	0.9F 2.0E 1.4F	30 Tu	0210 0711 1419 2013	0436 1038 1714 2318	0.9F 2.1E 1.5F 1.9E
31 W	0256 0755 1503 2104	0520 1123 1759	1.0F 2.4E 1.7F				

June

Day	Slack h m	Maximum h m	knots	Day	Slack h m	Maximum h m	knots
1 Th	0341 0838 1548 2154	0006 0603 1209 1845	2.0E 1.1F 2.5E 1.8F	16 F ○	0428 0905 1627 2220	0049 0648 1239 1926	1.6E 0.7F 2.0E 1.3F
2 F	0427 0923 1634 2243	0053 0648 1255 1931	2.1E 1.1F 2.6E 1.9F	17 Sa	0503 0939 1702 2256	0121 0715 1314 1954	1.6E 0.7F 2.0E 1.3F
3 Sa	0514 1008 1723 2332	0140 0733 1342 2018	2.1E 1.1F 2.6E 1.8F	18 Su	0539 1012 1739 2332	0155 0744 1351 2023	1.6E 0.7F 2.0E 1.2F
4 Su	0604 1057 1815	0229 0822 1432 2109	2.0E 1.0F 2.5E 1.7F	19 M	0617 1046 1818	0230 0818 1430 2056	1.5E 0.6F 1.9E 1.1F
5 M	0022 0659 1149 1910	0320 0914 1524 2203	1.9F 0.9F 2.3E 1.5F	20 Tu	0008 0657 1122 1900	0309 0856 1512 2133	1.5E 0.6F 1.8E 1.0F
6 Tu	0113 0758 1247 2011	0414 1013 1620 2303	1.7E 0.8F 2.0E 1.2F	21 W	0045 0741 1204 1946	0351 0939 1557 2215	1.5E 0.6F 1.7E 0.9F
7 W	0206 0903 1354 2118	0512 1122 1723	1.6E 0.7F 1.8E	22 Th	0124 0830 1256 2039	0436 1028 1648 2302	1.5E 0.6F 1.6E 0.8F
8 Th ☽	0301 1012 1508 2230	0012 0616 1248 1834	1.0F 1.6E 0.7F 1.6E	23 F	0206 0923 1402 2137	0526 1125 1744 2355	1.5E 0.6F 1.5E 0.7F
9 F	0356 1119 1623 2342	0127 0723 1410 1952	0.9F 1.5E 0.7F 1.5E	24 Sa ○	0253 1020 1519 2240	0620 1229 1846	1.5E 0.6F 1.4E
10 Sa	0451 1219 1734	0237 0828 1518 2106	0.8F 1.6E 0.9F 1.4E	25 Su	0344 1116 1638 2344	0054 0717 1340 1951	0.7F 1.6E 0.7F 1.4E
11 Su	0049 0542 1311 1837	0336 0925 1614 2207	0.7F 1.7E 1.0F 1.5E	26 M	0439 1211 1751	0157 0815 1452 2057	0.7F 1.8E 1.0F 1.5E
12 M	0146 0630 1356 1932	0427 1013 1703 2257	0.7F 1.8E 1.2F 1.5E	27 Tu	0045 0535 1304 1856	0300 0912 1557 2159	0.7F 2.0E 1.2F 1.6E
13 Tu	0234 0713 1437 2020	0511 1054 1746 2340	0.7F 1.9E 1.3F 1.5E	28 W	0141 0630 1354 1955	0359 1007 1654 2257	0.8F 2.2E 1.5F 1.7E
14 W	0316 0753 1515 2103	0549 1130 1824	0.7F 1.9E 1.3F	29 Th	0233 0723 1444 2050	0453 1100 1746 2350	0.9F 2.4E 1.7F 1.9E
15 Th	0016 0353 0830 1551 2142	0621 1205 1857	1.6E 0.7F 2.0E 1.3F	30 F	0323 0816 1533 2141	0545 1151 1835	1.0F 2.5E 1.8F

Time meridian 75° W. 0000 is midnight. 1200 is noon.
* Current weak and variable.

Key West, Florida, 2000

F—Flood, Dir. 020° True   E—Ebb, Dir. 195° True

	July						August						September				
	Slack	Maximum		Slack	Maximum		Slack	Maximum		Slack	Maximum		Slack	Maximum		Slack	Maximum
	h m	h m knots		h m	h m knots		h m	h m knots		h m	h m knots		h m	h m knots		h m	h m knots
1 Sa ●	0411 0907 1622 2230	0040 2.0E 0635 1.1F 1241 2.6E 1923 1.9F	**16** Su ○	0443 0922 1645 2235	0103 1.5E 0701 0.7F 1256 2.0E 1939 1.2F	**1** Tu	0529 1044 1748 2337	0159 2.1E 0806 1.3F 1408 2.5E 2042 1.6F	**16** W	0518 1025 1734 2308	0141 1.8E 0741 1.0F 1350 2.1E 2008 1.2F	**1** F	0630 1206 1858	0252 2.1E 0913 1.3F 1516 2.0E 2128 1.1F	**16** Sa	0554 1133 1824 2328	0220 2.1E 0830 1.4F 1447 2.0E 2045 1.1F
2 Su	0500 0959 1712 2317	0129 2.0E 0725 1.1F 1330 2.6E 2011 1.8F	**17** M	0516 0959 1720 2309	0135 1.6E 0729 0.7F 1332 2.0E 2005 1.2F	**2** W	0615 1135 1837	0242 2.1E 0853 1.3F 1455 2.3E 2124 1.4F	**17** Th	0550 1103 1810 2337	0215 1.9E 0814 1.1F 1428 2.1E 2039 1.2F	**2** Sa	0014 0716 1253 1946	0331 2.0E 0955 1.2F 1559 1.7E 2205 0.8F	**17** Su	0636 1220 1909	0300 2.1E 0912 1.4F 1531 1.9E 2124 1.0F
3 M	0549 1051 1803	0217 2.0E 0815 1.1F 1420 2.5E 2059 1.7F	**18** Tu	0550 1035 1757 2341	0208 1.6E 0800 0.8F 1410 2.0E 2034 1.2F	**3** Th	0017 0704 1227 1927	0325 2.0E 0941 1.2F 1543 2.1E 2207 1.2F	**18** F	0626 1144 1849	0251 1.9E 0852 1.1F 1509 2.0E 2114 1.1F	**3** Su	0048 0807 1342 2040	0413 1.8E 1041 1.0F 1646 1.5E 2246 0.6F	**18** M	0000 0725 1313 2002	0344 2.1E 1001 1.3F 1622 1.6E 2210 0.8F
4 Tu	0003 0640 1145 1856	0305 1.9E 0907 1.1F 1512 2.3E 2148 1.5F	**19** W	0625 1113 1835	0244 1.7E 0836 0.8F 1450 2.0E 2107 1.1F	**4** F	0057 0755 1319 2020	0410 1.9E 1031 1.0F 1632 1.8E 2251 0.9F	**19** Sa	0006 0707 1231 1933	0330 1.9E 0935 1.1F 1554 1.8E 2153 1.0F	**4** M	0124 0905 1438 2146	0500 1.6E 1138 0.7F 1740 1.2F 2337 0.4F	**19** Tu	0037 0824 1417 2109	0435 2.0E 1058 1.1F 1720 1.4E 2306 0.6F
5 W	0049 0734 1241 1952	0354 1.9E 1002 1.0F 1605 2.1E 2240 1.3F	**20** Th	0013 0703 1155 1917	0322 1.7E 0916 0.8F 1533 1.9E 2144 1.0F	**5** Sa	0137 0851 1416 2119	0456 1.8E 1129 0.9F 1725 1.5E 2341 0.7F	**20** Su	0037 0755 1325 2025	0414 1.9E 1023 1.1F 1644 1.6E 2238 0.8F	**5** Tu ◐	0204 1012 1542	0553 1.5E 1300 0.6F 1847 1.0E	**20** W ○	0125 0934 1532 2230	0534 1.8E 1210 0.9F 1830 1.2E
6 Th	0135 0832 1341 2051	0445 1.8E 1103 0.9F 1701 1.8E 2336 1.0F	**21** F	0046 0746 1244 2004	0403 1.7E 1001 0.8F 1620 1.7E 2226 0.9F	**6** Su ◐	0219 0952 1518 2227	0547 1.6E 1239 0.8F 1826 1.3E	**21** M	0113 0852 1430 2128	0504 1.8E 1121 1.0F 1742 1.4E 2332 0.6F	**6** W	0052 0658 1125 1652	* 1.4E 1436 0.6F 2013 1.0E	**21** Th	0237 1053 1650 2354	0018 0.4F 0645 1.7E 1347 0.9F 1954 1.2E
7 F	0222 0934 1446 2157	0539 1.7E 1214 0.8F 1803 1.6E	**22** Sa	0120 0835 1342 2057	0448 1.7E 1052 0.8F 1712 1.6E 2314 0.8F	**7** M	0306 1058 1625 2343	0043 0.5F 0644 1.5E 1401 0.7F 1939 1.1E	**22** Tu ●	0159 0959 1548 2243	0601 1.8E 1230 0.9F 1849 1.3E	**7** Th	0247 1233 1759	* 0814 1.3E 1544 0.7F 2133 1.1E	**22** F	0413 1209 1802	0156 0.4F 0805 1.7E 1521 1.0F 2117 1.4E
8 Sa ◐	0311 1038 1555 2307	0039 0.8F 0637 1.6E 1331 0.8F 1913 1.4E	**23** Su	0200 0931 1451 2159	0539 1.7E 1151 0.8F 1810 1.5E	**8** Tu	0400 1205 1733	0205 0.3F 0749 1.5E 1514 0.8F 2058 1.1E	**23** W	0302 1111 1708	0038 0.5F 0707 1.8E 1357 0.9F 2006 1.3E	**8** F	0356 1328 1856	0356 0.3F 0926 1.4E 1637 0.8F 2228 1.2E	**23** Sa	0541 1315 1902	0334 0.6F 0924 1.9E 1625 1.2F 2221 1.6E
9 Su	0401 1141 1704	0149 0.6F 0738 1.6E 1443 0.8F 2027 1.3E	**24** M ○	0247 1033 1609 2308	0008 0.7F 0635 1.7E 1300 0.9F 1916 1.4E	**9** W	0501 1304 1835	0058 0.3F 0856 1.5E 1614 0.8F 2205 1.1E	**24** Th	0423 1222 1820	0159 0.5F 0819 1.9E 1527 1.1F 2125 1.4E	**9** Sa	0446 1413 1944	0215 0.5F 1021 1.6E 1719 1.0F 2308 1.4E	**24** Su	0653 1412 1953	0439 0.9F 1030 2.1E 1717 1.4F 2311 1.9E
10 M	0017 0454 1239 1808	0256 0.5F 0839 1.6E 1545 0.9F 2135 1.3E	**25** Tu	0345 1137 1727	0111 0.6F 0737 1.8E 1419 1.0F 2027 1.4E	**10** Th	0601 1354 1929	0156 0.4F 0931 1.6E 1704 1.0F 2256 1.3E	**25** F	0545 1325 1923	0328 0.6F 0931 2.2E 1636 1.3F 2232 1.6E	**10** Su	0525 1451 2025	0247 0.7F 1105 1.8E 1755 1.1F 2341 1.6E	**25** M	0754 1501 2037	0530 1.2F 1124 2.2E 1801 1.5F 2354 2.1E
11 Tu	0121 0545 1331 1906	0354 0.5F 0935 1.6E 1639 1.0F 2232 1.3E	**26** W	0017 0452 1239 1837	0222 0.6F 0841 1.9E 1536 1.2F 2138 1.5E	**11** F	0656 1437 2016	0240 0.5F 1045 1.7E 1746 1.1F 2337 1.4E	**26** Sa	0656 1421 2016	0439 0.8F 1035 2.2E 1730 1.5F 2327 1.8E	**11** M	0556 1527 2101	0316 0.8F 1142 1.9E 1824 1.2F	**26** Tu	0847 1546 2117	0615 1.4F 1211 2.3E 1841 1.5F
12 W	0214 0635 1415 1956	0444 0.5F 1024 1.7E 1725 1.1F 2319 1.4E	**27** Th	0121 0600 1337 1939	0334 0.7F 0944 2.1E 1642 1.4F 2242 1.6E	**12** Sa	0745 1515 2057	0315 0.6F 1126 1.8E 1822 1.2F	**27** Su	0255 0759 1513 2104	0535 1.1F 1132 2.4E 1817 1.7F	**12** Tu	0010 0623 1601 2133	0345 1.0F 0623 1.7E 1217 2.1E 1848 1.2F	**27** W ●	0032 0400 0935 1629 2153	0032 2.2F 0655 1.6F 1254 2.3E 1916 1.4F
13 Th	0258 0721 1456 2041	0527 0.6F 1106 1.8E 1806 1.2F 2358 1.4E	**28** F	0218 0704 1431 2035	0440 0.8F 1044 2.3E 1738 1.6F 2338 1.8E	**13** Su	0347 0829 1550 2133	0011 1.5E 0618 0.7F 1203 1.9E 1852 1.2F	**28** M	0340 0854 1600 2147	0013 2.0E 0624 1.3F 1222 2.5E 1900 1.7F	**13** W ○	0040 0414 0933 1635 2203	0040 1.9E 0649 1.1F 1252 2.2E 1912 1.3F	**28** Th	0439 1020 1709 2227	0108 2.3E 0733 1.6F 1333 2.3E 1949 1.3F
14 F	0336 0804 1533 2122	0603 0.6F 1144 1.9E 1842 1.2F	**29** Sa	0309 0804 1522 2125	0537 1.0F 1139 2.5E 1828 1.8F	**14** M	0417 0909 1625 2207	0041 1.6E 0645 0.8F 1238 2.0E 1917 1.3F	**29** Tu ●	0422 0946 1646 2226	0056 2.1E 0709 1.4F 1308 2.5E 1940 1.6F	**14** Th	0444 1012 1709 2231	0111 2.0E 0719 1.3F 1328 2.2E 1939 1.3F	**29** F	0518 1102 1749 2300	0143 2.3E 0809 1.5F 1410 2.1E 2019 1.2F
15 Sa	0410 0844 1609 2159	0032 1.5E 0634 0.6F 1220 2.0E 1912 1.2F	**30** Su ●	0357 0900 1612 2211	0028 1.9E 0629 1.1F 1231 2.6E 1914 1.8F	**15** Tu ○	0447 0947 1659 2239	0110 1.7E 0711 0.9F 1314 2.1E 1941 1.3F	**30** W	0504 1034 1730 2304	0135 2.2E 0751 1.5F 1352 2.4E 2017 1.5F	**15** F	0517 1051 1745 2259	0144 2.1E 0752 1.4F 1406 2.1E 2010 1.2F	**30** Sa	0558 1144 1829 2330	0218 2.2E 0844 1.4F 1448 1.9E 2050 1.0F
			31 M	0443 0953 1700 2255	0114 2.1E 0718 1.3F 1320 2.6E 1959 1.8F				**31** Th	0547 1120 1813 2339	0214 2.2E 0832 1.4F 1434 2.2E 2053 1.3F						

Time meridian 75° W. 0000 is midnight. 1200 is noon.
* Current weak and variable.

Key West, Florida, 2000

F–Flood, Dir. 020° True   E–Ebb, Dir. 195° True

October

Day	Slack h m	Maximum h m	knots	Day	Slack h m	Maximum h m	knots
1 Su	0640 1225 1913	0254 0920 1527 2123	2.1E 1.2F 1.7E 0.7F	16 M	0613 1211 1851 2333	0235 0856 1514 2103	2.3E 1.5F 1.8E 0.9F
2 M	0000 0726 1309 2004	0334 0959 1610 2201	1.9E 1.0F 1.4E 0.5F	17 Tu	0704 1305 1947	0322 0945 1605 2152	2.2E 1.4F 1.6E 0.7F
3 Tu	0030 0819 1358 2108	0418 1047 1700 2248	1.7E 0.8F 1.2E 0.3F	18 W	0016 0804 1406 2058	0414 1044 1705 2251	2.0E 1.2F 1.4E 0.5F
4 W	0103 0923 1458	0509 1150 1801 2352	1.5E 0.6F 1.0E *	19 Th	0112 0916 1516 2221	0516 1158 1817	1.8E 1.0F 1.3E
5 Th ☽	1038 1607	0612 1336 1920	1.3E 0.5F 1.0E	20 F ○	0234 1037 1629 2342	0011 0630 1338 1941	0.4F 1.7E 0.9F 1.3E
6 F	1152 1715	0153 0727 1503 2046	* 1.3E 0.6F 1.1E	21 Sa	0412 1155 1736	0205 0755 1505 2101	0.5F 1.6E 1.0F 1.5E
7 Sa	0101 0457 1253 1814	0323 0846 1600 2146	0.3F 1.3E 0.7F 1.2E	22 Su	0046 0537 1303 1833	0331 0917 1607 2201	0.7F 1.8E 1.1F 1.7E
8 Su	0139 0607 1341 1903	0415 0948 1643 2228	0.5F 1.5E 0.9F 1.4E	23 M	0136 0647 1359 1922	0430 1021 1657 2249	1.0F 1.9E 1.2F 1.9E
9 M	0210 0703 1421 1945	0454 1035 1718 2303	0.7F 1.7E 1.0F 1.7E	24 Tu	0220 0746 1448 2005	0518 1113 1740 2330	1.3F 2.0E 1.3F 2.1E
10 Tu	0240 0751 1458 2021	0526 1115 1747 2334	1.0F 1.9E 1.1F 1.9E	25 W	0300 0836 1531 2043	0601 1158 1818	1.5F 2.1E 1.3F
11 W	0309 0835 1534 2054	0555 1152 1813	1.2F 2.0E 1.2F	26 Th	0338 0922 1610 2119	0006 0640 1237 1852	2.2E 1.6F 2.1E 1.2F
12 Th	0340 0917 1609 2124	0006 0624 1229 1839	2.0E 1.4F 2.1E 1.2F	27 F ●	0415 1004 1648 2151	0040 0715 1313 1921	2.3E 1.6F 2.0E 1.1F
13 F ○	0413 0958 1645 2154	0040 0657 1307 1909	2.2E 1.5F 2.2F 1.2F	28 Sa	0452 1043 1725 2222	0113 0747 1347 1948	2.2E 1.5F 1.9E 1.0F
14 Sa	0449 1040 1723 2225	0115 0733 1346 1943	2.3E 1.6F 2.1E 1.2F	29 Su	0529 1122 1804 2251	0147 0818 1422 2017	2.2E 1.4F 1.8E 0.8F
15 Su	0528 1124 1804 2257	0154 0733 1428 2021	2.4E 1.6F 2.0E 1.1F	30 M	0609 1200 1845 2320	0222 0851 1459 2049	2.1E 1.3F 1.6E 0.7F
				31 Tu	0651 1240 1933 2349	0301 0927 1540 2126	1.9E 1.1F 1.4E 0.5F

November

Day	Slack h m	Maximum h m	knots	Day	Slack h m	Maximum h m	knots
1 W	0740 1324 2032	0344 1009 1627 2212	1.7E 0.9F 1.3E 0.4F	16 Th	0012 0750 1353 2045	0400 1035 1653 2246	2.1E 1.3F 1.5E 0.6F
2 Th	0022 0838 1417	0433 1102 1722 2310	1.5E 0.7F 1.1F *	17 F	0116 0900 1455 2201	0502 1147 1801	1.9E 1.0F 1.4E
3 F	0947 1519	0532 1211 1828	1.3E 0.5F 1.1E	18 Sa ☽	0237 1017 1559 2317	0010 0615 1316 1918	0.5F 1.7E 0.9F 1.4E
4 Sa ○	1100 1623	0031 0640 1350 1942	* 1.3E 0.5F 1.1E	19 Su	0406 1135 1701	0156 0739 1437 2032	0.6F 1.6E 0.9F 1.5E
5 Su	0006 0416 1206 1722	0223 0755 1503 2047	0.3F 1.3E 0.6F 1.3E	20 M	0020 0526 1244 1757	0313 0901 1541 2133	0.8F 1.6E 1.0F 1.7E
6 M	0050 0532 1300 1813	0329 0903 1553 2137	0.5F 1.4E 0.7F 1.5E	21 Tu	0113 0634 1343 1846	0413 1006 1633 2222	1.1F 1.7E 1.0F 1.9E
7 Tu	0126 0634 1345 1857	0414 0957 1631 2218	0.8F 1.6E 0.9F 1.7E	22 W	0158 0732 1432 1930	0502 1058 1717 2304	1.3F 1.8E 1.1F 2.0E
8 W	0200 0726 1426 1936	0451 1043 1704 2256	1.0F 1.8E 1.0F 2.0E	23 Th	0239 0823 1515 2009	0546 1143 1756 2341	1.4F 1.8E 1.0F 2.1E
9 Th	0235 0814 1505 2012	0525 1125 1735 2333	1.3F 1.9E 1.1F 2.2E	24 F	0318 0907 1554 2046	0625 1221 1829	1.5F 1.8E 0.9F
10 F	0310 0900 1543 2047	0601 1206 1808	1.5F 2.1E 1.1F	25 Sa ●	0355 0947 1630 2119	0015 0700 1255 1858	2.2E 1.5F 1.8E 0.9F
11 Sa	0347 0944 1623 2122	0011 0638 1247 1844	2.4E 1.7F 2.1E 1.2F	26 Su	0431 1025 1706 2151	0048 0731 1328 1924	2.2E 1.5F 1.7E 0.8F
12 Su	0427 1029 1704 2159	0051 0717 1329 1922	2.5E 1.8F 2.1E 1.1F	27 M	0507 1102 1743 2222	0122 0800 1401 1952	2.1E 1.4F 1.7E 0.7F
13 M	0510 1115 1748 2238	0133 0759 1414 2003	2.5E 1.8F 2.0E 1.1F	28 Tu	0545 1138 1822 2253	0157 0830 1436 2024	2.0E 1.3F 1.6E 0.7F
14 Tu	0557 1204 1839 2321	0217 0845 1501 2050	2.5E 1.7F 1.9E 0.9F	29 W	0625 1216 1906 2326	0236 0903 1515 2102	1.9E 1.1F 1.5E 0.6F
15 W	0650 1256 1937	0306 0936 1554 2142	2.3E 1.5F 1.7E 0.8F	30 Th	0709 1255 1956	0317 0941 1559 2145	1.8E 1.0F 1.4E 0.5F

December

Day	Slack h m	Maximum h m	knots	Day	Slack h m	Maximum h m	knots
1 F	0003 0759 1339 2054	0404 1026 1648 2237	1.6E 0.8F 1.3E 0.4F	16 Sa	0118 0840 1426 2131	0448 1126 1736 2356	1.9E 1.1F 1.6E 0.7F
2 Sa	0051 0858 1429 2157	0456 1119 1742 2339	1.5E 0.7F 1.2F 0.3F	17 Su ☽	0231 0951 1521 2241	0555 1240 1842	1.7E 0.9F 1.6E
3 Su	0201 1003 1523 2259	0556 1221 1842	1.4E 0.6F 1.3E	18 M	0349 1106 1618 2347	0127 0712 1358 1951	0.7F 1.5E 0.8F 1.6E
4 M	0329 1110 1620 2352	0054 0703 1331 1943	0.4F 1.3E 0.6F 1.4E	19 Tu	0505 1219 1714	0246 0833 1507 2056	0.8F 1.4E 0.7F 1.7E
5 Tu	0450 1211 1713	0216 0811 1437 2040	0.5F 1.4E 0.6F 1.5E	20 W	0046 0614 1324 1806	0350 0944 1605 2151	1.0F 1.4E 0.7F 1.8E
6 W	0038 0559 1305 1803	0321 0914 1532 2131	0.8F 1.5E 0.7F 1.8E	21 Th	0136 0714 1417 1853	0444 1041 1654 2238	1.2F 1.5E 0.7F 1.9E
7 Th	0121 0659 1353 1848	0412 1009 1618 2218	1.1F 1.6E 0.8F 2.0E	22 F	0221 0806 1502 1937	0531 1127 1736 2319	1.3F 1.5E 0.7F 2.0E
8 F	0202 0753 1438 1932	0457 1059 1700 2302	1.3F 1.8E 0.9F 2.2E	23 Sa	0301 0850 1541 2017	0612 1207 1813 2355	1.4F 1.6E 0.7F 2.0E
9 Sa	0244 0843 1521 2015	0541 1145 1742 2347	1.6F 1.9E 1.0F 2.4E	24 Su	0339 0931 1616 2055	0648 1241 1843	1.4F 1.6E 0.7F
10 Su	0327 0932 1604 2058	0623 1231 1824	1.8F 2.0E 1.1F	25 M ●	0415 1008 1650 2131	0029 0720 1313 1910	2.1E 1.4F 1.6E 0.7F
11 M	0411 1019 1649 2143	0032 0707 1316 1908	2.6E 1.9F 2.0E 1.1F	26 Tu	0451 1044 1725 2205	0103 0748 1344 1937	2.1E 1.3F 1.6E 0.7F
12 Tu	0457 1106 1736 2230	0117 0752 1402 1954	2.6E 1.9F 2.0E 1.1F	27 W	0527 1118 1800 2239	0139 0814 1417 2008	2.0E 1.3F 1.6E 0.7F
13 W	0546 1153 1826 2320	0205 0839 1451 2043	2.6E 1.8F 1.9E 1.0F	28 Th	0604 1153 1838 2314	0216 0844 1453 2043	2.0E 1.2F 1.6E 0.7F
14 Th	0639 1242 1922	0255 0929 1541 2137	2.4E 1.6F 1.8E 0.9F	29 F	0643 1227 1919 2353	0255 0917 1531 2122	1.9E 1.1F 1.5E 0.7F
15 F	0015 0737 1333 2023	0349 1024 1636 2240	2.2E 1.3F 1.7E 0.8F	30 Sa	0726 1302 2005	0338 0955 1614 2207	1.8E 1.0F 1.5E 0.6F
				31 Su	0038 0815 1340 2056	0425 1037 1700 2258	1.6E 0.8F 1.5E 0.6F

Time meridian 75° W. 0000 is midnight. 1200 is noon.
* Current weak and variable.

Tampa Bay Entrance (Egmont Channel), Florida, 2000

F–Flood, Dir. 120° True   E–Ebb, Dir. 298° True

January

Day	Slack h m	Maximum h m	knots	Day	Slack h m	Maximum h m	knots
1 Sa	0602 / 1409 / 2239	0151 / 0912 / 1944	1.4E / 1.0F / * / 0.9F	16 Su	0458 / 2146	0043 / 0823 / 1324 / 1850	1.6E / 1.2F / * / 1.0F
2 Su	0647 / 1502 / 2311	0231 / 0959 / 2027	1.6E / 1.3F / * / 1.0F	17 M	0604 / 2237	0140 / 0929 / 1430 / 1954	2.0E / 1.6F / * / 1.1F
3 M	0725 / 1548 / 2342	0305 / 1036 / 2104	1.7E / 1.5F / * / 1.0F	18 Tu	0700 / 2328	0232 / 1019 / 1528 / 2051	2.3E / 1.9F / * / 1.2F
4 Tu	0757 / 1629 / 2137	0336 / 1109 / 1.1F	1.9E / 1.6F / *	19 W	0749	0323 / 1103 / 1621 / 2142	2.5E / 2.0F / * / 1.3F
5 W	0013 / 0827 / 1706 / 2210	0405 / 1140 / 1.1F	2.0E / 1.6F / *	20 Th ○	0018 / 0834 / 2228	0413 / 1145 / 1709	2.6E / 2.1F / * / 1.4F
6 Th ●	0046 / 0857 / 1743 / 2244	0437 / 1211 / 1.2F	2.0E / 1.6F / *	21 F	0108 / 0917 / 2315	0502 / 1226 / 1755	2.6E / 2.0F / * / 1.4F
7 F	0121 / 0927 / 1819 / 2321	0511 / 1243 / 1.2F	2.1E / 1.6F / *	22 Sa	0159 / 0957 / 1703 / 2023	0551 / 1306 / 1840	2.5E / 1.9F / * / 0.4E
8 Sa	0159 / 0959 / 1855	0548 / 1317	2.1E / 1.6F / *	23 Su	0252 / 1035 / 1728 / 2131	0005 / 0638 / 1346 / 1924	1.4F / 2.2E / 1.7F / 0.5E
9 Su	0242 / 1032 / 1756 / 2116	0002 / 0628 / 1353	1.1F / 2.1E / 1.6F / 0.3E	24 M	0347 / 1109 / 1754 / 2242	0059 / 0723 / 1424 / 2009	1.2F / 1.9E / 1.6F / 0.7E
10 M	0329 / 1106 / 1819 / 2218	0049 / 0709 / 1430 / 2011	1.1F / 1.9E / 1.6F / 0.4E	25 Tu	0445 / 1139 / 1822 / 2359	0159 / 0808 / 1459 / 2055	1.0F / 1.5E / 1.4F / 0.8E
11 Tu	0420 / 1140 / 1842 / 2330	0143 / 0753 / 1506 / 2054	1.0F / 1.7E / 1.5F / 0.6E	26 W	0548 / 1206 / 1850	0304 / 0854 / 1533 / 2146	0.9F / 1.1E / 1.3F / 0.9E
12 W	0518 / 1214 / 1908	0243 / 0839 / 1542 / 2142	0.9F / 1.5E / 1.4F / 0.8E	27 Th	0123 / 0705 / 1229 / 1922	0416 / 0947 / 1605 / 2246	0.7F / 0.6E / 1.1F / 1.0E
13 Th	0050 / 0628 / 1248 / 1938	0350 / 0934 / 1620 / 2239	0.8F / 1.1E / 1.3F / 1.0E	28 F ◐	0252 / 0903 / 1246 / 2000	0544 / 1058 / 1641 / 2353	0.6F / 0.3E / 1.0F / 1.1E
14 F ◐	0215 / 0805 / 1322 / 2014	0510 / 1044 / 1701 / 2342	0.8F / 0.6E / 1.2F / 1.3E	29 Sa	0419 / 2045	0736 / 1223 / 1725	0.7F / * / 0.8F
15 Sa	0341 / 1019 / 1354 / 2057	0649 / 1207 / 1750	0.9F / 0.3E / 1.1F	30 Su	0532 / 2138	0059 / 0859 / 1342 / 1827	1.3E / 1.0F / * / 0.7F
				31 M	0626 / 2230	0156 / 0949 / 1448 / 1942	1.4E / 1.2F / * / 0.7F

February

Day	Slack h m	Maximum h m	knots	Day	Slack h m	Maximum h m	knots
1 Tu	0708 / 2316	0242 / 1026 / 1540 / 2040	1.6E / 1.4F / * / 0.8F	16 W	0654 / 2324	0227 / 1013 / 1533 / 2051	2.1E / 1.8F / * / 1.1F
2 W	0743 / 2357	0321 / 1056 / 1622 / 2124	1.7E / 1.6F / * / 1.0F	17 Th	0741	0323 / 1052 / 1620 / 2146	2.3E / 2.0F / * / 1.3F
3 Th	0813	0355 / 1123 / 1656 / 2202	1.9E / 1.6F / * / 1.1F	18 F	0021 / 0821 / 1517 / 1854	0413 / 1126 / 1700 / 2234	2.4E / 2.0F / 0.4E / 1.5F
4 F	0036 / 0840 / 1555 / 1900	0428 / 1149 / 1726 / 2239	2.0E / 1.6F / 0.3E / 1.2F	19 Sa ○	0114 / 0856 / 1534 / 1951	0458 / 1159 / 1737 / 2319	2.3E / 1.9F / 0.6F / 1.5F
5 Sa ●	0115 / 0907 / 1609 / 1945	0501 / 1215 / 1755 / 2316	2.0E / 1.6F / 0.4E / 1.3F	20 Su	0205 / 0927 / 1554 / 2045	0541 / 1230 / 1814	2.1E / 1.8F / 0.8E
6 Su	0156 / 0933 / 1624 / 2032	0536 / 1243 / 1825 / 2357	2.0E / 1.6F / 0.5E / 1.3F	21 M	0256 / 0955 / 1616 / 2139	0005 / 0622 / 1300 / 1851	1.5F / 1.9E / 1.7F / 1.0E
7 M	0240 / 1000 / 1642 / 2123	0613 / 1312 / 1857	2.0E / 1.6F / 0.7E	22 Tu	0349 / 1019 / 1640 / 2235	0053 / 0701 / 1330 / 1927	1.4F / 1.6E / 1.5F / 1.2E
8 Tu	0329 / 1028 / 1703 / 2218	0043 / 0652 / 1344 / 1931	1.3F / 1.8E / 1.6F / 0.9E	23 W	0445 / 1042 / 1705 / 2334	0146 / 0741 / 1359 / 2004	1.2F / 1.2E / 1.4F / 1.3E
9 W	0423 / 1056 / 1727 / 2319	0134 / 0733 / 1416 / 2009	1.2F / 1.6E / 1.5F / 1.1E	24 Th	0545 / 1102 / 1733	0242 / 0821 / 1428 / 2044	1.1F / 0.8E / 1.3F / 1.3E
10 Th	0524 / 1123 / 1755	0232 / 0817 / 1450 / 2052	1.1F / 1.4E / 1.4F / 1.3E	25 F	0038 / 0659 / 1118 / 1803	0345 / 0907 / 1459 / 2129	0.9F / 0.5E / 1.1F / 1.3E
11 F	0029 / 0638 / 1147 / 1827	0338 / 0907 / 1525 / 2144	1.0F / 0.8E / 1.3F / 1.5E	26 Sa ○	0152 / 1838	0500 / 1009 / 1534 / 2228	0.7F / * / 1.0F / 1.2E
12 Sa	0150 / 0826 / 1203 / 1907 ◐	0456 / 1012 / 1604 / 2251	1.0F / 0.3E / 1.1F / 1.6E	27 Su	0316 / 1144 / 1923	0649 / 1616 / 2350	0.7F / 0.8F / 1.2E
13 Su	0318 / 1959	0640 / 1144 / 1653	1.0F / * / 1.0F	28 M	0441 / 2028	0832 / 1321 / 1719	0.9F / * / 0.6F
14 M	0445 / 2106	0009 / 0821 / 1318 / 1805	1.7E / 1.2F / * / 0.9F	29 Tu	0549 / 2147	0112 / 0927 / 1435 / 1859	1.3E / 1.2F / * / 0.6F
15 Tu	0558 / 2219	0122 / 0926 / 1434 / 1938	1.9E / 1.6F / * / 0.9F				

March

Day	Slack h m	Maximum h m	knots	Day	Slack h m	Maximum h m	knots
1 W	0637 / 2254	0215 / 1003 / 1527 / 2022	1.4E / 1.4F / * / 0.7F	16 Th	0636 / 2330	0224 / 0954 / 1531 / 2100	1.9E / 1.8F / 0.3E / 1.0F
2 Th	0714 / 2345	0301 / 1030 / 1603 / 2115	1.6E / 1.5F / * / 0.9F	17 F	0719	0319 / 1028 / 1609 / 2153	2.0E / 1.9F / 0.6E / 1.3F
3 F	0744 / 1442 / 1830	0337 / 1054 / 1632 / 2155	1.7E / 1.6F / 0.4E / 1.1F	18 Sa	0030 / 0753 / 1417 / 1923	0405 / 1057 / 1641 / 2238	2.0E / 1.9F / 0.9E / 1.5F
4 Sa	0030 / 0809 / 1449 / 1913	0410 / 1115 / 1656 / 2233	1.8E / 1.6F / 0.6E / 1.3F	19 Su ○	0122 / 0821 / 1432 / 2008	0445 / 1123 / 1712 / 2319	1.9E / 1.8F / 1.1E / 1.6F
5 Su ●	0112 / 0832 / 1458 / 1953	0442 / 1137 / 1720 / 2310	1.8E / 1.7F / 0.8E / 1.4F	20 M	0212 / 0844 / 1450 / 2052	0523 / 1147 / 1743	1.7E / 1.7F / 1.4E
6 M	0155 / 0855 / 1512 / 2036	0516 / 1201 / 1747 / 2351	1.8E / 1.7F / 1.0E / 1.5F	21 Tu	0301 / 0905 / 1510 / 2135	0001 / 0559 / 1211 / 1814	1.6F / 1.4E / 1.6F / 1.5E
7 Tu	0242 / 0919 / 1531 / 2122	0553 / 1227 / 1818	1.7E / 1.6F / 1.3E	22 W	0353 / 0924 / 1533 / 2220	0044 / 0636 / 1236 / 1846	1.5F / 1.1E / 1.5F / 1.6E
8 W	0036 / 0335 / 0943 / 1555 / 2213	0632 / 1255 / 1853	1.5F / 1.5E / 1.6F / 1.5E	23 Th	0448 / 0944 / 1559 / 2308	0131 / 0714 / 1302 / 1920	1.4F / 0.8E / 1.4F / 1.7E
9 Th	0128 / 0434 / 1006 / 1622 / 2310	0714 / 1326 / 1932	1.5F / 1.2E / 1.5F / 1.7E	24 F	0550 / 1002 / 1628	0222 / 0754 / 1332 / 1955	1.2F / 0.5E / 1.2F / 1.7E
10 F	0541 / 1027 / 1655	0227 / 0758 / 1400 / 2015	1.4F / 0.8E / 1.4F / 1.8E	25 Sa	0001 / 0839 / 1406 / 1700	0320 / 1.1F / 1.1F / 2035	1.1F / * / 1.1F / 1.6E
11 Sa	0016 / 0706 / 1040 / 1732	0334 / 0849 / 1437 / 2107	1.3F / 0.4E / 1.2F / 1.8E	26 Su	0102 / 0939 / 1445 / 1737	0427 / 0.9F / 0.9F / 2124	0.9F / * / 0.9F / 1.4E
12 Su	0134 / 0957 / 1519 / 1817	0454 / 1.1F / 1.0F / 2214	1.1F / * / 1.0F / 1.7E	27 M ◐	0215 / 1115 / 1532 / 1822	0555 / 1.2E	0.9F / * / 0.7F / 1.2E
13 M	0302 / 1144 / 1615 / 1917 ◐	0636 / 1.1F / 0.8F / 2345	1.1F / 0.3F / 0.8F / 1.7E	28 Tu	0336 / 1259 / 1638 / 1926	0739	0.9F / * / 0.5F
14 Tu	0429 / 1331 / 1748 / 2042	0812 / 1.3F / 0.7F	1.3F / 0.3F / 0.7F	29 W	0449 / 1410 / 1822 / 2101	0017 / 0844	1.2E / 1.1F / * / 0.4F
15 W	0541 / 1443 / 1944 / 2215	0114 / 0912 / * / 0.8F	1.8E / 1.6F / * / 0.8F	30 Th	0544 / 1457 / 2001 / 2228	0132 / 0922	1.3E / 1.3F / * / 0.6F
				31 F	0625 / 1330 / 1746 / 2330	0224 / 0949 / 1529 / 2100	1.4E / 1.5F / 0.4E / 0.9F

Time meridian 75° W.   0000 is midnight.   1200 is noon.
If three consecutive entries are marked (F) the middle one is not a true maximum but an intermediate value to show the current pattern.
* Current weak and variable.

Tampa Bay Entrance (Egmont Channel), Florida, 2000

F—Flood, Dir. 120° True   E—Ebb, Dir. 298° True

April

Day	Slack h m	Maximum h m	knots	Day	Slack h m	Maximum h m	knots
1 Sa	0656 / 1334 / 1833	0305 / 1011 / 1554 / 2144	1.5E / 1.5F / 0.7E / 1.2F	16 Su	0038 / 0709 / 1321 / 1935	0346 / 1020 / 1617 / 2238	1.4E / 1.7F / 1.3E / 1.5F
2 Su	0021 / 0722 / 1340 / 1913	0340 / 1032 / 1617 / 2223	1.6F / 1.6F / 1.0E / 1.4F	17 M	0130 / 0732 / 1337 / 2014	0423 / 1042 / 1644 / 2317	1.3E / 1.7F / 1.6E / 1.6F
3 M	0109 / 0745 / 1351 / 1952	0415 / 1053 / 1641 / 2303	1.5E / 1.6F / 1.3E / 1.6F	18 Tu	0220 / 0750 / 1354 / 2050 ○	0459 / 1103 / 1711 / 2355	1.1E / 1.6F / 1.8E / 1.6F
4 Tu ●	0157 / 0806 / 1407 / 2033	0451 / 1115 / 1709 / 2345	1.4E / 1.6F / 1.6E / 1.7F	19 W	0309 / 0807 / 1414 / 2127	0534 / 1124 / 1739	0.9E / 1.5F / 1.9E
5 W	0250 / 0828 / 1429 / 2118	0530 / 1140 / 1743	1.2E / 1.6F / 1.9E	20 Th	0402 / 0825 / 1438 / 2205	0035 / 0612 / 1147 / 1810	1.5F / 0.7E / 1.4F / 2.0E
6 Th	0349 / 0849 / 1457 / 2208	0032 / 0612 / 1208 / 1821	1.7F / 1.0E / 1.5F / 2.1E	21 F	0500 / 0845 / 1506 / 2247	0119 / 0651 / 1215 / 1843	1.4F / 0.5E / 1.3F / 2.0E
7 F	0456 / 0908 / 1530 / 2305	0126 / 0657 / 1240 / 1903	1.6F / 0.7E / 1.4F / 2.2E	22 Sa	0607 / 0903 / 1538 / 2334	0208 / 0734 / 1248 / 1919	1.3F / 0.3E / 1.2F / 1.9E
8 Sa	0616 / 0921 / 1609	0228 / 0745 / 1316 / 1950	1.5F / 0.3E / 1.3F / 2.2E	23 Su	1615	0302 / 0821 / 1326 / 2000	1.2F / * / 1.0F / 1.8E
9 Su	0011 / 1653	0337 / 0841 / 1359 / 2044	1.4F / * / 1.1F / 2.0E	24 M	0028 / 1655	0402 / 0921 / 1411 / 2047	1.1F / * / 0.8F / 1.6E
10 M	0125 / 1745	0455 / 1000 / 1451 / 2154	1.3F / 0.3F / 0.9F / 1.8E	25 Tu	0129 / 1742	0509 / 1049 / 1506 / 2149	1.1F / * / 0.7F / 1.4E
11 Tu ○	0246 / 1854	0623 / 1200 / 1605 / 2331	1.3F / 0.3F / 0.7F / 1.6E	26 W ◐	0233 / 1844	0623 / 1224 / 1615 / 2316	1.1F / * / 0.5F / 1.2E
12 W	0403 / 2034	0744 / 1335 / 1800	1.4F / * / 0.5F	27 Th	0336 / 2014	0731 / 1329 / 1748	1.1F / * / 0.4F
13 Th	0509 / 1251 / 1633 / 2219	0103 / 0841 / 1433 / 1954	1.6E / 1.5F / 0.3E / 0.7F	28 F	0431 / 1213 / 1631 / 2155	0037 / 0818 / 1412 / 1929	1.2E / 1.3F / 0.4E / 0.6F
14 F	0601 / 1255 / 1757 / 2337	0211 / 0922 / 1514 / 2105	1.6E / 1.7F / 0.7E / 1.0F	29 Sa	0515 / 1218 / 1737 / 2312	0136 / 0851 / 1444 / 2039	1.2E / 1.4F / 0.7E / 0.9F
15 Sa	0640 / 1307 / 1852	0303 / 0953 / 1547 / 2156	1.5E / 1.7F / 1.0E / 1.3F	30 Su	0551 / 1225 / 1824	0223 / 0918 / 1510 / 2130	1.2E / 1.5F / 1.1E / 1.2F

May

Day	Slack h m	Maximum h m	knots	Day	Slack h m	Maximum h m	knots
1 M	0013 / 0620 / 1236 / 1905	0304 / 0942 / 1535 / 2213	1.2E / 1.5F / 1.4E / 1.5F	16 Tu	0143 / 0629 / 1248 / 2013	0358 / 1000 / 1615 / 2313	0.7E / 1.5F / 1.8E / 1.5F
2 Tu	0109 / 0644 / 1252 / 1946	0344 / 1005 / 1603 / 2256	1.1E / 1.6F / 1.8E / 1.7F	17 W	0234 / 0647 / 1308 / 2046	0435 / 1021 / 1641 / 2350	0.6E / 1.5F / 2.0E / 1.5F
3 W ●	0205 / 0706 / 1314 / 2029	0425 / 1030 / 1636 / 2341	0.9E / 1.6F / 2.1E / 1.8F	18 Th ○	0327 / 0704 / 1330 / 2119	0512 / 1044 / 1709	0.4E / 1.4F / 2.1E
4 Th	0305 / 0725 / 1341 / 2116	0508 / 1058 / 1714	0.7E / 1.6F / 2.4E	19 F	0423 / 0722 / 1356 / 2155	0028 / 0551 / 1109 / 1741	1.5F / 0.3E / 1.4F / 2.1E
5 F	0415 / 0743 / 1415 / 2208	0030 / 0555 / 1129 / 1757	1.8F / 0.4E / 1.5F / 2.5E	20 Sa	1428 / 2233	0109 / 0633 / 1140 / 1816	1.4F / * / 1.3F / 2.1E
6 Sa	1454 / 2305	0127 / 0645 / 1204 / 1844	1.8F / * / 1.4F / 2.5E	21 Su	1504 / 2316	0156 / 0718 / 1216 / 1855	1.4F / * / 1.1F / 2.0E
7 Su	1540	0230 / 0739 / 1246 / 1936	1.7F / * / 1.2F / 2.4E	22 M	1545	0246 / 0807 / 1259 / 1937	1.3F / * / 1.0F / 1.9E
8 M	0008 / 1631	0338 / 0843 / 1338 / 2033	1.6F / * / 1.0F / 2.1E	23 Tu	0003 / 1629	0337 / 0903 / 1350 / 2024	1.3F / * / 0.8F / 1.8E
9 Tu	0115 / 1731	0445 / 1009 / 1447 / 2144	1.5F / * / 0.8F / 1.8E	24 W	0052 / 1719	0427 / 1013 / 1449 / 2118	1.3F / * / 0.7F / 1.5E
10 W ◐	0221 / 1846	0554 / 1155 / 1616 / 2313	1.4F / * / 0.6F / 1.5E	25 Th	0141 / 1818	0516 / 1129 / 1557 / 2225	1.3F / * / 0.6F / 1.3E
11 Th	0324 / 2032	0659 / 1312 / 1808	1.4F / * / 0.5F	26 F ○	0229 / 1938	0607 / 1231 / 1717 / 2339	1.3F / 0.3F / 0.5F / 1.2E
12 F	0419 / 1138 / 1659 / 2221	0038 / 0754 / 1405 / 1953	1.3E / 1.5F / 0.6E / 0.7F	27 Sa	0315 / 1048 / 1606 / 2122	0655 / 1317 / 1852	1.3F / 0.6E / 0.6F
13 Sa	0505 / 1154 / 1809 / 2343	0143 / 0837 / 1446 / 2103	1.2E / 1.5F / 1.0E / 1.0F	28 Su	0357 / 1101 / 1715 / 2256	0046 / 0739 / 1353 / 2015	1.0E / 1.3F / 1.0E / 0.8F
14 Su	0541 / 1212 / 1858	0235 / 0910 / 1520 / 2154	1.0E / 1.5F / 1.4E / 1.3F	29 M	0435 / 1118 / 1809	0141 / 0816 / 1425 / 2115	0.9E / 1.4F / 1.4E / 1.2F
15 M	0048 / 0609 / 1230 / 1938	0319 / 0937 / 1549 / 2236	0.9E / 1.5F / 1.6E / 1.4F	30 Tu	0011 / 0507 / 1139 / 1855	0230 / 0849 / 1457 / 2205	0.8E / 1.4F / 1.8E / 1.5F
				31 W	0117 / 0533 / 1204 / 1941	0316 / 0920 / 1532 / 2251	0.6E / 1.5F / 2.2E / 1.8F

June

Day	Slack h m	Maximum h m	knots	Day	Slack h m	Maximum h m	knots
1 Th	0223 / 0555 / 1234 / 2027	0402 / 0952 / 1611 / 2338	0.4E / 1.5F / 2.5E / 1.9F	16 F ○	1300 / 2113	0456 / 1014 / 1649	* / 1.3F / 2.1E
2 F ●	1309 / 2116	0450 / 1025 / 1655	* / 1.5F / 2.7E	17 Sa	0020 / 1331 / 2146	0536 / 1045 / 1722	1.5F / * / 1.3F / 2.1E
3 Sa	1349 / 2208	0029 / 0542 / 1102 / 1743	1.9F / * / 1.5F / 2.7E	18 Su	1406 / 2221	0058 / 0618 / 1119 / 1759	1.4F / * / 1.3F / 2.1E
4 Su	0125 / 1436 / 2303	0636 / 1144 / 1835	1.8F / * / 1.4F / 2.6E	19 M	1445 / 2258	0139 / 0702 / 1158 / 1839	1.4F / * / 1.2F / 2.1E
5 M	0225 / 1528 / 2359	0734 / 1234 / 1930	1.7F / * / 1.2F / 2.4E	20 Tu	1528 / 2336	0221 / 0746 / 1243 / 1921	1.4F / * / 1.1F / 2.0E
6 Tu	0324 / 1625	0838 / 1337 / 2027	1.7F / * / 1.0F / 2.1E	21 W	1615	0302 / 0833 / 1335 / 2004	1.4F / * / 0.9F / 1.9E
7 W	0054 / 1729	0419 / 0953 / 1453 / 2131	1.6F / * / 0.8F / 1.7E	22 Th	0015 / 1705	0342 / 0923 / 1434 / 2051	1.4F / * / 0.8F / 1.7E
8 Th ◐	0145 / 1845	0511 / 1117 / 1620 / 2245	1.5F / * / 0.6F / 1.3E	23 F	0053 / 1804	0420 / 1020 / 1537 / 2145	1.4F / 0.3E / 0.7F / 1.4E
9 F	0232 / 1000 / 1518 / 2026	0602 / 1229 / 1759	1.4F / 0.5E / 0.5F	24 Sa ◑	0131 / 0850 / 1403 / 1919	0458 / 1118 / 1649 / 2249	1.4F / 0.5E / 0.6F / 1.1E
10 Sa	0314 / 1027 / 1656 / 2220	0000 / 0652 / 1326 / 1942	1.0E / 1.3F / 0.9E / 0.7F	25 Su	0208 / 0916 / 1531 / 2103	0539 / 1212 / 1818	1.3F / 0.9F / 0.6F
11 Su	0352 / 1053 / 1804 / 2352	0107 / 0738 / 1412 / 2057	0.7E / 1.3F / 1.2E / 0.9F	26 M	0244 / 0945 / 1648 / 2253	0000 / 0624 / 1300 / 1953	0.8E / 1.3F / 1.2E / 0.9F
12 M	0424 / 1119 / 1854	0203 / 0818 / 1450 / 2150	0.6E / 1.3F / 1.5E / 1.2F	27 Tu	0319 / 1017 / 1752	0105 / 0712 / 1344 / 2104	0.6E / 1.2F / 1.6E / 1.2F
13 Tu	0104 / 0452 / 1144 / 1934	0252 / 0851 / 1522 / 2232	0.4E / 1.3F / 1.7E / 1.4F	28 W	0024 / 0351 / 1051 / 1847	0203 / 0759 / 1427 / 2159	0.4E / 1.3F / 2.1E / 1.5F
14 W	0205 / 0516 / 1208 / 2009	0335 / 0920 / 1551 / 2310	0.3E / 1.3F / 1.9E / 1.5F	29 Th	1129 / 1937	0256 / 0843 / 1511 / 2248	* / 1.4F / 2.4E / 1.8F
15 Th	0416 / 1233 / 2041	0947 / 1619 / 2345	* / 1.3F / 2.0E / 1.5F	30 F	1210 / 2026	0347 / 0925 / 1557 / 2335	* / 1.5F / 2.6E / 1.9F

Time meridian 75° W.   0000 is midnight.   1200 is noon.
If three consecutive entries are marked (F) the middle one is not a true maximum but an intermediate value to show the current pattern.
* Current weak and variable.

Tampa Bay Entrance (Egmont Channel), Florida, 2000

F–Flood, Dir. 120° True   E–Ebb, Dir. 298° True

	July						August						September				
	Slack	Maximum		Slack	Maximum		Slack	Maximum		Slack	Maximum		Slack	Maximum		Slack	Maximum
	h m	h m knots		h m	h m knots		h m	h m knots		h m	h m knots		h m	h m knots		h m	h m knots
1 Sa ●	0439 1253 2114	0439 * 1008 1.5F 1646 2.7F	16 Su ○	0522 1319 2131	0006 1.5F 0522 * 1033 1.3F 1712 2.1E	1 Tu	0742 1436 2223	0045 1.8F 0606 0.3E 1143 1.6F 1822 2.4E	16 W	0400 0806 1432 2154	0028 1.5F 0600 0.5E 1141 1.4F 1804 1.9E	1 F	0410 1002 1632 2234	0109 1.4F 0658 1.2E 1324 1.4F 1927 1.3E	16 Sa	0324 0938 1613 2153	0032 1.4F 0623 1.5E 1301 1.6F 1856 1.2E
2 Su	0532 1052 1341 2202	0023 1.9F 0532 * 1052 1.5F 1738 2.7E	17 M	0600 1356 2201	0037 1.5F 0600 * 1109 1.3F 1747 2.1E	2 W	0502 0852 1532 2259	0125 1.7F 0653 0.5E 1236 1.5F 1908 2.1E	17 Th	0418 0853 1517 2220	0055 1.5F 0632 0.7E 1223 1.4F 1840 1.8E	2 Sa	0439 1101 1732 2257	0140 1.3F 0738 1.3E 1421 1.2F 2009 0.9E	17 Su	0352 1031 1714 2217	0103 1.3F 0700 1.6E 1355 1.5F 1938 0.9E
3 M	0626 1140 1432 2250	0112 1.8F 0626 * 1140 1.5F 1830 2.6E	18 Tu	0636 1436 2231	0109 1.5F 0636 * 1149 1.3F 1824 2.1E	3 Th	0530 1003 1630 2331	0204 1.5F 0739 0.7E 1335 1.3F 1953 1.7E	18 F	0439 0945 1606 2247	0125 1.4F 0705 0.9E 1311 1.3F 1919 1.6E	3 Su	0511 1207 1841 2318	0213 1.2F 0820 1.3E 1524 1.0F 2056 0.5E	18 M	0426 1131 1828 2237	0137 1.2F 0743 1.7E 1458 1.3F 2026 0.5E
4 Tu	0720 1235 1528 2336	0203 1.7F 0720 * 1235 1.3F 1923 2.3E	19 W	0713 1520 2302	0143 1.5F 0713 * 1233 1.2F 1903 2.0E	4 F	0559 1119 1731 2359	0242 1.4F 0827 0.8E 1439 1.1F 2039 1.3E	19 Sa	0504 1041 1702 2314	0157 1.4F 0742 1.0E 1404 1.2F 2000 1.3E	4 M	0545 1322	0248 1.1F 0906 1.2E 1638 0.8F 2156 *	19 Tu	0504 1245	0216 1.1F 0832 1.7E 1612 1.2F 2127 *
5 W	0815 1339 1627	0251 1.6F 0815 * 1339 1.1F 2015 2.0E	20 Th	0606 0945 1607 2334	0217 1.5F 0751 0.4E 1323 1.1F 1943 1.8E	5 Sa	0630 1243 1840	0317 1.3F 0917 0.9E 1548 0.8F 2130 0.8E	20 Su	0532 1146 1806 2340	0231 1.4F 0822 1.2E 1504 1.1F 2046 0.9E	5 Tu ☽	0626 1450 2323	0326 0.9F 1008 1.1E 1814 0.7F *	20 W ○	0551 1412 2258	0301 1.0F 0935 1.6E 1742 1.1F *
6 Th	0019 0728 1119 1731	0336 1.5F 0914 0.4E 1451 0.9F 2108 1.5E	21 F	0627 1052 1700	0251 1.5F 0831 0.5E 1418 1.0F 2025 1.6E	6 Su ☽	0025 0705 1414 2013	0352 1.2F 1017 1.0E 1709 0.7F 2232 0.4E	21 M	0604 1302 1929	0306 1.3F 0911 1.3E 1615 1.0F 2142 0.5E	6 W	0719 1621	0414 0.7F 1138 1.1E 2001 0.8F *	21 Th	0653 1544	0359 0.8F 1103 1.6E 1921 1.2F *
7 F	0057 0758 1309 1843	0418 1.4F 1020 0.6E 1609 0.7F 2208 1.1E	22 Sa	0005 0651 1207 1759	0325 1.4F 0914 0.7E 1519 0.9F 2112 1.2E	7 M	0047 0746 1548	0429 1.0F 1128 1.1E 1852 0.6F 2351 *	22 Tu ○	0004 0644 1430 2301	0346 1.1F 1012 1.4E 1744 0.9F *	7 Th	0055 0833 1735	0521 * 1310 1.1E 2105 1.0F *	22 F	0043 0818 1705	0523 0.7F 1241 1.6E 2035 1.4F *
8 Sa ☽	0131 0832 1456 2018	0458 1.3F 1130 0.8E 1737 0.6F 2316 0.7E	23 Su	0036 0719 1329 1915	0400 1.4F 1006 0.9E 1628 0.8F 2210 0.9E	8 Tu	0836 1714	0513 0.9F 1243 1.2E 2031 0.8F *	23 W	0736 1603	0433 1.0F 1131 1.5E 1932 1.0F *	8 F	0206 0956 1828	0658 0.6F 1414 1.3E 2145 1.2F *	23 Sa	0157 0953 1807	0710 0.8F 1356 1.8E 2123 1.6F *
9 Su	0201 0910 1631 2221	0540 1.2F 1235 1.0E 1921 0.6F *	24 M ○	0107 0753 1457 2105	0438 1.3F 1107 1.1E 1755 0.8F 2323 0.5E	9 W	0110 0933 1818	0613 0.8F 1347 1.3E 2131 1.1F *	24 Th	0033 0843 1725	0537 0.9F 1251 1.7E 2052 1.3F *	9 Sa	0257 1101 1907	0817 0.8F 1501 1.5E 2215 1.3F *	24 Su	0111 0440 1111 1855	0248 0.3F 0832 1.1F 1454 1.9E 2200 1.7F
10 M	0230 0949 1747	0027 0.4F 0626 1.1F 1331 1.3E 2047 0.9F	25 Tu	0136 0834 1623	0136 1.2F 0522 1.4E 1211 1.4F 1938 0.9F	10 Th	0217 1029 1904	0728 0.8F 1440 1.5E 2212 1.3F *	25 F	0150 0957 1829	0704 1.0F 1400 2.0E 2145 1.6F *	10 Su	0156 0526 1150 1937	0335 0.3F 0907 1.0F 1537 1.6E 2239 1.4F	25 M	0123 0554 1214 1933	0329 0.6F 0929 1.5F 1543 1.9E 2231 1.7F
11 Tu	0132 0717 1027 1842	0132 * 0717 1.0F 1419 1.5E 2144 1.1F	26 W	0040 0616 0923 1738	0040 * 0616 1.1F 1312 1.8E 2059 1.2F	11 F	0311 1118 1941	0311 * 0830 0.9F 1522 1.7E 2245 1.4F	26 Sa	0250 1105 1920	0823 1.2F 1459 2.2E 2226 1.8F	11 M	0207 0614 1231 2002	0405 0.5F 0946 1.3F 1607 1.7E 2300 1.5F	26 Tu	0139 0649 1308 2003	0404 0.9F 1016 1.7F 1625 1.9E 2259 1.7F
12 W	0230 0807 1104 1924	0230 * 0807 1.0F 1459 1.7E 2226 1.3F	27 Th	0148 0720 1017 1840	0148 * 0720 1.1F 1408 2.1E 2155 1.6F	12 Sa	0355 1159 2012	0355 * 0915 1.1F 1557 1.8E 2313 1.4F	27 Su	0338 1205 2003	0922 1.4F 1551 2.3E 2302 1.8F	12 Tu	0217 0653 1310 2024	0430 0.6F 1021 1.4F 1636 1.7E 2320 1.5F	27 W ●	0156 0737 1359 2029	0437 1.2F 1059 1.8F 1704 1.7E 2324 1.6F
13 Th	0320 0849 1138 2000	0320 * 0849 1.1F 1535 1.8E 2302 1.4F	28 F	0248 0823 1110 1933	0248 * 0823 1.3F 1501 2.4E 2242 1.8F	13 Su	0430 1237 2039	0430 * 0953 1.2F 1628 1.9E 2338 1.5F	28 M	0239 0421 1259 2040	0239 0.4F 0421 1.6F 1638 2.3E 2336 1.8F	13 W ○	0228 0731 1349 2045	0454 0.8F 1056 1.6F 1706 1.7E 2341 1.5F	28 Th	0215 0822 1449 2051	0510 1.4F 1141 1.8F 1743 1.4E 2349 1.5F
14 F	0405 0925 1211 2032	0405 * 0925 1.2F 1607 1.9E 2334 1.5F	29 Sa	0341 0917 1201 2020	0341 * 0917 1.4F 1553 2.6E 2324 1.9F	14 M	0329 0501 1314 2104	0329 0.3F 0501 1.4F 1658 1.9E *	29 Tu ●	0258 0500 1350 2113	0258 0.6F 0500 1.7F 1722 2.2E *	14 Th	0241 0810 1432 2107	0520 1.0F 1133 1.6F 1739 1.6E *	29 F	0237 0907 1541 2112	0544 1.6F 1225 1.7F 1821 1.1E *
15 Sa	0445 0959 1244 2102	0445 * 0959 1.2F 1638 2.0E *	30 Su ●	0431 1006 1252 2104	0431 * 1006 1.6F 1643 2.6E *	15 Tu ○	0344 0531 1351 2129	0003 1.5F 0531 0.4E 1103 1.4F 1730 2.0E	30 W	0319 0540 1442 2143	0007 1.7F 0540 0.9F 1144 1.7F 1805 2.0E	15 F	0300 0852 1519 2129	0005 1.4F 0549 1.2E 1214 1.6F 1816 1.4E	30 Sa	0302 0952 1637 2133	0014 1.4F 0618 1.7E 1311 1.5F 1901 0.8E
			31 M	0519 1054 1343 2145	0005 1.9F 0519 * 1054 1.6F 1733 2.5E				31 Th	0343 0619 1536 2209	0038 1.6F 0619 1.1E 1232 1.6F 1846 1.6E						

Time meridian 75° W.   0000 is midnight.   1200 is noon.
If three consecutive entries are marked (F) the middle one is not a true maximum but an intermediate value to show the current pattern.
* Current weak and variable.

Tampa Bay Entrance (Egmont Channel), Florida, 2000

F–Flood, Dir. 120° True   E–Ebb, Dir. 298° True

October

Day	Slack h m	Maximum h m	knots	Day	Slack h m	Maximum h m	knots
1 Su	0331 1040 1738 2154	0042 0654 1403 1943	1.2F 1.7E 1.3F 0.6E	16 M	0257 1025 1742 2113	0014 0630 1353 1923	1.3F 2.1E 1.6F 0.4E
2 M	0403 1133 1851 2214	0114 0732 1502 2030	1.1F 1.6E 1.1F 0.3E	17 Tu	0336 1126	0051 0716 1459 2016	1.2F 2.1E 1.5F *
3 Tu	0440 1235 2130	0151 0814 1609	1.0F 1.5E 1.0F *	18 W	0422 1237 2125	0135 0808 1612	1.0F 2.0E 1.3F *
4 W	0522 1351 2302	0235 0905 1731	0.8F 1.3E 0.9F *	19 Th	0517 1358 2310	0231 0914 1733	0.9F 1.7E 1.3F *
5 Th ☽	0615 1514	0331 1024 1906	0.6F 1.1E 0.9F	20 F ○	0628 1519	0347 1047 1855	0.7F 1.5E 1.3F
6 F	0731 1630	0038 0445 1215 2017	* 0.5F 1.0E 1.0F	21 Sa	0808 1631	0048 0530 1229 2001	* 0.6F 1.5E 1.4F
7 Sa	0914 1729	0145 0627 1332 2100	* 0.5F 1.1E 1.2F	22 Su	0000 0356 0957 1729	0150 0721 1343 2048	0.3F 0.8F 1.5E 1.5F
8 Su	0042 0435 1038 1812	0231 0757 1423 2130	0.3E 0.7F 1.3E 1.3F	23 M	0012 0520 1121 1814	0235 0838 1440 2124	0.7E 1.1F 1.5E 1.6F
9 M	0052 0534 1136 1844	0305 0853 1501 2153	0.6E 1.0F 1.4E 1.4F	24 Tu	0028 0619 1225 1848	0311 0933 1526 2154	1.1E 1.5F 1.4E 1.6F
10 Tu	0101 0617 1223 1909	0331 0935 1534 2213	0.8E 1.3F 1.4E 1.4F	25 W	0045 0706 1320 1914	0343 1018 1606 2219	1.4E 1.7F 1.3E 1.5F
11 W	0110 0655 1306 1931	0353 1011 1606 2232	1.1E 1.5F 1.4E 1.4F	26 Th	0103 0747 1410 1935	0413 1059 1644 2242	1.7E 1.8F 1.1E 1.5F
12 Th	0121 0730 1349 1951	0415 1047 1638 2253	1.3E 1.7F 1.3E 1.4F	27 F ●	0123 0825 1500 1954	0442 1138 1720 2304	1.9E 1.8F 0.9E 1.4F
13 F ○	0137 0807 1437 2011	0441 1125 1714 2317	1.6E 1.8F 1.2E 1.4F	28 Sa	0145 0902 1553 2012	0512 1218 1758 2328	2.0E 1.7F 0.7E 1.3F
14 Sa	0158 0847 1530 2032	0512 1207 1753 2343	1.9E 1.8F 0.9E 1.4F	29 Su	0210 0940 1649 2033	0544 1300 1839 2356	2.0E 1.6F 0.5E 1.2F
15 Su	0225 0933 1631 2053	0548 1256 1836	2.0E 1.7F 0.7E	30 M	0239 1022 1753 2056	0619 1348 1922	2.0E 1.4F 0.3E
				31 Tu	0313 1108	0029 0657 1442 2011	1.1F 1.8E 1.3F *

November

Day	Slack h m	Maximum h m	knots	Day	Slack h m	Maximum h m	knots
1 W	0353 1201	0109 0739 1542 2111	0.9F 1.7E 1.2F *	16 Th	0401 1229	0113 0758 1603 2126	1.0F 2.1E 1.5F *
2 Th	0438 1302	0159 0827 1645 2233	0.7F 1.5E 1.1F *	17 F	0503 1336	0223 0904 1708 2301	0.8F 1.8E 1.4F *
3 F	0531 1408	0301 0931 1753	0.6F 1.2E 1.0F	18 Sa ☽	0621 1441 2229	0351 1030 1812	0.6F 1.4E 1.4F
4 Sa ○	0641 1512 2318	0002 0416 1104 1859	* 0.5F 1.0E 1.0F	19 Su	0234 0806 1541 2249	0026 0535 1203 1911	0.3E 0.6F 1.2E 1.3F
5 Su	0302 0822 1609 2332	0106 0549 1231 1951	0.3E 0.4F 1.0E 1.1F	20 M	0421 1003 1633 2312	0125 0721 1318 2001	0.7E 0.8F 1.1E 1.3F
6 M	0426 1004 1656 2344	0150 0724 1331 2028	0.5E 0.6F 1.0E 1.2F	21 Tu	0534 1132 1715 2335	0210 0840 1416 2040	1.1E 1.1F 0.9E 1.4F
7 Tu	0524 1117 1733 2355	0223 0831 1417 2056	0.8E 0.9F 1.0E 1.3F	22 W	0628 1241 1748 2357	0248 0935 1504 2112	1.5E 1.4F 0.8E 1.4F
8 W	0608 1215 1803	0250 0919 1457 2121	1.1E 1.3F 1.0E 1.3F	23 Th	0712 1338 1814	0320 1019 1547 2139	1.7E 1.6F 0.7E 1.4F
9 Th	0008 0647 1306 1827	0314 1000 1534 2144	1.5E 1.6F 1.0E 1.4F	24 F	0019 0750 1430 1835	0350 1059 1626 2204	2.0E 1.7F 0.5E 1.3F
10 F	0024 0724 1356 1849	0339 1040 1611 2209	1.8E 1.8F 0.8E 1.4F	25 Sa ●	0042 0824 1521 1855	0418 1135 1703 2228	2.1E 1.8F 0.4E 1.3F
11 Sa	0045 0802 1451 1909	0409 1120 1651 2235	2.1E 1.9F 0.7E 1.4F ○	26 Su	0106 0858 1613 1917	0447 1212 1742 2254	2.1E 1.7F 0.3E 1.3F
12 Su	0112 0845 1552 1929	0444 1204 1735 2305	2.3E 1.9F 0.5E 1.4F	27 M	0134 0932 1824	0519 1252	2.1E 1.6F * 1.2F
13 M	0144 0932 1703 1948	0525 1255 1822 2340	2.5E 1.9F 0.3E 1.3F	28 Tu	0206 1009 1907	0555 1335	2.1E 1.5F *
14 Tu	0223 1025 1914	0611 1353	2.5E 1.7F *	29 W	0243 1049 1955	0001 0635 1422	1.1F 2.0E 1.4F *
15 W	0308 1124 2013	0021 0702 1457	1.2F 2.3E 1.6F *	30 Th	0325 1134 2048	0045 0718 1511	0.9F 1.8E 1.3F *

December

Day	Slack h m	Maximum h m	knots	Day	Slack h m	Maximum h m	knots
1 F	0413 1221 2150	0138 0804 1558	0.8F 1.6E 1.3F *	16 Sa	0504 1301 2026	0228 0853 1627 2223	0.9F 1.7E 1.5F 0.4E
2 Sa	0506 1309 2300	0240 0857 1645	0.6F 1.4E 1.2F *	17 Su ○	0622 1349 2059	0352 1003 1716 2339	0.7F 1.3E 1.3F 0.6E
3 Su ☽	0609 1357 2143	0349 1002 1732	0.5F 1.1E 1.2F	18 M	0805 1434 2133	0240 0528 1125 1806	0.6F 0.9E 1.2F
4 M	0232 0734 1444 2205	0004 0508 1120 1820	0.4E 0.5F 0.9E 1.1F	19 Tu	0418 1009 1515 2208	0045 0712 1243 1857	1.0E 0.7F 0.6E 1.1F
5 Tu	0355 0924 1528 2226	0053 0640 1232 1906	0.7E 0.6F 0.8E 1.1F	20 W	0532 1153 1554 2241	0137 0837 1348 1946	1.3E 1.0F 0.4E 1.1F
6 W	0459 1101 1609 2246	0131 0804 1331 1948	1.0E 0.9F 0.7E 1.1F	21 Th	0627 1311 1630 2312	0221 0935 1444 2028	1.6E 1.3F 0.3E 1.1F
7 Th	0550 1214 1644 2309	0204 0904 1421 2024	1.4E 1.2F 0.6E 1.2F	22 F	0712 1421 2103	0259 1020 1533	1.8E 1.6F * 1.1F
8 F	0635 1317 1714 2336	0235 0951 1506 2058	1.8E 1.6F 0.5E 1.3F	23 Sa	0749 1616 2135	0332 1058	2.0E 1.7F * 1.2F
9 Sa	0717 1416 1740	0308 1034 1550 2131	2.1E 1.8F 0.4E 1.3F	24 Su	0012 0822 1655 2205	0402 1133	2.1E 1.7F * 1.2F
10 Su	0006 0800 1518 1803	0345 1117 1635 2205	2.4E 2.0F 0.3E 1.4F	25 M ●	0042 0853 1734 2236	0433 1206	2.1E 1.7F * 1.2F
11 M	0042 0845 1723 2242	0426 1203	2.6E 2.0F * 1.4F ○	26 Tu	0114 0924 1813 2310	0506 1241	2.1E 1.6F * 1.2F
12 Tu	0122 0933 1814 2323	0513 1253	2.7E 1.9F * 1.3F	27 W	0150 0956 1853 2349	0543 1317	2.1E 1.6F * 1.1F
13 W	0208 1024 1908	0603 1347	2.6E 1.8F *	28 Th	0229 1030 1933	0622 1354	2.0E 1.5F *
14 Th	0013 0300 1117 2005	0657 1442	1.2F 2.4E 1.7F *	29 F	0313 1105 2015 2157	0034 0702 1432	1.0F 1.9E 1.5F *
15 F	0113 0358 1210 2109	0753 1536	1.0F 2.1E 1.6F *	30 Sa	0401 1141 1906 2306	0124 0744 1509 2059	0.9F 1.7E 1.4F 0.4E
				31 Su	0453 1217 1931	0221 0828 1545 2147	0.8F 1.5E 1.4F 0.5E

Time meridian 75° W. 0000 is midnight. 1200 is noon.
If three consecutive entries are marked (F) the middle one is not a true maximum but an intermediate value to show the current pattern.
* Current weak and variable.

Tampa Bay (Sunshine Skyway Bridge), Florida, 2000

F–Flood, Dir. 060° True   E–Ebb, Dir. 235° True

January

Day	Slack h m	Maximum h m	knots	Day	Slack h m	Maximum h m	knots
1 Sa	0542 / 1417 / 2244	0207 / 0854 / 1931	1.2E / 1.0F / * / 1.0F	16 Su	0459 / 2150	0054 / 0823 / 1337 / 1844	1.3E / 1.1F / * / 1.0F
2 Su	0632 / 1508 / 2316	0250 / 0947 / 2014	1.3E / 1.2F / * / 1.0F	17 M	0606 / 2243	0158 / 0932 / 1447 / 1946	1.5E / 1.4F / * / 1.1F
3 M	0715 / 1553 / 2347	0325 / 1029 / 2055	1.4E / 1.4F / * / 1.0F	18 Tu	0703 / 2335	0256 / 1025 / 1549 / 2046	1.8E / 1.7F / * / 1.1F
4 Tu	0753 / 1634	0355 / 1107 / 2133	1.5E / 1.5F / * / 1.1F	19 W	0754	0349 / 1111 / 1644 / 2141	2.0E / 1.9F / * / 1.2F
5 W	0020 / 0827 / 1713 / 2210	0421 / 1142	1.5E / 1.5F / * / 1.1F	20 Th ○	0028 / 0840 / 1734 / 2232	0441 / 1153	2.1E / 1.9F / * / 1.3F
6 Th ●	0054 / 0900 / 1751 / 2247	0448 / 1215	1.6E / 1.5F / * / 1.1F	21 F	0120 / 0922 / 1653 / 1950	0530 / 1233 / 1821 / 2322	2.1E / 1.9F / 0.3E / 1.3F
7 F	0130 / 0930 / 1828 / 2326	0519 / 1248	1.6E / 1.5F / * / 1.2F	22 Sa	0213 / 1002 / 1718 / 2052	0618 / 1311 / 1905	2.0E / 1.8F / 0.4E
8 Sa	0210 / 1000 / 1904	0554 / 1320	1.6E / 1.5F / *	23 Su	0307 / 1037 / 1742 / 2153	0013 / 0702 / 1348 / 1947	1.3F / 1.8E / 1.7F / 0.6E
9 Su	0253 / 1030 / 1800 / 2123	0007 / 0633 / 1352 / 1940	1.2F / 1.6E / 1.5F / 0.3E	24 M	0403 / 1109 / 1805 / 2255	0106 / 0744 / 1423 / 2028	1.2F / 1.6E / 1.6F / 0.7E
10 M	0339 / 1100 / 1822 / 2219	0052 / 0714 / 1425 / 2017	1.1F / 1.6E / 1.5F / 0.4E	25 Tu	0501 / 1138 / 1830	0202 / 0825 / 1456 / 2110	1.1F / 1.3E / 1.5F / 0.8E
11 Tu	0430 / 1132 / 1845 / 2322	0142 / 0757 / 1459 / 2056	1.0F / 1.4E / 1.4F / 0.5E	26 W	0001 / 0605 / 1204 / 1857	0305 / 0907 / 1529 / 2155	1.0F / 1.0F / 1.3F / 0.9E
12 W	0528 / 1204 / 1911	0240 / 0843 / 1535 / 2141	0.9F / 1.2E / 1.4F / 0.7E	27 Th	0115 / 0721 / 1228 / 1928	0414 / 0957 / 1604 / 2249	0.8F / 0.6E / 1.2F / 0.9E
13 Th	0038 / 0640 / 1238 / 1942	0349 / 0937 / 1614 / 2236	0.8F / 0.9E / 1.3F / 0.8E	28 F ○	0236 / 2004	0536 / 1101 / 1643 / 2358	0.7F / * / 1.1F / 0.9E
14 F ○	0207 / 0819 / 1313 / 2018	0513 / 1047 / 1657 / 2343	0.8F / 0.5E / 1.2F / 1.0E	29 Sa	0359 / 2048	0709 / 1223 / 1729	0.8F / * / 0.9F
15 Sa	0339 / 2101	0651 / 1213 / 1747	0.8F / * / 1.1F	30 Su	0511 / 2140	0114 / 0834 / 1343 / 1825	1.0E / 1.0F / * / 0.8F
				31 M	0610 / 2233	0218 / 0934 / 1448 / 1928	1.1E / 1.2F / * / 0.8F

February

Day	Slack h m	Maximum h m	knots	Day	Slack h m	Maximum h m	knots
1 Tu	0658 / 2322	0308 / 1018 / 1541 / 2028	1.3E / 1.4F / * / 0.9F	16 W	0656 / 2333	0300 / 1019 / 1553 / 2043	1.7E / 1.7F / * / 1.0F
2 W	0738	0347 / 1054 / 1624 / 2118	1.4E / 1.5F / * / 1.0F	17 Th	0744	0356 / 1059 / 1642 / 2145	1.8E / 1.8F / * / 1.2F
3 Th	0006 / 0812 / 1702 / 2202	0418 / 1126	1.5E / 1.5F / * / 1.1F	18 F	0034 / 0824 / 1536 / 1914	0444 / 1134 / 1724 / 2237	1.9E / 1.9F / 0.4E / 1.3F
4 F	0047 / 0842 / 1602 / 1912	0447 / 1154 / 1736 / 2242	1.6E / 1.6F / 0.3E / 1.2F	19 Sa ○	0129 / 0900 / 1554 / 2010	0527 / 1205 / 1803 / 2325	1.9E / 1.8F / 0.6E / 1.4F
5 Sa ●	0128 / 0909 / 1619 / 1958	0516 / 1221 / 1808 / 2322	1.6E / 1.6F / 0.4E / 1.2F	20 Su	0221 / 0931 / 1612 / 2102	0606 / 1235 / 1839	1.7F / 1.8F / 0.8E
6 Su	0209 / 0934 / 1635 / 2043	0549 / 1246 / 1839	1.6E / 1.6F / 0.5E	21 M	0312 / 0958 / 1631 / 2153	0011 / 0643 / 1302 / 1912	1.4F / 1.6E / 1.7F / 1.0E
7 M	0253 / 0959 / 1651 / 2131	0003 / 0624 / 1312 / 1909	1.3F / 1.6E / 1.6F / 0.7E	22 Tu	0404 / 1021 / 1651 / 2243	0059 / 0719 / 1329 / 1945	1.4F / 1.3E / 1.6F / 1.1E
8 Tu	0341 / 1025 / 1709 / 2221	0047 / 0701 / 1340 / 1940	1.3F / 1.5E / 1.5F / 0.8E	23 W	0458 / 1043 / 1713 / 2335	0148 / 0754 / 1357 / 2016	1.3F / 1.0E / 1.5F / 1.1E
9 W	0433 / 1051 / 1732 / 2317	0135 / 0741 / 1409 / 2015	1.2F / 1.3E / 1.5F / 1.0E	24 Th	0557 / 1102 / 1738	0242 / 0832 / 1426 / 2048	1.1F / 0.7E / 1.3F / 1.1E
10 Th	0533 / 1116 / 1758	0230 / 0824 / 1442 / 2053	1.1F / 1.1E / 1.4F / 1.1E	25 F	0032 / 0708 / 1118 / 1808	0343 / 0914 / 1459 / 2125	1.0F / 0.4E / 1.2F / 1.1E
11 F	0022 / 0647 / 1140 / 1830	0337 / 0913 / 1518 / 2141	1.0F / 0.6E / 1.3F / 1.2E	26 Sa ○	0141 / 1844	0457 / 1009 / 1537 / 2214	0.8F / * / 1.0F / 1.0E
12 Sa ◐	0144 / 1910	0500 / 1017 / 1600 / 2245	0.9F / * / 1.2F / 1.2E	27 Su	0304 / 1931	0629 / 1133 / 1624 / 2341	0.8F / * / 0.8F / 0.9E
13 Su	0318 / 2002	0644 / 1150 / 1653	0.9F / * / 1.0F	28 M	0428 / 2035	0805 / 1314 / 1728	0.9F / * / 0.7F
14 M	0448 / 2108	0016 / 0823 / 1333 / 1801	1.3E / 1.2F / * / 0.9F	29 Tu	0536 / 2153	0137 / 0911 / 1431 / 1851	1.0E / 1.1F / * / 0.6F
15 Tu	0559 / 2223	0149 / 0931 / 1453 / 1926	1.5E / 1.5F / * / 0.9F				

March

Day	Slack h m	Maximum h m	knots	Day	Slack h m	Maximum h m	knots
1 W	0628 / 2303	0244 / 0955 / 1525 / 2010	1.1E / 1.3F / * / 0.7F	16 Th	0636 / 2344	0300 / 0959 / 1548 / 2055	1.5E / 1.7F / 0.3E / 0.9F
2 Th	0709 / 2358	0328 / 1028 / 1606 / 2110	1.3E / 1.4F / * / 0.9F	17 F	0719	0351 / 1033 / 1629 / 2153	1.6E / 1.7F / 0.6E / 1.2F
3 F	0741 / 1449 / 1835	0401 / 1056 / 1640 / 2156	1.4E / 1.5F / 0.4E / 1.1F	18 Sa	0046 / 0754 / 1437 / 1933	0433 / 1102 / 1704 / 2241	1.6E / 1.8F / 0.8E / 1.4F
4 Sa	0044 / 0809 / 1501 / 1921	0430 / 1120 / 1710 / 2237	1.5E / 1.6F / 0.5E / 1.3F	19 Su ○	0139 / 0823 / 1451 / 2019	0510 / 1127 / 1736 / 2324	1.5E / 1.7F / 1.0E / 1.5F
5 Su ●	0127 / 0833 / 1513 / 2003	0500 / 1142 / 1737 / 2317	1.5E / 1.6F / 0.7E / 1.4F	20 M	0228 / 0847 / 1506 / 2102	0544 / 1150 / 1806	1.4E / 1.7F / 1.2E
6 M	0211 / 0856 / 1526 / 2046	0532 / 1204 / 1804 / 2358	1.5E / 1.6F / 0.9E / 1.5F	21 Tu	0317 / 0908 / 1523 / 2143	0006 / 0617 / 1213 / 1833	1.5F / 1.2E / 1.6F / 1.3E
7 Tu	0257 / 0919 / 1543 / 2130	0607 / 1228 / 1833	1.4E / 1.6F / 1.1E	22 W	0407 / 0928 / 1542 / 2225	0048 / 0651 / 1237 / 1859	1.4F / 1.0E / 1.5F / 1.4E
8 W	0348 / 0943 / 1604 / 2218	0042 / 0645 / 1254 / 1904	1.5F / 1.3E / 1.6F / 1.3E	23 Th	0459 / 0946 / 1605 / 2308	0133 / 0725 / 1303 / 1925	1.4F / 0.7E / 1.4F / 1.4E
9 Th	0444 / 1006 / 1629 / 2311	0131 / 0725 / 1323 / 1938	1.4F / 1.0E / 1.5F / 1.5E	24 F	0558 / 1004 / 1633 / 2355	0222 / 0802 / 1332 / 1953	1.2F / 0.5E / 1.3F / 1.4E
10 F	0551 / 1028 / 1700	0227 / 0809 / 1356 / 2017	1.3F / 0.7E / 1.4F / 1.5E	25 Sa	0844 / 1705	0318 / 1406 / 2027	1.1F / 1.2F / 1.3E
11 Sa	0013 / 0717 / 1042 / 1736	0334 / 0858 / 1433 / 2103	1.2F / 0.3E / 1.3F / 1.5E	26 Su	0053 / 0937 / 1744	0426 / 1445 / 2109	0.9F / 1.0F / 1.2E
12 Su	0131 / 1005 / 1821	0459 / 1005 / 1517 / 2207	1.0F / * / 1.1F / 1.3E	27 M ○	0207 / 1058 / 1832	0550 / 1536 / 2213	0.9F / 0.8F / 1.0E
13 M	0304 / 1151 / 1920	0641 / 1151 / 1617 / 2358	1.1F / 0.3E / 0.8F / 1.3E	28 Tu	0331 / 1940	0720 / 1247 / 1647	0.9F / * / 0.6F
14 Tu	0432 / 2045	0814 / 1344 / 1744	1.3F / * / 0.7F	29 W	0444 / 2113	0023 / 0829 / 1407 / 1821	0.9F / 1.1F / * / 0.5F
15 W	0542 / 2224	0151 / 0916 / 1458 / 1932	1.4E / 1.5F / * / 0.7F	30 Th	0539 / 2241	0157 / 0914 / 1458 / 1952	1.0E / 1.3F / * / 0.7F
				31 F	0620 / 2345	0247 / 0946 / 1536 / 2057	1.1E / 1.4F / 0.4E / 0.9F

Time meridian 75° W. 0000 is midnight. 1200 is noon.
If three consecutive entries are marked (F) the middle one is not a true maximum but an intermediate value to show the current pattern.
* Current weak and variable.

Tampa Bay (Sunshine Skyway Bridge), Florida, 2000

F–Flood, Dir. 060° True   E–Ebb, Dir. 235° True

	April						May						June				
	Slack	Maximum		Slack	Maximum		Slack	Maximum		Slack	Maximum		Slack	Maximum		Slack	Maximum
	h m	h m	knots	h m	h m	knots	h m	h m	knots	h m	h m	knots	h m	h m	knots	h m	h m	knots
1 Sa	0653 1345 1835	0325 1012 1607 2146	1.2E 1.5F 0.7E 1.1F	**16** Su	0057 0707 1338 1938	0409 1019 1638 2240	1.2E 1.6F 1.2E 1.4F	**1** M	0028 0617 1249 1910	0320 0940 1553 2218	1.0E 1.5F 1.2E 1.4F	**16** Tu	0200 0628 1257 2013	0414 0955 1636 2314	0.6E 1.4F 1.5E 1.4F	**1** Th	0241 0606 1245 2035	0421 0952 1628 2347	0.4E 1.5F 2.0E 1.7F	**16** F ○	1304 2115	0507 1012 1700	* 1.3F 1.6E
2 Su	0037 0720 1355 1919	0358 1034 1633 2228	1.3E 1.5F 0.9E 1.4F	**17** M	0148 0732 1351 2018	0444 1042 1706 2320	1.1E 1.6F 1.3E 1.5F	**2** Tu	0124 0644 1305 1953	0400 1006 1621 2302	0.9E 1.5F 1.5E 1.6F	**17** W	0251 0648 1315 2048	0449 1018 1658 2352	0.5E 1.4F 1.6E 1.5F	**2** F ●	0512 1320 2124	1029 1711	1.5F 2.2E	**17** Sa	0024 0547 1335 2149	1045 1727	1.4F * 1.3F 1.7E
3 M	0124 0744 1406 2000	0432 1055 1659 2310	1.3E 1.6F 1.1E 1.5F	**18** Tu ○	0237 0752 1406 2056	0517 1103 1730 2359	0.9E 1.5F 1.5E 1.5F	**3** W ●	0221 0710 1327 2037	0442 1032 1652 2348	0.8E 1.6F 1.8E 1.7F	**18** Th ○	0344 0706 1336 2122	0525 1043 1719	0.3E 1.4F 1.6E	**3** Sa	0606 1401 2214	0038 1110 1759	1.8F * 1.5F 2.2E	**18** Su	0102 0628 1410 2222	1121 1800	1.4F * 1.2F 1.7E
4 Tu ●	0213 0808 1422 2042	0507 1118 1727 2353	1.2F 1.6F 1.4E 1.6F	**19** W	0325 0810 1423 2132	0550 1125 1752	0.7E 1.5F 1.5E	**4** Th	0322 0735 1354 2124	0526 1102 1728	0.6E 1.6F 2.0E	**19** F	0602 1401 2157	0031 1111 1743	1.4F * 1.3F 1.7E	**4** Su	0132 0702 1154 1446 2306	0141 0710 1200 1852	1.7F * 1.4F 2.1E	**19** M	0141 0710 1450 2256	1200 1838	1.4F * 1.2F 1.7E
5 W	0305 0831 1442 2126	0546 1143 1757	1.1E 1.6F 1.6E	**20** Th	0416 0829 1444 2208	0038 0624 1150 1816	1.5F 0.6E 1.4F 1.6E	**5** F	0430 0800 1426 2214	0038 0614 1135 1809	1.7F 0.4E 1.5F 2.1E	**20** Sa	0642 1432 2233	0112 1143 1813	1.4F * 1.3F 1.7E	**5** M	0228 0800 1538 2359	1244 1947	1.7F * 1.2F 2.0E	**20** Tu	0221 0752 1533 2330	1244 1919	1.3F * 1.1F 1.6E
6 Th	0402 0855 1508 2215	0038 0628 1212 1831	1.6F 0.9E 1.6F 1.7E	**21** F	0511 0847 1511 2247	0120 0700 1218 1842	1.4F 0.4E 1.3F 1.6E	**6** Sa	0705 1505 2309	0132 1212 1854	1.7F * 1.4F 2.0E	**21** Su	0724 1508 2313	0156 1218 1849	1.3F * 1.2F 1.6E	**6** Tu	0325 0901 1635	1343 2044	1.6F * 1.0F 1.7E	**21** W	0300 0836 1620	1332 2002	1.3F * 1.0F 1.5E
7 F	0508 0917 1539 2308	0130 0712 1243 1910	1.6F 0.6E 1.5F 1.8E	**22** Sa	0740 1542 2329	0207 1249 1913	1.3F * 1.2F 1.6E	**7** Su	0800 1549	0233 1254 1944	1.6F * 1.3F 1.9E	**22** M	0810 1549 2356	0244 1259 1930	1.3F * 1.1F 1.6E	**7** W	0051 0420 1009 1741	1454 2148	1.6F * 0.8F 1.4E	**22** Th	0005 0339 0923 1712	1428 2049	1.3F * 0.8F 1.4E
8 Sa	0627 0935 1616	0229 0801 1319 1953	1.5F 0.3E 1.4F 1.8E	**23** Su	0824 1619	0300 1326 1950	1.2F * 1.1F 1.5E	**8** M	0009 0340 0903 1639	0340 1344 2042	1.5F * 1.1F 1.7E	**23** Tu	0336 0901 1634	0336 1346 2016	1.2F * 0.9F 1.4E	**8** Th ◐	0140 0511 1125 1900	0511 1125 1621 2302	1.5F 0.3E 0.6F 1.1E	**23** F	0041 0417 1016 1812	1535 2143	1.3F 0.3E 0.7F 1.1E
9 Su	0010 0339 0857 1659	0339 0857 1400 2044	1.3F * 1.2F 1.6E	**24** M	0020 0402 0918 1701	0402 0918 1409 2034	1.1F * 0.9F 1.3E	**9** Tu	0113 0449 1023 1739	0449 1023 1449 2157	1.4F * 0.8F 1.4E	**24** W	0042 0428 1003 1726	0428 1003 1444 2110	1.2F * 0.7F 1.2E	**9** F	0227 0559 1238 2044	0559 1238 1514 1757	1.4F 0.5E 0.6F	**24** Sa ○	0118 0456 1117 1354 1931	0456 1117 1654 2248	1.3F 0.4E 0.6F 0.9E
10 M	0124 0501 1013 1750	0501 1013 1452 2154	1.2F * 0.9F 1.4E	**25** Tu	0120 0511 1033 1752	0511 1033 1504 2133	1.0F * 0.7F 1.1E	**10** W ◐	0220 0556 1158 1858	0556 1158 1617 2337	1.4F * 0.6F 1.2E	**25** Th	0132 0519 1118 1830	0519 1118 1557 2218	1.2F * 0.6F 1.1E	**10** Sa	0310 0645 1338 1644 2235	0017 1338 1531 1932	0.8E 1.4F 0.8F 0.7F	**25** Su	0157 0537 1218 1531 2115	0537 1218 1824	1.3F 0.7F 0.6F
11 Tu ◐	0247 0628 1206 1900	0628 1206 1607 2355	1.2F 0.3E 0.7F 1.2E	**26** W	0229 0622 1211 1859	0622 1211 1619 2305	1.0F * 0.6F 0.9E	**11** Th	0322 0658 1319 1511 2048	0658 1319 1511 1804	1.4F 0.3E 0.5F	**26** F ○	0221 0608 1231 1955	0608 1231 1723 2340	1.2F * 0.5F 0.9E	**11** Su	0349 0727 1428 1651 2307	0122 1428 1751 1953	0.6E 1.3F 1.1F 0.9F	**26** M	0236 0620 1313 1651 2307	0002 0620 1313 1953	0.6E 1.3F 1.0F 0.8F
12 W	0404 0745 1343 1754 2043	0745 1343 1754	1.4F * * 0.5F	**27** Th	0334 0724 1328 1753 2031	0724 1328 1753	1.1F * * 0.5F	**12** F	0416 0749 1416 1654 2240	0104 1416 1654 1946	1.1E 1.4F 0.6F 0.7F	**27** Sa	0309 0653 1326 1603 2138	0653 1326 1854	1.2F 0.5E 0.6F	**12** M	0006 0423 0805 1509 1843	0217 1509 2144	0.5E 1.3F 1.3F 1.1F	**27** Tu	0113 0315 0705 1401 1755	0113 0705 1401 2106	0.4E 1.3F 1.3F 1.1F
13 Th	0507 0841 1302 1637 2235	0138 1444 1946	1.2E 1.5F 0.3E 0.7F	**28** F	0428 0812 1220 1626 2210	0048 1419 1926	0.9E 1.2F 0.4E 0.6F	**13** Sa	0501 0830 1208 1802	0207 1501 2059	1.0E 1.5F 1.0E 0.9F	**28** Su	0352 0733 1111 1714 2310	0053 1407 2014	0.8E 1.3F 0.8E 0.9F	**13** Tu	0118 0452 0839 1151 1927	0304 1544 2229	0.3E 1.3F 1.5E 1.3F	**28** W	0041 0352 0751 1059 1852	0215 1445 2205	0.3E 1.3F 1.7E 1.4F
14 F	0557 0922 1311 1757 2356	0241 1529 2102	1.3E 1.6F 0.6E 0.9F	**29** Sa	0511 0847 1227 1734 2327	0152 1455 2037	1.0E 1.3F 0.6E 0.9F	**14** Su	0002 0537 0903 1225 1853	0256 1538 2152	0.9E 1.5F 1.2E 1.2F	**29** M	0431 0810 1129 1810	0152 1442 2116	0.7E 1.3F 1.2E 1.1F	**14** W	0347 0910 1213 2006	1613 2309	1.3F 1.6E 1.4F	**29** Th	0313 0838 1137 1943	1530 2256	* 1.4F 1.9E 1.6F
15 Sa	0636 0953 1324 1853	0329 1606 2156	1.3E 1.6F 0.9E 1.2F	**30** Su	0547 0915 1237 1825	0239 1526 2131	1.0E 1.4F 0.9E 1.2F	**15** M	0105 0605 0931 1242 1935	0337 1610 2235	0.7E 1.4F 1.4E 1.3F	**30** Tu	0026 0506 0844 1149 1859	0244 1515 2209	0.7E 1.4F 1.5E 1.4F	**15** Th	0427 0941 1237 2041	1637 2347	1.3F 1.6E 1.4F	**30** F	0408 0924 1218 2033	1618 2344	* 1.4F 2.1E 1.8F
							31 W	0133 0537 0917 1215 1947	0332 1549 2258	0.5E 1.5F 1.8E 1.6F										

Time meridian 75° W. 0000 is midnight. 1200 is noon.
If three consecutive entries are marked (F) the middle one is not a true maximum but an intermediate value to show the current pattern.
* Current weak and variable.

Tampa Bay (Sunshine Skyway Bridge), Florida, 2000

F–Flood, Dir. 060° True   E–Ebb, Dir. 235° True

July

Day	Slack h m	Maximum h m	knots	Day	Slack h m	Maximum h m	knots
1 Sa ●	0504 1303 2121	0504* 1010 1708	* 1.5F 2.2E	16 Su ○	0010 1325 2134	0534 1033 1725	1.4F 1.2F 1.6E
2 Su	0032 0600 1351 2208	0600* 1058 1801	1.8F * 1.5F 2.2E	17 M	0042 1403 2202	0612 1112 1756	1.4F 1.2F 1.7E
3 M	0120 0655 1443 2253	0655* 1149 1853	1.8F * 1.4F 2.1E	18 Tu	0113 1443 2229	0649 1152 1830	1.4F * 1.2F 1.7E
4 Tu	0207 0748 1539 2335	0748* 1243 1944	1.7F * 1.3F 1.9E	19 W	0143 1526 2256	0724 1235 1906	1.4F * 1.2F 1.6E
5 W	0252 0711 1013 1639	0840 1344 2033	1.7F 0.3E 1.1F 1.7E	20 Th	0214 0615 0947 1613 2324	0759 1321 1945	1.4F 0.3E 1.1F 1.5E
6 Th	0015 0739 1138 1743	0334 0935 1452 2124	1.6F 0.4E 0.9F 1.3E	21 F	0244 0634 1047 1704 2352	0835 1414 2026	1.4F 0.5E 1.0F 1.3E
7 F	0051 0809 1312 1857	0415 1035 1609 2219	1.5F 0.6E 0.8F 0.9E	22 Sa	0317 0657 1157 1804	0916 1515 2113	1.4F 0.6E 0.9F 1.1E
8 Sa ☾	0125 0842 1449 2031	0455 1142 1735 2324	1.4F 0.7E 0.7F 0.6E	23 Su	0022 0724 1321 1922	0353 1004 1629 2209	1.3F 0.7E 0.7F 0.7E
9 Su	0157 0918 1618 2229	0535 1250 1907	1.3F 0.9E 0.7F	24 M ☽	0052 0758 1457 2115	0432 1105 1801 2322	1.3F 0.9E 0.7F 0.4E
10 M	0228 0955 1730	0034 0618 1351 2031	0.3E 1.2F 1.1E 0.9F	25 Tu	0123 0840 1629	0518 1218 1942	1.2F 1.1E 0.9F
11 Tu	0140 1032 1827	0704 1442 2133	* 1.1F 1.3E 1.1F	26 W	0046 0929 1744	0611 1329 2103	* 1.2F 1.4E 1.1F
12 W	0237 1108 1914	0750 1524 2221	* 1.1F 1.4E 1.2F	27 Th	0202 1022 1846	0711 1432 2203	* 1.2F 1.7E 1.4F
13 Th	0327 1142 1955	0835 1600 2301	* 1.1F 1.5E 1.3F	28 F	0307 1116 1938	0814 1528 2251	* 1.2F 1.9E 1.6F
14 F	0413 1215 2031	0916 1630 2336	* 1.1F 1.6E 1.4F	29 Sa	0405 1210 2025	0913 1621 2334	* 1.3F 2.1E 1.8F
15 Sa	0455 1249 2104	0955 1657	* 1.2F 1.6E	30 Su ●	0459 1302 2109	1007 1712	1.4F 2.1E
				31 M	0014 0549 1355 2149	0549* 1059 1800	1.8F * 1.5F 2.1E

August

Day	Slack h m	Maximum h m	knots	Day	Slack h m	Maximum h m	knots
1 Tu	0053 0500 0811 1449 2225	0636 1150 1845	1.8F 0.3E 1.5F 2.0E	16 W	0033 0417 0813 1442 2152	0615 1146 1814	1.4F 0.4E 1.4F 1.6E
2 W	0129 0524 0917 1544 2258	0721 1242 1928	1.7F 0.5E 1.4F 1.8E	17 Th	0057 0432 0859 1525 2215	0645 1227 1848	1.4F 0.6E 1.3F 1.5E
3 Th	0205 0548 1022 1641 2328	0804 1338 2010	1.6F 0.6E 1.3F 1.5E	18 F	0122 0450 0947 1612 2239	0715 1311 1924	1.5F 0.7E 1.3F 1.4E
4 F	0239 0614 1129 1742 2355	0848 1439 2052	1.5F 0.8E 1.1F 1.1E	19 Sa	0150 0511 1040 1705 2304	0747 1401 2004	1.4F 0.9E 1.2F 1.1E
5 Sa	0313 0643 1243 1850	0934 1547 2138	1.4F 0.8E 0.9F 0.7E	20 Su	0222 0537 1140 1809 2329	0824 1500 2048	1.4F 1.0E 1.0F 0.8E
6 Su	0020 0715 1408 2020	0348 1028 1705 2235	1.3F 0.9E 0.7F 0.4E	21 M ☾	0257 0609 1255 1934 2351	0908 1615 2143	1.3F 1.1E 0.9F 0.4E
7 M	0043 0754 1537	0427 1141 1837 2349	1.1F 0.9E 0.7F *	22 Tu ○	0338 0649 1432	1005 1752 2259	1.2F 1.1E 0.8F *
8 Tu	0513 0841 1658	1306 2009	1.0F 1.0E 0.8F	23 W	0429 0741 1612	1131 1939	1.1F 1.1E 0.9F
9 W	0109 0937 1803	0608 1416 2117	* 0.9F 1.1E 1.0F	24 Th	0039 0533 0847 1733	1316 2059	* 1.0F 1.3E 1.2F
10 Th	0219 1033 1854	0711 1510 2205	* 0.9F 1.3E 1.2F	25 F	0206 0653 1003 1834	1434 2153	* 1.0F 1.6E 1.5F
11 F	0314 1123 1935	0813 1551 2243	* 1.0F 1.4E 1.3F	26 Sa	0311 0813 1114 1924	1532 2235	* 1.1F 1.8E 1.6F
12 Sa	0400 1207 2010	0905 1623 2315	* 1.1F 1.5E 1.4F	27 Su	0403 0918 1216 2007	1622 2311	* 1.3F 1.9E 1.7F
13 Su	0439 1246 2040	0949 1650 2343	* 1.2F 1.5E 1.4F	28 M	0306 0632 1311 2044	0448 1012 1706 2343	0.4E 1.5F 1.9E 1.7F
14 M	0514 1324 2106	1029 1716	* 1.3F 1.6E	29 Tu ●	0325 0733 1404 2116	0529 1102 1747	0.6E 1.6F 1.9E
15 Tu ○	0009 0403 0728 1402 2130	0546 1107 1743	1.4F 0.3E 1.3F 1.6E	30 W	0014 0345 0828 1455 2145	0608 1149 1826	1.7F 0.8E 1.6F 1.7E
				31 Th	0042 0405 0921 1547 2211	0645 1237 1904	1.6F 0.9E 1.5F 1.4E

September

Day	Slack h m	Maximum h m	knots	Day	Slack h m	Maximum h m	knots
1 F	0111 0428 1013 1641 2234	0720 1327 1941	1.5F 1.0E 1.4F 1.1E	16 Sa	0032 0336 0942 1619 2151	0632 1303 1904	1.5F 1.2E 1.5F 1.1E
2 Sa	0140 0453 1107 1739 2256	0755 1421 2020	1.4F 1.1E 1.2F 0.8E	17 Su	0101 0402 1031 1718 2215	0706 1354 1946	1.4F 1.3E 1.3F 0.8E
3 Su	0211 0521 1207 1846 2317	0830 1522 2102	1.3F 1.1E 1.0F 0.5E	18 M	0133 0434 1129 1831 2235	0744 1455 2032	1.4F 1.4E 1.2F 0.5E
4 M	0246 0555 1318 2155	0910 1635 2004	1.2F 1.0E 0.8F *	19 Tu	0211 0511 1242 2131	0829 1614	1.2F 1.4E 1.0F *
5 Tu	0326 0636 1445 2312	1003 1803	1.0F 0.9E 0.8F *	20 W ○	0256 0558 1416 2259	0928 1751	1.1F 1.3E 1.0F *
6 W	0417 0729 1614	0909 1150 1939	0.9F 0.8E 0.8F	21 Th	0355 0659 1554	1107 1930	0.9F 1.1E 1.1F
7 Th	0047 0523 0841 1726	1346 2050	* 0.8F 0.9E 1.0F	22 F	0051 0518 0825 1712	1317 2041	* 0.8F 1.2E 1.3F
8 F	0203 0644 1003 1820	1447 2137	* 0.7F 1.1E 1.2F	23 Sa	0213 0659 1004 1811	1433 2129	* 0.8F 1.4E 1.5F
9 Sa	0259 0801 1110 1901	1529 2212	* 0.9F 1.3E 1.3F	24 Su	0135 0308 0446 0825 1126 1857	1526 2206	0.3E 1.0F 1.6E 1.6F
10 Su	0205 0520 1201 1934	0341 0859 1600 2240	0.3E 1.0F 1.4E 1.4F	25 M	0148 0600 1229 1934	0351 0927 1610 2237	0.6E 1.3F 1.6E 1.6F
11 M	0220 0612 1243 2001	0415 0944 1626 2304	0.4E 1.2F 1.5E 1.4F	26 Tu	0203 0657 1323 2005	0429 1017 1649 2304	0.8E 1.5F 1.6E 1.6F
12 Tu	0234 0656 1322 2024	0444 1023 1652 2325	0.6E 1.4F 1.5E 1.4F	27 W ●	0219 0746 1413 2032	0503 1102 1726 2329	1.0E 1.6F 1.4E 1.6F
13 W	0246 0737 1401 2045	0510 1101 1720 2345	0.7E 1.5F 1.5E 1.5F	28 Th	0236 0832 1502 2055	0535 1145 1801 2353	1.2E 1.7F 1.2E 1.5F
14 Th	0259 0817 1443 2106	0536 1139 1751	0.9E 1.5F 1.4E	29 F	0254 0915 1552 2117	0605 1228 1836	1.3E 1.6F 1.0E
15 F	0008 0315 0858 1528 2128	0602 1219 1826	1.5F 1.0E 1.5F 1.3E	30 Sa	0018 0316 0959 1644 2137	0634 1313 1912	1.4F 1.4E 1.5F 0.8E

Time meridian 75° W. 0000 is midnight. 1200 is noon.
If three consecutive entries are marked (F) the middle one is not a true maximum but an intermediate value to show the current pattern.
* Current weak and variable.

Tampa Bay (Sunshine Skyway Bridge), Florida, 2000

F–Flood, Dir. 060° True   E–Ebb, Dir. 235° True

October

Day	Slack h m	Maximum h m	knots	Day	Slack h m	Maximum h m	knots
1 Su	0342 1043 1742 2158	0045 0703 1402 1951	1.3F 1.4E 1.3F 0.5E	16 M	0310 1028 1746 2124	0019 0635 1353 1935	1.4F 1.7E 1.5F 0.4E
2 M	0413 1132 1850 2218	0116 0734 1458 2034	1.2F 1.3E 1.1F 0.3E	17 Tu	0348 1126	0055 0718 1458 2027	1.3F 1.7E 1.3F *
3 Tu	0449 1231	0152 0810 1606 2127	1.1F 1.2E 1.0F *	18 W	0432 1237	0137 0808 1616 2135	1.2F 1.6E 1.2F *
4 W	0532 1347	0235 0855 1727 2244	0.9F 1.0E 0.9F *	19 Th	0526 1402	0229 0914 1742 2312	0.9F 1.3E 1.1F *
5 Th ☽	0629 1515	0331 1008 1854	0.7F 0.8E 0.9F	20 F ○	0638 1526	0343 1105 1902	0.7F 1.1E 1.2F
6 F	0747 1631	0023 0448 1244 2004	* 0.6F 0.8E 1.0F	21 Sa	0821 1636	0055 0525 1305 2005	* 0.6F 1.1E 1.3F
7 Sa	0928 1727	0141 0620 1402 2052	* 0.6F 0.9E 1.1F	22 Su	0354 1016 1731	0019 0204 0713 1415 2051	0.3E 0.8F 1.2E 1.4F
8 Su	0049 0421 1051 1809	0233 0745 1447 2126	0.3E 0.8F 1.1E 1.3F	23 M	0032 0519 1139 1814	0252 0835 1506 2126	0.6E 1.0F 1.3E 1.5F
9 M	0102 0525 1149 1842	0311 0846 1521 2153	0.5E 1.0F 1.2E 1.3F	24 Tu	0048 0618 1242 1848	0332 0932 1549 2155	1.0E 1.3F 1.2E 1.5F
10 Tu	0115 0614 1235 1908	0342 0933 1551 2215	0.7F 1.3F 1.2F 1.4F	25 W	0105 0707 1335 1916	0406 1019 1626 2220	1.2E 1.5F 1.1E 1.5F
11 W	0126 0655 1318 1931	0408 1013 1620 2235	0.9F 1.5F 1.2F 1.4F	26 Th	0121 0750 1424 1939	0436 1100 1701 2243	1.4E 1.6F 0.9E 1.4F
12 Th	0138 0734 1401 1952	0432 1052 1652 2257	1.1E 1.6F 1.2E 1.5F	27 F ●	0138 0829 1513 1959	0503 1140 1736 2307	1.5E 1.7F 0.8E 1.4F
13 F ○	0153 0813 1447 2015	0456 1131 1727 2321	1.3E 1.7F 1.1E 1.5F	28 Sa	0157 0907 1603 2020	0527 1220 1811 2332	1.6E 1.6F 0.6E 1.3F
14 Sa	0213 0854 1539 2038	0524 1213 1806 2348	1.5E 1.7F 0.9F 1.5F	29 Su	0220 0945 1656 2041	0552 1301 1849	1.6E 1.5F 0.4E
15 Su	0238 0938 1637 2102	0557 1259 1848	1.6E 1.6F 0.7F	30 M	0249 1024 1754 2104	0001 0620 1347 1929	1.3F 1.5E 1.4F 0.3E
				31 Tu	0322 1106	0034 0653 1439 2014	1.2F 1.5E 1.2F *

November

Day	Slack h m	Maximum h m	knots	Day	Slack h m	Maximum h m	knots
1 W	0402 1156	0113 0732 1539 2106	1.0F 1.3E 1.1F *	16 Th	0413 1230	0121 0806 1606 2140	1.1F 1.6E 1.4F *
2 Th	0449 1256	0159 0818 1646 2216	0.9F 1.2E 1.0F *	17 F	0515 1338	0224 0916 1713 2306	0.9F 1.4E 1.3F *
3 F	0546 1406	0259 0920 1754 2344	0.7F 0.9E 1.0F *	18 Sa ○	0636 1444 2240	0349 1053 1815	0.7F 1.1E 1.3F
4 Sa ◐	0702 1515	0418 1103 1856	0.6F 0.8E 1.0F	19 Su	0229 0826 1543 2305	0032 0533 1231 1911	0.3E 0.6F 1.0E 1.3F
5 Su	0842 1611 2339	0101 0550 1248 1946	* 0.6F 0.9E 1.1F	20 M	0414 1023 1633 2329	0137 0716 1343 1957	0.6E 0.8F 0.9E 1.3F
6 M	0412 1019 1656 2354	0154 0718 1348 2024	0.4E 0.7F 0.9E 1.2F	21 Tu	0527 1150 1715 2350	0227 0834 1437 2035	1.0E 1.1F 0.8E 1.3F
7 Tu	0514 1130 1732	0232 0825 1432 2053	0.7E 1.0F 0.9E 1.2F	22 W	0622 1256 1749	0308 0932 1523 2107	1.3E 1.3F 0.7E 1.3F
8 W	0007 0603 1226 1802	0303 0917 1511 2119	1.0E 1.2F 0.9E 1.3F	23 Th	0011 0708 1352 1817	0342 1018 1603 2135	1.5E 1.5F 0.6E 1.3F
9 Th	0021 0646 1317 1829	0329 1002 1548 2144	1.2E 1.5F 0.9E 1.4F	24 F	0030 0748 1443 1840	0412 1058 1640 2201	1.6E 1.6F 0.5E 1.3F
10 F	0038 0727 1407 1854	0354 1044 1626 2211	1.5E 1.7F 0.8E 1.4F	25 Sa ●	0051 0825 1533 1903	0437 1137 1717 2228	1.6E 1.6F 0.4E 1.3F
11 Sa	0059 0808 1501 1920	0423 1126 1707 2240	1.7E 1.8F 0.6E 1.4F	26 Su ○	0114 0900 1623 1926	0500 1214 1754 2258	1.7E 1.6F 0.3E 1.2F
12 Su	0126 0851 1601 1946	0456 1211 1752 2313	1.9E 1.8F 0.5E 1.4F	27 M	0142 0935	0525 1253 1834 2330	1.6E 1.5F * 1.2F
13 M	0158 0939 1709 2013	0535 1300 1840 2349	2.0E 1.7F 0.3E 1.4F	28 Tu	0214 1011	0555 1335 1915	1.6E 1.4F *
14 Tu	0236 1030	0619 1356 1932	2.0E 1.6F *	29 W	0252 1049	0007 0632 1420 1958	1.1F 1.5E 1.3F *
15 W	0321 1127	0031 0709 1459 2031	1.3F 1.9E 1.5F *	30 Th	0335 1129	0049 0713 1508 2046	1.0F 1.4E 1.2F *

December

Day	Slack h m	Maximum h m	knots	Day	Slack h m	Maximum h m	knots
1 F	0423 1214	0138 0800 1557 2140	0.9F 1.3E 1.2F *	16 Sa	0520 1300 2034	0230 0912 1628 2234	0.9F 1.4E 1.4F 0.4E
2 Sa	0520 1301	0237 0853 1646 2245	0.7F 1.1E 1.1F *	17 Su ○	0641 1348 2110	0044 0352 1023 1716 2348	0.8F 1.0E 1.3F 0.6E
3 Su ◐	0628 1351 2145	0349 0959 1734 2356	0.6F 0.9E 1.1F 0.3E	18 M	0233 0826 1434 2145	0526 1144 1804	0.7F 0.7E 1.2F
4 M	0212 0756 1440 2211	0032 0512 1122 1820	0.3E 0.6F 0.7E 1.1F	19 Tu	0406 1026 1518 2219	0057 0704 1300 1850	0.9F 0.8E 0.5E 1.2F
5 Tu	0342 0940 1527 2233	0055 0641 1240 1903	0.6E 0.7F 0.6E 1.1F	20 W	0519 1206 1559 2251	0154 0827 1404 1935	1.1E 1.0F 0.4E 1.1F
6 W	0451 1112 1609 2256	0141 0759 1341 1942	0.8E 0.9F 0.6E 1.1F	21 Th	0616 1321 1636 2321	0242 0928 1457 2016	1.4E 1.3F 0.3E 1.1F
7 Th	0546 1224 1647 2320	0217 0901 1433 2019	1.1E 1.2F 0.5E 1.2F	22 F	0703 1544	0322 1015 1544 2053	1.5E 1.4F * 1.1F
8 F	0634 1327 1721 2347	0250 0952 1520 2055	1.4E 1.5F 0.5E 1.3F	23 Sa	0744 1627	0356 1056 2128	1.6E 1.5F * 1.1F
9 Sa	0720 1426 1754	0323 1039 1606 2131	1.7E 1.7F 0.4E 1.3F	24 Su	0820 1707	0018 0424 1133 2202	1.6E 1.6F * 1.1F
10 Su	0018 0805 1528 1826	0359 1124 1654 2209	1.9E 1.8F 0.3E 1.4F	25 M ●	0048 0855 1746	0450 1209 2238	1.6E 1.6F * 1.1F
11 M ○	0054 0852 1745 2250	0441 1211 1838 2250	2.1E 1.8F * 1.4F	26 Tu	0121 0927 1824	0517 1243 2315	1.6E 1.5F * 1.1F
12 Tu	0135 0940 1838 2335	0527 1300 1902 2335	2.1E 1.8F * 1.3F	27 W	0158 0959 1902	0548 1319 2354	1.6E 1.5F * 1.1F
13 W	0222 1030 1931	0619 1351	2.1E 1.7F *	28 Th	0239 1030 1939	0624 1354	1.6E 1.4F *
14 Th	0314 1120 2027	0024 0714 1444	1.3F 1.9E 1.6F	29 F	0323 1102 2017 2157	0037 0704 1429	1.1F 1.5E 1.4F 0.3E
15 F	0412 1210 2127	0121 0811 1537	1.1F 1.7E 1.5F	30 Sa	0411 1133 1905 2257	0125 0745 1504 2057	1.0F 1.4E 1.3F 0.4E
				31 Su	0504 1206 1931	0219 0829 1540 2141	0.9F 1.2E 1.3F 0.4E

Time meridian 75° W. 0000 is midnight. 1200 is noon.
If three consecutive entries are marked (F) the middle one is not a true maximum but an intermediate value to show the current pattern.
* Current weak and variable.

Old Tampa Bay Entrance (Port Tampa), Florida, 2000

F–Flood, Dir. 025° True   E–Ebb, Dir. 207° True

	January						February						March				
	Slack	Maximum		Slack	Maximum			Slack	Maximum		Slack	Maximum			Slack	Maximum		Slack	Maximum
	h m	h m	knots		h m	h m	knots		h m	h m	knots		h m	h m	knots		h m	h m	knots		h m	h m	knots		h m	h m	knots
1 Sa	0633 1236 1725 2324	0308 0924 1505 2023	1.1E 0.8F 0.4E 0.8F	**16** Su	0605 1227 1636 2230	0156 0859 1423 1941	1.1E 0.9F 0.3E 0.8F	**1** Tu	0758 1434 1820 2358	0440 1058 1629 2107	1.1E 1.0F 0.3E 0.7F	**16** W	0801 1505 1843	0445 1106 1659 2126	1.4E 1.3F 0.3E 0.7F	**1** W	0732 1408 1805 2334	0420 1037 1609 2043	1.0E 1.0F 0.3E 0.6F	**16** Th	0742 1429 1857	0436 1046 1649 2131	1.4E 1.3F 0.5E 0.7F
2 Su	0726 1344 1808 2358	0404 1021 1601 2101	1.2E 1.0F 0.4E 0.8F	**17** M	0711 1357 1739 2323	0325 1011 1547 2038	1.3E 1.1F 0.3E 0.8F	**2** W	0843 1518 1915	0527 1144 1719 2157	1.2E 1.1F 0.4E 0.7F	**17** Th	0014 0851 1540 1948	0538 1153 1750 2228	1.6E 1.4F 0.5E 0.9F	**2** Th	0815 1444 1908	0505 1119 1700 2143	1.1E 1.1F 0.5E 0.7F	**17** F	0027 0827 1457 1956	0524 1127 1734 2234	1.5E 1.4F 0.7E 0.9F
3 M	0814 1441 1850	0452 1111 1649 2139	1.3E 1.1F 0.4E 0.8F	**18** Tu	0809 1508 1841	0437 1111 1657 2134	1.5E 1.3F 0.3E 0.9F	**3** Th	0047 0922 1555 2004	0604 1224 1802 2244	1.3E 1.2F 0.4E 0.8F	**18** F	0122 0935 1610 2043	0623 1234 1834 2323	1.7E 1.5F 0.6E 1.0F	**3** F	0037 0852 1515 1959	0539 1154 1742 2235	1.2E 1.2F 0.6E 0.8F	**18** Sa	0135 0906 1521 2046	0605 1201 1814 2326	1.5E 1.4F 0.9E 1.0F
4 Tu	0030 0858 1531 1931	0534 1157 1733 2217	1.3E 1.1F 0.4E 0.8F	**19** W	0017 0902 1602 1940	0536 1204 1754 2229	1.6E 1.4F 0.3E 0.9F	**4** F	0133 0957 1627 2049	0631 1259 1841 2329	1.3E 1.2F 0.5E 0.9F	**19** Sa ○	0222 1014 1637 2134	0703 1309 1913	1.6E 1.4F 0.8E	**4** Sa	0130 0923 1542 2044	0604 1222 1818 2321	1.3E 1.2F 0.7E 1.0F	**19** Su ○	0232 0939 1543 2132	0639 1229 1849	1.4E 1.3F 1.1E
5 W	0104 0939 1615 2010	0607 1240 1814 2257	1.3E 1.1F 0.4E 0.9F	**20** Th ○	0113 0951 1645 2036	0627 1253 1844 2322	1.7E 1.5F 0.4E 1.0F	**5** Sa ●	0217 1028 1655 2132	0648 1326 1916	1.3E 1.1F 0.6E	**20** Su	0316 1048 1700 2222	0014 0736 1339 1948	1.1F 1.5E 1.3F 0.9E	**5** Su ●	0217 0951 1603 2126	0624 1242 1851	1.3E 1.2F 0.8E	**20** M	0322 1007 1602 2215	0013 0708 1253 1920	1.1F 1.3E 1.2F 1.2E
6 Th ●	0139 1017 1655 2050	0630 1319 1853 2337	1.3E 1.1F 0.4E 0.9F	**21** F	0210 1037 1721 2130	0712 1336 1929	1.7E 1.5F 0.5E	**6** Su	0300 1055 1719 2214	0013 0706 1348 1948	1.0F 1.4E 1.1F 0.7E	**21** M	0407 1118 1721 2309	0103 0803 1405 2020	1.1F 1.4E 1.3F 1.0E	**6** M	0303 1015 1621 2208	0006 0646 1301 1920	1.1F 1.3E 1.2F 1.0E	**21** Tu	0409 1031 1618 2257	0057 0731 1313 1945	1.2F 1.1E 1.2F 1.2E
7 F	0217 1052 1731 2132	0644 1353 1931	1.3E 1.1F 0.4E	**22** Sa	0305 1119 1752 2223	0014 0752 1416 2011	1.0F 1.7E 1.4F 0.6E	**7** M	0344 1119 1738 2258	0057 0732 1408 2019	1.1F 1.4E 1.1F 0.8E	**22** Tu	0456 1143 1739 2356	0150 0827 1427 2049	1.1F 1.2E 1.2F 1.1E	**7** Tu	0349 1039 1635 2251	0050 0715 1322 1947	1.2F 1.3E 1.2F 1.1E	**22** W	0454 1051 1633 2338	0140 0754 1334 2006	1.2F 1.0E 1.1F 1.3E
8 Sa	0257 1123 1803 2215	0020 0707 1423 2008	0.9F 1.3E 1.1F 0.5E	**23** Su	0400 1156 1820 2317	0105 0827 1451 2051	1.1F 1.6E 1.3F 0.7E	**8** Tu	0430 1144 1755 2345	0142 0805 1432 2050	1.1F 1.3E 1.2F 0.9E	**23** W	0544 1205 1758	0237 0854 1451 2116	1.1F 1.0E 1.1F 1.1E	**8** W	0438 1103 1651 2337	0135 0749 1348 2014	1.2F 1.2E 1.2F 1.2E	**23** Th	0541 1110 1650	0223 0822 1358 2026	1.1F 0.8E 1.1F 1.3E
9 Su	0340 1152 1832 2301	0103 0738 1449 2045	1.0F 1.4E 1.1F 0.5E	**24** M	0453 1230 1846	0157 0858 1522 2129	1.0F 1.4E 1.2F 0.8E	**9** W	0520 1210 1813	0230 0843 1500 2123	1.1F 1.2E 1.1F 1.0E	**24** Th	0044 0636 1225 1818	0326 0927 1517 2145	1.0F 0.8E 1.0F 1.1E	**9** Th	0531 1128 1711	0223 0828 1418 2044	1.2F 1.0E 1.2F 1.3E	**24** F	0020 0630 1131 1712	0308 0857 1426 2051	1.0F 0.7E 1.0F 1.3E
10 M	0425 1221 1859 2351	0149 0815 1516 2123	1.0F 1.4E 1.0F 0.6E	**25** Tu	0011 0547 1259 1911	0249 0929 1551 2207	1.0F 1.2E 1.1F 0.9E	**10** Th	0617 1238 1836	0322 0927 1533 2159	1.0F 1.1E 1.1F 1.0E	**25** F	0138 0737 1248 1844	0422 1007 1548 2219	0.8F 0.6E 0.9F 1.1E	**10** F	0028 0632 1154 1738	0316 0912 1452 2119	1.1F 0.8E 1.1F 1.3E	**25** Sa	0107 0728 1155 1741	0400 0938 1459 2122	0.9F 0.5E 0.9F 1.2E
11 Tu	0515 1251 1925	0238 0858 1547 2203	0.9F 1.3E 1.0F 0.7E	**26** W	0110 0645 1327 1938	0345 1004 1620 2248	0.9F 1.0E 1.0F 0.9E	**11** F	0139 0727 1309 1907	0423 1018 1611 2243	0.9F 0.8E 0.9F 1.1E	**26** Sa ○	0243 0852 1316 1917	0533 1057 1626 2302	0.7F 0.4E 0.8F 1.0E	**11** Sa	0129 0747 1223 1813	0419 1003 1531 2202	1.0F 0.5E 1.0F 1.3E	**26** Su	0205 0839 1226 1817	0506 1029 1539 2203	0.7F 0.3E 0.9F 1.1E
12 W	0049 0611 1325 1952	0332 0945 1622 2248	0.8F 1.1F 1.0F 0.7E	**27** Th	0214 0753 1356 2008	0449 1047 1653 2334	0.7F 0.7E 0.9F 0.9E	**12** Sa ○	0257 0901 1344 1946	0542 1119 1657 2341	0.8F 0.5E 0.9F 1.1E	**27** Su	0404 1201 2001	0709 1714	0.6F 0.7F	**12** Su	0246 0928 1254 1856	0542 1107 1618 2301	0.8F 0.3E 0.8F 1.2E	**27** M ○	0319 1133 1904	0639 1629 2301	0.7F 0.7F 0.9E
13 Th	0157 0721 1403 2023	0436 1040 1704 2339	0.7F 0.9E 0.9F 0.8E	**28** F ○	0329 0914 1428 2042	0609 1140 1732	0.6F 0.5E 0.8F	**13** Su	0428 1236 2038	0725 1754	0.8F 0.7F	**28** M	0528 1325 2102	0004 0839 1818	0.9F 0.7F 0.5F	**13** M ○	0416 1232 1954	0729 1720	0.8F 0.6F	**28** Tu	0444 1255 2009	0809 1737	0.7F 0.5F
14 F ○	0319 0852 1446 2059	0555 1144 1751	0.7F 0.7E 0.9F	**29** Sa	0450 1047 1510 2124	0033 0742 1247 1820	0.9E 0.6F 0.3E 0.7F	**14** M	0554 1416 2143	0111 0901 1902	1.1E 0.9F 0.7F	**29** Tu	0638 1459 2218	0308 0945 1932	0.9E 0.9F 0.5F	**14** Tu	0541 1427 2117	0113 0857 1841	1.1E 1.0F 0.5F	**29** W	0556 1429 2138	0033 0913 1900	0.8E 0.8F 0.5F
15 Sa	0446 1040 1537 2142	0040 0729 1258 1845	0.9E 0.7F 0.5E 0.8F	**30** Su	0604 1258 1692 2213	0206 0902 1407 1915	0.9E 0.7F * 0.6F	**15** Tu	0704 1553 2259	0335 1011 1553 2016	1.2E 1.1F * 0.7F					**15** W	0648 1559 2259	0334 0958 1553 2012	1.2E 1.2F 0.3E 0.5F	**30** Th	0650 1541 2310	0331 1002 1541 2022	0.9E 1.0F 0.4E 0.5F
				31 M	0706 1527 2306	0339 1006 1527 2012	1.0E 0.9F * 0.6F													**31** F	0732 1631	0419 1039 1356 1857	1.0E 1.1F 0.6E 0.7F

Time meridian 75° W. 0000 is midnight. 1200 is noon.
If three consecutive entries are marked (F) the middle one is not a true maximum but an intermediate value to show the current pattern.
* Current weak and variable.

Old Tampa Bay Entrance (Port Tampa), Florida, 2000

F–Flood, Dir. 025° True   E–Ebb, Dir. 207° True

April

Day	Slack h m	Maximum h m	knots	Day	Slack h m	Maximum h m	knots
1 Sa	0022 0806 1423 1947	0452 1108 1712 2223	1.1E 1.1F 0.8E 0.9F	16 Su	0140 0824 1426 2041	0535 1117 1749 2324	1.2E 1.2F 1.2E 1.1F
2 Su	0120 0836 1444 2032	0519 1130 1747 2311	1.2E 1.1F 1.0E 1.1F	17 M	0234 0853 1446 2124	0607 1141 1822	1.1E 1.2F 1.3E
3 M	0213 0903 1502 2116	0547 1149 1818 2357	1.2E 1.2F 1.1E 1.2F	18 Tu ○	0323 0918 1502 2205	0008 0634 1201 1850	1.2F 0.9E 1.1F 1.3E
4 Tu ●	0303 0929 1517 2159	0618 1211 1846	1.1E 1.2F 1.3E	19 W	0409 0939 1517 2244	0050 0659 1222 1909	1.2F 0.8E 1.1F 1.4E
5 W	0355 0954 1533 2244	0043 0654 1237 1913	1.3F 1.0E 1.2F 1.4E	20 Th	0454 0959 1534 2322	0131 0725 1246 1925	1.2F 0.7E 1.1F 1.4E
6 Th	0449 1020 1555 2331	0130 0733 1307 1941	1.3F 0.9E 1.2F 1.5E	21 F	0541 1020 1556	0213 0757 1314 1943	1.1F 0.6E 1.0F 1.4E
7 F	0549 1047 1623	0221 0815 1341 2014	1.3F 0.7E 1.2F 1.5E	22 Sa	0002 0630 1045 1624	0257 0834 1346 2010	1.0F 0.5E 1.0F 1.3E
8 Sa	0025 0656 1115 1657	0317 0903 1419 2052	1.2F 0.5E 1.1F 1.5E	23 Su	0046 0726 1116 1658	0346 0918 1423 2044	0.9F 0.4E 0.9F 1.3E
9 Su	0126 0817 1146 1737	0424 0958 1502 2141	1.0F 0.3E 1.0F 1.4E	24 M	0137 0832 1154 1739	0447 1010 1507 2129	0.8F 0.3E 0.8F 1.2E
10 M	0240 1108 1554 1827	0550 * 0.8F 2251	0.9F * 0.8F 1.2E	25 Tu	0240 1112 1600 1828	0606 * 0.7F 2227	0.7F * 0.7F 1.0E
11 Tu ◐	0402 1241 1704 1934	0723 * 0.6F	1.0F * 0.6F	26 W ◑	0351 1228 1709 1934	0725 * 0.5F 2347	0.8F * 0.5F 0.9E
12 W	0518 0835 1424 2116	0141 1.1E 1.1F * 0.4F	1.1E 1.1F * 0.4F	27 Th	0456 1149 1606 2105	0825 1351 1833	0.8F 0.3E 0.5F
13 Th	0619 1309 1752 2310	0312 0929 1536 2019	1.2E 1.2F 0.5E 0.5F	28 F	0549 1228 1734 2241	0129 0909 1501 1958	0.9E 0.9F 0.5E 0.5F
14 F	0709 1338 1901	0410 1013 1628 2138	1.3E 1.3F 0.8E 0.7F	29 Sa	0632 1257 1838	0254 0941 1553 2109	0.9E 1.0F 0.7E 0.7F
15 Sa	0035 0750 1404 1955	0456 1048 1711 2236	1.3E 1.3F 1.0E 0.9F	30 Su	0000 0708 1321 1930	0346 1007 1635 2207	1.0E 1.1F 1.0E 0.9F

May

Day	Slack h m	Maximum h m	knots	Day	Slack h m	Maximum h m	knots
1 M	0107 0740 1340 2018	0428 1030 1710 2258	1.0E 1.1F 1.2E 1.1F	16 Tu	0232 0800 1350 2114	0530 1049 1757	0.7E 1.0F 1.4E
2 Tu	0207 0809 1358 2104	0509 1055 1743 2348	0.9E 1.1F 1.3E 1.2F	17 W	0323 0825 1408 2154	0001 0601 1112 1825	1.1F 0.6E 1.0F 1.4E
3 W ●	0306 0838 1417 2150	0551 1124 1813	0.9E 1.2F 1.5E	18 Th ○	0411 0848 1426 2233	0044 0631 1137 1842	1.1F 0.5E 1.0F 1.4E
4 Th	0405 0908 1442 2238	0038 0634 1157 1845	1.3F 0.7E 1.2F 1.6E	19 F	0458 0912 1449 2312	0126 0703 1207 1854	1.1F 0.4E 1.0F 1.4E
5 F	0507 0938 1513 2330	0129 0720 1233 1919	1.4F 0.6E 1.2F 1.7E	20 Sa	0545 0940 1517 2351	0208 0739 1240 1915	1.1F 0.4E 1.0F 1.4E
6 Sa	0612 1010 1550	0224 0809 1313 1959	1.3F 0.5E 1.1F 1.6E	21 Su	0633 1012 1552	0251 0820 1318 1946	1.0F 0.3E 1.0F 1.4E
7 Su	0025 0722 1047 1632	0323 0902 1357 2046	1.2F 0.3E 1.0F 1.5E	22 M	0032 0723 1051 1631	0336 0904 1359 2025	0.9F 0.3E 0.9F 1.3E
8 M	0125 1001 1720	0430 1446 2145	1.1F * 0.9F 1.4E	23 Tu	0115 0816 1139 1716	0426 0954 1446 2112	0.9F 0.3E 0.8F 1.2E
9 Tu	0230 1112 1818	0544 1545 2310	1.1F * 0.7F 1.2E	24 W	0203 0910 1242 1808	0520 1051 1541 2208	0.8F 0.3E 0.7F 1.1E
10 W ○	0337 1235 1936	0656 1235 1701	1.1F * 0.5F	25 Th	0254 1000 1405 1913	0617 1154 1647 2314	0.8F 0.3E 0.6F 1.0E
11 Th ◐	0440 1133 1620 2126	0108 0757 1359 1840	1.1E 1.1F 0.4E 0.5F	26 F ◐	0346 1044 1541 2038	0708 1303 1807	0.8F 0.4E 0.5F
12 F	0535 1209 1749 2310	0230 0846 1505 2020	1.0E 1.1F 0.7E 0.6F	27 Sa	0435 1119 1706 2213	0027 0750 1409 1931	0.9E 0.9F 0.6E 0.6F
13 Sa	0621 1240 1853	0329 0926 1558 2133	1.0E 1.2F 0.9E 0.8F	28 Su	0520 1148 1815 2340	0140 0826 1505 2047	0.8E 0.9F 0.9E 0.7F
14 Su	0031 0659 1307 1945	0417 0959 1643 2229	0.9E 1.1F 1.1E 0.9F	29 M	0601 1212 1912	0245 0859 1552 2151	0.8E 1.0F 1.1E 0.9F
15 M	0136 0732 1330 2031	0456 1026 1723 2317	0.8E 1.1F 1.3E 1.1F	30 Tu	0059 0639 1235 2003	0344 0932 1633 2248	0.7E 1.0F 1.3E 1.1F
31 W	0207 0715 1301 2054	0438 1007 1712 2343	0.7E 1.1F 1.5E 1.3F				

June

Day	Slack h m	Maximum h m	knots	Day	Slack h m	Maximum h m	knots
1 Th	0314 0750 1331 2145	0530 1045 1752	0.6E 1.1F 1.6E	16 F ○	0413 0808 1351 2225	0039 0611 1103 1837	1.1F 0.3E 0.9F 1.3E
2 F ●	0421 0826 1406 2236	0037 0622 1125 1833	1.3F 0.5E 1.1F 1.7E	17 Sa	0500 0841 1421 2304	0122 0649 1139 1850	1.1F 0.3E 0.9F 1.3E
3 Sa	0526 0905 1447 2328	0132 0714 1208 1919	1.4F 0.4E 1.1F 1.7E	18 Su	0543 0917 1457 2340	0203 0729 1218 1909	1.0F 0.3E 1.0F 1.3E
4 Su	0628 0949 1533	0228 0808 1255 2008	1.4F 0.3E 1.1F 1.7E	19 M	0623 0958 1536	0242 0809 1300 1940	1.0F 0.3E 1.0F 1.3E
5 M	0021 0725 1041 1624	0324 0902 1345 2101	1.3F 0.3E 1.0F 1.6E	20 Tu	0015 0702 1044 1619	0317 0850 1344 2018	1.0F 0.3E 0.9F 1.3E
6 Tu	0114 0816 1144 1720	0420 0959 1440 2159	1.2F 0.3E 0.9F 1.4E	21 W	0048 0739 1135 1706	0350 0934 1432 2101	0.9F 0.4E 0.9F 1.3E
7 W	0207 0903 1302 1825	0516 1100 1543 2303	1.2F 0.4E 0.7F 1.2E	22 Th	0122 0815 1235 1758	0424 1020 1526 2150	0.9F 0.4E 0.8F 1.2E
8 Th ◐	0259 0946 1433 1945	0611 1207 1659	1.1F 0.5E 0.6F	23 F	0159 0850 1346 1900	0501 1111 1627 2245	0.9F 0.5E 0.7F 1.1E
9 F	0349 1026 1607 2122	0015 0702 1319 1832	1.0E 1.1F 0.7E 0.5F	24 Sa ○	0238 0924 1509 2019	0542 1206 1741 2346	0.9F 0.6E 0.6F 0.9E
10 Sa	0436 1103 1730 2256	0127 0747 1426 2006	0.9E 1.0F 0.9E 0.6F	25 Su	0321 0957 1635 2153	0626 1305 1905	0.9F 0.7E 0.6F
11 Su	0520 1137 1836	0231 0827 1525 2119	0.7E 1.0F 1.1E 0.8F	26 M	0407 1029 1750 2329	0053 0712 1407 2028	0.7E 0.9F 0.9E 0.7F
12 M	0018 0559 1208 1931	0326 0901 1615 2217	0.6E 1.0F 1.2E 0.9F	27 Tu	0454 1102 1855	0202 0757 1508 2141	0.6E 0.9F 1.1E 0.9F
13 Tu	0128 0634 1235 2019	0413 0931 1700 2307	0.5E 0.9F 1.3E 1.0F	28 W	0056 0541 1138 1953	0312 0843 1605 2245	0.5E 1.0F 1.3E 1.1F
14 W	0228 0706 1300 2103	0455 1000 1740 2354	0.5E 0.9F 1.4E 1.1F	29 Th	0216 0627 1218 2048	0418 0929 1700 2343	0.4E 1.0F 1.5E 1.3F
15 Th	0323 0737 1324 2145	0533 1030 1814	0.4E 0.9F 1.4E	30 F	0329 0713 1301 2140	0520 1016 1754	0.3E 1.1F 1.7E

Time meridian 75° W. 0000 is midnight. 1200 is noon.
If three consecutive entries are marked (F) the middle one is not a true maximum but an intermediate value to show the current pattern.
* Current weak and variable.

Old Tampa Bay Entrance (Port Tampa), Florida, 2000

F–Flood, Dir. 025° True   E–Ebb, Dir. 207° True

	July						August						September				
	Slack	Maximum		Slack	Maximum		Slack	Maximum		Slack	Maximum		Slack	Maximum		Slack	Maximum
	h m	h m	knots		h m	h m	knots		h m	h m	knots		h m	h m	knots		h m	h m	knots
1 Sa ●	0433 0801 1349 2231	0038 0618 1105 1846	1.4F 0.3E 1.1F 1.7E	**16** Su ○	0443 0831 1412 2248	0110 0638 1124 1902	1.1F 0.4E 0.9F 1.3E	**1** Tu	0529 0956 1544 2339	0154 0747 1245 2011	1.4F 0.6E 1.2F 1.6E	**16** W	0456 0954 1535 2307	0133 0728 1241 1922	1.1F 0.7E 1.1F 1.3E	**1** F	0515 1134 1733 2352	0207 0829 1419 2043	1.1F 1.1E 1.2F 1.1E	**16** Sa	0420 1109 1710 2307	0123 0745 1400 2006	1.1F 1.2E 1.2F 1.0E
2 Su	0528 0853 1440 2320	0130 0712 1155 1935	1.4F 0.3E 1.1F 1.8E	**17** M	0519 0913 1452 2319	0146 0717 1206 1915	1.1F 0.4E 1.0F 1.3E	**2** W	0558 1051 1639	0230 0829 1337 2045	1.3F 0.7E 1.1F 1.5E	**17** Th	0515 1036 1618 2329	0150 0757 1324 1951	1.1F 0.8E 1.1F 1.3E	**2** Sa	0535 1224 1825	0232 0858 1510 2116	1.1F 1.1E 1.0F 0.9E	**17** Su	0440 1156 1805 2334	0152 0812 1449 2049	1.1F 1.2E 1.1F 0.8E
3 M	0613 0949 1534	0220 0803 1247 2021	1.4F 0.4E 1.1F 1.7E	**18** Tu	0550 0957 1533 2347	0216 0753 1249 1937	1.0F 0.4E 1.0F 1.4E	**3** Th	0624 1147 1734	0302 0909 1430 2118	1.2F 0.8E 1.1F 1.3E	**18** F	0530 1120 1703 2353	0211 0826 1409 2026	1.1F 0.8E 1.1F 1.2E	**3** Su	0014 0557 1319 1924	0259 0928 1605 2155	1.0F 1.1E 0.9F 0.6E	**18** M	0508 1252 1913	0226 0844 1546 2138	1.1F 1.3E 1.0F 0.6E
4 Tu	0007 0652 1049 1630	0306 0852 1340 2105	1.3F 0.4E 1.1F 1.6E	**19** W	0617 1042 1617	0240 0829 1334 2008	1.0F 0.5E 1.0F 1.4E	**4** F	0045 0650 1246 1831	0331 0948 1526 2153	1.1F 0.9E 1.0F 1.0E	**19** Sa	0546 1207 1755	0237 0855 1458 2107	1.1F 0.9E 1.0F 1.1E	**4** M	0039 0624 1423 2035	0330 1002 1715 2244	0.9F 1.0E 0.7F 0.4E	**19** Tu	0004 0542 1403 2042	0305 0924 1700 2237	1.0F 1.2E 0.8F 0.4E
5 W	0050 0728 1152 1729	0349 0940 1437 2147	1.3F 0.5E 1.0F 1.4E	**20** Th	0012 0641 1129 1703	0302 0904 1421 2046	1.0F 0.6E 1.0F 1.3E	**5** Sa	0113 0717 1350 1934	0401 1029 1628 2233	1.0F 0.9E 0.8F 0.8E	**20** Su	0019 0608 1303 1857	0308 0928 1553 2154	1.1F 1.0E 0.9F 0.9E	**5** Tu ◐	0108 0659 1543 2201	0409 1046 1848 2346	0.8F 0.9E 0.6F 0.3E	**20** W ○	0038 0626 1533 2355	0351 1019 1843	0.9F 1.1E 0.8F *
6 Th	0131 0801 1301 1832	0429 1030 1538 2231	1.2F 0.6E 0.8F 1.2E	**21** F	0038 0704 1222 1754	0328 0941 1511 2129	1.0F 0.7E 0.9F 1.2E	**6** Su ◐	0142 0747 1503 2049	0433 1115 1744 2323	0.9F 0.9E 0.7F 0.6E	**21** M	0049 0638 1414 2018	0345 1008 1703 2250	1.0F 1.0E 0.8F 0.6E	**6** W	0150 0747 1709	0458 1153 2017	0.6F 0.8E 0.7F	**21** Th	0724 1704	0451 1148 2020	0.7F 1.0E 0.9F
7 F	0210 0836 1417 1944	0509 1124 1647 2320	1.1F 0.7E 0.7F 0.9E	**22** Sa	0107 0727 1323 1854	0359 1020 1608 2217	1.0F 0.7E 0.8F 1.0E	**7** M	0213 0823 1625 2217	0512 1215 1915	0.8F 0.9E 0.6F	**22** Tu ○	0124 0717 1544 2204	0429 1100 1837 2359	0.9F 1.0E 0.7F 0.3E	**7** Th	0107 0854 1821	0603 1503 2124	* 0.5E 0.9F 0.8E	**22** F	0846 1817	0137 0609 1457 2127	* 0.6F 1.1E 1.1E
8 Sa ○	0248 0912 1540 2107	0549 1225 1811	1.0F 0.8E 0.6F	**23** Su	0140 0755 1438 2011	0437 1105 1718 2314	1.0F 0.8E 0.7F 0.8E	**8** Tu	0253 0907 1744	0024 0559 1355 2039	0.4E 0.7F 0.9E 0.7F	**23** W	0206 0808 1717	0523 1213 2022	0.8F 1.0E 0.8F	**8** F	0237 1018 1917	0720 1608 2216	* 0.5F 1.0E 1.0F	**23** Sa	0115 0502 1032 1914	0311 0741 1605 2217	0.3E 0.6F 1.3E 1.2F
9 Su	0327 0949 1702 2236	0016 0630 1334 1942	0.7E 0.9F 0.9E 0.6F	**24** M ○	0218 0829 1605 2148	0520 1158 1845	0.9F 0.9E 0.7F	**9** W	1000 1851	0140 0654 1529 2146	* 0.7F 1.0E 0.8F	**24** Th	0127 0630 1834	0346 0833 1653 2259	* 0.4E 0.6F 1.1E 1.1F	**24** Su	0151 0624 1204 2001	0414 0903 1656 2258	0.5E 0.8F 1.4E 1.3E
10 M	0408 1027 1813	0120 0713 1446 2100	0.5F 0.8F 1.0E 0.7F	**25** Tu	0302 0911 1731 2334	0019 0611 1305 2019	0.6E 0.9F 1.0E 0.8F	**10** Th	1058 1945	0300 0755 1631 2240	* 0.6F 1.1E 1.0F	**25** F	1032 1935	0304 0745 1615 2238	* 0.7F 1.3E 1.2F	**10** Su	0214 0652 1238 2038	0437 0934 1728 2334	0.5E 0.8F 1.2E 1.1F	**25** M	0222 0725 1315 2042	0502 1009 1739 2333	0.8E 1.0F 1.5E 1.3F
11 Tu	0003 0452 1106 1913	0228 0756 1550 2202	0.4E 0.8F 1.2E 0.9F	**26** W	0354 1001 1844	0135 0707 1434 2140	0.4E 0.8F 1.1E 0.9F	**11** F	0207 0600 1154 2032	0406 0852 1719 2327	0.3E 0.7F 1.1E 1.1F	**26** Sa	0226 0607 1151 2027	0420 0857 1711 2326	0.3E 0.8F 1.5E 1.3F	**11** M	0246 0741 1328 2109	0519 1023 1754	0.6E 0.9F 1.3E	**26** Tu	0248 0818 1414 2117	0544 1103 1816	1.0E 1.1F 1.4E
12 W	0119 0537 1144 2004	0332 0839 1644 2256	0.3E 0.8F 1.3E 1.0F	**27** Th	0111 0455 1055 1946	0258 0806 1606 2244	0.3E 0.9F 1.3E 1.1F	**12** Sa	0253 0656 1245 2112	0458 0944 1758	0.4E 0.8F 1.3E	**27** Su	0306 0715 1301 2112	0516 1002 1758	0.5E 0.9F 1.6E	**12** Tu	0313 0825 1412 2136	0002 0555 1108 1813	1.1F 0.8E 1.0F 1.3E	**27** W ●	0311 0906 1506 2147	0003 0621 1152 1848	1.3F 1.1E 1.3F 1.3E
13 Th	0223 0623 1220 2051	0426 0920 1731 2345	0.3E 0.8F 1.3E 1.1F	**28** F	0231 0600 1153 2041	0415 0905 1711 2340	0.3E 0.9F 1.5E 1.3F	**13** Su	0331 0745 1331 2148	0008 0542 1032 1828	1.1F 0.4E 0.9F 1.3E	**28** M	0339 0813 1403 2153	0007 0603 1100 1839	1.4F 0.6E 1.1F 1.7E	**13** W ○	0335 0906 1454 2159	0023 0627 1150 1832	1.1F 0.9E 1.1F 1.2E	**28** Th	0332 0951 1556 2213	0028 0654 1238 1916	1.2F 1.2E 1.3F 1.1E
14 F	0316 0706 1257 2133	0514 1001 1812	0.3E 0.8F 1.3E	**29** Sa	0331 0703 1252 2131	0520 1002 1804	0.3E 1.0F 1.7E	**14** M	0404 0830 1413 2218	0044 0621 1116 1847	1.1F 0.5E 1.0F 1.3E	**29** Tu ●	0407 0906 1459 2229	0044 0645 1152 1915	1.4F 0.8E 1.2F 1.6E	**14** Th	0352 0946 1536 2221	0040 0655 1232 1858	1.1F 1.0E 1.2F 1.2E	**29** F	0350 1035 1643 2236	0050 0722 1323 1942	1.1F 1.3E 1.3F 1.0E
15 Sa	0402 0749 1334 2213	0029 0558 1042 1843	1.1F 0.3E 0.9F 1.3E	**30** Su ●	0418 0803 1350 2218	0029 0614 1058 1851	1.4F 0.4E 1.1F 1.7E	**15** Tu ○	0433 0912 1454 2244	0112 0656 1158 1901	1.1F 0.6E 1.0F 1.3E	**30** W	0432 0956 1552 2300	0115 0723 1242 1947	1.3F 0.9E 1.2F 1.4E	**15** F	0406 1026 1621 2243	0059 0720 1315 1929	1.1F 1.1E 1.2F 1.1E	**30** Sa	0407 1118 1730 2257	0113 0746 1407 2011	1.1F 1.3E 1.2F 0.8E
				31 M	0457 0900 1448 2301	0114 0703 1152 1934	1.4F 0.5E 1.1F 1.7E					**31** Th	0454 1045 1643 2328	0142 0757 1331 2015	1.2F 1.0E 1.2F 1.3E								

Time meridian 75° W. 0000 is midnight. 1200 is noon.
If three consecutive entries are marked (F) the middle one is not a true maximum but an intermediate value to show the current pattern.
* Current weak and variable.

Old Tampa Bay Entrance (Port Tampa), Florida, 2000

F–Flood, Dir. 025° True E–Ebb, Dir. 207° True

October

Day	Slack h m	Maximum h m	knots	Day	Slack h m	Maximum h m	knots
1 Su	0426 / 1202 / 1820 / 2319	0139 / 0807 / 1454 / 2045	1.0F / 1.3E / 1.1F / 0.6E	16 M	0352 / 1151 / 1826 / 2255	0115 / 0738 / 1447 / 2038	1.1F / 1.5E / 1.2F / 0.6E
2 M	0450 / 1250 / 1917 / 2345	0208 / 0832 / 1546 / 2126	1.0F / 1.2E / 0.9F / 0.5E	17 Tu	0426 / 1249 / 1940 / 2328	0153 / 0815 / 1548 / 2131	1.1F / 1.5E / 1.1F / 0.4E
3 Tu	0520 / 1347 / 2024	0242 / 0903 / 1651 / 2216	0.9F / 1.1E / 0.8F / 0.3E	18 W	0507 / 1359 / 2236	0236 / 0902 / 1706	1.0F / 1.3E / 0.9F / *
4 W	0019 / 0558 / 1501 / 2320	0323 / 0945 / 1820	0.8F / 1.0E / 0.7F / *	19 Th	0557 / 1520	0328 / 1006 / 1841	0.8F / 1.2E / 0.9F
5 Th ☾	0648 / 1625	0415 / 1046 / 1947	0.6F / 0.9E / 0.7F	20 F ○	0703 / 1640	0001 / 0435 / 1211 / 2000	* / 0.6F / 1.0E / 1.0F
6 F	0800 / 1738	0040 / 0524 / 1259 / 2051	* / 0.5F / 0.8E / 0.8F	21 Sa	0843 / 1747	0141 / 0604 / 1435 / 2058	* / 0.5F / 1.1E / 1.1F
7 Sa	0007 / 0418 / 0940 / 1833	0209 / 0650 / 1522 / 2140	0.3F / 0.5F / 0.9E / 0.9F	22 Su	0030 / 0518 / 1044 / 1840	0259 / 0748 / 1540 / 2143	0.5F / 0.6F / 1.2E / 1.2F
8 Su	0051 / 0540 / 1113 / 1915	0317 / 0814 / 1607 / 2218	0.5F / 0.6F / 1.0E / 1.0F	23 M	0103 / 0631 / 1214 / 1924	0356 / 0912 / 1629 / 2220	0.8F / 0.8F / 1.2E / 1.2F
9 M	0125 / 0641 / 1221 / 1950	0408 / 0920 / 1640 / 2247	0.7E / 0.8F / 1.1E / 1.1F	24 Tu	0130 / 0727 / 1322 / 2000	0442 / 1013 / 1711 / 2251	1.0E / 1.0F / 1.2E / 1.2F
10 Tu	0153 / 0730 / 1316 / 2019	0448 / 1011 / 1706 / 2309	0.8E / 1.0F / 1.1E / 1.1F	25 W	0155 / 0816 / 1419 / 2032	0522 / 1104 / 1747 / 2316	1.2E / 1.2F / 1.1E / 1.1F
11 W	0215 / 0813 / 1404 / 2044	0523 / 1056 / 1732 / 2327	1.0E / 1.1F / 1.1E / 1.1F	26 Th	0216 / 0901 / 1510 / 2059	0557 / 1150 / 1818 / 2338	1.4E / 1.3F / 0.9E / 1.1F
12 Th	0232 / 0854 / 1451 / 2108	0553 / 1140 / 1800 / 2347	1.1E / 1.2F / 1.1E / 1.1F	27 F ●	0234 / 0943 / 1558 / 2123	0627 / 1233 / 1846	1.4E / 1.3F / 0.8E
13 F ○	0247 / 0935 / 1539 / 2132	0618 / 1223 / 1833	1.2E / 1.3F / 1.0E	28 Sa	0251 / 1024 / 1645 / 2145	0001 / 0650 / 1316 / 1914	1.0F / 1.4E / 1.3F / 0.7E
14 Sa	0302 / 1017 / 1629 / 2158	0012 / 0642 / 1307 / 1910	1.1F / 1.3E / 1.3F / 0.9E	29 Su	0310 / 1104 / 1731 / 2208	0027 / 0707 / 1358 / 1946	1.0F / 1.4E / 1.2F / 0.6E
15 Su	0324 / 1102 / 1724 / 2225	0042 / 0708 / 1355 / 1951	1.1F / 1.4E / 1.3F / 0.7E	30 M	0333 / 1145 / 1820 / 2235	0056 / 0725 / 1443 / 2023	1.0F / 1.4E / 1.1F / 0.5E
				31 Tu	0403 / 1229 / 1913 / 2307	0129 / 0751 / 1532 / 2106	0.9F / 1.3E / 1.0F / 0.4E

November

Day	Slack h m	Maximum h m	knots	Day	Slack h m	Maximum h m	knots
1 W	0438 / 1319 / 2012 / 2349	0207 / 0826 / 1630 / 2156	0.9F / 1.2E / 0.8F / 0.3E	16 Th	0452 / 1351 / 2238	0221 / 0906 / 1702	0.9F / 1.4E / 1.1F / *
2 Th	0521 / 1419	0252 / 0911 / 1743 / 2257	0.8F / 1.1E / 0.7F / *	17 F	0549 / 1457 / 2203	0319 / 1019 / 1814 / 2355	0.8F / 1.2E / 1.0F / 0.3E
3 F	0613 / 1528 / 2222	0346 / 1011 / 1859	0.6F / 0.9E / 0.7F	18 Sa ◐	0155 / 0705 / 1603 / 2252	0431 / 1209 / 1919	0.6F / 1.0E / 1.0F
4 Sa ◑	0214 / 0723 / 1634 / 2314	0009 / 0455 / 1133 / 2000	0.3F / 0.5F / 0.8E / 0.8F	19 Su	0344 / 0854 / 1702 / 2332	0118 / 0605 / 1351 / 2013	0.5F / 0.5F / 1.0E / 1.1F
5 Su	0355 / 0901 / 1729 / 2355	0128 / 0620 / 1322 / 2046	0.4F / 0.5F / 0.8E / 0.9F	20 M	0516 / 1047 / 1752	0231 / 0750 / 1500 / 2056	0.7F / 0.6F / 0.9E / 1.1F
6 M	0519 / 1040 / 1812	0236 / 0747 / 1444 / 2120	0.6E / 0.6F / 0.8E / 0.9F	21 Tu	0006 / 0626 / 1215 / 1835	0329 / 0911 / 1553 / 2132	1.0E / 0.8F / 0.9E / 1.1F
7 Tu	0026 / 0621 / 1156 / 1848	0329 / 0858 / 1533 / 2145	0.8E / 0.8F / 0.9E / 1.0F	22 W	0035 / 0721 / 1324 / 1911	0417 / 1010 / 1638 / 2201	1.2E / 1.0F / 0.8E / 1.0F
8 W	0052 / 0712 / 1259 / 1919	0411 / 0954 / 1613 / 2208	1.0E / 1.0F / 0.9E / 1.0F	23 Th	0101 / 0809 / 1422 / 1942	0500 / 1100 / 1716 / 2228	1.4E / 1.2F / 0.7E / 1.0F
9 Th	0112 / 0758 / 1356 / 1949	0446 / 1043 / 1652 / 2232	1.2E / 1.1F / 0.9E / 1.0F	24 F	0123 / 0854 / 1515 / 2011	0538 / 1146 / 1751 / 2253	1.5E / 1.2F / 0.6E / 1.0F
10 F	0129 / 0842 / 1450 / 2017	0517 / 1130 / 1731 / 2300	1.3E / 1.3F / 0.8E / 1.1F	25 Sa ●	0144 / 0935 / 1603 / 2037	0609 / 1230 / 1823 / 2320	1.5E / 1.2F / 0.5E / 0.9F
11 Sa	0149 / 0926 / 1546 / 2046	0545 / 1217 / 1813 / 2332	1.4E / 1.3F / 0.7E / 1.1F	26 Su	0205 / 1016 / 1649 / 2104	0631 / 1312 / 1856 / 2351	1.4E / 1.2F / 0.5E / 0.9F
12 Su	0213 / 1011 / 1643 / 2117	0613 / 1305 / 1857	1.5E / 1.4F / 0.6E	27 M	0230 / 1055 / 1734 / 2134	0644 / 1354 / 1931	1.4E / 1.2F / 0.4E
13 M	0244 / 1100 / 1744 / 2151	0008 / 0646 / 1356 / 1944	1.1F / 1.6E / 1.3F / 0.5E	28 Tu	0300 / 1134 / 1817 / 2208	0025 / 0702 / 1436 / 2009	0.9F / 1.3E / 1.1F / 0.4E
14 Tu	0321 / 1152 / 1848 / 2229	0048 / 0724 / 1451 / 2035	1.1F / 1.6E / 1.3F / 0.4E	29 W	0335 / 1213 / 1902 / 2249	0103 / 0731 / 1519 / 2052	0.9F / 1.3E / 1.0F / 0.4E
15 W	0403 / 1249 / 1955 / 2316	0132 / 0810 / 1552 / 2132	1.0F / 1.5E / 1.2F / 0.3E	30 Th	0416 / 1254 / 1948 / 2337	0146 / 0809 / 1604 / 2138	0.9F / 1.3E / 0.9F / 0.3E

December

Day	Slack h m	Maximum h m	knots	Day	Slack h m	Maximum h m	knots
1 F	0502 / 1338 / 2035	0232 / 0855 / 1652 / 2230	0.8F / 1.2E / 0.8F / 0.4E	16 Sa	0037 / 0559 / 1421 / 2102	0318 / 1021 / 1727 / 2328	0.8F / 1.2E / 1.1F / 0.6E
2 Sa	0037 / 0555 / 1425 / 2121	0326 / 0950 / 1742 / 2329	0.7F / 1.1E / 0.8F / 0.4E	17 Su ◐	0200 / 0718 / 1511 / 2143	0429 / 1130 / 1818	0.7F / 1.0E / 1.0F
3 Su ◑	0153 / 0700 / 1515 / 2205	0430 / 1053 / 1833	0.6F / 0.9E / 0.8F	18 M	0332 / 0855 / 1601 / 2222	0038 / 0558 / 1246 / 1907	0.7E / 0.6F / 0.8E / 0.9F
4 M	0322 / 0825 / 1605 / 2242	0033 / 0547 / 1204 / 1917	0.5E / 0.5F / 0.8E / 0.8F	19 Tu	0459 / 1038 / 1649 / 2300	0150 / 0738 / 1402 / 1952	0.9E / 0.6F / 0.6E / 0.9F
5 Tu	0446 / 1002 / 1652 / 2314	0138 / 0713 / 1317 / 1956	0.7E / 0.6F / 0.7E / 0.8F	20 W	0611 / 1209 / 1733 / 2335	0256 / 0900 / 1508 / 2032	1.1E / 0.8F / 0.5E / 0.9F
6 W	0555 / 1130 / 1735 / 2340	0236 / 0831 / 1425 / 2032	0.9E / 0.7F / 0.7E / 0.9F	21 Th	0709 / 1325 / 1815	0353 / 1002 / 1602 / 2108	1.3E / 1.0F / 0.5E / 0.8F
7 Th	0652 / 1246 / 1815	0326 / 0936 / 1525 / 2107	1.1E / 0.9F / 0.6E / 0.9F	22 F	0007 / 0800 / 1427 / 1854	0443 / 1054 / 1649 / 2142	1.4E / 1.1F / 0.4E / 0.8F
8 F	0005 / 0742 / 1354 / 1853	0408 / 1032 / 1619 / 2143	1.3E / 1.1F / 0.6E / 1.0F	23 Sa	0036 / 0845 / 1520 / 1930	0527 / 1142 / 1731 / 2216	1.4E / 1.2F / 0.4E / 0.8F
9 Sa	0032 / 0831 / 1458 / 1930	0446 / 1125 / 1711 / 2221	1.4E / 1.3F / 0.5E / 1.0F	24 Su	0105 / 0928 / 1607 / 2006	0605 / 1227 / 1809 / 2251	1.4E / 1.2F / 0.4E / 0.8F
10 Su	0103 / 0920 / 1559 / 2009	0524 / 1216 / 1802 / 2302	1.5E / 1.4F / 0.5E / 1.1F	25 M ●	0135 / 1008 / 1648 / 2042	0636 / 1309 / 1846 / 2328	1.4E / 1.2F / 0.4E / 0.9F
11 M	0139 / 1009 / 1659 / 2049	0604 / 1307 / 1853 / 2346	1.6E / 1.4F / 0.4E / 1.1F	26 Tu	0208 / 1046 / 1726 / 2120	0654 / 1348 / 1923	1.3E / 1.2F / 0.4E
12 Tu	0221 / 1059 / 1756 / 2135	0647 / 1359 / 1944	1.7E / 1.4F / 0.4E	27 W	0245 / 1122 / 1801 / 2201	0007 / 0707 / 1424 / 1959	0.9F / 1.3E / 1.1F / 0.4E
13 W	0308 / 1149 / 1848 / 2226	0033 / 0735 / 1451 / 2036	1.1F / 1.7E / 1.3F / 0.4E	28 Th	0325 / 1154 / 1834 / 2244	0049 / 0731 / 1457 / 2037	0.9F / 1.3E / 1.0F / 0.5E
14 Th	0359 / 1240 / 1935 / 2326	0123 / 0826 / 1543 / 2129	1.0F / 1.6E / 1.3F / 0.4E	29 F	0409 / 1225 / 1906 / 2332	0133 / 0804 / 1526 / 2116	0.9F / 1.3E / 1.0F / 0.5E
15 F	0456 / 1330 / 2020	0217 / 0921 / 1634 / 2226	0.9F / 1.5E / 1.2F / 0.5E	30 Sa	0455 / 1255 / 1936	0219 / 0844 / 1554 / 2157	0.9F / 1.3E / 0.9F / 0.5E
				31 Su	0025 / 0546 / 1326 / 2007	0310 / 0929 / 1626 / 2241	0.8F / 1.2E / 0.9F / 0.6E

Time meridian 75° W. 0000 is midnight. 1200 is noon.
If three consecutive entries are marked (F) the middle one is not a true maximum but an intermediate value to show the current pattern.
* Current weak and variable.

Mobile Bay Entrance, Alabama, 2000

F–Flood, Dir. 025° True   E–Ebb, Dir. 190° True

January

Day	Slack h m	Maximum h m	knots	Day	Slack h m	Maximum h m	knots
1 Sa	0811 2032	0148 1520	0.9E 1.1F	16 Su	0651 1925	0110 1332	1.1E 1.3F
2 Su	0816 2055	0202 1524	1.3E 1.4F	17 M	0727 2006	0131 1405	1.7E 1.9F
3 M	0841 2125	0231 1542	1.7E 1.6F	18 Tu	0816 2055	0210 1453	2.3E 2.3F
4 Tu	0914 2200	0305 1609	1.9E 1.8F	19 W	0910 2149	0255 1547	2.6E 2.6F
5 W	0952 2237	0342 1640	2.1E 1.9F	20 Th ○	1006 2244	0344 1644	2.8E 2.7F
6 Th ●	1032 2316	0422 1715	2.2E 2.0F	21 F	1103 2338	0435 1740	2.8E 2.6F
7 F	1114 2354	0503 1749	2.2E 2.0F	22 Sa	1158	0523 1833	2.6E 2.4F
8 Sa	1155	0543 1823	2.2E 2.0F	23 Su	0030 1249	0608 1923	2.2E 2.0F
9 Su	0031 1234	0623 1854	2.1E 1.9F	24 M	0117 1332	0646 2005	1.8E 1.4F
10 M	0106 1311	0700 1922	1.9E 1.7F	25 Tu	0157 1355	0713 2030	1.2E 0.9F
11 Tu	0139 1345	0734 1944	1.6E 1.4F	26 W	0222 1318	0715 1837	0.7E 0.3F
12 W	0208 1410	0800 1949	1.2E 1.0F	27 Th	0133 1028 1915	0616 1448	0.3E 0.3F
13 Th	0220 1403	0804 1856	0.7E 0.5F	28 F ○	0706 1841	0043 1347	0.4E 0.6F
14 F ◐	0055 1108 2024	0552 1608	0.3E 0.3F	29 Sa	0630 1903	0017 1337	0.8E 1.0F
15 Sa	0658 1907	0143 1345	0.5E 0.7F	30 Su	0651 1937	0045 1354	1.2E 1.2F
				31 M	0726 2018	0121 1425	1.5E 1.5F

February

Day	Slack h m	Maximum h m	knots	Day	Slack h m	Maximum h m	knots
1 Tu	0808 2102	0202 1505	1.8E 1.6F	16 W	0801 2046	0148 1438	2.4E 2.3F
2 W	0853 2146	0245 1548	1.9E 1.7F	17 Th	0902 2146	0241 1544	2.5E 2.4F
3 Th	0939 2230	0329 1632	2.0E 1.8F	18 F	1004 2245	0334 1649	2.4E 2.2F
4 F	1025 2312	0412 1714	2.0E 1.8F	19 Sa ○	1106 2342	0424 1752	2.2E 2.0F
5 Sa ●	1110 2352	0454 1752	2.0E 1.8F	20 Su	1206	0510 1854	1.8E 1.6F
6 Su	1152	0534 1828	1.9E 1.7F	21 M	0036 1308	0550 1958	1.4E 1.1F
7 M	1234	0611 1902	1.7E 1.4F	22 Tu	0130 1424	0620 2114	0.8E 0.6F
8 Tu	0107 1314	0646 1933	1.4E 1.1F	23 W	0231	0626 1316 1624 2355	0.4E * * *
9 W	0144 1352	0716 1953	0.9E 0.7F	24 Th		0457 1054 2007	* * 0.4E
10 Th	0217	0719 1820	0.4E *	25 F	0233 1544	1031 2137	0.6F 0.8E
11 F		0248 1146 2303	* * 0.5E	26 Sa ○	0347 1641	1050 2241	0.9F 1.1E
12 Sa ◐	0427 1655	1104 2324	0.8F 1.1E	27 Su	0442 1738	1127 2337	1.1F 1.4E
13 Su	0511 1747	1141	1.4F	28 M	0535 1836	1216	1.3F
14 M	0604 1844	0007 1233	1.7E 1.8F	29 Tu	0629 1934	0032 1314	1.6E 1.4F
15 Tu	0701 1945	0056 1333	2.1E 2.2F				

March

Day	Slack h m	Maximum h m	knots	Day	Slack h m	Maximum h m	knots
1 W	0725 2031	0125 1417	1.7E 1.5F	16 Th	0738 2031	0120 1419	2.2E 1.9F
2 Th	0821 2125	0216 1519	1.7E 1.5F	17 F	0845 2138	0216 1539	2.0E 1.7F
3 F	0916 2216	0305 1617	1.7E 1.5F	18 Sa	0955 2245	0308 1703	1.7E 1.4F
4 Sa ●	1009 2304	0351 1711	1.7E 1.4F	19 Su ○	1119 2357	0355 1834	1.3E 1.0F
5 Su	1104 2354	0436 1804	1.5E 1.3F	20 M	1359	0437 2021	0.8E 0.6F
6 M	1204	0520 1901	1.3E 1.0F	21 Tu	0136 1830	0509 0932 1423 2257	0.3E * 0.3E 0.4F
7 Tu	0049 1326	0606 2016	0.9E 0.7F	22 W	2202	0458 0726 1633	* * 0.6E
8 W	0209 1700	0707 2256	0.4E 0.3F	23 Th	1219	0709 1759	0.6F 0.9E
9 Th	0957 2338	1722	0.4E	24 F	1320	0005 0736 1912	0.9F 1.2E
10 F	1310	0735 1939	0.6F 0.9E	25 Sa	1417	0123 0813 2020	1.1F 1.3E
11 Sa	1435	0156 0840 2103	1.1F 1.4E	26 Su	1516	0227 0855 2127	1.3F 1.4E
12 Su	1549	0313 0940 2213	1.6F 1.8E	27 M ○	1620	0327 0944 2233	1.4F 1.5E
13 M ◐	1700	0421 1042 2319	1.9F 2.0E	28 Tu	1728	0427 1040 2336	1.4F 1.5E
14 Tu	1811	0527 1150	1.5F 2.0F	29 W	1836	0527 1144	1.3F
15 W	0632 1922	0021 1302	2.2E 2.1F	30 Th	0628 1943	0036 1256	1.5E 1.3F
				31 F	0727 2047	0131 1417	1.5E 1.1F

Time meridian 90° W. 0000 is midnight. 1200 is noon.
If three consecutive entries are marked (F) or (E) the middle one is not a true maximum but an intermediate value to show the current pattern.
* Current weak and variable.

Mobile Bay Entrance, Alabama, 2000

F–Flood, Dir. 025° True   E–Ebb, Dir. 190° True

April

Day	Slack h m	Maximum h m	knots
1 Sa	0828, 2151	0223, 1546	1.3E, 1.0F
2 Su	0938, 2305	0313, 1727	1.1E, 0.8F
3 M	1137	0407, 1933	0.8E, 0.6F
4 Tu ●	0059, 1718	0524, 1047, 1220, 2247	0.3E, 0.3E, 0.3F, 0.4F
5 W	0826, 2057	1523	0.6E
6 Th	1042, 2300	0444, 1650	0.7F, 1.1E
7 F	1157	0606, 1804	1.2F, 1.5E
8 Sa	0024, 1303	0707, 1915	1.7F, 1.9E
9 Su	0136, 1410	0805, 2024	2.0F, 2.1E
10 M	0244, 1518	0904, 2132	2.2F, 2.2E
11 Tu ◐	0349, 1627	1006, 2238	2.1F, 2.1E
12 W	0453, 1738	1110, 2339	2.0F, 1.9E
13 Th	0555, 1849	1219	1.6F
14 F	0655, 2000	0035, 1339	1.6E, 1.2F
15 Sa	0753, 2118	0123, 1536	1.2E, 0.8F
16 Su	0901	0201, 1830	0.7E, 0.4F
17 M	1812	0221, 0744, 1402, 2219	*, *, 0.3E, 0.3F
18 Tu ○	0958, 2048	0129, 0613, 1515	*, 0.3F, 0.8E
19 W	1042, 2210	0543, 1611	0.7F, 1.1E
20 Th	1124, 2308	0551, 1702	1.1F, 1.4E
21 F	1205	0614, 1752	1.3F, 1.6E
22 Sa	0001, 1248	0644, 1843	1.5F, 1.7E
23 Su	0052, 1335	0720, 1939	1.6F, 1.7E
24 M	0145, 1426	0800, 2038	1.6F, 1.7E
25 Tu	0239, 1522	0844, 2139	1.6F, 1.6E
26 W ☽	0333, 1622	0930, 2238	1.5F, 1.5E
27 Th	0427, 1723	1017, 2333	1.3F, 1.4E
28 F	0518, 1827	1102	1.1F
29 Sa	0606, 1938	0025, 1139	1.1E, 0.8F
30 Su	0651, 2123	0113, 1135	0.8E, 0.4F

May

Day	Slack h m	Maximum h m	knots
1 M	0907, 1411, 2138	0158	0.4E, *, *
2 Tu	1954	0233, 0517, 1442	*, *, 0.6E
3 W ●	0925, 2116	0338, 1526	0.7F, 1.2E
4 Th	1014, 2223	0423, 1615	1.3F, 1.7E
5 F	1106, 2325	0512, 1708	1.8F, 2.1E
6 Sa	1201	0603, 1805	2.2F, 2.4E
7 Su	0026, 1259	0656, 1904	2.5F, 2.5E
8 M	0127, 1358	0750, 2004	2.5F, 2.5E
9 Tu	0227, 1459	0844, 2102	2.4F, 2.3E
10 W ◐	0323, 1558	0936, 2156	2.1F, 1.9E
11 Th	0414, 1654	1023, 2242	1.6F, 1.5E
12 F	0453, 1745	1056, 2313	1.1F, 1.0E
13 Sa	0503, 1821	1000, 2315	0.5F, 0.4E
14 Su	0344	0711, 1437	0.3F, *
15 M	0941, 2049	0540, 1438	0.5E, 0.7F
16 Tu	0948, 2118	0502, 1508	0.9F, 1.2E
17 W	1013, 2153	0456, 1543	1.2F, 1.5E
18 Th ○	1043, 2230	0507, 1620	1.5F, 1.8E
19 F	1117, 2310	0527, 1700	1.7F, 2.0E
20 Sa	1153, 2352	0553, 1742	1.8F, 2.0E
21 Su	1232	0624, 1828	1.9F, 2.0E
22 M	0036, 1315	0658, 1916	1.9F, 2.0E
23 Tu	0123, 1359	0735, 2006	1.8F, 1.9E
24 W	0208, 1443	0811, 2055	1.7F, 1.7E
25 Th	0252, 1527	0843, 2141	1.5F, 1.5E
26 F ☽	0331, 1606	0908, 2221	1.3F, 1.2E
27 Sa	0403, 1635	0914, 2250	0.9F, 0.7E
28 Su	0412, 1535	0838, 2229	0.5F, 0.3E
29 M	0247, 1036, 2012	0651, 1459	0.3F, 0.4E
30 Tu	0419, 0858, 2013	1437	0.5F, 0.9E
31 W	0902, 2053	0323, 1459	1.1F, 1.5E

June

Day	Slack h m	Maximum h m	knots
1 Th	0936, 2142	0343, 1536	1.7F, 2.1E
2 F ●	1020, 2235	0424, 1621	2.2F, 2.5E
3 Sa	1111, 2331	0511, 1711	2.6F, 2.8E
4 Su	1204	0602, 1803	2.8F, 2.9E
5 M	0028, 1259	0654, 1856	2.8F, 2.7E
6 Tu	0123, 1352	0744, 1947	2.6F, 2.4E
7 W	0214, 1442	0831, 2032	2.2F, 2.0E
8 Th ◐	0257, 1525	0907, 2105	1.7F, 1.5E
9 F	0321, 1549	0915, 2115	1.1F, 0.9E
10 Sa	0258, 1445	0744, 2028	0.6F, 0.4E
11 Su	0059, 1002, 2154	0528, 1504	0.5F, 0.4E
12 M	0903, 2047	0422, 1421	0.8F, 1.0E
13 Tu	0909, 2055	0402, 1438	1.1F, 1.4E
14 W	0932, 2120	0406, 1506	1.5F, 1.8E
15 Th	1002, 2152	0423, 1539	1.7F, 2.0E
16 F ○	1035, 2228	0446, 1616	1.9F, 2.1E
17 Sa	1111, 2307	0514, 1655	2.0F, 2.2E
18 Su	1148, 2348	0546, 1737	2.0F, 2.2E
19 M	1227	0619, 1819	2.0F, 2.1E
20 Tu	0029, 1305	0651, 1902	1.9F, 2.0E
21 W	0109, 1342	0722, 1942	1.8F, 1.8E
22 Th	0146, 1416	0748, 2019	1.6F, 1.6E
23 F	0219, 1443	0806, 2048	1.4F, 1.2E
24 Sa	0242, 1450	0806, 2057	1.0F, 0.8E
25 Su	0237, 1325	0723, 1907	0.6F, 0.3E
26 M	0039, 0946, 2004	0531, 1438	0.4F, 0.5E
27 Tu	0813, 1938	0311, 1400	0.7F, 1.1E
28 W	0814, 2008	0229, 1415	1.2F, 1.7E
29 Th	0847, 2053	0250, 1449	1.8F, 2.2E
30 F	0931, 2144	0331, 1532	2.3F, 2.6E

Time meridian 90° W. 0000 is midnight. 1200 is noon.
If three consecutive entries are marked (F) or (E) the middle one is not a true maximum but an intermediate value to show the current pattern.
* Current weak and variable.

Mobile Bay Entrance, Alabama, 2000

F–Flood, Dir. 025° True   E–Ebb, Dir. 190° True

July

Day	Slack h m	Maximum h m	knots	Day	Slack h m	Maximum h m	knots
1 Sa ●	1021 2239	0420 1620	2.7F 2.9F	16 Su ○	1108 2305	0511 1650	1.9F 2.1E
2 Su	1115 1710 2335	0513	2.8F 2.9F	17 M	1147 2345	0548 1731	1.9F 2.1E
3 M	1208	0606 1800	2.8F 2.8E	18 Tu	1225	0621 1810	1.9F 2.0E
4 Tu	0030 1300	0658 1847	2.6F 2.5E	19 W	0024 1300	0651 1847	1.7F 1.8E
5 W	0121 1348	0745 1927	2.2F 2.0E	20 Th	0100 1332	0717 1920	1.5F 1.5E
6 Th	0203 1427	0823 1954	1.6F 1.4E	21 F	0132 1359	0735 1946	1.2F 1.1E
7 F	0224 1445	0835 1954	1.0F 0.8E	22 Sa	0155 1409	0735 1950	0.9F 0.7E
8 Sa ◐	0147 1327 2316	0645 1845	0.5F 0.4E	23 Su	0147	0635 1724	0.4F *
9 Su	0837 2027	0355 1410	0.5F 0.5E	24 M ○	0754 1822	0343 1315	0.3F 0.5E
10 M	0752 1945	0255 1325	0.8F 1.0E	25 Tu	0640 1822	0108 1247	0.7F 1.0E
11 Tu	0806 1959	0246 1343	1.2F 1.4E	26 W	0658 1900	0058 1309	1.2F 1.6E
12 W	0835 2028	0300 1414	1.5F 1.7E	27 Th	0740 1949	0134 1348	1.8F 2.1E
13 Th	0910 2103	0326 1450	1.7F 2.0E	28 F	0831 2044	0224 1434	2.2F 2.5E
14 F	0948 2142	0359 1528	1.8F 2.1E	29 Sa	0926 2142	0320 1524	2.5F 2.7E
15 Sa	1028 2223	0434 1609	1.9F 2.1E	30 Su ●	1022 2242	0419 1615	2.6F 2.8E
				31 M	1119 2341	0519 1705	2.6F 2.6E

August

Day	Slack h m	Maximum h m	knots	Day	Slack h m	Maximum h m	knots
1 Tu	1213	0616 1752	2.4F 2.2E	16 W	1225	0631 1758	1.5F 1.5E
2 W	0037 1304	0710 1833	2.0F 1.7E	17 Th	0025 1304	0706 1835	1.2F 1.2E
3 Th	0127 1350	0800 1901	1.4F 1.2E	18 F	0108 1345	0739 1908	0.9F 0.8E
4 F	0206 1424	0843 1858	0.8F 0.6E	19 Sa	0154 1436	0811 1923	0.5F 0.3E
5 Sa		0813 1728	* *	20 Su		0617 1143 2203	* * *
6 Su ◐	0529 1740	0118 1110	0.3F 0.4E	21 M	1531	1000 2207	0.5E 0.8F
7 M	0545 1749	0038 1134	0.7F 0.9E	22 Tu ○	0405 1628	1042 2252	1.1F 1.3E
8 Tu	0624 1823	0049 1214	1.1F 1.3E	23 W	0505 1726	1132 2349	1.6E 1.7F
9 W	0709 1905	0119 1257	1.3F 1.6E	24 Th	0607 1825	1225	2.0E
10 Th	0756 1950	0200 1341	1.5F 1.8E	25 F	0711 1928	0052 1319	2.0F 2.3E
11 F	0845 2038	0247 1427	1.6F 1.9E	26 Sa	0815 2032	0200 1415	2.2F 2.4E
12 Sa	0933 2126	0337 1512	1.7F 1.9E	27 Su	0919 2137	0311 1509	2.3F 2.4E
13 Su	1020 2214	0426 1557	1.7F 1.9E	28 M	1022 2244	0422 1602	2.2F 2.1E
14 M ○	1104 2300	0512 1639	1.7F 1.8E	29 Tu ●	1123 2354	0532 1651	1.9F 1.7E
15 Tu	1146 2343	0553 1720	1.6F 1.7E	30 W	1225	0642 1736	1.5F 1.2E
				31 Th	0117 1332	0800 1810	1.0F 0.7E

September

Day	Slack h m	Maximum h m	knots	Day	Slack h m	Maximum h m	knots
1 F	0353	0944 1808 2213	0.5F * *	16 Sa	0705 2234	0132 1306	0.3E 0.3E
2 Sa	0947	0445 2111	0.3F 0.4E	17 Su	1120	0515 1849	0.6E 0.7E
3 Su	0138 1347	0719 2129	0.7F 0.8F	18 M	0037 1314	0659 1956	1.0E 1.2F
4 M	0256 1510	0851 2206	1.0E 1.1F	19 Tu	0154 1431	0820 2056	1.4E 1.6F
5 Tu ◐	0401 1610	1002 2251	1.3E 1.3F	20 W ○	0305 1540	0932 2158	1.7E 1.9F
6 W	0502 1707	1104 2343	1.5E 1.4F	21 Th	0416 1646	1039 2304	2.0E 2.0F
7 Th	0605 1803	1203	1.6E	22 F	0529 1753	1144	2.1E
8 F	0708 1901	0045 1259	1.4F 1.6E	23 Sa	0642 1900	0015 1246	2.0F 2.1E
9 Sa	0810 1959	0154 1353	1.4F 1.6E	24 Su	0754 2008	0132 1344	1.9F 1.9E
10 Su	0909 2056	0304 1444	1.4F 1.6E	25 M	0906 2122	0257 1439	1.6F 1.6E
11 M	1004 2152	0411 1532	1.3F 1.5E	26 Tu	1020 2259	0431 1529	1.3F 1.2E
12 Tu	1056 2250	0512 1617	1.2F 1.3E	27 W ●	1145	0621 1614	0.9F 0.6E
13 W ○	1150 2359	0613 1703	1.0F 1.0E	28 Th	0305	0838 1644 1930	0.5F * *
14 Th	1254	0721 1753	0.8F 0.7E	29 F	0734 2252	0248 1306 1417 1815	0.5E 0.4F 0.4F 0.4F
15 F	0203 1446	0900 1932 2258	0.5F 0.3F *	30 Sa	1022	0429 1840	0.9F 0.8F

Time meridian 90° W. 0000 is midnight. 1200 is noon.
If three consecutive entries are marked (F) or (E) the middle one is not a true maximum but an intermediate value to show the current pattern.
* Current weak and variable.

Mobile Bay Entrance, Alabama, 2000

F–Flood, Dir. 025° True   E–Ebb, Dir. 190° True

October

Day	Slack h m	Maximum h m	knots	Day	Slack h m	Maximum h m	knots
1 Su	0003 / 1158	0544 / 1916	1.2E / 1.2F	16 M	1159	0543 / 1837	1.6E / 1.7F
2 M	0100 / 1306	0649 / 1955	1.4E / 1.4F	17 Tu	0036 / 1305	0646 / 1932	1.9E / 2.0F
3 Tu	0155 / 1406	0753 / 2036	1.5E / 1.5F	18 W	0137 / 1409	0750 / 2029	2.1E / 2.2F
4 W	0252 / 1503	0857 / 2123	1.6E / 1.5F	19 Th	0241 / 1513	0856 / 2127	2.2E / 2.2F
5 Th ◐	0353 / 1601	1001 / 2214	1.6E / 1.4F	20 F ◯	0347 / 1615	1001 / 2227	2.2E / 2.0F
6 F	0458 / 1659	1105 / 2312	1.6E / 1.3F	21 Sa	0455 / 1716	1102 / 2330	2.0E / 1.7F
7 Sa	0607 / 1757	1206	1.5E	22 Su	0604 / 1813	1158	1.6E
8 Su	0716 / 1855	0019 / 1302	1.2F / 1.3E	23 M	0715 / 1905	0038 / 1245	1.3F / 1.2E
9 M	0823 / 1953	0140 / 1354	1.0F / 1.2E	24 Tu	0834	0218 / 1320 / 2226 / 2358	0.7F / 0.7E / * / *
10 Tu	0933 / 2058	0329 / 1444	0.8F / 0.9F	25 W		0621 / 1321 / 1848	0.3F / * / *
11 W	1059	0547 / 1536	0.6F / 0.5F	26 Th	0711 / 2150	0213 / 1730	0.5E / 0.5F
12 Th	0038	0824 / 1657 / 1947	0.4F / * / *	27 F ●	0907 / 2231	0313 / 1720	1.0E / 1.0F
13 F ◯	0653 / 2123	0223 / 1237	0.4E / 0.4F	28 Sa	1012 / 2312	0404 / 1738	1.4E / 1.3F
14 Sa	0917 / 2237	0339 / 1639	0.8E / 0.9F	29 Su	1104 / 2354	0451 / 1806	1.7E / 1.6F
15 Su	1047 / 2337	0442 / 1743	1.2E / 1.3F	30 M	1153	0538 / 1837	1.8E / 1.7F
				31 Tu	0036 / 1241	0627 / 1912	1.9E / 1.8F

November

Day	Slack h m	Maximum h m	knots	Day	Slack h m	Maximum h m	knots
1 W	0122 / 1330	0720 / 1950	1.9E / 1.7F	16 Th	0131 / 1359	0736 / 2016	2.5E / 2.5F
2 Th	0211 / 1420	0815 / 2030	1.8E / 1.6F	17 F	0228 / 1454	0832 / 2106	2.4E / 2.2F
3 F	0303 / 1511	0912 / 2111	1.7E / 1.5F	18 Sa ◐	0325 / 1544	0924 / 2150	2.0E / 1.7F
4 Sa ◯	0358 / 1600	1009 / 2149	1.5E / 1.3F	19 Su	0418 / 1622	1008 / 2218	1.6E / 1.2F
5 Su	0454 / 1645	1102 / 2218	1.3E / 1.0F	20 M	0502 / 1629	1036 / 2129	1.0E / 0.6F
6 M	0551 / 1723	1150 / 2225	1.0E / 0.7F	21 Tu	0515 / 1458 / 2256	1024 / 1843	0.5E / 0.3F
7 Tu	0652 / 1745	1232 / 2139	0.7E / 0.4F	22 W	1031 / 2124	0304 / 1707	0.3E / 0.6F
8 W		1300 / 1949	* / *	23 Th	0852 / 2132	0233 / 1634	0.8E / 1.0F
9 Th	0657 / 2117	0244 / 1706	0.3E / 0.3F	24 F	0914 / 2159	0259 / 1636	1.3E / 1.4F
10 F	0818 / 2130	0254 / 1548	0.8E / 0.8F	25 Sa ●	0948 / 2231	0333 / 1654	1.7E / 1.7F
11 Sa ◯	0916 / 2206	0326 / 1613	1.3E / 1.3F	26 Su	1024 / 2307	0410 / 1719	2.0E / 1.9F
12 Su	1010 / 2251	0406 / 1654	1.7E / 1.8F	27 M	1103 / 2344	0449 / 1748	2.1E / 2.0F
13 M	1106 / 2341	0453 / 1741	2.1E / 2.2F	28 Tu	1144	0530 / 1820	2.2E / 2.0F
14 Tu	1203	0544 / 1831	2.4E / 2.5F	29 W	0024 / 1226	0614 / 1854	2.2E / 2.0F
15 W	0035 / 1301	0639 / 1923	2.6E / 2.6F	30 Th	0105 / 1310	0701 / 1928	2.1E / 1.9F

December

Day	Slack h m	Maximum h m	knots	Day	Slack h m	Maximum h m	knots
1 F	0148 / 1353	0748 / 2000	1.9E / 1.7F	16 Sa	0219 / 1436	0809 / 2047	2.1E / 1.8F
2 Sa	0230 / 1433	0834 / 2027	1.7E / 1.5F	17 Su ◯	0302 / 1503	0842 / 2101	1.5E / 1.1F
3 Su ◯	0309 / 1507	0917 / 2043	1.4E / 1.2F	18 M	0325 / 1442	0849 / 1940	1.0E / 0.6F
4 M	0340 / 1531	0952 / 2036	1.1E / 0.9F	19 Tu	0224 / 1228 / 2138	0750 / 1701	0.4E / 0.5F
5 Tu	0349 / 1525	1011 / 1950	0.7E / 0.5F	20 W	0919 / 2037	0258 / 1548	0.5E / 0.8F
6 W	2216	0845 / 1815	* / 0.4F	21 Th	0828 / 2047	0206 / 1532	1.0E / 1.2F
7 Th	0824 / 2058	0254 / 1610	0.5E / 0.6F	22 F	0841 / 2115	0223 / 1544	1.5E / 1.6F
8 F	0812 / 2057	0235 / 1516	1.0E / 1.1F	23 Sa	0910 / 2148	0252 / 1607	1.9E / 1.8F
9 Sa	0844 / 2125	0252 / 1530	1.5E / 1.6F	24 Su	0943 / 2224	0327 / 1636	2.1E / 2.0F
10 Su	0927 / 2206	0325 / 1606	2.0E / 2.1F	25 M ●	1020 / 2301	0404 / 1708	2.2E / 2.1F
11 M ◯	1017 / 2253	0406 / 1652	2.5E / 2.5F	26 Tu	1059 / 2340	0443 / 1742	2.3E / 2.1F
12 Tu	1111 / 2344	0454 / 1741	2.7E / 2.7F	27 W	1139	0524 / 1816	2.2E / 2.0F
13 W	1206	0544 / 1832	2.9E / 2.8F	28 Th	0019 / 1219	0606 / 1849	2.1E / 1.9F
14 Th	0037 / 1301	0635 / 1923	2.8E / 2.6F	29 F	0058 / 1258	0648 / 1918	2.0E / 1.8F
15 F	0130 / 1352	0725 / 2009	2.5E / 2.3F	30 Sa	0134 / 1334	0727 / 1941	1.8E / 1.5F
				31 Su	0206 / 1403	0802 / 1953	1.5E / 1.2F

Time meridian 90° W. 0000 is midnight. 1200 is noon.
If three consecutive entries are marked (F) or (E) the middle one is not a true maximum but an intermediate value to show the current pattern.
* Current weak and variable.

Galveston Bay Entrance (between jetties), Texas, 2000

F–Flood, Dir. 300° True   E–Ebb, Dir. 100° True

	January							February							March					
	Slack	Maximum			Slack	Maximum			Slack	Maximum			Slack	Maximum			Slack	Maximum		
	h m	h m	knots		h m	h m	knots		h m	h m	knots		h m	h m	knots		h m	h m	knots		
1 Sa	0107 1029 1827 2239	0623 1348 2045 2358	2.2E 1.5F 0.4E 0.3F	16 Su	0945 1845	0525 1252 2107 2328	2.3E 1.9F 0.3E *	1 Tu	0009 1116 2017	0658 1443 2221	* 2.6E 2.1F 0.4E	16 W	1101	0640 1430 2224	3.4E 2.8F *	1 W	1049 1921	0634 1411 2144	2.4E 2.0F 0.5E	16 Th	1047 1913 2334	0632 1404 2126	3.0E 2.5F 0.5E
2 Su	0111 1103 1936	0650 1422 2145	2.5E 1.8F 0.3E	17 M	1026	0607 1348 2211	2.9E 2.5F *	2 W	1154	0052 0735 1511 2259	* 2.8E 2.2F *	17 Th	1151	0045 0732 1511 2240	* 3.6E 2.8F *	2 Th	1130 1949	0037 0716 1438 2203	* 2.6E 2.0F 0.4E	17 F	1137 1920 2347	0050 0727 1439 2125	0.3F 3.0E 2.3F 0.5E
3 M	1137 2037	0035 0720 1454 2241	* 2.7E 2.1F 0.3E	18 Tu	1111	0006 0651 1439 2305	* 3.4E 2.9F *	3 Th	1232	0131 0811 1542 2334	* 2.9E 2.2F *	18 F	0247 1240	0137 0821 1549 2240	0.3F 3.6E 2.7F *	3 F	1209 2010	0120 0755 1507 2158	* 2.7E 2.0F 0.3E	18 Sa	0327 1225 1923	0144 0818 1511 2132	0.7F 2.9E 2.0F 0.7E
4 Tu	0111 1212	0751 1527 2338	* 2.9E 2.2F *	19 W	1159	0046 0737 1527 2352	* 3.8E 3.1F *	4 F	1308	0208 0846 1614 2357	* 3.0E 2.2F *	19 Sa ○	0358 1327	0229 0909 1625 2250	0.5F 3.4E 2.3F *	4 Sa ●	0011 1246 2024	0201 0832 1537 2158	0.4F 2.8E 1.9F 0.3E	19 Su ○	0442 1311 1919	0236 0906 1542 2151	1.0F 2.6E 1.6F 1.0E
5 W	1247	0144 0823 1602	* 3.0E 2.3F	20 Th ○	1248	0128 0824 1613	* 4.0E 3.1F	5 Sa ●	1344	0243 0919 1648 2332	* 3.0E 2.1F *	20 Su	0503 1413 2130	0322 0956 1700 2313	0.7F 3.0E 1.9F 0.4E	5 Su	0015 1322 2026	0242 0908 1608 2213	0.6F 2.6E 1.7F 0.4E	20 M	0049 0552 1356 1904	0326 0953 1613 2214	1.2F 2.1E 1.2F 1.2E
6 Th ●	1323	0044 0214 0855 1639	* * 3.0E 2.3F	21 F	1338	0033 0214 0911 1657	* * 3.9E 2.9F	6 Su	1419	0318 0951 1723 2347	* 2.8E 1.9F *	21 M	0135 0606 1458 2121	0416 1043 1734 2342	0.8F 2.4E 1.5F 0.7F	6 M	0029 0513 1359 2011	0325 0945 1640 2233	0.7F 2.4E 1.5F 0.6E	21 Tu	0130 0702 1443 1846	0417 1041 1643 2240	1.3F 1.6E 0.8F 1.4E
7 F	0023 1359	0925 1718	3.0E 2.3F	22 Sa	0107 1427	0306 0959 1739	* * 3.6E 2.6F	7 M	1454	0356 1024 1758	* 2.5E 1.7F	22 Tu	0240 0712 1545 2059	0514 1132 1808	0.8F 1.8E 1.0F	7 Tu	0101 0611 1438 1947	0411 1025 1711 2254	0.8F 2.0E 1.1F 0.9E	22 W	0214 0821 1541 1835	0510 1134 1714 2307	1.3F 1.0E 0.4F 1.6E
8 Sa	0135 1436	0954 1758	2.9E 2.2F	23 Su	0126 0405 1516	1047 1820	* * 3.1E 2.2F	8 Tu	1531 2231	0012 0448 1058 1834	* 2.1E 1.3F	23 W	0016 0353 0828 1640 2041	0016 0617 1228 1843	0.9E 0.7F 1.1E 0.6F	8 W	0146 0718 1521 1935	0504 1111 1741 2315	1.0F 1.5E 0.7F 1.2E	23 Th	0304 1006 1744	0605 1239 2333	1.3F 0.5E * 1.6E
9 Su	0221 1514	1021 1840	2.7E 2.0F	24 M	0131 0512 1605 2352	1138 1900	* * 2.4E 1.7F	9 W	1612 2151	0042 0600 1140 1911	0.3E * 1.6E 0.9F	24 Th	0055 0508 1033 1922	0055 0726 1345	1.1E 0.7F 0.5E *	9 Th	0243 0843 1810 2339	0606 1210	1.1F 0.9E * 1.5E	24 F	0359 1231 1814	0706 1658	1.3F 0.4E 0.3F
10 M	0244 1553	1049 1922	2.4E 1.8F	25 Tu	0202 0626 1656 2342	1235 1940	0.4E * 1.7E 1.2F	10 Th	0518 0848 1704 2137	0115 0722 1249 1948	0.7E 0.3F 0.6E 0.5F	25 F	0142 0621 1416 2006	0142 0845 1753	1.3E 0.8F 0.3E *	10 F	0352 1117 1621 1827	0717 1339	1.2F 0.3E * *	25 Sa	0504 1458	0000 0814	1.6E 1.3F
11 Tu	0212 1636	1123 2004	2.0E 1.5F	26 W	0244 0747 1754 2320	1347 2021	0.7E * 1.0E 0.8F	11 F	0157 0630 1138 2027	0157 0847 1449 1910	1.0E 0.6F 0.3E *	26 Sa ◐	0241 0727 1631 2100	0241 1022 1910	1.4E 1.0F 0.4E 0.3F	11 Sa	0017 0512 1547	0017 0836	1.8E 1.4F	26 Su	0048 0616 1604 2006	0932 1922	1.6E 1.3F 0.7F 0.7E
12 W	0123 0729 1211 1725	0601 0916 1534 2047	0.5E 0.4F 1.5E 1.2F	27 Th	0329 0747 1231 1907 2300	0916 1534 2104	1.1E 0.3F 0.4E 0.5F	12 Sa	0729 1938 2110	0249 1015	1.5E 1.1F * *	27 Su	0347 0825 1728 2201	0347 1239 2001	1.6E 1.3F 0.6E 0.4F	12 Su	0633 1705	0125 1001	2.1E 1.7F	27 M ◐	0125 0726 1647 2127	0226 1101 1950	1.6E 1.5F 0.8F 0.7E
13 Th	0043 0905 1422 1826	0401 1119 1602 2128	0.6E * 0.8F 0.8F	28 F ◐	0834 1602 2150	0415 1119 1847	1.4E 0.7F 0.3F *	13 Su	0824 1814	0347 1139 2041 2201	2.0E 1.7F 0.4E 0.3E	28 M	0451 0917 1810 2259	0451 1319 2041	1.9E 1.6F 0.6E 0.3F	13 M ◐	0747 1752	0256 1127	2.3E 2.1F	28 Tu	0353 0828 1721 2235	1210 2018	1.7E 1.6F 0.8F 0.5E
14 F ○	0001 0849 1323 1954 2349	0417 1030 1628 2209	1.1E 0.4F 0.4E 0.5F	29 Sa	0916 1745	0458 1311 1959 2237	1.8E 1.2F 0.4E *	14 M	0917 1908	0447 1249 2125 2256	2.5E 2.2F 0.4E 0.3E	29 Tu	0546 1004 1847 2351	1346 2115	2.1E 1.8F 0.6E *	14 Tu	0419 0853 1829 2246	0504 1235 2058	2.6E 2.4F 0.6E 0.4E	29 W	0504 1248 2043	0923 1748 2332	1.9E 1.7F 0.7F 0.3E
15 Sa	0910 1930 2249	0448 1146	1.7E 1.1F * *	30 Su	0957 1843	0540 1349 2053 2324	2.1E 1.6F 0.4E *	15 Tu	1010 1958	0545 1344 2158 2351	3.0E 2.6F 0.3E *					15 W	0530 0952 1857 2352	1325 2115	2.8E 2.5F 0.5E *	30 Th	0601 1011 1809	1320 2100	2.1E 1.8F 0.7F
				31 M	1037 1931	0619 1417 2139	2.4E 1.9F 0.4E													31 F	0649 1055 1823 2338	0022 1350 2054	* 2.2E 1.8F 0.6E

Time meridian 90° W. 0000 is midnight. 1200 is noon.
If three consecutive entries are marked (E) the middle one is not a true maximum but an intermediate value to show the current pattern.
* Current weak and variable.

Galveston Bay Entrance (between jetties), Texas, 2000

F–Flood, Dir. 300° True   E–Ebb, Dir. 100° True

April

Day	Slack h m	Maximum h m	knots	Day	Slack h m	Maximum h m	knots
1 Sa	0232 1137 1829 2346	0108 0733 1421 2047	0.4F 2.3E 1.7F 0.7E	16 Su	0425 1203 1727	0149 0817 1423 2043	1.0F 1.9E 1.3F 1.5E
2 Su	0344 1217 1822	0152 0815 1451 2058	0.7F 2.2E 1.5F 0.9E	17 M	0009 0548 1251 1710	0240 0908 1453 2104	1.4F 1.5E 0.9F 1.8E
3 M	0000 0451 1258 1803	0237 0857 1521 2116	1.0F 2.0E 1.2F 1.2E	18 Tu ○	0043 0705 1341 1659	0329 0959 1522 2128	1.6F 1.2E 0.5F 2.0E
4 Tu ●	0022 0559 1342 1750	0324 0942 1550 2136	1.4F 1.7E 0.8F 1.5E	19 W	0118 0824	0416 1053 1551 2152	1.8F 0.8E * 2.1E
5 W	0055 0715 1434 1741	0413 1032 1617 2156	1.6F 1.3E 0.4F 1.9E	20 Th	0154 0951	0504 1202 1617 2213	1.9F 0.4E * 2.2E
6 Th	0137 0850 1639 2218	0507 1132	1.8F 0.8E * 2.2E	21 F	0234 1137	0554 2228	1.8F 2.2E
7 F	0229 1106 1445 2247	0606 1253	2.0F 0.3E * 2.5E	22 Sa	0319 1337	0648 2242	1.8F 2.1E
8 Sa	0330 1427	0713 2331	2.1F 2.6E	23 Su	0413 1447	0748 2311	1.7F 2.0E
9 Su	0441 1551	0826	2.1F	24 M	0517 1532	0853	1.7F
10 M	0600 1636	0039 0945	2.5E 2.2F	25 Tu	0626 1604	0003 1001 1933 2048	1.8E 1.6F 0.9E 0.9F
11 Tu ◐	0717 1706 2122	0223 1102 2002	2.5E 2.3F 0.8E 0.7E	26 W ○	0732 1628	0244 1059 1951 2206	1.6E 1.7F 0.9E 0.7F
12 W	0826 1724 2246	0357 1203 2012	2.4E 2.3F 0.8E 0.4E	27 Th	0831 1643	0411 1145 2007 2309	1.6E 1.7F 0.9E 0.3F
13 Th	0929 1733 2355	0516 1247 2022	2.4E 2.2F 0.8E *	28 F	0923 1652	0518 1223 2006	1.7E 1.6F 0.9E
14 F	1024 1736 2314	0624 1322 2024	2.3E 1.9F 1.0E	29 Sa	1012 1651 2311	0005 0616 1257 1944	* 1.7E 1.5F 1.0E
15 Sa	0248 1115 1736 2338	0055 0723 1353 2028	0.6F 2.2E 1.6F 1.2E	30 Su	0248 1059 1637 2321	0055 0709 1329 1950	0.6F 1.7E 1.3F 1.3E

May

Day	Slack h m	Maximum h m	knots	Day	Slack h m	Maximum h m	knots
1 M	0421 1146 1618 2341	0144 0800 1400 2007	1.1F 1.5E 1.0F 1.7E	16 Tu	0703 1233 1527	0245 0931 1404 2027	1.7F 0.7E 0.4F 2.4E
2 Tu	0547 1237 1609	0232 0853 1430 2028	1.6F 1.2E 0.6F 2.1E	17 W	0030 0821	0330 1042 1433 2052	2.0F 0.5E * 2.6E
3 W ●	0009 0714 1338 1600	0321 0949 1456 2052	2.0F 0.9E 0.3F 2.5E	18 Th ○	0104 0941	0413 1233 1500 2117	2.1F 0.3E * 2.6E
4 Th	0046 0851	0412 1053 1516 2118	2.4F 0.5E * 2.9E	19 F	0139 1112	0457 1140	2.2F 0.6E
5 F	0130 1047	0506 1202 1617 2213	2.6F 0.6E * 3.1E	20 Sa	0216 1244	0542 2200	2.2F 2.5E
6 Sa	0222 1332	0604 2229	2.7F 3.2E	21 Su	0257 1348	0631 2222	2.1F 2.4E
7 Su	0321 1448	0707 2321	2.7F 3.1E	22 M	0344 1432	0724 2252	2.0F 2.2E
8 M	0427 1530	0814	2.6F	23 Tu	0438 1504 2337	0819	1.9F 2.0E
9 Tu	0538 1555	0032 0922	2.8E 2.4F	24 W	0535 1522	0913 1912 2004	1.8E 0.9F 0.9E
10 W ◐	0649 1603	0205 1024 1909 2120	2.4E 2.2F 0.8E 0.6E	25 Th	0635 1531	0054 1004 1919 2133	1.7E 1.7F 0.9E 0.7F
11 Th	0756 1604	0337 1115 1918 2246	2.1E 2.0F 1.0E *	26 F ◑	0733 1532	0308 1048 1923 2245	1.5E 1.6F 0.9E 0.3F
12 F	0858 1604 2238	0501 1156 1924 2359	1.8E 1.7F 1.2E 0.3F	27 Sa	0829 1524	0431 1127 1849 2347	1.3E 1.4F 1.1F *
13 Sa	0148 0954 1600 2256	0617 1230 1928	1.5E 1.4F 1.6E	28 Su	0924 1502 2238	0544 1203 1843	1.1E 1.1F 1.4E
14 Su	0407 1047 1548 2326	0102 0725 1302 1942	0.9F 1.2E 1.0F 1.9E	29 M	0337 1021 1443 2254	0043 0652 1237 1900	0.8F 0.9E 0.8F 1.9E
15 M	0542 1138 1533 2358	0157 0828 1333 2003	1.4F 1.0E 0.7F 2.2E	30 Tu	0529 1120 1437 2321	0136 0758 1308 1923	1.5F 0.8E 0.5F 2.4E
				31 W	0704 1336 2356	0227 0905 1951	2.1F 0.5E * 2.9E

June

Day	Slack h m	Maximum h m	knots	Day	Slack h m	Maximum h m	knots
1 Th	0839	0318 1025 1358 2022	2.6F 0.3E * 3.3E	16 F ○	0051 1042	0408 1256 1420 2058	2.3F 0.3E * 2.9E
2 F ●	0038 1038	0409 2059 1433 2052	2.9F 3.6E * 2.6E	17 Sa	0127 1155	0447 2127	2.3F 2.8E
3 Sa	0126 1256	0503 2141	3.1F 3.7E	18 Su	0204 1258	0528 2155	2.3F 2.8E
4 Su	0218 1403	0558 2229	3.1F 3.6E	19 M	0244 1347	0612 2223	2.2F 2.6E
5 M	0315 1443	0655 2324	2.9F 3.3E	20 Tu	0325 1420	0657 2252	2.1F 2.4E
6 Tu	0416 1459	0753	2.7F	21 W	0408 1435	0743 2326	1.9F 2.1E
7 W	0518 1452	0031 0848 1800 1937	2.8E 2.3F 0.7E 0.6E	22 Th	0454 1428	0828	1.7F
8 Th ◐	0621 1442	0151 0938 1808 2114	2.2E 2.0F 0.9E 0.3E	23 F	0543 1417	0014 0912 1834 2101	1.7E 1.5F 0.8E 0.5E
9 F	0723 1437 2244	0318 1022 1817 *	1.6E 1.6F 1.2E	24 Sa ○	0637 1358 2220	0204 0954 1752 *	1.2E 1.3F 0.9E
10 Sa	0823 1430 2205	0449 1101 1825	1.1E 1.2F 1.6E	25 Su	0738 1325 2145	0356 1034 1728 2331	0.8E 1.0F 1.3E 0.5F
11 Su	0329 0922 1416 2235	0008 0623 1138 1840	0.7F 0.8E 0.9F 2.0E	26 M	0225 0847 1308 2159	0529 1111 1747	0.5E 0.6F 1.8E
12 M	0523 1020 1405 2308	0116 0756 1213 1903	1.2F 0.5E 0.6F 2.4E	27 Tu	0503 1003 1304 2227	0033 0701 1146 1815	1.2F 0.4E 0.3F 2.4E
13 Tu	0654 1121 1404 2342	0208 0915 1247 1930	1.7F 0.4E 0.3F 2.6E	28 W	0853 1218 1848 2303	0129 1848	1.9F 2.9E
14 W	0813 1320 1958	0251 1027	2.0F 0.3E * 2.8E	29 Th	1046 1247 1925 2345	0222	2.5F * 3.4E
15 Th	0016 0928 1352 2028	0329 1139	2.2F 0.3E * 2.9E	30 F	1027 2028	0313 2007	3.0F 3.8E

Time meridian 90° W. 0000 is midnight. 1200 is noon.
If three consecutive entries are marked (E) the middle one is not a true maximum but an intermediate value to show the current pattern.
* Current weak and variable.

Galveston Bay Entrance (between jetties), Texas, 2000

F–Flood, Dir. 300° True   E–Ebb, Dir. 100° True

July

Day	Slack h m	Maximum h m	knots	Day	Slack h m	Maximum h m	knots
1 Sa ●	0032 1221	0403 2052	3.2F 4.0E	16 Su ○	0115	0429 1321 1435 2120	2.3F * * 2.9E
2 Su	0122 1350	0454 2140	3.2F 3.9E	17 M	0152 1303	0505 2152	2.2F 2.8E
3 M	0214 1439	0543 2231	3.0F 3.6E	18 Tu	0229 1354	0543 2223	2.1F 2.6E
4 Tu	0308 1436	0632 2325	2.7F 3.1E	19 W	0305 1414	0621 2252	1.9F 2.3E
5 W	0402 1340	0719 1619 1801	2.3F 0.3E *	20 Th	0343 1313	0701 2324	1.7F 1.9E
6 Th	0457 1312	0026 0804 1631 1933	2.4F 1.9F 0.6E *	21 F	0422 1240	0741 1719 1909	1.4F 0.4E 0.3E
7 F	0553 1302	0138 0847 1642 2104	1.7E 1.4F 1.0E *	22 Sa	0506 1159	0006 0821 1513 2036	1.4E 1.1F 0.6E *
8 Sa ☽	0652 1250 2052	0304 0929 1658 2241	1.0E 1.0F 1.4E 0.5F	23 Su	0601 1123 2019	0150 0901 1541 2158	0.8E 0.7F 1.0E 0.4F
9 Su	0215 0757 1233 2129	0459 1010 1724	0.5E 0.7F 1.8E	24 M ○	0020 0726 1114 2044	0353 0941 1616 2315	0.4E 0.4F 1.5E 1.0F
10 M	0447 0908 1228 2207	0031 0716 1050 1756	1.0F 0.3E 0.4F 2.2E	25 Tu		0730 1021 1655 2120	* * 2.1E
11 Tu	0629 1131 1829 2245	0137 0833	1.5F 0.3E * 2.5E	26 W		0024 0859 1100 1738 2202	1.7F * * 2.7E
12 W	0739 1211 1903 2323	0218 0935	1.8F 0.3E * 2.7E	27 Th		0122 1001 1139 1824 2248	2.3F * * 3.2E
13 Th	0837 1251 1938	0251 1030	2.1F 0.3E * 2.9E	28 F		0214 1053 1219 1912 2336	2.7F * * 3.7E
14 F	0000 1123 1329 2013	0323	2.2F * * 2.9E	29 Sa		0303 1135 1303 2000	3.0F * * 3.9E
15 Sa	0037 1218 1404 2047	0355	2.3F * * 3.0E	30 Su ●	0025	0349 1206 1352 2049	3.1F * * 3.9E
				31 M	0116 1605	0433 1215 1447 2139	2.9F * 0.3F 3.7E

August

Day	Slack h m	Maximum h m	knots	Day	Slack h m	Maximum h m	knots
1 Tu	0205 1710	0515 1207 1547 2229	2.6F * 0.4F 3.2E	16 W	0209 1718	0504 1121 1557 2217	1.7F * 0.3F 2.3E
2 W	0255 1816	0556 1231 1653 2321	2.2F * 0.4F 2.6E	17 Th	0244 1810	0537 1145 1646 2252	1.5F * 0.3F 1.9E
3 Th	0345 1108 1615 1929	0635 1306 1805	1.7F 0.4E 0.4F	18 F	0321 0940 1457 1914	0612 1212 1747 2334	1.2F 0.4F 0.3F 1.4E
4 F	0437 1052 1743 2104	0020 0714 1349 1922	1.8E 1.2F 0.8E 0.4F	19 Sa	0402 0910 1625 2041	0647 1241 1859	0.8F 0.7F 0.4F
5 Sa	0535 1029 1855	0131 0754 1438 2047	1.1E 0.8F 1.2E 0.6F	20 Su	0459 0859 1744 2309	0038 0723 1317 2019	0.9F 0.4F 1.0E 0.7F
6 Su ☽	0649 1017 1954	0024 0312 0836 1530 2228	1.4F 0.5E 0.4F 1.5E 0.8F	21 M	0800 1850	0225 1406 2141	0.3E * 1.4E 1.1F
7 M	0340 0922 1623 2046	0626 0741 1011 1712 2133	0.3E 1.8E 2.1E	22 Tu ○	0352 0841 1507 1949	0725 2302	0.3E 1.9E 1.6F
8 Tu	0528 1011 1712 2133	0039 0741 1011 1712	1.3F 0.4E 2.1E	23 W	0539 2045	1611	2.3E
9 W	0627 1101 1759 2217	0130 0836 2.4E	1.6F 0.4E * 2.4E	24 Th	0637	0013 0910 1027 1712 2140	2.1F 0.5E 0.4F 2.8E
10 Th	0714 1150 1842 2259	0206 0921 2.6E	1.9F 0.4E * 2.6E	25 F	0728 2233	0111 0941 1125 1810	2.5F 0.4E 0.3F 3.2E
11 F	0757 1235 1922 2340	0233 1001 2.7E	2.0F 0.4E * 2.7E	26 Sa	1003 2324	0159 1220 1904	2.7F * * 3.5E
12 Sa	0840 1317 1959	0259 1037 2.8E	2.1F 0.3E * 2.8E	27 Su	1011 1423	0242 1313 1956	2.8F * 0.3F 3.5E
13 Su	0019 1107 1357 2035	0328	2.1F * * 2.9E	28 M	0014 1540	0322 1004 1407 2046	2.6F * 0.6F 3.4E
14 M ○	0057 1118 1436 2110	0358	2.0F * 0.3F 2.8E	29 Tu ●	0103 0852 1210 1651	0359 1016 1501 2135	2.3F 0.3E 0.8F 3.0E
15 Tu	0133 1105 1515 2144	0430	1.9F * 0.3F 2.6E	30 W	0151 0848 1304 1800	0434 1040 1557 2225	1.9F 0.5E 1.0F 2.4E
				31 Th	0239 0834 1407 1913	0508 1110 1656 2318	1.4F 0.8E 1.0F 1.8E

September

Day	Slack h m	Maximum h m	knots	Day	Slack h m	Maximum h m	knots
1 F	0329 0812 1516 2040	0543 1144 1759	0.9F 1.1E 1.0F	16 Sa	0311 0655 1420 2035	0516 1044 1747 2356	0.5F 1.3E 1.2E 0.8F
2 Sa	0430 0758 1629 2303	0019 0618 1224 1908	1.1F 0.5F 1.3E 1.0F	17 Su		0542 1100 1519 1853 2305	* 1.6E 1.3E
3 Su		0143 0656 1310 2025	0.5F * 1.5E 1.1F	18 M		0122 0335 1129 2007	0.3E * 1.8E 1.5F
4 M	0205 0740 1409 1852	0535 1.6E 2157	0.4F 1.6E 1.2F	19 Tu	0300 1751	1223 2127	2.0E 1.7F
5 Tu ☽	0405 0835 1517 1955	0651 1.7E	0.5F 0.4F 1.7E	20 W ○	0429 1907	1402 2247	2.2E 2.0F
6 W	0502 0939 1626 2052	0003 0740 1.9E	1.5F 0.6F 0.5F 1.9E	21 Th	0518 2016	1537 2356	2.4E 2.3F
7 Th	0543 1040 1727 2143	0055 0819 2.1E	1.7F 0.7F 0.4F 2.1E	22 F	0556 2118	0841 1018 1654	0.7E 0.6F 2.7E
8 F	0619 1135 1818 2230	0127 0852 2.3E	1.8F 0.6F * 2.3E	23 Sa	0623 2215	0049 0855 1125 1800	2.5F 0.6E 0.6F 2.9E
9 Sa	0649 1223 1902 2313	0153 0919 2.5E	1.9F 0.5F * 2.5E	24 Su	0638 2307	0131 0859 1225 1858	2.4F 0.5E * 2.9E
10 Su	0713 1307 1942 2353	0218 0936 2.6E	1.9F 0.5F 0.3F 2.6E	25 M	0644 2357	0208 0852 1321 1952	2.3F 0.6E 0.7F 2.8E
11 M	0731 1349 2019	0246 0932 2.5E	1.9F 0.4F 0.5F 2.5E	26 Tu	0645 1149 1414 2043	0242 0900 1414 2043	1.9F 0.8E 1.1F 2.5E
12 Tu ●	0031 0742 1210 1616	0315 0933 1431 2056	1.7F 0.5F 0.7F 2.4E	27 W	0045 0637 1224 1744	0314 0921 1507 2134	1.6F 1.1E 1.3F 2.0E
13 W ○	0108 0741 1226 1710	0346 0949 1514 2133	1.5F 0.6F 0.8F 2.2E	28 Th	0133 0619 1306 1903	0345 0946 1600 2226	1.1F 1.4E 1.5F 1.5E
14 Th	0145 0724 1253 1807	0416 1008 1559 2213	1.3F 0.8F 0.9F 1.8E	29 F	0223 0605 1352 2032	0416 1013 1654 2324	0.7F 1.7E 1.6F 0.9E
15 F	0224 0705 1331 1912	0447 1028 1649 2258	0.9F 1.0F 1.0F 1.3E	30 Sa	0329 0554 1442 2223	0446 1041 1750	0.3F 1.8E 1.6F

Time meridian 90° W. 0000 is midnight. 1200 is noon.
If three consecutive entries are marked (E) the middle one is not a true maximum but an intermediate value to show the current pattern.
* Current weak and variable.

Galveston Bay Entrance (between jetties), Texas, 2000

F–Flood, Dir. 300° True   E–Ebb, Dir. 100° True

October

Day	Slack h m	Maximum h m	knots	Day	Slack h m	Maximum h m	knots
1 Su	1537	0039 0516 1110 1851	0.5E * 1.9E 1.6F	16 M	1459	0036 0201 1013 1847	* * 2.5E 2.1F
2 M	1641	0045 0541 1140 1959	0.4E 0.4E 1.9E 1.5F	17 Tu	0214 1605	1051 1957	2.6E 2.2F
3 Tu	0245 1751	1227 2117	1.8E 1.5F	18 W	0327 1721	1146 2111	2.6E 2.3F
4 W	0342 1901	1401 2245	1.7E 1.6F	19 Th	0410 1838	1324 2225	2.5E 2.3F
5 Th ◐	0422 2005	0728 0908 1532 2351	0.9E 0.8E 1.7E 1.7F	20 F ○	0441 1949	0758 0842 1514 2326	0.9E 0.9E 2.4E 2.3F
6 F	0453 2101	0755 1019 1646	0.9E 0.6E 1.8E	21 Sa	0457 2053	0756 1016 1639	0.8E 0.5E 2.3E
7 Sa	0517 2151	0028 0818 1119 1746	1.7F 0.8E 0.3E 2.0E	22 Su	0504 2151	0012 0800 1129 1751	2.2F 0.9E * 2.3E
8 Su	0535 2236	0058 0834 1210 1835	1.7F 0.8E * 2.1E	23 M	0505 2244	0050 0756 1055 1854	2.0F 1.0E 0.5F 2.1E
9 M	0547 2318	0128 0830 1124 1430 1919	1.7F 0.8E 0.4F 2.1E	24 Tu	0502 2334	0123 0759 1116 1607 1952	1.7F 1.3E 1.1F 1.8E
10 Tu	0550 1136 1543 2358	0157 0825 1340 2001	1.6F 0.9E 0.8F 2.0E	25 W	0450 1146 1738	0155 0816 1421 2047	1.3F 1.7E 1.5F 1.4E
11 W	0541 1152 1649	0227 0837 1425 2043	1.3F 1.1E 1.1F 1.8E	26 Th	0023 0435 1221 1901	0225 0839 1511 2142	0.9F 2.0E 1.8F 1.0E
12 Th	0039 0524 1214 1757	0256 0854 1510 2127	1.1F 1.4E 1.4F 1.5E	27 F ●	0115 0426 1258 2026	0254 0904 1600 2242	0.5F 2.3E 2.0F 0.7E
13 F ○	0122 0514 1242 1912	0324 0913 1557 2216	0.7F 1.7E 1.6F 1.1E	28 Sa	1337 2159	0323 0930 1649	* 2.4E 2.1F
14 Sa	0216 0505 1319 2045	0350 0930 1648 2314	0.3F 2.0E 1.9E 0.6E	29 Su	1418 2357	0020 0347 0954 1740	0.3F * 2.5E 2.1F
15 Su	1404	0408 0948 1744	* 2.3E 2.0F	30 M	1504	1015 1834	2.4E 2.0F
				31 Tu	0142 1557	1032 1933	2.3E 1.9F

November

Day	Slack h m	Maximum h m	knots	Day	Slack h m	Maximum h m	knots
1 W	0238 1659	1056 2038	2.1E 1.8F	16 Th	0319 1702	1144 2049	2.9E 2.5F
2 Th	0317 1806	1142 2144	1.8E 1.7F	17 F	0342 1812	1314 2150	2.5E 2.3F
3 F	0345 1912	0712 0828 1423 2241	1.0E 0.9E 1.6E 1.7F	18 Sa ○	0347 1921	0700 0841 1454 2243	0.8E 0.7E 2.1E 2.1F
4 Sa ◐	0404 2011	0729 0950 1553 2325	1.0E 0.7E 1.6E 1.6F	19 Su	0343 2024	0702 1015 1624 2325	1.0E 0.3E 1.8E 1.8F
5 Su	0416 2104	0745 1057 1703	1.0E 0.3E 1.5E	20 M	0339 2123	0702 1023 1305 1745	1.2E 0.3F 1.5E
6 M	0422 2152	0002 0747 1154 1802	1.6F 1.0E * 1.5E	21 Tu	0332 1036 2217	0002 0703 1241 1900	1.4F 1.6E 0.9F 1.2E
7 Tu	0420 1101 1449 2238	0035 0729 1244 1856	1.4F 1.2E 0.6F 1.4E	22 W	0318 1105 1731 2310	0035 0718 1339 2009	1.1F 2.0E 1.4F 0.9E
8 W	0406 1113 1623 2324	0106 0733 1332 1947	1.2F 1.4E 1.1F 1.3E	23 Th	0306 1138 1856	0107 0741 1429 2117	0.7F 2.4E 1.9F 0.6E
9 Th	0349 1132 1747	0137 0750 1418 2038	0.9F 1.8E 1.6F 1.0E	24 F	0005 0303 1213 2018	0139 0807 1515 2234	0.4F 2.7E 2.2F 0.4E
10 F	0013 0342 1158 1911	0205 0810 1505 2132	0.6F 2.2E 2.0F 0.8E	25 Sa ●	1248 2144	0209 0835 1559	* 2.8E 2.3F
11 Sa ○	0231 1230 2043	0832 1554 2234	* 2.6E 2.3F 0.4E	26 Su	1325 2323	0016 0235 0902 1643	0.3F * 2.9E 2.4F
12 Su	1310 2240	0248 0856 1645	* 2.9E 2.6F	27 M	1403	0929 1728	2.8E 2.3F
13 M	1357	0924 1740	3.2E 2.7F	28 Tu	0048 1444	0954 1815	2.7E 2.2F
14 Tu	0136 1452	0959 1840	3.3E 2.7F	29 W	0145 1530	1016 1906	2.6E 2.0F
15 W	0239 1554	1044 1943	3.2E 2.6F	30 Th	0226 1622	1043 1959	2.3E 1.9F

December

Day	Slack h m	Maximum h m	knots	Day	Slack h m	Maximum h m	knots
1 F	0254 1717	1119 2053	2.0E 1.8F	16 Sa	0249 1747	0600 0642 1307 2106	0.5E 0.5E 2.3E 2.0F
2 Sa	0309 1816	1217 2143	1.7E 1.6F	17 Su ○	0224 1850	0552 0836 1437 2152	0.8E 0.4E 1.6E 1.6F
3 Su ◐	0312 1914	0700 0913 1446 2227	0.9E 0.7E 1.4E 1.5F	18 M	0212 1954	0555 1011 1613 2234	1.1E * 1.1E 1.2F
4 M	0310 2010	0707 1030 1615 2306	1.0E 0.3E 1.1E 1.3F	19 Tu	0201 2056	0559 0943 1144 1800 2312	1.6E 0.6F 0.7E 0.8F
5 Tu	0301 2106	0644 1136 1731 2343	1.1E * 0.9E 1.0F	20 W	0146 2158	0617 1013 1302 1944 2349	2.0E 1.2F 0.5E 0.6F
6 W	0239 1030 1544 2202	0631 1232 1841	1.5E 0.8F 0.8E	21 Th	0138 1048 1848 2301	0643 1358 2103	2.5E 1.8F 0.4E
7 Th	0221 1046 1729 2301	0016 0646 1323 1947	0.8F 1.9E 1.4F 0.6E	22 F	0142 1125 2005	0026 0713 1441 2210	0.3F 2.8E 2.1F 0.3E
8 F	0216 1110 1857	0048 0708 1412 2054	0.5F 2.4E 2.0F 0.4E	23 Sa	1201 2116	0101 0744 1520 2314	* 3.0E 2.3F 0.3E
9 Sa	1142 2211	0116 0735 1500	* 2.9E 2.5F	24 Su	1237	0135 0816 1556	* 3.0E 2.4F
10 Su	1221 2227	0139 0805 1549	* 3.3E 2.9F	25 M ●	1314 2339	0021 0207 0848 1633	* * 3.1E 2.4F
11 M	1305	0839 1640	3.6E 3.1F	26 Tu	1352	0919 1712	3.0E 2.3F
12 Tu	0059 1354	0918 1732	3.8E 3.1F	27 W	0049 1431	0950 1753	2.9E 2.2F
13 W	0206 1448	1002 1826	3.7E 2.9F	28 Th	0142 1511	1019 1835	2.7E 2.0F
14 Th	0248 1545	1053 1921	3.4E 2.7F	29 F	0217 1552	1046 1919	2.4E 1.8F
15 F	0306 1645	1153 2015	2.9E 2.3F	30 Sa	0230 1636	1113 2003	2.1E 1.6F
				31 Su	0213 1723	1148 2047	1.7E 1.4F

Time meridian 90° W. 0000 is midnight. 1200 is noon.
If three consecutive entries are marked (E) the middle one is not a true maximum but an intermediate value to show the current pattern.
* Current weak and variable.

Bolivar Roads, Galveston Bay, Texas, 2000

F–Flood, Dir. 306° True   E–Ebb, Dir. 116° True

January

Day	Slack h m	Maximum h m	knots	Day	Slack h m	Maximum h m	knots
1 Sa	0113 1040 2001	0629 1406 2159	1.8E 1.6F 0.3E	16 Su	0913 1813	0507 1242 2135 2336	1.8E 2.0F 0.5E 0.4E
2 Su	0649 1106 2041	0024 1442 2305	* 2.0E 2.0F 0.5E	17 M	1000 1947	0540 1336 2256	2.1E 2.4F 0.6E
3 M	0103 0716 1136 2119	0.4E 2.1E 1518	2.2F	18 Tu	0020 1055 2113	0624 1431	0.5E 2.4E 2.6F
4 Tu	0003 0140 0748 1210 2201	0.6E 0.6E 2.0E 1554	2.2F	19 W	0004 0059 0717 1155 2238	1528	0.6E 0.6E 2.6E 2.7F
5 W	0059 0211 0822 1247 2249	0.7E 0.7E 2.0E 1631	2.2F	20 Th ○	1257 2358	0815 1624	2.7E 2.6F
6 Th ●	0856 1327 2339	1709	1.9E 2.1F	21 F	1357	0916 1720	2.6E 2.4F
7 F	1407	0927 1748	1.9E 2.0F	22 Sa	0105 1452	1017 1813	2.5E 2.1F
8 Sa	0026 1445	0954 1825	1.8E 1.9F	23 Su	0321 0413 1116 1542 1859		* * 2.1E 1.8F
9 Su	0102 1521	1020 1900	1.7E 1.8F	24 M	0136 1627	0339 0537 1216 1938	0.3E * 1.7E 1.5F
10 M	0124 1555	1055 1935	1.5E 1.7F	25 Tu	0057 1706	0352 0712 1322 2012	0.6E * 1.1F 1.2F
11 Tu	0128 0632 1150 1631	0504 2010	0.7E 0.7E 1.3F 1.5F	26 W	0009 1743 2346	0356 0912 1441 2042	0.9E * 0.6F 0.8F
12 W	0116 0443 0809 1311 1714	0.8E 0.4E 0.9F 2047	1.2F	27 Th	0801 2332	0401 1048 1629 2113	1.2E 0.6F * 0.4F
13 Th	0054 0434 0937 1451 1810	0.9E * 0.6F 2126	0.9F	28 F ○	0830	0417 1152 1925 2145	1.5E 1.1F * *
14 F ◐	0034 0821 1406 1939	0437 1048 1643 2207	1.2E 0.7F 0.4E 0.4F	29 Sa	0903 1859	0442 1243 2122 2222	1.7E 1.5F 0.3E 0.3E
15 Sa	0009 0839 1621	0446 1147 1911 2251	1.5E 1.4F 0.3E *	30 Su	0941 1938	0516 1330	1.8E 1.8F
				31 M	1023 2020	0556 1415	1.9E 1.9F

February

Day	Slack h m	Maximum h m	knots	Day	Slack h m	Maximum h m	knots
1 Tu		0643 2257	1.8E 0.7F	16 W	0949 2022	0516 1329	2.1E 2.3F
2 W	1108 2105	0643 1501	1.8E 2.0F	17 Th	1058 2140	0620 1433	2.3E 2.3F
3 Th	1155 2152	0007 0123 0733 1546	0.8E 0.7E 1.8E 2.0F	18 F	1204 2246	0730 1533	2.4E 2.3F
4 F	1240 2237	0050 0158 0822 1627	0.7E 0.7E 1.8E 1.9F	19 Sa ○	1303	0039 0141 0837 1625	0.3E 0.3E 2.4E 2.1F
5 Sa ●	1320 2316	0903 1702	1.8E 1.9F	20 Su	1354	0106 0243 0937 1707	* * 2.3E 1.9F
6 Su	1356 2341	0209 0301 0933 1730	0.6E 0.6E 1.7E 1.8F	21 M	1439 2337	0128 0346 1031 1741	* * 2.0E 1.7F
7 M	1428 2349	0230 0350 0959 1754	0.6E 0.6E 1.6E 1.8F	22 Tu	1518 2233	0142 0452 1123 1810	0.3E * 1.6E 1.4F
8 Tu	1459 2339	0238 0448 1032 1819	0.6E 0.4E 1.5E 1.6F	23 W	0421 0749 1554 2153	0143 0600 1220 1836	0.6E 0.3F 1.1F 1.1F
9 W	1534 2315	0236 0550 1123 1848	0.6E * 1.3F 1.5F	24 Th	0500 0959 1631 2137	0140 0712 1328 1902	0.9E 0.6F 0.6E 0.7F
10 Th	1617 2255	0235 0654 1233 1921	0.8E * 1.0F 1.1F	25 F	0539 1232 1722 2117	0151 0827 1453 1927	1.3E 0.9F 0.3E 0.3F
11 F	0600 1028 1715 2237	0240 0759 1400 1957	1.0E 0.5F 0.7F 0.7F	26 Sa ◑	0618	0214 0940 1735 1946	1.5E 1.2F * *
12 Sa ◐	0621 1247 1845 2210	0251 0905 1536 2035	1.2E 1.0F 0.5F 0.3F	27 Su	0702 1711	0247 1048	1.7E 1.4F
13 Su	0656 1454	0309 1010 1744 2114	1.5E 1.5F 0.3E *	28 M	0750 1809	0327 1152	1.7E 1.6F
14 M	0743 1701	0338 1116 2050 2152	1.7E 1.9F 0.5E 0.4F	29 Tu	0847 1902	0417 1255	1.6E 1.7F
15 Tu	0842 1853	0421 1222	1.9E 2.2F				

March

Day	Slack h m	Maximum h m	knots	Day	Slack h m	Maximum h m	knots
1 W	1048 2041	0625 1449 2345	1.5E 1.7F 0.8E	16 Th	1105 2113	0645 1438 2316	2.0E 2.0F 0.5E
2 Th	1141 2122	0145 0730 1535	0.8E 1.5E 1.7F	17 F	1205 2146	0115 0800 1526 2339	0.3E 2.0E 1.9F 0.4E
3 F	1225 2152	0010 0214 0823 1609	0.7E 0.7E 1.5E 1.7F	18 Sa	1255 2149	0219 0903 1601 2356	* 1.9E 1.7F 0.4E
4 Sa ●	1301 2205	0031 0246 0903 1630	0.7E 0.5E 1.5E 1.6F	19 Su ○	1338 2103	0318 0957 1628	* 1.6E 1.4F
5 Su	1332 2156	0044 0326 0937 1646	0.6E 0.3E 1.4E 1.5F	20 M	0219 1416 2005	0002 0413 1048 1651 2352	0.6E 0.5F 1.3E 1.1F 0.8E
6 M	1405 2125	0045 0411 1014 1705	0.6E * 1.3E 1.4F	21 Tu	0749 1454 1944	0245 0507 1142 1713 2344	0.8E 0.7F 0.9E 0.8F 1.2E
7 Tu	0333 0632 1443 2058	0040 0459 1104 1731	0.7E 0.3F 1.1F 1.2F	22 W	1539 1931	0314 0558 1243 1736 2354	1.1E 0.6F 0.6E 0.5F 1.5E
8 W	0339 0819 1532 2043	0039 0549 1208 1802	0.9E 0.7F 1.0E 0.9F	23 Th	1120 1759	0346 0649 1358	1.4E 0.4F *
9 Th	0400 1001 1638 2029	0045 0642 1323 1836	1.2E 1.2F 0.8E 0.5F	24 F	1309 1816	0018 0421 0741 1554	1.7E 1.6F 0.3E *
10 F	0432 1143 1911	0058 0737 1446	1.4E 1.6F 0.6E *	25 Sa	0502 1448	0051 0838 1.7E 1.7F	
11 Sa	0514 1330 1946	0123 0837 1636	1.6E 1.9F 0.5E 0.3F	26 Su	0550 1612	0132 0945	1.7E 1.6F
12 Su	0609 1531	0202 0943 2040	1.7E 2.0F 0.4F	27 M ○	0650 1723	0223 1107	1.5E 1.6F
13 M ◐	0716 1733	0254 1058	1.8E 2.0F	28 Tu	0801 1824	0327 1227 2315	1.4E 1.5F 1.0E
14 Tu	0834 1909	0402 1219	1.9E 2.0F	29 W	0915 1913	0038 0444 1334 2250	1.0E 1.3E 1.5F 0.9E
15 W	0953 2020	0522 1335 2253 2356	2.0E 2.0F 0.6E 0.5E	30 Th	1019 1951	0136 0603 1424 2258	0.8E 1.3E 1.5F 0.8E
				31 F	1110 2012	0210 0710 1458 2309	0.7E 1.2E 1.5F 0.8E

Time meridian 90° W. 0000 is midnight. 1200 is noon.
* Current weak and variable.

Bolivar Roads, Galveston Bay, Texas, 2000

F–Flood, Dir. 306° True   E–Ebb, Dir. 116° True

	April						May						June				
	Slack	Maximum		Slack	Maximum		Slack	Maximum		Slack	Maximum		Slack	Maximum		Slack	Maximum
	h m	h m knots		h m	h m knots		h m	h m knots		h m	h m knots		h m	h m knots		h m	h m knots
1 Sa	1151 2012	0230 0.5E 0805 1.2F 1517 1.4F 2314 0.7E	**16** Su	0442 1235 1832	0108 0.4F 0925 1.2E 1513 1.1F 2233 1.0E	**1** M	0501 1154 1658	0036 0.5F 0846 0.7F 1423 0.8F 2105 1.2E	**16** Tu	0035 0831	0338 1.5F 1105 0.5E 1437 * 2049 1.8E	**1** Th	0834	0323 2.5F 1147 0.6E 1432 0.3E 2015 2.4E	**16** F ○	0048 1046	0425 2.3F 1344 0.6E 1439 0.6E 2051 2.1E
2 Su	1227 1941	0254 * 0852 1.1E 1530 1.2F 2305 0.8E	**17** M	0118 0624 1317 1802	0340 0.8F 1024 0.9E 1534 0.8F 2218 1.2E	**2** Tu	0028 0631 1256 1641	0309 1.1F 0955 0.7E 1450 0.5F 2058 1.5E	**17** W	0055 0940	0411 1.9F 1209 0.4E 1501 * 2100 2.0E	**2** F ●	0035 0950	0409 2.9F 1301 0.6E 1507 0.5E 2056 2.6E	**17** Sa	0123 1132	0503 2.2F 2126 2.0E
3 M	0158 0508 1306 1905	0327 0.3E 0940 1.0E 1548 1.1F 2252 0.9E	**18** Tu ○	0136 0759 1403 1747	0422 1.2F 1123 0.7E 1554 0.5F 2208 1.5E	**3** W ●	0041 0748	0346 1.8F 1103 0.7E 1521 * 2108 1.9E	**18** Th ○	0117 1033	0443 2.1F 1314 0.5E 1525 0.3E 2122 2.1E	**3** Sa	0125 1119	0500 2.9F 1424 0.6E 1536 0.5E 2146 2.6E	**18** Su	0204 1223	0545 2.1F 2203 1.9E
4 Tu ●	0150 0645 1352 1845	0406 0.8F 1035 0.9E 1613 0.8F 2245 1.2E	**19** W	0158 0928	0501 1.6F 1224 0.5E 1617 * 2217 1.8E	**4** Th	0107 0900	0428 2.3F 1214 0.7E 1555 * 2134 2.1E	**19** F	0145 1121	0517 2.2F 1429 0.5E 1545 0.5E 2151 2.1E	**4** Su	0224 1254	0556 2.8F 2245 2.5E	**19** M	0248 1313	0633 2.0F 2238 1.7E
5 W	0202 0809 1451 1833	0448 1.3F 1138 0.9E 1643 0.5F 2248 1.5E	**20** Th	0223 1047	0539 1.9F 1335 0.4E 1640 * 2240 1.9E	**5** F	0144 1016	0514 2.7F 1331 0.7E 1630 0.4E 2210 2.3E	**20** Sa	0218 1215	0556 2.2F 2225 2.0E	**5** M	0329 1419	0701 2.5F 2357 2.3E	**20** Tu	0333 1355	0725 1.9F 2308 1.5E
6 Th	0226 0930	0533 1.8F 1247 0.8E 1716 * 2307 1.7E	**21** F	0253 1159	0620 2.0F 1507 0.4E 1658 0.4E 2310 1.9E	**6** Sa	0231 1145	0605 2.8F 1504 0.6E 1701 0.5E 2257 2.3E	**21** Su	0259 1316	0641 2.1F 2301 1.8E	**6** Tu	0438 1518	0815 2.2F	**21** W	0416 1424	0816 1.7F 2333 1.3E
7 F	0301 1054	0622 2.2F 1405 0.7E 1751 * 2339 1.9E	**22** Sa	0328 1311	0704 2.0F 2346 1.8E	**7** Su	0328 1326	0703 2.6F 2356 2.2E	**22** M	0346 1419	0736 1.9F 2338 1.6E	**7** W	0547 1550	0123 2.0E 0933 1.9F 1852 0.6E 1946 0.6E	**22** Th	0455 1437	0859 1.6F 2218 1.0E 2327 1.0E
8 Sa	0346 1227 1824	0716 2.4F 1546 0.6E * 0.4E	**23** Su	0412 1426	0757 1.9F	**8** M	0435 1506	0812 2.3F	**23** Tu	0438 1513	0843 1.7F	**8** Th ☾	0653 1557 2254	0253 1.6E 1037 1.7F 1900 0.8E 0.4E	**23** F	0531 1433	0025 1.0E 0932 1.4F 1831 0.9E 2341 0.6E
9 Su	0442 1417	0023 1.9E 0818 2.3F	**24** M	0505 1540	0028 1.6E 0904 1.7F	**9** Tu	0551 1623	0114 2.0E 0935 2.1F	**24** W	0533 1553	0015 1.4E 1000 1.6F 2213 1.2E	**9** F	0754 1540	0419 1.2E 1123 1.4F 1917 1.0E	**24** Sa ○	0607 1412	0209 0.7E 1001 1.1F 1806 1.0E 2347 *
10 M	0551 1611	0122 1.9E 0931 2.1F	**25** Tu	0607 1644	0122 1.4E 1034 1.6F 2251 1.2E 2352 1.2E	**10** W ○	0710 1713	0250 1.8E 1104 1.9F 2019 0.7E 2148 0.7E	**25** Th	0625 1616	1059 1.5F 2049 1.0E	**10** Sa	0851 1508 2256	0024 * 0555 0.7E 1157 1.0F 1929 1.3E	**25** Su	0653 1345 2150	0351 0.4E 1032 0.8E 1752 1.2E
11 Tu ☾	0711 1743	0240 1.8E 1100 2.0F	**26** W ○	0717 1732	0232 1.2E 1157 1.5F 2225 1.1E	**11** Th	0825 1738	0424 1.6E 1211 1.7F 2031 0.8E	**26** F ○	0714 1619	0101 0.9E 0236 0.9E 1135 1.3F 2022 1.0E	**11** Su	0448 0951 1445 2309	0123 0.7F 0742 0.4E 1225 0.6F 1931 1.5E	**26** M	1316 2147	0013 0.6F 0539 * 1106 0.5F 1749 1.5E
12 W	0836 1847	0412 1.8E 1226 1.9F 2136 0.7E 2312 0.6E	**27** Th	0825 1805	0102 1.0E 0354 1.1E 1253 1.4F 2151 1.0E	**12** F	0931 1737	0014 0.4E 0553 1.3E 1256 1.5F 2050 0.9E	**27** Sa	0803 1559	0115 0.5E 0409 0.7E 1157 1.1F 2004 1.0E	**12** M	0710 1105 1426 2329	0209 1.2F 0915 0.3E 1251 0.3F 1930 1.8E	**27** Tu	0754 1144 1759	0049 1.3F * * 1.8E
13 Th	0952 1927	0545 1.7E 1331 1.8F 2155 0.7E	**28** F	0923 1817	0141 0.7E 0513 1.0E 1328 1.3F 2149 0.9E	**13** Sa	1028 1706	0125 * 0721 1.0E 1329 1.2F 2104 1.1E	**28** Su	0900 1529 2319	0122 * 0544 0.5E 1220 0.8F 1937 1.1E	**13** Tu	0833 1317 2352	0247 1.6F 1031 0.3E 1936 2.0E	**28** W	0651 1224 1824	0130 1.9F 1002 0.4E * 2.2E
14 F	1056 1943	0054 0.4E 0709 1.6E 1417 1.6F 2216 0.7E	**29** Sa	1013 1802	0203 0.5E 0626 0.8E 1347 1.2F 2144 0.9E	**14** Su	1121 1631	0008 0.6F 0218 0.6E 0844 0.8E 1354 0.8F 2106 1.3E	**29** M	1017 1504 2311	0137 0.6E 0725 0.4E 1248 0.6F 1923 1.4E	**14** W	0925 1345	0320 2.0F 1137 0.4E 1248 0.3E 1954 2.1E	**29** Th	0808 1304	0216 2.4F 1121 0.5E 2243 * 1903 2.5E
15 Sa	1149 1925	0200 * 0821 1.4F 1449 1.4F 2231 0.8E	**30** Su	1101 1726	0216 * 0737 0.7E 1402 1.0F 2123 0.9E	**15** M	1215 1612	0018 1.1F 0302 0.6E 0958 0.6E 1415 0.5F 2054 1.6E	**30** Tu	0607 1320 2326	0205 1.3F 0905 0.4E 1924 1.7E	**15** Th	1005 1414	0018 2.2F 0351 0.5E 1239 0.5E 2019 2.2E	**30** F	0930 1341	0305 2.8F 1230 0.5E 1341 0.5E 1950 2.6E
									31 W	0724	0241 2.0F 1032 0.5E 1355 * 1943 2.1E 2355							

Time meridian 90° W. 0000 is midnight. 1200 is noon.
* Current weak and variable.

Bolivar Roads, Galveston Bay, Texas, 2000

F–Flood, Dir. 306° True   E–Ebb, Dir. 116° True

July

Day	Slack h m	Maximum h m	knots	Day	Slack h m	Maximum h m	knots
1 Sa ●	0025 1058	0358 2044	2.8F 2.7E	16 Su ○	0117 1127	0500 2128	2.1F 1.9E
2 Su	0126 1225	0455 2145	2.7F 2.7E	17 M	0200 1208	0544 2204	2.0F 1.8E
3 M	0230 1338	0556 2253	2.5F 2.5E	18 Tu	0240 1239	0624 2233	1.9F 1.6E
4 Tu	0333 1422	0700	2.3F	19 W	0315 1258	0658 2303	1.8F 1.4E
5 W	0433 1435	0008 0802 1656 1824	2.2E 2.0F 0.4E 0.4E	20 Th	0347 1301	0726 1626 1841 2349	1.6F 0.8E 0.7E 1.1E
6 Th	0529 1421	0125 0856 1713 2033	1.7E 1.6F 0.7E 0.3E	21 F	0418 1249	0753 1616 2003	1.4F 0.8E 0.4E
7 F	0620 1348	0245 0938 1728 2248	1.2E 1.3F 0.9E *	22 Sa	0452 1224	0102 0822 1609 2119	0.8E 1.1F 1.0E *
8 Sa ☽	0709 1316 2121	0413 1012 1737	0.6E 0.9F 1.3F	23 Su	0537 1157	0234 0853 1610 1955 2221	0.5E 0.8F 1.2E 0.7F
9 Su	0613 1042 1257 2144	0003 1743	0.7F * 0.5E 1.6F	24 M ☾	0150 0648 1127 2009	0412 0927 1616 2316	0.3E 0.4F 1.5E 1.3F
10 M	0816 1113 1756 2211	0057	1.2F * * 1.8E	25 Tu		0613 1004 1634 2041	* * 1.8E
11 Tu	0754 1147 1818 2242	0140 0946	1.6F 0.3E 0.3E 2.0E	26 W	0547	0009 0925 1043 1707	1.8F 0.3E 0.3E 2.0E
12 W	0837 1226 1847 2316	0219 1057	1.9F 0.4E 0.4E 2.1E	27 Th	0725 2224	0103 1753	2.2F 2.3E
13 Th	0916 1308 1923 2353	0257 1155	2.1F 0.6E 0.5E 2.1E	28 F	0855 2327	0200 1848	2.5F 2.5E
14 F	0957 1347 2004	0336 1247	2.1F 0.6E 0.6E 2.0E	29 Sa	1020	0259 1949	2.6F 2.6E
15 Sa	0034 1041	0417 2047	2.1F 2.0E	30 Su ●	0031 1140	0358 2055	2.5F 2.7E
				31 M	0134 1453	0456 1412 2202	2.4F * * 2.6E

August

Day	Slack h m	Maximum h m	knots	Day	Slack h m	Maximum h m	knots
1 Tu	0232 1311	0551 1436 1607 2308	2.2F * * 2.2E	16 W	0221 1119	0548 1411 1654 2246	1.6F 0.7E 0.4E 1.3E
2 W	0326 1311	0638 1457 1724	1.9F 0.3E *	17 Th	0250 1108	0607 1414 1747 2327	1.5F 0.7E * 1.0E
3 Th	0414 1232	0014 0718 1511 1851	1.8E 1.5F 0.5E *	18 F	0321 1042	0629 1412 1843	1.3F 0.8E *
4 F	0459 1139 1834 2251	0123 0751 1519 2031	1.2E 1.1F 0.8E 0.4F	19 Sa	0359 1016 1735 2222	0029 0655 1415 1939	0.8E 1.0F 1.0E 0.6F
5 Sa	0543 1111 1913	0242 0820 1527 2206	0.6E 0.7F 1.2E 0.8F	20 Su	0451 0952 1751	0146 0726 1420 2035	0.6E 0.6F 1.2E 1.0F
6 Su ☽	1049 1951	0424 0848 1544 2316	* 0.3F 1.5E 1.2F	21 M	0026 0758 1433 1821	0311 1433 2134	0.4E * 1.4F 1.5F
7 M	0700 1610 2031	0915	* * 1.7E	22 Tu ☾	0216 1501 1905	0454 0831 2236	0.3E * 1.7E 1.8F
8 Tu	0639 2114	0012 1645	1.5F 1.8E	23 W	0410 2003	1544 2342	1.9E 2.0F
9 W	0724 2200	0102 1729	1.7F 1.8E	24 Th	0611 2112	1641	2.0E
10 Th	0807 2250	0151 1110 1201 1820	1.9F 0.6E 0.6E 1.8E	25 F	0752 2225	0052 1747	2.2F 2.2E
11 F	0851 2341	0240 1144 1312 1918	1.9F 0.7E 0.7E 1.8E	26 Sa	0913 2335	0200 1900	2.2F 2.4E
12 Sa	0935	0329 1221 1401 2015	1.9F 0.7E 0.6E 1.8E	27 Su	1021	0303 1208 1318 2013	2.2F 0.3E 0.3E 2.4E
13 Su	0029 1016	0415 1258 1440 2104	1.9F 0.6E 0.6E 1.7E	28 M	0038 1425	0358 1232 2119	2.1F * * 2.3E
14 M ○	0112 1050	0455 1331 1519 2145	1.8F 0.7E * 1.6E	29 Tu ●	0133 1530	0443 1253 2221	2.0F * * 2.1E
15 Tu	0149 1112	0526 1357 1604 2217	1.6F 0.7E 0.5E 1.5E	30 W	0223 1107 1451 1813	0520 1305 1635 2320	1.7F 0.3E 0.4F 1.6E
				31 Th	0308 0956 1533 1959	0549 1307 1741	1.3F 0.6E 0.6F

September

Day	Slack h m	Maximum h m	knots	Day	Slack h m	Maximum h m	knots
1 F	0350 0913 1616 2200	0022 0615 1306 1848	1.2E 0.9F 0.9E 0.8F	16 Sa	0315 0757 1536 2155	0006 0534 1214 1821	0.8E 0.7F 1.2E 1.2F
2 Sa	0435 0851 1659	0132 0640 1315 1956	0.7E 0.5F 1.3E 1.1F	17 Su	0421 0739 1602 2323	0111 0604 1219 1909	0.6E 0.3F 1.4E 1.6F
3 Su	0025 0703 1338 1743	0259 2104	0.3E * 1.6F 1.3F	18 M		0225 0636 1240 2003	0.6E * 1.6E 1.9F
4 M	0527 0720 1829	* * 1.7F 1.5F		19 Tu	0054 1729	0359 0707 1318 2104	0.5E 0.3F 1.7E 2.0F
5 Tu ☽	0444 1456 1921 2320	1.7E 1.6F		20 W ☾	0239 1834	1412 2215	1.8E 2.0F
6 W	0547 2021	1550	1.6E	21 Th	0441 1952	1521 2336	1.8E 2.0F
7 Th	0639 2127	0027 1657	1.7F 1.6E	22 F	0627 2114	1643	1.9E
8 F	0729 2231	0131 1045 1253 1811	1.7F 0.8E 0.7E 1.5E	23 Sa	0744 2231	0056 1809	2.0F 2.0E
9 Sa	0813 2328	0229 1109 1355 1923	1.7F 0.8E 0.6E 1.5E	24 Su	0838 2336	0204 1045 1248 1930	2.0F 0.5E 0.3E 2.0E
10 Su	0851	0318 1136 1437 2023	1.7F 0.8E 0.5E 1.5E	25 M	0910	0256 1106 1358 2040	1.9F 0.4E * 1.9E
11 M	0014 0917	0356 1200 1511 2111	1.7F 0.8E 0.4E 1.4E	26 Tu	0032 0911	0335 1122 1459 2143	1.7F 0.5E 0.3F 1.7E
12 Tu	0053 0927	0421 1217 1543 2151	1.6F 0.7E * 1.3E	27 W ●	0121 0820 1341 1814	0405 1127 1555 2243	1.4F 0.6E 0.7F 1.3E
13 W ○	0125 0918	0436 1222 1618 2228	1.4F 0.8E * 1.1E	28 Th	0206 0725 1409 1951	0429 1116 1647 2343	1.0F 0.9E 1.1F 0.9E
14 Th	0156 0847 1518 1851	0450 1218 1656 2312	1.2F 0.8E 0.4F 0.9E	29 F	0251 0700 1441 2132	0450 1105 1737	0.6F 1.2E 1.4F
15 F	0230 0818 1521 2026	0509 1215 1737	1.0F 1.0E 0.8F	30 Sa	0343 0639 1515 2319	0048 0512 1113 1826	0.6E 0.3F 1.6E 1.6F

Time meridian 90° W. 0000 is midnight. 1200 is noon.
* Current weak and variable.

Bolivar Roads, Galveston Bay, Texas, 2000

F–Flood, Dir. 306° True   E–Ebb, Dir. 116° True

October

Day	Slack h m	Maximum h m	knots
1 Su	0206	0533	0.4E
		*	
		1138	1.8E
	1552	1915	1.8F
2 M	0103	0403	0.3E
	0546	0.3E	
		1213	1.8E
	1633	2009	1.8F
3 Tu	0235	1257	1.7E
	1723	2114	1.7F
4 W	0353	1353	1.6E
	1825	2236	1.6F
5 Th ☽	0459	1506	1.4E
	1938		
6 F		0002	1.6F
	0554	1020	0.9E
		1220	0.9F
		1632	1.3E
	2055		
7 Sa		0112	1.6F
	0639	1005	0.9E
		1327	0.7F
		1757	1.2E
	2203		
8 Su		0205	1.6F
	0712	1022	0.9E
		1415	0.5F
		1912	1.2E
	2257		
9 M		0243	1.5F
	0730	1038	0.9E
		1452	0.3F
		2014	1.1E
	2341		
10 Tu		0307	1.3F
	0728	1048	0.9E
		1518	*
		2106	0.9E
11 W	0019	0319	1.1F
	0702	1044	0.9E
	1348	1539	0.4F
	1748	2154	0.8E
12 Th	0057	0330	0.9F
	0628	1032	1.1E
	1340	1604	0.9F
	1908	2243	0.7E
13 F ○	0141	0349	0.6F
	0603	1021	1.3E
	1347	1636	1.4F
	2019	2337	0.7E
14 Sa	0238	0414	0.3F
	0545	1017	1.5E
	1405	1714	1.8F
	2127		
15 Su		0037	0.6E
		0444	*
		1030	1.8E
	1434	1756	2.2F
	2236		
16 M		0146	0.6E
		0516	*
		1059	1.9E
	1514	1845	2.4F
	2355		
17 Tu		0317	0.6E
		0546	0.4E
		1141	2.0E
	1605	1942	2.4F
18 W	0134	1237	1.9E
	1711	2050	2.2F
19 Th	0326	1353	1.9E
	1829	2213	2.0F
20 F ☾	0501	1527	1.8E
	1953	2343	1.9F
21 Sa	0607	0912	0.7E
		1019	0.7E
		1704	1.7E
	2114		
22 Su	0648	0055	1.8F
		0924	0.7E
		1221	0.4F
		1834	1.6E
	2223		
23 M	0703	0146	1.7F
		0943	0.7E
		1335	*
		1955	1.5E
	2323		
24 Tu	0644	0223	1.4F
		0958	0.8E
		1432	0.5F
		2109	1.2E
25 W	0016	0250	1.0F
	0556	1000	1.0E
	1246	1520	1.0F
	1822	2216	0.9E
26 Th	0107	0311	0.7F
	0525	0945	1.3E
	1307	1602	1.4F
	2002	2321	0.7E
27 F ●	0201	0332	0.3F
	0502	0934	1.6E
	1331	1641	1.8F
	2132		
28 Sa		0026	0.5E
		0352	*
		0942	1.9E
	1358	1719	2.0F
	2250		
29 Su		0137	0.4E
		0413	*
		1006	2.1E
	1428	1758	2.2F
	2358		
30 M		0307	0.4E
		0427	0.4E
		1039	2.1E
	1505	1841	2.1F
31 Tu	0106	1117	1.9E
	1549	1932	2.0F

November

Day	Slack h m	Maximum h m	knots
1 W	0216	1203	1.7E
	1643	2038	1.8F
2 Th	0322	1302	1.5E
	1747	2208	1.6F
3 F	0418	1421	1.3E
	1857	2334	1.5F
4 Sa ☽	0500	0924	1.1E
		1243	0.9F
		1553	1.1E
	2006		
5 Su	0527	0034	1.5F
		0912	1.0E
		1336	0.6F
		1720	0.9E
	2108		
6 M	0537	0114	1.3F
		0919	1.0E
		1413	*
		1842	0.7E
	2202		
7 Tu	0525	0138	1.1F
		0920	1.1E
		1438	*
		1958	0.5E
	2252		
8 W	0455	0151	0.8F
	1230	0907	1.1E
	1751	1453	0.6F
		2108	0.5E
	2346		
9 Th	0423	0204	0.6F
	1221	0850	1.3E
	1908	1509	1.2F
		2211	0.5E
10 F	0050	0225	0.3F
	0355	0839	1.6E
	1229	1536	1.7F
	2008	2310	0.5E
11 Sa ○	0252	*	
		0843	1.9E
	1249	1610	2.3F
	2102		
12 Su		0010	0.6E
		0324	*
		0905	2.1E
	1320	1650	2.6F
	2202		
13 M		0116	0.6E
		0357	0.4E
		0940	2.3E
	1403	1737	2.7F
	2317		
14 Tu		0238	0.6E
		0427	0.5E
		1024	2.3E
	1456	1831	2.7F
15 W	0052	1119	2.3E
	1600	1935	2.4F
16 Th	0230	1230	2.1E
	1713	2051	2.2F
17 F	0348	1402	1.9E
	1830	2218	1.9F
18 Sa ☾	0437	1541	1.6E
	1946	2333	1.8F
19 Su	0502	0800	0.8E
		1133	0.4E
		1716	1.3E
	2056		
20 M	0502	0025	1.5F
		0818	0.9E
		1257	*
		1852	1.0E
	2201		
21 Tu	0435	0102	1.2F
	1136	0832	1.1E
	1640	1355	0.6F
		2025	0.8E
	2303		
22 W	0401	0130	0.8F
	1149	0835	1.4E
	1849	1441	1.2F
		2146	0.6E
23 Th	0008	0153	0.4F
	0336	0827	1.6E
	1209	1519	1.6F
	2027	2257	0.5E
24 F		0215	*
		0822	1.9E
	1231	1552	2.0F
	2137		
25 Sa ●		0003	0.5E
		0237	*
	1256	0832	2.1E
		1624	2.2F
	2231		
26 Su		0107	0.5E
		0301	0.4E
		0856	2.2E
	1325	1658	2.3F
	2319		
27 M		0219	0.5E
		0318	0.5E
		0928	2.2E
	1400	1736	2.3F
28 Tu	0010	1005	2.1E
	1441	1821	2.2F
29 W	0106	1047	1.9E
	1529	1915	2.0F
30 Th	0203	1131	1.7E
	1621	2021	1.8F

December

Day	Slack h m	Maximum h m	knots
1 F	0250	1220	1.4E
	1715	2137	1.6F
2 Sa	0324	0946	1.1E
		1135	1.1E
		1320	1.1E
	1807	2241	1.5F
3 Su ☽	0344	0759	1.1E
		1248	0.8E
		1444	0.8E
	1856	2323	1.3F
4 M	0347	0753	1.1E
		1324	0.4E
		1622	0.5E
	1942	2346	1.0F
5 Tu	0331	0744	1.1E
		1342	*
		1804	*
6 W		0002	0.7F
	0300	0723	1.2E
	1115	1352	0.6F
		1958	*
7 Th		0023	0.4F
	0223	0710	1.4E
	1104	1406	1.2F
		2139	*
8 F		0050	*
		0706	1.7E
	1113	1431	1.8F
	1954	2250	0.4E
9 Sa		0123	*
		0720	2.1E
	1137	1505	2.4F
	2041	2350	0.5E
10 Su		0159	0.4F
		0751	2.3E
	1214	1547	2.7F
	2139		
11 M ○		0050	0.5E
		0236	0.5E
		0831	2.5E
	1301	1634	2.9F
	2255		
12 Tu		0159	0.5E
		0308	0.5E
		0920	2.6E
	1357	1728	2.8F
13 W	0024	1017	2.6E
	1459	1828	2.6F
14 Th	0147	1124	2.4E
	1606	1936	2.3F
15 F	0247	1244	2.1E
	1713	2049	2.0F
16 Sa	0318	0608	0.5E
		0707	0.5E
		1414	1.7E
	1819	2157	1.7F
17 Su ☾	0325	0622	0.7E
		0945	0.4E
		1545	1.2E
	1922	2249	1.4F
18 M ☾	0310	0641	1.0E
		1148	*
		1725	0.8E
	2026	2328	1.0F
19 Tu	0239	0656	1.2E
	1021	1256	0.7F
	1627	1922	0.4E
	2137		
20 W		0000	0.5F
	0213	0702	1.5E
	1040	1347	1.3F
	1853	2102	0.3E
21 Th		0027	*
		0704	1.8E
	1104	1427	1.7F
	2019	2221	0.4E
22 F		0054	*
		0712	2.0E
	1131	1502	2.0F
	2114	2328	0.5E
23 Sa		0123	0.3E
		0730	2.1E
	1200	1535	2.2F
	2157		
24 Su		0028	0.5E
		0153	0.5E
		0758	2.2E
	1232	1608	2.3F
	2238		
25 M ●		0834	2.2E
	1309	1646	2.3F
	2322		
26 Tu		0914	2.1E
	1350	1728	2.2F
27 W	0008	0956	2.0E
	1434	1816	2.1F
28 Th	0052	1038	1.8E
	1519	1907	1.9F
29 F	0129	1118	1.6E
	1601	1957	1.8F
30 Sa	0153	1155	1.3E
	1640	2040	1.6F
31 Su	0205	1238	0.9E
	1713	2111	1.3F

Time meridian 90° W. 0000 is midnight. 1200 is noon.
* Current weak and variable.

Aransas Pass (between jetties), Texas, 2000

F–Flood, Dir. 300° True   E–Ebb, Dir. 120° True

January

Day	Slack h m	Maximum h m	knots	Day	Slack h m	Maximum h m	knots
1 Sa	0948 2337	0542 1446	1.2E 1.1F	16 Su	0858 2204	0421 1407	1.3E 1.4F
2 Su	1021 2322	0549 1505	1.4E 1.4F	17 M	0941 2223	0446 1429	1.7E 1.8F
3 M	1056 2324	0602 1527	1.5E 1.6F	18 Tu	1030 2304	0523 1503	2.1E 2.2F
4 Tu	1132 2347	0623 1554	1.7E 1.7F	19 W	1123 2355	0609 1549	2.4E 2.3F
5 W	1208	0650 1632	1.8E 1.7F	20 Th ○	1214	0659 1644	2.4E 2.3F
6 Th ●	0023 1243	0719 1713	1.8E 1.8F	21 F	0058 1302	0748 1733	2.4E 2.2F
7 F	0106 1316	0749 1747	1.8E 1.8F	22 Sa	0205 1348	0837 1810	2.1E 1.9F
8 Sa	0149 1349	0821 1819	1.8E 1.7F	23 Su	0255 1431	0932 1838	1.8E 1.6F
9 Su	0225 1421	0857 1851	1.7E 1.6F	24 M	0319 1511	1032 1902	1.3E 1.3F
10 M	0254 1453	0941 1924	1.5E 1.5F	25 Tu	0247 1542	1115 1926	0.9E 1.0F
11 Tu	0315 1523	1028 1956	1.3E 1.3F	26 W	0121 1537† 2335	0417 0721 1139 1949	0.3E * 0.3F 0.7F
12 W	0320 1543	1108 2024	0.9E 1.0F	27 Th		0415 0912 1136 1429 1630†	0.5E * * * *
13 Th	0236 1506	0543 0843 1141 2047	0.3E * 0.4F 0.7F	28 F ☉	0749 2223	0420 1404 1901 2021	0.7E 0.6F 0.3F 0.3F
14 F ☽	0003	0456 1007 1204 1522 1714†	0.5E * * 0.3F 0.3F	29 Sa	0825 2218	0430 1411	1.0E 1.0F
15 Sa	0827 2232	0421 1413	0.8E 0.8F	30 Su	0904 2218	0443 1428	1.2E 1.3F
				31 M	0945 2232	0502 1449	1.4E 1.5F

February

Day	Slack h m	Maximum h m	knots	Day	Slack h m	Maximum h m	knots
1 Tu	1028 2301	0529 1512	1.5E 1.6F	16 W	1016 2257	0509 1455	2.1E 2.1F
2 W	1111 2338	0603 1537	1.6E 1.6F	17 Th	1113	0605 1530	2.1E 2.0F
3 Th	1153	0639 1606	1.7E 1.6F	18 F	1206	0702 1608	2.1E 1.8F
4 F	0026 1230	0714 1640	1.7E 1.6F	19 Sa ○	0153 1254	0755 1644	1.9E 1.6F
5 Sa ●	0123 1305	0747 1711	1.7E 1.5F	20 Su	0319 1336	0848 1711	1.5E 1.3F
6 Su	0214 1337	0820 1739	1.6E 1.4F	21 M	0100 0238 0957 1415 1735	1.1E 0.9F		
7 M	0254 1407	0857 1807	1.4E 1.2F	22 Tu	0045 0418 1106 1450 1757	0.7E 0.6F		
8 Tu	0328 1436	0946 1833	1.1E 1.0F	23 W	0033 0556 0833 1153 1510 1819 2105	0.3F 0.3E 0.4F		
9 W	0348 1455	1042 1859	0.7E 0.7F	24 Th	0429	0022 0721 1236 1347 1606†	0.4E 0.5F * * *
10 Th		0054 0155 0402 0706 1125†	* * * * 0.3E	25 F	0531 1953	0024 0855	0.6E 0.7F
11 F	0555	0039 0847 1158 1430 1812†	0.4E 0.4F * 0.3F *	26 Sa ○	0626	0039 1006 1208 1251	0.8E 0.9F 0.8F 0.8F
12 Sa ☽	0640 2014	0100 1005 1218 1335	0.8E 0.9F 0.8F 0.8F	27 Su	0719 1934	0112 1330	1.0E 1.1F
13 Su	0731 2016	0159 1330	1.2E 1.3F	28 M	0811 2026	0324 1357	1.1E 1.3F
14 M	0824 2102	0325 1353	1.6E 1.7F	29 Tu	0901 2127	0415 1420	1.2E 1.4F
15 Tu	0919 2158	0418 1422	1.9E 2.0F				

March

Day	Slack h m	Maximum h m	knots	Day	Slack h m	Maximum h m	knots
1 W	0951 2225	0457 1441	1.4E 1.5F	16 Th	0955 2242	0501 1426	1.7E 1.7F
2 Th	1041 2321	0540 1457	1.4E 1.4F	17 F	1054	0607 1447	1.6E 1.5F
3 F	1128	0625 1514	1.4E 1.4F	18 Sa	1150 2320	0128 0713 1506	1.4E 1.2F *
4 Sa ●	0055 1210	0707 1537	1.4E 1.3F	19 Su ○	0322 1239	0144 0814 1526 2308	0.3E 1.1E 0.9F *
5 Su	0236 1248	0746 1604	1.3E 1.1F	20 M	0500 1323	0239 0938 1548 2257	0.5F 0.7F 0.6F *
6 M	0041 1324	0200 0827 1634	* * 1.1E 0.9F	21 Tu	0706 1405	0339 1116 1610 1830 2242	0.6F 0.5E 0.3F 0.4F
7 Tu	0510 1359	0014 0254 0926 1703 2331	* 0.3F 0.8E 0.6F *	22 W		0121 1221 1630 2233	0.7F * * 0.6F
8 W	0700 1435 1946	0425 1056 1727 2300	0.4F 0.5E 0.3F 0.3E	23 Th	1400	0210 0603 2245	0.9F 0.8F
9 Th	0136 1200 1738 2307	0557 0.6F * * 0.7E		24 F	1524	0304 0710 2307	1.0F 1.0F
10 F	0305 1614	0719 2332	0.9F 1.1F	25 Sa	0405 1611	0824 2333	1.1F 1.1E
11 Sa	0429 1704	0845	1.2F	26 Su	0507 1659	0925	1.2F
12 Su	0540 1801	0005 0956	1.4E 1.4F	27 M ☽	0607 1752	0004 1016	1.2E 1.2F
13 M ☽	0647 1901	0049 1116	1.6E 1.6F	28 Tu	0708 1847	0043 1255	1.1E 1.2F
14 Tu	0752 2006	0215 1322	1.7E 1.8F	29 W	0806 1945	0217 1334	1.1E 1.3F
15 W	0854 2120	0357 1359	1.7E 1.8F	30 Th	0901 2053	0413 1352	1.1E 1.3F
				31 F	0954 2218	0506 1403	1.1E 1.2F

Time meridian 90° W. 0000 is midnight. 1200 is noon.
If three or more consecutive entries are marked (F) or (E) the middle ones are not true maximums but intermediate values to show the current pattern.
* Current weak and variable.
† See page 112 for the remaining currents on this day.

Aransas Pass (between jetties), Texas, 2000

F–Flood, Dir. 300° True   E–Ebb, Dir. 120° True

April

Day	Slack (h m)	Maximum (h m)	knots	Day	Slack (h m)	Maximum (h m)	knots
1 Sa	1047	0601 1418 2307	1.0E 1.0F *	16 Su	0333 1118 1740 2327	0122 0745 1401 2040	0.3F 0.6E 0.6F 0.3E
2 Su	1140	0105 0701 1437 2239	* 0.9F 0.9F *	17 M	0612 1218 1623	0217 0931 1418 2024	0.7F 0.3E 0.4F 0.6E
3 M	0357 1231	0159 0759 1458 2040	0.4F 0.7E 0.6F *	18 Tu ○	0002	0307 1127 1433 2016	0.9F * * 0.8E
4 Tu ●	0549 1323 1718	0248 0951 1517 2018	0.6F 0.4E 0.3F 0.4E	19 W	0037	0402 1240 1434 2022	1.1F * * 1.0E
5 W	0001 0841	0347 1150 1524 2032	0.9F 0.3E * 0.7E	20 Th	0110 1238	0505 2040	1.3F 1.2E
6 Th	0052 1151	0500 2105	1.1F 1.1E	21 F	0145 1353	0602 2110	1.4F 1.3E
7 F	0145 1419	0612 2155	1.4F 1.4E	22 Sa	0224 1443	0656 2155	1.5F 1.4E
8 Sa	0245 1522	0723 2248	1.6F 1.7E	23 Su	0311 1526	0754 2244	1.5F 1.4E
9 Su	0354 1616	0839 2334	1.8F 1.8E	24 M	0406 1608	0850 2324	1.5F 1.4E
10 M	0505 1710	0941	1.9F	25 Tu	0505 1650	0935	1.4F
11 Tu ◐	0613 1804	0019 1037	1.8E 1.8F	26 W ○	0602 1732	0002 1016	1.3E 1.4F
12 W	0719 1854	0116 1153	1.6E 1.7F	27 Th	0659 1809	0042 1100	1.1E 1.2F
13 Th	0821 1932	0337 1306	1.3F 1.5F	28 F	0753	0158 1153 2054 2221	0.9E 1.1F * *
14 F	0920	0456 1331 2105 2344	1.1F 1.2F * *	29 Sa	0845	0422 1240 2034	0.7F 0.9F *
15 Sa	1018	0619 1346 2052	0.9E 0.9F *	30 Su	0938	0015 0535 1311 1957	* 0.5F 0.7F *

May

Day	Slack (h m)	Maximum (h m)	knots	Day	Slack (h m)	Maximum (h m)	knots
1 M	0411 1048 1545 2254	0129 0726 1335 1915	0.4F 0.3E 0.4F 0.5E	16 Tu	2354	0249 1142 1259 1918	1.1F * * 1.2E
2 Tu	2328	0218 1045 1351 1908	0.8F * * 0.8E	17 W	1135	0331 1926	1.3F 1.4E
3 W ●		0308 1227 1349 1924	1.2F * * 1.3E	18 Th ○	0025 1210	0420 1941	1.5F 1.5E
4 Th	0009 1149	0407 1952	1.6F 1.6E	19 F	0056 1253	0512 2004	1.6F 1.6E
5 F	0053 1305	0515 2030	1.8F 1.9E	20 Sa	0128 1340	0559 2034	1.7F 1.7E
6 Sa	0141 1411	0619 2120	2.1F 2.1E	21 Su	0203 1423	0643 2114	1.7F 1.6E
7 Su	0236 1504	0723 2221	2.2F 2.1E	22 M	0243 1502	0731 2205	1.7F 1.6E
8 M	0337 1551	0828 2314	2.1F 2.0E	23 Tu	0328 1537	0818 2253	1.6F 1.5E
9 Tu	0441 1633	0920 2358	2.0F 1.7E	24 W	0416 1608	0859 2331	1.6F 1.3E
10 W ◐	0542 1704	1000	1.8F	25 Th	0503 1632	0933	1.4F
11 Th	0639 1715	0039 1035 1950 2120	1.3E 1.5F 0.4E 0.3E	26 F ○	0546 1640	0005 1004 1950 2132	1.0E 1.2F 0.5E 0.4E
12 F	0732 1657	0303 1108 1934 2251	0.8E 1.1F 0.4E *	27 Sa	0624 1615	0040 1034 1928 2252	0.7E 1.0F 0.4E *
13 Sa	0817 1611 2234	0503 1142 1928	0.4E 0.8F 0.5E	28 Su	1506 2214	0137 1103 1852	* 0.7F 0.5E
14 Su	1511 2253	0117 0708 1214 1924	0.3F * 0.5F 0.7E	29 M	1356 2216	0052 0610 1125 1810	0.3F * 0.4F 0.8E
15 M	2323	0210 0912 1241 1919	0.7F * * 1.0E	30 Tu	1250 2242	0150 1805	0.8F 1.2E
				31 W	1100 2320	0233 1824	1.4F 1.6E

June

Day	Slack (h m)	Maximum (h m)	knots	Day	Slack (h m)	Maximum (h m)	knots
1 Th	1128	0320 1855	1.8F 2.0E	16 F ○	0011 1214	0435 1920	1.7F 1.8E
2 F ●	0003 1216	0419 1933	2.1F 2.3E	17 Sa	0044 1252	0517 1948	1.8F 1.8E
3 Sa	0050 1314	0524 2017	2.3F 2.4E	18 Su	0117 1335	0555 2019	1.8F 1.8E
4 Su	0138 1410	0622 2108	2.4F 2.4E	19 M	0151 1415	0630 2056	1.8F 1.7E
5 M	0230 1457	0717 2209	2.3F 2.2E	20 Tu	0227 1449	0707 2141	1.7F 1.6E
6 Tu	0325 1533	0809 2304	2.2F 1.9E	21 W	0303 1516	0744 2229	1.6F 1.4E
7 W	0419 1554	0849 2343	1.9F 1.4E	22 Th	0339 1535	0820 2308	1.5F 1.2E
8 Th ◐	0508 1552	0918 1845 2010	1.5F 0.5E 0.4E	23 F	0411 1539	0851 1917 2001 2340	1.3F 0.5E 0.5E 0.8E
9 F	0548 1524 2154	0010 0941 1821	0.9E 1.2F 0.5E	24 Sa ○	0433 1507	0917 1830 2141	1.1F 0.5E *
10 Sa	0604 1430 2147	0017 1002 1816	0.3E 0.8F 0.7E	25 Su	0407 1327	0008 0938 1748 2304	0.4E 0.8F 0.6E *
11 Su	1322 2203	0222 0607 1018 1818	0.3F * 0.6F 1.0E	26 M		0026 0319 0417 0946 1215 1708†	* 0.3F 0.3F 0.4F * 0.8E
12 M	1243 2232	0234 0831 1014 1821	0.8F 0.3F 0.3F 1.2E	27 Tu	1130 2144	0204 1704	0.8F 1.3E
13 Tu	1217 2305	0256 1827	1.2F 1.4E	28 W	1044 2222	0211 1723	1.3F 1.7E
14 W	1141 2338	0322 1839	1.4F 1.6E	29 Th	1056 2308	0244 1757	1.8F 2.1E
15 Th	1146	0353 1857	1.6F 1.7E	30 F	1134 2358	0328 1840	2.2F 2.4E

Time meridian 90° W. 0000 is midnight. 1200 is noon.
If three or more consecutive entries are marked (F) or (E) the middle ones are not true maximums but intermediate values to show the current pattern.
* Current weak and variable.
† See page 112 for the remaining currents on this day.

Aransas Pass (between jetties), Texas, 2000

F–Flood, Dir. 300° True   E–Ebb, Dir. 120° True

July

Day	Slack h m	Maximum h m	knots	Day	Slack h m	Maximum h m	knots
1 Sa ●	1225	0425 1927	2.4F 2.5E	16 Su ○	0034 1258	0510 1942	1.7F 1.8E
2 Su	0047 1324	0525 2014	2.4F 2.5E	17 M	0108 1342	0540 2013	1.7F 1.7E
3 M	0135 1419	0615 2107	2.3F 2.3E	18 Tu	0140 1419	0606 2047	1.6F 1.6E
4 Tu	0224 1459	0658 2208	2.1F 1.9E	19 W	0212 1447	0633 2128	1.5F 1.4E
5 W	0312 1518	0734 2302	1.8F 1.5E	20 Th	0241 1506	0702 2215	1.4F 1.2E
6 Th	0356 1503	0802 2336	1.5F 0.9E	21 F	0308 1508	0732 2257	1.2F 0.8E
7 F	0430 1412 2039 2350	0826 1706	1.1F 0.5E * 0.3E	22 Sa	0323 1416 2017	0800 1719 2331	0.9F 0.3E * 0.4E
8 Sa ☾	0427 1244 2219 2330	0847 1703	0.8F 0.7E * *	23 Su	0241 1132 2142 2357	0824 1636	0.6F 0.4E * *
9 Su	1142 2052	0226 0504 0904 1707	0.3F * 0.6E 1.0E	24 M ◐	1044 2000	0319 0513 0833 1555 2304	0.3F 0.3F 0.4F 0.7E 0.7E
10 M	1121 2125	0219 0742 0908 1717	0.8F 0.3F 0.4F 1.2E	25 Tu	1010 2032	0005 0214 1554	0.7F 0.7F 0.7E
11 Tu	1113 2201	0235 1730	1.2F 1.4E	26 W	0941 2114	0159 1620	1.3F 1.6E
12 W	1109 2240	0257 1748	1.4F 1.6E	27 Th	1002 2203	0214 1657	1.7F 2.0E
13 Th	1116 2319	0323 1812	1.6F 1.7E	28 F	1043 2257	0245 1743	2.1F 2.3E
14 F	1139 2357	0353 1841	1.7F 1.8E	29 Sa	1135 2351	0324 1835	2.2F 2.4E
15 Sa	1215	0431 1912	1.7F 1.8E	30 Su ●	1239	0414 1927	2.2F 2.4E
				31 M	0042 1355	0507 2018	2.1F 2.2E

August

Day	Slack h m	Maximum h m	knots	Day	Slack h m	Maximum h m	knots
1 Tu	0129 1501	0547 2114	1.9F 1.8E	16 W	0126 1514	0515 2046	1.2F 1.2E
2 W	0214 1554	0615 2222	1.6F 1.3E	17 Th	0156 1601	0543 2133	1.1F 1.0E
3 Th	0256 1617 1656 2317	0639	1.2F * * 0.8E	18 F	0224 1753	0609 2235	0.9F 0.6E
4 F	0331 1532 1858 2354	0701	0.9F * * 0.3E	19 Sa	0243 1843 2324	0634 1217	0.6F * * *
5 Sa	0340 1047 1824	0723 1530 2050	0.6F 0.5E 0.4E	20 Su	0914 1705	0654 1210 2018	0.3F 0.4E 0.5E
6 Su ☾	0010 0159 0429 0743 1000	1541†	* * 0.4F 0.7E	21 M	0002 0824 1759	0214 1226 2136	* 0.3E 0.8E 0.9F
7 M	1955	0133 0656 0747 1559	0.7F * * 1.0E	22 Tu	0659 1853	1302 2249	1.1F 1.2F
8 Tu	0945 2039	0148 1621	1.1F 1.2E	23 W	0726 1949	1422	1.4E
9 W	0953 2123	0211 1647	1.3F 1.4E	24 Th	0819 2046	0127 1544	1.6F 1.8E
10 Th	1016 2209	0236 1717	1.5F 1.5E	25 F	0924 2144	0159 1640	1.9F 2.0E
11 F	1050 2255	0300 1753	1.6F 1.6E	26 Sa	1029 2243	0230 1735	2.0F 2.1E
12 Sa	1131 2339	0325 1831	1.6F 1.6E	27 Su	1141 2340	0302 1836	2.0F 2.0E
13 Su	1224	0350 1907	1.5F 1.6E	28 M	1339	0335 1934	1.8F 1.8E
14 M ○	0019 1333	0418 1940	1.5F 1.5E	29 Tu ●	0032 1518	0408 2030	1.5F 1.5E
15 Tu	0054 1430	0447 2012	1.4F 1.4E	30 W	0119 1646	0438 1220 1442 2146	1.2F * 0.3F 1.1E
				31 Th	0202 1834	0504 1206 1606 2313	0.8F * 0.4F 0.7E

September

Day	Slack h m	Maximum h m	knots	Day	Slack h m	Maximum h m	knots
1 F	0242	0528 1156 1741	0.5F * 0.5F	16 Sa	1318	0451 1001 1738	* 0.3E 0.7F
2 Sa	0746 1540	0014 0550 1153 1905	* 0.3F 0.5F 0.7F	17 Su	1426	0020 0230 1026 1853	* * 0.7F 0.9F
3 Su	1653	0417 0606 1201 2040	* * 0.8F 0.9F	18 M	0329 1543	1059 2014	1.1E 1.2F
4 M	0508 1753	1219 2152	1.0E 1.0F	19 Tu	0419 1657	1136 2126	1.4E 1.5F
5 Tu ◐	0553 1850	1247	1.1E	20 W ◐	0514 1806	1217 2228	1.6E 1.6F
6 W	0643 1945	0042 1359	1.2F 1.1E	21 Th	0614 1913	1311	1.6E
7 Th	0739 2038	0133 1559	1.3F 1.2E	22 F	0717 2017	0010 1509	1.7F 1.7E
8 F	0847 2129	0202 1646	1.4F 1.3E	23 Sa	0828 2119	0126 1628	1.8F 1.7E
9 Sa	1002 2220	0225 1730	1.4F 1.3E	24 Su	0958 2220	0157 1733	1.7F 1.5E
10 Su	1112 2310	0240 1816	1.3F 1.3E	25 M	1259 2320	0219 1845	1.5F 1.3E
11 M	1321 2354	0253 1900	1.2F 1.2E	26 Tu	1042 1515	0238 1330 1954	1.2F * 0.3F 1.0E
12 Tu	0311 1208 1327 1939		1.1F * * 1.1E	27 W ●	0016 1708	0257 1015 1429 2124	0.8F * 0.6F 0.7E
13 W ○	0034 1200 1414 1600	0334 2019	0.9F * 0.3F 0.9E	28 Th	0106 1939	0316 0943 1527 2320	0.5F * 0.8F 0.4E
14 Th	0111 1139 1502 1723	0400 2119	0.7F * 0.4F 0.6E	29 F	1304	0334 0923 1639	* 0.5E 0.9F
15 F	0147 1915	0428 1045 1614 2310	0.5F * 0.5F 0.3E	30 Sa	1352	0035 0341 0937 1751	* * 0.8F 1.1F

Time meridian 90° W. 0000 is midnight. 1200 is noon.
If three or more consecutive entries are marked (F) or (E) the middle ones are not true maximums but intermediate values to show the current pattern.
* Current weak and variable.
† See page 112 for the remaining currents on this day.

Aransas Pass (between jetties), Texas, 2000

F–Flood, Dir. 300° True   E–Ebb, Dir. 120° True

October

Day	Slack h m	Maximum h m	knots	Day	Slack h m	Maximum h m	knots
1 Su	0138 / 1444	1008 / 1859	1.0E / 1.2F	16 M	0155 / 1415	0913 / 1856	1.5E / 1.7F
2 M	0259 / 1542	1042 / 2012	1.2E / 1.3F	17 Tu	0255 / 1517	1009 / 2008	1.7E / 1.8F
3 Tu	0345 / 1642	1115 / 2114	1.2E / 1.4F	18 W	0345 / 1626	1103 / 2113	1.8E / 1.9F
4 W	0430 / 1743	1148 / 2201	1.2E / 1.4F	19 Th	0436 / 1734	1150 / 2204	1.8E / 1.9F
5 Th ◐	0517 / 1843	1224 / 2252	1.2E / 1.3F	20 F ○	0526 / 1840	1238 / 2256	1.6E / 1.7F
6 F	0607 / 1942	1316	1.1E	21 Sa	0612 / 1943	1407 / 2357	1.3E / 1.5F
7 Sa	0658 / 2036	0102 / 1600	1.2F / 1.0E	22 Su	0646 / 2042	1619	1.1E
8 Su	0749 / 2128	0127 / 1656	1.2F / 0.9E	23 M	— / 2138	0047 / 0833 / 1116 / 1741	1.2F / * / * / 0.8E
9 M	— / 2220	0139 / 1012 / 1120 / 1751	1.1F / * / * / 0.8E	24 Tu	0601 / 1039 / 1529 / 2238	0113 / 0817 / 1306 / 1922	0.9F / 0.3E / 0.3F / 0.5E
10 Tu	— / 2314	0153 / 0952 / 1303 / 1854	0.9F / * / * / 0.7E	25 W	0440 / 1107	0133 / 0803 / 1407 / 2112	0.6F / 0.5E / 0.7F / *
11 W	— / 1612	0212 / 0905 / 1356 / 1957	0.7F / * / 0.4F / 0.5E	26 Th	0337 / 1144	0151 / 0752 / 1457 / 2329	0.3F / 0.7F / 1.0F / *
12 Th	0009 / 1821	0231 / 0802 / 1442 / 2227	0.5F / * / 0.7F / 0.3E	27 F ●	— / 1221	0204 / 0753 / 1551	* / 1.0E / 1.3F
13 F ○	— / 1156	0247 / 0750 / 1535	* / 0.5E / 0.9F	28 Sa	— / 1257	0053 / 0158 / 0803 / 1654	* / * / 1.3F / 1.4F
14 Sa	— / 1238	0005 / 0249 / 0803 / 1641	* / * / 0.9F / 1.2F	29 Su	0039 / 1333	0822 / 1753	1.4E / 1.6F
15 Su	0006 / 1323	0831 / 1750	1.2E / 1.4F	30 M	0141 / 1412	0850 / 1847	1.5E / 1.6F
				31 Tu	0229 / 1457	0931 / 1943	1.5E / 1.6F

November

Day	Slack h m	Maximum h m	knots	Day	Slack h m	Maximum h m	knots
1 W	0310 / 1549	1022 / 2038	1.5E / 1.6F	16 Th	0329 / 1607	1044 / 2054	2.1E / 2.1F
2 Th	0349 / 1645	1107 / 2121	1.4E / 1.5F	17 F	0409 / 1707	1133 / 2135	1.8E / 1.9F
3 F	0426 / 1740	1145 / 2158	1.3E / 1.4F	18 Sa	0439 / 1803	1214 / 2208	1.4E / 1.6F
4 Sa ◐	0501 / 1834	1221 / 2235	1.1E / 1.2F	19 Su	0450 / 1855	0743 / 0853 / 1253 / 2237	0.4E / 0.4E / 0.9E / 1.2F
5 Su	0528 / 1925	0823 / 0914 / 1305 / 2314	0.4E / 0.4E / 0.8E / 1.0F	20 M	0430 / 1938	0715 / 1028 / 1628 / 2305	0.5E / * / 0.4E / 0.8F
6 M	0540 / 2012	0813 / 1029 / 1607 / 2358	0.3E / * / 0.5E / 0.8F	21 Tu	0340 / 1015	0704 / 1318 / 1841 / 2332	0.6E / 0.3F / * / 0.5F
7 Tu	0517 / 2056	0800 / 1209 / 1724	0.3E / * / 0.3E	22 W	0237 / 1033	0659 / 1409 / 2052 / 2354	0.9E / 0.8F / * / *
8 W	0409 / 1040	0036 / 0734 / 1326 / 1931	0.6F / 0.4E / 0.4F / *	23 Th	— / 1104	0657 / 1445	1.1E / 1.2F
9 Th	0306 / 1053	0104 / 0658 / 1412 / 2302	0.3F / 0.6E / 0.8F / *	24 F	0106 / 1138 / 2343	0701 / 1525	1.4E / 1.5F
10 F	— / 1120 / 2258	0122 / 0650 / 1457	* / 1.0E / 1.2F	25 Sa ●	— / 1212	0713 / 1613	1.6E / 1.7F
11 Sa ○	— / 1155 / 2350	0704 / 1549	1.3E / 1.6F	26 Su	0008 / 1245	0731 / 1705	1.7E / 1.8F
12 Su	— / 1235	0731 / 1653	1.7E / 1.8F	27 M	0047 / 1319	0754 / 1752	1.8E / 1.8F
13 M	0050 / 1320	0805 / 1756	2.0E / 2.1F	28 Tu	0131 / 1354	0823 / 1834	1.8E / 1.8F
14 Tu	0150 / 1409	0849 / 1857	2.1E / 2.2F	29 W	0213 / 1432	0859 / 1918	1.7E / 1.7F
15 W	0243 / 1506	0944 / 1959	2.1E / 2.2F	30 Th	0251 / 1514	0946 / 2003	1.6E / 1.7F

December

Day	Slack h m	Maximum h m	knots	Day	Slack h m	Maximum h m	knots
1 F	0324 / 1559	1035 / 2043	1.5E / 1.5F	16 Sa	0344 / 1640	1124 / 2055	1.5E / 1.6F
2 Sa	0351 / 1643	1115 / 2115	1.3E / 1.4F	17 Su ○	0342 / 1719	1155 / 2119	1.0E / 1.2F
3 Su ◐	0409 / 1721	1147 / 2144	1.0E / 1.2F	18 M	0307 / 1733	0602 / 0930 / 1208 / 2139	0.5E / * / 0.3E / 0.9F
4 M	0411 / 1749	0724 / 0926 / 1216 / 2211	0.5E / 0.4E / 0.6E / 1.0F	19 Tu	0201 / 0923	0552 / 1422 / 1743 / 2155	0.7E / 0.3F / * / 0.6F
5 Tu	0342 / —	0705 / 1042 / 1243 / 2234	0.5E / * / * / 0.7F	20 W	0046 / 0939	0553 / 1428 / 2019 / 2151	1.0E / 0.9F / 0.3F / 0.3F
6 W	0233 / 1006	0636 / 1341 / 1846 / 2247	0.6E / 0.3F / * / 0.4F	21 Th	0013 / 1011 / 2353	0559 / 1449	1.3E / 1.3F
7 Th	0125 / 1008	0559 / 1352	0.8E / 0.8F	22 F	— / 1046 / 2334	0610 / 1516	1.5E / 1.6F
8 F	0030 / 1031 / 2306	0551 / 1426	1.2E / 1.3F	23 Sa	— / 1123 / 2340	0628 / 1548	1.7E / 1.7F
9 Sa	— / 1105 / 2322	0607 / 1507	1.6E / 1.7F	24 Su	— / 1159	0650 / 1628	1.8E / 1.8F
10 Su	— / 1146	0637 / 1558	2.0E / 2.1F	25 M ●	0007 / 1234	0715 / 1710	1.9E / 1.8F
11 M ○	0003 / 1231	0714 / 1700	2.3E / 2.3F	26 Tu	0045 / 1308	0742 / 1746	1.9E / 1.8F
12 Tu	0056 / 1317	0755 / 1758	2.4E / 2.4F	27 W	0128 / 1342	0812 / 1818	1.8E / 1.8F
13 W	0153 / 1406	0842 / 1851	2.4E / 2.3F	28 Th	0209 / 1416	0846 / 1851	1.7E / 1.7F
14 Th	0242 / 1458	0938 / 1941	2.3E / 2.2F	29 F	0242 / 1450	0927 / 1924	1.6E / 1.6F
15 F	0321 / 1551	1038 / 2024	2.0E / 1.9F	30 Sa	0307 / 1523	1013 / 1958	1.4E / 1.4F
				31 Su	0324 / 1551	1053 / 2029	1.1E / 1.2F

Time meridian 90° W. 0000 is midnight. 1200 is noon.
If three or more consecutive entries are marked (F) or (E) the middle ones are not true maximums but intermediate values to show the current pattern.
* Current weak and variable.

Vieques Passage, Puerto Rico, 2000

F–Flood, Dir. 250° True   E–Ebb, Dir. 055° True

January

Day	Slack h m	Maximum h m	knots	Day	Slack h m	Maximum h m	knots
1 Sa	0323 / 1026 / 1739 / 2214	0029 / 0659 / 1347 / 1952	0.5E / 0.8F / 0.7E / 0.3F	16 Su	0232 / 0937 / 1649 / 2130	0610 / 1259 / 1905	0.9F / 0.8E / 0.3F
2 Su	0403 / 1110 / 1836 / 2315	0119 / 0744 / 1438 / 2049	0.4E / 0.8F / 0.8E / 0.3F	17 M	0322 / 1032 / 1752 / 2238	0037 / 0705 / 1358 / 2010	0.5E / 0.9F / 0.9E / 0.4F
3 M	0443 / 1152 / 1926	0208 / 0828 / 1524 / 2142	0.4E / 0.7F / 0.8E / 0.3F	18 Tu	0417 / 1126 / 1850 / 2346	0137 / 0801 / 1456 / 2112	0.5E / 0.9F / 1.0E / 0.4F
4 Tu	0014 / 0523 / 1231 / 2010	0257 / 0910 / 1607 / 2231	0.3E / 0.7F / 0.8E / 0.3F	19 W	0515 / 1220 / 1942	0239 / 0858 / 1551 / 2210	0.5E / 1.0F / 1.0E / 0.5F
5 W	0111 / 0605 / 1309 / 2049	0344 / 0951 / 1648 / 2315	0.3E / 0.7F / 0.9E / 0.4F	20 Th	0052 / 0616 / 1313 / 2031	0340 / 0955 / 1644 / 2305	0.5E / 1.0F / 1.1E / 0.6F
6 Th ●	0203 / 0647 / 1346 / 2125	0430 / 1032 / 1726 / 2356	0.3E / 0.7F / 0.9E / 0.4F	21 F	0154 / 0718 / 1405 / 2116	0441 / 1050 / 1734 / 2357	0.5E / 0.9F / 1.1E / 0.6F
7 F	0250 / 0732 / 1424 / 2159	0515 / 1113 / 1804	0.3E / 0.7F / 0.9E	22 Sa	0253 / 0821 / 1455 / 2200	0540 / 1146 / 1823	0.6E / 0.9F / 1.0E
8 Sa	0334 / 0819 / 1501 / 2231	0035 / 0600 / 1154 / 1841	0.4F / 0.3E / 0.7F / 0.9E	23 Su	0349 / 0924 / 1544 / 2242	0048 / 0638 / 1240 / 1911	0.7F / 0.6E / 0.8F / 1.0E
9 Su	0415 / 0910 / 1539 / 2301	0112 / 0644 / 1236 / 1917	0.5F / 0.3E / 0.6F / 0.8E	24 M	0444 / 1028 / 1631 / 2322	0136 / 0735 / 1334 / 1957	0.7F / 0.6E / 0.7F / 0.9E
10 M	0455 / 1005 / 1619 / 2331	0148 / 0730 / 1321 / 1954	0.5F / 0.4E / 0.6F / 0.8E	25 Tu	0537 / 1132 / 1718	0224 / 0831 / 1428 / 2043	0.8F / 0.6E / 0.6F / 0.8E
11 Tu	0536 / 1104 / 1701	0225 / 0818 / 1408 / 2033	0.6F / 0.4E / 0.5F / 0.8E	26 W	0002 / 0629 / 1238 / 1805	0311 / 0927 / 1522 / 2128	0.8F / 0.6E / 0.5F / 0.7E
12 W	0002 / 0618 / 1208 / 1745	0304 / 0909 / 1500 / 2114	0.6F / 0.5E / 0.5F / 0.7E	27 Th	0041 / 0719 / 1346 / 1853	0358 / 1024 / 1618 / 2214	0.8F / 0.6E / 0.4F / 0.6E
13 Th	0034 / 0704 / 1316 / 1833	0345 / 1004 / 1556 / 2158	0.7F / 0.6E / 0.4F / 0.7E	28 F ◐	0120 / 0809 / 1454 / 1944	0444 / 1124 / 1717 / 2301	0.8F / 0.7E / 0.3F / 0.5E
14 F ◐	0109 / 0753 / 1428 / 1926	0430 / 1101 / 1656 / 2246	0.7F / 0.6E / 0.4F / 0.6E	29 Sa	0159 / 0858 / 1601 / 2039	0531 / 1215 / 1816 / 2349	0.7F / 0.7E / 0.3F / 0.5E
15 Sa	0148 / 0844 / 1540 / 2025	0518 / 1200 / 1800 / 2339	0.8F / 0.7E / 0.3F / 0.6E	30 Su	0240 / 0945 / 1705 / 2139	0618 / 1309 / 1917	0.7F / 0.7E / 0.3F
				31 M	0322 / 1030 / 1801 / 2242	0041 / 0705 / 1400 / 2015	0.4E / 0.7F / 0.7E / 0.3F

February

Day	Slack h m	Maximum h m	knots	Day	Slack h m	Maximum h m	knots
1 Tu	0406 / 1114 / 1850 / 2343	0133 / 0752 / 1449 / 2109	0.3E / 0.7F / 0.8E / 0.3F	16 W	0404 / 1107 / 1824 / 2333	0123 / 0744 / 1435 / 2052	0.5E / 0.9F / 0.9E / 0.4F
2 W	0453 / 1157 / 1933	0226 / 0838 / 1534 / 2158	0.3E / 0.7F / 0.8E / 0.3F	17 Th	0510 / 1204 / 1914	0228 / 0845 / 1531 / 2150	0.5E / 0.9F / 0.9E / 0.5F
3 Th	0040 / 0541 / 1239 / 2012	0317 / 0923 / 1616 / 2242	0.3E / 0.7F / 0.8E / 0.4F	18 F	0037 / 0615 / 1258 / 2001	0331 / 0944 / 1624 / 2243	0.6E / 0.9F / 1.0E / 0.6F
4 F	0131 / 0631 / 1320 / 2047	0406 / 1008 / 1656 / 2322	0.3E / 0.7F / 0.8E / 0.4F	19 Sa ○	0136 / 0720 / 1350 / 2044	0431 / 1041 / 1713 / 2333	0.6E / 0.8F / 0.9E / 0.7F
5 Sa ●	0216 / 0722 / 1400 / 2119	0452 / 1052 / 1734	0.4E / 0.7F / 0.8E	20 Su	0231 / 0823 / 1439 / 2125	0529 / 1135 / 1800	0.6E / 0.8F / 0.9E
6 Su	0257 / 0814 / 1440 / 2149	0000 / 0538 / 1136 / 1811	0.5F / 0.4E / 0.6F / 0.8E	21 M	0324 / 0923 / 1527 / 2204	0020 / 0623 / 1227 / 1845	0.7F / 0.7E / 0.7F / 0.9E
7 M	0336 / 0907 / 1520 / 2218	0035 / 0622 / 1220 / 1848	0.5F / 0.5E / 0.6F / 0.8E	22 Tu	0413 / 1022 / 1612 / 2242	0106 / 0715 / 1318 / 1929	0.7F / 0.7E / 0.6F / 0.8E
8 Tu	0415 / 1002 / 1601 / 2247	0111 / 0708 / 1306 / 1925	0.6F / 0.5E / 0.6F / 0.8E	23 W	0501 / 1121 / 1657 / 2320	0150 / 0807 / 1408 / 2011	0.8F / 0.7E / 0.6F / 0.7E
9 W	0456 / 1059 / 1643 / 2318	0148 / 0755 / 1353 / 2004	0.6F / 0.6E / 0.5F / 0.7E	24 Th	0549 / 1219 / 1741 / 2357	0233 / 0857 / 1458 / 2054	0.8F / 0.7E / 0.5F / 0.6E
10 Th	0540 / 1200 / 1728 / 2352	0227 / 0845 / 1444 / 2045	0.7F / 0.6E / 0.5F / 0.7E	25 F	0635 / 1319 / 1827	0316 / 0948 / 1550 / 2138	0.7F / 0.7E / 0.4F / 0.6E
11 F	0628 / 1304 / 1816	0310 / 0938 / 1539 / 2131	0.7F / 0.7E / 0.4F / 0.6E	26 Sa ◐	0035 / 0722 / 1419 / 1917	0401 / 1039 / 1644 / 2224	0.7F / 0.7E / 0.3F / 0.5E
12 Sa ◐	0031 / 0719 / 1411 / 1910	0357 / 1035 / 1637 / 2221	0.8F / 0.7E / 0.4F / 0.6E	27 Su	0116 / 0809 / 1519 / 2012	0446 / 1131 / 1740 / 2313	0.7F / 0.7E / 0.3F / 0.4E
13 Su	0115 / 0814 / 1519 / 2009	0448 / 1134 / 1740 / 2317	0.8F / 0.7E / 0.4F / 0.5E	28 M	0159 / 0856 / 1617 / 2112	0534 / 1224 / 1838	0.7F / 0.7E / 0.3F
14 M	0206 / 0911 / 1626 / 2115	0544 / 1235 / 1846	0.9F / 0.8E / 0.4F	29 Tu	0247 / 0944 / 1711 / 2214	0007 / 0624 / 1316 / 1935	0.4E / 0.6F / 0.6E / 0.3F
15 Tu	0302 / 1009 / 1728 / 2225	0018 / 0643 / 1336 / 1951	0.5E / 0.9F / 0.9E / 0.4F				

March

Day	Slack h m	Maximum h m	knots	Day	Slack h m	Maximum h m	knots
1 W	0338 / 1032 / 1759 / 2313	0103 / 0716 / 1406 / 2029	0.3E / 0.6F / 0.7E / 0.3F	16 Th	0405 / 1047 / 1749 / 2324	0117 / 0733 / 1413 / 2032	0.5E / 0.8F / 0.8E / 0.5F
2 Th	0433 / 1120 / 1842	0159 / 0807 / 1454 / 2117	0.3E / 0.6F / 0.7E / 0.4F	17 F	0516 / 1146 / 1838	0223 / 0836 / 1509 / 2127	0.6E / 0.7F / 0.8E / 0.6F
3 F	0006 / 0529 / 1207 / 1921	0252 / 0857 / 1538 / 2200	0.4E / 0.6F / 0.7E / 0.4F	18 Sa	0023 / 0624 / 1242 / 1922	0325 / 0936 / 1601 / 2217	0.6E / 0.7F / 0.8E / 0.6F
4 Sa	0053 / 0625 / 1252 / 1955	0342 / 0946 / 1620 / 2240	0.4E / 0.6F / 0.8E / 0.5F	19 Su	0117 / 0728 / 1334 / 2004	0423 / 1032 / 1649 / 2304	0.7E / 0.7F / 0.8E / 0.7F
5 Su ●	0136 / 0719 / 1337 / 2027	0430 / 1033 / 1700 / 2318	0.5E / 0.6F / 0.7E / 0.5F	20 M ○	0208 / 0827 / 1423 / 2043	0516 / 1125 / 1734 / 2349	0.7E / 0.7F / 0.7E / 0.7F
6 M	0216 / 0813 / 1420 / 2058	0515 / 1120 / 1739 / 2354	0.6E / 0.6F / 0.7E / 0.6F	21 Tu	0255 / 0923 / 1509 / 2120	0606 / 1214 / 1817	0.8E / 0.6F / 0.7E
7 Tu	0255 / 0906 / 1503 / 2128	0600 / 1206 / 1817	0.6E / 0.6F / 0.7E	22 W	0339 / 1016 / 1554 / 2157	0031 / 0653 / 1302 / 1858	0.8F / 0.8E / 0.6F / 0.6E
8 W	0336 / 1000 / 1546 / 2201	0032 / 0646 / 1252 / 1856	0.7F / 0.7E / 0.6F / 0.7E	23 Th	0423 / 1108 / 1637 / 2233	0112 / 0739 / 1349 / 1939	0.8F / 0.8E / 0.5F / 0.6E
9 Th	0419 / 1055 / 1631 / 2236	0111 / 0733 / 1340 / 1937	0.7F / 0.8E / 0.6F / 0.6E	24 F	0505 / 1159 / 1722 / 2310	0152 / 0824 / 1435 / 2020	0.7F / 0.8E / 0.5F / 0.5E
10 F	0505 / 1152 / 1717 / 2316	0153 / 0822 / 1431 / 2021	0.8F / 0.8E / 0.5F / 0.6E	25 Sa	0547 / 1249 / 1808 / 2350	0233 / 0910 / 1523 / 2104	0.7F / 0.8E / 0.4F / 0.5E
11 Sa	0555 / 1251 / 1808	0239 / 0915 / 1525 / 2110	0.8F / 0.8E / 0.5F / 0.6E	26 Su	0630 / 1341 / 1859	0316 / 0956 / 1613 / 2151	0.7F / 0.7E / 0.4F / 0.4E
12 Su	0000 / 0648 / 1353 / 1904	0329 / 1011 / 1624 / 2204	0.8F / 0.8E / 0.4F / 0.5E	27 M ◐	0033 / 0715 / 1433 / 1954	0401 / 1045 / 1706 / 2242	0.6F / 0.7E / 0.4F / 0.4E
13 M ◐	0052 / 0745 / 1456 / 2006	0424 / 1110 / 1725 / 2304	0.8F / 0.8E / 0.4F / 0.5E	28 Tu	0122 / 0803 / 1524 / 2051	0450 / 1136 / 1800 / 2338	0.6F / 0.7E / 0.4F / 0.3E
14 Tu	0150 / 0845 / 1558 / 2112	0524 / 1212 / 1829	0.8F / 0.8E / 0.4F	29 W	0216 / 0853 / 1614 / 2149	0543 / 1227 / 1854	0.5F / 0.7E / 0.4F
15 W	0010 / 0256 / 0946 / 1656 / 2219	0628 / 1313 / 1932	0.5E / 0.8F / 0.8E / 0.5F	30 Th	0317 / 0945 / 1659 / 2242	0036 / 0639 / 1319 / 1944	0.3E / 0.5F / 0.7E / 0.4F
				31 F	0420 / 1038 / 1741 / 2330	0133 / 0736 / 1408 / 2031	0.4E / 0.5F / 0.7E / 0.5F

Time meridian 60° W. 0000 is midnight. 1200 is noon.

Vieques Passage, Puerto Rico, 2000

F–Flood, Dir. 250° True   E–Ebb, Dir. 055° True

April

Day	Slack h m	Maximum h m	knots	Day	Slack h m	Maximum h m	knots
1 Sa	— / 0522 / 1131 / 1819	0227 / 0831 / 1455 / 2114	0.5E / 0.5F / 0.7E / 0.5F	16 Su	0007 / 0634 / 1222 / 1838	0318 / 0927 / 1532 / 2148	0.7E / 0.6F / 0.7E / 0.7F
2 Su	0014 / 0621 / 1222 / 1855	0318 / 0923 / 1539 / 2155	0.5E / 0.5F / 0.7E / 0.6F	17 M	0056 / 0735 / 1315 / 1918	0412 / 1023 / 1620 / 2233	0.8E / 0.6F / 0.6E / 0.7F
3 M	0056 / 0717 / 1311 / 1928	0406 / 1014 / 1621 / 2234	0.6E / 0.6F / 0.6E / 0.7F	18 Tu ○	0142 / 0830 / 1405 / 1956	0501 / 1113 / 1704 / 2314	0.8E / 0.5F / 0.6E / 0.8F
4 Tu ●	0137 / 0810 / 1358 / 2002	0452 / 1102 / 1703 / 2313	0.7E / 0.6F / 0.6E / 0.7F	19 W	0225 / 0921 / 1451 / 2032	0547 / 1201 / 1745 / 2354	0.8E / 0.5F / 0.5E / 0.8F
5 W	0219 / 0903 / 1445 / 2038	0538 / 1150 / 1744 / 2354	0.8E / 0.6F / 0.6E / 0.8F	20 Th	0305 / 1008 / 1536 / 2108	0630 / 1246 / 1826	0.9E / 0.5F / 0.5E
6 Th	0302 / 0955 / 1531 / 2116	0624 / 1239 / 1827	0.9E / 0.6F / 0.6E	21 F	0344 / 1053 / 1621 / 2145	0033 / 0711 / 1330 / 1906	0.7F / 0.9E / 0.5F / 0.4E
7 F	0348 / 1048 / 1620 / 2158	0037 / 0712 / 1328 / 1913	0.8F / 0.9E / 0.6F / 0.6E	22 Sa	0422 / 1137 / 1706 / 2224	0111 / 0752 / 1414 / 1948	0.7F / 0.8E / 0.4F / 0.4E
8 Sa	0436 / 1142 / 1710 / 2245	0123 / 0802 / 1420 / 2002	0.9F / 1.0E / 0.5F / 0.6E	23 Su	0501 / 1221 / 1754 / 2306	0151 / 0834 / 1458 / 2033	0.7F / 0.8E / 0.4F / 0.4E
9 Su	0527 / 1237 / 1805 / 2338	0213 / 0854 / 1514 / 2055	0.8F / 0.9E / 0.5F / 0.5E	24 M	0541 / 1305 / 1845 / 2353	0233 / 0916 / 1545 / 2121	0.6F / 0.8E / 0.4F / 0.3E
10 M	0621 / 1333 / 1904	0306 / 0950 / 1612 / 2154	0.8F / 0.9E / 0.5F / 0.5E	25 Tu	0624 / 1349 / 1937	0319 / 1001 / 1633 / 2214	0.6F / 0.8E / 0.4F / 0.3E
11 Tu ☾	0038 / 0719 / 1430 / 2007	0405 / 1048 / 1712 / 2259	0.8F / 0.9E / 0.5F / 0.5E	26 W ☽	0048 / 0711 / 1433 / 2030	0409 / 1049 / 1722 / 2310	0.5F / 0.7E / 0.4F / 0.3E
12 W	0145 / 0820 / 1526 / 2111	0509 / 1148 / 1813	0.7F / 0.8E / 0.5F	27 Th	0151 / 0801 / 1516 / 2121	0504 / 1138 / 1811	0.5F / 0.7E / 0.5F
13 Th	0259 / 0922 / 1619 / 2214	0007 / 0616 / 1248 / 1912	0.5E / 0.7F / 0.8E / 0.6F	28 F	0258 / 0856 / 1557 / 2209	0008 / 0603 / 1228 / 1858	0.4E / 0.4F / 0.6E / 0.5F
14 F	0414 / 1025 / 1709 / 2313	0115 / 0723 / 1347 / 2008	0.6E / 0.6F / 0.7E / 0.6F	29 Sa	0407 / 0953 / 1637 / 2254	0106 / 0703 / 1318 / 1944	0.5E / 0.4F / 0.6E / 0.5F
15 Sa	0527 / 1125 / 1755	0219 / 0827 / 1442 / 2100	0.6E / 0.6F / 0.7E / 0.7F	30 Su	0513 / 1050 / 1715 / 2337	0200 / 0802 / 1407 / 2027	0.5E / 0.4F / 0.6E / 0.6F

May

Day	Slack h m	Maximum h m	knots	Day	Slack h m	Maximum h m	knots
1 M	0614 / 1146 / 1752	0251 / 0858 / 1454 / 2110	0.7E / 0.5F / 0.6E / 0.7F	16 Tu	0033 / 0737 / 1252 / 1830	0356 / 1009 / 1547 / 2200	0.8E / 0.4F / 0.5E / 0.8F
2 Tu	0020 / 0711 / 1240 / 1830	0341 / 0952 / 1540 / 2153	0.8E / 0.5F / 0.6E / 0.8F	17 W	0115 / 0828 / 1344 / 1907	0443 / 1059 / 1631 / 2240	0.9E / 0.4F / 0.4E / 0.8F
3 W	0104 / 0804 / 1333 / 1910	0428 / 1043 / 1626 / 2237	0.9E / 0.5F / 0.6E / 0.8F	18 Th ○	0155 / 0914 / 1433 / 1944	0525 / 1145 / 1713 / 2318	0.9E / 0.4F / 0.4E / 0.8F
4 Th ●	0149 / 0856 / 1424 / 1952	0516 / 1134 / 1713 / 2322	1.0E / 0.6F / 0.6E / 0.9F	19 F	0232 / 0957 / 1520 / 2021	0605 / 1229 / 1755 / 2356	0.9E / 0.4F / 0.4E / 0.7F
5 F	0235 / 0947 / 1516 / 2038	0604 / 1224 / 1801	1.0E / 0.6F / 0.5E	20 Sa	0308 / 1037 / 1606 / 2100	0644 / 1311 / 1836	0.9E / 0.4F / 0.3E
6 Sa	0322 / 1038 / 1609 / 2128	0009 / 0653 / 1315 / 1852	0.9F / 1.1E / 0.6F / 0.5E	21 Su	0344 / 1115 / 1652 / 2142	0034 / 0722 / 1352 / 1920	0.7F / 0.9E / 0.4F / 0.3E
7 Su	0412 / 1128 / 1704 / 2223	0059 / 0743 / 1408 / 1946	0.9F / 1.1E / 0.6F / 0.5E	22 M	0421 / 1153 / 1739 / 2228	0114 / 0801 / 1434 / 2005	0.6F / 0.9E / 0.5F / 0.3E
8 M	0503 / 1219 / 1801 / 2324	0152 / 0835 / 1502 / 2045	0.9F / 1.0E / 0.6F / 0.5E	23 Tu	0500 / 1230 / 1827 / 2321	0156 / 0841 / 1516 / 2054	0.6F / 0.8E / 0.5F / 0.3E
9 Tu	0558 / 1310 / 1902	0249 / 0929 / 1558 / 2148	0.8F / 1.0E / 0.6F / 0.5E	24 W	0541 / 1308 / 1914	0242 / 0922 / 1600 / 2147	0.5F / 0.8E / 0.5F / 0.3E
10 W ☾	0032 / 0654 / 1401 / 2004	0349 / 1025 / 1655 / 2254	0.7F / 0.9E / 0.6F / 0.5E	25 Th	0021 / 0626 / 1345 / 2001	0332 / 1006 / 1644 / 2242	0.5F / 0.7E / 0.5F / 0.4E
11 Th	0146 / 0754 / 1451 / 2105	0455 / 1122 / 1753	0.6E / 0.6F / 0.8E / 0.6F	26 F ☽	0128 / 0715 / 1422 / 2047	0428 / 1052 / 1728 / 2339	0.4F / 0.7E / 0.6F / 0.4E
12 F	0304 / 0855 / 1540 / 2203	0002 / 0602 / 1220 / 1848	0.6E / 0.5F / 0.7E / 0.7F	27 Sa	0240 / 0808 / 1459 / 2132	0528 / 1140 / 1813	0.5F / 0.6E / 0.6F
13 Sa	0422 / 0958 / 1626 / 2257	0108 / 0710 / 1316 / 1941	0.6E / 0.5F / 0.7E / 0.7F	28 Su	0352 / 0906 / 1537 / 2217	0035 / 0630 / 1229 / 1858	0.5E / 0.5F / 0.6E / 0.7F
14 Su	0534 / 1059 / 1709 / 2347	0210 / 0815 / 1410 / 2031	0.7E / 0.5F / 0.6E / 0.6F	29 M	0500 / 1006 / 1616 / 2303	0131 / 0731 / 1319 / 1944	0.6E / 0.4F / 0.5E / 0.7F
15 M	0639 / 1158 / 1751	0306 / 0915 / 1500 / 2117	0.8E / 0.4F / 0.5E / 0.8F	30 Tu	0603 / 1107 / 1657 / 2349	0224 / 0831 / 1410 / 2030	0.8E / 0.4F / 0.5E / 0.8F
				31 W	0700 / 1207 / 1741	0315 / 0928 / 1501 / 2117	0.9E / 0.4F / 0.5E / 0.9F

June

Day	Slack h m	Maximum h m	knots	Day	Slack h m	Maximum h m	knots
1 Th	0036 / 0754 / 1305 / 1828	0405 / 1023 / 1553 / 2206	1.0E / 0.5F / 0.5E / 0.9F	16 F ○	0125 / 0900 / 1412 / 1904	0501 / 1126 / 1643 / 2246	0.9E / 0.4F / 0.3E / 0.7F
2 F ●	0124 / 0845 / 1402 / 1918	0455 / 1116 / 1646 / 2256	1.1E / 0.5F / 0.5E / 1.0F	17 Sa	0202 / 0939 / 1501 / 1944	0540 / 1208 / 1727 / 2325	0.9E / 0.4F / 0.3E / 0.7F
3 Sa	0212 / 0934 / 1459 / 2011	0545 / 1208 / 1740 / 2347	1.1E / 0.6F / 0.5E / 1.0F	18 Su	0237 / 1014 / 1548 / 2027	0617 / 1249 / 1810	0.9E / 0.4F / 0.3E
4 Su	0302 / 1022 / 1555 / 2109	0634 / 1300 / 1836	1.1E / 0.6F / 0.5E	19 M	0313 / 1049 / 1632 / 2113	0004 / 0654 / 1328 / 1855	0.7F / 0.9E / 0.5F / 0.3E
5 M	0352 / 1110 / 1653 / 2210	0040 / 0725 / 1353 / 1934	0.9F / 1.1E / 0.6F / 0.5E	20 Tu	0350 / 1122 / 1716 / 2204	0045 / 0731 / 1406 / 1941	0.6F / 0.9E / 0.5F / 0.3E
6 Tu	0444 / 1157 / 1752 / 2317	0136 / 0816 / 1446 / 2035	0.8F / 1.1E / 0.7F / 0.5E	21 W	0428 / 1154 / 1758 / 2300	0128 / 0809 / 1445 / 2028	0.6F / 0.8E / 0.5F / 0.3E
7 W	0536 / 1243 / 1851	0234 / 0908 / 1539 / 2138	0.8F / 1.0E / 0.7F / 0.5E	22 Th	0508 / 1226 / 1840	0213 / 0848 / 1524 / 2119	0.5F / 0.8E / 0.5F / 0.4E
8 Th	0028 / 0631 / 1330 / 1950	0335 / 1001 / 1634 / 2244	0.6F / 0.9E / 0.7F / 0.6E	23 F ☽	0002 / 0551 / 1259 / 1924	0303 / 0928 / 1604 / 2212	0.5F / 0.7E / 0.6F / 0.4E
9 F	0145 / 0727 / 1415 / 2048	0439 / 1055 / 1727 / 2349	0.5F / 0.8E / 0.8F / 0.6E	24 Sa ☾	0110 / 0637 / 1332 / 2008	0357 / 1011 / 1646 / 2307	0.4F / 0.7E / 0.6F / 0.5E
10 Sa	0303 / 0825 / 1459 / 2143	0545 / 1149 / 1820	0.5F / 0.7E / 0.8F	25 Su	0221 / 0728 / 1407 / 2054	0456 / 1056 / 1730	0.4F / 0.6E / 0.7F
11 Su	0420 / 0926 / 1543 / 2234	0052 / 0651 / 1242 / 1911	0.7E / 0.4F / 0.6E / 0.8F	26 M	0333 / 0825 / 1445 / 2142	0003 / 0558 / 1145 / 1817	0.6E / 0.3F / 0.6E / 0.8F
12 M	0532 / 1027 / 1625 / 2322	0151 / 0756 / 1334 / 1959	0.7E / 0.4F / 0.5E / 0.8F	27 Tu	0442 / 0926 / 1527 / 2231	0100 / 0701 / 1237 / 1906	0.7E / 0.3F / 0.5E / 0.8F
13 Tu	0635 / 1127 / 1705	0246 / 0856 / 1424 / 2044	0.8E / 0.3F / 0.4E / 0.8F	28 W	0546 / 1030 / 1614 / 2321	0155 / 0804 / 1332 / 1957	0.8E / 0.3F / 0.5E / 0.9F
14 W	0006 / 0730 / 1225 / 1745	0335 / 0950 / 1513 / 2127	0.8E / 0.3F / 0.4E / 0.8F	29 Th	0644 / 1135 / 1705	0250 / 0904 / 1429 / 2049	0.9E / 0.4F / 0.5E / 0.9F
15 Th	0047 / 0818 / 1320 / 1824	0420 / 1040 / 1559 / 2207	0.9E / 0.4F / 0.4E / 0.8F	30 F	0012 / 0737 / 1239 / 1800	0343 / 1001 / 1527 / 2142	1.0E / 0.4F / 0.5E / 1.0F

Time meridian 60° W. 0000 is midnight. 1200 is noon.

Vieques Passage, Puerto Rico, 2000

F–Flood, Dir. 250° True   E–Ebb, Dir. 055° True

July

Day	Slack (h m)	Maximum (h m)	knots	Day	Slack (h m)	Maximum (h m)	knots
1 Sa ●	0103 / 0827 / 1341 / 1857	0435 / 1056 / 1625 / 2236	1.1E / 0.5F / 0.5E / 1.0F	16 Su ○	0134 / 0910 / 1435 / 1922	0513 / 1142 / 1703 / 2301	0.9E / 0.4F / 0.3E / 0.7F
2 Su	0154 / 0914 / 1440 / 1957	0526 / 1149 / 1723 / 2331	1.1E / 0.6F / 0.5E / 1.0F	17 M	0211 / 0943 / 1520 / 2010	0550 / 1220 / 1748 / 2342	0.9E / 0.4F / 0.3E / 0.6F
3 M	0245 / 1000 / 1539 / 2100	0616 / 1241 / 1822	1.1E / 0.6F / 0.6E	18 Tu	0248 / 1015 / 1600 / 2100	0627 / 1257 / 1832	0.9E / 0.5F / 0.3E
4 Tu	0336 / 1045 / 1636 / 2205	0026 / 0706 / 1333 / 1922	0.9F / 1.1E / 0.7F / 0.6E	19 W	0326 / 1045 / 1640 / 2153	0024 / 0702 / 1333 / 1917	0.6F / 0.8E / 0.5F / 0.4E
5 W	0426 / 1129 / 1733 / 2312	0122 / 0755 / 1424 / 2022	0.8F / 1.0E / 0.7F / 0.6E	20 Th	0404 / 1114 / 1719 / 2249	0107 / 0738 / 1408 / 2002	0.6F / 0.8E / 0.6F / 0.4E
6 Th	0517 / 1212 / 1830	0219 / 0845 / 1515 / 2123	0.7F / 0.9E / 0.8F / 0.6E	21 F	0444 / 1143 / 1759 / 2349	0152 / 0815 / 1445 / 2050	0.5F / 0.7E / 0.6F / 0.5E
7 F	0023 / 0608 / 1255 / 1926	0318 / 0935 / 1606 / 2225	0.6F / 0.8E / 0.8F / 0.6E	22 Sa	0525 / 1213 / 1842	0241 / 0854 / 1524 / 2141	0.5F / 0.7E / 0.7F / 0.5E
8 Sa ☾	0136 / 0701 / 1337 / 2020	0419 / 1024 / 1656 / 2326	0.5F / 0.7E / 0.8F / 0.7E	23 Su	0053 / 0610 / 1246 / 1928	0333 / 0935 / 1606 / 2235	0.4F / 0.6E / 0.7F / 0.6F
9 Su	0251 / 0755 / 1419 / 2113	0522 / 1115 / 1747	0.4F / 0.6E / 0.8F	24 M ☾	0201 / 0700 / 1322 / 2017	0430 / 1020 / 1651 / 2331	0.4F / 0.6E / 0.8F / 0.7E
10 M	0405 / 0852 / 1501 / 2203	0027 / 0626 / 1206 / 1836	0.7E / 0.3F / 0.5E / 0.8F	25 Tu	0311 / 0755 / 1404 / 2109	0530 / 1110 / 1741	0.3F / 0.5E / 0.8F
11 Tu	0514 / 0953 / 1543 / 2250	0124 / 0729 / 1258 / 1924	0.7E / 0.3F / 0.5E / 0.8F	26 W	0419 / 0857 / 1452 / 2202	0030 / 0634 / 1205 / 1834	0.8E / 0.3F / 0.5E / 0.9F
12 W	0616 / 1055 / 1625 / 2335	0218 / 0829 / 1349 / 2010	0.8E / 0.3F / 0.4E / 0.8F	27 Th	0522 / 1003 / 1546 / 2257	0128 / 0738 / 1305 / 1931	0.8E / 0.3F / 0.5E / 0.9F
13 Th	0709 / 1156 / 1708	0307 / 0925 / 1440 / 2055	0.8E / 0.3F / 0.3E / 0.7F	28 F	0620 / 1112 / 1645 / 2351	0226 / 0840 / 1407 / 2028	0.9E / 0.4F / 0.5E / 0.9F
14 F	0016 / 0754 / 1254 / 1752	0352 / 1015 / 1529 / 2138	0.8E / 0.3F / 0.3E / 0.7F	29 Sa	0713 / 1218 / 1747	0321 / 0939 / 1509 / 2126	1.0E / 0.5F / 0.5E / 0.9F
15 Sa	0055 / 0834 / 1347 / 1836	0434 / 1100 / 1617 / 2219	0.9E / 0.4F / 0.3E / 0.7F	30 Su ●	0045 / 0801 / 1321 / 1850	0415 / 1035 / 1611 / 2223	1.0E / 0.5F / 0.6E / 0.9F
				31 M	0138 / 0847 / 1421 / 1955	0506 / 1128 / 1711 / 2319	1.0E / 0.6F / 0.6E / 0.9F

August

Day	Slack (h m)	Maximum (h m)	knots	Day	Slack (h m)	Maximum (h m)	knots
1 Tu	0230 / 0931 / 1517 / 2059	0556 / 1218 / 1810	1.0E / 0.7F / 0.6E	16 W	0227 / 0931 / 1520 / 2057	0556 / 1219 / 1809	0.8E / 0.5F / 0.5E
2 W	0320 / 1014 / 1613 / 2203	0015 / 0645 / 1308 / 1907	0.8F / 1.0E / 0.7F / 0.7E	17 Th	0306 / 0959 / 1557 / 2149	0007 / 0632 / 1254 / 1852	0.6F / 0.8E / 0.6F / 0.5E
3 Th	0410 / 1056 / 1706 / 2307	0110 / 0732 / 1356 / 2004	0.8F / 0.9E / 0.8F / 0.7E	18 F	0346 / 1027 / 1636 / 2243	0051 / 0708 / 1328 / 1937	0.6F / 0.7E / 0.6F / 0.6E
4 F	0458 / 1136 / 1759	0205 / 0819 / 1444 / 2101	0.7F / 0.9E / 0.8F / 0.7E	19 Sa	0426 / 1057 / 1717 / 2339	0136 / 0744 / 1405 / 2023	0.5F / 0.7E / 0.7F / 0.6E
5 Sa	0013 / 0547 / 1217 / 1852	0300 / 0906 / 1532 / 2158	0.6F / 0.8E / 0.8F / 0.7E	20 Su	0508 / 1128 / 1801	0223 / 0823 / 1445 / 2113	0.5F / 0.6E / 0.7F / 0.7E
6 Su ☾	0120 / 0636 / 1258 / 1943	0357 / 0953 / 1620 / 2255	0.5F / 0.7E / 0.8F / 0.7E	21 M	0039 / 0553 / 1205 / 1849	0314 / 0905 / 1529 / 2206	0.4F / 0.6E / 0.8F / 0.7E
7 M	0228 / 0727 / 1339 / 2034	0455 / 1041 / 1709 / 2352	0.4F / 0.6E / 0.8F / 0.7E	22 Tu ○	0142 / 0643 / 1246 / 1942	0409 / 0952 / 1618 / 2302	0.4F / 0.6E / 0.8F / 0.8E
8 Tu	0336 / 0823 / 1422 / 2124	0555 / 1131 / 1758	0.3F / 0.5E / 0.7F	23 W	0247 / 0739 / 1335 / 2037	0509 / 1046 / 1712	0.4F / 0.5E / 0.8F
9 W	0441 / 0922 / 1506 / 2211	0047 / 0656 / 1223 / 1847	0.7E / 0.3F / 0.4E / 0.7F	24 Th	0351 / 0842 / 1430 / 2135	0001 / 0612 / 1145 / 1810	0.8E / 0.4F / 0.5E / 0.8F
10 Th	0539 / 1025 / 1553 / 2258	0141 / 0756 / 1318 / 1936	0.7E / 0.3F / 0.4E / 0.7F	25 F	0452 / 0950 / 1533 / 2234	0102 / 0716 / 1249 / 1912	0.8E / 0.4F / 0.5E / 0.8F
11 F	0630 / 1127 / 1642 / 2342	0231 / 0851 / 1412 / 2024	0.8E / 0.3F / 0.3E / 0.8F	26 Sa	0549 / 1058 / 1639 / 2332	0201 / 0818 / 1355 / 2014	0.9E / 0.4F / 0.5E / 0.8F
12 Sa	0714 / 1225 / 1732	0317 / 0941 / 1504 / 2111	0.8E / 0.3F / 0.3E / 0.7F	27 Su	0640 / 1203 / 1747	0259 / 0916 / 1500 / 2115	0.9E / 0.5F / 0.6E / 0.8F
13 Su	0025 / 0753 / 1316 / 1824	0401 / 1026 / 1554 / 2156	0.8E / 0.4F / 0.3E / 0.6F	28 M	0029 / 0728 / 1303 / 1854	0353 / 1011 / 1602 / 2214	0.9E / 0.5F / 0.6E / 0.8F
14 M	0106 / 0829 / 1401 / 1915	0441 / 1106 / 1641 / 2240	0.8E / 0.4F / 0.4E / 0.6F	29 Tu ●	0123 / 0812 / 1400 / 1959	0445 / 1102 / 1701 / 2310	0.9E / 0.7F / 0.7E / 0.8F
15 Tu ○	0147 / 0901 / 1442 / 2006	0519 / 1144 / 1726 / 2324	0.9E / 0.5F / 0.4E / 0.6F	30 W	0215 / 0855 / 1453 / 2101	0534 / 1151 / 1757	0.9E / 0.7F / 0.7E
				31 Th	0305 / 0936 / 1545 / 2201	0004 / 0621 / 1238 / 1851	0.8F / 0.9E / 0.8F / 0.8E

September

Day	Slack (h m)	Maximum (h m)	knots	Day	Slack (h m)	Maximum (h m)	knots
1 F	0353 / 1016 / 1634 / 2300	0057 / 0706 / 1324 / 1943	0.7F / 0.8E / 0.8F / 0.8E	16 Sa	0329 / 0937 / 1556 / 2237	0036 / 0636 / 1249 / 1912	0.6F / 0.6E / 0.7F / 0.8E
2 Sa	0440 / 1056 / 1723 / 2359	0149 / 0751 / 1409 / 2034	0.6F / 0.7E / 0.8F / 0.8E	17 Su	0412 / 1010 / 1639 / 2330	0121 / 0715 / 1328 / 1958	0.5F / 0.6E / 0.7F / 0.8E
3 Su	0527 / 1135 / 1811	0240 / 0835 / 1454 / 2126	0.5F / 0.6E / 0.8F / 0.8E	18 M	0456 / 1047 / 1726	0209 / 0756 / 1411 / 2048	0.5F / 0.6E / 0.8F / 0.8E
4 M	0058 / 0615 / 1216 / 1859	0333 / 0920 / 1540 / 2218	0.5F / 0.6E / 0.7F / 0.7E	19 Tu	0025 / 0544 / 1130 / 1816	0300 / 0842 / 1458 / 2140	0.5F / 0.5E / 0.8F / 0.8E
5 Tu ☾	0157 / 0705 / 1258 / 1947	0427 / 1008 / 1627 / 2310	0.4F / 0.5E / 0.7F / 0.7E	20 W ○	0123 / 0636 / 1219 / 1910	0354 / 0934 / 1551 / 2236	0.4F / 0.5E / 0.8F / 0.8E
6 W	0257 / 0800 / 1344 / 2036	0523 / 1059 / 1716	0.3F / 0.4E / 0.7F	21 Th	0222 / 0735 / 1317 / 2008	0453 / 1032 / 1649 / 2336	0.4F / 0.5E / 0.8F / 0.8E
7 Th	0354 / 0900 / 1434 / 2125	0004 / 0620 / 1153 / 1808	0.7E / 0.3F / 0.4E / 0.6F	22 F	0321 / 0839 / 1422 / 2110	0554 / 1136 / 1753	0.4F / 0.5E / 0.7F
8 F	0448 / 1001 / 1528 / 2214	0056 / 0717 / 1250 / 1900	0.7E / 0.3F / 0.3E / 0.6F	23 Sa	0418 / 0945 / 1533 / 2212	0037 / 0656 / 1244 / 1858	0.8E / 0.5F / 0.5E / 0.7F
9 Sa	0537 / 1100 / 1625 / 2303	0147 / 0811 / 1347 / 1953	0.7E / 0.4F / 0.3E / 0.6F	24 Su	0512 / 1050 / 1646 / 2313	0137 / 0756 / 1351 / 2004	0.8E / 0.5F / 0.6E / 0.7F
10 Su	0620 / 1153 / 1722 / 2351	0236 / 0900 / 1441 / 2044	0.7E / 0.4F / 0.4E / 0.6F	25 M	0601 / 1150 / 1757	0235 / 0853 / 1455 / 2107	0.8E / 0.6F / 0.6E / 0.7F
11 M	0659 / 1240 / 1818	0321 / 0944 / 1531 / 2134	0.7E / 0.4F / 0.4E / 0.6F	26 Tu	0012 / 0648 / 1246 / 1903	0329 / 0946 / 1555 / 2206	0.8E / 0.7F / 0.7E / 0.7F
12 Tu	0037 / 0735 / 1322 / 1912	0404 / 1023 / 1618 / 2221	0.7E / 0.5F / 0.5E / 0.6F	27 W ●	0108 / 0732 / 1339 / 2005	0420 / 1035 / 1650 / 2301	0.8E / 0.7F / 0.8E / 0.7F
13 W	0122 / 0807 / 1400 / 2004	0443 / 1101 / 1702 / 2307	0.7E / 0.5F / 0.6E / 0.6F	28 Th	0200 / 0813 / 1428 / 2103	0508 / 1121 / 1742 / 2354	0.7E / 0.8F / 0.8E / 0.6F
14 Th	0205 / 0837 / 1438 / 2055	0521 / 1136 / 1745 / 2351	0.7E / 0.6F / 0.6E / 0.6F	29 F	0249 / 0853 / 1514 / 2158	0553 / 1206 / 1832	0.7E / 0.8F / 0.9E
15 F	0247 / 0907 / 1516 / 2146	0558 / 1212 / 1828	0.7E / 0.7F / 0.7E	30 Sa	0337 / 0932 / 1600 / 2251	0044 / 0637 / 1249 / 1919	0.6F / 0.6E / 0.8F / 0.9E

Time meridian 60° W. 0000 is midnight. 1200 is noon.

Vieques Passage, Puerto Rico, 2000

F–Flood, Dir. 250° True   E–Ebb, Dir. 055° True

October

Day	Slack h m	Maximum h m	knots	Day	Slack h m	Maximum h m	knots
1 Su	0423 / 1011 / 1643 / 2342	0132 / 0720 / 1332 / 2006	0.5F / 0.6E / 0.8F / 0.8E	16 M	0358 / 0929 / 1608	0107 / 0648 / 1256 / 1937	0.5F / 0.5E / 0.8F / 0.9E
2 M	0510 / 1051 / 1727	0220 / 0804 / 1414 / 2052	0.5F / 0.5E / 0.7F / 0.8E	17 Tu	0447 / 1014 / 1657	0156 / 0734 / 1343 / 2026	0.5F / 0.5E / 0.8F / 1.0E
3 Tu	0033 / 0558 / 1133 / 1811	0309 / 0849 / 1458 / 2139	0.5F / 0.5E / 0.7F / 0.8E	18 W	0010 / 0539 / 1105 / 1748	0247 / 0826 / 1434 / 2118	0.5F / 0.5E / 0.8F / 0.9E
4 W	0123 / 0649 / 1218 / 1856	0359 / 0937 / 1544 / 2227	0.4F / 0.4E / 0.6F / 0.7E	19 Th	0103 / 0635 / 1203 / 1843	0342 / 0923 / 1531 / 2214	0.5F / 0.5E / 0.8F / 0.9E
5 Th ☽	0213 / 0744 / 1308 / 1943	0450 / 1029 / 1634 / 2316	0.4F / 0.4E / 0.6F / 0.7E	20 F	0156 / 0736 / 1310 / 1942	0439 / 1025 / 1633 / 2312	0.5F / 0.5E / 0.7F / 0.8E
6 F	0303 / 0841 / 1405 / 2033	0544 / 1125 / 1727	0.4F / 0.3E / 0.5F	21 Sa	0249 / 0839 / 1424 / 2045	0538 / 1133 / 1739	0.5F / 0.5E / 0.6F
7 Sa	0351 / 0938 / 1507 / 2125	0007 / 0636 / 1224 / 1823	0.7E / 0.4F / 0.4E / 0.5F	22 Su	0342 / 0941 / 1542 / 2148	0011 / 0637 / 1241 / 1848	0.8E / 0.6F / 0.6E / 0.6F
8 Su	0436 / 1030 / 1611 / 2218	0059 / 0727 / 1321 / 1921	0.7E / 0.4F / 0.4E / 0.5F	23 M	0432 / 1041 / 1657 / 2251	0110 / 0734 / 1347 / 1955	0.7E / 0.6F / 0.6E / 0.6F
9 M	0518 / 1118 / 1714 / 2311	0148 / 0814 / 1416 / 2016	0.6E / 0.5F / 0.5E / 0.5F	24 Tu	0519 / 1137 / 1808 / 2352	0207 / 0828 / 1449 / 2059	0.7E / 0.7F / 0.7E / 0.6F
10 Tu	0557 / 1201 / 1813	0235 / 0857 / 1506 / 2109	0.6E / 0.5F / 0.5E / 0.5F	25 W	0604 / 1228 / 1912	0301 / 0918 / 1545 / 2157	0.7E / 0.8F / 0.8E / 0.6F
11 W	0003 / 0632 / 1242 / 1908	0320 / 0937 / 1553 / 2200	0.6E / 0.6F / 0.6E / 0.5F	26 Th	0049 / 0647 / 1316 / 2010	0352 / 1006 / 1637 / 2251	0.6E / 0.8F / 0.9E / 0.5F
12 Th	0053 / 0706 / 1321 / 2000	0402 / 1015 / 1637 / 2248	0.6E / 0.6F / 0.7E / 0.5F	27 F ●	0142 / 0728 / 1402 / 2103	0439 / 1050 / 1726 / 2342	0.6E / 0.8F / 0.9E / 0.5F
13 F ○	0140 / 0739 / 1400 / 2050	0443 / 1053 / 1721 / 2334	0.6E / 0.7F / 0.8E / 0.5F	28 Sa	0232 / 0808 / 1444 / 2152	0524 / 1132 / 1811	0.5E / 0.8F / 0.8E
14 Sa	0226 / 0813 / 1440 / 2139	0523 / 1132 / 1805	0.6E / 0.8F / 0.9E	29 Su	0320 / 0847 / 1525 / 2239	0029 / 0607 / 1213 / 1854	0.5F / 0.5E / 0.8F / 0.9E
15 Su	0312 / 0849 / 1523 / 2229	0020 / 0604 / 1212 / 1850	0.5F / 0.5E / 0.8F / 0.9E	30 M	0408 / 0926 / 1605 / 2323	0115 / 0650 / 1254 / 1936	0.5F / 0.4E / 0.7F / 0.9E
				31 Tu	0455 / 1007 / 1644	0200 / 0734 / 1335 / 2018	0.5F / 0.4E / 0.7F / 0.9E

November

Day	Slack h m	Maximum h m	knots	Day	Slack h m	Maximum h m	knots
1 W	0006 / 0544 / 1051 / 1724	0245 / 0820 / 1417 / 2101	0.5F / 0.4E / 0.6F / 0.8E	16 Th	0533 / 1050 / 1726	0234 / 0814 / 1417 / 2058	0.6F / 0.5E / 0.8F / 1.0E
2 Th	0049 / 0635 / 1140 / 1806	0331 / 0909 / 1503 / 2145	0.5F / 0.3E / 0.6F / 0.8E	17 F	0041 / 0631 / 1157 / 1821	0327 / 0915 / 1516 / 2152	0.6F / 0.5E / 0.7F / 0.9E
3 F	0131 / 0727 / 1236 / 1851	0418 / 1001 / 1553 / 2231	0.5F / 0.3E / 0.5F / 0.7E	18 Sa ☽	0129 / 0731 / 1311 / 1919	0423 / 1020 / 1620 / 2248	0.6F / 0.5E / 0.6F / 0.8E
4 Sa ☾	0213 / 0819 / 1339 / 1940	0506 / 1058 / 1647 / 2319	0.5F / 0.3E / 0.5F / 0.7E	19 Su	0217 / 0832 / 1429 / 2019	0519 / 1128 / 1727 / 2345	0.7F / 0.6E / 0.6F / 0.8E
5 Su	0255 / 0909 / 1447 / 2033	0554 / 1156 / 1746	0.5F / 0.4E / 0.4F	20 M	0305 / 0931 / 1549 / 2122	0615 / 1235 / 1836	0.7F / 0.6E / 0.5F
6 M	0336 / 0956 / 1556 / 2129	0008 / 0641 / 1252 / 1846	0.6E / 0.5F / 0.4E / 0.4F	21 Tu	0352 / 1027 / 1705 / 2226	0042 / 0709 / 1339 / 1943	0.7E / 0.7F / 0.7E / 0.5F
7 Tu	0415 / 1041 / 1702 / 2227	0057 / 0726 / 1346 / 1945	0.6E / 0.6F / 0.5E / 0.4F	22 W	0437 / 1119 / 1814 / 2328	0138 / 0801 / 1438 / 2047	0.6E / 0.8F / 0.8E / 0.4F
8 W	0452 / 1123 / 1803 / 2324	0145 / 0809 / 1437 / 2041	0.6E / 0.6F / 0.6E / 0.4F	23 Th	0521 / 1208 / 1915	0231 / 0850 / 1532 / 2145	0.6E / 0.8F / 0.8E / 0.4F
9 Th	0529 / 1204 / 1859	0232 / 0850 / 1525 / 2135	0.5E / 0.7F / 0.7E / 0.4F	24 F	0027 / 0603 / 1253 / 2009	0321 / 0936 / 1621 / 2239	0.5E / 0.8F / 0.9E / 0.4F
10 F	0018 / 0605 / 1245 / 1951	0318 / 0932 / 1611 / 2226	0.5E / 0.8F / 0.8E / 0.5F	25 Sa ●	0122 / 0644 / 1335 / 2058	0409 / 1019 / 1707 / 2328	0.5E / 0.8F / 0.9E / 0.4F
11 Sa	0111 / 0643 / 1327 / 2041	0403 / 1014 / 1656 / 2315	0.5E / 0.8F / 0.9E / 0.5F	26 Su	0214 / 0724 / 1415 / 2142	0454 / 1100 / 1749	0.4E / 0.8F / 0.9E
12 Su	0202 / 0724 / 1411 / 2129	0448 / 1057 / 1742	0.6E / 0.9F / 1.0E	27 M	0304 / 0804 / 1453 / 2223	0013 / 0538 / 1140 / 1829	0.4F / 0.4E / 0.8F / 0.9E
13 M	0253 / 0808 / 1457 / 2217	0003 / 0535 / 1143 / 1829	0.5F / 0.5E / 0.9F / 1.0E	28 Tu	0352 / 0845 / 1530 / 2301	0057 / 0622 / 1220 / 1908	0.5F / 0.3E / 0.7F / 0.9E
14 Tu	0344 / 0857 / 1544 / 2304	0052 / 0625 / 1231 / 1917	0.5F / 0.5E / 0.9F / 1.1E	29 W	0440 / 0928 / 1607 / 2338	0139 / 0707 / 1300 / 1947	0.5F / 0.3E / 0.7F / 0.9E
15 W	0437 / 0951 / 1634 / 2352	0142 / 0717 / 1322 / 2007	0.6F / 0.5E / 0.9F / 1.0E	30 Th	0527 / 1016 / 1645	0221 / 0753 / 1342 / 2026	0.5F / 0.3E / 0.6F / 0.8E

December

Day	Slack h m	Maximum h m	knots	Day	Slack h m	Maximum h m	knots
1 F	0014 / 0615 / 1109 / 1725	0302 / 0842 / 1428 / 2107	0.5F / 0.3E / 0.5F / 0.8E	16 Sa	0014 / 0619 / 1155 / 1801	0309 / 0906 / 1503 / 2130	0.7F / 0.6E / 0.7F / 0.9E
2 Sa	0051 / 0702 / 1208 / 1807	0345 / 0934 / 1517 / 2149	0.5F / 0.3E / 0.5F / 0.7E	17 Su ☽	0059 / 0717 / 1310 / 1856	0402 / 1010 / 1606 / 2223	0.7F / 0.6E / 0.6F / 0.8E
3 Su	0127 / 0748 / 1315 / 1854	0428 / 1028 / 1611 / 2233	0.5F / 0.4E / 0.4F / 0.7E	18 M ☾	0144 / 0815 / 1429 / 1954	0456 / 1116 / 1712 / 2317	0.8F / 0.6E / 0.5F / 0.7E
4 M	0203 / 0833 / 1425 / 1945	0511 / 1123 / 1709 / 2319	0.6F / 0.4E / 0.4F / 0.6E	19 Tu	0229 / 0912 / 1548 / 2055	0549 / 1220 / 1820	0.8F / 0.7E / 0.4F
5 Tu	0239 / 0917 / 1537 / 2041	0555 / 1219 / 1809	0.6F / 0.5E / 0.3F	20 W	0313 / 1006 / 1702 / 2157	0012 / 0641 / 1322 / 1926	0.6E / 0.8F / 0.7E / 0.4F
6 W	0315 / 1001 / 1645 / 2140	0007 / 0639 / 1313 / 1911	0.6E / 0.7F / 0.6E / 0.3F	21 Th	0357 / 1056 / 1809 / 2300	0106 / 0732 / 1420 / 2029	0.5E / 0.8F / 0.8E / 0.3F
7 Th	0352 / 1045 / 1747 / 2240	0056 / 0723 / 1405 / 2010	0.5E / 0.7F / 0.7E / 0.3F	22 F	0441 / 1144 / 1908	0159 / 0820 / 1513 / 2128	0.5E / 0.8F / 0.8E / 0.3F
8 F	0432 / 1129 / 1844 / 2340	0145 / 0808 / 1455 / 2107	0.5E / 0.8F / 0.8E / 0.4F	23 Sa	0001 / 0523 / 1228 / 1959	0250 / 0906 / 1601 / 2221	0.4E / 0.8F / 0.9E / 0.4F
9 Sa	0514 / 1214 / 1936	0235 / 0854 / 1544 / 2201	0.5E / 0.9F / 0.9E / 0.4F	24 Su	0100 / 0606 / 1309 / 2044	0339 / 0950 / 1645 / 2309	0.4E / 0.8F / 0.9E / 0.4F
10 Su	0039 / 0559 / 1300 / 2026	0326 / 0941 / 1633 / 2253	0.5E / 0.9F / 1.0E / 0.5F	25 M ●	0154 / 0648 / 1347 / 2124	0427 / 1031 / 1725 / 2353	0.3E / 0.7F / 0.9E / 0.4F
11 M	0136 / 0648 / 1348 / 2113	0418 / 1030 / 1721 / 2344	0.5E / 0.9F / 1.1E / 0.5F	26 Tu	0245 / 0731 / 1424 / 2200	0512 / 1112 / 1804	0.3E / 0.7F / 0.9E
12 Tu	0232 / 0741 / 1436 / 2159	0512 / 1120 / 1809	0.5E / 0.9F / 1.1E	27 W	0333 / 0816 / 1500 / 2234	0034 / 0557 / 1152 / 1841	0.4F / 0.3E / 0.7F / 0.9E
13 W	0327 / 0838 / 1525 / 2244	0034 / 0607 / 1212 / 1858	0.6F / 0.5E / 0.9F / 1.1E	28 Th	0418 / 0903 / 1537 / 2306	0114 / 0642 / 1233 / 1917	0.5F / 0.3E / 0.6F / 0.9E
14 Th	0424 / 0939 / 1616 / 2329	0125 / 0704 / 1306 / 1948	0.6F / 0.5E / 0.9F / 1.1E	29 F	0501 / 0954 / 1614 / 2338	0152 / 0728 / 1315 / 1954	0.5F / 0.3E / 0.6F / 0.8E
15 F	0521 / 1045 / 1707	0217 / 0804 / 1403 / 2039	0.7F / 0.5E / 0.8F / 1.0E	30 Sa	0543 / 1049 / 1653	0230 / 0815 / 1400 / 2032	0.5F / 0.3E / 0.5F / 0.8E
				31 Su	0009 / 0625 / 1148 / 1734	0308 / 0904 / 1448 / 2111	0.6F / 0.4E / 0.5F / 0.7E

Time meridian 60° W. 0000 is midnight. 1200 is noon.

EXTRA CURRENTS, 2000

Aransas Pass, Texas

January

	Slack h m	Maximum h m	knots
14		2055	0.4F
	2308		
27		2010	0.5F
	2241		

February

	Slack h m	Maximum h m	knots
10	1415	1919	0.4F
	2156		
11		1901	*
24		1838	*

June

	Slack h m	Maximum h m	knots
26	2120		

August

	Slack h m	Maximum h m	knots
6	1910		

Portsmouth Harbor Entrance, New Hampshire

January

	Slack h m	Maximum h m	knots
1		1804	0.6F
		1926	0.7F
	2103	2352	1.5E
2		1847	0.6F
		2018	0.7F
	2156		
3		2106	0.7F
	2246		
4		2149	0.7F
	2333		
30	2028	2303	1.4E
31	2124	2358	1.3E

February

	Slack h m	Maximum h m	knots
1	2217		
2		2126	0.7F
	2306		
29	2050	2320	1.3E

March

	Slack h m	Maximum h m	knots
1	2145		
2		2054	0.6F
	2236		
29	2015	2244	1.3E

June

	Slack h m	Maximum h m	knots
11	2053		
15	1803	2003	1.1F

July

	Slack h m	Maximum h m	knots
11		1818	0.9F
		1916	1.0F
	2114		
12		2006	0.9F
	2203		
13		2049	0.9F
	2249		
15	1821	2016	1.1F

August

	Slack h m	Maximum h m	knots
9	2040	2342	1.6E
10		1850	0.7F
		1942	0.8F
	2131		
11	1625	1815	0.9F
	2219		
12	1712	1903	0.9F
	2305		
13	1756	1950	1.0F
	2347		

September

	Slack h m	Maximum h m	knots
7	2001	2246	1.5E
8	2055	2345	1.5E
9	2146		
10	1646	1833	0.9F
	2233		

October

	Slack h m	Maximum h m	knots
8	2108	2353	1.6E

December

	Slack h m	Maximum h m	knots
20	2041	2334	1.8E
23	1745	2132	0.9F
	2323		

TABLE 2. — CURRENT DIFFERENCES AND OTHER CONSTANTS AND ROTARY TIDAL CURRENTS

EXPLANATION OF TABLE

In this publication, reference stations are those for which daily predictions are listed in Table 1. Those stations appearing in Table 2 are called subordinate stations. The principal purpose of Table 2 is to present data that will enable one to determine the approximate times of minimum currents (slack waters) and the times and speeds of maximum currents at numerous subordinate stations on the Atlantic Coast of North America. By applying specific corrections given in Table 2 to the predicted times and speeds of the current at the appropriate reference station, reasonable approximations of the current at the subordinate station may be compiled.

Locations and Depths

Because the latitude and longitude are listed according to the exactness recorded in the original survey records, the locations of the subordinate stations are presented in varying degrees of accuracy. Since a minute of latitude in nearly equivalent to a mile, a location given to the nearest minute may not indicate the exact position of the station. This should be remembered, especially in the case of a narrow stream, where the nearest minute of latitude or longitude may locating a station inland. In such cases, unless the description locates the station elsewhere, reference is made to the current in the center of the channel. In some instances, the charts may not present a convenient name for locating a station. In those cases, the position may be described by a bearing from some prominent place on the chart.

Although current measurements may have been recorded at various depths in the past, the data listed here for most of the subordinate stations are mean values determined to have been representative of the current at each location. For that reason, no specific current meter depths for those stations are given in Table 2. Beginning with the Boston Harbor tidal current survey in 1971, data for individual meter depths were published and subsequent new data may be presented in a similar manner.

Since most of the current data in Table 2 came from meters suspended from survey vessels or anchored buoys, the listed depths are those measured downward from the surface. Some later data have come from meters anchored at fixed depths from the bottom. Those meter positions were defined as depths below chart datum. Such defined depths in this and subsequent editions will be accompanied by the small letter "d".

Minimum Currents

The reader may note that at many locations the current may not diminish to a true slack water or zero speed stage. For that reason, the phrases, "minimum before flood" and "minimum before ebb" are used in Table 2 rather than "slack water" although either or both minimums may actually reach a zero speed value at some locations. Table 2 lists the average speeds and directions of the minimums.

Maximum Currents

Near the coast and in inland tidal waters, the current increases from minimum current (slack water) for a period of about 3 hours until the maximum speed or the strength of the current is reached. The speed then decreases for another period of about 3 hours when minimum current is again reached and the current begins a similar cycle in the opposite direction. The current that flows toward the coast or up a stream is known as the flood current; the opposite flow is known as the ebb current. Table 2 lists the average speeds and directions of the maximum floods and maximum ebbs. The directions are given in degrees, true, reading clockwise from 000° at north to 359° and are the directions toward which the current flow.

TABLE 2. — CURRENT DIFFERENCES AND OTHER CONSTANTS AND ROTARY TIDAL

Differences and Speed Ratios

Table 2 contains mean time differences by which the reader can compile approximate times for the minimum and maximum current phases at the subordinate stations. Time differences for those phases should be applied to the corresponding phases at the reference station. It will be seen upon inspection that some subordinate stations exhibit either a double flood or a double ebb stage, or both. Explanations of these stages can be found in the glossary located elsewhere in this publication. In those cases, a separate time difference is listed for each of the three flood (or ebb) phases and these should be applied only to the daily maximum flood (or ebb) phase at the reference station. The results obtained by the application of the time differences will be based upon the time meridian shown above the name of the subordinate station. Differences of time meridians between a subordinate station and its reference station have been accounted for and no further adjustment by the reader is needed. Summer or daylight saving time is not used in this publication.

The speed ratios are used to compile approximations of the daily current speeds at the subordinate stations and refer only to the maximum floods and ebbs. No attempt is made to predict the speeds of the minimum currents. Normally, these ratios should be applied to the corresponding maximum current phases at the reference station. As mentioned above, however, some subordinate stations may exhibit either a double flood or a double ebb or both. As with the time differences, separate ratios are listed for each of the three flood (or ebb phases) and should be applied only to the daily maximum flood (or ebb) speed at the reference station. It should be noted that although the speed of a given current phase at a subordinate station is obtained by reference to the corresponding phase at the reference station, the directions of the current at the two places may differ considerably. Table 2 lists the average directions of the various current phases at the subordinate stations.

Rotary Tidal Currents

Pages 161 and 162 contain listings of data for those stations which exhibited rotary current patterns. Briefly, a rotary current can be described as one which flows continually with the direction of flow changing through all points of the compass during the tidal period. A more complete description can be found in the glossary located elsewhere in this publication. The average speeds and directions are listed in half-hour increments as referred to the predicted times of a particular current phase at a reference station in Table 1. The Moon, at times of new, full, or perigee may increase speeds 15 to 20 percent above average; or 30 to 40 percent if perigee occurs at or near the time of new or full Moon. Conversely, the Moon at times of quadrature or apogee may decrease the speeds 15 to 20 percent or 30 to 40 percent if they occur together. Near average speeds may be expected when apogee occurs near or at new or full Moon, or when perigee occurs at or near quadrature. The directions of the currents are given in degrees true, reading clockwise form 000° at north to 359° and are the directions toward which the water is flowing.

TABLE 2. — CURRENT DIFFERENCES AND OTHER CONSTANTS AND ROTARY TIDAL

EXAMPLE OF THE USE OF TABLE 2

Suppose we wish to calculate the times of the minimum currents and the times and speeds of the maximum currents on a particular morning at the location listed in Table 2 as Winthrop Head, 1.1 n. mi. east of. From Table 2 we learn that the reference station is Boston Harbor whose morning currents are listed below. Currents for Winthrop Head can be approximated by using the Table 2 corrections as indicated.

	Minimum before flood h.m.	Maximum flood h.m.	Maximum flood kn.	Minimum before ebb h.m.	Maximum ebb h.m.	Maximum ebb kn.
Boston Harbor	0052	0419	1.2	0645	1109	1.4
Table 2 corrections	−0112	+0019	x0.4 ratio	+0031	−0146	x0.3 ratio
Winthrop Point	2340*	0438	0.5	0716	0923	0.4

* this minimum current phase is seen to occur just before midnight of the previous day.

Table 2 states that the average speeds and directions of the minimums before flood and ebb are 0.3 knots at 103° and 0.2 knots at 297°, respectively. The average directions of the maximum flood and maximum ebb are 205° and 019°; respectively.

TABLE 2 – CURRENT DIFFERENCES AND OTHER CONSTANTS

No.	PLACE	Meter Depth (ft)	POSITION Latitude North	POSITION Longitude West	TIME DIFFERENCES Min. before Flood (h m)	TIME DIFFERENCES Flood (h m)	TIME DIFFERENCES Min. before Ebb (h m)	TIME DIFFERENCES Ebb (h m)	SPEED RATIOS Flood	SPEED RATIOS Ebb	AVERAGE SPEEDS AND DIRECTIONS Minimum before Flood knots	AVERAGE SPEEDS AND DIRECTIONS Minimum before Flood Dir.	AVERAGE SPEEDS AND DIRECTIONS Maximum Flood knots	AVERAGE SPEEDS AND DIRECTIONS Maximum Flood Dir.	AVERAGE SPEEDS AND DIRECTIONS Minimum before Ebb knots	AVERAGE SPEEDS AND DIRECTIONS Minimum before Ebb Dir.	AVERAGE SPEEDS AND DIRECTIONS Maximum Ebb knots	AVERAGE SPEEDS AND DIRECTIONS Maximum Ebb Dir.
	BAY OF FUNDY Time meridian, 60° W				\multicolumn{4}{c}{on Bay of Fundy Entrance, p.4}										
1	Brazil Rock, 6 miles east of		43° 22'	65° 18'	−2 02	−2 00	−1 56	−2 00	0.4	0.4	0.0	—	1.0	275°	0.0	—	1.0	050°
6	Cape Sable, 3 miles south of		43° 20'	65° 38'	−3 02	−2 10	−1 21	−2 10	1.0	0.8	0.0	—	2.2	275°	0.0	—	2.0	095°
11	Cape Sable, 12 miles south of		43° 11'	65° 37'	−1 12	−1 00	−0 46	−1 00	0.7	0.7	0.0	—	1.7	285°	0.0	—	1.6	090°
16	Blonde Rock, 5 miles south of		43° 15'	65° 59'	−1 02	−0 50	−0 36	−0 50	0.9	0.8	0.0	—	2.0	310°	0.0	—	2.0	125°
21	Seal Island, 13 miles southwest of		43° 16'	66° 15'	−0 17	+0 10	−0 39	+0 10	1.1	0.7	0.0	—	2.6	325°	0.0	—	1.6	140°
26	Cape Fourchu, 17 miles southwest of		43° 34'	66° 24'	−0 38	+0 45	+0 44	+0 45	0.5	0.5	0.0	—	1.2	355°	0.0	—	1.6	145°
31	Cape Fourchu, 4 miles west of		43° 47'	66° 15'	−1 02	0 00	+0 09	+0 10	0.9	0.7	0.0	—	2.0	000°	0.0	—	1.7	175°
36	Lurcher Shoal, 6 miles east of		43° 52'	66° 21'	−0 12	0 00	+0 39	0 00	0.9	0.8	0.0	—	2.0	355°	0.0	—	1.7	175°
41	Lurcher Shoal, 10 miles west of		43° 46'	66° 42'	+0 08	+0 30	−0 34	+0 30	0.6	0.8	0.0	—	1.4	000°	0.0	—	1.6	160°
46	Lurcher Shoal, 10 miles northwest of		43° 59'	66° 37'	+0 23	+0 30	−0 49	+0 30	0.8	0.5	0.0	—	1.8	005°	0.0	—	1.2	175°
51	Brier Island, 5 miles west of		44° 13'	66° 30'	−0 02	+0 30	+0 54	+0 50	1.2	1.0	0.0	—	2.7	005°	0.0	—	2.5	185°
56	Brier Island, 15 miles west of		44° 17'	66° 44'	−0 42	−0 15	+0 14	−0 15	0.6	0.5	0.0	—	1.4	060°	0.0	—	1.2	250°
61	Gannet Rock, 5 miles southeast of		44° 29'	66° 41'	−0 38	+0 55	+0 59	+0 55	1.1	1.6	0.0	—	2.6	040°	0.0	—	3.9	230°
66	Boars Head, 10 miles northwest of		44° 31'	66° 23'	+0 48	+0 20	−0 54	+0 55	0.8	0.8	0.0	—	1.9	020°	0.0	—	2.0	205°
71	Prim Point, 20 miles west of		44° 44'	66° 15'	+0 38	+0 45	−0 57	+0 45	0.7	0.6	0.0	—	1.6	040°	0.0	—	1.4	235°
76	Cape Spencer, 14 miles south of		44° 58'	65° 57'	+0 51	+0 55	+0 57	+0 55	0.7	0.7	0.0	—	1.7	050°	0.0	—	1.6	245°
81	BAY OF FUNDY ENTRANCE		44° 45.2'	65° 55.9'	\multicolumn{4}{c}{Daily predictions}	0.7	0.7	0.0	—	2.3	032°	0.0	—	2.4	212°
	MAINE COAST Time meridian, 75° W																	
86	Eastport, Friar Roads		44° 54'	66° 59'	0 00	0 00	0 00	0 00	1.2	1.2	0.0	—	3.0	210°	0.0	—	3.0	040°
91	Western Passage, off Kendall Head		44° 55.9'	67° 00.0'	+0 27	+0 11	+0 13	+0 40	1.4	1.3	0.0	—	3.2	319°	0.0	—	3.1	142°
96	Western Passage, off Frost Ledge		44° 57.9'	67° 01.9'	+0 33	+0 04	−0 16	+0 15	0.9	0.7	0.0	—	2.1	330°	0.0	—	1.7	150°
101	Pond Point, 7.6 miles SSE of		44° 20.1'	67° 30.2'	+0 13	−0 20	−1 33	−0 05	0.2	0.5	0.0	—	0.5	015°	0.0	—	1.2	215°
106	Moosabec Reach, east end		44° 31.71'	67° 34.36'	−2 45	−3 08	−3 13	−3 39	0.4	0.4	0.0	—	1.0	110°	0.0	—	1.0	258°
111	Moosabec Reach, west end		44° 31.25'	67° 39.00'	−1 43	−1 43	−2 00	−1 44	0.4	0.5	0.0	—	0.2	092°	0.0	—	0.7	253°
116	Bar Harbor, 1.2 miles east of <1>		44° 23.0'	68° 10.0'		+0 30	+0 48	+0 48	0.1	0.3	0.0	—	0.2	328°	0.0	—	0.7	148°
121	Casco Passage, east end, Blue Hill Bay		44° 11.7'	68° 27.9'	−1 49	−1 44	−1 02	−1 58	0.3	0.3	0.0	—	0.7	086°	0.0	—	1.3	284°
126	Hat Island, SE of, Jericho Bay		44° 08.0'	68° 29.7'	−1 02	−0 35	−0 50	−1 20	0.4	0.5	0.0	—	0.9	318°	0.0	—	1.3	124°
131	Clam I., NW of, Deer I. Thorofare	14	44° 09.87'	68° 36.23'	−2 14	−0 15	−0 57	−2 46	0.1	0.1	0.0	—	0.2	004°	0.0	—	0.2	199°
136	Grog Island, E of, Deer Island Thorofare	14	44° 09.72'	68° 37.23'	−2 16	−2 22	−2 27	−3 31	0.1	0.1	0.0	—	0.2	020°	0.1	302°	0.2	235°
141	Russ Island, N of, Deer Island Thorofare	14	44° 09.18'	68° 38.78'	−2 12	−2 10	−2 29	−3 16	0.2	0.2	0.0	—	0.4	074°	—	—	0.6	265°
146	Crotch Island–Moose Island, between <58>	14	44° 08.85'	68° 40.58'	\multicolumn{4}{c}{Currents are unidirectional}										
151	Isle au Haut, 0.8 mile E of Rich's Pt	11	44° 05'	68° 35'	−0 53	−1 07	−1 07	−1 19	0.6	0.6	0.0	—	1.4	336°	0.0	—	1.5	139°
	East Penobscot Bay																	
156	Mark Island, north of	14	44° 08.20'	68° 42.17'	−0 18	−1 01	−2 27	−0 22	0.1	0.2	0.0	—	0.3	013°	0.1	300°	0.4	164°
161	Widow Island–Stimpson Island, between	14	44° 07.95'	68° 49.50'	−0 43	−0 49	+0 04	−1 08	0.3	0.2	0.0	—	0.6	302°	0.1	050°	0.5	118°
166	Eagle Island, 0.4 nautical mile S of	14	44° 11.63'	68° 46.93'	−0 18	−0 55	−2 20	−1 46	0.4	0.4	0.2	030°	0.9	336°	0.3	050°	1.0	147°
171	Burnt Island–Oak Island, between	14	44° 11.47'	68° 49.13'	−0 18	−1 19	−2 22	−0 57	0.3	0.5	0.1	347°	0.7	290°	0.1	150°	1.3	098°
176	Butter I., 0.3 nautical mile SE of	14	44° 13.33'	68° 46.67'	−2 43	−2 14	−2 25	−1 36	0.3	0.3	0.0	—	0.2	050°	—	—	0.6	194°
						−1 31							0.2	032°				
181	Bradbury Island, ESE of	14	44° 14.03'	68° 44.07'	−0 23	−0 17	−0 53	−0 56	0.2	0.3	0.0	—	0.4	077°	0.1	304°	0.7	225°
186	Compass Island, 0.4 nmi. ENE of	14	44° 13.00'	68° 51.33'	+0 11	−1 22	−1 25	−1 01	0.1	0.1	0.2	305°	0.5	025°	0.1	078°	0.3	175°
191	Scrag Island, 0.3 nautical mile SW of	14	44° 14.33'	68° 50.62'	−1 44	−0 27	−0 55	−1 08	0.2	0.1	0.2	092°	0.6	015°	—	—	1.0	197°
196	Great Spruce Head Island, west of	14	44° 14.30'	68° 50.18'	−1 14	−0 54	−0 26	−1 19	0.2	0.1	0.0	—	0.4	010°	0.0	—	0.3	174°
201	Horse Head Island, 0.2 nmi. ENE of	14	44° 15.07'	68° 50.67'	\multicolumn{4}{c}{See Rotary tidal currents, table 2.}										
206	Pickering Island, south of	14	44° 15.63'	68° 45.38'	−2 45	−1 37	−1 56	−2 37	0.2	0.1	0.2	203°	0.6	300°	0.3	201°	0.6	150°
211	Little Eaton Island, NNE of	14	44° 16.45'	68° 43.87'	−0 43	+0 12	+0 02	−0 19	0.2	0.1	0.0	—	0.4	300°	0.2	224°	0.3	106°
216	Pickering Island, north of	14	44° 16.48'	68° 45.28'	\multicolumn{4}{c}{See Rotary tidal currents, table 2.}										
221	Hog Island, ESE of	14	44° 16.52'	68° 46.87'	−0 13	−0 02	−0 33	−0 51	0.1	0.2	0.0	—	0.3	024°	0.2	105°	0.5	180°
226	Little Deer I.–Sheep I., between	14	44° 16.78'	68° 43.43'	−0 13	−0 37	+0 33	−0 52	0.2	0.2	0.1	231°	0.6	310°	0.0	—	0.6	124°
231	Swains Ledge, WSW of	14	44° 16.97'	68° 45.28'	\multicolumn{4}{c}{See Rotary tidal currents, table 2.}										
236	Swains Ledge, 0.3 nautical mile SW of	14	44° 17.13'	68° 43.87'	−0 46	−0 22	−0 55	−1 07	0.2	0.2	0.0	—	0.5	358°	0.0	—	0.4	170°
241	Pond Island–Western Island, between	14	44° 17.58'	68° 49.00'	−1 44	−1 13	−1 56	−1 34	0.2	0.2	0.0	—	0.4	356°	0.0	—	0.6	172°

Endnotes can be found at the end of table 2.

TABLE 2 – CURRENT DIFFERENCES AND OTHER CONSTANTS

No.	PLACE	Meter Depth ft	POSITION Latitude North	POSITION Longitude West	TIME DIFFERENCES Min. before Flood h m	TIME DIFFERENCES Flood h m	TIME DIFFERENCES Min. before Ebb h m	TIME DIFFERENCES Ebb h m	SPEED RATIOS Flood	SPEED RATIOS Ebb	AVERAGE SPEEDS AND DIRECTIONS Minimum before Flood knots	AVERAGE SPEEDS AND DIRECTIONS Minimum before Flood Dir.	AVERAGE SPEEDS AND DIRECTIONS Maximum Flood knots	AVERAGE SPEEDS AND DIRECTIONS Maximum Flood Dir.	AVERAGE SPEEDS AND DIRECTIONS Minimum before Ebb knots	AVERAGE SPEEDS AND DIRECTIONS Minimum before Ebb Dir.	AVERAGE SPEEDS AND DIRECTIONS Maximum Ebb knots	AVERAGE SPEEDS AND DIRECTIONS Maximum Ebb Dir.
	MAINE COAST–cont. Time meridian, 75° W					on Bay of Fundy Entrance, p.4												
	East Penobscot Bay–cont.																	
246	Birch Island, northwest of	14	44° 18.17'	68° 45.35'	−1 44	−1 31	−0 56	−1 30	0.1	0.1	0.0	---	0.3	022°	0.0	---	0.2	200°
251	Pond Island, north of	14	44° 18.17'	68° 48.60'		Current weak and variable												
256	Howard Ledges, ENE of, Eggemoggin Reach	14	44° 18.28'	68° 42.63'		Current weak and variable												
261	Howard Ledges, NE of, Eggemoggin Reach	14	44° 18.30'	68° 42.08'		Current weak and variable												
266	Spectacle Island, 0.2 nmi. NW of	14	44° 18.47'	68° 47.33'		Current weak and variable												
271	Pumpkin Island, north of	14	44° 18.80'	68° 44.42'	−3 14	−2 10	−1 54	−2 43	0.1	0.1	0.0	---	0.3	290°	0.1	340°	0.3	090°
276	Isleboro Harbor, Penobscot Bay	14	44° 18.86'	68° 53.35'		See Rotary tidal currents, table 2.												
281	Thrum Cap I., E of, East Penobscot Bay	14	44° 19.40'	68° 44.80'		Current weak and variable												
286	Turtle Head Pt., ESE of, Penobscot Bay	15	44° 22.57'	68° 51.28'	−1 00	−1 04	−0 36	−1 44	0.3	0.3	0.0	---	0.7	338°	0.0	---	0.8	171°
291	Castine Harbor <59>	40	44° 22.57'	68° 51.28'	−1 19	−1 12	−1 31	−1 14	0.2	0.3	0.0	---	0.4	319°	0.0	---	0.8	155°
	do.	15	44° 22.75'	68° 48.62'	+0 11	−0 24	−0 25	−0 41	0.5	0.6	0.0	---	1.2	075°	0.0	---	1.4	252°
	do.	40	44° 22.75'	68° 48.62'	−1 01	−0 47	−0 33	−1 09	0.6	0.5	0.0	---	1.4	087°	0.0	---	1.2	238°
	do.	60	44° 22.75'	68° 48.62'	−1 47	−0 38	−0 47	−1 30	0.7	0.4	0.0	---	1.5	017°	0.0	---	1.0	199°
296	Dice Head, west of, Penobscot Bay	15	44° 22.77'	68° 50.72'	−2 16	−1 17	−1 27	−1 30	0.2	0.2	0.0	---	0.4	028°	0.0	---	0.5	198°
	do.	58	44° 22.77'	68° 50.72'	−0 33	−0 33	−0 35	−0 08	0.2	0.2	0.0	---	0.5	334°	0.0	---	0.5	178°
	do.	96	44° 22.77'	68° 50.72'	+0 13	−0 26	−0 26	−0 18	0.3	0.2	0.0	---	0.6	312°	0.0	---	0.5	135°
301	Sears Island, S of, Penobscot Bay <62>	15	44° 25.12'	68° 53.25'	---	−1 44	---	−0 15	0.2	0.2	0.0	---	0.4	012°	0.0	---	0.4	237°
	do.	40	44° 25.12'	68° 53.25'	---	---	---	−0 57	0.2	0.2	0.0	---	0.4	080°	0.0	---	0.4	270°
306	Jones Point, Bagaduce River <60>	15	44° 25.55'	68° 45.50'	−0 37	+0 03	−0 39	−0 21	1.8	1.8	0.0	---	4.2	053°	0.0	---	4.2	237°
311	Fort Point, Cape Jellison, Penobscot Bay <60>	15	44° 27.95'	68° 47.73'	−0 08	−0 15	−0 15	−0 07	0.4	0.4	0.0	---	1.0	003°	0.0	---	1.0	166°
	do.	40	44° 27.95'	68° 47.73'	−2 07	−0 19	−0 30	−0 48	0.5	0.3	0.0	---	1.1	356°	0.0	---	0.7	222°
	do.	45	44° 27.83'	68° 47.80'	−2 31	−0 43	−0 22	−1 09	0.6	0.6	0.0	---	0.9	006°	0.0	---	0.6	206°
316	Verona Island, west of, Penobscot River <61>	15	44° 31.73'	68° 48.30'	+1 06	−0 01	−1 32	−0 23	0.6	1.5	0.0	---	1.5	339°	0.0	---	3.6	176°
	do.	35	44° 31.73'	68° 48.30'	−1 29	+0 22	−1 14	−0 16	0.8	1.2	0.0	---	1.9	338°	0.0	---	3.0	176°
	do.	60	44° 31.73'	68° 48.30'	−2 50	−4 17	−1 21	−3 47	0.6	0.2	0.0	---	1.3	322°	0.0	---	0.6	182°
						+2 35		−2 28	0.4	0.0	0.0	---	0.8	327°			0.0	192°
321	Verona I., N of, Easter Ch., Penobscot R <61>	10	44° 34.07'	68° 46.87'	+1 54	+0 25	−1 54	−3 53	0.9	0.5	0.0	---	2.0	319°	0.0	---	1.1	173°
						+0 13		−2 47	0.3	0.3			0.7	273°			1.1	115°
								−0 24		0.8							0.6	105°
326	Bucksport, Penobscot River <61>	15	44° 34.27'	68° 48.38'	+0 42	+0 09	−1 26	−0 19	0.7	1.1	0.0	---	1.6	275°	0.0	---	1.8	116°
	do.	45	44° 34.27'	68° 48.38'	−0 13	−0 20	−1 39	−0 20	0.8	1.0	0.0	---	2.0	281°	0.0	---	2.6	099°
331	Winterport, Penobscot Bay <60>	15	44° 37.88'	68° 50.52'	−1 05	+0 04	−0 56	−3 06	0.8	0.3	0.0	---	1.9	007°	0.0	---	2.5	098°
								−2 01		0.0							0.7	188°
								+0 04		0.9							0.0	193°
336	Oak Point, Penobscot River <60>	15	44° 40.10'	68° 48.78'	−0 19	−2 27	−0 39	−3 17	0.4	0.4	0.0	---	0.8	038°	0.0	---	2.1	188°
						−1 37		−2 14	0.2	0.3			0.5	039°			1.0	233°
	do.	35	44° 40.10'	68° 48.78'	−1 17	+0 22	−0 59	+0 24	0.7	0.8	0.0	---	1.5	026°	0.0	---	1.8	225°
						−3 05		−3 21	0.4	0.3			0.8	318°			0.7	219°
341	Snub Point, Penobscot River <60>	15	44° 42.27'	68° 50.40'	−0 11	−1 54	−0 50	−1 55	0.7	0.7	0.0	---	0.4	309°	0.0	---	0.1	244°
						−2 18		+0 08	0.2	0.6			1.6	337°			1.7	247°
						−1 31		−3 07	0.1	0.3			0.6	310°			1.3	258°
						+0 33		−1 47	0.6	0.8			0.3	316°			0.8	136°
								+0 11					1.4	319°			2.0	137°
																		139°
	West Penobscot Bay																	
346	Andrews Island, ESE of	15	43° 59.65'	69° 00.78'	−0 20	−0 44	−0 55	−1 14	0.2	0.3	0.0	---	0.4	011°	0.0	---	0.7	155°
	do.	75	43° 59.65'	69° 00.78'	−1 15	−0 56	−0 20	−1 07	0.3	0.2	0.0	---	0.8	342°	0.0	---	0.6	188°
351	Little Hurricane Island, southwest of	15	44° 01.38'	68° 55.07'	−0 05	−0 50	−0 18	−0 13	0.2	0.3	0.0	---	0.5	331°	0.0	---	0.8	157°
356	Heron Neck, Green Island	40	44° 01.38'	68° 55.07'	−0 18	−0 35	−0 27	−0 35	0.3	0.3	0.0	---	0.6	300°	0.0	---	0.7	125°
361	The Reach, Norton Point	14	44° 01.78'	68° 52.38'	−1 47	−0 59	−0 58	−1 43	0.4	0.3	0.0	---	1.0	344°	0.2	218°	0.6	165°
		14	44° 02.25'	68° 50.90'		Current weak and variable												

Endnotes can be found at the end of table 2.

TABLE 2 – CURRENT DIFFERENCES AND OTHER CONSTANTS

No.	PLACE	Meter Depth (ft)	POSITION Latitude North	POSITION Longitude West	TIME DIFFERENCES Min. before Flood h m	TIME DIFFERENCES Flood h m	TIME DIFFERENCES Min. before Ebb h m	TIME DIFFERENCES Ebb h m	SPEED RATIOS Flood	SPEED RATIOS Ebb	AVERAGE SPEEDS AND DIRECTIONS Minimum before Flood knots	AVERAGE SPEEDS AND DIRECTIONS Minimum before Flood Dir.	AVERAGE SPEEDS AND DIRECTIONS Maximum Flood knots	AVERAGE SPEEDS AND DIRECTIONS Maximum Flood Dir.	AVERAGE SPEEDS AND DIRECTIONS Minimum before Ebb knots	AVERAGE SPEEDS AND DIRECTIONS Minimum before Ebb Dir.	AVERAGE SPEEDS AND DIRECTIONS Maximum Ebb knots	AVERAGE SPEEDS AND DIRECTIONS Maximum Ebb Dir.
	MAINE COAST–cont. Time meridian, 75° W					on Bay of Fundy Entrance, p.4												
	Isle au Haut Bay																	
366	Triangle Ledge, SSE of	15	44° 02.47'	68° 45.48'	+0 14	−0 17	−0 26	−0 17	0.3	0.4	0.0	− − −	0.7	354°	0.0	− − −	1.0	197°
	do.	40	44° 02.47'	68° 45.48'	−1 20	−0 39	−0 32	−1 15	0.3	0.3	0.0	− − −	0.6	317°	0.0	− − −	0.6	180°
371	Moore Harbor, W of	15	44° 02.53'	68° 41.55'	0 00	+0 20	−0 16	−0 38	0.2	0.4	0.0	− − −	0.4	344°	0.1	063°	1.1	135°
	do.	75	44° 02.53'	68° 41.55'	−1 33	−0 55	−0 40	−0 54	0.3	0.2	0.0	− − −	0.6	337°	0.0	− − −	0.5	165°
	do.	120	44° 02.53'	68° 41.55'	−2 34	−0 43	−1 25	−1 19	0.3	0.1	0.0	− − −	0.7	345°	0.0	− − −	0.3	215°
	West Penobscot Bay																	
376	The Reach, NNE of, Green Island	14	44° 02.57'	68° 51.58'	−3 23	−1 10	−1 55	−2 55	0.2	0.2	0.0	− − −	0.4	284°	0.3	150°	0.4	111°
381	White Islands, northeast of	14	44° 03.00'	68° 54.40'	−1 48	−2 18	−1 55	−2 08	0.2	0.2	0.2	262°	0.4	322°	0.2	258°	0.6	165°
386	Fisherman Island Passage	14	44° 03.12'	69° 02.70'	−2 44	−2 37	−2 26	−2 28	0.8	0.3	0.1	136°	0.6	053°	0.2	312°	0.7	240°
391	Crotch Island, east of	14	44° 03.62'	68° 54.43'	−0 49	−0 55	−1 21	−1 09	0.8	0.8	0.0	− − −	1.9	343°	0.0	− − −	2.0	163°
396	Laireys Island, south of	14	44° 03.62'	68° 53.78'	−0 48	−0 18	−0 51	−1 51	0.3	0.4	0.1	073°	0.4	335°	0.0	− − −	0.9	155°
401	Sheep Island	14	44° 03.88'	69° 03.47'	−2 44	−1 19	−1 57	−2 16	0.3	0.3	0.0	− − −	0.5	023°	0.0	− − −	0.8	220°
406	Leadbetter I., SSW of southern tip	14	44° 04.07'	68° 53.90'	−0 43	−0 39	−0 28	−1 32	0.6	0.5	0.0	− − −	1.4	320°	0.0	− − −	1.3	126°
411	Leadbetter Island, E of southern tip	14	44° 04.15'	68° 53.62'	−0 18	−0 43	+0 37	−0 13	0.3	0.4	0.1	214°	0.4	360°	0.1	105°	0.6	175°
416	Leadbetter Island, northwest tip of	14	44° 05.03'	68° 54.67'	−0 48	−0 41	−0 53	−1 12	0.3	0.4	0.0	− − −	0.8	016°	0.1	135°	1.0	214°
421	Dodge Point–Monroe Island, between	14	44° 05.12'	68° 54.67'	−3 43	−1 43	−2 55	−3 07	0.2	0.4	0.1	267°	0.4	015°	0.1	092°	0.5	205°
426	Dogfish Island, NNE of	14	44° 05.52'	68° 54.80'	−2 14	−2 27	−2 55	−2 06	0.2	0.2	0.1	244°	0.5	325°	0.1	045°	0.4	147°
431	Rockland Harbor Breakwater	14	44° 06.13'	68° 54.67'	−1 18	−0 30	−1 04	−0 39	0.2	0.1	0.1	215°	0.3	315°	0.2	220°	0.2	097°
436	Browshead, Vinalhaven Island, NNW of	14	44° 06.78'	68° 54.73'	−1 48	−1 22	−0 55	−0 56	0.1	0.1	0.1	325°	0.2	016°	0.1	100°	0.2	221°
441	Crabtree Pt, North Haven I., NNE of	14	44° 06.90'	68° 55.42'	−0 43	−1 18	−0 55	−1 01	0.1	0.1	0.2	287°	0.3	003°	0.1	150°	0.2	228°
446	Fox Island Thorofare	14	44° 07.62'	68° 53.58'	−3 13	−2 41	−3 25	−3 25	0.2	0.2	0.0	− − −	0.3	070°	0.0	− − −	0.4	278°
451	Mark Island, 0.3 nmi., SSE of	14	44° 10.00'	68° 58.83'	−1 41	−1 31	−1 59	−1 26	0.2	0.2	0.2	331°	0.4	044°	0.1	163°	0.5	246°
456	Saddle Island, northwest of	14	44° 10.85'	68° 57.30'	−3 43	−2 31	−3 56	−2 13	0.1	0.1	0.2	272°	0.3	010°	0.1	101°	0.4	225°
461	Mark Island, 0.3 nautical mile, N of	14	44° 10.87'	68° 58.92'		See Rotary tidal currents, table 2												
466	Lasell Island, SSW of	14	44° 11.20'	68° 56.82'	−1 47	−1 31	−2 54	−1 46	0.2	0.2	0.0	− − −	0.4	022°	0.0	− − −	0.4	217°
471	East Goose Rock, NNE of	14	44° 11.37'	68° 58.08'	−3 45	−2 43	−3 57	−3 13	0.1	0.1	0.0	− − −	0.4	000°	0.2	112°	0.3	210°
476	Camden Harbor Entrance	14	44° 12.17'	69° 02.80'	−2 44	−4 06 −3 10 −1 19	−2 26	−1 56	0.1	0.1	0.0	− − −	0.2 0.2 0.2	354° 003° 009°	0.1	325°	0.3	190°
481	Ensign Island, SSE of	14	44° 13.40'	68° 57.52'	−1 30	−1 00	+0 32	−1 25	0.2	0.1	0.0	− − −	0.3	022°	0.0	− − −	0.3	220°
486	Warren Island, northwest of	14	44° 16.55'	68° 57.22'	−2 17	−0 52	−1 23	−1 13	0.2	0.2	0.0	− − −	0.5	036°	0.0	− − −	0.4	248°
491	Ducktrap Harbor, northeast of	15	44° 18.00'	68° 56.38'	−1 07	−0 58	−1 23	−0 41	0.2	0.1	0.0	− − −	0.5	355°	0.0	− − −	0.4	185°
	do.	40	44° 18.27'	68° 57.35'	−2 29	−1 20	−1 47	−1 49	0.2	0.1	0.0	− − −	0.4	014°	0.0	− − −	0.4	237°
496	Ducktrap Harbor, NNE of	90	44° 18.27'	68° 57.35'	−0 59	−0 28	−0 10	−0 33	0.2	0.1	0.0	− − −	0.4	014°	0.0	− − −	0.3	203°
	do.	160	44° 18.27'	68° 57.35'	−1 02	−0 29	−0 10	−0 27	0.2	0.1	0.0	− − −	0.5	038°	0.0	− − −	0.3	233°
501	Ducktrap Harbor, NNE of	15	44° 18.30'	68° 57.55'	+0 33	−0 13	−0 56	−0 35	0.2	0.2	0.0	− − −	0.4	058°	0.0	− − −	0.5	202°
	do.	130	44° 18.30'	68° 57.55'	−1 14	−0 52	−0 48	−1 11	0.2	0.2	0.0	− − −	0.6	013°	0.0	− − −	0.4	193°
506	Flat Island, SSW of	14	44° 18.83'	68° 55.45'	−1 13	−0 23	−0 55	−2 07	0.2	0.2	0.0	− − −	0.4	045°	0.1	135°	0.4	230°
511	Isleboro Harbor, NE of, Penobscot Bay	14	44° 18.97'	68° 52.78'	−1 04	−1 00	−1 36	−1 25	0.1	0.1	0.0	− − −	0.3	004°	0.0	− − −	0.3	166°
516	Isleboro Harbor, NE of, Penobscot Bay	15	44° 19.03'	68° 52.67'	+0 26	−0 54	−1 22	−1 23	0.2	0.2	0.0	− − −	0.1	334°	0.1	248°	0.3	154°
521	Head of the Cape, 0.8 nmi. W, of Penobscot Bay	15	44° 19.25'	68° 50.80'	−0 24	−0 14	−0 24	−0 28	0.2	0.1	0.0	− − −	0.4	325°	0.0	− − −	0.3	125°
	do.	130	44° 19.25'	68° 50.80'	−1 14	−0 59	−0 41	−0 51	0.2	0.1	0.0	− − −	0.4	015°	0.0	− − −	0.4	166°
526	Head of the Cape, NNW of, Penobscot Bay	15	44° 19.07'	68° 50.17'	−0 46	−0 39	−0 18	−0 53	0.3	0.3	0.0	− − −	0.6	332°	0.0	− − −	0.6	163°
	do.	30	44° 19.07'	68° 50.17'	−1 22	−0 47	−0 24	−0 59	0.2	0.2	0.0	− − −	0.5	356°	0.0	− − −	0.3	176°
	do.	130	44° 19.07'	68° 50.17'	−0 59	−1 20	−1 11	−0 59	0.2	0.1	0.0	− − −	0.4	353°	0.0	− − −	0.3	172°
531	Ram Island, west of, West Penobscot Bay	14	44° 21.28'	68° 54.95'	−3 43	−1 55	−2 53	−2 16	0.1	0.2	0.0	− − −	0.3	004°	0.0	− − −	0.3	189°
536	Temple Heights, NE of, W Penobscot Bay	15	44° 21.38'	68° 55.33'	−1 46	−1 23	−2 03	−1 18	0.2	0.1	0.0	− − −	0.4	000°	0.0	− − −	0.3	154°
	do.	65	44° 21.38'	68° 55.33'	−1 02	−1 12	−1 36	−1 33	0.2	0.2	0.0	− − −	0.4	354°	0.0	− − −	0.3	175°
541	Temple Heights, NNE of, W Penobscot Bay	15	44° 21.45'	68° 56.62'	−0 34	−0 21	−0 35	−1 05	0.3	0.3	0.0	− − −	0.6	005°	0.0	− − −	0.7	188°
	do.	30	44° 21.45'	68° 56.62'	−0 51	−0 26	−0 15	−0 43	0.3	0.2	0.0	− − −	0.6	344°	0.0	− − −	0.5	164°
	do.	50	44° 21.45'	68° 56.62'	−0 28	−0 30	−0 47	−0 39	0.2	0.2	0.0	− − −	0.5	333°	0.0	− − −	−	

Endnotes can be found at the end of table 2.

TABLE 2 – CURRENT DIFFERENCES AND OTHER CONSTANTS

No.	PLACE	Meter Depth	POSITION		TIME DIFFERENCES			SPEED RATIOS		AVERAGE SPEEDS AND DIRECTIONS					
			Latitude	Longitude	Min. before Flood	Flood	Min. before Ebb	Ebb	Flood	Ebb	Minimum before Flood		Maximum Flood		Minimum before Ebb		Maximum Ebb	
		ft	North	West	h m	h m	h m	h m			knots	Dir.	knots	Dir.	knots	Dir.	knots	Dir.
	MAINE COAST—cont. Time meridian, 75° W				on Portsmouth Harbor Entrance, p.8													
546	Muscongus Sound		43° 56.5'	69° 26.9'	Current weak and variable													
551	Damariscotta River, off Cavis Point		43° 52.5'	69° 35.0'	−0 49	−0 44	−1 24	−1 18	0.5	0.6	0.0	---	0.6	350°	0.0	---	1.0	215°
556	Sheepscot River, off Barter Island		43° 54.0'	69° 41.5'	−0 48	−1 02	−1 15	−0 33	0.7	0.6	0.0	---	0.8	005°	0.0	---	1.1	200°
561	Lowe Point, NE of, Sasanoa River		43° 51.1'	69° 43.3'	−0 48	+0 09	−0 46	−0 27	1.4	1.0	0.0	---	1.7	327°	0.0	---	1.8	152°
566	Lower Hell Gate, Knubble Bay <2>		43° 52.6'	69° 43.8'	−0 23	+0 37	−0 46	+0 06	2.5	1.9	0.0	---	3.0	290°	0.0	---	3.5	155°
571	Upper Hell Gate, Sasanoa River		43° 53.7'	69° 46.3'	+3 31	+2 48	+1 20	+2 03	0.8	0.5	0.0	---	1.0	307°	0.0	---	0.8	142°
	KENNEBEC RIVER																	
576	Hunniwell Point, northeast of		43° 45.4'	69° 46.9'	+0 05	+0 12	+0 05	+0 24	2.0	1.6	0.0	---	2.4	332°	0.0	---	2.9	151°
581	Bald Head, 0.3 mile southwest of		43° 48.1'	69° 47.6'	+0 23	+0 28	−0 04	+0 24	1.3	1.3	0.0	---	1.6	321°	0.0	---	2.3	153°
586	Bluff Head, west of		43° 51.3'	69° 47.8'	+0 33	+0 53	+0 26	+0 24	1.9	1.9	0.0	---	2.3	014°	0.0	---	3.4	184°
591	Fiddler Ledge, north of		43° 52.8'	69° 47.8'	+0 47	+1 12	+0 22	+0 48	1.6	1.4	0.0	---	1.9	267°	0.0	---	2.6	113°
596	Doubling Point, south of		43° 52.8'	69° 48.4'	+0 28	+0 49	+0 23	+0 53	2.2	1.7	0.0	---	2.6	300°	0.0	---	3.0	127°
601	Lincoln Ledge, east of		43° 53.8'	69° 48.6'	+0 32	+0 45	+0 23	+0 34	1.6	1.6	0.0	---	1.9	359°	0.0	---	2.8	174°
606	Bath, 0.2 mile south of bridge <3>		43° 54.5'	69° 48.5'	+0 29	+1 28	+0 43	+0 23	0.8	0.8	0.0	---	1.0	003°	0.0	---	1.5	177°
	CASCO BAY																	
611	Broad Sound, west of Eagle Island	88	43° 42.7'	70° 03.8'	−1 16	−1 05	−1 27	−0 59	0.8	0.7	0.0	---	0.9	010°	0.0	---	1.3	168°
616	Ram Island, 1.6 nautical miles east of	81	43° 38.2'	70° 09.2'	−0 06	+0 10	−0 12	+0 39	0.2	0.4	0.1	241°	0.3	302°	0.1	209°	0.6	165°
621	Hussey Sound, southwest of Overset Island	15	43° 40.2'	70° 10.52'	−1 37	−1 29	−1 14	−1 12	0.9	0.6	0.0	---	1.1	316°	0.3	224°	1.1	151°
626	Hussey Sound, SW of Overset Island	25	43° 40.27'	70° 10.52'	−1 28	−1 18	−0 58	−1 30	0.9	0.6	0.0	---	1.1	311°	0.3	189°	1.2	153°
	....do.	40	43° 40.27'	70° 10.52'	−1 39	−1 19	−1 06	−1 32	0.9	0.5	0.0	---	1.1	318°	0.3	211°	1.1	155°
631	Hussey Sound, SE of Pumpkin Nob	40	43° 40.45'	70° 10.78'	−1 58	−1 16	−1 05	−1 32	1.0	0.5	0.1	228°	1.2	314°	0.3	200°	1.0	154°
636	Hussey Sound, east of Crow Island	71	43° 41.2'	70° 10.8'	−2 21	−1 29	−1 32	−1 14	0.8	0.4	0.1	068°	1.0	346°	0.1	066°	0.9	168°
641	Hussey Sound, east of Crow Island	40	43° 41.33'	70° 10.79'	−2 18	−0 35	−1 15	−1 27	0.8	0.4	0.0	---	1.0	004°	0.1	282°	0.8	193°
646	Long Island, 0.65 nautical mile NW of	41	43° 42.2'	70° 09.9'	−2 22	−0 42	−0 55	−1 24	0.7	0.4	0.1	114°	0.9	016°	0.0	---	0.8	197°
651	Little Chebeague Island, southeast of	25	43° 42.4'	70° 08.7'	−1 45	−1 26	−1 12	−0 30	0.2	0.1	0.0	---	0.3	015°	0.0	---	0.3	176°
656	Long Island, 1.3 nautical miles NW of	20	43° 42.4'	70° 10.7'	−2 40	−1 39	−1 53	−1 48	0.8	0.5	0.0	---	0.9	216°	0.0	---	0.3	051°
661	Waites Landing, northeast of	10	43° 42.5'	70° 12.5'	−2 16	−0 18	−0 46	−1 36	0.3	0.1	0.1	262°	0.4	330°	0.1	---	0.2	192°
666	Clapboard Island, 0.5 nmi. northwest of	10	43° 42.5'	70° 12.0'	−2 39	−2 00	−2 12	−1 31	0.1	0.1	0.0	---	0.1	328°	0.0	---	0.2	168°
671	Sturdivant Island, southeast of	28	43° 44.2'	70° 10.5'	−2 34	−2 12	−3 28	−3 24	0.2	0.2	0.0	---	0.2	022°	0.1	---	0.1	232°
676	Sturdivant Island, west of	25	43° 44.3'	70° 11.5'	−1 34	−0 52	−1 04	−0 31	0.2	0.1	0.0	---	0.2	013°	0.0	---	0.1	216°
681	Cousin I. and Great Chebeague I., between	10	43° 44.3'	70° 08.3'	−3 42	−1 32	−1 23	−0 48	0.2	0.2	0.0	---	0.3	017°	0.0	---	0.1	213°
686	Littlejohn Island, Town Landing	34	43° 45.4'	70° 07.4'	−4 58	−2 34	−1 59	−1 55	0.3	0.6	0.0	---	0.3	041°	0.1	---	0.1	211°
691	Cushing Island, 0.24 nautical mile SW of	53	43° 37.8'	70° 12.5'	−1 47	−1 11	−1 28	−2 25	0.8	0.6	0.0	---	0.4	063°	0.1	---	0.1	252°
696	Portland Hbr. ent., SW of Cushing Island		43° 38.7'	70° 15.5'	−1 43	−1 43	−1 20	−1 34	0.8	0.6	0.0	---	0.9	297°	0.1	200°	1.0	135°
701	Portland Bridge, center of draw	19	43° 38.7'	70° 12.7'	−2 28	−1 36	−1 20	−0 58	0.8	0.5	0.0	---	1.0	322°	0.0	---	1.1	154°
706	Spring Point, 0.2 nautical mile east of	34	43° 39.0'	70° 13.1'	−2 28	−1 28	−1 31	−1 30	0.5	0.5	0.0	---	0.6	219°	0.0	---	0.5	044°
711	House Island, east of	32	43° 39.2'	70° 12.3'	−1 42	−1 09	−1 45	−1 18	0.7	0.5	0.1	319°	0.9	352°	0.0	---	0.7	179°
716	Portland Breakwater Light, 0.3 mi. NM of <1><4>		43° 39.5'	70° 14.5'	−1 30	−1 09	−2 07	−1 06	0.5	0.4	0.0	---	0.6	012°	0.0	---	0.5	175°
721	Grand Trunk Wharves, off ends <1>		43° 39.6'	70° 14.7'	---	−0 47	---	−1 50	0.3	0.3	0.0	---	0.4	250°	0.0	---	0.4	048°
726	Diamond I. Ledge, midchannel SW of		43° 39.6'	70° 13.5'	−1 26	−1 12	−1 11	−1 06	0.5	0.2	0.0	---	0.6	300°	0.0	---	0.4	040°
731	Fore River, mouth of	15	43° 39.7'	70° 14.2'	−3 50	−1 22	+0 12	−1 21	0.8	0.5	0.1	058°	0.9	286°	0.1	190°	0.9	150°
736	Diamond Island Pass <57>	8	43° 39.9'	70° 12.3'	+0 12	−0 09	+2 37	+2 02	0.3	*	0.0	---	0.2	037°	0.0	---	0.1	119°
741	Little Diamond Island, 0.15 nmi. west of	12	43° 39.9'	70° 12.9'	−2 01	−1 42	−1 19	−1 15	0.6	0.4	0.0	---	0.7	017°	0.0	---	0.8	185°
746	Back Cove, swing bridge	7	43° 40.5'	70° 14.9'	−2 31	−1 24	−1 35	−1 13	0.4	0.3	0.0	---	0.5	250°	0.0	---	0.5	075°
	MAINE COAST—cont.																	
751	Cape Elizabeth		43° 34'	70° 11'	−1 35	−1 35	−1 35	−1 35	0.2	0.2	0.0	---	0.3	340°	0.0	---	0.3	160°
756	Cape Porpoise		43° 22'	70° 24'	−0 55	−0 55	−0 55	−0 55	0.2	0.3	0.0	---	0.3	035°	0.0	---	0.4	215°
761	Cape Neddick		43° 10'	70° 35'	−0 20	−0 20	−0 20	−0 20	0.3	0.3	0.0	---	0.4	025°	0.0	---	0.4	205°
766	York Harbor entrance, 3 miles south of		43° 08'	70° 33'	−0 15	−0 15	−0 15	−0 15	0.3	0.3	0.0	---	0.4	025°	0.0	---	0.4	205°

Endnotes can be found at the end of table 2.

TABLE 2 – CURRENT DIFFERENCES AND OTHER CONSTANTS

No.	PLACE	Meter Depth (ft)	POSITION Latitude North	POSITION Longitude West	TIME DIFFERENCES Min. before Flood (h m)	TIME DIFFERENCES Flood (h m)	TIME DIFFERENCES Min. before Ebb (h m)	TIME DIFFERENCES Ebb (h m)	SPEED RATIOS Flood	SPEED RATIOS Ebb	Minimum before Flood knots	Minimum before Flood Dir.	Maximum Flood knots	Maximum Flood Dir.	Minimum before Ebb knots	Minimum before Ebb Dir.	Maximum Ebb knots	Maximum Ebb Dir.
	PORTSMOUTH HARBOR Time meridian, 75° W				on Portsmouth Harbor Entrance, p.8													
771	Odiornes Point, NNE of	15	43° 02.95'	70° 42.50'	+1 13	+1 45	+0 49	+2 15	0.4	0.5	0.0	--	0.5	339°	0.0	--	0.8	183°
776	Odiornes Point, northeast of	15	43° 03.00'	70° 42.10'	-0 01	+0 05	+0 37	+1 05	0.5	0.5	0.1	238°	0.6	320°	0.1	--	1.0	156°
781	Kitts Rocks, WSW of <64>	15	43° 03.10'	70° 41.80'	*	+0 07	+0 08	-0 02	0.6	0.4	0.2	191°	0.7	314°	0.1	058°	0.8	133°
786	Kitts Rocks, 0.2 mile west of		43° 03'	70° 42'	0 00	0 00	0 00	0 00	0.7	0.9	0.0	--	0.8	325°	0.0	--	1.6	175°
791	Little Harbor entrance		43° 03'	70° 43'	-1 00	-1 00	-1 00	-1 00	0.6	0.6	0.0	--	0.7	310°	0.0	--	1.1	130°
796	Whaleback Reef, west of	15	43° 03.50'	70° 42.27'	-0 01	+0 18	+0 11	+0 12	0.6	0.8	0.0	--	0.7	340°	0.0	--	1.5	144°
801	PORTSMOUTH HARBOR ENT. (off Wood I.)		43° 03.8'	70° 42.3'		Daily predictions					0.0	--	1.2	355°	0.0	--	1.8	195°
806	Wood Island, northwest of	15	43° 03.95'	70° 42.30'	0 00	0 00	+0 31	-0 42	1.0	0.7	0.2	291°	1.2	358°	0.1	278°	1.3	199°
811	Fort Point		43° 04'	70° 42'	+0 05	+0 05	+0 05	+0 05	1.2	1.1	0.0	--	1.5	350°	0.0	--	2.0	130°
816	Salamander Point, north of	15	43° 04.58'	70° 43.02'	+0 14	+0 10	+0 34	+0 47	1.1	0.5	0.0	--	1.4	257°	0.2	167°	0.8	091°
821	Salamander Point		43° 05'	70° 42'	+0 10	+0 35	+0 10	+0 10	0.8	0.7	0.0	--	1.3	260°	0.0	--	1.3	085°
826	Hick Rocks and Clark Island, between		43° 05'	70° 43'	-0 35	-0 50	-0 35	-0 50	0.7	0.4	0.0	--	0.9	335°	0.0	--	0.8	195°
831	Kittery Point Bridge		43° 05'	70° 43'	-1 10	-1 10	-1 10	-1 10	0.8	0.6	0.0	--	1.0	020°	0.0	--	1.1	200°
836	Jamaica Island, northeast of		43° 05'	70° 43'	-0 25	-0 25	-0 25	-0 25	0.8	0.8	0.0	--	1.0	315°	0.0	--	1.1	135°
841	Seavey Island, north of		43° 05'	70° 44'	+0 15	+0 15	+0 15	+0 15	1.2	1.0	0.0	--	1.4	260°	0.0	--	1.8	080°
846	Clark I. and Seavey I., between <5>		43° 05'	70° 44'	-0 23	-0 22	+0 36	-0 33	1.5	0.7	0.0	--	1.8	200°	0.0	--	2.3	085°
851	Clark Island, south of	15	43° 04.43'	70° 43.48'	-0 21	-0 14	+0 34	-0 04	1.3	1.1	0.0	--	1.6	270°	0.0	--	2.3	070°
856	Clark Island, southwest of	15	43° 04.50'	70° 43.67'	-0 15	-0 15	+0 15	-0 15	1.3	0.5	0.0	--	0.7	263°	0.0	--	3.8	090°
861	Seavey Island, south of		43° 04'	70° 44'	-1 00	-1 00	-1 00	-1 00	2.5	2.1	0.0	--	3.0	260°	0.0	--	3.8	340°
866	Marvin Island and Goat Island, between		43° 04'	70° 44'	+0 04	+1 11	+0 15	-0 38	1.0	0.4	0.0	--	1.2	160°	0.0	--	0.8	340°
871	Henderson Point, SSW of	15	43° 04.40'	70° 44.32'	+0 30	+0 30	+0 30	+0 30	1.3	1.0	0.1	228°	1.6	306°	0.0	--	2.3	133°
876	Henderson Point, west of		43° 04'	70° 44'	+0 30	+0 30	+0 30	+0 30	2.2	1.3	0.0	--	2.6	340°	0.0	--	2.3	170°
881	Shapleigh Island Bridge, south of	15	43° 04.18'	70° 44.30'	-0 50	-0 27	-0 53	-0 35	0.7	0.4	0.0	--	0.8	178°	0.0	--	0.7	348°
886	Pierces Island, northeast of	15	43° 04.55'	70° 44.48'	-0 18	+0 25	+0 39	-0 19	2.4	0.7	0.1	243°	2.8	325°	0.0	--	1.3	144°
891	Off Gangway Rock		43° 05'	70° 45'	+0 30	+0 30	+0 30	+0 30	1.7	1.7	0.0	--	2.1	280°	0.0	--	3.0	110°
896	Badgers Island, east of		43° 05'	70° 45'	+0 25	+0 25	+0 25	+0 25	0.9	0.2	0.0	--	1.1	240°	0.0	--	0.4	050°
901	Badgers Island, southwest of		43° 05'	70° 45'	+0 30	+0 30	+0 30	+0 30	2.7	2.0	0.0	--	3.3	330°	0.0	--	3.7	125°
	PISCATAQUA RIVER and tributaries																	
906	NW of Nobles Island (RR. bridge)		43° 05'	70° 46'	+0 35	+0 35	+0 35	+0 35	1.3	0.5	0.0	--	1.6	050°	0.0	--	0.9	200°
911	Nobles Island, north of		43° 06'	70° 46'	+0 30	+0 30	+0 30	+0 30	3.0	2.4	0.0	--	3.6	305°	0.0	--	4.4	140°
916	Frankfort Island, south of		43° 07'	70° 48'	+0 30	+0 30	+0 30	+0 30	2.2	1.6	0.0	--	2.6	310°	0.0	--	2.9	130°
921	Dover Point Bridge, south of	15	43° 07.15'	70° 49.73'	-0 23	-0 09	+0 52	-0 19	2.3	1.5	0.1	197°	2.8	279°	0.0	--	2.7	106°
926	Dover Point, west of	15	43° 07'	70° 50.23'	-0 03	-0 02	+0 31	0 00	1.2	0.3	0.1	191°	1.4	283°	0.0	--	0.6	119°
931	Goat Island, north of	15	43° 07.62'	70° 51.37'	-0 42	+0 56	+0 28	+0 51	1.0	0.7	0.1	352°	1.2	272°	0.0	--	1.3	077°
936	Goat Island and Fox Point, between	15	43° 07.37'	70° 51.42'	+0 24	+1 30	+0 59	+2 32	0.9	0.3	0.1	219°	1.1	303°	0.0	--	0.6	142°
941	Knight Hill Township, west of	15	43° 06.47'	70° 51.50'	+0 29	+0 32	+1 02	+0 23	0.6	0.5	0.0	--	0.7	205°	0.1	286°	0.8	015°
	MASSACHUSETTS COAST				on Boston Harbor, p.12													
946	Gunboat Shoal		43° 01'	70° 42'	+0 05	+0 05	+0 05	+0 05	0.4	0.3	0.0	--	0.5	340°	0.0	--	0.5	160°
951	Isles of Shoals Light, White Island		42° 58'	70° 37'	0 00	0 00	0 00	0 00	0.2	0.2	0.0	--	0.3	020°	0.0	--	0.3	200°
956	Merrimack River entrance		42° 49.1'	70° 48.6'	+1 04	+1 15	+1 13	-0 34	2.0	1.2	0.0	--	2.2	285°	0.0	--	1.4	105°
961	Newburyport, Merrimack River		42° 48.8'	70° 52.1'	+1 28	+1 48	+1 47	+0 35	1.4	1.2	0.0	--	1.5	288°	0.0	--	1.4	098°
966	Plum Island Sound entrance		42° 42.3'	70° 47.3'	+0 36	+0 50	+0 48	-0 07	1.5	1.1	0.0	--	1.6	316°	0.0	--	1.5	184°
971	Annisquam Harbor Light		42° 40.1'	70° 41.1'	+0 42	+0 49	+0 58	+0 03	0.9	1.1	0.0	--	1.0	200°	0.0	--	1.3	013°
976	Gloucester Harbor entrance		42° 34.9'	70° 40.5'	-0 28	+0 01	-0 29	-0 36	0.3	0.2	0.0	--	0.3	340°	0.0	--	1.3	195°
981	Blynman Canal ent., Gloucester Harbor		42° 36.6'	70° 40.4'	-0 06	+0 05	-0 15	-0 39	2.7	2.8	0.0	--	3.0	310°	0.0	--	3.3	130°
986	Marblehead Channel		42° 30'	70° 49'	+1 09	+1 09	+1 09	+1 09	0.4	0.3	0.0	--	0.4	285°	0.0	--	0.4	105°
991	Ram Island, 0.2 n.mi. NNE of		42° 28.75'	70° 51.68'	See Rotary tidal currents, table 2.													
996	Ram Island, 0.2 n.mi. southeast of	10	42° 28.45'	70° 51.55'	See Rotary tidal currents, table 2.													
1001	Great Pig Rocks, southeast of	10	42° 27.53'	70° 50.70'	See Rotary tidal currents, table 2.													

Endnotes can be found at the end of table 2.

TABLE 2 – CURRENT DIFFERENCES AND OTHER CONSTANTS

No.	PLACE	Meter Depth (ft)	POSITION Latitude North	POSITION Longitude West	TIME DIFFERENCES Min. before Flood (h m)	TIME DIFFERENCES Flood (h m)	TIME DIFFERENCES Min. before Ebb (h m)	TIME DIFFERENCES Ebb (h m)	SPEED RATIOS Flood	SPEED RATIOS Ebb	AVERAGE SPEEDS AND DIRECTIONS Minimum before Flood knots	AVERAGE SPEEDS AND DIRECTIONS Minimum before Flood Dir.	AVERAGE SPEEDS AND DIRECTIONS Maximum Flood knots	AVERAGE SPEEDS AND DIRECTIONS Maximum Flood Dir.	AVERAGE SPEEDS AND DIRECTIONS Minimum before Ebb knots	AVERAGE SPEEDS AND DIRECTIONS Minimum before Ebb Dir.	AVERAGE SPEEDS AND DIRECTIONS Maximum Ebb knots	AVERAGE SPEEDS AND DIRECTIONS Maximum Ebb Dir.
	MASSACHUSETTS COAST—cont. Time meridian, 75° W																	
1006	Galloupes Point, 0.4 n.mi. south of	10	42° 27.24'	70° 53.70'	\multicolumn{4}{l	}{See Rotary tidal currents, table 2.}										
1011	Little Nahant, 0.9 n.mi. northeast of	10	42° 26.85'	70° 54.84'	\multicolumn{4}{l	}{See Rotary tidal currents, table 2.}										
1016	Egg Rock, 0.2 n.mi. north of	10	42° 26.25'	70° 53.93'	\multicolumn{4}{l	}{See Rotary tidal currents, table 2.}										
1021	Egg Rock, southwest of	10	42° 25.85'	70° 54.20'	\multicolumn{4}{l	}{See Rotary tidal currents, table 2.}										
1026	Nahant, 1.8 n.mi. NE of East Point	10	42° 26.00'	70° 52.02'	\multicolumn{4}{l	}{on Boston Harbor, p.12}										
	do.	45	42° 26.00'	70° 52.02'	+0 32	+0 49	+0 15	+1 00	0.6	0.6	0.0	---	0.7	252°	0.1	291°	0.7	144°
	do.	80	42° 26.00'	70° 52.02'	-0 21	+1 04	+1 14	-0 31	0.3	0.1	0.0	---	0.3	250°	0.0	---	0.2	070°
1031	Nahant, 0.4 n.mi. east of East Point	15	42° 25.23'	70° 53.63'	-0 25	+1 04	+1 15	-0 31	0.4	0.5	0.1	329°	0.2	238°	0.0	---	0.2	077°
	do.	25	42° 25.23'	70° 53.63'	+0 04	-0 41	+0 15	-0 22	0.4	0.4	0.2	118°	0.5	205°	0.0	---	0.6	045°
1036	Nahant, 1 n.mi. SE of East Point	45	42° 23.83'	70° 51.17'	+0 04	+1 04	+1 13	-0 29	0.3	0.2	0.1	102°	0.4	198°	0.1	282°	0.3	027°
	do.	70	42° 23.83'	70° 51.17'	+0 04	-0 04	+0 19	-0 14	0.3	0.3	0.0	---	0.3	253°	0.0	---	0.3	074°
1041	Pea Island, 0.4 n.mi. southeast of	15	42° 24.63'	70° 54.13'	-0 22	+0 55	+0 42	-1 01	0.2	0.2	0.0	---	0.2	261°	0.0	---	0.3	090°
	do.	25	42° 24.63'	70° 54.13'	+0 53	+0 34	+0 57	+0 29	0.4	0.3	0.0	---	0.5	239°	0.1	161°	0.5	063°
1046	Bass Point, 1.2 n.mi. southeast of	65	42° 24.12'	70° 54.13'	+0 34	-0 59	+0 14	-0 31	0.4	0.3	0.0	---	0.5	224°	0.0	---	0.4	048°
	do.	10	42° 24.12'	70° 55.07'	-0 37	-0 22	+0 58	-0 14	0.7	0.6	0.1	332°	0.7	271°	0.0	---	0.3	035°
	do.	45	42° 24.12'	70° 55.07'	-0 22	+1 20	+0 52	-0 29	0.3	0.2	0.1	351°	0.4	259°	0.0	---	0.3	066°
	do.	60	42° 24.12'	70° 55.07'	-0 29	-0 10	+0 31	-0 59	0.2	0.2	0.0	---	0.3	251°	0.0	---	0.3	086°
1051	Bass Point, 0.5 n.mi. SSW of	15	42° 24.57'	70° 56.53'	\multicolumn{4}{l	}{See Rotary tidal currents, table 2.}										
1056	Bass Point, 0.7 n.mi. west of	10	42° 25.13'	70° 57.25'	\multicolumn{4}{l	}{See Rotary tidal currents, table 2.}								0.2	091°
1061	Little Nahant Cupola, 0.6 n.mi. west of	10	42° 25.87'	70° 56.83'	-0 02	-0 26	+1 32	+0 46	0.4	0.4	0.0	---	0.4	033°	0.1	137°	0.5	219°
1066	Sand Point, Black Marsh Channel	10	42° 26.58'	70° 56.52'	+0 04	-0 17	+1 00	+0 27	0.5	0.4	0.0	---	0.5	013°	0.0	---	0.5	203°
1071	Lynn Harbor	10	42° 27.27'	70° 56.78'	+0 29	-0 26	+2 35	+1 25	0.2	0.5	0.0	---	0.3	274°	0.0	---	0.2	090°
1076	Point of Pines, 0.5 n.mi. south of	6	42° 25.97'	70° 57.53'	+0 05	+0 19	+1 08	+0 41	0.4	0.4	0.0	---	0.2	009°	0.0	---	0.2	198°
1081	Point of Pines, 0.1 n.mi. northeast of	6	42° 26.52'	70° 57.62'	+0 43	+0 29	+1 00	+0 34	0.8	1.0	0.0	---	0.9	296°	0.0	---	1.2	131°
1086	Finn's Ledge Bell, 0.2 n.mi. west of	10	42° 22.17'	70° 55.42'	-0 01	+1 05	+0 26	-0 02	0.5	0.6	0.0	---	0.6	226°	0.2	295°	0.8	035°
1091	Winthrop Head, 1.1 n.mi. east of	25	42° 21.93'	70° 55.42'	-0 11	+0 50	+0 36	-0 28	0.3	0.4	0.0	---	0.3	229°	0.2	297°	0.3	033°
1096	Lovell Island, 1.3 n.mi. north of	10	42° 21.30'	70° 56.52'	-1 12	+0 19	+0 31	-1 46	0.4	0.3	0.3	103°	0.5	205°	0.4	300°	0.4	019°
	do.	10	42° 21.30'	70° 55.90'	-0 52	-0 57	-0 14	-0 25	0.8	1.0	0.2	112°	0.9	196°	0.1	---	1.2	033°
	do.	25	42° 21.30'	70° 55.90'	-1 19	-0 59	-0 12	-0 13	0.7	0.6	0.2	102°	0.7	197°	0.1	135°	0.7	033°
	BOSTON HARBOR APPROACHES																	
1101	The Graves, 0.3 n.mi. SSE of	10	42° 21.60'	70° 52.00'	+0 16	+1 08	+1 21	+0 19	0.5	0.5	0.3	171°	0.6	227°	0.1	135°	0.6	103°
	do.	45	42° 21.60'	70° 52.00'	-0 37	-0 52	-0 10	-0 58	0.3	0.3	0.1	186°	0.4	262°	0.0	---	0.5	085°
	do.	60	42° 21.60'	70° 52.00'	-0 49	-0 06	-0 16	-1 23	0.2	0.3	0.0	---	0.3	252°	0.0	---	0.4	070°
1106	Thieves Ledge	45	42° 19.28'	70° 51.43'	-0 15	-0 41	-0 40	-1 37	0.3	0.4	0.1	030°	0.2	304°	0.0	---	0.3	128°
1111	Little Brewster Island, 1.5 n.mi. E of	10	42° 19.68'	70° 51.43'	+2 19	+0 41	-0 40	+0 55	0.5	1.0	0.4	028°	0.6	285°	0.6	337°	0.8	080°
	do.	35	42° 19.68'	70° 51.43'	+0 53	-0 49	+0 03	+1 30	0.3	0.4	0.0	---	0.3	236°	0.2	212°	0.5	076°
	do.	60	42° 19.68'	70° 51.43'	-1 14	-1 23	+1 31	-0 45	0.3	0.2	0.0	---	0.3	225°	0.0	---	0.5	047°
1116	Hypocrite Channel	10	42° 20.95'	70° 53.63'	+0 13	+0 19	+0 49	-0 31	0.8	0.8	0.2	265°	0.9	262°	0.1	351°	1.0	070°
1121	Little Calf Island, 0.4 n.mi. NW of	10	42° 21.05'	70° 54.00'	+0 23	+0 04	-0 15	-0 18	0.5	0.6	0.1	345°	0.5	220°	0.1	290°	0.7	048°
1126	Boston Light, 0.2 n.mi. south of	10	42° 19.52'	70° 54.00'	+0 14	+0 19	-0 41	+0 40	0.9	0.9	0.0	---	1.0	267°	0.0	005°	1.4	100°
1131	Point Allerton, 0.8 n.mi. NNW of	10	42° 19.28'	70° 53.25'	+0 25	+0 03	+0 46	-0 05	0.9	1.1	0.0	203°	1.0	270°	0.1	---	1.4	086°
1136	Point Allerton, 0.5 n.mi. NNW of	10	42° 19.05'	70° 53.10'	+0 17	+0 13	+0 55	-0 29	0.9	0.9	0.0	---	1.0	280°	0.0	---	1.0	090°
	do.	25	42° 19.05'	70° 53.10'	+0 14	+0 26	+0 41	+0 11	0.8	0.7	0.1	---	0.9	257°	0.0	---	1.3	079°
1141	Point Allerton, 0.4 n.mi. northwest of	10	42° 18.88'	70° 53.10'	+0 08	+0 29	+0 53	+0 25	0.8	0.7	0.0	---	0.9	262°	0.2	353°	0.4	080°
1146	Calf Island, 0.4 n.mi. west of	10	42° 20.33'	70° 54.38'	-0 09	+0 53	+0 17	-1 11	0.6	0.5	0.0	---	0.7	265°	0.0	---	0.6	080°
	do.	25	42° 20.33'	70° 54.38'	+0 02	+0 23	+0 10	+0 13	0.5	0.3	0.0	---	0.6	198°	0.0	---	0.6	037°
	do.	45	42° 20.33'	70° 54.38'	-1 28	0 00	+0 16	-1 36	0.5	0.3	0.0	---	0.5	203°	0.0	---	0.3	052°
1151	Aldridge Ledge, 0.2 n.mi. north of	10	42° 20.97'	70° 54.80'	+0 22	+0 04	+0 05	-2 15	0.4	0.5	0.0	---	0.4	209°	0.0	---	0.3	020°
1156	Lovell Island and Calf Island, between	25	42° 20.97'	70° 54.80'	+0 08	+1 03	+0 43	+0 02	0.8	1.0	0.3	139°	0.9	230°	0.1	326°	1.2	061°
1161	Black Rock Channel	10	42° 20.35'	70° 54.80'	\multicolumn{4}{l	}{See Rotary tidal currents, table 2.}	0.6	0.6	0.0	---	0.7	223°	0.0	---	0.7	042°
		10	42° 19.73'	70° 54.93'	-0 08	-0 11	+0 24	-0 01	0.6	0.8	0.1	325°	0.6	247°	0.2	122°	0.9	046°

Endnotes can be found at the end of table 2.

TABLE 2 – CURRENT DIFFERENCES AND OTHER CONSTANTS

No.	PLACE	Meter Depth (ft)	POSITION Latitude North	POSITION Longitude West	TIME DIFFERENCES Min. before Flood (h m)	TIME DIFFERENCES Flood (h m)	TIME DIFFERENCES Min. before Ebb (h m)	TIME DIFFERENCES Ebb (h m)	SPEED RATIOS Flood	SPEED RATIOS Ebb	AVERAGE SPEEDS AND DIRECTIONS Minimum before Flood knots	AVERAGE SPEEDS AND DIRECTIONS Minimum before Flood Dir.	AVERAGE SPEEDS AND DIRECTIONS Maximum Flood knots	AVERAGE SPEEDS AND DIRECTIONS Maximum Flood Dir.	AVERAGE SPEEDS AND DIRECTIONS Minimum before Ebb knots	AVERAGE SPEEDS AND DIRECTIONS Minimum before Ebb Dir.	AVERAGE SPEEDS AND DIRECTIONS Maximum Ebb knots	AVERAGE SPEEDS AND DIRECTIONS Maximum Ebb Dir.
	BOSTON HARBOR APPROACHES—cont. Time meridian, 75° W						on Boston Harbor, p.12											
1166	Deer Island Light, 0.4 n.mi. NW of	35	42° 20.58'	70° 55.70'	−0 15	−2 10	−4 11	−1 46	0.2	0.5	0.0	--	0.2	307°	0.0	--	0.6	116°
1171	Lovell Island, 0.4 n.mi. north of	10	42° 20.45'	70° 55.80'	+0 09	−0 11	−0 22	−0 29	1.1	1.0	0.1	330°	1.2	259°	0.1	337°	1.2	064°
1176	...do.	25	42° 20.45'	70° 55.80'	−0 08	−0 14	−0 38	−0 11	1.1	0.8	0.0	--	1.2	264°	0.0	--	0.9	074°
	Deer Island, 0.7 n.mi. ESE of	35	42° 20.65'	70° 56.30'	+0 27	+0 19	+0 38	+0 10	1.1	1.1	0.0	--	1.3	220°	0.0	--	1.4	048°
	...do.	10	42° 20.65'	70° 56.30'	−0 01	−0 11	−0 41	+0 20	1.0	0.7	0.0	--	1.1	221°	0.0	--	0.9	048°
1181	Deer Island Light, 0.8 n.mi. ESE of	10	42° 20.22'	70° 56.28'	−0 04	−0 20	+0 20	−1 23	0.8	0.8	0.2	138°	0.9	233°	0.2	138°	0.9	066°
1186	Deer Island Light, 0.4 n.mi. east of	10	42° 20.45'	70° 56.77'	+0 08	−1 13	+0 17	−0 16	0.8	0.8	0.3	319°	0.9	240°	--	--	1.0	057°
						−0 11			0.7	--			0.8	219°				
					+1 02				0.9	--			0.8	214°				
1191	...do.	35	42° 20.45'	70° 56.77'	−0 32	+0 52	+0 44	+0 16	1.0	0.6	0.0	--	1.1	264°	0.0	--	0.8	053°
	Deer Island Light, 0.7 n.mi. ESE of	35	42° 20.25'	70° 56.38'	−0 23	−0 10	+0 25	−1 01	0.9	0.5	0.1	312°	1.0	233°	--	--	0.6	062°
	BOSTON HARBOR—PRESIDENT ROADS					Daily predictions												
1196	BOSTON HARBOR (Deer Island Light)	10	42° 20.27'	70° 57.37'	+0 02	+0 44	+0 15	+0 28	1.3	0.9	0.0	--	1.1	254°	0.3	184°	1.2	111°
1201	Deer Island Light, 0.3 n.mi. SSE of	10	42° 20.12'	70° 57.42'	+0 04	+0 46	+0 49	+0 28	1.4	0.8	0.0	--	1.4	265°	0.4	199°	1.0	082°
	...do.	35	42° 20.12'	70° 57.42'	+0 06	+0 53	+0 43	+0 30	1.4	0.9	0.0	--	1.4	261°	0.2	--	1.0	090°
1206	Deer Island Light, 0.4 n.mi. SSE of	10	42° 19.97'	70° 57.42'	+0 04	+0 47	+0 52	+0 33	1.3	0.9	0.0	--	1.5	265°	0.2	178°	1.2	073°
	...do.	25	42° 19.97'	70° 57.42'	+0 04	−0 26	−1 58	−1 08	0.4	0.5	0.0	--	1.4	269°	0.3	065°	1.0	081°
1211	Deer Island, southwest of	10	42° 20.63'	70° 57.78'	−0 08	+0 30	+0 01	−0 44	0.6	0.8	0.0	--	0.4	351°	0.3	--	0.6	137°
1216	Long Island Head, 0.9 n.mi. NW of	10	42° 20.40'	70° 58.43'	−0 01	+1 21	+0 50	−0 33	0.4	0.3	0.1	175°	0.6	302°	0.3	--	0.6	103°
1221	Deer Island Flats	35	42° 20.40'	70° 58.43'	−0 11	−1 11	−1 32	−3 04	0.4	0.4	0.0	--	0.4	304°	0.4	049°	0.5	079°
1226	Deer Island Light, 1.3 n.mi. NW of	10	42° 20.83'	70° 58.74'	−0 27						0.0	--	0.4	327°				107°
1231	Snake Island, southwest of	10	42° 21.12'	70° 58.65'	See Rotary tidal currents, table 2.													
1236	Deer Island Light, 1.0 n.mi. WSW of	10	42° 21.77'	70° 59.22'	−0 05	+0 19	+0 31	+0 13	0.4	0.7	0.0	--	0.4	312°	0.0	--	0.5	134°
	...do.	35	42° 19.97'	70° 58.43'	+0 52	+1 14	+2 10	+1 05	1.2	0.7	0.0	--	1.3	254°	0.0	--	0.8	086°
1241	Spectacle I. and Long I., between	10	42° 19.97'	70° 58.43'	+0 04	+1 33	+1 55	+0 23	1.1	0.3	0.0	--	1.2	273°	0.0	--	0.6	082°
1246	Spectacle Island, 0.2 n.mi. south of	10	42° 19.35'	70° 58.45'	−0 04	+0 04	−0 34	−0 22	0.5	0.5	0.0	--	0.5	217°	0.4	121°	0.6	038°
1251	Spectacle Island, 0.3 n.mi. north of	10	42° 18.98'	70° 59.15'	−0 13	−1 05	−0 52	−1 46	0.4	0.4	0.0	--	0.4	244°	0.1	180°	0.6	098°
	...do.	35	42° 19.95'	70° 59.13'	+0 37	+1 40	+1 42	+0 37	1.1	0.7	0.0	--	1.2	271°	0.2	359°	0.6	081°
1256	Spectacle Island, 0.7 n.mi. north of	10	42° 19.95'	70° 59.13'	−0 07	+1 32	+1 31	+0 31	0.8	0.4	0.0	--	0.8	280°	0.2	000°	0.6	082°
	...do.	25	42° 20.10'	70° 59.27'	+0 21	+1 09	+1 32	+0 25	0.8	0.5	0.0	--	0.9	280°	0.1	007°	0.8	086°
1261	Spectacle Island, 0.1 n.mi. north of	10	42° 20.10'	70° 59.27'	−0 03	+0 56	+1 26	+0 29	1.0	0.7	0.0	--	0.7	287°	0.0	--	0.8	080°
	...do.	25	42° 19.83'	70° 59.27'	+0 17	+1 40	+1 20	+0 52	0.8	0.3	0.0	--	1.1	277°	0.0	--	0.8	081°
1266	Spectacle I. and Thompson I., between	10	42° 19.83'	70° 59.27'	−0 11	+1 32	+1 20	−0 03	0.8	0.3	0.0	--	0.9	280°	0.0	045°	0.4	127°
1271	Thompson Island, 0.7 n.mi. NNE of	10	42° 19.97'	70° 59.57'	−1 40	−3 54	−2 30	−2 56	0.7	0.5	0.2	227°	0.2	306°	0.0	003°	0.6	086°
	...do.	35	42° 19.97'	70° 59.90'	−0 28	+1 31	+1 10	−0 20	0.4	0.2	0.0	--	0.8	281°	0.2	--	0.6	091°
1276	Fort Independence, 0.3 n.mi. east of	10	42° 20.33'	71° 00.40'	−1 04	+1 31	+1 30	−0 40	0.6	0.3	0.0	--	0.5	277°	0.2	061°	0.6	125°
1281	Fort Independence, 0.4 n.mi. NW of	10	42° 20.63'	71° 01.97'	+0 36	+1 31	+1 30	+1 12	0.6	0.5	0.0	--	0.6	303°	0.1	006°	0.6	113°
1286	South Boston, Reserved Channel	10	42° 20.57'	71° 01.85'	−0 12	−0 25	−0 32	+0 01	0.4	0.5	0.0	--	0.4	288°	--	--	--	--
1291	South Boston, Pier 4, 0.2 n.mi. NNE of	25	42° 21.13'	71° 01.85'	See Rotary tidal currents, table 2.													
	...do.	10	42° 21.13'	71° 01.85'	+0 38	+0 56	+0 16	+1 13	0.3	0.3	0.0	--	0.3	299°	0.0	--	0.3	118°
1296	Charles River	10	42° 22.18'	71° 03.38'	−0 14	+0 19	+1 42	+0 15	0.3	0.1	0.0	--	0.4	030°	0.0	--	0.2	120°
1301	East Boston, Pier 10, southeast of	10	42° 22.55'	71° 02.80'	+1 35	+0 50	+0 28	+0 16	0.2	0.3	0.0	--	0.2	017°	0.0	--	0.4	194°
	...do.	25	42° 22.55'	71° 02.80'	Current weak and variable													
1306	Chelsea River, west of bascule bridge	10	42° 23.07'	71° 02.53'	+0 01	+1 05	+1 23	−0 46	0.3	0.2	0.0	--	0.3	030°	0.0	--	0.2	193°
1311	Chelsea River, below bascule bridge	10	42° 23.03'	71° 01.70'	+0 02	−0 26	+0 43	−0 04	0.2	0.2	0.0	--	0.2	048°	0.0	--	0.2	240°
1316	Mystic River Bridge, 0.1 n.mi. west of	10	42° 23.15'	71° 03.02'	+0 29	−0 15	+0 37	−0 16	0.2	0.2	0.0	--	0.3	088°	0.0	--	0.3	272°
1321	Mystic River Bridge, northwest of	10	42° 23.15'	71° 02.95'	+0 31	−0 10	−0 46	−0 44	0.1	0.1	0.0	--	0.1	267°	0.0	--	0.1	093°
1326	City Point, 0.8 n.mi. SSE of	10	42° 19.22'	71° 00.88'	−0 20	+1 04	+0 22	+1 03	0.1	0.1	0.0	--	0.1	300°	0.0	--	0.1	098°
1331	Squantum Point, 0.8 n.mi. northeast of	10	42° 18.63'	71° 01.70'	+0 13	+0 34	+1 19	+0 51	0.5	0.4	0.0	--	0.6	248°	0.1	170°	0.6	069°
1336	Squantum Point, 0.4 n.mi. NNE of	10	42° 18.38'	71° 02.23'	+0 18	+0 35	+1 16	+0 51	0.4	0.4	0.0	--	0.4	216°	0.0	--	0.5	036°
					+0 14	−0 06	+0 41	+0 52	0.4	0.4	0.0	--	0.4	266°	0.0	--	0.5	091°
1341	Neponset River	10	42° 18.25'	71° 02.58'	−0 25	−0 32	+0 45	+0 35	0.4	0.4	0.0	--	0.4	218°	0.0	--	0.4	025°

Endnotes can be found at the end of table 2.

TABLE 2 – CURRENT DIFFERENCES AND OTHER CONSTANTS

No.	PLACE	Meter Depth (ft)	POSITION Latitude North	POSITION Longitude West	TIME DIFFERENCES Min. before Flood (h m)	TIME DIFFERENCES Flood (h m)	TIME DIFFERENCES Min. before Ebb (h m)	TIME DIFFERENCES Ebb (h m)	SPEED RATIOS Flood	SPEED RATIOS Ebb	AVERAGE SPEEDS AND DIRECTIONS Minimum before Flood knots	AVERAGE SPEEDS AND DIRECTIONS Minimum before Flood Dir.	AVERAGE SPEEDS AND DIRECTIONS Maximum Flood knots	AVERAGE SPEEDS AND DIRECTIONS Maximum Flood Dir.	AVERAGE SPEEDS AND DIRECTIONS Minimum before Ebb knots	AVERAGE SPEEDS AND DIRECTIONS Minimum before Ebb Dir.	AVERAGE SPEEDS AND DIRECTIONS Maximum Ebb knots	AVERAGE SPEEDS AND DIRECTIONS Maximum Ebb Dir.
	BOSTON HARBOR–NANTASKET ROADS Time meridian, 75° W				on Boston Harbor, p.12													
1346	Lovell Island, 0.1 n.mi. south of	10	42° 19.40'	70° 55.48'	+0 08	−1 54	−0 30	+0 17	0.6	0.9	0.2	205°	0.7	275°	0.2	169°	1.0	092°
	...do...	24	42° 19.40'	70° 55.48'		−0 43			0.4	—	0.0	—	0.4	263°	0.0	—	—	—
					−0 25	+1 08	−0 20	−1 01	0.5	0.7	0.0	—	0.6	251°	0.0	—	0.9	095°
						−2 17			0.7	—			0.7	294°				
						−1 05			0.4	—			0.4	282°				
						+0 19			0.6	—			0.6	279°				
1351	Georges Island, northeast of	10	42° 19.37'	70° 55.53'	−0 13	−1 47	−0 29	−2 10	0.7	0.6	0.2	191°	0.7	279°	0.2	183°	0.8	100°
						−0 53			0.6	—			0.6	275°				
						+0 15			0.7	—			0.8	274°				
1356	Georges Island, north of	25	42° 19.42'	70° 55.67'	−1 25	−1 41	−0 01	−1 46	0.7	0.8	0.0	—	0.8	298°	0.0	—	0.9	112°
						−0 45			0.8	—			0.7	299°				
						+0 25			0.8	—			0.8	305°				
1361	Gallops Island, 0.2 n.mi. SSE of	10	42° 19.38'	70° 55.93'	−0 01	+0 16	+0 01	+0 21	1.0	0.8	0.0	—	1.1	243°	0.0	—	1.0	062°
1366	Gallops Island, 0.1 n.mi. southeast of	10	42° 19.45'	70° 55.90'	−0 01	−0 38	+0 04	+0 27	0.9	0.9	0.0	—	0.9	225°	0.2	130°	1.0	063°
	...do...	35	42° 19.45'	70° 55.90'	−0 07	−0 38	+0 17	+0 15	0.8	0.7	0.0	—	0.9	255°	0.0	—	0.9	052°
1371	Gallops Island, The Narrows	20	42° 19.62'	70° 56.03'	−1 25	−0 11	+1 13	−0 46	0.4	0.1	0.2	172°	0.5	135°	0.0	—	0.2	262°
1376	Lovell Island, The Narrows	10	42° 19.67'	70° 56.03'	+0 43	+0 34	+1 00	−0 05	0.4	0.4	0.2	232°	0.6	128°	0.0	—	0.5	293°
1381	Lovell Island, west of	10	42° 19.72'	70° 55.97'	+0 16	−0 26	+0 49	+0 29	0.4	1.0	0.2	—	0.4	134°	0.0	—	1.2	299°
		24	42° 19.72'	70° 55.97'	−0 04	+0 14	+1 22	+0 02	0.9	1.0	0.0	—	0.4	136°	0.0	—	1.2	313°
1386	Georges Island, 0.5 n.mi. ESE of	10	42° 19.17'	70° 54.97'	+0 32	+0 46	+1 00	+0 13	1.0	1.0	0.2	165°	1.0	244°	0.0	—	1.2	065°
1391	Georges Island, 0.4 n.mi. east of	10	42° 19.12'	70° 54.97'	−0 17	+0 04	+0 08	−0 11	1.0	0.9	0.3	180°	1.0	248°	0.0	—	1.1	057°
1396	Georges Island, 0.5 n.mi. southeast of	10	42° 18.62'	70° 55.00'	−0 11	+0 05	+0 45	+0 03	1.1	1.2	0.2	132°	1.2	243°	0.0	—	1.5	070°
1401	Georges Island, 0.3 n.mi. SSE of	25	42° 18.62'	70° 55.55'	−0 11	+0 05	−0 47	+0 01	1.0	1.0	0.0	—	1.1	247°	0.0	—	1.4	078°
		35	42° 18.78'	70° 55.55'	+0 21	+0 24	+0 34	+0 41	1.0	1.0	0.1	159°	1.1	234°	0.4	126°	1.2	069°
		10	42° 18.78'	70° 55.55'	+0 08	+0 35	+0 58	+0 02	0.9	0.7	0.2	346°	1.2	237°	0.4	346°	0.8	073°
1406	Georges Island, 0.4 n.mi. SSE of	10	42° 18.67'	70° 55.53'	+0 16	+0 53	+0 32	−2 03	1.2	0.8	0.2	145°	1.3	236°	0.3	161°	0.9	046°
								−1 40	—	0.7							0.9	074°
								+0 36	—	1.0							1.2	070°
1411	Nubble Channel	35	42° 18.67'	70° 55.53'	+0 14	+0 56	+0 56	0 00	1.1	0.8	0.0	—	1.2	240°	0.1	347°	1.0	065°
1416	Georges Island, 0.2 n.mi. WSW of	10	42° 19.73'	70° 56.93'	−0 12	+0 45	+0 45	+0 43	0.7	0.6	0.1	282°	0.8	187°	0.2	139°	0.8	006°
	...do...	10	42° 19.02'	70° 56.10'	See Rotary tidal currents, table 2.													
	...do...	20	42° 19.02'	70° 56.10'	See Rotary tidal currents, table 2.													
1421	Hull Gut	25	42° 18.20'	70° 55.60'	−0 10	+0 35	−0 01	+0 25	1.1	1.5	0.1	073°	1.2	163°	0.0	—	1.8	350°
1426	Peddocks Island, 0.2 n.mi. north of	10	42° 18.32'	70° 56.00'	−0 09	+0 40	−0 01	+0 25	1.2	1.6	0.1	073°	1.3	153°	0.0	—	2.0	354°
1431	Peddocks Island, 0.3 n.mi. northwest of	10	42° 18.32'	70° 56.13'	+0 07	+1 22	+1 30	−0 29	0.9	0.6	0.1	337°	1.0	246°	0.1	178°	0.7	257°
		25	42° 18.40'	70° 56.13'	+0 51	+1 04	+1 25	−0 53	0.9	0.5	0.0	—	1.0	255°	0.0	—	0.6	060°
		40	42° 18.40'	70° 56.13'	+0 21	+1 06	+1 32	+0 56	1.1	0.8	0.0	—	1.1	245°	0.0	—	1.0	060°
		10	42° 18.40'	70° 56.13'	−0 08	+0 46	+1 45	+0 15	0.9	0.5	0.0	—	1.0	250°	0.0	—	0.6	055°
1436	Rainsford I. and Windmill Pt., between	10	42° 18.52'	70° 56.32'	+0 37	+0 54	+0 34	−0 47	0.7	0.4	0.0	—	0.8	261°	0.0	—	0.5	060°
		10	42° 18.52'	70° 56.32'	+0 22	+1 19	+1 36	+0 46	0.8	0.8	0.3	168°	0.8	251°	0.3	168°	1.0	056°
1441	Gallops Island, 0.5 n.mi. southwest of	10	42° 19.13'	70° 56.82'	+0 50	+0 14	−0 57	+0 47	0.6	0.6	0.0	—	0.6	256°	0.3	329°	0.5	053°
1446	Rainsford Island, 0.2 n.mi. NE of	25	42° 19.13'	70° 56.82'	+0 17	+0 18	−0 28	+0 47	0.4	0.4	0.2	165°	0.6	238°	0.3	204°	0.7	074°
		10	42° 18.90'	70° 56.95'	−1 52	+0 41	+0 19	−1 10	0.4	0.3	0.1	—	0.5	237°	0.1	143°	0.4	072°
1451	Rainsford Island, 0.4 n.mi. SE of	20	42° 18.50'	70° 56.62'	−0 17	+0 18	+0 17	−1 12	0.5	0.2	0.0	—	0.6	239°	—	—	0.3	084°
1456	Long I. and Rainsford I., between	10	42° 18.70'	70° 57.78'	+0 01	−0 49	+1 02	+0 01	0.6	0.6	0.1	—	0.6	237°	0.1	127°	0.3	086°
		25	42° 18.70'	70° 57.78'	+0 31	+0 13	+0 39	+0 55	0.6	0.6	0.2	—	0.6	225°	—	—	0.8	055°
1461	West Head, Peddocks I., 0.1 n.mi. W of	30	42° 17.45'	70° 57.22'	+0 22	+0 38	+0 43	+0 01	1.0	0.6	0.0	—	0.7	226°	0.1	322°	0.7	049°
		10	42° 17.87'	70° 56.13'	+0 38	+0 57	+1 29	−1 04	0.8	0.5	0.2	—	0.6	229°	0.1	—	1.0	033°
1466	Sunken Ledge, 0.2 n.mi. northwest of	10	42° 17.87'	70° 57.87'	−1 21	+1 03	+1 20	−0 48	0.8	0.5	0.0	—	0.9	208°	0.1	—	0.6	018°
		10	42° 17.87'	70° 57.87'	−1 26	−0 36	+1 29	+0 56	0.4	0.5	0.0	—	0.4	198°	0.1	307°	0.6	038°
1471	West Head, Long I., 0.4 n.mi. south of	20	42° 18.32'	70° 58.28'	+0 26	+0 24	+0 38	−0 02	0.3	0.4	0.3	304°	0.3	223°	0.1	335°	0.7	030°
		10	42° 18.32'	70° 58.28'	+0 28	+0 46	+1 05	+0 29	0.6	0.5	0.0	—	0.7	236°	0.0	—	0.6	060°
1476	Moon Head, 0.4 n.mi. east of	10	42° 18.38'	70° 58.73'	+0 15	−1 54	+1 00	−1 31	0.5	0.3	0.3	310°	0.5	259°	0.0	—	0.5	043°
		10	42° 18.38'	70° 58.73'	−0 09	+0 21	−0 25	−1 31	0.3	0.5	0.3	—	0.3	259°	0.0	—	0.4	080°
1481	West Head, 0.2 n.mi. southwest of	10	42° 17.15'	70° 57.18'	−0 04	+0 21	+1 05	+0 09	1.2	1.2	0.0	—	1.4	167°	0.0	—	1.4	322°

Endnotes can be found at the end of table 2.

TABLE 2 – CURRENT DIFFERENCES AND OTHER CONSTANTS

No.	PLACE	Meter Depth (ft)	POSITION Latitude North	POSITION Longitude West	TIME DIFFERENCES Min. before Flood (h m)	TIME DIFFERENCES Flood (h m)	TIME DIFFERENCES Min. before Ebb (h m)	TIME DIFFERENCES Ebb (h m)	SPEED RATIOS Flood	SPEED RATIOS Ebb	AVERAGE SPEEDS AND DIRECTIONS Minimum before Flood knots	Dir.	Maximum Flood knots	Dir.	Minimum before Ebb knots	Dir.	Maximum Ebb knots	Dir.
	BOSTON HARBOR–NANTASKET ROADS–cont. Time meridian, 75° W				\multicolumn{4}{c}{on Boston Harbor, p.12}										
1486	Nut Island, 0.4 n.mi. NNE of	10	42° 17.08'	70° 57.22'	+0 20	+0 25	+1 06	+0 43	1.2	1.2	0.2	223°	1.3	158°	0.0	---	1.4	312°
	do.	20	42° 17.08'	70° 57.22'	+0 20	+0 29	+1 13	+0 41	1.1	1.2	0.1	220°	1.2	155°	0.0	---	1.4	321°
1491	Nut Island, 0.2 n.mi. NNE of	10	42° 16.98'	70° 57.32'	+0 40	+0 35	+1 20	+0 43	1.1	1.0	0.1	245°	1.2	146°	0.0	---	1.2	309°
	do.	20	42° 16.98'	70° 57.32'	+0 39	+0 38	+1 30	+0 28	0.9	0.9	0.1	216°	1.0	131°	0.0	---	1.0	303°
1496	Peddocks Island, west of	10	42° 17.23'	70° 57.92'	−0 33	+0 15	+0 01	−0 31	0.4	0.3	0.2	305°	0.5	187°	0.0	---	0.4	358°
1501	Moon Head, 0.9 n.mi. southeast of	10	42° 17.50'	70° 58.93'	+0 39	+1 04	+1 32	−0 44	0.3	0.3	0.2	314°	0.3	227°	0.2	112°	0.3	033°
1506	Squantum, 0.3 n.mi. southeast of	8	42° 17.40'	71° 00.10'	\multicolumn{4}{c}{Current weak and variable}										
	BOSTON HARBOR–HINGHAM BAY																	
1511	Weir River entrance	10	42° 16.53'	70° 52.83'	+0 18	+0 34	+0 47	+0 42	0.7	0.6	0.0	---	0.7	076°	0.0	---	0.8	272°
1516	Strawberry Hill, 0.4 n.mi. west of	6	42° 17.40'	70° 53.60'	\multicolumn{4}{c}{Current weak and variable}										
1521	Crow Point, 0.2 n.mi. north of	10	42° 15.97'	70° 53.70'	+0 14	−0 41	+1 09	+1 42	0.3	0.2	0.0	---	0.3	146°	0.2	241°	0.8	319°
1526	Bumkin Island, 0.1 n.mi. west of	10	42° 16.85'	70° 54.37'	+0 07	+1 13	+1 42	+1 04	0.6	0.6	0.1	248°	0.6	166°	0.2	274°	0.8	320°
	do.	20	42° 16.85'	70° 54.37'	−0 14	+1 11	+1 02	+0 53	0.5	0.5	0.0	---	0.5	161°	0.1	083°	0.6	316°
1531	Windmill Point, 0.7 n.mi. SSE of	10	42° 17.55'	70° 54.97'	+0 07	+0 35	+0 16	−1 29	1.0	0.4	0.0	---	1.1	128°	0.4	083°	0.2	350°
	do.	25	42° 17.55'	70° 54.97'	+0 02	+0 50	+1 46	+1 01	0.9	0.1	0.0	---	1.0	136°	0.1	015°	0.2	315°
1536	Bumkin Island, 0.4 n.mi. west of	10	42° 16.83'	70° 54.75'	−0 14	−0 46	+0 28	−2 46	0.5	0.2	0.0	---	0.5	195°	0.2	263°	0.3	303°
1541	Peddocks Island, east of	20	42° 17.50'	70° 55.52'	\multicolumn{4}{c}{See Rotary tidal currents, table 2.}										
	do.	25	42° 17.50'	70° 55.52'	\multicolumn{4}{c}{See Rotary tidal currents, table 2.}										
1546	Sheep Island, 0.3 n.mi. west of	10	42° 16.87'	70° 55.98'	+0 20	+1 09	+1 20	+1 01	0.9	0.4	0.2	245°	1.0	075°	0.3	328°	0.4	305°
	do.	25	42° 16.87'	70° 55.98'	+1 19	+1 09	+1 37	−0 10	0.8	0.3	0.2	150°	0.8	082°	0.0	---	0.3	300°
1551	Grape Island and Lower Neck, between	10	42° 15.87'	70° 55.50'	−0 14	−1 21	+0 11	−0 23	0.6	0.7	0.0	---	0.7	094°	0.0	---	0.3	281°
1556	Grape Island	10	42° 16.08'	70° 55.88'	−0 38	+0 08	+0 43	−0 06	0.4	0.3	0.0	---	0.4	203°	0.0	---	0.3	345°
1561	Pig Rock, north of	10	42° 16.93'	70° 56.45'	+0 49	−0 41	−0 10	+0 59	0.6	0.8	0.0	---	0.7	078°	0.0	---	1.0	290°
1566	Pig Rock, northwest of	25	42° 16.93'	70° 56.45'	+0 44	+0 19	+1 26	+0 34	0.5	0.6	0.0	---	0.6	082°	0.1	019°	0.8	293°
1571	Stodders Neck, Weymouth Back River	20	42° 16.88'	70° 56.55'	+1 13	+0 47	+1 58	+1 12	0.5	0.7	0.0	---	1.0	085°	0.0	---	0.8	283°
1576	Gull Point, 0.4 n.mi. ESE of	10	42° 15.20'	70° 55.65'	−0 23	+0 49	+0 39	−0 31	0.5	0.5	0.0	---	0.5	268°	0.0	---	0.3	093°
	do.	10	42° 15.18'	70° 56.82'	−0 10	−0 37	+0 13	+0 07	0.4	0.4	0.0	---	0.4	229°	0.0	---	0.3	069°
1581	Kings Cove, off	25	42° 15.18'	70° 56.82'	−0 40	−0 47	+0 47	+0 19	0.3	0.3	0.0	---	0.4	235°	0.0	---	0.2	042°
1586	Germantown Point	10	42° 14.83'	70° 57.65'	−0 13	−1 26	+0 02	−0 46	0.3	0.3	0.0	---	0.3	242°	0.1	014°	0.4	063°
1591	Pine Point, southeast of	20	42° 14.78'	70° 57.88'	+0 14	+0 49	+0 54	+0 13	0.2	0.3	0.0	---	0.3	269°	0.0	---	0.4	070°
1596	Philip Head, Town River Bay	10	42° 14.28'	70° 58.08'	−0 58	+1 00	+0 53	−1 16	0.2	0.1	0.0	---	0.2	149°	0.0	---	0.1	303°
1601	Hole Point Reach, Town River	10	42° 15.00'	70° 58.22'	+0 20	+1 28	+1 16	+0 29	0.3	0.2	0.0	---	0.4	289°	0.0	---	0.3	095°
		10	42° 15.23'	70° 58.78'	\multicolumn{4}{c}{Negligible current}										
	CAPE COD BAY																	
1606	Race Point, 7 miles north of		42° 11'	70° 16'	−0 01	−0 01	−0 01	−0 01	1.4	1.2	0.0	---	1.5	290°	0.0	---	1.5	---
1611	Race Point, 1 mile northwest of		42° 05'	70° 15'	−0 06	−0 06	−0 06	−0 06	0.9	0.8	0.0	---	1.0	226°	0.0	---	0.9	061°
1616	Provincetown Harbor		42° 05'	70° 10'	−0 04	−0 04	−0 04	−0 04	0.5	0.3	0.0	---	0.6	315°	0.0	---	0.4	135°
1621	Wellfleet Harbor		41° 54'	70° 03'	−0 09	+0 09	+0 09	+0 09	0.6	0.4	0.0	---	0.7	020°	0.0	---	0.5	200°
1626	Barnstable Harbor		41° 43.6'	70° 16.4'	+0 19	+0 58	+0 22	+0 29	1.1	1.2	0.0	---	1.2	192°	0.0	---	1.4	004°
1631	Sandwich Harbor		41° 46'	70° 29'	\multicolumn{4}{c}{Current weak and variable}										
	Cape Cod Canal (see Index)																	
1636	Sagamore Beach		41° 48'	70° 31'	\multicolumn{4}{c}{Current weak and variable}										
1641	Ellisville Harbor, 1 mile east of		41° 51'	70° 30'	+0 14	+0 04	+0 04	+0 14	0.3	0.2	0.0	---	0.3	200°	0.0	---	0.3	020°
1646	Manomet Point		41° 56'	70° 32'	+0 04	+0 04	+0 04	+0 04	1.0	0.7	0.0	---	1.1	155°	0.0	---	0.9	010°
1651	Gurnet Point, 1 mile east of		42° 00'	70° 35'	−0 06	−0 06	−0 06	−0 06	1.3	0.8	0.0	---	1.4	250°	0.0	---	1.0	309°
1656	Plymouth Harbor		41° 58'	70° 39'	−0 04	+0 04	+0 04	+0 04	0.5	0.3	0.0	---	0.5	245°	0.0	---	0.4	010°
1661	Farnham Rock, 1 mile east of		42° 06'	70° 35'	−0 21	−0 21	−0 21	−0 21	1.0	0.8	0.0	---	1.1	180°	0.0	---	0.9	010°

Endnotes can be found at the end of table 2.

TABLE 2 – CURRENT DIFFERENCES AND OTHER CONSTANTS

No.	PLACE	Meter Depth	POSITION		TIME DIFFERENCES				SPEED RATIOS		AVERAGE SPEEDS AND DIRECTIONS							
			Latitude	Longitude	Min. before Flood	Flood	Min. before Ebb	Ebb	Flood	Ebb	Minimum before Flood		Maximum Flood		Minimum before Ebb		Maximum Ebb	
		ft	North	West	h m	h m	h m	h m			knots	Dir.	knots	Dir.	knots	Dir.	knots	Dir.
	MASSACHUSETTS COAST–cont. Time meridian, 75° W				on Pollock Rip Channel, p.20													
1666	Nauset Beach Light, 5 miles northeast of		41° 56'	69° 54'	See table 5.													
1671	Georges Bank and vicinity		– – –	– – –	See table 5.													
1676	Davis Bank		– – –	– – –	See table 5.													
1681	Monomoy Point, 23 miles east of		41° 35'	69° 30'	See table 5.													
1686	Nantucket Shoals		40° 37'	69° 37'	See table 5.													
1691	Nantucket Island, 28 miles east of		41° 20'	69° 21'	See table 5.													
1696	Old Man Shoal, Nantucket Shoals		41° 13.6'	69° 59.0'	+1 23	+1 03	+1 17	+1 14	0.9	0.9	0.0	– –	1.9	080°	0.0	– –	1.6	225°
1701	Miacomet Pond, 3.0 miles SSE of		41° 11.4'	70° 05.8'	+2 19	+2 03	+2 22	+2 16	0.6	0.8	0.0	– –	1.3	080°	0.0	– –	1.4	280°
1706	Tuckernuck Island, 4.2 miles SSW of		41° 13.57'	70° 16.90'	+4 08	+3 13	+2 17	+3 56	0.3	0.6	0.0	– –	0.5	090°	0.0	– –	1.0	280°
1711	Martha's Vineyard, 1.4 miles S of <1>		41° 19.50'	70° 39.90'	– – –	–2 53	– – –	–2 47	0.1	0.1	0.0	– –	0.3	230°	0.0	– –	0.3	095°
	NANTUCKET SOUND ENTRANCE																	
1716	Pollock Rip Channel, east end		41° 33.9'	69° 55.4'	–0 14	–0 39	–0 23	–0 38	1.0	1.1	0.0	– –	2.0	053°	0.0	– –	1.8	212°
1721	POLLOCK RIP CHANNEL (Butler Hole)		41° 33'	69° 59'	*Daily predictions*						0.0	– –	2.0	037°	0.0	– –	1.8	226°
1726	Great Round Shoal Channel		– – –	– – –	See table 5.													
	NANTUCKET SOUND																	
1731	Monomoy Pt., channel 0.2 mile west of		41° 33.0'	70° 01.3'	0 00	+0 39	+0 18	–0 23	0.8	1.2	0.0	– –	1.7	170°	0.0	– –	2.0	346°
1736	Chatham Roads		41° 38.6'	70° 01.7'	Current weak and variable													
1741	Stage Harbor, west of Morris Island		41° 39.4'	69° 58.5'	+3 07	+1 29	+2 24	+4 28	0.3	0.6	0.0	– –	0.5	335°	0.0	– –	1.0	144°
1746	Dennis Port, 2.2 miles south of		41° 37.0'	70° 06.9'	+1 28	+0 52	+0 27	+1 04	0.2	0.2	0.1	138°	0.3	077°	0.1	052°	0.3	269°
1751	Monomoy Point, 6 miles west of		41° 33.5'	70° 09.0'	+1 22	+1 52	+1 09	+1 22	0.2	0.3	0.1	194°	0.5	090°	0.1	256°	0.5	275°
1756	Handkerchief Lighted Whistle Buoy "H"		41° 29.3'	70° 04.0'	+1 08	+1 10	+0 49	+0 59	0.6	0.8	0.0	– –	1.3	080°	0.0	– –	1.3	251°
1761	Halfmoon Shoal, 1.9 miles northeast of		41° 29.05'	70° 11.55'	+1 42	+1 49	+1 24	+1 44	0.4	0.3	0.0	– –	0.8	110°	0.0	– –	0.6	265°
1766	Halfmoon Shoal, 3.5 miles east of		41° 28.1'	70° 09.2'	+1 13	+1 23	+1 06	+1 11	0.5	0.6	0.0	– –	1.1	088°	0.0	– –	1.0	295°
1771	Great Point, 0.5 mile west of		41° 23.6'	70° 03.7'	+0 25	+1 37	+1 13	+0 33	0.6	0.7	0.0	– –	1.1	029°	0.0	– –	1.2	195°
1776	Great Point, 3 miles west of		41° 23.4'	70° 06.8'	+1 15	+1 23	+0 51	+1 08	0.4	0.5	0.0	– –	0.8	066°	0.0	– –	0.8	248°
1781	Tuckernuck Shoal, off east end		41° 24.3'	70° 10.4'	+1 22	+1 34	+1 09	+1 10	0.5	0.5	0.3	000°	0.9	113°	0.3	186°	0.9	287°
1786	Brant Point, 2 miles NNW of <1>		41° 19.25'	70° 06.30'	– – –	+1 43	– – –	+2 36	0.2	0.2	0.0	– –	0.3	090°	0.0	– –	0.3	275°
1791	Nantucket Harbor entrance channel		41° 18.4'	70° 06.0'	+3 22	+1 55	+2 44	+3 58	0.6	0.9	0.0	– –	1.2	171°	0.0	– –	1.5	350°
1796	Eel Pt., Nantucket I. 2.5 miles NE of		41° 19.3'	70° 10.2'	+1 13	+1 12	+1 02	+1 15	0.3	0.2	0.0	– –	0.6	094°	0.0	– –	0.4	284°
1801	Muskeget I., channel 1 mile northeast of		41° 21.0'	70° 17.1'	+1 29	+0 45	+0 57	+0 56	0.6	0.9	0.0	– –	1.1	108°	0.0	– –	1.5	295°
1806	Muskeget Rock, 1.3 miles southwest of		41° 19.2'	70° 23.6'	+1 10	+0 23	+0 57	+0 18	0.6	0.6	0.0	– –	1.3	024°	0.0	– –	1.0	192°
1811	Muskeget Channel		41° 20.9'	70° 25.2'	+1 40	+0 38	+1 29	+1 02	1.9	1.9	0.0	– –	3.8	021°	0.0	– –	3.3	200°
1816	Wasque Point, 2.0 miles southwest of		41° 19.90'	70° 29.25'	+1 30	+1 04	+1 11	+0 32	0.6	0.6	0.0	– –	1.3	075°	0.0	– –	1.2	280°
								+1 15		0.5							0.9	280°
								+1 53		0.6							1.1	280°
1821	Long Shoal–Norton Shoal, between		41° 24.50'	70° 20.00'	+1 31	+1 12	+1 26	+1 13	0.7	0.6	0.0	– –	1.4	100°	0.0	– –	1.1	260°
1826	Cape Poge Lt., 1.7 miles SSE of		41° 24.0'	70° 25.6'	+0 58	–0 07	+0 49	+0 48	0.8	0.7	0.0	– –	1.6	025°	0.0	– –	1.3	215°
1831	Cross Rip Channel		41° 26.9'	70° 17.5'	+1 48	+1 48	+1 55	+1 59	0.6	0.5	0.0	– –	1.3	091°	0.0	– –	0.9	272°
1836	Cape Poge Lt., 3.2 miles northeast of		41° 27.5'	70° 24.0'	+2 42	+2 03	+2 33	+2 37	0.8	0.7	0.0	– –	1.6	095°	0.0	– –	1.2	300°
1841	Broken Ground–Horseshoe Shoal, between		41° 33.0'	70° 17.1'	+1 46	+1 55	+1 15	+1 20	0.5	0.5	0.2	000°	1.1	107°	0.1	224°	0.9	276°
1846	Point Gammon, 1.2 miles south of		41° 35.3'	70° 15.4'	+1 15	+1 03	+1 06	+1 02	0.5	0.6	0.0	– –	1.1	105°	0.0	– –	1.0	260°
1851	Hyannis Harbor, entrance off breakwater		41° 37.4'	70° 17.5'	Current weak and variable													
1856	Lewis Bay entrance channel		41° 37.9'	70° 16.4'	+2 46	+0 53	+2 44	+4 22	0.5	0.8	0.0	– –	0.9	004°	0.0	– –	1.3	184°
1861	Cotuit Bay entrance (Bluff Point)		41° 36.6'	70° 25.8'	+2 44	+2 33	+2 51	+3 35	0.3	0.4	0.0	– –	0.5	035°	0.0	– –	0.7	218°
1866	Wreck Shoal–Eldridge Shoal, between		41° 32.0'	70° 25.7'	+1 47	+1 32	+1 44	+1 45	0.8	0.8	0.0	– –	1.7	062°	0.0	– –	1.4	245°
1871	Hedge Fence Lighted Gong Buoy 22		41° 28.3'	70° 29.0'	+2 48	+2 34	+2 38	+2 44	0.7	0.7	0.0	– –	1.4	108°	0.0	– –	1.2	268°
1876	Cape Poge Light, 1.4 miles west of		41° 25.45'	70° 29.00'	+2 13	+1 54	+1 26	+1 39	0.2	0.1	0.0	– –	0.3	095°	0.0	– –	0.2	250°
1881	Edgartown, Inner Harbor		41° 23.4'	70° 30.5'	+0 25	–1 04	+0 35	–0 20	0.6	0.6	0.0	– –	1.1	075°	0.0	– –	1.1	270°
						+0 38		+1 08	0.3	0.3			0.6	070°			0.5	265°
						+1 58		+1 52	0.4	0.4			0.8	075°			0.7	260°

Endnotes can be found at the end of table 2.

TABLE 2 – CURRENT DIFFERENCES AND OTHER CONSTANTS

No.	PLACE	Meter Depth (ft)	POSITION Latitude North	POSITION Longitude West	TIME DIFFERENCES Min. before Flood (h m)	TIME DIFFERENCES Flood (h m)	TIME DIFFERENCES Min. before Ebb (h m)	TIME DIFFERENCES Ebb (h m)	SPEED RATIOS Flood	SPEED RATIOS Ebb	AVERAGE SPEEDS AND DIRECTIONS Minimum before Flood (knots)	AVERAGE SPEEDS AND DIRECTIONS Minimum before Flood Dir.	AVERAGE SPEEDS AND DIRECTIONS Maximum Flood (knots)	AVERAGE SPEEDS AND DIRECTIONS Maximum Flood Dir.	AVERAGE SPEEDS AND DIRECTIONS Minimum before Ebb (knots)	AVERAGE SPEEDS AND DIRECTIONS Minimum before Ebb Dir.	AVERAGE SPEEDS AND DIRECTIONS Maximum Ebb (knots)	AVERAGE SPEEDS AND DIRECTIONS Maximum Ebb Dir.
	NANTUCKET SOUND—cont. Time meridian, 75° W				on Pollock Rip Channel, p.20													
1886	Katama Pt., 0.6 mi. NNW of, Katama Bay		41° 21.9'	70° 30.3'	+0 12	−0 43	+0 20	−0 31	0.3	0.3	0.0	– –	0.6	325°	0.0	– –	0.5	180°
						−0 47		−1 12	0.2	0.1			0.3	325°			0.2	195°
1891	East Chop–Squash Meadow, between		41° 27.9'	70° 32.2'	+2 07	+1 46	+1 43	+1 57	0.2	0.2	0.0	– –	0.4	325°	0.0	– –	0.8	175°
1896	East Chop, 1 mile north of		41° 29.1'	70° 33.5'	+2 40	+0 55	+2 17	+2 04	0.7	1.1	0.0	– –	1.4	131°	0.0	– –	1.8	329°
1901	Vineyard Haven		41° 28.1'	70° 35.7'		+1 52		+2 11	1.1	1.3			2.2	116°			2.2	297°
1906	West Chop, 0.8 mile north of		41° 29.6'	70° 35.7'	+2 49	Current weak and variable			1.6	1.8	0.0	– –	3.1	096°	0.0	– –	3.0	282°
1911	Hedge Fence–L'Hommedieu Shoal, between		41° 30.3'	70° 32.2'	+2 27	+1 58	+2 00	+2 35	1.0	1.3	0.0	– –	2.1	106°	0.0	– –	2.2	276°
1916	Waquoit Bay entrance		41° 32.9'	70° 31.8'	+3 21	+1 38	+2 01	+1 52	0.8	0.8	0.0	– –	1.5	348°	0.0	– –	1.5	203°
1921	L'Hommedieu Shoal, north of west end		41° 31.6'	70° 34.6'	+2 30	+2 14	+3 40	+4 01	1.2	1.4	0.0	– –	2.3	080°	0.0	– –	2.3	268°
1926	Nobska Point, 1.8 miles east of		41° 31.1'	70° 37.1'	+2 13	+2 03	+2 12	+2 11	1.2	1.0	0.0	– –	2.3	063°	0.0	– –	1.7	240°
						+1 45	+1 55	+1 49										
	VINEYARD SOUND																	
1931	West Chop, 0.2 mile west of		41° 29.0'	70° 36.6'	+1 19	+1 34	+1 50	+1 16	1.3	0.8	0.0	– –	2.7	059°	0.0	– –	1.4	241°
1936	Nobska Point, 1 mile southeast of		41° 30.1'	70° 38.6'	+2 33	+2 15	+2 25	+2 19	1.3	1.4	0.0	– –	2.6	071°	0.0	– –	2.4	259°
1941	Norton Point, 0.5 mile north of		41° 28.3'	70° 39.9'	+1 55	+1 44	+2 01	+1 12	1.7	1.4	0.0	– –	3.4	050°	0.0	– –	2.4	240°
1946	Tarpaulin Cove, 1.5 miles east of		41° 28.3'	70° 43.5'	+2 49	+2 07	+2 12	+2 33	1.0	1.4	0.0	– –	1.9	055°	0.0	– –	2.3	232°
1951	Robinsons Hole, 1.2 miles southeast of		41° 26.1'	70° 46.8'	+2 30	+1 51	+2 11	+2 02	1.0	1.2	0.0	– –	1.9	060°	0.0	– –	2.1	240°
1956	Gay Head, 3 miles northeast of		41° 23.1'	70° 47.0'	+2 25	+1 50	+1 42	+2 11	0.5	0.8	0.0	– –	0.9	081°	0.0	– –	1.3	238°
1961	Menemsha Bight <6>		41° 21.3'	70° 46.3'														
1966	Gay Head, 3 miles north of		41° 24.1'	70° 51.8'	+2 13	+1 24	+1 55	+1 17	0.6	0.7	0.0	– –	1.1	074°	0.0	– –	1.2	255°
1971	Gay Head, 1.5 miles northwest of		41° 23'	71° 00'	+1 30	+0 54	+1 42	+1 16	1.0	1.2	0.0	– –	2.0	012°	0.0	– –	2.0	249°
1976	Cuttyhunk Island, 3.2 miles southwest of		41° 19.8'	71° 05.9'		See table 5.												
1981	Browns Ledge					See table 5.												
	VINEYARD SOUND–BUZZARDS BAY				on Cape Cod Canal, p.16													
	Woods Hole <69>																	
1986	South end		41° 30.8'	70° 40.2'	+0 29	+1 40	+1 17	+0 08	0.4	0.2	0.0	– –	1.5	135°	0.0	– –	1.1	318°
1991	0.1 mile SW of Devils Foot Island		41° 31.2'	70° 41.1'	+0 20	+1 41	+0 55	+0 31	0.9	0.8	0.0	– –	3.5	094°	0.0	– –	3.6	276°
1996	North end		41° 31.5'	70° 41.6'	−0 29	+1 25	+1 09	−0 04	0.2	0.2	0.0	– –	0.8	160°	0.0	– –	0.7	007°
	Robinsons Hole																	
2001	South end		41° 26.7'	70° 48.2'	+1 14	+1 42	+1 20	+1 01	0.2	0.2	0.0	– –	0.8	162°	0.0	– –	1.0	339°
2006	Middle		41° 27.0'	70° 48.4'	+1 30	+2 00	+1 02	+0 47	0.7	0.6	0.0	– –	2.8	146°	0.0	– –	2.9	316°
2011	North end		41° 27.4'	70° 48.7'	+1 54	+2 00	+0 52	+1 17	0.2	0.3	0.0	– –	1.0	161°	0.0	– –	1.2	338°
	Quicks Hole																	
2016	South end		41° 26.3'	70° 50.5'	+2 18	+1 42	+1 17	+0 53	0.5	0.4	0.0	– –	1.9	140°	0.0	– –	2.0	300°
2021	Middle		41° 26.6'	70° 50.9'	+2 21	+2 00	+1 26	+0 41	0.6	0.5	0.0	– –	2.5	167°	0.0	– –	2.2	339°
2026	North end		41° 27.1'	70° 51.0'	+2 42	+2 06	+1 44	+0 23	0.5	0.6	0.0	– –	2.0	165°	0.0	– –	2.6	002°
2031	Canapitsit Channel		41° 25.4'	70° 54.5'	+2 03	+2 27	+1 02	+0 26	0.6	0.4	0.0	– –	2.6	156°	0.0	– –	1.7	312°
2036	Westport River entrance		41° 30.5'	71° 05.3'	+0 09	−0 05	−0 26	−1 13	1.1	1.5	0.0	– –	2.2	290°	0.0	– –	2.5	108°
	BUZZARDS BAY <7>				on Pollock Rip Channel, p.20													
2041	Gooseberry Neck, 2 miles SSE of		41° 27'	71° 01'		See table 5.												
2046	Ribbon Reef–Sow & Pigs Reef, between		41° 25.3'	70° 58.2'	−0 19	−1 31	−2 44	−1 54	0.4	0.7	0.0	– –	0.8	062°	0.0	– –	1.2	237°
2051	Penikese Island, 0.8 mile northwest of		41° 27.9'	70° 56.2'	−1 37	−0 25	−0 55	−0 57	0.6	0.6	0.0	– –	1.2	050°	0.0	– –	1.1	254°
2056	Penikese Island, 0.2 mile south of		41° 26.6'	70° 55.5'	−1 43	−0 15	−1 30	−2 39	0.5	0.5	0.0	– –	0.7	093°	0.0	– –	0.9	287°
2061	Gull I. and Nashawena I., between		41° 26.2'	70° 54.2'	−2 15	−0 57	−2 01	−2 41	0.5	0.6	0.0	– –	0.9	091°	0.0	– –	1.1	247°
2066	Weepecket Island, south of		41° 30.4'	70° 44.3'	−3 16	−1 07	−1 28	−2 27	0.4	0.4	0.0	– –	0.8	069°	0.0	– –	0.6	255°
2071	Quamquisset Harbor entrance		41° 32.4'	70° 39.8'		Current weak and variable							0.4	–			0.3	–
2076	West Falmouth Harbor entrance		41° 36.5'	70° 39.3'		Current weak and variable												

Endnotes can be found at the end of table 2.

TABLE 2 – CURRENT DIFFERENCES AND OTHER CONSTANTS

No.	PLACE	Meter Depth	POSITION		TIME DIFFERENCES			SPEED RATIOS		AVERAGE SPEEDS AND DIRECTIONS					
			Latitude North	Longitude West	Min. before Flood	Flood	Min. before Ebb	Ebb	Flood	Ebb	Minimum before Flood		Maximum Flood		Minimum before Ebb		Maximum Ebb	
		ft			h m	h m	h m	h m			knots	Dir.	knots	Dir.	knots	Dir.	knots	Dir.
	BUZZARDS BAY <7>—cont. Time meridian, 75° W				on Pollock Rip Channel, p.20													
2081	Megansett Harbor		41° 38.8'	70° 39.2'	Current weak and variable													
2086	Abiels Ledge, 0.4 mile south of		41° 41.1'	70° 40.4'	+0 26	−0 36	−0 06	−0 23	0.4	0.6	0.0	− −	0.8	035°	0.0	− −	1.0	216°
2091	Dumpling Rocks, 0.2 mile southeast of		41° 32.0'	70° 55.1'	−1 43	−1 03	−1 32	−2 09	0.4	0.6	0.0	− −	0.8	066°	0.0	− −	1.1	190°
2096	Apponaganset Bay		41° 35'	70° 57'	Current weak and variable													
2101	Clarks Cove		41° 36'	70° 55'	Current weak and variable													
2106	New Bedford Harbor and approaches				Current weak and variable													
2111	West Island and Long Island, between		41° 35.6'	70° 50.4'	Current weak and variable						0.0	− −	0.3	− −	0.0	− −	0.4	− −
2116	West Island, 1 mile southeast of	6	41° 34.0'	70° 48.6'	−0 43	−0 43	−1 28	−1 42	0.4	0.5	0.0	− −	0.7	079°	0.0	− −	0.8	203°
2121	Nasketucket Bay		41° 37.1'	70° 50.2'	Current weak and variable						0.0	− −	0.3	− −	0.0	− −	0.3	− −
2126	Mattapoisett Harbor		41° 38'	70° 47'	Current weak and variable													
2131	Sippican Harbor		41° 41'	70° 44'	Current weak and variable						0.0	− −	0.3	022°	0.0	− −	0.4	202°
2136	Wareham River, off Long Beach Point		41° 44.0'	70° 43.0'	−1 41	−0 31	−1 22	−1 23	0.3	0.4	0.0	− −	0.6	022°	0.0	− −	0.6	202°
2141	Wareham River, off Barneys Point		41° 44.7'	70° 42.4'	−1 49	−0 27	−1 22	−1 31	0.4	0.4	0.0	− −	0.7	010°	0.0	− −	0.6	185°
	CAPE COD CANAL				on Cape Cod Canal, p.16													
2146	Onset Bay, south of Onset Island		41° 43.9'	70° 38.7'	Current weak and variable													
2151	Onset Bay, south of Wickets Island		41° 44.1'	70° 39.3'	Current weak and variable													
2156	CAPE COD CANAL, railroad bridge		41° 44.5'	70° 36.8'	Daily predictions													
2161	Bourne Highway bridge		41° 45'	70° 35'	−0 03	−0 01	−0 03	−0 04	0.8	0.9	0.0	− −	4.0	070°	0.0	− −	4.5	250°
2166	Bournedale		41° 46'	70° 34'	−0 07	−0 03	−0 09	−0 10	0.8	0.8	0.0	− −	3.3	065°	0.0	− −	4.0	245°
2171	Sagamore Bridge		41° 46'	70° 33'	−0 09	−0 04	−0 11	−0 13	0.7	0.6	0.0	− −	3.4	030°	0.0	− −	3.6	210°
											0.0	− −	2.8	095°	0.0	− −	2.5	275°
2176	Cape Cod Canal, east end	15	41° 46.5'	70° 30.0'	−0 13	−0 06	−0 17	−0 19	0.6	0.6	0.0	− −	2.4	065°	0.0	− −	2.6	245°
	NARRAGANSETT BAY <8>				on Pollock Rip Channel, p.20													
2181	Sakonnet River (except Narrows)		− −	− −	Current weak and variable													
2186	Black Point, SW of, Sakonnet River	15	41° 30.4'	71° 13.2'	−2 54	−1 55	−2 13	−2 26	0.2	0.2	0.0	− −	0.4	012°	0.0	− −	0.4	194°
2191	Almy Point Bridge, south of, Sakonnet River		41° 37.3'	71° 13.2'	−3 00	−2 10	−2 30	−3 13	0.2	0.8	0.0	− −	0.4	034°	0.0	− −	1.5	180°
2196	Tiverton, Stone bridge, Sakonnet R. <9>		41° 37.5'	71° 13.0'	−2 58	−5 02	−2 26	−3 06	1.4	1.6	0.0	− −	2.7	010°	0.0	− −	2.7	190°
						−2 54			0.3				0.6	010°				
						−0 36			1.3				2.5	010°				
2201	Tiverton, RR. bridge, Sakonnet R. <10>		41° 38.3'	71° 12.9'	−3 26	−5 06	−2 48	−3 41	1.2	1.4	0.0	− −	2.3	000°	0.0	− −	2.4	180°
						−3 04			− −				− −					
						−1 15			0.8				1.5	000°				
2206	Common Fence Point, northeast of	10	41° 39.5'	71° 12.5'	−2 38	−4 50	−2 32	−2 41	0.1	0.2	0.0	− −	0.2	026°	0.0	− −	0.3	210°
						−2 25			0.0				0.1	058°				
						−0 58			0.1				0.1	046°				
2211	Brenton Point, 1.4 n.mi. southwest of	7	41° 25.9'	71° 22.6'	−1 03	−0 38	−1 20	−1 04	0.2	0.4	0.0	− −	0.4	347°	0.0	− −	0.6	170°
2216	Castle Hill, west of, East Passage	15	41° 27.4'	71° 22.7'	−0 06	−0 42	−1 07	−0 29	0.4	0.7	0.0	− −	0.7	013°	0.0	− −	1.2	237°
2221	Bull Point, east of	10	41° 28.8'	71° 21.0'	−1 10	−0 47	−1 10	−1 33	0.6	0.8	0.0	− −	1.2	001°	0.0	− −	1.5	206°
2226	Mackerel Cove		41° 28.5'	71° 22.8'	Current weak and variable													
2231	Newport Harbor, S and E of Goat Island		41° 29'	71° 20'	Current weak and variable													
2236	Rose Island, northeast of	15	41° 30.2'	71° 19.9'	−1 57	−0 07	−1 17	−2 08	0.4	0.5	0.0	− −	0.8	310°	0.0	− −	1.0	124°
2241	Rose Island, northwest of	15	41° 30.4'	71° 21.1'	−1 38	−0 26	−1 38	−1 39	0.4	0.5	0.1	105°	0.7	007°	0.1	102°	1.0	190°
2246	Rose Island, west of		41° 29.8'	71° 21.0'	−0 42	−0 34	−1 20	−1 28	0.4	0.6	0.0	− −	0.7	001°	0.0	− −	1.0	172°
2251	Gould Island, southeast of	7	41° 31.5'	71° 20.2'	−1 40	−1 28	−1 14	−1 16	0.3	0.4	0.0	− −	0.5	033°	0.0	− −	0.7	217°
2256	Gould Island, west of	15	41° 31.9'	71° 21.5'	−0 16	−0 32	−1 13	−1 07	0.3	0.4	0.0	− −	0.6	351°	0.1	279°	0.8	193°
2261	Dyer Island–Carrs Point (between)		41° 34.5'	71° 17.8'	−1 56	−1 13	−0 50	−1 37	0.4	0.5	0.1	− −	0.8	040°	0.1	− −	0.6	236°
2266	Conanicut Point, ENE of	15	41° 34.5'	71° 21.5'	−2 05	−0 24	−1 18	−1 13	0.2	0.2	0.0	− −	0.4	018°	0.1	106°	0.4	183°
2271	Dyer Island, west of	7	41° 35.2'	71° 18.5'	−1 04	−0 46	−0 53	−1 34	0.4	0.6	0.0	− −	0.8	023°	0.0	− −	0.6	216°
2276	Mount Hope Bridge	7	41° 38.4'	71° 15.5'	−1 22	−1 34	−1 08	−0 58	0.6	0.8	0.0	− −	1.1	047°	0.0	− −	1.4	230°
2281	Hog Island, northwest of	10	41° 38.8'	71° 17.7'	−2 16	−0 04	−0 30	−1 04	0.2	0.2	0.1	282°	0.4	011°	0.0	− −	0.4	199°

Endnotes can be found at the end of table 2.

TABLE 2 – CURRENT DIFFERENCES AND OTHER CONSTANTS

No.	PLACE	Meter Depth	POSITION		TIME DIFFERENCES				SPEED RATIOS		AVERAGE SPEEDS AND DIRECTIONS					
			Latitude	Longitude	Min. before Flood	Flood	Min. before Ebb	Ebb	Flood	Ebb	Minimum before Flood		Maximum Flood		Minimum before Ebb		Maximum Ebb	
		ft	North	West	h m	h m	h m	h m			knots	Dir.	knots	Dir.	knots	Dir.	knots	Dir.
	NARRAGANSETT BAY <8>—cont. Time meridian, 75° W				on Pollock Rip Channel, p.20													
2286	Common Fence Point, west of	10	41° 39.0'	71° 14.7'	−1 13	+0 08	−1 00	−0 37	0.2	0.4	0.0	− −	0.5	050°	0.1	133°	0.7	224°
2291	Mount Hope Point, northeast of	10	41° 40.8'	71° 12.7'	−2 01	−0 20	−1 03	−0 57	0.2	0.2	0.0	− −	0.4	038°	0.1	121°	0.4	217°
2296	Kickamuit R. (Narrows), Mt. Hope Bay		41° 41.9'	71° 14.7'	−2 04	−0 34	−1 19	−0 48	0.7	1.0	0.0	− −	1.4	000°	0.0	− −	1.7	191°
						−1 40			0.5				0.9	000°				
						−0 04			0.9				1.7	000°				
2301	Warren River entrance		41° 42.7'	71° 17.8'		Current weak and variable							0.4	020°	0.0	− −	0.3	200°
2306	Warren, Warren River		41° 43.7'	71° 17.3'	−0 14	+0 11	−0 22	−1 05	0.5	0.5	0.0	− −	1.0	358°	0.0	− −	0.9	171°
2311	Beavertail Point, 0.8 mile northwest of		41° 27.5'	71° 24.7'	−0 11	−0 54	−1 31	−0 19	0.3	0.6	0.0	− −	0.5	003°	0.0	− −	1.0	188°
2316	Dutch Island, east of, West Passage	15	41° 30.2'	71° 23.7'	−3 02	−5 10	−2 37	−2 46	0.2	0.5	0.1	103°	0.4	035°	0.2	126°	0.9	186°
						−3 55			0.2				0.3	032°				
						−3 10			0.3				0.6	038°				
2321	Dutch Island and Beaver Head, between	7	41° 29.8'	71° 24.2'	−1 56	−1 32	−1 58	−1 47	0.5	0.6	0.0	− −	1.0	030°	0.0	− −	1.0	233°
2326	Dutch Island, west of	15	41° 30.3'	71° 24.6'	−1 33	−1 49	−1 21	−1 16	0.7	0.7	0.0	− −	1.3	014°	0.0	− −	1.2	206°
2331	Jamestown—North Kingstown Bridge		41° 31.8'	71° 23.8'	−2 16	−4 10	−1 22	−1 33	0.2	0.7	0.1	112°	0.5	012°	0.1	097°	1.3	176°
						−3 10			0.2				0.5	011°				
						−0 31			0.4				0.8	007°				
2336	Wickford Harbor		41° 34'	71° 26'		Current weak and variable							0.3	− −	0.0	− −	0.3	− −
2341	Greenwich Bay entrance		41° 40.0'	71° 23.6'		Current weak and variable							0.3	− −	0.0	− −	0.4	− −
2346	Patience Island, narrows east of		41° 39.5'	71° 21.2'	−2 41	−2 29	−2 44	−2 37	0.4	0.5	0.0	− −	0.7	354°	0.0	− −	0.9	157°
2351	Patience I. and Warwick Neck, between		41° 39.8'	71° 22.4'	−1 40	−1 21	−1 18	−1 13	0.3	0.5	0.0	− −	0.6	040°	0.0	− −	0.8	224°
2356	Nayatt Point, WNW of	10	41° 43.7'	71° 21.6'	−2 24	+0 47	−1 00	−1 11	0.1	0.8	0.0	− −	0.2	325°	0.0	− −	0.8	128°
2361	India Point RR. bridge, Seekonk River <9>		41° 49.0'	71° 23.3'	−1 48	−4 02	−1 31	−1 06	0.5	0.8	0.0	− −	1.0	020°	0.0	− −	1.4	180°
						−2 30			0.2				0.4	020°				
						−0 12			0.7				1.3	020°				
2366	Fox Point, south of, Providence River	10	41° 48.8'	71° 24.0'	−3 02	+0 08	−0 27	−1 34	0.1	0.1	0.0	− −	0.2	343°	0.0	− −	0.1	166°
2371	Cold Spring Pt., Seekonk River <10>		41° 49.6'	71° 22.8'	−1 48	−4 14	−1 31	−1 02	0.4	0.8	0.0	− −	0.8	030°	0.0	− −	1.4	210°
						−2 24			0.1				0.3	030°				
						−0 26			0.6				1.1	030°				
	BLOCK ISLAND SOUND				on The Race, p.24													
	Point Judith																	
2376	Harbor of Refuge, south entrance		41° 21.48'	71° 29.75'	−2 02	−2 31	−2 17	−4 10	0.2	0.3	0.0	− −	0.6	329°	0.0	− −	0.8	141°
								−2 52		0.2							0.4	141°
								−2 07		0.2							0.7	141°
2381	Harbor of Refuge, west entrance		41° 22'	71° 31'		See table 5.												
2386	Pond entrance		41° 23'	71° 31'	−3 02	−2 40	−3 07	−4 03	0.7	0.5	0.0	− −	1.8	351°	0.0	− −	1.5	186°
2391	2.4 miles southwest of		41° 19.87'	71° 30.65'	−0 27	+0 20	+0 27	−0 35	0.3	0.3	0.0	220°	0.7	258°	0.0	− −	0.6	090°
2396	4.5 miles southwest of		41° 18'	71° 33'		See table 5.												
	Block Island																	
2401	four miles north of		41° 18'	71° 32'	−0 19	+0 21	+0 30	+0 07	0.3	0.3	0.0	− −	0.8	285°	0.0	− −	0.8	076°
2406	Sandy Point, 2.1 miles NNE of	15	41° 15.85'	71° 34.00'	+0 30	−0 32	−0 21	−0 54	0.4	0.6	0.0	− −	1.0	296°	0.0	− −	1.7	066°
2411	Sandy Pt., 1.5 miles north of	7	41° 15'	71° 34'	−0 11	−0 12	−1 08	−1 04	0.7	0.7	0.0	− −	1.9	315°	0.0	− −	2.1	063°
2416	Clay Head, 1.2 miles ENE of	15	41° 13.35'	71° 31.85'	−1 59	−1 11	−0 28	−1 06	0.3	0.7	0.0	− −	0.7	298°	0.0	− −	0.6	164°
2421	Old Harbor Pt., 0.5 mile southeast of		41° 09'	71° 32'	+0 01	−0 11	−0 39	+0 05	0.7	0.6	0.0	− −	1.9	336°	0.0	− −	0.6	175°
2426	Lewis Pt., 1.0 mile southwest of		41° 08.20'	71° 37.30'	−1 16	−0 47	−0 25	−1 24	0.5	0.6	0.0	− −	1.4	298°	0.0	− −	1.8	136°
2431	Lewis Pt., 1.5 miles west of		41° 09'	71° 38'	−1 20	−0 57	−0 49	−1 11	0.7	0.6	0.0	− −	1.7	318°	0.0	− −	1.7	170°
2436	Great Salt Pond entrance		41° 11.97'	71° 35.50'	−3 57	−3 14	−3 25	−4 33	0.2	0.1	0.0	− −	0.3	165°	0.0	− −	0.3	326°
2441	Great Salt Pond ent., 1 mile NW of	7	41° 12'	71° 36'	−0 41	−0 40	−1 55	−0 46	− −	0.2	0.0	− −	− −	158°	0.0	− −	0.7	035°
2446	Sandy Point, 0.4 mile west of <11>		41° 13.80'	71° 35.13'	− −	−1 03	− −	−1 46	0.2	0.1	0.0	− −	0.4	011°	0.0	− −	0.7	011°
2451	Green Hill Point, 1.1 miles south of		41° 20.90'	71° 35.77'	−0 45	−0 26	−0 25	−1 06	0.3	0.2	0.0	− −	0.6	258°	0.0	− −	0.4	070°
2456	Sandy Point, 4.1 miles northwest of	15	41° 17.10'	71° 38.00'	+0 17	+0 32	+0 31	−0 07	0.3	0.2	0.0	− −	0.7	270°	0.0	− −	0.6	084°
2461	Grace Point, 2.0 miles northwest of		41° 12'	71° 38'		See table 5.												
2466	Quonochontaug Beach, 1.1 miles S of	15	41° 18.80'	71° 42.82'	−0 30	+0 27	+0 46	−0 31	0.4	0.1	0.0	− −	1.1	248°	0.0	− −	0.6	078°
2471	Quonochontaug Beach, 3.8 miles S of	15	41° 16.35'	71° 43.00'	+0 16	+0 15	+0 38	−0 03	0.3	0.1	0.0	− −	0.7	243°	0.0	− −	0.6	058°
2476	Lewis Point, 6.0 miles WNW of	15	41° 11.60'	71° 44.20'	+1 12	+1 01	+0 15	+0 24	0.2	0.4	0.0	− −	0.6	286°	0.0	− −	1.2	097°

Endnotes can be found at the end of table 2.

TABLE 2 – CURRENT DIFFERENCES AND OTHER CONSTANTS

No.	PLACE	Meter Depth (ft)	POSITION Latitude North	POSITION Longitude West	TIME DIFFERENCES Min. before Flood (h m)	TIME DIFFERENCES Flood (h m)	TIME DIFFERENCES Min. before Ebb (h m)	TIME DIFFERENCES Ebb (h m)	SPEED RATIOS Flood	SPEED RATIOS Ebb	AVG Min. before Flood knots	AVG Min. before Flood Dir.	AVG Maximum Flood knots	AVG Maximum Flood Dir.	AVG Min. before Ebb knots	AVG Min. before Ebb Dir.	AVG Maximum Ebb knots	AVG Maximum Ebb Dir.
	BLOCK ISLAND SOUND—cont. Time meridian, 75° W					on The Race, p.24												
2481	Southwest Ledge		41° 07'	71° 42'	−0.22	−0.15	−0.15	−0.22	0.6	0.7	0.0	—	1.5	321°	0.0	—	2.1	141°
2486	Southwest Ledge, 2.0 miles west of	15	41° 06.80'	71° 43.00'	+0.23	+0.31	+0.10	−0.52	0.5	0.6	0.0	—	1.5	354°	0.0	—	1.9	168°
2491	Watch Hill Point, 2.2 miles east of		41° 18.16'	71° 48.60'	−0.16	+0.13	+0.44	−0.32	0.4	0.2	0.0	—	1.2	260°	0.0	—	0.7	086°
2496	Watch Hill Point, 5.2 miles SSE of	15	41° 13.20'	71° 49.00'	+0.48	+0.39	+0.38	+0.01	0.4	0.4	0.0	—	1.2	265°	0.0	—	1.2	064°
2501	Watch Hill Point, 5.3 n.mi. SE of	15d	41° 14.65'	71° 46.43'	+0.05	+0.15	−0.18	−0.02	0.3	0.3	0.1	176°	0.7	263°	0.0	—	0.9	092°
2506	Montauk Point, 5.4 miles NNE of	15	41° 09.55'	71° 49.48'	+0.46	+0.18	−0.39	−0.03	0.4	0.5	0.0	—	1.1	279°	0.0	—	1.6	079°
2511	Montauk Point, 1.2 miles east of		41° 04.50'	71° 49.80'	−1.09	−0.48	−0.39	−2.04	1.0	0.9	0.0	—	2.8	346°	0.0	—	2.8	162°
2516	Montauk Point, 1 mile northeast of		41° 05'	71° 51'	−1.51	−1.11	−1.15	−1.55	0.9	0.6	0.0	—	2.4	356°	0.0	—	1.9	145°
2521	Wicopesset Island, 1.1 miles SSE of		41° 16.50'	71° 54.80'	−0.41	+0.11	+0.48	−0.18	0.6	0.3	0.0	—	1.5	250°	0.0	—	0.8	073°
2526	East Pt., Fishers I., 4.1 miles S of		41° 13.40'	71° 55.50'	+1.03	+0.53	+0.18	+0.01	0.3	0.6	0.0	—	0.9	236°	0.0	—	1.8	073°
2531	Cerberus Shoal, 1.5 miles east of	15	41° 10.45'	71° 55.17'	−0.02	+0.06	−0.24	−1.03	0.4	0.6	0.0	—	1.1	256°	0.0	—	1.8	092°
2536	Shagwong Reef & Cerberus Shoal, between	15	41° 07.90'	71° 55.50'	−0.17	−0.26	−0.26	−1.09	0.7	0.2	0.0	—	1.9	241°	0.0	—	0.6	056°
2541	Montauk Harbor entrance	6	41° 04.78'	71° 56.35'	−2.04	−2.26	−3.03	−5.00	0.4	0.1	0.0	—	1.2	226°	0.0	—	0.2	033°
2546	Mt. Prospect, 0.6 mile SSE of	15	41° 14.75'	71° 59.80'	−0.21	+0.15	+0.09	−0.55	0.6	0.5	0.0	—	1.7	275°	0.0	—	0.5	353°
2551	Cerberus Shoal and Fishers I., between	7	41° 13'	71° 58'	−0.46	+0.13	+0.06	−1.10	0.5	0.4	0.0	—	1.3	264°	0.0	—	1.6	054°
2556	Little Gull Island, 3.7 miles ESE of		41° 10.7'	72° 02.1'		See table 5.		−0.20									1.3	096°
2561	Gardiners Island, 3 miles northeast of	10	41° 07.9'	72° 02.0'	−0.34	−0.38	−0.26	−0.40	0.3	0.3	0.0	—	0.9	305°	0.0	—	1.0	138°
2566	Eastern Plain Point, 1.2 miles N of		41° 07.12'	72° 04.85'	−2.32	−1.30	−1.09	−2.34	0.4	0.3	0.0	—	1.0	290°	0.0	—	0.8	110°
2571	Eastern Plain Pt., 3.9 miles ENE of		41° 07.05'	71° 59.80'	−0.48	−1.04	−0.23	−1.12	0.4	0.3	0.0	—	1.0	246°	0.0	—	0.6	096°
2576	Little Gull Island, 0.8 mile SSE of <51>		41° 11.67'	72° 06.23'	−1.57	−0.29	−0.24	−3.13	0.5	0.2	0.0	—	1.3	331°	0.0	—	0.6	105°
								−2.05									0.1	252°
								−0.43									0.2	174°
2581	Rocky Point, 2 miles WNW of	15	41° 03.55'	72° 01.80'	−1.09	−0.40	−0.50	−1.10	0.1	0.1	0.1	192°	0.3	255°	0.2	340°	0.3	065°
	GARDINERS BAY, etc.																	
2586	Goff Point, 0.4 mile northwest of		41° 01.49'	72° 03.75'	−1.33	−2.04	−1.26	−2.42	0.4	0.5	0.0	—	1.2	225°	0.0	—	1.6	010°
2591	Acabonack Hbr. ent., 0.6 mile ESE of		41° 01.30'	72° 07.40'	−1.21	−1.49	−1.06	−2.41	0.5	0.4	0.0	—	1.4	345°	0.0	—	1.2	140°
2596	Hog Creek Point, north of		41° 04.10'	72° 09.70'	−0.43	−0.28	−1.22	−2.03	0.1	0.1	0.0	—	0.3	281°	0.0	—	0.7	067°
2601	Ram Island, 2.2 miles east of		41° 04.70'	72° 13.80'	−0.06	−0.03	−0.15	−0.23	0.1	0.1	0.0	—	0.2	250°	0.0	—	0.3	090°
2606	Orient Point, 2.4 miles SSE of		41° 07.50'	72° 12.30'	+0.32	−0.13	+1.10	−0.42	0.2	0.2	0.0	—	0.4	250°	0.0	—	0.3	025°
2611	Gardiners Pt. Ruins, 1.1 miles N of		41° 09.50'	72° 08.83'	+0.01	+0.04	−1.10	−0.08	0.5	0.6	0.0	—	1.2	270°	0.0	—	1.8	066°
2616	Gardiners Point & Plum Island, between	15	41° 09.33'	72° 09.52'	−0.05	−0.10	−0.33	−0.41	0.5	0.6	0.0	—	1.4	288°	0.0	—	1.6	100°
2621	Ram Island, 1.4 miles NNE of		41° 05.8'	72° 15.8'	+0.14	+0.19	+0.06	+0.06	0.2	0.3	0.0	—	0.4	240°	0.0	—	0.6	075°
2626	Long Beach Pt., 0.7 mile southwest of	15	41° 06.25'	72° 18.40'	+0.46	+0.10	+0.43	−0.11	0.5	0.5	0.0	—	1.3	307°	0.0	—	1.8	101°
2631	Hay Beach Point, 0.3 mile NW of <52>		41° 06.65'	72° 20.43'	+0.33	+0.41	+1.00	−1.02	0.6	0.4	0.0	—	1.5	210°	0.0	—	1.2	025°
								+0.27									0.6	025°
								+1.24									0.8	020°
2636	Jennings Point, 0.2 mile NNW of	13	41° 04.48'	72° 22.95'	+0.45	+0.30	+0.36	−0.08	0.6	0.3	0.0	—	1.6	290°	0.0	—	1.5	055°
2641	Cedar Point, 0.2 mile west of		41° 02.38'	72° 16.07'	+0.22	+0.05	+0.28	−0.52	0.7	0.5	0.0	—	1.8	195°	0.0	—	1.6	005°
2646	North Haven Peninsula, north of		41° 04.10'	72° 19.25'	+0.25	−0.09	+0.38	−0.45	0.9	0.7	0.0	—	2.4	230°	0.0	—	2.1	035°
2651	Paradise Point, 0.4 mile east of	13	41° 02.88'	72° 22.57'	+0.39	+0.24	+0.44	−0.05	0.6	0.5	0.0	—	1.5	145°	0.0	—	1.5	345°
2656	Little Peconic Bay entrance	19	41° 01.58'	72° 23.88'	+0.48	+0.22	+0.52	+0.10	0.6	0.5	0.0	—	1.6	240°	0.0	—	1.5	015°
2661	Robins Island, 0.5 mile south of		40° 56.98'	72° 27.18'	+0.45	+0.09	+0.55	+0.24	0.6	0.2	0.0	—	1.7	245°	0.0	—	0.6	065°
	FISHERS ISLAND SOUND																	
2666	Edwards Pt. and Sandy Pt., between	4	41° 19.90'	71° 53.88'	−2.13	−2.56	−2.16	−3.52	0.4	0.3	0.0	—	1.1	035°	0.0	—	1.0	227°
								−1.42									0.2	243°
2671	Napatree Point, 0.7 mile southwest of		41° 17.92'	71° 54.00'	−0.35	−0.46	−0.48	−0.18	0.6	0.7	0.0	—	1.7	284°	0.0	—	0.5	234°
2676	Little Narragansett Bay entrance		41° 20'	71° 53'	−1.45	−1.41	−2.14	−1.29	0.5	0.4	0.0	—	1.3	092°	0.0	—	2.2	113°
								−2.49									1.3	268°

Endnotes can be found at the end of table 2.

TABLE 2 – CURRENT DIFFERENCES AND OTHER CONSTANTS

No.	PLACE	Meter Depth	POSITION		TIME DIFFERENCES				SPEED RATIOS		AVERAGE SPEEDS AND DIRECTIONS						
			Latitude	Longitude	Min. before Flood	Flood	Min. before Ebb	Ebb	Flood	Ebb	Minimum before Flood		Maximum Flood		Minimum before Ebb		Maximum Ebb	
			North	West							knots	Dir.	knots	Dir.	knots	Dir.	knots	Dir.
		ft			h m	h m	h m	h m										
	FISHERS ISLAND SOUND—cont. Time meridian, 75° W																	
2681	Avondale, Pawcatuck River <51>	6	41° 19.90'	71° 50.73'	−1 35	−2 21	−2 08	−3 51	0.2	0.2	0.0	--	0.6	058°	0.0	--	0.5	265°
								−1 19		0.0							0.1	243°
								−0 07		0.1							1.2	263°
2686	Ram Island Reef, south of	7	41° 18.1'	71° 58.5'	−0 41	−0 29	−0 46	−1 04	0.5	0.5	0.0	--	1.3	255°	0.0	--	1.6	088°
2691	Noank <51>	4	41° 19.12'	71° 59.30'	−1 15	−2 55	−4 01	−4 41	0.2	0.5	0.0	--	0.5	340°	0.0	--	0.3	173°
								−1 35		0.2							0.5	162°
								+0 08		0.2								
2696	Mystic, Highway Bridge, Mystic River	6	41° 21.25'	71° 58.18'	−1 41	−2 29	−1 58	−3 50	0.2	0.1	0.0	--	0.5	039°	0.0	--	0.4	231°
								−1 51		0.1							0.2	234°
								−0 31		0.1							0.2	232°
2701	Clay Point, 1.3 miles NNE of	15	41° 17.88'	71° 58.53'	−0 21	−0 28	−0 31	−1 26	0.5	0.6	0.0	--	1.4	264°	0.0	--	1.9	035°
2706	North Hill Point, 1.1 miles NNW of		41° 17.57'	72° 01.68'	−0 44	−0 05	−0 09	−1 48	0.6	0.4	0.0	--	1.5	258°	0.0	--	1.2	082°
	LONG ISLAND SOUND																	
	The Race																	
2711	Race Point, 0.4 mile southwest of		41° 14.70'	72° 02.60'	−0 03	−0 14	−0 34	−0 56	1.0	1.2	0.0	--	2.6	288°	0.0	--	3.5	135°
2716	The RACE, near Valiant Rock		41° 14.20'	72° 03.60'	+0 21	+0 21	+0 09	−0 11	1.1	1.2	0.0	--	2.9	295°	0.0	--	3.5	100°
2721	THE RACE, 0.6 n.mi. NW of Valiant Rock	38d	41° 14.00'	72° 03.58'		Daily predictions					0.1	022°	2.7	302°	0.3	220°	3.0	112°
2726	0.5 mile NE of Little Gull Island		41° 13'	72° 06'	−0 19	+0 04	−0 16	−0 40	1.2	1.0	0.0	--	3.3	302°	0.0	--	3.1	107°
2731	Little Gull I., 1.4 n.mi. NNE of	45d	41° 13.53'	72° 05.52'	+0 15	+0 38	+0 07	−0 33	0.5	0.5	0.1	011°	1.5	304°	0.5	036°	1.6	100°
2736	Little Gull I., 1.1 miles ENE of		41° 13.10'	72° 05.10'	+0 14	+0 10	+0 10	−0 56	1.5	1.5	0.0	--	4.0	301°	0.0	--	4.7	133°
2741	Great Gull Island, 0.7 mile WSW of		41° 11.67'	72° 08.02'	−0 30	−0 12	−0 22	−1 53	1.0	1.1	0.0	--	2.6	299°	0.0	--	3.2	130°
2746	Plum Gut		41° 10.00'	72° 12.80'	−1 01	−1 09	−0 52	−2 16	1.3	1.4	0.0	--	3.5	323°	0.0	--	4.3	126°
2751	Plum Gut	30d	41° 09.91'	72° 12.75'	−1 08	−1 22	−1 12	−2 00	0.7	1.0	0.1	069°	1.9	307°	0.0	--	3.2	118°
2756	Eastern Point, 1.5 miles south of		41° 17.8'	72° 04.4'	−1 46	−1 32	−1 08	−2 04	0.2	0.1	0.0	--	0.4	249°	0.0	--	0.4	055°
2761	New London Harbor entrance		41° 19.08'	72° 05.02'	−1 01	−1 30	−2 03	−1 26	0.1	0.1	0.0	--	0.1	348°	0.0	--	0.2	211°
	Thames River																	
2766	Winthrop Point		41° 21.63'	72° 05.30'	−0 56	−1 38	−0 45	−2 46	0.2	0.1	0.0	--	0.4	012°	0.0	--	0.4	180°
								−1 19		0.1							0.3	186°
								−0 07		0.1							0.3	185°
2771	Off Smith Cove	5	41° 23.98'	72° 05.18'	−0 57	−1 59	−1 20	−2 05	0.3	0.2	0.0	--	0.7	019°	0.0	--	0.5	199°
								−1 41		0.1							0.6	202°
2776	Off Stoddard Hill	15	41° 27.65'	72° 04.12'	−0 56	−2 02	−0 31	−2 40	0.3	0.1	0.0	--	0.7	332°	0.0	--	0.4	198°
								−1 22		0.1							0.2	164°
								+0 15		0.2							0.5	161°
							Current weak and variable											
2781	Lower Coal Dock	15	41° 30.88'	72° 04.72'	−0 44	−0 39	−0 54	−2 00	0.5	0.5	0.0	--	1.2	285°	0.0	--	1.6	062°
2786	Goshen Point, 1.9 miles SSE of	15	41° 16.00'	72° 06.30'	+0 38	−0 58	−2 20	−0 57	0.7	1.0	0.0	--	1.9	258°	0.0	--	2.9	043°
2791	Little Gull Island, 0.8 mile NNW of	15	41° 13.10'	72° 06.93'	−1 50	−0 32	−1 05	−1 45	0.5	0.4	0.0	--	1.4	255°	0.0	--	1.3	090°
2796	Bartlett Reef, 0.2 mile south of		41° 16.2'	72° 07.7'	−0 45	−1 06	−0 34	−1 53	0.5	0.5	0.0	--	1.2	267°	0.0	--	1.6	099°
2801	Twotree Island Channel	11	41° 17.87'	72° 08.47'	−0 29	−0 42	−0 44	−0 51	0.6	0.3	0.0	--	1.6	352°	0.0	--	0.8	178°
2806	Niantic (Railroad Bridge)	5	41° 19.40'	72° 10.62'	−0 29	−0 50	−0 16	−1 21	0.6	0.5	0.0	--	1.6	260°	0.0	--	1.4	073°
2811	Black Point, 0.8 mile south of	15	41° 16.40'	72° 12.30'	+0 46	+0 25	+0 38	+0 15	0.8	0.8	0.0	--	2.1	236°	0.0	--	2.4	076°
2816	Black Point and Plum Island, between	15	41° 14.00'	72° 12.30'	+0 25	+0 05	−1 04	−0 52	0.6	0.8	0.0	--	1.7	247°	0.0	--	2.4	065°
2821	Plum Island, 0.8 mile NNW of		41° 11.87'	72° 11.92'	+0 08	+0 07	0 00	−0 29	0.3	0.3	0.0	--	0.8	272°	0.0	--	0.7	068°
2826	Branford Reef, 1.5 miles southwest of	15	41° 12.57'	72° 49.83'	+0 20	+0 30	+0 20	−0 08	0.3	0.3	0.0	--	0.7	260°	0.0	--	0.8	074°
2831	Branford Reef, 5.0 miles south of	15	41° 08.65'	72° 49.67'	−0 46	−0 41	−0 28	−1 23	0.6	0.6	0.1	160°	1.7	255°	0.1	336°	1.9	075°
2836	Hatchett Point, 1.6 n.mi. S of	15d	41° 15.40'	72° 15.37'	−2 16	−0 50	−0 43	−2 48	0.5	0.4	0.0	--	1.3	240°	0.0	--	1.2	045°
2841	Hatchett Point, 1.1 miles WSW of		41° 16.35'	72° 16.92'														
	Connecticut River																	
2846	Lynde Point, channel east of		41° 16'	72° 20'	+0 53	+1 08	+0 13	+0 15	0.3	0.2	0.0	--	0.9	344°	0.0	--	0.7	161°
2851	Saybrook Point, 0.2 mile northeast of		41° 17.02'	72° 20.87'	+0 56	+1 12	+0 56	+0 19	0.6	0.5	0.0	--	1.5	355°	0.0	--	1.5	160°
2856	Railroad drawbridge	15	41° 19.00'	72° 20.77'	+0 48	−0 05	+1 03	+0 55	0.4	0.3	0.0	--	0.9	360°	0.0	--	1.0	198°
						+0 56			0.2				0.6	359°				
						+1 52			0.3				0.9	356°				

Endnotes can be found at the end of table 2.

TABLE 2 – CURRENT DIFFERENCES AND OTHER CONSTANTS

No.	PLACE	Meter Depth (ft)	POSITION Latitude North	POSITION Longitude West	TIME DIFFERENCES Min. before Flood (h m)	TIME DIFFERENCES Flood (h m)	TIME DIFFERENCES Min. before Ebb (h m)	TIME DIFFERENCES Ebb (h m)	SPEED RATIOS Flood	SPEED RATIOS Ebb	AVERAGE SPEEDS AND DIRECTIONS Minimum before Flood knots	Dir.	Maximum Flood knots	Dir.	Minimum before Ebb knots	Dir.	Maximum Ebb knots	Dir.
	LONG ISLAND SOUND—cont. Time meridian, 75° W					on The Race, p.24												
	Connecticut River—cont.																	
2861	Eustasia Island, 0.6 mile ESE of		41° 23.30'	72° 24.23'	+2 14	+1 59	+1 32	+1 15	0.4	0.5	0.0	---	1.1	290°	0.0	---	1.4	070°
2866	Eddy Rock Shoal, west of	15	41° 26.57'	72° 27.78'	+2 02	+2 37	+2 10	+1 09	0.3	0.2	0.0	---	0.8	350°	0.0	---	0.6	155°
2871	Higganum Creek, 0.5 mile ESE of		41° 30.02'	72° 32.62'	+3 27	+3 13	+2 44	+2 50	0.3	0.3	0.0	---	0.8	275°	0.0	---	1.0	080°
2876	Wilcox Island Park, east of		41° 34.33'	72° 38.88'	+4 27	+3 57	+3 16	+3 24	0.3	0.3	0.0	---	0.9	355°	0.0	---	1.0	160°
2881	Rocky Hill		41° 39.82'	72° 37.73'	+5 02	+3 58	+3 30	+3 19	0.2	0.3	0.0	---	0.6	335°	0.0	---	0.8	135°
2886	Hartford Jetty <42>	9	41° 45.07'	72° 39.02'	+6 06	+5 00	+3 31	+4 18	0.0	0.3	0.0	---	0.1	290°	0.0	---	0.7	095°
2891	Saybrook Breakwater, 1.5 miles SE of	9	41° 14.78'	72° 19.05'	-1 09	-0 50	-0 46	-2 08	0.7	0.7	0.0	---	1.9	260°	0.0	---	2.0	070°
2896	Mulford Point, 3.1 miles northwest of		41° 12.00'	72° 19.08'	+0 15	-0 44	+0 04	-0 35	0.7	0.8	0.0	---	1.9	269°	0.0	---	2.3	066°
2901	Orient Point, 1 mile WNW of	15	41° 10.02'	72° 15.11'	-0 48	-1 41	-0 24	-1 26	0.5	1.0	0.0	---	1.4	245°	0.0	---	3.1	055°
						-0 38			0.3		0.0	---	0.8	255°				
						+0 12			0.8		0.0	---	2.1	245°				
2906	Rocky Point, 0.3 mile north of	15	41° 08.63'	72° 21.42'	-0 06	-0 41	-0 52	-0 39	0.7	0.7	0.1	170°	1.8	279°	0.0	---	2.1	041°
2911	Cornfield Point, 2.8 n.mi. SE of	15d	41° 13.95'	72° 20.33'	-1 14	-0 36	-0 33	-1 43	0.7	0.5	0.1	170°	1.9	249°	0.0	---	1.4	085°
2916	Cornfield Point, 3 miles south of	7	41° 12.9'	72° 22.4'	-0 45	+0 01	-0 08	-0 34	0.7	0.6	0.0	---	2.0	256°	0.0	---	1.7	094°
2921	Cornfield Point, 1.1 miles south of	15	41° 14.65'	72° 23.40'	-0 40	-1 13	-0 53	-2 14	0.5	0.5	0.0	---	1.4	293°	0.0	---	1.6	108°
2926	Cornfield Point, 1.9 n.mi. SW of	15d	41° 14.48'	72° 25.30'	-0 56	-1 14	-1 25	-1 22	0.5	0.5	0.1	174°	1.3	272°	0.1	358°	1.5	091°
2931	Kelsey Point, 2.1 miles southeast of		41° 14.10'	72° 27.93'	-0 14	-0 41	-0 45	-1 11	0.6	0.6	0.0	---	1.5	260°	0.0	---	1.8	070°
2936	Six Mile Reef, 1.5 miles north of		41° 12.66'	72° 28.87'	+0 04	+0 09	+0 02	-0 52	0.6	0.7	0.0	---	1.6	290°	0.0	---	1.3	095°
2941	Horton Point, 1.4 miles NNW of		41° 10.83'	72° 26.90'	-0 15	+0 29	+0 06	-0 46	0.5	0.5	0.0	---	1.4	235°	0.0	---	2.0	040°
2946	Kelsey Point, 1 mile south of		41° 06.30'	72° 27.40'	+0 25	-0 42	-1 08	-0 29	0.7	0.5	0.0	---	2.0	260°	0.0	---	1.5	040°
2951	Hammonasset Point, 1.2 miles SW of	15	41° 14.22'	72° 30'	-1 21	-0 54	-0 35	-2 05	0.7	0.5	0.0	---	1.0	249°	0.0	---	1.0	118°
2956	Hammonasset Point, 5 miles south of	15	41° 09.80'	72° 34.00'	-0 38	+0 18	-0 15	-1 42	0.7	0.5	0.0	---	1.4	287°	0.0	---	1.0	106°
2961	Duck Pond Point, 3.2 n.mi. NW of	15d	41° 04.73'	72° 33.91'	-0 06	+0 12	-0 07	-0 17	0.5	0.4	0.0	---	1.2	253°	0.1	343°	1.5	071°
2966	Mattituck Inlet, 1 mile northwest of	15	41° 01.68'	72° 42.30'	-0 12	+0 06	+0 01	-0 14	0.5	0.4	0.2	161°	1.2	241°	0.1	---	1.2	053°
2971	Sachem Head, 1 mile SSE of		41° 13.65'	72° 42.30'	0 00	-0 15	-0 26	-0 37	0.4	0.3	0.0	---	0.9	241°	0.0	---	0.9	053°
2976	Sachem Head 6.2 miles south of	15	41° 08.73'	72° 42.30'	-0 17	+0 45	-0 03	-0 13	0.2	0.3	0.0	---	1.1	255°	0.0	---	1.0	065°
2981	Roanoke Point, 5.6 miles north of	15	41° 04.37'	72° 42.53'	+0 50	+0 19	-0 06	-0 15	0.3	0.3	0.0	---	0.6	260°	0.0	---	0.9	065°
2986	Roanoke Point, 2.3 miles NNW of		41° 00.92'	72° 42.97'	+0 19	-0 58	-0 01	-0 35	0.3	0.3	0.0	---	0.7	255°	0.0	---	0.9	050°
2991	Sachem Head, 1 mile south of		41° 14'	72° 43'	-0 35	-0 21	-0 38	-0 40	0.3	0.3	0.0	---	0.9	270°	0.0	---	1.2	070°
2996								-0 52						278°				084°
3001	Herod Point, 2.8 miles north of	15	41° 00.97'	72° 49.93'	-0 08	+0 04	-0 18	-0 17	0.3	0.2	0.1	020°	0.4	290°	0.1	020°	0.6	090°
3006	Herod Point, 6.5 miles north of	15	41° 04.65'	72° 49.80'	+0 06	+0 27	+0 21	-0 18	0.3	0.2	0.0	---	0.9	254°	0.0	---	0.7	070°
3011	Herod Point, 5.0 n.mi. NW of	15d	41° 01.64'	72° 54.73'	+0 04	+0 04	-0 28	0 00	0.2	0.3	0.1	179°	0.6	271°	0.0	---	0.7	089°
3016	New Haven Harbor entrance <12>		41° 14'	72° 55'	-1 00	-1 16	-0 42	-1 29	0.5	0.3	0.0	---	1.4	319°	0.0	---	0.9	152°
3021	City Point, 1.3 miles northeast of		41° 17.83'	72° 54.42'	+0 32	+0 51	+0 42	-0 03	0.1	0.1	0.0	---	0.3	015°	0.0	---	0.4	215°
3026	Oyster River Pt, 1.3 miles SSE of <1>		41° 12.87'	72° 58.00'		+0 06		-0 58	0.1	0.1	0.0	---	0.3	255°	0.0	---	0.3	060°
3031	Pond Point, 4.2 miles SSE of		41° 08.60'	72° 58.08'	+0 01	+0 25	+0 05	-0 25	0.2	0.2	0.0	---	0.6	265°	0.0	---	0.6	065°
3036	Stratford Shoal, 6 miles east of		41° 04.52'	72° 58.43'	+0 22	+0 19	+0 02	-0 20	0.3	0.3	0.0	---	0.6	265°	0.0	---	0.6	060°
3041	Sound Beach, 2.2 miles north of		41° 00.33'	72° 58.45'	+0 18	+0 15	-0 06	-0 36	0.3	0.3	0.0	---	0.9	270°	0.0	---	0.9	075°
3046	Charles Island, 0.8 mile SSE of		41° 10.77'	73° 02.63'	-0 30	-0 15	-0 21	-1 05	0.2	0.1	0.0	---	0.4	250°	0.0	---	0.4	070°
	Housatonic River																	
3051	Milford Point, 0.2 mile west of	10	41° 10.35'	73° 06.82'	+0 15	+0 22	+0 24	-1 06	0.4	0.4	0.0	---	1.2	330°	0.0	---	1.2	135°
3056	Railroad drawbridge, above		41° 12.53'	73° 06.67'	+0 55	+0 34	+0 39	-1 06	0.4	0.4	0.0	---	1.1	350°	0.0	---	1.3	185°
3061	Fowler Island, 0.1 mile NNW of	5	41° 14.40'	73° 06.23'	+1 09	+0 31	+0 39	+0 37	0.4	0.4	0.0	---	1.1	040°	0.0	---	1.1	270°
3066	Wooster Island, 0.1 mile southwest of	5	41° 16.67'	73° 05.20'	+1 40	+0 54	+0 29	+0 11	0.2	0.2	0.0	---	0.6	020°	0.0	---	0.7	220°
3071	Derby–Shelton Bridge, below <13>	5	41° 18.73'	73° 04.78'				-0 17	0.1	0.1	0.0	---			0.0	---	0.4	095°
3076	Point No Point, 2.1 miles south of	15	41° 06.75'	73° 07.13'	-0 09	+0 15	+0 01	-0 12	0.5	0.4	0.0	---	1.3	251°	0.0	---	1.2	074°
3081	Old Field Point, 1 mile east of	15	40° 58.47'	73° 05.80'	+3 47	+2 52	+2 34	+1 45	0.1	0.2	0.0	---	0.2	105°	0.0	---	0.6	308°
	...do...	22	40° 58.47'	73° 05.80'	+2 51	+2 15	+2 26	+1 33	0.1	0.3	0.0	---	0.3	110°	0.0	---	0.5	297°
3086	Old Field Point, 2.9 n.mi. NNW of	15d	41° 01.32'	73° 08.37'	+0 40	+0 10	-0 36	-0 14	0.2	0.2	0.0	---	0.5	254°	0.1	338°	0.6	076°
3091	Old Field Point, 2 miles northeast of	15	41° 00.23'	73° 05.70'	+0 54	+0 34	-0 02	+0 47	0.4	0.4	0.0	---	1.0	266°	0.0	---	1.1	092°
	...do...	40	41° 00.23'	73° 05.70'	+0 43	+0 29	-0 03	+0 30	0.4	0.2	0.0	---	0.5	236°	0.0	---	0.6	081°

Endnotes can be found at the end of table 2.

131

TABLE 2 – CURRENT DIFFERENCES AND OTHER CONSTANTS

No.	PLACE	Meter Depth	POSITION		TIME DIFFERENCES				SPEED RATIOS		AVERAGE SPEEDS AND DIRECTIONS					
			Latitude North	Longitude West	Min. before Flood	Flood	Min. before Ebb	Ebb	Flood	Ebb	Minimum before Flood		Maximum Flood		Minimum before Ebb		Maximum Ebb	
		ft			h m	h m	h m	h m			knots	Dir.	knots	Dir.	knots	Dir.	knots	Dir.
	LONG ISLAND SOUND—cont. Time meridian, 75° W						on The Race, p.24											
3096	Stratford Point, 4.3 miles south of	15	41° 04.77'	73° 06.67'	+0 33	+0 40	+0 14	+0 03	0.4	0.3	0.0	---	1.0	254°	0.0	---	1.0	075°
3101	Stratford Point, 6.1 miles south of	60	41° 04.77'	73° 06.67'	−0 15	+0 12	−0 14	+0 04	0.3	0.3	0.0	---	0.6	291°	0.0	---	0.8	078°
	do.	15	41° 02.97'	73° 05.80'	−0 03	+0 24	+0 19	+0 19	0.3	0.2	0.0	---	1.0	267°	0.0	---	0.8	080°
	do.	51	41° 02.97'	73° 05.80'	−0 22	−0 10	−0 25	−0 23	0.3	0.6	0.0	---	0.9	279°	0.0	---	0.9	087°
3106	Port Jefferson Harbor entrance		40° 58'	73° 06'	−0 22	+0 58	+0 27	0 00	1.0	0.5	0.0	---	2.6	151°	0.0	---	1.9	323°
3111	Crane Neck Point, 0.5 mile northwest of		40° 58'	73° 10'	−0 34	−1 06	−1 43	−1 48	0.5	0.5	0.0	---	1.3	256°	0.0	---	1.5	016°
3116	Bridgeport Hbr. ent., btn. jetties <14>	4	41° 09'	73° 11'	+0 09	−0 04	0 00	−0 17	0.3	0.2	0.0	---	0.7	340°	0.0	---	0.6	176°
3121	Crane Neck Point, 3.4 miles WNW of	15	40° 59.00'	73° 13.87'	+0 09	+0 23	−0 16	−0 02	0.2	0.2	0.0	---	0.5	261°	0.0	---	0.6	079°
3126	Crane Neck Point, 3.7 miles WSW of	15	40° 56.30'	73° 13.87'	−1 11	−0 10	−0 15	−0 29	0.2	0.1	0.0	---	0.4	066°	0.0	---	0.4	232°
3131	Shoal Point, 6 miles south of	15	41° 01.70'	73° 14.03'	+0 43	+0 49	+0 51	−0 44	0.3	0.1	0.0	---	0.4	232°	0.0	---	0.4	047°
3136	Pine Creek Point, 2.3 miles SSE of	15	41° 05.05'	73° 14.10'	+0 01	+0 27	+0 30	+0 12	0.3	0.2	0.0	---	0.7	272°	0.0	---	0.6	084°
3141	Saugatuck River, 0.3 mi. NW of Bluff Pt	15	41° 06.27'	73° 21.92'	+0 09	−0 20	−0 29	−0 01	0.2	0.1	0.0	---	0.5	265°	0.0	---	0.4	080°
3146	Saugatuck R., 0.5 mile above Bluff Pt		41° 06'	73° 23'			Current weak and variable											
3151	Sheffield I. Tower, 1.1 miles SE of	15	41° 01.97'	73° 24.33'	+0 54	+1 00	+1 08	+0 22	0.3	0.3	0.0	---	0.9	283°	0.0	---	0.8	081°
3156	Sheffield I. Hbr., 0.5 mile southeast of	60	41° 01.97'	73° 24.33'	−0 06	+0 45	+1 09	+0 25	0.1	0.1	0.0	---	0.2	269°	0.0	---	0.5	076°
3161	Norwalk River, off Gregory Point	12	41° 03.32'	73° 25.25'	−2 20	−3 33	−3 27	−2 23	0.1	0.1	0.0	---	0.2	229°	0.0	---	0.4	042°
3166	Eatons Neck Pt., 1.3 miles north of	15	41° 05.20'	73° 24.22'	+0 09	0 00	+0 38	+0 19	0.2	0.5	0.0	---	0.6	322°	0.0	---	1.4	155°
3171	Eatons Neck Pt., 1.8 miles west of	15	40° 57'	73° 26'	+0 42	+0 42	+0 14	+0 10	0.5	0.2	0.0	---	1.4	283°	0.0	---	0.6	075°
3176	Eatons Neck Pt., 2.5 n.mi. NNW of	15d	40° 59.73'	73° 24.60'	−0 58	−0 43	−0 33	−0 43	0.2	0.2	0.0	---	0.5	199°	0.0	---	0.6	068°
		15	40° 59.73'	73° 24.60'	−1 38	−1 33	−2 07	−2 20	0.3	0.3	0.1	164°	0.6	263°	0.1	341°	0.9	073°
3181	Eatons Neck Pt., 3 miles north of	15	41° 00.38'	73° 23.80'	+1 01	+0 51	+0 45	−0 06	0.2	0.2	0.0	---	0.7	253°	0.0	---	0.9	046°
		40	41° 00.38'	73° 23.80'	+0 38	+0 34	+0 35	−0 17	0.2	0.2	0.0	---	0.6	264°	0.0	---	0.6	078°
3186	Huntington Bay, off East Fort Point	15	40° 55.60'	73° 25.05'	−0 17	−0 35	+1 23	+0 40	0.2	0.2	0.0	---	0.5	188°	0.0	---	0.6	054°
		30	40° 55.60'	73° 25.05'	−0 33	−0 31	+0 14	−0 27	0.1	0.1	0.0	---	0.4	190°	0.0	---	0.5	014°
3191	Northport Bay entrance (in channel)	15	40° 54.53'	73° 24.45'	+0 10	−0 35	+0 21	−0 19	0.2	0.1	0.0	---	0.4	179°	0.0	---	0.3	007°
3196	Northport Bay, south of Duck I. Bluff		40° 55'	73° 23'	+0 42	+1 12	+0 07	+0 19	0.2	0.2	0.0	---	0.4	100°	0.0	---	0.3	267°
3201	Long Neck Point, 0.6 mile south of	15	41° 01.58'	73° 28.68'	−0 59	+0 16	+1 23	0 00	0.3	0.2	0.0	---	0.4	007°	0.0	---	0.3	286°
		27	41° 01.58'	73° 28.68'	−0 44	+0 13	+1 21	−0 02	0.3	0.2	0.0	---	0.8	252°	0.0	---	0.5	073°
3206	Lloyd Point, 1.3 miles NNW of	15	40° 57.95'	73° 29.70'	+1 37	+1 15	+1 29	+0 54	0.4	0.3	0.0	---	1.0	257°	0.0	---	0.9	080°
		40	40° 57.95'	73° 29.70'	+0 13	+0 34	+1 16	+0 26	0.4	0.3	0.0	---	1.0	255°	0.0	---	0.9	055°
3211	Shippan Point, 1.3 miles SSE of	15	40° 59.90'	73° 31.00'	+0 49	+0 28	+1 11	+0 05	0.3	0.3	0.0	---	0.9	239°	0.0	---	0.9	053°
		40	40° 59.98'	73° 31.03'	+0 31	+0 32	+0 55	−0 21	0.3	0.3	0.0	---	0.7	247°	0.0	---	0.8	071°
	Oyster Bay																	
3216	Rocky Point, 1 mile east of	15	40° 55.15'	73° 30.03'	+0 32	+0 41	+0 23	+0 31	0.2	0.2	0.0	---	0.6	117°	0.0	---	0.5	306°
3221	Harbor ent., south of Plum Point		40° 54'	73° 31'	+0 07	+0 25	−0 01	−0 10	0.3	0.2	0.0	---	0.7	244°	0.0	---	0.7	054°
3226	Harbor, west of Soper Point		40° 53'	73° 32'	+0 37	+0 46	−0 04	+0 12	0.2	0.1	0.0	---	0.6	333°	0.0	---	0.4	140°
3231	Cold Spring Harbor		40° 53'	73° 29'			Current weak and variable											
3236	Stamford Harbor entrance	12	41° 00.88'	73° 32.20'	−1 09	−0 56	−1 58	−0 33	0.1	0.3	0.0	---	0.4	329°	0.0	---	0.8	134°
3241	Greenwich Point, 1.1 miles south of	55	40° 59.02'	73° 34.02'	+1 34	+1 24	+1 48	+1 02	0.2	0.2	0.0	---	0.7	258°	0.0	---	0.8	073°
3246	Greenwich Point, 2.5 miles south of	55	40° 57.60'	73° 33.68'	+1 37	+1 17	+0 50	+1 04	0.2	0.2	0.0	---	0.6	265°	0.0	---	0.4	069°
3251	Oak Neck Point, 0.6 mile north of	15	40° 57.60'	73° 34.02'	+1 00	+0 36	+0 56	+0 30	0.2	0.2	0.0	---	0.7	242°	0.0	---	0.4	052°
		30	40° 55.50'	73° 34.02'	−0 54	+0 22	−0 28	−0 16	0.2	0.2	0.0	---	0.5	256°	0.0	---	0.7	079°
3256	Captain Hbr. Ent., 0.6 mile southwest of	15	40° 55.50'	73° 35.67'	+3 04	+2 24	+2 24	+2 12	0.2	0.2	0.0	---	0.5	260°	0.0	---	0.6	072°
		30	40° 59.65'	73° 35.67'	+1 07	+2 10	+1 40	+1 52	0.2	0.2	0.0	---	0.6	300°	0.0	---	0.6	090°
3261	Cos Cob Harbor, off Goose Island		40° 59.65'	73° 36'	+1 45	+2 01	+1 48	+2 01	0.2	0.1	0.0	---	0.6	312°	0.0	---	0.7	118°
			41° 01'	73° 36'	+1 35	+1 40	+0 57	+1 59	0.2	0.1	0.0	---	0.5	319°	0.0	---	0.7	142°
3266	Parsonage Point, 1.3 n.mi. ESE of	15d	40° 56.25'	73° 39.49'	+0 24	−0 11	−0 01	−0 54	0.2	0.1	0.0	---	0.5	013°	0.0	---	0.4	188°
3271	Peningo Neck, 0.6 mi. off Parsonage Pt	15	40° 56.32'	73° 40.50'	+1 00	+0 50	+1 09	+1 01	0.1	0.1	0.0	---	0.5	230°	0.0	---	0.4	051°
3276	Matinecock Point, 0.7 mile NNW of	15	40° 54.80'	73° 38.40'	+1 22	+0 49	+1 15	−0 28	0.3	0.2	0.0	---	0.7	226°	0.0	---	0.6	035°
		40	40° 54.48'	73° 38.40'	+1 27	+0 53	+1 33	+0 37	0.3	0.2	0.0	---	0.6	233°	0.0	---	0.6	046°
3281	Matinecock Point, 1.7 miles northwest of	15	40° 55.48'	73° 39.37'	+0 48	+0 33	+1 32	−0 21	0.2	0.2	0.0	---	0.7	262°	0.0	---	0.5	053°
3286	Hempstead Harbor, 0.3 mile north of	15	40° 51.72'	73° 40.47'	+1 33	+1 25	+1 06	+1 03	0.1	0.1	0.0	---	0.4	234°	0.0	---	0.4	055°
3291	Hempstead Harbor, 0.5 mile east of	15	40° 51.50'	73° 39.98'	--- ---	+0 26	--- ---	−0 30	0.1	---	0.0	---	0.3	157°	0.0	---	0.1	331°
3296	Old Town Wharf, 0.5 mile north of	5	40° 48.78'	73° 39.08'	--- ---	−0 01	--- ---	--- ---	0.1	---	0.0	---	0.4	196°	0.0	---	---	---

Endnotes can be found at the end of table 2.

132

TABLE 2 – CURRENT DIFFERENCES AND OTHER CONSTANTS

No.	PLACE	Meter Depth	POSITION		TIME DIFFERENCES				SPEED RATIOS		AVERAGE SPEEDS AND DIRECTIONS					
			Latitude North	Longitude West	Min. before Flood	Flood	Min. before Ebb	Ebb	Flood	Ebb	Minimum before Flood		Maximum Flood		Minimum before Ebb		Maximum Ebb	
		ft			h m	h m	h m	h m			knots	Dir.	knots	Dir.	knots	Dir.	knots	Dir.
	LONG ISLAND SOUND—cont. Time meridian, 75° W						on The Race, p.24											
3301	Hempstead Harbor, off Glenwood Landing	10	40° 49.68'	73° 39.00'	−0 25	+0 16	+0 02	−0 58	0.3	0.2	0.0	- -	0.9	138°	0.0	- -	0.7	320°
3306	Delancey Point, 1 mile southeast of	15	40° 55.00'	73° 42.73'	+0 58	+0 35	+1 13	−0 04	0.2	0.1	0.0	- -	0.5	244°	0.0	- -	0.4	059°
	do.	33	40° 55.00'	73° 42.73'	- - -	+0 32	+1 08	−0 38	0.2	0.1	0.0	- -	0.4	239°	0.0	- -	0.3	069°
3311	Mamaroneck Harbor		40° 56'	73° 43'	Current weak and variable													
3316	Echo Bay entrance		40° 54'	73° 46'	Current weak and variable													
							on Throgs Neck, p.28											
3321	Davids Island, channel 0.1 mile east of		40° 53'	73° 46'	Current weak and variable													
3326	Huckleberry Island, 0.2 mile NW of	15	40° 53.43'	73° 45.43'	−2 54	−3 36	−2 29	−3 48	0.2	0.4	0.0	- -	0.2	069°	0.0	- -	0.2	234°
3331	Huckleberry Island, 0.6 mile SE of	15	40° 52.80'	73° 44.75'	−2 04	+0 07	−1 01	−2 32	0.4	0.6	0.0	- -	0.4	025°	0.0	- -	0.3	226°
3336	Execution Rocks, 0.4 mile southwest of	15	40° 52.40'	73° 44.00'	−2 17	−2 32	−1 35	−2 46	0.4	0.7	0.0	- -	0.6	058°	0.0	- -	0.3	246°
3341	Manhasset Bay entrance	15	40° 49.75'	73° 43.78'	+3 19	+2 58	+3 40	+2 56	0.4	0.5	0.0	- -	0.4	115°	0.0	- -	0.3	307°
3346	Hart Island, 0.2 mile north of	15	40° 51.82'	73° 46.27'	−2 02	−3 24	−3 04	−3 18	0.2	0.4	0.0	- -	0.2	098°	0.0	- -	0.3	264°
3351	Hart Island, southeast of	15	40° 50.62'	73° 45.77'	−1 23	+0 24	−0 19	−0 13	0.6	0.6	0.0	- -	0.6	032°	0.0	- -	0.1	283°
3356	Hart Island, 0.3 n.mi. SSE of	15d	40° 50.43'	73° 45.94'	−1 06	−0 48	−0 54	−1 18	0.5	0.8	0.1	114°	0.5	040°	0.2	119°	0.5	216°
3361	Hart Island and City Island, between	15	40° 51.37'	73° 46.73'	−1 27	−2 20	−1 06	−2 35	0.2	0.3	0.0	- -	0.2	349°	0.0	- -	0.2	143°
						−2 08		−0 31	0.2	0.4			0.2	348°			- -	150°
3366	City Island Bridge	10	40° 51.47'	73° 47.60'	−2 38	+0 03	−3 14	−0 30	0.4	0.7	0.0	- -	0.4	349°	0.0	- -	0.3	150°
						−1 59		−1 59	0.2				0.2	352°			0.5	198°
3371	Eastchester Bay, near Big Tom	5	40° 50.20'	73° 47.72'	−2 44	−3 20	−2 54	−3 35	0.1	0.3	0.0	- -	0.1	327°	0.0	- -	0.2	196°
3376	Hutchinson R., Pelham Highway Bridge	5	40° 51.70'	73° 49.00'	+3 02	+3 08	+3 04	+2 05	0.4	0.6	0.0	- -	0.3	097°	0.0	- -	0.4	294°
3381	City Island, 0.6 mile southeast of	15	40° 49.72'	73° 46.47'	−0 56	−0 14	−1 46	−3 35	0.9	0.7	0.0	- -	0.8	305°	0.0	- -	0.4	078°
								−3 22	0.5				0.5	038°			0.4	251°
								−2 14		0.4							0.5	233°
3386	Elm Point, 0.2 mile west of	15	40° 48.92'	73° 46.02'	−1 12	−2 45	−0 35	−0 10	0.2	0.8	0.0	- -	0.2	026°	0.0	- -	0.5	233°
						−2 18		−0 21	0.2				0.1	028°			0.6	213°
						+0 22			0.7	0.9			0.6	024°				
3391	THROGS NECK, 0.3 n.mi. NE of	15d	40° 48.64'	73° 47.13'	+0 57	+0 49	+1 33	+0 11	0.8	1.0	0.1	312°	1.0	015°	0.1	286°	0.6	193°
3396	Throgs Neck, 0.4 mile south of	15	40° 47.90'	73° 47.45'	+0 21	+0 31	+1 13	+0 05	0.7	1.2	0.0	- -	0.8	090°	0.0	- -	0.6	278°
3401	Throgs Neck, 0.2 mile south of	15	40° 48.12'	73° 47.48'		Daily predictions							0.6	090°			0.8	289°
3406	Throgs Neck Bridge	15	40° 48.1'	73° 47.6'	−0 24	+0 43	+0 50	−0 04	1.6	1.5	0.1	194°	1.5	122°	0.0	- -	0.9	276°
	EAST RIVER						on Hell Gate, p.32											
3411	Cryders Point, 0.4 mile NNW of	14	40° 48.02'	73° 47.92'	−0 29	−0 43	−0 30	−1 00	0.4	0.2	0.0	- -	1.3	110°	0.0	- -	1.1	285°
3416	Bronx–Whitestone Bridge, East of	15d	40° 48.1'	73° 49.6'	−0 34	−0 46	−0 10	−1 27	0.5	0.3	0.0	- -	1.7	076°	0.0	- -	1.0	247°
3421	Clason Point, 0.3 n.mi. S of	15d	40° 47.98'	73° 50.81'	−0 25	−1 06	−0 19	−0 33	0.4	0.4	0.0	- -	1.5	083°	0.0	- -	1.6	269°
3426	College Point Reef, 0.25 n.mi. NW of	15d	40° 48.06'	73° 51.28'	−0 27	−0 47	−0 32	−1 00	0.4	0.3	0.1	351°	1.5	074°	0.1	350°	1.4	261°
3431	Flushing Creek entrance		40° 45.9'	73° 50.7'	Current weak and variable													
3436	Rikers I. chan., off La Guardia Field		40° 47'	73° 53'	+0 04	−0 04	+0 04	−0 08	0.3	0.3	0.0	- -	1.1	088°	0.0	- -	1.3	261°
3441	Bronx River (1 mile north of Hunts Pt.)		40° 48.9'	73° 52.5'	Current weak and variable													
3446	Hunts Point, southwest of		40° 48'	73° 53'	+0 01	−0 10	+0 01	−0 05	0.5	0.3	0.0	- -	1.7	108°	0.0	- -	1.3	280°
3451	South Brother Island, NW of		40° 47.8'	73° 54.1'	−0 17	+0 04	−0 06	−0 12	0.4	0.3	0.0	- -	1.5	054°	0.0	- -	1.2	252°
3456	Off Winthrop Ave., Astoria		40° 47.2'	73° 55.0'	+0 04	+0 04	−0 01	−0 11	1.0	0.5	0.0	- -	3.4	040°	0.0	- -	2.5	220°
3461	Mill Rock, northeast of		40° 46.9'	73° 56.2'	−0 23	+0 05	−0 29	−0 32	0.7	0.7	0.0	- -	2.3	103°	0.0	- -	0.6	288°
3466	Mill Rock, west of		40° 46.8'	73° 56.5'	−0 26	+0 08	−0 02	−0 17	0.4	0.2	0.0	- -	1.2	000°	0.0	- -	1.0	180°
3471	HELL GATE (off Mill Rock)		40° 46.7'	73° 56.3'		Daily predictions							3.4	050°			4.6	230°
	Roosevelt Island																	
3476	west of, off 75th Street		40° 46'	73° 57'	−0 02	−0 04	−0 08	+0 07	1.0	1.0	0.0	- -	3.8	037°	0.0	- -	4.7	215°
3481	east of, off 36th Avenue		40° 46'	73° 57'	−0 08	−0 04	−0 08	−0 11	1.0	0.7	0.0	- -	3.5	030°	0.0	- -	3.4	210°
3486	west of, off 67th Street		40° 45.74'	73° 57.24'	+0 13	−0 08	+0 06	+0 11	1.1	0.9	0.0	- -	3.6	011°	0.0	- -	4.0	230°

Endnotes can be found at the end of table 2.

TABLE 2 – CURRENT DIFFERENCES AND OTHER CONSTANTS

No.	PLACE	Meter Depth (ft)	POSITION Latitude North	POSITION Longitude West	TIME DIFFERENCES Min. before Flood (h m)	TIME DIFFERENCES Flood (h m)	TIME DIFFERENCES Min. before Ebb (h m)	TIME DIFFERENCES Ebb (h m)	SPEED RATIOS Flood	SPEED RATIOS Ebb	AVERAGE SPEEDS AND DIRECTIONS Minimum before Flood knots	AVERAGE SPEEDS AND DIRECTIONS Minimum before Flood Dir.	AVERAGE SPEEDS AND DIRECTIONS Maximum Flood knots	AVERAGE SPEEDS AND DIRECTIONS Maximum Flood Dir.	AVERAGE SPEEDS AND DIRECTIONS Minimum before Ebb knots	AVERAGE SPEEDS AND DIRECTIONS Minimum before Ebb Dir.	AVERAGE SPEEDS AND DIRECTIONS Maximum Ebb knots	AVERAGE SPEEDS AND DIRECTIONS Maximum Ebb Dir.
	EAST RIVER—cont. Time meridian, 75° W																	
	Roosevelt Island–cont.					on Hell Gate, p.32												
3491	west of, off 63rd Street		40° 45.58'	73° 57.27'	−0 10	−0 08	0 00	+0 03	0.8	0.6	0.0	—	2.8	036°	0.0	—	2.9	223°
3496	east of		40° 45.49'	73° 57.08'	+0 09	−0 06	+0 02	+0 07	0.8	0.6	0.0	—	2.8	028°	0.0	—	2.6	200°
3501	Manhattan, off 31st Street		40° 44.38'	73° 58.17'	+0 09	−0 11	−0 02	+0 36	0.4	0.5	0.0	—	1.5	000°	0.0	—	2.1	175°
3506	Newtown Creek entrance		40° 44'	73° 57'			Current weak and variable											
3511	Pier 67, off 19th Street		40° 44'	73° 58'	−0 08	+0 08	−0 08	+0 07	0.5	0.4	0.0	—	1.8	355°	0.0	—	1.9	179°
3516	Williamsburg Bridge, 0.3 mile north of	15	40° 43.08'	73° 58.24'	−0 05	+0 12	−0 01	+0 10	0.8	0.6	0.0	—	2.7	020°	0.0	—	2.9	220°
3521	Manhattan Bridge, East of	15d	40° 42.5'	73° 59.4'	−0 28	+0 19	−0 13	+0 03	0.7	0.5	0.1	161°	2.5	083°	0.0	—	2.8	259°
3526	Brooklyn Bridge		40° 42.36'	73° 59.85'	+0 29	+0 41	+0 33	+0 29	0.8	0.6	0.1	324°	2.7	063°	0.0	—	3.5	253°
3531	Brooklyn Bridge, 0.1 mile southwest of		40° 42.2'	74° 00.0'	−0 18	+0 08	−0 04	−0 07	0.9	0.8	0.0	—	2.9	046°	0.0	—	3.1	221°
3536	Buttermilk Channel (SEE CAUTION NOTE)	15	40° 41.3'	74° 00.8'	−0 31	0 00	+0 03	−0 18	0.5	0.6	0.0	—	1.8	050°	0.0	315°	2.6	221°
3541	Buttermilk Channel		40° 41.15'	74° 00.81'	−0 12	−0 18	−0 06	+0 18	0.5	0.5	0.0	—	1.8	050°	0.0	—	2.4	220°
	HARLEM RIVER																	
3546	East 107th Street	15	40° 47.4'	73° 56.1'	−0 08	−0 03	−1 09	−1 39	0.2	0.2	0.0	—	0.8	206°	0.0	—	0.8	030°
3551	Willis Ave. Bridge, 0.1 mile NW of		40° 48.3'	73° 55.8'	−0 30	0 00	−0 12	−0 13	0.4	0.3	0.0	—	1.2	140°	0.0	—	1.3	330°
3556	Madison Ave. Bridge		40° 48.8'	73° 56.1'	−0 20	+0 18	−0 21	−0 14	0.5	0.4	0.0	—	1.8	180°	0.0	—	1.7	000°
3561	Macombs Dam Bridge		40° 49.7'	73° 56.1'	−0 20	+0 14	−0 23	−0 11	0.6	0.3	0.0	—	1.7	180°	0.0	—	1.4	000°
3566	High Bridge		40° 50.5'	73° 55.9'	−0 20	+0 08	−0 23	−0 08	0.6	0.4	0.0	—	2.0	189°	0.0	—	2.0	015°
3571	West 207th Street Bridge		40° 51.8'	73° 54.9'	−0 22	+0 08	−0 20	−0 02	0.6	0.5	0.0	—	2.1	215°	0.0	—	2.0	035°
3576	Broadway Bridge		40° 52.4'	73° 54.7'	−0 23	+0 08	−0 20	+0 04	0.6	0.5	0.0	—	1.8	116°	0.0	—	2.3	299°
3581	Henry Hudson Bridge, 0.7 nmi. SE of	16	40° 52.6'	73° 55.3	+0 12	+0 31	−0 31	−0 41	0.2	0.3	0.0	—	1.8	137°	0.0	—	1.3	326°
	LONG ISLAND, South Coast					on The Narrows, p.36												
3586	Fire Island Lighted Whistle Bouy 2Fl		40° 29'	73° 11'		See table 5.			—	—	—	—	—	—	—	—	—	—
3591	Fire Island Inlet, 22 miles S of <17>		40° 16'	73° 16'		See table 5.			—	—	—	—	—	—	—	—	—	—
3596	Shinnecock Canal, railroad bridge <18>		40° 53.2'	72° 30.1'	+0 54	+0 35	+0 27	−0 38	0.5	0.8	0.0	—	0.8	250°	0.0	—	1.5	180°
3601	Ponquogue bridge, Shinnecock Bay		40° 50.7'	72° 28.7'	−0 06	−0 21	−0 30	+0 37	1.5	0.3	0.0	—	2.5	350°	0.0	—	0.6	090°
3606	Shinnecock Inlet		40° 50.6'	72° 28.7'	−0 03	−0 01	−1 03	−1 03	1.4	1.2	0.0	—	2.4	082°	0.0	—	2.3	170°
3611	Fire I. Inlet, 0.5 mi. S of Oak Beach		40° 37.78'	73° 18.40'	−0 49	−1 05	1.8	1.3	0.0	—	3.1	035°	0.0	—	2.6	244°		
3616	Jones Inlet		40° 35.5'	73° 34.0'	−1 15	−0 48	+0 32	−0 48	1.8	1.3	0.0	—	3.1	035°	0.0	—	2.6	244°
3621	Long Beach, inside, between bridges		40° 35.7'	73° 39.6'	−0 54	+0 23	+0 32	0 00	0.3	0.3	0.0	—	0.5	076°	0.0	—	0.6	277°
3626	East Rockaway Inlet		40° 35.4'	73° 45.3'	−1 46	−1 35	−1 03	−1 38	1.3	1.2	0.0	—	2.2	042°	0.0	—	2.3	227°
3631	Ambrose Light		40° 27'	73° 49'		See table 5.			—	—	—	—	—	—	—	—	—	—
3636	Sandy Hook App. Lighted Horn Bouy 2A		40° 27'	73° 55'		See table 5.			—	—	—	—	—	—	—	—	—	—
	JAMAICA BAY																	
3641	Rockaway Point	15	40° 32.3'	73° 56.8'	−2 36	−2 34	−1 38	−3 02	1.1	0.5	0.2	228°	1.9	301°	0.2	217°	1.1	140°
3646	Rockaway Inlet		40° 33.7'	73° 56.1'	−1 55	−2 20	−1 33	−2 11	1.1	1.3	0.0	—	1.8	085°	0.0	344°	2.7	244°
3651	Rockaway Inlet	14	40° 34.2'	73° 53.8'	−1 53	−2 00	−1 15	−2 29	0.9	0.8	0.0	—	1.6	066°	0.1	—	1.5	261°
3656	Barren Island, east of		40° 35'	73° 53'	−1 59	−2 28	−2 03	−2 19	0.7	0.9	0.0	—	1.2	004°	0.0	—	1.7	192°
3661	Canarsie (midchannel, off pier)		40° 37.6'	73° 53.0'	−1 54	−1 38	−1 18	−2 06	0.3	0.4	0.0	—	0.5	045°	0.0	—	0.7	222°
3666	Beach Channel (bridge)		40° 35'	73° 49'	−1 48	−1 13	−0 57	−1 25	1.1	1.0	0.0	—	1.9	062°	0.0	—	1.0	225°
3671	Grass Hassock Channel		40° 36.6'	73° 47.1'	−1 21	−1 02	−0 57	−0 54	0.6	0.5	0.0	—	1.0	052°	0.0	—	1.0	228°
	NEW YORK HARBOR ENTRANCE																	
3676	Ambrose Channel	15	40° 31.0'	73° 58.8'	−0 57	−1 10	−0 25	−0 07	0.9	0.8	0.1	025°	1.6	303°	0.0	—	1.7	123°
3681	Norton Point, WSW of	16	40° 33.5'	74° 01.5'	−0 13	−1 01	+0 26	+0 27	0.6	0.6	0.3	263°	1.0	341°	0.1	071°	1.2	166°
3686	THE NARROWS, midchannel		40° 36.6'	74° 02.8'		Daily predictions					0.0	—	1.7	340°	0.0	—	2.0	160°

Endnotes can be found at the end of table 2.

TABLE 2 – CURRENT DIFFERENCES AND OTHER CONSTANTS

No.	PLACE	Meter Depth (ft)	POSITION		TIME DIFFERENCES				SPEED RATIOS		AVERAGE SPEEDS AND DIRECTIONS							
			Latitude North	Longitude West	Min. before Flood h m	Flood h m	Min. before Ebb h m	Ebb h m	Flood	Ebb	Minimum before Flood knots	Dir.	Maximum Flood knots	Dir.	Minimum before Ebb knots	Dir.	Maximum Ebb knots	Dir.
	NEW YORK HARBOR, Upper Bay Time meridian, 75° W						on The Narrows, p.36											
3691	Bay Ridge, west of	22	40° 37.9'	74° 03.4'	−0 11	+0 20	+0 42	+0 59	0.8	0.7	0.1	104°	1.4	354°	0.0	---	1.5	185°
3696	Bay Ridge Channel	15	40° 39.3'	74° 01.9'	−0 58	−1 26	+0 04	−1 17	0.6	0.3	0.0	---	1.0	032°	0.1	125°	0.7	212°
3701	do.	36	40° 39.3'	74° 01.9'	−1 35	−2 36	−0 50	−0 30	0.4	0.2	0.0	---	0.6	037°	0.0	---	0.4	225°
3706	Red Hook Channel		40° 40.0'	74° 01.2'	−1 03	−0 44	−0 08	−0 30	0.6	0.4	0.0	---	1.0	353°	0.0	---	0.7	170°
3711	Robbins Reef Light, east of		40° 39.45'	74° 03.48'	+0 16	+0 16	+0 02	+0 24	0.8	0.8	0.0	---	1.3	016°	0.0	---	1.6	204°
3716	Red Hook, 1 mile west of		40° 40.5'	74° 02.5'	+0 41	+1 06	+0 47	+0 52	0.8	1.2	0.0	---	1.3	024°	0.0	---	2.3	206°
	Statue of Liberty, east of		40° 41.4'	74° 01.8'	+0 57	+0 58	+0 56	+0 59	0.8	1.0	0.0	---	1.4	031°	0.0	---	1.9	205°
	HUDSON RIVER, Midchannel <20>																	
3721	Hudson River entrance	14	40° 42.5'	74° 01.2'	+0 49	+1 12	+1 22	+2 18	0.8	0.7	0.1	292°	1.4	009°	0.0	---	1.4	199°
3726	Grants Tomb	16	40° 48.8'	73° 58.1'	+1 10	+0 46	+1 42	+2 06	1.0	0.9	0.0	---	1.6	024°	0.0	---	1.9	210°
	do.	18	40° 48.8'	73° 58.1'	+1 04	+1 18	+1 58	+1 27	1.1	1.1	0.0	---	1.8	025°	0.0	---	1.8	208°
3731	George Washington Bridge		40° 51'	73° 57'	+1 41	+1 55	+1 50	+2 08	0.9	1.1	0.0	---	1.6	020°	0.0	---	2.2	200°
3736	Spuyten Duyvil		40° 53'	73° 56'	+2 11	+2 08	+1 57	+2 24	0.9	1.1	0.0	---	1.6	020°	0.0	---	2.1	---
3741	Riverdale		40° 54'	73° 55'	+2 11	+2 07	+2 02	+2 32	0.8	1.0	0.0	---	1.4	015°	0.0	---	2.0	200°
3746	Mount St. Vincent College, SW of	15	40° 54.7'	73° 54.8'	+1 26	+2 00	+2 14	+2 29	0.9	0.7	0.0	---	1.5	007°	0.0	---	1.4	---
3751	Dobbs Ferry		41° 01'	73° 53'	+2 30	+2 33	+2 24	+2 49	0.8	0.9	0.0	---	1.3	010°	0.0	---	1.7	190°
3756	Tarrytown		41° 05'	73° 53'	+2 37	+2 46	+2 40	+3 02	0.6	0.8	0.0	---	1.1	000°	0.0	---	1.5	---
3761	Ossining		41° 10'	73° 54'	+2 50	+3 02	+3 05	+3 19	0.5	0.7	0.0	---	0.9	320°	0.0	---	1.3	---
3766	Haverstraw		41° 12'	73° 57'	+2 55	+3 08	+3 13	+3 26	0.5	0.7	0.0	---	0.8	335°	0.0	---	1.3	---
3771	Peekskill		41° 17'	73° 57'	+3 10	+3 24	+3 33	+3 42	0.5	0.6	0.0	---	0.8	000°	0.0	---	1.1	---
3776	Bear Mountain Bridge		41° 19'	73° 59'	+3 16	+3 31	+3 39	+3 48	0.5	0.6	0.0	---	0.8	000°	0.0	---	1.1	---
3781	Highland Falls		41° 22'	73° 58'	+3 24	+3 37	+3 44	+4 02	0.6	0.6	0.0	---	1.0	005°	0.0	---	1.2	185°
3786	West Point, off Duck Island		41° 24'	74° 00'	+3 32	+3 47	+3 51	+4 04	0.5	0.6	0.0	---	0.9	010°	0.0	---	1.1	---
3791	Newburgh		41° 30'	73° 57'	+3 50	+4 06	+4 03	+4 21	0.6	0.6	0.0	---	1.0	005°	0.0	---	1.1	---
3796	New Hamburg		41° 35'	73° 57'	+4 05	+4 20	+4 11	+4 33	0.6	0.6	0.0	---	1.0	005°	0.0	---	1.3	---
3801	Poughkeepsie		41° 42'	73° 57'	+4 26	+4 37	+4 21	+4 49	0.7	0.7	0.0	---	1.1	005°	0.0	---	1.2	---
3806	Hyde Park		41° 47'	73° 57'	+4 42	+4 48	+4 30	+5 00	0.8	0.8	0.0	---	1.2	005°	0.0	---	1.3	---
3811	Kingston Point <21>		41° 56'	73° 57'	+5 09	+5 09	+4 54	+5 19	0.8	0.9	0.0	---	1.3	005°	0.0	---	1.6	---
3816	Barrytown		42° 00'	73° 56'	+5 26	+5 21	+5 10	+5 26	0.9	0.8	0.0	---	1.4	010°	0.0	---	1.7	---
3821	Saugerties		42° 04'	73° 56'	+5 43	+5 42	+5 29	+5 36	0.9	1.0	0.0	---	1.5	000°	0.0	---	1.9	---
3826	Silver Point		42° 09'	73° 54'	+6 01	+6 14	+5 49	+5 50	0.9	1.0	0.0	---	1.5	000°	0.0	---	2.0	---
3831	Catskill		42° 13'	73° 51'	+6 16	+6 37	+6 09	+6 06	0.9	0.9	0.0	---	1.6	030°	0.0	---	2.0	---
3836	Coxsackie		42° 15'	73° 48'	+6 23	+6 45	+6 20	+6 15	0.9	0.8	0.0	---	1.6	355°	0.0	---	1.8	---
3841	Hudson		42° 21'	73° 47'	+6 45	+6 57	+6 55	+6 44	0.8	0.8	0.0	---	1.3	350°	0.0	---	1.5	---
3846	New Baltimore		42° 27'	73° 47'	+7 12	+7 04	+7 04	+7 09	0.8	0.8	0.0	---	1.3	030°	0.0	---	1.5	---
3851	Castleton-on-Hudson		42° 32'	73° 46'	+7 35	+7 11	+7 12	+7 29	0.5	0.6	0.0	---	0.9	015°	0.0	---	1.2	---
3856	Albany		42° 39'	73° 45'	+8 29	+7 32	+6 46	+7 47	0.2	0.4	0.0	---	0.3	020°	0.0	---	0.8	---
3861	Troy (below the locks) <22>		42° 44'	73° 42'	---	---	---	---	---	---	---	---	---	---	---	---	0.7	190°
	NEW YORK HARBOR, Lower Bay																	
3866	Sandy Hook Channel	15	40° 29.1'	74° 00.1'	−1 33	−2 03	−1 06	−1 23	1.0	0.9	0.0	---	1.6	286°	0.0	---	1.9	094°
3871	Sandy Hook Chan., 0.4 mi. W of N. Tip		40° 28.79'	74° 01.30'	−1 51	−1 55	−1 30	−1 50	1.2	0.8	0.0	---	2.0	235°	0.0	---	1.6	050°
3876	Sandy Hook Pt., 2 mi. W of (channel)		40° 28.8'	74° 03.6'	−1 45	−2 30	−1 50	−1 42	0.4	0.3	0.0	---	0.6	263°	0.0	---	0.6	086°
3881	Chapel Hill South Channel		40° 29.90'	74° 02.8'	−2 12	−2 30	−1 40	−2 08	0.4	0.2	0.0	---	0.7	255°	0.0	---	0.6	075°
3886	New Dorp Beach, 1.2 miles south of		40° 32.4'	74° 05.8'	−4 19	−3 36	−4 35	−4 16	0.2	0.2	0.0	---	0.4	225°	0.0	---	0.5	030°
3891	Old Orchard Shoal Lt., 1.2 mi. ENE of		40° 31.1'	74° 04.36'	−2 19	−2 07	−1 23	−2 02	0.4	0.3	0.0	---	0.7	270°	0.0	---	0.5	085°
3896	New Dorp Beach, 1.8 miles SE of <23>		40° 32.9'	74° 03.7'	---	---	---	---	0.3	0.3	0.0	---	0.5	045°	0.0	---	0.5	225°
3901	Midland Beach, 2.6 miles SE of <24>		40° 32.8'	74° 02.35'	0 00	+0 07	0 00	+0 01	0.5	0.6	0.2	270°	0.8	335°	0.2	068°	1.3	160°
3906	Coney Island Lt., 1.5 miles SSE of		40° 33.1'	74° 00.3'	−1 27	−1 56	−0 58	−0 53	0.6	0.6	0.0	---	1.1	310°	0.0	---	1.3	125°
3911	Hoffman Island, 0.2 mile west of		40° 35'	74° 04'	−1 43	−1 48	−0 17	−0 50	0.5	0.4	0.0	---	0.9	020°	0.0	---	0.8	210°
3916	Rockaway Inlet Jetty, 1 mile SW of		40° 31.8'	73° 57.2'	−2 16	−2 12	−1 28	−1 43	0.7	0.7	0.0	---	1.2	287°	0.0	---	1.4	142°
3921	Coney Island Channel, west end		40° 34.2'	74° 00.5'	−1 21	−0 44	−0 24	−0 48	0.6	0.6	0.0	---	1.1	293°	0.0	---	1.2	102°

Endnotes can be found at the end of table 2.

135

TABLE 2 – CURRENT DIFFERENCES AND OTHER CONSTANTS

No.	PLACE	Meter Depth (ft)	POSITION Latitude North	POSITION Longitude West	TIME DIFFERENCES Min. before Flood (h m)	TIME DIFFERENCES Flood (h m)	TIME DIFFERENCES Min. before Ebb (h m)	TIME DIFFERENCES Ebb (h m)	SPEED RATIOS Flood	SPEED RATIOS Ebb	Min. before Flood knots	Min. before Flood Dir.	Maximum Flood knots	Maximum Flood Dir.	Min. before Ebb knots	Min. before Ebb Dir.	Maximum Ebb knots	Maximum Ebb Dir.
	SANDY HOOK BAY <25> Time meridian, 75° W				on The Narrows, p.36													
3926	Highlands Bridge, Shrewsbury River		40° 23.8'	73° 58.8'	+0 21	+0 36	+0 33	+0 19	1.5	1.3	0.0	— —	2.6	170°	0.0	— —	2.5	— —
3931	Seabright Bridge, Shrewsbury River		40° 21.9'	73° 58.5'	+0 55	+1 06	+0 52	+0 51	0.8	0.9	0.0	— —	1.4	185°	0.0	— —	1.7	— —
	RARITAN BAY																	
3936	Raritan Bay Reach Channel	15	40° 29.6'	74° 07.6'	−2 05	−2 40	−0 38	−0 51	0.4	0.2	0.0	— —	0.6	285°	0.0	— —	0.4	094°
3941	Keyport Channel entrance		40° 26.9'	74° 11.9'		Current weak and variable												
3946	Red Bank, 1.4 miles south of	14	40° 28.9'	74° 12.6'	−1 45	−2 12	−1 22	−1 44	0.4	0.3	0.0	— —	0.6	278°	0.0	— —	0.5	079°
3951	Seguine Point	34	40° 30.4'	74° 11.2'	−2 02	−2 50	−0 48	−2 08	0.4	0.2	0.0	— —	0.7	281°	0.1	008°	0.3	079°
	do.	14	40° 30.4'	74° 11.2'	−3 38	−2 51	−0 13	−2 24	0.3	0.1	0.0	— —	0.5	285°	0.1	— —	0.2	105°
3956	Ward Point, ESE		40° 29.5'	74° 13.8'	−1 55	−1 58	−0 11	−0 54	0.4	0.3	0.1	328°	0.7	244°	0.1	133°	0.5	048°
	RARITAN RIVER																	
3961	Railroad Bridge, Raritan River	15	40° 29.9'	74° 17.0'	−2 12	−2 25	−1 15	−2 01	0.5	0.4	0.0	— —	0.9	326°	0.0	— —	0.7	147°
3966	Washington Canal, north entrance		40° 28.3'	74° 22.1'	−1 12	−1 25	−1 30	−2 51	0.9	0.8	0.0	— —	1.5	240°	0.0	— —	1.5	060°
3971	South River entrance		40° 28.7'	74° 22.7'	−1 55	−2 14	−0 27	−1 44	0.6	0.5	0.0	— —	1.1	180°	0.0	— —	1.0	000°
	ARTHUR KILL																	
3976	Tottenville, Arthur Kill	15	40° 30.8'	74° 15.3'	−1 14	−1 25	−0 33	−1 23	0.6	0.5	0.0	— —	1.0	023°	0.0	— —	1.1	211°
	do.	32	40° 30.8'	74° 15.3'	−1 33	−1 05	−0 48	−1 03	0.4	0.2	0.0	— —	0.6	026°	0.0	— —	0.5	207°
3981	Tufts Point–Smoking Point		40° 33.4'	74° 13.4'	−0 48	−0 44	−0 24	−1 00	0.7	0.6	0.0	— —	1.2	109°	0.0	— —	1.2	267°
3986	Tremley Point Reach	21	40° 35.3'	74° 12.5'	−0 18	−0 54	+0 31	−0 29	0.5	0.4	0.0	— —	0.9	015°	0.0	— —	0.8	198°
3991	Elizabethport		40° 38.8'	74° 10.9'	+0 05	−0 09	+0 32	+0 04	0.8	0.6	0.0	— —	1.4	090°	0.0	— —	1.1	262°
	KILL VAN KULL				on Bergen Point Reach, p.40													
3996	BERGEN POINT REACH (BAYONNE BRIDGE)	16	40° 38.5'	74° 08.6'	−0 15	Daily predictions	+0 14	−0 04	0.8	0.9	0.1	346°	1.9	260°	0.0	— —	1.4	078°
	do.	29	40° 38.5'	74° 08.6'							0.0	— —	1.6	263°	0.0	— —	1.3	079°
					on The Narrows, p.36													
4001	Bergen Point, East Reach	15	40° 38.7'	74° 07.8'	−1 34	−2 13	−1 35	−1 44	0.6	0.6	0.0	— —	1.1	274°	0.0	— —	1.2	094°
	New Brighton	15	40° 39.0'	74° 05.1'	−1 44	−2 08	−1 24	−1 43	0.8	0.9	0.0	— —	1.3	262°	0.0	— —	1.9	072°
4006	do.	17	40° 39.0'	74° 05.1'	−2 00	−2 19	−1 38	−1 14	0.8	0.7	0.0	— —	1.3	259°	0.0	— —	1.4	075°
	NEWARK BAY																	
4011	South Reach, Newark Bay	15	40° 39.6'	74° 08.4'	−0 56	−1 45	−0 51	−1 06	0.4	0.4	0.0	— —	0.7	031°	0.0	296°	0.7	218°
	HACKENSACK RIVER																	
4016	Lincoln Highway Bridge, north of		40° 44'	74° 06'	−0 06	+0 12	+0 47	−0 14	0.5	0.4	0.0	— —	0.9	017°	0.0	— —	0.8	181°
	PASSAIC RIVER																	
4021	Lincoln Highway Bridge		40° 44'	74° 07'	−0 31	−0 19	−0 12	−0 20	0.4	0.3	0.0	— —	0.6	009°	0.0	— —	0.5	180°
	NEW JERSEY COAST				on Delaware Bay Entrance, p.44													
4026	Manasquan Inlet		40° 06'	74° 02'	−0 43	−0 30	−1 12	−0 57	1.2	1.4	0.0	— —	1.7	300°	0.0	— —	1.8	120°
4031	Manasquan R., hwy. bridge, main chan		40° 06'	74° 03'	−0 41	−0 50	−1 15	+0 10	1.6	1.6	0.0	— —	2.2	230°	0.0	— —	2.1	050°
4036	Point Pleasant Canal, north bridge <63>		40° 05'	74° 04'	+1 46	+1 28	+0 48	+2 10	1.3	1.5	0.0	— —	1.8	170°	0.0	— —	2.0	350°
4041	Barnegat Inlet		39° 46'	74° 07'	+1 01	+0 12	+0 15	+0 48	1.6	1.9	0.0	— —	2.2	270°	0.0	— —	2.5	090°
4046	Manahawkin Drawbridge		39° 39'	74° 11'	+2 33	+2 43	+2 25	+4 21	0.8	0.7	0.0	— —	1.1	030°	0.0	— —	0.9	210°

Endnotes can be found at the end of table 2.

TABLE 2 – CURRENT DIFFERENCES AND OTHER CONSTANTS

No.	PLACE	Meter Depth	POSITION Latitude North	POSITION Longitude West	TIME DIFFERENCES Min. before Flood	TIME DIFFERENCES Flood	TIME DIFFERENCES Min. before Ebb	TIME DIFFERENCES Ebb	SPEED RATIOS Flood	SPEED RATIOS Ebb	AVERAGE SPEEDS AND DIRECTIONS Minimum before Flood knots	AVERAGE SPEEDS AND DIRECTIONS Minimum before Flood Dir.	AVERAGE SPEEDS AND DIRECTIONS Maximum Flood knots	AVERAGE SPEEDS AND DIRECTIONS Maximum Flood Dir.	AVERAGE SPEEDS AND DIRECTIONS Minimum before Ebb knots	AVERAGE SPEEDS AND DIRECTIONS Minimum before Ebb Dir.	AVERAGE SPEEDS AND DIRECTIONS Maximum Ebb knots	AVERAGE SPEEDS AND DIRECTIONS Maximum Ebb Dir.
	NEW JERSEY COAST–cont. Time meridian, 75° W	ft			h m	h m on Delaware Bay Entrance, p.44	h m	h m			knots		knots		knots		knots	
4051	Cape May, 72 miles east of <26>		39° 04'	73° 25'		See table 5.					0.0	– –	0.6	304°	0.0	– –	0.4	121°
4056	Five–Fathom Bank NE. Buoy 2 FB	35d	38° 58'	74° 32'		See table 5.			0.4	0.3	0.0	– –	0.4	302°	0.0	– –	0.3	128°
4061	Five-Fathom Bank Traffic Lane	50d	38° 47.30'	74° 42.68'	–1 50	–1 42	–1 02	–0 40	0.3	0.2	0.0	– –	1.3	280°	0.0	– –	1.4	100°
4066	do.		38° 47.30'	74° 42.68'	–2 24	–1 18	–1 21	–1 20	0.9	1.1	0.0	– –	1.8	333°	0.0	– –	2.2	150°
4071	McCrie Shoal		38° 51'	74° 51'	–0 34	–0 26	–0 43	–0 04	1.3	1.7	0.0	– –	1.9	310°	0.0	– –	1.9	130°
4076	Cape May Harbor entrance		38° 57'	74° 52'	–1 45	–0 59	–1 11	–1 14	1.4	1.5	0.0	– –	0.9	264°	0.0	– –	0.9	089°
4081	Cape May Canal, east end		38° 57'	74° 54'	–1 47	–1 48	–1 53	–1 05	0.6	0.7								
	Cape May Canal, west end		38° 58'	74° 58'	–1 48	–1 48	–1 48	–1 16										
	DELAWARE BAY and RIVER																	
4086	Cape May Channel	15d	38° 54'	74° 58'	–1 14	–1 30	–1 11	–0 45	1.1	1.8	0.0	– –	1.5	306°	0.0	– –	2.3	150°
4091	Cape May Point, 1.4 n.mi. SSW of	25d	38° 54.37'	74° 58.68'	–1 03	–1 18	–1 02	–0 47	1.0	1.3	0.1	030°	1.5	309°	0.1	214°	1.8	130°
	do.	15d	38° 54.37'	74° 58.68'	–0 56	–1 05	–1 00	–0 41	0.8	0.9	0.1	038°	1.1	306°	0.1	223°	0.9	139°
4096	Cape May Point, 2.7 n.mi. SSW of	22	38° 53.40'	74° 59.13'	–1 30	–1 08	–0 47	–0 36	0.9	0.6	0.1	228°	1.1	299°	0.2	208°	0.9	146°
4101	DELAWARE BAY ENTRANCE		38° 46.85'	75° 02.58'		Daily predictions							1.4	327°			1.3	147°
4106	Cape Henlopen, 0.7 n.mi. ESE of	12d	38° 47.97'	75° 04.90'	–0 05	+0 07	–0 40	–0 03	1.3	1.8	0.0	– –	1.8	331°	0.1	232°	2.4	139°
	do.	70d	38° 47.97'	75° 04.90'	–1 26	+0 04	–0 24	+0 16	0.8	0.5	0.1	042°	1.2	317°	0.1	232°	0.7	150°
4111	Cape Henlopen, 2 miles northeast of	18d	38° 49.2'	75° 03.4'	–0 23	+0 21	–0 03	+0 59	1.4	1.8	0.2	241°	2.0	315°	0.2	229°	2.3	145°
4116	Cape Henlopen, 4.8 n.mi. northeast of	28d	38° 51.55'	75° 01.47'	–0 44	–1 00	–0 42	+0 05	0.7	1.4	0.1	228°	1.5	322°	0.2	220°	1.5	150°
4121	Cape Henlopen, 5 miles north of		38° 53.0'	75° 05.3'	+0 22	+0 39	–0 44	–0 03	1.4	0.9	0.0	– –	1.0	301°	0.0	– –	1.2	154°
4126	Breakwater Harbor		38° 47.6'	75° 06.5'	–0 55	–0 50	+0 41	+1 08	0.6	1.5	0.0	– –	2.0	344°	0.0	– –	1.9	173°
4131	Roosevelt Inlet (between jetties) <27>		38° 47.5'	75° 09.5'		+2 10	–1 14	–0 14	0.5	0.7	0.0	– –	0.7	266°	0.0	– –	0.9	078°
4136	Broadkill Slough	14d	38° 53.78'	75° 12.63'	–0 36	+0 08	–0 03	+0 01	0.5	0.8	0.1	– –	0.8	206°	0.0	– –	1.1	030°
4141	Mispillion River mouth		38° 56.8'	75° 18.9'	+2 34	+2 29	+1 49	+2 14	1.1	0.8	0.1	– –	1.5	314°	0.1	223°	0.6	132°
4146	Bay Shore Channel (north)	13d	39° 04.68'	74° 58.88'	–0 29	+0 05	+0 03	+0 52	0.6	0.5	0.1	098°	0.8	025°	0.1	275°	1.5	190°
4151	Bay Shore Channel (city of Town Bank)	15d	38° 59.08'	74° 59.28'	–0 51	–0 51	–0 45	+0 35	0.7	0.7	0.1	093°	0.9	006°	– –	– –	0.7	183°
4156	Brandywine Ra. (off Brandywine Shoal S)	15d	38° 58.98'	75° 07.65'	–0 07	–0 09	–0 05	+0 18	0.9	1.0	0.0	– –	1.3	337°	– –	– –	1.4	157°
	do.	45d	38° 58.98'	75° 07.65'	–0 35	+0 06	–0 06	+0 45	0.6	0.6	0.0	– –	0.8	331°	0.1	058°	0.8	147°
4161	Brandywine Ra. (off Brandywine Shoal N)	15d	39° 00.37'	75° 08.38'	–0 09	+0 01	+0 02	+0 24	0.6	0.8	0.0	– –	0.8	339°	– –	– –	1.1	164°
	do.	40d	39° 00.37'	75° 08.38'	–0 36	0 00	–0 05	+0 27	0.5	0.4	0.1	061°	0.6	334°	0.0	– –	0.6	153°
4166	Big Stone Beach, 2.8 miles southeast of		38° 58.7'	75° 16.6'	–0 44	–0 51	–0 41	–0 11	0.5	0.7	0.0	– –	0.7	326°	0.0	– –	0.9	145°
4171	Big Stone Beach, 2.2 n.mi. ENE of	15d	39° 00.48'	75° 17.05'	+0 07	+0 13	+0 04	+1 00	0.4	0.5	0.1	071°	0.6	319°	0.1	233°	0.7	135°
4176	Fourteen Ft. Bank Lt, 1.4 n.mi. SSE of	12d	39° 02.32'	75° 09.48'	+0 10	+0 03	+0 13	+1 06	0.9	1.0	0.1	069°	1.2	344°	0.1	– –	1.2	160°
4181	Fourteen Ft. Bank Lt, 1.2 mi. east of	30d	39° 02.32'	75° 09.48'	–0 10	+0 13	+0 29	+0 51	0.7	0.5	0.1	– –	0.9	343°	0.1	249°	1.5	155°
4186	Deadman Shoal, 3.1 n.mi. SW of	13d	39° 03.3'	75° 09.5'	+0 10	+0 13	+0 08	+1 01	0.9	1.2	0.1	– –	1.3	339°	0.1	– –	1.5	174°
4191	Egg Island Flats		39° 04.00'	75° 04.22'	–0 23	+0 04	–0 31	+0 37	0.6	0.5	0.1	085°	0.8	352°	0.1	263°	0.6	173°
4196	Brandywine Range at Miah Mauli Range	9d	39° 06.4'	75° 07.1'	–0 53	–0 26	–0 08	–0 30	0.7	0.7	0.0	– –	0.7	355°	– –	– –	0.7	150°
4201	Maurice River entrance		39° 04.97'	75° 11.28'	+0 40	+0 03	+0 21	+1 40	0.7	0.9	0.1	067°	1.0	341°	0.0	– –	1.2	159°
4206	Mauricetown Bridge, Maurice River		39° 13.0'	75° 02.7'	+0 51	+0 45	+1 04	+1 35	0.8	0.8	0.0	– –	1.1	012°	0.0	– –	1.0	192°
4211	Millville Drawbridge, Maurice River <28>		39° 17.2'	74° 59.6'	+1 01	+1 27	+1 24	+1 29	1.7	1.7	0.0	– –	2.4	000°	0.0	– –	1.2	180°
4216	St. Jones River ent., 1 mile east of		39° 23.7'	75° 02.4'		+2 27		+2 47	0.1	0.3	0.0	– –	0.2	000°	0.0	– –	0.4	180°
4221	Kelly Island, 1.5 miles east of		39° 04'	75° 23'	–0 01	+0 11	+0 44	+1 12	0.4	0.5	0.0	– –	0.6	334°	0.0	– –	0.7	122°
4226	Miah Mauli Range at Cross Ledge Range	16d	39° 12.8'	75° 21.7'	+0 51	+0 50	+0 44	+1 12	0.6	0.9	0.1	– –	0.9	348°	0.0	– –	0.7	164°
4231	False Egg Island Point, 2 miles off		39° 10.72'	75° 16.40'	+1 19	+0 41	+1 27	+2 27	1.1	1.4	0.2	254°	1.5	335°	0.1	241°	1.8	160°
4236	Ben Davis Pt. Shoal, southwest of	15d	39° 11.4'	75° 12'	+0 27	+0 04	+0 13	+1 02	0.8	1.3	0.0	– –	1.3	342°	– –	– –	1.3	158°
4241	Ben Davis Point, 3.2 n.mi. SW of	12d	39° 14.87'	75° 18.93'	+1 48	+1 30	+1 30	+2 37	1.3	1.4	0.2	047°	1.8	321°	– –	– –	1.9	147°
	do.	43d	39° 16.13'	75° 20.88'	+2 06	+1 38	+1 51	+2 51	1.4	1.7	0.2	047°	1.9	328°	– –	– –	2.4	140°
4246	Ben Davis Point, 0.8 mile southwest of		39° 16.13'	75° 20.88'	+1 01	+1 17	+2 15	+3 09	0.6	0.3	0.0	– –	0.8	319°	0.0	– –	0.8	136°
4251	Cohansey River, 0.5 mile above entrance		39° 16.9'	75° 18.2'	+0 57	+0 58	+1 13	+1 21	0.9	1.1	0.0	– –	1.4	308°	0.0	– –	1.4	122°
4256	Bridgeton (Broad Street Bridge) <1>		39° 20.9'	75° 14.2'	+1 30	+1 20	+1 31	+1 49	0.2	0.2	0.0	– –	0.2	074°	0.1	– –	0.3	254°
4261	Arnold Point, 2.2 n.mi. WSW of	14d	39° 22.67'	75° 28.07'	+2 23	+2 18	+2 27	+2 52	1.5	1.4	0.1	225°	2.1	324°	0.1	047°	1.9	145°
		29d	39° 22.67'	75° 28.07'	+1 50	+2 08	+2 16	+3 10	1.2	1.4	0.0	– –	1.6	327°	0.1	055°	1.3	140°
4266	Smyrna River entrance		39° 21.9'	75° 30.8'	+1 49	+1 41	+1 57	+2 28	0.9	1.2	0.0	– –	1.2	250°	– –	– –	1.5	070°

Endnotes can be found at the end of table 2.

TABLE 2 – CURRENT DIFFERENCES AND OTHER CONSTANTS

No.	PLACE	Meter Depth (ft)	POSITION Latitude North	POSITION Longitude West	TIME DIFFERENCES Min. before Flood h m	TIME DIFFERENCES Flood h m	TIME DIFFERENCES Min. before Ebb h m	TIME DIFFERENCES Ebb h m	SPEED RATIOS Flood	SPEED RATIOS Ebb	AVERAGE SPEEDS AND DIRECTIONS Minimum before Flood knots	AVERAGE SPEEDS AND DIRECTIONS Minimum before Flood Dir.	AVERAGE SPEEDS AND DIRECTIONS Maximum Flood knots	AVERAGE SPEEDS AND DIRECTIONS Maximum Flood Dir.	AVERAGE SPEEDS AND DIRECTIONS Minimum before Ebb knots	AVERAGE SPEEDS AND DIRECTIONS Minimum before Ebb Dir.	AVERAGE SPEEDS AND DIRECTIONS Maximum Ebb knots	AVERAGE SPEEDS AND DIRECTIONS Maximum Ebb Dir.
	DELAWARE BAY and RIVER--cont. Time meridian, 75° W				on Delaware Bay Entrance, p.44													
4271	Stony Point, channel west of		39° 27.1'	75° 33.8'	+3 24	+2 49	+2 30	+3 27	1.1	1.5	0.0	--	1.5	324°	0.0	--	1.9	151°
4276	Apoquinimink River entrance		39° 26.8'	75° 34.9'	+2 34	+2 54	+2 14	+2 55	0.7	0.9	0.0	--	1.0	231°	0.0	--	1.2	048°
4281	Artificial Island (Baker Range)	14d	39° 28.20'	75° 33.88'	+3 02	+2 38	+2 46	+4 06	1.5	2.0	0.2	267°	2.1	346°	0.0	--	2.7	175°
4286	Reedy Island (off end of pier)		39° 30.7'	75° 33.4'	+3 02	+3 00	+2 46	+3 44	1.7	2.0	0.0	--	2.4	027°	0.0	--	2.6	194°
4291	Alloway Creek ent., 0.2 mile above		39° 29.9'	75° 31.5'	+2 22	+2 41	+2 11	+2 17	1.5	1.6	0.0	--	2.1	129°	0.0	--	2.1	325°
4296	New Bridge, Alloway Creek		39° 31.6'	75° 27.1'	+3 04	+3 56	+3 28	+3 57	0.9	1.1	0.0	--	1.3	090°	0.0	--	1.4	270°
4301	Chesapeake and Delaware Canal Entrance		39° 33.63'	75° 34.20'	+6 05	+5 30	+6 31	+6 16	1.0	1.5	0.0	--	1.4	264°	0.0	--	2.0	087°
4306	Reedy Point, 0.4 mile east of	15d	39° 33.53'	75° 33.13'	+3 19	+3 01	+2 46	+4 21	1.3	1.8	0.0	--	1.8	333°	0.0	--	2.3	166°
4311	Reedy Point, 1.1 miles east of		39° 33.58'	75° 33.13'	+3 20	+3 10	+3 00	+3 57	1.3	1.3	0.0	--	1.8	354°	0.0	--	1.7	179°
4316	Reedy Point, 0.85 n.mi. northeast of	15d	39° 34.23'	75° 33.22'	+3 35	+2 35	+2 52	+3 51	1.2	1.6	0.0	--	1.6	341°	0.0	--	2.2	163°
4321	Salem River entrance		39° 34.2'	75° 30.1'	+3 47	+3 32	+3 29	+4 30	1.1	1.6	0.0	--	1.5	062°	0.0	--	1.6	245°
4326	Bulkhead Shoal Channel, SE, Del. City	14d	39° 34.58'	75° 34.52'	+3 25	+2 44	+3 01	+4 03	1.3	1.6	0.0	--	1.8	299°	0.0	--	2.1	118°
4331	Bulkhead Shoal Channel, off Del. City		39° 35.0'	75° 35.2'	+3 17	+2 57	+2 55	+4 05	1.6	1.6	0.0	--	2.1	308°	0.0	--	2.1	138°
4336	Pea Patch Island, channel east of		39° 36.0'	75° 33.9'	+3 12	+3 12	+3 25	+4 30	1.6	1.8	0.0	--	2.3	319°	0.0	--	2.3	148°
4341	Finns Point, 0.60 n.mi. Northwest of	16d	39° 36.37'	75° 34.47'	+3 35	+3 07	+3 17	+4 14	1.5	1.7	0.0	--	2.1	332°	0.0	--	2.3	152°
4346	Penns Neck, 0.6 mile west of		39° 37.05'	75° 34.92'	+3 39	+3 37	+3 06	+3 52	1.2	1.3	0.0	--	1.7	002°	0.0	--	1.7	167°
4351	Penns Neck, 0.3 mile west of		39° 37.07'	75° 34.58'	+3 23	+3 06	+3 00	+3 58	1.3	1.3	0.0	--	1.8	339°	0.0	--	1.7	152°
4356	New Castle, channel abreast of		39° 39.1'	75° 33.2'	+3 37	+2 52	+2 58	+3 54	1.4	1.8	0.0	--	1.9	051°	0.0	--	2.4	230°
4361	Kelly Point, 0.2 mile northwest of		39° 38.9'	75° 32.8'	+3 44	+3 54	+3 16	+3 52	1.1	1.2	0.0	--	1.6	049°	0.0	--	1.5	230°
4366	Riverview Beach, 0.75 n.mi. west of	15d	39° 39.40'	75° 32.38'	+3 52	+3 22	+3 31	+4 28	1.4	1.5	0.0	--	2.0	038°	0.0	--	2.6	225°
4371	Deepwater Point, channel northwest of		39° 42.1'	75° 30.6'	+3 45	+3 53	+3 37	+4 16	2.1	2.0	0.0	--	3.0	029°	0.0	--	2.6	215°
4376	Christina River, 0.9 n.mi. above ent	15d	39° 43.30'	75° 31.77'	+3 53	+3 15	+2 33	+3 50	0.2	0.6	0.1	226°	0.2	303°	0.0	--	0.8	137°
4381	Cherry Island Flats, channel east of		39° 44.3'	75° 29.1'	+4 10	+4 07	+3 54	+4 18	1.1	1.1	0.0	--	1.6	027°	0.0	--	1.4	207°
4386	Oldsmans Point		39° 45.9'	75° 28.4'	+4 29	+3 41	+3 55	+5 01	1.1	1.2	0.0	--	1.6	027°	--	--	1.5	210°
4391	Marcus Hook Bar (north), Main Channel	15d	39° 47.70'	75° 26.08'	+4 15	+3 26	+3 57	+4 49	1.4	1.3	0.0	--	1.9	059°	--	--	1.7	246°
4396	Marcus Hook		39° 48.2'	75° 24.6'	+4 59	+4 18	+3 54	+5 12	1.2	1.3	0.0	--	1.7	061°	0.0	--	1.6	232°
4401	Eddystone		39° 50.8'	75° 20.5'	+5 26	+4 40	+4 23	+5 16	1.2	1.7	0.0	--	1.7	058°	0.0	--	2.2	242°
4406	Essington Harbor		39° 51.5'	75° 18.3'	+4 10	+3 53	+3 56	+4 17	1.0	0.9	0.0	--	1.4	096°	0.0	--	1.2	274°
4411	Crab Point, 0.5 mile east of		39° 50.8'	75° 17.0'	+4 49	+4 43	+4 36	+5 19	1.5	1.5	0.0	--	2.1	094°	0.0	--	1.9	268°
4416	Hog Island, channel southeast of		39° 58.03'	75° 12.9'	+4 54	+4 52	+4 34	+5 13	1.4	1.7	0.0	--	1.9	054°	0.0	--	2.2	231°
4421	Schuylkill River entrance <1>		39° 53.2'	75° 11.7'	--	+3 19	--	+4 29	0.4	0.3	0.0	--	0.5	356°	0.0	--	0.4	178°
4426	Schuylkill River <1>	12d	39° 54.23'	75° 12.90'	--	+2 31	--	+3 51	0.2	0.2	--	--	0.2	351°	--	--	0.3	172°
4431	Eagle Point, 0.2 n.mi. northwest of	17d	39° 52.82'	75° 10.38'	+5 13	+3 59	+4 27	+4 58	1.1	1.3	0.0	--	1.6	091°	0.0	--	1.3	271°
4436	do.	40d	39° 52.82'	75° 10.38'	+5 07	+3 44	+4 22	+4 57	0.8	1.0	0.0	--	1.1	090°	0.0	--	1.3	274°
4441	Gloucester		39° 54.5'	75° 08.1'	+5 14	+5 01	+4 45	+5 21	1.6	1.5	0.0	--	2.2	020°	0.0	--	2.0	210°
4446	Greenwich Point, northeast of		39° 56.4'	75° 07.6'	+5 19	+4 52	+4 46	+5 22	1.1	1.2	0.0	--	1.6	002°	0.0	--	1.6	188°
4451	Camden Marine Terminals, E of Chan. <29>	24d	39° 58.03'	75° 08.2'	+5 53	+5 12	+5 08	+5 28	0.9	0.8	0.0	--	1.3	005°	0.0	--	1.1	174°
4456	Petty Island (west end), Main Channel		39° 58.9'	75° 07.13'	+5 34	+4 49	+4 40	+5 00	1.3	1.3	0.0	--	1.8	066°	0.0	--	1.8	248°
4461	Fisher Point	35d	39° 59.18'	75° 04.2'	+6 08	+5 45	+5 15	+5 27	1.0	1.3	0.0	--	1.4	041°	0.0	--	1.7	223°
4466	Fivemile Point Bridge, northeast of		40° 02.4'	75° 03.75'	+5 29	+4 52	+4 33	+4 20	1.1	1.3	0.0	--	1.5	038°	0.0	--	1.5	214°
4471	Torresdale, west of channel		40° 02.6'	74° 59.4'	+6 55	+5 55	+4 51	+6 07	0.6	1.2	0.0	--	0.9	044°	0.0	--	1.6	223°
4476	Rancocas Creek, off Delanco		40° 04.65'	74° 57.6'	+6 37	+6 24	+5 43	+6 29	0.7	0.7	0.0	--	1.0	090°	0.0	--	0.9	272°
4481	College Point, 0.4 n.mi. east of	21d	40° 05.3'	74° 53.20'	+6 34	+4 54	+5 01	+6 50	0.9	0.9	0.0	--	1.2	084°	0.0	--	1.2	252°
4486	Bristol, south of	8	40° 05.7'	74° 51.6'	+6 56	+5 30	+4 49	+6 31	0.9	1.2	0.0	--	1.3	024°	0.0	--	1.8	200°
4491	Burlington Island, channel east of		40° 08.03'	74° 50.2'	+7 33	+5 45	+4 08	+7 07	0.6	0.4	0.0	--	0.9	018°	0.0	--	0.5	204°
4496	Newbold Island north of, Main Channel	15d	40° 08.03'	74° 45.38'	+6 27	+4 29	+4 28	+3 51	0.5	0.4	0.0	--	0.7	084°	0.0	--	1.8	250°
	Whitehill <30>		40° 08.2'	74° 44.2'	--	--	--	+7 28	--	1.1	--	--	--	--	0.0	--	1.4	233°
	DEL., MD. and VA. COAST																	
4501	Indian River Inlet (bridge)		38° 37'	75° 04'	--	+0 04	--	+0 31	1.3	1.6	0.0	--	1.8	265°	0.0	--	2.1	085°
4506	Fenwick Shoal Lighted Whistle Buoy 2		38° 25'	74° 46'	See table 5.													
4511	Winter-Quarter Shoal Buoy 6WQS <31>		37° 55'	74° 56'	See table 5.													

Endnotes can be found at the end of table 2.

TABLE 2 – CURRENT DIFFERENCES AND OTHER CONSTANTS

No.	PLACE	Meter Depth	POSITION		TIME DIFFERENCES				SPEED RATIOS		AVERAGE SPEEDS AND DIRECTIONS							
			Latitude	Longitude	Min. before Flood	Flood	Min. before Ebb	Ebb	Flood	Ebb	Minimum before Flood		Maximum Flood		Minimum before Ebb		Maximum Ebb	
		ft	North	West	h m	h m	h m	h m			knots	Dir.	knots	Dir.	knots	Dir.	knots	Dir.
	DEL., MD. and VA. COAST–cont. Time meridian, 75° W																	
					on Chesapeake Bay Entrance, p.48													
4516	Smith Island Shoal, southeast of	7	37° 05.3'	75° 43.5'	–1 36	–1 17	–1 35	–1 34	0.4	0.3	– –	– –	0.3	298°	– –	– –	0.4	068°
4521	Cape Henry Light, 2.2 miles southeast of		36° 53.9'	75° 58.7'	–1 16	–1 23	–0 10	–1 10	1.2	0.7	– –	– –	1.0	346°	– –	– –	0.9	165°
	CHESAPEAKE BAY																	
4526	Cape Henry Light, 1.1 n.mi. NNE of	15d	36° 56.33'	75° 59.98'	+0 26	+0 03	–0 04	+0 10	1.3	1.3	– –	– –	1.0	298°	– –	– –	1.7	113°
	...do...	38d	36° 56.33'	75° 59.98'	–1 42	–1 41	–1 36	–1 52	1.4	1.0	0.2	003°	1.1	275°	0.2	189°	1.2	106°
4531	Cape Henry Light, 2.0 n.mi. north of	15d	36° 57.53'	76° 00.63'	+0 12	+0 25	+1 00	+0 20	1.5	0.9	0.1	210°	1.2	289°	– –	– –	1.1	110°
	...do...	39d	36° 57.53'	76° 00.63'	–0 23	+0 10	+0 55	–0 17	1.5	0.5	0.1	012°	1.2	277°	0.1	190°	0.7	110°
	...do...	54d	36° 57.53'	76° 00.63'	–1 03	+0 07	+0 34	–1 05	1.1	0.4	0.1	002°	0.9	263°	0.2	177°	0.5	111°
4536	CHESAPEAKE BAY ENTRANCE	15d	36° 58.80'	75° 59.88'			Daily predictions				0.0		1.3	300°	0.0		1.2	129°
4541	Cape Henry Light, 4.6 miles north of		37° 00.1'	75° 59.3'	–0 27	–0 09	+0 19	+0 23	1.6	1.0	– –	– –	1.3	294°	– –	– –	1.3	104°
4546	Cape Henry Light, 5.9 n.mi. north of	14d	37° 01.40'	75° 59.55'	–0 59	–0 09	–0 26	–0 36	0.8	0.5	0.1	228°	0.6	307°	– –	– –	0.7	140°
4551	Lynnhaven Roads		36° 55.1'	76° 04.9'	–0 20	+0 18	+0 15	–0 10	1.0	0.7	– –	– –	0.8	280°	– –	– –	0.9	070°
4556	Lynnhaven Inlet bridge		36° 54.4'	76° 05.6'	–1 18	–1 10	–1 43	–2 30	0.7	1.1	– –	– –	0.6	180°	– –	– –	1.4	000°
	Chesapeake Bay Bridge Tunnel																	
4561	Chesapeake Beach, 1.5 miles north of	15d	36° 56.69'	76° 07.33'	+0 29	+0 48	+0 06	+0 16	1.0	0.7	– –	– –	0.8	305°	– –	– –	0.9	100°
4566	Thimble Shoal Channel (Buoy "10")	45d	36° 58.73'	76° 07.57'	–0 04	+0 30	+0 45	+0 16	1.4	0.6	0.1	228°	1.1	302°	– –	– –	0.7	122°
4571	Tail of the Horseshoe		36° 58.73'	76° 07.57'	–0 55	+0 15	+1 25	–0 17	0.8	0.2	– –	– –	0.7	285°	– –	– –	0.3	105°
4576	Cape Henry Light, 8.3 mi. NW of	12	36° 59.57'	76° 06.20'	+0 05	+0 30	+0 16	+0 28	1.1	0.8	– –	– –	0.9	300°	– –	– –	1.0	110°
4581	Chesapeake Channel (bridge tunnel)	13d	37° 02.20'	76° 06.60'	+0 16	+0 43	+0 45	+0 26	1.2	0.9	– –	– –	1.0	329°	– –	– –	1.1	133°
4586	Chesapeake Channel (Buoy "15")	34d	37° 02.50'	76° 04.33'	–0 30	+0 33	+0 50	+0 19	2.2	1.2	– –	– –	1.8	335°	– –	– –	1.5	145°
4591	Fishermans Island, 3.2 miles WSW of	13d	37° 03.40'	76° 05.58'	+0 02	+0 38	+0 52	+0 38	2.2	0.9	0.2	037°	0.6	311°	0.1	229°	0.4	125°
4596	Fishermans Island, 1.4 miles WSW of	34d	37° 03.40'	76° 05.58'	–0 21	+0 27	+0 57	–0 07	0.8	0.3	0.2	032°	0.6	309°	0.1	232°	0.4	139°
4601	Fishermans I.Bridge 1.4 n.mi. S of	16d	37° 04.00'	76° 02.25'	–0 22	–0 12	–0 17	–0 36	1.5	1.3	– –	– –	1.2	330°	– –	– –	1.6	135°
4606	Fishermans I. Bridge, 0.7 n.mi. S of	26d	37° 04.78'	76° 00.25'	–1 09	–0 02	–0 12	–1 02	2.2	0.9	– –	– –	1.8	330°	– –	– –	0.7	140°
4611	Fishermans I., 0.4 mile west of	15d	37° 03.37'	75° 58.33'	–0 19	–0 29	–0 15	–0 26	1.2	1.1	0.2	218°	1.0	297°	– –	– –	1.4	126°
4616	Fishermans I., 1.4 n.mi. WNW of	15d	37° 04.85'	75° 58.83'	–0 37	–0 15	–0 16	–0 34	1.9	0.8	– –	– –	1.5	306°	– –	– –	1.9	120°
4621	Fishermans I., 1.1 miles northwest of	16d	37° 05.57'	75° 59.33'	–0 57	–0 08	–0 24	–0 35	2.5	1.6	0.2	223°	1.5	306°	0.1	218°	1.9	140°
4626	Cape Charles, off Wise Point		37° 06.10'	76° 00.33'	–0 21	–0 14	–0 06	–0 42	1.4	1.5	– –	– –	2.0	005°	– –	– –	2.0	175°
4631	Little Creek, 0.2 n.mi. N of east jetty <73>	5	37° 06.50'	76° 00.00'	–0 28	–0 14	+0 12	–0 27	2.2	1.3	0.1	060°	1.8	333°	0.1	247°	1.6	155°
4636	Butler Bluff, 2.1 n.mi. WSW of	15d	37° 06.88'	75° 58.30'	–0 39	+0 20	+0 23	–0 19	0.9	0.3	– –	– –	1.8	355°	– –	– –	1.6	165°
4641	York Spit Channel, N of Buoy "26"	14d	36° 56.05'	76° 01.60'	–1 01	–1 18	–0 39	+1 20	0.4	0.3	– –	– –	0.7	305°	– –	– –	0.2	075°
4646	Old Plantation Flats Lt., 0.5 mi. W of	7	37° 09.37'	76° 01.60'	+0 02	+0 14	+0 56	–1 01	0.9	0.7	– –	– –	0.3	278°	– –	– –	0.3	092°
4651	Cape Charles City, 3.3 n.mi. west of	15d	37° 14.00'	76° 04.10'	+1 33	+1 50	+1 24	+1 26	1.5	1.0	– –	– –	1.2	348°	– –	– –	0.8	164°
4656	New Point Comfort, 4.1 n.mi. ESE of	40d	37° 15.87'	76° 05.62'	+0 38	+1 18	+1 55	+1 06	1.2	0.8	0.1	280°	1.2	005°	– –	– –	1.1	195°
4661	Wolf Trap Light, 0.5 mile west of	95d	37° 15.87'	76° 05.62'	+0 16	+0 43	+1 10	+0 30	1.1	0.7	– –	– –	0.9	356°	– –	– –	1.3	175°
	...do...	15d	37° 15.87'	76° 05.62'	+0 29	+1 00	+1 37	+1 24	1.0	0.8	0.1	094°	1.0	322°	0.1	094°	0.8	187°
4666	Wolf Trap Light, 5.8 miles east of		37° 17.40'	76° 11.45'	+1 07	+1 22	+0 46	+1 36	1.0	0.8	0.3	296°	0.8	018°	0.1	284°	0.8	182°
4671	Church Neck Point, 1.9 n.mi. W of		37° 23.4'	76° 11.9'	+1 43	+2 00	+1 34	+2 16	1.1	0.9	– –	– –	1.0	015°	0.3	098°	1.0	138°
4676	Wolf Trap Light, 6.1 n.mi. ENE of		37° 23.1'	76° 04.3'	+0 46	+2 40	+2 14	+0 50	0.6	0.3	– –	– –	0.9	015°	– –	– –	1.3	175°
4681	Wolf Trap Light, 5.2 n.mi. ENE of	15d	37° 24.20'	76° 00.78'	+1 40	+1 58	+2 28	+2 11	1.6	0.9	0.2	275°	0.4	003°	– –	– –	0.4	177°
	...do...	14d	37° 24.50'	76° 03.83'	+1 26	+0 55	+2 28	+2 11	1.6	0.5	0.2	099°	1.3	006°	0.2	098°	1.1	191°
	...do...	29d	37° 24.50'	76° 03.83'	+1 43	+2 34	+2 41	+2 09	1.6	0.6	0.2	283°	0.7	012°	0.2	279°	0.7	173°
	...do...	15d	37° 24.50'	76° 05.00'	+1 07	+2 24	+2 43	+1 19	1.3	0.5	0.2	089°	1.3	010°	0.2	098°	0.7	187°
	...do...	40d	37° 24.50'	76° 05.00'	+1 07	+2 24	+2 43	+1 19	1.3	0.5	0.2	089°	1.0	352°	0.2	266°	0.7	183°
	...do...	63d	37° 24.50'	76° 05.00'	+0 24	+1 22	+2 05	+1 11	1.4	0.9	– –	– –	0.8	343°	– –	– –	0.6	158°
4686	Wolf Trap Light, 1.4 n.mi. NNE of	15d	37° 25.00'	76° 10.57'	+1 38	+2 16	+2 05	+1 11	1.4	0.9	0.2	088°	1.1	005°	0.2	088°	1.2	175°
4691	Wolf Trap Light, 2.0 n.mi. NW of	14d	37° 25.00'	76° 12.90'	+0 03	+0 33	+1 05	+0 08	0.7	0.4	– –	– –	0.6	345°	– –	– –	0.6	166°
4696	Nassawadox Point, 1.9 n.mi. NW of	13d	37° 29.97'	75° 59.37'	+1 16	+1 43	+1 56	+1 36	0.8	0.5	– –	– –	0.6	352°	– –	– –	0.6	178°
4701	Gwynn Island, 8.0 n.mi. east of	14d	37° 29.70'	76° 06.50'	+2 03	+3 03	+2 48	+2 33	1.2	0.9	0.2	267°	1.0	357°	0.1	270°	1.1	175°
	...do...	28d	37° 29.70'	76° 06.50'	+0 33	+1 07	+1 46	+0 23	0.7	0.4	0.2	102°	0.6	013°	0.3	281°	0.5	209°
4706	Gwynn Island, 1.5 n.mi. east of	16d	37° 30.03'	76° 14.70'	+0 59	+0 54	+0 54	+0 22	0.6	0.4	– –	– –	0.5	331°	0.1	227°	0.5	159°

Endnotes can be found at the end of table 2.

TABLE 2 – CURRENT DIFFERENCES AND OTHER CONSTANTS

No.	PLACE	Meter Depth (ft)	POSITION Latitude North	POSITION Longitude West	TIME DIFFERENCES Min. before Flood (h m)	TIME DIFFERENCES Flood (h m)	TIME DIFFERENCES Min. before Ebb (h m)	TIME DIFFERENCES Ebb (h m)	SPEED RATIOS Flood	SPEED RATIOS Ebb	AVERAGE SPEEDS AND DIRECTIONS Minimum before Flood knots	AVERAGE SPEEDS AND DIRECTIONS Minimum before Flood Dir.	AVERAGE SPEEDS AND DIRECTIONS Maximum Flood knots	AVERAGE SPEEDS AND DIRECTIONS Maximum Flood Dir.	AVERAGE SPEEDS AND DIRECTIONS Minimum before Ebb knots	AVERAGE SPEEDS AND DIRECTIONS Minimum before Ebb Dir.	AVERAGE SPEEDS AND DIRECTIONS Maximum Ebb knots	AVERAGE SPEEDS AND DIRECTIONS Maximum Ebb Dir.
	CHESAPEAKE BAY–cont. Time meridian, 75° W				on Chesapeake Bay Entrance, p.48													
4711	Stingray Point, 5.5 miles east of		37° 35.0′	76° 10.4′	+2 28	+3 36	+3 21	+2 32	1.2	0.7	– –	– –	1.0	343°	– –	– –	0.9	179°
4716	Stingray Point, 12.5 miles east of		37° 33.8′	76° 02.3′	+2 18	+3 00	+2 09	+2 36	1.2	0.6	– –	– –	1.0	030°	– –	– –	0.8	175°
4721	Powells Bluff, 2.2 n.mi. NW of	17d	37° 35.45′	76° 58.10′	+1 21	+1 29	+1 54	+1 23	0.8	0.5	0.1	101°	0.6	015°	0.1	284°	0.6	201°
4726	Windmill Point Light, 8.3 n.mi. ESE of	14d	37° 34.60′	76° 03.80′	+2 18	+2 57	+3 04	+2 46	1.1	0.7	0.1	270°	0.9	359°	0.1	095°	0.8	182°
4731	do.	33d	37° 34.60′	76° 03.80′	+1 06	+1 22	+3 07	+2 14	0.6	0.3	0.1	099°	0.5	017°	0.2	255°	0.9	172°
	do.	14d	37° 35.30′	76° 11.50′	+2 49	+2 38	+2 21	+2 29	0.8	0.7	0.2	079°	0.6	001°	0.1	081°	0.9	169°
4736	Windmill Point Light, 2.2 n.mi. ESE of	14d	37° 35.30′	76° 11.50′	+1 08	+1 35	+2 01	+1 44	0.7	0.5	– –	– –	0.6	342°	0.2	246°	0.7	175°
	do.	35d	37° 35.30′	76° 11.50′	+2 13	+2 30	+2 28	+2 32	0.6	0.3	– –	– –	0.6	016°	– –	– –	0.4	210°
4741	Milby Point, 5.3 n.mi. WNW of	13d	37° 39.85′	76° 00.52′	+0 33	+0 12	+1 12	+0 40	0.5	0.5	0.1	120°	0.5	043°	– –	297°	0.4	197°
	Bluff Point, 4.6 n.mi. east of	38d	37° 39.85′	76° 00.52′	+2 13	+3 25	+2 32	+2 01	0.6	0.6	– –	– –	0.4	013°	– –	– –	0.7	178°
4746	Tangier Sound Light, 5.8 n.mi. west of	13d	37° 40.70′	76° 12.25′	+1 30	+2 01	+2 32	+2 01	0.5	0.3	0.1	089°	0.5	344°	0.2	291°	0.7	185°
4751	Great Wicomico R. Lt., 3.8 n.mi. ESE of	33d	37° 47.03′	76° 05.68′	+3 34	+4 09	+3 56	+3 26	0.6	0.6	– –	– –	0.5	355°	0.1	255°	0.7	185°
	do.	15d	37° 47.00′	76° 11.50′	+3 20	+4 17	+4 50	+3 52	0.8	0.2	0.1	273°	0.4	013°	0.1	280°	0.3	196°
4756	Smith Point Light, 6.7 n.mi. east of	39d	37° 47.00′	76° 11.50′	+2 11	+3 27	+4 50	+3 22	0.5	0.2	– –	– –	0.6	013°	– –	– –	0.3	196°
4761	Smith Point Light, 4.5 n.mi. east of	9d	37° 52.83′	76° 02.65′	+2 29	+2 57	+2 45	+1 59	0.7	0.6	– –	– –	0.6	352°	– –	– –	0.7	178°
	do.	9d	37° 52.67′	76° 05.30′	+3 27	+4 04	+3 49	+3 35	0.7	0.6	– –	– –	0.5	341°	0.1	249°	0.7	171°
4766	Smith Point Light, 3.0 n.mi. east of	24d	37° 52.67′	76° 05.30′	+3 18	+3 27	+3 09	+3 06	0.4	0.4	– –	– –	0.4	347°	0.1	256°	0.5	168°
	do.	15d	37° 52.65′	76° 07.08′	+4 30	+4 55	+3 42	+3 32	0.5	0.2	– –	– –	0.4	342°	– –	– –	0.4	167°
4771	Smith Point Light, 1.5 n.mi. east of	34d	37° 52.65′	76° 07.08′	+2 15	+2 22	+3 16	+3 34	0.5	0.4	0.1	080°	0.4	348°	0.1	272°	0.3	149°
	do.	14d	37° 52.75′	76° 09.12′	+4 27	+4 33	+3 44	+4 23	0.5	0.6	0.1	068°	0.4	347°	– –	– –	0.3	159°
4776	Smith Point Light, 0.8 n.mi. NW of	39d	37° 52.75′	76° 09.12′	+2 49	+2 42	+4 29	+3 34	1.0	0.3	– –	– –	0.8	013°	0.1	098°	0.5	176°
	do.	68d	37° 52.75′	76° 09.12′	+2 10	+2 42	+4 09	+2 37	0.5	0.4	– –	– –	0.4	356°	0.1	243°	0.3	160°
4781	Smith Point Light, 6 miles north of	8d	37° 53.23′	76° 11.90′	+2 28	+2 45	+3 13	+2 27	1.1	0.6	0.2	079°	0.9	021°	0.3	097°	0.8	150°
4786	Smith Island, 3.6 n.mi. northwest of	15d	37° 58.9′	76° 11.4′	+2 28	+4 30	+4 19	+4 06	0.5	0.8	– –	– –	0.5	350°	– –	– –	1.0	135°
4791	Point Lookout, 5.9 n.mi. ESE of	15d	38° 00.45′	76° 07.28′	+2 48	+3 12	+3 39	+3 18	0.6	0.4	0.1	096°	0.5	014°	– –	– –	0.4	187°
		15d	38° 00.88′	76° 12.12′	+3 45	+4 53	+4 57	+4 15	0.5	0.3	– –	– –	0.4	340°	– –	– –	0.4	161°
4796	Point Lookout, 1.5 n.mi. east of	51d	38° 00.88′	76° 12.12′	+2 45	+4 30	+4 36	+3 32	0.4	0.1	– –	– –	0.4	330°	– –	– –	0.2	167°
		16d	38° 02.30′	76° 17.50′		See Rotary tidal currents, table 5.												
4801	Point Lookin	16d	38° 06.6′	76° 13.1′	+5 13	+6 10	+5 04	+4 46	0.5	0.4	– –	– –	0.4	010°	– –	– –	0.3	160°
4806	Adams Island, 1.1 n.mi. west of	12d	38° 08.67′	76° 06.87′	+4 35	+3 48	+2 57	+3 26	0.1	0.2	– –	– –	0.1	017°	– –	– –	0.3	191°
4811	Adams Island, 3.4 n.mi. west of	16d	38° 08.38′	76° 09.80′	+4 58	+5 10	+4 03	+4 38	0.2	0.3	– –	– –	0.2	325°	0.1	257°	0.4	167°
4816	Point No Point, 4.3 n.mi. east of	15d	38° 08.13′	76° 13.75′	+4 49	+5 33	+6 04	+5 45	0.3	0.2	– –	– –	0.3	340°	– –	– –	0.4	170°
4821	Point No Point, 2.8 n.mi. east of	15d	38° 08.38′	76° 15.67′	+5 21	+5 32	+4 44	+5 06	0.3	0.3	– –	– –	0.2	340°	– –	– –	0.5	172°
	do.	39d	38° 08.43′	76° 18.13′	+3 37	+5 00	+5 42	+4 54	0.4	0.1	– –	– –	0.2	347°	– –	– –	0.2	162°
4826	Point No Point, 1.0 n.mi. east of	17d	38° 08.43′	76° 18.13′	+4 42	+5 06	+4 31	+4 34	0.4	0.4	– –	– –	0.3	001°	– –	– –	0.5	172°
4831	Hooper Strait (west), at buoy "2"	15d	38° 13.25′	76° 06.20′	+2 05	+2 28	+2 33	+1 40	0.7	0.4	0.2	–	0.6	035°	0.2	304°	0.6	233°
					on Baltimore Harbor Approach, p.52												
4836	Cedar Point, 2.9 n.mi. ENE of	16d	38° 18.65′	76° 18.80′	–2 35	–2 34	–3 16	–2 55	0.5	0.8	– –	– –	0.4	347°	– –	– –	0.7	164°
4841	do.	50d	38° 18.65′	76° 18.80′	–4 08	–3 30	–3 05	–3 15	0.5	0.3	0.0	–	0.4	326°	0.0	–	0.3	141°
4846	Cedar Point, 1.1 miles ENE of		38° 18.27′	76° 21.10′	–3 23	–2 50	–2 36	–3 42	0.5	0.8	0.0	–	0.6	010°	0.0	–	0.6	185°
4851	Drum Point, 2.8 miles northeast of	17d	38° 20.18′	76° 21.95′	–2 57	–3 12	– –	–2 42	0.9	0.9	– –	– –	0.7	335°	– –	– –	0.6	185°
	Cove Point, 1.1 n.mi. east of	40d	38° 22.88′	76° 21.62′	–3 22	–2 42	–2 40	–2 14	0.8	0.7	– –	– –	0.6	342°	0.1	246°	0.7	165°
4856	Cove Point, 2.7 n.mi. east of	15d	38° 22.88′	76° 21.62′	–2 23	–3 19	–2 38	–3 26	0.9	0.6	– –	– –	0.6	343°	– –	– –	0.6	165°
	do.	40d	38° 22.80′	76° 19.52′	–3 15	–2 39	–1 53	–2 40	0.9	0.5	– –	– –	0.8	344°	– –	– –	0.5	169°
	do.	98d	38° 22.80′	76° 19.52′	–3 49	–4 02	–3 13	–2 40	0.7	0.5	– –	– –	0.8	347°	– –	– –	0.5	170°
4861	Cove Point, 3.9 n.mi. east of	11d	38° 22.52′	76° 17.92′	–3 29	–3 36	–4 08	–3 44	0.4	0.7	– –	– –	0.3	341°	– –	– –	0.4	165°
4866	Cove Point, 4.9 n.mi. NNE of	15d	38° 28.03′	76° 22.60′	–2 57	–2 29	–2 24	–3 44	0.4	0.7	– –	– –	0.6	346°	– –	– –	0.4	171°
	do.	40d	38° 28.03′	76° 22.60′	–3 23	–2 47	–1 58	–2 26	0.7	0.6	– –	– –	0.6	333°	– –	– –	0.6	159°
	do.	67d	38° 28.03′	76° 22.60′	–3 55	–3 38	–2 14	–2 17	1.0	0.4	– –	– –	0.8	332°	– –	– –	0.6	149°
4871	Kenwood Beach, 1.5 miles northeast of		38° 31.1′	76° 28.9′	–1 56	–2 41	–2 46	–2 58	0.6	0.4	– –	– –	0.4	321°	– –	– –	0.4	135°
4876	James Island, 3.4 miles west of		38° 31.5′	76° 25.2′	–2 16	–2 39	–3 01	–2 37	0.2	0.4	0.0	–	0.2	340°	0.0	–	0.3	160°
4881	James Island, 2.5 miles WNW of		38° 32.0′	76° 23.6′	–2 31	–2 42	–2 18	–2 36	0.5	0.6	0.0	–	0.4	005°	0.0	–	0.5	175°
4886	Plum Point, 1.4 miles ESE of		38° 36.75′	76° 28.65′	–1 31	–1 37	–2 20	–2 04	0.2	0.7	0.0	–	0.2	000°	0.0	–	0.6	155°

Endnotes can be found at the end of table 2.

TABLE 2 – CURRENT DIFFERENCES AND OTHER CONSTANTS

No.	PLACE	Meter Depth (ft)	POSITION Latitude North	POSITION Longitude West	TIME DIFFERENCES Min. before Flood h m	TIME DIFFERENCES Flood h m	TIME DIFFERENCES Min. before Ebb h m	TIME DIFFERENCES Ebb h m	SPEED RATIOS Flood	SPEED RATIOS Ebb	AVERAGE SPEEDS AND DIRECTIONS Minimum before Flood knots	AVERAGE SPEEDS AND DIRECTIONS Minimum before Flood Dir.	AVERAGE SPEEDS AND DIRECTIONS Maximum Flood knots	AVERAGE SPEEDS AND DIRECTIONS Maximum Flood Dir.	AVERAGE SPEEDS AND DIRECTIONS Minimum before Ebb knots	AVERAGE SPEEDS AND DIRECTIONS Minimum before Ebb Dir.	AVERAGE SPEEDS AND DIRECTIONS Maximum Ebb knots	AVERAGE SPEEDS AND DIRECTIONS Maximum Ebb Dir.
	CHESAPEAKE BAY—cont. Time meridian, 75° W				on Baltimore Harbor Approach, p.52													
4891	Sharp Island Lt., 2.3 n.mi. SE of	20d	38° 36.43'	76° 20.88'	−3 15	−3 34	−3 07	−2 54	0.8	0.7	0.1	116°	0.7	037°	—	—	0.6	203°
4896	Sharp Island Lt., 2.1 n.mi. west of	18d	38° 38.60'	76° 25.22'	−1 49	−1 36	−1 33	−1 33	0.4	0.5	—	—	0.4	357°	—	—	0.4	183°
4901	Sharp Island Lt., 3.4 n.mi. west of	18d	38° 38.63'	76° 26.88'	−1 39	−1 41	−1 57	−1 43	0.4	0.5	—	—	0.3	355°	—	—	0.4	186°
	do.	35d	38° 38.70'	76° 26.88'	−2 34	−2 23	−2 23	−2 24	0.4	0.4	—	—	0.3	353°	0.1	272°	0.3	183°
4906	Plum Point, 2.1 n.mi. NNE of	15d	38° 38.70'	76° 29.23'	−1 50	−1 51	−2 23	−2 01	0.4	0.4	—	—	0.3	350°	—	—	0.3	174°
4911	Poplar Island, 2.2 n.mi. WSW of	14d	38° 45.37'	76° 25.77'	−0 44	−1 26	−1 51	−0 49	0.6	0.5	—	—	0.5	359°	—	—	0.4	185°
4916	Poplar Island, 3.0 n.mi. WSW of	15d	38° 44.98'	76° 26.73'	−1 08	−1 22	−0 59	−1 08	0.6	0.5	—	—	0.4	355°	—	—	0.4	189°
	do.	48d	38° 44.98'	76° 26.73'	+0 58	+1 21	+2 01	+1 13	0.5	0.4	0.1	085°	0.4	350°	—	—	0.3	172°
4921	Holland Point, 2.0 n.mi. east of	15d	38° 45.10'	76° 29.93'	−1 20	−1 24	−1 45	−1 39	0.2	0.4	—	—	0.2	354°	—	—	0.3	180°
4926	Kent Point, 4 miles southwest of		38° 47.50'	76° 26.00'	−1 03	−1 04	−1 11	−1 05	0.6	0.5	0.0	—	0.5	025°	0.0	—	0.5	210°
4931	Kent Point, 1.3 miles south of		38° 49.00'	76° 21.85'	−3 27	−3 38	−3 53	−3 47	0.6	0.5	0.0	—	0.4	025°	0.0	—	0.4	235°
4936	Horseshoe Point, 1.7 miles east of		38° 50.30'	76° 27.20'	−0 52	−0 39	−0 49	−1 10	0.6	0.6	0.0	—	0.5	005°	0.0	—	0.5	200°
4941	Bloody Point Bar Light, 0.6 mi. NW of	19	38° 50.37'	76° 24.17'	−0 08	−0 23	−0 02	−0 05	0.9	0.4	0.0	—	0.7	035°	0.0	—	0.5	190°
4946	Thomas Pt. Shoal Lt., 1.8 mi. SW of		38° 52.50'	76° 27.70'	−2 24	−2 27	−1 43	−2 17	0.6	0.4	0.0	—	0.4	340°	0.0	—	0.5	190°
4951	Thomas Pt. Shoal Lt., 2.0 n.mi. east of	22d	38° 53.21'	76° 23.21'	−1 05	−0 14	−0 22	−0 20	0.6	0.6	0.0	—	0.5	007°	0.0	—	0.5	186°
4956	Thomas Pt. Shoal Lt., 0.5 n.mi. SE of	16d	38° 53.46'	76° 25.62'	−0 25	−0 09	−0 43	−0 41	1.0	1.3	0.1	102°	0.8	033°	—	—	1.0	191°
	do.	33d	38° 53.46'	76° 25.62'	−0 54	−1 18	−1 25	−1 20	0.7	0.7	—	—	0.6	018°	0.1	120°	0.6	196°
4961	Tolly Point, 1.6 miles east of		38° 56.07'	76° 25.02'	−0 03	−0 19	−0 32	−0 24	0.6	0.6	0.0	—	0.5	355°	0.0	—	0.7	190°
4966	Chesapeake Bay Bridge, main channel		38° 59.50'	76° 23.10'	+0 16	+0 08	−0 17	+0 13	0.9	1.1	0.0	—	0.7	025°	0.0	—	0.9	230°
4971	Sandy Point, 2.3 n.mi. east of		39° 00.16'	76° 20.93'	+0 19	+0 15	+0 13	+0 29	1.1	0.9	0.0	—	0.8	020°	0.0	—	0.5	199°
	do.	15d	39° 00.16'	76° 20.93'	−1 33	−1 14	−0 48	−0 39	0.8	0.6	0.0	—	0.7	021°	0.0	—	0.5	210°
4976	Sandy Point, 0.8 n.mi. ESE of	41d	39° 00.24'	76° 22.80'	−0 11	+0 24	−0 15	+0 05	1.2	1.5	0.0	—	0.9	025°	0.0	—	1.2	199°
	do.	43d	39° 00.24'	76° 22.80'	−0 59	−1 10	−0 59	−1 02	1.0	1.0	0.1	116°	0.8	021°	0.1	276°	0.8	197°
4981	BALTIMORE HBR. APP. (off Sandy Point)	15d	39° 00.78'	76° 22.10'	Daily predictions													
4986	Craighill Channel entrance, Buoy "2C"	15d	39° 02.42'	76° 22.67'	−0 04	+0 26	+0 01	+0 09	1.0	0.9	0.0	—	0.8	025°	0.0	—	0.7	182°
4991	Love Point, 2.8 miles NNE of	38d	39° 02.42'	76° 22.67'	0 00	+0 01	−0 06	+0 18	0.5	0.6	0.1	244°	0.4	325°	0.1	244°	0.5	147°
4996	Love Point, 2.5 miles north of		39° 04.7'	76° 16.3'	Current weak and variable													
5001	Craighill Channel, NE of Mountain Pt		39° 04.78'	76° 18.73'	−0 48	+0 19	+0 27	−0 07	0.8	0.5	0.0	—	0.6	055°	0.0	—	0.4	240°
5006	Craighill Channel, Belvidere Shoal		39° 04.88'	76° 23.67'	+0 28	+0 40	+0 25	+0 34	0.8	0.9	0.0	—	0.6	350°	0.0	—	0.7	175°
5011	Craighill Angle, right outside quarter	18d	39° 05.68'	76° 23.58'	+0 10	+0 46	+0 33	+0 19	0.7	0.6	0.0	—	0.6	360°	0.1	270°	0.5	186°
5016	Swan Point, 2.7 n.mi. SW of		39° 07.70'	76° 18.32'	+0 12	+0 27	+0 34	+0 23	0.6	0.6	0.0	—	0.6	345°	0.0	—	0.5	170°
5021	Swan Point, 2.15 n.mi. west of	14d	39° 06.48'	76° 18.32'	+0 18	+0 42	+0 38	+0 25	0.6	0.5	0.1	078°	0.5	006°	0.0	—	0.4	170°
5026	Swan Point, 1.6 miles northwest of	27d	39° 08.85'	76° 19.48'	−0 27	+0 50	+1 17	+0 25	0.8	0.4	0.0	—	0.4	342°	0.0	—	0.3	142°
5031	Brewerton Channel Eastern Ext., Buoy "7"	18d	39° 09.75'	76° 18.28'	+0 18	+0 50	+1 05	+1 06	0.8	0.7	0.0	—	0.7	008°	0.1	271°	0.5	203°
5036	Tolchester Channel, SW of Bouy "58B"	14d	39° 09.78'	76° 18.28'	+0 53	+0 44	+0 38	+0 57	0.8	0.5	0.0	—	0.6	020°	0.0	—	0.7	215°
	do.	17d	39° 10.95'	76° 16.87'	+0 16	−0 02	−0 14	−0 05	0.5	0.4	0.2	080°	0.4	013°	0.0	—	0.8	175°
5041	Tolchester Channel, Buoy "22"	25d	39° 10.95'	76° 16.87'	+0 44	+0 20	+0 48	−0 54	1.1	1.1	0.2	302°	0.9	030°	0.0	—	0.9	229°
5046	Tolchester Channel, south of Buoy "38B"	15d	39° 11.47'	76° 15.95'	−0 09	+0 02	+0 38	−0 48	0.9	0.7	0.0	—	0.7	025°	0.0	—	0.5	217°
5051	North Point, 2.5 miles northeast of	15d	39° 11.57'	76° 17.27'	+1 43	+1 10	+0 59	+1 23	0.9	0.8	0.1	151°	0.7	061°	0.1	151°	0.6	231°
5056	Tolchester Beach, 0.33 n.mi. west of	7	39° 12.87'	76° 23.72'	+0 51	+1 08	+0 59	+0 50	0.7	0.8	0.0	—	0.5	028°	0.0	—	0.6	208°
5061	Pooles Island, 4 miles southwest of	15d	39° 13.03'	76° 14.90'	+1 25	+1 00	+0 53	+1 06	0.4	0.5	0.0	—	0.3	035°	0.0	—	0.4	225°
5066	Pooles Island 2.0 n.mi. SSW of	15d	39° 13.60'	76° 19.88'	+0 49	+1 20	+1 22	+1 24	1.2	1.1	0.1	285°	1.0	015°	0.0	—	0.8	201°
5071	Pooles Island, 0.8 mile south of		39° 14.78'	76° 17.80'	+0 59	+0 58	+0 56	+1 12	0.6	0.9	0.2	327°	0.6	025°	0.0	—	0.6	210°
5076	Miller Island, 1.5 miles ENE of	15d	39° 15.7'	76° 16.4'	+1 01	+1 03	+1 03	+1 29	0.7	0.7	0.0	—	0.6	038°	0.0	—	0.6	238°
5081	Pooles Island, 1.6 n.mi. east of	7	39° 16.5'	76° 19.9'	+1 29	+1 24	+1 12	+1 20	0.9	1.2	0.0	—	0.7	060°	0.0	—	1.0	255°
5086	Robins Point, 0.7 mile ESE of	16d	39° 16.47'	76° 13.57'	+0 11	+0 15	+0 37	+0 25	0.6	0.3	0.0	—	0.5	000°	0.0	—	0.2	185°
5091	Worton Point, 1.5 n.mi. WSW of	5	39° 17.75'	76° 16.10'	+1 28	+1 34	+1 45	+1 03	1.1	1.0	0.1	289°	0.9	014°	0.0	—	0.8	208°
5096	Worton Point, 1.1 miles northwest of	17d	39° 18.70'	76° 13.03'	−2 04	−0 14	+0 37	−0 13	1.1	1.1	0.0	—	0.8	025°	0.0	—	0.8	210°
5101	Howell Point, 0.8 n.mi. west of		39° 19.9'	76° 12.0'	+1 43	+1 45	+1 27	+1 36	1.4	1.1	0.0	—	1.1	023°	0.2	298°	0.9	211°
5106	Howell Point, 0.4 mile NNW of	15d	39° 22.23'	76° 07.80'	+2 30	+1 43	+1 38	+1 32	1.0	1.5	0.0	—	1.1	040°	0.0	—	1.2	245°
5111	Grove Point, 0.7 n.mi.NW of		39° 22.6'	76° 06.9'	+1 28	+1 24	+1 19	+1 18	1.1	1.3	0.1	131°	0.9	051°	0.0	—	1.0	235°
5116	Turkey Point, 1.2 n.mi. SW of	14d	39° 23.78'	76° 03.02'	+2 40	+2 01	+1 31	+2 03	0.6	1.0	0.2	101°	0.9	080°	0.0	—	0.9	245°
5121	Spesutie Island, channel north of	9d	39° 26.60'	76° 02.03'	+2 39	+1 30	+0 58	+1 00	0.6	0.8	—	—	0.5	034°	0.0	—	0.8	211°
		7	39° 28.83'	76° 04.90'	+1 42	+1 20	+1 49	+1 40	0.8	0.6	—	—	0.6	285°	0.0	—	0.5	100°

Endnotes can be found at the end of table 2.

141

TABLE 2 – CURRENT DIFFERENCES AND OTHER CONSTANTS

No.	PLACE	Meter Depth	POSITION Latitude North	POSITION Longitude West	TIME DIFFERENCES Min. before Flood h m	TIME DIFFERENCES Flood h m	TIME DIFFERENCES Min. before Ebb h m	TIME DIFFERENCES Ebb h m	SPEED RATIOS Flood	SPEED RATIOS Ebb	AVERAGE SPEEDS AND DIRECTIONS Minimum before Flood knots	AVERAGE SPEEDS AND DIRECTIONS Minimum before Flood Dir.	AVERAGE SPEEDS AND DIRECTIONS Maximum Flood knots	AVERAGE SPEEDS AND DIRECTIONS Maximum Flood Dir.	AVERAGE SPEEDS AND DIRECTIONS Minimum before Ebb knots	AVERAGE SPEEDS AND DIRECTIONS Minimum before Ebb Dir.	AVERAGE SPEEDS AND DIRECTIONS Maximum Ebb knots	AVERAGE SPEEDS AND DIRECTIONS Maximum Ebb Dir.
	CHESAPEAKE BAY—cont. Time meridian, 75° W	ft																
5126	Rocky Pt. (Elk Neck), 0.25 n.mi. SW of	9d	39° 29.30'	75° 59.85'	+2 42	+1 28	+1 14	+1 49	0.6	0.7	—	—	0.5	009°	—	—	0.6	196°
5131	Red Point, 0.2 mile W of, Northeast River	7	39° 31.75'	75° 59.08'	+1 42	+1 28	+1 57	+1 47	0.9	0.6	0.0	—	0.7	—	—	—	0.5	—
5136	Havre de Grace, Susquehanna River		39° 33.13'	76° 05.08'				on Baltimore Harbor Approach, p.52										
					Current weak and variable													
	HAMPTON ROADS							on Chesapeake Bay Entrance, p.48										
5141	Thimble Shoal Channel (west end)	15d	37° 00.32'	76° 13.60'	−0 15	+0 12	−0 02	+0 31	1.1	1.0	0.3	204°	0.9	293°	0.2	018°	1.2	116°
	Fort Wool																	
5146	0.9 mile northeast of		36° 59.8'	76° 17.2'	−0 48	−1 03	−1 13	−1 16	1.2	1.4	—	—	1.0	265°	—	—	1.8	080°
5151	0.4 mile northeast of		36° 59.5'	76° 17.8'	−1 03	−0 51	−0 56	−1 21	1.2	1.1	—	—	1.0	258°	—	—	1.4	066°
5156	0.7 mile southwest of		36° 58.85'	76° 18.95'	−1 31	−1 44	−1 55	−1 46	0.7	1.0	—	—	0.6	250°	—	—	1.3	045°
5161	0.2 mile northwest of		36° 59.30'	76° 18.42'	−1 09	−1 12	−1 10	−1 23	1.6	1.6	—	—	1.3	240°	—	—	2.0	050°
	Old Point Comfort																	
5166	midchannel <33>	48d	36° 59.3'	76° 19.3'	−0 37	−0 12	−0 05	−0 38	1.9	1.2	—	—	1.5	260°	—	—	1.5	055°
5171	0.55 n.mi. east of		37° 00.12'	76° 17.72'	−3 02	−0 32	+0 17	−2 11	1.7	0.5	—	—	1.4	251°	—	—	0.6	060°
5176	0.4 mile east of		37° 00.2'	76° 18.0'	−1 37	−1 07	−0 46	−1 41	1.6	1.1	—	—	1.3	235°	—	—	1.4	045°
5181	0.2 mile south of		36° 59.77'	76° 18.88'	−0 37	−0 25	−0 53	−1 25	2.1	1.1	—	—	1.7	240°	—	—	1.5	075°
5186	0.9 mile southwest of		36° 59.33'	76° 19.57'	−0 53	−0 14	−0 01	−1 11	2.1	1.2	—	—	1.7	240°	—	—	1.5	050°
5191	Willoughby Spit, 0.8 mile northwest of		36° 58.6'	76° 18.4'	−1 32	−1 30	−1 41	−1 54	0.9	0.8	—	—	0.7	260°	—	—	1.0	040°
5196	Willoughby Spit, 0.7 mile north of		36° 58.8'	76° 17.3'	−2 20	−1 10	−1 03	−2 34	1.2	0.6	—	—	1.0	285°	—	—	0.8	080°
5201	Willoughby Bay entrance		36° 57.7'	76° 17.9'	−2 12	−1 55	−1 23	−2 19	0.4	0.3	—	—	0.3	135°	—	—	1.2	330°
5206	Sewells Point, channel west of		36° 57.5'	76° 20.4'	−0 41	−0 47	−1 23	−2 11	0.9	0.7	—	—	0.6	195°	—	—	1.2	000°
5211	Norfolk Harbor Reach (Buoy R "8")	13d	36° 57.00'	76° 20.37'	−0 18	−0 42	−1 36	−0 16	0.8	0.7	—	—	0.6	183°	0.1	094°	0.9	011°
	do.	42d	36° 57.00'	76° 20.37'	−0 33	−1 00	−0 22	+1 04	0.6	0.3	—	—	0.5	152°	—	—	0.3	000°
5216	Sewells Point, pierhead	7	36° 56.8'	76° 20.1'	−0 52	−0 40	−1 01	+1 04	0.7	0.6	—	—	0.6	195°	—	—	0.8	010°
	Newport News																	
5221	Channel, middle	15	36° 57.3'	76° 22.9'	−0 43	−0 23	−0 12	−1 01	1.3	0.8	—	—	1.1	244°	—	—	1.1	076°
5226	Channel, west end <73>	15	36° 57.20'	76° 24.80'	−0 16	−0 20	+0 03	−0 09	0.8	0.5	—	—	0.7	280°	0.1	010°	0.6	092°
5231	Middle Ground, 1 mile south of	7	36° 56.0'	76° 23.2'	+0 33	+0 50	+0 24	+0 26	1.4	1.0	—	—	1.1	270°	—	—	1.2	100°
	ELIZABETH RIVER																	
5236	Craney Island	15	36° 53.68'	76° 20.15'	−1 17	−1 15	−1 53	−1 48	0.9	0.7	—	—	0.7	177°	0.2	270°	0.9	001°
5241	Lamberts Point	15	36° 52.50'	76° 19.95'	−2 03	−1 21	−1 54	−1 50	0.6	0.6	—	—	0.5	143°	—	—	0.7	328°
5246	West Norfolk Bridge, Western Branch		36° 51.5'	76° 20.6'	−2 01	−1 40	−2 06	−2 04	0.7	0.6	—	—	0.6	260°	—	—	0.8	080°
5251	Seaboard Coast Line RR, Pinner Point		36° 51.6'	76° 19.0'	−2 08	−1 35	−1 31	−2 09	0.5	0.3	—	—	0.4	140°	—	—	0.4	290°
5256	Berkley Bridge, Eastern Branch		36° 50.5'	76° 17.0'	−2 25	−1 31	−1 36	−2 49	0.4	0.5	—	—	0.3	120°	—	—	0.4	295°
5261	Norfolk and Western RR. Bridge, E Branch		36° 50.2'	76° 14.7'	−1 32	−1 15	−1 41	−1 39	0.5	0.5	—	—	0.4	100°	—	—	0.6	280°
5266	Berkley, Southern Branch		36° 50.0'	76° 17.8'	−2 23	−1 17	−1 28	−2 27	0.4	0.4	—	—	0.3	215°	—	—	0.3	330°
5271	Chesapeake, Southern Branch		36° 48.5'	76° 17.4'	−1 58	−1 16	−1 30	−1 53	0.9	0.5	—	—	0.7	180°	—	—	0.6	360°
5276	Gilmerton Hwy. bridge, Southern Branch		36° 46.5'	76° 17.7'	−2 08	−1 19	−1 43	−2 03	0.7	0.6	—	—	0.6	180°	—	—	0.7	360°
	NANSEMOND RIVER																	
5281	Pig Point, 1.8 miles northeast of		36° 55.4'	76° 25.1'	−0 48	−0 07	+0 05	−0 41	1.0	0.8	—	—	0.8	285°	—	—	1.0	070°
5286	Town Point Bridge, 0.5 mile east of		36° 53.3'	76° 29.0'	−1 25	−0 59	−0 51	−1 07	1.1	0.6	—	—	0.9	265°	—	—	0.8	070°
5291	Dumpling Island		36° 48.5'	76° 33.5'	−1 17	−1 00	−1 26	−1 24	1.2	0.8	—	—	1.0	175°	—	—	1.0	345°
	JAMES RIVER																	
	Newport News																	
5296	0.1 mile off shipbuilding plant	8	36° 58.8'	76° 26.5'	+0 47	+0 37	+0 39	+0 23	1.1	1.0	—	—	0.9	325°	—	—	1.3	145°
5301	0.8 mile SW of shipbuilding plant	6	36° 58.5'	76° 27.3'	+0 03	+0 18	+0 13	+0 04	1.2	1.0	—	—	1.0	325°	—	—	1.0	140°
5306	1.5 miles SW of shipbuilding plant		36° 58.1'	76° 28.2'	−0 36	0 00	−0 03	−0 43	1.2	0.9	—	—	1.0	350°	—	—	1.1	140°

Endnotes can be found at the end of table 2.

TABLE 2 – CURRENT DIFFERENCES AND OTHER CONSTANTS

No.	PLACE	Meter Depth (ft)	POSITION Latitude North	POSITION Longitude West	TIME DIFFERENCES Min. before Flood h m	TIME DIFFERENCES Flood h m	TIME DIFFERENCES Min. before Ebb h m	TIME DIFFERENCES Ebb h m	SPEED RATIOS Flood	SPEED RATIOS Ebb	AVERAGE SPEEDS AND DIRECTIONS Minimum before Flood knots	AVERAGE SPEEDS AND DIRECTIONS Minimum before Flood Dir.	AVERAGE SPEEDS AND DIRECTIONS Maximum Flood knots	AVERAGE SPEEDS AND DIRECTIONS Maximum Flood Dir.	AVERAGE SPEEDS AND DIRECTIONS Minimum before Ebb knots	AVERAGE SPEEDS AND DIRECTIONS Minimum before Ebb Dir.	AVERAGE SPEEDS AND DIRECTIONS Maximum Ebb knots	AVERAGE SPEEDS AND DIRECTIONS Maximum Ebb Dir.
	JAMES RIVER—cont. Time meridian, 75° W				\<colspan: on Chesapeake Bay Entrance, p.48\>													
	Rocklanding Shoal Channel																	
5311	South end		37° 03.50'	76° 35.63'	+0 39	+1 01	+1 00	+1 14	1.0	0.9	—	—	0.8	310°	—	—	1.1	165°
5316	Middle		37° 05.20'	76° 36.83'	+0 49	+1 36	+1 43	+1 09	1.4	0.8	—	—	1.1	345°	—	—	1.0	155°
5321	North end		37° 06.60'	76° 37.95'	+1 00	+1 40	+1 47	+1 22	1.6	0.8	—	—	1.3	340°	—	—	1.0	145°
5326	Point of Shoals, west of		37° 03.9'	76° 39.6'	+2 28	+2 45	+2 19	+2 21	0.4	0.7	—	—	0.3	353°	—	—	0.9	195°
5331	Deepwater Shoals		37° 08.6'	76° 38.2'	+1 42	+2 12	+1 39	+0 57	0.5	0.7	—	—	1.2	325°	—	—	0.9	166°
5336	Hog Point		37° 12'	76° 41.5'	+2 28	+2 35	+2 19	+2 11	1.4	1.0	—	—	1.0	325°	—	—	1.3	070°
5341	Jamestown Island, Church Point		37° 12.2'	76° 47.0'	+2 24	+2 34	+2 43	+2 15	1.4	1.0	—	—	1.1	332°	—	—	1.2	145°
5346	Chickahominy River Bridge		37° 15.7'	76° 52.5'	+2 05	+2 29	+2 42	+1 59	1.6	1.0	—	—	1.5	290°	—	—	1.2	154°
5351	Caremont Landing		37° 14.0'	76° 57.2'	+3 43	+3 50	+3 34	+3 26	1.8	1.2	—	—	1.3	350°	—	—	1.5	125°
5356	Brandon Point, 0.3 mile northeast of		37° 16.5'	76° 59.2'	+3 56	+3 56	+3 37	+3 27	1.5	1.0	—	—	1.3	310°	—	—	1.3	170°
5361	Windmill Point		37° 18.7'	77° 05.7'	+4 30	+4 00	+4 04	+3 36	1.6	0.8	—	—	0.9	320°	—	—	0.9	065°
5366	Coggins Point, 0.5 mile north of		37° 18.4'	77° 10.0'	+4 45	+4 18	+4 07	+4 07	0.7	0.7	—	—	0.6	273°	—	—	0.9	088°
5371	City Point		37° 19.0'	77° 16.3'	+4 48	+4 35	+4 39	+4 11	1.6	1.0	—	—	1.2	320°	—	—	1.2	135°
5376	Appomattox River entrance		37° 18.7'	77° 17.7'	+5 24	+4 59	+4 37	+3 58	1.2	0.6	—	—	0.8	271°	—	—	0.8	080°
5381	Bermuda Hundred		37° 20.2'	77° 16.2'	+5 45	+4 52	+4 01	+4 26	1.1	1.0	—	—	0.9	019°	—	—	1.3	199°
5386	Dutch Gap Canal, 0.5 mile east of		37° 22.8'	77° 20.8'	+5 28	+5 20	+5 19	+4 56	1.0	0.7	—	—	0.8	270°	—	—	0.9	090°
5391	Rocketts <22>		37° 31.2'	77° 25.0'	—	—	—	—	—	—	—	—	—	—	—	—	1.0	160°
	YORK RIVER																	
5396	York River Ent. Channel (SE end) <34>	13d	37° 07.38'	76° 09.20'	+0 50	+1 22	+1 32	+1 00	1.3	0.8	0.3	256°	1.0	342°	0.3	074°	1.0	162°
	do.	32d	37° 07.38'	76° 09.20'	-0 45	+0 58	+1 04	-0 03	0.6	0.3	0.2	083°	0.5	329°	0.2	246°	0.4	174°
5401	York Spit Light, 0.8 mile southwest of		37° 12.0'	76° 16.0'	-1 47	+0 06	+0 24	-0 08	1.0	0.6	—	—	0.8	323°	—	—	0.5	145°
5406	York River Ent. Channel (NW end)	15d	37° 13.55'	76° 18.47'	-1 37	-0 06	+0 43	-0 19	0.8	0.6	0.2	200°	0.7	298°	—	—	0.5	128°
5411	Tue Marshes Light, 0.7 n.mi. north of	14d	37° 14.80'	76° 23.28'	+1 32	+2 05	+1 58	+1 25	1.2	0.5	—	—	1.0	265°	—	—	0.6	078°
	do.	39d	37° 14.80'	76° 23.28'	+0 32	+1 03	+1 55	+1 02	1.1	0.2	—	—	0.9	247°	—	—	0.6	070°
5416	Tue Marshes Light, 0.9 n.mi. WNW of	49d	37° 14.80'	76° 23.28'	-2 51	-1 32	-0 31	-1 41	0.6	0.2	—	—	0.5	249°	—	—	0.3	068°
	do.	14d	37° 14.28'	76° 24.13'	-0 16	+0 09	+0 10	-0 25	1.0	0.5	—	—	0.5	249°	—	—	0.6	069°
	do.	28d	37° 14.28'	76° 24.13'	-1 15	-0 36	-0 06	-1 34	0.8	0.5	—	—	0.6	262°	—	—	0.6	064°
	Tue Marshes Light, 2.7 miles west of																	
5421	Midchannel		37° 14.0'	76° 26.6'	-0 13	+0 22	+0 18	-0 23	0.7	0.5	—	—	0.6	258°	—	—	0.6	072°
5426	North edge of channel		37° 14.2'	76° 26.6'	-0 48	-0 17	-0 36	-1 01	0.6	0.6	—	—	0.5	251°	—	—	0.7	074°
5431	South edge of channel		37° 13.6'	76° 26.5'	-0 26	-0 10	-0 22	-0 24	0.5	0.4	—	—	0.4	257°	—	—	0.5	095°
5436	Yorktown		37° 14.5'	76° 30.5'	-0 30	-0 28	-0 19	-0 17	1.5	1.3	—	—	1.2	302°	—	—	1.6	124°
5441	Gloucester Point, 150 yds. southeast of		37° 14.55'	76° 30.10'	-0 35	-0 01	-0 27	-1 21	1.1	0.9	—	—	0.9	267°	—	—	1.1	090°
5446	Gloucester Point, 0.4 mile southwest of		37° 14.42'	76° 30.65'	-0 25	0 00	+0 16	-0 44	1.4	0.8	—	—	1.2	294°	—	—	1.0	108°
5451	Pages Rock, 1 mile SSE of		37° 17.6'	76° 34.8'	-0 10	+0 24	+0 13	-0 22	1.3	0.8	—	—	1.0	303°	—	—	1.1	125°
5456	Blundering Point, 0.9 mile SSW of		37° 18.13'	76° 35.08'	-0 22	+0 13	+0 37	-0 16	1.3	0.8	—	—	1.1	293°	—	—	1.1	138°
5461	Clay Bank Pier, 100 yds. southwest of		37° 20.78'	76° 36.80'	-0 02	+0 14	+1 17	-0 05	1.4	0.9	—	—	1.1	311°	—	—	1.1	123°
5466	Allmondsville		37° 24'	76° 40'	+0 48	+0 44	+0 39	+0 20	1.5	0.8	—	—	1.2	310°	—	—	1.1	105°
5471	Purtan Island, 0.2 mile southwest of		37° 24.88'	76° 41.22'	+0 49	+1 05	+0 58	+0 53	1.6	0.8	—	—	1.3	305°	—	—	1.1	104°
5476	Goff Point, 0.8 mile SSW of		37° 29.97'	76° 47.03'	+1 37	+1 36	+1 54	+1 54	1.1	0.8	—	—	1.0	320°	—	—	1.0	123°
5481	West Point, 0.8 mile below		37° 30.9'	76° 47.5'	+1 23	+1 20	+1 14	+1 06	1.4	1.2	—	—	0.9	340°	—	—	1.5	150°
5486	Lord Delaware Bridge, 100 yds. S of		37° 32.22'	76° 47.45'	+1 37	+1 30	+1 48	+1 46	1.0	1.4	—	—	0.8	350°	—	—	0.5	210°
5491	Wakema, Mattaponi River		37° 39.2'	76° 54.0'	+2 08	+2 05	+1 59	+1 41	1.7	1.4	—	—	1.4	260°	—	—	1.7	280°
5496	Walkerton, Mattaponi River		37° 43.4'	77° 01.5'	+3 29	+3 04	+2 50	+3 25	1.1	0.7	—	—	0.9	275°	—	—	0.9	095°
5501	Eltham Bridge, 100 yds. north of		37° 32.10'	76° 48.42'	+2 06	+2 33	+2 17	+2 14	0.7	0.8	—	—	0.6	327°	—	—	0.9	124°
5506	Lester Manor, Pamunkey River		37° 34.9'	76° 59.4'	+3 18	+3 30	+3 19	+3 06	1.5	0.8	—	—	1.2	235°	—	—	1.0	055°
5511	Northbury, Pamunkey River		37° 37.5'	77° 07.3'	+4 33	+4 50	+4 24	+4 26	0.6	1.0	—	—	0.5	290°	—	—	1.3	100°
	MOBJACK BAY and PIANKATANK RIVER																	
5516	New Point Comfort, 2.0 n.mi. WSW of	16d	37° 17.70'	76° 19.25'	+1 03	+2 18	+1 52	+2 03	0.7	0.3	—	—	0.6	315°	—	—	0.4	129°
5521	Bland Point, Piankatank River		37° 31.8'	76° 21.9'	+0 08	+0 25	-0 01	+0 01	0.5	0.2	—	—	0.4	300°	—	—	0.2	125°
5526	Doctor Point, 0.4 mile west of		37° 31.1'	76° 27.0'	+0 10	-0 03	-0 48	-0 06	0.5	0.3	—	—	0.4	311°	—	—	0.4	142°

Endnotes can be found at the end of table 2.

TABLE 2 – CURRENT DIFFERENCES AND OTHER CONSTANTS

No.	PLACE	Meter Depth (ft)	POSITION Latitude North	POSITION Longitude West	TIME DIFFERENCES Min. before Flood h m	TIME DIFFERENCES Flood h m	TIME DIFFERENCES Min. before Ebb h m	TIME DIFFERENCES Ebb h m	SPEED RATIOS Flood	SPEED RATIOS Ebb	AVERAGE SPEEDS AND DIRECTIONS Minimum before Flood knots	AVERAGE SPEEDS AND DIRECTIONS Minimum before Flood Dir.	AVERAGE SPEEDS AND DIRECTIONS Maximum Flood knots	AVERAGE SPEEDS AND DIRECTIONS Maximum Flood Dir.	AVERAGE SPEEDS AND DIRECTIONS Minimum before Ebb knots	AVERAGE SPEEDS AND DIRECTIONS Minimum before Ebb Dir.	AVERAGE SPEEDS AND DIRECTIONS Maximum Ebb knots	AVERAGE SPEEDS AND DIRECTIONS Maximum Ebb Dir.
	RAPPAHANNOCK RIVER Time meridian, 75° W				on Chesapeake Bay Entrance, p.48													
5531	Stingray Point, 1.2 n.mi. NE of	28d	37° 34.53'	76° 17.08'	+1 06	+0 35	−0 11	+1 01	0.5	0.4	—	—	0.4	293°	—	—	0.5	121°
5536	Windmill Point, 1.0 n.mi SSW of	15d	37° 36.00'	76° 17.50'	+1 13	+1 53	+2 29	+1 31	0.8	0.4	—	—	0.7	286°	0.1	188°	0.3	103°
	do.	38d	37° 36.00'	76° 17.50'	+0 38	+1 57	+2 30	+0 53	0.7	0.2	—	—	0.6	269°	—	—	0.8	090°
5541	Mosquito Point, 0.9 mile SSE of		37° 35.72'	76° 21.08'	+1 34	+2 26	+2 07	+1 12	0.8	0.7	—	—	0.7	265°	—	—	0.8	090°
5546	Mosquito Point		37° 35.8'	76° 21.5'	+1 23	+1 40	+2 19	+1 23	0.7	0.5	—	—	0.6	290°	—	—	0.6	115°
5551	Orchard Point, 1.0 mile south of		37° 37.97'	76° 27.45'	+1 27	+2 30	+2 19	+1 23	0.6	0.5	—	—	0.5	270°	—	—	0.5	085°
5556	Towles Point		37° 37.8'	76° 30.4'	+1 44	+2 02	+2 39	+1 56	0.7	0.5	—	—	0.6	274°	—	—	0.6	103°
5561	Rogue Point, 0.8 mile WNW of		37° 40.28'	76° 33.20'	—	+2 39	—	+1 58	0.7	0.5	—	—	0.6	000°	—	—	0.6	195°
5566	Waterview, 1.3 miles NNE of		37° 44.95'	76° 35.92'	+2 19	+2 54	+3 15	+2 41	0.9	0.4	—	—	0.7	340°	—	—	0.6	155°
5571	Tarpley Point, 1.5 miles south of		37° 46.15'	76° 39.12'	+2 54	+3 32	+3 49	+3 10	0.8	0.5	—	—	0.7	300°	—	—	0.9	105°
5576	Jones Point, 1.4 miles NNW of		37° 48.03'	76° 41.58'	+2 42	+3 18	+3 48	+2 58	1.1	0.6	—	—	1.1	315°	—	—	0.9	105°
5581	Sharps, 1.2 miles south of		37° 48.18'	76° 44.00'	+2 57	+3 41	+4 21	+3 21	1.3	0.6	—	—	0.8	290°	—	—	0.8	095°
5586	Bowlers Rock, 0.2 mile north of		37° 49.58'	76° 44.00'	+3 05	+3 36	+4 06	+3 32	1.4	0.9	—	—	1.0	315°	—	—	1.1	135°
5591	Acacreek Point, 0.3 mile southwest of		37° 52.52'	76° 46.40'	+3 18	+3 43	+3 56	+3 44	1.4	0.8	—	—	1.2	335°	—	—	1.0	150°
5596	Tappahannock Bridge, 1.8 miles SE of		37° 55.10'	76° 49.27'	+3 56	+4 02	+4 25	+3 59	1.7	1.1	—	—	1.4	315°	—	—	1.3	105°
5601	Tappahannock Bridge		37° 56.0'	76° 51.2'	+4 18	+4 35	+4 09	+4 11	1.6	1.0	—	—	1.3	315°	—	—	1.2	135°
5606	Port Royal		38° 10.5'	77° 11.4'	+6 48	+7 05	+6 39	+6 41	0.9	0.6	—	—	0.7	310°	—	—	0.7	130°
	POCOMOKE SOUND																	
5611	Pocomoke Sound Approach	13d	37° 38.00'	75° 57.90'	+1 14	+2 07	+2 40	+2 02	0.9	0.6	—	—	0.7	009°	—	—	0.7	196°
5616	Milby Point, 5.3 n.mi. WNW of	38d	37° 39.85'	76° 00.52'	+2 13	+2 30	+2 28	+2 32	0.7	0.5	—	—	0.6	016°	—	297°	0.7	210°
	do.	7	37° 43.2'	76° 54.0'	+0 33	+0 12	+1 12	+0 40	0.6	0.3	0.1	120°	0.5	043°	—	—	0.4	197°
5621	Watts Island, 4 miles south of	13d	37° 47.62'	75° 50.83'	+0 55	+0 56	+0 56	+0 27	0.7	0.5	—	—	0.6	027°	—	—	0.6	247°
5626	Watts Island, 2.3 n.mi. east of	48d	37° 47.62'	75° 50.83'	+1 58	+2 03	+2 00	+1 57	1.2	0.9	—	—	1.0	032°	—	—	1.1	208°
	do.	9d	37° 47.90'	75° 47.90'	+1 31	+1 52	+2 10	+1 30	1.2	0.7	—	—	1.0	025°	—	—	0.3	209°
5631	Long Point, 2.0 n.mi. northeast of		37° 54.90'	75° 47.90'	+1 29	+1 36	+1 43	+1 30	0.5	0.5	—	—	0.4	024°	—	—	0.3	211°
5636	Pocomoke R., 0.5 mile below Shelltown		37° 58.3'	75° 38.7'	+4 08	+3 55	+3 59	+3 31	1.4	0.7	—	—	1.1	045°	—	—	0.9	170°
	TANGIER SOUND																	
5641	Tangier Sound Light, 0.5 n.mi. east of	16d	37° 47.25'	75° 57.83'	+2 26	+2 38	+2 47	+2 35	1.2	0.7	0.1	115°	0.9	019°	—	—	0.9	195°
	do.	41d	37° 47.25'	75° 57.83'	+2 25	+2 36	+2 54	+2 24	1.2	0.7	—	—	1.0	011°	—	—	0.9	189°
5646	Tangier Sound Light, 1.5 miles NE of	15d	37° 48.5'	75° 57.4'	+2 08	+2 57	+2 44	+2 10	1.5	0.9	—	—	1.2	014°	—	—	1.1	220°
5651	Clump Island, 2.5 n.mi. west of	40d	37° 54.50'	75° 57.42'	+3 10	+3 43	+3 46	+3 23	0.9	1.0	—	—	0.8	348°	—	—	0.6	168°
	do.	14d	37° 54.50'	75° 57.42'	+3 01	+3 24	+3 33	+3 16	1.0	0.5	—	—	0.8	342°	—	—	0.7	166°
5656	Janes Island Light, 2.3 n.mi. NNE OF	14d	38° 00.05'	75° 54.52'	+3 22	+3 53	+4 03	+3 16	0.9	0.6	—	—	0.7	001°	—	—	0.7	188°
	do.	39d	38° 00.05'	75° 54.52'	+3 33	+4 12	+4 20	+4 09	0.9	0.7	—	—	0.7	008°	—	—	0.7	174°
	do.	92d	38° 00.05'	75° 54.52'	+3 03	+4 18	+4 13	+4 35	0.7	0.7	—	—	0.6	348°	—	—	0.4	181°
5661	Big Annemessex River Entrance	12d	38° 02.93'	75° 51.45'	+2 12	+2 14	+2 16	+1 43	0.9	0.6	—	—	0.3	074°	—	—	0.4	258°
5666	Kedges Strait Buoy "4"	12d	38° 03.45'	76° 01.93'	+0 51	+1 28	+1 27	+1 04	0.9	0.6	—	—	0.8	091°	—	—	0.7	276°
5671	Manokin R. Ent., 1.1 n.mi. E of Drum Pt	20d	38° 05.82'	75° 53.48'	+2 23	+2 55	+3 12	+2 39	0.4	0.5	—	—	0.4	008°	—	—	0.3	197°
5676	Deal Is., 0.6 n.mi. W. of, at Bouy "14"	14d	38° 08.45'	75° 58.33'	+2 56	+3 00	+3 54	+3 10	0.9	0.5	—	—	0.7	000°	—	—	0.6	181°
5681	Frog Point, 1.6 miles south of	41d	38° 12.6'	75° 57.3'	+3 57	+3 55	+4 10	+4 02	1.2	0.8	—	—	1.0	048°	—	—	1.1	175°
	Wicomico River																	
5686	Long Point and Nanticoke Point, between	9d	38° 12.80'	75° 54.00'	+3 29	+3 32	+3 36	+3 43	0.6	0.6	—	—	0.5	063°	—	—	0.7	263°
5691	Victor Point, 0.8 mile southwest of		38° 14.3'	75° 51.8'	+3 48	+3 49	+4 18	+4 05	0.7	0.7	—	—	0.6	034°	—	—	0.9	242°
5696	Whitehaven		38° 15.9'	75° 47.5'	+3 34	+4 40	+4 31	+3 32	1.4	0.9	—	—	1.1	089°	—	—	1.1	284°
5701	Whitehaven, 2.5 miles above	4	38° 17.8'	75° 45.6'	+3 38	+4 08	+4 14	+3 26	1.2	0.9	—	—	1.0	006°	—	—	1.1	188°
5706	Salisbury, 2 miles below	4	38° 20.4'	75° 38.3'	+4 01	+4 26	+4 32	+3 59	0.7	0.6	—	—	0.6	085°	—	—	0.6	258°
5711	Sandy Point, Nanticoke River	18d	38° 14.8'	75° 55.7'	+3 52	+4 31	+4 50	+4 10	1.5	0.9	—	—	1.2	000°	—	—	1.1	182°
5716	Roaring Point, WSW of Nanticoke River	37d	38° 15.80'	75° 55.40'	+3 55	+3 56	+4 46	+3 41	1.1	0.9	—	—	0.9	356°	—	—	0.9	181°
	do.		38° 15.80'	75° 55.40'	+3 43	+3 54	+5 14	+3 43	0.8	0.4	—	—	0.6	350°	—	—	0.5	150°
5721	Chapter Point, Nanticoke River		38° 22.6'	75° 52.0'	+5 15	+4 38	+5 21	+5 49	1.8	1.0	—	—	1.5	014°	—	—	1.2	204°
5726	Fishing Bay Entrance, at Buoy "2"	15d	38° 13.48'	75° 59.37'	+3 52	+4 55	+4 42	+4 52	0.7	0.2	0.1	050°	0.5	311°	0.1	202°	0.3	139°

Endnotes can be found at the end of table 2.

TABLE 2 – CURRENT DIFFERENCES AND OTHER CONSTANTS

145

No.	PLACE	Meter Depth	POSITION		TIME DIFFERENCES			SPEED RATIOS		AVERAGE SPEEDS AND DIRECTIONS					
			Latitude	Longitude	Min. before Flood	Flood	Min. before Ebb	Ebb	Flood	Ebb	Minimum before Flood		Maximum Flood		Minimum before Ebb		Maximum Ebb	
			North	West							knots	Dir.	knots	Dir.	knots	Dir.	knots	Dir.
		ft			h m	h m	h m	h m										
	TANGIER SOUND--cont. Time meridian, 75° W						on Chesapeake Bay Entrance, p.48											
5731	Hooper Strait, at Buoy "4"	14d	38° 13.05'	76° 03.83'	+0 56	+1 27	+1 56	+1 14	1.0	0.6	--	--	0.8	097°	--	--	0.7	287°
5736	Hooper Strait (west), at Buoy "2"	15d	38° 13.25'	76° 06.20'	+2 05	+2 28	+2 33	+1 40	0.7	0.4	--	--	0.6	035°	0.2	304°	0.6	233°
5741	Honga River Entrance, at Buoy "1A"	26d	38° 14.80'	76° 07.00'	+2 57	+3 01	+3 57	+3 10	0.6	0.3	--	--	0.5	331°	0.1	078°	0.4	152°
	GREAT WICOMICO RIVER																	
5746	Sandy Point, east of		37° 49.30'	76° 18.00'	+1 03	+1 20	+0 54	+0 56	0.4	0.2	--	--	0.3	320°	--	--	0.3	140°
	POTOMAC RIVER																	
5751	Point Lookout, 5.2 n.mi. SW of	13d	37° 58.12'	76° 23.50'	+2 39	+2 16	+2 18	+1 23	0.1	0.3	--	--	0.1	294°	--	--	0.1	113°
5756	Point Lookout, 3.1 n.mi. SW of	15d	37° 59.87'	76° 21.75'	+3 39	+4 02	+4 00	+3 26	0.4	0.3	--	--	0.3	295°	--	--	0.4	116°
	do.	34d	37° 59.87'	76° 21.75'	+3 49	+2 59	+3 30	+2 47	0.3	0.2	--	--	0.2	303°	--	--	0.2	126°
5761	Point Lookout, 1.8 n.mi. SW of	14d	38° 00.80'	76° 20.62'	+3 06	+3 40	+4 28	+3 38	0.6	0.3	--	--	0.5	297°	0.1	214°	0.4	122°
	do.	47d	38° 00.80'	76° 20.62'	+2 13	+3 10	+3 56	+3 20	0.4	0.1	0.1	216°	0.3	309°	--	--	0.1	102°
5766	Point Lookout, 1.0 n.mi. south of	15d	38° 01.25'	76° 19.45'	+2 30	+3 27	+3 54	+2 55	0.9	0.4	0.2	211°	0.7	270°	0.1	197°	0.5	117°
	do.	43d	38° 01.25'	76° 19.45'	+2 05	+3 10	+4 38	+3 11	0.7	0.2	--	--	0.6	271°	--	--	0.3	086°
	Cornfield Point						Current irregular											
5771	1 mile south of		38° 02.'	76° 21.'	+4 38	+4 55	+4 29	+4 31	0.6	0.5	0.0	--	0.5	310°	0.0	--	0.5	130°
5776	midchannel		38° 01.1'	76° 21.3'	+4 23	+4 40	+4 14	+4 16	0.9	0.5	--	--	0.5	280°	--	--	0.6	110°
5781	3.8 miles south of		37° 59.4'	76° 21.5'			Current weak and variable						0.7	280°			0.6	100°
5786	Fort Point, St. Marys River		38° 07.8'	76° 26.9'			Current weak and variable							315°				
5791	Yeocomico River entrance		38° 02.1'	76° 31.2'														
	Piney Point																	
5796	0.2 mile south of		38° 07.8'	76° 32.0'	+3 38	+3 55	+3 29	+3 31	1.6	0.5	--	--	1.3	280°	--	--	0.6	145°
5801	midchannel		38° 06.9'	76° 32.5'	+4 26	+4 35	+4 12	+4 22	0.5	0.5	--	--	0.4	290°	--	--	0.6	150°
5806	2.2 miles south of		38° 05.9'	76° 33.1'	+3 38	+3 55	+3 29	+3 31	0.6	0.4	--	--	0.5	280°	--	--	0.5	130°
5811	Lower Machodoc Creek entrance		38° 08.7'	76° 39.3'			Current weak and variable											
5816	White Point, Nomini Creek entrance		38° 08.1'	76° 43.3'	+4 13	+4 30	+4 04	+4 06	1.5	1.0	--	--	1.2	155°	--	--	1.2	335°
5821	Breton Bay entrance		38° 14.5'	76° 41.7'	+2 58	+3 15	+2 49	+2 51	0.7	0.3	--	--	0.6	030°	--	--	0.4	200°
5826	St. Clements Bay entrance		38° 14.5'	76° 43.7'			Current weak and variable											
5831	St. Clements I., 1.8 miles southeast of		38° 11.7'	76° 42.5'	+5 23	+5 40	+5 14	+5 16	0.5	0.7	--	--	0.4	250°	--	--	0.9	085°
5836	St. Clements I., 1.1 miles southwest of		38° 11.57'	76° 45.67'	+5 09	+5 49	+5 13	+5 05	0.7	0.6	--	--	0.6	281°	--	--	0.8	099°
5841	Rock Point, Wicomico River entrance		38° 16.4'	76° 49.3'	+3 47	+4 36	+4 22	+3 53	0.6	0.5	--	--	0.5	019°	--	--	0.6	174°
							on Baltimore Harbor Approach, p.52											
5846	Swan Point		38° 16.4'	76° 56.7'	-1 54	-2 04	-2 32	-2 09	0.4	1.0	0.0	--	0.3	350°	--	--	0.8	140°
5851	Dahlgren Harbor Channel		38° 18.90'	77° 01.93'			Current weak and variable											
5856	Upper Machodoc Creek entrance		38° 19.'	77° 02.'			Current irregular											
5861	Persimmon Point		38° 22.1'	76° 59.4'	-1 09	-1 19	-1 47	-1 24	1.5	1.8	0.0	--	0.3	270°	--	--	0.3	090°
5866	Potomac River Bridge, 0.4 mile south of		38° 21.38'	76° 59.20'	-1 25	-1 28	-1 38	-1 17	1.1	1.8	--	--	1.2	325°	--	--	1.4	175°
5871	Chapel Point, Port Tobacco River		38° 27.9'	77° 02.2'			Current weak and variable						0.9	000°			1.4	165°
5876	Maryland Point		38° 20.8'	77° 11.8'	-1 04	-1 14	-1 42	-1 19	1.4	1.8	--	--	1.1	270°	--	--	1.9	080°
5881	Quantico		38° 31.3'	77° 16.6'	-0 54	-1 04	-1 32	-1 09	0.9	1.1	--	--	0.7	020°	--	--	0.9	200°
5886	Quantico Creek entrance		38° 31.7'	77° 17.3'	-1 19	-1 29	-1 57	-1 34	0.6	0.6	--	--	0.5	305°	--	--	0.5	115°
5891	Freestone Point, 2.3 miles east of		38° 35.78'	77° 11.88'	-0 03	-0 01	-0 28	-0 06	0.9	0.9	--	--	0.7	030°	--	--	0.7	229°
5896	Hallowing Point		38° 38.70'	77° 07.65'	+0 12	-0 05	-0 24	-0 15	1.4	1.4	--	--	1.1	345°	--	--	1.1	149°
5901	Jones Point, Alexandria		38° 47.62'	77° 02.23'	+0 36	+0 31	+0 09	+0 07	1.2	1.1	--	--	1.0	352°	--	--	0.9	171°
5906	Hains Point		38° 51.08'	77° 01.32'	+0 20	+0 31	+0 04	-0 18	0.8	0.4	--	--	0.6	359°	--	--	0.3	176°
5911	Anacostia River entrance		38° 51.8'	77° 00.6'			Current weak and variable											
5916	South Capitol Street Bridge		38° 52.07'	77° 00.38'			Current weak and variable											
5921	Washington Channel, Washington, D.C		38° 51.8'	77° 01.2'			Current weak and variable											
5926	Virginia Channel, Washington, D.C. <13>		38° 52'	77° 02'	-- --	-- --	-- --	-- --	--	--	--	--	--	--	--	--	0.6	145°

Endnotes can be found at the end of table 2.

TABLE 2 – CURRENT DIFFERENCES AND OTHER CONSTANTS

No.	PLACE	Meter Depth	POSITION		TIME DIFFERENCES				SPEED RATIOS		AVERAGE SPEEDS AND DIRECTIONS						
			Latitude North	Longitude West	Min. before Flood	Flood	Min. before Ebb	Ebb	Flood	Ebb	Minimum before Flood		Maximum Flood		Minimum before Ebb		Maximum Ebb	
		ft			h m	h m	h m	h m			knots	Dir.	knots	Dir.	knots	Dir.	knots	Dir.
	PATUXENT RIVER Time meridian, 75° W				on Baltimore Harbor Approach, p.52													
5931	Hog Point, 0.6 n.mi. north of	13d	38° 19.08'	76° 24.07'	-4 45	-5 29	-5 59	-6 00	0.5	0.6	--	--	0.4	258°	0.1	358°	0.5	070°
	....do....	41d	38° 19.08'	76° 24.07'	-6 24	-5 38	-5 36	-6 38	0.5	0.3	0.0	--	0.4	263°	0.0	--	0.4	061°
5936	Drum Point, 0.3 mile SSE of		38° 18.93'	76° 25.15'	-5 19	-5 20	-5 25	-5 16	0.5	0.5	0.0	--	0.4	245°	0.0	--	0.5	065°
5941	Sandy Point, 0.5 mile south of		38° 18.50'	76° 27.30'	-5 08	-5 49	-5 53	-4 55	0.5	0.6	0.0	--	0.4	300°	0.0	--	0.5	125°
5946	Point Patience, 0.1 mile southwest of	15	38° 19.70'	76° 29.20'	-5 07	-6 12	-6 46	-6 01	0.6	1.0	0.0	--	0.5	315°	0.0	--	0.8	145°
5951	Broomes Island, 0.4 mile south of <72>		38° 23.70'	76° 33.25'	-5 01	-5 16	-5 02	-5 02	0.6	0.6	0.0	--	0.4	290°	0.0	--	0.8	110°
5956	Sheridan Point, 0.1 mile southwest of		38° 27.97'	76° 38.88'	-4 33	-4 54	-4 38	-4 16	0.8	0.8	0.0	--	0.6	320°	0.0	--	0.6	135°
5961	Benedict, highway bridge		38° 30.70'	76° 40.33'	-4 45	-4 38	-4 09	-4 35	1.0	0.6	0.0	--	0.8	025°	0.0	--	0.5	190°
5966	Lyons Creek Wharf		38° 44.8'	76° 41.1'	-3 14	-3 24	-3 52	-3 29	1.4	1.1	0.0	--	1.1	315°	0.0	--	0.9	140°
	LITTLE CHOPTANK RIVER																	
5971	Hills Point, 1.0 mile south of		38° 33.0'	76° 18.7'	Current weak and variable													
5976	Ragged Point, 1.5 miles east of		38° 31.80'	76° 14.65'	-4 53	-5 15	-4 29	-4 57	0.5	0.2	0.0	--	0.4	045°	0.0	--	0.2	235°
	CHOPTANK RIVER																	
5981	Cook Point, 1.4 n.mi. NNW of	15d	38° 38.83'	76° 18.40'	-3 52	-4 06	-4 06	-4 24	0.8	0.7	--	--	0.6	049°	0.0	--	0.5	241°
	....do....	45d	38° 38.83'	76° 18.40'	-4 09	-4 05	-4 03	-4 12	0.6	0.6	0.1	145°	0.5	068°	0.0	--	0.5	232°
5986	Holland Point, 2.0 n.mi. SSW of	14d	38° 40.43'	76° 15.45'	-3 54	-4 21	-3 26	-4 00	0.3	0.2	--	--	0.2	089°	0.0	--	0.2	262°
5991	Chlora Point, 0.5 n.mi. SSW of	17d	38° 37.70'	76° 09.10'	-3 45	-3 32	-3 13	-3 42	0.6	0.5	--	--	0.5	139°	0.0	--	0.3	332°
	....do....	24d	38° 37.70'	76° 09.10'	-3 48	-3 33	-3 13	-3 48	0.4	0.4	--	--	0.4	143°	0.0	--	0.3	323°
5996	Martin Point, 0.6 n.mi. west of	18d	38° 37.63'	76° 08.15'	-3 18	-3 42	-3 22	-3 34	0.3	0.3	--	--	0.2	155°	0.0	--	0.2	341°
6001	Howell Point, 0.5 n.mi. south of	7d	38° 36.23'	76° 06.87'	-3 17	-3 05	-1 07	-3 42	0.4	0.5	--	--	0.3	122°	0.0	--	0.2	274°
6006	Cambridge hwy. bridge, W. of Swing Span	18d	38° 34.78'	76° 03.67'	-2 48	-3 05	-3 52	-2 13	0.6	0.3	--	--	0.4	132°	0.0	--	0.3	316°
6011	Off Jamaica Point		38° 36.58'	75° 58.97'	-2 13	-2 32	-2 44	-2 26	0.6	0.5	0.0	--	0.5	000°	0.0	--	0.6	205°
6016	Poplar Point, south of		38° 40.52'	75° 57.98'	-1 52	-2 05	-1 56	-2 15	1.0	1.0	0.0	--	0.5	305°	0.0	--	0.8	100°
6021	Dover Bridge		38° 45.40'	75° 59.92'	-1 19	-1 50	-1 25	-1 47	1.1	0.8	0.0	--	0.9	050°	0.0	--	0.8	235°
6026	Oxford, Tred Avon River		38° 41.72'	76° 10.67'	--	-4 05	--	-4 03	0.4	0.2	0.0	--	0.3	040°	0.0	--	0.2	225°
6031	Easton Pt., 0.5 mi. below, Tred Avon River		38° 45.8'	76° 06.2'	Current weak and variable													
6036	Mulberry Pt., 0.6 mi. S of, Broad Creek		38° 44.33'	76° 14.95'	-4 07	-4 10	--	-4 18	0.4	0.2	0.0	--	0.3	350°	0.0	--	0.2	170°
6041	Bald Eagle Pt., east of, Harris Creek		38° 43.75'	76° 18.30'	-4 07	-4 27	-4 07	-4 14	0.5	0.5	0.0	--	0.4	010°	0.0	--	0.4	175°
	EASTERN BAY																	
6046	Poplar Island, east of south end		38° 44.9'	76° 21.2'	-2 20	-2 20	-2 20	-2 20	1.2	0.8	0.0	--	1.0	000°	0.0	--	0.6	170°
6051	Kent Point, 1.4 n.mi. east of	15d	38° 50.33'	76° 20.25'	-3 04	-3 18	-3 49	-3 12	0.5	0.4	--	--	0.4	043°	--	--	0.3	233°
6056	Long Point, 1 mile southeast of		38° 50.6'	76° 19.6'	-3 40	-3 40	-3 40	-3 40	0.6	0.5	0.0	--	0.5	040°	0.0	--	0.4	235°
6061	Turkey Point, 1.3 miles WSW of		38° 53.68'	76° 19.55'	Current weak and variable													
6066	Parson Island, 1.4 miles west of		38° 54.83'	76° 16.77'	Current weak and variable													
6071	Parson Island, 0.7 mile NNE of		38° 55.48'	76° 14.93'	--	-2 45	--	-2 50	0.2	0.2	0.0	--	0.2	305°	0.0	--	0.2	150°
6076	Tilghman Point, 1 mile north of		38° 52.78'	76° 15.18'	--	-3 15	--	-3 55	0.4	0.4	0.0	--	0.4	060°	0.0	--	0.3	265°
6081	Wye River, west of Bruffs Island	9	38° 51.28'	76° 11.88'	-2 33	-3 18	-3 17	-3 00	0.8	0.9	0.0	--	0.6	030°	0.0	--	0.7	190°
6086	Deepwater Point, Miles River		38° 48.33'	76° 12.55'	-3 48	-3 52	-3 43	-4 14	0.6	0.6	0.0	--	0.5	215°	0.0	--	0.5	025°
6091	Long Point, 0.8 mi. east of, Miles River		38° 46.43'	76° 09.32'	--	-3 24	--	-3 45	0.4	0.2	0.0	--	0.3	055°	0.0	--	0.2	245°
	WEST and SOUTH RIVERS																	
6096	Cheston Point, south of, West River		38° 51.33'	76° 31.43'	Current weak and variable													
6101	South River entrance		38° 54.77'	76° 29.43'	Current weak and variable													

Endnotes can be found at the end of table 2.

147

TABLE 2 – CURRENT DIFFERENCES AND OTHER CONSTANTS

No.	PLACE	Meter Depth	POSITION		TIME DIFFERENCES			SPEED RATIOS		AVERAGE SPEEDS AND DIRECTIONS							
			Latitude North	Longitude West	Min. before Flood	Flood	Min. before Ebb	Ebb	Flood	Ebb	Minimum before Flood		Maximum Flood		Minimum before Ebb		Maximum Ebb	
		ft			h m	h m	h m	h m			knots	Dir.	knots	Dir.	knots	Dir.	knots	Dir.
	SEVERN and MAGOTHY RIVERS Time meridian, 75° W				on Baltimore Harbor Approach, p.52													
6106	Greenbury Point, 1.8 miles east of	8	38° 58.40'	76° 25.00'	–0 57	–1 05	–0 51	–0 47	0.8	0.8	0.0	– –	0.6	070°	0.0	– –	0.6	245°
6111	Annapolis		38° 58.95'	76° 28.50'	– – –	–3 35	– – –	–2 26	0.5	0.4	0.0	– –	0.4	320°	0.0	– –	0.3	110°
6116	Brewer Point, Severn River		39° 01.83'	76° 31.73'	– – –	–1 22	– – –	–1 50	0.4	0.4	0.0	– –	0.3	275°	0.0	– –	0.3	155°
6121	Mountain Point, Magothy River entrance		39° 03.47'	76° 26.23'	–2 20	–2 00	–1 29	–2 04	0.8	0.4	0.0	– –	0.6	315°	0.0	– –	0.3	125°
	CHESTER RIVER																	
6126	Love Point, 1.6 n.mi. east of	16d	39° 02.05'	76° 16.07'	–1 42	–1 15	–0 47	–1 15	0.6	0.4	0.1	278°	0.4	202°	0.1	261°	0.4	341°
6131	Kent Island Narrows (highway bridge)	4	38° 58.23'	76° 14.83'	–2 07	–2 25	–2 11	–2 56	1.2	1.1	0.0	– –	1.0	005°	0.0	– –	0.9	190°
6136	Hail Point, 0.7 n.mi.east of	16d	39° 00.63'	76° 10.95'	–0 51	–1 08	–1 12	–0 37	0.5	0.6	– –	– –	0.4	002°	– –	– –	0.5	168°
6141	Deep Point		39° 06.38'	76° 07.23'	–0 31	–0 33	–0 32	–0 18	0.6	0.9	0.0	– –	0.5	065°	0.0	– –	0.7	260°
6146	Chestertown		39° 12.43'	76° 03.67'	–0 21	+0 05	–0 02	–0 17	0.8	0.6	0.0	– –	0.6	025°	0.0	– –	0.5	220°
	PATAPSCO RIVER																	
6151	North Point, Brewerton Channel	15d	39° 10.70'	76° 26.65'	Current weak and variable													
6156	Brewerton Angle		39° 12.08'	76° 30.78'	Current weak and variable													
6161	Fort McHenry Angle		39° 15.45'	76° 34.53'	Current weak and variable													
6166	Bear Creek entrance		39° 13.8'	76° 29.9'	Current weak and variable													
6171	Curtis Creek entrance		39° 13.1'	76° 34.6'	Current weak and variable													
6176	Fort McHenry, NW Harbor entrance		39° 15.8'	76° 34.5'	Current weak and variable													
6181	Middle Branch entrance		39° 15.4'	76° 37.0'	Current weak and variable													
	BACK, GUNPOWDER and BUSH RIVERS																	
6186	Lynch Point, Back River		39° 15.0'	76° 26.3'	0 00	–0 10	0 00	–0 10	0.7	0.5	0.0	– –	0.6	310°	0.0	– –	0.4	130°
6191	Gunpowder River entrance		39° 18.7'	76° 18.5'	–0 24	–0 41	+0 25	+0 05	0.5	0.4	0.0	– –	0.4	040°	0.0	– –	0.3	205°
6196	Bush River, 0.4 mi. SW of Bush Point		39° 21.4'	76° 15.4'	+0 07	–0 24	+0 21	+0 20	0.8	0.6	0.0	– –	0.6	325°	0.0	– –	0.5	165°
	SASSAFRAS RIVER																	
6201	Grove Point		39° 22.7'	76° 02.6'	+0 46	+0 46	+0 51	+0 44	0.5	0.4	0.0	– –	0.4	095°	0.0	– –	0.3	288°
6206	Ordinary Point, 0.4 mile west of		39° 22.45'	75° 59.25'	+0 50	+0 37	+1 17	+0 58	0.6	0.5	0.0	– –	0.5	165°	0.0	– –	0.4	345°
6211	Georgetown		39° 21.67'	75° 53.17'	+1 00	+0 25	+0 56	+1 25	0.4	0.5	0.0	– –	0.3	090°	0.0	– –	0.4	200°
	ELK RIVER																	
6216	Arnold Point, 0.4 mile west of	17d	39° 27.83'	75° 58.45'	+1 39	+1 45	+1 24	+1 32	1.0	1.0	0.0	– –	0.8	040°	0.0	– –	0.8	215°
6221	Old Town Point Wharf, northwest of	29d	39° 30.23'	75° 55.12'	+2 00	+1 53	+1 49	+1 45	1.3	1.6	– –	– –	1.1	054°	– –	– –	1.3	242°
	do.		39° 30.23'	75° 55.12'	+2 07	+2 04	+1 47	+1 45	1.2	1.4	– –	– –	0.9	055°	– –	– –	1.1	237°
6226	Hendersons Point		39° 33.2'	75° 51.6'	+2 05	+2 05	+2 05	+2 05	0.6	0.9	– –	– –	0.5	030°	– –	– –	0.7	210°
	CHESAPEAKE and DELAWARE CANAL				on Chesapeake & Delaware Canal, p.56													
6231	Back Creek, 0.3 n.mi. W of Sandy Pt	14d	39° 31.67'	75° 51.97'	–0 08	–0 21	–0 02	–0 09	0.6	0.7	– –	– –	1.2	057°	– –	– –	1.4	244°
	do.	31d	39° 31.67'	75° 51.97'	–0 06	–0 34	+0 08	–0 07	0.6	0.6	– –	– –	1.2	052°	– –	– –	1.2	240°
6236	C&D CANAL, Chesapeake City bridge		39° 31.7'	75° 48.7'		Daily predictions					0.0	– –	2.0	110°	0.0	– –	1.9	290°
6241	Chesapeake City Bridge, 0.45 n.mi. E of	26d	39° 31.67'	75° 48.43'	–0 29	–0 20	+0 16	–0 15	1.0	0.8	– –	– –	2.0	092°	– –	– –	1.4	273°
	do.	37d	39° 31.67'	75° 48.43'	–0 33	–0 25	+0 19	–0 22	0.7	0.5	– –	– –	1.5	083°	– –	– –	0.9	275°
6246	Conrail Bridge, east of	17d	39° 32.55'	75° 42.15'	–0 37	–0 34	+0 10	–0 16	1.0	0.7	– –	– –	1.9	099°	– –	– –	1.3	278°
	do.	34d	39° 32.55'	75° 42.15'	–0 42	–0 32	+0 07	–0 39	0.7	0.5	– –	– –	1.4	096°	– –	– –	1.0	281°
6251	St. George Bridge, 0.1 n.mi. ENE of	18d	39° 33.17'	75° 39.00'	–0 59	–1 17	–0 40	–1 16	0.9	0.7	– –	– –	1.7	064°	– –	– –	1.3	247°
6256	Reedy Point Radio Tower, south of	19d	39° 33.62'	75° 34.20'	–1 07	–1 04	–0 02	–0 24	1.0	0.7	– –	– –	1.9	078°	– –	– –	1.3	263°

Endnotes can be found at the end of table 2.

TABLE 2 – CURRENT DIFFERENCES AND OTHER CONSTANTS

No.	PLACE	Meter Depth	POSITION Latitude	Longitude	TIME DIFFERENCES Min. before Flood	Flood	Min. before Ebb	Ebb	SPEED RATIOS Flood	Ebb	AVERAGE SPEEDS AND DIRECTIONS Minimum before Flood knots	Dir.	Maximum Flood knots	Dir.	Minimum before Ebb knots	Dir.	Maximum Ebb knots	Dir.
		ft	North	West	h m	h m	h m	h m			knots	Dir.	knots	Dir.	knots	Dir.	knots	Dir.
	VIRGINIA, outer coast Time meridian, 75° W				on Chesapeake Bay Entrance, p.48													
6261	Cape Henry Light, 0.7 mile east of		36° 55.70'	75° 59.60'	–0 01	+0 16	–0 27	+0 01	1.2	1.5	– –	– –	1.0	320°	– –	– –	1.9	105°
6266	Virginia Beach, north end		36° 55.90'	76° 01.50'	–1 28	–0 04	+0 43	–0 35	1.4	0.6	– –	– –	1.1	355°	– –	– –	0.8	165°
6271	Virginia Beach, south end		36° 33.00'	75° 52.10'	–0 48	+0 19	+0 19	–0 02	0.6	0.3	– –	– –	0.5	350°	– –	– –	0.4	170°
	PAMLICO SOUND				on Charleston Harbor, p.60													
	Oregon Inlet																	
6276	Bodie Island–Pea Island, between	6	35° 46.6'	75° 32.1'	+2 38	+2 20	+2 03	+1 52	1.2	0.6	0.0	– –	2.1	202°	0.1	113°	1.2	028°
	. . . do.	12	35° 46.6'	75° 32.1'	+2 49	+2 36	+2 02	+1 48	1.2	0.6	0.0	– –	2.0	204°	0.1	113°	1.2	036°
6281	Coast Guard Tower, southwest of	6	35° 45.7'	75° 31.9'	+3 04	+2 30	+1 53	+2 18	0.8	0.8	0.0	– –	1.4	205°	0.0	– –	1.5	028°
	. . . do.	12	35° 45.7'	75° 31.9'	+3 01	+2 33	+1 57	+1 33	0.8	0.7	0.0	– –	1.3	212°	0.0	– –	1.4	033°
6286	Herbert C. Bonner Bridge, WSW of	6	35° 46.2'	75° 32.8'	+3 32	+2 55	+1 30	+1 46	0.6	0.9	0.0	– –	1.0	280°	0.0	– –	1.8	087°
6291	Hatteras Inlet		35° 12'	75° 45'	+2 42	+2 42	+2 18	+1 38	1.2	1.0	0.0	– –	2.1	307°	0.0	– –	2.0	148°
6296	Diamond Shoal Light, 3.9 miles SSW of		35° 09'	75° 18'	See table 5.													
	Ocracoke Inlet																	
6301	channel entrance		35° 03.92'	76° 01.13'	+2 48	+2 24	+1 43	+1 40	1.0	1.2	0.0	– –	1.7	000°	0.0	– –	2.4	145°
6306	Teaches Hole Channel	10	35° 04.75'	76° 00.28'	+2 49	+2 27	+1 42	+1 47	0.6	0.8	0.0	– –	1.1	050°	0.0	– –	1.6	195°
6311	Blair Channel	10	35° 04.88'	76° 02.03'	+2 52	+2 33	+1 48	+2 03	0.6	0.9	0.0	– –	1.0	355°	0.0	– –	1.7	140°
6316	Wallace Channel	9	35° 04.78'	76° 03.12'	+2 51	+2 57	+2 03	+2 13	0.9	0.9	0.0	– –	1.6	305°	0.0	– –	1.8	140°
6321	Sheep Island Slue		35° 04'	76° 06'	+2 33	+3 18	+1 35	+1 56	0.1	0.2	0.0	– –	0.2	310°	0.0	– –	0.3	095°
6326	Ocracoke Inlet, 3.5 miles SSE of		35° 01'	76° 00'	See table 5.													
	NORTH CAROLINA COAST																	
	Beaufort Inlet																	
6331	Shackleford Banks, 0.8 mile S of	6	34° 39.98'	76° 39.33'	+1 19	+1 16	+0 30	+0 31	0.8	0.7	0.0	– –	1.4	314°	0.0	– –	1.5	145°
6336	Approach		34° 40.3'	76° 40.2'	+2 03	+1 19	+0 37	+0 57	0.2	0.7	0.0	– –	0.3	358°	0.0	– –	1.4	161°
6341	Fort Macon, 0.6 mile SE of		34° 41.15'	76° 40.10'	+1 42	+1 47	+0 51	+0 38	0.7	0.9	0.0	– –	1.2	332°	0.0	– –	1.7	154°
6346	Fort Macon, 0.2 mile NE of	10	34° 41.98'	76° 40.52'	+1 12	+1 20	+0 36	+0 21	1.1	0.9	0.1	232°	2.0	307°	0.0	– –	1.8	151°
	. . . do.	20	34° 41.98'	76° 40.52'	+1 12	+1 18	+0 36	+0 39	1.1	0.9	0.2	242°	2.0	320°	0.1	232°	1.7	153°
6351	Tombstone Point, 0.1 mile E of	15	34° 42.23'	76° 41.17'	+1 13	+1 25	+0 34	+0 27	0.9	0.8	0.1	222°	1.6	305°	0.1	220°	1.7	128°
6356	Turning Basin	6	34° 42.78'	76° 41.65'	+1 11	+1 34	+0 50	+0 32	0.8	0.5	0.0	– –	1.3	327°	0.1	237°	1.0	144°
	. . . do.	15	34° 42.78'	76° 41.65'	+1 09	+1 34	+0 59	+0 32	0.7	0.5	0.4	048°	1.2	334°	0.1	237°	1.0	138°
6361	Sugarloaf Island, 0.2 mile S of	6	34° 42.75'	76° 42.83'	+1 58	+1 39	+1 22	+1 14	0.7	0.8	0.0	– –	1.1	266°	0.0	– –	1.6	094°
6366	Morehead City, S of	6	34° 43.00'	76° 43.97'	+2 12	+1 47	+1 29	+1 42	0.8	0.7	0.0	– –	1.4	293°	0.0	– –	1.4	110°
6371	Morehead City, RR. bridge, N of	6	34° 43.37'	76° 41.63'	+0 44	+1 01	+0 09	–1 03	0.6	0.5	0.2	127°	1.0	054°	0.1	122°	1.0	185°
6376	Newport Marshes, SE of	6	34° 43.88'	76° 41.00'	+0 57	+1 02	+0 18	–0 08	0.8	0.6	0.1	130°	1.4	044°	0.0	– –	1.2	215°
	. . . do.	15	34° 43.88'	76° 41.00'	+0 53	+1 15	+0 21	–0 08	0.8	0.6	0.0	– –	1.3	044°	0.0	– –	1.2	226°
6381	Newport Marshes, E of	6	34° 44.27'	76° 40.83'	+0 07	+0 11	–0 37	–0 09	0.6	0.5	0.0	– –	1.0	040°	0.0	– –	1.0	224°
6386	Radio Island, E of	6	34° 42.70'	76° 40.78'	+0 55	+0 55	+0 20	+0 16	0.7	0.6	0.0	– –	1.2	022°	0.0	– –	1.2	202°
6391	Beaufort, off docks		34° 43'	76° 40'	Current irregular						0.0	– –	0.5	310°	0.0	– –	0.5	130°
6396	Bird Shoal, SE of	6	34° 42.03'	76° 39.23'	+1 40	+1 34	+1 10	+0 16	0.5	0.4	0.0	– –	0.8	126°	0.1	217°	0.8	304°
6401	Shackleford Point, NE of	6	34° 41.53'	76° 39.13'	+1 32	+1 28	+1 10	+0 46	0.8	0.6	0.1	218°	1.3	135°	0.0	– –	1.1	305°
6406	Carrot Island	6	34° 42.13'	76° 37.05'	+1 49	+1 34	+1 15	+1 49	0.5	0.7	0.1	359°	0.9	080°	0.0	– –	1.3	262°
6411	Middle Marshes, S of	6	34° 40.70'	76° 36.83'	+0 59	+1 04	+1 03	+0 18	0.8	0.5	0.1	197°	1.4	123°	0.1	181°	1.1	275°
6416	Cape Lookout Shoals Ltd. Whistle Buoy 14		34° 18'	76° 24'	See table 5.													
	CAPE FEAR RIVER																	
6421	Bald Head		33° 52.43'	78° 00.45'	+1 15	+0 22	+0 09	+0 59	1.3	1.5	0.0	– –	2.2	034°	0.0	– –	2.9	190°
6426	Intracoastal Waterway, Southport	6	33° 55.07'	78° 02.53'	+0 27	+1 28	+0 05	–1 15	0.5	0.4	0.0	– –	0.8	280°	0.0	– –	0.8	095°
6431	Southport	6	33° 54.87'	78° 00.70'	+1 49	+1 05	+0 54	+1 15	0.9	1.4	0.0	– –	1.6	059°	0.0	– –	2.6	225°
6436	Southport	16	33° 55.03'	78° 00.53'	+1 34	+1 12	+1 03	+1 15	1.0	1.2	0.0	– –	1.6	062°	0.1	152°	2.4	244°
	. . . do.	26	33° 55.03'	78° 00.53'	+1 22	+1 23	+1 03	+1 13	1.0	1.1	0.0	– –	1.7	082°	0.1	161°	2.1	247°

Endnotes can be found at the end of table 2.

TABLE 2 – CURRENT DIFFERENCES AND OTHER CONSTANTS

No.	PLACE	Meter Depth (ft)	POSITION Latitude North	POSITION Longitude West	TIME DIFFERENCES Min. before Flood (h m)	TIME DIFFERENCES Flood (h m)	TIME DIFFERENCES Min. before Ebb (h m)	TIME DIFFERENCES Ebb (h m)	SPEED RATIOS Flood	SPEED RATIOS Ebb	AVERAGE SPEEDS AND DIRECTIONS Minimum before Flood knots	AVERAGE SPEEDS AND DIRECTIONS Minimum before Flood Dir.	AVERAGE SPEEDS AND DIRECTIONS Maximum Flood knots	AVERAGE SPEEDS AND DIRECTIONS Maximum Flood Dir.	AVERAGE SPEEDS AND DIRECTIONS Minimum before Ebb knots	AVERAGE SPEEDS AND DIRECTIONS Minimum before Ebb Dir.	AVERAGE SPEEDS AND DIRECTIONS Maximum Ebb knots	AVERAGE SPEEDS AND DIRECTIONS Maximum Ebb Dir.
	CAPE FEAR RIVER--cont. Time meridian, 75° W					on Charleston Harbor, p.60												
6441	Sunny Point	6	33° 59.18'	77° 57.28'	+2 10	+0 56	+0 45	+1 24	0.5	0.6	0.0	---	0.9	003°	0.0	---	1.2	176°
	do.	16	33° 59.18'	77° 57.28'	+2 07	+1 49	+1 11	+1 55	0.5	0.6	0.0	---	0.9	347°	0.0	---	1.1	160°
6446	Horseshoe Shoal	26	33° 59.18'	77° 57.28'	+1 57	+1 49	+1 40	+1 52	0.6	0.5	0.0	---	1.0	350°	0.0	---	1.0	167°
	do.	6	33° 58.17'	77° 56.87'	+2 16	+1 34	+1 24	+1 52	0.9	1.0	0.1	110°	1.5	019°	0.1	101°	1.8	198°
	do.	16	33° 58.17'	77° 56.87'	+2 04	+1 35	+1 32	+1 51	0.8	0.9	0.1	111°	1.5	025°	0.0	---	1.8	199°
	do.	26	33° 58.17'	77° 56.87'	+1 54	+1 41	+1 32	+1 30	0.8	0.7	0.0	---	1.3	012°	0.0	---	1.4	193°
6451	Reaves Point, 0.3 mile east of	6	33° 59.92'	77° 56.97'	+1 09	+0 03	+1 02	-0 49	0.2	0.2	0.0	---	0.3	351°	0.0	---	0.3	181°
	do.	16	33° 59.92'	77° 56.97'	+1 24	+1 41	+1 39	+0 13	0.4	0.2	0.0	---	0.7	332°	0.1	251°	0.4	159°
6456	Reaves Point Channel	6	33° 59.08'	77° 55.85'	+0 52	+1 31	+1 41	+1 37	0.6	0.8	0.0	---	1.0	331°	0.1	256°	1.6	160°
	do.	16	33° 59.08'	77° 55.85'	+2 04	+1 08	+1 41	+2 17	0.8	0.8	0.0	---	1.3	009°	0.0	---	1.6	195°
	do.	26	33° 59.08'	77° 55.85'	+1 50	+2 06	+1 35	+2 19	0.7	0.9	0.0	---	1.1	017°	0.0	---	1.7	192°
6461	Reaves Point, 0.8 mile northeast of	6	34° 00.43'	77° 56.47'	+2 27	+1 47	+1 41	+1 52	0.8	0.7	0.0	---	1.5	020°	0.0	---	1.6	194°
	do.	16	34° 00.43'	77° 56.47'	+2 14	+1 42	+1 39	+2 25	0.8	0.7	0.1	099°	1.4	021°	0.1	099°	1.5	197°
	do.	26	34° 00.43'	77° 56.47'	+2 09	+1 33	+1 53	+2 28	0.7	0.5	0.0	---	1.2	017°	0.1	103°	1.4	196°
6466	Reaves Point, 0.4 mile north of	6	34° 00.37'	77° 57.15'	+2 41	+2 04	+2 01	+2 10	0.8	0.4	0.0	---	1.4	027°	0.0	---	1.0	167°
	do.	16	34° 00.37'	77° 57.15'	+2 21	+1 46	+2 04	+2 19	0.5	0.4	0.0	---	0.8	011°	0.0	---	0.9	198°
	do.	26	34° 00.37'	77° 57.15'	+1 25	+2 48	+2 16	+1 26	0.5	0.4	0.0	---	0.9	050°	0.1	117°	0.7	191°
6471	Snows Cut, Intracoastal Waterway	6	34° 03.38'	77° 53.93'	+6 27	+5 13	+6 59	+5 27	0.7	0.5	0.0	---	1.2	080°	0.1	350°	1.0	264°
6476	Myrtle Sound, Intracoastal Waterway	6	34° 04.20'	77° 53.40'	+6 44	+5 58	+6 59	+5 45	0.7	0.6	0.0	---	1.2	017°	0.0	---	1.1	195°
6481	Upper Midnight channel	6	34° 01.72'	77° 56.43'	+2 06	+1 32	+1 47	+1 32	1.0	1.0	0.0	---	1.7	028°	0.0	---	2.0	174°
6486	Doctor Point, 0.6 mile NNW of	6	34° 04.72'	77° 55.95'	+2 42	+2 10	+1 46	+2 31	0.9	1.0	0.0	---	1.6	015°	0.1	097°	2.0	192°
	do.	16	34° 04.72'	77° 55.95'	+2 30	+2 03	+1 59	+2 22	0.9	0.8	0.0	---	1.5	006°	0.0	---	1.6	177°
6491	Campbell Island, east side	6	34° 04.72'	77° 56.18'	+2 12	+2 18	+2 04	+2 22	0.9	0.7	0.1	099°	1.5	327°	0.0	---	1.4	193°
	do.	16	34° 07.22'	77° 56.18'	+2 56	+2 33	+2 02	+2 39	0.8	0.7	0.0	---	1.5	020°	0.0	---	1.4	182°
	do.	26	34° 07.22'	77° 56.18'	+2 28	+2 15	+2 13	+2 32	0.8	0.5	0.0	---	1.4	003°	0.0	---	1.3	185°
6496	Dram Tree Point, 0.5 mile SSE of *Brunswick River*	6	34° 11.53'	77° 57.45'	+2 21	+2 34	+2 18	+2 34	0.7	0.5	0.0	---	1.2	004°	0.0	---	1.0	181°
		16			+3 26	+3 35	+2 22	+3 31	0.8	0.7	0.0	---	1.4	006°	0.0	---	1.3	181°
6501	0.4 mile north of	6	34° 10.87'	77° 57.95'	+3 12	+1 40	+1 51	+1 22	0.5	0.6	0.0	---	0.8	290°	0.1	200°	1.2	118°
6506	1.8 miles north of mouth	16	34° 10.87'	77° 57.95'	+3 04	+1 52	+1 53	+1 42	0.5	0.5	0.0	---	0.8	301°	0.0	---	1.0	127°
6511	Wilmington	6	34° 12.33'	77° 58.47'	+3 18	+2 34	+1 59	+2 52	0.3	0.4	0.0	---	0.5	354°	0.0	---	0.8	170°
	do.	6	34° 14.20'	77° 57.17'	+3 52	+4 07	+2 48	+3 07	0.8	0.7	0.0	---	1.4	337°	0.0	---	1.4	153°
6516	Point Peter	20	34° 14.20'	77° 57.17'	+3 40	+3 34	+2 37	+3 37	0.8	0.6	0.0	---	1.3	341°	0.0	---	1.4	164°
6521	Turning Basin, Northeast River	6	34° 14.53'	77° 57.50'	+5 15	+5 19	+4 10	+5 07	0.4	0.4	0.0	---	0.6	307°	0.0	---	0.7	124°
	do.	6	34° 14.85'	77° 57.23'	+4 08	+4 13	+3 11	+3 52	0.4	0.4	0.0	---	0.6	021°	0.0	---	0.7	207°
	do.	20	34° 14.85'	77° 57.23'	+4 03	+4 18	+3 13	+3 52	0.4	0.3	0.0	---	0.7	026°	0.0	---	0.7	200°
	NORTH CAROLINA COAST																	
6526	Frying Pan Shoals, off Cape Fear		33° 34'	77° 49'		See table 5.												
6531	Frying Pan Shoals Light, 14.3 mi. NW of		33° 28'	77° 34'		See table 5.												
	WINYAH BAY																	
6536	Winyah Bay entrance	6	33° 12.43'	79° 11.07'	+1 47	+1 35	+1 05	+1 20	1.1	1.0	0.0	---	1.9	320°	0.0	---	2.0	140°
6541	Range D, off Mosquito Creek	6	33° 14.65'	79° 12.35'	+2 00	+1 57	+1 13	+1 42	1.2	1.1	0.0	---	2.1	330°	0.0	---	2.2	130°
6546	Frazier Point, south of	6	33° 17.70'	79° 16.37'	+1 52	+1 52	+2 20	+1 59	1.1	0.5	0.0	---	1.8	320°	0.0	---	0.9	115°
6551	Frazier Point, west of	6	33° 18.58'	79° 17.20'	+2 23	+2 19	+2 01	+1 41	0.9	1.0	0.0	---	1.6	000°	0.0	---	2.0	170°
6556	Rabbit Island, northwest of	6	33° 20.37'	79° 16.88'	+2 39	+2 46	+2 14	+2 25	1.2	0.9	0.0	---	2.1	015°	0.0	---	1.8	215°
6561	Sampit River entrance	6	33° 21.08'	79° 16.82'	+1 33	+1 20	+1 39	+0 53	0.6	0.7	0.0	---	1.1	345°	0.0	---	1.3	135°
6566	Georgetown, Sampit River	6	33° 21.55'	79° 17.25'	+2 00	+1 18	+0 56	+0 52	0.5	0.5	0.0	---	0.8	275°	0.0	---	0.8	080°
6571	Pee Dee River, swing bridge	6	33° 22.12'	79° 15.83'	+3 03	+3 13	+1 57	+2 43	0.4	0.6	0.0	---	0.7	000°	0.0	---	0.9	210°
6576	Lafayette swing bridge, Waccamaw River	6	33° 22.23'	79° 15.12'	+3 23	+3 04	+1 56	+2 31	0.4	0.6	0.0	---	0.7	005°	0.0	---	1.2	200°
6581	Butler Island, 0.3 mile south of	20	33° 25.00'	79° 12.72'	+3 36	+3 34	+2 11	+2 55	0.4	0.5	0.0	---	0.6	030°	0.0	---	0.9	205°

Endnotes can be found at the end of table 2.

149

TABLE 2 – CURRENT DIFFERENCES AND OTHER CONSTANTS

No.	PLACE	Meter Depth (ft)	POSITION Latitude North	POSITION Longitude West	TIME DIFFERENCES Min. before Flood (h m)	TIME DIFFERENCES Flood (h m)	TIME DIFFERENCES Min. before Ebb (h m)	TIME DIFFERENCES Ebb (h m)	SPEED RATIOS Flood	SPEED RATIOS Ebb	Minimum before Flood knots	Minimum before Flood Dir.	Maximum Flood knots	Maximum Flood Dir.	Minimum before Ebb knots	Minimum before Ebb Dir.	Maximum Ebb knots	Maximum Ebb Dir.
	SOUTH CAROLINA COAST Time meridian, 75° W				\multicolumn{4}{c}{on Charleston Harbor, p.60}											
6586	North Santee River entrance	6	33° 08.15'	79° 14.45'	+1 00	+0 33	+0 03	−0 01	0.9	0.9	0.0	--	1.5	010°	0.0	--	1.8	165°
6591	South Santee River entrance	5	33° 07.2'	79° 16.5'	+0 20	+0 38	+0 27	+0 15	0.9	0.8	0.0	--	1.5	045°	0.0	--	1.6	240°
6596	Cape Romain		--	--		See table 5.												
6601	Capers Inlet		--	--		See table 5.												
6606	Charleston Entrance, 37 miles east of		32° 42'	79° 06'		See table 5.												
6611	Charleston Lighted Whistle Buoy 2C		32° 41'	79° 43'		See table 5.												
	CHARLESTON HARBOR																	
6616	Fort Sumter Range, Buoy "2"		32° 40.98'	79° 43.56'	−1 05	−0 51	−1 11	−1 03	0.2	0.2	0.2	194°	0.3	280°	0.2	023°	0.4	104°
6621	Fort Sumter Range, Buoy "4"		32° 41.86'	79° 45.34'	−0 49	−0 59	−1 10	−0 38	0.3	0.3	0.1	202°	0.5	289°	0.1	026°	0.4	117°
6626	Fort Sumter Range, Buoy "8"		32° 42.90'	79° 47.54'	−0 15	−0 16	+0 17	+0 24	0.4	0.5	0.1	204°	0.6	299°	0.1	038°	0.9	128°
6631	Fort Sumter Range, Buoy "14"		32° 43.46'	79° 48.60'	−0 10	−0 04	+0 16	+0 01	0.6	0.8	0.1	193°	1.1	287°	0.1	019°	1.5	116°
6636	North Jetty, 0.8 mile southeast of <36>		32° 43.05'	79° 48.00'	−0 06	−0 48	−1 09	−0 16	0.2	0.6	0.1	202°	0.4	295°	0.1	358°	1.1	110°
6641	Charleston Hbr. ent. (between jetties)		32° 44.00'	79° 50.00'	−0 01	+0 04	+0 05	+0 01	1.1	0.9	0.1	--	1.8	320°	0.1	--	1.8	121°
6646	Fort Sumter Range, Buoy "20"		32° 44.43'	79° 50.67'	−0 33	−0 15	−0 33	−0 09	0.9	0.7	0.1	--	1.6	305°	0.1	--	1.8	128°
6651	South Jetty, break in		32° 43.87'	79° 51.02'	+0 38	+0 31	−0 06	−0 51	0.7	1.4	0.0	--	1.2	002°	0.0	040°	2.8	204°
6656	CHARLESTON HARBOR (off Fort Sumter)		32° 45.36'	79° 52.22'		Daily predictions	+0 22				0.0	--	1.2	--	0.0	--	2.0	127°
6661	Ft. Sumter, 0.6 n.mi. NW of		32° 45.67'	79° 52.03'	−0 05	−0 03	−0 01	−0 24	0.9	0.9	0.2	212°	1.7	313°	0.1	233°	2.0	138°
6666	South Chan., 0.8 mi. ENE of Ft. Johnson		32° 45.52'	79° 53.08'	+0 43	+0 11	−0 12	+0 13	0.5	1.3	0.1	220°	1.6	322°	0.0	--	2.6	115°
6671	South Chan., 0.4 mi. NW of Ft. Johnson		32° 45.48'	79° 54.38'	+1 10	+0 58	+0 16	+0 03	0.8	1.0	0.0	275°	0.8	282°	0.0	--	1.9	104°
6676	Sullivans I., 0.7 mi. NE of Ft. Sumter		32° 45.72'	79° 52.05'	+0 17	+0 37	+0 01	−0 03	0.8	0.8	0.0	--	0.7	342°	0.0	--	1.5	132°
6681	Castle Pinckney, 0.4 mile south of		32° 46.02'	79° 54.70'	+0 40	+1 00	+0 14	+0 58	0.5	0.9	0.0	--	1.4	304°	0.0	--	1.7	098°
6686	South Channel, Buoy "32"		32° 45.73'	79° 54.66'	−0 01	+0 04	+0 18	−0 02	0.5	0.7	0.1	219°	0.8	305°	0.1	026°	1.3	125°
6691	Castle Pinckney, 0.6 mile southwest of		32° 45.98'	79° 55.17'	+1 21	+1 20	+0 24	+0 40	0.4	0.7	0.0	--	0.7	318°	0.0	--	1.3	156°
6696	Shutes Folly Island, 0.4 mile west of		32° 46.58'	79° 55.25'	+1 02	+0 59	+0 20	+0 08	0.5	1.1	0.0	--	0.8	028°	0.0	--	2.2	164°
6701	Customhouse Reach, off Customhouse		32° 46.77'	79° 55.35'	+0 49	+1 03	+0 59	+0 23	0.6	0.9	0.1	--	0.8	009°	0.1	098°	1.3	190°
6706	Customhouse Reach		32° 46.95'	79° 55.20'	+0 46	+0 37	−0 37	−0 15	0.6	0.7	0.0	--	1.0	005°	0.0	--	1.8	153°
6711	Town Creek Lower Reach		32° 47.55'	79° 55.47'	+0 34	+0 24	−0 02	−0 07	0.7	1.1	0.0	--	1.1	335°	0.0	--	2.5	172°
6716	Town Creek, 0.2 mile above bridge		32° 48.32'	79° 55.47'	+1 06	+0 54	+0 03	+0 03	0.4	1.3	0.0	--	0.8	002°	0.0	--	2.5	166°
6721	Rebellion Reach, 0.8 n.mi. N. of Ft. Sumter		32° 45.98'	79° 52.40'	−0 06	−0 27	−0 25	−0 48	0.4	0.4	0.1	240°	0.7	329°	0.0	--	0.8	143°
6726	The Cove, entrance on the Cove Range		32° 46.05'	79° 52.32'	+0 28	+1 14	+0 06	+0 10	0.7	0.5	0.0	--	1.2	346°	0.0	--	0.9	151°
6731	Hog Island Channel		32° 46.87'	79° 52.58'	−0 39	−0 03	−0 29	−0 20	0.5	0.4	0.0	--	0.8	325°	0.0	--	0.8	125°
6736	Folly I. Channel, N of Ft. Johnson		32° 46.18'	79° 54.07'	−1 09	−0 03	−0 04	−0 59	0.7	0.6	0.0	--	0.8	301°	0.0	--	1.1	104°
6741	Folly Reach, Buoy "5"		32° 46.58'	79° 53.95'	+0 02	+0 35	−0 18	−0 13	0.7	0.8	0.1	205°	1.2	292°	0.1	037°	1.6	110°
6746	Shutes Reach, Buoy "8"		32° 46.93'	79° 54.65'	+0 18	+0 22	+0 15	−0 25	0.7	0.8	0.0	--	1.3	315°	0.0	--	1.5	136°
6751	Horse Reach		32° 47.17'	79° 54.90'	+0 36	+0 28	−0 12	−0 09	0.8	0.9	0.0	--	1.4	350°	0.0	--	1.9	146°
6756	Hog Island Reach, Buoy "12"		32° 47.67'	79° 54.90'	+0 13	+0 28	−0 14	−0 12	0.8	0.8	0.0	--	1.2	012°	0.1	103°	1.8	193°
6761	Drum Island, 0.4 mile SSE of		32° 47.67'	79° 55.25'	+0 34	+0 53	−0 11	−0 02	0.7	0.7	0.0	--	1.3	011°	0.0	--	1.8	155°
6766	Drum Island, east of (bridge)		32° 48.27'	79° 54.92'	+0 42	+0 44	+0 15	−0 06	0.7	0.8	0.0	--	1.2	020°	0.0	--	1.9	183°
6771	Hog Island Reach, SW of Remley Point		32° 48.71'	79° 54.72'	+0 30	+0 44	+0 43	+0 51	0.7	0.8	0.0	--	1.1	030°	0.0	--	2.0	210°
6776	Drum Island Reach, off Drum I., Buoy "45"		32° 48.97'	79° 55.37'	+0 26	+1 00	+1 06	+1 00	0.4	0.5	0.0	--	0.6	312°	0.0	--	1.0	133°
	Cooper River																	
6781	Drum Island, 0.2 mile above		32° 49.18'	79° 55.75'	+1 12	+1 09	+0 01	+0 37	0.6	1.2	0.0	--	1.1	332°	0.0	--	2.4	152°
6786	Daniel Island Reach, Buoy "48"		32° 49.63'	79° 55.73'	+1 01	+1 29	+0 53	+0 55	0.7	0.7	0.0	--	1.2	006°	0.1	278°	1.3	182°
6791	Shipyard Creek entrance <37>		32° 49.80'	79° 56.10'	+0 41	+1 06	−0 29	+0 09	0.3	0.8	0.0	--	0.5	--	0.0	--	1.5	197°
6796	Daniel Island Reach		32° 49.97'	79° 55.80'	+1 29	+1 49	+0 42	+0 51	0.8	1.2	0.0	--	1.3	352°	0.0	--	2.3	190°
6801	Daniel Island Bend		32° 50.90'	79° 55.75'	+0 55	+1 29	+0 55	+0 39	0.7	1.1	0.0	--	1.2	335°	0.1	260°	2.1	153°
6806	Daniel Island Bend, west side of <55>		32° 50.85'	79° 56.00'	--	--	--	−0 01	--	0.5	0.0	--	--	--	0.0	--	1.0	144°
6811	North Charleston		32° 51.82'	79° 57.53'	+1 26	+2 28	+1 04	−0 17	0.6	0.9	0.0	--	1.1	335°	0.0	--	1.7	142°
6816	Filbin Creek Reach		32° 53.32'	79° 57.92'	+1 31	+2 06	+1 08	+1 27	0.7	0.9	0.0	--	1.2	006°	0.0	--	2.0	180°
6821	Filbin Creek Reach, 0.2 mile east of		32° 53.28'	79° 57.63'	+1 16	+1 47	+0 32	−0 29	0.4	0.7	0.0	--	0.6	002°	0.0	--	1.4	197°
6826	Filbin Creek Reach, Buoy "58"		32° 53.78'	79° 57.67'	+1 18	+2 04	+1 24	+1 09	0.6	0.9	0.0	--	1.1	031°	0.0	--	1.3	214°
6831	Ordnance Reach		32° 54.38'	79° 57.17'	+1 35	+2 34	+1 05	+1 07	0.4	0.6	0.0	--	1.0	062°	0.0	--	2.2	242°
6836	Yellow House Creek		32° 54.53'	79° 56.18'	+2 06	+2 41	+0 57	+1 12	0.4	0.7	0.0	--	0.7	088°	0.0	--	1.4	270°
6841	Yellow House Landing, 1 mile NW of		32° 55.18'	79° 55.83'	+2 26	+2 43	+0 58	+1 06	0.4	0.9	0.0	--	0.7	334°	0.0	--	1.8	170°

Endnotes can be found at the end of table 2.

TABLE 2 – CURRENT DIFFERENCES AND OTHER CONSTANTS

No.	PLACE	Meter Depth (ft)	POSITION Latitude North	POSITION Longitude West	TIME DIFFERENCES Min. before Flood (h m)	TIME DIFFERENCES Flood (h m)	TIME DIFFERENCES Min. before Ebb (h m)	TIME DIFFERENCES Ebb (h m)	SPEED RATIOS Flood	SPEED RATIOS Ebb	AVERAGE SPEEDS AND DIRECTIONS Minimum before Flood knots	AVERAGE SPEEDS AND DIRECTIONS Minimum before Flood Dir.	AVERAGE SPEEDS AND DIRECTIONS Maximum Flood knots	AVERAGE SPEEDS AND DIRECTIONS Maximum Flood Dir.	AVERAGE SPEEDS AND DIRECTIONS Minimum before Ebb knots	AVERAGE SPEEDS AND DIRECTIONS Minimum before Ebb Dir.	AVERAGE SPEEDS AND DIRECTIONS Maximum Ebb knots	AVERAGE SPEEDS AND DIRECTIONS Maximum Ebb Dir.
	CHARLESTON HARBOR–cont. Time meridian, 75° W					on Charleston Harbor, p.60												
	Cooper River–cont.																	
6846	Woods Point, SE of		32° 55.55'	79° 55.97'	+1 48	+1 55	+1 55	+2 09	0.5	0.5	0.0	– –	0.8	334°	0.1	067°	1.0	157°
6851	Woods Point		32° 55.90'	79° 56.30'	+2 41	+3 02	+1 11	+1 43	0.5	0.7	0.0	– –	0.9	002°	0.0	– –	1.4	201°
6856	Snow Point, 0.5 mile north of		32° 57.1'	79° 55.8'	+2 15	+2 36	+1 48	+1 33	0.6	0.7	0.0	– –	1.1	010°	0.0	– –	1.4	210°
6861	Back River entrance		32° 58.1'	79° 56.0'	+0 46	+0 45	+0 48	+0 34	0.6	0.6	0.0	– –	1.0	252°	0.0	– –	1.2	067°
6866	Amoco Pier, off		32° 57.55'	79° 55.08'	+2 09	+2 49	+2 10	+1 48	0.4	0.5	0.1	292°	0.7	024°	0.1	297°	0.9	191°
6871	Moreland, 0.5 n.mi. below		33° 00.03'	79° 54.28'	+2 39	+2 58	+2 28	+2 19	1.1	1.0	0.0	– –	1.9	036°	0.0	– –	2.0	216°
6876	Hagan Island, 1 n.mi. below		33° 02.00'	79° 54.80'	+2 39	+3 52	+2 27	+1 37	0.8	0.7	0.1	048°	1.3	308°	0.0	– –	1.4	134°
6881	The Tee		33° 03.80'	79° 55.78'	+4 22	+4 20	+2 29	+3 20	0.6	0.9	0.0	– –	1.0	280°	0.0	– –	1.7	098°
6886	The Tee, 0.4 mile southwest of		33° 03.95'	79° 55.38'	+3 00	+3 09	+2 36	+1 43	0.6	0.5	0.1	075°	0.9	339°	0.1	253°	1.0	161°
6891	Childsbury, S.A.L. RR. bridge		33° 05.63'	79° 56.55'	+4 43	+4 27	+2 15	+3 34	0.4	0.9	0.0	– –	0.7	309°	0.0	– –	1.7	141°
6896	East Branch, 0.2 mile above entrance		33° 04.1'	79° 55.2'	+3 01	+3 07	+2 59	+3 06	1.1	0.9	0.0	– –	1.8	084°	0.0	– –	1.7	262°
6901	Bonneau Ferry, east of		33° 04.3'	79° 53.0'	+3 27	+3 10	+2 44	+3 36	0.4	0.4	0.0	– –	0.7	022°	0.0	– –	0.8	197°
	Wando River																	
6906	Remley Point, 0.2 mile northwest of		32° 48.97'	79° 54.57'	–0 14	–0 36	–0 20	–0 04	0.8	0.9	0.0	– –	1.3	028°	0.0	– –	1.8	191°
6911	Wando River Upper Reach, Turning Basin		32° 50.00'	79° 53.80'	–0 14	–0 12	–0 09	–0 09	0.6	0.6	0.0	– –	1.0	012°	0.0	– –	1.2	192°
6916	Rathall Creek entrance		32° 51.57'	79° 53.77'	+0 25	+0 35	+0 18	–0 18	0.8	0.9	0.0	– –	1.3	030°	0.0	– –	1.7	216°
6921	Horlbeck Creek, 0.2 mile above entrance		32° 53.1'	79° 50.7'	+0 28	+0 29	+0 31	+0 24	0.4	0.5	0.0	– –	0.7	026°	0.0	– –	0.9	218°
6926	Nowell Creek entrance		32° 52.7'	79° 52.5'	–0 02	+0 42	–0 12	–0 39	0.5	0.6	0.0	– –	0.7	350°	0.0	– –	1.1	171°
6931	Buoy "19", off Nowell Creek		32° 52.32'	79° 51.93'	–0 08	–0 06	+0 04	–0 19	0.5	0.5	0.0	– –	0.8	080°	0.0	– –	1.0	261°
6936	Horlbeck Creek, 2.5 miles north of		32° 55.1'	79° 50.3'	+0 30	+0 41	+0 26	–0 28	0.5	0.7	0.0	– –	0.8	015°	0.0	– –	1.3	207°
	Ashley River																	
6941	Battery, southwest of		32° 46.03'	79° 56.03'	+0 16	+0 09	–0 24	+0 03	0.7	0.9	0.0	– –	1.2	303°	0.0	– –	1.8	114°
6946	Wappoo Creek, off of		32° 46.38'	79° 57.00'	+0 07	–0 05	–0 06	–0 41	0.7	0.6	0.0	– –	1.1	315°	0.0	– –	1.1	136°
6951	Highway Bridge		32° 46.92'	79° 57.60'	–0 09	–0 30	–0 03	–0 18	0.7	0.6	0.0	– –	1.2	321°	0.0	– –	1.1	138°
6956	S.C.L. RR. bridge, 0.1 mile below		32° 47.73'	79° 58.40'	–0 06	+0 44	–0 12	–0 28	0.6	0.8	0.0	– –	1.2	353°	0.0	– –	1.2	150°
6961	S.C.L. RR. bridge, 1.5 miles above		32° 49.2'	79° 57.9'	+0 22	+0 19	+0 17	+0 09	0.7	0.5	0.0	– –	1.2	351°	0.0	– –	1.5	178°
6966	State Hwy. 7 bridge		32° 50.23'	79° 58.92'	+0 06	–0 04	+0 05	–0 05	0.6	0.5	0.0	– –	1.0	293°	0.0	– –	1.0	114°
6971	West Marsh Island, 0.1 mile east of		32° 49.7'	80° 00.5'	+0 23	+0 30	+0 14	–0 25	0.4	0.5	0.0	– –	0.7	250°	0.0	– –	1.0	086°
6976	Bees Ferry Bridge		32° 50.8'	80° 03.0'	+1 13	+0 44	+0 37	+0 22	1.1	1.2	0.0	– –	1.9	310°	0.0	– –	2.3	130°
	STONO RIVER																	
6981	Stono Inlet		32° 37.6'	79° 59.6'	–0 14	+0 44	–0 09	–0 45	1.1	1.4	0.0	– –	1.9	315°	0.0	– –	2.7	135°
6986	Snake Island		32° 38.4'	80° 01.2'	–0 44	–0 42	–0 30	–0 38	0.7	0.5	0.0	– –	1.1	347°	0.0	– –	1.0	179°
6991	Johns Island Airport, south of		32° 41.0'	80° 00.2'	–0 15	–0 46	–0 13	–0 34	0.9	0.8	0.0	– –	1.5	007°	0.0	– –	1.6	192°
6996	Johns Island Bridge	12	32° 45.2'	80° 00.0'	+0 40	+0 21	+0 33	+0 10	0.5	0.5	0.0	– –	0.8	358°	0.0	– –	1.0	182°
7001	Elliott Cut, west end	14	32° 46.0'	80° 00.0'	+0 10	–1 00	–0 46	+0 18	0.9	1.0	0.0	– –	1.6	260°	0.0	– –	1.9	080°
7006	Johns Island	12	32° 47.2'	80° 06.4'	–0 24	0 34	+0 29	–0 32	0.4	0.4	0.0	– –	0.6	249°	0.0	– –	0.8	068°
7011	Pleasant Point	12	32° 45.0'	80° 08.0'	+2 04	+1 48	+3 54	+3 37	0.3	0.4	0.0	– –	0.4	008°	0.0	– –	0.7	196°
						+1 39			0.1		0.0	– –	0.2	006°				
						+5 05			0.4		0.0	– –	0.7	011°				
	SOUTH CAROLINA COAST–cont.																	
7016	Folly Island, 3.5 miles east of		32° 38.4'	79° 50.5'	See table 5.													
7021	Folly Island, 2.0 miles east of		32° 39.4'	79° 52.1'	See table 5.													
7026	Deveaux Banks, off North Edisto River entrance	12	32° 32.7'	80° 09.4'	–0 16	–0 01	–0 04	–0 26	0.8	1.0	0.1	042°	1.4	306°	0.1	072°	2.0	126°
7031	North Edisto River entrance		32° 33.7'	80° 11.2'	+0 56	+1 10	+1 11	+0 43	1.7	1.9	0.0	– –	2.9	332°	0.0	– –	3.7	142°
7036	Wadmalaw Island, Wadmalaw River entrance	12	32° 39.9'	80° 14.1'	–1 02	+0 11	+0 06	–1 29	0.7	0.4	0.0	– –	1.1	355°	0.0	– –	1.6	165°
7041	Goshen Point, SE of, Wadmalaw River	12	32° 42.6'	80° 10.3'	+0 51	+2 18	+1 47	+1 48	0.5	0.4	0.0	– –	0.8	059°	0.0	– –	0.7	249°
7046	Goshen Point, south of, Wadmalaw River	12	32° 42.8'	80° 11.2'	+1 24	+2 03	+1 35	+1 53	0.4	0.4	0.0	– –	0.6	048°	0.0	– –	1.0	235°
7051	White Point, south of, Dawho River	12	32° 37.5'	80° 16.9'	+0 31	+0 02	+1 35	+0 15	0.5	0.3	0.0	– –	0.8	234°	0.0	– –	0.6	044°
7056	Whooping Island, Dawho River	12	32° 38.2'	80° 20.4'	+1 36	+0 36	–0 09	+1 37	0.5	0.3	0.0	– –	0.8	246°	0.0	– –	0.6	070°
7061	South Edisto River entrance	12	32° 29.3'	80° 20.9'	+0 19	–0 14	–0 09	+0 24	1.1	1.1	0.0	– –	1.8	350°	0.0	– –	2.2	146°
7066	Pine Island, South Edisto River	15	32° 30.4'	80° 21.7'	0 00	–0 09	+0 12	+0 37	0.7	0.5	0.0	– –	1.2	345°	0.0	– –	1.0	163°

Endnotes can be found at the end of table 2.

TABLE 2 – CURRENT DIFFERENCES AND OTHER CONSTANTS

No.	PLACE	Meter Depth (ft)	POSITION Latitude North	POSITION Longitude West	TIME DIFFERENCES Min. before Flood (h m)	TIME DIFFERENCES Flood (h m)	TIME DIFFERENCES Min. before Ebb (h m)	TIME DIFFERENCES Ebb (h m)	SPEED RATIOS Flood	SPEED RATIOS Ebb	AVERAGE SPEEDS AND DIRECTIONS Minimum before Flood (knots)	Dir.	Maximum Flood (knots)	Dir.	Minimum before Ebb (knots)	Dir.	Maximum Ebb (knots)	Dir.
	SOUTH CAROLINA COAST—cont. Time meridian, 75° W				on Charleston Harbor, p.60													
7071	Fenwick Island Cut, South Edisto River	15	32° 32.1'	80° 24.8'	−2 43	−0 55	−3 20	−1 26	0.4	0.4	0.0	— —	0.8	220°	0.0	— —	0.8	023°
7076	Sampson Island, S end, South Edisto River	15	32° 33.8'	80° 23.5'	+0 59	0 34	+0 59	+0 52	0.8	0.8	0.0	— —	1.4	037°	0.0	— —	1.5	244°
7081	Sampson Island, NE end, South Edisto River	15	32° 37.0'	80° 23.2'	+1 35	+1 15	+1 02	+0 52	0.8	0.8	0.0	— —	1.4	334°	0.0	— —	1.5	156°
7086	Jehossee Island, S tip, South Edisto River	15	32° 36.2'	80° 25.2'	+1 44	+0 48	+0 53	+0 05	0.7	0.7	0.0	— —	1.2	275°	0.1	352°	1.4	069°
7091	Smuggedy Swamp, South Edisto River	6	32° 39.6'	80° 24.7'	+2 26	+1 14	+1 01	+2 25	0.5	0.7	0.0	— —	0.8	349°	0.0	— —	1.4	166°
7096	Hutchinson Island, Ashepoo River	10	32° 31.9'	80° 26.1'	+1 21	+1 14	+0 54	+0 56	0.6	0.7	0.1	349°	1.1	278°	0.0	— —	1.3	068°
7101	Ashepoo Coosaw Cutoff	6	32° 31.5'	80° 27.2'	+1 22	+0 36	+0 56	+1 12	0.6	0.8	0.0	— —	0.8	065°	0.0	— —	1.3	265°
7106	Pelican Bank, St. Helena Sound	15	32° 27.3'	80° 25.7'	+0 05	−0 33	+0 17	−0 35	0.9	0.8	0.0	— —	1.5	300°	0.0	— —	1.6	118°
7111	Ashepoo River, off Jefford Creek entrance	15	32° 30.4'	80° 24.6'	+1 04	+0 46	+1 00	+0 43	0.8	0.8	0.0	— —	1.5	016°	0.0	— —	1.6	197°
7116	Egg Bank, St. Helena Sound	10	32° 26.1'	80° 26.6'	−0 12	−1 24	−0 06	−0 20	0.8	0.8	0.0	— —	1.3	329°	0.1	053°	1.5	128°
7121	Morgan Island, NE of, Coosaw River	15	32° 29.3'	80° 28.4'	+0 28	−0 27	+0 36	+0 19	0.8	1.0	0.0	— —	1.4	303°	0.1	205°	1.8	125°
7126	Ashe Island Cut, SW of, Coosaw River	15	32° 30.6'	80° 30.3'	+0 32	−0 09	+0 43	+0 31	0.6	0.6	0.0	— —	1.0	325°	0.0	— —	1.4	134°
7131	Ashe Island Cut, St. Helena Sound	6	32° 31.2'	80° 29.3'	+0 31	+1 41	+1 01	−0 13	0.5	0.4	0.0	— —	0.8	232°	0.0	— —	0.8	034°
7136	Combahee River	8	32° 31.6'	80° 32.2'	+0 55	+0 59	+1 04	+0 53	0.6	0.8	0.0	— —	1.0	335°	0.0	— —	1.5	147°
7141	Combahee River	15	32° 33.0'	80° 33.8'	+1 36	+1 35	+1 33	+1 03	0.8	1.0	0.0	— —	1.3	280°	0.0	— —	2.0	073°
7146	Parrot Creek, Coosaw Island	15	32° 28.4'	80° 32.7'	+0 12	−0 48	+0 24	−0 54	0.7	0.8	0.0	— —	1.2	355°	0.0	— —	1.7	175°
7151	Morgan Island, North end, Coosaw River	15	32° 30.2'	80° 32.2'	+0 34	−0 41	+0 27	−0 30	0.8	0.9	0.0	— —	1.4	271°	0.0	— —	1.7	085°
7156	Williman Creek	15	32° 33.7'	80° 35.5'	+0 40	+1 27	+1 02	+0 04	0.6	0.8	0.0	— —	1.0	343°	0.0	— —	1.6	160°
7161	Coosaw Island, South of, Morgan River	10	32° 31.2'	80° 35.0'	+0 31	+0 55	+0 15	+0 03	0.7	0.7	0.0	— —	1.2	252°	0.0	— —	1.4	058°
7166	Sams Point, Northwest of, Coosaw River	10	32° 29.6'	80° 35.6'	+0 34	+0 36	+0 31	+0 24	0.5	0.6	0.0	— —	0.8	292°	0.0	— —	1.1	117°
7171	Whale Branch River	10	32° 31.6'	80° 41.5'	+1 12	−0 09	+0 51	−0 09	0.5	0.7	0.0	— —	0.8	295°	0.0	— —	1.3	111°
7176	Fripps Inlet, Fripps Island	15	32° 20.4'	80° 27.9'	−0 29	+1 12	−0 22	−1 29	0.7	0.6	0.0	— —	1.2	299°	0.0	— —	1.2	104°
7181	Martins Industry, 5 miles outside		32° 06'	80° 28'		See table 5.												
	PORT ROYAL SOUND																	
7186	Southeast Channel entrance	15	32° 08'	80° 35'	−0 30	−0 38	−0 09	−0 12	0.8	0.8	0.0	— —	1.3	310°	0.0	— —	1.6	150°
7191	Port Royal Plantation Tower, east of	15	32° 13.4'	80° 39.4'	−0 33	−0 16	−0 19	−0 16	0.9	1.0	0.0	— —	1.5	347°	0.2	071°	1.9	147°
7196	Bay Point Island, S of, Broad River entrance	15	32° 14.0'	80° 37.8'	+0 39	−1 09	+0 06	+0 46	0.7	0.9	0.1	238°	1.2	320°	0.0	— —	1.7	128°
7201	Broad River Entrance, Point Royal Sound	15	32° 13.9'	80° 38.4'	+0 36	+0 21	+0 32	−0 25	1.0	0.9	0.1	234°	1.7	324°	0.2	041°	1.7	138°
7206	Hilton Head		32° 15'	80° 40'	+0 16	+0 49	+0 32	+0 01	1.1	0.9	0.0	— —	1.8	324°	0.0	— —	1.7	146°
7211	Beaufort River Entrance	15	32° 17.3'	80° 39.1'	+0 19	+1 11	+0 20	−0 03	0.7	0.8	0.0	— —	1.3	010°	0.0	— —	1.4	195°
7216	Parris Island, SE of, Broad River	10	32° 19.6'	80° 39.4'	+0 29	+1 12	+0 23	0 00	0.6	0.7	0.0	— —	1.0	356°	0.0	— —	1.5	175°
7221	Chowan Creek	15	32° 22.2'	80° 38.3'	+0 56	+1 53	+0 51	−0 34	0.7	0.8	0.0	— —	0.9	039°	0.0	— —	1.3	246°
7226	Parris Island, Beaufort River	15	32° 21.6'	80° 40.5'	+0 22	+1 19	+0 22	−0 22	0.6	0.6	0.0	— —	1.2	341°	0.0	— —	1.4	149°
7231	Beaufort River	15	32° 24.2'	80° 40.3'	+1 04	+1 19	+1 01	+0 33	0.7	0.7	0.1	286°	0.9	012°	0.0	— —	1.0	200°
7236	Beaufort, Beaufort River	15	32° 25.8'	80° 40.6'	+0 55	+1 18	+1 08	+0 17	0.5	0.5	0.0	— —	0.9	073°	0.0	— —	1.1	257°
7241	Beaufort Airport, Beaufort River	15	32° 27.0'	80° 39.8'	+1 25	+1 39	+1 21	+1 08	0.7	0.5	0.0	— —	0.9	333°	0.0	— —	1.2	152°
7246	Brickyard Creek	10	32° 28.4'	80° 41.5'	+1 48	+0 30	+2 50	+2 58	0.5	0.4	0.0	— —	0.8	351°	0.0	— —	0.9	171°
7251	Skull Creek, north entrance	15	32° 15.8'	80° 44.5'	−1 50	−1 20	−1 58	−2 14	0.5	0.6	0.0	— —	0.7	222°	0.0	— —	0.8	035°
7256	Daws Island, SE of, Broad River	15	32° 18.1'	80° 43.5'	+0 46	+0 05	+0 39	+0 31	0.8	0.7	0.1	048°	1.4	330°	0.0	— —	1.5	150°
7261	Parris Island Lookout Tower, Broad River	10	32° 18.7'	80° 42.4'	+0 39	−0 07	+0 29	+0 16	0.7	0.8	0.0	— —	1.1	339°	0.1	048°	1.4	152°
7266	Daws Island, south of, Chechessee River	15	32° 17.2'	80° 44.6'	+0 31	−0 22	+0 34	+0 31	0.6	0.7	0.1	232°	1.0	317°	0.0	— —	1.3	142°
7271	Lemon Island South, Chechessee River	10	32° 21.0'	80° 48.4'	+0 33	+1 19	+0 39	−0 02	0.6	0.8	0.0	— —	0.9	359°	0.0	— —	1.5	175°
7276	Broad River Bridge, S of, Broad River	15	32° 22.9'	80° 46.6'	+0 52	−0 15	+0 49	+0 07	0.6	0.8	0.0	— —	1.1	341°	0.0	— —	1.6	156°
7281	Byrd Creek Entrance, SE of, Broad River	12	32° 27.4'	80° 49.1'	+1 27	+0 51	+1 32	+0 52	0.6	0.5	0.0	— —	0.9	354°	0.0	— —	1.0	174°
7286	Little Barnwell I., E of, Whale Branch River	6	32° 30.1'	80° 47.2'	+1 41	+3 03	+1 54	+0 40	0.6	0.4	0.0	— —	1.0	354°	0.0	— —	0.8	175°
	CALIBOGUE SOUND				on Savannah River Entrance, p.64													
7291	Braddock Point, SW of, Calibogue Sound	10	32° 06.3'	80° 50.2'	−0 15	−0 16	−0 04	−1 04	0.8	1.0	0.0	— —	1.6	006°	0.1	095°	2.0	183°
7296	Haig Point Light, NW of, Cooper River	10	32° 08.9'	80° 50.5'	−0 51	−0 05	−0 40	−1 12	0.4	0.7	0.0	— —	0.8	278°	0.0	— —	1.4	094°
7301	Ramshorn Creek Light, E of, Cooper River	6	32° 07.8'	80° 52.9'	+0 06	−0 53	+0 15	−1 17	0.5	0.7	0.0	— —	1.0	280°	0.0	— —	1.4	098°
7306	Spanish Wells, Calibogue Sound	30	32° 11.2'	80° 47.1'	−0 14	+0 51	+0 12	−1 10	0.7	0.5	0.0	— —	1.4	028°	0.0	— —	1.5	204°
7311	Skull Creek, south entrance	10	32° 13.4'	80° 47.4'	+0 38	+2 57	+1 23	+0 55	0.4	0.4	0.0	— —	0.7	053°	0.1	309°	0.9	231°
7316	MacKay Creek, south entrance	10	32° 13.2'	80° 47.4'	+0 06	+0 03	+0 12	−0 26	0.3	0.6	0.0	— —	0.7	033°	0.0	— —	1.2	212°

Endnotes can be found at the end of table 2.

TABLE 2 – CURRENT DIFFERENCES AND OTHER CONSTANTS

No.	PLACE	Meter Depth (ft)	POSITION Latitude North	POSITION Longitude West	TIME DIFFERENCES Min. before Flood (h m)	TIME DIFFERENCES Flood (h m)	TIME DIFFERENCES Min. before Ebb (h m)	TIME DIFFERENCES Ebb (h m)	SPEED RATIOS Flood	SPEED RATIOS Ebb	AVERAGE SPEEDS AND DIRECTIONS Minimum before Flood (knots)	AVERAGE SPEEDS AND DIRECTIONS Minimum before Flood Dir.	AVERAGE SPEEDS AND DIRECTIONS Maximum Flood (knots)	AVERAGE SPEEDS AND DIRECTIONS Maximum Flood Dir.	AVERAGE SPEEDS AND DIRECTIONS Minimum before Ebb (knots)	AVERAGE SPEEDS AND DIRECTIONS Minimum before Ebb Dir.	AVERAGE SPEEDS AND DIRECTIONS Maximum Ebb (knots)	AVERAGE SPEEDS AND DIRECTIONS Maximum Ebb Dir.
	NEW and WRIGHT RIVERS Time meridian, 75° W				on Savannah River Entrance, p.64													
7321	Bloody Pt., 0.5 mile north of, New River		32° 05.3'	80° 52.8'	-1 03	0 00	-0 53	-2 13	0.6	0.6	0.0	---	1.2	332°	0.0	---	1.3	147°
7326	Bloody Pt., 0.5 mile west of, New River		32° 04.9'	80° 53.0'	-0 47	-0 21	-0 36	-1 26	0.9	0.9	0.0	---	1.7	267°	0.0	---	1.8	092°
7331	Wright R., 0.2 mile above Walls Cut		32° 05.1'	80° 55.3'	-0 38	-0 16	-0 38	-1 16	0.6	0.9	0.0	---	1.2	332°	0.0	---	1.6	142°
7336	Fields Cut <39>		32° 05'	80° 57'			-2 00	-1 51		0.9							1.9	042°
7341	Walls Cut, Turtle Island	6	32° 04.9'	80° 55.0'	-2 29	-0 57	-1 12	-3 05	0.5	0.5	0.2	087°	1.0	294°	0.1	060°	0.9	100°
7346	Daufuskie Landing Light, south of	10	32° 06.1'	80° 53.9'	+0 07	+1 04	+0 02	-1 45	0.7	0.8	0.0	---	1.5	043°	0.0	---	1.7	226°
	SAVANNAH RIVER																	
7351	Savannah Light, 1.2 miles southeast of		31° 57'	80° 40'		See table 5.												
7356	SAVANNAH RIVER ENT. (between jetties)	11	32° 02.14'	80° 53.42'		Daily predictions												
7361	Fort Pulaski		32° 02.2'	80° 54.1'	+0 42	+0 51	+0 15	+0 09	0.9	1.5	0.0	---	2.0	286°	0.0	---	3.1	110°
7366	Fort Pulaski, 1.8 miles above		32° 02.7'	80° 55.9'	+0 25	+0 18	-0 01	+0 12	1.1	1.4	0.0	---	1.8	283°	0.0	---	3.1	098°
7371	Fort Pulaski, 4.8 miles above		32° 04.5'	80° 58.6'	+0 36	+0 31	+0 06	-0 16	1.1	1.5	0.0	---	2.2	316°	0.0	---	2.8	140°
7376	McQueen Island Cut		32° 03.9'	80° 59.2'	-2 39	-2 45	-1 04	-2 44	0.3	0.6	0.0	---	2.1	296°	0.0	---	3.0	116°
7381	Elba Island Cut, NE of, Savannah River	10	32° 04.4'	80° 57.9'	-0 26	+0 15	-0 37	-0 14	0.7	1.3	0.0	---	0.7	251°	0.0	---	2.6	069°
7386	Elba Island, NE of, Savannah River	10	32° 05.4'	80° 59.6'	+1 01	+0 40	-0 35	-0 27	0.6	1.2	0.1	202°	1.4	288°	0.1	183°	2.6	104°
7391	Elba Island, west of, Savannah River	10	32° 05.4'	81° 01.2'	+0 37	+0 52	-0 30	-0 53	0.5	0.8	0.0	---	1.1	329°	0.0	---	2.5	149°
7396	Fig Island, north of, Back River		32° 05.1'	81° 03.0'	+0 14	+1 06	-0 30	-1 00	0.5	0.7	0.0	---	0.9	219°	0.0	---	1.6	040°
7401	South Channel, western end		32° 05.3'	81° 01.0'	+0 42	+0 18	-0 25	-0 35	0.5	0.7	0.0	---	1.0	280°	0.0	---	1.5	094°
7406	Wilmington R. ent., south channel		32° 04.6'	81° 00.1'	+0 42	-0 36	-0 33	+1 25	0.6	0.8	0.0	---	1.0	300°	0.0	---	1.6	122°
7411	Savannah, southeast of highway bridge	10	32° 05.2'	81° 05.8'	+1 12	+0 45	-0 24	+0 05	0.8	1.3	0.0	---	1.1	032°	0.0	---	2.2	206°
7416	Savannah		32° 05'	81° 05'	+1 36	+0 45	+0 01	+0 18	0.8	1.1	0.0	---	1.1	319°	0.0	---	2.6	146°
7421	Kings Island Channel, Savannah River <68>	10	32° 07.6'	81° 08.2'	+1 21	+0 45	+0 06	-0 21	1.2	1.0	0.0	---	1.6	279°	0.0	---	2.2	106°
7426	Seaboard Coast Line Railroad		32° 06.2'	81° 07.1'	+1 06	+0 45	+0 29	+0 59	1.2	1.7	0.0	---	1.5	339°	0.0	---	2.1	152°
7431	King Island, west of	10	32° 07.4'	81° 08.1'	+1 21	+0 54	+0 33	+0 48	0.7	1.0	0.0	---	2.4	320°	0.0	---	3.5	150°
7436	Port Wentworth, 0.2 mile above		32° 08.8'	81° 08.4'	+2 00	+1 36	+0 24	+1 19	0.5	0.7	0.0	---	1.4	337°	0.0	---	2.0	160°
7441	Seaboard Coast Line Railroad		32° 13.9'	81° 08.7'									0.9	022°			1.5	210°
7446	Wassaw Island, N of E end, Wassaw Sound	10	31° 54.9'	80° 56.3'	-0 48	-0 50	-0 45	-1 33	0.7	1.0	0.1	015°	1.4	292°	0.0	---	2.1	108°
	WASSAW SOUND																	
7451	Entrance, off Beach Hammock		31° 56.5'	80° 55.9'	-0 41	-1 00	-0 54	-1 44	0.9	1.1	0.0	---	1.7	352°	0.0	---	2.2	156°
7456	Wilmington Island, SSE of, Bull River	10	31° 58.0'	80° 55.8'	-0 35	+0 38	-0 40	-2 00	0.4	0.7	0.0	---	0.7	035°	0.0	---	1.5	218°
7461	Lazaretto Creek Entrance, N of, Bull River	10	32° 00.0'	80° 55.7'	-0 37	0 00	-0 33	-2 04	0.5	0.7	0.0	---	1.0	015°	0.0	---	1.4	207°
7466	Bull River, 2 miles below hwy. bridge		32° 01.1'	80° 56.8'	-0 18	-0 18	-0 25	-1 57	0.6	0.8	0.0	---	1.1	327°	0.0	---	1.6	151°
7471	Entrance, off Wassaw Island		31° 55.0'	80° 56.8'	-0 46	-1 11	-0 42	-1 27	0.7	0.9	0.0	---	1.4	277°	0.0	---	1.8	105°
7476	Wilmington River ent. off Cabbage Island	10	31° 56.3'	80° 58.6'	-0 44	-0 36	-0 45	-1 51	0.6	0.8	0.0	---	1.2	323°	0.0	---	1.7	138°
7481	Joe's Cut, Wilmington River		31° 56.6'	80° 59.1'	-0 54	-0 48	-0 34	-1 44	0.5	0.7	0.1	208°	1.2	315°	0.1	---	2.1	123°
7486	Wilmington R., 0.5 mi. S of Turners Creek		32° 00.3'	81° 00.2'	-0 31	-0 10	-0 37	-1 51	0.5	0.7	0.0	---	1.0	344°	0.0	---	1.4	154°
7491	Thunderbolt, SE of, Wilmington River	10	32° 01.4'	81° 02.7'	-3 20	-2 14	-0 43	+0 25	0.3	0.5	0.0	---	0.8	298°	0.0	---	1.0	121°
7496	Oatland Island, north tip	10	32° 04.4'	81° 00.6'	-0 20	-1 04	-0 49	-2 32	0.3	0.5	0.0	---	0.6	317°	0.0	---	1.0	138°
7501	Skidaway River, north entrance		32° 00.5'	81° 01.0'	-0 46	-0 02	-0 46	-2 11	0.6	0.7	0.0	---	1.1	204°	0.0	---	1.4	016°
7506	Skidaway Island, N End, Wilmington River		32° 00.6'	81° 00.5'	-0 33	+0 16	-0 23	-1 49	0.6	0.6	0.1	225°	1.1	307°	0.0	---	1.9	119°
7511	Dutch Island, SE of, Skidaway River	10	31° 59.5'	81° 01.2'	-0 40	-0 30	-0 33	-2 02	0.5	0.6	0.0	---	1.0	245°	0.0	---	1.2	061°
7516	Isle of Hope City, SE of, Skidaway River	10	31° 58.6'	81° 02.8'	-0 17	0 00	-0 32	-1 40	0.2	0.3	0.0	---	0.5	268°	0.0	---	0.5	072°
7521	Isle of Hope City, SE of, Skidaway River	10	31° 58.8'	81° 03.3'	-0 34	-0 19	-0 19	-1 25	0.4	0.3	0.0	---	0.8	212°	0.0	---	0.6	028°
7526	Burntpot Island, west of, Skidaway River	6	31° 58.1'	81° 03.2'	-0 27	-0 41	-0 13	-1 03	0.5	0.5	0.0	---	1.0	194°	0.0	---	1.0	018°
7531	Skidaway Narrows		31° 57.2'	81° 03.9'	+0 03	-0 24	-0 26	-0 24	0.5	0.5	0.0	---	0.9	218°	0.0	---	0.8	042°
7536	Long Island, NNE of, Skidaway River	6	31° 57.4'	81° 03.6'	-0 13	-1 09	+1 02	+0 17	0.4	0.4	0.0	---	0.8	226°	0.0	---	0.8	047°
7541	Long Island, south of, Skidaway River	10	31° 56.6'	81° 04.4'	-4 25	-4 43	-6 07	-8 05	0.2	0.3	0.0	---	0.6	317°	0.0	---	1.0	138°
7546	Pigeon Island, SSE of, Skidaway River	10	31° 56.2'	81° 04.4'	-2 37	-2 43	-0 56	-2 16	0.2	0.5	0.0	---	0.5	075°	0.0	---	0.5	258°
7551	Burnside Island, SE of, Burnside River	10	31° 55.3'	81° 04.6'	-0 40	+0 53	-0 20	-2 05	0.4	0.6	0.0	---	0.9	331°	0.0	---	1.0	150°
7556	Little Don Island, east of, Vernon River	10	31° 52.2'	81° 04.4'	-0 17	-1 16	-0 03	-1 38	0.7	1.0	0.2	232°	1.4	316°	0.1	234°	1.5	153°
7561	Little Ogeechee River Entrance	10	31° 53.3'	81° 05.9'	-0 15	-0 59	-0 03	-1 06	0.7	1.0	0.0	---	1.3	259°	0.1	179°	2.1	071°
	...do	20	31° 53.3'	81° 05.9'	-0 30	-0 50	+0 05	-0 57	0.6	0.9	0.0	---	1.1	244°	0.0	---	1.9	073°

Endnotes can be found at the end of table 2.

TABLE 2 – CURRENT DIFFERENCES AND OTHER CONSTANTS

No.	PLACE	Meter Depth	POSITION		TIME DIFFERENCES				SPEED RATIOS		AVERAGE SPEEDS AND DIRECTIONS						
			Latitude	Longitude	Min. before Flood	Flood	Min. before Ebb	Ebb	Flood	Ebb	Minimum before Flood		Maximum Flood		Minimum before Ebb		Maximum Ebb	
		ft	North	West	h m	h m	h m	h m			knots	Dir.	knots	Dir.	knots	Dir.	knots	Dir.
	WASSAW SOUND—cont. Time meridian, 75° W				**on Savannah River Entrance, p.64**													
7566	Montgomery, Vernon River	6	31° 56.1'	81° 07.7'	-0 32	0 00	-0 24	-1 30	0.3	0.6	0.0	--	0.6	267°	0.0	--	1.1	089°
7571	Odingsell River Entrance	10	31° 52.1'	81° 00.0'	-0 54	+0 44	-0 48	-2 14	0.7	0.9	0.0	--	1.3	032°	0.1	127°	1.8	212°
	....do.	20	31° 52.1'	81° 00.0'	-1 19	+0 42	-0 42	-2 12	0.6	0.8	0.0	--	1.3	030°	0.0	--	1.6	210°
	OSSABAW SOUND																	
7576	Wassaw Island, SSW of	10	31° 51.4'	81° 00.5'	-0 26	-1 04	-0 27	-1 01	0.8	1.1	0.1	034°	1.6	316°	0.0	--	2.3	123°
	do.	20	31° 51.4'	81° 00.5'	-0 46	-0 58	-0 33	-1 01	0.7	0.9	0.0	--	1.4	312°	0.0	--	1.8	132°
7581	Bradley Point, NNE of	10	31° 49.9'	81° 02.3'	-0 48	-0 58	-0 48	-1 12	0.6	0.8	0.1	209°	1.3	302°	0.1	198°	1.7	125°
7586	Raccoon Key	10	31° 52.1'	81° 03.3'	-0 45	-1 23	-0 36	-1 35	0.9	0.9	0.1	033°	1.6	285°	0.1	198°	1.9	117°
7591	Little Wassaw Island, SW of	10	31° 52.2'	81° 03.0'	-1 05	-0 17	-0 21	-1 51	0.7	0.7	0.1	209°	1.7	282°	0.1	193°	1.4	116°
7596	Vernon R., 1.2 miles S of Possum Point	10	31° 53.9'	81° 05.9'	-0 24	+0 02	-0 12	-1 33	0.6	0.8	0.0	--	1.7	324°	0.0	--	1.7	166°
7601	Little Ogeechee River Entrance, north of	6	31° 53.8'	81° 05.7'	-0 41	+0 29	-0 30	-2 03	0.6	0.9	0.1	--	1.2	324°	0.1	239°	1.6	156°
7606	Raccoon Key & Egg Island Shoal, between	10d	31° 50.57'	81° 04.05'	+0 20	+0 17	-0 23	-0 57	0.8	1.0	0.2	274°	1.6	254°	0.2	197°	2.0	129°
7611	Florida Passage, N of, Ogeechee River	10	31° 51.4'	81° 08.6'	+0 10	+0 01	-0 01	-0 05	1.0	1.0	0.0	--	1.4	302°	0.1	--	2.1	127°
7616	Florida Passage (south)	6d	31° 49.78'	81° 09.47'	-1 48	-1 13	-0 23	-1 10	0.5	0.7	0.0	--	0.9	187°	0.3	191°	1.4	018°
	ST. CATHERINES SOUND																	
	Bear River																	
7621	610 Statute Mile Mark	6d	31° 48.63'	81° 10.60'	+0 20	+0 48	-0 05	-0 39	0.5	0.7	0.2	338°	1.0	357°	0.2	280°	1.5	175°
7626	North of Big Tom Creek Entrance	10d	31° 47.00'	81° 09.62'	-0 24	-0 13	-0 19	-1 25	0.6	0.7	0.0	--	1.2	011°	0.0	--	1.5	179°
7631	South of Kilkenny Creek Entrance	10d	31° 45.50'	81° 10.40'	+0 26	+1 25	-0 02	-1 12	0.6	1.0	0.0	--	1.2	348°	0.1	--	2.0	190°
7636	Northwest of Newell Creek Entrance	10d	31° 44.93'	81° 09.93'	-0 11	+0 12	-0 16	-1 12	0.6	0.9	0.0	--	1.2	349°	0.1	076°	1.8	149°
7641	Medway River at Marsh Island	10d	31° 44.60'	81° 13.20'	+0 20	-0 18	-0 15	-0 56	0.3	0.8	0.3	086°	0.6	313°	0.3	209°	1.6	117°
7646	St. Catherines Sound Entrance	10d	31° 42.90'	81° 08.43'	+0 20	-0 31	-0 15	-1 21	0.9	0.9	0.1	306°	1.8	291°	0.2	173°	1.7	126°
7651	Medway River, northwest of Cedar Point	10d	31° 42.87'	81° 11.45'	-0 39	-0 43	+0 13	-1 27	0.7	0.8	0.3	020°	1.5	304°	0.4	324°	1.7	146°
7656	N. Newport River, NE of Vandyke Creek	10d	31° 41.47'	81° 11.22'	-0 40	+0 12	-0 23	-1 27	0.7	0.8	0.5	139°	1.3	233°	0.0	--	1.5	045°
7661	N. Newport River, above Walburg Creek	6d	31° 40.43'	81° 11.72'	-0 27	+0 30	-0 00	-0 40	0.6	0.8	0.5	011°	1.0	195°	0.0	--	1.6	011°
7666	N. Newport River, NW of Johnson Creek	10d	31° 39.78'	81° 12.63'	-0 34	-1 01	-0 39	-1 21	0.5	0.9	0.2	308°	0.9	312°	0.0	--	1.8	138°
7671	N. Newport River, ESE of S. Newport Cut	6d	31° 39.92'	81° 15.87'	+0 20	-0 13	-0 37	-0 27	0.5	0.7	0.2	210°	1.0	319°	0.0	--	1.4	147°
7676	S. Newport River, below S. Newport Cut	6d	31° 39.02'	81° 18.12'	+0 32	+1 30	+0 27	+2 15	0.5	0.5	0.1	128°	0.9	306°	0.1	042°	1.0	134°
7681	S. Newport River, above Swain River Ent	10d	31° 37.47'	81° 13.00'	-0 22	-1 13	0 00	-0 43	0.6	0.6	0.1	156°	1.1	335°	0.1	075°	1.2	156°
	SAPELO SOUND																	
7686	Entrance	19d	31° 32.4'	81° 10.8'	-0 30	+0 28	-0 06	-0 59	0.9	1.1	0.1	212°	1.7	290°	0.1	194°	2.2	118°
	do.	29d	31° 32.4'	81° 10.8'	-0 48	-0 36	-0 17	-1 02	0.7	0.9	0.0	--	1.3	289°	0.1	189°	1.7	116°
7691	Johnson Creek, midway between ends		31° 37.6'	81° 11.3'	-1 50	-1 08	-0 35	-1 59	0.4	0.4	0.0	--	0.8	015°	0.0	--	0.9	195°
7696	Cedar Hammock, south of	12d	31° 32.7'	81° 14.8'	-0 26	-1 05	-0 12	-1 38	0.7	0.6	0.0	--	1.4	277°	0.0	--	1.3	096°
7701	Sapelo River Entrance	11d	31° 32.1'	81° 16.3'	-0 23	-1 00	-0 13	-0 43	0.6	0.6	0.0	--	1.1	234°	0.0	--	1.3	058°
7706	Sutherland Bluff, Sapelo River		31° 32.9'	81° 20.0'	-0 30	-1 05	-0 12	-1 16	0.6	0.6	0.0	--	1.0	281°	0.0	--	1.2	104°
7711	Front River	13d	31° 30.8'	81° 17.9'	-0 33	+1 16	-0 25	-2 05	0.4	0.5	0.0	--	0.8	227°	0.0	--	1.0	056°
	Mud River																	
7716	New Teakettle Cr., 0.8 mi. N of <42>		31° 29.8'	81° 17.4'	-0 54	-0 29	-1 08	-2 11	0.4	0.5	0.0	--	0.8	236°	0.1	203°	1.1	053°
7721	Crescent River	11d	31° 29.2'	81° 18.4'	-1 27	+1 07	-0 34	-1 21	0.2	0.5	0.0	--	0.5	293°	0.0	--	1.0	133°
7726	Old Teakettle Creek (north)	13d	31° 28.7'	81° 19.7'	-0 35	+0 01	+0 14	-0 37	0.5	0.6	0.0	--	0.9	078°	0.0	--	1.2	256°
	DOBOY SOUND																	
7731	Bar	14d	31° 20.7'	81° 14.1'	-0 29	-0 29	-0 09	-0 53	0.7	0.7	0.0	--	1.3	312°	0.0	--	1.4	114°
7736	Entrance	22d	31° 20.5'	81° 15.8'	-0 32	-0 10	-0 24	-1 49	0.8	0.9	0.0	--	1.6	289°	0.0	--	1.8	106°
	do.		31° 20.5'	81° 15.8'	-0 56	-0 05	0 00	-1 26	0.8	0.9	0.0	--	1.6	276°	0.0	--	1.7	099°
7741	Old Teakettle Creek Entrance, south of	15d	31° 25.2'	81° 18.9'	-0 45	-0 59	-0 00	-1 27	0.5	0.5	0.0	--	1.1	335°	0.0	--	1.1	159°
7746	Old Teakettle Creek (south)	13d	31° 26.2'	81° 18.5'	-3 12	-1 45	-2 16	-2 44	0.5	0.4	0.0	--	0.9	021°	0.0	--	0.7	207°
7751	Folly River and Cardigan River, between	10d	31° 26.5'	81° 20.2'	-0 55	-0 56	-0 16	-1 00	0.3	0.3	0.0	--	0.7	327°	0.0	--	0.6	150°

Endnotes can be found at the end of table 2.

TABLE 2 – CURRENT DIFFERENCES AND OTHER CONSTANTS

No.	PLACE	Meter Depth (ft)	POSITION Latitude North	POSITION Longitude West	TIME DIFFERENCES Min. before Flood (h m)	TIME DIFFERENCES Flood (h m)	TIME DIFFERENCES Min. before Ebb (h m)	TIME DIFFERENCES Ebb (h m)	SPEED RATIOS Flood	SPEED RATIOS Ebb	AVG Min. before Flood (knots)	AVG Min. before Flood Dir.	AVG Maximum Flood (knots)	AVG Maximum Flood Dir.	AVG Min. before Ebb (knots)	AVG Min. before Ebb Dir.	AVG Maximum Ebb (knots)	AVG Maximum Ebb Dir.
	DOBOY SOUND–cont. Time meridian, 75° W					**on Savannah River Entrance, p.64**												
7756	South River	13d	31° 22.0'	81° 18.7'	−0 25	−0 25	−0 32	−0 24	0.6	0.7	0.0	– –	1.1	282°	0.0	– –	1.3	095°
	do.	21d	31° 22.0'	81° 18.7'	−0 41	−0 33	−0 29	−0 24	0.5	0.4	0.0	– –	1.0	286°	0.0	– –	0.8	095°
7761	North River at Darien River	9d	31° 23.0'	81° 20.1'	−0 10	−0 33	+0 08	−0 22	0.2	0.2	0.1	317°	0.5	247°	0.0	– –	0.4	029°
7766	Doboy Island (North River)	12d	31° 24.2'	81° 19.7'	−0 14	−0 06	+0 47	+0 13	0.6	0.5	0.0	– –	1.1	224°	0.0	– –	1.1	037°
	do.	20d	31° 24.2'	81° 19.7'	−0 20	+0 36	+0 46	+0 22	0.5	0.3	0.0	– –	0.9	225°	0.0	– –	0.6	043°
7771	Buzzard Roost Creek	13d	31° 24.9'	81° 22.5'	+0 22	+0 12	+0 56	+0 28	0.3	0.2	0.0	– –	0.7	177°	0.0	– –	0.4	002°
	ALTAMAHA SOUND																	
7776	Little Egg Island, northwest of	12d	31° 19.1'	81° 18.3'	−0 33	−0 53	−0 25	−1 10	0.6	0.6	0.0	– –	1.1	296°	0.0	– –	1.2	110°
7781	Little Mud River Range	9d	31° 19.6'	81° 19.1'	−0 38	−1 05	−0 23	−0 06	0.3	0.5	0.0	– –	0.6	304°	0.0	– –	0.9	116°
7786	Little St. Simon Island (north)	11d	31° 18.7'	81° 21.2'	+0 10	+0 06	−0 15	−1 29	0.6	0.8	0.0	– –	1.2	267°	0.0	– –	1.6	089°
7791	Onemile Cut, 1 mile southeast of		31° 18.8'	81° 21.1'	+0 46	+0 03	−1 09	−0 32	0.5	0.9	0.0	– –	1.0	272°	0.0	– –	1.9	092°
	Buttermilk Sound																	
7796	Broughton Island (south)	9d	31° 18.6'	81° 24.8'	−2 06	+0 12	−0 01	−1 51	0.4	0.4	0.1	292°	0.9	222°	0.0	– –	0.8	030°
	ST. SIMONS SOUND																	
7801	Bar Channel	12d	31° 06.3'	81° 20.3'	−0 13	−0 44	+0 09	−0 02	0.4	0.8	0.1	033°	0.8	308°	0.0	– –	1.7	119°
7806	Entrance, north of channel	13d	31° 08.01'	81° 24.24'	−0 32	+0 18	+0 07	−1 11	0.9	0.6	0.0	– –	1.7	290°	0.0	– –	1.2	107°
7811	Entrance, south of channel	11d	31° 07.6'	81° 24.2'	−0 27	−0 32	−0 21	−0 59	0.8	1.1	0.0	– –	1.6	262°	0.0	– –	2.2	080°
	do.	29d	31° 07.6'	81° 24.2'	−0 18	−0 03	+0 06	−0 21	0.6	0.8	0.0	– –	1.2	257°	0.1	188°	1.7	092°
7816	Back River entrance	10d	31° 08.9'	81° 26.5'	−0 37	+1 34	+0 08	−1 16	0.5	0.5	0.0	– –	1.0	288°	0.0	– –	1.1	111°
	do.	18d	31° 08.9'	81° 26.5'	−1 29	+1 36	+0 08	−1 15	0.5	0.4	0.0	– –	0.9	280°	0.0	– –	1.1	109°
7821	Mackay R., 0.5 mi. N of Troup Creek entrance		31° 13.5'	81° 26.0'	+0 56	+0 09	+0 35	+0 24	0.7	0.7	0.0	– –	0.9	348°	0.0	– –	1.5	166°
7826	Brunswick River, off Quarantine Dock	13d	31° 06.7'	81° 28.4'	+0 10	−0 03	+0 11	−0 39	0.7	1.0	0.0	– –	1.3	300°	0.0	– –	2.1	125°
7831	Brunswick River Bridge, southeast of	21d	31° 06.9'	81° 28.6'	−0 15	+0 13	+0 26	−1 09	0.5	0.7	0.1	223°	1.0	308°	0.0	– –	1.4	132°
7836	Brunswick, off Prince Street Dock		31° 06.9'	81° 28.6'	−0 19	+0 42	+0 56	−0 02	0.5	0.7	0.1	226°	1.0	306°	0.0	– –	1.5	129°
7841	Turtle River, off Allied Chemical Corp		31° 08.3'	81° 29.8'	−0 01	+0 55	+0 06	−1 08	0.5	0.6	0.0	– –	1.0	342°	0.0	– –	1.3	166°
7846	Turtle River, off Andrews Island	20d	31° 10.6'	81° 31.5'	+0 16	+0 18	+0 36	−0 33	0.7	0.8	0.0	– –	1.3	348°	0.0	– –	1.7	165°
			31° 08.6'	81° 31.6'	−0 21	+0 40	+0 31	−0 23	0.5	0.7	0.0	– –	1.1	339°	0.0	– –	1.4	153°
	ST. ANDREWS SOUND																	
7851	Entrance		30° 59.2'	81° 24.3'	−0 18	+0 13	+0 02	−1 00	1.1	1.1	0.0	– –	2.1	268°	0.0	– –	2.2	103°
7856	Jekyll Creek, south entrance		31° 02.1'	81° 26.0'	−0 10	−0 21	−0 25	−1 20	0.5	0.7	0.0	– –	1.0	060°	0.0	– –	1.4	232°
7861	Cumberland River, north entrance		30° 57.5'	81° 25.9'	−0 29	+0 32	−0 17	−1 18	0.7	0.7	0.0	– –	1.3	191°	0.0	– –	1.5	018°
7866	Cabin Bluff, Cumberland River		30° 52.9'	81° 30.8'	+0 21	+1 29	+0 51	−0 45	0.7	0.6	0.0	– –	1.3	171°	0.0	– –	1.3	355°
	CUMBERLAND SOUND					**on Miami Harbor Entrance, p.72**												
	St. Marys River																	
7871	Fort Clinch, 0.6 n.mi. NE of	11d	30° 42.6'	81° 26.8'	−0 40	−0 21	−0 17	−1 10	1.2	1.7	0.1	– –	2.2	– –	0.2	– –	2.7	087°
7876	Fort Clinch, 0.3 n.mi. N of	50d	30° 42.6'	81° 27.2'	−1 10	−0 36	−0 37	−1 39	0.8	1.0	0.2	226°	1.4	275°	0.1	280°	1.6	087°
7881	Fort Clinch, 0.1 n.mi. N of	12d	30° 42.4'	81° 27.3'	−0 40	−0 15	−0 21	−1 09	1.2	1.6	0.1	– –	2.2	– –	0.1	– –	2.6	– –
	do.	47d	30° 42.9'	81° 27.3'	−0 57	−0 17	−0 19	−1 09	0.8	1.0	0.1	286°	1.4	265°	0.1	070°	1.6	093°
7886	Fort Clinch, 1.1 n.mi. NW of	14d	30° 42.9'	81° 28.6'	−0 33	−0 23	−0 04	−0 48	0.7	0.8	0.1	214°	1.3	309°	0.1	067°	1.3	133°
	do.	29d	30° 42.9'	81° 29.1'	−0 47	−0 20	−0 12	−0 58	0.6	0.8	0.1	010°	1.1	315°	0.1	032°	1.3	122°
7891	Cumberland Island, Range B Channel	22d	30° 43.9'	81° 28.6'	−0 52	−1 00	−0 20	−1 09	0.7	1.2	0.1	– –	1.2	– –	0.1	154°	1.8	– –
7896	Drum Point Island, Range D Channel	12d	30° 45.9'	81° 29.1'	−0 39	−0 56	−0 12	−1 09	0.6	0.8	0.1	165°	1.1	350°	0.1	115°	1.5	170°
	do.	22d	30° 45.9'	81° 29.2'	−0 44	+0 16	−0 22	−1 15	0.5	0.8	0.2	160°	0.9	351°	0.1	316°	1.3	170°
7901	Kings Bay, Lower Turning Basin	14d	30° 47.9'	81° 30.8'	−0 37	−0 50	−0 32	−2 10	0.2	0.5	0.1	282°	0.3	307°	0.1	– –	0.3	127°
7906	Stafford Island, west of		30° 48.6'	81° 29.5'	−0 59	−0 12	−0 41	−1 09	0.8	1.1	0.0	– –	1.3	000°	0.0	– –	1.8	180°
7911	Old Fernandina, Amelia River		30° 41.2'	81° 27.6'	−1 18	−0 33	−0 34	−1 36	0.5	0.5	0.0	– –	1.4	188°	0.0	– –	1.8	358°
7916	Fernandina Beach, Amelia River	7d	30° 40.2'	81° 28.1'	−0 25	−0 33	−0 17	−0 57	0.5	0.5	0.0	– –	0.9	208°	0.0	– –	0.8	034°
7921	Kingsley Creek, highway bridge		30° 37.7'	81° 29.1'	+1 11	+0 55	+0 39	+0 19	0.6	1.0	0.0	– –	1.1	150°	0.0	– –	1.6	330°

Endnotes can be found at the end of table 2.

TABLE 2 – CURRENT DIFFERENCES AND OTHER CONSTANTS

No.	PLACE	Meter Depth	POSITION		TIME DIFFERENCES			SPEED RATIOS		AVERAGE SPEEDS AND DIRECTIONS						
			Latitude North	Longitude West	Min. before Flood	Flood	Min. before Ebb	Ebb	Flood	Ebb	Minimum before Flood		Maximum Flood		Minimum before Ebb		Maximum Ebb	
		ft			h m	h m	h m	h m			knots	Dir.	knots	Dir.	knots	Dir.	knots	Dir.
	NASSAU SOUND Time meridian, 75° W				on Miami Harbor Entrance, p.72													
7926	Midsound, 1 mi. N of Sawpit Creek entrance	16	30° 31.4'	81° 27.1'	+0 01	−0 24	−0 14	−0 30	0.9	1.1	0.0	— — —	1.7	312°	0.0	— — —	1.7	135°
7931	South Amelia River, off Walker Creek	10	30° 32.2'	81° 27.9'	−1 09	−0 21	−0 39	−2 06	0.8	0.9	0.0	— — —	1.4	341°	0.0	— — —	1.4	162°
7936	Nassau River, SW of Mesa Marsh	30	30° 32.0'	81° 28.8'	−1 08	−0 21	0 00	−0 22	1.1	1.1	0.0	— — —	1.5	294°	0.0	— — —	1.7	129°
7941	Ft. George River	9	30° 27.4'	81° 27.1'	−1 36	−1 20	−1 25	−2 29	0.2	0.6	0.0	— — —	0.3	334°	0.0	— — —	0.9	162°
	ST. JOHNS RIVER				on St. Johns River Entrance, p.68													
7946	St. Johns Point, 5 miles east of	15	30° 23.5'	81° 18.0'	See table 5. Daily predictions													
7951	ST. JOHNS RIVER ENT. (between jetties)	32	30° 24.02'	81° 23.15'	+0 06	+0 13	−0 04	+0 07	1.0	1.2	0.0	— — —	2.0	262°	0.0	— — —	2.0	081°
	do.	17	30° 24.02'	81° 23.15'	−0 19	+0 01	−0 02	+0 07	0.9	0.9	0.0	— — —	2.1	262°	0.0	— — —	2.1	081°
	do.	27	30° 24.02'	81° 23.15'	−0 02	−0 08	+0 01	+0 33	0.6	0.7	0.1	179°	1.2	255°	0.0	— — —	1.9	080°
7956	Mayport Basin Entrance	7	30° 23.82'	81° 23.93'	−0 12	−0 17	+0 11	+0 07	0.7	0.6	0.0	— — —	1.3	251°	0.0	— — —	1.4	093°
	do.	18	30° 23.82'	81° 23.93'	−0 24	−0 48	+0 15	−0 34	0.6	0.3	0.1	333°	1.2	247°	0.1	166°	0.6	087°
7961	Mayport	29	30° 23.6'	81° 26.0'	+0 06	+1 02	+0 12	−0 04	1.1	1.6	0.0	— — —	2.2	211°	0.1	164°	3.3	069°
	do.	10	30° 23.6'	81° 26.0'	−0 03	+0 38	−0 15	+0 05	0.9	1.3	0.0	— — —	1.7	211°	0.0	— — —	2.6	026°
	do.	16	30° 23.6'	81° 26.0'	−0 27	+0 26	−0 15	+0 14	0.9	0.9	0.0	— — —	1.8	241°	0.0	— — —	1.8	026°
7966	Mile Point, southeast of	29	30° 22.9'	81° 26.7'	+0 06	−0 38	+0 48	+0 44	1.5	1.6	0.0	— — —	3.0	241°	0.0	— — —	3.2	073°
	do.	10	30° 22.9'	81° 26.7'	−0 42	+0 38	+1 00	+0 56	1.1	1.2	0.0	— — —	2.5	241°	0.0	— — —	2.5	073°
7971	ICW Intersection	16	30° 23.02'	81° 27.52'	−0 12	−0 29	+0 08	+0 38	0.8	1.3	0.2	217°	1.6	293°	0.4	003°	2.6	125°
	do.	29	30° 23.02'	81° 27.52'	+0 27	−0 31	+0 10	−0 49	0.8	0.9	0.3	213°	1.6	293°	0.3	007°	2.4	113°
7976	Pablo Creek bascule bridge <40>	3	30° 19.4'	81° 26.3'	+0 09	+0 35	+0 27	+0 21	0.8	1.0	0.1	200°	1.5	294°	0.2	020°	2.1	099°
7981	Sisters Creek entrance (bridge)	4	30° 23.4'	81° 27.7'	−0 14	−0 18	+0 49	+0 59	1.7	2.5	0.0	— — —	3.4	180°	0.0	— — —	5.2	000°
	do.	10	30° 23.4'	81° 27.7'	−3 30	−3 14	−2 13	−2 34	0.8	0.8	0.0	— — —	1.6	000°	0.0	— — —	1.6	180°
7986	St. Johns Bluff	7	30° 23.4'	81° 29.5'	−3 36	−3 04	−2 07	−2 34	0.6	1.2	0.0	— — —	1.2	180°	0.0	— — —	1.2	180°
	do.	17	30° 23.4'	81° 29.5'	+0 30	+1 21	−0 18	+1 02	0.9	0.8	0.0	— — —	1.6	244°	0.0	— — —	2.4	059°
	do.	26	30° 23.4'	81° 29.5'	+0 18	+1 03	+0 30	+1 03	0.9	1.2	0.0	— — —	1.7	244°	0.0	— — —	2.0	059°
7991	Blount Island, East of	7	30° 23.52'	81° 30.51'	−0 12	+0 33	−0 24	+1 14	0.8	0.8	0.0	— — —	1.6	244°	0.0	— — —	1.6	059°
	do.	16	30° 23.52'	81° 30.51'	+1 21	+1 08	+0 49	+1 54	0.7	1.1	0.2	000°	1.5	275°	0.2	183°	2.3	079°
	do.	30	30° 23.52'	81° 30.51'	+0 54	+0 58	+1 04	+1 43	0.7	0.8	0.2	011°	1.4	270°	0.1	168°	1.7	090°
7996	Dames Point Bridge	5	30° 23.08'	81° 33.28'	+0 33	+1 08	+1 12	+1 32	0.5	0.6	0.1	183°	1.2	264°	0.0	— — —	1.9	099°
	do.	14	30° 23.08'	81° 33.28'	+1 52	+1 39	+1 28	+2 07	0.7	0.9	0.1	345°	1.2	254°	0.2	155°	1.9	080°
	do.	28	30° 23.08'	81° 33.28'	+1 30	+1 29	+1 32	+2 07	0.6	0.7	0.1	343°	1.4	257°	0.0	— — —	1.8	073°
8001	Drummond Point, channel south of	7	30° 24.55'	81° 36.17'	+1 15	+2 00	+2 01	+2 14	0.6	0.7	0.1	160°	1.2	254°	0.0	— — —	1.4	073°
	do.	17	30° 24.55'	81° 36.17'	+1 51	+2 32	+2 44	+3 00	0.7	0.8	0.0	— — —	1.4	241°	0.0	— — —	1.7	060°
	do.	27	30° 24.55'	81° 36.17'	+1 34	+2 35	+2 51	+3 01	0.6	0.6	0.0	— — —	1.3	222°	0.0	— — —	1.4	061°
8006	Trout River Cut	6	30° 23.03'	81° 37.69'	+1 21	+2 20	+2 46	+2 51	0.6	0.5	0.1	277°	1.3	243°	0.1	280°	1.5	057°
	do.	15	30° 23.03'	81° 37.69'	+2 31	+2 48	+2 32	+2 52	0.7	0.7	0.0	— — —	1.3	193°	0.1	107°	1.3	025°
	do.	32	30° 23.03'	81° 37.69'	+2 19	+2 53	+2 42	+2 58	0.6	0.6	0.1	205°	1.1	191°	0.0	— — —	1.3	023°
8011	Terminal Channel (north end) <70>	17	30° 21.42'	81° 37.08'	+1 49	+2 31	+3 02	+3 02	0.5	0.6	0.0	— — —	1.0	225°	0.0	— — —	1.1	001°
	do.	27	30° 21.42'	81° 37.08'	+2 39	+3 16	+3 06	+3 33	0.5	0.3	0.1	183°	1.0	185°	0.0	— — —	1.1	001°
8016	Commodore Point, terminal channel <70>	7	30° 19.05'	81° 37.58'	+1 51	+3 28	+3 20	+3 37	0.5	0.5	0.1	197°	0.9	183°	0.0	— — —	0.7	001°
	do.	17	30° 19.05'	81° 37.58'	+2 39	+3 28	+3 16	+3 25	0.5	0.4	0.0	— — —	1.0	197°	0.0	— — —	0.7	072°
	do.	27	30° 19.05'	81° 37.58'	+2 12	+3 13	+3 23	+3 08	0.5	0.4	0.1	221°	0.9	221°	0.0	— — —	0.8	051°
8021	Jacksonville, off Washington St <70>	6	30° 19.3'	81° 39.2'	+1 43	+2 30	+3 38	+3 20	0.6	0.8	0.0	— — —	1.2	221°	0.0	— — —	0.8	035°
	do.	15	30° 19.3'	81° 39.2'	+1 48	+2 33	+3 12	+3 38	1.2	0.9	0.0	— — —	2.4	281°	0.0	— — —	1.8	118°
	do.	24	30° 19.3'	81° 39.2'	+1 48	+2 57	+3 12	+3 20	1.0	0.7	0.0	— — —	1.9	281°	0.0	— — —	1.6	118°
8026	Jacksonville, F.E.C. RR. bridge <70>	7	30° 19.3'	81° 39.9'	+1 48	+3 21	+3 30	+3 20	1.0	0.8	0.0	— — —	2.0	240°	0.0	— — —	1.6	060°
	do.	15	30° 19.3'	81° 39.9'	+1 48	+3 03	+3 24	+3 26	0.7	0.6	0.0	— — —	1.3	240°	0.0	— — —	1.0	060°
	do.	24	30° 19.3'	81° 39.9'	+1 54	+3 33	+3 15	+3 14	0.6	0.5	0.0	— — —	1.2	200°	0.0	— — —	1.0	015°
8031	Winter Point <70>	14	30° 18.5'	81° 40.5'	+1 54	+3 03	+4 30	+3 44	0.6	0.5	0.0	— — —	1.1	200°	0.0	— — —	1.0	015°
	do.	22	30° 18.5'	81° 40.5'	+1 54	+3 57	+4 36	+3 56	0.4	0.4	0.0	— — —	0.8	200°	0.0	— — —	0.8	015°

Endnotes can be found at the end of table 2.

TABLE 2 – CURRENT DIFFERENCES AND OTHER CONSTANTS

No.	PLACE	Meter Depth ft	POSITION Latitude North	POSITION Longitude West	TIME DIFFERENCES Min. before Flood h m	TIME DIFFERENCES Flood h m	TIME DIFFERENCES Min. before Ebb h m	TIME DIFFERENCES Ebb h m	SPEED RATIOS Flood	SPEED RATIOS Ebb	AVERAGE SPEEDS AND DIRECTIONS Minimum before Flood knots	AVERAGE SPEEDS AND DIRECTIONS Minimum before Flood Dir.	AVERAGE SPEEDS AND DIRECTIONS Maximum Flood knots	AVERAGE SPEEDS AND DIRECTIONS Maximum Flood Dir.	AVERAGE SPEEDS AND DIRECTIONS Minimum before Ebb knots	AVERAGE SPEEDS AND DIRECTIONS Minimum before Ebb Dir.	AVERAGE SPEEDS AND DIRECTIONS Maximum Ebb knots	AVERAGE SPEEDS AND DIRECTIONS Maximum Ebb Dir.
	ST. JOHNS RIVER—cont. Time meridian, 75° W				on St. Johns River Entrance, p.68													
8036	Mandarin Point <70>	6	30° 09.3'	81° 41.1'	+3 07	+3 39	+3 24	+3 38	0.3	0.4	0.0	---	0.6	179°	0.0	---	0.8	013°
	...do...	15	30° 09.3'	81° 41.1'	+3 13	+3 33	+3 24	+3 38	0.3	0.3	0.0	---	0.6	179°	0.0	---	0.7	013°
	...do...	24	30° 09.3'	81° 41.1'	+2 48	+3 33	+3 24	+3 32	0.3	0.3	0.0	---	0.5	179°	0.0	---	0.6	013°
8041	Red Bay Point, draw bridge <70>	4	29° 59.1'	81° 37.8'	+2 48	+3 57	+5 24	+4 02	0.5	0.3	0.0	---	0.9	115°	0.0	---	0.6	300°
	...do...	6	29° 59.1'	81° 37.8'	+2 42	+3 57	+5 18	+4 08	0.5	0.3	0.0	---	0.9	115°	0.0	---	0.5	300°
	...do...	14	29° 59.1'	81° 37.8'	+2 48	+3 57	+5 30	+4 08	0.4	0.2	0.0	---	0.8	115°	0.0	---	0.4	300°
8046	Tocoi to Lake George				Current weak and variable													
	FLORIDA COAST																	
8051	Ft. Pierce Inlet		27° 28.3'	80° 17.5'	+1 19	+0 39	+0 48	+0 35	1.5	2.0	0.0	---	2.6	250°	0.0	---	3.1	072°
8056	Lake Worth Inlet (between jetties)		26° 46.33'	80° 02.13'	+0 13	−0 07	−0 01	0 00	1.3	2.3	0.0	---	2.4	273°	0.0	---	3.6	094°
8061	Fort Lauderdale, New River		26° 06.73'	80° 07.18'	−0 43	−0 39	−0 06	−0 16	0.4	0.3	0.0	---	0.8	005°	0.0	---	0.5	130°
	PORT EVERGLADES																	
8066	Pier 2, 1.3 miles east of <41>		26° 05.63'	80° 05.78'	---	---	---	---	---	---	0.0	---	0.2	---	0.0	---	0.4	095°
8071	Entrance (between jetties)		26° 05.58'	80° 06.32'	−0 08	−0 49	−0 43	−0 34	0.3	0.4	0.0	---	0.6	275°	0.0	---	0.7	358°
8076	Entrance from southward (canal)		26° 05.2'	80° 06.9'	−0 40	+0 07	−0 31	−0 09	0.7	1.1	0.0	---	1.3	167°	0.0	---	1.7	155°
8081	Turning Basin		26° 05.70'	80° 07.05'	−1 01	−1 07	−1 02	−1 11	0.5	0.3	0.0	---	0.9	320°	0.0	---	0.5	155°
8086	Turning Basin, 300 yards north of		26° 05.8'	80° 07.1'	−1 20	−1 09	−0 27	−0 14	0.5	1.1	0.0	---	0.9	349°	0.0	---	1.8	160°
8091	17th Street Bridge		26° 06.02'	80° 07.13'	−0 38	−0 53	−0 28	−0 55	1.1	1.2	0.0	---	1.9	350°	0.0	---	1.9	170°
	MIAMI HARBOR				on Miami Harbor Entrance, p.72													
8096	Bakers Haulover Cut		25° 54.0'	80° 07.4'	−0 01	+0 07	+0 14	−0 17	1.6	1.6	0.0	---	2.9	270°	0.0	---	2.5	090°
	Government Cut																	
8101	East entrance, off north jetty	13d	25° 45.59'	80° 07.35'	−0 02	−0 19	−0 08	−0 26	0.4	0.9	0.3	157°	0.6	236°	0.1	317°	1.5	092°
8106	East entrance, inside south jetty	13d	25° 45.61'	80° 07.66'	−0 07	−0 06	0 00	0 00	1.2	1.1	0.2	055°	2.1	343°	0.4	052°	1.8	116°
8111	Midway, north side	13d	25° 45.84'	80° 07.96'	−0 12	−0 03	−0 07	−0 08	0.7	0.5	---	---	1.2	292°	---	---	0.7	108°
	...do...	28d	25° 45.84'	80° 07.96'	−0 11	−0 05	−0 10	−0 06	0.4	0.3	---	---	0.7	288°	---	---	0.4	104°
8116	**MIAMI HARBOR ENTRANCE**	16d	25° 45.90'	80° 08.17'	Daily predictions								1.8	293°			1.6	112°
	...do...	31d	25° 45.89'	80° 08.17'	−0 02	−0 02	−0 02	+0 02	0.8	1.0	0.0	---	1.4	298°	0.0	---	1.6	104°
8121	West entrance, south side	15d	25° 45.85'	80° 08.25'	+0 09	+0 10	−0 04	+0 01	0.9	1.6	0.1	010°	1.6	288°	0.2	222°	2.5	100°
	Main Channel																	
8126	Causeway Is., 0.2 mi. SE of <65>	13d	25° 46.06'	80° 08.58'	+0 01	+0 23	−0 01	−0 14	0.8	0.4	0.1	044°	1.4	306°	0.2	222°	0.7	131°
8131	Lummus Is., northeast corner <66>	13d	25° 46.02'	80° 08.70'	−0 07	−0 02	+0 06	−0 04	0.1	0.4	---	---	0.2	265°	---	---	0.7	104°
8136	Dodge Is., 0.1 mi. off NW corner	12d	25° 46.89'	80° 10.90'	+0 17	−0 14	+0 01	+0 04	0.2	0.3	---	---	0.4	277°	---	---	0.4	093°
	...do...	26d	25° 46.89'	80° 10.90'	+0 12	−0 32	+0 14	+0 20	0.2	0.3	---	---	0.3	276°	---	---	0.3	091°
	Fishermans Channel																	
8141	Fisher Is., 0.2 mi. NW of	15d	25° 45.87'	80° 09.08'	+0 14	+0 38	+0 17	+0 39	0.6	0.7	---	---	1.0	280°	0.1	014°	1.1	090°
8146	Lummus Is., 0.15 mi. off SW corner	15d	25° 45.89'	80° 09.66'	+0 20	−0 20	+0 10	+0 22	0.3	0.6	---	---	0.6	271°	---	---	0.9	095°
8151	West end, SW of Dodge Island	11d	25° 46.36'	80° 10.74'	−0 05	−0 32	−0 15	−0 21	0.1	0.2	0.1	002°	0.2	277°	---	---	0.3	089°
8156	Miami River entrance	10d	25° 46.21'	80° 11.23'	+0 15	−0 02	−0 01	+0 46	0.1	0.4	---	---	0.2	261°	---	---	0.6	071°
8161	Fowey Rocks Light, 1.5 miles SW of		25° 35'	80° 07'	See table 5.													
	FLORIDA REEFS to MIDNIGHT PASS				on Key West, p.76													
8166	Caesar Creek, Biscayne Bay		25° 23.2'	80° 13.6'	+0 07	−0 08	−0 14	−0 05	1.2	1.0	0.0	---	1.2	316°	0.0	---	1.8	123°
8171	Long Key, drawbridge east of		24° 50.4'	80° 46.2'	+0 58	+1 28	+2 21	+1 33	1.1	0.7	0.0	---	1.1	000°	0.0	---	1.2	202°
8176	Long Key Viaduct		24° 48.1'	80° 51.9'	+1 34	+1 28	+2 02	+1 57	0.9	0.7	0.0	---	0.9	349°	0.0	---	1.2	170°
8181	Moser Channel, swingbridge		24° 42.0'	81° 10.2'	+1 07	+1 30	+1 50	+1 47	1.4	1.2	0.0	---	1.4	339°	0.0	---	1.8	166°
8186	Bahia Honda Harbor, bridge		24° 39.4'	81° 17.3'	+1 01	+0 39	+1 53	+1 05	1.4	1.2	0.0	---	1.4	004°	0.0	---	2.1	182°
8191	No Name Key, northeast of		24° 42.3'	81° 18.8'	+0 55	+1 24	+1 20	+0 53	0.7	0.5	0.0	---	0.7	312°	0.0	---	0.9	142°

Endnotes can be found at the end of table 2.

TABLE 2 – CURRENT DIFFERENCES AND OTHER CONSTANTS

No.	PLACE	Meter Depth	POSITION		TIME DIFFERENCES				SPEED RATIOS		AVERAGE SPEEDS AND DIRECTIONS						
			Latitude North	Longitude West	Min. before Flood	Flood	Min. before Ebb	Ebb	Flood	Ebb	Minimum before Flood		Maximum Flood		Minimum before Ebb		Maximum Ebb	
		ft			h m	h m	h m	h m			knots	Dir.	knots	Dir.	knots	Dir.	knots	Dir.
	FLORIDA REEFS to MIDNIGHT PASS—cont. Time meridian, 75° W																	
	Key West						on Key West, p.76											
8196	Main Ship Channel entrance		24° 28.4'	81° 48.1'	−0 44	−0 12	+0 10	+0 10	0.2	0.3	0.0	— —	0.2	040°	0.0	— —	0.4	178°
8201	Main Ship Channel <42>		24° 30.5'	81° 48.3'	— —	— —	— —	+0 30	— —	0.2	0.0	— —	— —	064°	0.0	— —	0.4	133°
8206	KEY WEST, 0.3 mi. W of Ft. Taylor		24° 32.9'	81° 49.0'		Daily predictions							1.0	022°			1.7	194°
8211	Ft. Taylor, 0.6 mile N of		24° 33.5'	81° 48.6'	+0 20	+0 13	−0 11	+0 13	0.6	0.7	0.0	— —	0.6	042°	0.0	— —	1.2	202°
8216	Turning Basin		24° 34.0'	81° 48.25'	+0 43	+0 44	+0 29	+1 06	0.8	0.6	0.0	— —	0.8	048°	0.0	— —	1.2	216°
8221	Northwest Channel		24° 35.0'	81° 50.9'	−0 08	−0 03	−0 09	−0 07	1.2	0.8	0.0	— —	1.2	353°	0.0	— —	1.4	162°
8226	Northwest Channel		24° 37.3'	81° 52.8'	−0 28	−0 19	−0 20	−0 20	0.6	0.8	0.0	— —	0.6	346°	0.0	— —	1.2	168°
8231	Boca Grande Channel		24° 34'	82° 04'	−0 40	−0 45	−0 01	−0 06	1.1	0.8	0.0	— —	1.1	353°	0.0	— —	1.2	194°
8236	New Ground <43>		24° 39.0'	82° 25.0'	+1 36	+1 55	+1 28	+1 18	0.7	0.5	0.2	356°	0.7	068°	0.2	142°	0.7	244°
8241	Isaac Shoal		24° 33.5'	82° 32.2'	+1 00	+0 54	+1 52	+1 55	1.0	0.4	0.0	— —	1.0	002°	0.0	— —	0.6	181°
8246	Southeast Channel		24° 37.62'	82° 51.07'	−0 27	−0 06	+0 37	+0 36	0.6	0.4	0.0	— —	0.6	004°	0.0	— —	0.6	172°
8251	Southwest Channel		24° 36.92'	82° 54.70'	+0 45	+0 59	+1 25	+2 04	0.4	0.4	0.0	— —	0.4	001°	0.0	— —	0.6	209°
							on Tampa Bay Entrance, p.80											
8256	Point Ybel, 0.4 mile northwest of		26° 27.40'	82° 01.12'	−0 25	−0 52	+0 17	+0 35	0.8	0.7	0.0	— —	1.0	255°	0.0	— —	0.9	080°
8261	Captiva Pass <44>		26° 36.56'	82° 13.34'	−0 53	−1 29	−1 14	−0 23	1.4	0.9	0.0	— —	1.8	067°	0.0	— —	1.9	251°
8266	Boca Grande Pass, Charlotte Harbor		26° 42.86'	82° 15.40'	−0 15	−0 37	−0 15	+0 05	1.7	1.3	0.0	— —	2.2	057°	0.0	— —	1.8	251°
8271	Pine Island Sound		26° 40.90'	82° 11.87'	— —	— —	— —	— —			0.0	— —	0.5	011°	0.0	— —	0.5	191°
8276	Little Pine I. bridge, Matlacha Pass		26° 37.9'	82° 04.1'	— —	−0 19	−0 20	−0 13	0.4	0.4	0.0	— —	0.6	132°	0.0	— —	0.5	268°
8281	Cape Haze, 2.3 mi. S of, Charlotte Hbr		26° 44.7'	82° 09.1'	+0 30	+0 41	— —	+1 18	0.4	0.2	0.0	— —	0.5	080°	0.0	— —	0.3	230°
8286	Punta Gorda, Peace River Bridge		26° 56.7'	82° 03.4'	— —	— —	— —	— —	0.3	0.2	0.0	— —	0.4	047°	0.0	— —		
8291	Myakka River bridge <53>		26° 57.5'	82° 12.8'	+1 48	+1 18	+1 47	−0 41	0.4	0.2	0.0	— —	0.5	304°	0.0	— —	1.1	236°
8296	Gasparilla Pass		26° 48.74'	82° 16.86'	−1 15	−1 13	−0 35	−1 59	0.8	0.8	0.0	— —	1.0	066°	0.0	— —	0.9	262°
8301	Venice Inlet		27° 06.8'	82° 28.0'	−2 05	−2 08	−1 57	−0 10	0.8	0.5	0.0	— —	1.1	087°	0.0	— —	0.7	180°
8306	Blackburn Bay, south end, bridge		27° 07.4'	82° 28.2'	−0 55	−1 20	−1 28	−0 06	0.7	0.5	0.0	— —	0.9	357°	0.0	— —	0.7	357°
8311	Little Sarasota Bay, south end, bridge		27° 10.8'	82° 29.7'	−1 19	−0 56	−0 57	−1 13	1.1	1.1	0.0	— —	1.4	167°	0.0	— —	1.4	242°
8316	Midnight Pass entrance		27° 12.4'	82° 30.6'	−1 43	−1 59	−1 49		1.4		0.0	— —	1.8	061°	0.0	— —		
	SARASOTA BAY																	
8321	Big Sarasota Pass		27° 18.0'	82° 33.8'	−1 54	−1 49	−1 34	−2 03	1.2	0.8	0.0	— —	1.5	006°	0.0	— —	1.0	183°
8326	Sarasota Bay, south end, bridge		27° 18.1'	82° 32.8'	−1 25	−1 39	−1 13	−0 32	0.2	0.2	0.0	— —	0.3	196°	0.0	— —	0.3	013°
8331	New Pass		27° 19.9'	82° 34.9'	−2 06	−2 48	−1 18	−1 25	1.2	0.8	0.0	— —	1.6	046°	0.0	— —	1.0	231°
8336	Golden Gate Point, off		27° 19.7'	82° 33.4'	−1 38	−1 57	−1 25	−1 19	0.3	0.2	0.0	— —	0.4	344°	0.0	— —	0.3	159°
8341	Longboat Pass		27° 26.5'	82° 41.4'	−2 32	−2 42	−1 51	−1 56	1.4	1.2	0.0	— —	1.8	088°	0.0	— —	1.6	267°
8346	Cortez, north of bridge		27° 28.2'	82° 41.6'	−1 47	−1 10	−0 25	−1 11	0.5	0.1	0.0	— —	0.6	346°	0.0	— —	0.1	162°
	TAMPA BAY																	
8351	Egmont Channel, marker "10"	15d	27° 36.03'	82° 52.06'	−2 04	−3 17	−2 22	−1 31	0.2	0.2	0.2	319°	0.2	018°	0.1	139°	0.3	259°
8356	Egmont Channel (3 mi. W of Egmont Key Lt.)		27° 36.5'	82° 49.1'	−0 30	−0 28	−0 30	−0 29	0.4	0.5	0.0	— —	0.5	065°	0.1	— —	0.7	260°
8361	**TAMPA BAY ENTRANCE** (Egmont Channel)	15d	27° 36.26'	82° 45.62'		Daily predictions					0.0	— —	1.3	120°	0.1	032°	1.3	298°
8366	Southwest Channel (S of Egmont Key)	15d	27° 33.70'	82° 46.04'	−0 46	−0 53	−0 40	−0 30	0.6	0.9	0.1	357°	0.8	087°	0.0	— —	1.2	269°
8371	Mullet Key Channel entrance		27° 36.27'	82° 43.43'	−0 03	−0 01	−0 23	−0 08	0.8	0.8	0.0	— —	1.1	055°	0.0	— —	1.2	255°
8376	Passage Key Inlet (off Bean Pt.)	15d	27° 32.36'	82° 44.86'	−1 29	−1 50	−1 13	−1 08	0.6	0.7	0.0	— —	0.8	081°	0.0	— —	0.9	247°
8381	Rattlesnake Key, 3.1 miles west of		27° 33.20'	82° 41.30'	+0 20	−0 05	−0 51	+0 04	0.3	0.4	0.0	— —	0.4	065°	0.0	— —	0.6	250°
8386	Rattlesnake Key, 1.1 miles northwest of		27° 34.25'	82° 38.63'	−0 28	−0 34	−0 34	−0 09	0.2	0.1	0.0	— —	0.3	035°	0.0	— —	0.2	210°
8391	Mullet Key Channel, marker "24"	15d	27° 36.50'	82° 41.64'	−0 14	−0 07	−0 06	−0 06	0.7	0.7	0.0	— —	0.9	073°	0.0	— —	1.0	255°
8396	Bunces Pass (West of Bayway bridge)		27° 38.82'	82° 44.37'	−0 47	−0 46	−1 07	−1 02	0.8	0.6	0.0	— —	1.0	125°	0.0	— —	0.8	315°
8401	Pine Key (Pinellas Bayway bridge)		27° 41.55'	82° 43.03'	−0 32	−0 29	−1 07	−1 00	0.8	0.7	0.0	— —	0.8	100°	0.0	— —	0.8	280°
8406	Cats Point (bridge west of)		27° 42.50'	82° 43.48'	−1 27	−2 41	−2 12	−1 23	0.5	0.5	0.0	— —	0.6	015°	0.0	— —	0.7	150°
8411	**SUNSHINE SKYWAY BRIDGE**	15d	27° 37.22'	82° 39.32'		Daily predictions, p.84					0.0	— —	1.3	060°	0.0	— —	1.1	235°
8416	Cut A & B, Channel Junction		27° 38.33'	82° 37.53'	+0 25	+0 23	+0 23	+0 46	0.8	0.7	0.0	— —	1.0	045°	0.0	— —	1.0	225°
8421	Joe Island, 1.8 miles northwest of		27° 36.75'	82° 37.50'	+0 03	−0 07	−0 24	−0 02	0.5	0.7	0.0	— —	0.7	070°	0.0	— —	0.9	245°

Endnotes can be found at the end of table 2.

TABLE 2 – CURRENT DIFFERENCES AND OTHER CONSTANTS

No.	PLACE	Meter Depth (ft)	POSITION Latitude North	POSITION Longitude West	TIME DIFFERENCES Min. before Flood (h m)	TIME DIFFERENCES Flood (h m)	TIME DIFFERENCES Min. before Ebb (h m)	TIME DIFFERENCES Ebb (h m)	SPEED RATIOS Flood	SPEED RATIOS Ebb	AVERAGE SPEEDS AND DIRECTIONS Minimum before Flood knots	AVERAGE SPEEDS AND DIRECTIONS Minimum before Flood Dir.	AVERAGE SPEEDS AND DIRECTIONS Maximum Flood knots	AVERAGE SPEEDS AND DIRECTIONS Maximum Flood Dir.	AVERAGE SPEEDS AND DIRECTIONS Minimum before Ebb knots	AVERAGE SPEEDS AND DIRECTIONS Minimum before Ebb Dir.	AVERAGE SPEEDS AND DIRECTIONS Maximum Ebb knots	AVERAGE SPEEDS AND DIRECTIONS Maximum Ebb Dir.
	TAMPA BAY—cont. Time meridian, 75° W				on Tampa Bay Entrance, p.80													
8426	Harbor Key, 1.3 miles west of		27° 36.67'	82° 35.67'	−0 50	−0 56	−1 06	−0 38	0.2	0.3	0.0	− −	0.3	020°	0.0	− −	0.4	160°
	Pinellas Point				Current weak and variable													
8431	2 miles southwest of		27° 40.55'	82° 39.53'	−0 46	−0 23	−0 16	−0 34	0.6	0.7	0.0	− −	0.8	030°	0.0	− −	0.9	210°
8436	2.6 miles south of		27° 39.63'	82° 38.50'	−1 28	−1 19	−1 53	−0 57	0.2	0.2	0.0	− −	0.3	045°	0.0	− −	0.3	220°
8441	0.5 mile southeast of		27° 41.82'	82° 37.95'	−1 09	−0 32	−0 06	+0 20	0.5	0.6	0.0	− −	0.7	020°	0.0	− −	0.8	180°
8446	1.9 miles SE of		27° 41.08'	82° 36.58'	+0 29	+0 23	+0 20	+0 47	0.6	0.6	0.0	− −	0.8	025°	0.0	− −	0.8	200°
8451	3 miles southeast of		27° 40.38'	82° 35.95'	+0 29	+0 08	+0 24	+0 23	0.6	0.6	0.0	− −	0.8	033°	0.0	− −	0.8	216°
8456	Port Manatee Channel entrance	15d	27° 39.72'	82° 35.95'	−0 01	−0 11	−0 22	+0 01	0.2	0.3	0.0	− −	0.2	056°	0.0	− −	0.4	242°
8461	Port Manatee Channel, marker "4"	15d	27° 39.21'	82° 35.39'	−0 34	−0 29	−0 45	+0 01	0.3	0.4	0.0	− −	0.4	355°	0.0	− −	0.5	215°
8466	Piney Point, 0.6 mile NNW of		27° 39.22'	82° 33.73'	+0 12													
					on Old Tampa Bay ent., p.88													
8471	Lewis Island, 0.9 mile east of		27° 43.47'	82° 36.58'	+0 04	−0 19	−1 05	−0 19	0.8	0.9	0.0	− −	0.8	005°	0.0	− −	0.8	160°
8476	Camp Key, 1.9 miles no.thwest of		27° 42.47'	82° 33.00'	+0 11	−0 01	−0 43	−0 21	0.7	0.8	0.0	− −	0.7	030°	0.0	− −	0.7	220°
8481	Shell Point, 1.1 miles west of		27° 43.28'	82° 30.22'	Current weak and variable						0.0	− −	0.3	065°	0.0	− −	0.3	235°
8486	Cut E Channel, marker "2E"	15d	27° 43.52'	82° 32.14'	−0 44	+0 07	−0 26	−0 22	0.7	0.7	0.0	− −	0.7	044°	0.0	− −	0.7	226°
8491	Port of St. Petersburg approach, marker "S"	12d	27° 45.55'	82° 36.61'							0.1	274°	0.3	344°	0.1	277°	0.3	203°
8496	Snell Isle, 1.8 miles east of		27° 47.62'	82° 34.33'	+0 38	+0 22	−0 49	0 00	0.3	0.4	0.0	− −	0.3	350°	0.0	− −	0.4	170°
8501	Ross Island, 1 mile east of, marker "4"	15d	27° 50.22'	82° 34.39'	+0 01	+0 19	+0 04	−0 22	0.6	0.5	0.1	257°	0.6	347°	0.0	− −	0.5	175°
8506	OLD TAMPA BAY ENTRANCE (Port Tampa)	15d	27° 51.90'	82° 33.22'	Daily predictions						0.0	− −	1.0	025°	0.0	− −	0.9	207°
8511	Weedon I. powerplant channel, marker "10"	23d	27° 51.72'	82° 35.12'	+0 17	+0 37	+0 03	−0 23	0.7	0.5	0.0	− −	0.7	359°	0.1	276°	0.8	204°
8516	Gandy Bridge, west channel		27° 52.75'	82° 34.83'	+0 09	−0 26	−0 55	−0 33	0.9	0.9	0.0	− −	0.9	000°	0.0	− −	0.8	155°
8521	Gandy Bridge, east channel	6d	27° 52.99'	82° 35.14'	+0 10	+0 20	−0 09	+0 07	0.6	0.6	0.0	− −	0.6	359°	0.0	− −	0.5	179°
8526	W Howard Frankland Bridge		27° 55.55'	82° 35.17'	+0 19	+0 50	−0 12	+0 16	0.5	0.6	0.0	− −	0.3	285°	0.0	− −	0.6	140°
8531	Courtney Campbell Parkway		27° 58.08'	82° 37.45'	+0 37	+0 26	−0 35	+0 16	0.5	0.6	0.0	− −	0.5	340°	0.0	− −	0.6	140°
8536	Gadsden Pt. Cut–Cut G Channel junction		27° 47.16'	82° 31.32'	Current weak and variable						0.0	− −	0.2	030°	0.1	312°	0.2	241°
8541	Cut A Channel, marker "10", Hillsborough Bay	15d	27° 48.71'	82° 26.84'	−1 33	+0 06	−0 54	−0 53	0.3	0.2	0.0	− −	0.4	007°	0.0	− −	0.2	213°
8546	Cut C Channel, marker "21", Hillsborough Bay	15d	27° 50.76'	82° 26.62'	−1 14	+0 31	−0 20	−0 22	0.4	0.2	0.0	− −	0.4	007°	0.0	− −	0.2	183°
8551	Alafia River ent., 1.2 miles west of	15d	27° 50.97'	82° 25.28'	Current weak and variable						0.0	− −	0.2	060°	0.0	− −	0.2	215°
	BOCA CIEGA BAY and ST. JOSEPH SOUND				on Tampa Bay Entrance, p.80													
8556	Pass-a-Grille Channel		27° 41.1'	82° 44.1'	−0 30	−0 43	−0 30	−0 17	0.9	1.0	0.0	− −	1.2	357°	0.0	− −	1.4	186°
8561	Bridge, 0.8 mi. south of Maximo Pt. <47>		27° 41.6'	82° 40.8'	−1 05	−1 22	−1 05	−0 50	0.9	1.0	0.0	− −	1.2	078°	0.0	− −	1.4	255°
8566	Gulfport, south of		27° 43.7'	82° 42.4'	Current weak and variable													
8571	Blind Pass (north end)		27° 45.4'	82° 45.7'	−1 20	−1 25	−1 20	−1 12	0.5	0.3	0.0	− −	0.6	000°	0.0	− −	0.4	180°
8576	Treasure Island Causeway		27° 46.2'	82° 45.3'	Current weak and variable													
8581	Johns Pass <46>		27° 45.0'	82° 46.9'	−1 30	−1 28	−1 30	−1 29			0.0	− −	2.0	044°	0.0	− −	1.5	214°
8586	Treasure Island, 3.5 miles southwest of		27° 45.0'	82° 50.0'	Current weak and variable													
8591	The Narrows (Indian Rocks Beach Bridge)		27° 52.6'	82° 51.0'	−0 23	−0 25	−1 17	−0 54	0.5	0.1	0.0	− −	0.6	180°	0.0	− −	0.2	000°
8596	Clearwater Pass, 0.2 mi. NE of Sand Key		27° 57.4'	82° 49.4'	−2 24	−2 49	−2 18	−1 50	1.0	0.8	0.0	− −	1.3	179°	0.0	− −	1.1	348°
8601	St. Joseph Sound, off		28° 05.0'	82° 55.0'	− − −	− − −	− − −	− − −	− −	− −	0.0	− −	0.4	018°	0.0	− −	0.6	195°
					on Miami Harbor Entrance, p.72													
8606	Anclote Key, off		28° 10.0'	82° 49.8'	+2 58	+2 43	+2 42	+2 23	0.3	0.5	0.0	− −	0.6	006°	0.0	− −	0.8	195°
	APALACHEE BAY				on Tampa Bay Entrance, p.80													
8611	St. Marks River approach		30° 02.8'	84° 10.8'	−0 57	−0 46	−0 10	−0 08	0.5	0.4	0.0	− −	0.6	339°	0.0	− −	0.5	170°
8616	Four Mile Point, St. Marks River		30° 06.7'	84° 12.2'	−0 13	−0 14	+0 24	−0 26	0.3	0.3	0.0	− −	0.4	358°	0.0	− −	0.4	187°
8621	St. Marks, St. Marks River		30° 09.3'	84° 12.1'	+1 38	+1 10	−0 23	+0 23	0.2	0.3	0.0	− −	0.3	067°	0.0	− −	0.4	247°

Endnotes can be found at the end of table 2.

TABLE 2 – CURRENT DIFFERENCES AND OTHER CONSTANTS

No.	PLACE	Meter Depth	POSITION		TIME DIFFERENCES			SPEED RATIOS		AVERAGE SPEEDS AND DIRECTIONS						
			Latitude	Longitude	Min. before Flood	Flood	Min. before Ebb	Ebb	Flood	Ebb	Minimum before Flood		Maximum Flood		Minimum before Ebb		Maximum Ebb	
		ft	North	West	h m	h m	h m	h m			knots	Dir.	knots	Dir.	knots	Dir.	knots	Dir.

No.	PLACE	ft	Lat N	Long W	Min bF	Flood	Min bE	Ebb	F	E	kn	Dir	kn	Dir	kn	Dir	kn	Dir
	PENSACOLA BAY Time meridian, 75° W																	
	Time meridian, 90° W					on Mobile Bay Entrance, p.92												
8626	Pensacola Bay entrance, midchannel		30° 20.1'	87° 18.0'	−0 48	−0 31	+0 18	−1 15	1.1	1.2	0.0	--	1.6	074°	0.0	--	1.8	256°
	MOBILE BAY																	
8631	Main Ship Channel entrance		30° 09.2'	88° 03.2'	--	+0 50	--	+0 50	0.5	0.7	0.0	--	0.7	344°	0.0	175°	1.0	182°
8636	MOBILE BAY ENTRANCE (off Mobile Point)		30° 13.6'	88° 02.1'		Daily predictions					0.0	--	1.4	027°	0.0	--	1.5	190°
8641	Channel, 6 miles N of Mobile Point		30° 19.8'	88° 01.7'	+0 15	+1 16	--	+0 43	0.4	0.3	0.0	--	0.6	032°	0.0	--	0.5	208°
8646	Great Point Clear, channel west of		30° 29.4'	88° 01.1'		Current weak and variable												
8651	Mobile River entrance (bridge)		30° 40.2'	88° 02.0'	+5 36	+4 54	+2 44	+2 45	0.2	0.5	0.0	--	0.3	333°	0.0	--	0.7	151°
8656	Tensaw River entrance (bridge)		30° 40.9'	88° 00.7'	+2 04	+1 35	−1 00	−0 21	0.3	0.7	0.0	--	0.4	029°	0.0	--	1.0	222°
	Pass Aux Herons																	
8661	Entrance to Mississippi Sound <48>		30° 17.3'	88° 07.8'	+0 09	+0 15	+0 22	+0 02	0.9	0.9	0.0	--	1.3	068°	0.0	--	1.3	245°
	MISSISSIPPI SOUND																	
8666	Pascagoula River highway bridge <27>		30° 22.3'	88° 33.8'	--	+0 48	--	−1 02	0.9	0.8	0.0	--	1.2	016°	0.0	--	1.2	201°
	LOUISIANA COAST																	
8671	Quatre Bayoux Pass, Barataria Bay		29° 18.6'	89° 51.1'	+1 37	+1 04	+0 43	+0 06	0.9	0.9	0.0	--	1.2	288°	0.0	--	1.3	103°
8676	Pass Abel, Barataria Bay		29° 17.7'	89° 54.2'	+0 53	+1 00	+0 13	−0 03	0.6	1.1	0.0	--	0.9	317°	0.0	--	1.6	143°
8681	Barataria Pass, Barataria Bay		29° 16.3'	89° 56.9'	+2 29	+1 23	+1 01	−0 19	1.1	0.9	0.0	--	1.5	315°	0.0	--	1.3	120°
8686	Barataria Bay, 1.1 mi. NE of Manila		29° 26.2'	89° 57.6'	+4 41	+3 35	+3 10	+4 12	0.3	0.3	0.0	--	0.4	356°	0.0	--	0.5	160°
8691	Caminada Pass, Barataria Bay		29° 11.9'	90° 02.8'	+1 44	+0 03	+0 56	+4 38	1.1	1.0	0.0	--	1.5	297°	0.0	--	1.5	118°
8696	Seabrook Bridge, New Orleans <1>		30° 01.9'	90° 02.1'	--	+7 57	--	+7 57	0.9	0.6	0.0	--	1.2	350°	0.0	--	0.9	170°
					on Galveston Bay Entrance, p.96													
8701	Cat Island Pass, Terrebonne Bay	6	29° 04.8'	90° 34.4'	−2 36	−1 39	−2 30	−3 30	0.8	1.1	0.0	--	1.1	013°	0.0	--	1.5	195°
8706	Wine Island Pass		29° 04.2'	90° 38.0'	−4 37	−4 45	−5 03	−4 06	1.2	1.4	0.0	--	1.7	325°	0.0	--	1.9	160°
8711	Caillou Boca, Caillou Bay	4	29° 03.5'	90° 48.5'	−0 37	−0 23	+1 34	−0 06	0.9	0.5	0.0	--	1.3	095°	0.0	--	0.7	264°
8716	Calcasieu Pass		29° 46.4'	93° 20.7'	−0 06	−0 23	+2 22	−0 44	1.2	1.7	0.0	--	1.7	020°	0.0	--	2.3	205°
8721	Calcasieu Pass, 35 miles south of		29° 10.15'	93° 19.23'		Current weak and variable												
8726	Calcasieu Pass, 67 miles south of <49>		28° 39.80'	93° 19.95'	--	--	--	--	--	--	--	--	--	--	--	--	--	--
	TEXAS																	
	Sabine Pass																	
8731	Texas Point, 1.7 miles SSE of		29° 39.0'	93° 49.6'	−0 02	−0 15	−0 05	−0 21	0.8	1.2	0.0	--	1.1	335°	0.0	--	1.6	145°
8736	Sabine, channel east of		29° 43.3'	93° 51.7'	−0 03	−0 17	−0 05	+0 04	1.1	1.3	0.0	--	1.6	335°	0.0	--	1.7	140°
8741	Port Arthur Canal entrance		29° 45.6'	93° 54.1'	+1 05	+1 53	+1 05	+1 12	0.6	0.5	0.0	--	0.9	330°	0.0	--	1.3	110°
8746	Mesquite Pt., La. Causeway bridge		29° 45.95'	93° 53.70'	−0 09	−0 03	−0 10	−0 35	1.1	1.7	0.0	--	1.6	330°	0.0	--	2.2	150°
8751	GALVESTON BAY ENT. (between jetties)	15d	29° 20.92'	94° 42.85'		Daily predictions					0.1	179°	1.4	274°	0.0	--	1.3	093°
	do.	5d	29° 20.92'	94° 42.85'	0 00	0 00	0 00	0 00	1.0	1.0	0.1	179°	1.4	272°	0.0	--	1.3	091°
	do.	34d	29° 20.92'	94° 42.85'	−0 11	−0 05	−0 08	−0 07	0.8	0.8	0.1	188°	1.1	274°	0.0	--	1.1	094°

Endnotes can be found at the end of table 2.

TABLE 2 – CURRENT DIFFERENCES AND OTHER CONSTANTS

No.	PLACE	Meter Depth ft	POSITION Latitude North	POSITION Longitude West	TIME DIFFERENCES Min. before Flood h m	TIME DIFFERENCES Flood h m	TIME DIFFERENCES Min. before Ebb h m	TIME DIFFERENCES Ebb h m	SPEED RATIOS Flood	SPEED RATIOS Ebb	AVERAGE SPEEDS AND DIRECTIONS Minimum before Flood knots	AVERAGE SPEEDS AND DIRECTIONS Minimum before Flood Dir.	AVERAGE SPEEDS AND DIRECTIONS Maximum Flood knots	AVERAGE SPEEDS AND DIRECTIONS Maximum Flood Dir.	AVERAGE SPEEDS AND DIRECTIONS Minimum before Ebb knots	AVERAGE SPEEDS AND DIRECTIONS Minimum before Ebb Dir.	AVERAGE SPEEDS AND DIRECTIONS Maximum Ebb knots	AVERAGE SPEEDS AND DIRECTIONS Maximum Ebb Dir.
	GALVESTON BAY Time meridian, 90° W																	
8756	BOLIVAR ROADS	14d	29° 20.60'	94° 46.88'	+0 09	+0 07	−0 16	−0 01	1.0	1.1	0.1	210°	1.6	296°	0.1	210°	1.3	123°
	...do.	8d	29° 20.60'	94° 46.88'	− −	−0 11	+0 17	−0 08	0.8	0.6	0.1	213°	1.6	295°	0.1	− −	1.5	125°
	...do.	31d	29° 20.60'	94° 46.88'	−0 32	−0 11	− −	−1 53	0.7	0.6	0.0	− −	1.2	306°	0.1	033°	1.0	115°
8761	Quarantine Station, 0.3 mile S of <27>		29° 19.8'	94° 46.7'	− −	+2 16	− −	−1 11	1.0	1.2	0.0	− −	1.1	196°	0.0	− −	0.8	009°
8766	Galveston Channel, west end <27>		29° 18.6'	94° 49.2'	−0 30	−0 54	−2 30	−1 41	1.0	0.8	0.0	− −	1.6	272°	0.0	− −	1.6	103°
8771	Galveston Causeway RR. bridge <71>		29° 17.80'	94° 53.13'	−0 33	−0 18	− −	−1 41	0.5	1.0	0.0	− −	0.7	212°	0.0	− −	1.0	026°
8776	Houston Channel, W of Port Bolivar	3d	29° 21.88'	94° 47.80'	−0 05	−0 11	−2 14	−1 41	1.1	0.9	0.0	− −	1.7	313°	0.1	052°	1.3	135°
	...do.	14d	29° 21.88'	94° 47.80'	−0 03	−0 14	−2 15	−1 55	1.0	0.8	0.0	− −	1.5	312°	0.0	− −	1.2	133°
	...do.	26d	29° 21.88'	94° 47.80'	−0 06	−0 12	−2 12	−1 41	0.9	0.7	0.0	− −	1.4	312°	0.0	− −	1.0	133°
8781	Houston Ship Channel (Red Fish Bar)	7d	29° 30.44'	94° 52.48'	+0 41	+1 13	+1 13	+0 50	0.5	0.5	0.1	069°	0.7	341°	0.0	− −	0.7	154°
	...do.	14d	29° 30.44'	94° 52.48'	+0 45	+1 28	+1 17	+1 10	0.7	0.7	0.1	064°	1.0	331°	0.0	− −	0.7	148°
	...do.	24d	29° 30.44'	94° 52.48'	+0 48	+1 15	+1 20	+1 16	0.5	0.5	0.1	065°	0.8	323°	0.0	− −	0.7	144°
8786	Morgans Point	6d	29° 40.79'	94° 58.90'	+2 15	+1 43	−1 05	+1 11	0.3	0.5	0.0	− −	0.5	336°	0.0	− −	0.7	163°
	...do.	15d	29° 40.79'	94° 58.90'	+1 44	+1 23	−0 50	+1 16	0.3	0.4	0.0	− −	0.5	341°	0.0	− −	0.5	159°
	...do.	25d	29° 40.79'	94° 58.90'	+1 47	+0 58	−1 02	+1 20	0.2	0.3	0.0	− −	0.4	340°	0.0	− −	0.4	160°
	TEXAS COAST				on Galveston Bay Entrance, p.96													
8791	Matagorda Channel (entrance jetty)	15	28° 25.3'	96° 19.4'	−0 44	−0 09	−0 08	−1 14	1.4	1.4	0.0	− −	2.0	317°	0.0	− −	1.9	142°
					on Aransas Pass, p.104													
8796	Aransas Pass	15d	27° 50.03'	97° 02.65'	0 00	0 00	0 00	0 00	1.1	1.5	0.0	− −	1.9	300°	0.0	− −	2.0	118°
	...do.	35d	27° 50.03'	97° 02.65'		Daily predictions					0.0	− −	1.6	300°	0.0	− −	1.5	118°
	...do.	50d	27° 50.03'	97° 02.65'	0 00	0 00	0 00	0 00	0.9	0.8	0.0	− −	1.0	300°	0.0	− −	0.7	118°
8801	Port Ingleside	5d	27° 48.90'	97° 13.80'	+0 24	+1 48	+2 11	+1 09	0.7	0.5	0.0	− −	0.7	286°	0.0	− −	0.5	102°
					on Galveston Bay Entrance, p.96													
8806	Sabine Bank <54>		29° 18.20'	94° 00.20'	− −	− −	− −	− −	− −	− −	− −	− −	− −	− −	− −	− −	− −	− −
8811	Heald Bank, 28 miles SSE of <54>		28° 40.17'	93° 59.60'	− −	− −	− −	− −	− −	− −	− −	− −	− −	− −	− −	− −	− −	− −
	PUERTO RICO Time meridian, 60° W				on Vieques Passage, p.108													
8816	Punta Ostiones, 1.5 miles west of		18° 05.2'	67° 13.6'	−0 26	−0 52	−0 04	−0 35	1.7	1.3	0.0	− −	1.0	187°	0.0	− −	0.9	001°
8821	VIEQUES PASSAGE		18° 11.3'	65° 37.1'		Daily predictions					0.0	− −	0.6	250°	0.0	− −	0.7	057°
8826	Vieques Sound		18° 15.87'	65° 34.20'	−0 44	−1 16	−1 28	−1 05	0.7	0.9	0.0	− −	0.4	180°	0.0	− −	0.6	355°
8831	Largo Shoals, west of		18° 19'	65° 35'	−0 52	−1 28	−1 33	−1 08	0.7	1.0	0.0	− −	0.4	186°	0.0	− −	0.7	330°
8836	Ramos Cay, 0.3 mile SE of <1>		18° 18.6'	65° 36.4'	− −	−0 42	− −	−0 44	0.3	0.7	0.0	− −	0.4	120°	0.0	− −	0.1	284°
8841	Palominos Island, 0.9 mile SW of <13>		18° 20.1'	65° 34.8'	− −	− −	− −	−0 48	− −	0.7	− −	− −	0.2	− −	0.0	− −	0.5	307°
8846	Fajardo Harbor (channel)		18° 20'	65° 37'	− −	−1 52	−2 27	−1 45	0.5	1.6	0.0	− −	0.3	162°	0.0	− −	1.1	339°
8851	Isla Marina, 0.2 mile west of <1> <13>		18° 20.50'	65° 37.38'	− −	− −	− −	−2 06	− −	1.0	− −	− −	− −	− −	− −	− −	0.7	335°
8856	Coronala Laja, 0.4 mile NW of <1> <13>		18° 21.6'	65° 37.3'	− −	− −	− −	−1 33	− −	0.4	− −	− −	− −	− −	− −	− −	0.3	000°
8861	Pasaje de San Juan <1> <13>		18° 23.9'	65° 36.9'	− −	− −	− −	−1 15	− −	1.7	− −	− −	− −	− −	− −	− −	1.2	310°
8866	Bahia de San Juan		18° 27.23'	66° 06.6'		Current weak and variable												
8871	Bahia de San Juan entrance <50>		18° 28.3'	66° 07.6'	− −	− −	− −	− −	− −	− −	− −	− −	− −	− −	− −	− −	− −	− −

Endnotes can be found at the end of table 2.

ENDNOTES

< 1> The times of minimum before flood and ebb are indefinite.

< 2> Current speeds up to 9.0 knots have been observed in the vicinity of the Boilers.

< 3> Current turns westward just before the end of the flood.

< 4> Current tends to rotate counterclockwise, flood direction swinging from westward to southward.

< 5> Observations indicate that current floods about 11 hours and ebbs about 1 1/2 hours. Minimum before flood occurs about 4 1/2 hours earlier, maximum flood about 1 hour later, minimum before ebb about 1/2 hour later, and maximum ebb about 1 1/2 hours earlier than corresponding predictions at Portsmouth Harbor Entrance. Average ebb speed is less than 0.5 knot.

< 6> Current is variable; current speeds are usually less than 1 knot. Currents are strong in the entrance to Menemsha Pond.

< 7> In the open waters of Buzzards Bay, except in the entrance and off Penikese Island and West Island, the current is too weak and variable to be predicted.

< 8> The currents in Narragansett Bay have a pronounced irregularity which is evidenced at times during the month by a long period of approximate slack water preceding the flood, and at other times by a double flood of two distinct maximums of speed separated by a period of lesser speed. These peculiarities appear to be somewhat unstable, consequently, flood currents differing from those predicted should be expected. The ebb current is fairly regular and the predictions for maximum ebb will usually agree closely with the current encountered.

< 9> At minimum flood, current sometimes ebbs for a short period.

<10> At minimum flood, current frequently ebbs for a short period.

<11> Flood is too weak to be predicted. Time difference gives mid-point of 4 hour stand of weak and variable current and time of maximum ebb.

<12> Inside breakwaters, in channel, the current is only 0.4 knot.

<13> Current seldom floods.

<14> Near Tongue Point, Bridgeport Harbor, the current is weak and irregular.

<17> Tidal current is weak, averaging about 0.1 knot at maximum.

<18> For maximum southward current only, the gates of the lock being closed to prevent northward flow. Apply difference and ratio to maximum ebb at The Narrows.

<20> The values for the Hudson River are for the summer months, when the freshwater discharge is a minimum.

<21> In Roundout Creek entrance between lights, eddies on the flood make navigation difficult. Little difficulty will be experienced on the ebb.

<22> Current does not flood.

<23> Current is rotary, turning clockwise. It flows northwest at times of "Minimum before flood" at The Narrows; northeast 1 hour after maximum flood; southeast 1 1/2 hours after "Minimum before ebb"; and southwest 2 hours after maximum ebb.

<24> Current is rotary, turning clockwise. Minimum current of 0.2 knot sets west about the time of "Minimum before flood" at The Narrows. Minimum current of 0.2 knot sets ENE about the time of "Minimum before ebb" at The Narrows.

<25> In Sandy Hook Bay (except in southern extremity) the current is weak.

<26> Tidal current is weak and rotary, averaging about 0.1 knot at maximum.

<27> The times of minimum before flood and ebb are variable.

<28> Current usually ebbs during period 3 hours before to 3 hours after maximum ebb. Flood is weak and variable.

<29> To obtain speeds in midchannel use speed ratio 0.8.

<30>	Flood is usually weak and of short duration. A weak ebb or flood current occurs about 6 hours after maximum flood at Delaware Bay Entrance.
<31>	Tidal current is weak and rotary, averaging less than 0.1 knot.
<33>	Just off southernmost point, current turns about 1 hour earlier than in midchannel.
<34>	Current tends to rotate clockwise. At times for "Minimum before flood" there may be a weak current flowing WSW while at times for "Minimum before ebb" there may be a weak current flowing ENE.
<36>	Current tends to rotate clockwise. At times for "Minimum before flood" there may be a weak current flowing southwest, while at times for "Minimum before ebb" there may be a weak current flowing north.
<37>	Flood usually flows northward, however, direction is variable.
<39>	Flood is variable, current sometimes changing to ebb for a short time during the flood period.
<40>	Due to changes in the waterway average speed values given are probably too large.
<41>	Flood usually occurs in a southerly direction and the ebb in a northeastwardly direction.
<42>	Flood is weak and variable.
<43>	Current tends to rotate clockwise. At times for "Minimum before flood" there may be a weak current flowing northward while at times for "Minimum before ebb" there may be a weak current flowing southeastward.
<44>	For greater ebb only.
<46>	The strength of flood is usually about 2 knots. The speed ratio for strength of ebb is 0.8, except for an ebb speed at Tampa Bay entrance less than 1 knot or marked with an asterisk. In this case take the ebb speed at Johns Pass to be about 1 knot.
<47>	For greater ebb. Lesser ebb is almost equal to greater ebb.
<48>	Currents are materially affected by winds.
<49>	Current is weak and variable. Current is somewhat rotary turning clockwise.
<50>	Current is normally weak and variable, but winds may cause heavy swells.
<51>	Minimum ebb is extremely weak, possibly flooding for a short period.
<52>	Every other ebb phase exhibits a double ebb pattern. For single ebb phases use time differences and speed ratios of the first ebb.
<53>	Ebb is weak and variable.
<54>	Current is somewhat rotary, speed seldom exceeds 0.3 knot.
<55>	Flood is weak and variable with speeds less than or equal to 0.2 knot. Minimums are indefinite.
<57>	Diamond Island Pass - Ebb current is very weak, averaging less than 0.1 knot.
<58>	During period observed, the current flow was nearly continuously in a southwesterly direction with an average speed of about 0.4 knot.
<59>	Observations during the spring showed an increase of about 0.4 knots in both the flood and ebb directions.
<60>	Observations were made in the summer months when the freshwater discharge was at a minimum. Periods of heavier discharge will increase ebb current speeds and decrease flood current speeds.
<61>	Observations were made in the spring during period of heavy freshwater discharge. Periods of lesser discharge will decrease ebb current speeds and increase flood current speeds.
<62>	Observations at this location showed long periods of minimum currents and short durations of flood and ebb currents.
<63>	Turbulence with hazardous current speeds of 6 to 7 knots have been reported near the bridges in the canal. Extreme caution should be exercised.
<64>	The time of minimum before flood is indefinite.
<65>	Maximum ebb time difference is for middle of phase. Speed near 0.7 knots throughout most of ebb phase. Speeds a short distance away may vary significantly.

<66> Maximum flood time difference is for middle of phase. Speed is very low throughout most of flood phase.

<67> Values may vary significantly a short distance away.

<68> It has been reported that under conditions of extreme river discharge, the currents can reach 7 or 8 knots. Caution should be exercised when docking and undocking vessels

<69> In the narrow part of Woods Hole Passage (Woods Hole, 0.1 mile SW of Devils Foots Island) the current velocity at times exceeds 4.5 knots. Velocities as high as 5.0 knots have been reported by the U. S. Coast Guard. Currents in Woods Hole Passage computed from the daily predictions at Cape Cod Canal in the Tidal Current Tables, Atlantic Coast should be used WITH CAUTION. actual velocities and directions shown on Tidal Current Charts, Narragansett Bay to Nantucket should be used only with EXTREME CAUTION. These differences result from dredging, filling, shoaling, and other modifications since the 1931 survey.

<70> Depths at the locations were previously averaged. The original data has been separated into it component depths.

<71> The time of minimum before ebb is indefinite.

<72> Short term observational data taken by United States Power Squadrons (USPS) as part of the NOS/USPS Tidal Current Predictions Quality Assurance Program has shown that predictions at this location are accurate.

<73> Short term observational data taken by United States Power Squadrons (USPS) as part of the NOS/USPS Tidal Current Predictions Quality Assurance Program have shown predictions at these locations to be inaccurate.
- Observed speeds at "Little Creek" were approximately twice the predicted values.
- Observations at "Newport News Channel, west end" showed both time and speed of the currents were altered by the Monitor-Merrimac Tunnel. Predictions should be used with caution.
These stations are scheduled to for resurvey as part of the installation of the Chesapeake Bay PORTS system.

CAUTION--During the first 2 hours of flood in channel north of Governers Island the current in Hudson River is still ebbing while during the first 1 1/2 hours of ebb in this channel the current in Hudson River is still flooding. At such times special care must be taken by large ships in navigating this channel.

ROTARY TIDAL CURRENTS

Station No.	Depth (ft.)	0.0	0.5	1.0	1.5	2.0	2.5	3.0	3.5	4.0	4.5	5.0	5.5	6.0	6.5	7.0	7.5	8.0	8.5	9.0	9.5	10.0	10.5	11.0	11.5	12.0	
																Half-hourly time increments											
										(after Maximum Flood at BAY OF FUNDY ENTRANCE)																	
†201	14	0.13 106	0.19 317	0.19 298	0.19 295	0.20 340	0.19 125	0.17 133	0.14 133	0.16 198	0.16 198	0.18 184	0.16 194	0.20 174	0.19 142	0.15 121	0.12 086	0.12 084	0.15 090	0.19 054	0.20 065	0.23 036	0.22 057	0.21 083	0.19 083	0.18 070	knots degree
†216	14	0.23 296	0.23 291	0.20 278	0.20 288	0.21 281	0.25 288	0.31 283	0.31 277	0.29 256	0.26 260	0.27 254	0.23 230	0.22 237	0.23 223	0.23 200	0.22 207	0.24 198	0.23 173	0.20 171	0.25 117	0.24 088	0.23 086	0.24 087	0.23 049	0.22 032	knots degree
†231	14	0.39 029	0.35 037	0.36 040	0.37 035	0.39 313	0.33 297	0.35 296	0.31 281	0.29 275	0.29 155	0.30 141	0.33 182	0.38 163	0.36 141	0.36 171	0.38 170	0.37 172	0.32 150	0.27 034	0.26 043	0.27 038	0.26 032	0.24 035	0.25 027	0.31 032	knots degree
†276	14	0.30 342	0.27 355	0.29 348	0.25 336	0.22 336	0.31 329	0.32 348	0.29 234	0.31 210	0.32 205	0.32 205	0.42 194	0.43 188	0.42 178	0.42 177	0.29 166	0.25 139	0.23 116	0.24 090	0.23 078	0.25 069	0.24 068	0.20 063	0.24 060	0.26 035	knots degree
†461	14	0.33 044	0.26 065	0.19 088	0.16 135	0.17 171	0.16 246	0.18 244	0.24 252	0.28 235	0.26 198	0.23 204	0.21 198	0.20 329	0.21 293	0.21 294	0.22 302	0.23 308	0.24 317	0.25 312	0.25 347	0.28 022	0.30 033	0.32 037	0.33 038	0.42 035	knots degree
										(after Minimum before Flood at BOSTON HARBOR)																	
991	10	0.03 265	0.22 266	0.23 265	0.24 268	0.23 270	0.26 268	0.25 282	0.27 303	0.32 319	0.33 327	0.33 333	0.32 340	0.31 357	0.28 025	0.29 067	0.28 068	0.27 070	0.27 074	0.28 073	0.27 080	0.26 076	0.27 079	0.23 073	0.21 073	0.21 051	knots degree
996	10	0.30 210	0.40 261	0.45 258	0.43 247	0.46 248	0.48 247	0.50 262	0.53 280	0.51 280	0.52 304	0.50 340	0.51 345	0.51 009	0.52 044	0.49 049	0.50 061	0.48 068	0.52 070	0.49 074	0.46 079	0.46 082	0.43 081	0.40 090	0.40 081	0.36 123	knots degree
1001	10	0.29 200	0.30 209	0.30 212	0.31 222	0.32 229	0.34 243	0.34 247	0.35 259	0.37 265	0.36 268	0.35 284	0.35 331	0.34 002	0.34 018	0.34 042	0.35 056	0.34 058	0.36 064	0.35 065	0.34 075	0.36 080	0.35 085	0.34 086	0.32 095	0.18 132	knots degree
1006	10	0.50 138	0.49 140	0.52 220	0.55 243	0.56 284	0.57 260	0.54 252	0.53 241	0.55 250	0.54 244	0.55 240	0.55 228	0.52 211	0.50 160	0.52 078	0.50 062	0.49 081	0.51 093	0.51 085	0.51 093	0.50 091	0.51 087	0.49 095	0.50 116	0.49 13	knots degree
1011	10	0.20 306	0.20 342	0.21 340	0.22 244	0.24 228	0.23 232	0.25 223	0.25 232	0.26 200	0.24 210	0.26 216	0.25 271	0.24 290	0.24 351	0.23 357	0.24 051	0.23 059	0.22 048	0.21 045	0.21 028	0.21 037	0.20 052	0.20 028	0.20 035	0.20 011	knots degree
1016	10	0.42 221	0.44 223	0.43 214	0.45 221	0.46 213	0.46 211	0.46 215	0.47 219	0.48 219	0.48 227	0.49 235	0.46 230	0.48 221	0.30 254	.50 019	.50 015	.49 009	0.48 357	0.47 052	0.47 053	0.47 055	0.47 070	0.45 135	0.42 193	0.41 206	knots degrees

Tabular values are mean current speeds and directions at specific time intervals relative to the reference stations.
† Add any incremental time difference to a time of maximum flood, then subtract one hour from the result to correct to the standard time kept at the subordinate station.

ROTARY TIDAL CURRENTS

Station No.	Depth (ft.)	Half-hourly time increments																								
		0.0	0.5	1.0	1.5	2.0	2.5	3.0	3.5	4.0	4.5	5.0	5.5	6.0	6.5	7.0	7.5	8.0	8.5	9.0	9.5	10.0	10.5	11.0	11.5	12.0	
		(after Minimum before Flood at BOSTON HARBOR)																									
1021	10	0.42 213	0.44 197	0.45 193	0.45 182	0.47 175	0.50 135	0.46 178	0.47 183	0.45 222	0.44 247	0.44 267	0.40 306	0.45 330	0.47 346	0.44 328	0.44 344	0.47 335	0.44 327	0.42 334	0.42 341	0.43 337	0.47 338	0.40 306	0.43 274	0.45 240	knots degrees
1051	15	0.11 191	0.26 292	0.51 295	0.53 304	0.55 303	0.52 312	0.50 308	0.54 319	0.47 313	0.50 331	0.46 354	0.45 358	0.46 010	0.45 030	0.48 046	0.51 059	0.57 089	0.62 108	0.66 109	0.67 122	0.64 121	0.62 119	0.51 132	0.40 129	0.25 134	knots degrees
1056	10	0.30 251	0.30 307	0.38 331	0.39 342	0.38 332	0.36 336	0.37 343	0.37 341	0.36 343	0.36 350	0.35 347	0.34 006	0.30 029	0.20 081	0.19 144	0.25 138	0.30 146	0.33 160	0.35 165	0.36 172	0.38 173	0.38 173	0.36 190	0.36 203	0.32 233	knots degrees
1156	10	0.34 267	0.39 264	0.41 261	0.42 261	0.35 259	0.35 251	0.34 235	0.37 230	0.39 220	0.38 209	0.35 199	0.35 197	0.32 146	0.32 087	0.36 069	0.40 070	0.41 071	0.35 046	0.31 030	0.32 018	0.31 024	0.27 046	0.07 024	0.20 269	0.25 272	knots degrees
1226	10	0.33 007	0.35 010	0.36 024	0.35 034	0.36 060	0.34 343	0.40 348	0.39 007	0.40 063	0.42 025	0.45 095	0.37 064	0.35 081	0.32 103	0.35 102	0.37 103	0.34 104	0.33 117	0.35 135	0.35 139	0.34 158	0.03 215	0.29 339	0.31 353	0.24 355	knots degrees
*1286	10	0.17 086	0.16 095	0.18 090	0.16 088	0.13 090	0.17 095	0.19 090	0.21 093	0.22 083	0.18 083	0.19 081	0.21 077	0.18 082	0.22 072	0.25 072	0.24 070	0.26 069	0.27 067	0.28 070	0.28 070	0.29 073	0.28 077	0.25 085	0.23 082	0.18 085	knots degrees
1416	10	0.22 217	0.27 199	0.29 209	0.09 199	0.37 052	0.40 061	0.44 074	0.45 077	0.44 066	0.44 047	0.44 032	0.48 025	0.50 029	0.51 041	0.47 061	0.42 077	0.39 082	0.37 076	0.37 071	0.37 070	0.36 070	0.32 064	0.30 069	0.23 070	0.10 085	knots degrees
1416	20	0.15 271	0.22 238	0.24 231	0.05 251	0.28 030	0.30 031	0.31 076	0.36 073	0.34 064	0.33 040	0.35 029	0.36 021	0.40 021	0.43 030	0.39 049	0.30 067	0.28 067	0.34 058	0.35 056	0.34 050	0.32 050	0.29 047	0.23 044	0.16 032	0.09 005	knots degrees
1541	10	0.20 246	0.23 232	0.27 282	0.45 351	0.41 019	0.40 025	0.35 024	0.30 009	0.28 355	0.32 343	0.34 338	0.35 339	0.33 345	0.29 007	0.29 013	0.32 008	0.33 002	0.33 356	0.33 345	0.32 336	0.32 333	0.30 331	0.26 331	0.24 320	0.24 305	knots degrees
1541	20	0.15 220	0.19 214	0.20 232	0.33 001	0.34 020	0.30 027	0.24 024	0.21 003	0.22 345	0.28 340	0.31 333	0.33 332	0.32 331	0.29 351	0.26 009	0.27 008	0.28 003	0.29 350	0.31 339	0.29 334	0.26 329	0.21 322	0.17 322	0.14 315	0.10 254	knots degrees
		(after Maximum Flood at CHESAPEAKE BAY ENTRANCE)																									
4796	16d	0.31 197	0.30 204	0.26 217	0.25 226	0.24 242	0.23 253	0.24 266	0.22 273	0.22 290	0.21 302	0.22 311	0.19 318	0.18 330	0.15 344	0.10 358	0.08 042	0.09 073	0.13 089	0.13 113	0.18 133	0.20 152	0.27 171	0.29 179	0.32 185	0.34 189	knots degrees

Tabular values are mean current speeds and directions at specific time intervals relative to the reference station.
* In Reserved Channel, the tidal current is weak, averaging less than 0.1 knot. During a 7-day observation period, the total current set was consistently eastward.

TABLE 3.—SPEED OF CURRENT AT ANY TIME

EXPLANATION

Though the predictions in this publication give only the slacks and maximum currents, the speed of the current at any intermediate time can be obtained approximately by the use of this table. Directions for its use are given below the table.

Before using the table for a place listed in Table 2, the predictions for the day in question should be first obtained by means of the differences and ratios given in Table 2.

The examples below follow the numbered steps in the directions.

Example 1.—Find the speed of the current in The Race at 6:00 on a day when the predictions which immediately precede and follow 6:00 are as follows:

(1)   Slack Water   Maximum (Flood)
             Time   Time   Speed
             4:18   7:36   3.2 knots

Directions under the table indicate Table A is to be used for this station.

(2) Interval between slack and maximum flood is 7:36 − 4:18 = 3^h18^m. Column heading nearest to 3^h18^m is 3^h20^m.

(3) Interval between slack and time desired is 6:00 − 4:18 = 1^h42^m. Line labeled 1^h40^m is nearest to 1^h42^m.

(4) Factor in column 3^h20^m and on line 1^h40^m is 0.7. The above flood speed of 3.2 knots multiplied by 0.7 gives a flood speed of 2.24 knots (or 2.2 knots, since one decimal is sufficient) for the time desired.

Example 2.—Find the speed of the current in the Harlem River at Broadway Bridge at 16:30 on a day when the predictions (obtained using the difference and ratio in table 2) which immediately precede and follow 16:30 are as follows:

(1)   Maximum (Ebb)   Slack Water
              Time   Speed   Time
              13:49   2.5 knots   17:25

Directions under the table indicate Table B is to be used, since this station in Table 2 is referred to Hell Gate.

(2) Interval between slack and maximum ebb is 17:25 − 13:49 = 3^h36^m. Hence, use column headed 3^h40^m.

(3) Interval between slack and time desired is 17:25 − 16:30 = 0^h55^m. Hence, use line labeled 1^h00^m.

(4) Factor in column 3^h40^m and on line 1^h00^m is 0.5. The above ebb speed of 2.5 knots multiplied by 0.5 gives an ebb speed of 1.2 knots for the desired time.

When the interval between slack and maximum current is greater than 5^h40^m, enter the table with one-half the interval between slack and maximum current and one-half the interval between slack and the desired time and use the factor thus found.

TABLE 3.—SPEED OF CURRENT AT ANY TIME

TABLE A

Interval between slack and desired time	Interval between slack and maximum current													
h. m.	h.m. 1 20	h.m. 1 40	h.m. 2 00	h.m. 2 20	h.m. 2 40	h.m. 3 00	h.m. 3 20	h.m. 3 40	h.m. 4 00	h.m. 4 20	h.m. 4 40	h.m. 5 00	h.m. 5 20	h.m. 5 40
	ft.	ft.	ft.	ft.	ft.	ft.	ft.	ft.	ft.	ft.	ft.	ft.	ft.	ft.
0 20	0.4	0.3	0.3	0.2	0.2	0.2	0.2	0.1	0.1	0.1	0.1	0.1	0.1	0.1
0 40	0.7	0.6	0.5	0.4	0.4	0.3	0.3	0.3	0.3	0.2	0.2	0.2	0.2	0.2
1 00	0.9	0.8	0.7	0.6	0.6	0.5	0.5	0.4	0.4	0.4	0.3	0.3	0.3	0.3
1 20	1.0	1.0	0.9	0.8	0.7	0.6	0.6	0.5	0.5	0.5	0.4	0.4	0.4	0.4
1 40	----	1.0	1.0	0.9	0.8	0.8	0.7	0.7	0.6	0.6	0.5	0.5	0.5	0.4
2 00	----	----	1.0	1.0	0.9	0.9	0.8	0.8	0.7	0.7	0.6	0.6	0.6	0.5
2 20	----	----	----	1.0	1.0	0.9	0.9	0.8	0.8	0.7	0.7	0.7	0.6	0.6
2 40	----	----	----	----	1.0	1.0	1.0	0.9	0.9	0.8	0.8	0.7	0.7	0.7
3 00	----	----	----	----	----	1.0	1.0	1.0	0.9	0.9	0.8	0.8	0.8	0.7
3 20	----	----	----	----	----	----	1.0	1.0	1.0	0.9	0.9	0.9	0.8	0.8
3 40	----	----	----	----	----	----	----	1.0	1.0	1.0	0.9	0.9	0.9	0.9
4 00	----	----	----	----	----	----	----	----	1.0	1.0	1.0	1.0	0.9	0.9
4 20	----	----	----	----	----	----	----	----	----	1.0	1.0	1.0	1.0	0.9
4 40	----	----	----	----	----	----	----	----	----	----	1.0	1.0	1.0	1.0
5 00	----	----	----	----	----	----	----	----	----	----	----	1.0	1.0	1.0
5 20	----	----	----	----	----	----	----	----	----	----	----	----	1.0	1.0
5 40	----	----	----	----	----	----	----	----	----	----	----	----	----	1.0

TABLE B

Interval between slack and desired time	Interval between slack and maximum current													
h. m.	h.m. 1 20	h.m. 1 40	h.m. 2 00	h.m. 2 20	h.m. 2 40	h.m. 3 00	h.m. 3 20	h.m. 3 40	h.m. 4 00	h.m. 4 20	h.m. 4 40	h.m. 5 00	h.m. 5 20	h.m. 5 40
	ft.	ft.	ft.	ft.	ft.	ft.	ft.	ft.	ft.	ft.	ft.	ft.	ft.	ft.
0 20	0.5	0.4	0.4	0.3	0.3	0.3	0.3	0.3	0.2	0.2	0.2	0.2	0.2	0.2
0 40	0.8	0.7	0.6	0.5	0.5	0.5	0.4	0.4	0.4	0.4	0.3	0.3	0.3	0.3
1 00	0.9	0.8	0.8	0.7	0.7	0.6	0.6	0.5	0.5	0.5	0.4	0.4	0.4	0.4
1 20	1.0	1.0	0.9	0.8	0.8	0.7	0.7	0.6	0.6	0.6	0.5	0.5	0.5	0.5
1 40	----	1.0	1.0	0.9	0.9	0.8	0.8	0.7	0.7	0.7	0.6	0.6	0.6	0.6
2 00	----	----	1.0	1.0	0.9	0.9	0.9	0.8	0.8	0.7	0.7	0.7	0.7	0.6
2 20	----	----	----	1.0	1.0	1.0	0.9	0.9	0.8	0.8	0.8	0.7	0.7	0.7
2 40	----	----	----	----	1.0	1.0	1.0	0.9	0.9	0.9	0.8	0.8	0.8	0.7
3 00	----	----	----	----	----	1.0	1.0	1.0	0.9	0.9	0.9	0.9	0.8	0.8
3 20	----	----	----	----	----	----	1.0	1.0	1.0	0.9	0.9	0.9	0.9	0.9
3 40	----	----	----	----	----	----	----	1.0	1.0	1.0	1.0	0.9	0.9	0.9
4 00	----	----	----	----	----	----	----	----	1.0	1.0	1.0	1.0	0.9	0.9
4 20	----	----	----	----	----	----	----	----	----	1.0	1.0	1.0	1.0	0.9
4 40	----	----	----	----	----	----	----	----	----	----	1.0	1.0	1.0	1.0
5 00	----	----	----	----	----	----	----	----	----	----	----	1.0	1.0	1.0
5 20	----	----	----	----	----	----	----	----	----	----	----	----	1.0	1.0
5 40	----	----	----	----	----	----	----	----	----	----	----	----	----	1.0

Use table A for all places except those listed below for table B.
Use table B for Cape Code Canal, Hell Gate, Chesapeake and Delaware Canal, and all stations in table 2 which are referred to them.

1. From predictions find the time of slack water and the time and velocity of maximum current (flood or ebb), one of which is immediately before and the other after the time for which the velocity is desired.
2. Find the interval of time between the above slack and maximum current, and enter the top of table A or B with the interval which most nearly agrees with this value.
3. Find the interval of time between the above slack and the time desired, and enter the side of table A or B with the interval which most nearly agrees with this value.
4. Find, in the table, the factor corresponding to the above two intervals, and multiply the maximum velocity by this factor. The result will be the approximate velocity at the time desired.

TABLE 4.—DURATION OF SLACK

The predicted times of slack water given in this publication indicate the instant of zero speed, which is only momentary. There is a period on each side of the slack water, however, during which the current is so weak that for practical purposes it may be considered negligible.

The following tables give, for various maximum currents, the approximate period of time during which weak currents not exceeding 0.1 to 0.5 knot will be encountered. This duration includes the last of the flood or ebb and the beginning of the following ebb or flood, that is, half of the duration will be before and half after the time of slack water.

Table A should be used for all places except those listed below for table B.

Table B should be used for Cape Cod Canal, Hell Gate, Chesapeake and Delaware Canal, and all stations in Table 2 which are referred to them.

Duration of weak current near time of slack water

TABLE A

Maximum current	Period with a speed not more than -				
	0.1 knot	*0.2 knot*	*0.3 knot*	*0.4 knot*	*0.5 knot*
Knots	Minutes	Minutes	Minutes	Minutes	Minutes
1.0	23	46	70	94	120
1.5	15	31	46	62	78
2.0	11	23	35	46	58
3.0	8	15	23	31	38
4.0	6	11	17	23	29
5.0	5	9	14	18	23
6.0	4	8	11	15	19
7.0	3	7	10	13	16
8.0	3	6	9	11	14
9.0	3	5	8	10	13
10.0	2	5	7	9	11

TABLE B

Maximum current	Period with a speed not more than -				
	0.1 knot	*0.2 knot*	*0.3 knot*	*0.4 knot*	*0.5 knot*
Knots	Minutes	Minutes	Minutes	Minutes	Minutes
1.0	13	28	46	66	89
1.5	8	18	28	39	52
2.0	6	13	20	28	36
3.0	4	8	13	18	22
4.0	3	6	9	13	17
5.0	3	5	8	10	13

When there is a difference between the speeds of the maximum flood and ebb preceding and following the slack for which the duration is desired, it will be sufficiently accurate for practical purposes to find a separate duration for each maximum speed and take the average of the two as the duration of the weak current.

TABLE 5.—ROTARY TIDAL CURRENTS
EXPLANATION

Offshore and in some of the wider indentations of the coast, the tidal current is quite different from that found in the more protected bays and rivers. In these inside waters the tidal current is of the reversing type. It sets in one direction for a period of about 6 hours after which it ceases to flow momentarily and then sets in the opposite direction during the following 6 hours. Offshore the current, not being confined to a definite channel, changes its direction continually and never comes to a slack, so that in a tidal cycle of about 12 $\frac{1}{2}$ hours it will have set in all directions of the compass. This type of current is therefore called a rotary current.

A characteristic feature of the rotary current is the absence of slack water. Although the current generally varies from hour to hour, this variation from greatest current to least current and back again to greatest does not give rise to a period of slack water. When the speed of the rotary tidal current is least, it is known as the minimum current, and when it is greatest it is known as the maximum current. The minimum and maximum speeds of the rotary current are thus related to each other in the same way as slack and strength of current, a minimum speed of the current following a maximum speed by an interval of about 3 hours and being followed in turn by another maximum after a further interval of 3 hours.

In the following table there are given for a number of offshore stations the direction and average speed of the rotary tidal current for each hour of the tidal cycle referred to predictions for a station in Table 1. All times are eastern standard for the 75th meridian.

The speeds given in the table are average. The Moon at new, full, or perigee tends to increase the speeds 15 to 20 percent above average. When perigee occurs at or near the time of new, or full Moon the speeds will be 30 to 40 percent above average. Quadrature and apogee tend to decrease the speeds below average by 15 to 20 percent. When apogee occurs at or near quadrature they will be 30 to 40 percent below average. The speeds will be about average when apogee occurs at or near the time of new or full Moon and also when perigee occurs at or near quadrature, (see table of astronomical data).

The direction of the current is given in degrees, true, reading clockwise from 0° at north, and is the direction toward which the water is flowing.

The speeds and directions are for the tidal current only and do not include the effect of winds. When a wind is blowing, a wind-driven current will be set up which will be in addition to the tidal current, and the actual current encountered will be a combination of the wind-driven current and tidal current. See the chapters on "Wind-Driven Currents" and "The Combination of Currents."

As an example, in the following table the current at Nantucket Shoals is given for each hour after maximum flood at Pollock Rip Channel. Suppose it is desired to find the direction and speed of the current at Nantucket Shoals at 3:15 p.m. (15:15) eastern standard time on a day when maximum flood at Pollock Rip Channel is predicted in Table 1 to occur at 13:20 eastern standard time. The desired time is therefore about 2 hours after maximum flood at Pollock Rip Channel, and from the following table the tidal current at Nantucket Shoals at this time is setting 15° true with an average speed of 0.8 knot. If this day is near the time of new Moon and about halfway between apogee and perigee, then the distance effect of the Moon will be nil and the phase effect alone will operate to increase the speed by about 15 percent, to 0.9 knot. If a wind has been blowing, determine the direction and speed of the wind-driven current from the chapter on "Wind-Driven Currents" and combine it with the above tidal current as explained in the chapter on "The Combination of Currents."

Caution.—Speeds from $1\frac{1}{2}$ to 3 knots have been observed at most of the stations in this table. Near Diamond Shoal Light a speed of 4 knots has been recorded.

At some offshore stations, such as near the entrance to Chesapeake Bay, the tidal current is directed alternately toward and away from the bay entrance with intervening periods of slack water, so that it is essentially a reversing current. For such places, differences for predicting are given in Table 2.

TABLE 5.—ROTARY TIDAL CURRENTS

Georges Bank
Lat. 41° 50' N., Long. 66° 37' W.

	Time	Direction (true)	Velocity
		Degrees	Knots
Hours	0	285	0.9
after	1	304	1.1
maximum	2	324	1.2
flood	3	341	1.1
at	4	10	1.0
Pollock Rip	5	43	0.9
Channel,	6	89	1.0
see page 20	7	127	1.3
	8	147	1.6
	9	172	1.4
	10	197	0.9
	11	232	0.8

Georges Bank
Lat. 41° 54' N., Long. 67° 08' W.

	Time	Direction (true)	Velocity
		Degrees	Knots
Hours	0	298	1.1
after	1	325	1.4
maximum	2	344	1.5
flood	3	0	1.2
at	4	33	0.7
Pollock Rip	5	82	0.8
Channel,	6	118	1.1
see page 20	7	138	1.5
	8	153	1.2
	9	178	1.1
	10	208	0.9
	11	236	0.8

Georges Bank
Lat. 41° 48' N., Long. 67° 34' W.

	Time	Direction (true)	Velocity
		Degrees	Knots
Hours	0	325	1.5
after	1	332	2.1
maximum	2	342	2.0
flood	3	358	1.3
at	4	35	0.7
Pollock Rip	5	99	0.8
Channel,	6	126	1.3
see page 20	7	150	2.0
	8	159	1.9
	9	169	1.7
	10	197	1.2
	11	275	0.9

Georges Bank
Lat. 41° 42' N., Long. 67° 37' W.

	Time	Direction (true)	Velocity
		Degrees	Knots
Hours	0	316	1.1
after	1	341	1.3
maximum	2	356	1.0
flood	3	16	0.8
at	4	43	0.6
Pollock Rip	5	92	0.8
Channel,	6	122	1.0
see page 20	7	146	1.1
	8	170	1.1
	9	195	1.0
	10	215	1.0
	11	272	0.9

Georges Bank
Lat. 41° 41' N., Long. 67° 49' W.

	Time	Direction (true)	Velocity
		Degrees	Knots
Hours	0	318	1.6
after	1	320	1.8
maximum	2	325	1.4
flood	3	330	0.8
at	4	67	0.3
Pollock Rip	5	111	0.9
Channel,	6	117	1.5
see page 20	7	126	1.7
	8	144	1.7
	9	160	1.1
	10	242	0.8
	11	292	1.2

Georges Bank
Lat. 41° 30' N., Long. 68° 07' W.

	Time	Direction (true)	Velocity
		Degrees	Knots
Hours	0	312	1.5
after	1	338	1.7
maximum	2	346	1.5
flood	3	14	1.1
at	4	59	0.9
Pollock Rip	5	99	0.9
Channel,	6	123	1.3
see page 20	7	144	1.7
	8	160	1.6
	9	187	1.3
	10	244	1.0
	11	274	1.1

Georges Bank
Lat. 41° 29' N., Long. 67° 04' W.

	Time	Direction (true)	Velocity
		Degrees	Knots
Hours	0	277	1.0
after	1	302	1.2
maximum	2	329	1.4
flood	3	348	1.3
at	4	15	1.2
Pollock Rip	5	48	1.1
Channel,	6	85	1.2
see page 20	7	122	1.4
	8	145	1.5
	9	166	1.3
	10	194	1.2
	11	223	1.1

Georges Bank
Lat. 41° 14' N., Long. 67° 38' W.

	Time	Direction (true)	Velocity
		Degrees	Knots
Hours	0	305	1.4
after	1	332	1.6
maximum	2	355	1.6
flood	3	15	1.4
at	4	38	1.1
Pollock Rip	5	77	0.9
Channel,	6	112	1.2
see page 20	7	141	1.6
	8	162	1.6
	9	187	1.5
	10	214	1.4
	11	252	1.2

Georges Bank
Lat. 41° 13' N., Long. 68° 20' W.

	Time	Direction (true)	Velocity
		Degrees	Knots
Hours	0	319	1.5
after	1	332	2.0
maximum	2	345	1.4
flood	3	9	0.8
at	4	42	0.6
Pollock Rip	5	80	0.7
Channel,	6	118	1.0
see page 20	7	138	1.3
	8	154	1.4
	9	169	1.5
	10	188	1.3
	11	236	0.9

Georges Bank
Lat. 40° 48' N., Long. 67° 40' W.

	Time	Direction (true)	Velocity
		Degrees	Knots
Hours	0	304	0.9
after	1	340	0.9
maximum	2	353	0.8
flood	3	29	0.6
at	4	56	0.6
Pollock Rip	5	83	0.6
Channel,	6	107	0.9
see page 20	7	140	1.0
	8	156	1.0
	9	175	0.9
	10	202	0.8
	11	245	0.8

Georges Bank
Lat. 40° 49' N., Long. 68° 34' W.

	Time	Direction (true)	Velocity
		Degrees	Knots
Hours	0	301	1.2
after	1	326	1.5
maximum	2	345	1.4
flood	3	8	1.1
at	4	36	0.8
Pollock Rip	5	69	0.8
Channel,	6	106	1.0
see page 20	7	139	1.4
	8	153	1.5
	9	175	1.4
	10	201	1.1
	11	237	0.9

Great South Channel, Georges Bank
Lat. 40° 31' N., Long. 68° 47' W.

	Time	Direction (true)	Velocity
		Degrees	Knots
Hours	0	320	0.7
after	1	331	0.9
maximum	2	342	1.1
flood	3	3	1.0
at	4	23	0.8
Pollock Rip	5	63	0.4
Channel,	6	129	0.7
see page 20	7	140	0.9
	8	164	1.0
	9	179	1.0
	10	190	0.8
	11	221	0.6

TABLE 5.—ROTARY TIDAL CURRENTS

Nantucket Shoals
Lat. 40° 37′ N., Long. 69° 37′ W.

	Time	Direction (true)	Velocity
		Degrees	Knots
Hours after maximum flood at Pollock Rip Channel, see page 20	0	323	0.6
	1	355	0.7
	2	15	0.8
	3	38	0.8
	4	55	0.8
	5	85	0.7
	6	125	0.6
	7	162	0.7
	8	192	0.8
	9	212	0.8
	10	232	0.8
	11	257	0.7

Great South Channel, Georges Bank
Lat. 41° 10′ N., Long. 68° 56′ W.

	Time	Direction (true)	Velocity
		Degrees	Knots
Hours after maximum flood at Pollock Rip Channel, see page 20	0	318	0.5
	1	349	0.7
	2	352	1.1
	3	356	1.0
	4	359	0.7
	5	18	0.4
	6	106	0.4
	7	157	0.7
	8	165	1.0
	9	173	1.0
	10	180	0.8
	11	204	0.6

Davis Bank, Nantucket Shoals, 15 miles SE of Nantucket I.
Lat. 41° 07′ N., Long. 69° 41′ W.

	Time	Direction (true)	Velocity
		Degrees	Knots
Hours after maximum flood at Pollock Rip Channel, see page 20	0	15	1.5
	1	28	2.1
	2	32	2.4
	3	35	2.1
	4	37	1.1
	5	128	0.4
	6	197	1.2
	7	204	1.9
	8	205	2.2
	9	206	2.2
	10	213	1.6
	11	307	0.7

Davis Bank, Nantucket Shoals (west), 15 miles SE of Nantucket I.
Lat. 41° 03′ N., Long. 69° 47′ W.

	Time	Direction (true)	Velocity
		Degrees	Knots
Hours after maximum flood at Pollock Rip Channel, see page 20	0	346	0.9
	1	28	1.2
	2	47	1.3
	3	73	1.1
	4	103	0.8
	5	132	0.9
	6	182	0.8
	7	215	1.2
	8	240	1.1
	9	251	0.9
	10	267	0.7
	11	302	0.7

Davis Bank, Nantucket Shoals (middle), 17.5 miles SE of Nantucket I.
Lat. 41° 02′ N., Long. 69° 43′ W.

	Time	Direction (true)	Velocity
		Degrees	Knots
Hours after maximum flood at Pollock Rip Channel, see page 20	0	23	0.8
	1	27	1.5
	2	28	1.9
	3	29	1.8
	4	46	1.1
	5	115	0.4
	6	191	1.2
	7	202	1.9
	8	215	1.7
	9	225	1.5
	10	233	0.9
	11	270	0.2

Davis Bank, Nantucket Shoals (east), 18.5 miles SE of Nantucket I.
Lat. 41° 02′ N., Long. 69° 41′ W.

	Time	Direction (true)	Velocity
		Degrees	Knots
Hours after maximum flood at Pollock Rip Channel, see page 20	0	30	0.6
	1	36	1.3
	2	38	1.5
	3	50	1.4
	4	80	1.1
	5	105	0.8
	6	178	0.6
	7	230	1.3
	8	235	1.7
	9	238	1.4
	10	241	1.0
	11	265	0.3

Nantucket Island, 28 miles east of
Lat. 41° 20′ N., Long. 69° 21′ W.

	Time	Direction (true)	Velocity
		Degrees	Knots
Hours after maximum flood at Pollock Rip Channel, see page 20	0	19	0.9
	1	7	1.3
	2	359	1.4
	3	351	1.1
	4	334	0.5
	5	221	0.3
	6	198	0.8
	7	185	1.1
	8	184	1.1
	9	184	0.9
	10	183	0.7
	11	60	0.1

Monomoy Point, 23 miles east of
Lat. 41° 35′ N., Long. 69° 30′ W.

	Time	Direction (true)	Velocity
		Degrees	Knots
Hours after maximum flood at Pollock Rip Channel, see page 20	0	320	0.7
	1	324	1.0
	2	326	0.9
	3	330	0.7
	4	334	0.3
	5	144	0.1
	6	145	0.5
	7	146	0.8
	8	147	0.9
	9	148	0.8
	10	150	0.4
	11	230	0.1

Nauset Beach Light, 5 miles NE of
Lat. 41° 56′ N., Long. 69° 54′ W.

	Time	Direction (true)	Velocity
		Degrees	Knots
Hours after maximum flood at Pollock Rip Channel, see page 20	0	315	0.5
	1	327	0.6
	2	340	0.5
	3	357	0.2
	4	16	0.1
	5	124	0.2
	6	132	0.4
	7	135	0.6
	8	139	0.6
	9	145	0.4
	10	269	0.2
	11	297	0.2

Great Round Shoal Channel entrance Nantucket Sound entrance
Lat. 41° 26′ N., Long. 69° 44′ W.

	Time	Direction (true)	Velocity
		Degrees	Knots
Hours after maximum flood at Pollock Rip Channel, see page 20	0	32	1.6
	1	45	1.4
	2	68	1.3
	3	95	1.1
	4	140	0.8
	5	192	1.2
	6	210	1.5
	7	220	1.5
	8	235	1.2
	9	264	0.9
	10	303	0.8
	11	350	1.2

Great Round Shoal Channel Buoy 9, 0.3 mile NE of
Lat. 41° 24′ N., Long. 69° 55′ W.

	Time	Direction (true)	Velocity
		Degrees	Knots
Hours after maximum flood at Pollock Rip Channel, see page 20	0	47	1.0
	1	60	1.3
	2	70	1.3
	3	91	0.8
	4	153	0.5
	5	211	0.7
	6	234	0.9
	7	247	1.3
	8	252	1.1
	9	260	0.9
	10	305	0.3
	11	35	0.4

Great Round Shoal Channel, 4 miles NE of Great Pt., Nantucket Sound
Lat. 41° 26′ N., Long. 69° 59′ W.

	Time	Direction (true)	Velocity
		Degrees	Knots
Hours after maximum flood at Pollock Rip Channel, see page 20	0	80	0.8
	1	88	1.1
	2	96	1.3
	3	104	1.0
	4	129	0.5
	5	213	0.5
	6	267	1.1
	7	275	1.4
	8	280	1.2
	9	284	0.7
	10	328	0.2
	11	42	0.4

TABLE 5.—ROTARY TIDAL CURRENTS

Cuttyhunk I., 3.25 miles SW of
Lat. 41° 23' N., Long. 71° 00' W.

	Time	Direction (true)	Velocity
		Degrees	Knots
Hours	0	356	0.4
after	1	15	0.3
maximum	2	80	0.2
flood	3	123	0.3
at	4	146	0.5
Pollock Rip	5	158	0.5
Channel,	6	173	0.4
see page 20	7	208	0.3
	8	267	0.2
	9	306	0.3
	10	322	0.3
	11	335	0.4

Gooseberry Neck, 2 miles SSE of Buzzards Bay entrance
Lat. 41° 27' N., Long. 71° 01' W.

	Time	Direction (true)	Velocity
		Degrees	Knots
Hours	0	52	0.6
after	1	65	0.4
maximum	2	108	0.2
flood	3	168	0.3
at	4	210	0.4
Pollock Rip	5	223	0.5
Channel,	6	232	0.5
see page 20	7	249	0.3
	8	274	0.2
	9	321	0.2
	10	16	0.3
	11	38	0.5

Browns Ledge, Massachusetts
Lat. 41° 20' N., Long. 71° 06' W.

	Time	Direction (true)	Velocity
		Degrees	Knots
Hours	0	330	0.3
after	1	12	0.3
maximum	2	28	0.3
flood	3	104	0.4
at	4	118	0.4
Pollock Rip	5	123	0.4
Channel,	6	168	0.3
see page 20	7	205	0.2
	8	201	0.3
	9	270	0.3
	10	282	0.4
	11	318	0.5

Point Judith, Harbor of Refuge, Block Island Sound (west entrance)
Lat. 41° 22' N., Long. 71° 31' W.

	Time	Direction (true)	Velocity
		Degrees	Knots
Hours	0	197	0.2
after	1	160	0.2
maximum	2	151	0.4
flood	3	159	0.5
at	4	146	0.5
The Race,	5	124	0.5
see page 24	6	109	0.4
	7	104	0.2
	8	90	0.1
	9	30	0.1
	10	336	0.1
	11	209	0.1

Point Judith, 4.5 miles SW of, Block Island Sound
Lat. 41° 18' N., Long. 71° 33' W.

	Time	Direction (true)	Velocity
		Degrees	Knots
Hours	0	264	0.6
after	1	270	0.6
maximum	2	270	0.5
flood	3	280	0.2
at	4	62	0.2
The Race,	5	70	0.6
see page 24	6	78	0.7
	7	95	0.5
	8	105	0.3
	9	120	0.1
	10	286	0.1
	11	277	0.3

Grace Point, 2 miles NW of, Block Island Sound
Lat. 41° 12' N., Long. 71° 38' W.

	Time	Direction (true)	Velocity
		Degrees	Knots
Hours	0	304	0.2
after	1	2	0.2
maximum	2	28	0.4
flood	3	28	0.6
at	4	37	0.7
The Race,	5	71	0.6
see page 24	6	86	0.6
	7	126	0.4
	8	137	0.2
	9	213	0.1
	10	256	0.1
	11	267	0.1

Little Gull I., 3.7 miles ESE of, Block Island Sound
Lat. 41° 11' N., Long. 72° 02' W.

	Time	Direction (true)	Velocity
		Degrees	Knots
Hours	0	271	0.8
after	1	284	0.5
maximum	2	320	0.2
flood	3	68	0.2
at	4	77	0.7
The Race,	5	95	1.1
see page 24	6	118	1.6
	7	128	1.2
	8	150	0.6
	9	171	0.2
	10	221	0.4
	11	228	0.7

Sandy Hook Approach Lighted Horn Buoy 2A, 0.2 mile W of
Lat. 40° 27' N., Long. 73° 55' W.

	Time	Direction (true)	Velocity
		Degrees	Knots
Hours	0	313	0.4
after	1	325	0.3
maximum	2	356	0.2
flood	3	55	0.2
at	4	94	0.3
The Narrows,	5	118	0.4
N.Y. Harbor,	6	136	0.6
see page 36	7	147	0.5
	8	177	0.2
	9	256	0.2
	10	290	0.3
	11	298	0.4

Fenwick Shoal Lighted Whistle Buoy 2, off Delaware coast
Lat. 38° 25' N., Long. 74° 46' W.

	Time	Direction (true)	Velocity
		Degrees	Knots
Hours	0	342	0.2
after	1	349	0.2
maximum	2	357	0.1
flood	3	43	0.1
at	4	110	0.1
Delaware	5	135	0.2
Bay En-	6	150	0.3
trance,	7	165	0.3
see page 40	8	185	0.2
	9	226	0.1
	10	282	0.1
	11	318	0.2

*Frying Pan Shoals, off Cape Fear
Lat. 33° 34' N., Long. 77° 49' W.

	Time	Direction (true)	Velocity
		Degrees	Knots
Hours	0	335	0.3
after	1	10	0.2
maximum	2	50	0.2
flood	3	90	0.3
at	4	110	0.3
Charleston,	5	128	0.3
see page 56	6	150	0.3
	7	188	0.2
	8	235	0.2
	9	268	0.3
	10	290	0.3
	11	305	0.3

Cape Romain, 5 miles SE of
Lat. 32° 57' N., Long. 79° 17' W.

	Time	Direction (true)	Velocity
		Degrees	Knots
Hours	0	6	0.2
after	1	38	0.2
maximum	2	55	0.3
flood	3	67	0.3
at	4	93	0.3
Charleston,	5	114	0.3
see page 56	6	167	0.2
	7	212	0.2
	8	242	0.3
	9	244	0.4
	10	262	0.3
	11	292	0.3

Cape Romain, 6.9 miles SW of
Lat. 32° 54' N., Long. 79° 26' W.

	Time	Direction (true)	Velocity
		Degrees	Knots
Hours	0	317	0.3
after	1	350	0.2
maximum	2	19	0.2
flood	3	71	0.3
at	4	115	0.3
Charleston,	5	111	0.3
see page 56	6	132	0.2
	7	160	0.2
	8	216	0.2
	9	251	0.2
	10	266	0.3
	11	303	0.3

* Current during June–August usually sets eastward, average velocity 1/2 knot.

TABLE 5.—ROTARY TIDAL CURRENTS

	Capers Inlet, 1.9 miles east of Lat. 32° 50' N., Long. 79° 40' W.		
	Time	Direction (true)	Velocity
		Degrees	Knots
Hours after maximum flood at Charleston, see page 56	0 1 2 3 4 5 6 7 8 9 10 11	12 58 52 53 67 98 129 214 222 254 246 247	0.1 0.1 0.2 0.2 0.1 0.1 0.1 0.1 0.2 0.2 0.1 0.1

	Capers Inlet, 3.6 miles SE of Lat. 32° 49' N., Long. 79° 38' W.		
	Time	Direction (true)	Velocity
		Degrees	Knots
Hours after maximum flood at Charleston, see page 56	0 1 2 3 4 5 6 7 8 9 10 11	302 357 34 17 89 94 112 116 189 249 268 282	0.2 0.1 0.1 0.2 0.2 0.2 0.2 0.2 0.1 0.2 0.2 0.2

	Charleston Entrance, 37 miles east of Lat. 32° 42' N., Long. 79° 06' W.		
	Time	Direction (true)	Velocity
		Degrees	Knots
Hours after maximum flood at Charleston, see page 56	0 1 2 3 4 5 6 7 8 9 10 11	328 350 20 65 95 118 140 163 195 235 268 295	0.3 0.3 0.2 0.2 0.3 0.3 0.3 0.3 0.2 0.2 0.2 0.3

	Charleston Lighted Whistle Buoy 2C, off Charleston Harbor entrance Lat. 32° 41' N., Long. 79° 43' W.		
	Time	Direction (true)	Velocity
		Degrees	Knots
Hours after maximum flood at Charleston, see page 56	0 1 2 3 4 5 6 7 8 9 10 11	300 332 17 55 77 93 117 153 207 242 260 275	0.2 0.2 0.1 0.2 0.3 0.3 0.3 0.2 0.2 0.2 0.3 0.3

	Folly Island, 2 miles east of Lat. 32° 39' N., Long. 79° 52' W.		
	Time	Direction (true)	Velocity
		Degrees	Knots
Hours after maximum flood at Charleston, see page 56	0 1 2 3 4 5 6 7 8 9 10 11	346 24 58 76 102 121 164 222 256 256 271 290	0.1 0.2 0.3 0.3 0.3 0.2 0.1 0.2 0.2 0.3 0.3 0.2

	Folly Island, 3.5 miles east of Lat. 32° 38' N., Long. 79° 50' W.		
	Time	Direction (true)	Velocity
		Degrees	Knots
Hours after maximum flood at Charleston, see page 56	0 1 2 3 4 5 6 7 8 9 10 11	322 47 69 86 96 115 148 215 256 260 265 285	0.1 0.2 0.2 0.2 0.2 0.2 0.1 0.1 0.2 0.2 0.2 0.1

	Martins Industry, 5 miles east of, off Port Royal Sound Lat. 32° 06' N., Long. 80° 28' W.		
	Time	Direction (true)	Velocity
		Degrees	Knots
Hours after maximum flood at Charleston, see page 56	0 1 2 3 4 5 6 7 8 9 10 11	282 293 330 30 75 92 102 110 140 200 250 271	0.4 0.3 0.1 0.1 0.3 0.4 0.5 0.4 0.2 0.2 0.3 0.4

	Savannah Light, 1.2 miles SE of Lat. 31° 57' N., Long. 80° 40' W.		
	Time	Direction (true)	Velocity
		Degrees	Knots
Hours after maximum flood at Savannah River En- trance, see page 60	0 1 2 3 4 5 6 7 8 9 10 11	296 308 326 45 90 107 114 123 145 213 267 283	0.3 0.2 0.1 0.1 0.2 0.3 0.3 0.3 0.2 0.1 0.2 0.3

TABLE 5.--ROTARY TIDAL CURRENTS

Fire Island Inlet, N. Y., 22 miles south of:
  Tidal current is weak, averaging about 0.1 knot at strength.

Fire Island Lighted Whistle Buoy 2 Fl:
  Tidal current is weak, averaging about 0.2 knot at strength.

Ambrose Light, New York Harbor entrance:
  Tidal current is weak, averaging about 0.2 knot at strength.

Cape May, N.J., 72 miles east of:
  Tidal current is weak, averaging about 0.1 knot at strength.

Five-Fathom Bank Northeast Lighted Whistle Buoy 2FB:
  Tidal current is weak, averaging about 0.2 knot at strength.

Winter-Quarter Shoal Lighted Whistle Buoy 6WQS, 9.2 miles SE of, off Assateague I:
  Tidal current is weak, averaging less than 0.1 knot.

Cape Charles, 70 miles east of:
  Tidal current is weak, averaging about 0.2 knot at strength.

Chesapeake Light, 4.4 miles NE of, off Chesapeake Bay entrance, Va.:
  Tidal current is weak and variable.

Cape Lookout Shoals Lighted Whistle Buoy 14:
  Tidal current is weak, averaging about 0.2 knot at strength.
  Current during June-August usually sets eastward, average speed 0.5 knot.

Ocracoke Inlet, 3.5 miles SSE of:
  Tidal current is weak, averaging about 0.1 knot at strength.

Diamond Shoal Light, 3.9 miles SSW of:
  Tidal current is weak, averaging less than 0.1 knot at strength.
  Current during June-August usually sets northeastward, average speed 0.75 knot.

Frying Pan Shoals Light, 14.3 miles NW of:
  Tidal current is weak, averaging about 0.2 knot at strength.
  Current during June-August usually sets eastward, average speed 0.5 knot.

St. Johns Point, 5 miles east of, Fla:
  Tidal current is weak, averaging about 0.2 knot at strength.

Fowey Rocks Light, 1.5 miles SW of:
  Tidal current is weak and variable.

THE GULF STREAM

The region where the Gulf of Mexico narrows to form the channel between Florida Keys and Cuba may be regarded as the head of the Gulf Stream. From this region the stream sets eastward and northward through the Straits of Florida, and after passing Little Bahama Bank it continues northward and then northeastward, following the general direction of the 100-fathom curve as far as Cape Hatteras. The flow in the Straits is frequently referred to as the Florida Current.

Shortly after emerging from the Straits of Florida, the stream is joined by the Antilles Current, which flows northwesterly along the open ocean side of the West Indies before uniting with the water which has passed through the straits. Beyond Cape Hatteras the combined current turns more and more eastward under the combined effects of the deflecting force of the Earth's rotation and the eastwardly trending coastline, until the region of the Grand Banks of Newfoundland is reached.

Eastward of the Grand Banks the whole surface is slowly driven eastward and northeastward by the prevailing westerly winds to the coastal waters of northwestern Europe. For distinction, this broad and variable wind-driven surface movement is sometimes referred to as the North Atlantic Drift or Gulf Stream Drift.

In general, the Gulf Stream as it issues into the sea through the Straits of Florida may be characterized as a swift, highly saline current of blue water whose upper stratum is composed of warm water.

On its western or inner side, the Gulf Stream is separated from the coastal waters by a zone of rapidly falling temperature, to which the term "cold wall" has been applied. It is most clearly marked north of Cape Hatteras but extends, more or less well defined, from the Straits to Grand Banks.

Throughout the whole stretch of 400 miles in the Straits of Florida, the stream flows with considerable speed. Abreast of Havana, the average surface speed in the axis of the stream is about 2 1/2 knots. As the cross-sectional area of the stream decreases, the speed increases gradually, until abreast of Cape Florida it becomes about 3 1/2 knots. From this point within the narrows of the straits, the speed along the axis gradually decreases to about 2 1/2 knots off Cape Hatteras, N.C. These values are for the axis of the stream where the current is a maximum, the speed of the stream decreasing gradually from the axis as the edges of the stream are approached. The speed of the stream, furthermore, is subject to fluctuations brought about by variations in winds and barometric pressure.

The following tables give the mean surface speed of the Gulf Stream in two cross sections in the Straits of Florida:

Between Rebecca Shoal and Cuba		*Between Fowey Rocks and Gun Cay*	
Distance south of Rebecca Shoal	*Mean surface speed observed*	*Distance east of Fowey Rocks*	*Mean Surface Speed observe*
Nautical miles	Knots	Nautical miles	Knots
20	0.3	8	2.7
35	0.7	11 1/2	3.5
50	2.2	15	3.2
68	2.2	22	2.7
86	0.8	29	2.1
		36	1.7

Crossing the Gulf Stream at Jupiter or Fowey Rocks, an average allowance of 2.5 knots in a northerly direction should be made for the current.

Crossing the stream from Havana, a fair allowance for the average current between 100-fathoms curves is 1.1 knots in an east-north-easterly direction.

THE GULF STREAM

From within the straits, the axis of the Gulf Stream runs approximately parallel with the 100-fathom curve as far as Cape Hatteras. Since this stretch of coast line sweeps northward in a sharper curve than does the 100-fathom line, the stream lies at varying distances from the shore. The lateral boundaries of the current within the straits are fairly well fixed, but when the stream flows into the sea the eastern boundary becomes somewhat vague. On the western side, the limits can be defined approximately since the waters of the stream differ in color, temperature, salinity, and flow from the inshore coastal waters. On the east, however, the Antilles Current combines with the Gulf Stream, so that its waters here merge gradually with the waters of the open Atlantic. Observation of the National Ocean Service indicate that, in general, the average position of the inner edge of the Gulf Stream as far as Cape Hatteras lies inside the 50-fathom curve. The Gulf Stream, however, shifts somewhat with the seasons, and is considerably influenced by the winds which cause fluctuations in its position, direction, and speed; consequently, any limits which are assigned refer to mean or average positions.

The approximate mean positions of the inner edge and axis (point where greatest speed may be found) are indicated in the following table:

Approximate mean position of the Gulf Stream

Locality	Inner Edge	Axis
North of Havana, Cuba		25
Southeast of Key West, Fla		45
East of Fowey Rocks, Fla		10
East of Miami Beach, Fla		15
East of Palm Beach, Fla		15
East of Jupiter Inlet, Fla		20
East of Cape Canaveral, Fla	10	45
East of Daytona Beach, Fla	25	75
East of Ormond Beach, Fla	25	75
East of St. Augustine, Fla. (coast line)	40	85
East of Jacksonville, Fla. (coast line)	55	90
Southeast of Savannah, Ga. (coast line)	65	95
Southeast of Charleston, S.C. (coast line)	55	90
Southeast of Myrtle Beach, S.C.	60	100
Southeast of Cape Fear, N.C. (light)	35	75
Southeast of Cape Lookout, N.C. (light)	20	50
Southeast of Cape Hatteras, N.C.	10	35
Southeast of Virginia Beach, Va.	85	115
Southeast of Atlantic City, N.J.	120	
Southeast of Sandy Hook, N.J.	150	

At the western end of the Straits of Florida the limits of the Gulf Stream are not well defined, and for this reason the location of the inner edge has been omitted for Havana, Cuba, and Key West, Fla., in the above table. Between Fowey Rocks and Jupiter Inlet the inner edge is deflected westward and lies very close to the shore line.

Along the Florida Reefs between Alligator Reef and Dry Tortugas the distance of the northerly edge of the Gulf Stream from the edge of the reefs gradually increases toward the west. Off Alligator Reef it is quite close inshore, while off Rebecca Shoal and Dry Tortugas it is possibly 15 to 20 miles south of the 100-fathom curve. Between the reefs and the northern edge of the Gulf Stream the currents are ordinarily tidal and are subject at all times to considerable modification by local winds and barometric conditions. This neutral zone varies in both length and breadth; it may extend along the reefs a greater or lesser distance than stated, and its width varies as the northern edge of the Gulf Stream approaches or recedes from the reefs.

The approximate position of the axis of the Gulf Stream for various regions is shown on the following National Ocean Service Charts: No. 11013, Straits of Florida; No. 411, South Carolina to Cuba; No.11460, Cape Canaveral to Key West; No. 11420, Alligator Reef to Havana. Chart No. 11009 show the axis and the position of the inner edge of the Gulf Stream from Cape Hatteras to Straits of Florida.

WIND-DRIVEN CURRENTS

A wind continuing for some time will produce a current the speed of which depends on the speed of the wind, and unless the current is by some other cause, the deflective force of the Earth's rotation will cause it to set to the right of the direction of the wind in the northern hemisphere and to the left in the southern hemisphere.

The current produced at off-shore locations by local winds of various strengths and directions has been investigated from observations made at 20 lightships (some of which have since been moved) from Portland, Maine to St. John's River, Fla. The observations were made hourly and varied in length from 1 to 2 years at most of the locations to 5 years at Nantucket Shoals and 9 years at Diamond Shoal. The averages obtained are given below and may prove helpful in estimating the probable current that may result from various winds at the several locations.

Caution.—There were of course many departures from these averages of speed and direction, for the wind-driven current often depends not only on the length of time the wind blows but also on factors other than the local wind at the time and place of the current. The mariner must not, therefore, assume that the given wind will always produce the indicated current.

It should be remembered, too, that the current which a vessel experiences at any time is the resultant of the combined actions of the tidal current, the wind-driven current, and any other currents such as the Gulf Stream or currents due to river discharge.

Speed.—The table below shows the average speed of the current due to winds of various strengths.

Wind speed (mile per hour)	10	20	30	40	50
Average current speed (knots) due to wind at following lightship stations:					
Boston and Barnegat	0.1	0.1	0.2	0.3	0.3
Diamond Shoal and Cape Lookout Shoals	0.5	0.6	0.7	0.8	1.0
All other locations	0.2	0.3	0.4	0.5	0.6

Direction.—The position of the shore line with respect to the station influences considerably the direction of the currents due to certain winds. The following table shows for each station the average number of degrees by which the wind-driven current is deflected to the right or left (—) of the wind. Thus, at Cape Lookout Shoals the table indicates that with a north wind the wind-driven current flows on the average 030° west of south, and with an east wind it flows 029° south of west.

WIND-DRIVEN CURRENTS

Average deviation of current to right of wind direction

[A minus sign (—) indicates that the current sets to the left of the wind]

Wind from →	Lat.		Long.		N	NNE	NE	ENE	E	ESE	SE	SSE	S	SSW	SW	WSW	W	WNW	NW	NNW
Old Lightship Stations	°	′	°	′	°	°	°	°	°	°	°	°	°	°	°	°	°	°	°	°
Portland	43	32	70	06	24	14	9	8	–2	–14	0	26	15	18	18	24	15	34	13	18
Boston	42	20	70	45	–1	–1	–1	21	–1	32	–1	29	–1	20	–1	2	–1	19	–1	15
Pollock Rip Slue	41	37	69	54	6	5	48	–38	30	–53	–24	–75	–25	167	70	59	36	53	20	19
Nantucket Shoals	40	37	69	37	44	46	28	24	9	16	12	3	25	0	6	18	30	39	41	48
Hen and Chickens	41	27	71	01	16	14	–7	–1	–14	3	–39	–36	25	55	35	30	20	16	16	8
Brenton Reef	41	26	71	23	34	25	22	19	25	1	–7	8	27	48	23	41	41	31	21	24
Fire Island	40	29	73	11	35	23	15	8	2	–17	31	55	40	41	31	14	–2	0	25	37
Ambrose Channel	40	27	73	49	36	40	21	11	18	72	27	112	82	70	63	46	37	22	23	21
Scotland	40	27	73	55	16	–12	–26	–36	–61	–36	–92	–150	90	33	77	44	15	30	27	13
Barnegat	39	46	73	56	6	5	–13	–9	–16	–7	33	54	55	30	14	8	0	–5	21	29
Northeast End	38	58	74	30	30	14	–3	–11	–20	–31	–42	–28	37	44	25	18	7	16	25	18
Overfalls	38	48	75	01	28	–6	–1	2	–40	–56	–78	–22	68	28	55	54	32	31	32	45
Winter-Quarter Shoal	37	55	74	56	18	–1	–5	–21	–27	–35	–19	31	23	20	4	14	9	8	28	27
Chesapeake	36	59	75	42	18	–2	–4	5	–6	23	73	71	57	38	27	26	22	18	15	22
Diamond Shoal	35	05	75	20	11	3	–3	36	65	88	74	52	40	22	7	–10	–13	–17	–25	–4
Cape Lookout Shoals	34	18	76	24	30	24	2	2	–29	–1	21	80	54	31	32	21	2	18	5	–5
Frying Pan Shoals	33	34	77	49	34	34	18	6	2	9	48	55	48	38	26	14	–7	–12	–27	–6
Savannah	31	57	80	40	12	12	–9	–18	–23	–46	17	50	43	17	7	–8	–10	7	15	33
Brunswick	31	00	81	10	17	–2	–10	–28	–18	–21	37	29	23	2	6	–21	–21	–26	16	18
St. Johns	30	23	81	18	3	–12	–27	–47	–84	30	35	26	26	27	1	16	–8	–17	6	8

THE COMBINATION OF CURRENTS

In determining from the current tables the speed and direction of the current at any time, it is frequently necessary to combine the tidal current with the wind-driven current. The following methods indicate how the resultant of two or more currents may be easily determined.

Currents in the same direction.—When two or more currents set in the same direction it is a simple matter to combine them. The resultant current will have a speed which is equal to the sum of all the currents and it will set in the same direction.

For example, a vessel is near the Nantucket Shoals station at a time when the tidal current is setting 120° with a speed of 0.6 knot, and at the same time a wind of 40 miles per hour is blowing from the west; What current will the vessel be subject to at that time? Since a wind of 40 miles per hour from the west will give rise to a current setting 120° with a speed of 0.5 knot, the combined tidal and wind-driven currents will set in the same direction (120°) with a speed of 0.6 + 0.5 = 1.1 knots.

Currents in opposite directions.—The combination of currents setting in opposite directions is likewise a simple matter. The speed of the resultant current is the difference between the opposite setting currents, and the direction of the resultant current is the same as that of the greater current.

As an example, let it be required to determine the speed of the current at the Nantucket Shoals station when the tidal current is setting 205° with a speed of 0.8 knot, and when a wind of 40 miles per hour is blowing from the south. The current produced by a wind of 40 miles per hour from the south would set 025° with a speed of 0.5 knot. The tidal and wind-driven currents, therefore, set in opposite directions, the tidal current being the stronger. Hence, the resultant current will set in the direction of the tidal current (205°) with a speed of 0.8 - 0.5 = 0.3 knot.

THE COMBINATION OF CURRENTS

Currents in different directions.—The combination of currents setting at arbitary angles is best solved by a graphical method. Taking the combination of two currents as the simplest case, draw a line whose direction and length (to a suitable scale) represent the direction and speed of one of the currents to be combined. From this line draw another (to the same scale) representing the direction and speed of the second current. The line joining the origin of the first line with the end of the second line represents the direction and speed of the combined current.

As an example, take Nantucket Shoals station at a time when the tidal current is 0.7 knot setting 355° and a wind of 50 miles per hour is blowing from the west-southwest. The wind-driven current, according to the preceding chapter, would therefore be about 0.6 knot setting 085°.

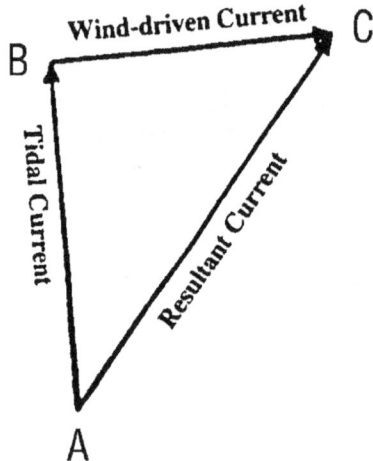

Combination of tidal current and wind-driven current

Using a scale of 2 inches to represent 1 knot, draw from point A, the origin in the diagram above, the line AB 1.4 inches in length directed 355° to represent the tidal current. From point B draw the line BC 1.2 inches in length directed 085° to represent the wind-driven current. The line AC represents the resultant current, which on being measured, is found to be about 1.8 inches in length directed 035°. Hence, the combined current sets 35° with a speed of 0.9 knot.

The combination of three or more currents is made in the same way as above, for example, the third current to be combined being drawn from the point C. The resultant current is given by joining the origin with the end of the last line. For drawing the lines, a parallel rule and compass rose will be found convenient. A protractor or polar coordinate paper may also be used.

CURRENT DIAGRAMS

EXPLANATION

"Current diagram" is a graphic table that shows the velocities of the flood and ebb currents and the times of slack and strength over a considerable stretch of the channel of a tidal waterway. At definite intervals along the channel the velocities of the current are shown with reference to the times of turning of the current at some reference station. This make it a simple matter to determine the approximate velocity of the current along the channel for any desired time.

In using the diagrams, the desired time should be converted to hours before or after the time of the nearest predicted slack water at the reference station.

Besides showing in compact form the velocities of the current and their changes through the flood and ebb cycles, the current diagram serves two other useful purposes. By its use the mariner can determine the most advantageous time to pass through the waterway to carry the most favorable current and also the speed and direction of the current that will be encountered in the channel at any time.

Each diagram represents average durations and average velocities of flood and ebb. The durations and velocities of flood and ebb vary from day to day. Therefore predictions for the reference station at times will differ from average conditions and when precise results are desired the diagrams should be modified to represent conditions at such particular times. This can be done by changing the width of the shaded and unshaded portions of the diagram to agree in hours with the durations of flood and ebb, respectively, as given by the predictions for that time. The speeds in the shaded area should then be multiplied by the ratio of the predicted flood speed to the average flood speed (maximum flood speed given opposite the name of the reference station on the diagram) and the speeds in the unshaded area by the ratio of the predicted ebb speed to the average ebb speed.

In a number of cases approximate results can be obtained by using the diagram as drawn and modifying the final result by the ratio of speeds as mentioned above. Thus, if the diagram in a particular case gives a favorable flood speed averaging about 1.0 knot and the ratio of the predicted flood speed to the average flood speed is 0.5 the approximate favorable current for the particular time would be $1.0 \times 0.5 = 0.5$ knot.

CURRENT DIAGRAMS

VINEYARD AND NANTUCKET SOUNDS
EXPLANATION OF CURRENT DIAGRAM

The current diagram on the opposite page represents average conditions of the surface currents along the middle of the channel from Gay Head to the east end of Pollock Rip Channel, the scale being too small to show details.

Easterly streams are designated "Flood" and westerly streams "Ebb". The small figures in the diagram denote the speed of the current in knots and tenths. The times are referred to slack waters at Pollock Rip Channel (Butler Hole), daily predictions for which are given in Table 1 of these current tables.

The speed lines are directly related to the diagram. By transferring to the diagram the direction of the speed line which corresponds to the ship's speed, the diagram will show the general direction and speed of the current encountered by the vessel in passing through the sounds or the most favorable time, with respect to currents, for leaving any place shown on the left margin.

To determine speed and direction of current.—With parallel rulers transfer to the diagram the direction of the speed line corresponding to normal speed of vessel, moving edge of ruler to the point where the horizontal line representing place of departure intersects the vertical line representing the time of day in question. If the ruler's edge lies within the shaded portion of the diagram, a flood current will be encountered; if within the unshaded, an ebb current; and if along the boundary of both, slack water. The figures on the diagram along the edge of the rule will show the speed of the current encountered at any place indicated on the left margin of the diagram.

Example.—A 12-knot vessel bound westward enters Pollock Rip Channel at 0700 of a given day, and it is desired to ascertain the speed and direction of the current which will be encountered on its passage through the sounds. Assuming that on the given day ebb begins at Pollock Rip Channel at 0508 and flood begins at 1120, the time 0700 will be about 2 hours after ebb begins. With parallel rulers transfer to the diagram the 12-knot speed line "Westbound", placing edge of rule on the point where the vertical line "2 hours after ebb begins at Pollock Rip Channel" intersects the horizontal 47-mile line which is the starting point. It will be found that the edge of the ruler passes through the unshaded portion of the diagram, the speeds along the edge averaging about 1.4 knots. The vessel will, therefore, have a favorable ebb current averaging about 1.4 knots all the way to Gay Head. It will also be seen that the edge of the ruler crosses the horizontal 16-mile line (at East Chop) about halfway between the figures 1.6 and 2.2. Therefore, when passing the vicinity of East Chop she will have a favorable current of almost 2 knots.

To determine the time of a favorable current for passing through the sounds.—With parallel rulers transfer to the diagram the direction of the speed line corresponding to normal speed of vessel, moving the ruler over the diagram until its edge runs as nearly as possible through the general line of largest speeds of shaded portion if eastbound and unshaded portion if westbound, giving consideration only to that part of the diagram which lies between place of departure and destination. An average of the figures along the edge of the ruler will give the average strength of current. The time (before or after flood begins or ebb begins at Pollock Rip Channel) for leaving any place shown on the left margin will be indicated vertically above the point where the ruler cuts a line drawn horizontally through the name of the place in question.

Example.—A 12-knot vessel will leave Gay Head for Pollock Rip Channel on a day when flood begins at Pollock Rip Channel at 0454 and ebb begins at 1104. At what time should she get under way so as to carry the most favorable current all the way through the sounds?

Place parallel rulers along the 12-knot speed line "Eastbound". Transfer the direction to the shaded portion of the diagram and as near as possible to the axis so as to include the greatest possible number of larger current speeds. It will be found that the edge of the ruler cuts the horizontal line at Gay Head at the point representing "3 hours after flood begins at Pollock Rip Channel", and that the average of the currents along the edge of rulers is about 0.8 knot in a favorable direction. For the given day flood begins at Pollock Rip Channel at 0454; hence, if the vessel leaves Gay Head 3 hours later, or about 0754, she will average a favorable current of almost 1 knot all the way.

CURRENT DIAGRAM –
VINEYARD AND NANTUCKET SOUNDS
Referred to predicted times of slack water at Pollock Rip Channel (Butler Hole)
NAUTICAL MILES
HOURS BEFORE FLOOD BEGINS AT POLLOCK RIP CHANNEL
HOURS AFTER FLOOD BEGINS AT POLLOCK RIP CHANNEL
HOURS BEFORE EBB BEGINS AT POLLOCK RIP CHANNEL
HOURS AFTER EBB BEGINS AT POLLOCK RIP CHANNEL
HOURS BEFORE FLOOD BEGINS AT POLLOCK RIP CHANNEL
HOURS AFTER FLOOD BEGINS AT POLLOCK RIP CHANNEL
POLLOCK RIP CHANNEL (East End)
POLLOCK RIP CHANNEL (Butler Hole)
HANDKERCHIEF LIGHTED WHISTLE BUOY "H"
CROSS RIP CHANNEL
HEDGE FENCE LIGHTED GONG BUOY
EAST CHOP
WEST CHOP
NOBSKA POINT
TARPAULIN COVE
GAY HEAD
EBB
FLOOD
EBB

SPEED LINES

Eastbound
6 7 8 9 10 11 12 13 14 15
KNOTS

Westbound
15 14 13 12 11 10 9 8 7 6
KNOTS

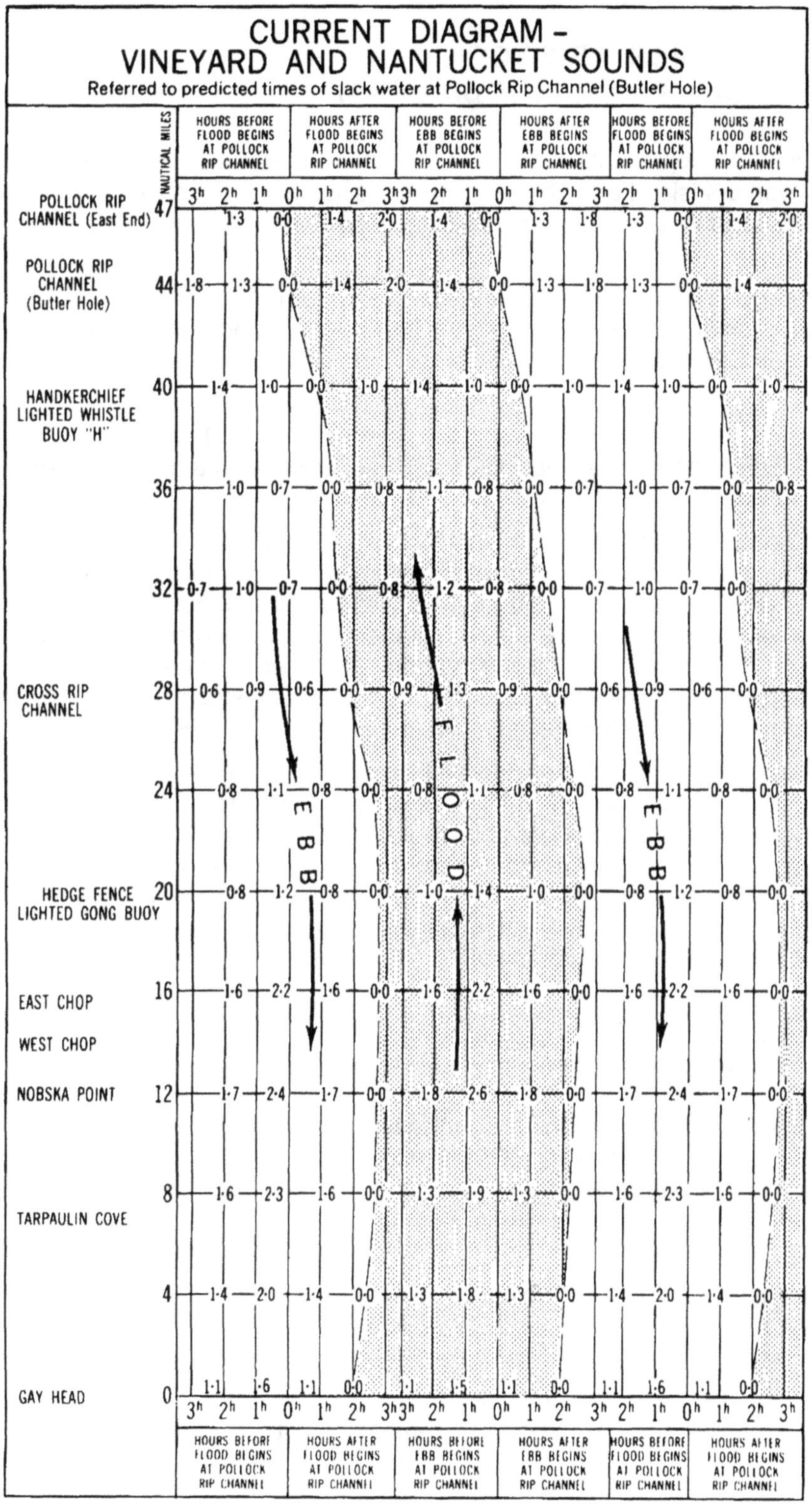

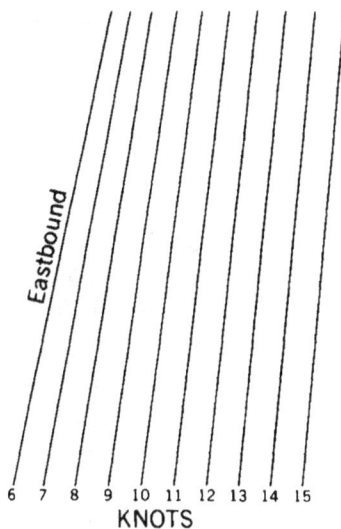

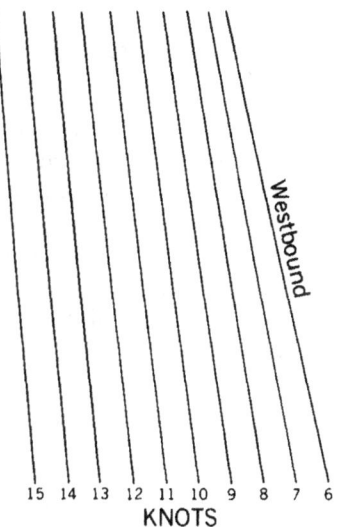

CURRENT DIAGRAMS

EAST RIVER, NEW YORK
EXPLANATION OF CURRENT DIAGRAM

The current diagram on the opposite page represents average conditions of the surface currents along the middle of the channel between Governors Island and Throgs Neck, the scale being too small to show details. Eddies, of more or less violence, occur in numerous localities in the East River, but as a general rule the currents follow the channels.

On the diagram northerly and easterly streams are designated as "Flood" currents and westerly and southerly streams as "Ebb" currents. The small figures on the diagram denote the speed of the current in knots and tenths. The times are referred to slack waters at Hell Gate, daily predictions for which are given in Table 1 of these current tables.

The speed lines are directly related to the diagram. By their use the speed and general direction of the current encountered by a vessel passing through the river may be determined; also the time of a favorable current for leaving any place shown on the left margin of the diagram may be found.

To determine the speed and direction of the current.—With parallel rulers transfer to the diagram the direction of the speed line corresponding to the normal speed of vessel, placing edge of ruler opposite the place of departure on the time before or after flood begins or ebb begins at Hell Gate that corresponds to the time of day desired. If the ruler's edge lies along the shaded portion of the diagram, a flood current will be encountered; if along the unshaded, an ebb current; and if along the boundary of both, slack water. The figures on the diagram along the edge of the ruler will show the speed of the current encountered at any place along the course indicated by the names on the left margin of diagram.

Example.—A 12-knot vessel passes Throgs Neck for Governors Island at 0820 of a given day and it is desired to ascertain the speed and direction of the current which will be encountered in passing through East River. Assuming that on the given day ebb begins at Hell Gate at 0614 and flood begins at 1245, the time 0820 will be about 2 hours after ebb begins. With parallel rulers transfer to the diagram the 12-knot speed line "Southbound", placing edge of ruler at the top in the column "Hours after ebb begins at Hell Gate" and intersecting 2h. It will be found that the edge of the ruler passes through strength of current in the unshaded portion of diagram averaging about 2.4 knots. The vessel will, therefore, have a favorable current averaging about 2.4 knots all the way.

To determine the time of a favorable current for passing through the East River.—With parallel rulers transfer to the diagram the direction of the speed line corresponding to normal speed of vessel, moving the ruler over the diagram until its edge runs as nearly as possible through the general line of greatest current of unshaded portion if bound westward and southward, and shaded portion if bound northward and eastward. An average of the figures along edge of ruler will give average strength of current. The time (before or after flood begins or ebb begins at Hell Gate) for leaving any place on the left margin of diagram will be found vertically above the point where the parallel ruler cuts the horizontal line opposite the name of the place in question.

Example.—A 12-knot vessel in New York Harbor desires to pass through the East River in the afternoon of a day when flood begins at Hell Gate at 1404 and ebb begins at 1934. At what time should she get under way as to carry the most favorable current all the way to Throgs Neck?

Place parallel rulers along the 12-knot speed line "Northbound." Transfer this direction to the shaded portion of diagram so as to include the greatest number of larger current speeds. It will be found that the ruler's edge cuts the horizontal line at Governors Island about vertically under "2 1/2 hours after flood begins at Hell Gate", and the average of the speeds along the edge of the ruler is about 2.3 knots. For the given day flood begins in Hell Gate at 1404 hence, if the vessel leaves Governors Island about 2 1/2 hours later, or 1630 on that day, she will have a favorable current, averaging about 2.3 knots all the way.

CURRENT DIAGRAM - EAST RIVER, NEW YORK
Referred to predicted times of slack water at Hell Gate
NAUTICAL MILES
HOURS BEFORE FLOOD BEGINS AT HELL GATE
HOURS AFTER FLOOD BEGINS AT HELL GATE
HOURS BEFORE EBB BEGINS AT HELL GATE
HOURS AFTER EBB BEGINS AT HELL GATE
HOURS BEFORE FLOOD BEGINS AT HELL GATE
HOURS AFTER FLOOD BEGINS AT HELL GATE
THROGS NECK
WHITESTONE POINT
COLLEGE POINT
HUNTS POINT
NORTH BROTHER I. (north of)
LAWRENCE POINT
HELL GATE BRIDGE
HELL GATE
EAST 75th STREET (West Channel)
QUEENSBORO BRIDGE (West Channel)
E. 32nd ST
WILLIAMSBURG BRIDGE
NAVY YARD
BROOKLYN BRIDGE
GOVERNORS ISLAND (North of)
EBB
FLOOD
EBB
FLOOD
HOURS BEFORE FLOOD BEGINS AT THE ENTRANCE
HOURS AFTER FLOOD BEGINS AT THE ENTRANCE
HOURS BEFORE EBB BEGINS AT THE ENTRANCE
HOURS AFTER EBB BEGINS AT THE ENTRANCE
HOURS BEFORE FLOOD BEGINS AT THE ENTRANCE
HOURS AFTER FLOOD BEGINS AT THE ENTRANCE

SPEED LINES

Northbound
6 7 8 9 10 11 12 13 14 15
KNOTS
Southbound
15 14 13 12 11 10 9 8 7 6
KNOTS

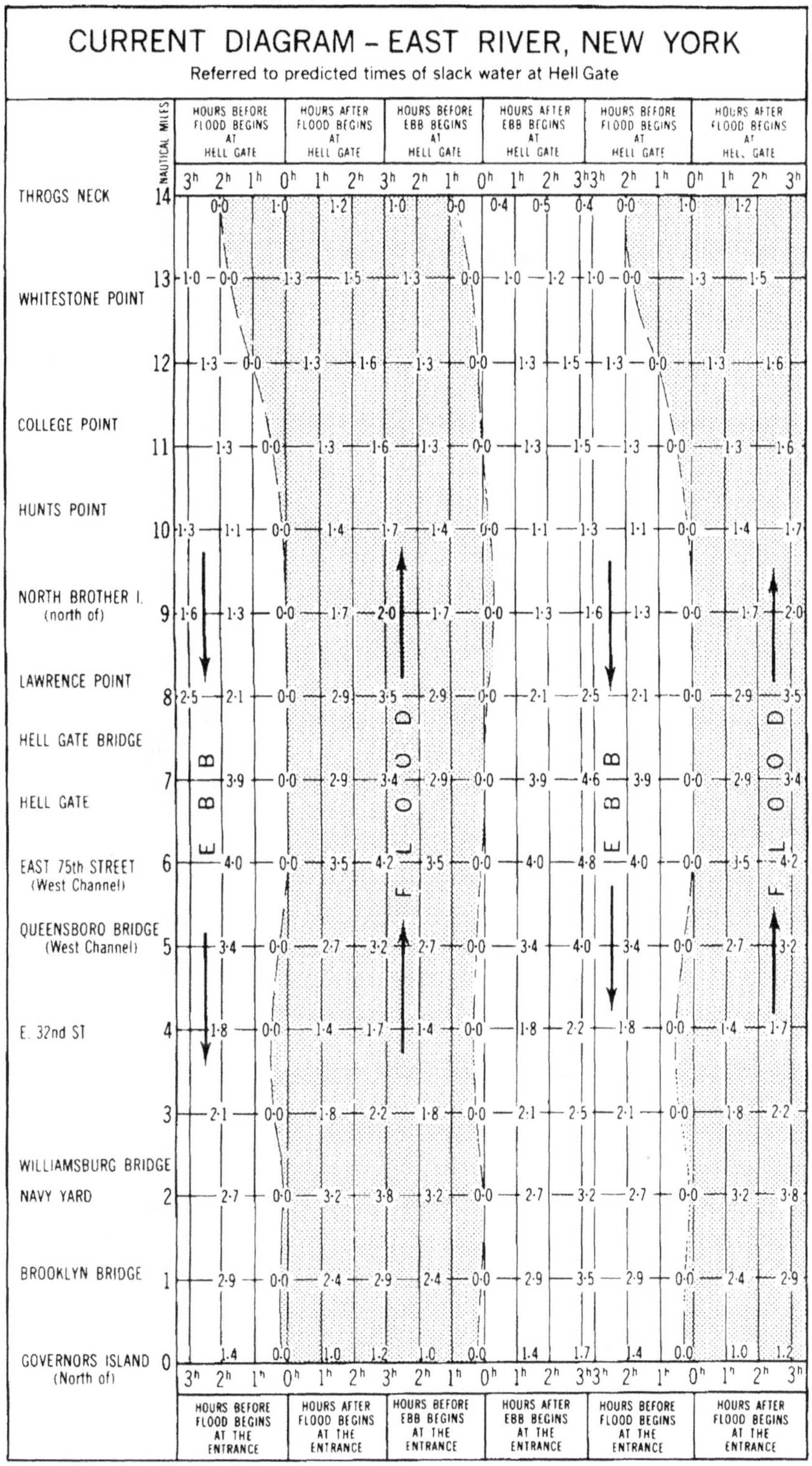

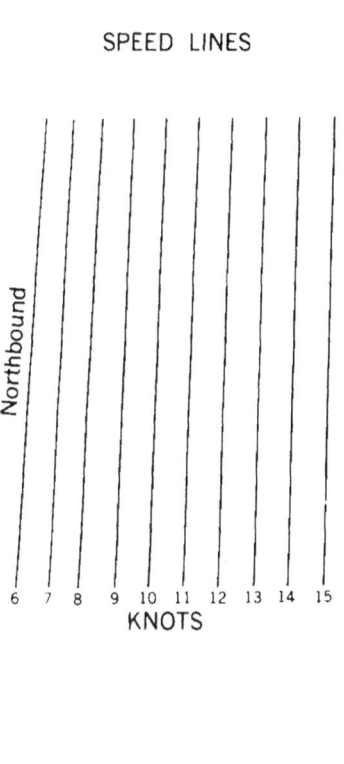

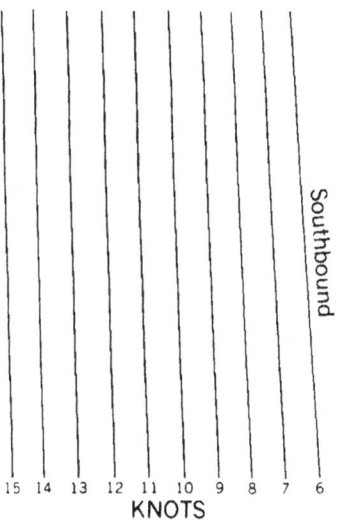

CURRENT DIAGRAMS

NEW YORK HARBOR VIA AMBROSE CHANNEL
EXPLANATION OF CURRENT DIAGRAM

The current diagram on the opposite page represents average conditions of the surface currents along the middle of the channel from Ambrose Channel entrance to Spuyten Duyvil, the scale being too small to show details.

Northerly streams are designated "Flood" and southerly streams "Ebb". The small figures in the diagram denote the speed of the current in knots and tenths. The times are referred to slack waters at The Narrows, daily predictions for which are given in Table 1 of these current tables.

The speed lines are directly related to the diagram. By transferring to the diagram the direction of the speed line which corresponds to the ship's speed, the diagram will show the general direction and speed of the current encountered by the vessel on entering or leaving the harbor or the most favorable time, with respect to currents, for leaving any place shown on the left margin.

To determine speed and direction of current.—With parallel rulers transfer to the diagram the direction of the speed line corresponding to normal speed of vessel, moving edge of ruler to the point where the horizontal line representing place of departure intersects the vertical line representing the time of day in question. If the ruler's edge lies within the shaded portion of the diagram, a flood current will be encountered; if within the unshaded, an ebb current; and if along the boundary of both, slack water. The figures on the diagram along the edge of the ruler will show the speed of the current encountered at any place indicated on the left margin of the diagram.

Example.—A 10-knot vessel enters Ambrose Channel about 1040 of a given day. Flood begins at The Narrows at 0835 and ebb begins at 1420. The time 1040 will be about 2 hours after flood begins. With parallel rulers transfer to the diagram the 10-knot speed line "Northbound," placing edge of ruler on the point where the vertical line "2 hours after flood begins" intersects the horizontal 0-mile line which is the starting point. It will be found that the edge of the ruler passes through the shaded portion of the diagram, the speeds along the edge of the ruler from Ambrose Channel entrance to Chelsea Docks averaging about 1.4 knots. The vessel will, therefore, have a favorable flood current averaging about 1.4 knots all the way to Chelsea Docks.

To determine the time of a favorable current for leaving or entering the harbor.—With parallel rulers transfer to the diagram the direction of the speed line corresponding to normal speed of vessel, moving the ruler over the diagram until its edge runs as nearly as possible through the general line of largest speeds of shaded portion if northbound and unshaded portion if southbound, giving consideration only to that part of the diagram which lies between place of departure and destination. An average of the figures along the edge of the ruler will give the average strength of current. The time (before or after flood or ebb begins at The Narrows) for leaving any place shown on the left margin will be indicated vertically above the point where the ruler cuts a line drawn horizontally through the name of the place in question.

Example.—A 10-knot vessel will leave Chelsea Docks on a day when flood begins at The Narrows at 0804 and ebb begins at 1338. At what time should she get under way so as to carry the most favorable current all the way to Ambrose Channel entrance?

Place parallel rulers along the 10-knot speed line "Southbound". Transfer the direction to the unshaded portion of the diagram as near as possible to the axis so as to include the greatest possible number of larger current speeds on the portion of the chart below Chelsea Docks. It will be found that the edge of the ruler cuts the horizontal line at Chelsea Docks at the point representing "2½ hours after ebb begins at The Narrows", and that the average of the currents along the edge of the ruler is about 1.5 knots in a favorable direction. For the given day, ebb begins at The Narrows at 1338; hence, if the vessel leaves Chelsea Docks 2½ hours later, or about 1608, she will average a favorable current of about 1.5 knots all the way to Ambrose Channel entrance.

CURRENT DIAGRAM - NEW YORK HARBOR
(via Ambrose Channel)
Referred to predicted times of slack water at The Narrows
HOURS BEFORE FLOOD BEGINS AT THE NARROWS
HOURS AFTER FLOOD BEGINS AT THE NARROWS
HOURS BEFORE EBB BEGINS AT THE NARROWS
HOURS AFTER EBB BEGINS AT THE NARROWS
NAUTICAL MILES
SPUYTEN DUYVIL
GEORGE WASHINGTON BRIDGE
GRANTS TOMB
WEST 96th ST
W. 42nd ST., PIER 83
CHELSEA DOCKS
CANAL ST., PIER 34
THE BATTERY
STATUE OF LIBERTY
ROBBINS REEF LT.
THE NARROWS
CONEY ISLAND
WEST BANK LT.
ROMER SHOAL LT.
AMBROSE CHANNEL ENTRANCE
EBB
FLOOD
EBB

SPEED LINES
Northbound
6 7 8 9 10 11 12 13 14 15
KNOTS
Southbound
15 14 13 12 11 10 9 8 7 6
KNOTS

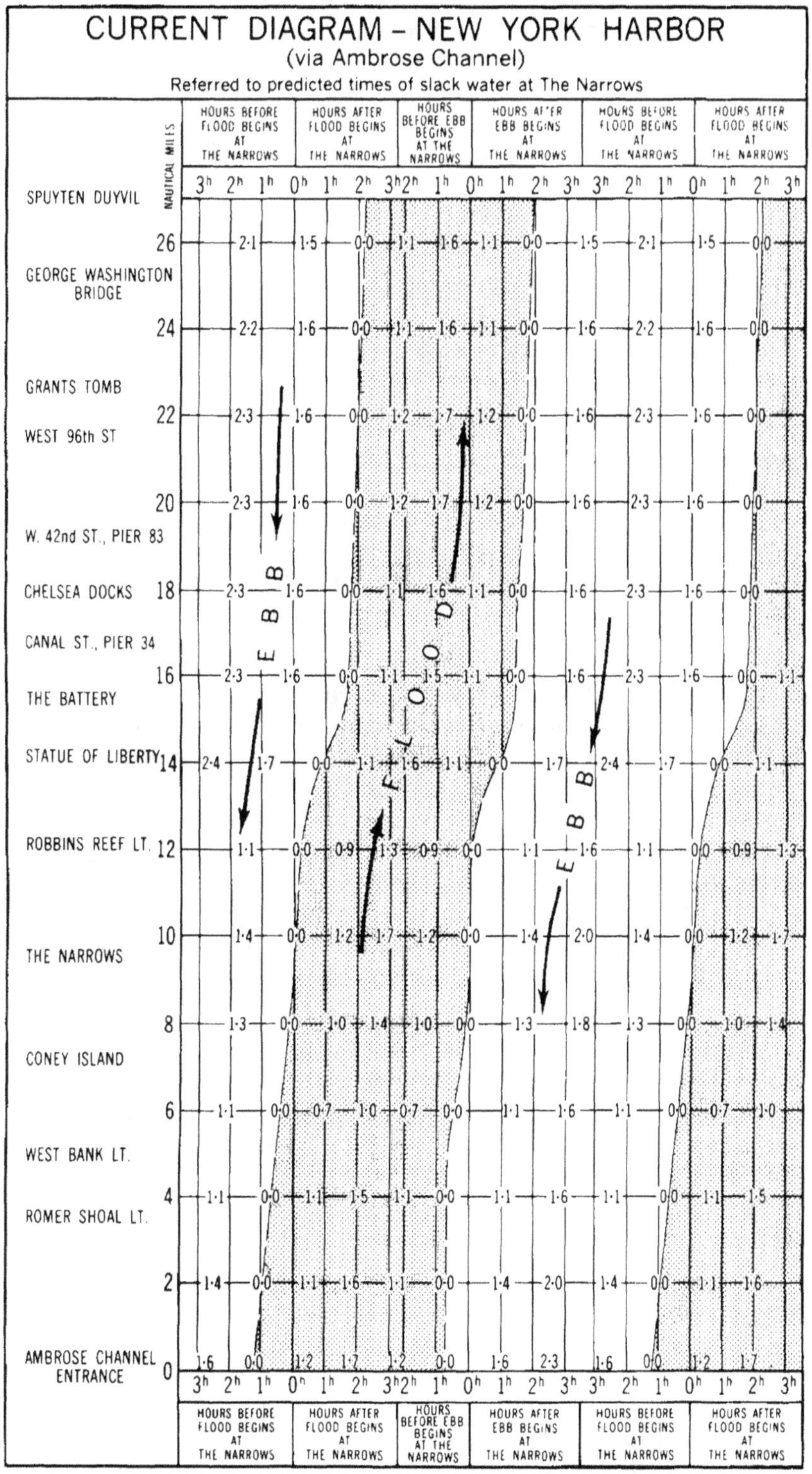

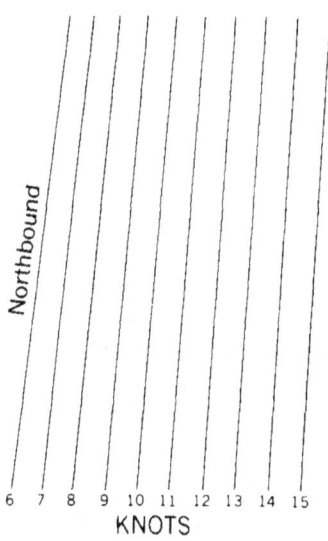

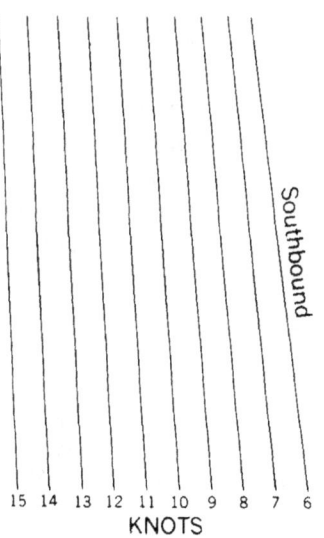

CURRENT DIAGRAMS

DELAWARE BAY AND RIVER
EXPLANATION OF CURRENT DIAGRAM

This current diagram represents average conditions of the surface currents along the middle of the channel between Bristol and Delaware Bay Entrance, the scale being too small to show details.

Northerly streams are designated "Flood" and Southerly streams "Ebb". The small figures in the diagram denote the speed of the current in knots and tenths. The times are referred to slack waters at Delaware Bay Entrance, daily predictions for which are given in Table 1 of these current tables.

The speed lines are directly related to the diagram. By transferring to the diagram the direction of the speed line which corresponds to the ship's speed, the diagram will show the general direction and speed of the current encountered by the vessel in passing up or down the bay and river or the most favorable time, with respect to currents, for leaving any place shown in the left margin.

To determine speed and direction of current.—With parallel rulers transfer to the diagram the direction of the speed line corresponding to the normal speed of vessel, moving edge of ruler to the point where the horizontal line representing place of departure intersects the vertical line representing the time in question. If the ruler's edge lies within the shaded portion of the diagram, a flood current will be encountered; if within the unshaded, an ebb current, and if along the boundary of both, slack water. The figures in the diagram along the edge of the ruler will show the speed of the current encountered at any place indicated in the left margin of the diagram.

Example.—A 15-knot vessel bound southward leaves Philadelphia (Chestnut Street) at 0330 of a given day and it is desired to ascertain the speed and direction of the current which will be encountered between Philadelphia and Delaware Bay Entrance. Assuming that on the given day flood begins at Delaware Bay Entrance at 0436 and ebb begins at 1038, the time 0330 will be about 1 hour before flood begins. With parallel rulers transfer to the diagram the 15-knot speed line "Southbound" placing the edge of ruler on the intersection of the vertical line "1 hour before flood begins at Delaware Bay Entrance" and a horizontal line through Philadelphia (Chestnut Street) which is the starting point. It will be found that the edge of the ruler passes through an unshaded (ebb) portion with an average speed of about 1.3 knots from Philadelphia to the vicinity of Arnold Point, and the rest of the way through a shaded (flood) portion with an average speed of about 0.8 knot. The vessel will, therefore, have a favorable current averaging about 1.3 knots to the vicinity of Arnold Point and an unfavorable current averaging about 0.8 knot the rest of the way to Delaware Bay Entrance.

To determine the time of a favorable current for passing up or down the bay and river.—With parallel rulers transfer to the diagram the direction of the speed line corresponding to normal speed of vessel, moving the ruler over the diagram until its edge runs as nearly as possible through the general line of largest speeds of shaded portion if northbound or unshaded portion if southbound giving consideration only to that part of diagram which lies between places of departure and destination. An average of the figures along edge of ruler will give the average speed of current. The time (before or after flood begins or ebb begins at Delaware Bay Entrance) for leaving any place shown in the left margin will be indicated vertically above or below the point where the ruler cuts a line drawn horizontally through the place in question.

Example.—A 12-knot vessel will leave Delaware Bay Entrance on a day when flood begins at 0505 and ebb begins at 1112. At what time should she get under way so as to carry the most favorable current all the way to Philadelphia? With parallel rulers transfer the direction of 12-knot speed line "Northbound" to the shaded portion of diagram and as near as possible to the axis so as to include the greatest number of larger speeds. The edge of the ruler will cut the horizontal line at Delaware Bay Entrance near the vertical line "2 hours after flood begins at Delaware Bay Entrance" and the speeds along the ruler's edge will average about 1.7 knots. On the given day flood begins at Delaware Bay Entrance at 0505, hence, if the vessel leaves about 2 hours later, i.e., about 0700, she will have a favorable current averaging about 1.7 knots all the way.

Note.—It is readily seen by transferring southbound speed lines to this diagram that southbound vessels can carry a favorable current for about 50 miles only.

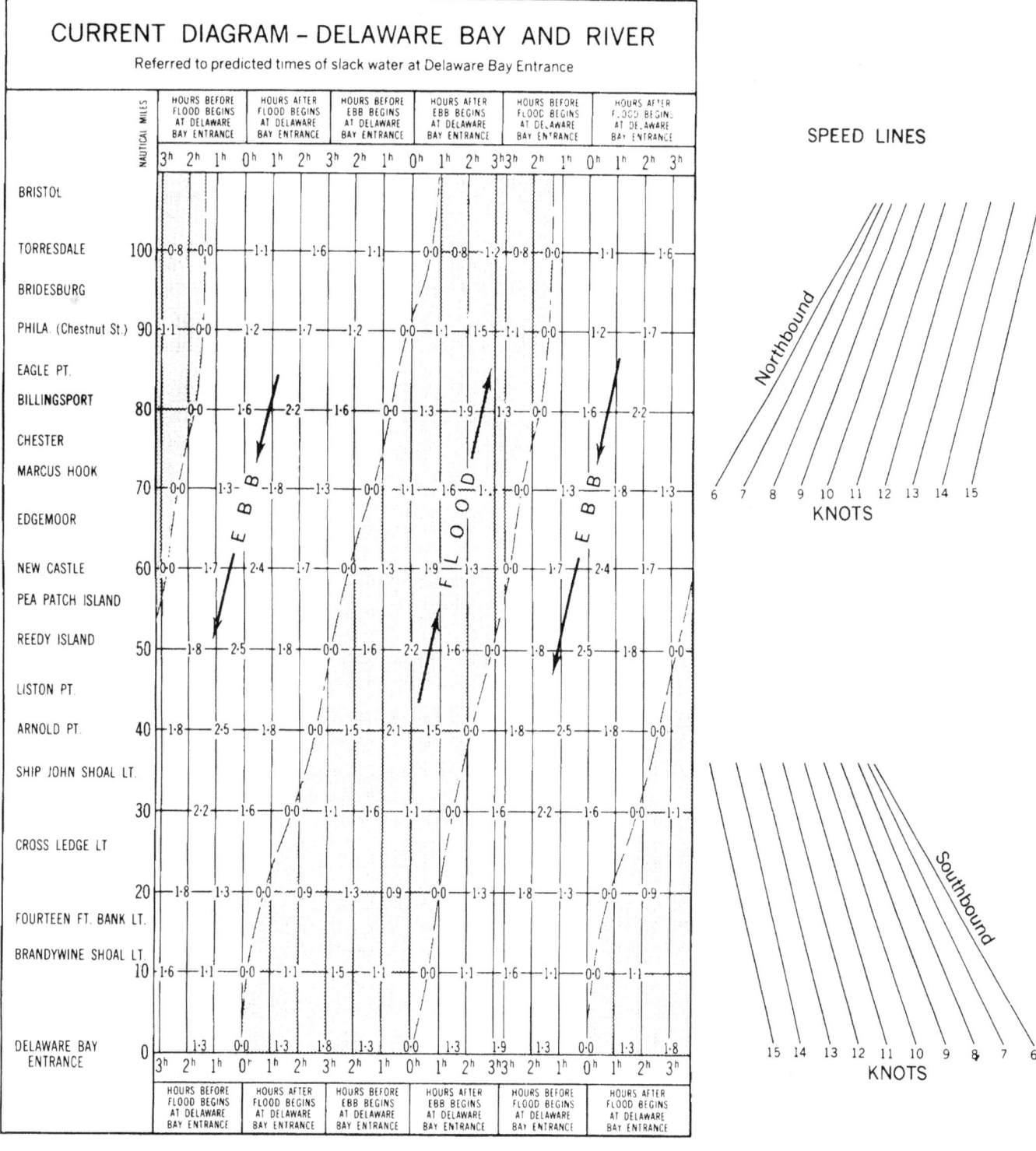

CURRENT DIAGRAMS

CHESAPEAKE BAY
EXPLANATION OF CURRENT DIAGRAM

This current diagram represents average conditions of the surface currents along the middle of the channel from Cape Henry Light to Baltimore, the scale being too small to show details.

Northerly streams are designated "Flood" and southerly streams "Ebb". The small figures in the diagram denote the speed of the current in knots and tenths. The times are referred to slack waters at Chesapeake Bay Entrance, daily predictions for which are given in Table 1 of these current tables.

The speed lines are directly related to the diagram. By transferring to the diagram the direction of the speed line which corresponds to the ship's speed, the diagram will show the general direction and speed of the current encountered by the vessel in passing up or down the bay or the most favorable time, with respect to currents, for leaving any place shown in the left margin.

To determine speed and direction of current.—With parallel rulers transfer to the diagram the direction of the speed line corresponding to the normal speed of vessel, moving edge of ruler to the point where the horizontal line representing place of departure intersects the vertical line representing the time in question. If the ruler's edge lies within the shaded portion of the diagram, a flood current will be encountered; if within the unshaded, an ebb current, and if along the boundary of both, slack water. The figures in the diagram along the edge of the ruler will show the speed of the current encountered at any place indicated in the left margin of the diagram.

Example.—A 12-knot vessel bound for Baltimore passes Cape Henry Light at 1430 of a given day, and it is desired to ascertain the speed and direction of the current which will be encountered. Assuming that on the given day flood begins at Chesapeake Bay entrance at 1256 and ebb begins at 1803, the time 1430 will be about 1½ hours after flood begins. With parallel rulers transfer to the diagram the 12-knot speed line "Northbound," placing edge of ruler so that it will cross the horizontal line opposite Cape Henry at a point "1½ hours after flood begins at the entrance." It will be found that the edge of the ruler passes through strength of current in the shaded portion of the diagram averaging about 0.7 knot. The vessel will, therefore, have a favorable current averaging about 0.7 knot all the way to Baltimore.

To determine the time of a favorable current for passing through the bay.—With parallel rulers transfer to the diagram the direction of the speed line corresponding to normal speed of vessel, moving the ruler over the diagram until its edge runs approximately through the general line of greatest current of unshaded portion if southbound and shaded portion if northbound. An average of the figures along edge of ruler will give average strength of current. The time (before or after ebb or flood begins at the entrance) for leaving any place in the left margin of diagram will be found vertically above the point where the parallel ruler cuts the horizontal line opposite the place in question.

Example.—A 12-knot vessel in Baltimore Harbor desires to leave for Cape Henry Light on the afternoon of a day when flood begins at Chesapeake Bay Entrance at 1148 and ebb begins at 1718. At what time should she get under way so as to carry the most favorable current?

Place parallel rulers along the 12-knot speed line "Southbound." Transfer this direction to the diagram and move it along so as to include the greatest possible number of larger current speeds in the unshaded portion of the diagram. The most favorable time for leaving Baltimore thus found is about 1 hour after flood begins at the entrance, or about 1248. There will be an unfavorable current of about 0.2 knot as far as Seven Foot Knoll Light; after passing this light there will be an average favorable current of about 0.3 knot as far as Cove Point Light; from Cove Point Light to Bluff Point a contrary current averaging about 0.3 knot will be encountered; from Bluff Point to Tail of the Horseshoe there will be an average favorable current of about 0.9 knot; and from Tail of the Horseshoe to Cape Henry an average contrary current of about 0.2 knot will again be encountered.

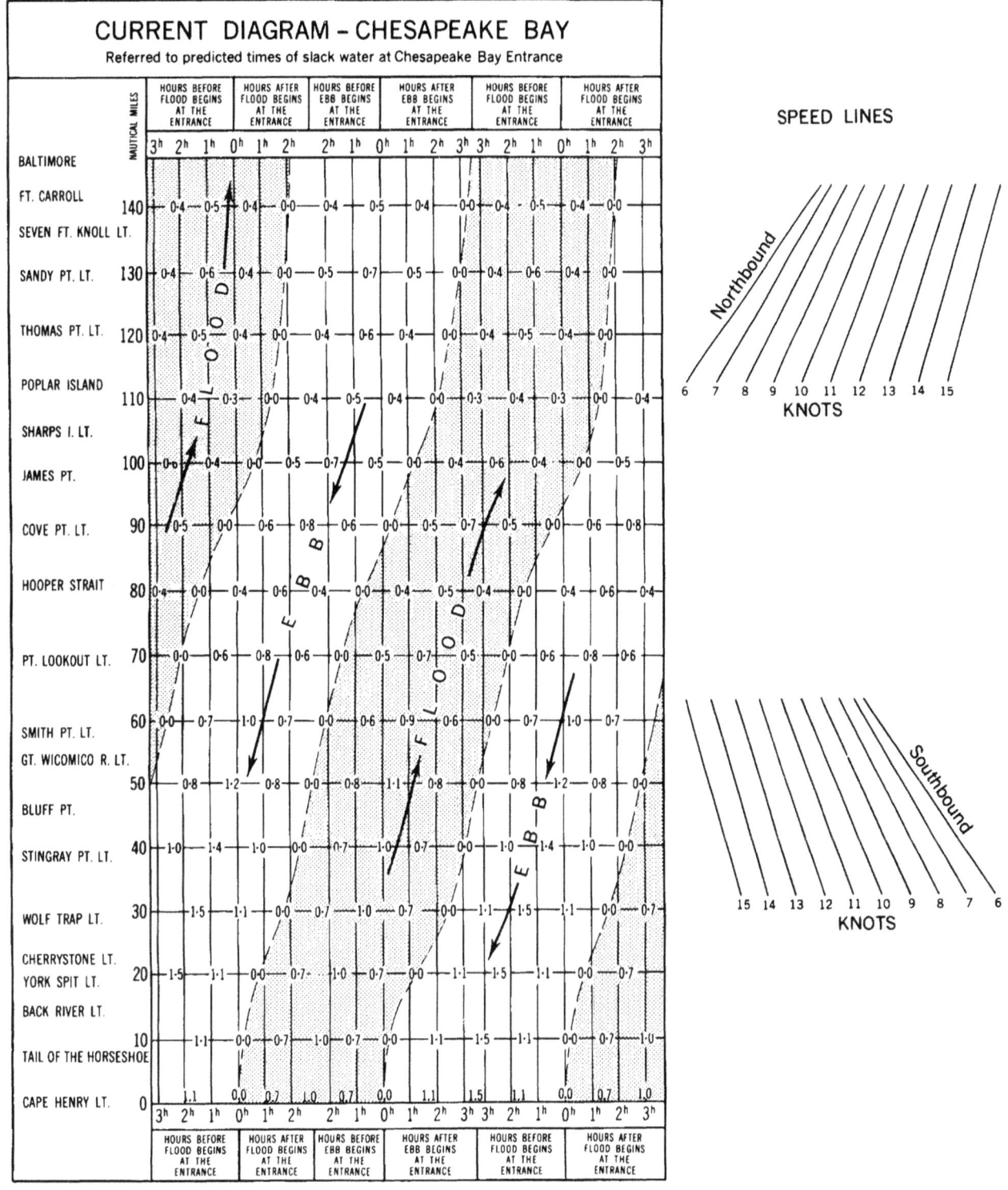

PUBLICATIONS RELATING TO TIDES AND TIDAL CURRENTS

TIDE TABLES

Advance information relative to the rise and fall of the tide is given in annual tide tables. These tables include the predicted times and heights of high and low waters for every day in the year for a number of reference stations and differences for obtaining similar predictions for numerous other places.

Tide Tables, Central and Western Pacific Ocean and Indian Ocean.
Tide Tables, East Coast of North and South America (Including Greenland).
Tide Tables, Europe and West Coast of Africa (Including the Mediterranean Sea).
Tide Tables, West Coast of North and South America (Including the Hawaiian Islands).
Tide Tables, Alaskan Supplement.

TIDAL CURRENT TABLES

Accompanying the rise and fall of the tide is a periodic horizontal flow of the water known as the tidal current. Advance information relative to these currents is made available in annual tidal current tables which include daily predictions of the times of slack water and the times and velocities of strength of flood and ebb currents for a number of waterways together with differences for obtaining predictions for numerous other places.

Tidal Current Tables, Atlantic Coast of North America.
Tidal Current Tables, Pacific Coast of North America and Asia.

TIDAL CIRCULATION AND WATER LEVEL FORECAST ATLAS

This atlas series provides a composite view of the total tidal phenomenon for major estuaries of the United States. Twelve pairs of hourly charts are used to depict the information. The first of each pair presents contours of mean tidal height throughout the specified estuary. Inserts and a vertical section provide additional tidal information. The second chart presents the speed and direction of the tidal current throughout the area. Corange, cotidal, cospeed, and cophase charts are shown in the following section. Finally, daily tide predictions are provided for important locations, in tabular form, for several years in advance.

Tidal Circulation and Water Level Forecast Atlas, Delaware River and Bay.

TIDAL CURRENT CHARTS

Each publication consists of a set of 12 charts which depict, by means of arrows and figures, the direction and speed of the tidal current for each hour of the tidal cycle. The charts, which may be used for any year, present a comprehensive view of the tidal current movement in the respective waterways as a whole and also supply a means for readily determining the direction and speed of the current for any time at various localities throughout the water areas covered. The Narragansett Bay tidal current chart is to be used with the annual tide tables. The other charts require the annual tidal current tables.

Tidal Current Charts, Boston Harbor.
Tidal Current Charts, Charleston Harbor, S.C.
Tidal Current Charts, Long Island Sound and Block Island Sound.
Tidal Current Charts, Narragansett Bay.
Tidal Current Charts, Narragansett Bay to Nantucket Sound.
Tidal Current Charts, Puget Sound, Northern Part
Tidal Current Charts, Puget Sound, Southern Part
Tidal Current Charts, Upper Chesapeake Bay.
Tidal Current Charts, Tampa Bay.

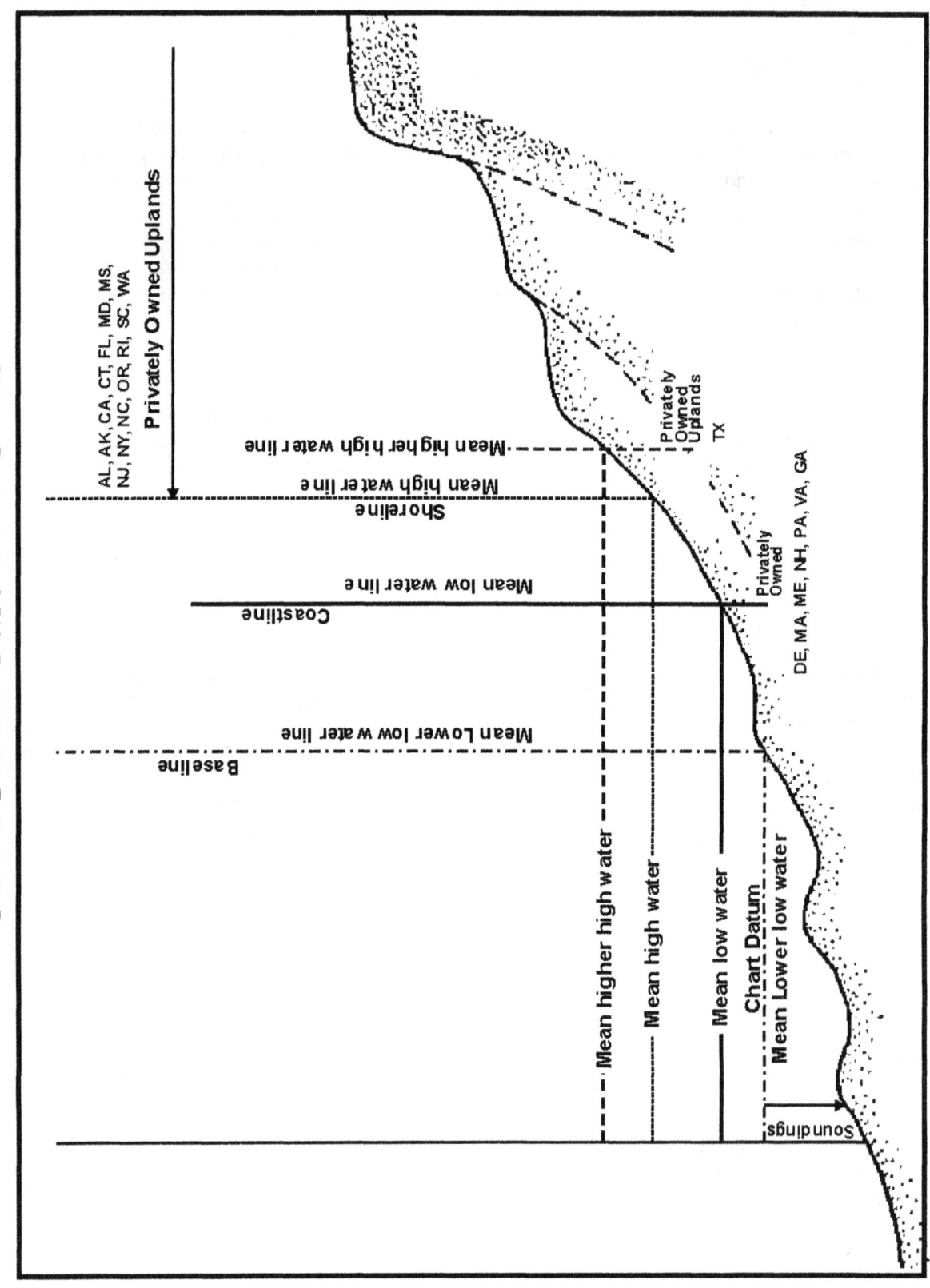

GLOSSARY OF TERMS

ANNUAL INEQUALITY—Seasonal variation in the water level or current, more or less periodic, due chiefly to meteorological causes.

APOGEAN TIDES OR TIDAL CURRENTS—Tides of decreased range or currents of decreased speed occurring monthly as the result of the Moon being in apogee (farthest from the Earth).

AUTOMATIC TIDE GAGE—An instrument that automatically registers the rise and fall of the tide. In some instruments, the registration is accomplished by recording the heights at regular intervals in digital format, in others by a continuous graph in which the height versus corresponding time of the tide is recorded.

BENCH MARK (BM)—A fixed physical object or marks used as reference for a vertical datum. A *tidal bench mark is* one near a tide station to which the tide staff and tidal datums are referred. A *Geodetic bench mark* identifies a surveyed point in the National Geodetic Vertical Network.

CHART DATUM—The tidal datum to which soundings on a chart are referred. It is usually taken to correspond to low water elevation of the tide, and its depression below mean sea level is represented by the symbol Z_o.

CURRENT—Generally, a horizontal movement of water. Currents may be classified as *tidal* and *nontidal*. Tidal currents are caused by gravitational interactions between the Sun, Moon, and Earth and are a part of the same general movement of the sea that is manifested in the vertical rise and fall, called *tide*. Nontidal currents include the permanent currents in the general circulatory systems of the sea as well as temporary currents arising from more pronounced meteorological variability.

CURRENT DIFFERENCE—Difference between the time of slack water (or minimum current) or strength of current in any locality and the time of the corresponding phase of the tidal current at a reference station, for which predictions are given in the *Tidal Current Tables*.

CURRENT ELLIPSE—A graphic representation of a rotary current in which the velocity of the current at different hours of the tidal cycle is represented by radius vectors and vectorial angles. A line joining the extremities of the radius vectors will form a curve roughly approximating an ellipse. The cycle is completed in one-half tidal day or in a whole tidal day according to whether the tidal current is of the semidiurnal or the diurnal type. A current of the mixed type will give a curve of two unequal loops each tidal day.

CURRENT METER—An instrument for measuring the speed and direction or just the speed of a current. The measurements are usually Eulerian since the meter is most often fixed or moored at a specific location.

DATUM (vertical)—For marine applications, a base elevation used as a reference from which to reckon heights or depths. It is called a *tidal datum* when defined by a certain phase of the tide. Tidal datums are local datums and should not be extended into areas which have differing topographic features without substantiating measurements. In order that they may be recovered when needed, such datums are referenced to fixed points known as *bench marks*.

DAYLIGHT SAVING TIME—A time used during the summer in some localities in which clocks are advanced 1 hour from the usual standard time.

DIURNAL—Having a period or cycle of approximately 1 tidal day. Thus, the tide is said to be diurnal when only one high water and one low water occur during a tidal day, and the tidal current is said to be diurnal when there is a single flood and single ebb period in the tidal day. A rotary current is diurnal if it changes its direction through all points of the compass once each tidal day.

DIURNAL INEQUALITY—The difference in height of the two high waters or of the two low waters of each day; also the difference in speed between the two flood tidal currents or the two ebb tidal currents of each day. The difference changes with the declination of the Moon and to a lesser extent with the declination of the Sun. In general, the inequality tends to increase with an increasing declination, either north or south, and to diminish as the Moon approaches the Equator. *Mean diurnal high water inequality* (DHQ) is one-half the average difference between the two high waters of each day observed over a specific 19-year Metonic cycle (the National Tidal Datum Epoch). It is obtained by subtracting the mean of all high waters from the mean of the higher high waters. *Mean diurnal low water inequality* (DLQ) is one-half the average difference between the two low waters of each day observed over a specific 19-year Metonic cycle (the National Tidal Datum Epoch). It is obtained by subtracting the mean of the lower low waters from the mean of all low waters. *Tropic high water inequality* (HWQ) is the average difference between the two high waters

GLOSSARY OF TERMS

of the day at the times of the tropic tides. *Tropic low water inequality* (LWQ) is the average difference between the two low waters of the day at the times of the tropic tides. Mean and tropic inequalities as defined above are applicable only when the type of tide is either semidiurnal or mixed. Diurnal inequality is sometimes called *declinational inequality.*

DOUBLE EBB—An ebb tidal current where, after ebb begins, the speed increases to a maximum called *first ebb;* it then decreases, reaching a *minimum ebb* near the middle of the ebb period (and at some places it may actually run in a flood direction for a short period); it then again ebbs to a maximum speed called *second ebb* after which it decreases to slack water.

DOUBLE FLOOD—A flood tidal current where, after flood begins, the speed increases to a maximum called first flood; it then decreases, reaching a minimum flood near the middle of the flood period (and at some places it may actually run in an ebb direction for a short period); it then again floods to a maximum speed called second flood after which it decreases to slack water.

DOUBLE TIDE—A double-headed tide, that is, a high water consisting of two maxima of nearly the same height separated by a relatively small depression, or a low water consisting of two minima separated by a relatively small elevation. Sometimes, it is called an *agger.*

DURATION OF FLOOD AND DURATION OF EBB—*Duration of flood* is the interval of time in which a tidal current is flooding, and the *duration of ebb* is the interval in which it is ebbing. Together they cover, on an average, a period of 12.42 hours for a semidiurnal tidal current or a period of 24.84 hours for a diurnal current. In a normal semidiurnal tidal current, the duration of flood and duration of ebb will each be approximately equal to 6.21 hours, but the times may be modified greatly by the presence of a nontidal flow. In a river the duration of ebb is usually longer than the duration of flood because of the freshwater discharge, especially during the spring when snow and ice melt are the predominant influences.

DURATION OF RISE AND DURATION OF FALL—*Duration of rise* is the interval from low water to high water, and *duration of fall* is the interval from high water to low water. Together they cover, on an average, a period of 12.42 hours for a semidiurnal tide or a period of 24.84 hours for a diurnal tide. In a normal semidiurnal tide, the duration of rise and duration of fall will each be approximately equal to 6.21 hours, but in shallow waters and in rivers there is a tendency for a decrease in the duration of rise and a corresponding increase in the duration of fall.

EBB CURRENT—The movement of a tidal current away from shore or down a tidal river or estuary. In the mixed type of reversing tidal current, the terms *greater ebb* and *lesser ebb* are applied respectively to the ebb tidal currents of greater and lesser speed of each day. The terms *maximum ebb* and *minimum ebb* are applied to the maximum and minimum speeds of a current running continuously ebb, the speed alternately increasing and decreasing without coming to a slack or reversing. The expression *maximum ebb is* also applicable to any ebb current at the time of greatest speed.

EQUATORIAL TIDAL CURRENTS—Tidal currents occurring semimonthly as a result of the Moon being over the Equator. At these times the tendency of the Moon to produce a diurnal inequality in the tidal current is at a minimum.

EQUATORIAL TIDES—Tides occurring semi monthly as the result of the Moon being over the Equator. At these times the tendency of the Moon to produce a diurnal inequality in the tide is at a minimum.

FLOOD CURRENT—The movement of a tidal current toward the shore or up a tidal river or estuary. In the mixed type of reversing current, the terms *greater flood* and *lesser flood* are applied respectively to the flood currents of greater and lesser speed of each day. The terms *maximum flood* and *minimum flood* are applied to the maximum and minimum speeds of a flood current, the speed of which alternately increases and decreases without coming to a slack or reversing. The expression *maximum flood is* also applicable to any flood current at the time of greatest speed.

GREAT DIURNAL RANGE (Gt)—The difference in height between mean higher high water and mean lower low water. The expression may also be used in its contracted form, *diurnal range.*

GREENWICH INTERVAL—An interval referred to the transit of the Moon over the meridian of Greenwich as distinguished from the local interval which is referred to the Moon's transit over the local meridian. The relation in hours between Greenwich and local intervals may be expressed by the formula:

Greenwich interval = local interval +0.069 L

where L is the west longitude of the local meridian in degrees. For east longitude, L is to be considered negative.

GLOSSARY OF TERMS

GULF COAST LOW WATER DATUM—A chart datum. Specifically, the tidal datum formerly designated for the coastal waters of the Gulf Coast of the United States. It was defined as *mean lower low water* when the type of tide was mixed and *mean low water* when the type of tide was diurnal.

HALF-TIDE LEVEL—See *mean tide level.*

HARMONIC ANALYSIS—The mathematical process by which the observed tide or tidal current at any place is separated into basic harmonic constituents.

HARMONIC CONSTANTS—The amplitudes and epochs of the harmonic constituents of the tide or tidal current at any place.

HARMONIC CONSTITUENT—One of the harmonic elements in a mathematical expression for the tide-producing force and in corresponding formulas for the tide or tidal current. Each constituent represents a periodic change or variation in the relative positions of the Earth, Moon, and Sun. A single constituent is usually written in the form $y = A \cos(at+\alpha)$, in which y is a function of time as expressed by the symbol t and is reckoned from a specific origin. The coefficient A is called the amplitude of the constituent and is a measure of its relative importance. The angle $(at+\alpha)$ changes uniformly and its value at any time is called the phase of the constituent. The speed of the constituent is the rate of change in its phase and is represented by the symbol a in the formula. The quantity α is the phase of the constituent at the initial instant from which the time is reckoned. The period of the constituent is the time required for the phase to change through 360° and is the cycle of the astronomical condition represented by the constituent.

HIGH WATER (HW)—The maximum height reached by a rising tide. The height may be due solely to the periodic tidal forces or it may have superimposed upon it the effects of prevailing meteorological conditions. Use of the synonymous term, *high tide,* is discouraged.

HIGHER HIGH WATER (HHW)—The higher of the two high waters of any tidal day.

HIGHER LOW WATER (HLW)—The higher of the two low waters of any tidal day.

HYDRAULIC CURRENT—A current in a channel caused by a difference in the surface level at the two ends. Such a current may be expected in a strait connecting two bodies of water in which the tides differ in time or range. The current in the East River, N.Y., connecting Long Island Sound and New York Harbor, is an example.

KNOT—A unit of speed, one international nautical mile (1,852.0 meters or 6,076.11549 international feet) per hour.

LOW WATER (LW)—The minimum height reached by a falling tide. The height may be due solely to the periodic tidal forces or it may have superimposed upon it the effects of meteorological conditions. Use of the synonymous term, *low tide,* is discouraged.

LOWER HIGH WATER (LHW)—The lower of the two high waters of any tidal day.

LOWER LOW WATER (LLW)—The lower of the two low waters of any tidal day.

LUNAR DAY—The time of the rotation of the Earth with respect to the Moon, or the interval between two successive upper transits of the Moon over the meridian of a place. The mean lunar day is approximately 24.84 solar hours long, or 1.035 times as long as the mean solar day.

LUNAR INTERVAL—The difference in time between the transit of the Moon over the meridian of Greenwich and over a local meridian. The average value of this interval expressed in hours is 0.069 L, in which L is the local longitude in degrees, positive for west longitude and negative for east longitude. The lunar interval equals the difference between the local and Greenwich interval of a tide or current phase.

LUNICURRENT INTERVAL—The interval between the Moon's transit (upper or lower) over the local or Greenwich meridian and a specified phase of the tidal current following the transit. Examples: *strength of flood interval* and *strength of ebb interval,* which may be abbreviated to *flood interval* and *ebb interval,* respectively. The interval is described as local or Greenwich according to whether the reference is to the Moon's transit over the local or Greenwich meridian. When not otherwise specified, the reference is assumed to be local.

LUNITIDAL INTERVAL—The interval between the Moon's transit (upper or lower) over the local or Greenwich meridian and the following high or low water. The average of all high water intervals for all phases of the Moon is known as *mean high water lunitidal interval* and is abbreviated to high water interval (HWI). Similarly the mean *low water lunitidal interval* is abbreviated to *low water interval* (LWI). The interval is described as local or Greenwich according to whether the reference is to the transit

GLOSSARY OF TERMS

over the local or Greenwich meridian. When not otherwise specified, the reference is assumed to be local.

MEAN HIGH WATER (MHW)—A tidal datum. The arithmetic mean of the high water heights observed over a specific 19-year Metonic cycle (the National Tidal Datum Epoch). For stations with shorter series, simultaneous observational comparisons are made with a primary control tide station in order to derive the equivalent of a 19-year value.

MEAN HIGHER HIGH WATER (MHHW)—A tidal datum. The arithmetic mean of the higher high water heights of a mixed tide observed over a specific 19-year Metonic cycle (the National Tidal Datum Epoch). Only the higher high water of each pair of high waters, or the only high water of a tidal day is included in the mean.

MEAN HIGHER HIGH WATER LINE (MHHWL)—The intersection of the land with the water surface at the elevation of mean higher high water.

MEAN LOW WATER (MLW)—A tidal datum. The arithmetic mean of the low water heights observed over a specific 19-year Metonic cycle (the National Tidal Datum Epoch). For stations with shorter series, simultaneous observational comparisons are made with a primary control tide station in order to derive the equivalent of a 19-year value.

MEAN LOW WATER SPRINGS (MLWS)—A tidal datum. Frequently abbreviated *spring low water*. The arithmetic mean of the low water heights occurring at the time of the spring tides observed over a specific 19-year Metonic cycle (the National Tidal Datum Epoch).

MEAN LOWER LOW WATER (MLLW)—A tidal datum. The arithmetic mean of the lower low water heights of a mixed tide observed over a specific 19-year Metonic cycle (the National Tidal Datum Epoch). Only the lower low water of each pair of low waters, or the only low water of a tidal day is included in the mean.

MEAN RANGE OF TIDE (Mn)—The difference in height between mean high water and mean low water.

MEAN RIVER LEVEL—A tidal datum. The average height of the surface of a tidal river at any point for all stages of the tide observed over a 19-year Metonic cycle (the National Tidal Datum Epoch), usually determined from hourly height readings. In rivers subject to occasional freshets the river level may undergo wide variations, and for practical purposes certain months of the year may be excluded in the determination of tidal datums. For charting purposes, tidal datums for rivers are usually based on observations during selected periods when the river is at or near low water stage.

MEAN SEA LEVEL (MSL)—A tidal datum. The arithmetic mean of hourly water elevations observed over a specific 19-year Metonic cycle (the National Tidal Datum Epoch). Shorter series are specified in the name; e.g., monthly mean sea level and yearly mean sea level.

MEAN TIDE LEVEL (MTL)—Also called half-tide level. A tidal datum midway between mean high water and mean low water.

MIXED TIDE—Type of tide with a large inequality in the high and/or low water heights, with two high waters and two low waters usually occurring each tidal day. In strictness, all tides are mixed but the name is usually applied to the tides intermediate to those predominantly semidiurnal and those predominantly diurnal.

NATIONAL TIDAL DATUM EPOCH—The specific 19-year period adopted by the National Ocean Service as the official time segment over which tide observations are taken and reduced to obtain mean values (e.g., mean lower low water, etc.) for tidal datums. It is necessary for standardization because of periodic and apparent secular trends in sea level. The present National Tidal Datum Epoch is 1960 through 1978. It is reviewed annually for possible revision and must be actively considered for revision every 25 years.

NEAP TIDES OR TIDAL CURRENTS—Tides of decreased range or tidal currents of decreased speed occurring semimonthly as the result of the Moon being in quadrature. The *neap range* (Np) of the tide is the average semidiurnal range occurring at the time of neap tides and is most conveniently computed from the harmonic constants. It is smaller than the mean range where the type of tide is either semidiurnal or mixed and is of no practical significance where the type of tide is diurnal. The average height of the high waters of the neap tides is called *neap high water* or *high water neaps* (MHWN) and the average height of the corresponding low waters is called *neap low water* or *low water neaps* (MLWN).

PERIGEAN TIDES OR TIDAL CURRENTS—Tides of increased range or tidal currents of increased speed occurring monthly as the result of the Moon being in perigee or nearest the Earth. The *perigean range* (Pn) of tide is the average semidiurnal range occur-

GLOSSARY OF TERMS

ring at the time of perigean tides and is most conveniently computed from the harmonic constants. It is larger than the mean range where the type of tide is either semidiurnal or mixed, and is of no practical significance where the type of tide is diurnal.

RANGE OF TIDE—The difference in height between consecutive high and low waters, the *mean range* is the difference in height between mean high water and mean low water. Where the type of tide is diurnal the mean range is the same as the diurnal range. For other ranges, see great diurnal, spring, neap, perigean, apogean, and tropic tides.

REFERENCE STATION—A tide or current station for which independent daily predictions are given in the *Tide Tables* and *Tidal Current Tables*, and from which corresponding predictions are obtained for subordinate stations by means of differences and ratios.

REVERSING CURRENT—A tidal current which flows alternately in approximately opposite directions with a slack water at each reversal of direction. Currents of this type usually occur in rivers and straits where the direction of flow is more or less restricted to certain channels. When the movement is towards the shore or up a stream, the current is said to be flooding, and when in the opposite direction it is said to be ebbing. The combined flood and ebb movement including the slack water covers, on an average, 12.42 hours for the semidiurnal current. If unaffected by a nontidal flow, the flood and ebb movements will each last about 6 hours, but when combined with such a flow, the durations of flood and ebb may be quite unequal. During the flow in each direction the speed of the current will vary from zero at the time of slack water to a maximum about midway between the slacks.

ROTARY CURRENT—A tidal current that flows continually with the direction of flow changing through all points of the compass during the tidal period. Rotary currents are usually found offshore where the direction of flow is not restricted by any barriers. The tendency for the rotation in direction has its origin in the Coriolis force and, unless modified by local conditions, the change is clockwise in the Northern Hemisphere and counterclockwise in the Southern. The speed of the current usually varies throughout the tidal cycle, passing through the two maxima in approximately opposite directions and the two minima with the direction of the current at approximately 90° from the direction at time of maximum speed.

SEMIDIURNAL—Having a period or cycle of approximately one-half of a tidal day. The predominating type of tide throughout the world is semidiurnal, with two high waters and two low waters each tidal day. The tidal current is said to be semidiurnal when there are two flood and two ebb periods each day.

SET (OF CURRENT)—The direction *towards* which the current flows.

SLACK WATER—The state of a tidal current when its speed is near zero, especially the moment when a reversing current changes direction and its speed is zero. The term is also applied to the entire period of low speed near the time of turning of the current when it is too weak to be of any practical importance in navigation. The relation of the time of slack water to the tidal phases varies in different localities. For standing tidal waves, slack water occurs near the times of high and low water, while for progressive tidal waves, slack water occurs midway between high and low water.

SPRING TIDES OR TIDAL CURRENTS—Tides of increased range or tidal currents of increased speed occurring semimonthly as the result of the Moon being new or full. The *spring range* (Sg) of tide is the average semidiurnal range occurring at the time of spring tides and is most conveniently computed from the harmonic constants. It is larger than the mean range where the type of tide is either semidiurnal or mixed, and is of no practical significance where the type of tide is diurnal. The mean of the high waters of the spring tide is called *spring high water* or *mean high water springs* (MHWS), and the average height of the corresponding low waters is called *spring low water* or *mean low water springs* (MLWS).

STAND OF TIDE—Sometimes called a platform tide. An interval at high or low water when there is no sensible change in the height of the tide. The water level is stationary at high and low water for only an instant, but the change in level near these times is so slow that it is not usually perceptible. In general, the duration of the apparent stand will depend upon the range of tide, being longer for a small range than for a large range, but where there is a tendency for a double tide the stand may last for several hours even with a large range of tide.

STANDARD TIME—A kind of time based upon the transit of the Sun over a certain specified meridian, called the *time meridian*, and adopted for use over a considerable area. With a few exceptions, standard time is based upon some meridian which differs by a multiple of 15° from the meridian of Greenwich.

STRENGTH OF CURRENT—Phase of tidal current in which the speed is a maximum; also the speed at this time. Beginning with slack before flood in the period of a reversing tidal current (or minimum before flood in a rotary current), the speed gradually increases to flood strength and then diminishes to slack before ebb (or minimum before ebb in a rotary current), after which the current turns in direction, the speed increases to ebb strength and then diminishes to slack before flood completing the cycle. If it is assumed that the speed throughout the cycle varies as the ordinates of a cosine curve, it can be shown that the average speed for an entire flood or ebb period is equal to $2/\pi$ or 0.6366 of the speed of the corresponding strength of current.

SUBORDINATE CURRENT STATION—(1) A current station from which a relatively short series of observations is reduced by comparison with simultaneous observations from a control current station. (2) A station listed in the *Tidal Current Tables* for which predictions are to be obtained by means of differences and ratios applied to the full predictions at a reference station.

SUBORDINATE TIDE STATION—(1) A tide station from which a relatively short series of observations is reduced by comparison with simultaneous observations from a tide station with a relatively long series of observations. (2) A station listed in the *Tide Tables* for which predictions are to be obtained by means of differences and ratios applied to the full predictions at a reference station.

TIDAL CURRENT TABLES—Tables which give daily predictions of the times and speeds of the tidal currents. These predictions are usually supplemented by current differences and constants through which additional predictions can be obtained for numerous other places.

TIDAL DIFFERENCE—Difference in time or height of a high or low water at a subordinate station and at a reference station for which predictions are given in the *Tide Tables*. The difference, when applied according to sign to the prediction at the reference station, gives the corresponding time or height for the subordinate station.

TIDE—The periodic rise and fall of the water resulting from gravitational interactions between the Sun, Moon, and Earth. The vertical component of the particulate motion of a tidal wave. Although the accompanying horizontal movement of the water is part of the same phenomenon, it is preferable to designate the motion as tidal current.

TIDE TABLES—Tables which give daily predictions of the times and heights of high and low waters. These predictions are usually supplemented by tidal differences and constants through which additional predictions can be obtained for numerous other places.

TIME MERIDIAN—A meridian used as a reference for time.

TROPIC CURRENTS—Tidal currents occurring semimonthly when the effect of the Moon's maximum declination is greatest. At these times the tendency of the Moon to produce a diurnal inequality in the current is at a maximum.

TROPIC RANGES—The *great tropic range* (Gc), or *tropic range*, is the difference in height between tropic higher high water and tropic lower low water. The *small tropic range* (Sc) is the difference in height between tropic lower high water and tropic higher low water. The *mean tropic range* (Mc) is the mean between the great tropic range and the small tropic range. The small tropic range and the mean tropic range are applicable only when the type of tide is semidiurnal or mixed. Tropic ranges are most conveniently computed from the harmonic constants.

TROPIC TIDES—Tides occurring semimonthly when the effect of the Moon's maximum declination is greatest. At these times there is a tendency for an increase in the diurnal range. The tidal datums pertaining to the tropic tides are designated as *tropic higher high water* (TcHHW), *tropic lower high water* (TcLHW), *tropic higher low water* (TcHLW), and *tropic lower low water* (TcLLW).

TYPE OF TIDE—A classification based on characteristic forms of a tide curve. Qualitatively, when the two high waters and two low waters of each tidal day are approximately equal in height, the tide is said to be *semidiurnal;* when there is a relatively large diurnal inequality in the high or low waters or both, it is said to be *mixed;* and when there is only one high water and one low water in each tidal day, it is said to be *diurnal.*

VANISHING TIDE—In a mixed tide with very large diurnal inequality, the lower high water (or higher low water) frequently becomes indistinct (or vanishes) at time of extreme declinations. During these periods the diurnal tide has such overriding dominance that the semidiurnal tide, although still present, cannot be readily seen on the tide curve.

INDEX TO STATIONS
(Numbers refer to table 2)

[Stations marked with an asterisk (*) are reference stations for which daily predictions are given in table 1. Page numbers of reference stations are given in parentheses.]

A

	No.
Abiels Ledge	2086
Acabonack Harbor entrance	2591
Accaceek Point	5591
Adams Island	4806,4811
Alafia River entrance	8551
Albany	3856
Aldridge Ledge	1151
Alligator Creek	6506
Allmondsville	5466
Alloway Creek	4291,4296
Almy Point	2191
Altamaha Sound	7776-7796
Ambrose Channel	3676
Ambrose Light	3631
Anacostia River	5911,5916
Anclote Key	8606
Andrews Island	346
Annapolis	6111
Annisquam Harbor Light	971
Apalachee Bay	8611-8621
Appomattox River entrance	5376
Apponaganset Bay	2096
Appoquinimink River	4276
Aransas Pass * (100)	8796
Arnold Point	4261
Arnold Point, Elk River	6216
Arthur Kill	3976-3991
Artificial Island	4281
Ashepoo Coosaw Cutoff	7101
Ashepoo River	7096,7111
Ashe Island Cut	7126,7131
Ashley River	6941-6976
Astoria, East River	3456
Avondale	2681

B

	No.
Back Cove	746
Back Creek entrance	6231
Back River, Md.	6186
Back River entrance, Beaufort Inlet	6271
Back River entrance, St. Simon Sound	7816
Badgers Island	896,901
Bahia de San Juan	8866,8871
Bahia Honda Harbor	8186
Bakers Haulover Cut	8096
Bald Eagle Point	6041
Bald Head, Cape Fear River	6421
Bald Head, Kennebec River	581
Baltimore Harbor Approach * (52)	4981
Bar Harbor	116
Barataria Bay	8671-8691
Barataria Pass	8681
Barnegat Inlet	4041
Barnstable Harbor	1626
Barren Island	3656
Barrytown	3816
Bartlett Reef	2796
Bass Point	1046-1056
Bath, Kennebec River	606
Bay of Fundy	1-81
Bay of Fundy entrance * (4)	81
Bay Point Island	7196
Bay Ridge	3691

	No.
Bay Ridge Channel	3696
Bay Shore Channel	4146-4151
Beach Channel	3666
Beach Hammock	7451
Bear Creek entrance	6166
Bear Mountain Bridge	3776
Bear River	7621-7636
Beaufort Airport	7241
Beaufort	7236
Beaufort Inlet	6331-6416
Beaufort River	7211,7216,7226-7241
Beaufort River Entrance	7211
Beaver Head	2306
Beavertail Point	2311
Bees Ferry Bridge	6976
Ben Davis Point	4236-4246
Benedict	5961
Bergen Point	4001
Bergen Point (Bayonne Bridge) * (40)	3996
Berkley	5266
Berkley Bridge	5256
Bermuda Hundred	5381
Big Stone Beach	4171
Big Annemessex River entrance	5661
Big Sarasota Pass	8321
Big Stone Beach	4166
Birch Island	246
Bird Shoal	6396
Biscayne Bay	8166
Black Point, Long Island Sound	2811,2816
Black Point, Narragansett Bay	2186
Black Rock Channel	1161
Blackburn Bay	8306
Blair Channel	6311
Bland Point	5521
Blind Pass	8571
Block Island	2401-2446
Block Island Sound	2376-2581
Blonde Rock	16
Bloody Point Bar Light	4941
Bloody Point, New River	7321,7326
Blount Island	7991
Bluff Head	586
Bluff Point	3146,4741
Blundering Point	5456
Blynman Canal entrance	981
Boars Head	66
Boca Ciega Bay	8556-8591
Boca Grande Channel	8231
Boca Grande Pass	8266
Bodie Island-Pea Island	6276
Bolivar Roads	8756
Bonneau Ferry	6901
Boston Harbor and approaches	1101-1601
Boston Harbor (Deer I. Lt.) * (12)	1196
Boston Light	1126
Bourne Highway Bridge	2161
Bournedale	2166
Bowlers Rock	5586
Bradbury Island	181
Braddock Point	7291
Bradley Point	7581
Branford Reef	2826,2831
Brandon Point	5356
Brandywine Range	4156-4161,4196
Brant Point	1786

203

INDEX TO STATIONS

	No.
Brazil Rock	1
Breakwater Harbor	4126
Brenton Point	2211
Breton Bay entrance	5821
Brewer Point	6116
Brewerton Angle	6156
Brewerton Channel	5031,6151
Brickyard Creek	7246
Bridgeport Harbor entrance	3116
Bridgeton	4256
Brier Island	51,56
Bristol Harbor	2271
Bristol, N.J.	4481
Broad Creek	6036
Broad River	7256,7261,7276
Broad River Bridge	7276
Broad River Entrance	7201
Broadkill Slough	4136
Broad Sound	611
Broadway Bridge, Harlem River	3576
Broken Ground-Horseshoe Shoal, between	1841
Bronx River	3441
Bronx-Whitestone Bridge	3416
Brooklyn Bridge	3526,3531
Broomes Island	5951
Broughton Island	7796
Browns Ledge	1981
Browshead	436
Bruffs Island	6081
Brunswick	7836
Brunswick River Bridge, Ga	7831
Brunswick River, Ga	7826
Brunswick River, N.C.	6501,6506
Bucksport	326
Bulkhead Shoal Channel	4326-4331
Bull Point	2221
Bull River	7461,7466
Bumkin Island	1526,1536
Bunces Pass	8396
Burlington Island	4486
Burnt Island	171
Burntpot Island	7526
Burnside Island	7551
Bush River	6196
Butler Bluff	4636
Butler Island	6581
Butter Island	176
Buttermilk Channel	3536
Buzzard Roost Creek	7771
Buzzards Bay	2041-2151
Byrd Creek Entrance	7281

C

	No.
Cabin Bluff	7866
Caesar Creek	8166
Caillou Boca	8711
Calcasieu Pass	8716-8726
Calf Island	1146
Calibogue Sound	7291-7316
Calcasieu Pass	8716-8726
Cambahee River	7136,7141
Cambridge	6006
Camden Harbor	476
Camden Marine Terminals	4446
Caminada Pass	8691
Campbell Island	6491
Camp Key	8476
Canapitsit Channel	2031
Canarsie	3661
Cape Charles, off Wise Point	4626
Cape Charles City	4651
Cape Cod Bay	1606-1661
Cape Cod Canal	2156-2176

	No.
Cape Cod Canal, RR. bridge * (16)	2156
Cape Elizabeth	751
Cape Fear River	6421-6521
Cape Fourchu	26,31
Cape Haze	8281
Cape Henlopen	4106-4121
Cape Henry Light	4521-4546,4856,4576,6261
Cape Lookout Shoals	6416
Cape May	4051
Cape May Canal	4076,4081
Cape May Channel	4086
Cape May Harbor	4071
Cape May Point	4091-4096
Cape Neddick	761
Cape Poge Light	1826,1836,1876
Cape Porpoise	756
Cape Romain	6596
Cape Sable	6,11
Cape Spencer	76
Capers Inlet	6601
Captain Harbor	3256
Captiva Pass	8261
Carrot Island	6406
Casco Bay	611-746
Casco Passage	121
Castine Harbor	291
Castle Hill	2216
Castle Island	1341
Castle Pinckney	6681,6691
Castleton-on-Hudson	3851
Cat Island Pass	8701
Cats Point	8406
Catskill	3831
Causeway Island	8126
Cedar Hammock	7696
Cedar Point, Gardiners Bay	2641
Cedar Point, Md.	4836,4841
Cerberus Shoal	2531,2536,2551
Chapel Hill South Channel	3881
Chapel Point	5871
Chapter Point	5721
Charles Island	3046
Charles River	1296
Charleston entrance	6606
Charleston Harbor	6636-6976
Charleston Harbor * (60)	6656
Charleston Harbor entrance	6636-6651
Charleston Ltd. Whistle Buoy 2C	6611
Charlotte Harbor	8266,8281
Chatham Roads	1736
Chebeague Island-Cousin Island	681
Chechessee River	7266,7271
Chelsea River	1306,1311
Cherry Island Flats	4381
Chesapeake	5271
Chesapeake and Delaware Canal * (56)	6236
Chesapeake and Delaware Canal Ent.	4301
Chesapeake Bay	4526-5136
Chesapeake Bay Bridge	4966
Chesapeake Bay Bridge Tunnel	4561-4626
Chesapeake Bay Entrance * (48)	4536
Chesapeake Beach	4561
Chesapeake Channel	4581,4586
Chesapeake City Bridge	6241
Chester River	6126-6146
Chestertown	6146
Cheston Point	6096
Chickahominy River Bridge	5346
Childsbury	6891
Chlora Point	5991
Choptank River	5981-6041
Chowan Creek	7221
Christina River	4376
Church Neck Point	4671

INDEX TO STATIONS 205

	No.
City Island	3361,3366,3381
City Point, Conn	3021
City Point, Mass	1326
City Point, Va	5371
Clam Island	131
Clapboard Island	666
Claremont Landing	5351
Clarks Cove	2101
Clark Island	826,846-856
Clason Point	3421
Clay Bank Pier	5461
Clay Head	2416
Clay Point	2701
Clearwater Pass	8596
Clump Island	5651
Coast Guard Tower, Oregon Inlet	6281
Coggins Point	5366
Cohansey River	4251
Cold Spring Harbor	3231
Cold Spring Point	2371
College Point	4476
College Point Reef	3426
Combahee River	7136,7141
Commodore Point	8016
Compass Island	186
Common Fence Point	2206,2286
Conanicut Point	2266
Conrail Bridge	6246
Coney Island Channel	3921
Coney Island Lt	3906
Connecticut River	2846-2886
Cook Point	5981
Cooper River	6781-6901
Coosaw Island	7161
Coosaw River	7121,7141,7151,7166
Cornfield Pt., L.I. Sound	2911-2926
Cornfield Point, Md	5771-5781
Coronala Laja	8856
Cortez	8346
Cos Cob Harbor	3261
Cotuit Bay	1861
Courtney Campbell Parkway	8531
Cove Point	4851-4866
Coxsackie	3841
Crab Point	4411
Craighill Angle	5011
Craighill Channel	4986,5006
Crabtree Point	441
Craighill Channel	5001
Crane Neck Point	3111,3121,3126
Craney Island	5236
Crescent River	7721
Christina River	4376
Cross Rip Channel	1831
Crotch Island	146,391
Crow Point	1521
Cryders Point	3411
Cumberland Island	7891
Cumberland River	7861,7866
Cumberland Sound	7871-7921
Curtis Creek entrance	6171
Cushing Island	691
Customhouse Reach	6706
Cut A & Cut B, Tampa Bay	8416
Cuttyhunk Island	1976

D

Dahlgren Harbor Channel	5851
Damariscotta River	551
Dames Point Bridge	7996
Daniel Island Bend	6671,6806
Daniel Island Reach	6796
Daufuskie Landing Light	7346

	No.
Davids Island	3321
Davis Bank	1676
Dawho River	7051,7056
Daws Island, Broad River	7256
Daws Island, Chechessee River	7266
Deadman Shoal	4186
Deal Island	5676
Deep Point	6141
Deepwater Point	4371
Deepwater Point, Miles River	6086
Deepwater Shoals	5331
Deer Island	1176,1211
Deer Island Flats	1221
Deer Island Light	1166,1181-1206,1226,1236
Delancey Point	3306
Delaware Bay and River	4086-4496
Delaware Bay entrance * (44)	4101
Dennis Port	1746
Derby-Shelton bridge	3071
Deveaux Banks	7026
Diamond Island Ledge	726
Diamond Island Pass	736
Diamond Shoal Light	6296
Dice Head	296
Dobbs Ferry	3751
Doboy Island	7766
Doboy Sound	7731-7771
Doctor Point, Cape Fear River	6486
Doctor Point, Chesapeake Bay	5526
Dodge Island	8136
Dodge Point	421
Dogfish Island	426
Dorchester Bay	1366
Doubling Point	596
Dover Bridge	6021
Dover Point	926
Dover Point Bridge	921
Dram Tree Point	6496
Drum I., Charleston Hbr.	6761,6766,6651,6781
Drum Point	4846,5936
Drum Point Island	7896
Drummond Point	8001
Duck Island Bluff	3196
Duck Pond Point	2966
Ducktrap Harbor	491-501
Dumpling Island	5291
Dumpling Rocks	2091
Dutch Gap Canal	5386
Dutch Island, Narragansett Bay	2316-2326
Dutch Island, Skidaway River	7511
Dyer Island	2261,2271

E

Eagle Island	166
Eagle Point	4431
East Boston	1301
East Branch, Cooper River	6896
East Chop	1891,1896
East Fort Point	3186
East Goose Rock	471
East River	3411-3541
East Rockaway Inlet	3626
Eastchester Bay	3371
Eastern Bay	6046-6091
Eastern Plain Point	2566,2571
Eastern Point, Long Island Sound	2756
Easton Point	6031
Eastport	86
Eatons Neck Point	3166-3181
Echo Bay	3316
Eddy Rock Shoal	2866
Eddystone	4401
Edgartown	1881

INDEX TO STATIONS

	No.
Edwards Point	2666
Eel Point	1796
Egg Bank	7116
Egg Island Flats	4191
Egg Island Shoal	7606
Egg Islands	7606
Egg Rock	1016,1021
Egmont Channel	8356,8361
Egmont Key Light	8356
Elba Island	7386,7391
Elba Island Cut	7381
Eldridge Shoal	1866
Elizabeth River	5236-5276
Elizabethport	3991
Elk River	6216-6226
Elliott Cut	7001
Ellisville Harbor	1641
Elm Point	3386
Eltham Bridge	5501
Ensign Island	481
Essington Harbor	4406
Eustasia Island	2861
Execution Rocks	3336

F

Fajardo Harbor	8846
False Egg Island Point	4231
Farnham Rock	1661
Fenwick Island Cut	7071
Fenwick Shoal	4506
Fernandina Beach	7916
Fiddler Ledge	591
Fields Cut	7336
Fig Island	7396
Filbin Creek Reach	6816,6821
Finn's Ledge Bell	1086
Finns Point	4341
Fire I. Lighted Whistle Buoy 2FI	3586
Fire Island Inlet	3591,3611
Fisher Point	4456
Fisher Island	8141
Fishermans Island	4591-4621
Fishermans Island Bridge	4601,4606
Fisherman Island Passage	386
Fishermans Channel	7976-8151
Fishers Island	2526,2551
Fishers Island Sound	2666-2706
Fishing Bay	5726
Five Fathom Bank	4056
Five Fathom Bank Traffic Lane	4061
Fivemile Point Bridge	4461
Flat Island	506
Florida Passage	7611,7616
Florida Reefs to Midnight Pass	8166-8316
Flushing Creek	3431
Folly Island	7016,7021
Folly Island Channel	6736
Folly Reach	6616
Folly River	7751
Fore River	731
Fort Clinch	7871-7886
Fort George River	7941
Fort Independence	1276,1281
Fort Johnson	6666,6671
Fort Lauderdale	8061
Fort McHenry	6176
Fort McHenry Angle	6161
Fort Macon	6341,6346
Fort Pierce Inlet	8051
Fort Point	311
Fort Point Channel	1266
Fort Point, Portsmouth Harbor	811
Fort Point, St. Marys River	5786

	No.
Fort Pulaski	7361-7371
Fort Sumter	6656
Fort Taylor	8211
Fort Wool	5146-5161
Fourteen Foot Bank Light	4176-4181
Fowey Rocks Light	8161
Fowler Island	3061
Fox Island	446
Fox Point	2366
Frankfort Island	916
Frazier Point	6546,6551
Freestone Point	5891
Fripps Inlet	7176
Frog Point	5681
Frying Pan Shoals	6526
Frying Pan Shoals Light	6531

G

Gadsden Point Cut	8536
Gallops Island	1361-1371,1441
Galloupes Point	1006
Galveston Bay	8751-8781
Galveston Bay entrance * (96)	8751
Galveston Causeway RR. Bridge	8771
Galveston Channel	8766
Gandy Bridge	8516,8521
Gangway Rock	891
Gannet Rock	61
Gardiners Bay	2586-2661
Gardiners Island	2561
Gardiners Point	2616
Gardiners Point Ruins	2611
Gasparilla Pass	8296
Gay Head	1956,1966,1971
George Washington Bridge	3731
Georges Bank and vicinity	1671
Georges Island	1351,1356,1386-1416
Georgetown, Md.	6211
Georgetown, S.C.	6566
Germantown Point	1586
Gilmerton Highway Bridge	5276
Gloucester	4436
Gloucester Harbor entrance	976
Gloucester Point	5441,5446
Goat Island	866,931,936
Goff Point, Gardiners Bay	2586
Goff Point, York River	5476
Golden Gate Point	8336
Gooseberry Neck	2041
Goshen Point	2786,7041,7046
Gould Island	2251,2256
Government Cut	8101-8121
Grace Point, 2.0 miles NW of	2461
Grand Trunk Wharfs	721
Grants Tomb	3726
Grape Island	1551,1556
Grass Hassock Channel	3671
Great Gull Island	2741
Great Pig Rocks	1001
Great Point	1771,1776
Great Point Clear	8646
Great Round Shoal Channel	1726
Great Salt Pond entrance	2436,2441
Great Spruce Head Island	196
Great Wicomico River	5746
Great Wicomico River Lt.	4751
Green Hill Point	2451
Greenbury Point	6106
Greenwich Bay	2341
Greenwich Point, Delaware Bay	4441
Greenwich Point, L. I. Sound	3241,3246
Gregory Point	3161
Grog Island	136

INDEX TO STATIONS 207

	No.
Grove Point	5111,6201
Gulfport	8566
Gull Island	2061
Gull Point	1576
Gunboat Shoal	946
Gunpowder River entrance	6191
Gurnet Point	1651
Gwynn Island	4701,4706

H

	No.
Hackensack River	4016
Haig Point Light	7296
Hail Point	6136
Hains Point	5906
Halfmoon Shoal	1761,1766
Hallowing Point	5896
Hammonasset Point	2956,2961
Hampton Roads	5141-5231
Handkerchief Lighted Whistle Buoy "H"	1756
Harbor Key	8426
Harbor of Refuge	2376,2381,2396
Harlem River	3546-3581
Harris Creek	6041
Hart Island, N.Y.	3346,3351,3356,3361
Hartford Jetty	2886
Hatchett Point	2836,2841
Hat Island	126
Hatteras Inlet	6291
Haverstraw	3766
Havre de Grace	5136
Hay Beach Point	2631
Head of the Cape	521,526
Heald Bank	8811
Hedge Fence	1911
Hedge Fence Lighted Gong Buoy	1871
Hell Gate * (32)	3471
Hempstead Harbor	3286,3291,3301
Henderson Point	871,876
Hendersons Point	6226
Henry Hudson Bridge	3581
Herbert C. Bonner Bridge	6286
Herod Point	3001,3006,3011
Heron Neck	356
Hick Rocks	826
Higganum Creek	2871
High Bridge	3566
Highland Falls	3781
Hills Point	5971
Hillsborough Bay	8541,8546
Hilton Head	7206
Hobcaw Creek	6756
Hoffman Island	3911
Hog Creek Point	2596
Hog Island, Narragansett Bay	2281
Hog Island, Penobscot Bay	221
Hog Island, Delaware River	4416
Hog Island Channel	6731
Hog Island Reach	6631,6646
Hog Point, James River	5336
Hog Point, Patuxent River	5931
Hole Point Reach	1601
Holland Point	4921,5986
Honga River Entrance	5741
Hooper Strait, Chesapeake Bay	4831
Hooper Strait, Tangier Sound	5731,5736
Horlbeck Creek entrance	6921,6936
Horse Head Island	201
Horse Reach	6751
Horseshoe Point	4936
Horseshoe Shoal	6446
Horton Point	2946
Housatonic River	3051-3071
House Island	711

	No.
Houston Channel	8776,8781
Howard Ledges	256,261
Howell Point	5101,5106,6001
Huckleberry Island	3326,3331
Hudson	3836
Hudson River	3721-3861
Hudson River entrance	3721
Hull Gut	1421
Hunniwell Point	576
Huntington Bay	3186
Hunts Point	3446
Hussey Sound	621-641
Hutchinson Island	7096
Hutchinson River	3376
Hyannis Harbor	1851
Hyde Park	3806
Hypocrite Channel	1116

I

	No.
India Point	2361
Indian River Inlet	4501
Indian Rocks Beach	8591
Intracoastal Waterway, Southport, N.C.	6426
ICW, St. Johns River, Florida	7971
Isaac Shoal	8241
Isla Marina	8851
Isle au Haut	151
Isle of Hope City	7516,7521
Isles of Shoals Light	951
Isleboro Harbor	276,511,516

J

	No.
Jacksonville	8021,8026
Jamaica Bay	3641-3671
Jamaica Island, Portsmouth Harbor	836
Jamaica Point, off	6011
James Island, Chesapeake Bay	4876,4881
James River	5296-5391
Jamestown Island	5341
Jamestown, Narragansett Bay	2331
Janes Island	5656
Jehossee Island	7086
Jekyll Creek	7856
Jennings Point	2636
Joe Island	8421
Joe's Cut	7481
Johns Island	7006
Johns Island Airport	6991
Johns Island Bridge	6996
Johns Pass	8581
Johnson Creek	7691
Jones Inlet	3616
Jones Point, Alexandria, Va	5901
Jones Point, Penobscot Bay	306
Jones Point, Rappahannock River	5576

K

	No.
Katama Point, Katama Bay	1886
Kedges Strait	5666
Kelly Island	4221
Kelly Point	4361
Kelsey Point	2931,2951
Kennebec River	576-606
Kent Island Narrows	6131
Kent Point	4926,4931,6051
Kenwood Beach	4871
Key West	8196-8226
Key West * (76)	8206
Keyport Channel	3941
Kickamuit River	2296
Kill Van Kull	4001,4006

INDEX TO STATIONS

	No.
King Island	7431
Kings Bay	7901
Kings Cove	1581
Kings Island Channel	7421
Kingsley Creek	7921
Kingston Point	3811
Kittery Point Bridge	831
Kitts Rocks	781,786
Knight Hill Township	941

L

	No.
Lafayette Swing Bridge	6576
Laireys Island	396
Lake George	8046
Lake Worth Inlet	8056
Lamberts Point	5241
Largo Shoals	8831
Lassell Island	466
Leadbetter Island	406-416
Lazaretto Creek Entrance	7461
Lemon Island	7271
Lester Manor	5506
Lewis Bay	1856
Lewis Island	8471
Lewis Point	2426,2431,2476
L'Hommedieu Shoal	1911,1921
Lincoln Ledge	601
Little Barnwell Island	7286
Little Brewster Island	1111
Little Calf Island	1121,1156
Little Chebeague Island	651
Little Choptank River	5971,5976
Little Creek	4631
Little Deer Island	226
Little Diamond Island	741
Little Don Island	7556
Little Eaton Island	211
Little Egg Island	7776
Little Gull Island	2556,2576,2726-2736,2791
Little Harbor entrance	791
Little Hurricane Island	351
Little Mud River Range	7781
Little Nahant	1011
Little Nahant Cupola	1061
Little Narragansett Bay entrance	2676
Little Ogeechee River Entrance	7561,7601
Little Peconic Bay entrance	2656
Little Pine Island Bridge	8276
Little St. Simon Island	7786
Little Sarasota Bay	8311
Little Wassaw Island	7591
Littlejohn Island, Town Landing	686
Littletown Island	686
Lloyd Point	3206
Long Beach, Long Island	3621
Long Beach Point	2626
Long Branch, Fla	8011
Long Island, Ga	7536,7541
Long Island, Maine	646,656
Long Island Head, Mass	1216
Long Island Sound, N.Y	2711-3406
Long Island, south coast, N.Y	3586-3636
Long Key	8171
Long Key Viaduct	8176
Long Neck Point	3201
Long Point, Eastern Bay	6056,6091
Long Point, Pocomoke Sound	5631
Long Shoal	1821
Longboat Pass	8341
Lord Delaware Bridge	5486
Love Point, Chesapeake Bay	4991,4996
Love Point, Chester River	6126
Lovell Island	1096,1171,1346,1376,1381

	No.
Lowe Point	561
Lower Coal Dock	2781
Lower Hell Gate, Knubble Bay	566
Lower Machodoc Creek entrance	5811
Lummus Island	8131,8146
Lurcher Shoal	36-46
Lynch Point	6186
Lynde Point	2846
Lynn Harbor	1071
Lynnhaven Inlet	4556
Lynnhaven Roads	4551
Lyons Creek Wharf	5966

M

	No.
McCrie Shoal	4066
McQueen Island Cut	7376
MacKay Creek	7316
Mackay River	7821
Mackerel Cove	2226
Macombs Dam Bridge	3561
Madison Ave. Bridge	3556
Magothy River entrance	6121
Main Ship Channel	8196,8201
Maine Coast	86-571,751-766
Mamaroneck Harbor	3311
Manahawkin Drawbridge	4046
Manasquan Inlet	4026
Manasquan River	4031
Mandarin Point	8036
Manhasset Bay	3341
Manhattan Bridge	3521
Manhattan, East River, N.Y	3501
Manilla	8686
Manokin River entrance	5671
Manomet Point	1646
Marblehead Channel	986
Marcus Hook	4396
Marcus Hook Bar	4391
Mark Island	156,451,461
Martha's Vineyard	1711
Martin Point	5996
Martins Industry	7181
Marvin Island	866
Maryland Point	5876
Matagorda Channel	8791
Matinecock Point	3276,3281
Matlacha Pass	8276
Mattapoisett Harbor	2126
Mattaponi River	5491,5496
Mattituck Point	2971
Maurice River	4201-4211
Mauricetown	4206
Maximo Pt., bridge 0.8 mile south of	8561
Mayport	7956,7961
Medway River	7641,7651
Megansett Harbor	2081
Menemsha Bight	1961
Merrimack River entrance	956
Mesquite Point	8746
Miacomet Pond	1701
Miah Maull Range	4226
Miami Harbor	8096-8161
Miami Harbor entrance * (72)	8116
Miami River entrance	8156
Middle Branch ent., Patapsco River	6181
Middle Marshes	6411
Midland Beach	3901
Midnight Pass entrance	8316
Milby Point	4736,5616
Mile Point	7966
Miles River	6086,6091
Milford Point	3051
Mill Rock, Hell Gate	3461,3466

INDEX TO STATIONS 209

Name	No.
Miller Island	5076
Millville	4211
Mispillion River	4141
Mississippi Sound	8666
Mobile Bay	8631-8661
Mobile Bay entrance * (92)	8636
Mobile Point	8636,8641
Mobile River entrance	8651
Mobjack Bay	5516-5526
Monomoy Point	1681,1731,1751
Montauk Harbor entrance	2541
Montauk Point	2506-2516
Montgomery	7566
Moon Head	1476,1501
Moore Harbor	371
Moosabec Reach	106,111
Morehead City	6366,6371
Moreland	6726
Morgan Island	7121,7151
Morgans Point	8786
Moser Channel	8181
Mosquito Point	5541,5546
Mount Hope Bay	2286,2296
Mount Hope Bridge	2276
Mount Hope Point	2291
Mount Prospect	2546
Mount St. Vincent College	3746
Mountain Point	6121
Mud River	7716
Mulberry Point	6036
Mulford Point	2896
Mullet Key Channel entrance	8371
Mullet Key Channel	8391
Muscongus Sound	546
Muskeget Channel	1811
Muskeget Island	1801
Muskeget Rock	1806
Myakka River Bridge	8291
Myrtle Sound	6476
Mystic, Mystic River, Conn	2696
Mystic River Bridge, Mass	1316,1321

N

Name	No.
Nahant	1026-1036
Nansemond River	5281-5291
Nanticoke River	5711,5721
Nantucket Harbor entrance	1791
Nantucket Island	1691
Nantucket Shoals	1686
Nantucket Sound	1731-1926
Napatree Point	2671
Narragansett Bay	2181-2371
Nasketucket Bay	2121
Nassau River	7936
Nassau Sound	7926-7941
Nassawadox Point	4696
Nauset Beach Light	1666
Nayatt Point	2356
Neponset River	1341
Newport	6376,6381
New Baltimore	3846
New Bedford Harbor	2106
New Brighton	4006
New Castle	4356
New Dorp Beach	3886,3896
New Ground	8236
New Hamburg	3796
New Haven Harbor entrance	3016
New Jersey Coast	4026-4081
New London Harbor entrance	2761
New Pass, Sarasota Bay	8331
New Point Comfort	5516,4656
New River	7321,7326

Name	No.
New York Harbor	3691-3716,3866-3921
New York Harbor Entrance	3676-3686
Newark Bay	4011
Newbold Island	4491
Newburgh	3791
Newburyport	961
Newport Harbor	2231
Newport News	5221-5231,5296-5306
Newtown Creek	3506
Niantic	2806
No Name Key	8191
Noank	2691
Nobles Island	906,911
Nobska Point	1926,1936
Nomini Creek entrance	5816
Norfolk Harbor Reach	5211
North Charleston	6811
North Edisto River entrance	7031
North Haven Peninsula	2646
North Hill Point	2706
North Newport River	7656-7671
North Point, Chesapeake Bay	5051
North Point, Brewerton Channel	6151
North River, Darien River	7761
North Santee River entrance	6586
Northbury	5511
Northport Bay	3196
Northport Bay entrance	3191
Norton Point, New York Harbor Entrance	3681
Norton Point, Vineyard Sound	1941
Norton Shoal	1821
Norwalk River	3161
Nowell Creek entrance	6926
Nubble Channel	1411
Nut Island	1486,1491

O

Name	No.
Oak Neck Point	3251
Oak Point	336
Oatland Island	7496
Ocracoke Inlet	6301-6316,6326
Odingsell River Entrance	7571
Odiornes Point	771,776
Ogeechee River	7601,7611
Old Fernandina	7911
Old Field Point	3081,3086,3091
Old Harbor Point	2421
Old Man Shoal, Nantucket Shoals	1696
Old Orchard Shoal Light	3891
Old Plantation Flats Light	4646
Old Point Comfort	5166-5186
Old Tampa Bay entrance * (88)	8506
Old Teakettle Creek	7726,7741,7746
Old Town Wharf	3296
Old Town Point Wharf	5021
Oldsmans Point	4386
Onemile Cut	7791
Onset Bay	2146,2151
Orchard Point	5551
Ordinary Point	6206
Ordnance Reach	6831
Oregon Inlet	6276-6286
Orient Point	2606,2901
Ossabaw Sound	7576-7616
Ossining	3761
Oxford, Tred Avon River	6026
Oyster Bay	3216-3231
Oyster River Point	3026

P

Name	No.
Pablo Creek	7976
Pages Rock	5451

	No.
Palominos Island	8841
Pamlico Sound	6276-6326
Pamunkey River	5501-5511
Paradise Point	2651
Parris Island	7216,7226
Parris Island Lookout Tower	7261
Parrot Creek	7146
Parson Island	6066,6071
Parsonage Point	3266
Pasaje de San Juan	8861
Pascagoula River Highway Bridge	8666
Pass Abel	8676
Pass aux Herons	8661
Passage Key Inlet	8376
Passaic River	4021
Pass-a-Grille Channel	8556
Patapsco River	6151-6181
Patience Island	2346,2351
Patuxent River	5931-5966
Pawcatuck River	2681
Pea Island	1041
Pea Patch Island	4336
Peddocks Island	1426,1431,1461,1496,1541
Pee Dee River	6571
Peekskill	3771
Pelican Bank	7106
Penikese Island	2051,2056
Peningo Neck	3271
Penns Neck	4346,4351
Pensacola Bay	8626
Persimmon Point	5861
Petty Island	4451
Philip Head	1596
Piankatank River	5521
Pickering Island	206,216
Pier 67, East River	3511
Pierces Island	886
Pigeon Island	7546
Pig Point	5281
Pig Rock	1561,1566
Pine Creek Point	3136
Pine Island	7066
Pine Key	8401
Pine Island Sound	8271
Pine Point	1591
Pinellas Point	8431-8451
Piney Point, Fla	8466
Piney Point, Md	5796-5806
Pinner Point	5251
Piscataqua River	906-941
Pleasant Point	7011
Plum Gut	2746,2751
Plum Point	4886,4906
Plum Island	2616,2816,2821
Plum Island Sound entrance, Mass	966
Plymouth Harbor	1656
Pocomoke River	5636
Pocomoke Sound	5611-5636
Pocomoke Sound Approach	5611
Point Allerton	1131-1141
Point Gammon	1846
Point Judith	2376-2396
Point Lookin	4801
Point Lookout	4791,4796,5751-5766
Point No Point, Conn	3076
Point No Point, Md	4816-4826
Point of Pines	1076,1081
Point of Shoals	5326
Point Patience	5946
Point Peter	6516
Point Pleasant Canal	4036
Point Shirley	1241
Point Ybel	8256
Pollock Rip Channel	1716

	No.
Pollock Rip Channel * (20)	1721
Pond entrance	2386
Pond Island	241,251
Pond Point, Conn	3031
Pond Point, Maine	101
Pooles Island	5061-5071,5081
Poplar Island	4911-4916,6046
Poplar Point	6016
Port Arthur Canal entrance	8741
Port Everglades	8066-8091
Port Ingleside	8801
Port Jefferson Harbor entrance	3106
Port Manatee Channel	8456,8461
Port of St. Petersburg	8491
Port Royal	5606
Port Royal Plantation Tower	7191
Port Royal Sound	7186-7286
Port Wentworth	7436
Portland Breakwater Light	716
Portland Bridge	701
Portland Harbor entrance	696
Portsmouth Harbor	771-901
Portsmouth Harbor entrance * (8)	801
Potomac River	5751-5926
Potomac River Bridge	5866
Poughkeepsie	3801
Powells Bluff	4721
Prim Point	71
Providence	2361
Provincetown Harbor	1616
Prudence Island	2326
Puerto Rico	8816-8871
Pumpkin Island	271
Punta Gorda	8286
Punta Ostiones	8816
Purtan Island	5471

Q

	No.
Quamquisset Harbor	2071
Quantico	5881
Quantico Creek entrance	5886
Quarantine Station	8761
Quarte Bayoux Pass	8671
Quicks Hole	2016-2026
Quonochontaug Beach	2466,2471

R

	No.
Rabbit Island	6556
Raccoon Key	7586
Race Point, Cape Cod Bay	1606,1611
Race Point, Long Island Sound	2711
Radio Island	6386
Ragged Point	5976
Rainsford Island	1436,1446-1456
Ram Island, Casco Bay	616
Ram Island, Mass	991,996
Ram Island, N.Y	2601,2621
Ram Island, Penobscot Bay	531
Ram Island Reef	2686
Ramos Cay	8836
Ramshorn Creek Light	7301
Rancocas Creek	4471
Rappahannock River	5541-5606
Raritan Bay	3936-3956
Raritan Bay Reach Channel	3936
Raritan River	3961-3971
Rathall Creek entrance	6916
Rattlesnake Key	8381,8386
Reaves Point	6451-6466
Rebellion Reach	6596,6616
Red Bank	3946
Red Bay Point	8041

INDEX TO STATIONS

Name	No.
Red Hook	3711
Red Hook Channel	3701
Red Point	5131
Reedy Island	4286
Reedy Point	4306-4316
Reedy Point Radio Tower	6256
Remley Point	6906
Ribbon Reef	2046
Rikers Island Channel	3436
Riverdale	3741
Riverview Beach	4366
Roanoke Point	2986,2991
Roaring Point	5716
Robins Reef Lt	3706
Robinsons Hole	1951,2001-2011
Robins Island	2661
Robins Point	5086
Rockaway Inlet Jetty	3916
Rockaway Inlet	3646,3651
Rockaway Point	3641
Rocketts	5391
Rockland Harbor Breakerwater	431
Rocklanding Shoal Channel	5311-5321
Rockland Harbor Breakerwater	431
Rock Point	5841
Rocky Hill	2881
Rocky Point, Block Island Sound	2581
Rocky Point, Elk Neck	5126
Rocky Point, Long Island Sound	2906,3216
Rogue Point	5561
Roosevelt Inlet	4131
Roosevelt Island	3476,3496
Rose Island	2236-2246
Ross Island	8501
Russ Island	141

S

Name	No.
Sabine	8736
Sabine Bank	8806
Sabine Pass	8731-8746
Sachem Head	2976,2981,2996
Saddle Island	456
Sagamore Beach	1636
Sagamore Bridge	2171
St. Andrews Sound	7851-7866
St. Catherines Sound	7621-7681
St. Clements Bay entrance	5826
St. Clements Island	5831-5836
St. George Bridge	6251
St. Helena Sound	7106,7116,7131
St. Johns Bluff	7986
St. Johns Point	7946
St. Johns River	7946-8046
St. Johns River entrance * (68)	7951
St. Jones River	4216
St. Joseph Sound	8596-8606
St. Marks	8621
St. Marks River	8611-8621
St. Marys River, Md	5786
St. Marys River-Cumberland Sound	7871-7921
St. Simons Sound	7801-7846
Sakonnet River	2181-2201
Salamander Point	816,821
Salem River	4321
Salisbury	5706
Sampit River entrance	6561
Sampson Island	7076,7081
Sams Point	7166
Sand Point	1066
Sandwich Harbor	1631
Sandy Hook	3866-3876
Sandy Hook Approach	3636
Sandy Hook Bay	3926,3931

Name	No.
Sandy Hook Channel	3866,3871
Sandy Hook Point	3876
Sandy Point	4971-4976
Sandy Point, Block I	2406,2411,2446,2456
Sandy Point, Great Wicomico River	5746
Sandy Point, Nanticoke River	5711
Sandy Point, Patuxent River	5941
Sandy Point, Solomons Island	5941
Sapelo River Entrance	7701
Sapelo Sound	7686-7726
Sarasota Bay	8321-8346
Sasanoa River	561,571
Sassafras River	6201,6211
Saugatuck River	3141,3146
Saugerties	3821
Savannah	7411,7416
Savannah Light	7351
Savannah River	7351-7446
Savannah River entrance * (64)	7356
Sawpit Creek entrance	7926
Saybrook Breakwater	2891
Saybrook Point	2851
Schuylkill River	4421-4426
Srcag Island	191
Seabrook Bridge, New Orleans	8696
Seal Island	21
Sears Island	301
Seavey Island	841,846,861
Seekonk River	2366,2371
Seguine Point	3951
Severn River	6106-6116
Sewells Point	5206,5216
Shackleford Banks	6331
Shackleford Point	6401
Shagwong Reef	2536
Shapleigh Island Bridge	881
Sharp Island Lt	4891-4901
Sharps	5581
Sheep Island, Hingham Bay	1546
Sheep Island, Penobscot Bay	401
Sheep Island Slue	6321
Sheepscot River	556
Sheffield Island Harbor	3156
Sheffield Island Tower	3151
Shell Point	8481
Sheridan Point	5956
Shinnecock Bay	3601
Shinnecock Canal	3596
Shinnecock Inlet	3606
Shippan Point	3211
Shipyard Creek	6791
Shoal Point	3131
Shrewsbury River	3926,3931
Shutes Folly Island	6696
Shutes Reach	6621
Silver Point	3826
Sippican Harbor	2131
Sisters Creek entrance	7981
Six Mile Reef	2936,2941
Skidaway Narrows	7531
Skidaway River	7501
Skull Creek	7251,7311
Smith Cove	2771
Smith Island	4786
Smith Island Shoal	4516
Smith Point Light	4756-4781
Smoking Point	3981
Smuggedy Swamp	7091
Smyrna River	4266
Snake Island	6986
Snell Isle	8496
Snake Island	1231
Snow Point	6856
Snows Cut	6471

INDEX TO STATIONS

Name	No.
Snub Point	341
Sound Beach	3041
South Amelia River	7931
South Boston	1286,1291
South Brother Island	3451
South Capitol Street Bridge, D.C.	5916
South Carolina Coast	6586-6611
South Edisto River	7061-7091
South Newport River	7676,7681
South River, Ga.	7756
South River, Md.	6101
South River, N.J.	3971
South Santee River entrance	6591
Southport	6431,6436
Southwest Ledge	2481,2486
Sow and Pigs Reef	2046
Spanish Wells	7306
Spectacle Island, Boston Harbor	1241-1266
Spectacle Island, Penobscot Bay	266
Spesutie Island	5121
Spring Point	706
Spuyten Duyvil	3736
Squantum	1506
Squantum Point	1331,1336
Squash Meadow	1891
Stafford Island	7906
Stage Harbor	1741
Stamford Harbor entrance	3236
Statue of Liberty	3716
Stingray Point	4711,4716,5531
Stoddard Hill	2776
Stodders Neck	1571
Stono Inlet	6981
Stono River	6981-7011
Stony Point	4271
Stratford Point	3096,3101
Stratford Shoal	3036
Strawberry Hill	1516
Sturdivant Island	671,676
Sugarloaf Island	6361
Sullivans Island	6676
Sunken Ledge	1466
Sunshine Skyway Bridge * (84)	8411
Sunny Point	6441
Susquehanna River	5136
Sutherland Bluff	7706
Swains Ledge	231,236
Swan Point, Chesapeake Bay	5006-5026
Swan Point, Potomac River	5846

T

Name	No.
Tail of the Horseshoe	4571
Tampa Bay	8351-8551
Tampa Bay entrance * (80)	8361
Tangier Sound	5646-5731
Tangier Sound Light	5641,4746
Tappahannock Bridge	5596,5601
Tarpaulin Cove	1946
Tarpley Point	5571
Tarrytown	3756
Teaches Hole Channel	6306
Temple Heights	536,541
Tensaw River entrance	8656
Terrebonne Bay	8701
Texas Point	8731
Thames River	2766-2781
The Cove	6726
The Graves	1101
The Narrows, Fla	8591
The Narrows, New York Harbor * (36)	3686
The Race	2711-2736
The Race * (24)	2721
The Reach	361,376
The Tee	6881
Thieves Ledge	1106
Thimble Shoal Channel	4566
Thimble Shoal Light	5141
Thomas Pt. Shoal Light	4946-4956
Thompson Island	1266,1271
THROGS NECK * (28)	3391
Throgs Neck	3391-3406
Throgs Neck Bridge	3406
Thrumcap Island	281
Thunderbolt	7491
Tilghman Point	6076
Tiverton	2196,2201
Tocoi	8046
Tolchester Beach	5056
Tolchester Channel	5036-5046
Tolly Point	4961
Tombstone Point	6351
Torresdale	4466
Tottenville	3976
Towles Point	5556
Town Creek	6711,6716
Town Point Bridge	5286
Treasure Island	8576,8586
Tred Avon River	6026,6031
Tremley Point Reach	3986
Triangle Ledge	366
Trout River Cut	8006
Troy	3861
Tuckernuck Island	1706
Tuckernuck Shoal	1781
Tue Marshes Light	5411-5431
Tufts Point	3981
Turkey Point, Eastern Bay	6061
Turkey Point	5116
Turtle Head Point	286
Turtle River	7841,7846
Turning Basin, Beaufort Inlet	6356
Turning Basin, Northeast River	6521
Twotree Island Channel	2801

U

Name	No.
Upper Hell Gate	571
Upper Machodoc Creek entrance	5856
Upper Midnight Channel	6481

V

Name	No.
Valiant Rock	2716
Venice Inlet	8301
Vernon River	7556,7566
Verona Island	316,321
Victor Point	5691
Vieques Passage * (104)	8821
Vieques Sound	8826
Vineyard Haven	1901
Vineyard Sound	1931-2031
Virginia Beach	6266,6271

W

Name	No.
W Howard Frankland Bridge	8526
Waccamaw River	6576,6581
Wadmalaw River	7036-7046
Waites Landing	661
Wakema	5491
Walkerton	5496
Wallace Channel	6316
Walls Cut	7341
Wando River	6906-6936
Wappoo Creek	6786
Waquoit Bay	1916
Ward Point	3956

INDEX TO STATIONS

	No.
Wareham River	2136,2141
Warren	2306
Warren Island	486
Warren River entrance	2301
Washington, D.C.	5921,5926
Washington Canal, N.J	3966
Wasque Point	1816
Wassaw Island	7471
Wassaw Island, Ossabaw Sound	7576
Wassaw Island, Wassaw Sound	7446
Wassaw Sound	7451-7571
Watch Hill Point	2491,2496,2501
Waterview	5566
Watts Island	5621,5626
Weedon Island	8511
Weepecket Island	2066
Weir River	1511
Wellfleet Harbor	1621
West Chop	1906,1931
West Falmouth Harbor	2076
West Head	1461,1466,1481
West Island	2111,2116
West Marsh Island	6971
West Norfolk Bridge	5246
West Penobscot Bay	346-361
West Point, N.Y	3786
West Point, Va	5481
West River	6096
Western Passage, Maine	91,96
Westport River	2036
Weymouth Back River	1561
Whale Branch River	7171
Whaleback Reef	796
Whitehaven	5696,5701
Whitehill	4496
White Islands	381
White Point	7051
Whooping Island	7056
Wickford Harbor	2336
Wicomico River, Tangier Sound	5686-5706
Wicopesset Island	2521

	No.
Widow Island	161
Wilcox Island Park	2876
Willets Point	3401
Williamsburg Bridge	3516
Williman Creek	7156
Willoughby Bay	5201
Willoughby Spit	5191,5196
Wilmington, N.C.	6511
Wilmington Island	7456
Wilmington River	7476,7491,7506
Windmill Point Light	4726,4731
Windmill Point, Mass	1436,1531
Windmill Point, Va	5361,5536
Wine Island Pass	8706
Winter Point	8031
Winterport	331
Winter-Quarter Shoal	4511
Winthrop Head	1091
Winthrop Point	2766
Winyah Bay	6536-6581
Wolf Trap Light	4661,4666,4676-4691
Wood Island	806
Woods Hole	1986-1996
Woods Point	6851
Wooster Island	3066
Worton Point	5091,5096
Wreck Shoal	1866
Wright River	7331
Wye River	6081

Y

	No.
Yellow House Creek	6836
Yellow House Landing	6841
Yeocomico River entrance	5791
York Harbor entrance	766
York River	5396-5511
York Spit Channel	4641
York Spit Light	5401
Yorktown	5436

www.ingramcontent.com/pod-product-compliance
Lightning Source LLC
Chambersburg PA
CBHW080538170426
43195CB00016B/2600